해양경찰학 II

KOREA COAST GUARD

김종선 저

문운당

머리말

긴 터널을 통과한 것처럼 어둠 속에서 이제야 빛을 본 느낌이다. 해양경찰에 관한 책을 몇 권 출간했지만 책을 쓴다는 것이 힘들고 외롭다. 그동안 보이지 않게 나를 압박해온 부담감을 이제야 어느 정도 떨쳐버릴 수 있지 않을까 생각한다. 해양경찰 공무원뿐만 아니라 공무원이 되고자 하는 학생을 가르치면서 체계적으로 만들어진 교재가 없어 언젠가는 이러한 교재를 만들기 위해 10여년 동안 조금씩 강의 자료를 모우고 메모를 적어두었던 것을 차곡차곡 정리하여 미숙하지만 이 책을 출간한다.

1996년 유엔해양법협약 발효 이후 국내외적 해양환경 변화는 해양의 치안과 국민의 생명과 재산을 지키는 해양경찰기관도 급속하게 변화하여 해양경찰의 정책의 기조와 제도도 많이 변하였다. 그동안 해양경찰이라는 고유적인 업무영역과 기능이 존재하고 태생까지도 육상의 일반경찰과 다르지만 법적·제도적 뒷받침이 없어 육상일반경찰의 제도와 학문적 이론을 바탕으로 65년 동안 정체성이 불분명한 채 이어져 오고 있어 책을 출간한다는 것이 조심스러울 수밖에 없었다. 그러나 급변하는 해양환경의 변화에 능동적으로 대처하여 해양안보를 수호하고 해양자원을 보호하기 위한 국민의 여망과 신뢰를 바탕으로 해양경찰의 활동을 위한 2012. 2. 22.「해양경비법」이 제정되어 업무수행에 관한 법적인 근거를 마련함과 동시에 해양에서 사람의 생명·신체 및 재산을 보호하고, 해양사고에 효율적으로 대응하며 해양영토 수호와 해양치안질서 유지를 위하여「해양경찰법」이 2019. 8. 20. 제정되어 명실상부하게 법적인 제도가 마련되어 독립적인 중앙행정기관의 일원으로 재탄생하게 되어 거기에 걸맞게 여러 학회활동을 기반으로 학문적 이론들이 탄생하고 있다.

특히「해양경찰학」은 대학 해양경찰학과 전공과목이면서 해양경찰채용시험의 필수과목이며, 해양경찰공무원의 승진시험에도 연관되어 광범위하게 사용되고 있지만 이론적으로 미미하고 학문적 연구가 더욱 필요하다는 숙제를 안고 있다.

우리나라 대학들 중 10여개 국립대학을 중심으로 해양경찰학과가 설치되어 매년 250여명 정도 해양경찰학과 학생들이 배출되고, 해양경찰학회도 10여년 동안 각 대학 해양경찰학과, 경찰학과 교수들뿐만 아니라 해양학자, 해양경찰 직원 모두 참여하여 학문적 연구를 토론과 발표로 공유하며 해양경찰에 대한 연구가 심층적으로 이루어지고 활동을 계속하고 있다. 해양경찰학도 계속 연구 중이지만 해양경찰의 업무가 해양이라는 특수한 공간에서 이루어지고 법적 집행보다 대국민 서비스 업무가 차지하는 비율이 높아 이론보다 실무중심적인 경향이 많다보니 학자들마다 접근하기가 곤란하고 방대하다는 이야기를 많이 듣게 된다.

이 책에서는 그동안 실무에서 경험하고 경찰교육원, 해양경찰교육원에서 경찰직원들 그리고 대학교 해양경찰학과 학생들을 가르친 교수 경력을 바탕으로 해양경찰의 업무영역을 총체적으로 접근하려고 법령뿐만 아니라 다양하게 구성된 해양경찰 업무를 집행하기 위하여 내부적으로 규정된 훈령과 예규, 지침, 고시까지 접근하여 업무를 운영하고 관리하는 내용까지 첨부하였다.

해양경찰학을 전공하는 학부 학생용 교재로 집필하였기 때문에 해양경찰의 업무를 이해하고 우선 접근하기 쉽도록 하였지만 구체적으로 담는 데는 한계가 있고, 가능한 해양경찰학의 단순 지식이 아니라 미래 해양경찰이 어떠한 방향성과 가치를 지향해야 하는지에 대한 문제인식을 가질 수 있도록 내용을 보강하는 것이 차기 연구자들의 숙제다.

이번 「해양경찰학」은 Ⅰ, Ⅱ라는 두 가지로 분리하여 서술했다. 「해양경찰학 Ⅰ」은 흔히 총론으로 불리는 내용으로 해양경찰의 개념과 역사, 비교 해양경찰, 해양경찰관계법령과 제도, 해양경찰행정관리(경무행정, 인적자원관리, 재무관리, 장비관리, 보안관리)등이 포함되었다. 반면에 「해양경찰학 Ⅱ」는 주로 해양경찰 실무적인 내용으로 해양경비, 수색구조, 해양안전관리, 정보수사, 국제외사, 해양환경오염 등 해양경찰의 일선 현장에서 직무를 수행하기 위해 필요한 내용들로 구성했다.

아직도 부족한 면이 많다. 좀 더 시간적 여유를 가지고 완성도를 높일 부분도 있지만 자주 변하는 환경에 따라 해양경찰 제도도 바뀌기 때문에 차후 변화를 지켜보면서 검토하고 보충하고자 한다. 교재를 완성한다는 것 자체가 어려운 일이다. 전공 이외의 다른 영역까지 모두 이해하고 정리하는 것이 쉽지 않다. 그러다 보니 보이지 않게 비전공 영역에 대한 이해와 체계성이 떨어질 수 있음을 솔직히 시인하지 않을 수 없다. 이런 부분에 대한 이해와 정리가 가능했던 것은 그래도 과거 경험과 경찰관, 대학생들을 가르치는 일이 있었기 때문이다.

이 책이 나 혼자만의 노력의 결과가 아니라 많은 학자들의 연구 자료와 해양경찰교육원 직원들의 도움이 있었다는 점을 밝히고 그 분들께 감사를 드린다.

2020. 7.
김 종 선

목 차

제1편 해양경찰 경비론

목 차

제2편 해양경찰 수색구조론

제3편 해양경찰 해양안전관리론

목 차

제4편 해양경찰 정보수사론

제5편 해양경찰 국제외사론

제6편 해양경찰 오염방제론

해양경찰학개론 II

제 1 편 해양경찰 경비론

1장 해양경찰 경비

1 해양경비의 일반

[1] 해양경비 개념

해양경찰은 함정, 항공기 등 각종 경비세력을 이용하여 바다에서 종합적인 법집행을 수행하는 기관으로서, '해양경비' 임무는 해양경찰의 핵심임무로 인식되어 왔다. 하지만 해양경찰 창설 이래 제대로 된 법률체계가 존재하지 않아 작용법적 근거가 매우 미흡하여 '해양경비'가 무엇을 의미하는지 정확히 정의하기가 쉽지 않았다. 그래도 다행히 2012년 2월 22일「해양경비법」이 제정되어 동년 8월 23일 시행되면서 법률상 정의 및 활동의 범위가 명확히 규정되어 해양에서의 법집행활동에 새로운 전기를 맞이하게 되었다.

(1) 사전적 의미

'해양경비(海洋警備)'를 글자 그대로 풀이해 보면 '해양' 즉 바다에서, '경(警)' 즉 경계하고, '비(備)' 즉 준비하는 행동을 의미한다. 경찰(警察)이란 용어가 '경(警)' 즉 경계하고, '찰(察)' 즉 살피는 행동을 의미하는 것과 비교해 보면, 준비태세를 갖추는 의미가 더해져 있다고 쉽게 생각할 수 있다.

해양경찰의 영문 명칭인 'KOREA COAST GUARD'에서 사용하는 'GUARD'는 '경비'를 의미하는 단어로 사전적으로는 '지키다, 보호하다, 감시하다'라는 의미를 가진다. 그러나 보다 능동적이고 적극적인 표현으로는 '관리하다'라는 의미로도 해석이 가능할 것이다. 그리하여 해양경찰의 주요임무가 'GUARD(경비)'로 함축되어 표현되고 있으며, '해양경비(海洋警備)'는 'COAST GUARD' 즉 해양경찰(海洋警察)과 유사한 의미로 풀이된다고도 할 수 있는 것이다(김종선 외, 2016 : 167).

(2) 법률적 의미

「해양경비법」 제2조(정의)에서 '해양경비'란 해양경찰청장이 경비수역에서 해양주권의 수호를 목적으로 행하는 해양안보 및 해양치안의 확보, 해양자원 및 해양시설의 보호를 위한 경찰권의 행사를 말한다고 기술하고 있다.

한편, 「정부조직법」 제43조(해양수산부)에서는 '해양에서의 경찰 및 오염방제에 관한 사무를 관장하기 위하여 해양수산부장관 소속으로 해양경찰청을 둔다.'라고 규정하였으므로, 해양경비 임무가 '해양에서의 경찰' 활동의 범주에 포함된다고 할 수 있으며, 「해양경비법」 제7조(해양경비활동의 범위)에 규정된 '해양오염 방제에 관한 조치'는 '해양에서의 오염방제' 사무의 범주에 포함된다고 할 수 있어 사실상 수사 및 정보활동을 제외한 모든 경찰작용이 '해양경비'의 범위에 속하여 있다고 할 수 있다.

[2] 해양경비 개념의 발전

(1) 전통적 경비 개념

우리나라 경찰은 국민의 인권보호와 봉사경찰보다는 정지적 환경의 지배를 받아 운영되어 온 반면에 해양경찰은 자원보호, 환경, 교통 등 봉사업무와 경비, 국방임무 차원에서 출발하였다. 1953년 해양경찰대 창설이래, 평화선 수호와 해양치안 목적의 제한적 항만경비를 수행하다가 해상 대간첩 침투봉쇄 등 대북 국가안보를 위한 활동과 고도 경제성장에 따른 민생치안 역량강화에 경비의 초점을 맞추었으며, 대부분 한반도에 위협을 가하는 위해세력을 차단하기 위해 감시 및 보호경비를 주로 수행하였다.

이렇게 전통적으로 해양경비는 남북 분단 상황에서 해군의 해상차단 역할을 보조하며 영토주권 수호를 위한 국가안보 측면에서의 활동으로 인식되어 왔다고 할 수 있다.

(2) 현대적 경비 개념

전통적 경비 개념은 UN해양법협약에 의거한 배타적 경제수역 선포와 주변국과의 어업협정 체결 등 국제해양질서의 변화에 따라 전환기를 맞이하게 된다. 기존의 영해 차단선 경비개념에서 벗어나 200해리 배타적 경제수역으로 경비범위가 광역화 되었으며, 어업협정경계선 주변에서 불법 외국어선 단속활동 등을 수행하며 보다 적극적인 역할을 수행하게 되었다. 다만, 한반도의 지정학적 특수성과 배타적 경제수역의 해양경계 미획정 등을 이유로 해양경찰의 법집행 활동에는 많은 제약이 발생하였으며, 독도·이어도·중국어선 등 다양한 경비수요로 인해 실질적인 해양권익 보호활동에 해양경비세력이 제대로 활동되지 못하고 있다.

(3) 미래적 경비 개념

해양경찰은 2012년 「해양경비법」을 제정·시행하여 오면서 해양경비의 패러다임을 전환하고자 노력하였으며, 급변하는 동북아 해양질서 속에서 대한민국의 해양권익 확대를 위해 전략적 경비 활동을 수행하고 있다. 영수(영해 및 내수)를 비롯하여 배타적 경제수역과 확대되는 대륙붕 등 해양영토를 능동적으로 관리하여, 해양자원의 지속가능한 개발과 해상교통로 확보 등 해양안보의 중심축으로서 그 역할을 확대해 나갈 것으로 기대된다.

또한 중·장기적으로는 '바다를 경영한다.'는 해양 전략을 기반으로 바다를 통해 창출되는 다양한 해양권익을 효율적으로 관리하는 임무를 해양경비 개념의 핵심으로 하여 해양종합집행기관으로서의 면모를 갖출 것으로 보인다(김종선 외, 2016 : 167).

[3] 해양경비 활동의 범위

해양경비의 개념을 광의적 개념과 협의적 개념으로 분류하여 '광의적 경비개념'은 관할해역에서 공공의 안녕과 질서를 파괴하는 상황이 발생하거나, 사태가 발생할 우려가 있는 경우, 또는 개인이나 단체가 불법행위를 하면서 공공의 질서를 파괴하는 경우를 예방하기 위하여 경비세력 준비과정, 예방·대비과정, 사고·사건 대응 등 처리과정 전 과정의 활동으로 정의하고 있다. 반면 '협의적 경비개념' 은 관할 해역에서 해양사고·사건 예방, 대비과정으로 첩보수집, 순찰, 감시 활동이 중심이고 해양경비 위험과 위협에 대비하는 행위로 정의할 수 있다고 하였다.[1)]

이러한 분류는 광의적 경비개념을 「해양경비법」에서 정하고 있는 경비의 개념으로 정하고, 다시 이에 대비되는 '협의적 경비개념'으로 해양사고·사건 예방과정, 첩보수집, 순찰, 감시 및 위의 활동을 대비하는 행위로 정의하고 있다. 해양경비의 개념이 너무 확대되어 있다는 측면에서 해양경비의 개념을 협의적 개념으로 축소하여 이해할 필요가 경우에 따라서 생길 수 있다는 점에서 의미 있는 개념 분리라고 할 수 있다. 다만, 이러한 광의와 협의 개념 구분의 근거를 명시적으로 제기하지는 못하고 있다.

1) 해양경찰청, 「해양경비체계 발전방안 연구」, 2017. 8. 16~17면.

(1) 광의적 해양경비의 범위

「해양경비법」 제7조에서는 해양경비의 범위를 크게 6가지로 규정하고 있다. 그 내용으로는

① 해양 관련 범죄에 대한 예방

② 해양오염 방제 및 해양자원 보호에 관한 조치

③ 해상경호·대테러·대간첩작전 수행

④ 해양시설의 보호에 관한 조치

⑤ 해상항행 보호에 관한 조치

⑥ 그 밖에 경비수역에서 해양경비를 위한 공공의 안녕과 질서유지

(2) 직제상 해양경비임무의 범위(협의, 실무상)

「해양경찰청과 그 소속기관 직제(제11조 제3항 제1~11호)」 및 시행규칙 (제6조 제2항 제1~14호)상 실무 해양경비 부서에서 관장하고 있는 업무는 다음과 같다.

① 해양경비에 관한 계획의 수립·조정 및 지도

② 함정, 항공기 등 경비세력의 운용 및 지도·감독

③ 동·서 특정해역 어로보호 경비에 관한 사항

④ 「해양경비법」 제7조에 따른 해상항행 보호에 관한 사항

⑤ 불법외국어선 단속지침 수립 및 단속관련 행정지원에 관한 사항

⑥ 해상에서의 집단행동에 관한 사항

⑦ 경비함정 해외파견 및 이에 대한 관계부처 협의에 관한 사항

⑧ 해양에서의 경호 및 요인보호에 관한 사항

⑨ 해양에서의 대테러 예방 및 진압에 관한 사항

⑩ 해양에서의 대간첩 작전에 관한 사항

⑪ 해양상황의 처리와 관련된 주요업무계획의 수립·조정 및 지도

⑫ 해양상황의 접수·처리·전파 및 보고

⑬ 해상교통관제(VTS) 정책 수립 및 기술개발, 국제교류·협력

⑭ 해상교통관제센터의 설치·운영과 항만운영 정보제공

⑮ 「해양경비법」 제7조에 따른 해양시설 보호에 관한 사항

⑯ 대량살상무기확산방지구상(WMD-PSI)에 따른 해상 승선 및 검색에 관한 사항

⑰ 통합방위 업무의 기획 및 지도·감독에 관한 사항

⑱ 해상에서의 경비·작전 관련 위기관리 업무에 관한 사항

〈표 1-1〉 해양경찰청 해양경비부서 주요 업무현황

구분	번호	업무
경비	1	함정·항공기 운용
	2	불법 중국어선 단속
	3	독도·이어도 등 해양주권 수호 활동
해상 교통	4	해상교통관제(VTS) 정책수립 및 설치운용, 국제교류와 협력
	5	해상교통관제(VTS)센터 항만운영 정보제공
작전	6	국가 위기관리
	7	접적해역 어로보호 및 통합방위
	8	을지연습 등 비상대비 업무
	9	대북 제재 관련 업무
대테러	10	대테러 업무
	11	PSI(확산방지구상) 업무
	12	해상경호 업무

〈표 1-2〉 일반적인 경비용어

일반적 '경비' 용어			
구 분	예 시	사 진	
영해 경비	- 독도 경비 - 영해선 경비 - 밀입국 경비		
배타적 경제수역 경비	- 이어도 경비 - 외국어선 경비 - 해양자원 경비 - 해양시설 경비 - 해양조사 경비 - 해양환경 경비	 	 
해양안보 경비	- 대테러·경호 경비 - 어로보호 경비 - NLL 경비		
함정 운용	- 경비 함정 - 경비 세력 - 거점·표류 경비		

(3) 육상경비와의 차이

육상경찰은 대부분 영토 내의 국내적 문제를 다루고 있는데 반해, 해양경찰은 해양을 기반으로 임무를 수행하는 특성으로 인해 국제적 문제에 대한 비중이 상대적으로 크다고 할 수 있다.

특히, 해양경비 측면에서는 UN해양법협약을 기초로 하여 다양한 국내외적 법령과 협약에 근거한 법집행 활동을 수행하고 있기 때문에 국제관계에 더욱 민감하며, 국민의 생명·신체 및 재산의 보호라는 일반적 경찰임무에 부가하여 국익에 직접적으로 연계된 해양권익의 확보라는 중요한 사명을 지니고 있다. 이러한 해양경비의 특징을 몇 가지로 요약해 보면 다음과 같다.

① 해양에서의 국가안보, 주권수호, 권익보호, 환경보호, 안전관리 등 바다로부터 파생되고 바다를 이용할 수 있는 다양한 권리·이익과 관련되어 복합적인 성격을 갖는다.
② 함정, 항공기 등 경비세력을 이용한 활동으로 장비의 의존성 및 특수성이 요구된다.
③ 해양경계 미획정, 대륙붕 연장 등 유동적인 해양공간에서의 활동으로써, 주변국과의 경쟁적인 영역 갈등과 마찰이 발생할 소지가 높으며 미래지향적 성격을 갖는다.
④ 국제적으로 비군사적 해양 분쟁에 대비하고 대응하기 위한 일련의 활동이다.
⑤ 관할구역이 광범위하고 해양여건 등 외부 환경영향으로 유동성이 강하다.
⑥ 경비대상이 국내·외적인 특성에 의해 좌우되며 국제법적 성질이 강하다.
⑦ 국가안보, 해양자원 등 국익에 직결되는 중요한 가치를 보호하기 위한 활동으로 주로 국가 해양세력에 의해 이루어진다.

(4) 해양경찰과 해군의 차이

해양경찰은 업무 성격상 경찰이면서 바다를 관할구역으로 하고 있기 때문에 육상경찰 뿐만 아니라 해군과도 긴밀한 관계를 가지고 있지만, 우리나라 해군은 치안조직이 아닌 군사조직이다. 외국의 해양경찰(해양경비대)도 준군사조직으로 편성되어 있어 우리나라의 해양경찰 역할인 치안유지와는 완전히 별개의 기관으로서 임무와 목적에 차이가 있다.

일반적으로 해양경찰의 국제법적 신분은 민간인으로서 국가 간의 전투행위에 참전하는 교전권이 부여되지 않지만, 국가 내무행정의 일환으로 치안확보를 위한 대간첩작전과 같은 교전권은 일반적 경찰권으로 분류되어 가능하다 할 것이다. 특히 우리 해양경찰은 남한과 북한의 분단국가라는 특수한 상황으로 군조직과 보다 유기적이고 협력적인 관계를 유지하고 있다.

이렇듯 해군과 해양경찰은 그 근본이 다른 조직이며, 이에 따라 파생되는 임무 및 권한의 범위에 있어 생래적인 차이가 존재한다. 해군의 경우 국방의 목적을 일탈하는 행위에 대하여 국제적으로나 국내적으로 부정적인 여론에 놓일 수 있어 활동에 제한이 가해지게 되지만, 이와 반대로 해양경찰은 비군사적 수준의 대한민국의 해양권익과 관련된 모든 사안과 관련하여 임무 및 권한이 점차 확대되어가고 있으며 이에 대한 필요성이 강하게 요구받고 있다.

2 해양경비의 대상

[1] 해양의 구분

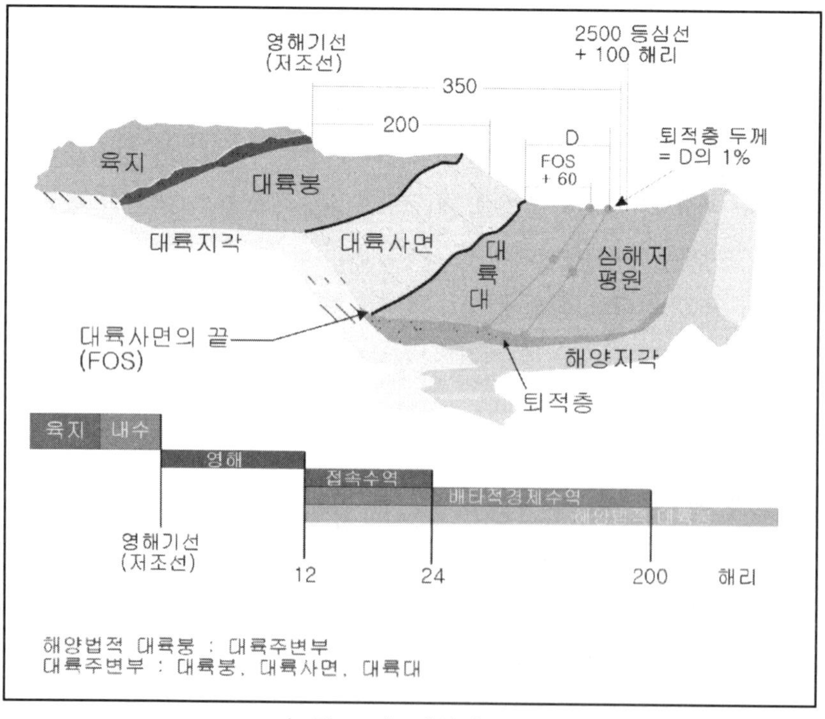

〈그림 1-1〉 해양의 구분

(1) 국가의 일반적 관할권에 종속되는 해양

1) 국내수역(Internal Waters : 內水)

국가영토에 의해 폐쇄되거나 그 영토위에 흐르는 수역(운하, 강, 호수 등)을 말한다.

2) 군도수역(Archipelagic Waters)

다수의 도서로 형성된 군도국가의 외곽을 직선으로 연결하여 이루어지는 내측수역을 말한다.

3) 영해(Territorial Sea)

국내수역을 넘어서 일정범위까지의 수역으로 국제법이 정하는 조건에 따라 연안국이 영토관할권에 준하는 배타적 관할권(경찰권, 관세권, 보건위생권, 안보권등)을 행사하는 수역을 말한다. 영해는 영해기준선으로부터 12해리가 원칙(UN해양법협약 제3조)이고, 우리나라 대한해협의 일부수역에 대해서는 예외적으로 3해리로 하고 있다. 영해기준선을 정하는 방법에는 통상기준선과 직선기준선 등의 방법이 있다. 영해기준선은 간조선 또는 저조선으로 한다.

4) 해협(Straits)

두 개의 해양을 연결하는 좁은 자연적 통항로를 말한다. 우리나라에는 대한해협과 제주해협 등 2개 해협이 있다.

5) 접속수역(Contiguous Zone)

영해기준선에서 24해리가 넘지 않는 범위 내에서 그 영토 및 영해상의 관세. 조세. 출입국. 보건관계 규칙위반을 예방하거나 처벌하기 위하여 필요한 국가관할권을 행사하는 수역을 말한다. 우리나라 접속수역 범위는 기선으로부터 측정하여 그 외측 24해리의 선까지에 이르는 수역에서 대한민국 영해를 제외한 수역이다.

(2) 국가의 경제적 관할권에 종속되는 해양

1) 어업전관수역(Exclusive Fishery Zone)

양자·다자조약 또는 연안국의 일방적인 선언에 의해 연안국이 어업에 관한 배타적 관할권을 행사하는 영해와 접속한 “공해의 수역”을 말한다(배타적 경제수역의 폭이 200해리로 확립된 현시점에서는 그 실용성이 상실되었다고 볼 수 있다).

2) 배타적 경제수역(Exclusive Economic Zone)

영해를 넘어서 그에 인접한 200해리 이내에서 그 해저, 지하, 상부지역의 자원개발 및 보존 그리고 공해방지에 관한 연안국의 배타적권한이 인정되는 수역을 말한다(해양법 협약 제57조). 우리나라의 경우 배타적 경제수역의 범위는 기선으로부터 그 외측 200해리의 선까지에 이르는 수역 중 대한민국의 영해를 제외한 수역이다(배타적경제수역법 제2조 제1항).

3) 대륙붕(Continental Shelf)

해안에 인접하되 영해 밖으로 뻗친 해저지역의 해상 및 그 지하로서 대륙변계 외연(大陸邊界 外延)이 영해기선으로부터 200해리 내에 있는 경우에는 200해리까지이고, 200해리 밖에 있는 경우에는 350해리 또는 2,500m 등심선으로부터 100해리까지를 말한다(해양법협약 제76조).

(3) 국가의 관할권 밖에 있는 해양

1) 공해(High Seas)

경제수역, 영해, 국내수역, 군도수역이 아닌 수역을 말한다. 공해의 개념에서 해저는 포함되지 않고 상부수역 및 바다 위를 의미하고 공해 밑의 해저는 심해저라 한다.

2) 심해저(Deep Sea-Beg)

국가관할권 밖에 있는 공해의 해저(Sea-Bed) 및 해상(海床 : Ocean Floor)과 그 지하인 하층토를 말한다.

[2] 영해 및 접속수역 경비

(1) 영해와 기선

1) 영해 (領海, territorial sea)

영해란 국가의 영토에 접속하고 있는 일정 범위의 수역으로서 연안국의 주권이 미치는 국가영역의 일부를 말하며, 모든 국가는 UN해양법협약에 따라 결정된 기선으로부터 12해리를 초과하지 않는 한계까지 영해의 폭을 설정할 권리를 갖는다. 영해는 영토관할권에 준하는 경찰권, 관세권, 보건위생권, 안보권 등을 행사하는 수역으로 영해기선으로부터 12해리가 원칙이며, 외국선박은 무해통항을 할 수 있다.

영해의 기선은 평탄한 해안에서는 연안국의 해도(海圖)에 표시된 해안의 저조선(低潮線)이 기선이 된다. 해안선이 매우 굽어 있거나 바로 가까이에 해안을 따라 일련의 섬들이 국토의 가장자리를 이루고 있는 곳에서는 해안의 알맞은 지점 사이를 연결하는 직선을 기선으로 삼을 수 있다. 만구(灣口)가 24해리 이하인 명백한 만입만(灣入灣)일 경우에는 입구를 가장 바깥쪽에 있는 항구적인 항만공작물까지 그은 직선이, 또한 하천인 경우에는 하구까지 그은 직선이 기선이 된다. 1982년의 국제연합해양법조약에서는 대양 가운데 흩어져 있는 군도만으로 구성되는 국가를 군도국가(群島國家)라고 규정하고, 군도의 가장 바깥쪽에 있는 섬들을 연결하는 직선을 군도기선으로 하였으며, 군도국가의 영해는 이 군도기선에서 바깥쪽을 향하여 잴 것을 정하였다. 한편 군도기선 안쪽으로 둘러싸인 수역을 군도수역이라 하고, 군도국가 영수의 일부이기는 하나 내수와는 다른 독자적인 법적 지위를 지니는 수역이라고 규정하였다.

우리나라는 대한해협을 제외하고 영해를 12해리, 대한해협은 3해리로 범위를 정하고 있다. 영해의 폭을 측정하기 위한 기준이 되는 선을 기선이라 하며, 통상기선과 직선기선이 있다.

2) 영해기선(領海基線 : Territorial Seawater Base Line)

가) 통상기선

연안국이 공인하는 대축척해도에 기재되어 있는 해안의 저조선을 말하며, 여기서 저조선이라 함은 간조 시 육지와 해수가 접하는 선을 말한다. 통상기선은 통상적으로 사용되는 기준선으로, 썰물 때의 해안선인 최저위선을 기준으로 한다. 해안선이 단조롭거나 섬이 해안에서 멀리 떨어져 있는 경우에 적용한다. 우리나라의 경우, 동해인, 제주도, 울릉도, 독도에서 통상 기선을 기준으로 영해를 설정한다.

나) 직선기선

직선 기선은 최외곽의 섬을 직선으로 연결하여 설정한 기선이다. 해안선이 복잡하거나 섬이 많을 경우에 적용하는데, 해안선이 복잡할 경우 일일이 해안선을 설정하기가 힘들기 때문이다. 우리나라의 경우, 서해안과 남해안, 동해안의 영일만과 울산만에서 직선기선을 기준으로 영해를 설정한다.

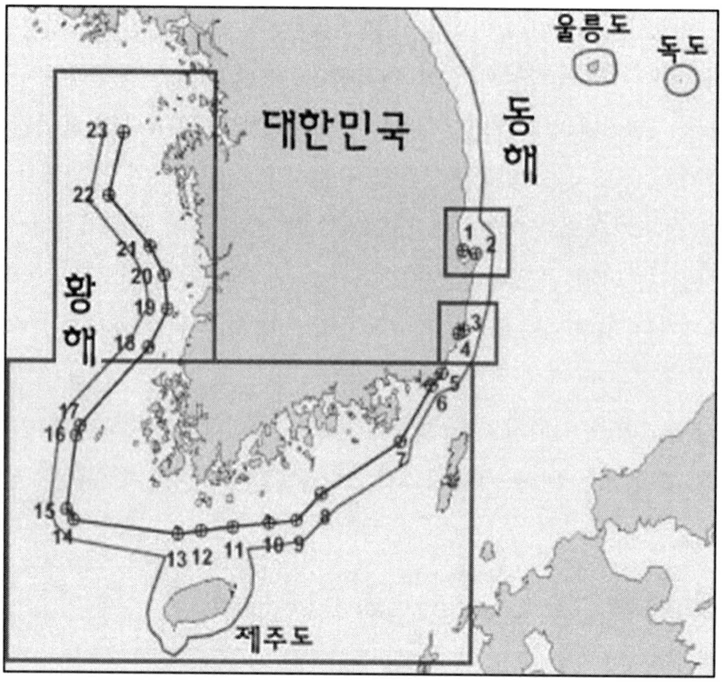

〈그림 1-2〉 영해 기점(직선) 및 기선

(2) 접속수역(接續水域 : Contiguous Sea Zone)

영해 기준선에서 24해리가 넘지 않는 범위 내에서 관세, 조세, 출입국, 보건관계규칙 위반을 예방하거나 처벌하기 위하여 필요한 국가관할권을 행사하는 수역을 말한다. 우리나라 접속수역 범위는 영해기선으로부터 24해리의 선에 이르는 수역에서 영해를 제외한 수역으로 관련 법률은 '영해 및 접속수역법'이다.

(3) 영해에서 외국선박의 통항(법 제5조)

1) 무해통항권 (無害通航權 : Right Of Innocent Passage)

외국선박은 대한민국의 평화·공공질서 또는 안전보장을 해치지 아니하는 범위에서 대한민국의 영해를 무해통항(無害通航)할 수 있다. 외국의 군함 또는 비상업용 정부선박이 영해를 통항하려는 경우에는 대통령령으로 정하는 바에 따라 관계 당국에 미리 알려야 한다(사전통고).

외국의 군함 또는 비상업용 정부선박이 영해를 통항하고자 할 때에는 법 제5조제1항 후단의 규정에 따라 그 통항 3일전까지(공휴일은 제외한다) 외교부장관에게 다음 각호의 사항을 통고하여야 한다. 다만, 전기선박이 통과하는 수역이 국제항행에 이용되는 해협으로서 동 수역에 공해대가 없을 경우에는 그러하지 아니하다.

① 당해 선박의 선명·종류 및 번호

② 통항목적

③ 통항항로 및 일정

2) 제외 사유

외국선박이 통항할 때 다음 각 호의 행위를 하는 경우에는 대한민국의 평화·공공질서 또는 안전보장을 해치는 것으로 본다(다만, 제2호부터 제5호까지, 제11호 및 제13호의 행위로서 관계 당국의 허가·승인 또는 동의를 받은 경우 제외).

① 대한민국의 주권·영토보전 또는 독립에 대한 어떠한 힘의 위협이나 행사(行使), 그 밖에 국제연합헌장에 구현된 국제법원칙을 위반한 방법으로 하는 어떠한 힘의 위협이나 행사

② 무기를 사용하여 하는 훈련 또는 연습

③ 항공기의 이함(離艦)·착함(着艦) 또는 탑재

④ 군사기기의 발진(發進)·착함 또는 탑재

⑤ 잠수항행

⑥ 대한민국의 안전보장에 유해한 정보의 수집

⑦ 대한민국의 안전보장에 유해한 선전·선동

⑧ 대한민국의 관세·재정·출입국관리 또는 보건·위생에 관한 법규에 위반 되는 물품이나 통화(通貨)의 양하(揚荷)·적하(積荷) 또는 사람의 승선·하선

⑨ 대통령령으로 정하는 기준을 초과하는 오염물질의 배출

⑩ 어로(漁撈)

⑪ 조사 또는 측량

⑫ 대한민국 통신체제의 방해 또는 설비 및 시설물의 훼손

⑬ 통항과 직접 관련 없는 행위로서 대통령령으로 정하는 것

3) 일시 정지

안전보장을 위하여 필요하다고 인정되는 경우에는 대통령령으로 정하는 바에 따라 일정수역을 정하여 외국선박의 무해통항을 일시적으로 정지시킬 수 있다.

(4) 관계당국의 권한(법 제6조, 제6조의2)

1) 영해

외국선박(외국의 군함 및 비상업용 정부선박은 제외)이 제5조[2]를 위반한 혐의가 있다고 인정될 때에는 관계 당국은 정선(停船)·검색·나포(拿捕), 그 밖에 필요한 명령이나 조치를 할 수 있다.

2) 접속수역

대한민국의 접속수역에서 관계 당국은 다음 각 호의 목적에 필요한 범위에서 법령에서 정하는 바에 따라 그 직무권한을 행사할 수 있다.

① 대한민국의 영토 또는 영해에서 관세·재정·출입국관리 또는 보건·위생에 관한 대한민국의 법규를 위반하는 행위의 방지

② 대한민국의 영토 또는 영해에서 관세·재정·출입국관리 또는 보건·위생에 관한 대한민국의 법규를 위반한 행위의 제재

(5) 군함 등에 대한 특례

외국의 군함이나 비상업용 정부선박 또는 그 승무원이나 그 밖의 승선자가 이 법이나 그 밖의 다른 법령을 위반하였을 때에는 이의 시정이나 영해로부터의 퇴거를 요구할 수 있다. 독도 등에 대해 국제 분쟁화를 이유로 주변국이 불법·부당하게 영해 침범 등의 조치를 취할 경우에는 특별히 별도의 대응 매뉴얼에 의거하여 조치한다. 다만, 대응에 대한 사항은 전략상의 이유로 비밀로 수립하여 대외 노출을 금한다.

(6) 벌칙(법 제7조)

영해 및 접속수역법 제5조(외국선박의 통항)를 위반한 외국선박의 승무원이나 그 밖의 승선자는 5년 이하의 징역 또는 3억원 이하의 벌금에 처하고, 정상을 고려하여 필요할 때에는 해당 선박, 기재(器材), 채포물(採捕物) 또는 그 밖의 위반물품을 몰수할 수 있다.

영해 및 접속수역법 제6조(정선 등)에 따른 명령이나 조치를 거부·방해 또는 기피한 외국선박의 승무원이나 그 밖의 승선자는 2년 이하의 징역 또는 1억원 이하의 벌금에 처한다. 징역형과 벌금형은 병과(倂科)할 수 있으며 그 행위가 이 법 외의 다른 법률에 규정된 죄에

---

2) 제5조(외국선박의 통항) ① 외국선박은 대한민국의 평화·공공질서 또는 안전보장을 해치지 아니하는 범위에서 대한민국의 영해를 무해통항(無害通航)할 수 있다. ② 외국선박이 통항할 때 다음 각 호(제외사유인 1호부터 13호까지)의 행위를 하는 경우에는 대한민국의 평화·공공질서 또는 안전보장을 해치는 것으로 본다.

해당하는 경우에는 그 중 가장 무거운 형으로 처벌한다.

★ 영해'는 어떤 의미를 가지고 있는가?

우리에게 있어 영해는 「집, 가족」이다.

□ 무엇보다도 소중한 존재이다.
영해는 1차적 보호대상이며, 국가의 영토관할권에 준하는 주권(주인된 권리)을 행사할 수 있는 수역이다.

□ 그 어떤 것과도 바꿀 수 없다.
가족을 '돈'으로 바꿀 수 없듯이 영해의 가치와 범위는 경제적으로 교환할 수 없으며, 어떠한 희생을 치르더라도 지켜야 하는 대상이다.

영해기선은 「해양권익의 시작」이다.

[3] 배타적 경제수역(EEZ) 경비

(1) 배타적 경제수역 경비

배타적 경제수역(EEZ : Exclusive Economic Zone)이란 영해를 넘어서 그에 인접한 200해리이내에서 자원의 탐사·개발·보전 및 관리에 관해 연안국의 주권적 권리가 인정되는 수역을 말한다. 우리나라의 경우 배타적 경제수역(EEZ)의 범위는 영해기선으로부터 그 외측 200해리의 선까지에 이르는 수역이나 인접국간 EEZ경계가 확정되지 아니한 상태이다. 외국어선의 불법조업은 EEZ어업법, 무허가 해양조사는 해양과학 조사법으로 처벌을 한다.

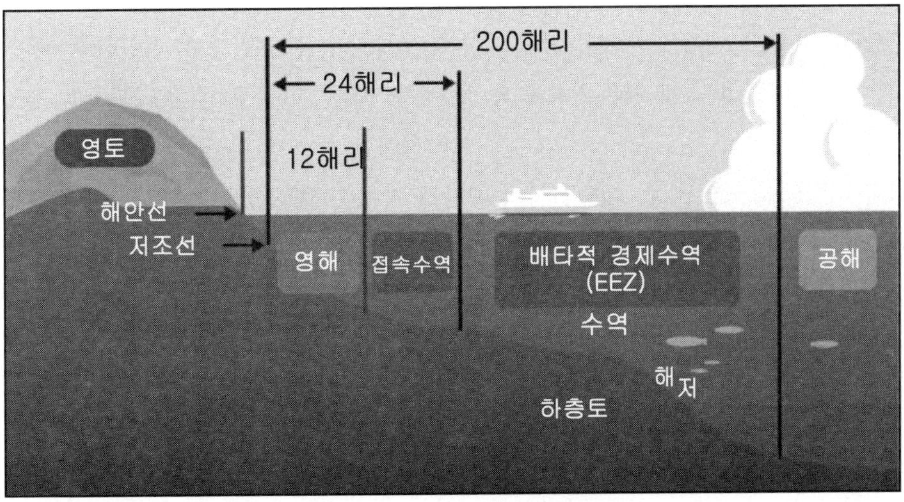

〈그림 1-3〉 우리나라 해양영역

(2) 배타적 경제수역(EEZ)에서의 권리

1) 주권적 권리

해저의 상부 수역, 해저 및 그 하층토에 있는 생물이나 무생물 등 천연자원의 탐사·개발·보존 및 관리를 목적으로 하는 주권적 권리와 해수, 해류 및 해풍을 이용한 에너지 생산 등 경제적 개발 및 탐사를 위한 그 밖의 활동에 관한 주권적 권리가 있다.

2) 협약에 규정된 관할권

① 인공섬·시설 및 구조물의 설치·이용

② 해양과학 조사

③ 해양환경의 보호 및 보전

3) 협약에 규정된 그 밖의 권리

(3) 해양경찰의 임무 및 권한(배타적경제수역에서의 권리보호 및 행사)

1) 「해양경비법」상 임무

해양자원 및 해양시설의 보호, 해양환경의 보전·관리, 해양과학조사 실시 등에 관한 국내법령 및 대한민국이 체결·비준한 조약을 위반한 외국선박의 단속을 위한 경비를 중점적으로 수행한다.[3] 또한 이를 위해 해상검문검색 및 추적·나포에 대한 대상 등이 규정되어 있다.

2) 배타적 경제수역 및 대륙붕에 관한 법률 (약칭 : 배타적경제수역법)상 권한

대한민국의 배타적 경제수역에서 제3조(배타적경제수역과 대륙붕에서의 권리)에 따른 권리를 침해하거나 그 배타적 경제수역에 적용되는 대한민국의 법령을 위반한 혐의가 있다고 인정되는 자에 대하여 관계 기관은 유엔해양법협약 제111조에 따른 추적권(追跡權)의 행사, 정선(停船)·승선·검색·나포 및 사법절차를 포함하여 필요한 조치를 할 수 있다.[4] 배타적 경제수역과 대륙붕의 범위는 ① 대한민국의 배타적 경제수역은 협약에 따라 「영해 및 접속수역법」 제2조에 따른 기선(基線)(이하 "기선"이라 한다)으로부터 그 바깥쪽 200해리의 선까지에 이르는 수역 중 대한민국의 영해를 제외한 수역으로 한다.

---

3) 「해양경비법」 제11조(경비수역별 중점 경비사항) ① 해양경찰청장은 경비수역의 구분에 따라 경비세력의 배치와 중점 경비사항을 달리할 수 있다. ② 제1항의 구분에 따른 중점 경비사항은 다음 각 호와 같다.
1. 연안수역 : 해양 관계 국내법령을 위반한 선박등의 단속 등 민생치안 확보 및 임해 중요시설의 보호 경비
2. 근해수역 : 「영해 및 접속수역법」 제6조의2에 따른 법령을 위반한 외국선박의 단속을 위한 경비
3. 원해수역 : 해양자원 및 해양시설의 보호, 해양환경의 보전·관리, 해양과학조사 실시 등에 관한 국내법령 및 대한민국이 체결·비준한 조약을 위반한 외국선박의 단속을 위한 경비

4) 「배타적 경제수역 및 대륙붕에 관한 법률」 제5조(대한민국의 권리 행사 등) ③항

② 대한민국의 대륙붕은 협약에 따라 영해 밖으로 영토의 자연적 연장에 따른 대륙변계(大陸邊界)의 바깥 끝까지 또는 대륙변계의 바깥 끝이 200해리에 미치지 아니하는 경우에는 기선으로부터 200해리까지의 해저지역의 해저와 그 하층토로 이루어진다. 다만, 대륙변계가 기선으로부터 200해리 밖까지 확장되는 곳에서는 협약에 따라 정한다.

③ 대한민국과 마주 보고 있거나 인접하고 있는 국가(이하 "관계국"이라 한다) 간의 배타적 경제수역과 대륙붕의 경계는 제1항 및 제2항에도 불구하고 국제법을 기초로 관계국과의 합의에 따라 획정한다.

3) 「배타적경제수역에서의 외국인어업 등에 대한 주권적 권리의 행사에 관한 법률」상 권한

검사나 사법경찰관은 이 법, 이 법에 따른 명령 또는 제한이나 조건을 위반한 선박 또는 그 선박의 선장이나 그 밖의 위반자에 대하여 정선, 승선, 검색, 나포(拿捕) 등 필요한 조치를 할 수 있다.[5]

4) 「해저광물자원개발법」상 권한

채취권 또는 탐사권의 설정허가를 받지 아니하고 해저광물을 채취한 자는 처벌하며, 자료 취득현황 및 해저광업활동의 진행 상황을 확인하기 위하여 소속 공무원에게 현장조사를 하게 할 수 있다.[6]

5) 「선박 및 해상구조물에 대한 위해행위의 처벌 등에 관한 법률」상 권한

해상구조물의 안전을 위험하게 할 목적으로 해상구조물에 있는 사람을 살해, 상해 또는 폭행하거나 사람을 협박한 사람, 폭행이나 협박 또는 그 밖의 방법으로 해상구조물을 강탈한 사람, 해상구조물을 파괴하거나 해상구조물 또는 그에 적재된 화물에 그 안전을 위험하게 할 만한 손상을 입힌 사람 등에 대한 처벌 및 범죄인 인수 권한이 부여되어 있다.

6) 「해양과학조사법」상 권한

외국인 등이 제6조(영해에서의 조사에 대한 허가), 제7조(영해 외측 관할해역에서의 조사에 대한 동의), 제8조(공동조사의 허가 등)의 규정에 의한 허가나 동의를 받지 아니하고 해양과학조사를 수행한다는 혐의가 있는 때에는 관계기관의 장은 정선, 검색, 나포 기타 필요한 명령이나 조치를 할 수 있다.[7]

---

5) 「배타적 경제수역에서의 외국인어업 등에 대한 주권적 권리의 행사에 관한 법률」 제23조(위반선박 등에 대한 사법절차)

6) 「해저광물자원 개발법」 제26조(보고 및 조사), 제35조(벌칙), 제36조(벌칙)

7) 「해양과학조사법」 제13조(불법조사)

7) 「해양환경관리법」상 권한

선박이 이 법의 규정을 위반한 혐의가 있다고 인정되는 경우에는 해양경찰청장은 정선, 검색, 나포, 입·출항금지 그 밖에 필요한 명령이나 조치를 할 수 있다.[8)]

(4) 중간선 원칙

「배타적경제수역법」 제5조(대한민국의 권리 행사 등) ②항에 의거, 관계국(國)과의 별도의 합의[9)]가 없는 경우 중간선 안쪽 수역에서는 전략적으로 행사하여야 할 것이다.

〈참고〉 배타적경제수역법 제5조 ②항의 해석 문제

> 우리나라는 아직까지 주변국과 해양경계 획정을 하지 않은 상황에서 해양경계 획정 전까지 배타적경제수역에서의 권리 행사를 포기하여서는 안 되며, 다음과 같은 해석을 통해 해양전략적 측면에서 중간선 내측에서의 권리를 보다 적극적으로 행사할 필요가 있을 것이다.

① 대한민국의 배타적경제수역에서의 권리는 대한민국과 관계국 간에 별도의 합의가 없는 경우 대한민국과 관계국의 중간선 바깥쪽 수역에서는 행사하지 아니한다.
② 대한민국의 배타적경제수역에서의 권리는 대한민국과 관계국 간에 별도의 합의가 없는 경우 대한민국과 관계국의 중간선 안쪽 수역에서는 행사한다.
③ 대한민국과 관계국 간에 별도의 합의가 없는 경우 대한민국은 중간선 원칙(가상 EEZ)에 따라 경비 임무를 수행한다.

---

8) 「해양환경관리법」 제117조(정선·검색·나포·입출항금지 등)

9) 「UN 해양법협약」 제74조(대향국간 또는 인접국간의 배타적경제수역의 경계획정) 1. 서로 마주보고 있거나 인접한 연안을 가진 국가간의 배타적경제수역 경계획정은 공평한 해결에 이르기 위하여, 국제사법재판소규정 제38조에 언급된 국제법을 기초로 하는 합의에 의하여 이루어진다. 2. 상당한 기간내에 합의에 이르지 못할 경우 관련국은 제15부에 규정된 절차에 회부한다. 3. 제1항에 규정된 합의에 이르는 동안, 관련국은 이해와 상호협력의 정신으로 실질적인 잠정약정을 체결할 수 있도록 모든 노력을 다하며, 과도적인 기간 동안 최종 합의에 이르는 것을 위태롭게 하거나 방해하지 아니한다. 이러한 약정은 최종적인 경계획정에 영향을 미치지 아니한다. 4. 관련국간에 발효 중인 협정이 있는 경우, 배타적경제수역의 경계획정에 관련된 사항은 그 협정의 규정에 따라 결정된다.

[4] 해양경찰 시대별 경비기능 변화

〈표 1-3〉 해양경찰시대별 경비기능 변화

구분	기간	소속	기 능
해양경찰대	1953-1955	내무부	▸ 영해경비 ▸ 어업자원보호
해양경비대	1955-1962	상공부	▸ 영해경비 ▸ 어업자원보호 ▸ 항로표지보호
해양경찰대 (2기)	1962-1991	내무부	▸ 영해경비 ▸ 어업자원보호 ▸ 범죄수사정보 ▸ 동·서 어로보호본부 설치 ▸ 해양오염방제 ▸ 선박출입항 통제
해양경찰청	1991-1996	내무부 (해양경찰청)	▸ 영해경비 ▸ 어업자원보호 ▸ 범죄수사정보 ▸ 동·서 어로보호본부 설치 ▸ 해양오염방제·예방 ▸ 선박출입항통제 ▸ 수색·수조기능 일원화 ▸ 유선·도선안전관리 ▸ 즉결심판
	1996-2014	해양수산부 국토해양부 해양수산부	▸ 영해경비 ▸ 어업자원보호 ▸ 범죄수사정보 ▸ 동·서 어로보호본부 설치 ▸ 해양오염방제·예방 ▸ 선박출입항통제 ▸ 수색·수조기능 일원화 ▸ 유선·도선안전관리 ▸ 즉결심판 ▸ 수상레저안전관리
해양경비 안전본부	2014-2017	국민안전처	▸ 영해경비 ▸ 어업자원보호 ▸ 범죄수사정보 ▸ 동·서 어로보호본부 설치 ▸ 해양오염방제·예방 ▸ 선박출입항통제 ▸ 수색·수조기능 일원화 ▸ 유선·도선안전관리 ▸ 즉결심판 ▸ 수상레저안전관리 ▸ 해상교통관제
해양경찰청	2017- 현재	해양수산부	▸ 영해경비 ▸ 어업자원보호 ▸ 범죄수사정보 ▸ 동·서 어로보호본부 설치 ▸ 해양오염방제·예방 ▸ 선박출입항통제 ▸ 수색·수조기능 일원화 ▸ 유선·도선안전관리 ▸ 즉결심판 ▸ 수상레저안전관리 ▸ 해상교통관제

(자료 : 해양경찰청 내부자료 인용 재작성)

2장 해양경비 법령체계

1 해양경비법 일반

[1] 해양경비법 목적

해양경비법은 경비수역에서의 해양안보 확보, 치안질서 유지, 해양수산자원 및 해양시설 보호를 위하여 해양경비에 관한 사항을 규정함으로써 국민의 안전과 공공질서의 유지에 이바지함을 목적으로 한다.

[2] 해양경비법령 체계도

해양경찰의 창설과 함께 시작된 해양경비 임무는 해양경찰청의 핵심임무로써 현재까지 인식되어 오고 있다. 다만, 현대적 경비개념이 1996년 UN해양법협약의 가입으로 새롭게 전환되고 있는 상황으로 1987년 개정된 「대한민국 헌법」에 그 역할에 대한 명시적인 규정이 없고, 「정부조직법」상 해양경찰청의 임무가 "해양에서의 경찰 및 오염방제에 관한 사무"로 규정되어 다소 추상적이며 경비임무에 대한 법적근거로써 상당한 제약이 있다는 점이 인정된다. 이렇게 해양경비 임무는 법적근거가 매우 미약한 상태로 오랜 기간 수행되어 왔으며, 해양경찰법 등 조직·작용법적 근거가 없는 상황에서 직무의 기본으로 작용하는 「경찰관직무집행법」 상 직무의 범위에 '경비'는 요인경호와 병렬 기술되어 있는 것을 보면 육상에서의 경비임무는 상당히 제한적인 의미에서 사용되고 있으며 해양에서의 경비 활동과는 의미상 많은 차이가 있음을 짐작해 볼 수 있다.

다만 2012년 2월 22일 「해양경비법」이 제정·공포되어 동년 8월 23일자로 시행되면서 해양경비에 대한 법적기반이 처음으로 마련되었으며, 이에 근거한 기본계획의 수립 및 하위법령의 제정과 관련 훈령의 정비가 지속 이행되고 있어 해양경비 분야 법령체계가 정립되고 있는 상황이다.

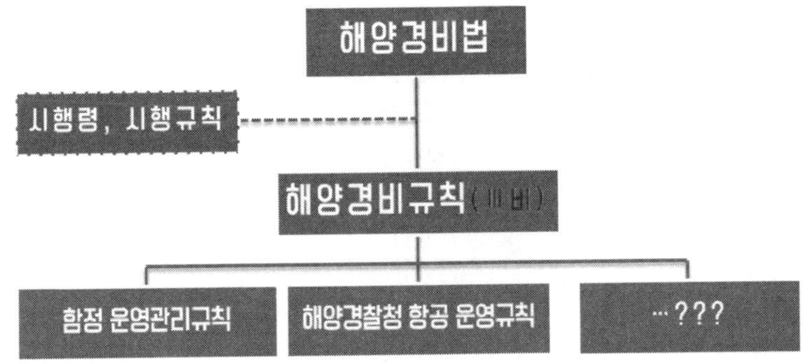

〈그림 1-4〉 해양경비 법령 체계도

[3] 해양경비관련 법령과 조약

「해양경비법」의 제정·시행으로 해양경비 분야에 대한 기본 법체계가 마련되었지만, 아직까지는 시행 초기 단계로써 구체적인 집행은 기존의 각종 국내법령, 조약 등 국제법적 근거 및 해양경찰청 내부 행정규칙에 규정된 사항을 기준으로 활동을 수행한다고 할 수 있다. 이러한 법적 근거들을 강학 상의 분류기준인 4가지인 ① 영해 경비 ② 배타적 경제수역 경비 ③ 해양안보 경비 ④ 경비세력 운영 측면에서 정리해 보면 〈표 1-4〉와 같다.

〈표 1-4〉 해양경비 관련 법령과 조약

<table>
<tr><th>구분</th><th>국내법령</th><th>조약 등 국제법적 근거</th><th>행정규칙</th></tr>
<tr><td>영해 경비</td><td>► 해양경비법
► 영해 및 접속수역법
► 출입국관리법, 관세법, 마약법, 밀항단속법
► 해사안전법, 개항질서법
► 무인도서의 보전 및 관리에 관한 법률</td><td rowspan="2">► UN해양법협약
► 한·일/한·중 어업협정
► UN헌장
► 해양환경보호를 위한 각종 국제환경규범
► 각종 공해어족 보호협약
► 국제형사법
► 범죄인 인도 조약
〈기타 ICJ규정 제38조〉
► 국제관습법
► 법의 일반원칙
► 판결과 학설
► 형평과 선</td><td rowspan="4">► 함정 운영관리 규칙
► 해양경찰청 항공운영규칙
► 함정 기본조직에 관한 규칙
► 해상특수기동대 운영규칙
► 국가위기관리 세부운영규칙
► 해상경호규칙
► 특공대 운용규칙
► 국가대테러활동 세부운영 규칙
► 해상치안상황실 운영규칙
► 비상소집 및 근무규칙
► 계선부표 관리 규칙
► 기타 각종 지침 및 매뉴얼
☞ 행정규칙은 주로 경비세력 운영과 관련된 사항을 규정하고 있음</td></tr>
<tr><td>EEZ 경비</td><td>► 배타적 경제수역 및 대륙붕에 관한 법률
► 배타적경제수역에서의외국인어업등에대한주권적권리의행사에관한법률
► 해저광물자원개발법
► 해양과학조사법
► 해양환경관리법
► 수산업법, 안전조업규칙</td></tr>
<tr><td>해양 안보 경비</td><td>► 경찰관직무집행법
► 의무경찰대 설치 및 운영에 관한 법률
► 통합방위법
► 비상대비자원관리법
► 국제항해선박 및 항만시설의 보안에 관한 법률
► 선박 및 해상구조물에 대한 위해행위의 처벌에 관한 법률
► 국가대테러활동지침
► 대통령 등의 경호에 관한 법률
► 대외무역법</td><td>► 남북해운합의서
► UN안보리 대북제재결의 1718·1874·2094호 등
► 해상항행의 안전에 대한 불법적 행위의 억제를 위한 협약
► 대륙붕에 위치한 고정플랫폼의 안전에 대한 불법적 행위의 억제를 위한 의정서
► 외교관등 국제적 보호인물에 대한 범죄의 방지 및 처벌에 관한 협약
► 인질억류방지에 관한 국제협약
► 폭탄테러행위의 억제를 위한 국제협약</td></tr>
<tr><td>경비 세력 운영</td><td>► 재난 및 안전관리 기본법
► 수상구조법
► 수상레저안전법
► 선박교통관제에 관한 법률</td><td>► SAR 협약
► ICAO 협약</td></tr>
</table>

2 해양경비법 주요내용

[1] 용어 정의

(1) 해양경비

제2조 제1호에서 '해양경비'를 '해양경찰청장이 경비수역에서 해양주권의 수호를 목적으로 행하는 해양안보 및 해양치안의 확보, 해양자원 및 해양시설의 보호를 위한 경찰권의 행사를 말한다.'라고 정의하고 있다.

「경찰관직무집행법」 제2조(직무의 범위)에서 말하는 경비의 개념은 인명과 재산을 인위적·자연적 위해로부터 보호하기 위하여 특정한 지역, 국가시설 및 중요시설을 경계·순찰·경비하는 것이라고 하고 있다. 이 법에서 해양경비는 「경찰관직무집행법」상의 경비의 개념과 유사하지만 기본적인 내용인 해양주권의 수호 및 해양안보 치안 뿐 아니라 해양자원 및 해양시설의 보호까지 위 조항에 설시함으로써 그 범위를 해양으로까지 확장시켰다.

(2) 경비수역

제2조제2호에서 '경비수역'을 '대한민국의 법령과 국제법에 따라 대한민국의 권리가 미치는 수역으로서 연안수역, 근해수역 및 원해수역을 말한다.'라고 정의하고 있다. '대한민국의 법령'은 「영해 및 접속수역법」 등이 해당하고 '국제법'은 「유엔해양협약」과 같이 헌법에 의하여 체결, 공포된 조약 및 일반적으로 승인된 국제법규 등이 해당된다.

1) 연안수역의 개념

제2조 제3호는 '연안수역'을 '「영해 및 접속수역법」 제1조 및 제3조에 따른 영해 및 내수(「내수면어업법」 제2조제1호에 따른 내수면은 제외한다)를 말한다.'라고 정의하고 있다. 「영해 및 접속수역법」 제1조는 기선으로부터 그 외측 12해리까지 이르는 수역을 영해라고 규정하고 제3조에서는 기선으로부터 육지 측의 수역은 내수라고 규정하고 있는 바, 위 영역이 연안수역이 된다. 다만 「내수면어업법」 제2조 제1호의 내수면은 제외한다고 규정하고 있는 바, 하천, 댐, 호수, 늪, 저수지 및 그 외 인공적으로 조성된 담수, 기수의 물 흐름 또는 수면은 이 법의 적용범위에서 제외된다.

2) 근해수역의 개념

제2조제4호는 '근해수역'을 '「영해 및 접속수역법」 제3조의2에 따른 접속수역을 말한다.'라고 정의하고 있다. 대한민국의 접속수역은 기선으로부터 측정하여 그 바깥쪽 24해리의 선까지에 이르는 수역에서 대한민국의 영해를 제외한 수역을 말하며, 이 수역을 이 법에서는 근해수역으로 규정하였다.

3) 원해수역의 개념

제2조 제5호는 '원해수역'을 '「해양수산발전 기본법」 제3조제1호에 따른 해양 중 연안수역과 근해수역을 제외한 수역을 말한다.'라고 정의하고 있다. 「해양수산발전기본법」 제3조 제1호의 '해양'은 대한민국의 내수, 영해, 배타적 경제수역, 대륙붕 등 대한민국의 주권, 주권적 권리 또는 관할권이 미치는 해역과 헌법에 의하여 체결, 공포된 조약 또는 일반적으로 승인된 국제법규에 의하여 대한민국의 정부 또는 국민이 개발 이용 보전에 참여할 수 있는 해역을 의미하고 이때의 '해양'에서 연안수역과 근해수역을 제외한 부분을 이 법에서 원해수역으로 규정하고 있다.

(3) 해양자원

제2조 제6호는 '해양자원'을 '「해양수산발전 기본법」 제3조제2호에 따른 해양자원을 말한다.'라고 정의하고 있다. 「해양수산발전기본법」 제3조제2호에서 규정한 '해양자원'은 개발, 이용이 가능한 해양생물자원, 해양광물자원, 해양에너지, 해양관광자원 및 해양공간자원 등 국가경제 및 국민생활에 유용한 자원을 말한다.

(4) 해양시설

제2조제7호는 '해양시설'을 '「해양환경관리법」 제2조제17호에 따른 해양시설을 말한다.'라고 정의하고 있다. 해양환경관리법 제2조제17호에서 규정한 '해양시설'은 해역(「항만법」 제2조제1호의 규정에 따른 항만을 포함한다)의 안 또는 해역과 육지 사이에 연속하여 설치, 배치하거나 투입되는 시설 또는 구조물로서 해양수산부령으로 정하도록 권한이 위임되어 있다.

〈표 1-5〉 해양환경관리법 시행규칙 별표(해양시설의 범위)

해양시설의 범위		
구분	시설의 종류	범위
1. 기름, 유해 액체물질, 폐기물, 그 밖의 물건의 공급(공급받는 경우를 포함한다)·처리 또는 저장 등의 목적으로 해역 안 또는 해역과 육지 사이에 연속하여 설치·배치된 시설 또는 구조물(해역과 일시적으로 연결되는 시설 또는 구조물을 포함한다)	가. 기름 및 유해액체물질 저장(비축을 포함한다) 시설	계류시설(돌핀), 선박과 저장 시설을 연결하는 이송설비, 저장 시설, 자가처리시설
	나. 법 제38조에 따른 오염 물질 저장시설	저장시설, 교반시설, 처리시설
	다. 선박 건조 및 수리시설, 해체시설	저장시설, 상가시설 및 수리시설 (이동식 시설은 제외한다)
	라. 시멘트·석탄·사료·곡물· 고철·광석·목재·토사의 하역시설	국토해양부장관이 정하여 고시 하는 계류시설, 하역설비 (컨베이어 벨트를 포함한다)
	마. 폐기물 해양배출 업자의 폐기물 저장시설	폐기물저장시설, 교반시설 및 이송관
2. 해양레저, 관광, 주거, 해수이용, 그 밖의 목적으로 해역 안 또는 해역과 육지 사이에 연속하여 설치·배치·투입된 시설 또는 구조물	가. 연면적 100㎡ 이상의 해상 관광시설, 주거시설 (호텔·콘도), 음식점(「선박 안전법」상 선박은 제외한다)	해역 안에 설치된 시설, 해역과 육지 사이에 연속하여 설치된 시설의 경우에는 취수 및 배수 시설(배관을 포함한다)
	나. 관경의 지름이 600㎜ 이상의 취수·배수시설 (관이 2개 이상인 경우는 각각의 지름을 합한다)	취수 및 배수시설(배관을 포함 한다)
	다. 유어장	유어시설, 가두리낚시터
	라. 그 밖의 시설	해상 송전철탑, 해저 광케이블, 해상부유구조물
3. 그 밖에 해역 안에 설치·배치·투입된 시설 또는 구조물	해양수산발전기본법 제17조 제1항에 따른 국가해양관측을 위한 종합해양과학기지	기상관측 등 그 밖의 목적시설

(5) 경비세력

제2조제8호는 '경비세력'을 '해양경찰청장이 해양경비를 목적으로 투입하는 인력, 함정, 항공기 및 전기통신설비 등을 말한다.'라고 정의하고 있다. 여기에서 "경비세력"이라 함은 해양경찰청장이 해양경비를 목적으로 투입하는 인력, 함정, 항공기 및 전기통신설비 등을 의미하는 것으로서 동 조항은 예시규정에 해당한다. 따라서 이 법에서 의미하는 경비세력이란 해양경비업무를 위해 일반적으로 투입되는 모든 해양경찰청의 인력과 설비 등을 총칭하는 것이

다. 또한 경비세력의 운용에 있어서 구체적으로 해양경찰청장의 지시가 필요한 것은 아니다.

(6) 해상검문검색

제2조 제9호는 '해상검문검색'을 '해양경찰청장이 경비세력을 사용하여 경비수역에서 선박 등을 대상으로 정선(停船) 요구, 승선(乘船), 질문, 사실 확인, 선체(船體) 수색이나 그 밖에 필요한 조치를 하는 것을 말한다.'라고 정의하고 있다.

이는 경찰관직무집행법에서 사용되고 있는 불심검문[10]에 해당하는 것이지만, 해양의 특수성을 고려하여 이보다 폭 넓은 권한을 부여한 것이다. 따라서 해상검문검색은 정선요구, 승선, 질문, 사실 확인, 선체 수색, 그 밖의 조치를 집행할 수 있는 포괄적 의미의 용어이다. 다만, '그 밖에 필요한 조치'라 함은 이 법 제8조 등의 규정을 고려할 때, 해상검문검색에 필요한 범위, 즉 본 법 제12조 각호의 의심 사유를 확인하는 범위 내에서 제한적으로 해석되어야 할 것이다. 왜냐하면 '필요한 조치'라는 법문은 법령상 불확정개념에 해당하여, 자의적인 공권력행사 또는 재량권의 남용에 원인이 될 수 있고, 이는 국민의 재산과 권리의 불법적 침해로 이어질 수 있기 때문이다(최영규, 2007 : 292).

(7) 선박 등

제2조 제10호는 '선박 등'을 '「선박법」 제1조의2 제1항에 따른 선박(이하 "선박"이라 한다), 「수상레저안전법」 제2조 제3호에 따른 수상레저기구, 그 밖에 수상에서 사람이 탑승하여 이동 가능한 기구를 말한다.'라고 정의하고 있다.

여기서 '선박 등'이란 「선박법」 제1조의2 각 호에서 규정한 기선, 범선, 부선과 「수상레저안전법」 제2조 제3호의 것으로서 모터보트, 동력요트, 수상 오토바이, 고무보트, 스쿠터 호버크래프트, 수상스키, 패러세일, 조정, 카약, 카누, 워터슬레드, 수상자전거, 서프보드, 노보트(「수상레저안전법 시행령」 제2조 각 호), 무동력 요트, 윈드서핑, 웨이크보드, 카이트보드, 케이블수상스키, 케이블웨이크보드, 수면비행선박, 수륙양용기구(「수상레저안전법 시행규칙」 제1조의2 제1항 각 호) 및 이와 유사한 방식을 가진 수상에서의 탈 것이 모두 포함된다 할 것이다.

10) 불심검문이란 거동이 수상한 자를 정지시켜 조사하는 것을 말한다. 질문 외에 경찰관서에의 동행과 흉기 소지 여부의 조사가 포함된다.

(8) 임해중요시설

제2조(정의) 제11호는 '임해 중요시설'을 '바다와 인접하고 있는 공공기관, 공항, 항만, 발전소, 조선소 및 저유소(貯油所) 등 국민경제의 기간(基幹)이 되는 주요 산업시설로서 대통령령으로 정하는 시설을 말한다.'라고 정의하고 있으며, 이 법 시행령 제2조(임해 중요시설의 범위)는 '임해 중요시설의 범위'를 아래와 같이 규정하고 있다.

① 국가, 지방자치단체 또는 「공공기관의 운영에 관한 법률」 제4조에 따른 공공기관의 청사
② 「항공법」에 따른 비행장 및 공항
③ 「항만법」에 따른 항만 및 항만시설
④) 발전소·조선소·제철소 및 저유소(貯油所) 등 국가기간 산업시설

「항공법」에 따른 '비행장'은 「항공법」 제2조(정의) 제6호에 따라 항공기의 이·착륙을 위하여 사용되는 육지 또는 수면(水面)의 일정한 구역으로서 대통령령으로 정하는 것을 말하고 대통령령인 「항공법 시행령」 제9조의3(비행장의 구분)는 1. 육상 비행장, 2. 육상 헬기장, 3. 수상 비행장, 4. 수상 헬기장, 5. 옥상 헬기장, 5의2. 선상(船上) 헬기장, 6. 해상 구조물 헬기장이 해당된다.

또한, 「항공법」 제2조(정의) 제7호 따른 '공항'이란 공항시설을 갖춘 공공용 비행장으로서 국토교통부장관이 그 명칭·위치 및 구역을 지정·고시한 것을 말한다.

「항만법」에 따른 '항만'은 「항만법」 제2조(정의) 제1호에 따라 '선박의 출입, 사람의 승선·하선, 화물의 하역·보관 및 처리, 해양친수활동 등을 위한 시설과 화물의 조립·가공·포장·제조 등 부가가치 창출을 위한 시설이 갖추어진 곳'이며, '항만시설'은 같은 법 제2조(정의) 제5호에 따라 항만구역 안과 밖의 시설로 항로·방파제 등 기본시설과, 대합실·하역시설 등 기능시설, 보관창고·후생복지시설 등 지원시설과 해양레저용 시설·해양공원시설 등 항만친수시설 및 해양수산부장관이 지정·고시한 시설을 말한다.

「임해 중요시설 지정 고시(해양경찰청 고시 제2012-9호, 시행일 2012. 12. 27)」에는 다음 세 가지 기준에 해당하는 임해중요시설 140개를 정하여 고시하였다. 지정된 임해중요시설은

① 해양경비법시행령 제2조 1~4호에 열거된 국가 중요시설일 것
② 장소적으로 시설이 바다와 인접(1km이내)해야 하며, 해상집단행동으로 직·간접적인 영향을 받을 수 있는 시설일 것

③ '국가의 안전보장 또는 공공의 이익'을 위해 특별히 보호가 필요한 국가 중요시설일 것 등 3가지 기준으로 적용하여 지정하였다.

[2] 해양경비기본계획의 수립 (법 제6조)

(1) 중·장기 해양경비기본계획 수립·추진

해양경찰청장관은 제6조(해양경비기본계획의 수립)에 따라 5년마다 해양경비 기본계획을 수립하고 추진하여야 한다. 계획에 포함되어야 할 사항으로는

① 주변정세의 변화에 따른 해양치안 수요 분석에 관한 사항
② 해양치안 수요에 따른 경비세력의 운용방안 및 국제공조에 관한 사항
③ 경비세력 증감에 대한 전망 및 인력·재원의 조달에 관한 사항
④ 경비수역별 특성에 알맞은 경비 방법에 관한 사항
⑤ 그 밖에 해양경비 운용에 필요한 사항에 대한 계획을 수립하고 추진하여야 한다. 기본계획을 수립 시에 필요한 경우 국방부장관, 경찰청장 등 관계 행정기관의 장 및 특별시장·광역시장·도지사·특별자치도지사의 의견을 들을 수 있다.

(2) 해양경비계획 수립·추진

해양경찰청장은 중·장기 해양경비기본계획에 따라 전년도 해양경비 실적이나 치안여건 등을 분석하여 당해 연도 중점 경비대상과 달성목표 등을 포함한 연간 해양경비계획을 매년 수립·시행하여야 한다.

[3] 해양경비 활동의 범위 (법 제7조)

(1) 해양관련 범죄에 대한 예방 (제1호)

해양범죄의 증가추세와 범죄양상이 광역화·기동화·다국적화 하는 현상은 선박, 해양시설 등에서의 범죄예방 및 초동조치 등 해양경찰청의 제반 경비 활동의 확대를 요구하고 있다. 특히, 오늘날 경찰권행사는 진압목적의 사후통제보다는 예방목적의 사전 예방적 집행을 중요시 하고 있기 때문에 '해양 관련 범죄에 대한 예방'을 해양경찰청의 직무범위에 포함시켰다.

(2) 해양오염 방제 및 해양자원 보호에 관한 조치 (제2호)

해양환경사범의 높은 발생빈도에 따라 경비업무의 일환으로 해양경찰청의 해양환경 및 자

원보호 활동의 요청이 지속적으로 확대되고 있다. 선박좌초, 침몰 등으로 인한 원유유출 등의 해양오염 사고는 오염원 제거에 많은 시간과 비용이 소모되며, 지속가능한 해양 및 국토발전에 큰 위해가 되기 때문에 무엇보다도 이를 최소화하기 위한 방안이 강구되어야만 한다. 이에 해양경찰청의 직무로 해양오염 방제 및 해양자원 보호를 포함시킨 것이다.

(3) 해상경호, 대테러 및 대간첩작전 수행(제3호)

남북 분단으로 인해 끊임없이 발생하고 있는 북한의 국지적 도발과 테러 위협으로 부터 국민의 생명과 재산을 보호하기 위해 해상에서의 경호, 대테러 및 대간첩작전 등 수행할 수 있도록 하였다.

(4) 해상시설의 보호에 관한 조치(제4호)

해상의 시설들은 특성상 경계 및 보호 상태의 취약성 때문에 테러의 손쉬운 대상이 된다. 따라서 바다와 접해 있는 발전소, 가스·유류 저장소, 항만 등의 시설과 같은 임해 주요시설에 대한 해경의 보호경비의 필요성이 대두되어 이와 같은 규정을 두었다.

(5) 해상항행 보호에 관한 조치(제5호)

해상에서의 집단시위 및 선박 충돌, 좌초·침몰 등 해상의 각종 사건, 사고뿐만 아니라 원활하고 안전한 해상교통질서 확보를 위해 사후조치보다는 예방에 필요한 집행 근거를 포괄적으로 규정하였다.

(6) 그밖에 경비수역에서 해양경비를 위한 공공의 안녕과 질서유지(제6호)

공공의 안녕과 질서유지와 같은 포괄적, 추상적 용어를 사용하여 제1호부터 제6호까지의 사유가 아니더라도 해양경비의 목적을 달성하기 위한 조치가 필요할 경우 해양경찰청이 탄력적인 해양경비업무를 수행할 수 있도록 규정한 것이다.

[4] 경비수역별 중점 경비사항(법 제11조)

해양경찰청의 구역별 중점 경비사항을 연안수역, 근해수역 및 원해수역으로 분류하여 각 구역별 특수성에 따른 맞춤형 경비를 규정하고 아울러 해양경찰청의 활동범위를 명확히 하고자 하였다.

이에 따라 연안수역에서는 해양관계 국내법령을 위반한 선박의 단속 등 민생치안 확보 및 임해 중요시설의 보호 경비를 중점사항으로 정하였으며, 근해수역에서는 영해 및 접속수역 내에서 법령을 위반한 외국선박의 단속을 위한 경비를 중점사항으로 정하고, 원해수역에서는 해양자원 및 해양시설의 보호, 해양환경의 보전·관리, 해양과학조사 실시 등에 관한 국내 법령 및 대한민국이 체결하고 비준한 조약을 위반한 외국선박의 단속을 위한 경비를 중점사항으로 정하여 경비세력의 낭비를 최소화하고 효율적인 경비 활동을 수행할 수 있도록 하였다. 다만, 세부경비사항에 대해서는 해양경비의 핵심인 경비전략이 외부에 노출되는 것을 방지한다.

[5] 해상검문검색(법 제12조)

(1) 정의

'해상검문검색'의 정의는 법 제2조 제9호에 '해양경찰청장이 경비세력을 사용하여 경비수역에서 선박등을 대상으로 정선요구, 승선, 질문, 사실 확인, 선체 수색이나 그 밖에 필요한 조치를 하는 것을 말한다.'라고 정의하고 있다.

이는 「경찰관직무집행법」에서 사용되고 있는 불심검문에 비하여 폭 넓은 권한을 부여한 것으로 해상검문검색은 정선요구, 승선, 질문, 사실 확인, 선체 수색, 그 밖의 조치를 집행할 수 있는 포괄적 의미의 용어이다.

(2) 대상

해양경찰관은 해양경비 활동 중 다음 각 호의 어느 하나에 해당하는 선박등에 대하여 주위의 사정을 합리적으로 판단하여 상당한 이유가 있는 경우 해상검문검색을 실시할 수 있다. 다만, 외국선박에 대한 해상검문검색은 대한민국이 체결·비준한 조약 또는 일반적으로 승인된 국제법규에 따라 실시한다.

① 다른 선박의 항행 안전에 지장을 주거나 진로 등 항행상태가 일정하지 아니하고 정상적인 항법을 일탈하여 운항되는 선박

② 대량파괴 무기 및 그 밖의 무기, 관련물자의 수송이 의심되는 선박

③ 국내법령 및 대한민국이 체결, 비준한 조약을 위반하거나 위반이 의심되는 선박

(3) 판단요소

해상검문검색의 필요 여부에 대한 판단기준은 대상선박에 대한 주의사정을 합리적으로 판단하여 상당한 이유가 있는 경우로 한정한다. 제1호에 해당하는 선박의 경우, 항행상태로 미루어볼 때 해당 선박에 문제가 발생한 것으로 보아 선박 자체에 대한 안전을 유지하는 측면

과 해당 선박으로 인해 발생되는 항행안전에 대한 위험제거 등의 측면을 모두 고려한 것으로 볼 것이다. 따라서 다른 선박의 항행 안전이 위협받는 경우는 물론, 다른 선박의 항행 안전을 위협하지 않는 경우라도 항행상태로 선박 자체의 안전성이 의심이 가면 해상검문검색이 가능할 것이다.

제2호에 해당하는 선박의 경우, 대량파괴 무기 및 그 밖의 무기, 관련물자의 수송이 의심되는 선박으로 의심되는 것으로 이때의 판단은 추상적, 주관적으로 이루어질 것이 아니라 구체적이고 객관적인 근거에 의할 것이다.

「경찰관직무집행법」 제3조제1항은 '경찰관은 수상한 거동 기타 주위의 사정을 합리적으로 판단하여 어떠한 죄를 범하였거나 범하려 하고 있다고 의심할 만한 상당한 이유가 있는 자 또는 이미 행하여진 범죄나 행하여지려고 하는 범죄행위에 관하여 그 사실을 안다고 인정되는 자를 정지시켜 질문할 수 있다.' 고 규정하고 있는 것과 유사하게 본 조항에서의 '의심'도 주위 사정을 합리적으로 판단하여 해당선박에 대량파괴 무기나 그 밖의 무기, 관련 물자 등이 선적되었다고 의심할 만한 상당한 이유가 있는 경우로 해석되어야 할 것이다.

제3호에 해당하는 선박의 경우, 국내법령 및 대한민국이 체결 비준한 조약을 위반하거나 위반이 의심되는 선박으로 이때의 국내법령은 단순히 해양 관련한 법률뿐만 아니라 형법, 행정법, 세법 등 국내법의 포괄적 적용이 가능할 것이다.

(4) 방법

본 조의 제2항은 해상검문검색 시 해양경찰청의 절차준수에 대해 규정하고 있다. 이는「경찰직무집행법」 제3조제4항과 같은 취지의 것으로 헌법상 요구되는 적법절차의 원칙을 명문화한 것이다. 이 법에서 해양경찰청의 경찰관이 선박에 승선할 때에는 선장에게 소속, 성명, 해상검문검색의 목적과 이유를 고지할 것만을 규정하고 있으나 그 외의 부분은 본 법의 일반법관계에 있는 경찰관직무집행법을 준용할 수 있을 것이다.

「경찰관직무집행법」은 제3조제1항에 우선 정지시킨 뒤 질문을 할 수 있다고 규정하고 있고, 이때의 정지 및 질문은 임의수단일 뿐 실력행사는 부적법한 것이라 해석한다. 다만 해상검문검색에 따르지 않고 도주하는 선박의 경우는 이 법 제13조의 추적, 나포에 의해 해결할 수 있을 것이다.

선박을 검문검색의 과정에 확성기나 무전기를 사용하여 정선명령을 내리고 선박이 정지한 후에 승선하여 소속, 성명, 목적 및 이유를 고지하면 될 것으로 보인다. 그러나 해상검문검색은 적법한 사전영장 없이 선박 또는 사람의 신체를 수색하는 것이므로 헌법에서 인정하고 있는 신체의 자유와 인권의 보장을 위하여 형사소송에 관한 법률에 따르지 아니하고는 신체를 구속당하거나 그 의사에 반하여 답변을 강요할 수 없는 한계가 있다.

(5) 외국선박에 대한 해상검문검색

외국 선박에 대한 해상검문검색은 본조 제1항 각호에 해당되는 선박이나 또는 「유엔해양법협약」 제110조제1항에 규정된 선박에 대하여 행사할 수 있으며, 해상검문검색의 방법은 영해 내에서는 「해양경비법」 제1항 단서 규정을 적용 무해통항권을 침해하지 않도록 국제법규에 따를 것을 명시하였다.

임검권에 대한 「유엔해양법협약」 제110조를 살펴보면, 함정은 임검의 결과로 만족할 만한 혐의의 제거가 이루어지지 않을 때에 혐의선박에 대하여 장교의 지휘아래 보조선을 파견할 수 있도록 하고 있다. 또한 서류를 검열한 후에도 혐의가 남아있는 경우, 가능한 한 신중하게 그 선박 내에서 계속하여 검사를 진행할 수 있도록 하고 있다(제2항). 이때 혐의선박의 선장이나 승무원은 적극적으로 검색에 협조할 의무는 없으나 선박 내의 각 결실을 개방하여야 한다.

또한 선박의 검색은 질서정연하고 효율적으로 실시되어야 하며 그 선박의 기물이나 탑재된 화물에 손해를 주지 않게 하여야 하고 검색이 완료된 후에는 모든 기재와 화물을 제자리에 복귀해 놓아야 한다. 검색의 결과, 혐의 없음이 판명된 때는 검색실시의 증명을 교부하거나 그 선박의 항해일지에 이를 기록하게 하고 본래의 항해에 복귀하게 한다. 항해 지체와 기타 검색 실시 과정 등에서 손해가 발생한 것이 증명될 수 있을 때에는 정부는 그 선박이나 혐의 선박의 기국의 요청에 따라 그 선박이 입은 손실이나 피해에 대하여 보상을 하여야 한다(협약 제110조 제3항).

(6) 벌칙

제12조제1항에 따른 해상검문검색을 정당한 사유 없이 거부, 방해 또는 기피한 자는 1년 이하의 징역 또는 1천만 원 이하의 벌금에 처하도록 규정하여 해상검문검색에 대한 실효성을 담보하고 있다.

[6] 추적·나포 (법 제13조)

(1) 의의

본 조는 선박의 추적, 나포와 관한 규정으로서 각 호에서 추적, 나포할 수 있는 사유를 제한적으로 규정하였다. 이는 효과적인 해양경비를 수행하기 위하여 강제적인 수단 사용에 대한 법적 근거를 명시한 것이다.

단순히 해상검문검색에 따르지 아니하고 도주하는 선박(제1호)과 국내법령 및 대한민국이 체결, 비준한 조약을 위반하거나 위반할 우려가 있는 선박(제2호)에 대한 추적, 나포권을 인정하고 있으며 혐의선박에 대한 사후적인 처분은 물론 사전 예방적인 처분도 가능하도록 규정하였다.

(2) 형법 및 특별법 위반 시의 형사처리절차

형법 및 「EEZ어업주권법」[11]을 제외한 특별법 위반에 대한 형사소송절차 적용에 대하여 「경찰관직무집행법」 제3조의 규정을 적용 상대방의 승낙 하에 임의동행을 할 수 있다. 그러나 임의동행을 거절할 경우에는 현행범이나 긴급체포의 요건이 되는 때에는 영장 없이 현행범 체포[12] 또는 긴급체포를 할 수 있고, 체포한 현행범인을 구속하고자 할 때에는 체포한 때로부터 48시간 이내에 영장을 청구하여야 하며, 그 기간 내에 구속영장을 청구하지 아니한 때에는 즉시 석방하여야 한다(「형사소송법」 제213조의2, 제200조의2 제5항). 다만 48시간 이내에 구속영장을 청구하면 족하고 그 기간 내에 구속영장이 발부되어야 하는 것은 아니다(이재상, 2011 : 244). 그리고 구속영장이 청구된 피의자는 「형사소송법」 제201조의2에 의거 판사에게 구속전 피의자심문 절차를 거쳐야 하는데 영장을 청구 받은 판사는 특별한 사정이 없는 한 구속영장이 청구된 다음 날까지 심문하여야 한다(동조 제1항). 이때 원거리로 인하여 피의자의 법원 인치시간이 장시간 소요될 경우에는 「형사소송법」 제201조의2제1항에서 규정하고 있는 '특별한 사정'의 이유를 들어 법원 인치 시간의 예외를 적용하거나 「형사소송규칙」 제96조의13 제1항[13]에 의거 피의자 출석 없이 구속영장을 발부 받을 수 있도록 형사절차를 진행할 수 있다.

(3) 「EEZ어업주권법」 위반 선박에 대한 형사처리절차

「배타적 경제수역에서의 외국인어업 등에 대한 주권적 권리의 행사에 관한 법률(이하 'EEZ어업주권법'이라 한다)」을 위반한 외국선박을 나포한 경우에는 형사소송법의 현행범인

---

11) 배타적 경제수역에서의 외국인어업 등에 대한 주권적 권리의 행사에 관한 법률(약칭 : 경제수역어업주권법).

12) 현행범인을 체포하기 위하여 범죄와 범인의 명백성이 인정되어야 하고 비례성의 원칙이 요구되나 체포의 필요성에 대하여는 견해 대립이 있다(이재상. 신형사소송법. 2011. 242-243면 참조).

13) 「형사소송규칙」 제96조의13(피의자의 심문절차) ① 판사는 피의자가 심문기일에의 출석을 거부하거나 질병 그 밖의 사유로 출석이 현저하게 곤란하고, 피의자를 심문 법정에 인치할 수 없다고 인정되는 때에는 피의자의 출석 없이 심문절차를 진행할 수 있다.

에 해당한다고 보아야 할 것이다. 그러므로 현행범인이 구속을 필요로 하는 경우에는 48시간 이내 구속영장을 청구하는 것이 필요한 것으로 본다. 다만, 체포 시점을 「EEZ어업주권법」 제23조제1항에 따른 '나포 등 필요한 조치'한 후의 시점을 적용하여 '경찰서 도착' 또는 '담보금납부 거부의사 표명 시'를 영장청구 기산점으로 적용할 수 있는 것으로 판단된다. 그 근거로 '나포 등 필요한 조치'의 의미는 나포한 선박이 수사 가능한 상태로 예인 조치가 필요한 것으로 해석할 수 있기 때문이다.

※ 일본의 경우에도 현행범체포 후 48시간 내 영장청구 규정이 있으나, 외국어선 담보금 납부 시까지 48시간 경과 후에도 석방하지 않고 있음

(4) 외국 선박에 대한 추적권 행사

본 조 단서에서는 '외국 선박에 대한 추적권의 행사는 「유엔해양법협약」 제111조를 따른다.'고 하여 위 협약을 국내법으로 수용하였다. 이에 따라 종래 협약으로만 인정되던 외국 선박에 대한 추적, 나포권에 대한 국내법적 근거가 마련되었다. 다만 추적의 대상이 된 선박이 다른 국가의 영해나 선적국에 들어갔을 때는 그 국가의 관할권을 존중해야 하기 때문에 추적권이 소멸한다고 함이 타당할 것이다.

[7] 해상항행 보호조치 (법 제14조)

(1) 의의

해상에서는 위험의 발생에 대한 사후조치보다는 사전예방이 보다 중요하다는 현실적 요청과 이와 같은 요청이 국민의 일반적 행동 자유권 내지 직업수행의 자유를 침해할 우려가 있다는 사정을 감안하여, 제한적인 경우에만 해양경찰이 특정선박에 대하여 경고, 이동, 해산 등을 명령하거나 보호조치를 수행하고자 규정하였다. 제14조(해상항행 보호조치 등) ① 해양경찰관은 경비수역에서 다음 각 호의 어느 하나에 해당하는 행위를 하는 선박등의 선장에 대하여 경고, 이동·해산 명령 등 해상항행 보호조치를 할 수 있다. 다만, 외국선박에 대한 해상항행 보호조치는 연안 수역에서만 실시한다.

1. 선박등이 본래의 목적을 벗어나 다른 선박등의 항행 또는 입항·출항 등에 현저히 지장을 주는 행위
2. 선박등이 항구·포구 내외의 수역과 지정된 항로에서 무리를 지어 장시간 점거하거나 항법상 정상적인 횡단방법을 일탈하여 다른 선박등의 항행에 지장을 주는 행위
3. 임해 중요시설 경계 바깥쪽으로부터 1킬로미터 이내 경비수역에서 선박등이 무리를

지어 위력적인 방법으로 항행 또는 점거함으로써 안전사고가 발생할 우려가 높은 행위

② 해양경찰관은 경비수역(이 항에서 「선박의 입항 및 출항 등에 관한 법률」에 따른 무역항의 수상구역등의 수역은 제외한다)에서 다음 각 호의 어느 하나에 해당하는 사유로 선박등이 좌초·충돌·침몰·파손 등의 위험에 처하여 인명·신체에 대한 위해나 중대한 재산상 손해의 발생 또는 해양오염의 우려가 현저한 경우에는 그 선박등의 선장에 대하여 경고, 이동·피난 명령 등 안전조치를 할 수 있다. 다만, 외국선박에 대한 안전조치는 연안 수역에서만 실시한다.

1. 태풍, 해일 등 천재(天災)
2. 위험물의 폭발 또는 선박의 화재
3. 해상구조물의 파손

③ 해양경찰관은 선박등의 통신장치 고장 등의 사유로 제2항에 따른 명령을 할 수 없거나 선박등의 선장이 제2항에 따른 명령에 불응하는 경우로서 인명·신체에 대한 위해, 중대한 재산상 손해 또는 해양오염을 방지하기 위하여 긴급하거나 불가피하다고 인정할 때에는 합리적으로 판단하여 필요한 한도에서 다음 각 호의 조치를 할 수 있다.

1. 선박등을 안전한 곳으로 이동시키는 조치
2. 선박등의 선장, 해원(海員) 또는 승객을 하선하게 하여 안전한 곳으로 피난시키는 조치
3. 그 밖에 대통령령으로 정하는 조치

④ 해양경찰관은 제3항에 따른 조치를 하려는 경우에는 선박등의 선장에게 자신의 신분을 표시하는 증표를 제시하고 조치의 목적·이유 및 이동·피난 장소를 알려야 한다. 다만, 기상상황 등으로 선박에 승선할 수 없는 경우에는 무선통신 등을 이용하여 자신의 신분 고지 등을 할 수 있다.

⑤ 해양경찰서장은 제3항제1호에 따른 이동조치와 관련하여 발생한 비용을 대통령령으로 정하는 선박등의 소유자에게 부담하게 할 수 있다.

(2) 적용대상 및 방법

이 법 제14조는 불특정 선박이 고의 또는 과실로 해상교통 및 타 선박들의 안전을 위협할 경우에 대비한 규정으로서 해상에서는 육상의 경우보다 특히 사건, 사고발생에 대한 사전예방이 중요하므로 이 점을 고려한 것이다. 「집회 및 시위에 관한 법률」상 집회 및 시위는 여러

사람이 공동의 목적을 가지고 도로·광장·공원 등 일반인이 자유로이 통행할 수 있는 장소에서 행하여 져야 한다. 일반인이 자유로이 통행할 수 있는 장소가 아닌 곳에서는 아무리 다수인이 행진을 한다고 해도 집시법상의 시위가 아닌 것으로 본다. 이에 따르면, 해상에서의 집단적 행동을 하는 경우에는 집시법의 적용대상에서 제외된다는 주장과 적용된다고 보는 견해가 대립하고 있다.

그러나 본 조항이 신설됨으로 인하여 더 이상 이러한 논란 없이 해상에서의 집단행동에 대하여 본 조항을 적용하여 이동·해산·피난 명령 등을 발동할 수 있게 되었다. 해양경찰관은 경비수역에서 ① 선박 등이 본래의 목적을 벗어나 다른 선박등의 항행 또는 입항·출항 등에 현저히 지장을 주는 행위를 하거나 ② 선박등이 항구·포구 내외의 수역과 지정된 항로에서 무리를 지어 장시간 점거하거나 항법상 정상적인 횡단방법을 일탈하여 다른 선박 등의 항행에 지장을 주는 행위를 하거나 ③ 임해 중요시설 경계 바깥쪽으로부터 1킬로미터 이내 경비수역에서 선박등이 무리를 지어 위력적인 방법으로 항행 또는 점거함으로써 안전사고가 발생할 우려가 높은 행위에 대하여 선장에 대하여 경고, 이동·해산 명령 등 해상항행 보호조치를 할 수 있도록 규정하고 있다.

본 시행규칙 제2조(해상항행 보호조치 등의 순서)는 해양경찰청 소속 경찰공무원(해양경찰관)은 「해양경비법」 제14조제1항부터 제3항까지에 따른 해상항행 보호조치 등을 하는 경우 다음 각 호의 순서에 따라야 한다.

① 경고 : 법 제14조제1항 각 호의 어느 하나의 행위를 하는 선박등의 선장(선박등을 운용하는 자를 포함한다)에게 그 행위를 중단할 것과 해양경찰관의 이동·해산·피난 명령 또는 이동·피난 조치를 따르지 아니하는 경우 벌칙이 부과된다는 내용을 경고할 것
② 이동·해산·피난 명령 : 제1호에 따른 경고에도 불구하고 법 제14조제1항 각 호의 행위를 멈추지 아니하거나, 법 제14조제2항에 따른 인명·신체에 대한 위해나 중대한 재산상 손해의 발생 또는 해양오염의 우려가 현저한 경우에는 선박등을 이동·해산하거나 선장, 해원(海員) 또는 승객에게 피난할 것을 세 번 이상 명령할 것
③ 이동·해산·피난 실행 : 제2호에 따른 이동·해산·피난 명령을 따르지 아니하는 경우에는 직접 선박등을 이동· 해산시키거나 선장, 해원(海員) 또는 승객을 피난시킬 것

이러한 해상항행 보호조치를 하는 경우에 해양경찰관은 필요한 최소한의 범위에서 행사되어야 함을 규정하고 있다.

한편, ① 태풍, 해일 등 천재(天災) ② 위험물의 폭발 또는 선박의 화재 ③ 해상구조물의

파손 등의 사유로 선박등이 좌초·충돌·침몰·파손 등의 위험에 처하여 인명·신체에 대한 위해나 중대한 재산상 손해의 발생 또는 해양오염의 우려가 현저한 경우에는 그 선박등의 선장에 대하여 경고, 이동·피난 명령 등 안전조치를 할 수 있다. 다만, 외국선박에 대한 안전조치는 연안 수역에서만 실시한다(제14조제2항).

선박 이동·피난명령에 불응할 경우 인명·재산에 대한 위해·손해 방지를 위해 불가피하다고 인정될 경우 선박·선원 등에 대하여 강제이동·피난 조치를 취할 수 있게 하였다(제14조제3항).

(3) 벌칙

제14조(해상항행 보호조치)에 따른 이동·피난 명령 또는 이동·피난 조치를 거부, 방해 또는 기피한 자는 6개월 이하의 징역 또는 500만 원 이하의 벌금에 처하도록 규정함으로써 해상항행보호조치에 대한 실효성을 확보하였다.

[8] 무기의 사용 (법 제17조)

(1) 의의

육상과 달리 해상은 해양경비의 과정에 있어서 해당 선박이 소극적인 저항만 하더라도 그 목적을 달성하기가 쉽지 않으므로 해당 선박의 저항 등에 맞설 수 있는 강한 유형력 사용이 요청되었다. 이에 따라 제17조에서 무기사용에 대한 법적 근거를 마련하였다. 다만, 이 경우 해양경찰의 유형력 행사의 남용이 우려될 수 있으므로 무기를 사용할 수 있는 특수한 경우를 제한적으로 설시하고 그 사용 기준은 「경찰관직무집행법」 제10조의4 규정을 따른다고 규정하였다.

제17조(무기의 사용) ① 해양경찰관은 해양경비 활동 중 다음 각 호의 어느 하나에 해당하는 경우에는 무기를 사용할 수 있다. 이 경우 무기사용의 기준은 「경찰관 직무집행법」 제10조의4에 따른다.
1. 선박등의 나포와 범인을 체포하기 위한 경우
2. 선박등과 범인의 도주를 방지하기 위한 경우
3. 자기 또는 다른 사람의 생명·신체에 대한 위해(危害)를 방지하기 위한 경우
4. 공무집행에 대한 저항을 억제하기 위한 경우
② 다음 각 호의 어느 하나에 해당하는 경우에는 개인화기(個人火器) 외에 공용화기를 사용할 수 있다.
1. 대간첩·대테러 작전 등 국가안보와 관련되는 작전을 수행하는 경우
2. 제1항 각 호의 어느 하나에 해당하는 경우로서 선박등과 범인이 선체나 무기·흉기 등 위험한 물건을 사용하여 경비세력을 공격하거나 공격하려는 경우
3. 선박등이 3회 이상 정선 또는 이동 명령에 따르지 아니하고 경비세력에게 집단으로 위해를 끼치거나 끼치려는 경우

(2) 요건

1) 선박 등의 나포와 범인의 체포하기 위한 경우

제1항 제1호는 같은 법 제13조(추적·나포)에서 선박의 나포를 제한적으로 규정하였는바 이러한 나포의 사유가 인정될 정도면 무기사용의 유형력이 필요할 것으로 충분히 인정되므로 무기 사용을 규정한 것이다.

또한 범인체포의 경우도 해상의 경우는 선박의 나포가 선행되어야 할 것이므로 선박의 나포와 함께 본 호에 규정되었다. 이때의 '범인'은 포괄적인 의미의 것으로서 비단 해상관련 법률 및 조약을 위반한 자로 한정되게 해석할 것이 아니다.

서울고법 2006나43790, 2006.11.16

경찰관이 도난번호판 부착차량의 운전자에게 정지명령과 경고사격을 하였으나 운전자가 계속하여 도주하므로 그를 검거하기 위하여 실탄을 발사하여 허벅지 부위에 부상을 입힌 사안에서,
운전자가 역주행하며 수차례의 경고사격에도 불구하고 필사적으로 도주하는 상황에서 경찰관이 위 운전자가 강도 등 다른 강력범죄까지 범하였고 그를 검거하지 않으면 다시 다른 사람에게 중대한 위해를 가할 수 있다고 판단한 것은 합리적이며 실탄을 발사하는 방법밖에는 도주를 막을 방법이 없는 상황이었으므로 이 사건의 총기사용은 적법하다는 판결.

서울고법 2006나43790, 2006.11.16

50cc 소형 오토바이 1대를 절취하여 운전중인 15~16세의 절도 혐의자 3인이 경찰관의 검문에 불응하며 도주하자, 경찰관이 7km가량 추적하며 수차례 정지명령과 경고사격을 하였으나 계속 도주하자 체포 목적으로 오토바이의 바퀴를 조준하여 실탄을 발사하였으나
오토바이에 타고 있던 1인이 총상을 입게 된 경우, 원고 등이 15~16세에 불과한 점, 거칠게 저항하지 않고 도주만 계속한 점, 도주 오토바이는 50cc에 불과한 소형이므로 순찰차로써 충분히 거리를 근접하면서 추격하거나 다른 경찰관에게 연락하여 범인을 검거하도록 하는 등의 방법으로 범인일행을 제압할 여지가 있었던 점을 고려할 때 비록 경찰관이 오토바이 바퀴를 맞히려 시도하였더라도 근접한 거리에서 도주하는 범인일행을 향하여 실탄을 발사한 행위는 사회통념상 허용범위를 벗어나 위법함.

2) 선박 등과 범인의 도주를 방지하기 위한 경우

제1항 제2호는 해상에서는 도주의 경우 선박이나 기계, 설비의 성능의 우월성으로 이를 제압하기가 어렵다. 그렇기 때문에 도주를 사전에 방지하기 위해서 무기사용의 필요성이 인정되므로 본 호를 규정하였다. 따라서 통상적인 추적행위 만으로 해상 도주를 방지하기 어려운 경우 무기를 사용할 수 있다.

서울고법 2006나43790, 2006.11.16

해안초소복무 군인이 목선을 정선 검문키 위해 추격하여 약 300미터 거리까지 접근하였으며, 여자 2명을 포함하여 여러 명의 민간인들이 타고 있음을 확인하였고,
추격선의 속도가 목선보다 2배나 빨라 10분 이내에 나포할 수 있었던 상황에서 배의 발동기 소음 때문에 칼빈 소총정도의 약한 소리로서는 정선신호를 알아차리기 어려움에도, 공포탄을 2발 발사하여 정선하지 않자 선수를 맞출 의도로 발사한 실탄에 원고가 명중되어 상해를 입힌 것은 부득이 총기를 발사하지 않을 수 없는 사정이라 보기 어려우므로 과실을 인정함.

3) 자기 또는 다른 사람의 생명·신체에 대한 위해를 방지하기 위한 경우

제1항제3호는 형법 제21조의 정당방위를 고려한 규정이다. 형법상 정당당위의 요건을 충족하기 위해서는 상대방 위해의 정도를 고려하여야 하고 경우에 따라 무기 사용의 방위행위는 자칫 과잉방위가 될 수 있는 것이나 해상에서는 그 특성상 작은 유형력 행사가 큰 위험으로 이어질 수 있으므로 본 규정으로서 해양경찰관의 무기사용 요건을 형법보다 완화한 것이다.

서울고법 2006나43790, 2006.11.16

"남편 갑이 집에서 칼로 아들을 위협하고 있다"라는 신고를 받고 출동한 경찰관 2인에게 갑이 달려들어 경찰관 2인을 넘어뜨려 곤봉을 빼앗고 그 중 경찰관 1명의 몸에 올라탄 채 공격하는 상황에서 다른 경찰관이 공포탄을 발사하여 경고하였으나
갑의 공격이 계속되어 실탄을 발사하여 복부를 관통, 사망에 이르게 한 사건에 대해, 실제로는 갑이 칼을 소지하지 않았다고 하나, 출동 경찰관이 볼 때 갑이 칼을 소지하고 있었다고 생각할 정당한 이유가 있었고
계속하여 경찰관을 공격하고 있던 급박한 상황에서 경찰관을 구출하기 위해 총기를 발사한 것은 경찰관 직무집행법 제10조의4 제1항의 허용범위를 벗어난 위법한 행위라거나 피고인에게 업무상과실치사의 죄책을 지울만한 행위라고 할 수 없음.

4) 공무집행에 대한 저항을 억제하기 위한 경우

제1항제4호는 역시 해상이라는 장소적 특성상 무기 사용의 요건을 완화시킨 것이라 할 것이다.

(3) 개인화기 외에 공용화기의 사용

제2항에서는 제1항에 비해 직무수행의 난이도가 높거나 위험성이 큰 사안에 대해 공용화기를 사용할 수 있다고 규정하여 실효성 있는 해양경비임무 수행을 꾀하고자 한다. 공용화기 사용 요건은 다음과 같다.

① 대간첩·대테러 작전 등 국가안보와 관련되는 작전을 수행하는 경우
② 제1항 각 호의 어느 하나에 해당하는 경우로서 선박등과 범인이 선체나 무기·흉기 등 위험한 물건을 사용하여 경비세력을 공격하거나 공격하려는 경우
③ 선박등이 3회 이상 정선 또는 이동 명령에 따르지 아니하고 경비세력에게 집단으로 위해를 끼치거나 끼치려는 경우

이는 불법외국어선 단속시 공용화기사용 정책 추진과 함께, 기존 "선박등과 범인이 선체나 무기·흉기 등 위험한 물건을 사용하여 경비세력을 공격한 때"에 제한되었던 공용화기 사용범위를 확대한 것이다.

(4) 「경찰관직무집행법」상의 무기사용[14)]의 기준에 대한 준용

같은 조에서 무기사용의 기준에 대하여 「경찰관직무집행법」 제10조의 4에 따른다고 규정하였는바 그 기준을 살펴보면 위해를 수반하지 않는 경우로서

① 범인의 체포, 도주 방지를 위한 때
② 자기 또는 타인의 생명, 신체에 대한 방호가 필요한 때
③ 공무집행에 대한 항거의 억제를 위한 때,
④ 필요하다고 인정되는 상당한 이유가 있는 때를 들 수 있고, 위해를 수반하는 경우로서는 ① 정당방위 ② 긴급피난 ③ 중범인의 체포시 및 체포에 대한 경찰관의 직무집행에 항거할 때 ④ 영장 집행의 경우 ⑤ 위험한 물건을 소지한 범인의 경우 ⑥ 대간첩작전 수행의 경우 ⑦ 무기를 사용하지 아니하고는 다른 수단이 없는 경우를 들 수 있다.

서울고법 2006나43790, 2006.11.16

무기 사용기준에 대하여 '경찰관은 범인의 체포, 도주의 방지, 자기 또는 타인의 생명·신체에 대한 방호, 공무집행에 대한 항거의 억제를 위하여 무기를 사용할 수 있으나, 이 경우에도 무기는 목적 달성에 필요하다고 인정되는 상당한 이유가 있을 때 그 사태를 합리적으로 판단하여 필요한 한도 내에서 사용하여야 하는바 (구 「경찰관직무집행법」(1999. 5. 24. 법률 제5988호로 개정되기 전의 것) 제11조), 경찰관의 무기 사용이 이러한 요건을 충족하는지 여부는 범죄의 종류, 죄질, 피해법익의 경중, 위해의 급박성, 저항의 강약, 범인과 경찰관의 수, 무기의 종류, 무기 사용의 태양, 주변의 상황 등을 고려하여 사회통념상 상당하다고 평가되는지 여부에 따라 판단하여야 하고, 특히 사람에게 위해를 가할 위험성이 큰 권총의 사용에 있어서는 그 요건을 더욱 엄격하게 판단하여야 한다고 판시함

---

14) [경찰관 직무집행법] 제10조의4 (무기의 사용)
① 경찰관은 범인의 체포·도주의 방지, 자기 또는 타인의 생명·신체에 대한 방호, 공무집행에 대한 항거의 억제를 위하여 필요하다고 인정되는 상당한 이유가 있을 때에는 그 사태를 합리적으로 판단하여 필요한 한도 내에서 무기를 사용할 수 있다. 다만, 형법에 규정한 정당방위와 긴급피난에 해당하는 때 또는 다음 각호의 1에 해당하는 때를 제외하고는 사람에게 위해를 주어서는 아니 된다.
1. 사형·무기 또는 장기 3년 이상의 징역이나 금고에 해당하는 죄를 범하거나 범하였다고 의심할 만한 충분한 이유가 있는 자가 경찰관의 직무집행에 대하여 항거하거나 도주하려고 할 때 또는 제삼자가 그를 도주시키려고 경찰관에게 항거할 때에 이를 방지 또는 체포하기 위하여 무기를 사용하지 아니하고는 다른 수단이 없다고 인정되는 상당한 이유가 있을 때
2. 체포·구속영장과 압수·수색영장을 집행할 때에 본인이 경찰관의 직무집행에 대하여 항거하거나 도주하려고 할 때 또는 제삼자가 그를 도주시키려고 경찰관에게 항거할 때 이를 방지 또는 체포하기 위하여 무기를 사용하지 아니하고는 다른 수단이 없다고 인정되는 상당한 이유가 있을 때
3. 범인 또는 소요행위자가 무기·흉기등 위험한 물건을 소지하고 경찰관으로부터 3회 이상의 투기명령 또는 투항명령을 받고도 이에 불응하면서 계속 항거하여 이를 방지 또는 체포하기 위하여 무기를 사용하지 아니하고는 다른 수단이 없다고 인정되는 상당한 이유가 있을 때
4. 대간첩작전수행에 있어 무장간첩이 경찰관의 투항명령을 받고도 이에 불응하는 경우
② 제1항의 "무기"라 함은 인명 또는 신체에 위해를 가할 수 있도록 제작된 권총·소총·도검등을 말한다.
③ 대간첩·대테러작전등 국가안전에 관련되는 작전을 수행할 때에는 개인화기외에 공용화기를 사용할 수 있다.

[9] 해양경찰의 경찰장비 및 장구의 사용 (법 제18조)

(1) 의의

제18조는 해양경찰관의 직무수행을 위해 필요한 경찰장비의 사용근거를 규정하기 위해 설치하였으며, 다만「경찰관직무집행법」의 규정과 같이 장비와 장구는 그 사용요건이 다르기에 장구의 경우 별개의 조문으로 규정하도록 하였다.

> 제18조(해양경찰장비 및 장구의 사용) ① 해양경찰관은「경찰관 직무집행법」제10조제2항 및 제10조의2제2항에 따른 경찰장비 및 경찰장구 외에 다음 각 호의 어느 하나에 따른 경찰장비 및 경찰장구를 사용할 수 있다.
> 1. 해상검문검색 및 추적·나포 시 선박 등을 강제 정선, 차단 또는 검색하는 경우 경비세력에 부수되어 운용하는 경찰장비 및 경찰장구
> 2. 선박등에 대한 이동·해산 명령 등 해상항행 보호조치에 필요한 경찰장비 및 경찰장구
> 3. 제1호 및 제2호에 따른 경찰장비 및 경찰장구 외에 정당한 직무수행 중 경비세력에 부당하게 저항하거나 위해를 가하려 하는 경우 경비세력의 자체 방호를 위한 경찰장비 및 경찰장구
>
> ② 제1항에 따른 경찰장비 및 경찰장구의 종류 및 사용기준은 대통령령으로 정한다.

(2) 종류 및 사용기준

해상에서의 경비는 육상과 다른 특수한 어려움이 있고 나날이 과격해지는 중국 어선이나 시위 양상에 대항하여 해양경비를 수호하기 위해서는 경찰 장비, 장구의 사용이 필요하므로 이에 대한 법적 근거를 별도로 마련하여, 이 법에 규정된 경찰장비 및 경찰장구는 제18조에 따르고, 그 외 경찰장비 및 경찰장구는「경찰관직무집행법」제10조제2항 및 제10조의2 제2항에 따라 사용하도록 규정하였다.

(3)「경찰관직무집행법」에 의한 경찰장비 및 장구 종류 및 사용기준

「경찰관직무집행법」제10조제2항의 경찰장비는 무기, 경찰장구, 최루제 및 그 발사장치, 감식기구, 해안감시기구, 통신기기, 차량·선박·항공기등 경찰의 직무수행을 위하여 필요한 장치와 기구이며, 경찰장비의 종류 및 사용기준 등은「경찰관직무집행법」제10조제4항에 의해 대통령령인「경찰장비의 사용기준 등에 관한 규정」으로 위임되어 있는바 동 규정을 엄격하게 준수할 것이 요구된다.

또한 같은 법 제10조의2 제2항의 경찰장구는 경찰관이 휴대하여 직무수행에 사용할 수 있는 수갑·포승·경찰봉·방패 등이 해당된다. 위 장구들은 동 조항에 따라 ① 사형, 무기 또는

장기 3년 이상의 징역, 금고에 해당하는 죄를 범한 범인의 체포, 도주의 방지 ② 자기 또는 타인의 생명 신체에 대한 방호 ③ 공무집행에 대한 항거의 억제를 위해 필요한 경우 ④ 상당한 이유가 있을 때 사용할 수 있다. 특히 '상당한 이유가 있을 때'의 의미가 문제가 될 수 있는데 다른 사유와 상응할 정도의 필요성이 인정되어야 할 것이므로 장구를 사용하지 않고는 다른 수단이 없는 경우에 한한다고 해석할 것이다.

(4)「해양경비법」 제18조에 의한 경찰장비 및 장구 종류 및 사용기준

「해양경비법」 제18조는「경찰관직무집행법」에서 언급된 경찰장비 및 경찰장구를 사용하도록 규정하였을 뿐만 아니라, 해상에서의 경찰작용을 위해 필요한 경찰장비 및 경찰장구를 별도로 규정 사용할 수 있도록 하였다. 이에 따라 ① 해상검문검색 및 추적·나포 시 선박 등을 강제 정선, 차단 또는 검색하는 경우 경비세력에 부수되어 운용하는 경찰장비 및 경찰장구와 ② 선박등에 대한 이동·해산 명령 등 해상항행 보호조치에 필요한 경찰장비 및 경찰장구를 사용할 수 있도록 규정하였다.

그리고 그에 따른 경찰장비 및 경찰장구의 종류 및 사용기준은 제18조 제2항에서 하위법령에 위임토록 규정, 이 법 시행령 제5조 제1항에서 경찰장비 및 경찰장구의 종료와 사용기준을 정하였다. 경찰장비는 소화포로, 경찰장구는 페인트볼 및 투색총을 열거하고 있으며, 사용기준에 대하여는 제5조 제2항에 ① 통상의 용법에 따라 사용할 것 ② 목적 달성에 필요한 최소한의 범위에서 사용할 것 ③ 다른 사람의 생명·신체에 대한 위해를 최소화할 것 능 3가지 기준을 충족시켜 사용하도록 규정하였다.

3장 불법선박 단속 및 경비활동

1 불법선박 단속

[1] 불법 외국선박 단속 근거

(1) 국제법적 근거

1) UN 해양법 협약(제111조 추적권 등)
2) 한·중 어업협정, 한·일 어업협정 등 주변국과의 어업협정

(2) 국내법적 근거

1) 영해 및 접속수역법(제5조 외국선박의 통항, 제6조 정선 등, 제8조 벌칙)

> 제6조 : 외국선박이 제5조를 위반한 혐의가 있다고 인정될 때에는 관계 당국은 정선(停船)·검색·나포(拿捕), 그 밖에 필요한 명령이나 조치를 할 수 있다.

2) 배타적경제수역법(제5조 대한민국의 권리행사 등)

> 제5조 3항 : 대한민국의 배타적 경제수역에서 제3조에 따른 권리를 침해하거나 그 배타적 경제수역에 적용되는 대한민국의 법령을 위반한 혐의가 있다고 인정되는 자에 대하여 관계 기관은 협약 제111조에 따른 추적권(追跡權)의 행사, 정선(停船)·승선·검색·나포 및 사법절차를 포함하여 필요한 조치를 할 수 있다.

3) 배타적경제수역에서의외국인어업등에대한주권적권리의행사에관한법률
(제5조 어업등의 허가, 제6조의2 불법 어업활동 혐의 선박에 대한 정선명령)
4) 배타적경제수역에서의외국인어업제한위반선박등에대한사법절차에관한규칙
5) 형사소송법(제211조 현행범인과 준현행범인, 제212조 현행범인의 체포)
6) 경찰관직무집행법(제10조의4 무기의 사용)

7) 해양경비법(제12조 해상검문검색, 제13조 추적·나포, 제17조 무기의 사용 및 제18조 경찰장비 및 장구의 사용)

[2] 불법 외국어선 단속역사[15)]

(1) 이승만 라인 선포 이전(以前) (1945~1952년)

1) 미국 5함대사령관 명의(맥아더 라인) 어로제한수역 각서 제80호 일본정부 전달(1945년) 〈일본 수산업계「맥아더 라인」철회요구 및 침범조업 자행〉
2) 이승만 대통령, "맥아더 라인 월선 조업 일본어선 나포" 특명 지시
   - 서남해역 침범 조업중인 일본어선 나포로 한·일간 외교적 논란 쟁점

(2) 이승만 라인 선포 이후(以後) (1952~1953년)

1) 인접해양의 주권에 대한 대통령선언(이승만 라인, 평화선) 선포(1952. 1)
   - 미국의 對 일본평화조약 조인으로「맥아더 라인」철폐될 단계에 대비 해양의 천연자원 개발과 어업자원 보존을 위해 국무원 고시 제14호로 선포
2) 연합군 총사령관, 해상방위수역(클라크 라인) 설정(1952. 9)
3) 대통령 긴급명령 제12호로 포획심판령 제정·공포(1952. 10)
   - 포획심판소 및 고등포획심판소 개설로 클라크라인 및 평화선 침범어선 나포
4) 외국어선 단속 및 어업자원 보호를 위해 어업자원보호법 제정(1953. 10)
   - 휴전으로 클라크라인 철폐 후 일본어선 평화선 침범 등에 대비
5) 해양주권선 경비임무를 경찰이 수행하라는 대통령 諭示에 의거, 해양경찰대 창설(1953. 12)

(3) 해양경찰대 창설 이후 (1953~1996년)

1) 해양경찰대 창설 이후 평화선 경비 중 침범조업 한 중국·일본어선 나포
   - 866정, 무장한 중공어선의 총격으로 대원 4명 납치(1955. 12)
   - 701정, 무장한 중공어선의 총격으로 대원 2명 순직(1960. 1)
     ※ 10년간(1953~1962년) 일본어선 160척, 중공어선 2척 나포
2) 한·일어업협정체결(1965년)에 따라 한·일 경비함정 공동제휴순시(1966~1998년)
   - 한·일 공동규제수역내 잠정적 어업규제조치 이행 여부 감시·단속

15) 해양경찰교육원 (2020).「해양경비·상황관리·해상수색구조」. 신임경찰과정교재. 62-69면.

3) 영해법 시행(1977년) 이후 영해침범 중국·일본어선 나포 및 구속
   - 일본 대양어업 소속 제8대양(135톤)호 서귀포 남방 10해리에서 나포(1986년)
   - 중국 해양어업공사 호어 603·604·705·706호 제주 서방 7.5해리 나포(1992년)
   - 총리 주관 회의결과 어업자원보호선은 해군, 영해는 해양경찰 분담결정(1992년)
4) 유엔해양법 발효 이후 연안국들의 200해리 배타적 경제수역 설정(1994년)
   - 한(1996년)·중(1998년)·일(1996년) 유엔 해양법 비준 및 자국 법제 반영

(4) 중앙행정기관 승격 이후 (1996년~)

1) 개정 한·일 어업협정 발효(1999년) 및 한·중 어업협정 발효(2001년)
   - 영해 중심의 경비체계에서 EEZ해역 경비개념으로 경비구역 확장
2) 대청도 남서방 중국어선 공무집행방해 사건 발생(2002. 5. 18)
   - 해상 상황별 검문검색 대응지침 보강, 해상 진압·단속장비 보강
3) 한·중 어업협정상 한국측 과도수역 편입(28,926㎢/경기도 2.8배)(2005. 6. 30)
4) 목포해경서, 중국어선 단속중 경찰관 사망사건 발생(2008. 9. 25)
   - 해상 공권력 확보 강화를 위한 전환점으로 대대적 단속강화 방안 강구
5) 군산해경서, 중국어선 단속중 중국 어선 침몰사건 발생(2010. 12. 18)
6) 태안해경서, 중국어선 단속중 폭력·저항 선원에게 총기발사(2011. 3. 3)
7) 인천해경서, 중국어선 단속중 경찰관 사망사건 발생(2011. 12. 12)
   - 국무총리실 주관 정부합동 불법조업 근절 종합대책 수립(2011. 12. 26)
     * 총기지급, 특수기동대 특수부대 출신 보강, 안전장비·단속장비 추가, 대형함정 9척 증강 추진 등
8) 목포해경서, 중국어선 단속중 저항 선원에게 40mm 비살상무기(고무탄) 발사, 선원사망 (2012. 10. 16)
9) 목포해경서, 중국어선 단속중 저항 선원에게 총기발사, 선원사망(2014. 10. 10)
10) 불법조업 단속전담 기동전단 운영(2014. 11월)
    - 외국어선 집단침범에 대응하기 위해 다수의 경비세력을 구성, 관할해역 구분 없이 외국어선 집중조업 해역에서 감시·단속 활동 수행
      * 대형함정 4척, 헬기, 특공대로 구성 / 2교대, 7박8일
11) 불법외국어선 근절 당정청 협의회(2014. 12. 22)
    - 백령·대청 어업인 50여명 인천시청 및 국회 항의 방문(2014. 11. 12)
    - 당정청 협의회 개최, 유관기관과 협의 "중국어선 불법조업 대책" 발표(12. 22)
      * 대형함정 증강·대형단정 교체, 특수기동대 인력 증원 등

12) 불법조업 중국어선의 고의추돌로 인한 단속임무 고속단정 침몰(2016. 10. 7)

– 유관기관과 협의 "불법 중국어선 단속강화 대책" 발표(2016. 11)

* 우리 해역내 불법행위에 대한 공용화기 사용방침 등 발표

[3] 불법 외국어선 단속체계

해양경찰청은 불법 외국어선 단속 매뉴얼을 작성하여 일반문서로 관리되어 오다 '불법 외국어선 단속역량 강화 T/F' 결과, 세부 단속전술의 구체화 등으로 인해 '대외비'로 비밀에 준하여 관리하고 있다. 매뉴얼의 운영목적은 ① 외국어선 단속 분야에 있어 해양경찰청 단속 공무원이 관련법규에 따라 이행해야 할 제반 절차를 규정 ② 일반적 상황에서 가장 안전한 작전을 수행하기 위한 기본 원칙 제공 ③ 외국어선 단속 업무가 해양경찰 업무에 미치는 비중을 고려하여, 단속임무를 전담하는 해상특수기동대 뿐만 아니라 모든 해양경찰관이 단속체계·절차를 충분히 숙지할 수 있도록 교육·훈련자료로 활용하기 위함이다.

※ 단, 현장지휘관은 상황에 맞게 가장 유효·적절한 수단과 방법으로 작전 전개

(1) 난속 체계

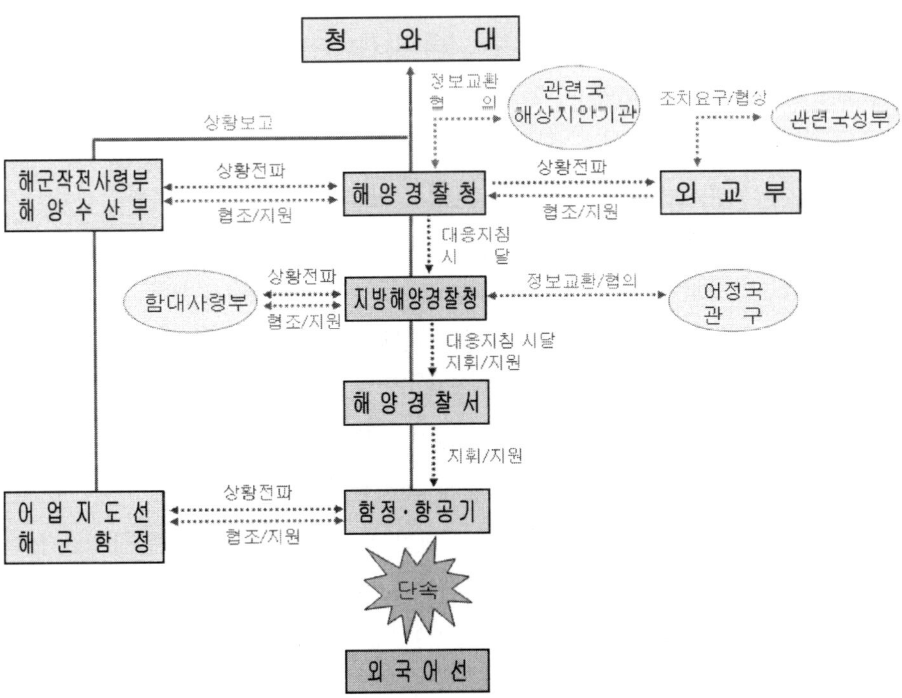

〈그림 1-5〉 불법외국어선 단속체계

【보고 기준】

- 불법외국어선 단속시 해경청, 지방청, 해경서, 함정간 문자망 회의실을 통해 진행사항을 실시간 보고
- 문자망 회의실은 '준비단계'에서 개설 (상황에 따라 구두보고 후 작전전개 가능)
- 단속 중 무기사용 등 긴급한 상황은 선(先)조치 후(後)보고 원칙
  ※ 무기를 사용한 경우에는 현장지휘관은 지휘계통에 따라 보고

(2) 기본 사항

1) 외국어선 검문검색 기본원칙(10계명)

가) 외국어선에 대한 검문검색은 국내법과 국제법에 근거하여 필요한도 내에서 시행되어야 하며 이를 남용하지 않는다.

나) 해상의 특수성을 고려하여 인적·물적 안전 확보를 최우선으로 하며, 돌발상황 대응체제를 갖추어야 한다.

다) 유효한 정선명령을 비롯한 검문검색 전 과정과 위반사항은 반드시 채증을 실시하여 증거자료로 활용한다. (채증 없는 검문검색은 없다!)

라) 위반행위, 위험성 등을 고려하여 우세한 단속세력을 투입한다.

마) 외국어선의 저항이 예상될 경우 인근함정과 편대검색을 실시하고, 편대검색이 불가능한 경우에는 안전이 확보된 후 단독 검색한다.

바) 검문검색은 현장 상황에 따라 함정이나 단정을 적절히 이용하며, 고속단정 검색시 본 함은 단속요원의 안전 확보를 위해 근접 지원한다.

사) 고속단정 이용시 2대를 이용하는 것을 원칙으로 하며, 상호 지원체계를 유지한 상태로 피검색어선 1척에 대해 합동작전을 실시한다.

※ 고속단정 1대만 운용 가능한 경우, 본 함과의 긴밀한 합동작전 전개

아) 외국선원이 흉기 또는 위험한 물건을 사용하여 저항할 경우, 적정한 물리력을 사용하여 안전이 확보된 후에만 승선 검색한다.

자) 본함과 고속단정, 단속요원간 상시 긴밀한 통신체계를 유지하고, 수시로 안전상태를 확인하여 통신두절 등 위급상황에 대비한다.

차) 야간, 기상불량 등으로 승선검색이 곤란한 상황에서는 퇴거를 원칙으로 하며, 위반사항을 정밀하게 채증하여 외국정부에 통보한다.

2) 보고 기준

가) '공무집행방해, 서해 NLL해역 단속작전'은 속보사항에 준해 실시

※ 속보기준 : 함정(15분 이내)→서(10분 이내)→지방청(10분 이내)→본청

나) 저항이 예상되는 외국어선을 검문검색 할 경우에도, '준비단계'에서 나포계획을 속보사항에 준하여 보고(상황에 따라 구두보고 후 작전전개)

다) 나포결과는 속보사항에 준하여 1차 보고(구두) 후, 상세내용 2차 보고(서면)

※ 나포 시점 : 승선하여 위반혐의 발견 또는 제압완료(정선명령위반어선 등) 시

(3) 불법조업 외국어선 단속 절차

〈표 1-6〉 불법조업 외국어선 단속절차

1 단계 (준비·채증) 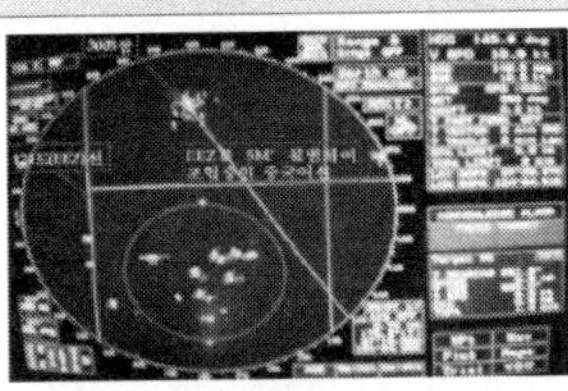	① 가용 탐지수단을 활용, 불법조업 혐의 외국어선 식별 ② 검문검색 사전회의 실시 및 나포계획 보고 ③ 본함 채증요원 R/D, ECDIS, ENG.카메라 채증 시작 ④ 총원상황배치 및 검색팀 '주요임무 장비' 지급 ⑤ 검색팀 안전교육 및 단정하강 준비
2 단계 (추적·정선) 	① 피검선박 적정거리에서 단정(2척) 하강, 합동 추적 ② 본함 정선명령 실시(1차) ③ 단정 정선명령 실시(2차) 및 선수횡단 차단기동 ④ 저항 없을 경우 1번 단정 접근·등선(2번 단정:엄호) ⑤ 정선명령 불응시 소화포, 경고사격 등으로 정선경고
3 단계 (진압·검색)  	① 경고사격 등에도 계속도주시 단정이용 강제승선 시도 ※ 선체충돌 시도 또는 위험물 사용 공격시는 승선보류 ② 단정 또는 모함 개인/공용화기 경고사격 및 사격 ③ 1번 단정 강제 등선검색, 2번 단정 엄호 ※ 선(先) 안전확보, 후(後) 등선검색 원칙 준수 ④ 조타실 장악 통신기 차단 및 검색 실시 ⑤ 안전해역 이동조치
4 단계 (나포·조사) 	① 추가저항 우려 시, 선원 선수 집결 후 포승·감시 ② 선내 정밀검색 실시하여 흉기 등 위해물품 색출 ③ 집단저항 우려 시, 본함에 나포어선 계류(또는 접근) ※ ① ~ ③은 폭력저항 등 특수 상황에 적용 ④ 조업형태별로 관련법규 위반사항 확인·조사 ⑤ 1차 결과보고 후, 본함으로 조사대상자 이송·상세조사
5 단계 (압송·처리) 	① 현장조사자의 경우, 석방 시까지 조타실 장악·관리 ② 2차 나포결과보고 및 육상(전용부두) 압송여부 결정 ③ 최소 인력을 제외한 모든 선원 본함 이송(방역 실시) ④ 압송인력 배치하여 압송 시작(기관고장 外 예인 금지) ⑤ 검색팀 부상여부 정밀 확인 및 사후 강평회의 실시

(4) 해상특수기동대

1) 중·대형 경비함에서 불법 외국어선 단속 등 특수임무 수행을 위해 편성 및 운영되는 기능을 말한다.

2) 대상 함정

가) 서해 특정해역과 NLL 해역 단속에 투입되는 함정(300톤이상 중·대형함정)

나) 한·중, 한·일간 어업협정수역 경비를 위해 투입되는 함정(대형함정)

※ 기타 함정은 특수직무분담표에 의거하여 검문검색을 이행하고, 단속절차 등에 대해서는 기본적으로 본 교범에 의거하여 임무 수행

3) 구성 원칙

대상 함정의 함장은 소속 직원 중 해상경력, 체력, 외국어능력, 개인의사 등을 종합적으로 고려하여 외국어선 단속 최정예 요원을 선발

1 편성 : 단속임무를 부여 받은 경찰관
※ 검색팀은 현장경험 및 체력조건 등을 고려, 가능한 한 45세 이하로 편성
2 인력 구성 : 각 단정별 9명 1개팀으로 구성(단정이 2척인 때 가능한 경우 편대장 1명 추가편성)
3 편성 기준
- 검색팀장 : 해상특수임무 수행경력, 지휘·통솔 및 위기상황 대처능력 보유자
- 단정장 : 단정운용 경력, 관련 교육이수 또는 자격증 보유자
※ 사전 교육·훈련을 통해, 가능한 특임직별 이외의 자로 편성
- 기타 검색팀 주요임무 및 편성은 '세부 편성기준'에 의거하여 지정·운영
- 의무 경찰순경을 단속활동에 투입시 채증·통역 등 보조임무 부여

4) 세부 편성기준(전 검색요원 K-5 기본)

〈표 1-7〉 검색요원 세부 편성기준

연번	직 책	임 무	지참무장
1	검 색 팀 장	검색팀 지휘, 조타실 진압	
2	통 역 요 원	중국어 통역, 조타실 진압	12게이지
3	선수검색요원	선수선원 진압	12게이지
4	〃	〃	6연발 다목적발사기
5	선미검색요원	선미 및 실내선원 진압	12게이지
6	〃	〃	6연발 다목적발사기
7	채 증 요 원	증거확보 및 채증	
8	단 정 장	단정조종	
9	통신·지원요원	통신기 작동 및 공용화기 지원	K-1A소총

※ 최류탄 및 섬광탄, 대방패, 절단기 등 공용장구는 검색팀장이 지정 지참

※ 단발 다목적발사기는 검색팀장이 지참여부 판단

[4] 중국어선 불법조업 단속

(1) 불법조업의 원인

중국은 경제성장을 위해 지속적인 연안해역 개발을 추진하고 있어 이로 인한 해양환경의 급속한 변화가 중국 연안어장의 황폐화를 불러일으키고 있다. 이렇게 중국 주변해역에서의 어족자원은 계속 감소하고 있는 반면, 중국 내 수산물 소비량은 대폭 증가하고 있어 인접국가인 우리나라 해역에서의 불법어로 행위는 증가하고 있는 추세이다. 과거 우리나라에서도 불법어업 문제가 심각했으나 포획위주 수산업 구조를 양식업 중심으로 개선해 나가고 해양생태계 복원을 위해 엄청난 시간과 자원을 투입하였던 것을 비교해 보면, 수산업 종사 인구가 훨씬 많은 중국은 수산업 구조개선 등에 장기간이 소요 될 것으로 보이며 당분간 포획 중심의 불법어업은 지속될 것으로 전망된다(김종선·임채현, 2017 : 163-199).

한편 2001년 6월 30일 부로 발효된 「한·중 어업협정」[16)]에 의거 설정된 잠정조치수역과

16) 1989년 12월, 한국과 중국 양국의 민간단체 사이에 '어선 해상사고 처리에 관한 합의서'가 체결된 뒤 1993년 12월부터 정부간 어업협정 체결을 위한 실무회담을 시작해 19회에 걸친 마라톤회담 끝에 2000년 8월 3일 정식 서명하고, 이듬해 4월 5일 중국 베이징에서 열린 한·중 수산당국 간 고위급 회담에서 최종 합의함으로써 2001년 6월 30일부터 발효한 한국·중국 사이의 어업협정이다. 역사적으로 볼 때 1980년대 초까지는 한국어선이 중국 연안에서 더 많은 조업을 했으나, 1980년 중반 이후에는 중국어선의 한국 측 수역 조업이 급증하고, 그에 따른 자원의 고갈과 한국 어민들의 피해누적 등 계속해서 문제가 발생하였다. 더욱이 1994년 UN해양법협약이 발효된 뒤 1996년 한국·중국·일본 3국이 이를 비준함으로써 새로운 어업질서 구축의 필요성이 대두하였는데, 이에 따라 진행된 일련의 협상 끝에 1998년 11월 가조인한 뒤 2000년 8월 정식 서명을 거쳐 이듬해 드디어 최종 합의에 이른 것이다. 그러나 양국 사이에 놓여 있는 황해(서해)는 UN해양법협약이 인정하는 200해리 배타적 경제수역으로 볼 때 양국 수역의 거리가 최대 280해리에 불과해 수역 확정에

현행조업유지수역이 매우 광범위하게 설정되어 있어 실효적인 어업지도단속이 이루어지지 못하고 있는 것도 하나의 원인으로 분석된다 (김종선, 2012 : 3-35).

(2) 불법조업의 동향

불법조업 어선들은 단속 인력의 접근을 방해하기 위해 어선 측면에 쇠창살, 철판 등을 설치하고 흉기를 사용하는 등 점차 지능적이고 폭력적으로 저항하고 있으며, 이러한 양상은 갈수록 더욱 심해지고 있다. 특히 서해 북방한계선(NLL) 해역은 야간·기상불량 시 우리해역을 침범하여 불법조업을 자행하고 북한측으로 도주할 경우 단속이 힘든 점을 악용하고 있으며 점차 저항 행태가 극렬해지고 있는 실정이다. 한편 불법조업으로 단속된 중국어선의 대부분은 요녕성과 산동성에서 출어한 어선(약 80%) 이며, 선종별로는 쌍끌이·외끌이 등 저인망 어선이 70% 이상을 차지하고 있다.

이러한 폭력·저항 중국어선에 대한 단속과정에서 故 박경조 경위[17]와 故 이청호 경사[18]가 순직하는 안타까운 사건이 발생하였으며, 최근에는 단속경찰관 뿐만 아니라 중국선원의 사상 등 우발사고 발생 가능성이 점차 증가되고 있다. 특히 서해 북방한계선(NLL) 해역의 경우 불법조업 중국 어선을 단속하기 위해서 남·북 경비세력이 진입하게 되어 군사적 대치 및 충돌상황 등 우발상황이 발생할 가능성이 상존하고 있어 단속 작전에 매우 높은 주의가 요구되고 있다.

(3) 해양경찰의 임무(권리의 보호)

대한민국 해양경찰은 '불법 외국어선 단속(Fishery Law Enforcement)' 분야에 있어 세계 최고의 기술과 역량을 보유하고 있는 것으로 평가 받고 있다. 이는 두 차례의 단속경찰관 순직사건에 대한 후속대책을 추진하면서 한층 더 발전되고 있으며, 다시는 소중한 생명을 희

많은 문제점이 있었다. 따라서 한·중 어업협정에는 ①잠정조치수역 설정, ②발효 후 4년이 지나면 자동적으로 양국의 배타적 경제수역으로 편입되는 과도수역 설정 ③구조 및 긴급피난 시 상호 협조, ④어업공동위원회 설치 등을 주요 내용으로 채택하였다.

17) 2008년 9월 25일 19:00경 가거도 서방 약 39마일 해상에서 무허가로 추정되는 중국어선 10여척을 3003함이 발견하고, 19:20경 고속보트(RIB) 이용 나포를 위해 정선명령을 시도하였으나, 도주하면서 쇠파이프 등으로 격렬히 저항(중국어선 제원 : 요금어 15138〈17톤, 목선, 승선원 11명〉), 19:40경 중국어선에 승선하는 과정에서 중국선원이 휘두른 흉기(삽)에 맞아 해상에 추락·실종되어, 9월 26일 13:15경 사고발생 해점으로 부터 3.5마일 해상에서 수색 중이던 경비함정에 의해 시신으로 발견되었다.

18) 2011년 12월 12일 07:00경 경비 중이던 인천해양경찰서 3005함이 소청도 남서방 약 46마일 해상에서 불법조업 중인 중국어선 2척을 발견하여 나포하던 중 경찰관 2명이 중국어선의 선장이 휘두른 흉기에 의해 공격을 당하였다. 중국어선 갑판상의 선원에 대해 제압 후 조타실 선장에 대한 제압을 위해 조타실 문을 부수고 섬광탄을 터뜨리는 등 매뉴얼에 따라 단속을 실시하였으나, 조타실의 문 폭이(60cm) 좁아 1명씩 진입하는 과정에서 중국선원이 찌른 흉기에 사고가 발생한 것이다.

생하지 않으려는 해양경찰 내부의 굳은 의지 및 전 국민의 관심, 정부의 지속적인 지원을 통해 이루어낸 성과라고 할 수 있다.

특히 해양경찰청에서는 「불법외국어선 단속 매뉴얼 (대외비[19])」을 고도화하여 폭력·저항 어선을 안전하게 검거할 수 있는 다양한 전술을 개발하여 운영 중에 있으며, 이를 바탕으로 지속적인 교육·훈련을 시행하고 있다.

다만, 불법 외국어선 단속은 어업에 대한 고도의 전문성이 요구되는 분야로써 어업지도전문기관과의 협조체계 구축이 무엇보다도 우선시 되어야 한다. 우리나라는 해양수산부 소속 어업관리단에서 어업지도선을 운영하며 우리해역에서 허가받고 조업하는 중국어선에 대해 제한조건 위반 단속을 중점적으로 실시하고 있다. 하지만 해양경찰 경비세력에 비해 매우 열악한 인력·장비를 운영함에 따라 제대로 된 단속활동을 수행하고 있지 못하여, 해양경찰이 제한조건 위반 단속활동까지 수행하고 있는 것이 사실이다.

〈표 1-8〉 불법 외국어선 단속 분야 주요 추진 대책(해양경찰청)

추진 배경	추진 대책	주요 내용
故 박경조 경위 사건	「해상공권력 강화 대책」 (2008. 10. 2)	• 「해상특수기동대」 창설, 불법외국어신 단속메뉴얼 작성·배포 • 경비세력 집중·단속체계 정비(가용세력 총동원 일제 단속실시) • 안전장비 보강 및 공권력 확립을 위한 진압장비 개선(총 46억) ※ 고속단정 신규도입(11척) 및 개선(28척), 비살상무기 등 도입
故 이청호 경사 사건	「불법조업 근절 종합대책」 (2011. 12.26)	• 대형함정 6척(신규 건조)·단정 18대 개선 및 장비 확충(총 456억) • 특수기동대 전원 총기 지급 및 '총기사용 가이드 라인' 마련 • 단속 매뉴얼 보강(내부격실 대응 전술) 및 중국어선 정보 DB화 • 특수기동대 102명 신규채용 및 경비함정 전진기지 확충 • 담보금 상향 조정(1억→2억원) 및 지방청별 4개 훈련단 신설

주변국과의 해양경계가 획정되지 않은 상황에서 배타적 경제수역 및 대륙붕에서의 해양권익 보호 수요가 급증하고 있는 현실을 직시하고, 불법조업 중국어선 단속에 대부분의 경비세력을 투입하여 해양경찰 본연의 임무수행에 차질을 빚어서는 안 될 것이다. 이를 위해서는 잠정조치수역과 현행조업유지수역으로의 순찰범위 확대를 통해 향후 대한민국 배타적 경제수역으로 편입될 해역에 대한 관리활동을 강화하고, 주권적 권리의 대상이 '해양자원'인 점을 감안하여 어업자원 외에도 광물·에너지 자원 등에 대한 해양권익을 보호할 수 있는 해양경비

19) 불법 외국어선 단속매뉴얼에는 해양경찰의 기본단속체계와 단계별 전술, 저항유형별 대응전술 등이 상세히 기술되어 있어, 외부로 노출될 경우 단속활동에 지장을 초래할 가능성이 높아 대외비(對外秘)로 수립하여 내부 지침서로만 활용하고 있다. 서해5도 특별경비단 특수진압대 운영규칙(중부지방해양경찰청훈령) 제4조에서도 특수진압팀 세부 편성기준 및 개인별 임무는 「불법외국어선 단속 매뉴얼」을 준용한다고 되어있다.

체계를 구축하여 경비세력을 균형 있게 배치·활용하여 경비공백을 최소화 시켜 나가야 할 것이다.

① 타망 (저인망) : 긴 자루형의 그물을 배 2척 또는 1척이 끌면서 고기를 잡는 어업

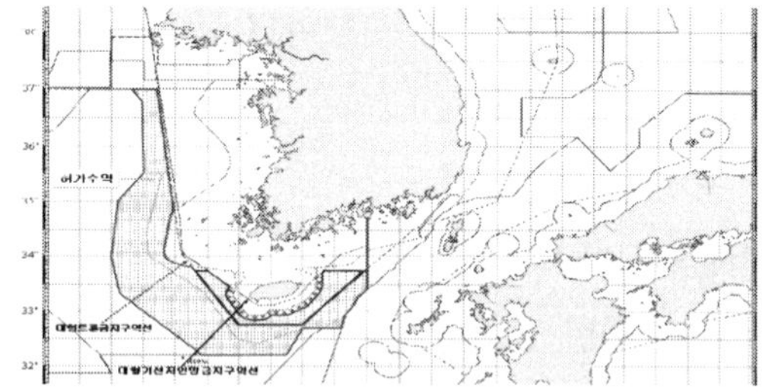

② 위망 (선망) : 네모 모양의 그물로 어군을 둘러싼 후 범위를 좁혀서 잡는 어업

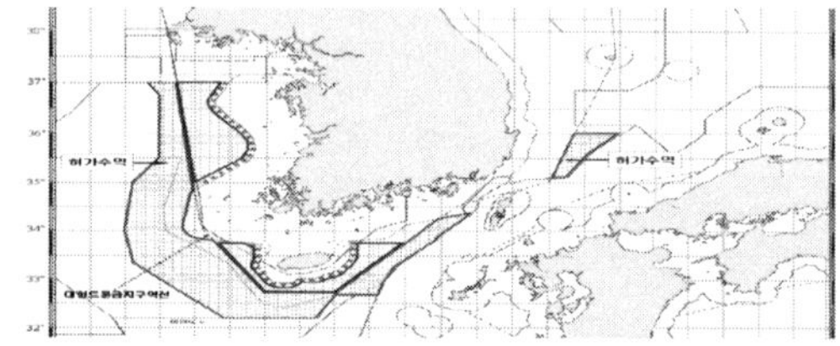

③ 유망 (유자망) : 긴 사각형 모양의 그물을 조류를 따라 흘러가도록 커튼처럼 펼쳐 놓고 잡는 어업

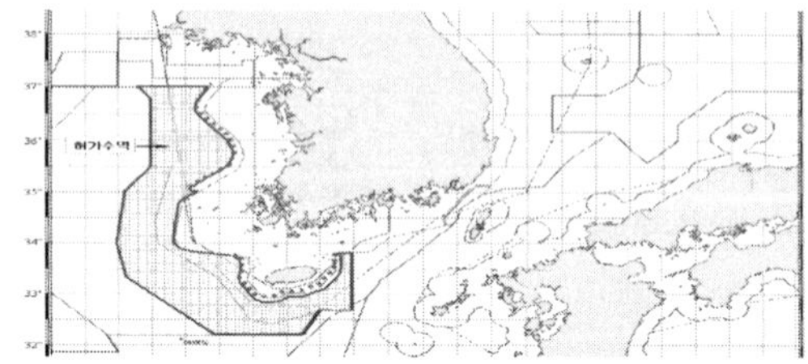

④ 우조 (채낚기 어업) : 낚시를 1개 또는 여러 개 달아 대상생물을 채어 낚는 어업

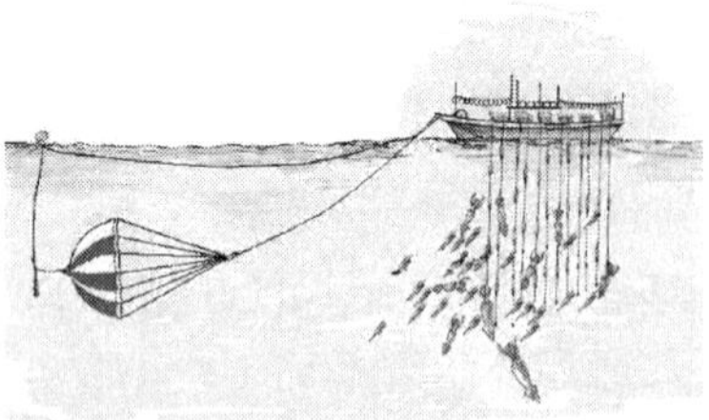

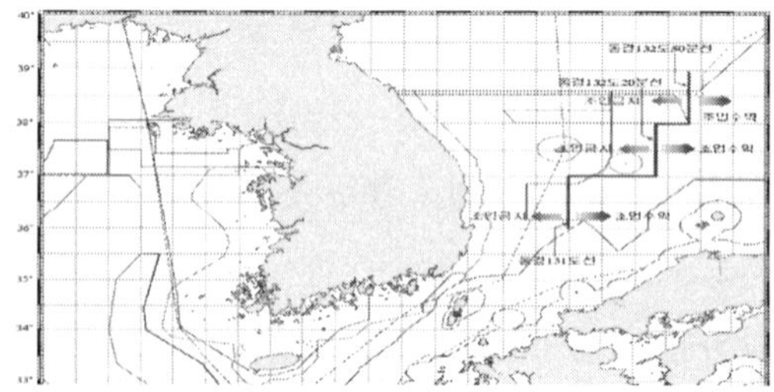

〈그림 1-6〉 중국어선의 어구 어법(참고 자료)

2 해양경찰 해상검문검색

[1] 일반 사항

(1) 방침

1) 검문검색 시 근거법령에 의거 필요한 최소한도 내에서 행사되어야 하며, 이를 남용하여서는 아니 된다.
2) 해상에서의 검문검색 시는 인적·물적 안전 확보를 최우선으로 한다.
3) 현장지휘관은 상황에 따라 합리적인 판단 하에 실시하여야 한다.

(2) 근거

1) 해양경비법 제12조(해상검문검색)
2) 경찰관직무집행법 제3조(불심검문)
3) 주민등록법 제26조(주민등록증의 제시요구)
4) 영해및접속수역법 제6조(정선 등)
5) 선박안전조업규칙 제28조(정선명령의 준수)
6) 배타적경제수역법 및 해양과학조사법
7) 한·일 어업협정 및 한·중 어업협정 등(남북해운합의서 포함)
8) 유엔해양법협약 제111조(추적권행사)

[2] 해양경비법 상 주요내용

(1) 해상검문검색(제12조)

1) 해양경찰청 소속 경찰공무원은 해양경비 활동 중 다음 각 호의 어느 하나에 해당하는 선박등에 대하여 주위의 사정을 합리적으로 판단하여 상당한 이유가 있는 경우 해상검문검색을 실시할 수 있다. 다만, 외국선박에 대한 해상검문검색은 대한민국이 체결·비준한 조약 또는 일반적으로 승인된 국제법규에 따라 실시한다.
   가) 다른 선박의 항행 안전에 지장을 주거나 진로 등 항행상태가 일정하지 아니하고 정상적인 항법을 일탈하여 운항되는 선박등
   나) 대량파괴무기나 그 밖의 무기류 또는 관련 물자의 수송에 사용되고 있다고 의심되

는 선박등

다) 국내법령 및 대한민국이 체결·비준한 조약을 위반하거나 위반행위가 발생하려 하고 있다고 의심되는 선박등

▶ "선박등"이란 선박법 제1조의2제1항에 따른 선박(이하 "선박"이라 한다), 수상레저안전법 제2조 제3호에 따른 수상레저기구, 그 밖에 수상에서 사람이 탑승하여 이동 가능한 기구를 말한다.

2) 해양경찰청 소속 경찰공무원은 해상검문검색을 목적으로 선박등에 승선하는 경우 선장(선박등을 운용하는 자를 포함한다. 이하 같다)에게 소속, 성명, 해상검문검색의 목적과 이유를 고지하여야 한다.

(2) 추적·나포(제13조)

해양경찰청 소속 경찰공무원은 다음 각 호의 어느 하나에 해당하는 선박등에 대하여 추적·나포(拿捕)할 수 있다. 다만, 외국선박에 대한 추적권의 행사는「해양법에 관한 국제연합 협약」제111조에 따른다.

1) 제12조에 따른 해상검문검색에 따르지 아니하고 도주하는 선박등
2) 해당 경비수역에서 적용되는 국내법령 및 대한민국이 체결·비준한 조약을 위반하거나 위반행위가 발생하려 하고 있다고 확실시되는 상당한 이유가 있는 선박등

[3] 검문검색의 기본원칙

1) 여건이 허락하면, 인근함정과 편대 검색을 실시한다.
2) 단독검색시 피검색선박이 검문 불응할 것을 인식하고 충분한 거리에서 관찰하면서 접근한다.
3) 선원들의 저항에 대비 즉각적인 대응이 가능하도록 한다.
4) 편대검색시 기동성이 양호한 함정이 검색임무를 수행하고 대형함정이 지원함이 된다.
5) 위치, 시간, 유기물표 등을 배경으로 위반사실에 대한 채증을 실시한다.

[4] 검문검색의 절차

탐지·감시단계 ⇨ 검문·접근 및 정선 ⇨ 승선 검색 ⇨ 사후조치

1) 1단계(탐지·감시)

가) 레이다, 시각, 인근 작전요소 간 정보교환 등을 통해 관할 해역 내 검문검색 대상 선박을 탐지·식별한다.

나) 현재 자함 위치와 상대선박의 위치 및 행동사항을 기점 및 확인한다.

다) 현 위치에서의 국내·외 법적 지위를 확인한다.

라) 전탐기지 및 해안부대, 유관기관 출동함정의 정보를 최대 활용하여 대상선박의 전 이동항로와 행동사항 등을 파악한다.

마) 대상선박의 행동사항과 혐의점을 면밀히 관찰하여 검색 시 착안사항 및 유의사항을 사전식별 확인한다.

바) 상황실에 보고 및 필요한 사항을 요청한다.

사) 인근 경비함정 또는 협조 가능한 해군함정 등을 파악하여 협조체제를 구축하여 검색의 효율성을 높인다.

아) 예상도주로를 차단하여 외해 도주를 방지하고 연안으로 유도시켜 소형정 또는 육상에서 검거할 수 있도록 사전 준비한다.

자) 통항선박, 수심, 장애물 등을 고려하여 1, 2차 검색지점을 결정한다.

2) 제2단계 : 검문·접근 및 정선요구

가) 통신기, 확성기 등을 이용하여 선박명, 선적, 입출항시, 적재물, 입항예정시간, 선주, 선원 등 검색대상 선박의 정보를 확인한다.

나) 통신검색 결과 검색의 필요성이 확인되면 검색대상 선박에 접근한다.

다) 총원 상황배치로 검색대상 선박의 저항 등 돌발 상황에 대비한다.

라) 채증 요원을 배치하여 검문검색 전 과정과 검색대상 선박의 행동사항, 위치 등을 채증한다.

※ GPS에 표시된 위치와 시간을 채증 후 육지물표 등을 배경으로 촬영하여 증거자료로 활용될 수 있도록 한다.

마) 검색요원은 경찰장구 및 검색장비를 지참하고 검색 선박에 투입준비 한다.

바) 3회 이상 검색대상 선박이 인지할 때 까지 정선명령을 실시한다.

① 기적(단성 6발), 발광(AA), 기류(L기) 및 경광등 점등 등

② 통신기(VHF, SSB) 확성기, 문자전광판 이용 정선요구

사) 정선불응 선박에 대해서는 규정된 절차에 따라 단계별 물리력을 사용하여 강제 정선시킨다.

아) 본함 계류시에는 계류현측에 계류요원을 배치하고 휀다를 설치하여 안전 확보 후 계류의사를 전달한다.

자) 단정을 이용한 검색은 다음 장에 규정된 절차에 따라 시행한다.

차) 검색대상 선박에 계류하기 전에 함정의 소속, 검문사유를 고지하고 협조를 요청한다.

타) 검색대상 선박의 선원 총원을 선수 등 잘 보이는 곳에 집결시켜 행동을 통제한다.

3) 제3단계 : 승선 검색

가) 검색요원은 안전이 확보된 후 검색대상 선박에 승선하여야 한다.

나) 검색대상 선박의 효과적인 통제를 위해 선장과 기관장의 신병을 먼저 확보한다.

다) 검색대상 선박 선원이 저항하는 경우에는 전자봉, 가스총, 섬광폭음탄 등 경찰장비 및 장구를 사용하여 기선을 제압한다.

※ 경찰장비 및 장구의 사용은 경찰관직무집행법의 규정에 의한다.

① 검색대상 선박 승선 후 조타실과 기관실을 장악하여 선박 정지

② 선원을 통제가 용이한 곳에 집결시키고 감시조 배치

③ 격렬 저항선원은 격리조치

④ 비저항 선원에 대해서는 총구를 겨냥하는 등 위화감 조성 금지

라) 인원과 서류에 대한 검색을 먼저 실시한 후 선내 정밀검색을 실시한다.

마) 선내 정밀검색은 선장의 안내에 따라 실시되어야 하며, 검색전 선장에게 협조를 구하여야 한다.

바) 검색시에는 선장 또는 간부선원으로 하여금 각종 격실, 창고 등을 개방토록 하고 검색요원은 이들 뒤에 위치하여 돌발사항에 대비한다.

사) 밀입국, 밀수 용의선박은 각 창고(어창), 격벽 등 밀폐부분, 기관실 바닥, 구석진 곳, 그릇, 식음료, 부식, 이불수량 등을 면밀히 검색한다.

아) 고의성 육체적 충돌 및 무기피탈 방지를 위해 선원 및 승객과 안전거리를 유지한다.

자) 검색이 길어지면 선원 또는 승객들이 침실, 갑판 또는 다른 통제 가능한 구역으로 이동하여 지정된 장소에 머무를 수 있도록 조치하며, 통로에서 안전을 감시한다.

차) 검색대상 선박의 권리와 검색의 적법성 한도 내에서 검색을 실시한다.

4) 제4단계 : 사후 조치

가) 검색결과 혐의가 없으면 검색 협조에 대한 감사인사를 하고, 검색요원은 본함으로 철수한다.

나) 혐의가 확인되면 증거물에 대한 채증 및 선장 등에 대한 초동수사를 실시한다.

다) 현장지휘관은 위반내용에 따라 항로변경, 회항, 강제입항, 퇴거 등의 조치와 필요시에는 지휘계통에 보고 후 지시에 따라 나포 등의 조치를 실시한다.

[5] 검문검색 시 유의사항

1) 검문검색은 국내법 및 국제법에 근거하여 대상선박을 선별하여 실시하여야 하며, 정상적인 선박은 특별한 사정이 있는 경우를 제외하고는 실시하지 않는다.

가) 통신검문 및 시각검색 후 용의점 발견시 승선검색을 실시한다.

나) 기상불량, 환자수송 등 입항시간이 촉박한 선박은 파출소, 출장소에서 검색하도록 한다.

다) 신속한 검문검색으로 검색대상 선박의 대기시간을 최소화 한다.

라) 안전과 합법성 확보에 최대 유의한다.

2) 검문이유 고지 등 사전·사후 절차를 준수한다.

가) 검문검색 대상선박에 접근 시에는 경비함정의 소속과 검문이유 등을 고지한다.

나) 검문검색을 실시하기 전에는 협조를 요청하고 종료 시에는 협조에 대한 감사의 뜻을 전한다.

다) 승선 검색 시 검색대상선박과의 위화감을 최소화 한다.

> ▸ 「해양경비법」 제12조 제2항은 “해양경찰관은 해상검문검색을 목적으로 선박 등에 승선하는 경우 선장에게 소속, 성명, 해상검문검색의 목적과 이유를 고지하여야 한다.”고 규정하고, 제3조 제2항은 “해양경비에 관하여 이 법에서 규정한 것을 제외하고는 「경찰관직무집행법」을 적용한다.”고 규정하고 있다.

3) 검색대상 선박 선원들의 저항 등 돌발 상황에 대비하여 경계태세를 유지해야 하며, 협력하는 경우에도 위장된 협력일 수도 있으므로 경계를 늦추지 않는다.

가) 흉기소지 저항 범인 진압요령

① 권총을 뽑아들고 1명은 흉기대항자들의 정면, 1명은 측면으로 경계 접근한다.

② 상대가 다수인 경우 다른 요원들은 선박내 우발적 도발자를 경계하고, 대항에 가담하지 않는 선원들을 분리 조치한다.

③ "꼼짝마, 흉기버려, 안 버리면 쏜다." 등 경고를 하고, 불응시 공포탄을 발사하며 재차 경고한다.

④ 재차 경고에도 불응하며 저항 등 위해 행동 시에는 실탄을 대퇴부 이하 에 사격하여 제압한 후 범인을 엎드리게 하고 수갑을 채운다.

⑤ 총기는 무기사용 이외 다른 수단이 없을 때 사용해야 하며, 반드시 요건과 절차를 준수해야 한다.

나) 흉기난동 범인 제압 후 수갑 채우는 요령

① 1명은 총을 겨누며 경계를 유지하는 가운데 범인 제압 후 여유를 주지 말고 단시간 내 수갑을 채운다.

② 1명은 범인에게 "엎드려, 다리 벌려, 두 손 모두 등 뒤로 내밀어"라고 명령하고 체포준비를 한 후 무릎으로 상대방의 등을 누르고 수갑은 오른손부터 먼저 제압하여 채운다.

③ 수갑을 채운 뒤 완전히 채워졌는지 확인하고 흉기소지 여부를 확인한다.

다) 총기피탈 방지를 위한 총기휴대·관리 기본규칙

① 경찰혁대를 절대 풀지 말고 권총집 똑딱 단추, 연결 줄, 안전고무판을 수시 확인한다.

② 권총 연결 줄을 권총과 절대로 분리하지 않는다.

③ 권총을 손에 든 상태로 상대와 근거리 접근 또는 신체접촉을 하지 않는다.

④ 권총 사용 후 다시 권총집에 넣을 때에는 반드시 안전고무판을 끼우고 단추를 잠근 후 확인한다.

⑤ 상대와 불시에 몸싸움이 벌어졌을 때에는 가급적 거리를 유지한다.

[6] 총기의 안전사용 관련 법규

1) 경찰관 직무집행법(제10조의4 무기의 사용)

가) 경찰관직무집행법상 무기의 개념

사람을 살상하는 성능을 가진 기구로 주로 사람을 살상하는 용도에 제공할 목적으로 제작된 것으로 통상 경찰관이 직무수행 중 휴대하도록 되어 있는 소형 총기를 말한다.

나) 무기 사용의 요건

1. 위해를 수반하지 않는 무기의 사용

① 범인의 체포·도주의 방지를 위해 필요한 때
② 자기 또는 타인의 생명·신체에 대한 방호를 위하여 필요한 때
③ 공무집행에 대한 항거를 억제하기 위해 필요한 때
④ 필요하다고 인정되는 상당한 이유가 있을 때
※ 범인의 체포 등 현장의 사태에 직면한 경찰관이 사회통념에 비추어 객관적으로 그 필요성이 인정되는 것
⑤ 무기 사용의 정도
※「사람에게 위해를 주지 않는 사용」으로 총기 등을 겨누거나 공포탄 발사, 실탄 위험사격을 하는 것으로 사람의 신체에 직접적인 위해를 가하지 않는 것

2. 위해의 수반이 허용되는 무기의 사용

① 형법에 규정된 정당방위와 긴급피난에 해당할 때
- 정당방위의 경우 : 자기 또는 타인의 법익에 대한 현재의 부당한 침해를 방위하기 위한 상당한 이유가 있는 때(형법 제21조1항)
- 긴급피난의 경우 : 자기 또는 타인의 법익에 대한 현재의 위난을 피하기 위한 행위는 상당한 이유가 있는 때(형법 제22조1항)

② 다음 어느 하나에 해당하는 때에 그 행위를 방지하거나 그 행위자를 체포하기 위하여 무기를 사용하지 아니하고는 다른 수단이 없다고 인정되는 상당한 이유가 있을 때
- 사형·무기 또는 장기 3년 이상의 징역이나 금고에 해당하는 죄를 범하거나 범하였다고 의심할 만한 충분한 이유가 있는 사람이 경찰관의 직무집행에 항거하거나 도주하려고 할 때
※ 누구나 위에 해당하는 범인이라고 의심할 수 있는 정도로 충분할 것으로 족하고 공소를 제기할 수 있을 정도일 필요는 없음
- 체포·구속영장과 압수·수색영장을 집행하는 과정에서 경찰관의 직무집행에 항거하거나 도주하려고 할 때
- 제3자가 가목 또는 나목에 해당하는 사람을 도주시키려고 경찰관에게 항거할 때
- 범인이나 소요를 일으킨 사람이 무기·흉기 등 위험한 물건을 지니고 경찰관으로부터 3회 이상 물건을 버리라는 명령이나 항복하라는 명령을 받고도 따르지 아니하면서 계속 항거할 때
※ 3회 이상의 투기·투항 명령은 시간적 간격을 두어야 함

③ 대간첩 작전 수행 과정에서 무장간첩이 항복하라는 경찰관의 명령을 받고도 따르지 아니할 때이다. 대간첩·대테러 작전 등 국가안전에 관련되는 작전을 수행할 때에는 개인화기(個人火器) 외에 공용화기(共用火器)를 사용할 수 있다.

〈표 1-9〉 경찰관 직무집행법(제10조의4 무기의 사용)

구분	경직법 제10조의4 본문	경직법 제10조의4 단서 및 각호
성질	위해를 주지 않는 무기사용	위해를 수반한 무기사용
사용 요건	① 범인의 체포·도주의 방지 ② 자기 또는 타인의 생명·신체의 방호 ③ 공무집행에 대한 항거억제	① 좌측 ①~③이 정당방위·긴급피난에 해당하는 경우 ② 장기 3년 이상의 죄를 범한 자가 항거·도주하는 경우 ③ 구속영장등 집행에 항거·도주하는 경우 ④ 무기·흉기 등 위험한 물건 소지자가 3회 이상 투기·투항 명령에 불응한 경우 ⑤ 대간첩작전 시 무장간첩이 투항명령에 불응하는 경우
사용 한계	① 합리성(합리적 판단) ② 필요성(필요한 한도 내) ③ 상당성(상당한 이유)	① 합리성(합리적 판단) ② 필요성(필요한 한도 내) ③ 상당성(상당한 이유) ④ 보충성(다른 수단이 없음)
사용 요령	3회 이상의 경고를 하고 이에 불응할 경우 공중이나 안전한 곳을 향하여 발사	공포탄 1발 발사 후 범인의 대퇴부 이하를 조준하여 발사

2) 위해성 경찰장비의 사용기준 등에 관한 규정(제9조, 제10조/대통령령)

가) 총기 사용의 경고(규정 제9조). 사람을 향하여 권총 또는 소총을 발사하고자 하는 때에는 미리 구두 또는 공포탄에 의한 사격으로 상대방에게 경고하여야 한다. 다만, 다음 각 호의 어느 하나에 해당하는 경우로서 부득이한 때에는 경고하지 아니할 수 있다.

① 경찰관을 급습하거나 타인의 생명·신체에 대한 중대한 위험을 야기하는 범행이 목전에 실행되고 있는 등 상황이 급박하여 특히 경고할 시간적 여유가 없는 경우

② 인질·간첩 또는 테러사건에 있어서 은밀히 작전을 수행하는 경우

나) 권총 또는 소총의 사용 제한(규정 제10조).

① 경찰관은 법 제10조의4의 규정에 의하여 권총 또는 소총을 사용하는 경우에 있어서 범죄와 무관한 다중의 생명·신체에 위해를 가할 우려가 있는 때에는 이를 사용하여서는 아니 된다. 다만, 권총 또는 소총을 사용하지 아니하고는 타인 또는 경찰관의 생명·신체에 대한 중대한 위험을 방지할 수 없다고 인정되는 때에는 필요한 최소한의 범위 안에서 이를 사용할 수 있다.

경찰관 직무집행법
[시행 2017.7.26.] [법률 제14839호, 2017.7.26. 타법개정]

제10조의4(무기의 사용)

① 경찰관은 범인의 체포, 범인의 도주 방지, 자신이나 다른 사람의 생명·신체의 방어 및 보호, 공무집행에 대한 항거의 제지를 위하여 필요하다고 인정되는 상당한 이유가 있을 때에는 그 사태를 합리적으로 판단하여 필요한 한도에서 무기를 사용할 수 있다. 다만, 다음 각 호의 어느 하나에 해당할 때를 제외하고는 사람에게 위해를 끼쳐서는 아니 된다.

1. 「형법」에 규정된 정당방위와 긴급피난에 해당할 때
2. 다음 각 목의 어느 하나에 해당하는 때에 그 행위를 방지하거나 그 행위자를 체포하기 위하여 무기를 사용하지 아니하고는 다른 수단이 없다고 인정되는 상당한 이유가 있을 때
   가. 사형·무기 또는 장기 3년 이상의 징역이나 금고에 해당하는 죄를 범하거나 범하였다고 의심할 만한 충분한 이유가 있는 사람이 경찰관의 직무집행에 항거하거나 도주하려고 할 때
   나. 체포·구속영장과 압수·수색영장을 집행하는 과정에서 경찰관의 직무집행에 항거하거나 도주하려고 할 때
   다. 제3자가 가목 또는 나목에 해당하는 사람을 도주시키려고 경찰관에게 항거할 때
   라. 범인이나 소요를 일으킨 사람이 무기·흉기 등 위험한 물건을 지니고 경찰관으로부터 3회 이상 물건을 버리라는 명령이나 항복하라는 명령을 받고도 따르지 아니하면서 계속 항거할 때
3. 대간첩 작전 수행 과정에서 무장간첩이 항복하라는 경찰관의 명령을 받고도 따르지 아니할 때

② 제1항에서 "무기"란 사람의 생명이나 신체에 위해를 끼칠 수 있도록 제작된 권총·소총·도검 등을 말한다.

③ 대간첩·대테러 작전 등 국가안전에 관련되는 작전을 수행할 때에는 개인화기(個人火器) 외에 공용화기(共用火器)를 사용할 수 있다.

② 경찰관은 총기 또는 폭발물을 가지고 대항하는 경우를 제외하고는 14세 미만의 자 또는 임산부에 대하여 권총 또는 소총을 발사하여서는 아니 된다.

3) 위해성 경찰장비 사용을 위한 안전교육(규정 제17조)

제17조(위해성 경찰장비 사용을 위한 안전교육) 법 제10조제1항 단서에 따라 직무수행 중 위해성 경찰장비를 사용하는 경찰관은 기준에 따라 위해성 경찰장비 사용을 위한 안전교육을 받아야 한다.

《위해성 경찰장비 사용을 위한 안전교육기준》

경찰관 직무집행법 [시행 2017.7.26.] [법률 제14839호, 2017.7.26., 타법개정]
제10조(경찰장비의 사용 등) ① 경찰관은 직무수행 중 경찰장비를 사용할 수 있다. 다만, 사람의 생명이나 신체에 위해를 끼칠 수 있는 경찰장비(이하 이 조에서 "위해성 경찰장비"라 한다)를 사용할 때에는 필요한 안전교육과 안전검사를 받은 후 사용하여야 한다. ② 제1항 본문에서 "경찰장비"란 무기, 경찰장구(警察裝具), 최루제(催淚劑)와 그 발사장치, 살수차, 감식기구(鑑識機具), 해안 감시기구, 통신기기, 차량·선박·항공기 등 경찰이 직무를 수행할 때 필요한 장치와 기구를 말한다. ③ 경찰관은 경찰장비를 함부로 개조하거나 경찰장비에 임의의 장비를 부착하여 일반적인 사용법과 달리 사용함으로써 다른 사람의 생명·신체에 위해를 끼쳐서는 아니 된다. ④ 위해성 경찰장비는 필요한 최소한도에서 사용하여야 한다. ⑤ 경찰청장은 위해성 경찰장비를 새로 도입하려는 경우에는 대통령령으로 정하는 바에 따라 안전성 검사를 실시하여 그 안전성 검사의 결과보고서를 국회 소관 상임위원회에 제출하여야 한다. 이 경우 안전성 검사에는 외부 전문가를 참여시켜야 한다. ⑥ 위해성 경찰장비의 종류 및 그 사용기준, 안전교육·안전검사의 기준 등은 대통령령으로 정한다.

4) 총기사용 관련 판례

가) 경찰관은 범인의 체포, 도주의 방지, 자기 또는 타인의 생명, 신체에 대한 방호, 공무집행에 대한 항거의 억제를 위하여 상당한 이유가 있을 때에는 필요한 한도 내에서 무기를 사용할 수 있다.

나) 무기 사용이 이러한 요건을 충족하는지 여부는 범죄의 종류, 죄질, 피해법익의 경중, 위해의 급박성, 저항의 강약, 범인과 경찰관의 수, 무기의 종류, 무기사용의 행태, 주변의 상황 등을 고려하여 사회통념상 상당하다고 평가되는지 여부에 따라 판단하여야 한다.

다) 검문불응 등으로 도주하는 상대방에 대한 총기사용은 특별한 경우(공포탄 발사)를 제외하고는 사용한계를 벗어난 위법이다.

라) 흉기 등을 소지한 상대방이 난동을 부리더라도 그 목적이 타인 또는 경찰관에 대한 적극적 위해 의사가 아닌 단순한 접근을 저지하려는 소극적 위해 의사로 볼 수 있다면 이에 대한 총기 사용은 일반적으로 위법이다.

※ 공포탄 발사, 가스총, 경찰봉 등 보충적 수단 우선 사용하며 부득이 총기 사용 시 대퇴부이하 조준으로 위해 최소화

3 관할권 경비활동

[1] 독도·이어도 경비

(1) 독도 경비

1) 독도주소 : 경상북도 울릉군 울릉읍 독도리 1~96번지
2) 위치 : 동도, 북위 37도 14분 26.8초, 동경 131도 52분 10.4초 서도, 북위 37도 14분 30.6초, 동경 131도 51분 54.6초
3) 거리(울릉도 동남쪽 87.4km에 위치〈일본 오키섬 북서쪽 157.5km〉)

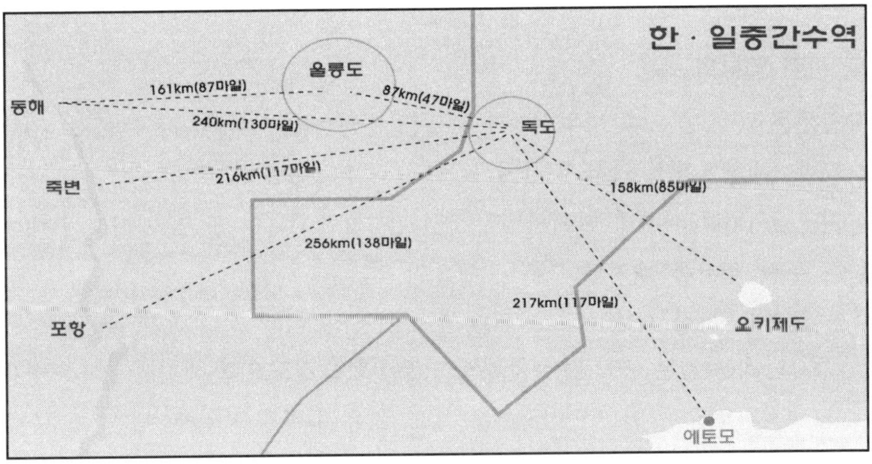

〈그림 1-7〉 독도위치와 거리

4) 법적 지위
   가) 국유재산법 제6조에 의한 행정재산(관리청 : 해양수산부)
      ※ 91개섬 101필지로 구성되며, 지목은 임야, 대지, 잡종지로 구분
   나) 문화재보호법 제7조에 의한 천연기념물 제336호 독도 천연보호구역 관리
      ※ 1999.12. 문화재청 고시(제1999-25호)로 지정
      ※ 1982.11 '천연기념물 제336호 독도 해조류번식지'로 지정된 것을 '천연기념물 제336호 독도천연보호 구역'으로 명칭 변경
   다) 「독도 등 도서지역의 생태계 보전에 관한 특별법」 제4조에 의한 '특정도서'
      ※ 2000.9. 환경부 고시(제2000-109호)로 지정

라) 「국토이용관리법」에 의한 '자연환경보전지역'

※ 1990.8 건설부 고시(제487호)로 지정)

5) 독도 관련 관계부처별 임무

가) 해양경찰청 : 독도 입도 여객선 호송 및 독도 주변해역 해상경비

나) 외교부 : 독도 문제에 대한 외교전략 방안 수립, 논리개발, 홍보

다) 해양수산부 : 독도 생태계 보호 및 수산자원 개발 종합계획 수립

라) 환경부 : 특정도서로 지정, 독도 자연환경 및 생태계 보전

마) 문화재청 : 천연보호구역으로 지정, 독도의 보존/관리대책 마련

바) 경상북도 : 독도 입도 신고업무 시행, 독도/주변해역 관리 보전

사) 경북경찰청 : 독도 경비대 운용

아) 동북아역사재단 : 독도 관련 역사 및 국제법 연구

6) 독도 관련 일본의 동향

가) 일본은 2005년 이후 방위백서에 독도(일본명 다케시마)를 자국영토로 기술하고 있으며, 해상보안청 역시 백서에서 독도를 일본 영토라고 기술

나) 지난 2005년 시마네 현에서 2월 22일을 '다케시마의 날'로 지정하여 매년 시마네 현 주관 행사를 개최하며 독도 영유권 주장을 지속

※ 일본인 10명중 7명은 "독도는 일본 땅"으로 인식

다) 2008년에는 일본 중학교 사회과목 신(新) 학습지도요령 해설서에 독도영유권 주장을 수록하였고, 2010년 이후에는 독도 영유권 주장 내용이 담긴 초·중·고등학교 교과서를 검정, 통과시킴

※ 초등 교과서(2010.3.30), 중등 교과서(2011.3.30), 고등 교과서(2012.3.27)

라) 동해에서 해양관할권 확장을 목적으로, 순시선을 독도와 그 주변해역에 보내 순찰하며(매년 90-100회 정도), 분쟁지역화 기도를 끊임없이 진행

7) 일본정부 입장

2012년 재집권에 성공한 자민당 정부는 독도에 대한 영유권주장을 더욱 강화해 나가겠다는 공약을 발표

일본 자민당 정부의 총선당시 공약

- ▸ 現(현) 평화헌법을 개정하여 '자위대'를 '국방군'으로 전환
- ▸ 자위대의 인원·장비·예산을 확충하고, 해상보안청을 강화
- ▸ 영토문제와 관련 역사적, 학술적 조사연구를 수행할 기관 신설
- ▸ 센카쿠제도를 수호하기 위해 공무원 상주 및 주변 어업환경 정비 검토
- ▸ 시마네 현 주관 지역행사인 '다케시마(竹島)의 날(2.22)'을 국가행사로 승격

(2) 이어도 경비

최근 중국은 주변해역에 대한 관할권 강화를 목적으로 이어도 주변해역에 관공선과 항공기를 이용해 순찰활동을 확대하고 이어도를 포함한 공역에 방공식별구역을 일방적으로 선포하는 등 동북아 해양질서를 'UN해양법협약'에 근거한 합리적이고 합법적인 관리활동이 아닌 '힘의 논리'에 의한 외교안보 측면에서의 전략적 행동을 자행하며 혼돈의 장으로 만들려고 하고 있다. 이러한 시기에 우리나라는 이어도를 포함한 제주 남부수역에 대한 경비 활동을 보다 강화하고 있는데, 이러한 경비역할은 선택이 아닌 필수적인 관할해역 관리로 인식되어야 하며 해양영토에 존재하는 수중암초인 이어도 관리는 주변국과의 해양경계획성 문세와 직결된 것으로서 이어도 해양과학기지에 대한 관할권 행사와 보호, 주변해역에 대한 배타적 경제수역과 대륙붕에서의 해양권익 보호라는 거시적 측면에서 다루어져야 할 것이다. 이어도는 섬이 아닌 '수중 암초'로써, 마라도로부터 서남방 149km에 위치하고 있으며, 한·중 간 중간선을 기준으로 할 경우 우리 해역에 포함하고 있으며, 한편, 어업협정 상 한·중 잠정조치수역 하단에 위치하고 있으며, 여기는 현행조업유지수역으로 한·중어선 모두 조업이 가능한 해역이다.

1) 이어도 해양과학기지 현황

주요시설(총 400여평)은 헬기장, 옥상(등대관측장비), 주갑판(관측실, 회의실), 선박계류시설(수면상 5m에 길이 12m)로 구성되고 우리나라는 1995년 한국해양연구원(現 한국해양과학기술원)이 최초 해양조사 실시하였고, 2000. 10월~2003. 5월까지 총 공사비 212억원을 투입하여 해양과학기지를 준공하여 해양조사원(2명) 및 용역업체(8명) 총 10명이 1달 간격으로 7일간 체류하고 있다.

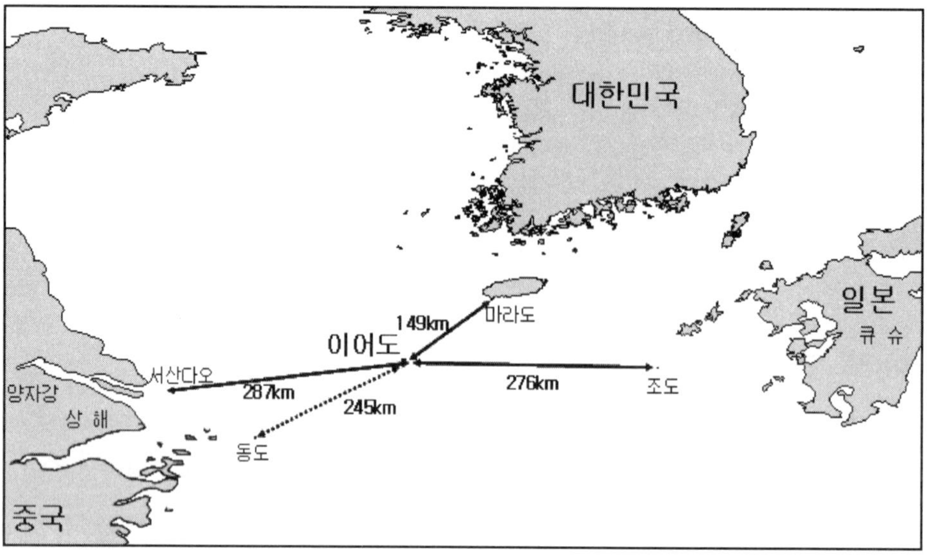

□ 이어도까지 거리 및 소요시간 비교

구 분	지 명	거 리	소요시간(15노트 기준)
한 국	마라도	81마일(149km)	5시간 20분
	서귀포	97마일(180km)	6시간 30분
중 국	서산다오	155마일(287km)	10시간 50분

※ '09. 4. 13 중국측 이어도 기점을 기존 퉁다오(童島)에서 서산다오(佘山島)로 변경 (퉁다오↔이어도 거리 245km, 132마일)

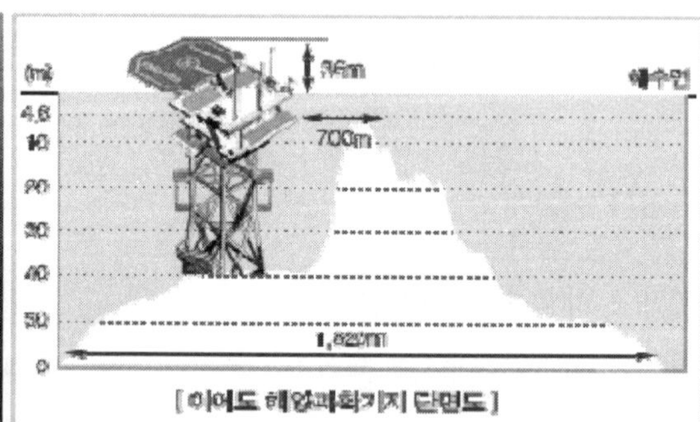

〈그림 1-8〉 이어도 위치와 거리

2) 이어도의 국제법적 관할권 검토

이어도는 한·중 어업협정상 어느 국가에도 속하지 않는 공동 조업수역이며, 항공기 방공식별구역은 일본에 포함되어 있으나, UN해양법협약의 200해리 EEZ 해역 개념상 한·중·일 3국의 중첩수역임

가) 한국 입장

이어도의 지리적 위치상 우리나라 마라도와 가장 근접한 해역으로 중첩수역의 경우에는 관할권 설정기준인 등거리 원칙에 의해 우리 EEZ 및 대륙붕으로 판단되는 수역이므로 UN해양법협약 상 당연한 권리로 이어도 해양과학기지 건설 운영

나) 중국 주장

이어도는 한·중 양국이 주장하는 EEZ 중첩수역으로서 양국간 EEZ 경계획정이 이루어지지 않은 상황에서 동 수역에서 어느 국가가 일방적인 조치를 취하는 것은 바람직하지 않음을 주장(동 수역의 경계획정 시 중간선을 이용할 이유가 없으며 중국으로부터 200해리 이내에 속해 있으므로 중국 측의 권원이 미치는 분쟁수역에 해당 한다는 주장)

다) 일본 동향 : 현재까지 특별한 문제제기 없음

3) 이어도 경비 근거

가) 해양법협약 제60조(배타적 경제수역에서의 인공섬, 시설 및 구조물)

- (제2항) 연안국은 인공섬, 시설 및 구조물에 대하여 관세·재정·위생·안전 및 출입국관리 법령에 관한 관할권을 포함한 배타적 관할권을 가진다.
- (제4항) 연안국은 인공섬·시설 및 구조물의 안전을 보장하기 위하여 주위에 적절한 조치를 취할 수 있는 합리적인 안전수역을 설치할 수 있다.
- (제5항) 안전수역은 500미터를 넘을 수 없다.

나) 선박 및 해상구조물에 대한 위해행위의 처벌 등에 관한 법률

- 제5조 (폭행·협박·상해·살인죄)
- 제7조 (선박 등 손괴죄)

4) 해양경찰의 역할

이어도는 법적 지위 상 '섬'이 아니라 수중암초이다. 따라서 자체의 영해, 배타적 경제수역, 대륙붕을 가지지는 못한다. 하지만 향후 자연스럽게 우리나라의 해양영토로 편입될 수역 내에 위치하고 있으므로 지금처럼 안정적으로 관할권을 행사하고 보호활동을 수행할 수 있도록 '관리'하는 것이 중요하다.

해양경찰은 배타적 경제수역에 대한 해양권익 보호활동을 큰 축으로 하여, 해양과학기지에서의 정상적인 해양활동이 가능하도록 든든한 경비역할을 수행하는 것이 무엇보다 중요할

것이다. 한편 해양경계획정, 어업협정, 방공식별구역 운영 문제 등은 동북아 해양질서와 한반도의 해양안보 유지 측면에서 종합적으로 고려되어야 하며, 이어도나 해양과학기지를 단편적인 보호대상으로 간주하는 경비 활동 보다는 주변해역의 지정학 및 해양전략적 의미를 항상 염두 해 두고 세계로 뻗어나가는 대한민국의 해양 관문을 확보한다는 생각을 가지고 보다 전략적인 경비 활동을 수행해 나가야 할 것이다.

[2] 해양영토의 조사·관리에 따른 경비

(1) 해양과학조사

제2차 세계대전 이후 해양자원의 중요성이 인식되며 해양과학조사에 대한 국제적 관심이 증대되었으며, 1958년 공해협약에 대륙붕 조사활동은 연안국의 동의를 받도록 규정하고 1982년 UN 해양법협약에서 해양공간을 기능적으로 '영해-접속수역-EEZ-공해'로 구분하면서 해양과학조사 제도에 대해 각국이 국내법으로 정비하면서, 해양과학조사를 둘러싼 주변국간 갈등이 표면화되기 시작하였다.

1) 해양과학조사의 개념

UN 해양법협약에는 개념에 대한 명문규정을 두지 않았으나, 통상적 과학조사 개념을 유추할 때, "해양환경의 자연현상에 관하여 과학적 지식을 확대하기 위해 해양에서 취해진 활동"으로 정의되며, 「해양과학조사법」 제2조(정의)에서는 "해양의 자연현상을 연구하고 밝히기 위하여 해저면·하층토·상부수역 및 인접대기를 대상으로 하는 조사 또는 탐사 등의 행위"로 정의하고 있다.

또한 UN 해양법협약에서는 '① 오로지 평화적 목적을 위해 수행, ② 협약에 합치하는 과학적 수단과 방법을 사용, ③ 다른 적법한 이용행위를 부당히 방해하지 말 것, ④ 협약상 환경보호 관련 규칙을 준수 할 것'이라는 해양과학조사 기본원칙을 규정하고 있으며, 해양과학조사를 근거로 해양환경 또는 자원에 대한 권리 주장을 인정하지 않는다.

2) 해양과학조사 관련 법제

동북아 해양전략의 핵심적 요소로 다루어지고 있는 해양과학조사 관련 절차는 법제의 형식과 절차 등에 약간의 차이만 있을 뿐 유사한 형태를 보인다. 우리나라의 법제인 「해양과학조사법」에는 외국인 등이 대한민국의 관할해역에서 해양과학조사 활동을 수행하기 위해서 영해와 그 외측해역을 구분하여 해양수산부장관의 허가 또는 동의를 받도록 규정하고 있다.

〈표 1-10〉 우리나라의 해양과학조사 법제(「해양과학조사법」 주요 조문)

조 문 명	주요 내용
第6조(영해에서의 해양과학조사에 대한 허가)	① 대한민국의 영해에서 해양과학조사를 실시하려는 외국인등은 해양수산부장관의 허가를 받아야 한다. ② 제1항에 따른 허가를 받으려는 외국인등은 해양과학조사 실시 예정일 6개월 전까지 대통령령으로 정하는 사항이 포함된 조사계획서(이하 "조사계획서"라 한다)를 외교부장관을 거쳐 해양수산부장관에게 제출하여야 한다. ③ 해양수산부장관은 제2항에 따라 허가 신청을 받은 경우에는 관계 중앙행정기관의 장과 협의하여 그 신청일부터 4개월 이내에 허가 여부를 결정하고, 지체 없이 그 결정 사항을 신청인에게 알려야 한다.
第7조(배타적 경제수역 또는 대륙붕에서의 해양과학조사에 대한 동의)	① 대한민국의 배타적 경제수역 또는 대륙붕에서 해양과학조사를 실시하려는 외국인등은 해양수산부장관의 동의를 받아야 한다. ② 제1항에 따른 동의를 받으려는 외국인등은 해양과학조사 실시 예정일 6개월 전까지 조사계획서를 외교부장관을 거쳐 해양수산부장관에게 제출하여야 한다. ③ 해양수산부장관은 제2항에 따라 동의 신청을 받은 경우에는 관계 중앙행정기관의 장과 협의하여 그 신청일부터 4개월 이내에 동의 여부를 결정하고, 지체 없이 그 결정 사항을 신청인에게 알려야 한다.

(2) 우리나라의 해양영토 조사 및 관리활동

1) 관할해역에 대한 국가 해양기본도 조사

우리나라는 관할해역에 대한 과학적 자료를 확보하기 위해, 국립해양조사원 주관으로 국가 해양기본도 조사를 실시 중에 있다. 항행안전 확보를 위한 해도 발간에 필요한 자료수집 활동, 즉 수로측량[20]의 일환으로 진행되고 있지만 해양과학조사와의 경계선 상에서의 활동으로 이해되어 주변국 특히 중국의 방해활동이 계속되고 있는 실정이다.

---

20) 이용희(2013), '해양과학조사와 연안국의 관할권', 수로측량과 해양과학조사, 〈해양경찰청 연구용역 자료〉
1. 전통적 의미에서의 수로측량 : 해양의 수심 측량 및 파도, 해류, 조수현상의 연구, 수중암석·사주·기타 숨겨진 위험의 조사를 포함하는 것으로서 이러한 수로측량에서 수집된 대부분의 자료는 항행용 해도의 작성과 같은 항행의 안전을 지원하기 위해 사용된다.
2. 유엔해양법협약의 입법태도 : ①해양과학조사와 수로측량을 별도의 용어로 규정함으로서 양자의 활동을 구분하였다는 점, ②연안국의 영해, 국제항행용해협, 군도수역에서 행하여지는 수로측량이 연안국의 평화, 공공질서 또는 안전을 해치는 행위로 분류하고, 연안국의 의사에 반하여 행하여지는 동 행위를 국제법 위반행위로 보았다는 점, 즉 해양과학조사의 경우는 내수, 영해, 국제항행용해협, 군도수역, 배타적 경제수역, 대륙붕, 공해 및 심해저에 이르기 까지 모든 해양공간에 관련규정을 두고 있는 반면에 수로측량은 오로지 영해와 국제항행용해협 및 군도항로대 관련규정에서만 명시적으로 언급하고 있을 뿐 배타적 경제수역이나 대륙붕과 같이 연안국의 관할수역이나 공해 또는 심해저에 대해서는 아무런 규정을 두고 있지 않다.
3. 문제점 : 수로측량자료는 해도 편찬뿐만 아니라 연안역관리, 환경 감시, 석유 및 광물자원의 개발, 법적 및 관할권문제, 해양 및 기상 모델링, 공학 및 건축설계를 비롯한 많은 분야에 사용되고 있다. 즉, 해상교통안전을 위한 해도작성이라는 전통적 목적 이외에 수로측량의 결과가 해양환경보전, 국방 및 해양자원의 개발을 지원할 수 있는 목적으로 행하여지거나 이용될 수 있다면, 배타적 경제수역에서 행하여지는 수로측량은 그 자료의 활용목적에 따라 연안국의 관할권을 배제하기 힘들 것으로 보인다.

2) 최외곽 해양관측소(KOGA : Korea Ocean Gate Array) 사업 추진

한편, 관할해역 관리 및 해양재해(태풍, 지진해일 등) 사전 감시를 위해 가상중간선 최외곽 내측해역에 관측부이 설치사업 추진하고 있는데, 주변국과의 역학관계 등으로 인해 제주 남부해역 설치 이후 동·서해권 설치작업이 지연되고 있는 상황이다.

3) 영해기점 설치 및 관리

해양을 내수, 영해, 배타적 경제수역 등으로 구분하기 위해서는 기준이 필요한데, 이 역할을 수행하는 것이 바로 '영해기점'이다. 일반적으로 육지와 바다가 만나는 해안의 저조선을 의미하지만, 해안선의 굴곡과 인접도서의 존재 등을 이유로 대부분의 국가는 직선기선 제도를 이용하고 있다. 따라서 육지 본토에 비해 관리가 어려운 영해기점 도서, 특히 무인도서에 대한 관리는 무엇보다 중요하며 우리나라는 「무인도서의 보전 및 관리에 관한 법률」에 의거 영해기점 무인도서를 특별관리 중에 있다.

이에 해양경찰청은 점검계획을 수립하여 직선기선 영해기점무인도서 형상의 훼손상태를 정기적으로 점검하는 등 해양영토관리의 최전방 보루로서 가치가 새롭게 부각되고 있는 영해기점 무인도서에 대한 점검체계를 구축하고 있다. 한편 최근 중국, 일본 등 주변 국가들이 섬(Island)으로 인정받기 힘든 암초(Rock)나 간조노출지 등에 영해기점표와 상징물 설치를 추진하고 국가안보 측면에서의 관리활동을 강화해 나가고 있어, 향후 해양경계획정 시 기준이 될 영해기점에 대한 부당한 선점활동 등의 동향을 예의주시하고 우리나라의 영해기점 관리정책에 대한 재점검이 필요한 때이다.

4) 국내외 해양지명 제정과 사용 확산

우리나라는 그간 지속적인 해양 측량을 통해 확인된 각종 해저지형에 고유의 해양지명을 제정·부여 하고 사용을 확산하여, 국내외 해양영토에 대한 인식을 제고하기 위하여 노력하고 있다. 2002년 7월 해양지명위원회(現 국가지명위원회)를 발족하여 국제위원회에 진출하였으며, 현재까지 동해 및 태평양 해역에 30여건 이상을 국제지명으로 등재하고 이어도, 파랑초 등 500여건 이상을 국내지명으로 대한민국 관보에 고시하였다.

(3) 해양경찰의 임무(권리의 보호)

UN해양법협약을 통해 새롭게 창설된 배타적 경제수역 제도는 연안국에 '해양과학조사'에 대한 관할권을 부여하였다. 이는 체계적인 해양영토 및 자원 조사를 통해 해양권익을 보호하고 해양을 적극적으로 활용하는데 큰 의의가 있다. 다만, 우리나라는 해양조사를 수행하는

기관과 해양법집행기관이 분리되어 있어 조사활동에 수반되는 각종 보호 및 관리활동이 미진한 상황이다. 주변국의 경우에는 법집행기관인 'COAST GUARD'에서 자체 측량선이나 해양과학조사선을 직접 운영하며 해양 정보에 대한 관리역량을 집중시키고 있는 것과는 매우 비교된다. 따라서 대한민국 해양경찰은 앞으로 해양조사에 대한 기능을 확충시키고 해양 정보 수집 및 관리에 대한 역량을 강화해 나가야 할 것으로 보인다.

한편, 해양조사를 수행하는 선박이나 시설에 대한 보호임무 수행은 해양경찰의 고유 업무로써, 해양조사 수행기관으로부터 조사계획을 사전에 통보받고 필요시 외교부 등 관련기관과의 협조회의를 통해 조사시기 조정여부 및 대응강도를 결정하여야 한다. 배타적 경제수역 및 대륙붕에 대한 해양경계가 미획정된 상황에서 중첩해역 등 민감해역에 대한 조사활동은 주변국의 방해로 인한 국가세력간 해상대치 상황으로 까지 발전될 가능성이 높으므로 관계기관간 긴밀한 협조체계를 구축하여 해양영토에 대한 관할권 행사에 지장이 없도록 해야 한다.

[3] 해양경계획정과 해양경찰 임무(권리행사)

(1) 해양경계획정과 해양법협약

국제사회는 1973년부터 시작된 제3차 해양법회의에서 대륙붕과 배타적 경제수역 획정 문제에 대한 근본적 해결책을 제시하지 못하고, 결국 유엔해양법협약 제74조(제83조)라는 절충방안을 이끌어 내었다. 해당 규정은 "서로 마주보고 있거나 인접한 연안을 가진 국가간의 EEZ 경계획정은 형평한 해결(equitable solution)에 이르기 위하여, ICJ 제38조에 언급된 국제법을 기초로 하는 합의에 의하여 이루어진다."고 규정하고 있다. 그러나 이 규정은 실제 해양경계획정 과정에서 실질적인 기준이나 원칙으로 적용되기에는 너무 모호하고 추상적인 해결방식을 제시하고 있다. ICJ 제38조는 "(a) 일반적인 또는 특별한 국제협정으로 분쟁국이 명백히 인정하는 규칙, (b) 법으로 인정되고 있는 일반관행의 증거로서 국제관습, (c) 문명국에 의하여 인정된 법의 일반원칙, (d) 재판상의 판결과 세계 우수한 국제법학자의 학설"로서 국제재판소에 부탁된 분쟁을 해결하도록 하고 있는 바, 이는 이미 일반적으로 승인된 국제법 연원(淵源)으로서, 해양경계획정의 적용에는 실질적 의미가 없기 때문이다. 협약 규정은 또한 제3차 유엔해양법회의 기간동안 해양경계획정에 대한 지속적인 대립의 기본 원칙이었던 "중간선(혹은 등거리, 이하 '중간선')원칙"과 "형평의 원칙"이라는 문구를 모두 배제하고 해양경계획정 문제에 모호한 태도를 제시함으로써, 많은 국가와 학자들의 비판을 받기도 하였다(양희철, 2013 : 16).

결국, 1982년협약 규정 자체가 해양경계획정 원칙에 대하여 소극적 태도를 취하였다는 것은 해양경계획정을 도출하는데 있어서 일방적 원칙과 의무적인 적용규칙은 없으며, 여전히 국가간 협정 혹은 국제재판소의 해석과 관행 축적을 통해 형성되는 과정에 있다는 것을 의미한다. 즉, 해양경계획정협상에서 연안국은 자국의 해양영토 확보를 위해 어떠한 방법과 고려요인도 주장가능하며, 이것이 많은 국가들이 최대·최적의 해양관할권 확보를 위한 사회과학적, 자연과학적 기초자료 축적과 연구에 국가적 역량을 결집하는 이유이기도 하다. 특히, 한반도 주변해역을 둘러싸고 중국과 일본이 지속적으로 진행해온 해양 지질 및 지형조사는 그 기초자료의 과학적 활용을 논외로 하고라도 주변해역의 해양경계획정과 밀접한 관련성을 가지고 해석될 여지가 있다는 점에서 중요하다.

(2) 해양경계획정과 국제법 질서

해양경계획정을 둘러싼 국제법상의 일반적 흐름 혹은 질서는 다음과 같이 형성되고 있다고 할 수 있다. 첫째, 모든 해양경계획정에 적용될 수 있는 일반적 원칙은 없다. 둘째, 해양경계선을 획정하는 데 있어서 당사국 해역의 중간선을 긋고, 해역의 특별한 사정을 고려하여 임시중간선을 조정, 최종 경계선을 획정하는 것이 일반적 추세로 형성되고 있다. 셋째, 해양경계획정에서 고려되는 소위 '특별한 사정'에는 자국에 유리한 모든 요소들을 포함할 수 있으며, 법적으로 제한된 사항은 없다. 넷째, 단일선을 통해 EEZ와 대륙붕 경계선으로 하는 것이 관리적 측면에서 유리하게 형성되고 있다. 다섯째, 국제 판례와 국가간 협정을 통해 해양경계획정에 대한 특정한 흐름 혹은 절차가 형성되고 있으나, 이는 어디까지나 추세일 뿐, 당사국에 적용을 강제하지 못한다. 각국이 막대한 투자를 통해 자국에 유리한 이론과 과학적 자료 축적에 총력을 기울이는 이유 역시 여기에 있다(양희철, 2013 : 17).

(3) 해양경찰의 임무(권리의 행사)

「해양경비법」상 해양경찰 해양경비 활동의 범위에는 '해양자원 보호에 관한 조치'가 명시되어 있다. 하지만 지금까지 해양경찰은 해양자원 중 현재 피부에 와 닿고 손에 잡히는 '어업자원'에 대한 보호에 집중해 왔다. 이는 해양경계가 획정되지 않은 상황에서 우리나라의 명확한 배타적 경제수역 경계를 확정하여 경비 활동을 수행하는 것은 사실상 불가능하나, '어업자원'의 경우 주변국 간의 어업협정을 통해 잠정적인 어업협정 경계선이 정해져 있으므로 법 집행 기준이 명확하다는 이유에서였다.

하지만 법 집행 기준이 명확하지 않다는 이유에서 어업자원을 제외한 기타 모든 해양자원에 대한 주권적 권리 행사와 보호를 포기하여서는 안 된다. 앞서 언급하였던 「배타적 경제수역법」 제5조(대한민국의 권리 행사 등)에서는 '대한민국의 배타적 경제수역에서의 권리는 대한민국과 관계국 간에 별도의 합의가 없는 경우 대한민국과 관계국의 중간선 바깥쪽 수역에서는 행사하지 아니한다.'라고 규정하고 있는데, 이는 대한민국의 해양권익 보호전략의 기준이 되는 조항으로 현재와 같은 해양경계 미획정 상황에서는 중간선 원칙에 따라 경비임무를 전략적으로 수행하여야 할 의무를 해양경찰에게 부여한 것이라고 해석하는 것이 바람직 할 것이다.

한편, 배타적 경제수역 및 대륙붕에 부존하는 해양자원에 대한 주권적 권리를 제대로 보호하기 위해서는 해양시설·조사·환경에 관한 관할권 행사를 적극적으로 실시하여 해양영토에 대한 체계적인 조사와 해양자원의 부존 가능성 및 분포해역에 대한 철저한 데이터베이스화를 통해 향후 해양경계 획정에 적극적으로 대응하는 것이 국익에 긍정적인 영향을 미칠 것으로 보인다. 최근 주변국과 동북아의 해양 정세는 해양자원을 둘러싼 해양 전략의 표출, 즉 해양안보로 이어지는 상황이므로 해양자원에 대한 해양경찰의 경비임무는 한 국가의 경제적 이익을 넘어서 국가의 안보적 차원에서 다루어져야 하는 매우 중대한 사명임을 명심해야 할 것이다.

4 해양경비 무선통신망

[1] 무선통신망 운용

(1) 무선통신의 원칙

1) 무선통신은 필요한 최소 내용만을 교신하여야 한다.
2) 무선통신에 사용하는 용어는 간명하여야 한다.
3) 무선통신을 할 때에는 자국의 호출부호, 호출명칭 등을 붙여 그 출처를 명확히 하여야 한다.
4) 통신 중에 오류를 인지한 때에는 즉시 정정하여야 한다.
5) 무선통신은 통신보안에 취약한 통신망이므로 비밀 등 중요사항은 암호장비 또는 음어자재 등을 이용하여 교신하여야 한다.
6) 무선국은 신속하고 원활한 통신소통을 위하여 다음의 통신을 하여서는 아니 된다.
   가) 지휘관의 허가 없는 전문소통
   나) 목적 외 사용

다) 임의약호 제정사용

라) 과도한 호출 및 전파발사

(2) 무선통신망의 소통 및 통제

1) 긴급 사태가 발생된 경우를 제외하고는 중간 개입과 같은 타국의 교신을 방해하는 통신을 하여서는 아니 된다.

2) 3개국 이상이 통신할 경우에는 통제 통신소에서 통제를 하여 통신질서를 유지하여야 한다.

3) 통제 통신소는 최상급 부서 또는 선임 함정의 무선국이 된다.

4) 통제 통신소는 예하 통신소에 대하여 사용 통신망 및 통신 순위 등을 지정하여 통신망을 통제하여야 한다.

(3) 전보의 우선순위 및 처리시간

1) 전보의 우선순위

가) 위급전보(FLASH) : "Z"

① 최초 직접 상황 또는 작전에 최고도로 긴급을 요하는 전보에 부여하며 전보의 내용은 지극히 간단명료하여야 한다.

② 긴급히 필요한 전술 전략, 아군간 상호교전 발생대비 등 중요한 전보의 처리는 최우선하여야 한다.

③ "Z"전보는 처리자가 직접 송신, 전파하여야 하며 모든 전보의 우선순위에 앞서 최단 시간내 처리하여야 하고 모든 하급전보의 처리를 중단하여야 한다.

나) 긴급전보(IMMEDIATE) : "O"

① 국가 및 연합군 또는 주민의 안전에 중요한 영향을 미칠 사항에 관계되는 주요 작전전보에 부여하며 전보의 내용은 간단명료하여야 한다.

② 즉시 행동하여야 할 긴급한 지시전보 및 중요작전에 관한 전보는 신속히 처리할 것

③ "P"전보 이하의 모든 전보에 앞서 처리하여야 하며 필요시는 송신 중인 우선순위의 전보도 중단하여야 한다.

다) 지급전보(PRIORITY) : "P"

① 수신인으로 하여금 어떤 행동을 요구하는 전보이며 우선순위는 보통 전보에 우

선하며 중요한 작전에 관계되는 전보는 신속히 처리하여야 한다.

② 전투의 예상 및 육·해·공 부대 상호간의 긴급한 행동에 관한 전보는 즉시 보고 및 전파하여야 한다.

③ 모든 "R"전보에 앞서 처리되어야 하며 특별한 경우를 제외하고 "R" 전보가 전송중이라도 이를 중단하고 "P"를 전송하여야 한다.

라) 보통전보(ROUTINE) : "R"

① 우선순위의 적용이 필요 없는 보통전보이나 가능한 한 신속히 처리 하여야 한다.

② 평시작전계획, 해상 대간첩 작전훈련 등 해상치안에 관계되는 전보는 특별한 경우의 전보에 영향을 주지 아니하는 범위 내에서 취급하여야 한다.

2) 처리시간

전보의 처리시간은 규정된 시간은 아니며 단순히 표준치만을 나타낸 것으로서 단일 고정회선에서 지점대 지점간 국문 100자, 영문 80자 이내의 본문을 가진 평문전보를 발신국의 접수시간으로부터 수신인에 전달되는 전체 경과시간을 수치로 나타낸 것이다.

① 위급("Z")전보 – 규정한 시간 없이 인산능력으로서 가능한 한 최단 시간으로 신속히 처리하되 10분 이내를 목표로 할 것.

② 긴급("O")전보 – 60분 이내

③ 지급("P")전보 – 360분 이내

④ 보통("R")전보 – 다음날 과업 시까지

(4) 무선통신 순서

해상이동업무에 있어서의 통신의 우선순위는 조난통신, 긴급통신, 안전통신 및 그 밖의 통신 순이다. 조난사고시 통신의 종류와 규칙은 다음과 같다.

1) 조난신호(Distress signal)

조난신호는 선박, 항공기 등이 중대하고 급박한 위험에 처하여, 즉각적인 구조를 요구한다는 것을 표시하는 것으로 조난호출의 앞에 송신하는 신호이다.

① 무선전신의 조난신호

단일 신호로서 송신하는 "SOS(…– – –…)"의 3회 반복으로 구성

② 무선전화의 조난신호

"MAY DAY"의 3회 반복으로 구성

2) 긴급신호(Urgency signal)

긴급신호는 호출국이 선박, 항공기 혹은 기타 이동체의 안전, 또는 사람의 안전에 관한 긴급한 통보를 전송하고자 하는 것을 표시한다. 즉, 선박이 비교적 위험한 상태에 있으나 조난신호를 발하기까지는 되지 않았을 때, 승객 또는 승무원이 물에 빠져 다른 선박의 원조를 필요로 할 때, 선내에 위급 환자가 발생하여 그 의료처치에 관한 지시를 받기 위하여 의사통보를 보내기 전 등 다른 선박과의 긴급한 연락이 필요할 때 사용한다.

① 무선전신의 긴급신호

"XXX (–··––··––··–)"의 3회 반복으로 구성

② 무선전화의 긴급신호

"PAN PAN"의 3회 반복으로 구성

3) 안전신호(Safety message)

안전신호는 국이 중요한 항해경보 또는 중요한 기상경보를 포함하는 통보를 전송하고자 하는 것을 표시한다. 즉, 항행의 안전에 관한 통보(등대 고장, 표류물, 유기물, 기뢰, 빙산 등에 관한 정보 등)나, 중요한 기상 경보를 전송하고자 할 때 사용한다.

① 무선전신의 긴급신호

"TTT (– – –)"의 3회 반복으로 구성

② 무선전화의 긴급신호

"SECURITY"의 3회 반복으로 구성

조난통신에 관련한 규정에서 무선통신규칙((Radio Regulations : RR)[21])은

① 조난통신을 인지한 선박이, 스스로 조난국을 구조할 수 없는 경우는, 구조가 행해지고 있다는 것이 명백하게 될 때까지 그 통신을 추종하여야 한다.

② 조난통신을 인지하고 조난통신에 참가하지 아니하는 모든 국은 통상 업무를 재개하여도 좋다는 통보를 수신할 때까지, 조난통신에 사용되고 있는 주파수로 송신하는 것을 금지한다.

③ 다만, 현재 조난통신이 행해지고 있는 경우에, 조난통신에 사용 중인 주파수를 사용하지 아니하고, 또한 조난통신을 방해하지 아니하는 것을 조건으로, 조난통신을 추종하면서 그의 통상 업무를 계속할 수 있다.

---

21) 국제전파규칙(Radio Regulations)의 제·개정, 신규 주파수 분배, 인접국가간 전파간섭 방지를 위한 보호기준 등을 결정 등을 위하여 전파통신총회(RA)와 연계하여 3~4년 주기로 개최한다. 전파 올림픽이라 불릴 만큼 전 세계 190여개 회원국 3,000여 명이 4주간 치열한 경쟁을 통하여 범세계적인 모든 전파통신 문제를 논의한다.

④ 조난 선박국이 그 선체를 포기하고자 할 때는 사정이 허락하는 한 그 송신설비를 계속 하여 전파를 발사하는 상태로 두어야 한다.

SOLAS 규정의 조난신호의 남용 금지에서 선박 또는 항공기가 조난 중에 있다는 것을 나타내는 목적 이외의 조난신호의 사용 및 국제 조난신호와 혼동될 염려가 있는 각종 신호의 사용은 모든 선박 또는 항공기에 금지한다. 그리고 조난 통보의 의무 및 조치에서

① 조난신호를 수신한 선박의 선장은 가능하면 구조하러 간다는 것을 조난자에게 통보하고 전속력으로 조난자를 구조하기 위하여 항진해야 한다. 이것이 불가능하거나, 특수한 사정에 의해 구조하러 가는 것이 불합리하거나, 불필요하다고 인정되는 때에는 조난자를 구조하러 가지 못하는 이유를 항해일지에 기입하여야 한다.

② 조난선박의 선장은 구조를 위한 호출에 응답한 여러 선박 중 구조하기에 가장 적당한 한 척 또는 두 척 이상의 선박을 요청하는 권리를 가지며, 이때 요청된 선박의 선장은 조난자의 구조를 위하여 전속력으로 항행을 계속하여 요청에 따를 의무가 있다.

③ 기타 선박의 선장은 자선 이외에 한 척 또는 두 척 이상의 선박이 요청되고, 또 그 구조의 요청에 따르고 있다는 것을 인지한 때는, ①에 의한 의무를 면제받는다. 또한 조난자 또는 조난자의 소재지에 도착한 다른 선박의 선장에 의해 이미 구조가 필요 없다는 통보를 받은 선박의 선장은 ①의 경우 및 ②에 의한 의무를 면제 받는다.

전파관리법에서는 소난통신, 긴급통신 또는 안전통신의 발신 명령을 받고 불이행한 자 및 조난통신의 불취급 혹은 지연시킨 자 또는 누구를 막론하고 조난통신의 취급을 방해하는 자는 1년 이상의 유기징역에 처하며 이의 미수범도 처벌한다고 규정하고 있고 선원법의

① 선박 충돌시의 조치에서 선박이 서로 충돌한 경우에는 각 선박의 선장은 서로 인명과 선박을 구조하는데 필요한 조치를 다하여야 하며, 선박의 명칭, 소유자, 선적항, 출항항 및 도착항을 상대방에게 통보하여야 한다. 다만, 자기가 지휘하는 선박에 급박한 위험이 있는 경우에는 그러하지 아니한다. 선장이 이 규정에 위반하여 인명과 선박의 구조에 필요한 조치를 다하지 아니한 때에는 징역 또는 벌금에 처한다고 규정하고 있다.

② 조난 선박의 구조에서 선장은 다른 선박 또는 항공기의 조난을 안 경우에는 인명을 구조하는데 필요한 조치를 다하여야 한다. 다만, 자기가 지휘하는 선박에 급박한 위험이 있는 경우와 교통부령이 정하는 경우에는 그러하지 아니한다. 선장이 이 규정에 위반한 때에도 징역 또는 벌금에 처한다고 규정하고 있다.

(5) 무선통신 표준발성법

〈표 1-11〉 한글자모 발성법

ㄱ	기러기	ㅋ	키다리	ㅏ	아버지	ㅔ	엑스레이
ㄴ	나포리	ㅌ	통 신	ㅑ	야자수	ㅐ	앵무새
ㄷ	도라지	ㅍ	파고다	ㅓ	어머니	ㅖ	예보
ㄹ	로오마	ㅎ	한강	ㅕ	연못	ㅚ	외출
ㅁ	미나리	ㅃ	빼스	ㅗ	오징어	ㅟ	위생병
ㅂ	바가지	ㅆ	싸락눈	ㅛ	요지경	ㅢ	의사
ㅅ	서울	ㄲ	까치	ㅜ	우편	ㅝ	원기소
ㅇ	잉어	ㅉ	찜차	ㅠ	유달산	ㅘ	왕비
ㅈ	지게	ㄸ	딸기	ㅡ	은방울		
ㅊ	치마			ㅣ	이순신		

〈표 1-12〉 영어음표(PHONETTIC ALPHABET)

문자	음표	발 음 표	문자	음표	발 음 표
A	ALFA	AL FAH	N	NOVEMVER	NO VEM BER
B	BRAVO	BRAH VOH	O	OSCAR	OSS CAH
C	CHARLIE	CHAR LEE	P	PAPA	PAH PAH
D	DELTA	DELL TAH	Q	QUEBEC	QUE BECK
E	ECHO	ECK OH	R	ROMEO	ROW ME OH
F	FOXTROT	FOKS TROT	S	SIERRA	SEE AIR RAH
G	GOLF	GOLF	T	TANGO	TANG GO
H	HOTEL	HOH TELL	U	UNIFORM	YOU NEEFFORM
I	INDIA	IN DEE AH	V	VICTOR	VIK TAH
J	JULIETT	JEW LEE ETT	W	WHISKEY	WISS KEY
K	KIRO	KEY LOH	X	XRAY	ECKS RAY
L	LIMA	LEE MAH	Y	YANKEE	YANG KEY
M	MIKE	MIKE	Z	ZULU	ZOO LOO

〈표 1-13〉 숫자발음

숫 자	국 어	영 어	발 음
0	공	ZERO	ZE RO
1	하나	WUN	WUN
2	둘	TWO	TOO
3	삼	THUH-REE	TREE
4	넷	FO-WER	OWER
5	오	FI-YIV	FIVE
6	여섯	SIX	SIX
7	칠	SEVEN	SEV-EN
8	팔	ATE	AIT
9	아홉	NINER	NIN-ER

〈표 1-14〉 기호발음

기호	국 어	영 어	기호	국 어	영 어
(	괄호열고	PAREN	,	구절점	COMMA
)	괄호닫고	RAREM	.	종 점	PERIOD
/	사선	SI ANTSIGN	:	중 점	COLON
−	장선	DASH	“	인용표	QUOTE/
×	가 위 표	XRAY	“		NQUOTE
[	음호열고	SHACKLE			
]	음호닫고	UNSHAC -KLF			

[2] 항공기 통신망 운용

해양경찰청에서 운용중인 고정익 및 회전익 항공기(이하 “항공기”)의 표준화된 항공통신 운용절차를 규정하여 효율적이고 안전한 수색구조 임무를 수행하기 위함이다. 적용범위는 해양경찰청에서 운용중인 모든 항공기에 본 매뉴얼을 적용한다.

※ 본 매뉴얼에 정하지 아니한 사항은 「항공 및 탐색구조 편람(IAMSAR Vol Ⅲ) 제2절(Rendering Assistance)」의 내용을 준용한다.

(1) 용어의 정의

1) U/VHF(Ultra/Very High Frequency)

전자기파의 주파수 대역이 30MHz ~ 3GHz사이에 할당된 주파수를 말하며, U/VHF 광대역 통신을 할 수 있는 무선장비이며, 공대지, 공대공, 군용, 해사용 통신 등에 사용된다.

* 본부 보유장비 : AN/ARC-210, AN/ARC-189, C-5000 등

2) VHF(Very High Frequency)

전자기파의 주파수 대역이 30MHz ~ 300MHz 범위의 초단파 대역을 말하며, 항공용·해사용 등으로 사용된다.

* 항공 주파수 대역(108.0 ~ 137.975MHz), 해사용(156.0 ~ 163.0MHz)

3) HF(High Frequency)

전자기파의 주파수 대역이 3MHz ~ 30MHz 범위로, 전리층에 반사되는 전파의 특성으로 원거리 통신에 주로 사용된다.

4) FMS(Flight Management System)

비행 관리 시스템으로 비행관련 다양한 데이터를 저장 관리하는 항공용 항법/항공 통신용 컴퓨터 시스템을 말한다.

5) NOTAM(Notice To Airman)

항공운항에 관련된 종사자들에게 반드시 적시에 인지하여야 하는 항공시설, 업무, 절차, 비행금지구역 또는 위험의 발생, 변경에 관한 정보를 전기통신 수단에 의해 배포되는 공고문(항공 고시보)을 말한다.

6) AMC : Air Mission Commander(항공 통제관)

2대 이상 항공기가 수색구조에 투입시 항공 통제관(AMC)은 ① 최초 도착항공기 기장, ② 해당지역 선임기장, ③ 기타 임무를 부여받은 조종사 순으로 자동지정 수행되고, 고정익 항공기 도착시 고정익 항공기 선임기장이 그 임무를 수행한다. AMC의 주 임무는 SAR 참여 항공기에 대한 현장지휘 및 공역통제이다.

7) ACO : Aircraft Coordinator(항공 조정관)

SAR 수행시 다수의 항공기의 개입을 조정하는 임무를 수행한다.

8) OSC : On-Scene Coordinator(현장 조정관)

특정 구역내에서 수색 및 구조작업을 조정하기 위하여 지명된 인원을 말하며, 2척 이상의 함정이 수색구조 활동을 수행하는 경우 수색구조 임무 조정관(SMC)은 현장조정관(OSC)을 임명한다. OSC가 임명되기 전에 사고현장에 최초로 도착한 함정장은 OSC 임무를 수행한다.

9) SMC : SAR Mission Coordinator(수색구조 임무 조정관)

현장 조난상황에 대응을 조정하기 위하여 임명된 관리자를 말한다.

* 출처 : 항공 및 해상 탐색구조 편람 IAMSAR Vol Ⅲ.

(2) 항공기 통신망 지정 운용

1) 사고현장 수색구조에 참여하는 항공기의 통신망은 다음과 같이 지정한다.
   가) LTE통신망 장착 항공기는 (주)LTE통신망, (예비)U/VHF, VHF, HF를 사용한다.
   나) LTE통신망 미장착 항공기는 (주)U/VHF, (예비)VHF, HF를 사용한다.
      * LTE통신망 비상채널(#1또는#2)을 사용하고, 필요시 해당 지방청 채널을 활용
2) 항공기 상호간, 항공기와 관제기관간 통신은 (주)VHF, (예비)U/VHF, LTE통신망, HF를 사용한다.
3) 통신상태가 원활하지 않을 때는 「주 → 예비」로 순차적으로 교신하여 최적의 통신망을 활용한다.

(3) 각관의 임무 및 책임

1) 항공 임무통제관(AMC)
   가) 다수의 항공기가 동시 투입시 항공 임무통제관(AMC)은 참여 항공기에게 현장상황을 설명하고, 해당지역 공역통제를 수행한다.
   나) 기장(AMC)은 수색구조 참여 항공기간 VHF 123.1MHz* (예비 121.5MHz)로 항공기 통제망을 구성한다.
      * VHF 123.1MHz : 국제적으로 통용되는 해상 항공수색구조 통신주파수
   다) (주)LTE통신망, U/VHF, (예비)VHF, HF망을 이용하여 상황실 및 함정(OSC), 항공 조정관(ACO) 등과 긴밀히 협조한다.
   라) 항공기간 충돌방지, 통신중계(수색항공기↔상황실, MCRC 등), 순차적 헬기 투입, 타기관 항공기 안전통제 등의 임무를 수행한다.

2) 기장

가) 항공기를 조종하고, 통신기 운용 전반에 대한 책임을 지며, 주요 결정사항에 대해서는 직접 교신한다.

나) 실내통화 시스템(ICS)을 사용하여 승무원 업무를 분담하고 조정한다.

다) 항공 임무통제관(AMC)이 임명되면 지정된 주파수(VHF)를 이용하여 교신을 수립하고 통제에 따른다.

3) 부기장

가) 관제기관(공항, 공군 MCRC) 및 타 항공기등과 교신을 담당한다.

나) FMS, GPS 등의 항법자료를 확인 및 입력한다.

4) 전탐사

가) 상황실(SMC), 함정(OSC) 및 수색구조에 참가하는 세력과 교신을 담당하고, 현장의 변화되는 상황정보를 교환한다.

나) 이착륙 상황을 보고하고, 함정 등과 교신을 유지한다.

다) 의아 선박에 대한 통신검색, 영상장비를 활용한 현장 채증을 실시한다.

5) 정비사 : 항공기 통신장비의 고장시 응급조치 수행한다.

6) 항공 구조사 : 구조 임무시는 요구조자의 상태와 구조방법에 대해 기장에게 조언한다.

7) 응급 구조사 : 환자 상태에 따라 지역 응급의료기관에 준비사항을 사전 요청한다.

[3] 해양경찰 무선통신

해양경찰청 정보통신망은 LTE통신망, 위성통신망(KOSNET), 전용통신망, 관공선망, SSB망, 항무통신망, 군경합동망(J-101망), 항공기유도망(J-201망), 항무용 워키토키, 소형정 업무망으로 구분한다.

〈표 1-15〉 해양경찰 무선통신망 특징

통 신 망	통신망의 특징
LTE통신망	동시 상황보고, 전파 및 지시등을 위한 통신망, 상용무선통신망을 이용하여 함정, 파출소, 상황실, 항공기 등에 사용하는 휴대통신망을 말한다.
위성통신망 (KOSNET)	무궁화위성을 이용하여 본부·소속기관·함정 간 지휘·데이터·영상통신 등 다기능 통신망을 말한다. 주요기능은 음성, 화상전화, 데이터통신(전자결재), 함정위치표시, ENG영상전송 등 다양하다. 육상에서는 본청, 지방청 및 해경서에 설치 운용하고 해상에서는 100톤 이상 함정에 설치 운용
전용통신망	해양경찰 기본업무 수행을 위한 전용 아날로그 통신망, VHF대역의 전파를 이용하여 해상 및 상황실에서 기본임무 수행을 위한 해양경찰 전용 무선통신망
군경합동망	군(해군, 육군, 육경)세력과 비화 통신망(J-101망, J-201망)
관공선망	VHF대역의 전파를 이용하여 해군 함정 및 다른 행정기관 선박과의 교신하기 위한 통신망
SSB망	어선 및 상선 등 조난통신 및 어업정보통신국과 정보교환, 특정·조업자제·일반해역에서 어선과 통신하는 통신망이고 설치대상은 해경서 상황실 및 전 경비함성(형사기동정). VHF전용통신망 불가 시 대체수단으로 사용
항무통신망	조난통신 및 항행업무 수행 시 사용하는 해상이동통신망, 설치대상은 해경서 전 함정, 채널 16번(156.8MHz)은 조난 구조 비상주파수, 채널 70(156.525MHz)은 DSC 조난 주파수로 사용해야 함.
군경합동망 (J-101)	해군함정 및 해안레이더기지, 항공기 등 육해공 합동 통신방, 설치대상은 전 경비함정(형사기동정 포함)
항공기유도망 (J-201)	함정에 설치되어 항공기와 이착륙 및 유사시 전투기 유도망, 설치대상은 1,500톤 이상 함정으로 헬기 이·착륙이 가능한 함정에 설치
항무용 워키토키	근거리 업무연락 및 조난선 구조를 위한 통신망
소형정 업무망 (모바일네트워크)	100톤 미만 내부망용 데이터 전용 통신망, 모바일 네트워크와 모바일 현장 영상지휘 카메라 및 모바일오피스 조회기 등에 사용.

4장 해양경찰 경비세력 운용

1 함정운영 22)

[1] 함정운영관리

(1) 용어 정의

1) "함정"이란 해양경찰 업무수행을 위하여 운용되는 선박(부선 및 부선거를 제외한다)을 말한다.
2) "경비함정"이란 해상경비를 주임무로 하는 함정을 말한다.
3) "특수함정"이란 해양경찰 특수목적 수행을 위해 운용되는 함정을 말한다.
4) "배속함정"이란 해양경찰서, 서해5도 특별경비단(이하 '서특단'이라 한다) 소속 함정을 일정한 기간 다른 해양경찰서, 서특단에 소속시키는 것을 말한다.
5) "대기함정"이란 전용부두 안전관리 및 각종 상황에 대한 조치 목적으로 매일 09:00부터 다음날 09:00까지 특별히 임무가 부여된 함정을 말한다.
6) "대기예비함정"이란 대기함정이 긴급 출동 시 대기함정 임무를 수행하기 위해 매일 09:00부터 다음날 09:00까지 지정된 함정을 말한다.
7) "대기유보함정"이란 대기함정, 대기예비함정을 제외한 정박함정을 말한다.
8) "전용부두(기지)"란 함정운항의 근거지로서 평상시 정박장소로 지정된 항·포구의 부두를 말한다.
9) "출동"이란 함정이 출동 지시서를 받고 임무수행을 위하여 전용부두(기지)를 출항하는 경우를 말한다(기상악화로 인하여 피항 중인 경우를 포함한다).
10) "정박"이란 출동임무를 마치고 모항(전진기지를 포함한다)에 입항 하는 것을 말한다.

---

22) 함정 운영관리 규칙, [해양경찰청훈령 제170호, 2020. 2. 10., 일부개정], 해양경찰청(경비과).

11) "모항"이란 함정운항의 근거지로서 평상시 관할 해양경찰서 소속 함정의 정박장소로 지정된 전용부두가 있는 항·포구를 말한다.
12) "대기근무"란 정박 중인 함정의 각종 기동장비 관리 등 함정의 전반적 안전관리와 긴급출동 등 긴급 상황에 대응하기 위해 함정에서 토요일, 공휴일, 휴무일 및 일과시간 후에 근무하는 것을 말한다.
13) "해상종합훈련"이란 함정직원의 정신자세와 근무기강 확립으로 함정의 안전운항, 긴급상황의 효과적 대처, 해상사격 등 직무수행 능력의 향상을 위하여 실시하는 종합적인 훈련으로 해양경찰교육원 종합훈련지원단에서 수립하는 연간 함정 교육훈련계획에 따라 실시하는 훈련을 말한다.
14) "지방해양경찰청 주관 함정훈련"이란 함정의 안전운항과 대형 해양사고 등 긴급 상황 대응, 해상 대간첩 작전 등 직무수행능력 향상을 위하여 지방해양경찰청 자체 계획에 따라 실시하는 종합적인 훈련을 말한다.
15) "직무훈련"이란 지방해양경찰청 훈련단 및 해양경찰서에서 정기수리를 완료한 함정에 내하여 수리기간 동안 침체된 임무수행 능력을 정상수준으로 향상시키기 위한 훈련을 말한다.
16) "취역훈련"이란 지방해양경찰청 훈련단 및 해양경찰서에서 신조함정에 대하여 장비 운용 및 함정 안전운항능력 확보와 해상치안 임무수행 능력향상을 위하여 실시하는 훈련을 말한다.
17) "함정자체훈련"이란 함정 승무원의 기본임무 수행에 필요한 지식 및 기술의 습득과 행동요령의 숙달을 위하여 함정별로 자체계획에 따라 실시하는 훈련으로 해양경찰교육원 종합훈련지원단에서 수립하는 연간 함정 교육훈련계획에 따른 함정별 자체계획에 따라 실시한다.
18) "특수직무"란 함정의 출·입항, 상황배치, 그 외의 특정한 상항에 따라 승무원에게 부여되는 직무를 말한다.
19) "통합대기근무"란 중형함정, 소형함정 또는 특수함정이 전용부두에 2척 이상, 동일한 장소에 정박계류시 통합하여 대기근무를 편성·운용하는 것을 말한다.
20) "복수승조원제"란 경비함정 출동률을 향상시키기 위해 2개 팀 이상의 승조원이 1척 이상의 함정에서 교대근무를 실시하는 인력 중심의 제도를 말한다.
21) "대외지원"이란 관련 법령에 따라 해상경비 등 해양경찰 고유임무 수행을 제외한 국가기관, 지방자치단체, 공공기관, 언론사, 민간단체 등의 요청에 따라 관련 사람을 편승

하여 함정이 출항하거나 항공기가 이륙하는 것을 말한다.

22) “운용부서”란 함정과 항공기 운항일정을 수립하는 부서로 해양경찰청은 경비과(형사기동정은 형사과, 방제정 및 화학방제함은 방제기획과), 지방해양경찰청은 경비과 및 경비안전과, 해양오염방제과, 해양경찰교육원은 교육훈련과, 해양경찰서는 경비구조과(형사기동정은 수사과, 방제정 및 화학방제함은 해양오염방제과, 순찰정, 순찰차 및 연안구조장비는 해양안전과)를 말한다.

(2) 소속 및 지휘

1) 함정은 해양경찰청장(이하 ‘해경청장’ 이라 한다.), 지방해양경찰청장(이하 ‘지방청장’이라 한다.), 해양경찰서장(이하 ‘해경서장’이라 한다.), 서해5도 특별경비단장(이하 ‘서특단장’이라 한다)이 지휘한다.
2) 해양경찰 파출소에 대한 함정의 배치는 해경서장이 한다.
3) 지방청장, 해경서장, 서특단장과 해양경찰교육원장은 함정의 지휘권을 갖는다. 다만, 파출소에 배치된 함정에 대한 지휘권은 파출소장에게 위임할 수 있다.
4) 배속함정에 대한 지휘권은 배속받은 해양경찰관서의 장, 서특단장에게 있다.
5) 해경청장 및 지방청장은 구난사항과 그 밖의 임무수행을 위하여 필요한 경우에는 제3항의 규정에 불구하고 함정을 직접 지휘할 수 있다.

(3) 함정호칭 및 분류

1) 경비함정의 호칭에 있어서는 250톤 이상 함정은 “함”, 250톤 미만 함정은 “정”이라고 하며 특수함정은 500톤 이상은 ‘함’, 500톤 미만은 ‘정’이라 한다.
2) 함정은 그 운용목적에 따라 경비함정과 특수함정으로 구분한다.
3) 경비함정은 톤수에 따라 다음 각호와 같이 경비함과 경비정으로 구분한다.
   가) 대형 경비함(영문표기 MPL) : 1,000톤급 이상
   나) 중형 경비함(영문표기 MPM) : 1,000톤급 미만 250톤 이상
   다) 소형 경비정(영문표기 MPS) : 250톤 미만
4) 경비함정은 해상경비 및 민생업무 등 해상에서의 전반적인 업무를 수행하는 함정을 말한다.
5) 특수함정은 그 운용 목적에 따라 다음 각 호와 같이 구분한다.
   가) 형사기동정 : 해상범죄의 예방과 단속활동을 주 임무로 하는 함정

나) 순찰정 : 항·포구를 중심으로 해상교통 및 민생치안 업무를 주 임무로 하는 함정
다) 소방정 : 해상화재 진압업무를 주 임무로 하는 함정
라) 방제정 : 해양오염 예방활동 및 방제업무를 주 임무로 하는 함정
마) 예인정(영문표기 T) : 예인업무를 주 임무로 하는 함정
바) 수리지원정 : 함정수리 지원업무를 주 임무로 하는 함정
사) 공기부양정(영문표기 H) : 천해, 갯벌, 사주 등 특수해역에서 해난구조와 테러예방 및 진압 임무를 수행하는 함정
아) 훈련함 : 해양경찰교육원에서 실시하는 신임·기본·전문교육 및 대형 해양오염 방제 업무 등을 수행하는 함정
자) 훈련정 : 불법외국어선 단속 훈련용으로 사용되는 함정
차) 잠수지원함(영문표기 D) : 해상 수색구조 및 잠수 지원업무를 수행하는 함정
타) 화학방제함 : 해상 화학사고 대비·대응 업무를 주 임무로 하는 함정
파) 특수기동정(영문표기 S) : 불법조업 외국어선 단속 임무, 해양사고 대응 임무, 해양 테러 및 PSI 상황 대응 임무를 수행하는 함정

〈표 1-16〉 특수기동정(영문표기 S)

구분	영문표기	톤 수
중형특수기동정	SM(Special Medium)	50톤 이상
소형특수기동정	SS(Special Small)	50톤 미만

(4) 함정 명명

1) 경비함정은 톤급별 명칭을 지정 취역순서(또는 함정번호순서)로 다음 각호와 같이 부여한다.
   가) 5000톤급 : 역사적 지명, 인물
   나) 3000톤급 : 태평양 1호, 2호, ...
   다) 1500톤급 : 제민 1호, 2호, ...
   라) 1000톤급 : 한강 1호, 2호, ...
   마) 500톤급 : 태극 1호, 2호, ...
   바) 500톤급 미만 250톤급 이상 : 해우리 1호, 2호, ...
   사) 250톤급 미만 50톤급 이상 : 해누리 1호, 2호, ...
   아) 50톤급 미만 : 함정번호를 사용

2) 경비함정의 번호는 톤급별로 구분하여 취역일자 순으로 부여하되, 번호부여 방법은 해경청장이 따로 정하여 시행한다.
3) 특수함정의 명칭 및 번호는 그 용도와 취역 순위에 상응하도록 따로 부여한다.
4) 함정의 명명은 해경청장이 행한다.
5) 함정을 명명할 때에는 ① 함정번호 및 명칭 ② 소속 ③ 톤수 ④ 건조회사 ⑤ 건조번호 ⑥ 건조년·월·일을 명명장에 기재하고, 함정에 교부하여야 한다.

(5) 함정운용

1) 편제

가) 신조 또는 편입된 함정의 배치와 운용중인 함정의 지방해양경찰청간 이동배치는 해경청장의 편제명령에 따르고, 지방해양경찰청 소속 해양경찰관서간 이동배치(대형함정 제외)는 지방청장의 편제명령에 따른다.
나) 해경청장과 지방청장은 해역별 특성 및 치안수요를 감안하여 함정의 편제를 조정한다. 다만, 지방청장이 함정의 편제를 조정할 경우 서면으로 해경청장에게 보고하여야 한다.
다) 지방청장 또는 해경서장은 함정의 배속이 필요한 경우 서면으로 해양경찰청장의 승인을 받아야 한다.

2) 증가배치

지방청장 또는 해경서장, 서특단장이 함정 증가배치를 하는 경우는 다음 각호와 같다.

가) 간첩선 출현 등 적정상황 발생시
나) 대형 해양오염사고 발생시
다) 대형 해양사고 발생시
라) 해상 집단 행동 발생시
마) 중앙언론매체 보도 등 사회적 이목이 집중되는 사고
바) 그 외의 중요 긴급 상황으로 함정증가 배치가 불가피한 경우라고 판단될 때

긴급상황 발생시 1차 초동조치는 인근 출동함정이 2차는 상황에 따라 연안해역 출동함정, 특수함정, 대기함정이 대응하도록 한다.

3) 대기함정 및 대기예비함정

가) 해경서장, 서특단장은 대기함정, 대기예비함정을 매일 1척씩 09:00시부터 다음날

09:00시까지 지정하여 운용한다.

나) 관할해역, 서특단 구역 내 상황발생시 인근 출동함정이 초동조치하고, 상황에 따라 2차 대응을 위해 대기함정은 긴급출동에 대비하여야 한다.

다) 대기함정이 긴급 출동 시 대기예비함정이 대기함정 임무를 수행한다.

라) 출동함정이 전용부두로 피항시에는 피항함정이 대기함정 임무를 겸하여 수행하며 총원대기 긴급출동에 대비한다. 다만, 출동함정 2척 이상이 전용부두에 피항한 경우 대기함정 임무를 겸하는 함정을 제외한 피항함정은 기상, 치안수요 등을 고려하여 해경서장, 서특단장이 적의 조정할 수 있다.

마) 경비함정에 복수승조원제 운영 시 대기함정의 대기자는 복수승조원 팀 중 정박함정에 근무하는 승조원 팀 직원으로 한다.

바) 대기근무자를 제외한 다른 직원은 일과시간 후 긴급출동에 대비하여 자가 대기를 원칙으로 한다.

4) 안전 운항

함·정장은 함정의 안전을 위하여 필요한 예방조치와 인명 및 재산의 보호에 최선을 다하여야 한다. 기상악화나 농무 등으로 인하여 임무수행이 불가능하거나 함정안전에 위험이 있다고 판단될 때에는 해경서장, 서특단장, 해양경찰교육원장의 승인을 받아 안전해역으로 피항하여야 한다. 다만, 사전승인을 받을 시간석 여유가 없는 경우에는 먼저 피항조치를 한 후 지체 없이 보고하여 승인을 받아야 한다. 함·정장이 직접 함정을 지휘하는 경우는 다음 각호와 같다.

① 출입항, 투양묘, 해상에서 다른 선박과 계류할 때
② 협수로를 통과하거나 저시정 상태에서 항해할 때
③ 함정 승무원 전원을 특수직무 분담표에 따라 배치할 때
④ 그 외에 함정에 위험이 있거나 위험하다고 판단될 때

(6) 공기부양정 운용

공기부양정은 중형공기부양정과 대형공기부양정의 구분하고 대형공기부양정은 서해5도 위기상황 발생시 도서주민 안전후송, 대응전력 및 복구물자 이송 지원에 관한 임무를 수행하며, 평상시에는 대체세력이 없고 긴급한 상황인 경우 저수심, 갯벌 등 연안해역 해양사고시 구조활동 및 안전관리 임무를 수행한다. 중형공기부양정은 저수심, 갯벌 등 연안해역 해양사고시 구조활동 및 안전관리 임무를 수행한다. 중·대형 공기부양정을 운용하는 해경서장은 필

요한 경우 「해양경비법」에 따른 해양경비 활동을 수행하게 할 수 있다.

〈표 1-17〉 공기부양정 영문표기(톤수별)

구분	영문표기	톤 수	비고
대형공기부양정	HL(Hovercraft Large)	80톤 이상	200인승
중형공기부양정	MH(Hovercraft Medium)	25~80톤	70인승

(6) 예인정 운용

예인정의 주요임무는 다음 각 호와 같다.

① 함정 출·입항 보조 및 수리함정 예인 이동

② 연안 구조활동 및 구조선박의 항·포구 등 안전지대 예인 이동

③ 유류바지 및 전용부두 압송선박(외국선박) 등 예인 이동

주요 임무 이외에도 상황발생시 선박화재 진압 및 해양오염 방제활동 등을 지원할 수 있다. 그리고 예인정을 운용하는 해경서장은 필요한 경우 「해양경비법」에 따른 해양경비활동을 수행하게 할 수 있다.

[2] 함정 근무방법

(1) 출동중 근무

1) 함정이 출동시에는 함·정장의 허가 없이 하선하여서는 아니 된다.

2) 함정이 항해 중에는 항해·기관·통신부서등 항해 당직을 편성 운용한다.

3) 항해 당직근무는 함·정장을 제외한 총원에 대하여 각 기능별로 00:01시 기준으로 4시간씩 3직제로 편성하여 윤번제로 근무함을 원칙으로 하며, 항해목적 및 근무인원등을 고려하여 함정장이 적의 조정할 수 있다.

4) 기상악화 등으로 출동 중 전용부두 이외의 항·포구 또는 연안해역에서 피항중인 함정은 항해 당직조를 편성하여 배치하여야 한다. 다만, 전용부두로 피항시는 총원 대기하되 대기 근무로 전환하며 긴급출동에 대비한다.

5) 중형 경비함정 이상의 출동 중 함정근무는 별표 1의 표준일과표에 의한다.

6) 출동 중 표준일과표 근무의 적용 배제 사항은 다음 각호와 같다

가) 기상 불량, 미세먼지·혹서기·혹한기·대설 등 기상 이변 발생시

나) 해상종합훈련, 함정 행사 지원 등으로 표준일과표대로 운영이 불가하다고 함정장이

판단할 시

다) 다수의 승조원들이 외국어선 단속·해양사고 대응 등 상황 발생으로 휴식을 하지 못하여 표준 일과표대로 운영이 불가하다고 함정장이 판단할 시

(2) 휴무일의 지정 등

해경서장, 서특단장은 함정이 출동으로 인하여 연일 근무한 경우에는 출동에 따른 피로를 감안하여 출동임무를 종료하고 모항에 입항한 후 정박기간 중에 근무일 및 휴무일을 지정하여 운용한다. 함정 휴무에 관한 사항은 다음 각 호와 같다.

① 함정장은 출동결과 보고시 근무일을 포함한 업무계획(근무일은 차기 출동 전 정박기간의 최대 1/3 비율을 지정한다.) 해경서장, 서특단장에게 보고하고 이를 시행한다.(복수승조원제 운영 함정은 제외한다)

② 함정장이 보고한 근무일 외 기간(복수승조원제 함정은 팀별 휴무 기간)을 추가적으로 근무하려면 업무계획서를 제출하여, 해경서장 및 서특단장의 승인을 받은 후 추가적으로 근무를 실시하고 실시 후 결과를 보고하여야 한다.

③ 휴무일은 출동임무 종료 후 근무일을 제외한 나머지 일수를 실시하는 것을 원칙으로 한다.

④ 특수함정의 휴무는 해양경찰서 자체계획에 따른다.

⑤ 해경서장, 서특단장은 긴급 출동상황 발생, 해상종합훈련 수검 등 불가피한 경우를 제외하고는 휴무실시를 보장한다. 휴무를 실시하는 함정은 비상소집 체제를 유지하여야 한다. 그러나 지정한 근무일 외 추가로 더 근무가 필요한 사항은 다음과 같다.

① 각종 훈련 수검 및 준비

② 긴급수리 발생으로 추가 정비 필요

③ 해상 안전관리 등 업무 지원

④ 그 외 함정장이 필요하다고 판단할 때

(3) 정박중 근무 등

함·정장은 일과시 함정 직원을 지휘 감독하고 각 부서장은 함·정장을 보좌하여 소관 업무를 관장 집행하며 제반사항을 기록·유지하여야 한다. 정박중인 함정의 전반적 안전관리와 긴급출동 등 긴급상황에 대응하기 위해 토요일, 공휴일, 휴무일 및 정상근무시간 이후에는 대기근무를 편성·운용한다. 태풍내습, 해상 대간첩작전 등 비상시 대기 근무인원은 해경서장,

서특단장 또는 함정장의 지시에 따라 편성한다.

(4) 대기업무

함정 대기업무는 부장이 관장한다. 함·정장은 토요일, 공휴일, 휴무일 및 정상근무가 종료된 때부터 다음날 정상근무나 통합대기근무가 개시될 때까지 대기근무를 편성·운용한다. 대기근무의 기본 근무요령은 다음과 같다.

① 대기근무 중에는 함정내 근무를 원칙으로 한다.(통합대기근무자의 순찰, 전용부두 순찰 등은 예외로 한다.)

② 함정장은 대기근무자를 2조로 편성, 1조씩 대기실 근무를 명한다.(조별 교대시간 ; 13:00, 02:00〈1시간 내외 조정 가능〉)

③ 대기실 근무자는 순찰, 출입자 관리, 장비 점검 등 임무를 수행하며, 그 외의 인원은 함정 내에서 자율 복장으로 취침 등 휴식을 취할 수 있다.

대기 근무인원은 함정의 크기 및 함정 승조원(의무경찰 제외)의 수를 고려하여 다음 각호와 같이 편성하되, 대기관은 대기자와 함께 대기 근무를 편성 운용한다. 단 예인정은 톤급에 관계없이 250톤급 미만 기준에 따른다.

① 5,000톤급 이상 : 4명 이내(대기함정은 4명)

② 3,000톤급 이상 : 3명 이내(대기함정은 4명)

③ 1,000톤급 이상 : 3명 이내(대기함정은 3명)

④ 250톤급 이상 : 2명 이내(대기함정은 2명)

⑤ 250톤급 미만 : 1명

중형함정, 250톤 미만의 소형함정 또는 특수함정이 전용부두에 2척 이상이 동일한 장소에 정박 계류 중일 때에는 ① 중형함정 : 척당 2명 이내, ② 소형함정 : 척당 1명 이내로 통합대기 근무를 편성·운용할 수 있다.

대기관의 임무는 다음 각호와 같다.

① 대기근무 관련 긴급상황에 대한 초동조치

② 의경관리 및 무기·탄약고 관리

③ 대기자의 근무지정 및 관리감독

④ 일지기록 유지 등 제반 안전관리

⑤ 그 밖의 함·정장이 지시하는 사항

대기자의 임무는 다음 각호와 같다.

① 출입자 통제 및 함내 보안점검

② 함정 자체경비 및 화재, 총기 등의 안전사고 예방 순찰

③ 통신망 관리 및 계류상태, 기상변화에 따른 안전관리 확인

④ 발전기, 보일러 운전 및 필요시 배수펌프 등 보조장비 작동

⑤ 누전, 침수 등 함정 전반에 대한 안전관리 및 기관실 화재 예방

⑥ 그 밖의 대기관이 지시하는 사항

통합대기근무자의 임무는 다음 각호와 같다.

① 계류색 연결상태 확인

② 현문 및 동초근무자 지도 감독

③ 의무경찰 관리감독 및 무기탄약고 열쇠 관리

④ 대기근무 관련 긴급상황에 따른 초동조치

⑤ 그 밖의 선임정장 및 선임대기관이 지시한 사항

대기자가 2인 이상일 경우에 순찰시간을 분할한다. 대기자의 복장은 근무복(일빈직은 기동복)에 단화를 착용하고 대기근무표찰을 패용하여야 한다.

순찰자는 손선지, 정적등을 휴대하여 함정내외를 매 2시간마다 1회 이상 순찰하고 순찰표에 이상유무를 기록하여야 하며 특이사항 발견시 초동조치 후 대기관에게 즉시 보고한다. 단, 전자순찰시스템일 경우 순찰 리더기를 전자태그에 접촉함으로써 순찰표 기록을 대신한다.

함정의 순찰함 비치 장소는 다음 각호와 같다. 단, 소형정은 4호, 5호 장소에 대해 정장이 판단하여 조정할 수 있다.

① 무기·탄약고

② 기관실

③ 조타실(전탐·통신)

④ 함수·함미의 포대 또는 상비상자

⑤ 타기실 등

⑥ 그 밖의 함·정장이 필요하다고 판단되는 장소

(5) 대기의 유예 및 휴무

대기근무의 효율성을 기하기 위하여 신규채용자 및 전입자는 7일간, 그 밖의 유예승

인을 받은 자는 그 기간 중 대기근무를 유예할 수 있다. 함정장은 출동명령서에 의한 출동 임무 수행, 해상종합훈련 수검 등 불가피한 경우를 제외하고는 대기 근무자에 대하여 다음날 1일 휴무하게 하여야 한다.

(6) 함정근무자의 복무

함정소속에서 근무하는 공무원은 현업 공무원으로 본다. 해경서장, 서특단장은 함정 승무원의 직무의욕을 고취시키고 사기를 진작시키기 위하여 경찰공무원 복무규정에 따라 포상휴가를 실시할 수 있다.

① 함정근무자의 출동기간 중의 연가는 그 일수로(공휴일 포함) 산정한다.

② 함정근무자는 출동기간 중 연가를 원하는 때에는 출동기간과 동일한 연가일수를 신청하여야 한다. 다만, 개인 사정 등이 있는 경우 출동기간 일부에 대하여 연가를 신청할 수 있다.

③ 함정근무자가 출동기간 중 일부의 기간에 대하여 연가, 공가(출장·교육을 포함한다), 병가 또는 특별휴가를 받은 경우, 함정에서는 이를 소속기관의 장에게 보고하여야 한다.

④) 제3항의 경우 소속기관의 장은 출동기간의 나머지 기간에 대하여 해당 근무자를 파출소 등 다른 부서에 근무하도록 할 수 있다. 다만, 해당 함정근무자가 출동기간 중 함정에 복귀하는 경우에는 그러하지 아니하다.

⑤ 함정근무자의 특별휴가·공가·병가 및 정박 중의 연가에 대해서는 일반근무자와 동일하게 처리한다.

(7) 함정의 대외지원

해양경찰 고유 임무 외에 국가시책 추진에 필요하거나 국가기관, 지방자치단체, 공공기관 등의 요청에 따라 함정을 운용하는 대외지원 업무를 실시한다.

함정 지원시에는 기본 업무수행에 지장이 없는 범위 내에서 지원하여야 하고, 대외지원 중인 함정은 가능한 해상 순찰활동을 병행하여 실시한다. 함정 지원을 검토할 경우 안전확보를 최우선으로 하여 지원여부를 결정하여야 한다. 함정 지원기간 (주말·공휴일 여부 등), 지원규모 등을 종합적으로 검토하여 경비활동에 지장을 초래하는 경우에는 지원을 자제하며, 대체수단이 있는 경우에는 지원하지 않는 것을 원칙으로 한다. 함정을 대외기관 업무에 지원할 수 있는 경우는 다음 각 호와 같다.

① 국가기관, 지방자치단체가 추진하는 공익성 업무 지원

② 해양경찰 홍보와 직접적으로 관련된 사항
③ 해양경찰 기관과 업무 협력에 관한 협정서(양해각서)가 체결된 경우
④ 해양경찰 정책추진에 부합하는 대외기관의 업무

2 해상 특수기동대 운영[23)]

[1] 특수기동대 운영 일반

「해상특수기동대(이하 "특수기동대"라 한다)」란 해양경찰청 소속 경비함정에 특수임무 수행을 위해 편성·운영되는 기능을 말하고, 「특수진압대」란 서해5도 특별경비단 소속으로 NLL을 침범한 불법조업 외국어선 단속 및 퇴거를 주 임무로 하고 그 밖에 특수임무를 수행하기 위해 편성·운영되는 단위조직을 말한다.(단, 특수진압대의 운영에 있어서 제3조 1항의 "특수기동대"로 간주하며, 중부지방해양경찰청장은 특수진압대 세부 운영규칙을 별도 수립할 수 있다.)

[2] 편성·운영

1) 각 지방해양경찰청 소속 대형 경비함과 인천해양경찰서 및 서해5도 특별경비단(이하 "서특단"이라 한다) 소속 중형 경비함에 특수기동대를 운영하고, 편성기준은 다음 각 호와 같다.
   가) 중부·서해·제주지방청 소속 대형 경비함 : 18명(2개팀 × 9명)
   나) 동해·남해지방청 소속 대형 경비함 : 9명(1개팀)
   다) 서특단 소속 특수진압대 : 6명 (1개팀)
2) 특수기동대원은 함정 구조팀과 그 외 부서 경찰관으로 구성하되, 구조·특공직별 경찰관은 함정 구조팀에 우선 지정한다.

[3] 임무

1) 불법외국어선의 단속

23) 해상특수기동대 운영 규칙, [해양경찰청훈령 제130호, 2019. 7. 10., 일부개정], 해양경찰청(경비과).

2) 해상 대테러 임무 수행
3) 해상 범죄 단속
4) 해상집단 행동 대응
5) 그 밖에 함정의 임무 수행을 위해 실시하는 검문검색 등 필요한 사항

[4] 지휘·감독

1) 함장은 특수기동대 편성, 운영, 관리, 교육·훈련 및 복무 상황 등을 지휘·감독한다.(단, 서특단 소속 특수기동대 및 특수진압대의 지휘·감독은 「서해5도 특별경비단 운영규칙」에 따른다)
2) 구조팀장 또는 선임 특수기동대원은 함장을 보좌하여 특수기동대원 편성, 운영 및 교육· 훈련에 관한 사항과 그 외 특수기동대 운영에 관한 사항을 담당한다.

[5] 근무

1) 특수기동대원의 정박 중 근무는 소속부서 임무수행과 계획에 따라 실시되는 특수기동대 전체 전술훈련, 팀워크 훈련, 장비숙달 훈련 및 체력단련을 한다.
2) 특수기동대원의 출동 중 근무는 다음 각 호와 같다.(단, 단속 및 훈련 등 치안수요 등을 감안하여 함장이 적의 조정할 수 있다.)
   가) 구조팀 소속 특수기동대원
      ① 13:00~17:00까지 단정 등 진압 장비·장구 관리와 임무수행능력 향상을 위한 교육·훈련 및 그 밖에 특수기동대 운영에 관한 사무 처리
      ② 20:00~익일 08:00(4시간)까지 항해당직 근무
   나) 그 외 부서 소속 특수기동대원 : 소속부서의 항해당직명령에 따르되, 임무수행 및 교육·훈련 참가 등의 시간을 고려하여 함장이 항해당직을 탄력적으로 운영할 수 있다. 함장은 단속 등으로 인한 특수기동대의 피로도 등을 고려, 항해당직을 제외 시킬 수 있다.

[6] 교육·훈련

1) 지방해양경찰청장은 특수기동대 임무수행 능력 향상을 위해 다음 각 호의 내용을 반영하여 연간교육계획을 수립, 감독한다.

가) 단정 운용, 관리 및 정비에 관한 사항
나) 소병기 사용, 관리 및 정비에 관한사항
다) 잠수교육 및 훈련(단, 수중훈련은 정박 중에 한함)에 관한 사항
라) 나포, 진압, 검문검색 등 특수임무 수행에 필요한 교육·훈련
마) 그 밖의 임무 수행에 필요한 전술 및 팀워크 숙달 교육·훈련

2) 해양경찰서장 및 서특단장은 연간교육훈련 계획에 따라 매월 자체계획을 수립·시행 한다.
3) 지방해양경찰청장은 특수기동대원의 작전 능력 향상을 위해 필요시 소집(구조대, 특공대)교육·훈련을 실시 할 수 있다.
4) 서특단장 및 함장은 특수기동대원의 체력 관리를 위하여 일과 중 기초체력 강화를 위한 프로그램을 운영할 수 있다.

3 서해5도특별경비단 운영(서특단)[24)]

[1] 조직 및 임무

1) 조직

가) 서특단에는 경비지원과, 경비작전과, 특수진압대를 두고, 경비지원과에는 기획운영계·경리계·정비보급계·정보통신계, 경비작전과에는 경비작전계·외사계·상황실, 특수진압대에는 교육훈련지원팀·(연평·대청)특수진압팀·특수기동정운영팀을 둔다.
나) 서특단 소속 함정은 해양경찰청장의 편제명령에 따른다.

2) 서특단 임무

가) 전담임무

① 불법조업 외국어선 단속
② 불법조업 외국어선과 필요시 기타 외사사범의 수사 및 사후처리
③ 북한 국지도발에 대비 우리국민 보호활동

---

24) 서해5도특별경비단 운영규칙, [중부지방해양경찰청훈령 제20호, 2019. 12. 3., 일부개정], 중부지방해양경찰청(서해5도특별경비단).

④ 접적해역 관할 군부대와 업무협조

나) 지원임무

① 월선 북어선 또는 귀순어선·어민에 대한 초동조치

② 각종 해양사고 및 해양오염 사고에 관한 초동조치

③ 그 밖에 전담임무 이외의 초동조치

[2] 지휘

1) 서해5도특별경비단장(서특단장)은 배속 함정의 지휘권을 갖는다. 다만, 연평·대청·백령전진기지에 배치된 특수진압대의 지휘권은 특수진압대장에게 위임할 수 있다.

2) 중부지방해양경찰청장은 구난사항과 그 밖의 임무수행을 위하여 필요한 경우에는 제1항의 규정에도 불구하고 서해5도특별경비단 배속함정을 지휘 할 수 있다.

3) 서특단장은 경비구역 내에서 임무에 명시된 전담임무 이외 지원임무 상황 발생 시 권한의 범위 내에서 초동조치 후 지체 없이 인천해양경찰서장에게 상황 지휘권을 인계한다.

[3] 해양경비 활동

1) 해양경비구역

서특단의 경비구역은 해양경비규칙에 의하여 지정된 구역으로 하고, 함정의 출동은 월간 함정운용계획에 따라 서특단장의 출동명령에 따른다. 다만 긴급 상황이 발생한 경우에는 유·무선 전화 등을 이용하여 구두로 지시할 수 있다.

2) 경비방법

가) 광역구역은 서특단장 지휘 하에 대형함정을 운영하여 경비한다. 다만, 치안수요 증가 등 필요시에는 중형함정도 경비 하게 할 수 있다.

나) 서특단 구역은 서특단장 지휘 하에 중형함정을 운영하여 경비한다. 다만, 치안수요 증가 등 필요시에는 대형함정도 경비 하게 할 수 있다.

다) 광역구역 경비함정은 항공순찰 결과를 공유하여 해·공 입체적 경비활동이 이루어질 수 있도록 한다.

라) 광역구역에서는 우리어선 NLL 월선·조업 방지, 외국어선 불법조업 감시·단속, 북한 상선 감시, 수색구조, 한중간 EEZ 경계획정 및 대륙붕 관련 분쟁 대응에 중점을 두고, 경비단 구역에서는 우리어선 NLL 월선·조업 방지, 외국어선 불법조업 감시·

단속 등에 중점을 두고 경비활동을 수행한다.

3) 경비함정 배치

가) 서특단장은 경비구역별 1일 1척씩 경비함정을 배치하고 긴급수리·상황발생·치안수요 등을 고려, 중부지방해경청장의 승인을 얻은 경우에는 경비구역 및 경비함정 배치를 조정할 수 있다.

나) 서특단장은 해상치안상황 및 외국어선 분포도 등에 따라 중부지방해경청장의 승인을 얻어 중부지방해양경찰청 관할내에서 경비단 임무를 수행할 수 있다.

[4] 함정 운용

1) 함정운용

서특단 소속 함정은 출동, 정비, 출동대기(훈련·휴무)의 3교대 개념으로 운용함을 원칙으로 한다. 다만, 중형함정은 별도 지침을 수립하여 복수승조원을 운용할 수 있다. 긴급한 사유 및 함정수리 등 필요시에는 3교대 근무를 변경하여 실시할 수 있다. 정박 중인 함정은 계획된 정비와 교육·훈련을 실시하여야 하며, 복수승조원을 운영하는 중형함정은 교대팀과 인계팀이 공동으로 정비하여야 한다.

2) 대기함정지정·지휘

서특단장은 서특단 및 인천해경서 소속 함정 중 대기함정을 매일 1척씩 지정하여 통합 운용하고, 대기함정은 불법조업 외국어선 관련 상황발생 시에는 서특단장이, 그 외 상황발생 시에는 인천해경서장이 지휘할 수 있다. 대기함·정장은 전용부두 정문당직자 운용, 나포 불법외국어선 감시 등 전용부두 전반적인 안전관리 임무수행 및 전용부두에서 발생하는 상황에 대하여 초동조치를 하여야 한다.

[5] 서해5도특별경비단 특수진압대 운영[25)]

서해5도특별경비단 운영규칙 제18조에 따라 서해5도특별경비단(서특단) 소속 특수진압대의 편성·운영한다. 사용하는 용어의 뜻은 다음 각 호와 같다.

① 「특수진압대」란 NLL을 침범한 불법조업 외국어선 나포단속 및 퇴거를 주 임무로 하고 그 밖에 특수임무를 수행하기 위해 편성·운영되는 단위조직을 말한다.

25) 서해5도특별경비단 특수진압대 운영규칙, [중부지방해양경찰청훈령 제21호, 2019. 12. 3., 일부개정], 중부지방해양경찰청(서해5도특별경비단).

② 「특수진압팀」이란 본조 1)호의 임무를 수행하기 위해 단정1척을 운영하는 최소단위 조직을 말한다.

③ 「교육·훈련지원팀」이란 특수진압대 임무수행에 대해 현장 보급지원 및 현장관리, 상황관리 지원과 특수진압대에 필요한 예산, 교육훈련, 장비관리 등 업무를 하는 팀을 말한다.

④ 「특수기동정 운용팀」이란 특수진압대 임무수행을 위한 특수기동정을 운용하는 최소단위 조직을 말한다.

⑤ 「특수임무」란 주 임무 외에 해상특수범죄 초동조치 및 진압 지원, 해상경호, 해상대테러 지원 및 해난구조 초동조치 등의 임무를 말한다.

⑥ 「임무대기태세」란 야간근무를 지정받지 않은 상태에서 즉시출동이 가능한 상태로 근무지 내에서 대기하는 것을 말한다.

⑦ 「비번」이란 교대근무자가 출동임무 종료 후 다음 출동임무 시작 전까지 근무지 외 지역 등에서 자유롭게 쉬는 것을 말한다.

⑧ 「방탄정」이란 불법외국어선 단속활동, 해난구조와 테러예방 및 진압 임무를 수행하는 고속단정을 말한다.

⑨ 「특수기동정」이란 불법조업 외국어선 단속 임무, 해양사고 대응 임무, 해양테러 및 PSI 상황 대응 임무를 수행하는 함정을 말한다.

(1) 특수진압팀 임무

① NLL 침범 불법 외국어선 검문검색 및 검거
② 해상특수범죄 단속 등 초동조치 및 지원
③ 해양관련 경호경비 및 국가중요행사의 안전 활동 지원
④ 해상대테러 지원에 관한 사항
⑤ 자체 교육훈련 계획 수립 및 집행에 관한 사항
⑥ 해난구조·구급 초동조치 및 지원과 관련 장비 관리·운영

(2) 편성·운영

서해5도특별경비단장(이하 “서특단장”이라 한다.)은 교육·훈련지원팀, 연평도와 대청도에 특수진압팀 및 특수기동정 운용팀을 배치 운영하고, 편성기준은 다음 각 호를 기준으로 하여 운영한다.

① 교육·훈련지원팀
② 연평특수진압팀 : 3개팀, 각 1개팀 3교대
③ 대청특수진압팀 : 3개팀, 각 1개팀 3교대
④ 특수기동정 운용팀

각 팀의 인적구성은 특공 직별 경찰관을 중심으로 편성하되 통역요원, 항해·기관 직별 경찰관과 구조 및 구급 직별 경찰관 각 1명을 포함하여 편성할 수 있다. 단, 인력사정 감안 항해·기관·구급 직별 경찰관은 관련 면허 또는 자격을 가진 자로 대체 편성할 수 있다.

(3) 지휘·감독

서특단장은 특수진압대 편성, 운영, 관리, 교육·훈련 및 복무 상황 등을 지휘·감독한다. 특수진압대장은 서특단장을 보좌하여 특수진압대원 편성, 운영 및 교육·훈련에 관한 사항과 그 외 특수진압대 운영에 관한 사항을 담당하고, 각 특수진압팀장은 각각의 진압팀을 지휘하여 임무를 수행하며, 특수기동정 운용팀장은 운용팀을 지휘하여 임무를 수행한다.

(4) 근무

특수진압대장(교육·훈련지원팀원 포함)은 필요시 특수진압팀에 편성하여 운영하고, 특수진압팀, 특수기동정 운용팀은 출동, 일근(교육·훈련), 비번 등으로 3교대 근무를 원칙으로 하고, 각 특수진압팀, 특수기동정 운용팀의 출동기간은 7일을 기준으로 한다. 각 특수진압팀장은 출동기간 중 다음 각 호를 포함하는 업무계획을 수립·시행하여야 한다.

① 외국선박의 불법행위 방지를 위한 순찰
② 자체교육·훈련
③ 체력관리 프로그램

(5) 작전구역

특수진압대의 활동구역은 서특단의 작전구역으로 한다. 단, 서특단장은 특수기동정, 방탄정의 안정성을 고려하여 활동구역을 제한할 수 있다.

(6) 임무수행방법

① 연평특수진압팀은 불법외국어선 나포, 퇴거 및 차단 작전시 해군함정 및 규칙 제16조의 규정에 따른 서특단 구역을 담당하는 경비함정과 합동작전을 수행함을 원칙으로

한다.

② 대청특수진압팀은 불법외국어선 나포, 퇴거 및 차단을 위한 단독작전을 지양하며, 규칙 제16조의 규정에 따른 서특단 구역 및 중부광역 1구역을 담당하는 경비함정과 합동작전을 수행함을 원칙으로 한다.

③ 서특단장은 필요시 특수진압대를 대형함정에 편승시켜 단속임무를 수행토록 할 수 있다.

④ 특수진압대는 NLL주변해역의 외국어선 불법조업 감시·단속 등에 중점을 두고 임무를 수행한다.

⑤ 각 특수진압팀은 서특단 구역을 담당하는 경비함정과 수시로 정보교환을 통해 유기적인 협력체계를 유지하여야 한다.

(7) 무기·탄약 및 장비관리

① 특수진압대 임무수행에 필요한 장비의 지참 기준은 「불법외국어선 단속 매뉴얼」의 기준을 준용하며, 무기, 탄약의 보관 및 관리는 「무기탄약류 등 관리규칙」을 준용한다. 단, 관련 시설이 완비될 때까지 해당지역 파출소 무기고 등에 위탁 보관할 수 있다.

② 특수진압팀장은 출동교대 전에 무기·탄약 및 차량, 방탄정 등 주요장비의 이상유무를 확인 후, 인계인수를 하여야 한다.

③ 개인 및 공용화기의 사용시에는 경찰관직무집행법, 해양경비법, 해상총기사용가이드라인 및 무기사용매뉴얼을 준수하여야 한다.

④ 특수진압대장은 배치된 차량을 항상 안전관리 및 치안활동에 투입할 수 있도록 선량한 관리자로서의 의무를 다하여야 하고, 차량은 불가피한 경우를 제외하고는 2명 이상 탑승을 원칙으로 하고, 차량 운전자는 제1종 보통운전면허 이상을 소지하여야 한다.

(8) 특수기동정, 방탄정

특수기동정, 방탄정은 특수진압대의 임무수행을 위하여 연평도 및 대청도에 배치하며, 서특단장 지시를 받아 특수진압대장이 운용하고, 상시 운용이 가능하여야 한다. 다만, 현지 기상 등을 고려하여 운항여부를 판단하여 운용한다.

특수기동정, 방탄정 운항시에는 구명조끼, 구명환 등 인명구조장비와 무전기, TRS 등 통신장비를 필히 적재하여야 한다.

4 함정훈련

[1] 목적과 용어

해양경찰 함정훈련 규칙(해양경찰청훈령 제68호)[26]에 의거 해양에서의 경비·안전·오염방제 등 임무수행 역량강화를 위해 해양경찰청에서 실시하는 함정훈련을 체계적이고 효율적으로 시행하는데 필요한 사항을 규정하는 것을 목적으로 하고, 해양경찰기관에 소속된 함정에서 실시하는 훈련에 적용을 한다. 사용하는 용어의 뜻은 다음과 같다.

1) "함정"이란 해양경찰의 임무수행을 위해 운용되는 선박(부선 및 부선거 제외)을 말한다.
2) "특수함정"이란 해양경찰의 특수임무를 수행하기 위하여 운용되는 함정(훈련함, 잠수지원함, 화학방제함, 방제정, 형사기동정 및 순찰정 등)을 말한다.
3) "함정훈련"이란 함정을 대상으로 임무수행 역량 강화를 위해 각급 해양경찰기관에서 실시하는 훈련을 말한다.
4) "해양경찰기관"이란 해양경찰청, 해양경찰교육원, 중앙해양특수구조단 및 지방해양경찰관서를 말한다.
5) "지방해양경찰관서"란 지방해양경찰청, 해양경찰서 등 특별지방행정기관을 말하다
6) "훈련 주관기관"이란 함정훈련을 주관하여 계획을 수립하는 해양경찰교육원 및 지방해양경찰관서를 말한다.
7) "현장부서"란 해양경찰 함정, 안전센터, 구조대, 특공대 및 항공대 등을 말한다.
8) "훈련 교수"란 해양경찰교육원 교수요원 및 지방해양경찰청 훈련단 소속직원 중 훈련연구, 기획, 집행 및 평가를 담당하는 자를 말한다.
9) 그 외 용어는「함정 운영관리 규칙」,「해양오염 방제훈련 규칙」,「방제정 및 방제바지 운영 규칙」 등에 따른다.

[2] 함정훈련의 종류

1) "해상종합훈련"은 해양경찰청 소속 함정의 안전운항 및 긴급상황 대응 등 직무수행능력 향상을 위해 실시하는 종합훈련을 말한다.

---

26) 해양경찰 함정훈련 규칙, [해양경찰청훈령 제68호, 2018. 6. 18., 제정], 해양경찰청(종합훈련지원단).

2) "취역훈련"은 신조함정 및 노후대체 함정을 대상으로 승조원간 팀워크를 조성하고 장비 운용 및 임무수행 역량을 강화하기 위해 실시하는 훈련을 말한다.
3) "직무훈련"은 장기 수리함정 대상 팀워크 강화를 위해 실시하는 훈련을 말한다.
4) "자체교육훈련"은 연간 교육훈련 계획에 따라 함·정장이 자체적으로 실시하는 교육·훈련을 말한다.
5) "그 밖의 훈련"은 제1호부터 제4호에 속하지 아니하는 훈련으로 훈련주관 기관에서 필요에 의해 자체적으로 실시하는 훈련을 말한다.

[3] 훈련계획 수립

1) 해양경찰교육원장은 매년 함정훈련의 시기 및 종목 등이 포함된 함정 교육훈련 계획을 수립, 해양경찰청장에 보고하고 지방해양경찰청장에 통보하여야 한다. 지방해양경찰청장은 자체계획을 수립하고 소속 해양경찰서 함정을 대상으로 훈련을 실시한다.
2) 훈련계획을 수립할 때에는 훈련의 중복방지 및 효율적 시행을 위해 훈련실무협의회 개최 등 각 부서의 의견을 수렴하고 반영하여야 한다. 그리고 다음과 같은 사항을 유의하여야 한다.
   가) 훈련대상의 직무수행 역량강화를 위해 필요한 훈련 목표 및 전략 설정
   나) 훈련 목표에 맞는 적절한 훈련 일정, 장소, 형식, 참여대상 등을 선정
   다) 안전 위해요소 사전점검, 안전교육 등 훈련 안전관리방안 포함
   라) 종합적인 훈련을 위해 필요시 다양한 세력, 유관기관 및 민간 등 참여
   마) 자체회의·유관기관회의 등 관련부서 간 충분한 사전협조 등의 준비
   바) 훈련의 근거가 되는 법령, 매뉴얼, 훈련교범 등의 사전 확인·정비
   사) 훈련 평가, 지도점검 절차 등을 포함한 개선사항 발굴 등 사후조치

[4] 해상종합훈련

1) 함정의 안전운항, 긴급상황의 효과적 대처, 해상사격 등 직무수행 능력의 향상을 위해 지방해양경찰청장은 매년 상·하반기 해상종합훈련을 시행하여야 한다. 훈련종목은 다음 표와 같이 실시하며, 특수함정의 경우는 별도 훈련종목을 편성하여 실시할 수 있다.

〈표 1-18〉 해양경찰 함정훈련 종목

함정훈련 종목 (8개 분야 23개 종목)

분 야	연 번	평 가 종 목
구조구급	1	인명구조(다수, 현측, 단정)
	2	선내진입 탈출유도
	3	응급처치
안전	4	불법조업 외국선박 검문검색
	5	일반 검문검색
	6	단정 양.하강
	7	예선.피 예선
	8	투.양묘
항해	9	해상수색
	10	기동항해
	11	연안항해(지문·전탐)
	12	비상조타
병기	13	해상사격
	14	야간사격
	15	상황배치, 포사고 처치
기관	16	기관종합문제 해결
	17	기관제어시스템 고장처치
	18	발전기 병렬운전
보수	19	소화.방수(주·야간)
	20	타선소화
	21	비상이함
통신	22	정보통신장비 운용
방제	23	해양오염방제

* 훈련대상 함정 및 실시횟수 등은 해양경찰교육원의 연간 훈련계획에 의한다.

** 특수함정의 경우, 자체실정에 따라 종목을 변경하여 시행할 수 있다.

2) 훈련대상 및 기간 등은 해양경찰교육원의 연간 함정 교육훈련 계획에 따라 실시한다. 지방해양경찰관서장은 함정 외 다양한 현장부서가 훈련에 참여하도록 유도하고 안전관리에 만전을 기하고 시정요구 등 훈련결과를 수검함정 소속기관의 장에게 통보하며 수검함정 소속기관의 장은 시정요구에 대해 즉시 시정하여 그 결과를 지방해양경찰청장에게 보고하여야 한다. 지방해양경찰청장은 해상종합훈련 집행 후 집행결과를 해양경찰교육원장에게 통보하여야 한다.

[5] 취역훈련

신조함정 및 노후대체 함정에 대하여 장비 운용 및 임무수행역량 강화 등을 위해 취역훈련을 시행하여야 한다. 훈련종목도 해상종합훈련에 따라 실시하며, 특수함정의 경우는 별도 훈련종목을 편성하여 실시할 수 있다.

[6] 직무훈련

정기수리 또는 톤급별 동 기간 이상 수리함정에 대하여 임무수행 역량 및 팀워크 강화 등을 위해 직무훈련을 시행하여야 한다.

[7] 자체교육훈련

함·정장은 연간 자체 교육훈련 계획을 수립하여 시행하여야 하며, 특수함정의 경우는 별도 훈련종목을 편성하여 실시할 수 있다. 해양경찰관서장은 소속 함정의 자체 교육훈련 이행여부를 지도·감독하여야 한다.

[8] 훈련 지도·점검

해양경찰교육원장은 매년 1회 이상 함정훈련에 대한 집행현황 및 안전관리 실태 등을 지도·점검하여야 한다. 지도·점검결과는 해당연도 종합우수함정 선발에 반영한다.

[9] 우수함정

해양경찰교육원장 및 지방해양경찰청장은 함정 간 선의의 경쟁을 유도하여 훈련 효과를 제고하고, 명예 및 자긍심 고취를 위해 매년 우수함정을 다음과 같이 구분하여 선발할 수 있다.

① 훈련 우수함정 : 지방해양경찰청장이 주관하여, 소속 함정 해상종합훈련 평가 결과로 선발한다.

② 종합 우수함정 : 해양경찰교육원장이 주관하여, 5개 지방해양경찰청 소속 훈련 우수함정을 대상으로 심사위원회를 거쳐 선발한다.

[10] 훈련 교수

훈련 교수는 경위 이상의 경찰공무원 또는 6급 이상의 일반직 공무원으로서 담당 분야와 관련된 실무경력이 3년 이상이거나 담당 분야와 관련된 자격증 및 석사 이상의 학위를 가진 자 중에 선발한다. 대상자가 없는 경우에는 자격요건을 갖춘 자 중 경사 이하의 경찰공무원 또는 7급 이하의 일반직 공무원을 선발할 수 있다. 해양경찰교육원장은 훈련 교수의 전문역량 향상을 위하여 별도 전문교육과정을 운영할 수 있다. 훈련 교수는 원활한 함정훈련 집행 및 평가를 위해 해양경찰교육원장이 지정한 모자, 점퍼 등 별도의 복제를 착용할 수 있다.

5 해양경찰 비상소집

[1] 비상소집 일반

해양경찰청 비상소집 및 근무규칙(해양경찰청훈령 제175호)[27]은 「경찰공무원 복무규칙」 제14조에 따라 가용인력과 가용경비세력을 동원하여 해상치안상의 비상상황에 효율적으로 대처함을 그 목적으로 하고 이 규칙에서 사용하는 용어의 정의는 다음 각 호와 같다.

① "비상상황"이라 함은 해양주권·안보·안전·치안·오염과 관련하여 중요상황이 발생하거나 발생할 우려가 있어 다수의 경력을 동원할 필요가 있는 때를 말한다.

② "비상소집"이라 함은 비상상황이 발생하거나 발생할 우려가 있어 현행 근무인력으로 상황조치가 어려운 경우 소속 공무원을 해당 소집장소로 집결하게 하는 것을 말한다. 다만, 비상상황에 미치는 상황은 아니나 현행 근무인력으로 상황처리가 어려운 경우도 포함한다.

③ "비상근무"라 함은 비상상황하에서 업무수행의 계속성을 유지하는 것을 말한다.

④ "해상경계강화"라 함은 관내 취약요소에 대한 순찰과 감시를 강화하고 유관기관 간 정보교환을 철저히 하는 등 즉응태세를 유지하는 것을 말한다.

⑤ "지휘통제선상 위치"라 함은 지휘관이 유사시 통신으로 즉시 상황지휘가 가능하고 1시간내 상황지휘 및 상황근무가 가능한 위치에서 대기하는 것을 말한다.

⑥ "비상대기 태세 유지"라 함은 지휘관을 제외한 공무원이 비상연락체계를 유지하면서 비상소집이 가능한 위치에서 대기하는 것을 말한다.

27) 해양경찰청 비상소집 및 근무규칙, [해양경찰청훈령 제175호, 2020. 2. 20., 일부개정], 해양경찰청(경비과).

⑦ "비상업무 주무부서"라 함은 기관 전체의 비상연락망을 유지하고 비상업무를 관리·감독하는 부서로 종합상황실을 포함한 경비업무를 담당하는 부서(해양경찰교육원과 해양경찰정비창은 총무기능)를 말한다.

⑧ "가용인력"이라 함은 출장·휴직·휴가·파견·교육중(이하 사고)인 인원과 가용경비세력 운용인력을 제외하고 실제 동원될 수 있는 인원을 말한다.

⑨ "가용경비세력"이라 함은 수리중인 함정 및 항공기를 제외하고 실제 동원될 수 있는 함정 및 항공기와 그 운용인력을 말한다.

⑩ "필수요원"이라 함은 비상발령권자가 지정한 자로 비상소집 시 1시간 이내에 응소하여야 할 공무원을 말한다.

⑪ "일반요원"이라 함은 필수요원을 제외한 공무원으로 비상소집 시 2시간 이내에 응소하여야 할 공무원을 말한다.

[2] 비상근무

(1) 비상근무의 종류

① 경비비상

② 구조비상

③ 정보수사비상

④ 방제비상

(2) 비상근무의 등급

① 갑호비상

② 을호비상

③ 병호비상

④ 해상경계강화

각종 비상상황의 긴급성 및 중요도에 따라 비상발령권자가 비상등급을 설정하여 운용한다.

〈표 1-19〉 비상근무 종류 및 세부사항

비상근무 종류에 따른 등급별 세부상황

■ 경비비상	
갑호	1. 전시, 사변 또는 이에 준하는 비상사태가 발생하였거나 발생이 임박하여 긴장이 최고조에 이른 경우 2. 대규모 집단사태·테러 등의 발생으로 사회가 극도로 혼란하게 되었거나 RM 징후가 현저한 경우 3. 국제행사·기념일 등을 전후하여 해상경비수요가 증가하여 가용 경력을 100% 동원할 필요가 있는 경우
을호	1. 전시, 사변 또는 이에 준하는 비상사태와 관련된 기장이 고조된 경우 2. 대규모 집단사태·테러 등의 발생으로 사회가 혼란하게 되었거나 그 징후가 예상되는 경우 3. 국제행사·기념일 등을 전후하여 해상경비수요가 증가하여 가용 경력을 50% 동원할 필요가 있는 경우
병호	1. 전시, 사변 또는 이에 준하는 비상사태와 관련된 징후가 현저히 증가된 경우 2. 적의 국지도발이 있는 경우로서 경비비상 "갑호" 또는 "을호"의 발령단계에 이르지 아니한 경우 3. 집단사태·테러 등의 발생으로 사회적 혼란 발생이 예상되는 경우 4. 국제행사·기념일 등을 전후하여 해상경비수요가 증가하여 가용 경력을 30% 동원할 필요가 있는 경우
■ 구조비상	
갑호	재난으로 인명 또는 지산의 피해정도가 매우 크거나 재난의 영향이 사회적·경제적으로 광범위한 경우
을호	재난으로 인명 또는 재산의 피해정도가 현저히 증가되거나 재난의 영향이 사회적·경제적으로 미치는 경우
병호	재난으로 인명 쪼는 재산의 피해정도가 크고 재난이 사회적·경제적으로 영향을 미칠것으로 예상되는 경우
■ 구소비상	
갑호	사회 이목을 집중시킬만한 중대범죄 발생 시
을호	중요범죄 사건발생 시
■ 구조비상	
갑호	전시 또는 재난적 해양오염사고로 인명, 재산 및 환경피해가 심각한 수준으로 확대된 경우
을호	전시 또는 재난적 해양오염사고로 인명, 재산 및 환경피해가 발생한 경우
병호	전시 또는 재난적 해양오염사고가 발생하거나, 발생될 우려가 있는 경우
■ 구조비상	
별도의 경력 동원이 없는 "병호" 비상보다 낮은 단계로, 적 활동징후 및 취약시기를 고려 적정수준의 경비세력을 추가 배치하여 해상 경계를 강화할 필요가 있을 때	

(3) 비상근무발령권자

① 전국 또는 2개 이상 지방해양경찰청 관할구역 : 해양경찰청장

② 지방해양경찰청 또는 2개 이상 해양경찰서 관할구역 : 관할 지방해양경찰청장

③ 단일 해양경찰서 관할구역 : 관할 해양경찰서장

(4) 인력동원과 근무요령

비상근무발령권자는 다음 각 호에 따라 인력을 동원하여 비상근무를 실시한다. 다만 상황의 특성을 고려하여 주무기능과 관련기능만 비상근무를 발령하여 비상근무를 실시 할 수 있다.

① 갑호비상 : 가용인력의 100%까지 동원할 수 있다.

② 을호비상 : 가용인력의 50%까지 동원할 수 있다.

③ 병호비상 : 가용인력의 30%까지 동원할 수 있다.

④ 해상경계강화 : 별도의 경력 동원없이 비상대기태세를 유지하되 필요에 따라 적정수준의 가용인력을 동원할 수 있다.

비상근무발령권자는 다음 각 호에 따라 경비세력을 동원하여 비상근무를 실시한다. 다만 상황을 특성을 고려하여 가용인력과 가용경비세력 동원을 다르게 지정할 수 있다.

① 갑호비상 : 가용경비세력의 100%까지 동원할 수 있다.

② 을호비상 : 가용경비세력의 50%까지 동원할 수 있다.

③ 병호비상 : 가용경비세력의 30%까지 동원할 수 있다.

④ 해상경계강화 : 별도의 가용경비세력 동원 없이 비상대기태세를 유지하되 필요에 따라 적정수준의 가용경비세력을 동원 할 수 있다.

비상대기태세 유지 시 기본 근무지침은 다음 각 호와 같다.

① 각급 지휘관은 지휘통제선상 위치로 근무기강 확립 및 취약분야에 대한 지휘감독 철저

② 상황 발생 시 보고·지휘체계 확립 및 대응철저

③ 전 직원 비상연락망 점검 및 비상소집 체계 유지

④ 안전수칙 준수로 자체사고 예방

⑤ 함정·항공기·특공대·구조대 긴급 출동태세 유지

해상경계강화를 제외한 비상등급의 근무는 비상근무 목적과 인원 등을 종합적으로 고려하여 현장배치 및 교대근무, 대기근무 등으로 편성하여 운용한다. 비상근무가 장기간 유지되거나 될 우려가 있는 경우 기본근무 복귀 또는 귀가하여 비상대기태세를 갖추도록 할 수 있다.

갑호비상 근무 시 연가를 중지하고, 을호 및 병호 비상시 부득이한 경우를 제외하고 연가를 억제한다.

(5) 해제

비상근무발령권자는 비상상황이 종료되는 즉시 비상근무를 해제하고, 관할 지방해양경찰청장, 관할 해양경찰서장은 6시간이내 해제일시, 사유 및 비상근무 결과 등을 차상급 기관의 장에게 보고하여야 한다. 단, 해상경계강화의 경우는 별도보고를 실시하지 않을 수 있다.

(6) 비상소집

비상소집은 비상근무발령권자의 지시에 따라 종합상황실장이 실시하며, 상황대응에 필요한 인원의 전부 또는 일부를 지역별, 계급별, 기능별로 구분하여 비상소집한다. 단, 자체 상황처리를 위하여 함·정장, 파출소장, 특공대장 등 현장 지휘관이 인력을 동원할 필요가 있는 경우 비상소집을 할 수 있다.

소집발령이 하달되면 종합상황실장 및 당직근무자는 각 과 주무계 및 함정, 파출소 등 현장부서에 즉시 소집내용을 전달하여야 한다. 비상소집 자동전파장치가 구축되거나 이와 유사한 시스템을 활용할 수 있는 기관은 자동전파장치를 이용하되, 무응답으로 처리된 자에 대하여는 재 전파하도록 한다.

(7) 응소 및 보고

비상소집관은 비상소집응소부를 작성, 비치하여야 한다. 다만, 필요에 따라 각 과 주무계로부터 비상소집실시 결과보고로 비상소집응소부를 대체할 수 있다.

비상소집 명령을 전달받은 공무원은 소집장소로 응소함을 원칙으로 하고 함정, 항공대, 구조대, 특공대, 파출소 등 현장부서는 특별한 지시가 없을 경우 해당 근무장소로 응소한다. 단, 도서를 포함한 원거리 소재 파출소 및 출장소 근무자 등 시간 내 응소가 불가능한 경우에는 가까운 해양경찰관서에 응소 후 지시에 따른다. 비상소집시 필수요원은 1시간 이내, 일반요원은 2시간이내 응소함을 원칙으로 하고 응소자 명부에는 응소시간별로 기록하며, 시간내 응소자와 시간외 응소자, 미응소자를 구분하여 기록한다.

① 시간내 응소 : 해당시간 내 응소

② 시간외 응소 : 해당시간 경과후 1시간 내 응소

③ 미응소 : 해당시간 경과 후 1시간 초과 응소

사고 중인 공무원은 응소에서 제외하고 사고시간이 해결되었을 경우 즉시 응소하여야 한다. 비상소집 된 부서는 비상소집 후 1시간 내에 비상소집 실시보고를 주무 부서에 통보하여야 한다. 주무부서는 비상소집 또는 비상소집 전화훈련을 실시 할 때는 비상소집 실시 결과를 지휘계통에 의거 보고 하여야 한다.

(8) 필수요원의 지정

경비세력의 운용인력 및 파출소, 출장소, 특공대, 구조대 인력 등 현장 집행이 필요한 인원은 필수요원으로 지정하고 사무실 일근 부서는 계장급 이상 및 과장이 지정하는 직원 2명으로 필수요원을 지정한다.

필수요원에 대해서는 비상상황이 발생하거나 발생할 우려가 있어 현행 근무인력으로 상황대비 또는 조치가 어려운 경우를 포함하여 소집을 명할 수 있다.

(9) 비상연락망 운영 및 비치

새로 임용되거나 소속 및 부서를 이동한 공무원(전·출입)은 부임 또는 이동한 날에, 비상연락 전화번호 및 주소가 변경된 공무원의 경우 변경된 날에 서식에 따라 비상연락망을 작성하여 주무계로 제출하고 주무계는 취합하여 비상업무 주무부서에 제출한다. 비상업무 주무부서는 전체 비상연락망을 취합하여 종합상황실에 비치하고 당직업무 주관부서에 통보하며 각 과, 함정, 파출소·출장소, 항공대, 특공대, 구조대 등은 자체 비상연락망을 적절한 장소를 지정하여 비치한다.

비상근무발령권자는 연1회 이상 불시 비상소집훈련을 실시한다. 비상근무발령권자는 전화확인 방식으로 반기 1회 이상 불시 비상소집 전화훈련을 실시할 수 있으며, 비상소집 전화응소는 30분내 응소함을 원칙으로 하고, 30분 이후 응소자는 미응소로 한다. 특히 소속직원에 대한 교양과 감독을 실시하여 비상근무를 빙자한 직권남용 사례 등이 없도록 하고, 경력동원의 적정으로 불필요한 경력소모가 없도록 유의하여야 한다.

5장 해상대테러·해상경호

1 해상대테러

[1] 테러 개념

국민보호와 공공안전을 위한 테러방지법 (약칭 : 테러방지법)은 우리나라의 테러방지 기본법으로 제2조 정의에서 "테러"란 국가·지방자치단체 또는 외국 정부(외국 지방자치단체와 조약 또는 그 밖의 국제적인 협약에 따라 설립된 국제기구를 포함한다)의 권한행사를 방해하거나 의무 없는 일을 하게 할 목적 또는 공중을 협박할 목적으로 하는 행위를 말한다. 그리고 "대테러활동"이란 테러 관련 정보의 수집, 테러위험인물의 관리, 테러에 이용될 수 있는 위험물질 등 테러수단의 안전관리, 인원·시설·장비의 보호, 국제행사의 안전확보, 테러위협에의 대응 및 무력진압 등 테러 예방과 대응에 관한 제반 활동을 말한다.

[2] 해상테러

해상테러(Maritime Terror) 또는 해상테러리즘(Maritime Terrorism)이라는 용어도 많이 사용되고 있지만, 아직 명확한 개념정의를 찾아보기 어렵다. 최근 들어 해상테러리즘을 해상안전 내지 해상보안에 대한 폭력적 위해행위라는 관점에서 파악하여 넓은 개념으로 이해하는 것이 일반적인 추세이다.

이에 따라 해상테러를 "해상항해의 안전에 반하는 불법적 행위(unlawful acts against the safety of maritime navigation)" 혹은 "해상안전에 대한 위협(threats to maritime security)" 이라는 관점으로 접근하여 선박에 대한 테러행위는 물론 선박 또는 적재화물을 이용한 항구 등 항만시설에 대한 테러행위까지 그 범위를 확대하고 있다.

국민보호와 공공안전을 위한 테러방지법 (약칭 : 테러방지법)은 해양에 대한 테러를 제2조

제1항에서 선박(「선박 및 해상구조물에 대한 위해행위의 처벌 등에 관한 법률」 제2조제1호 본문의 선박을 말한다.) 또는 해상구조물(같은 법 제2조제5호의 해상구조물을 말한다.)과 관련된 다음 각각의 어느 하나에 해당하는 행위라고 정의하였다.

① 운항 중인 선박 또는 해상구조물을 파괴하거나, 그 안전을 위태롭게 할 만한 정도의 손상을 가하는 행위(운항 중인 선박이나 해상구조물에 실려 있는 화물에 손상을 가하는 행위를 포함)

② 폭행이나 협박, 그 밖의 방법으로 운항 중인 선박 또는 해상구조물을 강탈하거나 선박의 운항을 강제하는 행위

③ 운항 중인 선박의 안전을 위태롭게 하기 위하여 그 선박 운항과 관련된 기기·시설을 파괴하거나 중대한 손상을 가하거나 기능장애 상태를 야기하는 행위

[3] 테러 대책수립 및 시행

국민보호와 공공안전을 위한 테러방지법 (테러방지법) 제3조(국가 및 지방자치단체의 책무) 에 의거 국가 및 지방자치단체는 테러로부터 국민의 생명·신체 및 재산을 보호하기 위하여 테러의 예방과 대응에 필요한 제도와 여건을 조성하고 대책을 수립하여 이를 시행하여야 한다. 그리고 대책을 강구함에 있어 국민의 기본적 인권이 침해당하지 아니하도록 최선의 노력을 하여야 한다고 규정한다.

국가테러대책위원회 구성은 법 제5조제2항에서 "대통령령으로 정하는 사람"으로 기획재정부장관, 외교부장관, 통일부장관, 법무부장관, 국방부장관, 행정안전부장관, 산업통상자원부장관, 보건복지부장관, 환경부장관, 국토교통부장관, 해양수산부장관, 국가정보원장, 국무조정실장, 금융위원회 위원장, 원자력안전위원회 위원장, 대통령경호처장, 관세청장, 경찰청장, 소방청장 및 해양경찰청장을 말한다.

여기서 해양경찰의 해양테러 대응 역할은 해양테러 예방대책 수립·시행과 임해 중요시설 인근해역 예방순찰 및 보호활동이다.

〈그림 1-9〉 우리나라 대테러 체계

2 해양경찰 테러 대응

[1] 테러 대응 목적

해양경찰은 테러 대응 표준매뉴얼을 작성하여 선박 및 임해시설을 대상으로 발생하는 해양테러를 사전에 예방하고, 해양테러발생시 효과적인 대응으로 인명과 재산피해 최소화 하는데 있다.

[2] 근거

1) 국민보호와 공공안전을 위한 테러방지법 (약칭 : 테러방지법)

※ 2016. 6. 20 국가대테러 활동지침(대통령훈령 제47호)폐지, 2016. 3. 3. 테러방지법 제정

2) 국가위기관리기본지침 (대통령훈령 제388호, 국가안보실)

3) 서해5도특별경비단 특수진압대 운영규칙 (중부청 제12호, 2017. 4. 4., 제정)

이 규칙은 서해5도 특별경비단(서특단) 소속 특수진압대의 편성·운영·복무, 교육·훈련, 장비운용 등 특수진압대 운영에 필요한 사항에 대하여 규정함을 목적으로 하고, 「특수진압대」란 NLL을 침범한 불법조업 외국어선 나포단속 및 퇴거를 주 임무로 하고 기타 특수임무를 수행하기 위해 편성·운영되는 단위조직을 말한다. 여기서 「특수임무」는 주 임무 외에 해상특수범죄 초동조치 및 진압 지원, 해상경호, 해상대테러 지원 및 해난구조 초동조치 등의 임무를 말한다.

4) 선박 및 해상구조물에 대한 위해행위의 처벌 등에 관한 법률

이 법은 운항 중인 선박 및 해상구조물에 대한 위해행위(危害行爲)를 방지함으로써 선박의 안전한 운항과 해상구조물의 안전 보호를 목적으로 한다.

[3] 대테러특공대 설치·운영

국방부장관, 경찰청장 및 해양경찰청장은 테러사건에 신속히 대응하기 위하여 대테러특공대를 설치·운영한다. 그러나 국방부장관, 경찰청장 및 해양경찰청장은 대테러특공대를 설치·운영하려는 경우에는 대책위원회의 심의·의결을 거쳐야 한다. 대테러특공대는 다음 각

호의 임무를 수행한다.

① 대한민국 또는 국민과 관련된 국내외 테러사건 진압
② 테러사건과 관련된 폭발물의 탐색 및 처리
③ 주요 요인 경호 및 국가 중요행사의 안전한 진행 지원
④ 그 밖에 테러사건의 예방 및 저지활동

[4] 적용범위

여객선등 선박과 해상구조물에 대한 인질 폭파 등 해양테러사건 발생시 해양경찰청의 대응조치 및 유관기관별 지원조치

※ 통합방위지침의 적용여부가 불분명한 사건은 그 성격이 명확히 판명될 때까지 통합방위지침의 대응활동과 병행

[5] 위기 형태 및 피해 양상

(1) 위기형태

1) 선박 인질테러

테러범 다수가 여객선 등 선박에 잠입, 이념의 전파 및 제3국으로의 도주 등을 목적으로 총과 흉기로 승무원을 위협, 인질로 억류

2) 선박, 해상구조물 폭파테러

유조선 등 선박에 폭발물설치, 폭파, 폭발물을 적재한 소형보트로 선박, 항만시설 등에 자살폭탄테러

3) 공해상 선박테러

대한민국 주변 공해상에서 항해중인 선박에 대한 인질 또는 폭파테러

(2) 피해양상

1) 사망자 및 부상
2) 선박, 해상구조물 손괴 등 재산피해 국민동요. 혼란 등 심리적 공황

[6] 위기경보

(1) 관심(Blue) – 징후활동 감시

선박 및 해상을 통한 항만, 임해중요시설테러 관련 미확인 첩보 입수, 우리나라 등 테러위협으로 발전할 가능성이 낮은 테러사건 발생, 해상을 통한 테러 이용물질 국제유통확산 등, 테러징후 감시활동 강화와 관계기관 비상연락체계 유지, 테러대상시설 등 대테러 점검, 테러위험인물 감시 강화, 공항 및 항만 보안검색율 10% 상향.

(2) 주의(Yellow) – 협조체계 가동

해상을 통한 테러이용물질의 국내 반입 기도 첩보 입수, 주요 관계국가 선박 및 해상을 통한 테러발생, 국내에서 각국의 관심도가 높은 국제행사 개최 D-7, 테러발생에 대한 여론 우려 및 보도 증가 등, 관계기관 협조체계 가동, 관계기관별 자체 대비테세 점검, 지역 등 테러대책협의회 개최, 공항 및 항만보안 검색율 15% 상향, 국가중요행사 안전점검.

(3) 경계(Orange) – 대비태세 점검(실전대응 준비)

해상테러관련 첩보 입수, 테러단체 관련 갈등심화에 우리나라 직접 지목 및 위협으로 주도적 개입, 국제테러조직, 분자 잠입활동 포착, 대규모 테러이용수단 적발, 테러발생 가능성이 높은 테러위협 발생, 국제행사에 대한 테러위협 및 테러첩보 등의 동향을 입수. 국가중요행사 개최 D-3, 대테러 실전대응준비, 관계기관별 상황실 가동, 테러이용 수단의 유통 통제, 테러사건대책 본부 등 가동준비, 공항 및 항만보안검색율 20% 상향.

(4) 심각(Red) – 즉각 대응태세 돌입

국제항해 선박 탈취 등 첩보 입수, 우리나라에 대한 테러발생 위험이나 직접적 테러위험 경고, 테러발생 가능성이 매우 높은 테러위협 발생 등의 즉각 대응테세를 돌입해야 하는 단계. 국가중요행사 대상 테러 첩보입수, 테러상황에 총력 대응, 테러사건대책본부 등 설치, 테러대응 인력, 장비 현장배치, 테러대상시설 잠정폐쇄, 테러이용수단 유통 일시정지.

※ **테러경보 발령 및 대응지침 : 국가정보원 테러정보통합센터**
국가안전보장회의 (위기관리센터)는 필요시 유관기관이 참여하는 국가위기평가회의를 개최, 국제해상보안규정(ISPS Cord)와 선박 및 항만시설보안에 관한규정인 국제선박 및 항만에 설정되는 선박·항만 보안등급 상향조정 요청

※ **보안등급 : 1등급(평시), 2등급(경계), 3등급(비상주준)**
해양경찰청 테러대책협의회(의장 : 경비구난국장) 해양수산부에 요청

[7] 업무수행 조직체계

테러대책 회의(의장 : 국무총리) ⇒ 테러대책상임위(의장 : 국정원장) ⇒ 해양사건테러사건대책본부(본부장 : 차장) ⇒ 현장지휘본부(지방해경청장) ⇒ 특공대, 협상팀, 상황팀, 초동조치팀(관할서장), 지원팀으로 구성

[8] 테러상황 구성요소

(1) 테러상황 3요소

① 해소요인(구조, 진압)

② 대상요인(주민, 시설)

③ 유발요인(테러, 재해)

(2) 위기상황 대응절차

해양경찰은 테러 위기 상황에 따라 어떠한 방법으로 대처할 것인지 "해양경찰청 테러 위기관리 표준매뉴얼"이 작성 운영되고 있다.

[9] 해양경찰의 테러지원국 선박 감시대책

1) 테러지원국가[28] 선박이 국내 입항(국내항간 기항 포함)시부터 출항시 까지 전 선박에 대해 전담 함정을 배치하고, 평시는 함정전담 감시에서 해·육상 연계 감시로, 테러징후 포착시 등 특수한 경우에는 전담함정 배치체제로 개선 등 비효율적 감시를 지양하고 있다.

2) 해양경찰서장은 국내 입항 또는 관할해역을 통항하는 테러지원국가 선박에 대한 특별한 정보사항이 없는 경우 항내 입항시는 상황실(AIS) 및 항만관제실를 활용하여 동향을 감시하고, 해상 통항시에는 상황실(AIS) 및 해군 전탐기지와 협조하여 전탐 감시하여 인근 경비함정은 지원체제를 유지하고 있다.

※ 항만관제실 설치운영 : 포항('93), 여수,울산('96), 마산,인천,평택,대산,부산('98), 동해,군산,목포,제주('99), 완도('04), 부산신항('05), 경인항('11), 진도연안('06.07), 여수연안('12.11), 통영연안('14.8), 경인연안('18.4), 태안연안('18.7)

28) 테러 지원국은 미국 국무부에 의해 "국제 테러 행위에 반복적으로 지원을 제공한 국가"로 규정된 국가들을 말한다. 1979년 12월 29일에 처음 발표된 목록에는 리비아, 이라크, 남예멘 그리고 시리아가 포함되어 있었다. 현재는 이란과 시리아, 수단, 북한 4개 나라를 미국이 지정하고 있다.

3 테러방지법[29)]

[1] 목적

이 법은 테러의 예방 및 대응 활동 등에 관하여 필요한 사항과 테러로 인한 피해보전 등을 규정함으로써 테러로부터 국민의 생명과 재산을 보호하고 국가 및 공공의 안전을 확보하는 것을 목적으로 한다.

[2] 용어 정의

1) "테러"란 국가·지방자치단체 또는 외국 정부(외국 지방자치단체와 조약 또는 그 밖의 국제적인 협약에 따라 설립된 국제기구를 포함한다)의 권한행사를 방해하거나 의무 없는 일을 하게 할 목적 또는 공중을 협박할 목적으로 하는 다음 각 목의 행위를 말한다.
   가) 사람을 살해하거나 사람의 신체를 상해하여 생명에 대한 위험을 발생하게 하는 행위 또는 사람을 체포·감금·약취·유인하거나 인질로 삼는 행위
   나) 항공기(「항공법」 제2조제1호의 항공기를 말한다. 이하 이 목에서 같다)와 관련된 다음 각각의 어느 하나에 해당하는 행위
      ① 운항중(「항공보안법」 제2조제1호의 운항중을 말한다. 이하 이 목에서 같다)인 항공기를 추락시키거나 전복·파괴하는 행위, 그 밖에 운항중인 항공기의 안전을 해칠 만한 손괴를 가하는 행위
      ② 폭행이나 협박, 그 밖의 방법으로 운항중인 항공기를 강탈하거나 항공기의 운항을 강제하는 행위
      ③ 항공기의 운항과 관련된 항공시설을 손괴하거나 조작을 방해하여 항공기의 안전운항에 위해를 가하는 행위
   다) 선박(「선박 및 해상구조물에 대한 위해행위의 처벌 등에 관한 법률」 제2조제1호 본문의 선박을 말한다. 이하 이 목에서 같다) 또는 해상구조물(같은 법 제2조제5호의 해상구조물을 말한다. 이하 이 목에서 같다)과 관련된 다음 각각의 어느 하나에 해당하는 행위
      ① 운항(같은 법 제2조제2호의 운항을 말한다. 이하 이 목에서 같다) 중인 선박 또

29) 국민보호와 공공안전을 위한 테러방지법(테러방지법), [법률 제15608호, 2018. 4. 17., 타법개정] 국가정보원.

는 해상구조물을 파괴하거나, 그 안전을 위태롭게 할 만한 정도의 손상을 가하는 행위(운항 중인 선박이나 해상구조물에 실려 있는 화물에 손상을 가하는 행위를 포함한다)

② 폭행이나 협박, 그 밖의 방법으로 운항 중인 선박 또는 해상구조물을 강탈하거나 선박의 운항을 강제하는 행위

③ 운항 중인 선박의 안전을 위태롭게 하기 위하여 그 선박 운항과 관련된 기기·시설을 파괴하거나 중대한 손상을 가하거나 기능장애 상태를 야기하는 행위

라) 사망·중상해 또는 중대한 물적 손상을 유발하도록 제작되거나 그러한 위력을 가진 생화학·폭발성·소이성(燒夷性) 무기나 장치를 다음 각각의 어느 하나에 해당하는 차량 또는 시설에 배치하거나 폭발시키거나 그 밖의 방법으로 이를 사용하는 행위

① 기차·전차·자동차 등 사람 또는 물건의 운송에 이용되는 차량으로서 공중이 이용하는 차량

② ①항에 해당하는 차량의 운행을 위하여 이용되는 시설 또는 도로, 공원, 역, 그 밖에 공중이 이용하는 시설

③ 전기나 가스를 공급하기 위한 시설, 공중의 음용수를 공급하는 수도, 전기통신을 이용하기 위한 시설 및 그 밖의 시설로서 공용으로 제공되거나 공중이 이용하는 시설

④ 석유, 가연성 가스, 석탄, 그 밖의 연료 등의 원료가 되는 물질을 제조 또는 정제하거나 연료로 만들기 위하여 처리·수송 또는 저장하는 시설

⑤ 공중이 출입할 수 있는 건조물·항공기·선박으로서 1)부터 4)까지에 해당하는 것을 제외한 시설

마) 핵물질(「원자력시설 등의 방호 및 방사능 방재 대책법」 제2조제1호의 핵물질을 말한다. 이하 이 목에서 같다), 방사성물질(「원자력안전법」 제2조제5호의 방사성물질을 말한다. 이하 이 목에서 같다) 또는 원자력시설(「원자력시설 등의 방호 및 방사능 방재 대책법」 제2조제2호의 원자력시설을 말한다. 이하 이 목에서 같다)과 관련된 다음 각각의 어느 하나에 해당하는 행위

① 원자로를 파괴하여 사람의 생명·신체 또는 재산을 해하거나 그 밖에 공공의 안전을 위태롭게 하는 행위

② 방사성물질 등과 원자로 및 관계 시설, 핵연료주기시설 또는 방사선발생장치를 부당하게 조작하여 사람의 생명이나 신체에 위험을 가하는 행위

③ 핵물질을 수수·소지·소유·보관·사용·운반·개조·처분 또는 분산하는 행위

④ 핵물질이나 원자력시설을 파괴·손상 또는 그 원인을 제공하거나 원자력시설의 정상적인 운전을 방해하여 방사성물질을 배출하거나 방사선을 노출하는 행위

2) "테러단체"란 국제연합(UN)이 지정한 테러단체를 말한다.

3) "테러위험인물"이란 테러단체의 조직원이거나 테러단체 선전, 테러자금 모금·기부, 그 밖에 테러 예비·음모·선전·선동을 하였거나 하였다고 의심할 상당한 이유가 있는 사람을 말한다.

4) "외국인테러전투원"이란 테러를 실행·계획·준비하거나 테러에 참가할 목적으로 국적국이 아닌 국가의 테러단체에 가입하거나 가입하기 위하여 이동 또는 이동을 시도하는 내국인·외국인을 말한다.

5) "테러자금"이란 「공중 등 협박목적 및 대량살상무기확산을 위한 자금조달행위의 금지에 관한 법률」 제2조제1호에 따른 공중 등 협박목적을 위한 자금을 말한다.

6) "대테러활동"이란 제1호의 테러 관련 정보의 수집, 테러위험인물의 관리, 테러에 이용될 수 있는 위험물질 등 테러수단의 안전관리, 인원·시설·장비의 보호, 국제행사의 안전확보, 테러위협에의 대응 및 무력진압 등 테러 예방과 대응에 관한 제반 활동을 말한다.

7) "관계기관"이란 대테러활동을 수행하는 국가기관, 지방자치단체, 그 밖에 대통령령으로 정하는 기관을 말한다.

8) "대테러조사"란 대테러활동에 필요한 정보나 자료를 수집하기 위하여 현장조사·문서열람·시료채취 등을 하거나 조사대상자에게 자료제출 및 진술을 요구하는 활동을 말한다.

[3] 국가 및 지방자치단체의 책무 (제3조)

국가 및 지방자치단체는 테러로부터 국민의 생명·신체 및 재산을 보호하기 위하여 테러의 예방과 대응에 필요한 제도와 여건을 조성하고 대책을 수립하여 이를 시행하여야 한다. 대책을 강구함에 있어 국민의 기본적 인권이 침해당하지 아니하도록 최선의 노력을 하여야 하고, 이 법을 집행하는 공무원은 헌법상 기본권을 존중하여 이 법을 집행하여야 하며 헌법과 법률에서 정한 적법절차를 준수할 의무가 있다.

[4] 국가테러대책위원회 구성 (시행령 제3조)

1) 대책위원회는 국무총리 및 관계기관의 장 중 대통령령으로 정하는 사람으로 구성하고 위원장은 국무총리로 한다. "대통령령으로 정하는 사람"이란 기획재정부장관, 외교부장관, 통일부장관, 법무부장관, 국방부장관, 행정안전부장관, 산업통상자원부장관, 보건복지부장관, 환경부장관, 국토교통부장관, 해양수산부장관, 국가정보원장, 국무조정실장, 금융위원회 위원장, 원자력안전위원회 위원장, 대통령경호처장, 관세청장, 경찰청장, 소방청장 및 해양경찰청장을 말한다.
2) 법 제5조에 따른 국가테러대책위원회(이하 "대책위원회"라 한다)의 위원장(이하 "위원장"이라 한다)은 안건 심의에 필요한 경우에는 제1항에서 정한 위원 외에 관계기관의 장 또는 그 밖의 관계자에게 회의 참석을 요청할 수 있다.

※ 대테러활동에 관한 정책의 중요사항을 심의·의결하기 위하여 국가테러대책위원회(이하 "대책위원회"라 한다)를 둔다. 대책위원회는 국무총리 및 관계기관의 장 중 대통령령으로 정하는 사람으로 구성하고 위원장은 국무총리로 한다.

3) 대책위원회의 사무를 처리하기 위하여 간사를 두되, 간사는 법 제6조에 따른 대테러센터(이하 "대테러센터"라 한다)의 장(이하 "대테러센터장"이라 한다)이 된다.

[5] 테러사건대책본부 (시행령 제14조)

1) 외교부장관, 국방부장관, 국토교통부장관, 경찰청장 및 해양경찰청장은 테러가 발생하거나 발생할 우려가 현저한 경우(국외테러의 경우는 대한민국 국민에게 중대한 피해가 발생하거나 발생할 우려가 있어 긴급한 조치가 필요한 경우에 한한다)에는 다음 각 호의 구분에 따라 테러사건대책본부(이하 "대책본부"라 한다)를 설치·운영하여야 한다.
   가) 외교부장관 : 국외테러사건대책본부
   나) 국방부장관 : 군사시설테러사건대책본부
   다) 국토교통부장관 : 항공테러사건대책본부
   라) 경찰청장 : 국내일반 테러사건대책본부
   마) 해양경찰청장 : 해양테러사건대책본부
2) 제1항에 따라 대책본부를 설치한 관계기관의 장은 그 사실을 즉시 위원장에게 보고하여야 하며, 같은 사건에 2개 이상의 대책본부가 관련되는 경우에는 위원장이 테러사건의 성질·중요성 등을 고려하여 대책본부를 설치할 기관을 지정할 수 있다.
3) 대책본부의 장은 대책본부를 설치하는 관계기관의 장(군사시설테러사건대책본부의 경

우에는 합동참모의장을 말한다. 이하 같다)이 되며, 제15조에 따른 현장지휘본부의 사건 대응 활동을 지휘·통제한다.

4) 대책본부의 편성·운영에 관한 세부사항은 대책본부의 장이 정한다.

[6] 현장지휘본부 (시행령 제15조)

1) 대책본부의 장은 테러사건이 발생한 경우 사건 현장의 대응 활동을 총괄하기 위하여 현장지휘본부를 설치할 수 있고, 현장지휘본부의 장은 대책본부의 장이 지명한다.
2) 현장지휘본부의 장은 테러의 양상·규모·현장상황 등을 고려하여 협상·진압·구조·구급·소방 등에 필요한 전문조직을 직접 구성하거나 관계기관의 장에게 지원을 요청할 수 있다. 이 경우 관계기관의 장은 특별한 사정이 없으면 현장지휘본부의 장이 요청한 사항을 지원하여야 한다.
3) 현장지휘본부의 장은 현장에 출동한 관계기관의 조직(대테러특공대, 테러대응구조대, 대화생방테러 특수임무대 및 대테러합동조사팀을 포함한다)을 지휘·통제한다.
4) 현장지휘본부의 장은 현장에 출동한 관계기관과 합동으로 통합상황실을 설치·운영할 수 있다.

[7] 대테러특공대 등 (시행령 제18조)

(1) 대테러특공대 설치 및 운영

1) 국방부장관, 경찰청장 및 해양경찰청장은 테러사건에 신속히 대응하기 위하여 대테러특공대를 설치·운영한다.
2) 국방부장관, 경찰청장 및 해양경찰청장은 제1항에 따른 대테러특공대를 설치·운영하려는 경우에는 대책위원회의 심의·의결을 거쳐야 한다.

(2) 대테러특공대 임무

1) 대한민국 또는 국민과 관련된 국내외 테러사건 진압
2) 테러사건과 관련된 폭발물의 탐색 및 처리
3) 주요 요인 경호 및 국가 중요행사의 안전한 진행 지원
4) 그 밖에 테러사건의 예방 및 저지활동

국방부 소속 대테러특공대의 출동 및 진압작전은 군사시설 안에서 발생한 테러사건에 대하

여 수행한다. 다만, 경찰력의 한계로 긴급한 지원이 필요하여 대책본부의 장이 요청하는 경우에는 군사시설 밖에서도 경찰의 대테러 작전을 지원할 수 있다.

[8] 테러경보의 발령 (시행령 제22조)

1) 대테러센터장은 테러 위험 징후를 포착한 경우 테러경보 발령의 필요성, 발령 단계, 발령 범위 및 기간 등에 관하여 실무위원회의 심의를 거쳐 테러경보를 발령한다. 다만, 긴급한 경우 또는 주의 이하의 테러경보 발령 시에는 실무위원회의 심의 절차를 생략할 수 있다.
2) 테러경보는 테러위협의 정도에 따라 관심·주의·경계·심각의 4단계로 구분한다.
3) 대테러센터장은 테러경보를 발령하였을 때에는 즉시 위원장에게 보고하고, 관계기관에 전파하여야 한다.
4) 제1항부터 제3항까지에서 규정한 사항 외에 테러경보 발령 및 테러경보에 따른 관계기관의 조치사항에 관하여는 대책위원회 의결을 거쳐 위원장이 정한다.

4 해상경호

[1] 경호의 개념

경호의 개념을 정의한다면 "경호대상자의 절대적 신변안전을 보호하기 위하여 모든 사용 가능한 수단과 방법을 동원하여 위해요인을 사전에 방지 및 제거하기 위한 제반작용"이라고 정의할 수 있다. 대통령경호실의 「대통령 등의 경호에 관한 법률」 제2조에서 경호라 함은 경호대상자의 생명과 재산을 보호하기 위하여 신체에 가하여지는 위해를 방지 또는 제거하고 특정한 지역을 경계·순찰 및 방비하는 등의 모든 안전 활동이라고 정의하고 있다.

경찰청에서는 경호의 개념을 경호대상자의 신변을 각종 위해로 부터 방지하는 경찰활동으로써 경호대상자가 통과하는 연도와 숙박 장소, 열차, 선박, 항공기 등 필요하다고 인정되는 장소를 경계하여 안전을 목적으로 하는 경비 활동으로 정의하고 있다. 경호는 대통령 및 그에 준하는 중요 인물을 보호하기 위하여 정부가 경호기관을 두어 관련법에 의거하여 제공하는 경호를 말하며 법에 따라 경호대상자로 분류하여 경호를 제공하는 것을 의미한다.

(1) 대통령 등의 경호에 관한 법률 제2조의 정의

경호란 경호대상자의 생명과 재산을 보호하기 위하여 신체에 가하여지는 위해를 방지 또는 제거하고(호위), 특정한 지역을 경계·순찰·방비하는 등의 모든 안전 활동을 말한다(경비). 즉, 경호란 호위와 경비를 구분하지 않고 모두 포함한 것을 말한다.

(2) 경찰관직무집행법과 전직 대통령 예우에 관한 법률상의 정의

1) 경찰관직무집행법 제2조 제2호의 '경찰관의 직무의 범위' 중에서는 경비·요인경호, 전직 대통령 예우에 관한 법률 제6조 제3항의 '기타 예우'에서는 '경호·경비'로 규정되는 등 법문상 표현이 약간 다르나, 그 개념에는 차이가 없다고 본다(이 두 법은 경호와 경비를 구분하고 있으나, 기능적 측면에서 볼 때 대통령 등의 경호에 관한 법률상 경호에 해당하는 정의와 다를 바 없다고 볼 수 있다).
2) 통상 경찰기관에서 사용되고 있는 '경호·경비'의 개념은 정부요인, 국내·외 중요인사 등의 신변에 대하여 가해지려는 직·간접의 위해를 방지하기 위하여 위험요소를 사전에 제거하고 사태발생시 신속히 조치함으로써 경호대상자의 안전을 확보하는 경찰활동으로 요약될 수 있다.

[2] 경호의 목적

경호업무의 주요 목표는 납치·혼란·암살 등 신체적 위해로부터 주요 요인의 경호대상자를 보호하는 것이다. 즉 주요 요인을 각종 사건·음모 등 모든 위험과 곤경으로부터 보호하고 가해자의 실질적이고 주도면밀한 범행의 성공기회를 최소화하거나 무력화하는데 있다. 이와 같은 주요목표를 달성하기 위해서 실시하는 그 목적을 세분하면 다음과 같다.

(1) 질서유지

주요 요인의 행사에는 각종 행사가 병행되어 많은 군중이 모여들어 도로 및 행사장의 시설 등을 사전에 충분히 검토·분석하고, 관계기관과 긴밀히 협조함으로써 혼잡방지에 만전을 기하고, 혼잡할 우려가 있을 때에는 분산 유도하거나 사전에 운집을 저지하는 등 적절한 조치를 취하여 질서를 유지하고 주요 요인의 신변안전을 도모하는데 그 목적이 있다.

(2) 신변안전보호

경호의 주요 목적은 주요 요인의 생명·신체에 대한 안전을 도모함에 있다. 이를 위하여 경호요원은 유사시에 자기 생명을 희생할 마음의 준비가 되어 있어야 한다.

(3) 국위선양

국내요인, 외국원수를 비롯한 국외인사에 대한 경호를 빈틈없이 실시하여 경호경비의 완벽을 기하는 것은 경호의 우수성을 내외에 과시하는 것뿐만 아니라 국가의 의전적인 차원에서 국위를 선양하고 국제적인 지위를 향상시키는데 중요한 역할을 하기도 한다.

(4) 권위유지

헌법·법률 등 합법적 규정으로 정해진 기관장의 권위를 유지시켜 주며, 기업의 회장, 정치의 지도자 등 고객의 체면 또는 기풍을 유지시켜 주는 일이기도 하다.

(5) 친화도모

경호대상자와 환송영자 간에 친화를 도모할 수 있도록 경호는 질서정연하게 군중을 정리·경계하고 친절하고 겸손한 태도로써 시행하여야 하며, 특히 감정적인 언어나 행동을 삼가고 친화를 해하는 일이 없도록 해야 한다. 이와 같은 목적을 달성하기가 사실상 경호이 어려운 점이기도 하다. 특히 외국의 내빈에게 좋은 인상은 국제관계에서 협력증진과 국가이익에 직결된다.

[3] 경호의 대상

(1) 국내요인

1) 갑호 : 대통령, 대통령당선인, 전직대통령(퇴임 후 10년 이내)
2) 을호 : 전직대통령(퇴임 후 10년 이후), 국회의장, 국무총리, 대법원장, 헌법재판소장, 대통령후보자
3) 병호 : 해양경찰청장, 경찰청장이 필요하다고 인정한 인사

(2) 외국의 귀빈

1) 외빈 A·B·C·D 등급 : 방한하는 외국의 국가원수 또는 행정수반과 그 배우자, 기타 경

호실장이 인정한 요인

2) 외빈 E·F 등급 : 부총리, 왕족, 외빈 A·B·C·D 등급 배우자 단독방한, 전직 대통령, 전직총리, 국제기구 및 국제회의 중요인사, 기타 장관급이상으로 해양경찰청장(경찰청장)이 경호가 필요하다고 인정한 외빈

[4] 경호기관

〈표 1-20〉 경호기관 구분

구분	해양경찰·경찰(일반경호기관)	대통령 경호실(특별경호기관)
국내요인	- 갑호 경호대상 - 을호 경호대상 - 병호 경호대상	- 갑호 경호대상
국외요인	- 외빈 A. B. C. D 등급 - 외빈 E. F 등급	- 외빈 A. B. C. D 등급

[5] 경호활동

(1) 경호의 원리

〈표 1-21〉 경호의 원리

예방활동	선발경호활동을 통하여 위해요소의 사전 제거 및 접근 차단
보안유지	소극적인 활동(적극적 활동 : 경호첩보수집 및 분석 등)
즉각조치	위해요소 제거, 위해상황 발생시 즉각조치(성공적인 경호의 기본)
총력대응	경호기관, 유관기관, 국민 등

(2) 경호의 특성

1) 예방성

가) 위해의 예방은 경호의 핵심이자 경호의 목표이다.

나) 효과적인 예방경호를 위해서는 조직적이고 체계적인 정·첩보활동, 치밀하고 기술적인 안전 활동, 적극적이고 예리한 경호활동이 이루어져야 한다.

2) 통제성

가) 통제는 경호의 가장 강력한 수단이다.

나) 위해요소가 경호대상자에게 접근하지 못하도록 사전에 통제하는 것이 중요하다.

다) 시간적·공간적·대상별 통제활동을 통하여 경호위해 요소의 접근이나 침투를 방지하여 위해행위의 발생을 미연에 방지하여야 한다.

3) 상대성

가) 경호작전과 관련된 인물(경호대상자, 위해기도자, 행사참석자 등)과 경호환경, 행사의 성격에 따라 그 방법이나 규모가 크게 달라진다.

나) 경호조치는 다양한 요소에 의해 영향을 받기 때문에 경호원의 위기관리 능력이 요구된다.

[6] 해양경찰의 해상경호 활동

(1) 관련근거

1) 대통령 등의 경호에 관한 법률 (약칭 : 대통령경호법) 2) 전직대통령 예우에 관한 법률 3) 경찰관직무집행법 4) 항공보안법 5) 집회 및 시위에 관한 법률 6) 민영교도소 등의 설치·운영에 관한 법률 7) 청원경찰법 8) 경비업법 9) 대통령 등의 경호에 관한 법률 시행령 10) 대통령경호안전대책위원회규정 11) 경호규정 및 규칙 12) 해상경호대책(해양경찰청 자체계획) 13) 한미행정협정(SOFA : Status Of Forces Agreement)

① 양국의 대통령 경호에 관하여 한국군과 주한 미군간의 합의각서이다.

② 경호업무의 효율성을 위하여 한·미군 관계관 회의를 통하여 상호 정보를 교환한다.

③ 책임사령관 임명, 안전 및 보안조치, 추가 협의사항 등에 대한 긴밀한 협조를 규정한다.

(2) 해상경호의 정의

귀빈이 선박으로 이동시 또는 해상관련 행사 및 해상과 인접한 육상에서의 행사시 요인의 안전을 확보하기 위하여 해상에서 경비함정 등을 이용하여 행하는 경호활동을 말하고 경호는 호위와 경비로 구분한다.

1) 호위

신체에 대하여 직접적으로 가해지는 위해를 근접에서 방지 또는 제거하는 행위

2) 경비

생명 또는 재산을 보호하기 위하여 특정한 지역을 경계, 순찰, 등을 하는 행위(정보, 보안, 검측활동 포함)

(3) 경호활동 범위

1) 경호지역

행사장을 포함한 일정지역을 경호지역으로 설정하여 경호활동을 통해 경호대상자의 안전을 확보하는 지역을 말한다.

① 해상경호지역 : 안전구역(1선), 경비구역(2선), 경계구역(3선)

② 육상경호지역 : 직접경호지역(경호활동지역), 간접경호지역(치안강화지역)

③ 공중경호지역 : 우리나라 영공전체

※ 2005년 부산APEC 행사시 : 1선 (해경), 2·3선(해군)

2) 경호활동 기간

경호실로부터 경호지침을 접수한 때부터 안전 활동을 준비 및 실시하고 본대(귀빈이 탑승한 기동수단인 선박, 차량, 열차, 항공기 등을 포함한 제대)가 행사 후 관할 책임지역을 벗어나는 시점까지 순찰 등을 하는 행위이다(정보, 보안, 검측활동 포함).

※ 관할책임지역 : 행사장이 경찰관할지역일 경우 관할 지방경찰청장의 책임, 軍관할지역일 경우 해당 군부대(군단급)의 책임이다.

(4) 해상경호 원칙

1) 해상경호 4대 수칙

경호임무를 부여받은 해상의 경비함정 및 육상해안가 근무 경호경찰관이 업무수행시 기켜야 할 기본적인 근무수칙을 말한다.

가) 자기희생

피경호자은 어떠한 상황 하에서도 절대 보호되어야 한다는 원칙으로 경호경찰관은 자기자신을 희생하는 일이 있더라도 경호대상자의 안전을 반드시 보호하여야 한다는 원칙이다.

나) 담당구역 책임의 원칙

담당구역에 배치된 경비함정을 포함 경호경찰관은 담당구역을 절대 사수하여 주어진 경호임무를 완수하여야 한다는 원칙이다.

다) 효율적인 해상통제

경호시 일원화된 지휘를 통해 각종 위해요소를 효과적으로 통제하여 국민 불편 없이 완벽한 해상경호를 수행한다.

라) 감시위주 경호

어로작업, 유·도선 운항 등 생업활동에 종사자들의 불편을 최소화하면서도 안전한 경호활동 수행을 위하여 통제보다는 감시위주의 경호를 원칙으로 하는 것이다.

2) 수행경호 기본원리

가) 자연방벽 효과의 원리

근접 경호경찰관들이 경호대상자를 중심으로 정지간 또는 이동상에서 주변의 인적, 물적 취약요소에 따라 다양한 형태의 인적방벽 형성하여 경호대상자를 최대한 방호 활동이다.

나) 대응시간의 원리

위해기도자가 총으로 위해를 가할 경우 경호경찰관은 총으로 대응하는 것보다 몸으로 대응하는 것이 경호의 목적인 경호대상자 보호에 효과적이다.

다) 대응효과의 원리

경호대상자를 보다 효과적으로 보호하기 위하여 경호대상자와 군중과의 적정거리를 4-5m 유지해야 한다는 이론이다.

※ 일반성인의 신체적 감응시간 0.3초, 이 시간에 달릴 수 있는 거리 2.14m

3) 우발상황 발생시 기본원칙

가) SCE 원칙(SCE Principle) : 경호경찰관의 행동절차 관한 원칙

① 경고(Sound off) : 가장 먼저 위기를 포착한 경호원이 육성이나 무전으로 전 경호세력에게 상황내용을 간단명료하게 전파하는 것이다.

② 방호(Cover) : 우발상황 발생시 경고와 동시에 신속히 경호대상자를 보호하기 위하여 방벽을 형성하는 것이다.

③ 대피(Evacuate) : 경호대상자를 위험지역에서 안전지역으로 신속히 이동시키는 행위이다.

나) 촉수거리의 원칙(Arms-reach Principle)

위해 기도시 범인과 가장 가까운 위치에 있는 경호관이 대응해야 한다는 원칙이다.

다) 체위확장의 원칙(Body-expand Principle)

상황발생시 경호관 자신의 몸을 은폐, 엄폐하는 것이 아니라 최대한 확장노출 시켜 경호대상자에 대한 방호효과를 극대화하면서 공격방향 으로 대응해야 한다는 원칙이다.

6장 선박 및 항만보안(ISPS Code)

1 선박 및 항만보안 제도

[1] 「국제항해선박 및 항만시설의 보안에 관한 법률」 제정

날로 증가하는 테러사건 등 국제적인 해상보안상의 위협에 효과적으로 대응하고 국제항해에서 차지하는 우리나라 선사·선박 및 항만시설의 위상에 걸 맞는 해상보안책임을 확립할 수 있도록 국가적인 차원의 종합적이고 장기적인 해상보안체제를 마련하는 등 국제항해에 이용되는 선박과 그 선박이 이용하는 항만시설의 보안에 관한 기본사항을 정하고, 국제해사기구(IMO)에서 2004년 7월 1일부터 국제협약에 따라 시행하고 있는 국제적인 해상보안기준에 맞추어 선박과 항만시설에 대한 보안책임자의 지정·운영, 보안평가의 실시, 보안계획서의 작성·비치 및 보안심사제도 등을 국내법 체계에 맞게 수용함으로써 국제항해와 관련한 보안상의 위협을 효과적으로 예방하여 국민의 생명과 재산을 보호하는데 이바지하려는 목적으로 우리나라는「국제항해선박 및 항만시설의 보안에 관한 법률(약칭 : 국제선박항만보안법)」을 2008년 제정하였다.

[2] 목적과 용어 정의

국제항해에 이용되는 선박과 그 선박이 이용하는 항만시설의 보안에 관한 사항을 정함으로써 국제항해와 관련한 보안상의 위협을 효과적으로 방지하여 국민의 생명과 재산을 보호하는데 이바지함을 목적으로 한다. 이 법에서 사용하는 용어의 정의는 다음과 같다.

① "국제항해선박"이란「선박안전법」제2조제1호에 따른 선박으로서 국제항해에 이용되는 선박을 말한다.

② "항만시설"이란 국제항해선박과 선박항만연계활동이 가능하도록 갖추어진 시설로서

「항만법」 제2조제5호에 따른 항만시설 및 해양수산부령으로 정하는 시설을 말한다.

③ "선박항만연계활동"이란 국제항해선박과 항만시설 사이에 승선·하선 또는 선적·하역과 같이 사람 또는 물건의 이동을 수반하는 상호작용으로서 그 활동의 결과 국제항해선박이 직접적으로 영향을 받게 되는 것을 말한다.

④ "선박상호활동"이란 국제항해선박과 국제항해선박 또는 국제항해선박과 그 밖의 선박 사이에 승선·하선 또는 선적·하역과 같이 사람 또는 물건의 이동을 수반하는 상호작용을 말한다.

⑤ "보안사건"이란 국제항해선박이나 항만시설을 손괴하는 행위 또는 국제항해선박이나 항만시설에 위법하게 폭발물 또는 무기류 등을 반입·은닉하는 행위 등 국제항해선박·항만시설·선박항만연계활동 또는 선박상호활동의 보안을 위협하는 행위 또는 그 행위와 관련된 상황을 말한다.

⑥ "보안등급"이란 보안사건이 발생할 수 있는 위험의 정도를 단계적으로 표시한 것으로서 「1974년 해상에서의 인명안전을 위한 국제협약」(이하 "협약"이라 한다)에 따른 등급구분 방식을 반영한 것을 말한다.

⑦ "국제항해선박소유자"란 국제항해선박의 소유자·관리자 또는 국제항해선박의 소유자·관리자로부터 선박의 운영을 위탁받은 법인·단체 또는 개인을 말한다.

⑧ "항만시설소유자"란 항만시설의 소유자·관리자 또는 항만시설의 소유자·관리자로부터 그 운영을 위탁받은 법인·단체 또는 개인을 말한다.

⑨ "국가보안기관"이란 국가정보원·국방부·관세청·경찰청 및 해양경찰청 등 보안업무를 수행하는 국가기관을 말한다.

[3] 적용범위

이 법은 다음 각 호의 국제항해 선박 및 항만시설에 대하여 적용한다. 다만, 이 법에 특별한 규정이 있으면 그 규정에 따른다.

1) 다음에 해당하는 대한민국 국적의 국제항해선박
   가) 모든 여객선
   나) 총톤수 500톤 이상의 화물선
   다) 이동식 해상구조물(천연가스 등 해저자원의 탐사·발굴 또는 채취 등에 사용되는 것을 말한다)
2) 대한민국 국적 또는 외국 국적의 국제항해선박과 선박항만연계활동이 가능한 항만시설

그러나 비상업용 목적으로 사용되는 선박으로서 국가 또는 지방자치단체가 소유하는 국제항해 선박에 대하여는 이 법을 적용하지 아니한다.

국제항해 선박과 항만시설의 보안에 관하여 국제적으로 발효된 국제협약의 보안기준과 이 법의 규정내용이 다른 때에는 국제협약의 효력을 우선한다. 다만, 이 법의 규정내용이 국제협약의 보안기준보다 강화된 기준을 포함하는 때에는 그러하지 아니하다.

[4] 국가항만보안계획 등

해양수산부장관은 국제항해선박 및 항만시설의 보안에 관한 업무를 효율적으로 수행하기 위하여 10년마다 항만의 보안에 관한 종합계획(이하 "국가항만보안계획"이라 한다)을 수립·시행하여야 한다. 이 경우 해양수산부장관은 관계 행정기관의 장과 미리 협의하여야 한다.

[5] 보안등급의 설정·조정 등

해양수산부장관은 국제항해선박 및 항만시설에 대하여 대통령령으로 정하는 바에 따라 보안등급을 설정하여야 한다. 해양수산부장관은 보안등급을 설정하거나 조정하는 경우에 다음 각 호의 사항을 고려하여야 한다.

① 보안사건을 일으킬 수 있는 위험에 관한 정보의 구체성, 긴급성 및 신뢰성
② 보안사건이 일어날 때 예상되는 피해 정도

보안등급은 다음 각 호로 구분한다.

① 보안 1등급 : 국제항해선박과 항만시설이 정상적으로 운영되는 상황으로 일상적인 최소한의 보안조치가 유지되어야 하는 평상수준
② 보안 2등급 : 국제항해선박과 항만시설에 보안사건이 일어날 가능성이 증대되어 일정기간 강화된 보안조치가 유지되어야 하는 경계수준
③ 보안 3등급 : 국제항해선박과 항만시설에 보안사건이 일어날 가능성이 뚜렷하거나 임박한 상황이어서 일정기간 최상의 보안조치가 유지되어야 하는 비상수준

해양수산부장관은 국제항해선박에 대하여는 선박의 종류·항로 또는 해역별로 그 운항 특성을 고려하여 보안등급을 설정하거나 조정할 수 있으며, 항만시설에 대하여는 항만별 또는 항만시설 단위별로 그 기능별 특성을 고려하여 보안등급을 설정하거나 조정할 수 있다.

[6] 선박보안심사 및 국제선박보안 증서 교부

국제항해선박소유자는 그가 소유하거나 관리·운영하는 개별 국제항해선박에 대하여 제10조에 따른 선박보안계획서에 따른 조치 등을 적정하게 시행하고 있는지 여부를 확인받기 위하여 해양수산부장관에게 다음 각 호의 구분에 따른 보안심사(이하 "선박보안심사"라 한다)를 받아야 한다. 최초보안심사 또는 갱신보안심사에 합격한 선박에 대하여 해양수산부령으로 정하는 국제선박보안증서를 교부하여야 한다.

국제선박보안증서등의 유효기간은 5년의 범위에서 대통령령으로 정한다. 다만, 임시국제선박보안증서의 유효기간은 6개월을 초과할 수 없다. 국제선박보안증서등의 유효기간을 5개월의 범위에서 대통령령으로 정하는 바에 따라 연장할 수 있다.

누구든지 국제선박보안증서등을 비치하지 아니하거나 그 효력이 정지되거나 상실된 국제선박보안증서등을 비치한 선박을 항해에 사용하여서는 아니 된다.

[7] 선박보안기록부의 작성·비치

국제항해선박소유자는 그가 소유하거나 관리·운영하는 개별 국제항해선박에 대하여 보안에 관한 위협 및 조치사항 등을 기록한 장부(이하 "선박보안기록부"라 한다)를 작성하고, 이를 해당 선박에 비치하여야 한다.

[8] 선박보안경보장치

국제항해선박소유자는 그가 소유하거나 관리·운영하는 개별 국제항해선박에 대하여 선박에서의 보안이 침해되었거나 침해될 위험에 처한 경우 그 상황을 표시하는 발신장치(이하 "선박보안경보장치"라 한다), 제9조에 따른 선박보안평가의 결과 선박의 보안을 유지하는데 필요하다고 인정되는 시설 또는 장비를 설치하거나 구비하여야 한다.

[9] 선박식별번호

다음 각 호에 해당하는 국제항해선박은 개별 선박의 식별이 가능하도록 부여된 번호(이하 "선박식별번호"라 한다)를 표시하여야 한다.

1) 총톤수 100톤 이상의 여객선
2) 총톤수 300톤 이상의 화물선

선박식별번호의 표시는 다른 표시와 구별되어 명확하게 보이도록 대비색으로 칠하고, 쉽게 변경되지 아니하도록 음각 또는 양각의 방법으로 표시한다. 선박식별번호 글자의 높이는 200밀리미터 이상이어야 하고, 선박식별번호 글자의 높이는 100밀리미터 이상이어야 하며, 글자의 폭은 높이와 비례하여 균형을 이루도록 해야한다. 선박식별번호는 국제항해선박의 외부와 내부에 표시하되, 다음 각 호의 구분에 따른 위치에 표시하여야 한다.

1) 선박의 외부에 표시하는 경우
   가) 여객선 : 상공에서 볼 수 있는 갑판의 수평면
   나) 여객선 외의 선박 : 다음 위치 중 잘 보이는 어느 한 곳
      ① 선미
      ② 선체 중앙부의 좌현 및 우현의 만재흘수선 상부
      ③ 선루(船樓)의 좌현과 우현
      ④ 선루의 전방면
2) 선박의 내부에 표시하는 경우
   가) 유조선 등 액체화물운반선 : 화물 펌프실 또는 기관구역의 횡격벽 중 접근이 가능한 곳 중 어느 한 곳
   나) 그 밖의 선박 : 기관구역의 횡격벽, 화물구역 안쪽 또는 차량을 전용으로 운반하는 화물구역이 있는 선박의 경우 차량전용 화물구역의 횡격벽 중 접근이 가능한 곳 중 어느 한 곳

[10] 항만국통제

1) 해양수산부장관은 대한민국의 항만 안에 있거나 대한민국의 항만에 입항하려는 외국 국적의 국제항해선박의 보안관리체제가 협약 등에서 정하는 기준에 적합한지 여부를 확인·점검하고 그에 필요한 조치(이하 "항만국통제"라 한다)를 할 수 있다.
2) 항만국통제를 위한 확인·점검의 절차는 유효한 국제선박보안증서등의 비치 여부만을 확인하는데 한정되어야 한다. 다만, 해당 선박이 협약 등에서 정하는 기준에 적합하지 아니하다는 명백한 근거로서 해양수산부령으로 정하는 사유가 있는 때에는 그러하지 아니하다.
3) 확인·점검의 결과 명백한 근거가 있거나 유효한 국제선박보안증서등을 제시하지 못하는 선박에 대하여는 출항정지·이동제한·시정요구·추방 또는 이에 준하는 조치를 명할 수 있다. 조치를 취하려는 때에는 사전에 그 취지를 해당 외국 국적의 국제항해선박소

유자 또는 선장에게 통지하여야 한다. 또한 국제선박보안증서등을 교부한 국가의 정부에도 그 사실을 통보하여야 하며 선박의 입항이 거부되거나 추방된 때에는 해당 선박의 다음 기항지 국가 및 그 연안국의 정부에 해양수산부령으로 정하는 사항을 통보하여야 한다.

4) 대한민국의 항만에 입항하려는 외국 국적의 국제항해선박은 그 항만에 입항하기 24시간 이전에 해양수산부령으로 정하는 바에 따라 해당 선박의 보안에 관한 정보(이하 "선박보안정보"라 한다)를 해양수산부장관에게 통보하여야 한다. 다만, 기상악화 등 급박한 위험을 피하기 위하여 긴급히 입항하거나 해양수산부령으로 정하는 사유가 있는 경우에는 입항과 동시에 선박보안정보를 통보할 수 있다.
5) 해양수산부장관은 통보받은 선박보안정보를 해양수산부령으로 정하는 바에 따라 해양경찰청장에게 통보하여야 한다.
6) 외국 국적의 국제항해선박소유자 또는 선장은 출항정지·이동제한·시정요구·추방·선박점검 또는 입항거부 등의 명령(이하 "시정명령등"이라 한다)이 위법하거나 부당하다고 생각되는 경우에는 해양수산부령으로 정하는 바에 따라 시정명령등을 받은 날부터 90일 이내에 그 불복사유를 기재하여 해양수산부장관에게 이의신정을 할 수 있다. 이의신청을 받은 해양수산부장관은 소속 공무원으로 하여금 그 시정명령등의 위법·부당 여부를 직접 조사하게 하고 그 결과를 신청자에게 60일 이내에 통보하여야 한다. 다만, 부득이한 사정이 있는 때에는 30일의 범위에서 통보시한을 연장할 수 있다
7) 시정명령등에 대하여 불복하는 자는 이의신청의 절차를 거치지 아니하고는 행정소송을 제기할 수 없다. 다만, 「행정소송법」 제18조제2항 및 제3항에 해당되는 경우에는 그러하지 아니하다.

[11] 외국의 항만국통제 등

1) 국제항해선박소유자는 외국의 항만당국이 실시하는 항만국통제에 의하여 해당 선박의 보안관리체제의 결함이 지적되지 아니하도록 협약 등에서 정한 기준을 준수하여야 한다.
2) 해양수산부장관은 국제항해선박이 외국의 항만당국이 실시하는 항만국통제에 의하여 출항정지·입항거부 또는 추방의 조치를 받거나 해당 선박에 대하여 출항정지·입항거부 또는 추방을 예방하기 위한 조치가 필요하다고 인정되는 경우에는 해양수산부령으로 정하는 바에 따라 관련되는 선박의 보안관리체제에 대하여 점검(이하 "특별점검"이라

한다)을 할 수 있다. 특별점검의 결과 해당 선박의 보안확보를 위하여 필요하다고 인정되는 경우에는 해당 국제항해선박소유자에 대하여 대통령령으로 정하는 바에 따라 시정·보완의 조치 또는 항해정지를 명할 수 있다.

[12] 재심사

1) 선박보안심사·임시선박보안심사·특별선박보안심사 및 특별점검을 받은 자가 그 결과에 대하여 불복하는 때에는 그 결과에 관한 통지를 받은 날부터 90일 이내에 해양수산부령으로 정하는 바에 따라 사유서를 갖추어 해양수산부장관에게 재심사를 신청할 수 있다. 재심사의 신청을 받은 해양수산부장관은 소속 공무원으로 하여금 재심사를 직접 행하게 하고 그 결과를 신청자에게 60일 이내에 통보하여야 한다. 다만, 부득이한 사정이 있는 때에는 30일의 범위에서 통보시한을 연장할 수 있다.
2) 선박보안심사·임시선박보안심사 및 특별선박보안심사 또는 특별점검에 대하여 불복하는 자는 재심사의 절차를 거치지 아니하고는 행정소송을 제기할 수 없다. 다만, 「행정소송법」 제18조제2항 및 제3항에 해당하는 경우에는 그러하지 아니하다.

[13] 항만시설보안책임자

항만시설소유자는 그가 소유하거나 관리·운영하는 항만시설의 보안업무를 효율적으로 수행하게 하기 위하여 해양수산부령으로 정하는 전문지식 등 자격요건을 갖춘 자를 보안책임자(이하 "항만시설보안책임자"라 한다)로 지정하여야 한다. 이 경우 항만시설의 구조 및 기능에 따라 필요하다고 인정되는 때에는 2개 이상의 항만시설에 대하여 1인의 항만시설보안책임자를 지정하거나 1개의 항만시설에 대하여 2인 이상의 항만시설보안책임자를 지정할 수 있다.

[14] 항만시설보안심사 등

항만시설소유자는 그가 소유하거나 관리·운영하고 있는 항만시설에 대하여 제25조에 따른 항만시설보안계획서에 따른 조치 등을 적정하게 시행하고 있는지 여부를 확인받기 위하여 해양수산부장관에게 다음 각 호의 구분에 따른 보안심사(이하 "항만시설보안심사"라 한다)를 받아야 한다.

해양수산부장관은 최초보안심사 또는 갱신보안심사에 합격한 항만시설에 대하여 해양수산부령으로 정하는 항만시설적합확인서를 교부하여야 한다.

항만시설적합확인서의 유효기간은 5년의 범위에서 대통령령으로 정하고, 임시항만시설적합확인서의 유효기간은 6개월의 범위에서 대통령령으로 정한다.

[15] 국제항해여객선 승객 등의 보안검색

1) 여객선으로 사용되는 대한민국 국적 또는 외국 국적의 국제항해선박(이하 "국제항해여객선"이라 한다)에 승선하는 자는 신체·휴대물품 및 위탁수하물에 대한 보안검색을 받아야 한다.
2) 보안검색은 해당 국제여객터미널을 운영하는 항만시설소유자가 실시한다. 다만, 파업 등으로 항만시설소유자가 보안검색을 실시할 수 없는 경우에는 지도·감독 기관의 장이 소속직원으로 하여금 보안검색을 실시하게 하여야 한다.
3) 항만시설소유자가 실시하는 보안검색 중 신체 및 휴대물품의 보안검색의 업무에 대하여는 관할 경찰관서의 장이 지도·감독하고, 위탁수하물의 보안검색에 대하여는 관할 세관장이 지도·감독한다.

2 국제선박 및 항만시설 보안규칙(ISPS code)

[1] ISPS code 제도

국제해사기구에서 채택하여 2004. 7. 1부터 국제적으로 시행중인 "국제선박 및 항만 시설 보안규칙(ISPS Code : International Ship and Port Facility Security Code)으로 ISPS Code는 국제무역에 사용되는 선박 또는 항만시설에 영향을 주는 보안사건에 대해 예방조치를 취하고 보안위협을 탐지하기 위하여 당사국 정부, 정부기관, 지방관청 및 해운·항만산업체간 상호협력을 통한 국제적인 체계를 마련하기 위한 제도로 테러로부터 선박과 항만시설을 보호하기 위하여 국제산업체가 연계하여 대응조치를 마련함에 있다.

[2] ISPS code 제정 배경

종래 선박보안은 ISM Code(국제안전관리규약)에 따라 선박운항 업무의 하나로 해적에 대한 예방, 밀항자 예방에 국한되어 왔다. 2001년 9월 11일 9.11 미국 항공기 테러사건이후 테러행위를 방지를 위해서는 국제적인 대응태세 구축이 불가피하게 되었다(이윤철, 2016 : 133).

이와 관련하여 해상의 안전과 해양환경보호에 관한 유엔의 전문기구인 국제해사기구(International Maritime Organization, IMO)에서는 「9. 11 테러사건」 이후 해상에서의 테러를 미연에 방지하기 위하여 구체적인 방안이 검토 되었다. 「9. 11 테러사건」 2개월 후에 개최된 IMO총회에서는 해상에 있어서의 테러대책이 주요의제로서 취급되었다. 총회에서는 조치에 관한 사무국 제안인 「여객 및 승선원, 선박안전에 위협을 미치는 테러활동 방지를 위한 조치 및 절차의 개선」을 의결하였다. 이후 2002년 2월에 개최된 제75차 해사안전위원회(MSC)에서의 협의시작으로 동년 9월에 걸쳐 선박안전위협 테러행위 방지대책을 위한 전문가회의를 통해 국제해상보안규칙(안)을 마련하여, 2002년 12월 12일 IMO 외교회의를 개최하였으며, 동 회의에 참가한 우리나라를 비롯하여 113개국 정부대표는 만장일치로 기존의 해상인명안전협약(SOLAS)을 개정하여 제11장을 제11-1장(해상안전 강화를 위한 특별조치)으로, 해상보안 강화를 위한 특별조치를 규정하고 있는 제11-2장(해상보안 강화 조치)을 신설하였다. 국제선박 및 항만시설보안규칙(ISPS Code, International Ship and Port Facility Security Code)은 SOLAS 제11-2장을 근거로 채택되었으며, 2004. 7. 1 국제적으로 발효되었다.

(1) ISPS code 목적과 목표

1) ISPS Code 목적

가) 보안위험성(위협 및 취약사항)평가

나) 보안 적용범위의 결정

다) 선박 및 항만시설 보안수준 결정

라) 보안 대응 절차 수립

2) ISPS Code 목표

가) 당사국 정부, 정부 기관 및 지방관청과 해운/항만 산업 간에 상호협조를 포함한 국제적 체계 구축

나) 보안 위협 탐지 및 선박·항만시설에 영향을 주는 보안사건에 대한 예방조치

다) 당사국 정부의 역할 및 책임 규정

라) 보안 관련 정보의 조기 및 효율적인 수집과 교환

(2) ISPS code 적용대상

1) 국제항해에 종사하는 선박으로
   가) 고속여객선을 포함한 여객선
   나) 총톤수 500톤이상의 고속선을 포함한 화물선
   다) 이동식 해상 구조물
2) 국제항해에 종사하는 상기의 선박이 사용하는 항만시설(수역포함)

(3) ISPS code 주요내용

1) 선박은 자체보안계획을 수립하고, 기국정부의 보안심사를 받은 후 국제선박보안증서(유효기간 5년)를 비치하고 운항하여야 한다.
   가) 선박마다의 고유식별번호(IMO번호)를 선체에 영구 표시토록 강제화
   나) 보안증서 미소지 선박은 입항거부 또는 출항정지 등 국제항해 불가
2) 항만은 항만시설보안책임자를 임명하고 항만보안평가를 실시한 후 보안계획을 수립하여 당해국 정부의 승인을 받아야 한다. 보안계획 미 수립 항만에 기항한 선박 및 선적된 화물에 대하여는 외국항에서 별도 보안확인 절차 실시로 운항지체 등 피해 발생 우려가 있다.
3) 각국 정부는 자국의 선박과 항만의 보안계획 승인과 보안심사, 외국선박에 대한 보안점검을 실시하고, IMO에 자국의 보안관련 사항을 보고하여야 한다.

(4) 주체별 조치사항

타국 입항선박에 의한 테러를 방지하기 위하여 선박의 기국 및 항만국 정부가 이행하여할 사항으로

① 선박은 보안심사를 받은 후 국제선박보안증서를 소지하고 운항
② 항만은 보안평가를 실시하고 보안계획 수립·시행 의무화
③ 적용대상 선박은 국제항해 취항하는 모든 여객선과 500톤 이상 화물선은 강제적으로 선박보안경보장치(Ship Security Alert System, SSAS)를 설치하도록 하는 등 선박보안 강화를 위한 구체적인 이행조치를 규정
④ 선박경보가 발령되었을 때 수신을 위한 육상기지국 설치와 조치대응 관련하여 피해선박 부근의 연안국에 신속한 전파를 위한 지정당국을 정하도록 하고 있다. ISPS Code는 2004년 7월 1일부터 전 세계적으로 동시에 시행되었다.

[3] 해양경찰의 활동

(1) ISPS Code 관련 해양경찰 임무

1) 항만시설 해상경비에 관한 계획의 수립 및 지도
2) 해상에서의 선박 납치, 파괴, 폭탄 또는 기타 위협 등 불법행위 발생시 진압 및 사법처리
3) 해양사고 구조업무에 관한 계획의 수립 및 지도
4) 대형 해난사고에 대비한 계획의 수립 등

(2) 항만 보안등급별 해양경찰 활동사항

항만보안등급은 앞서 언급한 바와 같이 평시체제인 1등급, 경계태세인 2등급, 긴급태세인 3등급으로 분류되며 등급설정은 해수부 및 관계기관으로 구성된 항만보안위원회에서 합의되어 설정된다. 보안등급별 해양경찰의 활동사항은 다음과 같다.

1) 보안 1등급(평시상황)

가) 테러관련 정보수집 및 해상테러 대비 상황체제 유지
나) 해상을 통한 테러분자 잠입 방지·색출 및 테러 위해 물품 반입저지
다) 항만 및 국가 중요시설 주변해역 테러대비 경계 및 안전 활동 실시
라) 여객선 이용 승객에 대한 신원확인 및 휴대품 등 보안검색 실시

2) 보안 2등급(경계태세)

가) 보안1등급 조치사항에 다음사항 추가
나) 대테러 상황실 구성·운영으로 상황체제 유지
다) 항만·국가중요시설 주변해역 경비함정 증가배치
라) 특공대·특기대 비상출동태세 유지

3) 보안 3등급(긴급상황)

가) 보안2등급 조치사항에 다음사항 추가
나) 출입항 항로 및 취약해역 함정 및 항공기 순찰강화
다) 해당 항만 3선 차단선 개념 경비정, 순찰정 증가배치
라) 정보·수사·파출소요원 항만주변 테러정보수집활동 강화

참고로 국가대테러활동지침상 항만테러의 경우 경찰청이 주무기관으로서 대응토록 되어 있으며 해양경찰은 해상을 통한 작전지원을 행하게 된다. 하지만 해상테러인 경우 해경은 대응 주무기관으로서 각 단계별 경보를 발령하며, 상황 발생시에는 해상대테러 종합대책 수립 시행, 「대책본부」·「현장지휘본부」 구성운용, 특공대·협상팀·지원팀 구성 및 현장파견, 테러범 진압 등 처리 및 조사, 현장종합·보고 및 관계기관 전파 등 필요한 조치를 취할 수 있도록 대응매뉴얼을 작성 운용하고 있다.

7장 선박교통관제

1 선박교통관제에 관한 법률 30)

[1] 제정 배경

선박교통관제는 선박의 위치를 탐지하고 선박과 통신할 수 있는 장비를 설치·운영함으로써 선박에 대하여 안전에 관한 정보 및 항만운영정보를 제공하는 것으로서 선박교통의 안전과 항만운영의 효율성을 확보하기 위하여 필수적이고 중요한 요소이다. 그런데 법령이 선박교통관제에 관하여 「해사안전법」과 「선박의 입항 및 출항 등에 관한 법률」에서 최소 사항만을 규정하고 세부 운영규정은 하위법령에 위임되어 있으며, 그 업무도 해양수산부와 해양경찰청으로 이원화되어 있어서 선박교통관제 업무의 담당기관을 해양경찰청으로 일원화하는 등의 내용으로 「선박교통관제에 관한 법률」이 2019년 12월 제정하고 2020년 6월 4일 시행함에 따라 「해사안전법」과 「선박의 입항 및 출항 등에 관한 법률」로 분산되어 있는 선박교통관제 관련 사항을 이 법으로 통합하여 규정함으로써 선박교통의 안전 및 항만운영의 효율성을 높이고 해양환경을 보호하는 데 이바지하려는 것이다. 주요내용으로는

① 해양경찰청장은 선박교통관제 기본계획을 5년 단위로 수립(제8조).

② 해양경찰청장은 선박교통의 안전을 위하여 선박교통관제를 시행하도록 하고, 효율적인 선박교통관제를 위하여 선박교통관제관서를 설치·운영(제11조).

③ 국제항해에 취항하는 선박, 총톤수 300톤 이상의 선박, 위험화물운반선 등을 선박교통관제를 실시하는 대상 선박으로 정함(제13조).

④ 관제대상선박의 선장은 선박교통관제에 따르도록 하고, 선박교통관제구역을 출입하려는 때에는 관할 선박교통관제관서에 신고(제14조).

⑤ 선박교통관제사는 해양수산령으로 정하는 공무원 중에서 선박교통관제사 교육을 이수

30) 선박교통관제에 관한 법률, [시행 2020. 6. 4.] [법률 제16700호, 2019. 12. 3., 제정], 해양경찰청(해상교통관제과).

하고 평가를 통과한 사람으로 하고, 해양경찰청장은 선박교통관제사를 육성하기 위하여 선박교통관제사 전문교육기관을 지정(제16조 및 제17조).

⑥ 선박교통관제사는 선박교통관제구역 내 해상기상상태, 항로상태, 해상교통량 및 해양사고 등을 고려하여 선박의 입·출항 및 이동시간을 조정(제20조).

⑦ 해양경찰청장은 선박교통관제의 시행을 위하여 레이더, 초단파 무선전화, 선박자동식별장치 등 관제업무를 위한 시설을 설치(제21조).

⑧ 선박교통관제에 대한 연구·개발 및 교육훈련 등 행정기관이 위탁하는 업무의 수행을 위하여 한국선박교통관제협회를 설립(제24조).

(1) 목적과 용어

이 법은 선박교통관제에 필요한 사항을 규정함으로써 선박교통의 안전 및 항만운영의 효율성을 높이고 해양환경을 보호하는 데 이바지함을 목적으로 한다. 사용하는 용어의 정의는 다음과 같다.

① "선박교통관제"란 선박교통의 안전을 증진하고 해양환경과 해양시설을 보호하기 위하여 선박의 위치를 탐지하고 선박과 통신할 수 있는 설비를 설치·운영함으로써 선박의 동정을 관찰하며 선박에 대하여 안전에 관한 정보 및 항만의 효율적 운영에 필요한 항만운영정보를 제공하는 것을 말한다.

② "선박교통관제구역"이란 선박교통관제를 시행하기 위하여 해양경찰청장이 해양수산부장관과 협의하여 고시하는 수역을 말한다.

③ "선박교통관제사"란 해양수산부령으로 정하는 자격을 갖추고 선박교통관제를 시행하는 사람을 말한다.

(2) 적용범위(제3조)

대한민국의 「영해 및 접속수역법」 제1조 및 제3조에 따른 영해 및 내수(해상항행선박이 항행을 계속할 수 없는 하천·호수·늪 등은 제외한다)에 있는 선박 중에서 제13조에 따른 관제대상선박에 대하여 적용한다.

제13조(관제대상선박) 선박교통관제를 실시하는 대상 선박(이하 "관제대상선박"이라 한다)은 다음 각 호와 같다.
1. 국제항해에 취항하는 선박
2. 총톤수 300톤 이상의 선박(다만, 「어선법」 제2조제1호에 따른 어선 중 국내항 사이만을 항행하는 내항어선은 제외한다)
3. 「해사안전법」 제2조제6호에 따른 위험화물운반선
4. 그 밖에 관할 선박교통관제구역에서 이동하는 선박의 특성 등에 따라 해양경찰청장이 고시하는 선박

(3) 선박소유자의 책무(제5조)

1) 선박소유자는 국가의 선박교통관제에 관한 시책에 협력하여 자기가 소유·관리하거나 운영하는 선박이 선박교통관제에 따르도록 운항자에 대하여 다음 각 호의 사항을 포함하는 교육·훈련 등을 실시하고 제반 안전규정을 준수하여야 한다.
   가) 선박교통관제의 목적·용어, 통신절차 및 정보교환 방법
   나) 선박교통관제의 관련 규정 및 제반 준수사항
   다) 국내 선박교통관제 운영 현황
   라) 그 밖에 해양수산부령으로 정하는 사항

"해양수산부령으로 정하는 사항"이란 다음 각 호와 같다.
1. 「선박의 입항 및 출항 등에 관한 법률」 제10조제1항에 따라 지정·고시하는 항로에 관한 사항
2. 「해사안전법」 제10조제2항에 따른 교통안전특정해역 안에서의 항로지정제도에 관한 사항
3. 「해사안전법」 제31조제1항에 따라 고시하는 선박의 항행안전에 필요한 사항

2) 운항자에 대한 교육·훈련의 내용·방법 등 교육에 필요한 사항은 대통령령으로 정한다.

▶ 운항자에 대한 교육·훈련의 내용 및 수탁기관(시행령 제2조 및 별표 1) : 선박소유자가 실시해야 하는 운항자에 대한 교육·훈련의 세부적인 내용을 선박교통관제의 목적·용어, 통신절차 및 정보교환 방법 등 항목별로 구분하여 정하고, 해당 교육·훈련의 실시를 위탁할 수 있는 기관을 한국해양수산연수원 등으로 정함.

〈표 1-22〉 운항자 교육·훈련의 내용(제2조제1항 관련)

구분	주요 내용
1. 선박교통관제의 목적 및 용어의 정의	다음 각 목에서 정하는 선박교통관제의 목적 및 용어의 정의 가. 「1974년 해상에서의 인명 안전을 위한 국제협약」 나. 국제항로표지협회 선박교통관제 매뉴얼 다. 「선박교통관제에 관한 법률」
2. 통신절차 및 정보교환 방법	가. 선박교통관제관서별 신고 절차 나. 일반통신, 긴급통신, 조난통신 및 안전통신의 절차 및 정보 교환 방법 다. 해양사고 발생 시 보고 및 대응 절차
3. 선박교통관제 관련 규정 및 제반 준수사항	가. 법 제12조제1항에 따른 선박교통관제에 관한 규정 나. 관제대상선박의 범위 다. 관제대상선박의 선장의 의무 라. 관제통신의 녹음 마. 관제업무 절차 바. 선박교통관제사의 권한
4. 국내 선박교통관제 운영현황	가. 선박교통관제관서별 관제구역 나. 선박교통관제관서별 통신주파수

[2] 선박교통관제 기본계획(제8조)

(1) 선박교통관제 기본계획

해양경찰청장은 선박교통관제 기본계획(이하 "기본계획"이라 한다)을 5년 단위로 수립하여야 한다. 기본계획은 「해사안전법」 제6조제1항에 따른 국가해사안전기본계획의 내용에 부합되어야 한다.

> 제6조(국가해사안전기본계획) ① 해양수산부장관은 해사안전 증진을 위한 국가해사안전기본계획(이하 "기본계획"이라 한다)을 5년 단위로 수립하여야 한다. 다만, 기본계획 중 항행환경개선에 관한 계획은 10년 단위로 수립할 수 있다.

기본계획에는 다음 각 호의 사항이 포함되어야 한다.

① 선박교통관제 정책의 기본방향 및 목표

② 선박교통관제 운영에 관한 사항

③ 선박교통관제를 위한 시설의 구축 및 유지·관리에 관한 사항

④ 선박교통관제사의 교육·훈련에 관한 사항

⑤ 선박교통관제 관련 국제 협력에 관한 사항

⑥ 선박교통관제의 중장기 발전계획에 관한 사항

⑦ 그 밖에 선박교통관제에 관한 사항으로서 해양경찰청장이 필요하다고 인정하는 사항

해양경찰청장은 기본계획을 수립하거나 변경하는 경우 관계 중앙행정기관의 장과 협의하여야 하고 기본계획의 수립을 위하여 필요한 경우 관계 중앙행정기관의 장, 「공공기관의 운영에 관한 법률」 제4조에 따른 공공기관의 장, 그 밖의 관계 기관에 자료의 제출, 의견의 진술 또는 그 밖에 필요한 협력을 요청할 수 있다. 기본계획의 수립 절차·방법 등에 관한 사항은 대통령령으로 정한다.

> 시행령 제3조(선박교통관제 기본계획) ① 해양경찰청장은 법 제8조제1항에 따른 선박교통관제 기본계획(이하 "기본계획"이라 한다)의 수립을 위해 필요하면 같은 조 제5항에 따라 다음 각 호의 사항에 관한 자료의 제출, 의견의 진술 또는 그 밖에 필요한 협력을 요청할 수 있다.
> 1. 관할구역에서의 해상교통량, 선박 이동경로, 해양사고 현황
> 2. 관할구역에서의 레이더, 초단파 무선전화, 선박자동식별장치 등 무선설비의 설치·운영 현황 및 계획
> 3. 관할구역에서 선박이 접안(接岸)하거나 계류할 수 있는 시설의 설치·운영 현황 및 계획
> 4. 관할구역에서의 선박교통관제 시행의 필요성
> 5. 그 밖에 기본계획의 수립을 위해 해양경찰청장이 필요하다고 인정하는 사항
>
> ② 해양경찰청장은 기본계획을 수립 또는 변경하려는 경우에는 「해양경찰법」 제5조제1항에 따른 해양경찰위원회의 심의를 거쳐야 한다.

(2) 선박교통관제 시행계획 (제9조)

해양경찰청장은 기본계획을 시행하기 위하여 매년 선박교통관제 시행계획(이하 "시행계획"이라 한다)을 수립하여야 한다. 시행계획의 수립을 위하여 필요한 경우 관계 중앙행정기관의 장, 「공공기관의 운영에 관한 법률」 제4조에 따른 공공기관의 장, 그 밖의 관계 기관에 자료의 제출, 의견의 진술 또는 그 밖에 필요한 협력을 요청할 수 있고, 시행계획에 포함할 내용과 수립 절차·방법 등에 관한 사항은 대통령령으로 정한다.

(3) 기본계획 및 시행계획의 국회제출 (제10조)

1) 해양경찰청장은 기본계획 및 시행계획을 수립하거나 변경한 때에는 관계 중앙행정기관의 장 및 특별시장·광역시장·도지사·특별자치도지사에게 통보하고 지체 없이 국회 소관 상임위원회에 제출하여야 한다.

2) 해양경찰청장은 기본계획 및 시행계획을 수립하거나 변경한 때에는 대통령령으로 정하는 바에 따라 이를 공표하여야 한다.

[3] 선박교통관제의 시행 (제11조)

1) 해양경찰청장은 선박교통의 안전을 도모하기 위하여 선박교통관제를 시행하여야 한다.
2) 제1항에 따른 선박교통관제를 시행하기 위한 선박교통관제구역의 설정기준은 대통령령으로 정한다.

▶ 해양경찰청장은 무역항의 수상구역 등의 수역 중에서 유효한 레이더 탐지범위 내의 해상교통량 및 이동경로 등을 고려하여 선박교통관제구역을 설정하도록 함.

> 시행령 제6조(선박교통관제구역의 설정기준) 해양경찰청장은 법 제11조제2항에 따라 다음 각 호의 수역 중에서 유효한 레이더 탐지범위 내의 해상교통량 및 이동경로 등을 고려하여 선박교통관제구역을 설정해야 한다.
> 1. 「선박의 입항 및 출항 등에 관한 법률」 제2조제2호에 따른 무역항의 수상구역등
> 2. 「해사안전법」 제10조에 따른 교통안전특정해역
> 3. 「연안관리법」 제2조제2호에 따른 연안해역

3) 해양경찰청장은 효율적인 선박교통관제의 시행을 위하여 선박교통관제관서를 설치 및 운영할 수 있다.
4) 제3항에 따른 선박교통관제관서(이하 "선박교통관제관서"라 한다)의 설치 및 운영에 필요한 사항은 해양수산부령으로 정한다.

[4] 선박교통관제에 관한 규정 (제12조)

해양경찰청장은 관할 선박교통관제구역에서 제13조에 따른 관제대상선박이 따라야 할 선박교통관제에 관한 규정을 대통령령으로 정하는 바에 따라 고시하여야 한다.

> 시행령 제7조(선박교통관제에 관한 규정) ① 법 제12조제1항에 따른 선박교통관제에 관한 규정에는 다음 각 호의 사항이 포함되어야 한다.
> 1. 법 제11조제3항에 따른 선박교통관제관서(이하 "선박교통관제관서"라 한다)의 사용명칭
> 2. 법 제13조에 따른 관제대상선박(이하 "관제대상선박"이라 한다)이 선박교통관제구역 안에서 이동하거나 해당 선박에 도선사가 승선·하선하는 때의 관제통신 방법
> 3. 기상이 악화되거나 시계(視界)가 제한된 경우의 선박운항통제에 관한 사항
> 4. 그 밖에 해상교통의 안전을 위해 해양경찰청장이 필요하다고 인정하는 사항

해양경찰청장이 제1항에 따라 선박교통관제에 관한 규정을 고시하는 경우 선박교통의 안전을 확보하기 위하여 관계 중앙행정기관의 의견을 들어야 한다.

[5] 관제대상선박 (제13조)

1) 국제항해에 취항하는 선박
2) 총톤수 300톤 이상의 선박(다만, 「어선법」 제2조제1호에 따른 어선 중 국내항 사이만을 항행하는 내항어선은 제외한다)
3) 「해사안전법」 제2조제6호에 따른 위험화물운반선
4) 그 밖에 관할 선박교통관제구역에서 이동하는 선박의 특성 등에 따라 해양경찰청장이 고시하는 선박

〈표 1-23〉 관제대상 선박 (제5조 관련)

구분 (선박교통관제구역)	대상선박
경인연안 구역, 태안연안 구역, 진도연안 구역, 여수연안 구역	• 국제항해에 종사하는 선박 • 총톤수 300톤 이상의 선박(단, 내항어선은 제외한다) • 「해사안전법」 제2조제6호에 따른 위험화물운반선 • 부선이나 구조물을 끌거나 밀어서 이동시키는 선박자동식별장치를 설치한 예인선 • 여객선 • 총톤수 2톤 이상의 선박자동식별장치를 설치한 유선 • 총톤수 300톤 미만의 선박자동식별장치를 설치한 다음 어느 하나에 해당하는 선박 – 공사 또는 작업에 종사하는 선박 – 해양조사선·순찰선·표지선·측량선·어업지도선·시험조사선 등 행정목적으로 운영하는 관공선
통영연안 구역, 대산항 구역, 평택·당진항 구역, 인천항 구역, 경인항 구역, 여수·광양항 구역, 완도항 구역, 목포항 구역, 군산항 구역, 울산항 구역, 부산항 구역, 부산신항 구역, 마산항 구역, 동해항 구역, 포항항 구역, 제주항 구역	• 국제항해에 종사하는 선박 • 총톤수 300톤 이상의 선박(단, 내항어선은 제외한다) • 「해사안전법」 제2조제6호에 따른 위험화물운반선 • 부선이나 구조물을 끌거나 밀어서 이동시키는 선박자동식별장치를 설치한 예인선 • 여객선 • 총톤수 2톤 이상의 선박자동식별장치를 설치한 유선 • 총톤수 300톤 미만의 선박자동식별장치를 설치한 다음 어느 하나에 해당하는 선박 – 「선박의 입항 및 출항 등에 관한 법률」 제2조제4호에 따른 예선 – 「선박의 입항 및 출항 등에 관한 법률」 제2조제5호라목에 따른 급수선·급유선·도선선·통선 – 공사 또는 작업에 종사하는 선박 – 해양조사선·순찰선·표지선·측량선·어업지도선·시험조사선 등 행정목적으로 운영하는 관공선

(1) 선장의 의무 (제14조)

1) 관제대상선박의 선장은 선박교통관제에 따라야 한다. 다만, 선박교통관제에 따를 경우 선박을 안전하게 운항할 수 없는 명백한 사유가 있는 경우에는 선박교통관제에 따르지 아니할 수 있다.
2) 관제대상선박의 선장은 선박교통관제사의 관제에도 불구하고 그 선박의 안전운항에 대한 책임을 면제받지 아니한다.
3) 관제대상선박의 선장은 선박교통관제구역을 출입하려는 때에는 해당 선박교통관제구역을 관할하는 선박교통관제관서에 신고하여야 한다.
4) 관제대상선박의 선장은 선박교통관제구역을 출입·이동하는 경우 해양수산부령으로 정하는 무선설비와 관제통신 주파수를 갖추고 관제통신을 항상 청취·응답하여야 한다. 다만, 통신의 장애로 인하여 선박교통관제사와 지정된 주파수로 통화가 불가능할 때에는 휴대전화 등 다른 통신주파수를 이용하여 보고할 수 있다.
5) 선박교통관제구역 내에서 항행 중인 관제대상선박의 선장은 항로상의 장애물이나 해양사고 발생 등으로 선박교통의 안전을 해치거나 해칠 우려가 있다고 인지한 경우에는 지체 없이 이를 선박교통관제관서에 신고하여야 한다.
6) 제1항부터 제5항까시에서 규정한 사항 외에 관제대상선박의 신고 절차, 관제구역별 관제통신의 제원(諸元) 등 필요한 사항은 대통령령으로 정한다.

시행령 제9조(관제통신의 제원) 해양경찰청장은 법 제14조제6항에 따라 다음 각 호의 사항이 포함된 선박교통관제관서별 관제통신 제원(諸元)을 고시해야 한다.
1. 호출부호
2. 관제통신시설
3. 조난·긴급·안전 통신용 채널
4. 관제통신용 채널
5. 운용시간

(2) 관제대상선박의 신고 (시행령 제8조)

관제대상선박의 선장은 법 제14조제3항에 따라 다음 각 호의 구분에 따른 내용을 선박교통관제관서에 신고해야 한다.

▶ 관제대상선박의 선박교통관제구역 출입 신고의 내용(시행령 제8조) : 관제대상선박이 선박교통관제구역으로 들어오거나 선박교통관제구역에서 나가는 경우 선박교통관제관서에 신고해야 하는 사항을 선박명, 호출부호, 통과위치 등으로 정함.

▶ 관제대상선박은 초단파 무선전화를 갖추어야 하며 「전파법」 제45조에 따른 기술기준에 적합하여야 함.

1) 진입 신고 : 선박교통관제구역으로 들어오는 경우

가) 선박명, 호출부호, 통과위치

나) 선박교통관제구역 안에 있는 「항만법」 제2조제5호가목(1)에 따른 정박지(이하 "정박지"라 한다) 또는 같은 목 (4)에 따른 계류시설(이하 "계류시설"이라 한다)에 입항하는 선박의 경우에는 입항 예정 시각, 입항 시각 및 입항 장소

다) 그 밖에 해양경찰청장이 정하는 사항

2) 진출 신고 : 선박교통관제구역에서 나가는 경우

가) 선박명, 통과위치

나) 선박교통관제구역 안에 있는 정박지 또는 계류시설에서 출항하는 선박의 경우에는 출항 예정 시각, 출항 시각 및 출항 장소

다) 그 밖에 해양경찰청장이 정하는 사항

신고의 절차·내용 및 방법에 관한 구체적인 사항은 해양경찰청장이 선박교통관제구역별로 정하여 고시한다.

(3) 관제통신의 녹음(제15조)

선박교통관제관서와 대통령령으로 정하는 선박의 선장은 제14조제4항에 따른 관제통신을 녹음하여 보존하여야 한다. 규정한 사항 외에 관제통신 녹음방법 및 보존기간 등 필요한 사항은 대통령령으로 정한다.

▶ 관제통신 녹음 대상 선박 및 녹음 방법 등(시행령 제10조) : 관제통신을 녹음하여 보존해야 하는 선박을 국제항해에 취항하는 13명 이상의 여객을 운송할 수 있는 선박 등으로 정하고, 해당 선박 및 선박교통관제관서는 전자적 수단을 이용하여 녹음하도록 하되, 관제통신 녹음시설의 일시적인 고장 등으로 전자적 수단을 이용한 관제통신 녹음이 불가능한 경우에는 수기(手記)로 대체할 수 있도록 하며, 녹음 등의 정보는 60일 동안 보존하도록 함.

시행령 제10조(관제통신 녹음)

① 법 제15조제1항에서 "대통령령으로 정하는 선박"이란 관제대상선박으로서 다음 각 호의 어느 하나에 해당하는 선박을 말한다.

1. 국제항해에 취항하는 다음 각 목의 선박
   가) 13명 이상의 여객을 운송할 수 있는 선박
   나) 가목 외의 선박으로서 총톤수 3천톤 이상의 선박
2. 「해운법」 제4조에 따른 해상여객운송사업에 사용되는 선박으로서 국내항해에 종사하는 총톤수 300톤 이상의 여객선

② 선박교통관제관서와 제1항 각 호에 따른 선박의 선장(이하 “선박교통관제관서등”이라 한다)은 법 제14조제4항에 따른 관제통신을 녹음하여 관제통신을 한 날짜 및 시각과 함께 보존해야 한다.
③ 선박교통관제관서등은 제2항에 따라 관제통신을 녹음하려는 경우 전자적 수단을 이용해야 한다. 다만, 관제통신 녹음시설의 일시적인 고장 등으로 전자적 수단을 이용한 관제통신 녹음이 불가능한 경우에는 수기(手記)로 대체할 수 있다.
④ 제2항 및 제3항에 따른 정보의 보존기간은 60일로 한다. 다만, 해양사고의 조사 및 심판 등을 위해 필요한 경우에는 해양경찰청장이 정하여 고시하는 기준에 따라 보존기간을 연장할 수 있다.
⑤ 제1항부터 제4항까지에서 규정한 사항 외에 선박교통관제관서의 관제통신 녹음 및 보존 등에 필요한 사항은 해양경찰청장이 정한다.

[6] 선박교통관제사

(1) 자격 (제16조)

관제업무는 선박교통관제사가 수행하여야 한다. 선박교통관제사는 해양수산부령으로 정하는 공무원 중에서 해양경찰청장이 시행하는 선박교통관제사 교육을 이수하고 평가를 통과한 사람으로 한다. 또한 선박교통관제사는 직무수행에 필요한 정기적인 교육 및 평가를 받아야 한다. 교육 및 평가에 필요한 사항은 대통령령으로 정한다.

▶ 선박교통관제사의 교육 및 평가(시행령 제11조) : 선박교통관제사 교육의 종류를 선박교통관제사 자격을 취득하기 위한 기본교육과 선박교통관제사가 정기적으로 받아야 하는 보수교육으로 정하고, 각 교육의 이수 후 받아야 하는 평가의 통과 기준은 평균 60점 이상으로 하되, 40점 미만의 평가항목이 있는 경우 불합격 처리하도록 함.

▶ 선박교통관제사는 5급 해기사(항해사) 이상 면허소지자로 면허취득 후 1년 이상 선박승무경력을 갖고 있거나, 「국가기술자격법」에 따른 무선설비·전파전자통신 또는 정보통신 산업기사 이상의 자격을 보유하여야 함.

※ 선박교통관제사 전문교육기관 지정고시(해양경찰청고시 제2020-4호, 2020.7.24)

제2조(전문교육기관의 지정 등) ① 「선박교통관제에 관한 법률」 제25조제2항에 따른 전문교육기관은 다음 각 호와 같다.
1. 해양경찰교육원
2. 한국해양수산연구원

② 제1항에 따른 전문교육기관은 법 제16조제2항 및 제3항에 따른 선박교통관제사의 교육 및 평가업무를 수행한다.

시행령 제11조(선박교통관제사의 교육 및 평가)

① 선박교통관제사가 되려는 공무원은 법 제16조제2항에 따라 이론 및 실습교육을 내용으로 하는 선박교통관제사 기본교육(이하 "기본교육"이라 한다)을 이수하고 평가를 통과해야 한다.

② 선박교통관제사는 법 제16조제3항에 따라 다음 각 호의 어느 하나에 해당하는 교육 중 가장 최근에 이수한 교육의 이수일부터 5년 6개월 이내에 이론 및 실습교육을 내용으로 하는 선박교통관제사 보수교육(이하 "보수교육"이라 한다)을 이수하고 평가를 통과해야 한다. 다만, 재난·재해 등 불가피한 사유로 보수교육을 받을 수 없는 경우 해양경찰청장은 보수교육을 받아야 하는 시기를 1년 이내의 기간에서 연장할 수 있다.

1. 기본교육
2. 보수교육
3. 그 밖에 해양경찰청장이 정하는 교육

③ 제1항 및 제2항에 따른 평가는 이론 및 실습 내용에 대한 이해도와 교육참여도를 그 대상으로 하고, 평가를 통과하기 위해서는 이론 및 실습 내용에 대한 평가 점수와 교육참여도 점수의 평균이 60점 이상이어야 한다. 다만, 40점 미만의 평가항목이 있는 경우 불합격 처리하며, 불합격 처리된 사람에 대해서는 재평가를 실시할 수 있다.

④ 제1항부터 제3항까지의 규정에 따른 교육 및 평가에 관한 세부사항은 해양경찰청장이 정한다.

시행규칙 제5조(선박교통관제사 자격인증 기본교육 및 평가 등)

① 법 제21조제3항 및 「해사안전법」 제36조의2제4항에 따라 선박교통관제사가 되려는 해양수산부 또는 해양경찰청 소속 공무원은 이론과 실습교육을 포함하여 총 300시간으로 구성된 선박교통관제사 자격인증 기본교육을 이수한 후 평가를 통과하여야 한다.

② 다음 각 호의 어느 하나에 해당하는 선박교통관제사는 실습교육 등으로 구성된 현장직무교육을 이수하여야 선박교통관제업무를 할 수 있다. 이 경우 교육 이수시간은 105시간으로 하되, 제13조제2항에 따른 선임선박교통관제사(이하 "선임선박교통관제사"라 한다)의 교육 이수시간은 총 35시간으로 한다.

1. 제1항에 따른 선박교통관제사 자격인증 기본교육을 수료한 선박교통관제사
2. 새로운 선박교통관제구역으로 전입한 선박교통관제사
3. 2년 이상 선박교통관제업무에 직접 종사하지 않은 선박교통관제사

③ 다음 각 호의 교육을 모두 이수한 선박교통관제사 중 선박교통관제업무경력이 3년 이상인 선박교통관제사는 실습교육 등으로 구성된 선임선박교통관제사 교육을 받을 수 있다. 이 경우 교육 이수시간은 총 60시간으로 한다.

1. 제1항에 따른 선박교통관제사 자격인증 기본교육
2. 제2항에 따른 현장직무교육

④ 선박교통관제사는 다음 각 호의 어느 하나에 해당하는 교육 중 가장 최근에 수료한 교육 수료일부터 5년 6개월 이내에 실습교육 등으로 구성된 선박교통관제사 보수교육을 이수한 후 평가를 통과하여야 한다. 이 경우 교육 이수시간은 총 60시간으로 한다.

1. 선박교통관제사 자격인증 기본교육
2. 선임선박교통관제사 교육
3. 선박교통관제사 보수교육

⑤ 제1항 및 제4항에 따른 평가는 이론과 실습내용에 대한 시험과 교육태도에 의하여 한다. 이 경우 평가를 통과하려면 이론 및 실습 시험의 평가 점수와 교육태도 점수의 평균이 60점 이상이어야 한다.

⑥ 제1항부터 제5항까지에서 규정한 사항 외에 선박교통관제사 자격인증 기본교육 등의 내용이나 평가 등에 필요한 사항은 해양경찰청장이 정한다.

(2) 전문교육기관의 지정 (제17조)

해양경찰청장은 선박교통관제사를 육성하기 위하여 해양수산부령으로 정하는 바에 따라 선박교통관제사 전문교육기관(이하 "전문교육기관"이라 한다)을 지정할 수 있다. 전문교육기관의 장은 교육의 시행에 관한 세부적인 사항은 해양경찰청장과 협의 후 실시하여야 한다. 전문교육기관의 지정기준은 해양수산부령으로 정한다. 해양경찰청장은 제1항에 따라 전문교육기관으로 지정된 기관이 다음 각 호의 어느 하나에 해당하는 경우에는 그 지정을 취소할 수 있다. 다만, 제1호에 해당하는 경우에는 지정을 취소하여야 한다.

① 거짓이나 그 밖의 부정한 방법으로 지정을 받은 경우

② 지정기준을 충족하지 못하게 된 경우

③ 지정받은 내용과 다르게 교육·훈련을 실시한 경우

④ 거짓이나 그 밖의 부정한 방법으로 교육·훈련생의 교육·훈련과정 이수 처리를 한 경우

해양경찰청장은 전문교육기관의 지정을 취소하는 경우에는 청문을 하여야 한다.

(3) 선박교통관제사의 업무 (제18조)

1) 선박교통관제구역에서 출입하거나 이동하는 선박에 대한 관찰확인, 안전정보의 제공 및 안전에 관한 조언·권고·지시
2) 혼잡한 교통상황의 발생을 예방하기 위한 선박교통정보 및 기상청에서 발표한 기상특보 등의 제공
3) 「선박의 입항 및 출항 등에 관한 법률」 제2조제2호에 따른 무역항의 수상구역등에서 항만의 효율적 운영에 필요한 선박 출입신고·선석(船席)·정박지(碇泊地)·도선(導船)·예선(曳船) 정보 등 항만운영정보의 제공
4) 「선박의 입항 및 출항 등에 관한 법률」 제8조부터 제18조까지의 규정에 따른 무역항 질서 단속에 관한 정보의 제공
5) 「해사안전법」 제38조에 따른 선박 출항통제 관련 정보의 제공
6) 그 밖에 선박교통안전과 효율성 증진을 위하여 해양수산부령으로 정하는 업무

법 제18조제6호에서 "해양수산부령으로 정하는 업무"란 다음 각 호의 업무를 말한다.
1. 관제업무 관련 법규 위반의 감시·적발 및 관계기관의 위법 선박 감시·적발 지원
2. 선박교통관제구역 내의 해양사고 발생 사실을 최초로 접수한 경우 관할 해양경찰서에 해당 사실 전파
3. 「선박의 입항 및 출항 등에 관한 법률」 제50조제1항에 따른 항만운영정보시스템에의 자료 입력
4. 그 밖에 선박교통관제관서의 운영에 필요한 업무로서 해양경찰청장이 정하는 업무

(4) 관제업무 절차

선박교통관제사가 관제업무에 종사하는 경우에는 해양수산부령으로 정하는 절차에 따라 업무수행을 하여야 한다. 다만, 선박교통관제사가 선박이 명백한 사고위험에 처할 우려가 있다고 판단하는 경우에는 관제업무 절차를 따르지 아니할 수 있다.

> 시행규칙 제8조(관제업무 절차) ① 법 제19조에 따라 선박교통관제사는 다음 각 호의 단계별 절차에 따라 선박교통관제를 시행한다.
> 1. 1단계(관찰·확인) : 선박교통관제구역 내에서 관제대상선박이 해양사고 위험이 있는지 관찰·확인
> 2. 2단계(정보제공) : 선박교통관제사가 필요하다고 인정하거나 관제대상선박에서 요구하는 경우 선박교통의 안전을 위해 필요한 정보를 제공
> 3. 3단계(조언·권고) : 관제대상선박에 선박교통의 안전을 위한 조치에 관한 조언·권고
> 4. 4단계(지시) : 관제대상선박이 명백한 해양사고 위험에 처할 우려가 있는 경우 시정 또는 안전조치를 지시
>
> ② 제1항에 따른 단계별 절차의 세부 사항은 「선박교통관제에 관한 법률 시행령」 제6조 각 호에 따른 해역별 특성에 따라 해양경찰청장이 정한다.

(5) 선박교통관제사의 권한 (제20조)

1) 선박교통관제사는 선박교통관제구역 내 해상기상상태, 항로상태, 해상교통량 및 해양사고 등을 고려하여 선박의 안전 확보를 위하여 필요하다고 판단되는 경우 선박의 입항·출항 및 이동시간을 조정할 수 있다.
2) 선박교통관제사는 선박교통관제구역에서 해양사고가 발생한 경우 즉시 경비함정 출동과 도선 또는 예선의 지원을 요청할 수 있다.

[7] 관제시설의 설치·관리 (제21조)

해양경찰청장은 선박교통관제의 시행을 위하여 레이더, 초단파 무선전화, 선박자동식별장치 등 관제업무를 위한 시설(이하 "관제시설"이라 한다)을 설치하여야 한다. 관제시설의 관리를 위하여 관제시설의 수리 등에 필요한 시설·장비를 확보하고 이를 유지하여야 한다.

해양경찰청장은 관제시설을 새로이 설치하거나 그 성능을 개량하려는 때에는 국제적으로 인정되는 규격과 기준에 따라야 한다.

[8] 한국선박교통관제협회 (제24조)

1) 선박교통관제에 대한 연구·개발 및 교육훈련 등 해양경찰청장 등의 행정기관이 위탁하

는 업무의 수행을 위하여 한국선박교통관제협회(이하 “관제협회”라 한다)를 설립할 수 있다.

2) 관제협회는 법인으로 한다.

3) 관제협회는 다음 각 호에 해당하는 사업을 수행한다.

가) 선박교통관제사의 관제업무 수행을 위한 연구 활동

나) 선박교통관제사 교육훈련 및 평가에 관한 연구 및 사업수행

다) 관제시설의 발전과 기술향상에 관한 연구

라) 해양사고 예방 및 대책을 위한 조사 및 연구

마) 국내외 선박교통관제 관련 법규의 제정·개정에 관한 연구

바) 선박교통관제 분야 국내외 유관기관 간 학술교류, 정보교환 및 상호협력 등에 관한 사항

사) 그 밖에 선박교통관제분야의 발전을 위하여 대통령령으로 정하는 사업

4) 해양경찰청장은 필요하다고 인정하는 경우에는 관제협회가 제1항에 따른 사업을 원활하게 수행할 수 있도록 예산의 범위에서 관제협회에 재정지원을 할 수 있다.

5) 관제협회의 사업과 운영 등에 필요한 사항은 대통령령으로 정한다.

가) 선박교통관제에 관한 자료 및 정보의 수집·분석

나) 선박교통관제 관련 홍보 및 간행물의 발간

6) 관제협회에 관하여 이 법에서 규정한 사항을 제외하고는 「민법」 중 사단법인에 관한 규정을 준용한다.

[9] 벌칙 (제26조)

제14조제1항 본문에 따른 선박교통관제에 정당한 사유 없이 따르지 아니한 사람은 1년 이하의 징역 또는 1천만원 이하의 벌금에 처한다.

> 제14조(선장의 의무)제1항 관제대상선박의 선장은 선박교통관제에 따라야 한다. 다만, 선박교통관제에 따를 경우 선박을 안전하게 운항할 수 없는 명백한 사유가 있는 경우에는 선박교통관제에 따르지 아니할 수 있다.

[10] 과태료 (제27조)

1) 다음 각 호의 어느 하나에 해당하는 사람에게는 300만원 이하의 과태료를 부과한다.

가) 제14조제3항에 따른 신고를 하지 아니하거나 거짓으로 신고한 사람

나) 제14조제4항을 위반하여 무선설비를 갖추지 아니하거나 관제통신을 청취·응답하지 아니한 사람

다) 제14조제6항에 따른 관제대상선박의 신고 절차를 따르지 아니한 사람

라) 제15조제1항을 위반하여 관제통신을 녹음하여 보존하지 아니한 사람

2) 제14조제5항에 따라 신고를 하지 아니하거나 거짓으로 신고한 사람에게는 200만원 이하의 과태료를 부과한다.

3) 제1항 및 제2항에 따른 과태료는 대통령령으로 정하는 바에 따라 해양경찰청장, 지방해양경찰청장 또는 해양경찰서장이 부과·징수한다.

2 선박교통관제 운영규칙[31)]

[1] 해양경찰 선박교통관제 운영

(1) 목적 및 용어

이 규칙의 목적은 「선박의 입항 및 출항 등에 관한 법률」, 「해사안전법」 및 「선박교통관제에 관한 법률」, 같은 법 시행령 및 시행규칙에서 선박교통관제와 관련하여 위임된 사항과 그 시행에 필요한 사항을 정하고 지방해양경찰청 해상교통관제센터를 효율적으로 관리하기 위함이다. 관제센터는 「해양경찰청과 그 소속기관 직제」 제32조에 따라 지방청장 소속하에 둔다. 이 규칙에서 사용하는 용어의 정의는 다음 각 호와 같다.

① "관제시설"이란 「선박교통관제에 관한 법률」(이하 "법"이라 한다) 제21조제1항에 따른 선박교통관제업무를 위한 시설을 말한다.

> ▸ 제21조(관제시설의 설치·관리) ① 해양경찰청장은 선박교통관제의 시행을 위하여 레이더, 초단파 무선전화, 선박자동식별장치 등 관제업무를 위한 시설(이하 "관제시설"이라 한다)을 설치하여야 한다.
> ▸ 선박교통관제 시설관리규정 제8조(내용년수) : 관제시설의 레이더, 마이크로웨이브, 무선통신장치(VHF, AIS, VHF/DF, SSB)의 내용연수는 10년, 선박교통관제용으로 사용되는 전산장비의 내용연수는 6년, 폐쇄회로텔레비전(CCTV) 카메라의 내용연수는 9년으로 한다. 이 경우 물품관리법령이 정하는 경제적 수리한계가 초과된 경우에는 그러하지 아니하다.

② "해상교통관제센터"란 법 제11조제3항에 따라 효율적인 선박교통관제의 시행을 위해

31) 선박교통관제 운영규칙, [해양경찰청훈령 제180호, 2020. 6. 4., 일부개정], 해양경찰청(해상교통관제과).

설치하여 운영하는 선박교통관제관서를 말한다.

③ "레이더 탐지범위"란 선박교통관제 운영 시스템을 운영하기 위하여 설치한 레이더 시스템이 식별한 물표가 지속적으로 신뢰할 수 있는 거리를 말한다.

④ "선박교통관제업무"란 법 제2조제2호에 따른 선박교통관제구역(이하 "선박교통관제구역"이라 한다)에서 통항하는 선박에 대하여 선박교통의 안전과 효율성을 증진하고, 해양환경과 해양시설을 보호하기 위하여 선박의 위치를 탐지하고 선박과 통신할 수 있는 설비를 설치·운영함으로써 선박의 동정을 관찰하며 선박에 대한 안전정보 및 항만의 운영에 필요한 항만운영정보를 제공하여 주는 업무를 말한다.

⑤ "관찰확인"이란 선박교통관제구역 내에서 법 제13조에 따른 관제대상선박(이하 "관제대상선박"이라 한다)이 충돌 등 해양사고 위험이 있는지 관찰하는 것을 말한다.

⑥ "정보제공"이란 법 제2조제3호에 따른 선박교통관제사(이하 "선박교통관제사"라 한다)가 필요하다고 인정하거나 선박에서 요구할 경우 선박교통의 안전을 위하여 다른 선박의 위치 및 식별, 항로 및 기상조건, 선박통항의 위험요소 등 필요한 정보를 제공하는 것을 말한다.

⑦ "조언"이란 선박교통관제사가 인지하고 있는 정보 및 지식·경험을 토대로 관제대상선박에 선박교통의 안전을 위한 조치를 취하여 줄 것을 권유하는 것을 말하며, "권고"란 될 수 있으면 따라주기를 바라는 적극성을 가진 조언을 말한다.

⑧ "지시"란 관제대상선박이 명백한 해양사고 위험에 처할 우려가 있는 경우 선박의 안전운항을 위한 선장의 전문적인 판단을 방해하거나 간섭하지 않는 범위 내에서 시정 또는 안전조치를 요구하는 것을 말한다.

⑨ "교대근무"란 근무조를 나누어 일정한 계획에 의한 반복 주기에 따라 교대로 업무를 수행하는 근무형태를 말한다.

⑩ "일근"이란 「국가공무원 복무규정」 제9조제1항에 규정된 근무형태를 말한다.

⑪ "비번"이란 교대근무자가 다음 근무시작 전까지 자유롭게 쉬는 것을 말한다.

⑫ "관제근무"란 지정된 관제석에서 선박운항 관찰 및 안전정보제공 등 본연의 업무를 수행하는 것을 말한다.

⑬ "대기근무"란 관제근무 후 사무처리, 다음 업무수행의 준비, 사고 대응 등을 위하여 해상교통관제센터 내 해상교통관제센터장(이하 "센터장"이라 한다) 또는 관제팀장의 지휘·감독하에 대기하는 근무형태를 말한다.

⑭ "휴게"란 교대근무자의 관제집중도 유지 및 업무 효율성 확보를 위하여 근무 중 해상교

통관제센터 내에서 자유롭게 쉬는 시간을 말한다.

⑮ "선임선박교통관제사"란 선박교통관제업무 경력이 5년 이상이고, 선임선박교통관제사 교육과정 이수 및 평가를 통과하여 선임선박교통관제사 증서를 취득한 사람을 말한다.

〈해상인명안전협약(SOLAS 1974)의 내용〉

SOLAS 협약은 일반의무규정(12장)

제1장 – 일반사항

여러 선종에 대한 검사와 증서의 발행에 관한 규정이다. 이장은 타체약국에 항만에서 선박을 통제할 수 있는 규정이 있다. 기국은 자국선박이 SOLAS 협약을 준수하도록 하여야 하고 많은 증서는 선박이 협약을 준수하고 있다는 것을 증명한다. 통제 규정은 선박과 선박의 설비가 협약규정을 충족치 못하고 있다는 명확한 근거가 있을 경우 체약국이 타체약국 선박에 대하여 검사를 할 수 있도록 하고 있다. 이 규정은 항만국통제로 알려져 있다.

제2-1장 – 구조-구획과 복원성, 기관과 전기설비

제2-2장 – 화재 예방, 화재탐지와 소화

제3장 – 구명설비

제4장 – 무선통신

제5장 – 항해안전

제6장 – 화물운반,

제7장 – 위험물의 운반(Part A, B, C, D)

제8장 – 핵추진선박

제9장 – 선박의 안전관리

제10장 – 고속선에 관한 안전조치

제11장 – 해상안전증진을 위한 특별조치

제12장 – 산적화물선에 대한 추가적 안전조치

(2) 적용범위

이 규칙은 선박교통관제업무를 수행하기 위해 해상교통관제센터에 소속된 경찰공무원 및 일반직 공무원에 적용하고, 선박교통관제의 운영 및 해상교통관제센터의 복무 등에 관하여 다른 법령이나 규칙 등에 특별한 규정이 있는 경우를 제외하고는 이 규칙을 적용한다.

[2] 선박교통관제 운영

(1) 운용시간 (제4조)

해상교통관제센터의 운용시간은 「전파법」에서 정한 무선국 허가증에 기재된 운용시간을 적용한다.

(2) 사용언어 (第6조)

선박교통관제사가 선박교통관제업무를 수행하기 위하여 사용하는 언어는 한국어 또는 영어로 한다.

(3) 선박교통관제구역 구분 (第7조)

지방해양경찰청장(이하 "지방청장"이라 한다)은 효율적인 선박교통관제업무의 수행을 위하여 「선박교통관제에 관한 법률 시행령」(이하 "영"이라 한다) 제6조에 따라 설정된 선박교통관제구역을 해상교통관제센터별로 섹터와 관제통신용 채널로 나누어 관제할 수 있다.

(4) 선박교통관제구역 경계 관리 (第8조)

지방청장은 해상교통관제센터 간 선박교통관제구역이 서로 맞닿아 있거나 인접하여 해양사고 위험이 높은 경계에 대해서는 별도의 규칙을 제정하여 운영할 수 있다. 다만, 경계를 관할하는 지방해양경찰청이 다른 경우는 지방청장 간 협의해야 한다.

(5) 청취·응답 의무 (第9조)

1) 센터장은 법 제14조제4항에 따라 선박교통관제구역을 출입·이동하는 관제대상선박과 선박교통관제사가 초단파 무선전화의 관제통신 주파수를 갖추고 관제통신을 항상 청취·응답할 수 있도록 해야 한다.
2) 제1항에도 불구하고, 센터장은 통신의 장애로 인하여 지정된 주파수로 직접 통화가 불가능할 때에는 휴대전화 등 다른 통신망을 이용하여 보고하도록 할 수 있다.

(6) 선박교통관제사의 업무 (第10조)

「선박교통관제에 관한 법률 시행규칙」 제7조제4호에 따른 "선박교통관제관서 운영에 필요한 업무로서 해양경찰청장이 정하는 업무"란 다음 각 호와 같다.

1) 선박교통관제업무를 수행 중 필요하다고 판단하거나 관제대상선박의 선장이 정보 요구가 있을 경우 항행안전 및 항만운영 정보의 제공
2) 선박교통관제구역을 통항하는 선박의 항행안전을 위하여 다음 각 목의 사항을 인지한 경우 또는 필요한 시간에 항행안전방송의 시행
   가) 기상특보 사항
   나) 해양사고시 구조에 관한 사항

다) 항행경보에 관한 사항

라) 공사 및 장애물 등으로 인한 항행제한에 관한 사항

마) 그 밖에 해상교통안전에 필요한 사항

3) 선박교통관제업무를 수행함에 있어 항법 관련 법규 준수여부를 감시하여 필요하다고 판단되는 경우 선박운항의 의사결정에 필요한 다음 각 목의 사항을 조언

가) 접근선박의 침로와 속력 또는 항행 방향

나) 항행로와 변침점에 대한 상대적인 위치

다) 위험화물운반선, 흘수제약선, 조종불능선 및 조종제한선의 위치 등

라) 위험상황에 처할 우려가 있는 선박에 대한 경고방송

4) 유관기관으로부터 다음 각 목의 사항에 대한 요청을 받은 경우 이에 대한 지원 및 정보의 제공

가) 「선박안전법」 제68조제4항에 따라 해양수산부장관으로부터 출항정지 명령을 받은 선박에 대한 확인요청

나) 태풍 내습 시 피항 선박 현황 정보의 제공

다) 해양사고 발생 시 사고수습을 위해 필요한 정보의 제공

(7) 선박운항통제 (제11조)

1) 센터장은 다음 각 호의 경우 관제대상선박을 대상으로 선박운항통제(안전한 장소로 대피하는 것을 포함한다)를 할 수 있다.

가) 선박교통관제구역 내 기상특보(풍랑·폭풍해일·태풍)가 발효되거나 시계가 500m 이하로 불량하여 해양사고 발생의 우려가 있다고 판단되는 경우

나) 「해사안전법」 제38조제1항에 따라 선박의 출항이 통제된 경우

2) 제1항에 따라 선박의 운항을 통제한 경우에는 선박교통관제구역 내 시정측정, 통제일시 등에 대한 구체적인 사항을 제14조에 따른 관제매뉴얼에 별도 서식을 정하여 기록·유지해야 한다.

(8) 관제절차 (제12조)

1) 선박교통관제사는 선박교통관제구역에서 운항하는 선박의 효율적인 선박교통관제업무 수행을 위해 관제상황에 따라 다음 각 호의 단계별 절차대로 시행한다. 다만, 사고위험 등 긴급한 사유가 있는 경우 자체 판단에 따라 절차 중 일부를 생략하고, 다음 단계를

시행할 수 있다.

가) 1단계 : 관찰확인

나) 2단계 : 정보제공

다) 3단계 : 조언·권고

라) 4단계 : 지시

2) 제1항에도 불구하고 영 제6조제2호부터 제3호까지의 해역을 담당하는 선박교통관제사는 1단계부터 3단계까지 시행함을 원칙으로 한다. 다만, 선박이 명백한 해양사고의 위험에 처할 우려가 있다고 판단하는 경우에는 4단계를 시행할 수 있다.

(9) 경비함정 출동요청(제13조)

선박교통관제사는 관할 선박교통관제구역에서 해양사고가 발생하거나 선박교통관제업무 관련 법규를 위반한 선박의 단속을 위해 필요한 경우 즉시 관할 해양경찰서장 또는 서해5도 특별경비단장에게 경비함정의 출동을 요청할 수 있다.

[3] 해상교통관제센터 복무

(1) 조직·감독(제15조)

1) 해상교통관제센터는 「해양경찰청과 그 소속기관 직제」 제32조에 따라 지방청장 소속하에 둔다.

2) 센터장은 「해양경찰청과 그 소속기관 직제 시행규칙」 제32조에 따라 해상교통관제센터 소관업무를 총괄하며 소속직원의 사무분장에 대한 사항을 지휘·감독한다.

(2) 소속직원과 시설관리자 지정(제16조, 17조)

해상교통관제센터에는 관제업무를 담당하는 선박교통관제사와 관제시설에 대한 설치·관리 또는 정보보호 업무를 담당하는 시설관리자를 둔다.

시설관리자는 「국가기술자격법」에 따른 다음 각 호의 동급 이상 자격증 또는 경력을 가지고 해양경찰청장이 시행하는 시설관리자 직무교육을 이수해야 한다.

1) 전자기기·통신기기·통신선로·정보기기운용·전파전자통신·무선설비·방송통신·정보처리 기능사 중 하나 이상의 자격증을 소지하고 2년 이상 관련 분야에서 연구 또는 근무한 경력을 가진 자

2) 전자·정보통신·통신선로·사무자동화·전파전자통신·무선설비·방송통신·정보처리·전

자계산기제어·정보보안 산업기사

3) 전자·정보통신·전파전자통신·무선설비·방송통신·정보처리·전자계산기·전자계산기조직응용·정보보안 기사

4) 전자응용·정보통신·컴퓨터시스템응용·정보관리 기술사

5) 멀티미디어콘텐츠제작전문가

(3) 소속직원 업무지정 (제18조)

1) 센터장은 선임선박교통관제사를 관제팀장으로 지정한다. 다만, 해상교통관제센터에 선임선박교통관제사 자격을 갖춘 자가 없는 경우에는 선박교통관제사 중에 적임자를 관제팀장으로 지정한다.

2) 센터장은 해상교통관제센터의 시설관리자 중에 관제시설 설치관리 업무를 담당하는 시설담당자와 관제시설 정보보호업무를 담당하는 정보보호담당자를 지정한다.

3) 센터장은 해상교통관제센터의 선박교통관제사나 시설관리자 중에 관제행정 업무를 담당하는 행정담당자와 관제행정·관제시설 설치관리·정보보호업무를 총괄하는 시설행정팀장을 지정한다. 이 경우 해상교통관제센터의 여건에 따라 시설담당자나 정보보호담당자에게 행정담당자나 시설행정팀장에 해당하는 업무를 겸임하게 할 수 있다.

4) 센터장은 소속직원 중 관제팀장, 선박교통관제사, 시설행정팀장, 시설담당자, 정보보호담당자, 행정담당자에게 사무분장에 따른 업무를 수행하도록 해야 한다.

(4) 근무방법 및 운영기준 (제20조)

1) 센터장은 선박교통관제사의 다음 달 근무계획표를 매월 작성해야 한다.

2) 센터장은 교대근무자의 근무방식이 3교대인 경우 주간–야간–비번, 4교대인 경우 주간–야간–비번–비번의 순서로 정하는 것을 원칙으로 하고, 그 밖의 근무자는 일근을 하도록 할 수 있다.

3) 제2항에 따른 근무 방식 중 주간근무는 매일 09:00부터 18:00까지, 야간근무는 매일 18:00부터 다음날 09:00까지로 한다.

4) 센터장은 교대근무자의 관제근무 시간이 주간에는 2시간 야간에는 3시간 이상 연속 되지 않도록 하며, 비번자에게 충분한 휴식을 보장하고, 비상소집에 대비하도록 조치해야 한다.

5) 센터장은 근무자가 교육·출장·휴가 등의 사유로 불가피하게 근무계획표상의 업무를 수

행할 수 없을 때에는 24시간 교대근무를 초과하지 않는 범위내에서 대체 근무자를 지정하거나 제1항에 따른 근무계획표를 변경할 수 있다.

6) 센터장은 교대근무자의 관제근무, 대기근무, 휴게를 지정하고 근무일지에 기록·유지해야 한다.

7) 센터장은 근무일지상 지정된 관제근무시간 외에는 해상교통관제센터 내에서 선박교통관제사의 휴식이 최대한 보장되도록 해야 한다.

8) 지방청장은 해상교통관제센터별 관제인력, 근무여건, 선박 통항량 및 선박교통관제 업무량 등을 고려하여 제2항 및 제3항에 따른 근무방식, 제4항에 따른 관제근무 시간을 조정·변경 할 수 있다.

(5) 인계·인수 (제21조)

선박교통관제사는 근무 교대 30분 전에 출근하여 이전 근무자와 15분간 다음 각 호의 사항을 인계·인수하고 15분간 합동근무 후 교대한다.

1) 해상교통상황 등 선박관제현황

2) 기상상태 및 특보사항

3) 관제시설 일일점검 결과 등 특이상태

4) 각종 지시사항 및 그 밖에 선박교통관제업무에 필요한 사항 등

(6) 상황처리 보고 요령 (제22조)

센터장은 관할 선박교통관제구역 내 상황발생 시 지체 없이 소속 지방해양경찰청 종합상황실(해양경찰서 종합상황실을 포함한다) 및 유관기관에 보고 또는 통보해야 한다. 단, 긴급상황 발생시에는 선(先) 조치 후(後) 보고한다.

(7) 해상교통관제일지 등의 기록 (제23조)

1) 센터장은 다음 각 호의 업무 내용이 포함된 근무일지와 해상교통관제일지(이하 "관제일지"라 한다)를 기록·유지해야 한다.

가) 근무일지 : 근무자명, 근무시간, 관제장비 운용상태, 기상특보사항, 일일관제 통계, 인계인수사항, 그 밖에 특이사항 등

나) 관제일지 : 선박명, 교신시각, 선박이동사항, 항행안전 지원 및 조치사항, 담당자, 전산입력사항 등. 다만 선박교통관제사가 수기의 특성상 미처 기재하지 못한 세부

사항은 필요한 경우 녹취록 등을 활용하여 확인할 수 있다.

2) 전자적 수단으로 근무일지를 입력한 경우에는 제1항을 시행한 것으로 간주한다.

3) 제1항에 따른 근무일지 및 관제일지에 기록된 모든 항목들은 명백하게 식별이 가능하고 불필요한 표시나 주석이 없도록 작성되어야 하며, 관제일지에 작성된 항목을 정정할 경우에는 최초 작성한 선박교통관제사가 부정확한 항목에 단일 선을 긋고 서명한 후 정정날짜·시간을 기록해야 한다.

(8) 관제통신 녹음시설의 고장(제24조)

선박교통관제사는 관제통신 녹음시설의 고장 등으로 통신녹음이 불가능하다고 인지한 경우 다음 각 호에서 정하는 바에 따라 관제일지에 그 내용을 기록해야 한다.

1) 관제통신 녹음시설의 고장 시각 및 사유 기록

2) 고장 당시 사용한 관제통신용 채널 또는 채널 변경 사유 기록

3) 관제시설 고장 시 중단 기간·통신 상태·취해진 조치 기록

4) 그 밖에 선박교통관제사가 필요하다고 판단되는 추가정보 사항 기록

(9) 녹음 등 보존기간(제25조)

1) 「공공기록물 관리에 관한 법률 시행령」 별표 1의 기록물 보관기간별 책정 기준에 따라 녹음·녹화정보 및 각종일지의 보존기간은 다음 각 호와 같다.

   가) 관제통신 녹음정보 및 관제운영상황 녹화정보 : 60일

   나) 근무일지 : 1년

   다) 관제일지 : 3년

2) 센터장은 제1항제1호에 따른 관제통신 녹음정보 및 관제운영상황 녹화정보를 해양사고 조사 및 심판, 수사 등에 관한 업무와 관련되는 기관에서 요청하는 경우 해양사고의 조사 및 심판, 수사 등이 종료될 때까지 보존해야 한다.

3) 영 제10조제3항에 따라 관제통신 녹음정보를 수기(手記)로 대체한 경우에도 보존기간에 관하여 제2항을 준용한다.

4) 센터장은 관제통신 녹음정보 및 관제운영상황 녹화정보를 선박교통관제사의 직무교육, 관제사례 발표회 및 학술연구 등을 할 목적으로 활용할 수 있다. 이 경우, 「개인정보보호법」 등 관련 법령을 준수해야 한다.

3 선박 항해안전

[1] 항해안전 일반(해사안전법) 32)

(1) 해사안전법 용어

1) "해사안전관리"란 선원·선박소유자 등 인적 요인, 선박·화물 등 물적 요인, 항행보조시설·안전제도 등 환경적 요인을 종합적·체계적으로 관리함으로써 선박의 운용과 관련된 모든 일에서 발생할 수 있는 사고로부터 사람의 생명·신체 및 재산의 안전을 확보하기 위한 모든 활동을 말한다.
2) "선박"이란 물에서 항행수단으로 사용하거나 사용할 수 있는 모든 종류의 배(물 위에서 이동할 수 있는 수상항공기와 수면비행선박을 포함한다)를 말한다.
3) "수상항공기"란 물 위에서 이동할 수 있는 항공기를 말한다.
4) "수면비행선박"이란 표면효과 작용을 이용하여 수면 가까이 비행하는 선박을 말한다.
5) "대한민국선박"이란 「선박법」 제2조 각 호에 따른 선박을 말한다.
6) "위험화물운반선"이란 선체의 한 부분인 화물창(貨物倉)이나 선체에 고정된 탱크 등에 해양수산부령으로 정하는 위험물을 싣고 운반하는 선박을 말한다.
7) "거대선"(巨大船)이란 길이 200미터 이상의 선박을 말한다.
8) "고속여객선"이란 시속 15노트 이상으로 항행하는 여객선을 말한다.
9) "동력선"(動力船)이란 기관을 사용하여 추진(推進)하는 선박을 말한다. 다만, 돛을 설치한 선박이라도 주로 기관을 사용하여 추진하는 경우에는 동력선으로 본다.
10) "범선"(帆船)이란 돛을 사용하여 추진하는 선박을 말한다. 다만, 기관을 설치한 선박이라도 주로 돛을 사용하여 추진하는 경우에는 범선으로 본다.
11) "어로에 종사하고 있는 선박"이란 그물, 낚싯줄, 트롤망, 그 밖에 조종성능을 제한하는 어구(漁具)를 사용하여 어로(漁撈) 작업을 하고 있는 선박을 말한다.
12) "조종불능선"(操縱不能船)이란 선박의 조종성능을 제한하는 고장이나 그 밖의 사유로 조종을 할 수 없게 되어 다른 선박의 진로를 피할 수 없는 선박을 말한다.
13) "조종제한선"(操縱制限船)이란 다음 각 목의 작업과 그 밖에 선박의 조종성능을 제한하는 작업에 종사하고 있어 다른 선박의 진로를 피할 수 없는 선박을 말한다.

32) 해사안전법, 법률 제17056호(2020. 2. 18.개정), 제8조-14조, 제31조-44조, 제63조-77조 참조.

가) 항로표지, 해저전선 또는 해저파이프라인의 부설·보수·인양 작업
나) 준설(浚渫)·측량 또는 수중 작업
다) 항행 중 보급, 사람 또는 화물의 이송 작업
라) 항공기의 발착(發着)작업
마) 기뢰(機雷)제거작업
바) 진로에서 벗어날 수 있는 능력에 제한을 많이 받는 예인(曳引)작업

14) "흘수제약선"(吃水制約船)이란 가항(可航)수역의 수심 및 폭과 선박의 흘수와의 관계에 비추어 볼 때 그 진로에서 벗어날 수 있는 능력이 매우 제한되어 있는 동력선을 말한다.

15) "해양시설"이란 자원의 탐사·개발, 해양과학조사, 선박의 계류(繫留)·수리·하역, 해상주거·관광·레저 등의 목적으로 해저(海底)에 고착된 교량·터널·케이블·인공섬·시설물이거나 해상부유 구조물로서 선박이 아닌 것을 말한다.

16) "해상교통안전진단"이란 해상교통안전에 영향을 미치는 다음 각 목의 사업(이하 "안전진단대상사업"이라 한다)으로 발생할 수 있는 항행안전 위험 요인을 전문적으로 조사·측정하고 평가하는 것을 말한다.
가) 항로 또는 정박지의 지정·고시 또는 변경
나) 선박의 통항을 금지하거나 제한하는 수역(水域)의 설정 또는 변경
다) 수역에 설치되는 교량·터널·케이블 등 시설물의 건설·부설 또는 보수
라) 항만 또는 부두의 개발·재개발
마) 그 밖에 해상교통안전에 영향을 미치는 사업으로서 대통령령으로 정하는 사업

17) "항행장애물"(航行障碍物)이란 선박으로부터 떨어진 물건, 침몰·좌초된 선박 또는 이로부터 유실(遺失)된 물건 등 해양수산부령으로 정하는 것으로서 선박항행에 장애가 되는 물건을 말한다.

18) "통항로"(通航路)란 선박의 항행안전을 확보하기 위하여 한쪽 방향으로만 항행할 수 있도록 되어 있는 일정한 범위의 수역을 말한다.

19) "제한된 시계"란 안개·연기·눈·비·모래바람 및 그 밖에 이와 비슷한 사유로 시계(視界)가 제한되어 있는 상태를 말한다.

20) "항로지정제도"란 선박이 통항하는 항로, 속력 및 그 밖에 선박 운항에 관한 사항을 지정하는 제도를 말한다.

21) "항행 중"이란 선박이 다음 각 목의 어느 하나에 해당하지 아니하는 상태를 말한다.

가) 정박(碇泊)

나) 항만의 안벽(岸壁) 등 계류시설에 매어 놓은 상태[계선부표(繫船浮標)나 정박하고 있는 선박에 매어 놓은 경우를 포함한다]

다) 얹혀 있는 상태

22) "길이"란 선체에 고정된 돌출물을 포함하여 선수(船首)의 끝단부터 선미(船尾)의 끝단 사이의 최대 수평거리를 말한다.

23) "폭"이란 선박 길이의 횡방향 외판의 외면으로부터 반대쪽 외판의 외면 사이의 최대 수평거리를 말한다.

24) "통항분리제도"란 선박의 충돌을 방지하기 위하여 통항로를 설정하거나 그 밖의 적절한 방법으로 한쪽 방향으로만 항행할 수 있도록 항로를 분리하는 제도를 말한다.

25) "분리선"(分離線) 또는 "분리대"(分離帶)란 서로 다른 방향으로 진행하는 통항로를 나누는 선 또는 일정한 폭의 수역을 말한다.

26) "연안통항대"(沿岸通航帶)란 통항분리수역의 육지 쪽 경계선과 해안 사이의 수역을 말한다.

27) "예인선열"(曳引船列)이란 선박이 다른 선박을 끌거나 밀어 항행할 때의 선단(船團) 전체를 말한다.

28) "대수속력"(對水速力)이란 선박의 물에 대한 속력으로서 자기 선박 또는 다른 선박의 추진장치의 작용이나 그로 인한 선박의 타력(惰力)에 의하여 생기는 것을 말한다.

(2) 수역 안전관리

1) 보호수역의 설정 및 입역허가(제8조)

가) 해양수산부장관은 해양시설 부근 해역에서 선박의 안전항행과 해양시설의 보호를 위한 수역(이하 "보호수역"이라 한다)을 설정할 수 있다.

나) 누구든지 보호수역에 입역(入域)하기 위하여는 해양수산부장관의 허가를 받아야 하며, 해양수산부장관은 해양시설의 안전 확보에 지장이 없다고 인정하거나 공익상 필요하다고 인정하는 경우 보호수역의 입역을 허가할 수 있다.

다) 해양수산부장관은 제2항에 따른 입역허가에 필요한 조건을 달 수 있고, 필요하면 관계 행정기관의 장과 협의하여야 한다.

라) 보호수역의 범위는 대통령령으로 정하고, 보호수역 입역허가 등에 필요한 사항은 해양수산부령으로 정한다.

2) 보호수역의 입역(제9조)

제8조제2항에도 불구하고 다음 각 호의 어느 하나에 해당하면 해양수산부장관의 허가를 받지 아니하고 보호수역에 입역할 수 있다.

가) 선박의 고장이나 그 밖의 사유로 선박 조종이 불가능한 경우
나) 해양사고를 피하기 위하여 부득이한 사유가 있는 경우
다) 인명을 구조하거나 또는 급박한 위험이 있는 선박을 구조하는 경우
라) 관계 행정기관의 장이 해상에서 안전 확보를 위한 업무를 하는 경우
마) 해양시설을 운영하거나 관리하는 기관이 그 해양시설의 보호수역에 들어가려고 하는 경우

[2] 교통안전특정해역 등의 설정과 관리

(1) 교통안전특정해역의 설정 등(제10조)

1) 해양수산부장관은 다음 각 호의 어느 하나에 해당하는 해역으로서 대형 해양사고가 발생할 우려가 있는 해역(이하 "교통안전특정해역"이라 한다)을 설정할 수 있다.
   가) 해상교통량이 아주 많은 해역
   나) 거대선, 위험화물운반선, 고속여객선 등의 통항이 잦은 해역
2) 해양수산부장관은 관계 행정기관의 장의 의견을 들어 해양수산부령으로 정하는 바에 따라 교통안전특정해역 안에서의 항로지정제도를 시행할 수 있다.
3) 교통안전특정해역의 범위는 대통령령으로 정한다.

(2) 거대선 등의 항행안전확보 조치(제11조)

해양경찰서장은 거대선, 위험화물운반선, 고속여객선, 그 밖에 해양수산부령으로 정하는 선박이 교통안전특정해역을 항행하려는 경우 항행안전을 확보하기 위하여 필요하다고 인정하면 선장이나 선박소유자에게 다음 각 호의 사항을 명할 수 있다.

1) 통항시각의 변경
2) 항로의 변경
3) 제한된 시계의 경우 선박의 항행 제한
4) 속력의 제한
5) 안내선의 사용
6) 그 밖에 해양수산부령으로 정하는 사항

(3) 어업의 제한 (제12조)

1) 교통안전특정해역에서 어로 작업에 종사하는 선박은 항로지정제도에 따라 그 교통안전특정해역을 항행하는 다른 선박의 통항에 지장을 주어서는 아니 된다.
2) 교통안전특정해역에서는 어망 또는 그 밖에 선박의 통항에 영향을 주는 어구 등을 설치하거나 양식업을 하여서는 아니 된다.
3) 교통안전특정해역으로 정하여지기 전에 그 해역에서 면허를 받은 어업권·양식업권을 행사하는 경우에는 해당 어업면허 또는 양식업 면허의 유효기간이 끝나는 날까지 제2항을 적용하지 아니한다.
4) 특별자치도지사·시장·군수·구청장(자치구의 구청장을 말한다)이 교통안전특정해역에서 어업면허, 양식업 면허, 어업허가 또는 양식업 허가(면허 또는 허가의 유효기간 연장을 포함한다)를 하려는 경우에는 미리 해양경찰청장과 협의하여야 한다.

(4) 공사 또는 작업 (제13조)

1) 교통안전특정해역에서 해저전선이나 해저파이프라인의 부설, 준설, 측량, 침몰선 인양작업 또는 그 밖에 선박의 항행에 지장을 줄 우려가 있는 공사나 작업을 하려는 자는 해양경찰청장의 허가를 받아야 한다. 다만, 관계 법령에 따라 국가가 시행하는 항로표지 설치, 수로 측량 등 해사안전에 관한 업무의 경우에는 그러하지 아니하다.
2) 해양경찰청장은 1)항에 따른 허가를 하면 그 사실을 해양수산부장관에게 보고하여야 하며, 해양수산부장관은 이를 고시하여야 한다.
3) 해양경찰청장은 1)항에 따라 공사 또는 작업의 허가를 받은 자가 다음 각 호의 어느 하나에 해당하면 그 허가를 취소하거나 6개월의 범위에서 공사나 작업의 전부 또는 일부의 정지를 명할 수 있다. 다만, ①호 또는 ④호에 해당하는 경우에는 그 허가를 취소하여야 한다.
   가) 거짓이나 그 밖의 부정한 방법으로 제1항에 따른 허가를 받은 경우
   나) 공사나 작업이 부진하여 이를 계속할 능력이 없다고 인정되는 경우
   다) 제1항에 따라 허가를 할 때 붙인 허가조건 또는 허가사항을 위반한 경우
   라) 정지명령을 위반하여 정지기간 중에 공사 또는 작업을 계속한 경우
4) 제1항에 따라 허가를 받은 자는 해당 허가기간이 끝나거나 허가가 취소되었을 때에는 해당 구조물을 제거하고 원래 상태로 복구하여야 한다.
5) 제1항에 따른 공사나 작업의 허가, 제3항에 따른 행정처분의 세부기준과 절차, 그 밖에

필요한 사항은 해양수산부령으로 정한다.

[3] 유조선통항금지해역 등의 설정 및 관리

(1) 유조선의 통항제한(제14조)

1) 다음 각 호의 어느 하나에 해당하는 석유 또는 유해액체물질을 운송하는 선박(이하 "유조선"이라 한다)의 선장이나 항해당직을 수행하는 항해사는 유조선의 안전운항을 확보하고 해양사고로 인한 해양오염을 방지하기 위하여 유조선의 통항을 금지한 해역(이하 "유조선통항금지해역"이라 한다)에서 항행하여서는 아니 된다.
   가) 원유, 중유, 경유 또는 이에 준하는 「석유 및 석유대체연료 사업법」 제2조제2호가목에 따른 탄화수소유, 같은 조 제10호에 따른 가짜석유제품, 같은 조 제11호에 따른 석유대체연료 중 원유·중유·경유에 준하는 것으로 해양수산부령으로 정하는 기름 1천500킬로리터 이상을 화물로 싣고 운반하는 선박
   나) 「해양환경관리법」 제2조제7호에 따른 유해액체물질을 1천500톤 이상 싣고 운반하는 선박
2) 유조선통항금지해역의 범위는 대통령령으로 정한다.
3) 유조선은 다음 각 호의 어느 하나에 해당하면 제1항에도 불구하고 유조선통항금지해역에서 항행할 수 있다.
   가) 기상상황의 악화로 선박의 안전에 현저한 위험이 발생할 우려가 있는 경우
   나) 인명이나 선박을 구조하여야 하는 경우
   다) 응급환자가 생긴 경우
   라) 항만을 입항·출항하는 경우. 이 경우 유조선은 출입해역의 기상 및 수심, 그 밖의 해상상황 등 항행여건을 충분히 헤아려 유조선통항금지해역의 바깥쪽 해역에서부터 항구까지의 거리가 가장 가까운 항로를 이용하여 입항·출항하여야 한다.

(2) 시운전금지해역의 설정(제14조의2)

누구든지 충돌 등 해양사고를 방지하기 위하여 시운전(조선소 등에서 선박을 건조·개조·수리 후 인도 전까지 또는 건조·개조·수리 중 시험운전하는 것을 말한다. 이하 이 조 및 제106조제5호의2에서 같다)을 금지한 해역(이하 "시운전금지해역"이라 한다)에서 길이 100미터 이상의 선박에 대하여 해양수산부령으로 정하는 시운전을 하여서는 아니 된다. 시운전금지해역의 범위는 대통령령으로 정한다.

[4] 항해 안전관리

(1) 항로의 지정(제31조)

1) 해양수산부장관은 선박이 통항하는 수역의 지형·조류, 그 밖에 자연적 조건 또는 선박 교통량 등으로 해양사고가 일어날 우려가 있다고 인정하면 관계 행정기관의 장의 의견을 들어 그 수역의 범위, 선박의 항로 및 속력 등 선박의 항행안전에 필요한 사항을 해양수산부령으로 정하는 바에 따라 고시할 수 있다.
2) 해양수산부장관은 태풍 등 악천후를 피하려는 선박이나 해양사고 등으로 자유롭게 조종되지 아니하는 선박을 위한 수역 등을 지정·운영할 수 있다.

(2) 외국선박의 통항(제32조)

1) 외국선박은 해양수산부장관의 허가를 받지 아니하고는 대한민국의 내수에서 통항할 수 없다.
2) 제1항에도 불구하고 「영해 및 접속수역법」 제2조제2항에 따른 직선기선에 따라 내수에 포함된 해역에서는 정박·정류(停留)·계류 또는 배회(徘徊)함이 없이 계속적이고 신속하게 통항할 수 있다. 다만, 다음 각 호의 경우에는 그러하지 아니하다.
   가) 불가항력이나 조난으로 인하여 필요한 경우
   나) 위험하거나 조난상태에 있는 인명·선박·항공기를 구조하기 위한 경우
   다) 그 밖에 대한민국 항만에의 입항 등 해양수산부령으로 정하는 경우
3) 제1항에 따른 허가에 필요한 서류의 제출 등 관련 조치에 관하여 필요한 사항은 해양수산부령으로 정한다.

(3) 특정선박에 대한 안전조치(제33조)

1) 대한민국의 영해 또는 내수를 통항하는 외국선박 중 다음 각 호의 선박(이하 "특정선박"이라 한다)은 「해상에서의 인명안전을 위한 국제협약」 등 관련 국제협약에서 정하는 문서를 휴대하거나 해양수산부령으로 정하는 특별예방조치를 준수하여야 한다.
   가) 핵추진선박
   나) 핵물질 등 위험화물운반선
2) 해양수산부장관은 특정선박에 의한 해양오염 방지, 경감 및 통제를 위하여 필요하면 통항로를 지정하는 등 안전조치를 명할 수 있다.

(4) 항로 등의 보전(제34조)

1) 누구든지 항로에서 다음 각 호의 어느 하나에 해당하는 행위를 하여서는 아니 된다.
   가) 선박의 방치
   나) 어망 등 어구의 설치나 투기
2) 해양경찰서장은 제1항을 위반한 자에게 방치된 선박의 이동·인양 또는 어망 등 어구의 제거를 명할 수 있다.
3) 누구든지 「항만법」 제2조제1호에 따른 항만의 수역 또는 「어촌·어항법」 제2조제3호에 따른 어항의 수역 중 대통령령으로 정하는 수역에서는 해상교통의 안전에 장애가 되는 스킨다이빙, 스쿠버다이빙, 윈드서핑 등 대통령령으로 정하는 행위를 하여서는 아니 된다. 다만, 해상교통안전에 장애가 되지 아니한다고 인정되어 해양경찰서장의 허가를 받은 경우와 「체육시설의 설치·이용에 관한 법률」 제20조에 따라 신고한 체육시설업과 관련된 해상에서 행위를 하는 경우에는 그러하지 아니하다.

> 법 제34조제3항 본문에서 "대통령령으로 정하는 수역"이란 해상안전 및 해상교통 여건 등을 고려하여 해양경찰서장이 정하여 고시하는 수역을 말한다.
> 해양경찰서장은 따른 수역을 정하여 고시하는 경우에는 해당 수역을 이용하는 사람이 보기 쉬운 장소에 그 사실을 게시하여야 한다.
> ③ 법 제34조제3항 본문에서 "스킨다이빙, 스쿠버다이빙, 윈드서핑 등 대통령령으로 정하는 행위"란 다음 각 호의 어느 하나에 해당하는 행위를 말한다. 다만, 선박 및 레저기구가 제1항의 수역을 통과하기 위하여 침로(針路)나 속력의 급격한 변경 등이 없이 다른 선박의 항행안전을 저해하지 않고 항행하는 경우는 제외한다.
> 1. 「수상레저안전법」 제2조제1호에 따른 수상레저활동
> 2. 「수중레저활동의 안전 및 활성화 등에 관한 법률」 제2조제2호에 따른 수중레저활동
> 3. 「마리나항만의 조성 및 관리 등에 관한 법률」 제2조제3호에 따른 마리나선박을 이용한 유람, 스포츠 또는 여가 행위
> 4. 「유선 및 도선 사업법」 제2조제1호에 따른 유선사업에 사용되는 선박을 이용한 고기잡이, 관광 또는 그 밖의 유락 행위

4) 해양경찰서장은 제3항에 따라 허가를 받은 사람이 다음 각 호의 어느 하나에 해당하면 그 허가를 취소하거나 해상교통안전에 장애가 되지 아니하도록 시정할 것을 명할 수 있다. 다만, 다)호에 해당하는 경우에는 그 허가를 취소하여야 한다.
   가) 항로나 정박지 등 해상교통 여건이 달라진 경우
   나) 허가 조건을 위반한 경우
   다) 거짓이나 그 밖의 부정한 방법으로 허가를 받은 경우

5) 제3항에 따른 허가에 필요한 사항은 대통령령으로 정한다.

(5) 수역등 및 항로의 안전 확보 (제35조)

1) 누구든지 수역등 또는 수역등의 밖으로부터 10킬로미터 이내의 수역에서 선박 등을 이용하여 수역등이나 항로를 점거하거나 차단하는 행위를 함으로써 선박 통항을 방해하여서는 아니 된다.
2) 해양경찰서장은 1)항을 위반하여 선박 통항을 방해한 자 또는 방해할 우려가 있는 자에게 일정한 시간 내에 스스로 해산할 것을 요청하고, 이에 따르지 아니하면 해산을 명할 수 있다. 해산명령을 받은 자는 지체 없이 물러가야 한다.

(6) 선박위치정보의 공개 제한 (제37조)

1) 항해자료기록장치 등 해양수산부령으로 정하는 전자적 수단으로 선박의 항적(航跡) 등을 기록한 정보(이하 "선박위치정보"라 한다)를 보유한 자는 다음 각 호의 경우를 제외하고는 선박위치정보를 공개하여서는 아니 된다.
   가) 선박위치정보의 보유권자가 그 보유 목적에 따라 사용하려는 경우
   나) 「해양사고의 조사 및 심판에 관한 법률」 제16조에 따른 조사관 등이 해양사고의 원인을 조사하기 위하여 요청하는 경우
   다) 「재난 및 안전관리 기본법」 제3조제7호에 따른 긴급구조기관이 급박한 위험에 처한 선박 또는 승선자를 구조하기 위하여 요청하는 경우
   라) 6개월 이상의 기간이 지난 선박위치정보로서 해양수산부령으로 정하는 경우
2) 직무상 선박위치정보를 알게 된 선박소유자, 선장 및 해원(海員) 등은 선박위치정보를 누설·변조·훼손하여서는 아니 된다.

(7) 선박 출항통제 (제38조)

해양수산부장관은 해상에 대하여 기상특보가 발표되거나 제한된 시계 등으로 선박의 안전운항에 지장을 줄 우려가 있다고 판단할 경우에는 선박소유자나 선장에게 선박의 출항통제를 명할 수 있다. 출항통제의 기준·방법 및 절차 등에 필요한 사항은 해양수산부령으로 정한다.

(8) 순찰 (제39조)

해양경찰서장은 선박 통항의 안전과 질서를 유지하기 위하여 소속 경찰공무원에게 수역

등·항로 또는 보호수역을 순찰하게 하여야 한다.

(9) 정선(제40조)

해양경찰서장은 이 법 또는 이 법에 따른 명령을 위반하였거나 위반한 혐의가 있는 사람이 승선하고 있는 선박에 대하여 정선(停船)하거나 회항(回航)할 것을 명할 수 있다. 정선명령이나 회항명령은 대통령령으로 정하는 방법으로 그 선박에서 항해당직을 수행하고 있는 사람에게 알려야 한다.

[5] 위험방지 조치

(1) 술에 취한 상태에서의 조타기 조작 등 금지(제41조)

1) 술에 취한 상태에 있는 사람은 운항을 하기 위하여 「선박직원법」 제2조제1호에 따른 선박[총톤수 5톤 미만의 선박과 같은 호 나목 및 다목에 해당하는 외국선박을 포함하고, 시운전선박(국내 조선소에서 건조 또는 개조하여 진수 후 인도 전까지 시운전하는 선박을 말한다) 및 이동식 시추선·수상호텔 등 「선박안전법」 제2조제1호에 따라 해양수산부령으로 정하는 부유식 해상구조물은 제외한다. 이하 이 조 및 제41조의2에서 같다]에 따른 선박의 조타기(操舵機)를 조작하거나 조작할 것을 지시하는 행위 또는 「도선법」 제2조제1호에 따른 도선(이하 "도선"이라 한다)을 하여서는 아니 된다.

2) 해양경찰청 소속 경찰공무원은 다음 각 호의 어느 하나에 해당하는 경우에는 운항을 하기 위하여 조타기를 조작하거나 조작할 것을 지시하는 사람(운항자) 또는 제1항에 따른 도선을 하는 사람(도선사)이 술에 취하였는지 측정할 수 있으며, 해당 운항자 또는 도선사는 해양경찰청 소속 경찰공무원의 측정 요구에 따라야 한다. 다만, 제3호에 해당하는 경우에는 반드시 술에 취하였는지를 측정하여야 한다.

   가) 다른 선박의 안전운항을 해치거나 해칠 우려가 있는 등 해상교통의 안전과 위험방지를 위하여 필요하다고 인정되는 경우

   나) 술에 취한 상태에서 조타기를 조작하거나 조작할 것을 지시하였거나 도선을 하였다고 인정할 만한 충분한 이유가 있는 경우

   다) 해양사고가 발생한 경우

3) 술에 취하였는지를 측정한 결과에 불복하는 사람에 대하여는 해당 운항자 또는 도선사의 동의를 받아 혈액채취 등의 방법으로 다시 측정할 수 있다.

4) 술에 취한 상태의 기준은 혈중알코올농도 0.03퍼센트 이상으로 한다.

(2) 약물복용 등의 상태에서 조타기 조작 등 금지(제41조의2)

약물(「마약류 관리에 관한 법률」 제2조제1호에 따른 마약류를 말한다. 이하 같다)·환각물질(「화학물질관리법」 제22조제1항에 따른 환각물질을 말한다. 이하 같다)의 영향으로 인하여 정상적으로 다음 각 호의 행위를 하지 못할 우려가 있는 상태에서는 해당 행위를 하여서는 아니 된다.

1) 「선박직원법」 제2조제1호에 따른 선박의 조타기를 조작하거나 조작할 것을 지시하는 행위
2) 「선박직원법」 제2조제1호에 따른 선박의 도선

(3) 위험방지를 위한 조치(제41조의3)

해양경찰서장은 운항자 또는 도선사가 제41조제1항(음주운항) 및 제41조의2(약물복용)를 위반한 경우에는 그 운항자 또는 도선사가 정상적으로 조타기를 조작하거나 조작할 것을 지시할 수 있는 상태가 될 때까지 조타기 조작 또는 조작 지시를 하지 못하게 명령하거나 도선을 하지 못하게 명령하는 등 필요한 조치를 취할 수 있다.

(4) 해기사면허의 취소·정지 요청(제42조)

해양경찰청장은 「선박직원법」 제4조에 따른 해기사면허를 받은 자가 다음 각 호의 어느 하나에 해당하는 경우 해양수산부장관에게 해당 해기사면허를 취소하거나 1년의 범위에서 해기사면허의 효력을 정지할 것을 요청할 수 있다.

1) 술에 취한 상태에서 운항을 하기 위하여 조타기를 조작하거나 그 조작을 지시한 경우
2) 술에 취한 상태에서 조타기를 조작하거나 조작할 것을 지시하였다고 인정할 만한 상당한 이유가 있음에도 불구하고 해양경찰청 소속 경찰공무원의 측정요구에 따르지 아니한 경우
3) 약물·환각물질의 영향으로 인하여 정상적으로 조타기를 조작하거나 그 조작을 지시하지 못할 우려가 있는 상태에서 조타기를 조작하거나 그 조작을 지시한 경우

(5) 해양사고가 일어난 경우의 조치(제43조)

1) 선장이나 선박소유자는 해양사고가 일어나 선박이 위험하게 되거나 다른 선박의 항행안전에 위험을 줄 우려가 있는 경우에는 위험을 방지하기 위하여 신속하게 필요한 조치를 취하고, 해양사고의 발생 사실과 조치 사실을 지체 없이 해양경찰서장이나 지방해양

수산청장에게 신고하여야 한다.

2) 지방해양수산청장은 가)항에 따른 신고를 받으면 지체 없이 그 사실을 해양경찰서장에게 통보하여야 한다.

3) 해양경찰서장은 선장이나 선박소유자가 가)항에 따라 신고한 조치 사실을 적절한 수단을 사용하여 확인하고, 조치를 취하지 아니하였거나 취한 조치가 적당하지 아니하다고 인정하는 경우에는 그 선박의 선장이나 선박소유자에게 해양사고를 신속하게 수습하고 해상교통의 안전을 확보하기 위하여 필요한 조치를 취할 것을 명하여야 한다.

4) 해양경찰서장은 해양사고가 일어나 선박이 위험하게 되거나 다른 선박의 항행안전에 위험을 줄 우려가 있는 경우 필요하면 구역을 정하여 다른 선박에 대하여 선박의 이동·항행 제한 또는 조업중지를 명할 수 있다.

(6) 항행보조시설의 설치와 관리 (제44조)

1) 해양수산부장관은 선박의 항행안전에 필요한 항로표지·신호·조명 등 항행보조시설을 설치하고 관리·운영하여야 한다.

2) 해양경찰청장, 지방자치단체의 장 또는 운항자는 다음 각 호의 수역에 「항로표지법」 제2조제1호에 따른 항로표지를 설치할 필요가 있다고 인정하면 해양수산부장관에게 그 설치를 요청할 수 있다.

가) 선박교통량이 아주 많은 수역

나) 항행상 위험한 수역

[6] 선박의 항법

(1) 모든 시계상태에서의 항법

1) 경계 (제63조)

선박은 주위의 상황 및 다른 선박과 충돌할 수 있는 위험성을 충분히 파악할 수 있도록 시각·청각 및 당시의 상황에 맞게 이용할 수 있는 모든 수단을 이용하여 항상 적절한 경계를 하여야 한다.

2) 안전한 속력 (제64조)

선박은 다른 선박과의 충돌을 피하기 위하여 적절하고 효과적인 동작을 취하거나 당시의 상황에 알맞은 거리에서 선박을 멈출 수 있도록 항상 안전한 속력으로 항행하여야 한다. 안전한 속력을 결정할 때에는 다음 각 호(레이더를 사용하고 있지 아니한 선박의 경우에는 제1호부터 제6호까지의 사항을 고려하여야 한다.

① 시계의 상태
② 해상교통량의 밀도
③ 선박의 정지거리·선회성능, 그 밖의 조종성능
④ 야간의 경우에는 항해에 지장을 주는 불빛의 유무
⑤ 바람·해면 및 조류의 상태와 항행장애물의 근접상태
⑥ 선박의 흘수와 수심과의 관계
⑦ 레이더의 특성 및 성능
⑧ 해면상태·기상, 그 밖의 장애요인이 레이더 탐지에 미치는 영향
⑨ 레이더로 탐지한 선박의 수·위치 및 동향

3) 충돌 위험 (제65조)

선박은 다른 선박과 충돌할 위험이 있는지를 판단하기 위하여 당시의 상황에 알맞은 모든 수단을 활용하여야 한다. 레이더를 설치한 선박은 나른 신박과 충돌할 위험성 유무를 미리 파악하기 위하여 레이더를 이용하여 장거리 주사(走査), 탐지된 물체에 대한 작도(作圖), 그 밖의 체계적인 관측을 하여야 하며, 불충분한 레이더 정보나 그 밖의 불충분한 정보에 의존하여 다른 선박과의 충돌 위험 여부를 판단하여서는 아니 된다. 접근하여 오는 다른 선박의 나침방위에 뚜렷한 변화가 일어나지 아니하면 충돌할 위험성이 있다고 보고 필요한 조치를 하여야 한다.

접근하여 오는 다른 선박의 나침방위에 뚜렷한 변화가 있더라도 거대선 또는 예인작업에 종사하고 있는 선박에 접근하거나, 가까이 있는 다른 선박에 접근하는 경우에는 충돌을 방지하기 위하여 필요한 조치를 하여야 한다.

4) 충돌을 피하기 위한 동작 (제66조)

가) 선박은 항법에 따라 다른 선박과 충돌을 피하기 위한 동작을 취하되, 이 법에서 정하는 바가 없는 경우에는 될 수 있으면 충분한 시간적 여유를 두고 적극적으로 조치하여 선박을 적절하게 운용하는 관행에 따라야 한다.

나) 선박은 다른 선박과 충돌을 피하기 위하여 침로(針路)나 속력을 변경할 때에는 될 수 있으면 다른 선박이 그 변경을 쉽게 알아볼 수 있도록 충분히 크게 변경하여야 하며, 침로나 속력을 소폭으로 연속적으로 변경하여서는 아니 된다.

다) 선박은 넓은 수역에서 충돌을 피하기 위하여 침로를 변경하는 경우에는 적절한 시기에 큰 각도로 침로를 변경하여야 하며, 그에 따라 다른 선박에 접근하지 아니하도록 하여야 한다.

라) 선박은 다른 선박과의 충돌을 피하기 위하여 동작을 취할 때에는 다른 선박과의 사이에 안전한 거리를 두고 통과할 수 있도록 그 동작을 취하여야 한다. 이 경우 그 동작의 효과를 다른 선박이 완전히 통과할 때까지 주의 깊게 확인하여야 한다.

마) 선박은 다른 선박과의 충돌을 피하거나 상황을 판단하기 위한 시간적 여유를 얻기 위하여 필요하면 속력을 줄이거나 기관의 작동을 정지하거나 후진하여 선박의 진행을 완전히 멈추어야 한다.

바) 이 법에 따라 다른 선박의 통항이나 통항의 안전을 방해하여서는 아니 되는 선박은 다음 각 호의 사항을 준수하고 유의하여야 한다.

① 다른 선박이 안전하게 지나갈 수 있는 여유 수역이 충분히 확보될 수 있도록 조기에 동작을 취할 것

② 다른 선박에 접근하여 충돌할 위험이 생긴 경우에는 그 책임을 면할 수 없으며, 피항동작(避航動作)을 취할 때에는 이 장(章)에서 요구하는 동작에 대하여 충분히 고려할 것

사) 이 법에 따라 통항할 때에 다른 선박의 방해를 받지 아니하도록 되어 있는 선박은 다른 선박과 서로 접근하여 충돌할 위험이 생긴 경우 이 장의 규정에 따라야 한다.

5) 좁은 수로등 (제67조)

가) 좁은 수로나 항로(이하 "좁은 수로등"이라 한다)를 따라 항행하는 선박은 항행의 안전을 고려하여 될 수 있으면 좁은 수로등의 오른편 끝 쪽에서 항행하여야 한다. 다만, 제31조제1항에 따라 해양수산부장관이 특별히 지정한 수역 또는 제68조제1항에 따라 통항분리제도가 적용되는 수역에서는 좁은 수로등의 오른편 끝 쪽에서 항행하지 아니하여도 된다.

나) 길이 20미터 미만의 선박이나 범선은 좁은 수로등의 안쪽에서만 안전하게 항행할 수 있는 다른 선박의 통행을 방해하여서는 아니 된다.

다) 어로에 종사하고 있는 선박은 좁은 수로등의 안쪽에서 항행하고 있는 다른 선박의 통항을 방해하여서는 아니 된다.

라) 선박이 좁은 수로등의 안쪽에서만 안전하게 항행할 수 있는 다른 선박의 통항을 방해하게 되는 경우에는 좁은 수로등을 횡단하여서는 아니 된다.

마) 추월선(追越船)은 좁은 수로등에서 추월당하는 선박이 추월선을 안전하게 통과시키기 위한 동작을 취하지 아니하면 추월할 수 없는 경우에는 기적신호를 하여 추월하겠다는 의사를 나타내야 한다. 이 경우 추월당하는 선박은 그 의도에 동의하면 기적신호를 하여 그 의사를 표현하고, 추월선을 안전하게 통과시키기 위한 동작을 취하여야 한다.

바) 선박이 좁은 수로등의 굽은 부분이나 항로에 있는 장애물 때문에 다른 선박을 볼 수 없는 수역에 접근하는 경우에는 특히 주의하여 항행하여야 한다.

사) 선박은 좁은 수로등에서 정박(정박 중인 선박에 매어 있는 것을 포함한다)을 하여서는 아니 된다. 다만, 해양사고를 피하거나 인명이나 그 밖의 선박을 구조하기 위하여 부득이하다고 인정되는 경우에는 그러하지 아니하다.

6) 통항분리제도 (제68조)

가) 이 조는 다음 각 호의 수역(이하 "통항분리수역"이라 한다)에 대하여 적용한다.

① 국제해사기구가 채택하여 통항분리제도가 적용되는 수역

② 해상교통량이 아주 많아 충돌사고 발생의 위험성이 있어 통항분리제도를 적용할 필요성이 있는 수역으로서 해양수산부령으로 정하는 수역

나) 선박이 통항분리수역을 항행하는 경우에는 다음 각 호의 사항을 준수하여야 한다.

① 통항로 안에서는 정하여진 진행방향으로 항행할 것

② 분리선이나 분리대에서 될 수 있으면 떨어져서 항행할 것

③ 통항로의 출입구를 통하여 출입하는 것을 원칙으로 하되, 통항로의 옆쪽으로 출입하는 경우에는 그 통항로에 대하여 정하여진 선박의 진행방향에 대하여 될 수 있으면 작은 각도로 출입할 것

다) 선박은 통항로를 횡단하여서는 아니 된다. 다만, 부득이한 사유로 그 통항로를 횡단하여야 하는 경우에는 그 통항로와 선수방향(船首方向)이 직각에 가까운 각도로 횡단하여야 한다.

라) 선박은 연안통항대에 인접한 통항분리수역의 통항로를 안전하게 통과할 수 있는 경우에는 연안통항대를 따라 항행하여서는 아니 된다. 다만, 다음 각 호의 선박의 경우에는 연안통항대를 따라 항행할 수 있다.

① 길이 20미터 미만의 선박

② 범선

③ 어로에 종사하고 있는 선박

④ 인접한 항구로 입항·출항하는 선박

⑤ 연안통항대 안에 있는 해양시설 또는 도선사의 승하선(乘下船) 장소에 출입하는 선박

⑥ 급박한 위험을 피하기 위한 선박

마) 통항로를 횡단하거나 통항로에 출입하는 선박 외의 선박은 급박한 위험을 피하기 위한 경우나 분리대 안에서 어로에 종사하고 있는 경우 외에는 분리대에 들어가거나 분리선을 횡단하여서는 아니 된다.

바) 통항분리수역에서 어로에 종사하고 있는 선박은 통항로를 따라 항행하는 다른 선박의 항행을 방해하여서는 아니 된다.

사) 모든 선박은 통항분리수역의 출입구 부근에서는 특히 주의하여 항행하여야 한다.

아) 선박은 통항분리수역과 그 출입구 부근에 정박(정박하고 있는 선박에 매어 있는 것을 포함한다)하여서는 아니 된다. 다만, 해양사고를 피하거나 인명이나 선박을 구조하기 위하여 부득이하다고 인정되는 사유가 있는 경우에는 그러하지 아니하다.

자) 통항분리수역을 이용하지 아니하는 선박은 될 수 있으면 통항분리수역에서 멀리 떨어져서 항행하여야 한다.

차) 길이 20미터 미만의 선박이나 범선은 통항로를 따라 항행하고 있는 다른 선박의 항행을 방해하여서는 아니 된다.

타) 통항분리수역 안에서 해저전선을 부설·보수 및 인양하는 작업을 하거나 항행안전을 유지하기 위한 작업을 하는 중이어서 조종능력이 제한되고 있는 선박은 그 작업을 하는 데에 필요한 범위에서 제1항부터 제10항까지의 규정을 적용하지 아니한다.

(2) 선박이 서로 시계 안에 있는 때의 항법

1) 범선(제70조)

가) 2척의 범선이 서로 접근하여 충돌할 위험이 있는 경우에는 다음 각 호에 따른 항행방법에 따라 항행하여야 한다.

① 각 범선이 다른 쪽 현(舷)에 바람을 받고 있는 경우에는 좌현(左舷)에 바람을 받고 있는 범선이 다른 범선의 진로를 피하여야 한다.

② 두 범선이 서로 같은 현에 바람을 받고 있는 경우에는 바람이 불어오는 쪽의 범선이 바람이 불어가는 쪽의 범선의 진로를 피하여야 한다.

③ 좌현에 바람을 받고 있는 범선은 바람이 불어오는 쪽에 있는 다른 범선을 본

경우로서 그 범선이 바람을 좌우 어느 쪽에 받고 있는지 확인할 수 없는 때에는 그 범선의 진로를 피하여야 한다.

나) 바람이 불어오는 쪽이란 종범선(縱帆船)에서는 주범(主帆)을 펴고 있는 쪽의 반대쪽을 말하고, 횡범선(橫帆船)에서는 최대의 종범(縱帆)을 펴고 있는 쪽의 반대쪽을 말하며, 바람이 불어가는 쪽이란 바람이 불어오는 쪽의 반대쪽을 말한다.

2) 추월 (제71조)

가) 추월선은 추월당하고 있는 선박을 완전히 추월하거나 그 선박에서 충분히 멀어질 때까지 그 선박의 진로를 피하여야 한다.

나) 다른 선박의 양쪽 현의 정횡(正橫)으로부터 22.5도를 넘는 뒤쪽[밤에는 다른 선박의 선미등(船尾燈)만을 볼 수 있고 어느 쪽의 현등(舷燈)도 볼 수 없는 위치를 말한다]에서 그 선박을 앞지르는 선박은 추월선으로 보고 필요한 조치를 취하여야 한다.

다) 선박은 스스로 다른 선박을 추월하고 있는지 분명하지 아니한 경우에는 추월선으로 보고 필요한 조치를 취하여야 한다.

라) 추월하는 경우 2척의 선박 사이의 방위가 어떻게 변경되더라도 추월하는 선박은 추월이 완전히 끝날 때까지 추월당하는 선박의 진로를 피하여야 한다.

3) 마주치는 상태 (제72조)

가) 2척의 동력선이 마주치거나 거의 마주치게 되어 충돌의 위험이 있을 때에는 각 동력선은 서로 다른 선박의 좌현 쪽을 지나갈 수 있도록 침로를 우현(右舷) 쪽으로 변경하여야 한다.

나) 선박은 다른 선박을 선수(船首) 방향에서 볼 수 있는 경우로서 다음 각 호의 어느 하나에 해당하면 마주치는 상태에 있다고 보아야 한다.

① 밤에는 2개의 마스트등을 일직선으로 또는 거의 일직선으로 볼 수 있거나 양쪽의 현등을 볼 수 있는 경우

② 낮에는 2척의 선박의 마스트가 선수에서 선미(船尾)까지 일직선이 되거나 거의 일직선이 되는 경우

다) 선박은 마주치는 상태에 있는지가 분명하지 아니한 경우에는 마주치는 상태에 있다고 보고 필요한 조치를 취하여야 한다.

4) 횡단하는 상태 (제73조)

2척의 동력선이 상대의 진로를 횡단하는 경우로서 충돌의 위험이 있을 때에는 다른 선박을

우현 쪽에 두고 있는 선박이 그 다른 선박의 진로를 피하여야 한다. 이 경우 다른 선박의 진로를 피하여야 하는 선박은 부득이한 경우 외에는 그 다른 선박의 선수 방향을 횡단하여서는 아니 된다.

5) 피항선의 동작(제74조)

이 법에 따라 다른 선박의 진로를 피하여야 하는 모든 선박[이하 "피항선"(避航船)이라 한다]은 될 수 있으면 미리 동작을 크게 취하여 다른 선박으로부터 충분히 멀리 떨어져야 한다.

6) 유지선의 동작(제75조)

가) 2척의 선박 중 1척의 선박이 다른 선박의 진로를 피하여야 할 경우 다른 선박은 그 침로와 속력을 유지하여야 한다.

나) 침로와 속력을 유지하여야 하는 선박[이하 "유지선"(維持船)이라 한다]은 피항선이 이 법에 따른 적절한 조치를 취하고 있지 아니하다고 판단하면 스스로의 조종만으로 피항선과 충돌하지 아니하도록 조치를 취할 수 있다. 이 경우 유지선은 부득이하다고 판단하는 경우 외에는 자기 선박의 좌현 쪽에 있는 선박을 향하여 침로를 왼쪽으로 변경하여서는 아니 된다.

다) 유지선은 피항선과 매우 가깝게 접근하여 해당 피항선의 동작만으로는 충돌을 피할 수 없다고 판단하는 경우에는 충돌을 피하기 위하여 충분한 협력을 하여야 한다.

라) 피항선에게 진로를 피하여야 할 의무를 면제하는 것은 아니다.

7) 선박 사이의 책무(제76조)

가) 항행 중인 동력선은 다음 각 호에 따른 선박의 진로를 피하여야 한다.

① 조종불능선

② 조종제한선

③ 어로에 종사하고 있는 선박

④ 범선

나) 항행 중인 범선은 다음 각 호에 따른 선박의 진로를 피하여야 한다.

① 조종불능선

② 조종제한선

③ 어로에 종사하고 있는 선박

다) 어로에 종사하고 있는 선박 중 항행 중인 선박은 될 수 있으면 다음 각 호에 따른 선박의 진로를 피하여야 한다.

① 조종불능선

② 조종제한선

라) 조종불능선이나 조종제한선이 아닌 선박은 부득이하다고 인정하는 경우 외에는 제86조에 따른 등화나 형상물을 표시하고 있는 흘수제약선의 통항을 방해하여서는 아니 된다.

마) 수상항공기는 될 수 있으면 모든 선박으로부터 충분히 떨어져서 선박의 통항을 방해하지 아니하도록 하되, 충돌할 위험이 있는 경우에는 이 법에서 정하는 바에 따라야 한다.

바) 수면비행선박은 선박의 통항을 방해하지 아니하도록 모든 선박으로부터 충분히 떨어져서 비행(이륙 및 착륙을 포함한다. 이하 같다)하여야 한다. 다만, 수면에서 항행하는 때에는 이 법에서 정하는 동력선의 항법을 따라야 한다.

(3) 제한된 시계에서 선박의 항법 (제77조)

1) 이 조는 시계가 제한된 수역 또는 그 부근을 항행하고 있는 선박이 서로 시계 안에 있지 아니한 경우에 적용한다.

2) 모든 선박은 시계가 제한된 그 당시의 사정과 조건에 적합한 안전한 속력으로 항행하여야 하며, 동력선은 제한된 시계 안에 있는 경우 기관을 즉시 조작할 수 있도록 준비하고 있어야 한다.

3) 선박은 제1절에 따라 조치를 취할 때에는 시계가 제한되어 있는 당시의 상황에 충분히 유의하여 항행하여야 한다.

4) 레이더만으로 다른 선박이 있는 것을 탐지한 선박은 해당 선박과 얼마나 가까이 있는지 또는 충돌할 위험이 있는지를 판단하여야 한다. 이 경우 해당 선박과 매우 가까이 있거나 그 선박과 충돌할 위험이 있다고 판단한 경우에는 충분한 시간적 여유를 두고 피항동작을 취하여야 한다.

5) 4)에 따른 피항동작이 침로를 변경하는 것만으로 이루어질 경우에는 될 수 있으면 다음 각 호의 동작은 피하여야 한다.

가) 다른 선박이 자기 선박의 양쪽 현의 정횡 앞쪽에 있는 경우 좌현 쪽으로 침로를 변경하는 행위(추월당하고 있는 선박에 대한 경우는 제외한다)

나) 자기 선박의 양쪽 현의 정횡 또는 그곳으로부터 뒤쪽에 있는 선박의 방향으로 침로를 변경하는 행위

6) 충돌할 위험성이 없다고 판단한 경우 외에는 다음 각 호의 어느 하나에 해당하는 경우 모든 선박은 자기 배의 침로를 유지하는 데에 필요한 최소한으로 속력을 줄여야 한다. 이 경우 필요하다고 인정되면 자기 선박의 진행을 완전히 멈추어야 하며, 어떠한 경우에도 충돌할 위험성이 사라질 때까지 주의하여 항행하여야 한다.
   가) 자기 선박의 양쪽 현의 정횡 앞쪽에 있는 다른 선박에서 무중신호(霧中信號)를 듣는 경우
   나) 자기 선박의 양쪽 현의 정횡으로부터 앞쪽에 있는 다른 선박과 매우 근접한 것을 피할 수 없는 경우

8장 긴급피난 선박관리

1 선박 긴급피난

[1] 목적

기상악화 또는 긴급사태로 인하여 우리나라 영해내에 긴급피난하는 외국선박에 대한 적절한 보호와 감시로써 피난선박의 안전과 편익을 도모하는 한편, 긴급피난을 빙자한 영해침범, 무력행사 및 불순분자 침투 등의 불법행위를 방지하는 것을 목적으로 해양경찰청은「긴급피난 선박관리규칙」[33)]을 훈령으로 제정하여 긴급피난선박을 관리하고 있다.

이 규칙의 적용범위는 개항장 이외의 항포구와 해역에 피난한 선박에 대하여 적용한다. 그러나 지방해양항만청장의 허가·신고사항인 개항(무역항, 지정항을 포함한다) 피난선박은 관계기관의 지원요청 및 별도 지시 등 특별한 사유가 있는 경우에 적용한다.

[2] 긴급피난

(1) 선박의 긴급피난

1) 선박의 긴급피난이란 선박이 불가항력 또는 조난에 의해 외국의 영해 또는 내수로 들어가는 것을 말한다. 이 경우 선박은 무해통항으로 인정되어 피난국의 관할권으로부터 면제 당하나 피난국에 체재중 피난국의 법령을 위반했을 경우는 피난국의 관할권으로부터 면제가 인정되지 않는다(UN 해양법협약 제18조)
2) 긴급피난의 권리는 절대적인 것은 아니다. 즉 선박의 조난상태가 피난처를 구하는 과정에서 항만에 중대한 위험을 미칠 수 있기 때문에 그 선박의 입항을 거절할 수도 있다(예 : 위험물 적재 선박, 전염병 확산 위험이 있는 선박)

---

33) 긴급피난 선박 관리규칙, [해양경찰청훈령 제130호, 2019. 7. 1., 일부개정], 해양경찰청(경비과).

3) 긴급피난한 선박은 불가항력 또는 조난 등의 피난 이유를 다음 각 호를 증명할 의무를 갖는다.
  가) 현실의 긴급성
  나) 해당 피난 항 이외에 다른 피난 가능한 장소가 없었던 사실
  다) 불가항력 또는 조난 등의 피난이유를 자신이 조작하여 제출하지 아니한 사실 위험이 있는 경우

(2) 요건

1) 선체 및 기관의 중대한 손상 등의 사고에 의하여 선박에 급박한 위험이 있는 경우
2) 태풍 등의 황천 때문에 선박에 급박한 위험이 있는 경우
3) 연료, 청수 또는 식료품 등이 불의의 사태로 결핍되어 선박의 안전 또는 승무원의 생명에 급박한 위험이 있는 경우
4) 해적 및 폭동 등의 위험으로부터 피난할 경우
5) 선박내에 있는 사람이 중상 또는 위급한 병에 걸려 신속히 전문의의 치료를 필요로 하는 경우
6) 긴급피난은 아니지만 이에 준하여 피난이 인정되는 경우
  가) 조난선 구조 때문에 입항하는 경우
  나) 공해상에서 구조한 조난자를 인도하기 위하여 그 조난자의 국가영해나 내수에 입항하는 경우

(3) 외국선박의 긴급피난

긴급피난한 일본국선박과 중화인민공화국 선박은 다음 각 호에 따라 우리나라에 긴급피난할 수 있다.

① 「대한민국정부와 일본국 정부간의 해상에서의 수색, 구조 및 선박의 긴급피난에 관한 협정」 (제1004호 1990. 5. 25 발효)

② 「대한민국 정부와 중화인민공화국정부간의 어업에 관한 협정」(제1567호 2001. 6. 30. 발효)

③ 「대한민국 정부와 중화인민공화국 정부 간의 해상 수색 및 구조에 관한 협정」(제1849호 2007. 5. 16발효)

(4) 북한선박의 긴급피난

「남북해운합의서」에 근거하여 대한민국의 관할해역을 통항하는 북한선박의 긴급피난은 「남북해운합의서 부속합의서」 제2조제7항에 따른다.

> 제2조제7항. 남과 북의 선박은 상대측 해역을 항행하는 동안 정지 또는 정박할 수 없다. 다만, 긴급 인명구조를 위한 경우와 기관고장수리, 기상 악화로 인한 피항 등을 위해 사전에 상대측 해사당국에 통보를 한 경우는 예외로 한다.

(5) 긴급피난 해역

1) 선박의 긴급피난해역은 지정되어 있지 않으나, 안보 등 우리나라 안전을 위하여 테러지원국가 선박 및 중국어선의 긴급피난은 불법행위의 감시가 쉬운 해역으로 유도한다.
2) 관할 해양경찰서장은 안전관리 및 긴급상황 발생 시 신속한 대응을 위해 긴급피난 안전해역을 운영할 수 있다.
3) 긴급피난 안전 해역은 육지로부터 원거리 해상으로 하되, 피난장소 주변에 임해산업시설 및 군사시설이 없는 해역으로 한다.

2 선박의 긴급피난 절차

[1] 긴급피난 절차

1) 긴급피난은 허가나 사전통보를 필요로 하지 않으나 일본·중국어선은 협정에 따라 사전통보를 접수하며 전후에 확인하여야 한다. 다만, 「수상에서의 수색·구조 등에 관한 법률」 제12조에 따라 조난된 선박이 긴급피난을 하려는 때에는 허가를 신청하여야 한다.

> 제12조(긴급피난의 신청과 허가) ① 긴급피난을 하려는 조난된 선박의 선장 또는 소유자는 구조본부의 장에게 긴급피난의 허가를 신청하여야 한다.
> ② 제1항에 따른 긴급피난의 허가신청을 받은 구조본부의 장은 지체 없이 그 허가여부를 결정하여야 한다. 허가를 하는 경우 구조본부의 장은 조난된 선박이 초래할 수 있는 인명이나 해양환경에 미치는 영향을 고려하여 조건을 붙여 허가를 할 수 있다.
> ③ 구조본부의 장은 해상기상 또는 선박의 상태 등을 고려하여 긴급피난의 허가를 하지 아니한 때에는 즉시 신청자에게 알리고, 선박의 안전에 필요한 조치를 하여야 한다.
> ④ 긴급피난의 신청·허가 절차 등에 필요한 사항은 해양수산부령으로 정한다.

2) 「수상에서의 수색·구조 등에 관한 법률」 제12조에 따라 조난된 선박의 긴급피난 허가 신청이 있는 경우 관할 해양경찰서장이 허가여부를 결정한다. 이 경우 유관기관과 협의하여 결정할 수 있다.
3) 제2항의 규정에도 불구하고, 사안의 중대성을 감안하여 지방해양경찰청장 또는 해양경찰청장이 결정할 수 있다.
4) 긴급피난 선박을 인지(접수)한 해양경찰서장은 이 사실을 관할경찰서장과 인근 군부대에 통보하고, 다음 각 호의 사항을 파악하여 해양경찰청장 및 지방해양경찰청장에게 보고하여야 한다.
   가) 피난(출항) 일시·장소
   나) 국적 및 선종
   다) 선명, 톤수
   라) 선장 및 승무원수
   마) 피난사유 및 조치사항
5) 긴급피난 요건을 구비하지 않은 선박은 해당 선박에 알리고 퇴거를 요청한다. 퇴거에 불응시 필요한 경우에는 가용수단을 활용하여 퇴거한다.

[2] 선박의 감시

1) 긴급피난 외국선박을 인지(접수)한 경우, 해양경찰서장은 주변 감시세력에 통보하고, 경비함정을 지정하여 감시경비를 수행한다. 단 해상감시가 여의치 못한 경우에는 관할 경찰서장 및 인근 군부대에 통보하여 육상감시 조치한다.
2) 긴급피난 선박 감시 함정 등은 가능한 해당 선박을 임검하여야 한다. 임검을 할 때에는 사전에 해당 선박의 선장 또는 관계직원에게 신분증을 제시하고 용무를 알린 후 필요한 사항을 확인하고 피난 중 준수하여야 할 사항 등을 고지한다.
3) 긴급피난 선박이 범법행위를 한 때에는 관련법령에 따라 의법 조치한다.

[3] 긴급피난중인 선박의 준수사항

긴급피난중인 선박은 「영해 및 접속수역법」, 「출입국관리법」, 「해양환경관리법」, 「관세법」 등 관련법을 준수하여야 한다.

해양경찰학개론 II

제 2 편 해양경찰 수색구조론

1장 해양경찰 수색구조

1 수색구조 제도

[1] 수색구조 목적과 지침

수색구조(搜索救助 : search-and-rescue, SAR)란 조난자를 수색 구조하기 위하여 항공기, 수상 함정(선박), 잠수함 및 기타 특수 장치 등을 사용하여 인원 등을 수색 및 구조하는 것을 말한다. 최근 들어 세계적으로 국제 무역량이 증가하고 해상레저 활동이 대중화 되면서 해양사고가 자주 발생함에 따라 이로 인한 인명 및 재산피해가 급증하게 되었다. 이 같은 해양사고로 인한 인적·물적 피해 손실을 최소화하기 위하여 국제적인 해상수색 및 구조협약[International Convention on Maritime Search And Rescue, 1979]체제를 확립함으로써 수색 및 구조작업에 참여하는 전 세계의 수색 및 구조 기구 사이의 협력을 촉진하기 위하여, 국제해사기구(International Maritime Organization, IMO)에서는 1979년 4월 27일에 해상수색구조(SAR)협약을 채택하였고, 1985년 6월 22일에 발효되었다.

수색 및 구조는 해난, 또는 항공기 사고 등에 대해 조난 위치를 식별하고, 인명을 구조하는 노력과 활동, 항공기의 조난 또는 사고 발생 시 조기 구조작업으로 인명 피해를 최소화 하는데 목적을 두고 있다. 인접 국가 간 수색구조 구역은 비행정보구역 내를 원칙으로 하고 있으며, 수색 구조 작업 시에는 국적과 관계없이 구조 작업을 하여야 한다.

종전의 SAR(Search and Rescue) 관련 편람은 MERSAR Manual과 IMOSAR Manual이 있는데, MERSAR Manual(Merchant ship search and rescue)은 상선 수색구조편람으로서 해상에서 비상사태 시에 도움을 요구하거나 도움을 제공하는 인원들에게 지침을 제공하기 위한 것이며, IMOSAR Manual(International Maritime Organization ship search and rescue)은 IMO 수색구조편람으로서 공통적인 해상수색 및 구조 정책을 위하여 모든 연안국 및 인접 국가가 상호 협력하고 도움을 제공하기 위한 지침을 제공하고 있다. 국제해사기구(IMO)와 국제민간항공기구(ICAO)는 선박 및 항공기의 SAR관련 Manual을 통합하여 합동으로 IAMSAR(International Aeronautical and Maritime search and rescue) Manual을 출판하였으며, IMO의 제 69차 MSC 회의에서 IAMSAR Manual을 승인하였다. IAMSAR Manual은 3권의 책자(Volume I, Volume II, Volume III)로 구성되며, 제1권(Volume I)은 SAR의 조직 및 운영에 관한 것이며, 제2권(Volume II)은 SAR 업무의 조정에 관한 것이며, 제3권(Volume III)은 운항선박(항공기)의 SAR 업무를 위한 편람이다.

모든 운항선박(항공기)은 1999년 IMO 총회 결의 A.894(21)과 2002년 MSC 75에서 SOLAS 제5장 제21규칙의 개정에 따라 IAMSAR Manual의 Volume III을 본선에 의무적으로 비치하여 비상시 수색 및 구조 활동을 위하여 이용할 수 있어야 한다. IAMSAR Manual은 1998년 채택이후 2001년부터 매년 개정되어 왔다.

[2] 배경 및 특징

바다라는 공간은 선박을 이용하여 해상운송 수단이 상용화되면서 인류에게 많은 혜택을 준 반면, 악천후 등 해양기상의 위험요인과 선박을 운용하는 인간(항해사)의 실수 등이 결합되어 발생하는 해양사고가 증가하면서 해양에서의 안전에 대한 우려는 점차 커지게 되었다.

특히 1912년 4월 발생한 '타이타닉'호가 북대서양에서 빙산과 충돌하여 1,500여명의 여객과 선원이 사망한 사고는 전 세계적으로 해양에서의 선박안전에 대한 관심을 증폭시켰다. 이를 계기로 'SOLAS협약(해양에서의 인명안전에 대한 협약)'이 채택되고 선박안전의 국제기준이 마련되기 시작하였다. 국제해사기구(IMO)는 선박의 안전기준에 대한 SOLAS협약(International Convention for the Safety of Life at Sea : SOLAS convention)[34]이 '바다'라는 공간에서의 해양사고 예방에 초점을 맞추어져 있는 점을 보완하여, 1979년 '수색구조(SAR : Search & Rescue)협약'을 별도로 채택하였다. SAR협약은 해양사고를 모두 예방하기에는 한계가 있음을 인식하고 해양사고 발생에 대비하여 각 국가별로 SAR책임 조직과 구역을 지정하여 운영하고 해양사고의 국제성 등을 감안하여 국가간 SAR 협력을 증진하는데 초점을 맞추었다.

이후 IMO에서는 국가별로 수색구조 조직 구성과 운영에 필요한 사항들을 매뉴얼화하는

34) 해상에서의 인명 안전 증진과 선박의 안전을 위한 선박의 구조, 설비 및 운항에 관한 최저 기준의 설정을 목적으로 체결된 국제 협약. 1914년 런던 국제 회의에서 처음 채택되어 모든 상선의 항해 안전 문제, 여객선에 대한 수밀 구획 및 방화 격벽, 구명 설비, 소화 설비에 관한 사항을 규정하고 있다. 1929년 런던 국제회의에서 해상 충돌 예방에 관한 규칙이 추가되고, 1948년에는 적용 선박을 확대하고 세분하여 총 톤 수 500톤 이상의 화물선에 대하여 화물 안전 설비 증서를 비치하도록 규정하였다. 1960년에는 IMO의 전신인 IMCO가 최초로 소집한 SOLAS 협약 당사국 회의에서 1960 SOLAS 협약이 채택되었다. 1974 SOLAS 협약은 1974년 런던에서 개최된 국제회의에 71개국이 참가하여 협약의 개정, 시행에 있어 절차상의 지연 문제를 해결하고 미 발효 상태에 있던 그간의 개정 분을 수용하였다.

작업을 진행하여 1998년에 국제민간항공기구(ICAO)와 함께 '국제항공 및 해상수색구조 매뉴얼(IAMSAR 매뉴얼)'을 개발하여 각 국가의 SAR체계 구축 및 활동방향을 제시하였다. 우리나라는 1995년 SAR협약에 가입하여 책임기관을 '해양경찰청'으로 지정하고 점진적으로 SAR체계를 구축해 나가고 있는 상황이다. 다만, 해양경찰은 60년이 넘는 조직운영의 역사를 가지고 있는 기관으로서 'IAMSAR매뉴얼'의 SAR 조직체계를 그대로 수용하기 보다는 기존 조직체계에 SAR업무 수행체계의 기본 틀을 일부 적용시키는 방식으로 운영하고 있다.

예를 들어, 구조조정본부(RCC)와 구조지부(RSC)는 상·하의 지휘관계가 아닌 별도의 구조조직으로서, RCC의 위치상 SAR시설의 조정이 어려운 경우에 RSC를 설치하여 운영하는 체계이나, 우리나라에서는 대부분의 SAR 조정업무는 RSC(해양경찰서)를 중심으로 이루어지고 RCC(지방해양경찰청)는 다소 규모가 큰 SAR 상황에만 관여하는 계층적 체계를 운영하고 있다(김종선, 2018 : 69).

[3] 수색구조 업무의 중요성

우리나라는 1995년 SAR(해상수색구조에 관한 국제협약)의 가입으로 수색구조 장비와 수색구조 역량의 발전을 계속하여 선박 및 항공기의 사고가 해상에서 발생하였을 경우 해양경찰은 구조업무의 국가 전담기구로서 법적 책임이 더욱 강화 되었다.

해양에서의 수색구조 임무는 해양이라는 환경 등 장소적 특성으로 많은 비용과 시간이 소요되고 임무의 성공률이 매우 낮아 고도의 전문성이 요구되는 분야이다. 그래서 수색구조 업무의 실무지식 습득은 국민의 생명을 좌우하고 또한 구조작업 활동에 뒤따르는 각종 위험으로부터 자신을 보호할 수 있다.

해양경찰법, 경찰법, 경찰관직무집행법, 수상에서의 수색·구조 등에 관한 법(수상구조법)의 제반 법률규정을 종합하여, 경찰공무원은 국민의 생명, 신체 및 재산의 보호와 범죄의 예방, 진압 및 수사, 치안정보의 수집, 교통의 단속 기타 공공의 안녕과 질서유지를 그 임무로 하고 있고, 특히 해양경찰은 해양에서 국민에게 발생하는 위해 방지를 임무로 하며 해양조난사고의 경우 그 위험성이 다른 사고에 비하여 훨씬 중대한다는 점에 비추어 일반경찰 보다 더욱 엄격한 업무상 주의의무를 부담 한다(화성레저보트사고, 대법원 2007.11.15 선고, 2007다38618 손해배상)(김종선, 2018 : 69).

[4] 수색구역과 적용범위

(1) 수색구역

수상에서의 수색·구조 등에 관한 법률은 수상에서 조난된 사람, 선박, 항공기, 수상레저기구 등의 수색·구조·구난 및 보호에 필요한 사항을 규정하고 있어 여기서 "수상"이란 해수면과 내수면을 말한다. "해수면"이란 「수상레저안전법」 제2조제6호에 따른 바다의 수류나 수면을 말하고, "내수면"이란 「수상레저안전법」 제2조제7호에 따른 하천, 댐, 호수, 늪, 저수지, 그 밖에 인공으로 조성된 담수나 기수(汽水)의 수류 또는 수면을 말한다. 우리나라의 수색구조 관할수역의 적용범위는 다음과 같다.

1) 우리나라 영해를 포함한 주변해역에서 발생한 수색구조 사건 중 다음의 경우에 적용한다.
   ① 수색구조구역(SRR, Search & Rescue Region) 내 모든 사고(그림 참조)
   ② 수색구조구역 외에서는 대한민국 국적선박 및 국민과 관련된 해상사고 중 해양경찰 수색구조 자원을 파견한 경우에 주변국가간 수색구조 협정(업무협약) 등에 따른 협력범위의 사고
2) 해양경찰의 함정, 항공기 등 해양경찰 인력과 장비가 해양사고 현장에서 사용되는 모든 수색구조 활동에 대해 적용된다.
3) 북한 관할수역 내에서 발생한 해양사고는 『북한 관할수역 내 민간선박 조난대응매뉴얼』을 우선 적용한다.
4) 기상이 양호하고, 인명 및 선체의 안전에 위험이 없는 단순한 조난선박을 예인할 경우에는 『조난선박 예인매뉴얼』을 우선 적용한다.

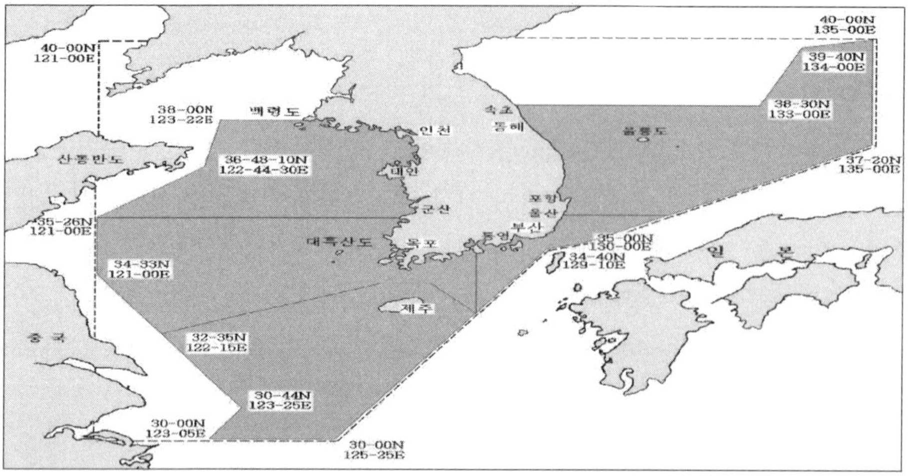

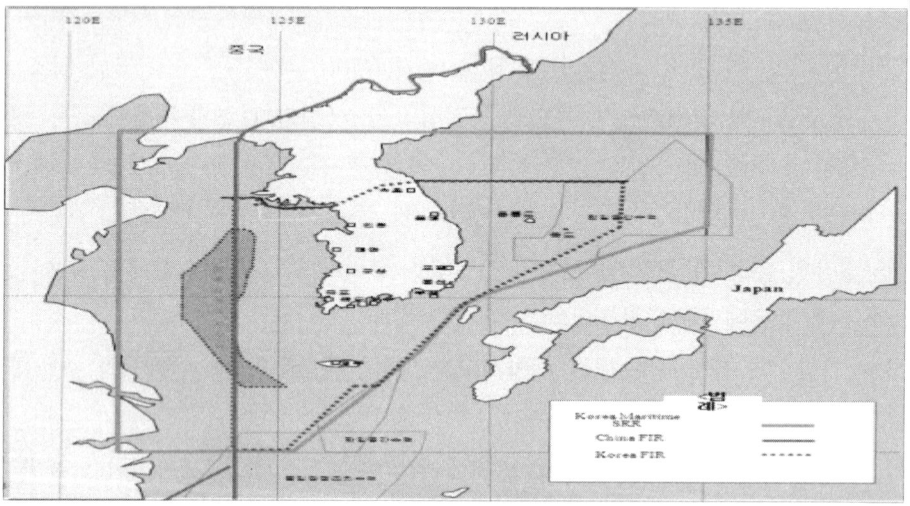

Korea Maritime SRR :

1) 40° 00' 00" N / 121° 50' 00" E　2) 30° 00' 00" N / 121° 00' 00" E　3) 30° 00' 00" N / 125° 25' 00" E
4) 33° 12' 00" N / 128° 05' 00" E　5) 34° 40' 00" N / 129° 10' 00" E　6) 35° 00' 00" N / 130° 00' 00" E
7) 37° 20' 00" N / 135° 00' 00" E　8) 40° 00' 00" N / 135° 00' 00" E

the area except for foreign territorial water within a line connecting the above points.

〈그림 2-1〉 수난구호 관할 해역도

(2) 적용범위

이 법 또는 이 법에 따른 명령 중 선박소유자에 관한 규정은 선박을 공유하는 경우로서 선박관리인을 임명하였을 때에는 그 선박관리인에게 적용하고, 선박을 임차하였을 때에는 그 선박임차인에게 적용하며, 선장에 관한 규정은 선장을 대신하여 그 직무를 수행하는 사람이 있는 경우 그 사람에게 적용한다.

〈표 2-1〉 수색구조의 내용과 구조범위

관련법	관련 내용	수색구조 범위
SAR 협약 제4장	▸ 수색구조 활동의 종료 – 수색 및 구조 활동은 실행 가능한, 생존자 구조에 대한 모든 합리적인 희망이 사라질 때까지 – 구조조정본부가 신뢰할 수 있는 정보를 근거로 긴급 상황이 더 이상 존재하지 않는다고 판단 할 때	▸ 수색구조의 대상 – 생존희망과 긴급상황이 존재 할 경우 ▸ 깊은 수심 – 생존가능성 희박 – 긴급 상황 존재하지 않음 ※ 협약 적용 안 됨
수상 구조법 (제2조)	▸ 수난구호의 대상은 해상에서 선박, 사람, 항공기, 수상레저기구 등이 침몰 등으로 인하여 안전이 위험에 처한 상태를 수색·구조·구난	▸ 수색구조의 대상 – 수상에서 안전이 위험에 처한 상태(사람) ▸ 깊은 수심 실종자 수색 ※ 수난구호 대상에 정의 안 됨

[5] 기본 원칙

1) 해양사고는 발생초기에 함정, 항공기 및 관공선, 어선 등 모든 수색구조 세력을 최대한 동원하여 국민의 생명과 재산 보호에 최선을 다한다.

2) 해수온도에 따른 익수자 생존시간을 고려하여 합리적 수색기간을 설정한다.

해수온도 20℃ 미만일 경우에는 권고하는 수색기간 등을 고려하여 사고발생 후 3일 이내 집중수색을 실시하고, 이후에는 경비를 병행한 수색구조 활동으로 전환한다.

특히 피해상황과 사회적인 국민들의 관심도 등 제반여건을 감안하여 분석과 집중수색 기간을 조정할 수 있다. 해수온도 20℃ 이상일 경우에는 3일간 집중 수색을 하되, 현장상황을 종합적으로 고려하여 4일부터 수색세력을 조정하거나 기간을 연장할 수 있는지 검토한다.

〈표 2-2〉 해수온도에 따른 익수자 생존시간에 따른 추천 수색시간(IAMSAR 매뉴얼)

수온	50% 생존시간	추천 수색기간
5℃	약 1시간	6시간
10℃	약 2시간	12시간

수온	50% 생존시간	추천 수색기간
15℃	약 6시간	18시간
20~30℃	24시간 이상	–

※ 보온복 등 체온 보호를 위해 특수한 보호복을 착용하지 않을 경우

3) 수색기간을 설정할 경우에는 해수온도 외에도 구명동의 착용 여부, 주변해역의 유물 존재 등 사고발생 당시 상황을 종합적으로 검토할 필요가 있다.
4) 동원세력의 수색가능 범위를 고려하여 수색구역을 분할하고, 동원세력별 수색 책임구역을 지정하여 정밀하게 수색을 실시한다.
5) 수색 종료 및 투입세력 등 모든 결정은 해당 해양경찰서장이 판단하여 결정하고, 다만 대형사고로 광역구조본부가 가동되어 2개 이상의 해양경찰서 세력이 동원되는 경우에는 해당 지방해양경찰청장이 판단하여 결정한다.

[6] 해상수색구조 용어

(1) 법령상 용어

1) "수상"이란 해수면과 내수면을 말한다.
2) "해수면"이란 「수상레저안전법」 제2조제6호에 따른 바다의 수류나 수면을 말한다.
3) "내수면"이란 「수상레저안전법」 제2조제7호에 따른 하천, 댐, 호수, 늪, 저수지, 그 밖에 인공으로 조성된 담수나 기수(汽水)의 수류 또는 수면을 말한다.
4) "수난구호"란 수상에서 조난된 사람 및 선박, 항공기, 수상레저기구 등(이하 "선박등"이라 한다)의 수색·구조·구난과 구조된 사람·선박등 및 물건의 보호·관리·사후처리에 관한 업무를 말한다.
5) "조난사고"란 수상에서 다음 각 목의 사유로 인하여 사람의 생명·신체 또는 선박등의 안전 이 위험에 처한 상태를 말한다.
   가) 사람의 익수·추락·고립·표류 등의 사고
   나) 선박등의 침몰·좌초·전복·충돌·화재·기관고장 또는 추락 등의 사고
6) "수난구호협력기관"이란 수난구호를 위하여 협력하는 중앙행정기관·지방자치단체, 「재난 및 안전관리 기본법」 제3조제8호에 따른 긴급구조지원기관, 대통령령으로 정하는 공공단체를 말한다.
7) "수색"이란 인원 및 장비를 사용하여 조난을 당한 사람 또는 사람이 탑승하였을 것으로 추정되는 선박등을 찾는 활동을 말한다.
8) "구조"란 조난을 당한 사람을 구출하여 응급조치 또는 그 밖의 필요한 것을 제공하고 안전한 장소로 인도하기 위한 활동을 말한다.
9) "구난"이란 조난을 당한 선박등 또는 그 밖의 다른 재산(선박등에 실린 화물을 포함한다)에 관한 원조를 위하여 행하여진 행위 또는 활동을 말한다.

10) "구조대"란 수색 및 구조활동을 신속히 수행할 수 있도록 훈련된 인원으로 편성되고 적절한 장비를 보유한 단위조직을 말한다.

11) "민간해양구조대원"이란 지역해역에 정통한 주민 등 해양경찰관서에 등록되어 해양경찰의 해상구조 활동을 보조하는 사람을 말한다.

12) "표류물"이란 점유를 이탈하여 수상에 떠 있거나 떠내려가고 있는 물건을 말한다.

13) "침몰품"이란 점유를 이탈하여 수상에 가라앉은 물건을 말한다.

(2) 국제 항공 및 해상 수색구조 매뉴얼 용어

1) 구조조정본부 (RCC, Rescue Co-ordination Center)

수색구조 서비스의 효율적인 조직화와 수색구조 구역 내에서 수색구조작업의 수행을 조정하는데 책임이 있는 기관을 말한다.

2) 구조지부(RSC, Rescue Sub-Center)

책임이 있는 당국의 특정한 규정에 따라서 구조조정본부를 보완하기 위하여 설립된 기관이다.

3) 수색구조 임무조정관(SMC, Search & rescue Mission Co-ordinator)

실질적인 또는 명백한 조난상황의 대응을 조정하기 위하여 임시적으로 임명된 관리이다.

4) 현장조정관(OSC, On-Scene Co-ordinator)

특정구역 내에서 수색구조 작전을 조정하기 위하여 지명된 사람이다.

5) 항공조정관(ACO, Aircraft Co-Ordinator)

수색구조 작전시 수색구조 임무조정관 및 현장조정관을 지원하여 다수의 항공기의 개입을 조정하는 사람이다.

6) 대형인명구조작전 (MRO, Mass Rescue Operation)

다수의 조난자들에 대한 즉각적인 대응의 필요성에 따라 특성화된 수색구조업무로서, 수색구조 당국이 통상적으로 이용 가능한 능력으로는 불충분한 경우를 말한다.

7) 수색구조구역(SRR, Search & Rescue Region)

수색구조 서비스가 제공되고 구조조정본부(또는 구조지부)가 개입되어 있는 한정된 넓이의 지역이다.

2 수색구조 법적 근거

[1] 국제법

(1) UN해양법협약(UNCLOS / 1994. 11. 16 우리나라 비준)

제98조(지원제공 의무), 2. 모든 연안국은 해상안전에 관한 적절하고도 실효적인 수색·구조기관의 설치·운영 및 유지를 촉진시키고, 필요한 경우 이를 위하여 지역 약정의 형태로 인접국과 서로 협력한다.

(2) 해상에서의 인명안전을 위한 국제협약(SOLAS 1974 / 1983. 3. 31. 국내 발효)

제5장, 제7규칙(수색 및 구조업무) 1. 각 당사국 정부는 책임구역에서 조난통신 및 조정업무를 위하여 또는 연안 해상에서 조난된 사람의 구조를 위하여 필요한 조치를 취할 것을 약속한다. 이들 조치는 실행 가능하고 필요하다고 간주되는 수색 및 구조시설의 설치, 운영 및 보수 업무를 포함하여야 하며, 항행 교통량과 항행 상의 위험을 고려하여 가능하면 원해 조난자의 위치 파악과 수색구조를 위한 수단을 제공하여야 한다.

(3) 해상수색 및 구조에 관한 국제협약(SAR 1979 / 1995. 10. 4. 국내 발효)

제2장(조직 및 조정), 2.1(수색 및 구조업무의 실시 및 조정을 위한 제도), 2.1.1 (생략)해상에서 조난중이거나 조난으로 보이는 정보를 입수한 때는 당사국의 책임 있는 당국은 필요한 원조의 제공을 보장하기 위한 긴급조치를 취한다.

제3장(국가간의 협력), 3.1(국가간의 협력), 3.1.2 관계 당사국간에 달리 합의되지 않는 한, 일방 당사국은 타방 당사국의 구조대가 적용 가능한 국내법, 규정 및 규칙을 따르는 것을 조건으로 오로지 해난위치 수색 및 해난 생존자 구조의 목적을 위해 자국의 영해, 영토 또는 그 상부공역에 즉각적으로 입역하는 것을 허가하여야 한다. 3.1.3 관련 국가간 별도의 합의가 없는 한, 일방 당사국의 당국이 오로지 해난위치의 수색 및 당해 해난의 생존자를 구조하는 목적으로 자국의 구조대를 타방 당사국의 영해, 영토 또는 그 상부공역에 입역시키기를 희망하는 경우, 예정된 임무의 충분한 상세 및 그 필요성을 분명히 하여 타방 당사국의 구조조정본부 또는 그 당사국이 지정한 기타의 당국에 입역허가 요청서를 송부한다.

(4) 국제항공 및 해상수색구조 매뉴얼(IAMSAR MANUAL)

IMO(국제해사기구)와 ICAO(국제민간항공기구)가 공동으로 작성, 제3권 운항선박(항공기), 제1절(개요) 운항선박(항공기)을 위한 국제 항공 및 해상 수색구조 매뉴얼은 수색구조 선박(항공기)의 이동과 민간 항공기 및 선박에 승선하는 다음의 인원에게 지침을 제공한다.

① 항공기, 선박 또는 기타 이동체를 운영하고, SAR 업무를 수행하기 위하여 선박(항공기)을 사용하도록 요구할 수 있는 인원

② 조난상황 부근에서 다수의 선박(항공기)에 대해 현장조정관 기능을 수행할 필요가 있는 인원.

수색구조와 관련한 국제법령은 국제민간항공기구(ICAO)와 국제해사기구(IMO)에서 제정한 규정이 주를 이루며, 대표적인 규정이 국제민간항공조약 부속서 12. 수색 및 구조(ANNEX 12 Search And Rescue)와 국제 항공 및 해양 수색구조편람(IAMSAR Manual)이 있다.

Convention on International Civil Aviation
국제민간항공조약 제25조

Article 25 Aircraft in distress

Each contracting State undertakes to provide such measures of assistance to aircraft in distress in its territory as it may find practicable, and to permit, subject to control by its own authorities, the owners of the aircraft or authorities of the State in which the aircraft is registered to provide such measures of assistance as may be necessitated by the circumstances. Each contracting State, when undertaking search for missing aircraft, will collaborate in coordinated measures which may be recommended from time to time pursuant to this Convention.

제 25 조 조난 항공기

각 체약국은 그 영역 내에서 조난한 항공기에 대하여 실행 가능하다고 인정되는 구호조치를 취할 것을 약속하고 또 동 항공기의 소유자 또는 동항공기의 등록국의 관헌이 상황에 따라 필요한 구호조치를 취하는 것을, 그 체약국의 관헌의 감독에 따르는 것을 조건으로, 허가할 것을 약속한다. 각 체약국은 행방불명의 항공기의 수색에 종사하는 경우에 있어서는 본 협약에 따라 수시 권고되는 공동조치에 협력한다.

ANNEX 12(Search And Rescue) 국제민간항공조약 부속서 12(수색구조)

세계 각 나라 항공기의 안전 운항을 위하여 국제민간항공기구(ICAO)에서 채택한 국가간 의정서가 국제민간항공조약으로 국제민간항공조약 제25조와 그 부속서 12(수색구조)는 체약국의 영토와 영공, 영해 그리고 공해에서 조난당한 항공기의 수색구조 절차를 규정하고 있다.

국제 항공 및 해양 수색구조편람(IAMSAR Manual)은 육상 및 해상에서 항공기 및 선박에 비상상황이 발생하였을 경우에 사용할 수 있는 조난자와 구조자의 수색구조 활동 절차를 명시한 지침서로서 세계 각 나라가 국제 민간항공조약, 해양 수색구조에 관한 국제협정, 해상에서 생명의 안전에 관한 국제협정에서 승인한 의무를 다할 수 있도록 지원하고, 해상과 항공수색구조업무의 일치와 조화를 위하여 국제민간항공기구(ICAO)와 국제해사기구(IMO)가 합동으로 채택하였다.

(5) IMO 대형 인명구조활동(MRO) 지침서(2003. 2. 6)

MRO(Mass Rescue Operation)란 "해양에서 다수의 조난자가 연루된 인명사고가 발생하여 신속한 구조 활동이 필요하나, SAR 책임기관의 능력만으로는 이 업무를 성공적으로 수행하기 어려운 대규모 수색구조 활동"을 말한다.

[2] 국내법

(1) 수상에서의 수색·구조 등에 관한 법률

1) 제2조 (정의)

"수상"이란 해수면과 내수면을 말한다. "조난사고"란 수상에서 다음 각 목의 사유로 인하여 사람의 생명·신체 또는 선박 등의 안전이 위험에 처한 상태를 말한다.

가) 사람의 익수·추락·고립·표류 등의 사고

나) 선박 등의 침몰·좌초·전복·충돌·화재·기관고장 또는 추락 등의 사고

2) 제4조 (수난대비기본계획의 수립 등)

가) 해양경찰청장은 해수면에서 자연적·인위적 원인으로 발생하는 조난사고로부터 사람의 생명과 신체 및 재산을 보호하고 효율적인 수난구호를 위하여 수난대비기본계획을 5년 단위로 수립하여야 한다.

나) 해양경찰청장은 제1항의 수난대비기본계획을 집행하기 위하여 수난대비집행계획을 매년 수립·시행하여야 한다.

다) 제2항에 따른 수난대비집행계획은 「민방위기본법」에 따른 민방위계획에 포함하여 수립·시행할 수 있다.

라) 제1항에 따른 수난대비기본계획과 제2항에 따른 수난대비집행계획의 수립 및 변경 등에 필요한 사항은 해양수산부령으로 정한다.

3) 제5조 (중앙구조본부 등의 설치)

가) 해수면에서의 수난구호에 관한 사항의 총괄·조정, 수난구호협력기관과 수난구호 민간단체 등이 행하는 수난구호 활동의 역할조정과 지휘·통제 및 수난구호활동의 국제적인 협력을 위하여 해양경찰청에 중앙구조본부를 둔다.

나) 해역별 수난구호에 관한 사항의 총괄·조정, 해당 지역에 소재하는 수난구호협력기관과 수난구호 민간단체 등이 행하는 수난구호활동의 역할조정과 지휘·통제 및 수난현장에서의 지휘·통제를 위하여 지방해양경찰청에 광역구조본부를 두고, 해양경찰서에 지역구조본부를 둔다.

다) 중앙구조본부, 광역구조본부 및 지역구조본부(이하 "구조본부"라 한다)의 장은 신속한 수난구호를 위하여 수난구호협력기관에게 소속 직원의 파견 및 장비의 지원을 요청할 수 있다. 이 경우 요청을 받은 기관·단체의 장은 특별한 사유가 없는 한 이에 응하여야 한다.

라) 구조본부의 구성·운영 등에 필요한 사항은 대통령령으로 정한다.

4) 제5조의2 (수난대비기본훈련의 실시 등)

가) 중앙구조본부는 수상에서 자연적·인위적 원인으로 발생하는 조난사고로부터 사람의 생명과 신체 및 재산을 보호하기 위하여 수난구호협력기관 및 수난구호 민간단체 등과 공동으로 매년 수난대비기본훈련을 실시하여야 한다.

나) 해양경찰청장은 제1항의 수난대비기본훈련의 실시결과를 매년 국회소관 상임위원회에 보고하여야 한다.

다) 제1항에 따른 수난대비기본훈련의 실시 범위 및 방법 등 구체적인 사항은 대통령령으로 정한다.

5) 제9조 (여객선비상수색구조계획서의 작성 등)

국제항해에 취항하는 여객선(이하 "여객선"이라 한다) 소유자는 비상시 여객선의 수색구조를 위하여 구조본부의 비상연락망, 비상훈련계획 및 구명설비배치도 등이 기재된 계획서(이하 "여객선비상수색구조계획서"라 한다)를 작성하여 관할 해양경찰서장에게 신고하고 확인을 받아 해당 여객선 및 선박 소유자의 주된 사무실에 비치하여야 한다.

6) 제13조 (수난구호의 관할)

해수면에서의 수난구호는 구조본부의 장이 수행하고, 내수면에서의 수난구호는 소방관서의 장이 수행한다. 다만, 국제항행에 종사하는 내수면 운항선박에 대한 수난구호는 구조본부의 장과 소방관서의 장이 상호 협조하여 수행하여야 한다.

7) 제16조 (구조본부 등의 조치)

가) 제15조에 따라 조난사실을 신고 또는 통보받거나 인지한 관할 구조본부의 장이나 소방관서의 장은 구조대에 구조를 지시 또는 요청하거나 조난현장의 부근에 있는 선박 등에게 구조를 요청하는 등 수난구호에 필요한 조치를 취하여야 한다.

나) 제1항에 따라 구조의 지시 또는 요청을 받은 구조대의 장은 구조상황을 수시로 관할 구조본부의 장 또는 소방관서의 장에게 보고 하거나 통보하여야 한다.

다) 제1항에 따른 수난구호를 위하여 필요하다고 인정할 때에는 구조본부의 장 또는 소방관서의 장은 수난구호협력기관의 장, 수난구호 민간단체에게 소속 구조지원요원 및 선박을 현장에 출동시키는 등 구조 활동(조난된 선박 등의 예인을 포함한다)을 지원할 것을 요청할 수 있다.

이 경우 요청을 받은 수난구호협력기관의 장과 수난구호 민간단체는 특별한 사유가 없는 한 즉시 이에 응하여야 한다.

라) 구조본부의 장 또는 소방관서의 장은 생존자의 구조를 위하여 필요한 경우 수중수색구조 활동을 실시할 수 있다. 다만, 그 업무를 수행하는 사람의 건강이나 생명에 중대한 위험을 초래할 우려가 있다고 판단되는 경우에는 실시하지 아니하거나 중지할 수 있다.

8) 제17조 (현장지휘)

가) 조난현장에서의 수난구호활동의 지휘는 지역구조본부의 장 또는 소방서장이 행한다. 다만, 응급의료 및 이송 등과 관련된 사항에 대하여는 관련 수난구호협력기관의 장과 협의하여야 한다.

나) 제1항에 따른 현장지휘는 다음 각 호의 사항에 관하여 행한다.

① 조난현장에서의 수난구호활동

② 수난구호협력기관, 수난구호 민간단체, 자원봉사자 등의 임무 부여와 인력 및 장비의 배치와 운용

③ 추가 조난의 방지를 위한 응급조치

④ 사상자의 응급처치 및 의료기관으로의 이송

⑤ 수난구호에 필요한 물자 및 장비의 관리

⑥ 수난구호요원의 안전 확보를 위한 조치

⑦ 현장접근 통제, 조난현장의 질서유지 등 효율적인 수난구호활동을 위하여 필요한 사항

다) 광역구조본부의 장 또는 소방본부장은 둘 이상의 지역구조본부의 장 또는 소방서장의 공동대응 등이 필요하다고 인정하는 경우에는 제1항에도 불구하고 직접 현장지휘를 할 수 있다.

라) 중앙구조본부의 장 또는 소방청장은 대통령령으로 정하는 대규모의 수난이 발생하거나 그 밖에 필요하다고 인정하는 경우에는 제1항 및 제3항에도 불구하고 직접 현장지휘를 할 수 있다.

마) 조난현장에서 수난구호활동에 임하는 수난구호요원, 조난된 선박의 선원 및 승객은 제1항·제3항 및 제4항에 따라 현장지휘관의 지휘·통제에 따라야 한다.

9) 제18조 (인근 선박 등의 구조지원)

가) 조난현장의 부근에 있는 선박 등의 선장·기장 등은 조난된 선박 등이나 구조본부의 장 또는 소방관서의 장으로부터 구조요청을 받은 때에는 가능한 한 조난된 사람을 신속히 구조할 수 있도록 최대한 지원을 제공하여야 한다. 다만, 조난된 선박 또는 조난사고의 원인을 제공한 선박의 선장 및 승무원은 요청이 없더라도 조난된 사람을 신속히 구조하는 데 필요한 조치를 하여야 한다.

나) 구조본부의 장 또는 소방관서의 장으로부터 구조요청을 받은 선박 등의 선장·기장 등은 구조에 착수하지 못할 경우에는 지체 없이 그 사유를 구조본부의 장 또는 소방관서의 장에게 통보하여야 한다.

10) 제30조 (민간해양구조대원의 처우 등)

가) 민간해양구조대원은 해양경찰의 해상구조 및 조난사고 예방·대응활동을 지원할 수 있다.

나) 민간해양구조대원이 제1항에 따라 해상구조 및 조난사고 예방·대응활동을 지원한 때에는 해양수산부령으로 정하는 바에 따라 수당 및 실비를 지급할 수 있다.

다) 지방자치단체의 장은 필요한 경우 관할 구역에서 민간해양구조대원이 수난구호활동에 참여하는데 소요되는 경비의 일부를 지원할 수 있다.

11) 제30조의2 (수상구조사)

해양경찰청장은 수상에서 조난된 사람을 구조하기 위한 전문적인 능력을 갖추었다고 인정되는 사람에게 수상구조사 자격을 부여할 수 있다.

12) 제30조의10 (심해잠수 구조훈련센터의 설치)

해양경찰청장은 심해(深海)에서의 잠수 및 수난구호를 전문으로 하는 심해잠수사의 양성 및 관리를 위하여 심해잠수 구조훈련센터를 설치할 수 있다.

(2) 재난 및 안전관리 기본법

1) 제3조 (정의)

"긴급구조기관"이란 소방청·소방본부 및 소방서를 말한다. 다만, 해양에서 발생한 재난의 경우에는 해양경찰청·지방해양경찰청 및 해양경찰서를 말한다.

2) 제52조 (긴급구조 현장지휘)

가) 재난현장에서는 시·군·구긴급구조통제단장이 긴급구조 활동을 지휘한다. 다만, 치안활동과 관련된 사항은 관할 경찰관서의 장과 협의하여야 한다.

나) 현장지휘는 다음 각 호의 사항에 관하여 한다.

① 재난현장에서 인명의 탐색·구조

② 긴급구조기관 및 긴급구조지원기관의 인력·장비의 배치와 운용

③ 추가 재난의 방지를 위한 응급조치

④ 긴급구조지원기관 및 자원봉사자 등에 대한 임무의 부여

⑤ 사상자의 응급처치 및 의료기관으로의 이송

⑥ 긴급구조에 필요한 물자의 관리

⑦ 현장접근 통제, 현장 주변의 교통정리, 그 밖에 긴급구조 활동을 효율적으로 하기 위하여 필요한 사항

다) 시·도긴급구조통제단장은 필요하다고 인정하면 가)항에도 불구하고 직접 현장지휘를 할 수 있다.

라) 중앙통제단장은 대통령령으로 정하는 대규모 재난이 발생하거나 그 밖에 필요하다고 인정하면 가)항 및 다)항에도 불구하고 직접 현장지휘를 할 수 있다.

마) 재난현장에서 긴급구조 활동을 하는 긴급구조요원과 긴급구조지원기관의 인력·장비·물자에 대한 운용은 가)항·다)항 및 라)항에 따라 현장지휘를 하는 긴급구조통제단장(이하 "각급통제단장"이라 한다)의 지휘·통제에 따라야 한다.

바) 제16조제2항에 따른 지역대책본부장은 각급통제단장이 수행하는 긴급구조 활동에 적극 협력하여야 한다.

사) 시·군·구긴급구조통제단장은 제16조제3항에 따라 설치·운영하는 통합지원본부의

장에게 긴급구조에 필요한 인력이나 물자 등의 지원을 요청할 수 있다. 이 경우 요청받은 기관의 장은 최대한 협조하여야 한다.

아) 재난현장의 구조활동 등 초동 조치상황에 대한 언론 발표 등은 각급통제단장이 지명하는 자가 한다.

자) 각급통제단장은 재난현장의 긴급구조 등 현장지휘를 효과적으로 하기 위하여 재난현장에 현장지휘소를 설치·운영할 수 있다. 이 경우 긴급구조활동에 참여하는 긴급구조지원기관의 현장지휘자는 현장지휘소에 대통령령으로 정하는 바에 따라 연락관을 파견하여야 한다.

차) 각급통제단장은 긴급구조 활동을 종료하려는 때에는 재난현장에 참여한 지역사고수습본부장, 통합지원본부의 장 등과 협의를 거쳐 결정하여야 한다. 이 경우 각급통제단장은 긴급구조 활동 종료 사실을 지역대책본부장 및 마)항에 따른 긴급구조지원기관의 장에게 통보하여야 한다.

타) 해양에서 발생한 재난의 긴급구조활동에 관하여는 가)항부터 차)항까지의 규정을 준용한다. 이 경우 시·군·구긴급구조통제단장, 시·도긴급구조통제단장, 중앙긴급구조통제단장은 「수상에서의 수색·구조 등에 관한 법률」 제7조에 따른 지역구조본부의 장, 광역구조본부의 장, 중앙구조본부의 장으로 각각 본다.

3) 제56조 (해상에서의 긴급구조)

해상에서 발생한 선박이나 항공기 등의 조난사고의 긴급구조 활동에 관하여는 「수상에서의 수색·구조 등에 관한 법률」 등 관계 법령에 따른다.

재난유형 및 사고유형별 재난관리 주관기관(재난 및 안전관리기본법 제3조의2) ► 해양경찰청 : 해양에서 발생한 유도선 등의 수난사고

(3) 해사안전법

해사안전법 제43조에서 해양사고가 일어난 경우의 조치는 다음과 같다.

① 선장이나 선박소유자는 해양사고가 일어나 선박이 위험하게 되거나 다른 선박의 항행안전에 위험을 줄 우려가 있는 경우에는 위험을 방지하기 위하여 신속하게 필요한 조치를 취하고, 해양사고의 발생 사실과 조치 사실을 지체 없이 해양경찰서장이나 지방해양수산청장에게 신고하여야 한다.

② 지방해양수산청장은 ①에 따른 신고를 받으면 지체 없이 그 사실을 해양경찰서장에게

통보하여야 한다.

③ 해양경찰서장은 선장이나 선박소유자가 ①항에 따라 신고한 조치 사실을 적절한 수단을 사용하여 확인하고, 조치를 취하지 아니하였거나 취한 조치가 적당하지 아니하다고 인정하는 경우에는 그 선박의 선장이나 선박소유자에게 해양사고를 신속하게 수습하고 해상교통의 안전을 확보하기 위하여 필요한 조치를 취할 것을 명하여야 한다.

④ 해양경찰서장은 해양사고가 일어나 선박이 위험하게 되거나 다른 선박의 항행안전에 위험을 줄 우려가 있는 경우 필요하면 구역을 정하여 다른 선박에 대하여 선박의 이동·항행제한 또는 조업중지를 명할 수 있다.

[3] 해상수색과 구조에 관한 국제협약(SAR협약)

세계화·국제화로 인한 해상을 통한 물동량이 크게 증가함에 따라 각종 해난사고도 급증하고 있다. 해난사고의 규모가 대형화됨에 따라 인명 및 재산피해는 물론이고, 해상오염사고 또한 상상을 초월할 정도가 되었다. 이런 대형 사건사고는 사고 당사국만의 힘으로는 대처하기가 매우 어렵다. 또한 언제 발생할지 모르는 사건사고에 대비하는 것 역시 경제적으로는 실익이 없는 경우가 많다. 이에 해난사고 발생의 사전억제와 사고발생 시 신속한 수색·구조작업을 실시함으로써 인적·물적 손해를 최소화하기 위한 각국의 준비와 범국제적인 수색·구조제도가 필요하게 되었다.

해난사고에 대한 국제적인 수색 및 구조체제를 확립함으로써 수색 및 구조작업에 참여하는 전 세계 수색 및 구조기구간의 협력을 촉진할 목적으로 1979년 4월 27일 함부르크에서 개최된 〈정부 간 해사자문기구 총회(IMO의 전신)〉에서 「SAR협약」을 채택하여 1985년 6월 22일 발효되었다. 이에 따라 많은 국가들이 이 협약에 가입하여 자국에 알맞은 구조 및 수색체계를 수립하여 각종 해난사고 시 인접국과 협조하고 있다.

SAR협약의 원명은 「해상수색과 구조에 관한 국제협약(International Convention on Maritime Search and Rescue)」이며, 이 협약은 협약본문과 부속서로 구성되어 있다. 협약본문은 「SAR협약」의 목적을 규정한 전문과 협약시행을 위한 일반규정으로 되어 있다. 일반규정에는 협약시행에 필요한 당사국의 의무, 이 협약의 개정 및 발효절차, 발효요건 및 기타 등이 포함되어 있다.

부속서에는 「SAR협약」 시행을 위한 당사국의 구체적 의무사항이 규정되어 있다. 즉, 당사국은 자국의 연안 해역에서 SAR업무를 수행할 수 있는 적절한 조치(SAR조직, 장비 비치 등)를 취하여야 하며, 인접국가와 SAR구역의 설정, 시설의 상호이용, 요원에 대한 훈련에 관하여 협정을 체결하도록 권고하고 있다. 또한 당사국은 효율적인 SAR업무 수행을 위하여 SAR업무의 조정을 위한 국가기관, 구조조정본부 및 구조지부를 설치하여야 한다. 아울러 당사국은 조난선의 조기위치파악 및 구조세력의 조기투입을 위하여 자국의 SAR구역 내에서 선박위치통보제도를 실시할 수 있다.

[4] 수색구조 국제협력 관계

현재「SAR협약」에는 일본, 중국, 미국, 러시아 등 세계 80여개 국가가 가입하고 있으며, 체약국은「SAR협약」에 따라 조난선박·인명에 대한 수색구조의무와 구조조정본부, 구조대 등을 설치·운영하여야 한다. 또 인접국가간 수색구조 책임구역 획정과 국제적인 지원·협조 체제를 강화하는 한편, 선박위치통보제도 실시 및 필요시 일정한 조건하에서 자국해역 내 외국구조세력과 장비 등의 진입허가에 대한 의무를 지게 된다.

해양경찰은「SAR협약」에 따라 인접국간 수색구조 구역을 획정하고, 책임해역 내에서 조난선박 및 인명을 신속하게 구조하기 위하여 지난 1990년 5월에 일본과 '수색구조협정'을 체결하였고, 2007년 4월에는 '한·중 수색구조 협정' 그리고 2016년 9월 "대한민국 정부와 러시아연방 정부 간의 해상 수색 및 구조 분야에서의 협력에 관한 협정'을 체결하였다. 협정체결의 주요 내용으로는 각 당사국의 수색 및 구조구역에서 지체 없이 필요한 모든 수색 및 구조 조치를 취하고, 사고정보를 상대국에 지체 없이 통보하며, 또한 상대국이 수색구조 지원을 요청하는 경우 가능한 최대한 범위에서 협력 등 상호지원을 보장한다. 그리고 양국은 수색구조기관 간의 합동훈련, 정기적인 연락망 점검, 전문가 상호방문, 정보교환 등 상호 협력 강화를 위한 노력을 하도록 정하고 있다.

2장 해양경찰 수색구조 운영

1 해상수색구조 체계

[1] 수색구조(SAR) 체계

조난선박과 인명의 구호 및 표류물, 침몰품등의 인양과 이에 수반한 업무처리에 관한 사항을 규정하여 수난구호 업무의 신속하고 적절한 처리를 함으로써 인명과 재산의 보전에 기여함을 목적으로 수난구호법을 1961년 11월 1일 제정하여 그동안 수차례 개정되어 오다, 1995년 9월에 우리나라가 「SAR협약」에 가입함에 따라 협약을 이행할 수 있는 근거를 마련하기 위해 1996년에 대폭 개정되었다.

주요 내용은 해상에서의 수난구호는 그 해역을 관할하는 해양경찰서장이 행하고, 하천에서의 수난구호는 그 지역을 관할하는 소방서장이 행한다. 특별자치도지사 또는 시장·군수 및 구청장은 해양경찰서장 및 소방서장의 수난구호활동에 협력하여야 하며, 구조된 사람의 보호와 습득한 물건의 보관·반환·공매 및 구호비용의 산정·지급·징수 기타 사후처리에 관한 일체의 사무를 담당한다.

해상에서의 수난구호업무의 효율적인 수행과 수난구호활동의 국제적인 협력을 위하여 해양경찰청에 중앙구조본부를 둔다. 지방해양경찰청에 광역구조본부를 두고, 해양경찰서에 지역구조본부를 둔다. 중앙구조본부의 장은 광역구조본부의 장 및 지역구조본부의 장을 지휘하고, 광역구조본부의 장은 지역구조본부의 장을 지휘하며, 중앙구조본부와 광역구조본부 및 지역구조본부의 설치·운영 등에 관하여 필요한 사항은 대통령령으로 정한다고 하였다(법 제5조).

2014년 4월16일 세월호 침몰참사 이후 조난사고로부터 국민의 생명과 신체 및 재산을 보호하고 사고의 재발 방지를 위한 안전관리의 강화, 사고 발생 시 신속한 구호조치 실시, 사고에 대응하기 위한 시스템 개선 등 대책 마련의 필요성이 강조되었다.

이에 따라 「수난구호법」이 「수상에서의 수색·구조 등에 관한 법률(약칭 : 수상구조법)」로 개정·변경하여 2016년 1월 25일부터 시행되어, 구조본부의 장으로 하여금 "풍랑"으로 조난사고가 우려되는 경우에도 이동 및 대피명령을 명할 수 있도록 하고 그 대상을 어선에서 모든 선박으로 확대하였다. 구난작업을 실시하기 위해 신고된 내용이 구난작업을 하는데 미흡하다고 인정되는 경우 필요한 사항을 보완한 후 다시 신고하게 하고, 구난작업 현장 안전관리와 환경오염 방지를 위하여 필요한 경우 안전관리 조치를 명할 수 있도록 하였으며, 민간해양구조대원으로 하여금 해양경찰청의 조난사고 예방·대응활동을 지원할 수 있도록 하여 조난사고의 재발 방지를 위한 안전관리를 강화하도록 하였다.

또한, 구조본부의 장에게 인력의 파견 외에 장비의 지원을 요청할 수 있는 권한을 부여하고, 중앙구조본부(해양경찰청장)로 하여금 매년 수난구호 협력기관 및 수난구호 민간단체 등과 공동으로 수난대비기본훈련을 실시한 후 그 결과를 국회 소관 상임위원회에 보고하도록 하며, '여객선 비상수색구조 계획서'에 구명설비 배치도를 기재하도록 하고, 조난현장에서의 수난구호 활동의 지휘에 관한 사항으로 수난구호요원의 안전 확보를 위한 조치와 조난현장의 질서유지를 위하여 필요한 사항을 추가하며, 조난된 선박의 선장 및 승무원에 대한 구조 의무를 명시하였다.

해양경찰청장으로 하여금 수상에서 조난된 사람을 구조하기 위한 전문적인 능력을 갖추었다고 인정되는 사람에게 수상구조사 자격을 부여할 수 있도록 하고, 심해에서의 잠수 및 수난구호를 전문으로 하는 심해잠수사의 양성 및 관리를 위하여 심해잠수 구조훈련센터를 설치할 수 있도록 하였으며, 조난사실을 신고하지 아니하거나 구조에 필요한 조치를 하지 아니하여 인명피해를 유발한 경우에 가중처벌을 할 수 있는 근거를 마련하여 사고 발생 시 신속하고 효율적인 구호조치를 실시할 수 있도록 하였다. 아울러, 수난구호 협력기관의 정의에 「재난 및 안전관리 기본법」 제3조 제8호에 따른 긴급구조지원기관을 명시하여 유관기관과 체계적인 협력관계를 구축할 수 있도록 하여 사고에 대응하기 위한 시스템을 개선하였다. 그 밖에 법률의 제명을 「수상에서의 수색·구조 등에 관한 법률」로 변경하고 선박관리인, 선박임차인 또는 선장을 대신하여 그 직무를 수행하는 사람에게도 이 법 또는 이 법에 따른 명령이 적용되도록 명시하여 법률의 목적과 내용을 명확하게 하는 등 현행 제도의 운영상 나타난 일부 미비점을 개선·보완하였다.

해양경찰은 해상에서 일어나는 각종 사고의 예방과 구난을 위해 특수구조단을 설립하여 해상 수색구조체계를 정립하고 수상재해 대비활동을 활발히 펼치고 있다. 수색구조 활동을 위해 전국 해양경찰서에서는 수색과 구조 임무수행을 위해 300여척의 함정과 20여대의 항공기를 배치하여 해양사고 발생하였을 때 신속하게 수색·구조가 가능하도록 하였다.

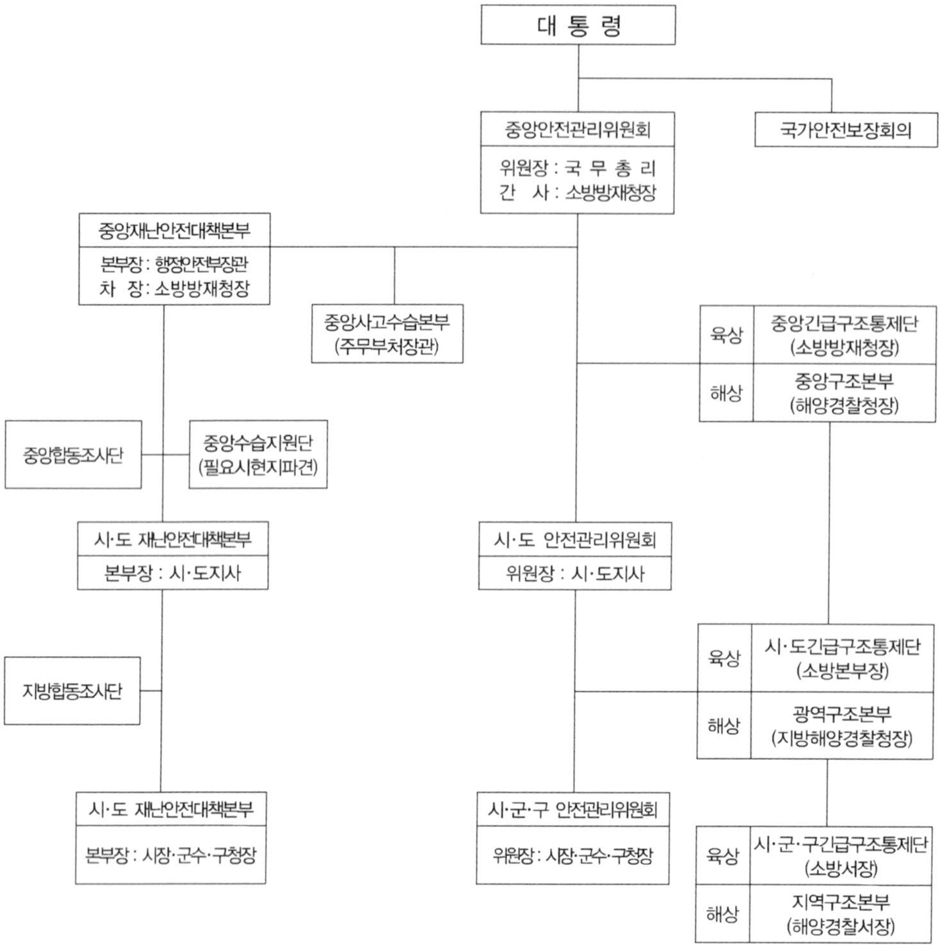

〈그림 2-2〉 우리나라 국가재난대응체제

[2] 수색구조 조직체계

국제기준(SAR 협약 및 IAMSAR 매뉴얼 등)과 우리나라의 운영체계는 다소 차이가 있으며, 보통 국가별로 기존 조직체계에서 국제기준을 일부 수용하여 운영

(1) 국제적인 수색구조 조직체계

1) 해상구조조정본부(MRCC : Maritime Rescue Co-ordination Center)

해상에서의 수색구조 서비스의 효율적인 조직화와, 수색구조구역 내에서 수색구조 작업의 수행을 조정하는데 책임이 있는 기관이다.

2) 구조지부(RSC : Rescue Sub-Center)

책임 있는 당국의 특정한 규정에 따라서 구조조정본부를 보완하기 위하여 설립된 기관이다.

> RSC는 RCC가 수색구조 조정업무를 수행하기 곤란한 원격지(원거리 도서 등)에 설치하는 것이 보통이며, RCC와 상하관계가 아닌 동일한 업무를 수행하는 기관이며, 보통 RCC와 RSC의 수색구조구역(SRR)은 중첩되지 않고 개별적으로 운영함

3) 수색구조 조정관(SC : SAR Coordinator)

SAR 조정관은 최고위급의 SAR 관리자이며, 각 국가는 통상적으로 1인 이상의 인원 또는 기관을 두고 있다.

> **【SAR 조정관의 책임】**
> - SAR 시스템을 구축하고 직원을 두며, 장비를 갖추고 관리하는 일
> - RCC 및 RSC를 설립하는 일
> - SAR 세력 및 시설 등을 제공하고 배치하는 일
> - SAR 정책개발 및 훈련을 조정하는 일

4) 수색구조 임무 조정관(SMC : SAR Mission Coordinator)

특정한 수색구조 사건 동안만 존재하는 기능으로, 보통 RCC나 RSC의 장이나 지명자에 의해 수행되며, 복잡한 사건들이나 오랜 기간 진행되는 사건들의 경우에는 일반적으로 지원팀을 가지고 구조가 달성되거나 외관상으로 추가적인 노력이 소용이 없게 될 때까지 수색구조 임무조정관은 수색구조 업무를 지도한다. 수색구조 임무 조정관은 수색구조 과정에 대해 잘 훈련되어야 하고, 다음을 포함하여 적용 가능한 수색구조계획을 철저히 숙지하여야 한다.

> **【SMC의 숙지사항】**
> - 조난상황에 대한 정보 수집
> - 정확하고 실행할 수 있는 수색구조 업무계획의 개발
> - 수색구조 임무를 수행하기 위한 자원의 파견과 조정
>
> **【SMC의 임무】**
> - 조난상황에 대한 모든 자료를 얻고 평가
> - 실종되거나 조난당한 선박이 비치하고 있는 비상장비의 형태를 확인
> - 극복할 수 있는 환경상태의 정보를 유지
> - 필요시 선박의 움직임과 위치를 확인하고, 구조, 경계, 무선당직을 위하여 수색지역에 있는 선박에 경보 송신
> - 수색해역을 표시하고 사용할 방법 및 선박(항공기)을 결정
> - 수색 및 구조 활동계획을 적절히 개발

- 필요시 인근 RCC와 업무를 조정
- SAR 인원의 상황설명 및 업무보고를 주선
- 필요시 모든 보고서를 평가하고 수색활동계획을 수정
- 항공기에 연료를 주선하고, 수색 연장을 계획하며, SAR 인원의 거주시설 준비
- 생존자의 생명을 유지하기 위하여 구급품 공급을 주선
- 정확하고 최신화된 기록을 연대순으로 보관
- 진도보고서를 발행
- 수색을 중지하거나 종결할 시점을 결정
- 도움이 더 이상 필요하지 않을 때 SAR 선박(항공기)의 업무를 해제
- 사고조사 당국에게 보고
- 적용가능한 경우 항공기의 등록국가에게 보고
- 최종보고서 준비

5) 현장조정관(OSC : On-Scene Coordinator)

2척(대) 이상의 함정 또는 항공기 등 구조세력이 수색구조 활동을 수행 하는 경우에는 수색구조 임무 조정관(SMC)은 현장조정관(OSC)을 임명 하여야 한다. 이것이 실행 불가능하면 참여한 함정 또는 항공기가 상호 협의하여 OSC를 지명한다. OSC의 임명은 실행 가능한 조속히 도착하기 전에 이루어져야 하고, 만약 OSC가 임명되기 전에 사고현장에 최초로 도착한 함·정장 또는 항공기 기장은 OSC 임무를 수행해야 한다. OSC에게 얼마나 많은 책임을 위임할 것인가를 결정할 때 SMC는 참여한 수색구조세력의 통신 및 인적 능력을 일반적으로 고려하여야 한다. 훈련, 통신능력, 동원가능기간 등을 종합적으로 고려하여 이용할 수 있는 유능한 사람이어야 하며, OSC의 잦은 변경은 피해야 한다.

【OSC의 임무】

- 현장에 있는 모든 수색구조세력의 활동을 조정
- SMC로부터 수색계획 또는 구조계획을 접수하거나, 달리 이용할 계획서가 없다면 수색 또는 구조계획을 수립
- SMC의 권고를 따르면서, 현장 상황에 따라 수색계획 또는 구조계획을 수정 (실행가능한 경우 SMC와 협의하여 이행)
- 현장통신 조정
- 참여하고 있는 다른 시설의 업무수행을 감시
- 수상 및 항공에서 모든 수색구조세력이 안전한 거리를 유지하는데 특별히 신경을 쓰면서 활동이 안전하게 수행하도록 함
- 다음의 내용을 포함하여 SMC에게 정기적인 상황보고
  ① 기상 및 해상조건
  ② 현재까지 수색결과
  ③ 조치사항
  ④ 향후계획 및 권고

- 활동의 상세기록 유지
  ① 수색구조세력의 현장도착 및 이탈시각
  ② 수색된 범위
  ③ 사용된 항적구간,
  ④ 보고된 관찰사항 및 근거
  ⑤ 조치사항 및 얻은 결론
- SMC에게 권고하여 더 이상 필요하지 아니한 시설을 돌려보내게 함
- 생존자의 수 및 성명을 SMC에게 보고
- SMC에게 생존자가 탑승한 시설의 이름과 지정 사실을 제공
- 어느 생존자가 어느 시설에 있는가를 보고
- 필요시 추가적인 SMC지원 요청(예를 들면 중상을 입은 생존자의 의료적 후송)

6) 항공조정관(ACO : Aircraft Coordinator)

다수의 헬기 등 항공기가 수색구조 작업을 수행할 경우, 수색구조 임무조정관(SMC)은 항공조정관(ACO, Aircraft Coordinator)을 지정할 수 있다. 이것이 실행 불가능하면 OSC가 ACO 지명 가능하다. 일반적으로 ACO는 SMC에 대하여 책임이 있고, OSC와 밀접하게 조정한다. 얼마나 많은 책임을 ACO에게 부여할 것인가를 결정할 때, SMC는 참여한 시설의 통신장비, 레이더 및 훈련된 인력의 능력을 종합하여 검토한다.

【ACO의 임무】

1) 비행안전을 유지
  ① 항공기의 안전거리 유지
  ② SMC에게 현장기상 관련사항 통보
  ③ 항공기의 진입, 출발지점 및 고도를 결정
  ④ SMC의 지시에 따라서 주파수가 사용되도록 함
  ⑤ 인접 지역통제센터 및 비행장을 조정
2) 임무의 우선순위 및 할당
  ① 항공세력에게 SMC/OSC의 전반적인 계획을 알림
  ② 대상 수색구역을 감시하고 보고
  ③ 적절한 SMC/OSC 당국과 함께 최근에 주어진 임무를 식별하고 SAR 항공기에게 이들을 준수하도록 지시
3) 수색지역의 수색범위를 조정
  ① 현장에서 변경요소에 대응하고 수색의 유효성을 감독
  ② 항공기의 연료 재급유를 조정
  ③ 연속성을 유지하는 것에 대하여 SMC/OSC에게 건의
4) OSC와 밀접하게 업무 수행
  ① SMC 지침의 OSC 임무수행 지원
  ② 통신 유지
  ③ 연속성을 유지하는 것에 대하여 SMC/OSC에게 건의

(2) 우리나라의 수색구조 조직체계

1) '중앙구조본부' – '광역구조본부' – '지역구조본부'

대부분의 국가들이 구조조정본부(RCC)를 별도의 기관으로 운영하는 것과는 달리, 우리나라는 기존의 해양경찰 조직체계 속에 수색구조 조직을 수용함에 따라 국제기준과는 다소 상이한 조직체계를 운영하고 있다.

「수상에서의 수색·구조 등에 관한 법률」에 의거, 해양경찰청을 '중앙구조본부'로, 지방해양경찰청을 '광역구조본부'로, 해양경찰서를 '지역구조본부'로 운영한다. 실제 국제기준에 따라서는 해당 수색구조 사건에 대한 조정업무는 구조조정본부의 고유 업무로서 책임과 지휘권이 일원화되어 있는데 반해 우리나라는 구조본부라는 별도의 조직체계를 가짐에 따라 일부 지휘체계에 대한 이해가 쉽지 않을 수 있다.

다만, SAR 협약 등에 따라 국제적으로는 RCC(구조조정본부)와 RSC(구조지부)를 지정하여 운영해야 하므로, 광역구조본부를 'RCC'로, 지역구조본부를 'RSC'로 지정하고 있으나, 실제로는 지역구조본부가 국제기준에 따라서는 'RCC' 임무를 수행하고 있다고 생각하면 된다. 따라서 국제기준을 이행하는데 있어서 'RCC', 'SMC' 등의 조직체계는 지역구조본부를 지칭하는 것이며, 일부 대규모 수난사고에 대해서만 '광역' 및 '중앙'구조본부에서 수색구조 지원 및 재난대응 업무를 수행하고, 필요시 현장지휘를 할 수 있는 체계이다.

2) 'SC(수색구조 조정관)' 및 'SMC(수색구조 임무 조정관)'

우리나라의 수색구조 조직체계 상 SC는 해양경찰청장이 되며, SMC는 별도의 지정이 없는 한 지역구조본부의 수색구조 담당과장이 된다. 한편, 대부분의 수색구조 사건 대응은 지역구조본부장의 지휘 하에 SMC가 조정업무를 수행하며, 사안에 따라 '광역' 및 '중앙' 구조본부장이 지역구조본부장을 지휘하는 체계로 운영된다. 단, 광역구조본부장 이상에서 지휘할 경우, 지역구조본부의 능력을 감안하여 SMC의 변경 지정 가능하다. '수색구조'와 '재난관리'는 다소 차이가 있는 개념이며, SMC는 수색구조 업무에 대한 전문성을 가진 사람이 '수색'과 '구조' 임무에 집중하여 임무를 수행하는 것이다.

'예방 → 대비 → 대응 → 복구' 과정으로 이어지는 재난관리는 재난관리 주관 기관을 중심으로 전개되는 것으로, 별도의 재난관리 위기대응체계에 따라 다수의 유관기관 간 협력을 통해 이루어지고 있다.

우리나라는 수색구조 임무만을 전문적으로 수행하는 구조조정본부(RCC)를 별도로 운영하지 않음에 따라 수색구조 조정 업무와 재난관리 업무가 혼재되어 있는 특성을 가지고 있다.

따라서 지역구조본부장은 일반적인 해양사고의 경우에는 SAR 상황실을 통해 수색구조 임무(SMC의 역할)를 수행하고, 대형 해양사고 등이 발생할 경우에는 SMC를 통해 해양 수색구조 임무를 체계적으로 수행할 수 있도록 하여야 할 것이며, 「수상에서의 수색·구조 등에 관한 법률」 및 「재난 및 안전관리 기본법」에 따라 본부장(해경경찰서장)이 재난 현장에 대한 총괄적인 현장지휘를 수행할 수 있도록 평상시 훈련 등을 통해 역할 조정업무를 실시하여야 한다.

3) '현장조정관(OSC)' 및 '항공조정관(ACO)'

일반적으로 OSC 임무는 사고현장에 가장 먼저 도착하는 함정장, 기장 또는 선장이 수행을 하게 되는데, 수색구조 세력별로 인력·장비 등 수색구조 능력에 상당한 차이가 있으므로 대형사고 등 해양재난이 발생할 경우에는 OSC의 능력을 고려하여 SMC가 이를 지원할 수 있는 체계를 강구하여야 할 것이다. 다만, OSC는 '조난자의 구조'와 '구조인력의 안전'을 모두 고려하여야 하며, SMC가 제공한 수색구조계획은 지침일 뿐이므로 현장 상황에 근거하여 이 계획을 조정할 수 있다.

ACO는 다수의 항공기가 동원된 상황에서 비행의 안전에 대한 조정 임무를 수행하며, 인력 및 통신 등 여건을 고려하여 '고정익항공기 → 회전익 항공기 → 지원세력' 순으로 지정을 검토하는 것이 바람직하며 OSC와 협력하여 임무를 수행하여야 한다.

4) 수난구호활동 현장지휘

수상에서 수색·구조 등에 관한 법률 제17조에 의하면 조난현장에서 수난구호활동 현장지휘는 지역구조본부의 장이 행하며, 둘 이상의 지역구조본부장의 공동대응이 필요하다고 인정하는 경우에는 광역구조본부장이, 대규모 수난이 발생하거나 그 밖에 필요하다고 인정하는 경우에는 중앙구조본부장이 직접 현장지휘를 할 수 있다고 되어있다. 따라서 때에 따라서는 현장지휘를 사고현장을 관할하는 해양경찰서장이 구조본부장이 될 수도 있지만 사고의 규모나 사회적 파장이 미칠 수 있는 중요사고가 발생하였을 경우에는 상급관청인 지방해양경찰청장 또는 해양경찰청장이 구조본부장이 되어 수색 및 구조활동을 총괄하게 된다. 다만 이 모든 지휘계통은 조직구조이다. 지휘에 대한 운영원리가 적용된다는 것이다. 계층제의 원리, 명령통일의 원리, 명령계통의 원리, 통솔범위의 원리, 권한위임과 원리들이 서로 맞물리면서 현장의 긴급한 지휘체계는 운영이 되고, 이러한 제 원리들의 문제점들이 상호 영향을 미치면서 초기의 대응활동에 결정적인 영향을 미치기도 한다.

[3] 해상수색구조 기본체계

(1) 국가재난관리 '해상수색구조' 종합 체계도

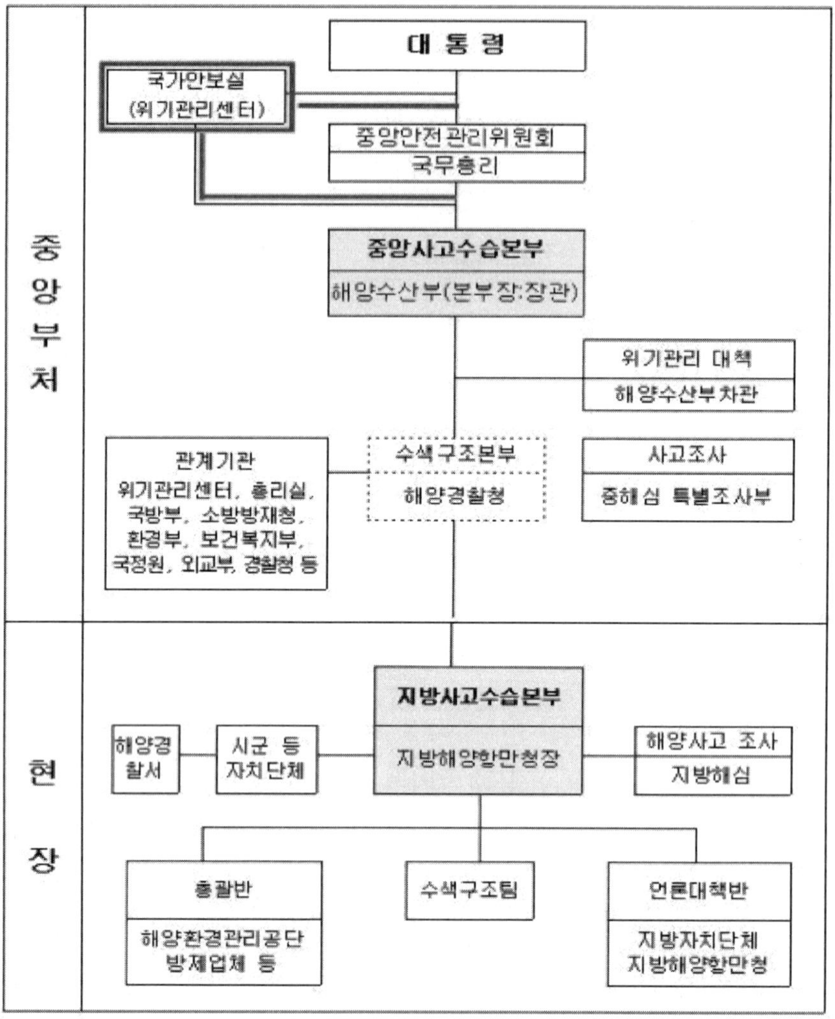

〈그림 2-3〉 해상수색구조 체계도

(2) 수색구조의 최우선 순위

수난구호는 사람의 생명을 최우선으로 한다(수상에서의 수색·구조 등에 관한 법률 시행령 제3조). 해양 수색구조 성패는 신속한 계획과 실행에 달려 있으며 어떠한 해난상황에서도 신속한 구조는 생존자가 있다고 보고 즉시 착수하는 것이 필요하다. 부상자들은 해상 생존 가능성은 최초 24시간 동안 80%까지 감소하고, 부상당하지 않는 사람들의 생존 가능성도 최초

3일 이후에 급속히 감소하는 것으로 알려지고 있다. 해양사고가 발생하면 부상당하지 않는 정상적인 사람들도 해상에서는 간단한 구조 업무조차 수행하기 힘들고 구조를 지연시키거나 방해한다고 알려져 있다.

(3) 조난사고 통신의 종류와 규칙

1) 조난신호(Distress signal) 통신

조난신호는 선박, 항공기 등이 중대하고 급박한 위험에 처하여, 즉각적인 구조를 요구한다는 것을 표시하는 것으로 조난호출의 앞에 송신하는 신호이다.

① 무선전신의 조난신호
단일 신호로서 송신하는 “SOS(···– – –···)”의 3회 반복으로 구성

② 무선전화의 조난신호
“MAY DAY”의 3회 반복으로 구성

2) 긴급신호(Urgency signal) 통신

긴급신호는 호출국이 선박, 항공기 혹은 기타 이동체의 안전, 또는 사람이 안전에 관한 긴급한 통보를 전송하고자 하는 것을 표시한다. 즉, 선박이 비교적 위험한 상태에 있으나 조난신호를 발하기까지는 되지 않았을 때, 승객 또는 승무원이 물에 빠져 다른 선박의 원조를 필요로 할 때, 선내에 위급 환자가 발생하여 그 의료처치에 관한 지시를 받기 위하여 의사동보를 보내기 전 등 다른 선박과의 긴급한 연락이 필요할 때 사용한다.

① 무선전신의 긴급신호
“XXX (–··––··––··–)”의 3회 반복으로 구성

② 무선전화의 긴급신호
“PAN PAN”의 3회 반복으로 구성

3) 안전신호(Safety message) 통신

안전신호는 국이 중요한 항해경보 또는 중요한 기상경보를 포함하는 통보를 전송하고자 하는 것을 표시한다. 즉, 항행의 안전에 관한 통보(등대 고장, 표류물, 유기물, 기뢰, 빙산 등에 관한 정보 등)나, 중요한 기상 경보를 전송하고자 할 때 사용한다.

① 무선전신의 긴급신호
“TTT (– – –)”의 3회 반복으로 구성

② 무선전화의 긴급신호

"SECURITY"의 3회 반복으로 구성

조난통신에 관련한 규정에서 무선통신규칙((Radio Regulations : RR)[35]은

① 조난통신을 인지한 선박이, 스스로 조난국을 구조할 수 없는 경우는, 구조가 행해지고 있다는 것이 명백하게 될 때까지 그 통신을 추종하여야 한다.

② 조난통신을 인지하고 조난통신에 참가하지 아니하는 모든 국은 통상 업무를 재개하여도 좋다는 통보를 수신할 때까지, 조난통신에 사용되고 있는 주파수로 송신하는 것을 금지한다.

③ 다만, 현재 조난통신이 행해지고 있는 경우에, 조난통신에 사용 중인 주파수를 사용하지 아니하고, 또한 조난통신을 방해하지 아니하는 것을 조건으로, 조난통신을 추종하면서 그의 통상 업무를 계속할 수 있다.

④ 조난 선박국이 그 선체를 포기하고자 할 때는 사정이 허락하는 한 그 송신설비를 계속하여 전파를 발사하는 상태로 두어야 한다.

SOLAS 규정의 조난신호의 남용 금지에서 선박 또는 항공기가 조난 중에 있다는 것을 나타내는 목적 이외의 조난신호의 사용 및 국제 조난신호와 혼동될 염려가 있는 각종 신호의 사용은 모든 선박 또는 항공기에 금지한다. 그리고 조난 통보의 의무 및 조치에서

① 조난신호를 수신한 선박의 선장은 가능하면 구조하러 간다는 것을 조난자에게 통보하고 전속력으로 조난자를 구조하기 위하여 항진해야 한다. 이것이 불가능하거나, 특수한 사정에 의해 구조하러 가는 것이 불합리하거나, 불필요하다고 인정되는 때에는 조난자를 구조하러 가지 못하는 이유를 항해일지에 기입하여야 한다.

② 조난선박의 선장은 구조를 위한 호출에 응답한 여러 선박 중 구조하기에 가장 적당한 한 척 또는 두 척 이상의 선박을 요청하는 권리를 가지며, 이때 요청된 선박의 선장은 조난자의 구조를 위하여 전속력으로 항행을 계속하여 요청에 따를 의무가 있다.

③ 기타 선박의 선장은 자선 이외에 한 척 또는 두 척 이상의 선박이 요청되고, 또 그 구조의 요청에 따르고 있다는 것을 인지한 때는, 1)에 의한 의무를 면제받는다. 또한 조난자 또는 조난자의 소재지에 도착한 다른 선박의 선장에 의해 이미 구조가 필요 없다는 통보를 받은 선박의 선장은 1)의 경우 및 2)에 의한 의무를 면제 받는다.

---

35) 국제전파규칙(Radio Regulations)의 제·개정, 신규 주파수 분배, 인접국가간 전파간섭 방지를 위한 보호기준 등을 결정 등을 위하여 전파통신총회(RA)와 연계하여 3~4년 주기로 개최한다. 전파 올림픽이라 불릴 만큼 전 세계 190여개 회원국 3,000여 명이 4주간 치열한 경쟁을 통하여 범세계적인 모든 전파통신 문제를 논의한다.

전파법에서는 조난통신, 긴급통신 또는 안전통신의 발신 명령을 받고 불이행한 자 및 조난통신의 불취급 혹은 지연시킨 자 또는 누구를 막론하고 조난통신의 취급을 방해하는 자는 10년 이하의 징역 또는 1억원 이하의 벌금에 처하며 이의 미수범도 처벌한다고 규정하고 있고 선원법의 ① 선박 충돌시의 조치에서 선박이 서로 충돌한 경우에는 각 선박의 선장은 서로 인명과 선박을 구조하는데 필요한 조치를 다하여야 하며, 선박의 명칭, 소유자, 선적항, 출항항 및 도착항을 상대방에게 통보하여야 한다. 다만, 자기가 지휘하는 선박에 급박한 위험이 있는 경우에는 그러하지 아니한다. 선장이 이 규정에 위반하여 인명과 선박의 구조에 필요한 조치를 다하지 아니한 때에는 징역 또는 벌금에 처한다고 규정하고 있다. ② 조난선박의 구조에서 선장은 다른 선박 또는 항공기의 조난을 안 경우에는 인명을 구조하는데 필요한 조치를 다하여야 한다. 다만, 자기가 지휘하는 선박에 급박한 위험이 있는 경우와 교통부령이 정하는 경우에는 그러하지 아니한다. 선장이 이 규정에 위반한 때에도 징역 또는 벌금에 처한다고 규정하고 있다.

(4) 수난구호 관할

해수면의 수난구호는 구조본부의 장이 수행하고, 내수면의 수난구호는 소방관서의 장이 수행한다. 다만, 국제항행에 종사하는 내수면 운항선박에 대한 수난구호는 구조본부의 장과 소방관서의 장이 상호 협조하여 수행(수상에서의 수색·구조 등에 관한 법률 제13조, 수난구호의 관할)힌다. 외국해역에서의 우리나라 선박이나 항공기의 수색구조는 SAR협약 또는 외국과 체결한 당사국간 협정 등 관련 조약에 따라 실시한다.

(5) 수색구조 활동 개시

해양사고를 최초로 인지한 구조본부장은 즉시 위험에 처한 상황을 분석하여 사고 현장으로 인력과 장비 등 구조세력을 신속하게 이동 조치하고 관련기관에 상황을 전파한다.

(6) 수색구조 활동의 종료 또는 중지

1) 법적근거

가) 수색구조협약(SAR협약)

4.8 수색 및 구조 활동의 종료와 중지

4.8.1 수색 및 구조 활동은 실행 가능한 한, 생존자 구조에 대한 모든 합리적인 희망이 사라질 때까지 계속된다.

4.8.2 책임 있는 관계 구조조정본부 또는 지부는 일반적으로 수색 및 구조 활동의 중단 시기를 결정한다. 수색 및 구조 활동에 관계되는 구조조정본부 또는 지부가 없는 경우, 현장조정관이 이러한 결정을 할 수 있다.

4.8 Termination and suspension of search and rescue operations

4.8.1 Search and rescue operations shall continue, when practicable, until all resonable hope of rescuing survivors has passed.

4.8.2 The responsible rescue co-ordination center or rescue sub-center concerned shall normally decide when to discontinue search and rescue operations. If no such centre is involved in co-ordinating the operations, the on scene co-ordinator may take this decision.

나) 국제항공해상수색구조매뉴얼(IAMSAR Manual)

○ 현장조정관은 생존자를 구조하는 모든 합당한 희망이 사라질 때까지 수색을 계속해야 한다.

○ 현장조정관은 수색이 실패하였을 경우, 수색을 종결할 것인가를 결정할 필요가 있을 경우(실행 가능하다면 수색구조임무조정관과 상의하여 결정), 다음 요소를 고려하여야 한다.
- 만약 생존해 있다면 생존자가 수색지역 내에 존재할 가능성
- 수색 목표물이 수색된 지역 내에 있다면 그것을 탐지할 가능성
- 생존자가 아직 생존해 있을 가능성

다) 수상에서의 수색·구조 등에 관한 법률(수상구조법) 제24조

제24조(구조활 동의 종료 또는 중지) 구조본부의 장은 다음 각 호의 어느 하나에 해당하는 경우에는 구조 활동을 종료 또는 중지할 수 있다.

1. 구조 활동을 완료한 경우
2. 생존자를 구조할 모든 가능성이 사라지는 등 더 이상 구조 활동을 계속할 필요가 없다고 인정되는 경우

2 해양경찰 구조대 운영

[1] 해양경찰 구조본부 구성과 운영 36)

「수상에서의 수색·구조 등에 관한 법률」 제5조, 같은 법 시행령 제4조, 제5조에 따라 해양경찰청, 지방해양경찰청, 해양경찰서에 설치되는 중앙·광역·지역구조본부의 구성 및 운영에 필요한 사항을 규정함을 목적으로 한다.

► 수상에서의 수색·구조 등에 관한 법률 제5조(중앙구조본부 등의 설치)
① 해수면에서의 수난구호에 관한 사항의 총괄·조정, 수난구호협력기관과 수난구호민간단체 등이 행하는 수난구호활동의 역할조정과 지휘·통제 및 수난구호활동의 국제적인 협력을 위하여 **해양경찰청에 중앙구조본부**를 둔다.
② 해역별 수난구호에 관한 사항의 총괄·조정, 해당 지역에 소재하는 수난구호협력기관과 수난구호민간단체 등이 행하는 수난구호활동의 역할조정과 지휘·통제 및 수난현장에서의 지휘·통제를 위하여 **지방해양경찰청에 광역구조본부**를 두고, **해양경찰서에 지역구조본부**를 둔다.

► 수상에서의 수색·구조 등에 관한 법률 시행령 제4조(중앙구조본부의 구성·운영) ① 법 제5조제1항에 따른 중앙구조본부(이하 "중앙구조본부"라 한다)에는 본부장·부본부장 각 1명과 중앙조정관 1명 및 업무 수행에 필요한 직원을 둔다.
② **중앙구조본부의 본부장은 해양경찰청장**이 되고, 부본부장·중앙조정관 및 직원은 해양경찰청장이 소속 공무원 중에서 지명하는 사람이 된다.
제5조(광역 및 지역 구조본부의 구성·운영) ① 광역구조본부에는 본부장 1명과 광역조정관 1명을 두고, 지역구조본부에는 본부장 1명과 지역조전관 1명을 두며, 광억 및 지역 구조본부별로 업무 수행에 필요한 직원을 둔다.
② **광역구조본부의 본부장은 해당 지방해양경찰청장**이 되고, 광역조정관 및 광역구조본부 직원은 해당 지방해양경찰청장이 소속 공무원 중에서 지명하는 사람이 되며, **지역구조본부의 본부장은 해당 해양경찰서장**이 되고, 지역조정관 및 지역구조본부 직원은 해당 해양경찰서장이 소속 공무원 중에서 지명하는 사람이 된다.

1) "중앙·광역·지역구조본부"(이하 "각급 구조본부"라 한다)란 「수상에서의 수색·구조 등에 관한 법률」(이하 "법"이라 한다) 제5조 및 같은 법 시행령(이하 "영"이라 한다) 제4조부터 제5조까지에 따른 구조본부를 말한다.
2) "수색구조 주관부서"란 중앙구조본부는 해양경찰청(이하 "해경청"이라 한다) 수색구조과, 광역구조본부는 지방해양경찰청(이하 "지방청"이라 한다) 구조안전과, 지역구조본부는 해양경찰서(이하 "해경서"이라 한다) 경비구조과를 말한다. 단, 구조안전과가 설치되지 않은 광역구조본부는 경비안전과를 말한다.

36) 구조본부 구성 및 운영 등에 관한 훈령[해양경찰청훈령 제151호, 2019. 10. 21., 일부개정.], 해양경찰청(수색구조과).

3) "종합상황실"이란 법 제8조에 따라 각급 구조본부에 설치·운영하는 것으로서 해경청, 지방청, 해경서에서 각각 운영 중인 상황센터 또는 상황실을 말한다.
4) "구조본부 비상 가동"이란 해양 사고 또는 재난대응에 있어 종합상황실을 중심으로 평상단계로 운영하던 구조본부를 대비단계 또는 대응단계로 격상하여 운영하는 것을 말한다.
5) "대응부"란 대응계획부·자원지원부·현장대응부·긴급복구부·정보관·공보관을 말한다.
6) "대응반"이란 각 대응부에 소속된 하부기능을 말하며, "지휘참모"란 소관 분야에 있어서 필요할 경우 구조본부장의 임무수행을 보좌하거나 지휘·판단을 위한 조언 등을 행하는 사람을 말한다.
7) "구조본부 운영요원"이란 해양 사고 또는 재난이 발생하여 구조본부를 비상 가동하는 경우 해당 업무 수행에 필요한 직원으로 지정된 사람을 말한다.

제3조(적용범위) 각급 구조본부의 구성 및 운영 등에 관하여 다른 법령에서 특별히 정한 사항이 없으면 이 규정이 정하는 바에 따른다.

(1) 구조본부 구성 및 운영체계

1) 중앙구조본부는 본부장·부본부장 각 1명과 중앙조정관 1명을 두는 외에 하부조직으로 대응계획부·자원지원부·현장대응부·긴급복구부 및 공보관, 정보관을 둘 수 있고, 중앙구조본부장이 따로 지명하지 않는 한 부본부장은 해경청 차장이 되고, 중앙조정관은 구조안전국장이 된다.
2) 광역·지역구조본부는 본부장 1명과 광역조정관 1명을 두는 외에 하부조직으로 대응계획부·자원지원부·현장대응부·긴급복구부 및 공보관, 연락관, 정보관을 둘 수 있고, 광역·지역구조본부장이 따로 지명하지 않는 한 광역조정관은 지방청의 안전총괄부장이 되고, 지역조정관은 경비구조과장이 된다. 단, 안전총괄부장이 없는 지방청은 구조안전과장이, 구조안전과장이 없는 지방청은 경비안전과장이 광역조정관이 된다.
3) 운영기준
   가) 각급 구조본부장은 운영기준에 따라 대비단계, 대응 1단계, 강화 대응 1단계, 대응 2단계 및 대응 3단계로 구분하여 구조본부를 비상 가동한다. 다만, 사고의 규모, 사회적 파장, 구조활동 추이 등에 따라 비상단계 및 단계별 근무인원, 인원구성, 임무 등을 달리 운영할 수 있고, 상급 구조본부는 하급 구조본부의 설정 단계와 같거나 낮은 단계로 설정하는 것을 원칙으로 한다.

나) 태풍 등 자연재난의 대비목적으로 구조본부를 운영하는 경우 대비단계 또는 대응 1단계 가동을 원칙으로 하고, 상황모니터링 강화 등 확대 대응이 필요할 경우에는 강화 대응 1단계로 상향하여 구조본부를 비상 가동한다. 다만, 자연재난에 의한 해양사고 발생 시에는 대응 2단계 이상으로 상향하여 운영 할 수 있다.

다) 상급 구조본부장은 하급 구조본부의 운영 단계가 해양 사고 또는 재난 관리에 적절하지 않다고 판단하는 경우 하급 구조본부의 운영 단계를 상향하도록 지시할 수 있다.

(2) 지휘체계

1) 상급 구조본부와 하급 구조본부가 동시에 가동되는 경우 수색구조활동에 관한 직접적인 지휘는 법 제17조를 적용하여 사고 발생지 관할 지역구조본부장(해양경찰서장)이 우선적으로 권한과 책임을 가지며, 상급구조본부장을 비롯한 다른 구조본부장은 지휘권을 인수하지 않는 한 지역구조본부장의 현장 대응에 대한 판단에 혼선을 주어서는 안된다. 단, 상급구조본부장이 서면 또는 전자매체를 이용하여 지시하는 경우는 예외로 한다.
2) 중앙구조본부장(해양경찰청장)은 사고의 규모 및 양상을 감안하여 사고 발생지를 관할하는 광역구조본부장(지방해양경찰청장)으로 하여금 지역구조본부장(해양경찰서장)으로부터 지휘권을 인수하여 직접 지휘하도록 지시할 수 있으며, 상급구조본부장은 하급 구조본부를 통합하여 직접 지휘하는 것이 효율적이라고 판단하는 경우 지휘권을 발동하고 하급 구조본부의 인력 및 장비 등을 통합하여 운영할 수 있다.
3) 하급 구조본부장이 수색구조활동을 지휘할 경우 상급 구조본부장은 지휘 구조본부에 대한 지원 및 임무 조정 역할을 수행한다.
4) 같은 등급의 구조본부장 간 지휘권을 이양할 경우에는 공통의 상급 구조본부장의 허가를 받아야 한다.
5) 상급 구조본부장은 둘 이상의 하급 구조본부의 공동대응 등이 필요하다고 판단하는 경우 하급 구조본부장 중 주된 지휘권을 행사하는 구조본부장을 지정할 수 있으며, 그 외의 구조본부장은 지휘권을 지정받은 구조본부장의 요청에 적극 협조하여야 한다.
6) 지휘권을 이양할 경우에는 지휘권 공백이 발생하지 않도록 서면으로 지휘권을 이양하며, 부득이한 경우에는 유·무선 통신망 등을 활용하여 지휘권을 이양할 수 있다.
7) 중앙·광역·지역 구조본부를 불문하고, 사고대응을 직접 지휘하는 구조본부는 '지휘 구

조본부'로, 그 외 가동되는 구조본부는 '지원 구조본부'로 구별하나, 이는 역할에 관한 구분일 뿐이고 명칭은 법령상의 규정을 그대로 따른다.

(3) 구조본부 및 현장지휘소 설치·운영

1) 각급 구조본부는 해양 사고 또는 재난 현장의 수색구조세력을 적절히 지휘·통제할 수 있도록 현장 상황의 정보가 집결되고, 현장세력과 교신할 수 있는 복수의 통신체계가 구축되어 있는 종합상황실 또는 그러한 시설·장비가 구축되어 있는 종합상황실 연계 공간에 설치함을 원칙으로 한다.
2) 각급 구조본부장은 직접 현장에서 지휘 또는 지원하는 것이 효율적이라고 판단되는 경우 경비함정 또는 사고현장 인근 해안가에 현장지휘소를 설치·운영 할 수 있다.
3) 구조본부를 대응단계로 가동하는 경우 각급 조정관은 '일일정기보고서'를 작성하여 1일 2회(6시, 17시) 해당 구조본부장 및 상급 구조본부장에게 보고하여야 한다. 대응단계의 구조본부 가동이 종료된 경우 수색구조 주관부서장은 15일 이내 '구조본부 운영 결과보고서'를 작성하여 해당 구조본부장 및 상급 구조본부장에게 보고하여야 한다.

(4) 해상구조조정본부 지정[37)]

「1979년 해상 수색 및 구조에 관한 국제협약」 및 「1944년 국제민간항공협약」 상의 해상구조조정본부 및 해상구조조정지부를 지정하여 수색 및 구조 구역내에서 수색 및 구조업무의 효율적인 조직화를 촉진하고, 선박위치통보에 필요한 사항을 규정함을 목적으로 한다.

1) 해상구조조정본부 등의 지정

해상구조조정본부(구조조정본부)는 지방해양경찰청으로 하고 해상구조조정지부(구조조정지부)는 해양경찰서로 한다.

2) 구조조정본부 및 구조조정지부의 관할해역

구조조정본부의 관할해역은 따로 지정된 해역으로 하고, 구조조정지부의 관할해역은 해당 해양경찰서의 관할해역으로 한다.

3) 선박위치통보 해역 및 통보

「수상에서의 수색·구조 등에 관한 법률」 제33조의 선박위치통보(이하 "선위통보"라 한다)

37) 해상구조조정본부 지정 등에 관한 고시, [해양경찰청고시 제2017-1호, 2017. 7. 26., 타법개정.], 해양경찰청(수색구조과).

해역은「수상에서의 수색·구조 등에 관한 법률 시행규칙」별표1에 의한 해역으로 하고, 광역구조본부의 장 및 구조조정본부장에게 통보할 수 있다.

4) 선위통보용 주파수

선위통보 시 통신방식에 따른 호출용, 통신용 주파수는 다음 표와 같다.

〈표 2-3〉 선위통보시 사용할 주파수

통신방식	호출용	통신용
무선전화(VHF)	F3E 156.800MHz(CH16)	F3E 156.450MHz(CH9)
무선전화(SSB)	J3E(H3E) 2182 kHz	J3E 2110, 2639.4 kHz
NBDP(MF/HF)		F1B 4212.5/4174.5kHz

5) 구조조정본부의 호출명칭

무선전화(VHF), 무선전화(SSB), NBDP(MF/HF)를 이용한 선위통보 시 사용할 구조조정본부 호출명칭 및 식별번호는 다음 표와 같다.

〈표 2-4〉 선위통보시 사용할 구조본부 호출명칭 및 식별번호

구조조정본부	통신방식	장비명	연락처 번호
서해지방 해양경찰청	INMARSAT-전화, FAX, TELEX	전화	(061) 288-2147
		FAX	(061) 288-2247
		TELEX	K67116
남해지방 해양경찰청	"	전화	(051) 663-2147
		FAX	(051) 663-2447
		TELEX	K53343
동해지방 해양경찰청	"	전화	(033) 680-2147
		FAX	(033) 680-2947
		TELEX	K35521
제주지방 해양경찰청	"	전화	(064) 801-2147
		FAX	(064) 801-2947
		TELEX	K67117
중부지방 해양경찰청	"	전화	(032) 650-2147
		FAX	(032) 883-9595
		TELEX	K35522

6) 그 밖의 방법에 따른 선위통보 연락처

INMARSAT-전화, FAX, TELEX를 이용한 선위통보 시 연락처는 다음 표와 같다.

〈표 2-5〉 선위통보시 사용할 연락처

구조조정본부	통신방식	호출명칭(식별번호)
서해지방 해양경찰청	VHF, SSB	서해해경
	NBDP	3402
남해지방 해양경찰청	VHF, SSB	남해해경
	NBDP	3403
동해지방 해양경찰청	VHF, SSB	동해해경
	NBDP	3401
제주지방 해양경찰청	VHF, SSB	제주해경
	NBDP	3404
중부지방 해양경찰청	VHF, SSB	중부해경
	NBDP	3400

[2] 해양경찰구조대 운영규칙(훈령)[38]

「수상에서의 수색·구조 등에 관한 법률」 제7조에 따라 해양경찰구조대의 편성, 인사, 교육훈련, 장비관리 등 해양경찰구조대의 운영에 필요한 사항을 규정함을 목적으로 한다. 이 규칙에서 사용하는 용어의 뜻은 다음 각 호와 같다.

1) "구조대"란 수색 및 구조 활동에 필요한 장비를 갖추고 해양경찰청 소속 경찰공무원으로 편성되어 해양경찰서에 설치된 단위조직을 말한다.
2) "수색"이란 인원 및 장비를 사용하여 조난을 당한 사람 또는 사람이 탑승하였을 것으로 추정되는 선박 등을 찾는 활동을 말한다.
3) "구조"란 조난을 당한 사람을 구출하여 응급조치 또는 그 밖의 필요한 것을 제공하고 안전한 장소로 인도하기 위한 활동을 말한다.
4) "구급"이란 응급환자에 대하여 행하는 상담, 응급처치 및 이송 등의 활동을 말한다.
5) "구조대원"이란 구조요원, 구급요원 및 운항요원을 말한다.
6) "구조요원"이란 「수상에서의 수색·구조 등에 관한 법률 시행령」 제17조제1항에 따라 구조업무를 위하여 특별채용 되었거나, 해양경찰청장이 실시하는 인명구조 교육을 받

38) 해양경찰구조대 운영규칙, [해양경찰청훈령 제130호, 2019. 7. 10., 일부개정.], 해양경찰청(수색구조과).

은 사람으로서 구조대에 근무하는 자를 말한다.

7) “구급요원”이란 「응급의료에 관한 법률」 제36조에 따른 1급 응급구조사로서 자격을 유지중인 자 또는 구급직별 중 구조대에서 근무하는 자를 말한다.

8) “운항요원”이란 구조대에 배치되어 구조보트 운항에 관한 업무를 수행하는 자를 말한다.

9) “응급환자”란 「응급의료에 관한 법률」 제2조제1호의 응급환자를 말한다.

10) “응급처치”란 「응급의료에 관한 법률」 제2조제3호의 응급처치를 말한다.

11) “업무지원”이란 해양안전·치안·오염방제 등과 관련하여 소속 해양경찰서 외에 인원, 장비 등을 지원하기 위하여 수행되는 기능을 말한다.

12) “교대근무”란 근무조를 나누거나 일정 인원을 편성하여 계획에 의한 반복 주기에 따라 교대로 업무를 수행하는 근무형태를 말한다.

13) “당번”이란 교대근무자가 일정한 계획에 따라 근무하는 날 또는 시간을 말한다.

14) “비번”이란 교대근무자가 다음 근무시작 전까지 자유롭게 쉬는 것을 말한다.

15) “일근”이란 오전 9시부터 오후 6시까지의 근무를 말한다.

16) “휴게시간”이란 업무능률의 균형 있는 유지와 보건을 위하여 근무시간 중에 잠시 또는 일정시간 쉬는 시간을 말한다.

17) “비상상황”이란 해양안전·치안·오염 등과 관련하여 중요상황이 발생하거나 발생할 우려가 있어 다수의 경력을 동원할 필요가 있는 때를 말한다.

18) “동원근무”란 공무수행 상 필요하다고 인정되어 당번 이외에 비번에 실시하는 근무를 말한다.

19) “대체휴무”란 동원근무에 대한 보상으로 근무일에 휴무하는 것을 말한다.

(1) 편성 및 운영

1) 설치

가) 해양경찰서장(이하 “서장”이라 한다)은 해수면에서 수색 및 구조를 효율적으로 수행하기 위하여 구조대를 설치할 수 있다.

나) 해양경찰서에 설치된 구조대의 명칭은 해당 해양경찰서의 기관명을 표기한 “○○해양경찰구조대”로 한다.

2) 임무

가) 해양사고 등에 필요한 수색 및 구조 활동

나) 응급환자에 대한 응급처치활동

다) 구조·구급장비의 관리·운영

라) 해양안전 및 치안유지 활동 등의 지원

마) 그 밖에 해양경찰청장 등이 지정하는 임무

3) 임무수행지역

구조대의 임무수행지역은 각 해양경찰서 관할 해역으로 한다. 다만, 임무수행을 위해 불가피하다고 판단되어 상급기관장의 지시가 있을 때와 비상상황일 경우에는 예외로 한다.

4) 편성

가) 구조대는 구조대장(이하 "대장"이라 한다)과 구조팀장, 구조요원, 구급요원, 운항요원으로 편성한다. 다만, 서장의 판단에 따라 필요시 행정업무 또는 구조 가능한 잠수지원 인력을 추가 편성할 수 있다.

나) 임무수행의 효율성을 높이기 위해 3개 팀으로 운영하며, 1개 팀은 구조요원 5명, 구급요원 1명, 운항요원 1명으로 구성하며, 총 7명 이상으로 운영한다. 다만, 인력 운영상 불가피한 경우 팀을 통합하거나 세분화 할 수 있다.

(2) 근무 및 인사

1) 근무지침

가) 구조대원의 근무는 당번, 비번, 비번 순으로 3교대 근무를 원칙으로 한다. 다만, 대장은 일근을 원칙으로 하며, 서장은 구조·구급 수요 및 가용인력, 교육훈련 계획 등을 고려하여 근무방법 변경을 명할 수 있다.

나) 근무자와 이전 근무자는 근무시작 15분 전부터 근무시작 후 15분까지 30분간 같이 근무 하면서 업무를 인계·인수하여야 한다.

다) 부서의 장은 동원근무가 발생한 경우 동원근무시간만큼 대체휴무를 주어야 한다. 다만, 부득이하게 대체휴무를 실시할 수 없는 경우에는 「해양경찰청 현업공무원 복무관리세칙」을 따른다.

라) 연속하여 24시간 이상을 근무하는 교대근무자는 업무효율과 건강관리를 위하여 구조수요 등을 감안하여 22:00시부터 다음 날 06:00시까지의 시간 중 다음 각 호의 기준에 따라 휴게시간을 지정하여 수면 등 휴식을 취할 수 있다. 다만, 해양사고의 발생 등 부득이한 경우에 휴게시간을 조정할 수 있다.

① 3교대 근무자는 3시간 이상

② 2교대 근무자는 4시간 이상

③ 휴게 방법, 휴게 시간, 휴무 횟수 등 구체적인 사항은 관할 해양경찰서장이 정한다.

마) 일과계획 수립 시 구조대원의 체력증진을 위해 특별한 사유가 없는 한 매일 2시간 이상 체력훈련시간을 편성하여야 한다.

바) 관할 해역 지형지물 숙달 및 신속한 사고현장 도착을 위해 사고다발해역을 주 2회 이상(주·야간 각 1회 이상) 순찰한다. 다만, 기상특보 발효 시 순찰을 생략하거나 육상순찰로 대체할 수 있으며, 해상사고 출동 및 구조본부장 주관 실전형 현장훈련(FTX)을 실시한 경우 순찰을 병행한 것으로 본다.

2) 보직기준

가) 체력측정에서 불합격하였거나, 연속하여 2회 이상 체력측정에 불참한 사람에 대해서는 구조대에 배치할 수 없다.

나) 구조요원은 잠수능력 유지를 위해 분기별 1회 이상 수심 18m 이상 30m이하에서 잠수훈련을 실시하여야 한다. 다만, 해당 수심에서 수중 수색을 실시한 경우 잠수훈련 실적으로 인정한다.

3) 구조대 체력측정

지방청장은 구조대원에 대한 체력측정을 연 1회 시행하여야 한다. 다만, 55세 이상 구조대원은 체력측정을 아니할 수 있다. 지방청장은 체력측정을 실시하고 개인별 평가결과를 측정 후 15일 이내에 청장에게 보고하여야 한다.

4) 구조대원 양성

가) 35세 이하, 경사 이하로「수상에서의 수색·구조 등에 관한 법률」제30조의2에 따른 수상구조사 또는「수상레저안전법 시행령」제37조제1항제1호에 따른 인명구조요원 자격을 취득한 사람

나) 경찰관 건강검진 결과 또는 공무원 채용 신체검사 결과를 정상으로 판정받은 사람

다) 구조대원 양성과정 대상자로 선발된 자는 해양경찰교육원(이하 "교육원"이라 한다) 또는 중특단에서 실시하는 교육을 수료하여야 한다. 다만, 교육원 또는 중특단에서 정한 생활지도규칙 위반 또는 교육성적 등이 불량하거나 과정별 이수기준 미달자는 교육 중 원소속으로 복귀시킬 수 있다.

라) 청장은 양성 구조대원 인력을 관리하고, 구조수요 등을 감안하여 구조대 또는 중특단, 함정, 구조거점파출소 등에 배치할 수 있다.

5) 구조대원의 전보기준 및 제한

가) 전보대상자는 기관별 장기근무자 순으로 차출한다. 다만, 장기근무자 차출은 소속서 인력균형 유지 등을 위해 1년간 유예기간을 둘 수 있으며, 다음 각 호의 어느 하나에 해당하는 경우에는 본인이 희망하지 않는 경우 전보할 수 없다.

① 현 기관에 전입한 날부터 5년 이내인 사람

② 경위 이하 경찰공무원 중 18세 이하 자녀가 3명 이상인 사람으로서 현 소속에 전입한 날부터 10년 이내인 사람

나) 소속기관의 경감 이하 구조·구급직별 경찰관이 근무지별로 연속하여 근무할 수 있는 기간은 원칙적으로 다음 각 호에 따른 기간을 초과할 수 없다.

① 구조대 : 3년

② 함　정 : 2년

③ 구조거점파출소 : 2년

④ 항공대, 중특단 : 5년

연속 근무기간을 산정함에 있어서는 그 소속기관의 변경에 관계없이 구조대, 함정, 구조거점파출소, 항공대 또는 중특단 근무의 연속 여부를 기준으로 계산한다. 다만, 해상근무와 육상근무의 인원비율 등 인력운영 여건에 따라 연속 근무기간 산정에 관한 지침을 소속기관별도로 정할 수 있다. 여성 경찰공무원은 「해양경찰청 소속 경찰공무원 인사규칙」 제37조제2항에 따라 임신 중이거나 출산 후 1년이 지나지 아니한 경우 함정 및 24시간 교대부서 배치대상에서 제외한다.

(3) 구조대 교육훈련의 종류

1) 기본교육훈련 : 구조직별 신규 임용자 또는 이외 직별 중 구조요원으로 최초로 선발된 자를 대상으로 실시하는 유형별 이론·실습 기초과정

2) 보충교육훈련 : 구조요원(필요시) 또는 구조대·중특단 외 부서에서 2년 이상 근무 후 구조대에 배치된 자를 대상으로 실시하는 교육과정

3) 국내 위탁교육 : 구조·구급 관련 유관기관, 민간교육기관 또는 응급의료기관과 의학·보건계열 대학에서 실시하는 견학·연수 또는 위탁교육

4) 현지 적응훈련 : 구조요원을 대상으로 지방청장 주관으로 연 1회 이상(회당 2~5일) 동·서·남해 해양사고 다발해역에서 실시하는 훈련

5) 국외 위탁교육 : 국외 구조·구급 관련 유관기관, 민간교육기관 또는 응급의료기관과 의학·보건계열 대학에서 실시하는 견학·연수 또는 위탁교육

6바) 민·관·군 합동훈련 : 지방청장 또는 서장이 주관하는 구조·구급 관련 유관기관 또는 민간단체, 응급의료기관과 의학·보건계열 대학과 실시하는 합동훈련(연 2회 이상)

7) 자체 교육훈련 : 해양 사고대응에 필요한 교육훈련 종목으로 구조대 자체 계획을 수립하고 별표 5와 같이 실시(팀별 연 380시간〈3교대〉 또는 220시간〈2교대〉 이상)

8) 직무 교육(현장지휘관 보직교육) : 신규 구조대장 보직교육 과정

9) 자격유지 교육(구조대원 보수교육) : SSDS·테크니컬 잠수과정 또는 로프구조과정을 이수한 자, 응급구조사 자격유지를 위해 매년 정기적으로 실시하는 보수교육

10) 워크숍, 세미나 : 본청 등 구조업무 관련 정책사항 공유 및 외부전문가 초청 교육 등

(4) 안전관리

1) 수중수색 시 잠수조는 다음 각 호와 같이 구조요원 5명으로 구성하고, 장비 운용 절차 및 안전수칙 등은 「산업안전보건기준」 및 「해양경찰 잠수교범 매뉴얼」을 따른다. 또한, 함정 또는 구조보트를 수중수색 현장에 배치하여 비상상황 대응, 선박의 접근 등을 방지하여야 한다.

   가) 잠수감독관 : 1명(대기잠수사 잠수 시 보조사 겸임)

   나) 잠수사 : 2명(짝 잠수 원칙)

   다) 대기잠수사 : 1명

   라) 기록 및 보조사 : 1명

2) 로프, 도르래 등을 이용한 수직·수평구조, 레펠 등 고위치 훈련 시 아래에 안전매트를 설치하고, 안전요원을 지정하여 배치하여야 한다. 다만, 헬기레펠 등 훈련방법에 따라 안전매트를 생략할 수 있다.

3) 항공기를 이용한 항공구조 훈련 시 장비운용절차, 안전수칙 등은 「해양경찰 항공구조 매뉴얼」을 따른다.

4) 바다수영 훈련 시 안전관리용 보트와 안전요원을 배치한다.

5) 수중 선저검사 시 구조대원의 안전을 보장하기 위해 수중작업 대상과 좌·.우현 계류 함정의 기관장 또는 당직관은 별지 제3호 서식의 수중작업 안전점검표를 작성해야 하

며, 매 5분마다 수중작업 중임을 방송하여야 한다. 또한, 기상불량 또는 별지 제3호의 서식의 수중작업 안전수칙을 시행하지 않은 경우 선저검사를 실시하지 않을 수 있다.

(5) 장비운용

1) 구조·구급장비

구조대원의 신속한 출동을 위해 구조보트, 특수장비차량 및 구조·구급장비 등을 운용한다. 또한 구조대는 잠수·로프구조 및 구급장비 등을 운용할 수 있으며, 장비보유 기준은 「물품운용관리편람(해양경찰청)」에 따른다. 다만, 관할 해역·지역별 환경을 고려하여 임무수행에 지장이 없는 범위 내에서 일부 구조·구급장비를 추가 또는 제외할 수 있다.

2) 장비관리

구조·구급훈련 및 예방순찰활동 등 장비를 사용한 후에는 자체정비를 실시하여 최상의 상태를 유지하여야 하고, 개인장비는 개인별로 관리하고, 공용장비는 제조사 정비교범에 따르거나 정비교범이 없는 공용장비는 구조대장이 월 2회 이상 별도 정비일자를 지정하여 근무자 총원이 정비하여야 한다.

가) 공기호흡기 용기의 재검사 등은 「고압가스 안전관리법」 등 관련규정에 따라 정기적으로 검사를 실시하고 재검사에 불합격한 용기는 즉시 불용처분 한다.

나) 구조보트 선체 및 엔진, 공기충전기는 제조사 정비교범에 따라 점검하고 부속품을 교체한다.

다) 스쿠버잠수용 호흡기는 잠수 100회 또는 매 2년 중 먼저 도래한 주기에 따라 분해검사를 실시한다. 다만, 해양오염방제 업무 수행 중 유류 등에 오염된 장비는 즉시 분해검사를 실시하여야 한다.

라) 공기가 충전된 용기를 30일 이상 보관하였을 때에는 공기를 배출한 후 다시 새로운 공기를 충전해야 한다.

마) 공기충전기는 주요장치의 원활한 작동을 위해 매 주 최소 30분 이상 가동하고, 내부압력은 항시 대기압보다 높게 유지되어야 한다.

바) 서장은 공기충전기에서 제조된 호흡용 공기에 대해 연 1회 이상 공기품질검사를 실시한다. 공기시료는 공기충전기의 필터 교체 전에 채취한 것이어야 하고, 공기충전기 내부에 남아있는 공기를 배출 후 새로 제조된 공기를 채취하고, 호흡용 공기의 품질은 상대습도 40% 이하, 상온에서 다음 각 호의 기준에 적합해야 한다.

① 산소 : 20 ~ 22% 이내

② 오일미스트 : 5mg/㎥
③ 수분 : 50mg/㎥(공기통 충전압력 40~200bar인 경우)
④ 이산화탄소 : 1,000ppm
⑤ 일산화탄소 : 10ppm

(6) 건강관리대책 및 지도점검

1) 청장은 경정 이하 구조·구급요원에 대하여 연 1회 이상 특수 건강검진을 실시하여야 하며, 중특단·함정·항공대·파출소·정비창에서 근무 중인 구조·구급요원을 포함할 수 있다. 단, 특수 건강검진을 받은 사람은 「국민건강보험법」 제52조에 따른 건강검진을 중복으로 시행할 수 없다.
2) 청장은 구조대 및 중특단 운영 실태에 대해 연 1회 이상 지도점검을 할 수 있다. 지도점검 결과 부적절한 운영사항이 있을 경우 그 시정을 명할 수 있으며 시정명령을 받은 소속기관장은 지체 없이 시정조치 한다.

[3] 중앙해양특수구조단 운영[39)]

해양경찰은 대형·특수 해양사고의 구조·수중수색에 관한 임무를 수행하기 중앙해양특수구조단(특수구조단)을 운영하고 있으며, 중앙해양특수구조단의 조직과 기능·운영 및 특수구조단 대원의 교육·훈련 등에 관한 사항을 규정하고 있다. 이 규정에서 사용하는 용어의 뜻은 다음 각 호와 같다.

1) "대원"은 특수구조단에서 근무하는 직원을 말한다.
2) "특수구조요원"은 특수구조팀 및 교육·훈련팀에서 구조임무에 종사하는 경찰공무원을 말한다.
3) "긴급방제요원"은 긴급방제팀에서 해양오염사고 대응에 종사하는 일반직공무원을 말한다.
4) "지원요원"은 구조임무 및 해양오염사고 대응 임무에 대해 현장 보급지원 및 현장관리, 상황관리 지원임무를 수행하는 행정·지원팀의 대원을 말한다.
5) "잠수지원함"은 잠수 및 수중탐색지원업무를 수행하는 함정을 말한다.
6) "함정요원"은 잠수지원함에서 함정운항과 구조업무에 종사하는 경찰공무원을 말한다.
7) "대형해양사고"는 사망 5명이상·부상 10명 이상 해양사고, 사망 3명 이상·부상 5명

39) 중앙해양특수구조단 운영규칙, [해양경찰청훈령 제147호, 2019. 9. 27., 일부개정.], 해양경찰청(중앙해양특수구조단).

이상 다중이용선박 사고 등으로 사회적 이목이 집중되는 사고를 말한다.

8) "특수해양사고"는 해양에서 발생하는 일반적이고 보편적인 상황이 아닌 비유형적이고 복합적이며 예측할 수 없는 그 밖의 모든 사고를 말한다.

9) 중·대형 해양오염사고는 「방제대책본부 운영규칙」에 따른 대책본부 설치기준 규모의 해양오염사고를 말한다.

10) "유해화학물질사고"란 「해양환경관리법」에 따른 위험·유해물질에 의한 사고를 말한다.

11) "상황관리"란 각종 해양상황 발생 시 인명과 재산피해를 최소화 하거나 사전에 방지하기 위하여 신속한 상황전파와 초동조치 및 지휘 등의 업무를 수행하기 위한 모든 활동을 말한다.

12) 그 외 용어는 「재난 및 안전관리 기본법」과 「수상에서의 수색구조 등에 관한 법률」(이하 "수상구조법"이라 한다)에 따른 정의를 준용한다.

(1) 특수구조단의 임무

1) 대형·특수 해양사고의 구조·수중수색에 관한 사항
2) 잠수·구조 기법개발·교육·훈련 및 장비관리 등에 관한 사항
3) 인명구조 등 관련 국내·외 기관과의 교류 협력에 관한 사항
4) 수중수색구조 활동 및 잠수구조 인력 교육·훈련 등 잠수지원함 운영에 관한 사항
5) 중·대형 해양오염사고 발생 또는 우려시 긴급방제조치에 관한 사항
6) 오염물질에 대한 방제기술 습득 및 훈련에 관한 사항

(2) 조직과 기능

중앙해양특수구조단장(이하 "단장"이라 한다)은 해양경찰청장의 명을 받아 소관 업무를 총괄하고, 소속대원을 지휘·감독한다. 특수구조단에 행정·지원팀과 특수구조팀, 교육·훈련팀, 긴급방제팀 및 잠수지원함을 두며, 특수구조단 소속으로 지역 특수구조대를 둘 수 있다.

(3) 관할구역

1) 특수구조단의 관할구역은 「수상구조법」에서 규정하는 우리나라 관할해역의 전체 범위로 한다. 「해양경찰청과 그 소속기관 직제 시행규칙」에서 정하는 바에 따른다.
2) 관련 국제법에 저촉되지 않는 한 필요한 경우 외국해역에서 구조임무를 수행할 수 있다.

(4) 대원 선발기준

1) 특수구조요원은 대원 후보자 훈련을 이수한 사람을 우선 선발하는 것을 원칙으로 한다. 다만, 다음 각 호의 어느 하나에 해당하는 사람 가운데 체력 측정, 기술 검증 및 면접 등의 선발절차를 거쳐 선발할 수 있다.
   가) 특임경과로 채용되어 현장 실무 경력 2년 이상인 자
   나) 군 특수부대 병장 이상 만기전역자로서 구조 능력 보유자
   다) 해기사 면허, 잠수기능사 및 잠수산업기사 면허 또는 자동차 특수면허 소지자
   라) 「의료법」 제2조에 따른 의료인 또는 「응급의료에 관한 법률」 제36조에 따른 응급구조사
2) 긴급방제요원은 해양오염방제 관련 업무를 하는 자 중 실무 경력 2년 이상인 사람 가운데 선발하는 것을 원칙으로 한다.

(5) 근무

1) 대원은 단장(지역대장 포함)을 제외하고 교대 근무를 원칙으로 한다.
2) 교대 근무는 24시간근무(출동대기), 주간근무(교육·훈련), 비번 등으로 "반"을 분리하여 실시하되, 상황대응에 필요한 적정 수의 인력 확보와 소속 대원의 교육·훈련·구조기법개발·대외지원·행정업무 등에 필요한 근무시간을 고려하여 단장이 상황에 따라 적절히 조정하여 운영한다.
3) 단장은 상황발생시 특수구조단 외부로부터 수신된 정보와 자체 확보한 정보를 취합하여 현장 출동대원에게 전파하고, 현장 출동대원이 조치하고 파악한 내용을 관계 기관에 전파할 수 있도록 당일 근무자들로 편성된 "상황관리반"을 운영하여야 하며, 근무방법 및 편성은 별도로 지정한다.

(6) 현장출동 및 현장활동 수행

1) 특수구조단은 「수상구조법」 또는 「해양환경관리법」에 규정된 중앙구조본부 또는 방제대책본부의 장이 필요하다고 판단하여 명하는 경우에 출동하여야 한다.
2) 특수구조단은 제1항의 경우 외 다음 각 호에 해당하는 경우 출동할 수 있다.
   가) 수심 30m 이상 심해구조 상황, 수심 40m 이상 잠수필요상황 등 구조난이도, 위험성 등으로 관할 해경구조대로는 대응하기 곤란한 경우
   나) 관할 해경구조대와 인근서 해경구조대로는 대응하기 어려운 대규모 해양사고가 발

생하여 현장대응에 장시간 소요되는 경우

다) 특수구조단이 보유한 장비를 이용한 수색구조 활동이 필요한 경우

라) 원해 해양사고 또는 기상여건 상 제약으로 인해 대형헬기의 출동 및 항공구조가 요구되는 경우

마) 위험·유해물질을 적재한 선박의 사고로 선내 인원의 퇴선조치 및 부상자 구조가 요구되나 해경구조대가 대응하기 어려운 경우

바) 선박충돌 등의 해양사고로 인해 중·대형 해양오염이 발생하였거나 예상되는 상황에서 파공부위의 응급봉쇄 등 응급조치가 필요한 경우

사) 「수상구조법」에 규정된 광역·지역구조본부 및 긴급구조기관의 수색구조 지원요청이 있고, 지원이 필요하다고 인정되는 경우

아) 그 밖에 사회적 관심이 집중되는 해양사고 발생으로 지원이 필요한 경우

3) 단장은 특수구조단의 현장 활동 수행 시 「수상구조법」 제5조에 따른 중앙구조본부 또는 광역·지역구조본부가 가동되거나, 「해양환경관리법」 제62조에 따른 방제대책본부가 가동되는 경우에는 해당 구조본부장 또는 방제대책본부장의 지휘 하에 현장 활동을 수행하여야 한다.

4) 대원이 지방해양경찰청장, 해양경찰서장의 요청으로 관련 업무를 담당하는 경우 관할 지방해양경찰청장 또는 해양경찰서장의 지휘 하에 현장 활동을 수행하여야 한다.

(7) 교육·훈련

교육·훈련은 훈련을 주관하는 팀장의 책임 하에 실시한다.

1) 자체 교육·훈련

2) 기본 교육·훈련(전입직원)

3) 특별 교육·훈련(특수구조단 외부의 기관·단체 대상)(필요시)

4) 국내 전지훈련(현지적응 훈련 포함)(필요시)

5) 국외 전지훈련(필요시)

6) 유관기관 합동훈련(필요시)

다음 각 호에 해당하는 잠수지원함의 교육·훈련은 함장의 책임 하에 실시하고, 그 외 훈련은 훈련을 주관하는 팀장의 책임 하에 실시한다.

1) 승조원 교육·훈련

2) 자체 교육·훈련(특수구조단 구조 직별 경찰공무원 대상)

3) 특별 교육·훈련(특수구조단 외부의 구조 직별 경찰공무원 대상)
4) 국내 전지훈련(현지적응 훈련 포함)
5) 유관기관(기관 내 포함) 합동훈련(필요 시)

(8) 안전관리 및 체력단련

잠수훈련시 잠수감독관은 장비에 대한 안전점검과 교육·훈련 대상 대원에 대한 사전 안전교육을 실시하여야 하고, 항공구조(레펠훈련) 훈련 시 아래에 안전매트를 설치하고, 위·아래에 각각 안전요원을 배치하여야 하며, 바다수영 훈련 시 안전관리용 보트와 안전요원을 배치한다.

그리고 특수구조요원은 표준일과표에 따라 체력단련을 실시하여 구조역량을 유지해야 한다. 다만 상황대응, 교육·훈련 등을 고려하여 표준일과표를 변경할 수 있다.

(9) 구조정의 운용 및 교육·훈련

1) 특수구조단의 임무수행을 위하여 특수구조단 및 지역특수구조대에 배치하며, 단장의 지시를 받아 특수구조팀장이 운용한다.
2) 구조정은 상시 운용하여야 한다. 다만, 항해·야간 장비의 보유여부, 장비의 성능, 치안수요 및 기상 등을 고려하여 단장이 변경하여 운용할 수 있다.
3) 특수구조팀장은 구조정을 근무자들이 원활하게 운용할 수 있도록 교육·훈련을 실시하고 관내 지형과 특성을 숙지시켜야 한다.
4) 소형방제정은 해양오염 방제활동을 주 임무로 하되 평상시에는 교육·훈련 등 부여된 임무를 수행한다. 소형방제정은 긴급방제팀장이 운용하며 소형선박조종사 면허 등 소형방제정을 운항할 수 있는 해기사면허 소지자 1명을 포함하여 긴급방제요원 2명을 담당자로 지정한다.
5) 긴급방제팀장은 방제 대응능력 향상을 위하여 월 1회 이상 방제훈련을 실시하며, 주요 훈련내용은 다음 각 호와 같다.
   가) 해역특성을 고려한 유회수 시스템 운영 숙달 훈련
   나) 방제정 자체 안전사고 대비 초동조치 훈련 등

(10) 신체검사, 특별승진 및 포상

1) 특수구조요원은 건강관리와 효율적인 업무수행을 위하여 연 1회 이상 정기적인 특수신

체검사를 실시하여야 한다.

2) 해양경찰청장 및 지방해양경찰청장은 다음 각 호의 어느 하나에 해당하는 유공이 있는 특수구조요원에게 특별승진 및 포상을 실시할 수 있다.

가) 사회이목을 집중시킨 인명구조·조난선박 구조

나) 그 밖의 청장이 특별히 지시한 사항

3 해상수색구조 절차

[1] 수색구조 기본 5단계 절차

수색구조 대응 기본절차는 '(1단계) 사고인지 → (2단계) 초동 조치 → (3단계) 수색 → (4단계) 구조 → (5단계) 사후 조치'로 단계적으로 진행 되는 것이 보통이며, 1·2단계는 일반적으로 상황계통의 대응매뉴얼(해상치안 상황처리 매뉴얼 등)을 적용하되 수색구조 상황에는 동 매뉴얼을 보조적으로 활용할 수 있을 것이다.

'국제항공 및 해상수색구조 매뉴얼(IAMSAR 매뉴얼)'은 수색구조 단계를 '(1단계) 사고인지 → (2단계) 초동 조치 → (3단계) 계획 → (4단계) 작전 → (5단계) 종결'로 구분하고 있지만, 현실적 업무수행 상 '수색' 이후에 '구조'로 이어지는 수색구조의 특성을 고려하고 '종결' 대신 '사후 조치'라는 용어를 사용하여 수색구조 활동 이후의 조치활동을 적극적 개념으로 표현한다.

(1) 사고인지

조난상황 또는 긴급사태 등 상황이 존재하거나 가능성을 개인이나 기관이 인식하는 단계이다. 해양사고는 전국적으로 1일 10여건(육상기인 또는 고의 기름유출 제외)이 발생하고 있으며, 해양사고의 대응(수색구조)은 사고 발생 사실을 수색구조기관 등에서 인지함으로써 시작된다.

【사고 인지방법】

- 해상에 있는 타 선박으로부터 경고신호 또는 조난신호를 직접 또는 경유하여 수신
- 항공기로부터 조난신호 또는 메시지를 수신
- 선박의 조난경보장치로부터 육상국을 경유하여 중계 받는 정보
- 인근의 조난선박으로부터 시각신호 또는 음향신호
- 경비함정 등 구조기관이 현장에서 직접 인지
- 선주(船主) 등 조난선박 관계자 또는 목격자에 의한 신고

▸ **해양사고의 조사 및 심판에 관한 법률 제2조(정의)**

"해양사고"란 해양 및 내수면에서 발생한 다음 각 목의 어느 하나에 해당하는 사고를 말함
가. 선박의 구조·설비 또는 운용과 관련하여 사람이 사망 또는 실종되거나 부상을 입은 사고
나. 선박의 운용과 관련하여 선박이나 육상시설·해상시설이 손상된 사고
다. 선박이 멸실·유기되거나 행방불명된 사고
라. 선박이 충돌·좌초·전복·침몰되거나 선박을 조종할 수 없게 된 사고
마. 선박의 운용과 관련하여 해양오염 피해가 발생한 사고

※ 다만, 단순한 사고로써 자력으로 사고대응(해결)이 가능하거나 인근 해상세력(선박)으로부터 조력을 받아 수색구조기관까지 신고(전파)하지 않는 경우도 있음.

(2) 초동조치

함정·항공기 등 수색구조세력에 하달하여 추가 정보를 획득하기 위해 취해진 예비조치, 이 단계는 정보의 평가와 분류, 수색구조 함정·항공기에 대한 경보(출동 명령 등), 통신점검, 긴급 상황시 다른 단계의 관련 활동들을 즉시 수행하는 것을 포함하는 단계이다.

사고 사실을 여러 경로를 통해 인지한 경우, 수색구조기관은 신속한 초동조치를 이행해야 하며, 해양사고의 특성상 초동조치는 수색구조 활동의 성패를 가름하는 매우 중요한 요소이다. 초동조치란 사고 사실을 함정·항공기 등 수색구조세력에 전파하여 추가정보를 획득하기 위해 취해진 예비조치를 말한다.

※ 상황라인의 '초동조치' : 상황보고, 통보 및 하달 / 수색구조세력의 출동 및 동원요청 / 긴급상황 관련 수배 및 차단 지시 / 제한된 장비, 물자의 동원 / 상황진전에 따른 후속조치 / 그 밖에 합리적인 판단 하에 필요한 조치

【정보수집 대상】

- 조난선박의 위치, 선명, 선적국, 승선원 수, 화물의 종류 및 양
- 조난의 종류, 요구되는 지원의 형태, 희생자 수
- 조난선박의 침로 및 속도, 선박의 형태, 통신수단 등
- 청취하고 있는 조치사항 등

(3) 수색

수색구조세력을 해양사고 현장으로 이동, 수색계획에 따라 조난선박 또는 실종자 등을 찾는 활동 단계이다. 수색구조세력이 조난현장에 도착하였을 때부터 수색은 개시되지만 모든 조난상황에서 수색단계가 존재하는 것은 아니다.

선박자동식별장치(AIS : Automatic Identification System)[40] 등의 활용으로 대부분 조난선박의 위치를 사전에 확인할 수 있게 되어 수색단계가 없이 곧바로 구조단계로 넘어가게 된다. 다만, 해양사고를 통해 익수자가 발생하였거나 조난위치를 특정하지 못하는 경우 등에 있어서는 수색이 반드시 필요하며, 신속하고 체계적인 수색이 인명구조의 성패를 좌우하게 된다. 기본적으로 수색계획을 수립할 때 다음의 사항을 고려해야 한다.

- 표류의 영향을 고려하여 조난선박 또는 생존자의 존재 가능성이 가장 높은 위치의 추정
- 수색구역 결정
- 이용할 수색구조세력(장비 포함)의 선택
- 현장조정 계획

한편, 어떤 형태의 수색패턴을 사용할 것인가를 결정하는 데에는 다음의 사항을 고려하여야 한다.

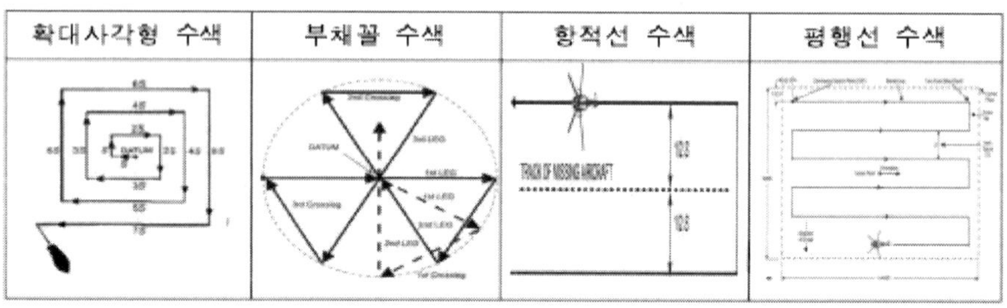

** 수색패턴 결정시 고려사항

- 지원선박의 이용 가능한 수 및 종류	- 운고
- 수색해야 할 구역의 크기	- 해상상태의 형태
- 조난선박의 형태	- 낮 시간
- 조난선박의 크기	- 기준점에 도착시각
- 기상학적 시계	- 최초보고위치 및 기준점의 정확성

〈그림 2-4〉 수색패턴 예시

40) 선박의 항해안전 및 보안강화를 위하여 선박의 선명, 제원, 속력 등의 정보를 무선통신을 통하여 선박-선박, 선박-육상간 자동송수신할 수 있는 항해장비로 선박의 정확한 위치정보 수집 및 제공으로 항만관제에 활용하고 해양사고 발생 시 수색, 구조 등을 지원하는 시스템입니다.

(4) 구조

조난선박(항공기) 또는 실종자를 발견하여 생존자 구조, 지원, 생존자들에게 필요한 응급 진료 제공, 사상자들을 의료시설로 이송단계이다.

수색을 통해 조난선박이나 생존자를 찾았거나, 처음부터 조난위치가 특정되어 수색이 필요 없는 상황에서는 곧바로 구조단계가 시작된다. 일반적으로 '구조'를 조난자를 구출하는 활동으로 좁게 해석하는 경우가 많으나, 실제 '구조'는 「해상에서의 수색구조에 관한 법률」상 '조난을 당한 사람을 구출하여 응급조치 또는 그 밖의 필요한 것을 제공하고 안전한 장소로 인도하기 위한 활동'으로, 「SAR 협약」상 '조난 중인 사람을 구하고, 초기 의료지원 또는 기타 필요한 것을 제공하고 안전한 장소까지 후송하는 활동'으로 정의된 바와 같이, 초기 응급조치, 지원제공 및 안전 후송까지 포괄하는 개념임을 명심해야 한다. 구조 활동의 범위를 좁게 해석할 경우, 구조계획 수립단계에서 응급조치 및 후송 등을 간과하여 필요한 조치를 제대로 이행하지 않을 수 있으므로, SMC(수색구조 임무조정관) 및 OSC(현장조정관)는 구조계획 수립 및 구조작전 수행에 있어 상시 부상자가 발생할 수 있다고 가정하고 의료지원에 대한 대책을 구조계획에 포함시켜야 한다.

기본적인 구조계획 수립에는 다음과 같은 사항들이 고려되어야 하며, 상황이 긴박한 경우 등 구조계획 수립에 시간적 여유가 없는 경우에는 체크리스트 등을 보조수단으로 활용하여야 한다.

- 수색구조 대원에 대한 위험
- 생존자의 수, 위치 및 분포
- 생존자의 상태 및 의료적인 고려사항
- 관찰되거나 예상되는 기상 등 환경조건
- 이용 가능한 수색구조세력 및 장비 등의 준비상태
- 기상요건이 구조작전에 미치는 영향
- 주간시간(잔여 일광시간) 및 시정과 관련된 기타 요소들

의료시설로 이송하는 방법을 선택할 경우에는 다음의 사항들이 고려되어야 한다.

- 생존자의 상태
- 가장 짧은 시간에 생존자를 이송가능한 구조세력의 능력
- 의료 교육, 자격 및 수술 능력
- 생존자 부상이 악화되지 않고 합병증 유발 없이 이송할 수 있는 구조세력의 능력
- 생존자 중에 있는 의사 또는 인근 선박에 있는 의사의 이용 가능성
- SMC와 통신을 유지할 방법

(5) 사후 조치

수색구조 종료(중단) 후 결과보고, 사례연구, 사고기록의 관리 등의 조치 활동 단계이다. 수색구조 작전은 다음의 경우 사후 조치(종료)단계로 들어간다.

- 조난선박(항공기), 조난자들이 더 이상 조난의 상태에 있지 않다는 정보를 입수하였을 때
- 수색구조세력이 조난선박(항공기), 조난자들의 위치를 확인하여 생존자들이 구조되었을 때
- 생존자 구조에 대한 더 이상의 합당한 희망이 없을 때

다만, SMC(수색구조 임무조정관)는 수색구조 작전을 종료하기 전에 다음의 사항들을 다시 고려하여야 한다.

- 모든 선정된 지역이 완벽하게 수색되었는지 여부
- 모든 예상되는 장소들이 조사되었는지 여부
- 수색구조세력을 포함하여 생존자에 대한 정보를 입수하기 위한 모든 적절한 수단들이 사용되었는지 여부
- 수색계획에 사용된 모든 가정 및 계산 결과가 검토되었는지 여부

한편 여러 가지 사정에 의해 일시 중단된 상황에서 중요한 새로운 정보나 단서들이 밝혀지면 수색구조 작전을 재개할 수 있는데, 이 경우에도 자원의 부당한 사용, 수색구조대원들의 부상에 대한 위험, 다른 비상사태에 대응하지 못할 수도 있을 가능성 또는 실종자 가족들에게 잘못된 희망을 심어주는 등의 일이 발생할 수 있음을 신중하게 고려해야 한다.

[2] SAR 협약상 사고초기 긴급사태의 단계 분류 및 조치사항

1) 불확실 단계 : 인명·선박 또는 항공기 등의 안전이 불확실한 상태
2) 경계단계 : 인명·선박 또는 항공기의 안전이 우려되는 상태
3) 조난단계 : 인명·선박 또는 항공기 등에 중대하고 절박한 위험이 발생되었거나 즉시 원조를 필요로 하는 상태

〈표 2-6〉 긴급사태 구분 및 조치

긴급사태	상태	조 치
불확실 단계	1. 선박의 입항이 지연되거나 승선자 행방이 불명확하여 인명 또는 재산의 안전이 확실하지 않는 경우 2. 선박 등으로부터 예정된 위치 통보나 안전하다는 보고가 없는 경우	1. 선주, 대리점, 관계 행정기관 등의 관계자에게 조회를 하고 선박 등의 상황에 대하여 확인 한다. 2. 필요한 경우 부근에 활동중인 함정, 항공기 등에 조사를 지시한다. 3. 필요한 경우 함정, 항공기, 구조대 등에 대하여 출동 준비를 지시한다. 4. 조난통신의 청취 등 정보의 수집에 노력한다. 5. 기타 필요한 모든 조치를 다 한다.
경 계 단 계	1. 선박 등에 연락을 시도하였으나 실패하였거나 관계당국에 문의한 조회의 회신을 받지 못한 경우 2. 선박의 운항능력이 저해된 경우(조난단계에 해당하는 경우 제외)	1. 필요한 경우 함정, 항공기 등에 출동지시를 한다. 2. 현장부근 수색을 불확실 단계에 이어서 확대 실시한다. 3. 선박 소유자, 대리점, 관계 당국 등의 관계자와 필요한 연락을 취한다. 4. 필요한 경우 부근의 선박, 항공기 등에 대하여 추가 협조를 요청한다. 5. 조난통신의 청취 등 관계정보 수집 보강에 노력한다. 6. 기타 필요한 모든 조치를 취한다.
조 난 단 계	1. 인명 또는 재산에 중내하고 급박한 위험이 발생하였거나 또는 즉시 원조를 필요로 하는 경우 2. 경계딘게에서의 조치를 취하여도 안전하다는 내용의 확인 불가능한 경우	1. 구조함정, 항공기 등에 구조지시를 한다. 2. 필요한 경우 적절한 수색구역의 범위를 결정 한다. 3. 선주, 대리점, 관계 행정기관 등의 관계자와 필요한 연락을 취한다. 4. 필요한 경우 부근의 선박, 항공기 등에 대하여 협조를 요청한다. 5. 조난통신의 청취 등 관계정보의 입수에 노력한다. 6. 기타 필요한 모든 조치를 취한다.

3장 해상조난 및 안전제도(GMDSS)

1 세계 해상조난 및 안전제도

[1] 개요

GMDSS(Global Maritime Distress and Safety System)는 현재 다른 분야에서 이용되고 있는 위성통신기술을 선박의 조난 및 안전통신업무에 도입하고자 하는 것으로서, 인공위성의 중계, 디지털통신, 무선전화, 무선텔렉스 등의 새로운 통신기술을 해상통신과 육상통신에 구체적으로 통합시키기 위한 것으로, 해상통신체제에 일대 변혁을 가져오게 되는 "세계적인 해상의 조난 및 안전통신제도"인 것이다.

GMDSS는 선박에서 첨단장비를 이용하여 조난신호를 보내면 국제해사위성기구(INMARSAT)의 인공위성이 신호를 지상의 통합구조센터로 중계한다.

국제해사기구(IMO)는 SAR(International Convention On Maritime Search and Rescue : 해상에 있어서 수색 및 구조에 관한 국제조약)조약에 따라 국제항해에 취항하는 모든 여객선과 총톤수 300톤 이상의 모든 선박에 1992년 2월 1일 이후 건조선부터 적용하여 1999년 1월 31일까지 7년간에 걸쳐 단계적으로 이행완료 하여 1999년 2월 1일 전면 실시에 들어갔다.

국제협약(SOLAS : International Convention for the Safety of Life at Sea, 해상에서의 인명안전을 위한 국제협약)에 의하여 해상에서 조난사고 예방과 신속한 구조 활동을 위하여 전 세계를 커버하는 해상통신체계이다. 이 제도의 기본개념은 조난선박이 조난경보를 발신하면 조난중인 선박 바로 근처의 선박과 육상의 수색 및 구조 당국이 신속 정확하게 조난경보를 감지토록 하여 지체 없이 합동수색 및 구조작업에 임할 수 있도록 하며, 또한 긴급 및 안전통신, 항행경보 및 기상경보를 포함한 해사안전정보(MSI)의 유포에 제공되고, 아울러 선박의 운항관리에 관한 일반 무선통신과 선박간 항행안전통신에도 이용되고 있는 것이다

(김종선, 2018 : 106).

〈GMDSS의 이행〉

모든 국제여객선과 총톤수 300톤 이상의 국제화물선에 적용되는 GMDSS의 단계적인 이행은 다음과 같이 이루어 졌다.

(1) 1992년 2월 1일 이후 건조선;
양방향 VHF 무선전화장치(여객선과 500톤이상 화물선 3대, 500톤미만 화물선 2대이상) 및 9GHz대 레이다 트랜스폰다(여객선과 500톤이상 화물선 2대, 500톤미만 화물선 1대이상)를 비치해야 한다. 그러나, 1992년 2월 1일 이전의 건조선은 1995년 2월 1일 부터는 적용되었다.

(2) 1993년 8월 1일 이후 전선박;
모든 선박은 NAVTEX 수신기 및 위성 EPIRB(COSPAS-SARSAT시스템이나 INMARSAT시스템 중 하나) 또는 VHF EPIRB(A1해역만을 항해하는 선박에 한함)을 탑재하여야 한다.

(3) 1995년 2월 1일 이전 건조선;
1992년 2월 1일과 1999년 1월 31일 까지의 7년기간 동안은 현행의 무선전신 및 무선전화시스템의 요건을 적용하거나, 또는 GMDSS요건을 적용한다. 또한, 모든 선박은 이 기간 중에는 2,182kHz에 의한 무선전화경보신호 발생장치 및 청수수신기를 구비해야 하고, 총톤수 1,600톤 이상의 선박에는 2,182kHz로 홈잉(Homing)하기 위한 무선설비를 설치해야 한다.

(4) 1995년 2월 1일 이후 건조선;
건조 당시부터 GMDSS요건을 충족시켜야 하고, 국제항해에 취항하는 모든 선박은 1995년 2월 1일 이후부터 9GHz대(X-Band)의 레이다를 설치해야 한다.

(5) 1999년 2월 1일 이후 전선박;
모든 선박은 GMDSS의 모든 요건을 충족시켜야 한다.

[2] GMDSS의 주요 기능

모든 선박은 해상에 있는 동안 다음의 기능을 수행할 수 있어야 한다.

1) 조난경보의 송신 및 수신
2) 수색 및 구조(SAR)의 조정통신
3) 현장 통신
4) 위치측정을 위한 신호
5) 해사안전정보(MSI)의 유포
6) 일반 무선통신
7) 선교간 통신

[3] GMDSS관련 무선설비의 탑재요건

GMDSS와 관련된 각종 무선설비는 지리적인 유효범위 및 제공하는 서비스 등에 따라 각기 한계성이 있음을 고려하여, 각 선박의 항행구역별로 탑재할 설비를 결정한다.

(1) 선박의 항행구역의 구분

1) "A1해역"이라 함은 체약정부가 정의하는 바에 따라 계속적인 DSC경보(Digital Selective Call : 디지털 선택 호출)를 이용할 수 있는 최소한 하나의 VHF(초단파)의 무선전화 및 디지털 선택호출장치에 의하여 VHF연안국과 통신이 가능한 범위해역(연안국으로부터 25해리 정도)을 말한다.
2) "A2해역"이라 함은 체약정부가 정의하는 바에 따라 계속적인 DSC경보를 이용할 수 있는 최소한 하나의 MF(중파) 무선전화 및 디지털호출장치에 의하여 MF연안국과 통신이 가능한 범위해역(연안국으로부터 150해리 정도) 중 A1해역을 제외한 해역을 말한다.
3) "A3해역"이라 함은 계속적인 경보를 이용할 수 있는 인마세트(INMARSAT) 정지위성을 이용하여 육상과 통신이 가능한 대략 북위 70도에서 남위 70도까지의 해역으로 A1 및 A2 해역 제외한 해역을 말한다.
4) "A4해역"이라 함은 A1해역, A2해역 및 A3해역 이외의 해역으로 HF(단파)의 텔렉스 또는 무선전화에 육상과 통신할 수 있는 해역을 말한다.

① A1 해역 : 해안국의 단 무선화 통신권의 해역(30마일 이내)
② A2 해역 : 해안국의 단 무선화 통신권의 해역(150마일 이내)
③ A3 해역 : A1, A2 해역을 제외한 북위 70도와 남위 70도 사이 해역
④ A4 해역 : A1, A2, A3 해역을 제외한 해역(남극, 북극)

(2) 항행구역별 무선설비 탑재요건

GMDSS 적용선박은 항행구역별로 다음의 표에 의한 무선설비를 탑재하여야 한다.

〈표 2-7〉 항행구역별 무선설비 탑재요건

구역	거리	조난신호 수신가능 장비
A1	20~50NM	HF·MF·VHF DSC, SART, EPIRB
A2	50~250NM	HF·MF, SART, EPIRB
A3	76°N°~76°S	MF DSC, SART, EPIRB
A4	전 세계	SART, EPIRB

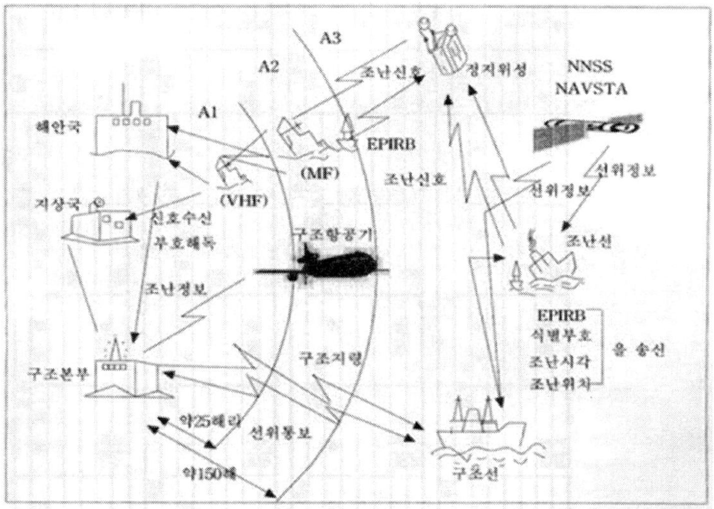

(3) 무선설비 설치기준

「선박안전법」 제29조(무선설비)제1항에서 다음 각 호의 어느 하나에 해당하는 선박소유자는「해상에서의 인명안전을 위한 국제협약」에 따른 세계 해상조난 및 안전제도의 시행에 필요한 무선설비를 갖추어야 한다. 이 경우 무선설비는「전파법」에 따른 성능과 기준에 적합하여야 한다.

① 국제항해에 취항하는 여객선

② 제1호의 선박 외에 국제항해에 취항하는 총톤수 300톤 이상의 선박

위의 규정에 따른 선박 외에 '해양수산부령으로 정하는 선박'에 대하여는 해양수산부령으로 정하는 기준에 따른 무선설비를 갖추어야 한다. 이 경우 무선설비는「전파법」에 따른 성능과 기준에 적합하여야 한다. "해양수산부령이 정하는 선박"이란 다음 각 호의 선박을 제외한 선박을 말한다.

① 총톤수 2톤 미만의 선박

② 추진기관을 설치하지 아니한 선박

③ 호소·하천 및 항내의 수역에서만 항해하는 선박

④「유선 및 도선사업법」에 따른 도선으로서 출발항으로부터 도착항까지의 항해거리(경유지를 포함한다)가 2해리 이내인 선박

누구든지 규정에 따른 무선설비를 갖추지 아니하고 선박을 항해에 사용하여서는 아니 된다. 다만, 임시항해검사증서를 가지고 1회의 항해에 사용하는 경우 또는 시운전을 하는 경우

에는 그러하지 아니한다. 선박이 갖추어야 하는 무선설비의 설치기준은 다음 표와 같다.

〈표 2-8〉 무선설비의 설치기준

무선설비의 설치기준(제72조 제2항 관련)

무선설비의 종류 / 적용 선박	초단파대 무선설비(무선전화 및 디지털선택호출장치)	중단파대 또는 중단파대 및 단파대무선설비 (무선전화 및 디지털선택호출장치)	네비텍스수신기	위성비상위치지시용무선표지설비 (EPIRB)	레이더트랜스폰더 (SART)	양방향초단파대무선전화 장 치 (2-way VHF)
가. 평수구역을 항해구역으로 하는 선박	1					
나. 연해구역 이상을 항해구역으로 하는 선박						
1) 국제항해에 취항하지 아니하는 총톤수 300톤 미만의 것	1			1		
2) 국제항해에 취항하는 총톤수 300톤 미만의 것	1	1		1		
3) 총톤수 300톤 이상의 것	1		1	1	1	1

비고
1. 외국에서 같은 국가 내의 항구 간 또는 외국의 호소·하천 및 항내의 수역에서만 항해하는 선박으로서 해당 국가의 무선국허가를 받은 선박은 해당 국가의 관계 규정에 따른 무선설비를 설치할 수 있다.
2. 중단파대 및 단파대무선전화를 설치한 선박은 중단파대무선전화를 설치하지 아니할 수 있다.
3. 「해운법」 제4조제1항에 따라 해상여객운송사업에 사용되는 여객선이 초단파대무선설비를 이용하여 위치보고 등을 하는 것이 곤란한 경우에는 초단파대무선설비 외에 중단파대무선전화를 설치하여야 한다.
4. 「선박안전법」 제30조제2항에 따라 선박위치발신장치 기능을 갖춘 무선설비란 위의 무선설비가 통신망으로 제어되어 각 단말기끼리 신호충돌 없이 자동으로 위치가 보고되는 기능을 갖춘 것을 말한다.
5. 위성휴대전화기를 설치한 수면비행선박은 중단파대무선설비 또는 중단파대 및 단파대무선설비의 설치를 생략할 수 있다.

「어선법」 제5조(무선설비) ① 어선의 소유자는 해양수산부장관이 정하여 고시하는 기준에 따라 「전파법」에 따른 무선설비를 어선에 갖추어야 한다. 다만, 국제항해에 종사하는 총톤수 300톤 이상의 어선으로서 어획물운반업에 종사하는 어선 등 해양수산부령으로 정하는 어선에는 「해상에서의 인명안전을 위한 국제협약」에 따른 세계해상조난 및 안전제도의 시행에 필요한 무선설비를 갖추어야 한다. 이 경우 무선설비는 「전파법」에 따른 성능과 기준에 적합하여야 한다. ② 제1항에 따라 무선설비를 갖춘 어선의 소유자는 안전운항과 해양사고 발생 시 신속한 대응을 위하여 어선을 항행하거나 조업에 사용하는 경우 무선설비를 작동하여야 한다. ③ 제1항에도 불구하고 어선이 해양수산부령으로 정하는 항행의 목적에 사용되는 경우에는 무선설비를 갖추지 아니하고 항행할 수 있다.

2 GMDSS 무선설비 장치

[1] 선박장비

선박에는 전파관련법령 및 국제협약인 해상인명안전협약(SOLAS)과 국가별로 인정된 선급협회의 규정에 따라 크게는 통신장비(GMDSS, 조난구조장비, MF, HF, VHF, SSB 송수신기, 전파수신기, 위성통신기, SSAS,[41] 선내지령장치)와 항해장비(RADAR, 기상수신기, GPS,[42] 전자해도장치, RDF,[43] 측심기, NAVTEX, AIS, VDR,[44] 풍속계, 선속계, 콤파스, 자동조타장치 등)로 분류되어 있으며, 조업을 위하여 별도의 전자 어로 장비들이 설치되어 운영되고 있다.

[2] GMDSS 관련 무선설비

(1) VHF 무선설비

VHF 채널 70(156.525 MHz)에 의한 DSC와 채널 6, 13 및 16에 의한 무선전화의 송수신이 가능하고, 선박의 통상 조선위치에서 조난경보신호를 발신할 수 있어야 하고, 채널 70에 의한 DSC 청수당직을 계속 유지할 수 있는 장치가 있어야 한다. 또한 VHF대(156~174MHz)에서 무선진화로 일반 무선통신도 할 수 있어야 한다.

(2) MF 무선설비

중단파대 2,187.5kHz의 DSC 및 2,182kHz의 무선전화로 송수신이 가능하고, 선박의 통상 조선 위치에서 조난경보신호를 발신할 수 있어야 하고, 2,187.5kHz로 DSC 청수당직을 계속 유지할 수 있는 장치가 있어야 한다. 또한 MF대(1,606.5~4,000 kHz)에서 무선전화나 NBDP로 일반 무선통신도 할 수 있어야 한다.

---

41) SSAS(Ship Security Alert System : 선박보안 경보장치), 2004년 7월 1일 이후에 건조되는 국제항해에 종사하는 선박에 대해 설치를 의무화 하고 있다. 해적 등으로 부터 선박이 위협에 봉착 당했을 때 육상기관에 경보를 발생하는 장치이다.

42) GPS(Global Positioning System : 글로벌 포지셔닝 시스템) 또는 범지구위치결정시스템은 현재 GLONASS와 함께 완전하게 운용되고 있는 범지구위성항법시스템이다.

43) RDF(Radio Direction Finder) 현재 RDF라는 단어는 레이더가 아니라 전파발신원을 찾는 장비의 명칭으로 쓰이고 있다.

44) VDR(Voyage Data Recorder : 항해기록장치) 갑작스러운 선박 사고시 운항 관련된 자료가 기록되어 사고원인분석을 할 수 있다. 비행기의 블랙박스와 같은 역할을 한다.

(3) MF/HF 무선설비

중단파대(1606.5~4000 kHz)와 단파대(4000~27500 kHz)의 DSC, 무선전화 및 NBDP를 사용하여 조난 및 안전주파수로 송수신이 가능하고, 선박의 통상 조선위치에서 조난경보 신호를 발신할 수 있어야 한다. 또한 위의 주파수대에서 무선 전화나 NBDP로 일반 무선 통신의 송수신도 가능하여야 한다.

그리고 2187.5 kHz 및 8414.5 kHz의 DSC 청수당직을 유지할 수 있는 설비가 있어야 하고, 추가로 단파대 DSC주파수 중 어느 1개를 항시 선택할 수 있어야 한다. 이러한 주파수는 계속하여 청취하거나 스캐닝 수신기로 청취하여야 한다.

(4) DSC(Digital Selective Calling : 디지털 선택호출)장치

DSC(Digital Selective Calling) 장치는 MF(중파)대, HF(단파)대 및 VHF(초단파)대의 무선설비에 부가된 것으로, 일정한 형태의 디지털신호로 처리된 호출부호를 사용하여 각종의 선택호출을 자동적으로 하며, 통신자체는 그 후 적당한 채널(또는 주파수)을 이용하여 무선전화 또는 직접 인쇄전신에 의하여 행한다. DSC 조난 주파수는 MF(2187.5 KHz), HF(4207.5 KHz, 6312 KHz, 8414.5 KHz, 12577.0 KHz, 16804.5 KHz) HF(156.525 MHz), DSC로 할 수 있는 호출 기능은 다음과 같다.

① Individual Call (개별호출)

② Group Call (그룹호출)

③ Geographical Call (해역호출)

④ All station Call (일괄호출)

⑤ Distress Call (조난호출)

⑥ Urgency Call (긴급호출)

⑦ Safety Call (안전호출)

⑧ Auto/Semi-Auto Call (전화호출) 등

※ DSC에서 사용하는 식별부호는 MMSI(Maritime Mobile Service Identity : 해상이동업무식별부호)로서 9자리 숫자로 구성되어 있다.

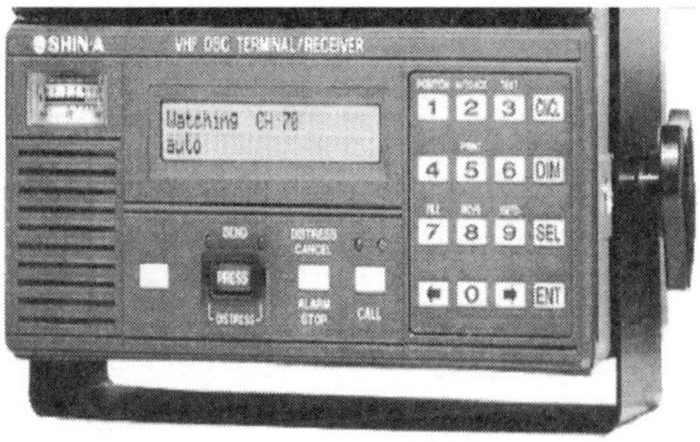

(DSC기능이 있는 VHF)

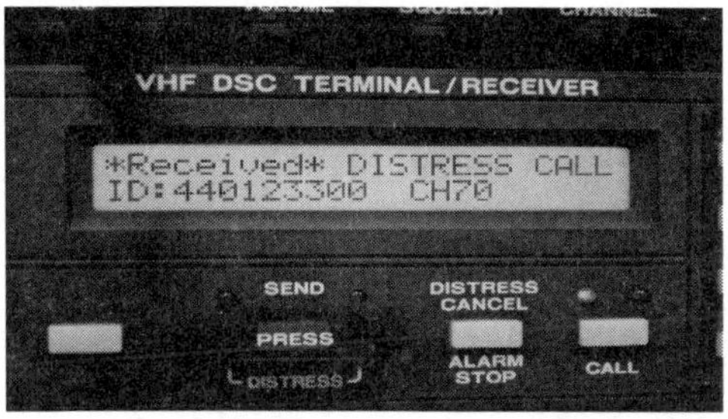

(VHF DSC무선설비에 조난신호가 수신된 상태)

※ DSC에 의한 조난신호 수신 시 함정 조치사항

1. 조난통신주파수(VHF CH 16, 또는 2182㎑,)를 사용 다음과 같이 조난 응답을 전송한다.
   ① "MAYDAY"
   ② 조난선박의 MMSI : 3회
   ③ "This is"
   ④ 본선의 MMSI 또는 호출부호 또는 기타 식별부호 : 3회
   ⑤ "RECEIVED MAYDAY"
2. 사고 해점이 관할해역인 경우 즉시 이동한다.
3. 상황실로 조난신호 수신 상황을 보고한다.
   ⇒ 위의 상황들이 동시에 이루어져야 한다.

(5) NBDP(Narrow Band Direct Printing Telegraphy; 협대역 직접인쇄전신)

NBDP(Narrow Band Direct Printing Telegraphy)는 MF대 및 HF대을 사용하는 무선텔렉스이다. 이 시스템은 종래의 모르스 전신에 대신하는 통신수단으로서 키이 보드를 조작하여 송신하며 통보는 수신자가 없어도 자동적으로 수신되어 기록 보관된다. 그러나 대부분 인근해역의 비정규적인 해사안전정보 수신용으로 주로 사용되어지고 있으며 일반통신 목적의 통신은 교신량이 매우 적은 편이다.

(6) INMARSAT 선박지구국

INMARSAT(International Maritime Satellite Organization; 국제해사위성기구)에서 승인된 선박지구국(Ship Earth Station)은 INMARSAT 해사정지위성을 이용하여 통신을 행하는 위성통신 설비로 NBDP에 의한 조난 및 안전통신의 송수신, 조난 우선호출의 개시 및 수신이 가능해야 하고, 육상대 선박의 조난경보의 청취를 계속 유지할 수 있어야 하며, 선박의 통상 조선위치에서 조난경보신호를 발신할 수 있어야 한다. 또한 무선전화나 NBDP로 일반 무선통신의 송수신이 가능해야 한다.

INMARSAT 선박지구국 장비로서는 전화, 텔렉스, 팩시밀리 및 데이타 통신을 할 수 있는 표준-A형과 텔렉스통신만 할 수 있는 표준-C형이 많이 보급되어 있으며 2008년도부터 표준-A형은 위성중계 서비스가 중단되고, 이 외에 표준-A형을 디지털 통신 방식으로 전환한 표준-B형이 있고, 위성전화 서비스만 가능한 표준-M형, 기존의 표준-C 및 표준-M형을 소형화한 mini-c 및 mini-m, 단문 메시지 송신을 위한 표준-D+ 등이 있으며, 근래에는 패킷교환 접속방식을 이용한 표준-F 형이 나오고 있다. 그러나 해사안전정보 수신이 가능한 표준-A, 표준-B, 표준-C 및 표준-F-77 만이 GMDSS 설비로 인정받을 수 있다.

INMARSAT이란 조직은 1979년 관련 협약의 발효와 함께 International Maritime Satellite Organization(국제해사위성기구)로 출발하였고, 국제해사위성기구(INMARSAT)에서 주관하는 통신서비스로, 적도상공 3만 5786km의 정지궤도에 있는 인말새트 위성을 이용하여 태평양(POR), 인도양(IOR), 대서양(AOR-E/AOR-W) 지역의 해상·육상 어디에서나 사용할 수 있도록 한 통신서비스다.

UN산하 국제해사기구(IMO : International Maritime Organization) 주도로 위성을 이용한 해상조난, 안전 통신 등을 실행하기 위해 1979년 국제해사위성기구(INMARSAT)로 출범하였다. 이후 서비스 제공 범위를 해상에서 항공 및 육상으로 확대하여 1994년부터 국제이동위성기구(International Mobile Satellite Organization)라는 이름을 병행 사용하다가, 1999년 4월 15일 민영화되어 Inmarsat Ventures Ltd로 명칭이 변경되었다. 영국에 본사를 둔 다국적기업인 Inmarsat Ltd.와 이를 감독하기 위한 소규모 정부간 기구인 IMSO(International Mobile Satellite Organization)로 나누어지게 되었다.

인말새트사는 글로벌 위성이동통신 서비스 사업, 항공기 내 뉴스 및 스포츠 방송 서비스 사업, 인말새트 위성을 이용한 위성 이동 VSAT 서비스 사업, 선박 대상 이메일 서비스 사업 등을 하고 있다.

우리나라는 1985년 44번째 당사국(party)으로 가입하여 KT(전 한국통신)가 서명자(signatory)로 되어있고 충남 금산에 있는 인말새트 지구국을 운용하고 있다.

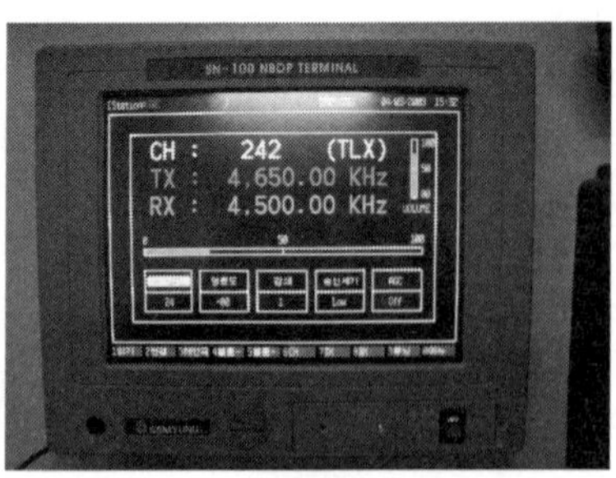

(NBDP)

(인마셋 위성 수신 장비)

1) INMARSAT-A/B(International Maritime Satellite Organization)

국제해사위성기구에서 승인된 선박지구국(SES : Ship Earth Station)에서 해사정지위성을 통하여 육상과 전화, FAX, DATA, TELEX를 송수신할 수 있을 뿐 아니라 버튼 하나로 조난신호를 위성으로 보내는 기능을 가지고 있어 비상시 조난선박의 위치 등을 신속하게 송신한다.

2) INMARSAT-C

TELEX만 송수신할 수 있으나 타 장치에 비해 추가로 EGC(고기능 그룹호출)가 내장되어 있어 중파대의 NAVTEX 범위를 벗어난 선박을 대상으로 원양 또는 연안의 MSI를 수신할 수 있다.

3) INMARSAT-M/F : 전화, FAX, DATA를 송수신하기 위한 장비이다.

(7) NAVTEX(해상교통문자방송) 수신기

NAVTEX는 518kHz 및 490kHz로 NBDP(Narrow Band Direct Printing : 협대역직접인쇄전신) 기술을 사용하여 해사안전정보(MSI : Maritime Safety Information)를 수신하는 장치로서, 국제 NAVTEX 업무에는 518kHz를 사용하여 영문으로 방송 및 수신을 하고, 지역(국내) NAVTEX 업무에는 490kHz를 사용하여 국문(우리말)으로 방송 및 수신을 하게 됩니다. 각각 방송시간은 10분씩 할당되어 있다.

NAVTEX는 SAR(수색 및 구조)정보, 항행경보, 기상경보와 긴급정보를 선박에 제공하고, 해상이나 연안에서 선박에 MSI(Maritime Safety Information : 항행경보, 기상경보, 수색 및 구조에 관계되는 모든 정보)의 수신을 저렴하고 간단하게 자동화된 수단으로 제공하기 위하여 개발되었다. NAVTEX 해안국에 의해 전송되어진 이들 정보는 곧바로 각 선박에 전해지며 선박의 NAVTEX 수신기는 선박이 필요한 정보를 수신, 선택하고 수신기에 의해 수신된 것이 국제 영문방송 및 한글방송과 같이 자동적으로 인쇄된다. 그리고 조난 통신을 수신하면 경보를 발한다. 1993년 8월 이후부터 선박의무국의 특정선박에 관하여 GMDSS의 의무탑재설비의 하나가 되었다. NAVTEX는 제공서비스에 따라 영어를 사용하여 협대역 직접인쇄전신에 의해 518Khz 주파수의 해상안전정보를 조정 방송하고 자동 수신하는 국제 NAVTEX 서비스와 관련 주관청에 의해 결정된 언어로 518Khz 이외의 다른 주파수를 사용하여 협대역 직접 인쇄전신에 의해 해상안전정보를 방송하고 자동 수신하는 국내 NAVTEX 서비스로 분류된다. 국내 NAVTEX 수신기는 국제 NAVTEX 서비스의 영문수신은 물론 국내 NAVTEX 서비스의 한글을 동시에 수신할 수 있도록 설계되었다.

518kHz로 해상안전정보(선박을 향해서 방송하는 항행 경보, 기상 정보, 기상 예보, 기타의 긴급한 안전 관련의 통보)를 송신하는 해안국의 통신권 내에 있을 때는 항상 그 전파를 청취하게 규정되어 있다.

1) 수신전용의 NBDP 수신장치로서, 연안항행 선박에 대하여 방송하는 해사안전정보(MSI)의 수신에 사용 된다
2) 일정한 형식에 따라 필요한 정보를 선택 수신할 수 있으며 자동수신이 가능하다.
3) 항행정보, 기상경보 및 수색과 구조에 관계되는 모든 정보가 NAVTEX 해안국에 수집되면, 해안국은 이를 당해 해안국들의 협조를 얻어 필요로 하는 해역에 방송될 수 있도록 단수 또는 복수로 방송하게 된다.

NAVTEX 메시지의 시작 기호는 ZCZC 이고 종료부호는 NNNN이다. 그리고 NAVTEX 메시지의 기술코드는 2개의 문자와 2개의 숫자로 구성[ZCZC B1B2B3B4]된다. 이 중에서 첫 번째 자리 기술코드(B1 코드)는 송신국 식별코드를 나타내고, 두 번째 자리 기술코드(B2 코드)는 메시지의 종류를 나타내며, 세 번째와 네 번째 자리의 기술코드(B3B4코드)는 메시지의 연속번호를 나타낸다. B3B4 코드가 00번이면 긴급방송을 나타내는 것으로서 수신될 때마다 자동으로 인쇄가 된다. NAVTEX 메시지의 기술코드의 메시지 종류를 나타내는 B2 코드 중에서 A는 항행경보, B는 기상경보, D는 수색 및 구조정보, E는 기상예보 등이며 이외의 다른 정보 종류도 많이 있다.

이러한 NAVTEX 메시지 중 수신자의 인쇄제어를 받지 않고 수신 거부를 할 수 없는 메시지는 항행경보(A), 기상경보(B), 수색 및 구조정보(D) 등이다. NAVTEX 메시지에 오류가 발생할 경우에는 "*"로 표시되어 나타나며, "End on Message Err = 0.6%"라고 표시되어 나타나면 메시지 수신시 오류 문자가 0.6% 있다는 뜻이다.

우리나라의 NAVTEX 송신국은 죽변과 변산에 설치되어 있다. 죽변 송신국 식별코드는 영문 V, 국문 J 이고, 변산 송신국 식별코드는 영문 W, 국문 K 이다.

공해상이나 원양해역 및 NAVTEX업무가 제공되지 않는 해역을 항행하는 선박을 위한 해사안전정보의 방송에는 단파대의 NBDP(8개 주파수가 지정되어 있다) 또는 INMARSAT가 제공하는 고기능 그룹호출(EGC) 시스템을 이용한다.

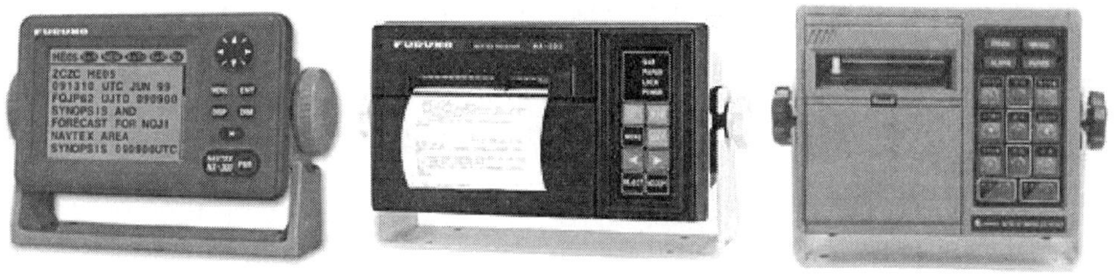

(NAVTEX 수신기)

(8) EGC 수신기

INMARSAT가 시행하는 EGC(Enhanced Group Call)는 독특한 전 세계 자동업무제도로서 전 해역 또는 특정 해역의 항행경보, 기상경보와 기상예보 및 육상대 선박의 조난경보를 자동수신하는 장치이다. EGC 시스템은 대양의 중앙부분은 물론이고 NAVTEX업무가 제공되지 않거나 선박밀도가 너무 낮아서 시행하기 곤란한 연안수역에서도 자동업무를 제공할 수 있다.

EGC 메시지는 세계 모든 곳의 인정된 정보수집자로 부터 제공되면 해안지구국을 경유하여 해당 대양구역에 방송하게 되는데, INMARSAT 표준-A형을 탑재한 선박지구국에서는 부가 장치된 EGC 수신기로, 그리고 표준-C형을 탑재한 선박지구국에서는 내장된 EGC 기능에 의하여 EGC 메시지를 수신하게 된다.

(9) EPRIB(위성비상위치지시용 무선표지설비)

EPIRB(Emergency Position Indicating Radio Beacon)는 선박이 조난 침몰시에 수압에 의해 자동으로 부양되어 조난신호를 발신하도록 되어 있는 선박에서 사용되어지는 비콘을 말한다. 따라서 EPIRB는 선박이 침몰시에 자동으로 부양될 수 있도록 윙브릿지(조타실 양현) 또는 톱브릿지(조타실 옥상)에 개방된 장소에 설치하도록 되어 있다. EPIRB는 VHF용 및 위성용 EPIRB로 구분되며 위성용 EPIRB는 다시 Inmarsat 위성용 EPIRB와 COSPAS-SARSAT 위성용 EPIRB로 구분된다.

VHF EPIRB는 156.525Mhz(VHF 채널 70번)를 사용하며 통신 거리는 통상 30마일이지만 위치정보를 찾아내지 못하기 때문에 거의 사용이 되지 않는다.

Inmarsat 위성용 EPIRB는 지구 적도상공 약 36,000km 높이에 있는 정지궤도 위성을 사용하고 1.6Ghz대의 주파수를 사용하며 지구상의 남북위 70도 이내에서 사용이 가능하지만 장비에서 위치정보를 송신하지 않으면 역시 위치를 파악할 수 없기 때문에 선박에서는 거의 사용되지 않는다.

COSPAS-SARSAT 위성용 EPIRB는 지상 약 800km~1,000km 상공에 있는 극궤도위성(지구의 남북과 북극을 통과하여 선회하는 위성)과 정지궤도 위성을 모두 사용하여 전 세계 어디서든지 신호를 수신할 수 있으며 406Mhz를 사용하여 조난신호를 발사하면 도플러 효과를 이용하여 위치를 계산해낼 수 있기 때문에 대부분의 선박에서는 이러한 406Mhz COSPAS-SARSAT 위성용 EPIRB를 사용하고 있다.

또한 선박의 조난신호를 항공기에서도 수신할 수 있도록 하기 위하여 121.5Mhz로도 조난신호를 발사하도록 되어 있다.

EPIRB는 선박이 침몰할 경우 수심 4m 이하에서(통상 수심 1.5m~4m 사이)에서 자동으로 부양하도록 되어 있으며, EPRIB가 부양되면 장비에 입력되어져 있는 고유의 16진수 코드(HEXA 코드)가 50초마다 발사되며 이를 분석하면 선박의 MID(Mobile Identification Digit, MMSI 등)를 알아낼 수 있다. EPIRB에서 발사된 조난신호는 위성에서 수신하여 육상에 있는 LUT(Local User Terminal : 지역단말기)로 전송되며 여기를 거쳐 RCC(구조조정본부)로 전달 된다. 우리나라에는 LUT가 대전(대덕연구단지의 한국항공우주연구소 내)에 있으며 위성조난통신소라고 명명되어 있다. EPIRB의 통상 출력은 5W이며 직선편파 또는 원편파를 사용하고 통상 1대를 탑재하도록 되어 있다. EPIRB의 수압풀림장치의 유효기간은 통상 2년이고 배터리(전지)의 용량은 통상 48시간이다.

EPIRB는「선박안전법」제4조에 의해 근해어업 이상 종사하는 길이 24m 이상의 선박과 원양어업에 종사하는 어선 그밖에 연해구역 이상을 항해구역으로 하는 선박에 의무적으로 설치하고 있으며, 선박의 침몰시 수심 4m 이상에서 수압풀림장치가 수중이탈 되어 수면 상으로 부상 406MHz 조난신호를 발사하여 해양경찰청 위성조난통신소 LUT 모니터 상에 신호가 감지되며 최신 업데이트된 선박 데이터베이스를 통해 신속히 선박의 소재를 파악, 중앙구조조정본부와 사고선박의 선적지 및 사고 해점 에서 가장 근접한 구조조정본부(RCC) 및 구조지부(RSC)로 선박의 정보를 전파 한다.

EPIRB는 선박이나 항공기가 조난상태에 있고 수색과 구조작업시 생존자의 위치결정을 용이하게 하도록 무선표지신호를 발신하는 무선설비로서 GMDSS에서는 다음의 3형식이 사용된다.

1) VHF EPIRB

VHF 채널 70(156.525 MHz)의 DSC로 조난경보의 송신을 행하는 것으로 육상의 VHF 무선전화 통신권내(A1)에서만 사용이 가능하도록 되어 있으나 위치측정이 불가하기 때문에 우리나라에서는 허가하고 있지 않으며 일반적으로 선박에서는 사용하고 있지 않다.

2) INMARSAT 시스템(1.6GHz) EPIRB

INMARSAT 정지위성을 이용하여 조난경보를 전달하는 것으로 발사 후 지체없이(약 10분) 육상으로의 경보전달이 가능한 특징이 있지만, INMARSAT 위성의 통신가청 범위내(남북위 70° 이내)에서만 사용이 가능하다. 또, INMARSAT 위성은 위치측정 기능이 없기 때문에 EPIRB에 위치정보를 통신문으로 송신하여야 하므로 사용에 불편한 점이 있어 해상구조물 등을 제외한 일반 선박에서는 사용되지 않는다. 또한 이 장비의 사용자가 극히 미미(전체 EPIRB의 1% 미만)하다.

3) COSPAS-SARSAT 시스템(406MHz) EPIRB

극궤도 선회위성을 이용하여 조난경보를 전달하는 것으로 지구 전지역에서 사용이 가능하지만, 위성의 고도가 낮게(약 1,000 km) 돌고 있고 커버리지가 반경 약 500km이기 때문에 비콘의 송신에서부터 육상에의 수신까지 약간의 시간(현재 최대 약 90분)이 소요될 수 있다.

이 시스템은 해상은 물론 육상이나 공중에서 조난이 발생하여 이 장치 수동 또는 자동으로 작동되면, 이 신호가 COSPAS-SARSAT 위성에 감지되어 조난위치를 정확히(약 1-2마일의 오차) 파악할 수 있게 하고, 이를 적당한 구조조정본부(RCC)에 통보하여 신속한 수색 및 구조가 이루어지게 된다.

※ 코스파스-살샛트(COSPAS-SARSAT)는 미국, 러시아, 캐나다, 프랑스가 121.5MHz, 243MHz 및 406MHz 주파수로 전송하는 비상무선표지를 찾기 위해 설립 한 국제위성 기반 검색 및 구조시스템 임.

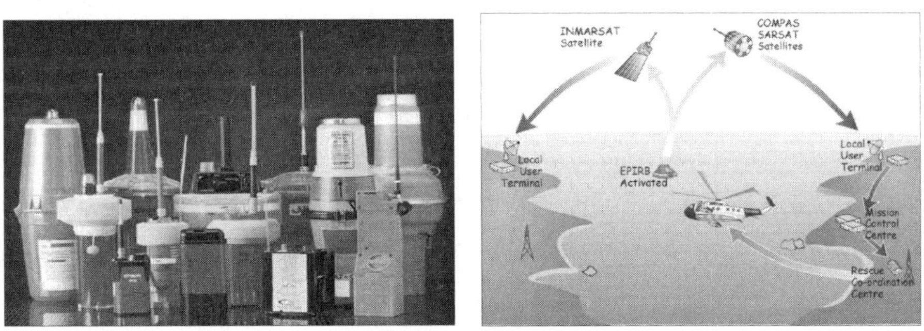

〈그림 2-5〉 EPIRB종류와 COSPAS-SARSAT 시스템

► **선박안전법 제30조(선박위치발신장치)**

① 선박의 안전운항을 확보하고 해양사고 발생시 신속한 대응을 위하여 해양수산부령으로 정하는 선박의 소유자는 해양수산부장관이 정하여 고시하는 기준에 따라 선박의 위치를 자동으로 발신하는 장치(이하 "선박위치발신장치"라 한다)를 갖추고 이를 작동하여야 한다.〈개정 2020.2.18〉

② 제29조제1항 또는 제2항의 규정에 따른 무선설비가 선박위치발신장치의 기능을 가지고 있는 때에는 선박위치발신장치를 갖춘 것으로 본다.

③ 선박의 선장은 해적 또는 해상강도의 출몰 등으로 인하여 선박의 안전을 위협할 수 있다고 판단되는 경우 선박위치발신장치의 작동을 중단할 수 있다. 이 경우 선장은 그 상황을 항해일지 등에 기재하여야 한다.

► **선박안전법 시행규칙 제73조(선박위치발신장치 설치 대상선박)**

법 제30조제1항에서 "해양수산부령이 정하는 선박"이란 다음 각 호의 선박을 말한다. 다만, 호소·하천에서만 항해하는 선박은 제외한다.

1. 총톤수 2톤 이상의 다음 각 목의 선박

가. 「해운법」에 따른 여객선

나. 「유선 및 도선사업법」에 따른 유선. 다만, 해가 뜨기 30분 전부터 해가 진 후 30분까지 사이에 운항하는 선박으로서 제15조제1항제1호에 따른 평수구역만을 항해하는 항해예정시간이 2시간 미만인 선박은 그러하지 아니하다.

2. 여객선이 아닌 선박으로서 국제항해에 취항하는 총톤수 300톤 이상의 선박
3. 여객선이 아닌 선박으로서 국제항해에 취항하지 아니하는 총톤수 500톤 이상의 선박
4. 연해구역 이상을 항해하는 총톤수 50톤 이상의 예선, 유조선 및 위험물산적운송선

(10) SART(9GHz대 레이다 트랜스폰더) : 수색구조 위치확인 장치

선박의 조난시에 생존자의 위치를 부근 선박의 9GHz대(X-Band) 레이다의 화면에 표시해 주는 것으로, 수색 및 구조용 레이다 트랜스폰더(Search and Rescue Radar Transponder; SART)라고도 한다. SART는 선박이 조난하여 퇴선할 경우 조난자의 위치를 8마일권 내의 구조선의 레이더화면에 12개의 점선으로 표시하여 수색을 용이하게 해주는 장치로 이 같은 독특한 레이다 신호는 쉽게 인식할 수 있으므로 구조선이 접근하여 생존자를 구조할 수 있게 된다.

GMDSS에서는 여객선 및 총톤수 500톤 이상의 화물선에 최소한 양현에 1대씩, 총톤수 300톤 이상 500톤 미만의 화물선에는 최소한 1대의 SART를 비치하도록 규정하고 있다. 이 장비는 퇴선할 경우 쉽게 휴대가 가능하도록 선교(브릿지) 내에 설치가 되는 것이 일반적이다.

SART의 동작 주파수는 9.2Ghz~9.5Ghz(9,200Mhz~9,500Mhz) 이며 수평편파를 사용하고 9Ghz대 X-band 레이더 화면에 표시되어 나타나도록 되어 있다.

SART를 설치할 경우에는 안테나의 높이가 수면에서 최소 1m이상 되어야 하며 이 경우 유효 통달거리는 통상 8마일(8 nm)이다. SART 장비의 배터리(전지)는 동작 대기상태에서 96시간, 송신상태에서 8시간 이상 지속될 수 있다.

SART 신호의 유효거리가 8마일이기 때문에 레이더의 탐지거리는 통상 12마일에 맞추는 것이 적절하며 조난선의 위치에 따라 탐지거리를 주의하여 조정하여야 한다. 레이더 상의 SART 신호가 파도로 인하여 명확하게 나타나지 않을 경우에는 해면반사 억제기를 조절하고, 비나 눈 등으로 인하여 신호가 잘 나타나지 않을 경우에는 우설반사 억제기를 조정해야 한다. 또한 SART 신호가 강한 것과 약한 것 2개로 겹쳐져서 나타나는 것은 탐지거리가 짧기 때문이며 이때에는 레이더의 탐지거리를 더 늘려야 한다.

① 선박의 조난 시에 생존자의 위치를 부근 선박의 9㎓대(X-Band) 레이다의 화면에 표시
② 조난선박, 라이프보트 또는 생존자의 위치에서 작동하면, 구조 선박이나 항공기의 X-밴드 레이다 펄스신호를 수신하여 즉시 응답신호를 발사
③ 상대방 레이다 화면에 8마일 범위 내에서 12 내지 20개의 점선으로 위치가 표시
④ 비상시 구명정 또는 구명뗏목으로 신속히 운반할 수 있도록 적절한 장소에 비치(보통 조타실에 비치).

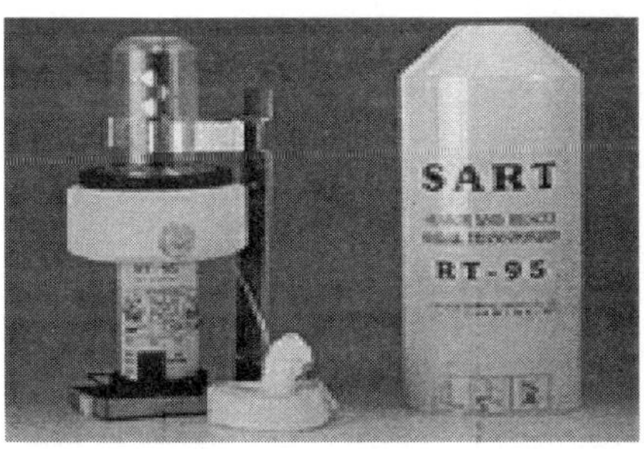

(SART 장비)

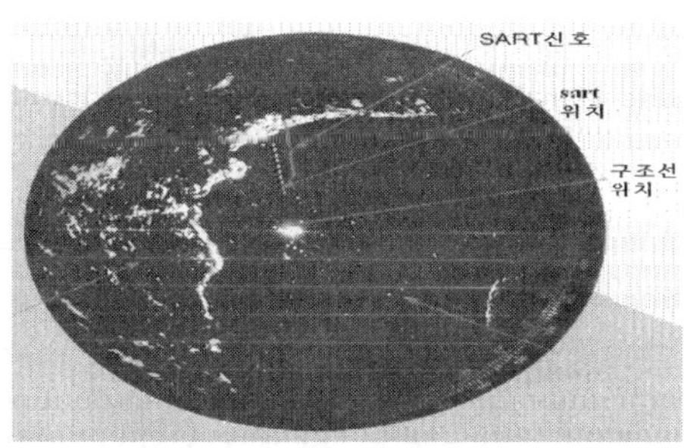

(SART신호가 레이다에 표시된 화면)

(EPIRB와 SART설치모습)

〈그림 2-6〉 SART장비와 설치모습

(11) 양방향 VHF 무선전화장치

조난현장에서 생존정과 구조정 상호간 또는 생존정과 구조항공기 상호간에 조난자의 구조에 관한 통신에 사용되는 휴대형 VHF무선전화기이다. 2-way VHF (양방향 VHF 무선설비)는 선박이 조난사고시에 조난자들과 구조선들 사이에서 조난현장통신을 하기 위하여 만들어진 것으로서 쉽게 조작할 수 있어야 하며, 휴대가 편리해야 하고 예리한 모서리 등이 없어야 한다. 또한 옷에 붙이거나 목에 걸 수 있는 장치가 되어 있어야 하며 전원공급 후 5초 이내에 작동이 되어야 한다. 이 장비는 작고 가벼우며 방수처리가 되어야 하며 작동 방법이 표시되어 있어야 하고 취급 방법이 물에 지워지지 않도록 해야 한다. 2-way VHF에는 채널 16(156.8Mhz)번이 반드시 있어야 하며, 수직편파를 사용한다. 모든 여객선 및 총톤수 500톤 이상의 화물선에는 최소한 3대를 비치하도록 규정되어 있다. 통상 출력이 1W이며 전지의 용량은 8시간이다.

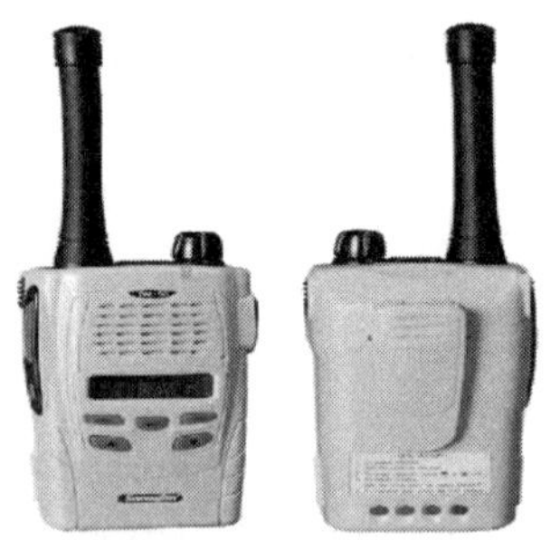

〈그림 2-7〉 양방향 무선전화기

(12) SSAS(Ship Security Alarm System).

선박보안경보시스템으로 해적선으로부터 본선의 납치시 경보를 발하는 장비이다.

[3] NAVAREA(Navigational Area)

GMDSS(세계해상조난 및 안전제도)의 일환으로 전세계를 16개 구역으로 구분하여 각 구역마다 조정국을 두어 회원국으로부터 등대소등·항로변경·해상사격훈련·새로운 암초발견·해적행위 기타 항로상 장해물 등 정보를 수집하여 기상정보, SAR(수색 및 구조) 관련사항과 함께 INMARSAT(국제해사위성)를 통하여 자동직접인쇄 방식으로 정보를 제공하는 제도를 말한다.

NAVAREA XI구역의 조정국은 일본이며, 구역 내 회원국과의 정보교환을 통하여 북태평양 서부와 동중국해, 남중국해 및 말라카·싱가폴 해협을 통항하는 원양선박을 대상으로 통보하고 있다. 회원국은 한국을 포함하여 일본·중국·말레이시아·인도네시아·싱가폴·태국·필리핀·미국(괌)·베트남 등 10개국이다.

* WWNWS(World-Wide Navigational Warning Service)
* SAR(Search and Rescue), INMARSAT(International Maritime Satellite),
* NAVAREA X VI 구역

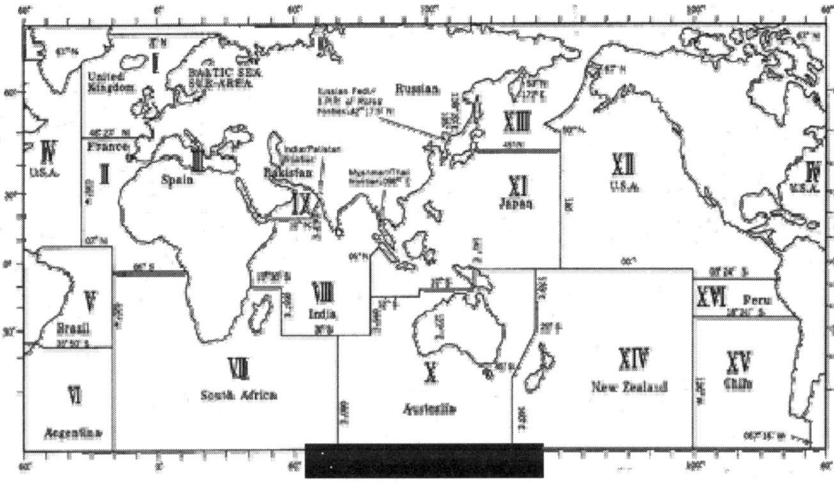

〈그림 2-8〉 NAVAREA X VI 구역도

영어를 사용하는 NBDP(Narrow Band Direct Printing : 협대역직접인쇄)에 의하여 주파수 518kHz에서의 해사안전정보의 방송 및 자동수신을 말한다. SOLAS 제2규칙(용어의 정의 - 제7항) NAVAREA와 함께 GMDSS(세계해상조난 및 안전제도)의 일환으로써 우리나라 근해를 항행하는 300톤급 이상의 선박을 대상으로 항행경보·기상정보 및 수색·구조정보로 구성된 해양안전정보(MSI : Maritime Safety Information)를 정해진 방송계획에 따라 직접인쇄 전신방식으로 송출하는 시스템이다.

우리나라는 1999년 4월 19일 동해안 죽변과 서해안 변산송신소를 통하여 국제 공통주파수인 518kHz로 영문·419kHz로 한글 문자방송을 시작하였으며, 해양경찰청에 NAVTEX운영실을 두고 있다.

[4] 해상교통문자방송(NAVTEX : NAVigation TEleX) 운용

(1) 개요

전 세계의 해역을 NAVAREA(Navigational Area)로 구분하여 각 해당지역 연안국에서 인근을 통항하는 선박에 항행 안전정보를 제공하는 제도이다.

(2) NAVTEX 수신기 설치 대상 선박

선박안전법 제29조제2항 및 동 시행규칙 제72조제2항 별표30(무선설비의 설치기준)에 의하여

1) 국제항해에 취항하는 여객선
2) 총톤수 300톤 이상의 선박(어선제외)
3) 원양어업에 종사하는 어선

(3) 제공 정보

1) 기상정보 : 기상청 제공
2) 항행정보 : 해양조사원 제공
3) 사격/훈련정보 : 해군작전사령부, 합동참모본부, 해양경찰
4) 수색구조정보 : 해양경찰
5) 기타 선박의 항행안전에 도움이 되는 사항

(4) 방송시간 및 방송해역

1) 송신소(무인)별
   가) 동해 죽변 송신소로부터 200마일 해역
   나) 서해 변산 송신소로부터 200마일 해역
2) 방송시간별
   가) 0030시부터 4시간 간격 6회 영문방송
   나) 0230시부터 4시간 간격 6회 국문방송

(5) 함정근무자의 주의사항

1) 함정근무자는 근무 중 해상교통 문자방송를 지속적으로 청취하여야 한다.

2) 수신기설치대상선박이 아닌 국내어선 등의 항행안전를 위하여 관할내 NAVEX정보입수 시 가용 통신기를 이용하여 항행안전정보를 전파하여야 한다.

[5] 선위통보(KOSREP : Korea Ship Reporting System) 제도

(1) 목적

선박의 위치를 주기적으로 보고받아 이를 결락할 경우 신속히 사실을 확인하여 조기에 인명을 구조코자 하는 것이다.

(2) 대상해역 및 지정해안국 배치도

선위통보 대상해역은 각 구조조정본부의 수난구호 관할해역인 북위30도 이북 및 북위40도 이남과 동경121도 이동 및 동경135도 이서 해역이다.

(3) 대상선박

1) 국제항해에 취항하는 여객선
2) 국제항해에 취항하는 총톤수 300톤 이상의 선박중 항해시간이 12시간 이상인 선박
3) 해상교통안전법 제2조의 규정에 의한 조정불능선·조정제한선 및 흘수 제약선
4) 예인선열의 길이가 200미터를 초과하는 예인선
5) 원유·제품류·케미칼등 위험물을 운송하고 있는 선박

단, 3)내지 5)항에 규정하는 선박의 경우에는「해상인명안전국제협약」에 따른 세계해상조난 및 안전제도(GMDSS)에 의한 통신설비를 설치하고 있는 선박에 한한다.

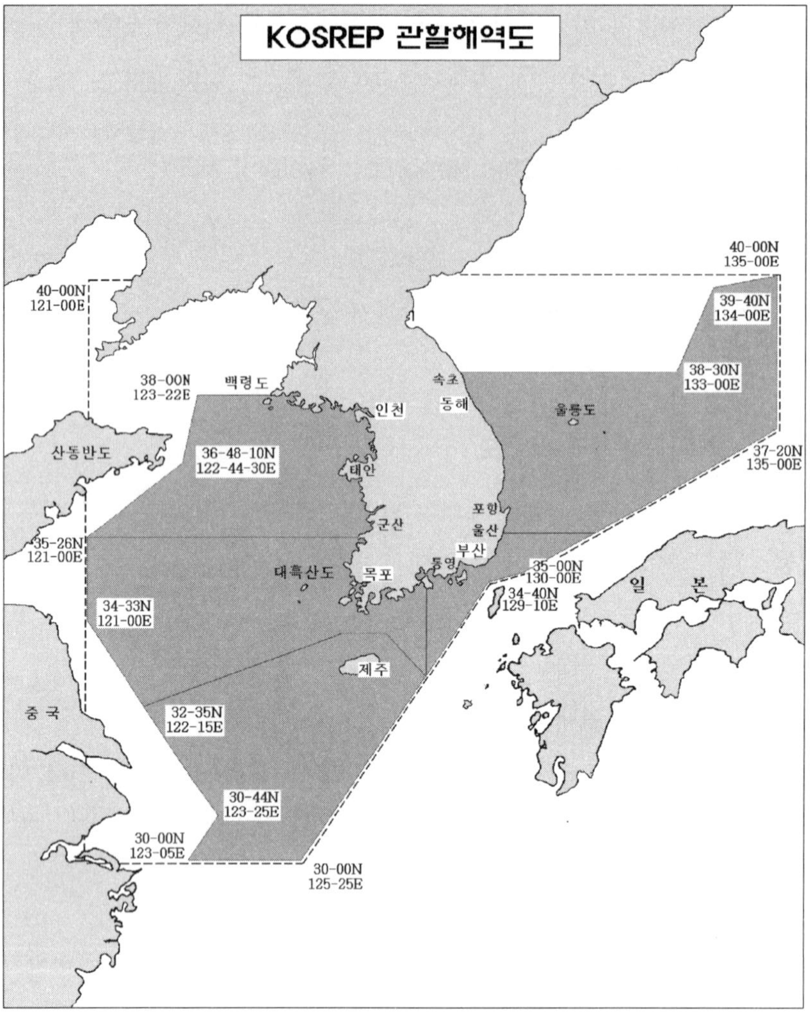

〈그림 2-9〉 KOSREP 관할해역도

(4) 근거

1) 수상에서의 수색·구조 등에 관한 법률 제33조(선박위치통보 등)

2) 해상구조조정본부 지정 등에 관한 고시 제4조(해양경찰청고시 제2017-1호)

▸ **수상에서의 수색·구조 등에 관한 법률(약칭 : 수상구조법)**

제33조(선박위치통보 등) ① 선장은 선박이 항구 또는 포구로부터 출항하거나 해양경찰청장이 지정·고시하는 선박위치통보해역에 진입한 때에는 해상구조조정본부의 장에게 다음 각 호의 통보를 하여야 한다.

1. 항해계획통보
2. 위치통보
3. 변경통보
4. 최종통보

② 제1항에 따른 통보를 하여야 하는 선박의 범위, 통보 세부기준, 그 밖에 필요한 사항은 해양수산부령으로 정한다.

③「선박안전법」 제30조에 따라 선박위치발신장치를 갖추고 항행하는 선박의 경우에는 제1항제2호의 위치통보를 생략할 수 있다.

▸ **해상구조조정본부 지정 등에 관한 고시(해양경찰청고시 제2017-1호, 2017. 7. 26)**

제4조(선박위치통보 해역 및 통보)「수상에서의 수색·구조 등에 관한 법률」 제33조의 선박위치통보(이하 "선위통보"라 한다) 해역은「수상에서의 수색·구조 등에 관한 법률 시행규칙」 별표1에 의한 해역으로 하고, 광역구조본부의 장 및 구조조정본부장에게 통보할 수 있다.

(5) 통보의 종류 및 시기

선위통보제도에서 사용되는 통보는 항해계획통보(관할해역 입역 또는 해역내에서 출항시), 위치통보(해역 입역후 12시간 마다 통보), 변경통보(예정위치가 25마일 이상 떨어졌거나 목적지를 변경하였을 때 통보), 최종통보(입항시 또는 해역 출역시) 등 4가지 종류로 구성한다.

※「선박안전법」 제30조에 따라 선박위치발신장치(AIS)를 갖추고 항행하는 선박은 위치통보를 생략 가능

1) 항해계획

항해계획이란 선박의 위치를 추정하기 위한 기본정보로서, 본 제도에 참가할 때에 통보하는 것이므로 대상해역내의 항구에서 출항 또는 대상해역내로 입역할 때에 통보한다.

☞ 항해계획을 출항후 또는 입역후 통보할 때에는 가급적 신속히 통보하여야 하며, 출항전 통보할 경우에는 서면 등으로 제출할 수 있다.

2) 위치통보(선위통보)

위치(선위)통보란 항해계획에서 입력된 선위가 정확한 것인지 여부를 확인하기 위한 정보이므로 출항 또는 입역한 후 12시간이내에 첫 번째 통보를 하고 이후 최종통보를 행할 때까

지는 약 12시간 간격으로 통보한다.

☞ 통신사의 근무시간 등의 이유로 사전에 통보가 늦어질 것이 예상될 때에는 가급적 예정 시간 전에 통보하여야 하고, 악천후 기타 악조건 하에 있을 때에는 가급적 통보간격을 단축하여 통보한다.

3) 변경통보

변경통보란 항해계획에 변경이 생겼을 때에 그 내용을 수정하기 위한 정보이므로 예정위치가 25마일이상 떨어졌거나 목적지를 변경하였을 때 통보하여야 한다.

4) 최종통보

최종통보란 선위통보제도의 참가를 끝내기 위한 정보이므로 대상해역내의 목적항에 도착하기 직전 또는 도착 후 통보하여야 한다.

☞ 최종통보를 출역한 후에 통보를 할 때에는 가급적 신속히 통보하여야 하며, 입항 후에 통보하는 경우에는 서면 등으로도 통보할 수 있다.

(6) 선위통보의 방법

1) 통보시기 : 선박이 항구 또는 포구로부터 출항하거나 해양경찰청장이 지정·고시하는 선박위치통보해역에 진입한 때
2) 통보처 : 광역구조본부장 및 구조조정본부장
3) 통보장비 : 무선전화(VHF 16번), 무선전화(SSB 2182khz), 직접인쇄전신(NBDP), 위성전화, 텔렉스 등

[6] 해상 이동업무 식별번호(MMSI)

(1) 개요

MMSI(Maritime Mobile Service Identity : 해상이동업무식별번호)는 선박국, 이동지구국, 해안국, 육상지구국 및 집단 호출을 유일하게 식별하기 위하여 무선경로를 통하여 송신되는 9개의 숫자로 구성된 번호를 말한다.

(2) 식별부호

1) 해상식별부호 : MID(Maritime Identification Digits)

국가별로 3자리의 숫자로 표시 (한국 440, 441. 일본 431, 432. 중국 412, 413)

2) 선박국 식별번호(MMSI)

가) **국제**항해 선박국 MMSI : 4_1 4_2 0_3 X_4 X_5 X_6 $\mathbf{0_7}$ $\mathbf{0_8}$ $\mathbf{0_9}$

A3 해역 또는 A4해역의 국제항해를 하는 원양어선, 여객선, 화물선 등에 부여되는 해상이동업무 식별번호는 끝의 세자리가 "000"이 할당된다.

나) **국내**항해 선박국 MMSI : 4_1 4_2 0_3 X_4 X_5 X_6 X_7 $\mathbf{0_8}$ $\mathbf{0_9}$

다) 국내 전기통신업무 선박국 MMSI : 4_1 4_2 0_3 X_4 X_5 X_6 X_7 X_8 $\mathbf{0_9}$.

라) 기타 선박국 MMSI : 4_1 4_2 0_3 X_4 X_5 X_6 X_7 X_8 X_9

상기 이외의 전기통신업무를 하지 않는 선박국, 무선항행 이동국, 비상위치지시용무선표지설비(EPIRB) 등에 부여되는 해상이동업무 식별번호는 끝의 한자리가 "0"이 아닌 번호를 할당한다.

3) 해안국 식별번호

가) 공중통신업무를 하는 해안국의 MMSI : 0_1 0_2 4_3 4_4 0_5 0_6 X_7 X_8 X_9

한국통신등의 공중통신업무를 하는 해안국의 식별번호로 6번째 자리의 숫자를 "0"으로 할당하고 있다.

나) 해양경비통신을 하는 해안국의 MMSI : 0_1 0_2 4_3 4_4 0_5 $\mathbf{1_6}$ X_7 X_8 X_9

해양경찰청 등 해양경비통신을 하는 해안국의 식별번호로 6번째 자리의 숫자를 "1"로 할당하고 있다.

다) 어업통신을 하는 해안국의 MMSI : 01 02 43 44 05 26 X7 X8 X9

수협 등 어업통신을 하는 해안국의 식별번호로 6번째 자리의 숫자를 "2"로 할당하고 있다.

라) 기타 항무통신을 하는 해안국의 MMSI : 0_1 0_2 4_3 4_4 0_5 $3_6(9_6)$ X_7 X_8 X_9

해양수산청 등 항무통신을 하는 해안국의 식별번호로 6번째 자리의 숫자를 "3"에서 "9"까지 할당하고 있다.

(3) 선박 조회

1) 국적선박의 확인

가) 국적선박은 방송통신위원회 선박무선국 자료를 검색하거나,

나) 국토해양부의 GICOMS선박조회를 활용하여 선박제원 확인가능

2) 외국적 선박의 확인

외국적선의 경우 다음 사이트를 통하여 확인 가능

가) 국제전기통신연합(ITU) Site

나) 인마세트(inmarsat) Site 2개소

다) 406㎒ EPIRB 등록 데이터 베이스(IBRD) Site

※ 해양경찰 위성통신망(KOSNET)

1) 'Korea Coast Guard Satellite Communication Network'의 약자
2) 무궁화위성을 이용한『위성통신체제』로 약 450마일권역까지 통신가능
3) 음성·FAX·인터넷·동영상 전송 등 종합적인 기능을 갖춘 디지털 통신방식으로
4) 통화품질이 양호하고 전파 교신시 자체암호화 기능으로 통신의 보안성도 우수한 특징을 가지고 있다.

4장 수색 및 구조방법

1 수색방법

[1] 수색계획

○ 수색계획은 크게 아래의 6가지 부분으로 구성되며, 수색의 신뢰도를 높이고 체계적인 현장조정을 위해서는 매우 중요한 요소이므로, 상황에 맞게 검토하여 계획을 수립·시행해야 함

〈국제항공 및 해상수색구조 매뉴얼 II권 제5장(수색 기술 및 작전운영)〉

○ 조난의 위치가 특정되어 별도의 수색이 필요 없는 구조작전 수행 및 세부 수색계획을 수립할 시간적 여유가 없을 경우에는 생략 또는 간소화하여 긴급작전을 수행하고, 수색이 연장되거나 많은 세력이 투입될 경우에는 수색계획을 구체적으로 수립할 필요가 있음

(1) 수색계획서

1) 상황(Situation)

가) 탑승객(POBs, Persons on board)의 수

나) 구명장비의 수량 및 유형을 포함한, 첫 번째와 두 번째 수색 대상

다) 현지 기상 및 예보(예상 수색기간에 대한 기상예측 정보)

라) 현장의 수색세력

2) 수색 구역(Search areas)

가) 수색 기준점

나) 수색구역도(투입세력을 고려하여 구역 할당)

다) 수색구역의 모서리 좌표, 구역의 크기

라) 표류예측 결과 등 수색구역 결정에 영향을 미치는 기타 중요 정보

3) 실행(Execution)

가) 수색구역별 세력(함정, 항공기, 지원세력 등)

나) 수색패턴, CSP(수색시작지점, Commence Search Point), 수색이동(Creep) 방향

4) 조정(Co-ordination)

가) OSC(현장조정관) 및 ACO(항공조정관, 필요시)의 지정

나) 현장 수색세력의 수색시간(시작시각, 종료시각 등 포함)

다) 항적 간격(Track spacing) : 수색구역의 넓이, 수색세력의 수, 수색세력의 종류(함정 또는 항공기), 수색대상의 크기(레이다 탐지 또는 시각 식별) 등을 종합 고려하여 지정

라) 수색이동 속도 : 수색가능시간(주간 및 생존시간 고려), 항적 간격 등을 고려하여 최대 속력한계 권고

마) 수색세력에 대한 안전 지침(특히 항공기기의 경우, 고도분리 등)

5) 통신(Communications)

가) 상황실과 현장세력간 통신방법(채널) 등 수색작전 수행에 필요한 각종 통신채널(Control, On-scene, Monitor, Press 채널 등)

나) 기타 필요시, OSC 및 수색세력을 식별하는 방법 등

6) 보고(Reports)

가) 현장기상, 진행사항, 기타 상황정보 등 OSC 보고서의 요구사항

나) 매일 수색 결과(수색시간, 지역, 범위, 발견 물체 등)

(2) 수색구역 결정

조난이 명백하거나 조난우려가 높은 사고에 대하여 생존자 위치를 포함한 소재 추정위치를 추정하고 오차범위를 고려하여 수색구역을 결정한다. 여기서 소재 추정해역은 선박의 종류, 특성, 기상 및 해상조건에 따라 산출하고 추정한 결과 수색 목표물이 소재할 가능성이 가장 높은 해역을 의미한다. 소재 가능해역은 최종 확인위치를 중심으로 하고 이후 이동 가능성이 있는 거리를 반경으로 한 원으로 표시되며, 수색 목표물이 전방향(360°)으로 이동하는 것으로 가정한다. 표류로 인해 조난선박 또는 라이프보트의 수면상 이동을 추정하며 수색을 위한 기준점 위치는 다음과 같다.

▶ 표류의 두 가지 요소 : 총 조류 및 풍압차

① 총 조류 : 조류가 흘러가는 방향

② 풍압차 : 바람이 불어가는 방향

1) 항적간격

대부분의 수색패턴은 평행항적 또는 직사각형의 구역을 포함하는 범위로 구성되며, 인접하는 항적간의 거리를 항적간격이라 한다. 수색구조 임무 조정관(SMC)은 수색에 참여하는 함정 및 항공기가 서로 안전한 거리를 유지하고 지정된 수색패턴을 정확하게 따르고 있는지 확인하여야 한다.

2) 수색구역

다음 두 가지 방법 중 하나를 이용하여 수색반경(R)을 계산하여 외접원의 면적을 적절한 크기로 분할하여 수색하여야 한다.

가) 수색이 즉시 개시되어야 한다면 R=10해리로 가정

나) 계산할 시간이 있는 경우, 다음 식에 의하여 선박이 특정시간 (T)에 수색할 수 있는 구역을 계산

A = S(수색간격) × V(속력) × T(특정시간)

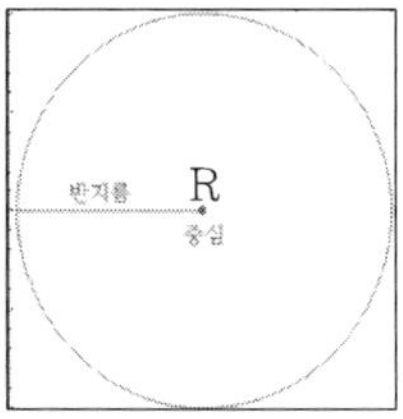

다) 수색구역의 플로팅

① 반경 R(10해리)을 가진 기준점을 중심으로 하는 원을 작성

② 원에 대한 접선을 사용하여 위 그림과 같이 사각형을 그림

③ 수척의 함정(항공기)이 동시에 수색을 하고 있으면 이 사각형을 적절한 크기로 분할하여 수색 함정(항공기)에 할당

[2] 수색방법 종류

(1) 확대 사각수색(SS, Expanding Square Search)

1) 수색 목표물의 위치가 비교적 상대적으로 가까운 한계 내에 있는 것으로 알려져 있을 때 효과적인 수색방법이다.

2) 수색 개시시점은 항상 기준위치이다.

3) 물속에 있는 사람 또는 풍압차가 거의 없거나 전혀 없는 다른 수색 목표물을 수색할 때 방법이며, 선박이나 소형보트 사용하여 수색할시 적절할 때가 있다.

4) 수색구역이 좁으므로 비슷한 고도에서 다수의 항공기 또는 다수의 함정이 동시에 절차

를 사용해서는 안 된다.

5) 정확한 항해가 요구되고, 첫 번째 직행구간은 항해오차를 최소화하기 위해 바람이 불어오는 쪽으로 방향을 맞추어야 한다.

6) 2차 수색시 최초방위에서 45도 변침하여 수색하면 수색의 효과성을 증대시킨다.

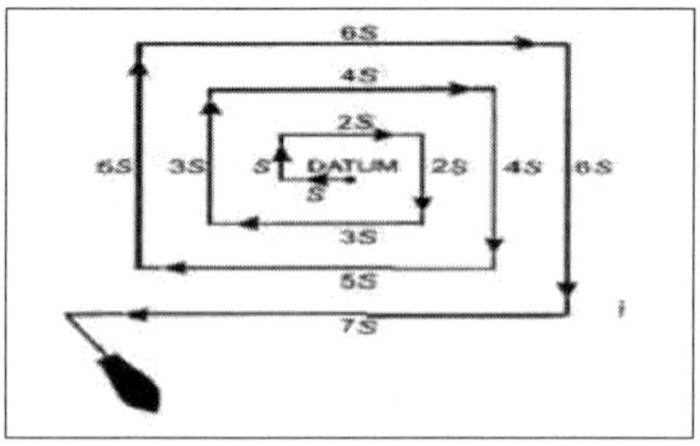

〈확대사각형 수색〉

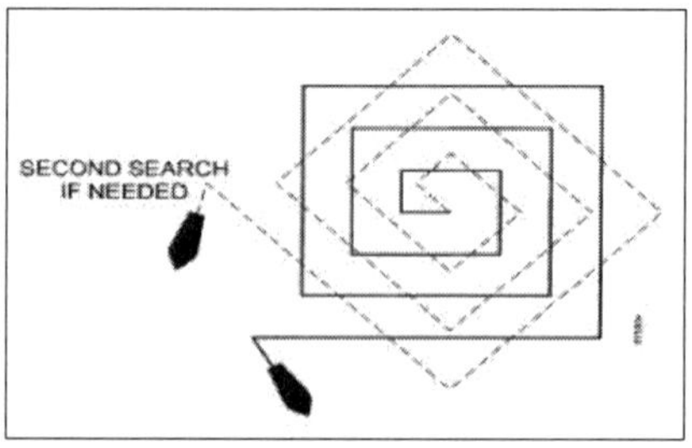

〈2차 확대사각형수색〉

〈그림 2-10〉 확대사각형 수색방법

(2) 부채꼴 수색 또는 원형수색(VS, Sector Search)

1) 수색 목표물의 위치를 정확하게 알고 있고 수색구역이 소규모일 때 가장 효과적인 수색방법이다.

2) 기준점을 중심으로 원구역을 수색하기 위해 사용한다.

3) 적용 수색구역이 좁으므로 비슷한 고도에서 다수의 항공기 또는 다수의 함정이 동시에 이 방법을 사용해서는 안 된다.

4) 함정과 항공기를 동시에 사용하여 동일 해역에 대한 독립된 부채꼴 수색을 실시할 수 있다.

5) 적절한 표지(연기 부표 또는 무선비콘)를 기준점 위치에 투하하여 수색패턴의 중심점을 만드는 참조점 또는 항로표지로 사용 가능하다.

6) 항공기의 경우에는 수색패턴 반경은 일반적으로 5해리에서 20해리 사이이며, 함정의 경우에는 반경 2해리에서 5해리 사이이며, 각 회전은 120도이고 통상적으로 우현으로 선회한다.

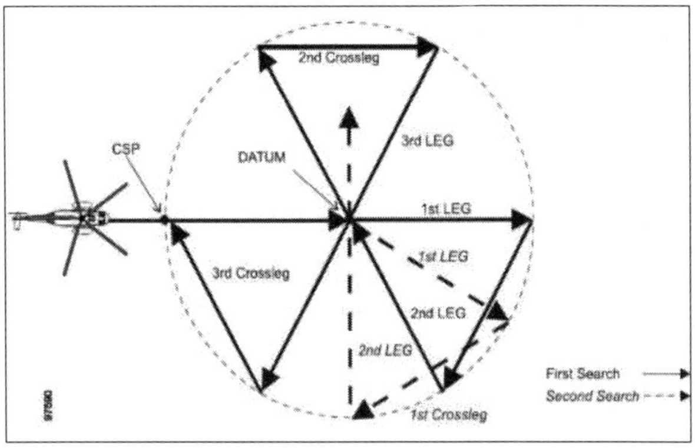

〈그림 2-11〉 부채꼴 수색방법

(3) 항적선 수색(TS, Track Line Search) : "ㄷ"자형 수색

1) 알려진 경로를 따라가지 않고 항공기 또는 선박이 실종되었을 때 일반적으로 사용된다.
2) 계획 수립 및 시행이 용이하므로 일반적으로 초기 수색활동에 사용한다.
3) 조난 항공기의 의도된 항로를 따라서 신속하고 합리적으로 철저히 수색하여야 한다.
4) 항적선의 한쪽을 따라서 수색이 이루어지고 반대방향으로 되돌아 올 때 다른 쪽을 수색한다.
5) 의도된 항적을 따라서 일단 양 쪽을 수색하며, 수색세력은 계속 자신의 경로를 따라 수색해 나가고 되돌아오지 안는다.
6) 항공기는 빠른 속도 때문에 항적선 수색을 사용한다.
7) 항공기 수색 고도는 일반적으로 주간에는 300m~600m(1,000~2,000ft) 또는 야간은 600~900m(2,000~3,000ft) 정도이다.

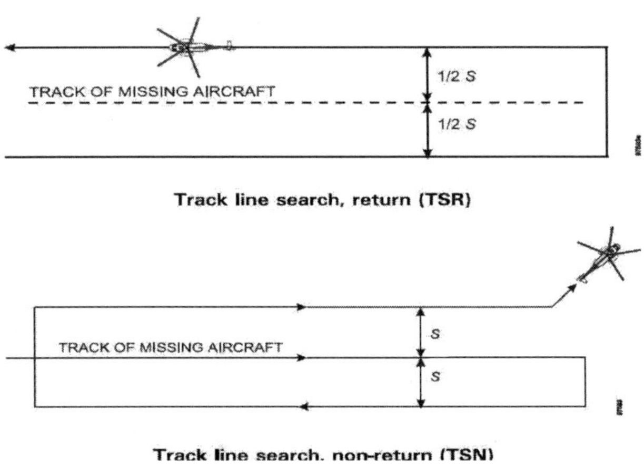

〈그림 2-12〉 부채꼴 수색방법

(4) 평행선 수색(PS, Parallel Sweep Search) : "ㄹ"자형 수색

1) 생존자 위치가 불확실할 때 광범위한 해역을 수색하기 위해 사용한다.
2) 수상 또는 평지에서 가장 효과적이다.
3) 현장에 있는 각 수색세력에게 동시에 넓은 수색지역을 분할하여 할당할 때 주로 사용한다.
4) 수색 개시시점은 소구획의 한 가장자리에 있으며, 이곳은 가장자리를 형성하는 각 양면의 직사각형 내 항적간격의 중간이다.
5) 수색진행 구간은 서로 평행이고 소구획의 긴 측면에 평행이다.

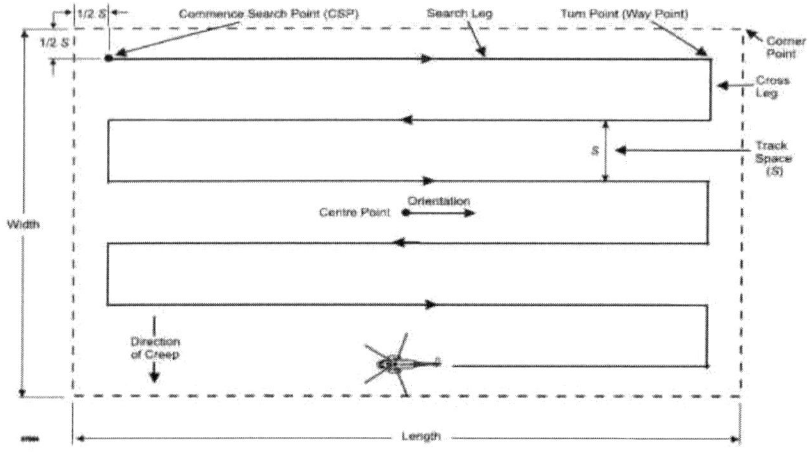

〈그림 2-13〉 평행선 수색방법(PS, Parallel Sweep Search)

(5) 등고선 수색(OS, Contour Search)

1) 고도가 가파르게 변화하여 다른 패턴을 실행할 수 없는 산 주위 및 계곡에서 사용된다.
2) 가장 높은 산 꼭대기부터 수색을 시작하여 각 선회시마다 새로운 수색고도로 꼭대기부터 바닥까지 수색한다.
3) 수색고도의 간격은 150~300m(500~1,000ft)이다.
4) 가장 낮은 고도에서 등고선 수색을 재개하기 전에 항공기는 산으로 부터 하강하는 궤도를 만들 수 있다.
5) 수색의 방향과 반대되는 비행로를 만들만큼 충분한 여유가 없는 경우에 항공기는 낮게 거의 일정한 비율의 강하률로 산 주위를 돌아서 나선형으로 아래 방향으로 수색 가능하다.
6) 산을 회전할 수 없으면 동일한 고도간격으로 연속적인 범위로 산의 측면을 따라서 비행한다.

7) 각 비행로 수색 후, 한 항적 간격만큼 중심을 이동하면서 계곡을 원형으로 수색한다.

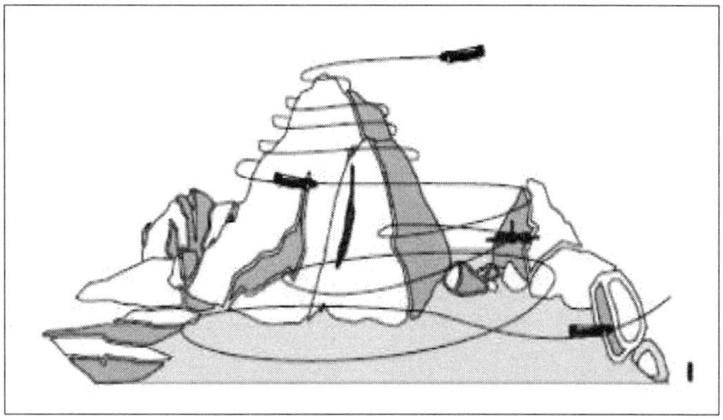

〈그림 2-14〉 등고선 수색(OS, Contour Search)

(6) 지그재그 수색 : 크리핑라인 수색(Creeping line search)(CS)

1) 기본적으로 평행수색과 같으나 “ㄹ” 자형을 세운 형태의 수색방법이다.
2) 길이가 길고 폭이 좁은 해역의 수색에 사용 된다
3) 목표물이 통상 항로를 크게 벗어나서 표류할 것으로 추정되는 경우에 사용되며 통상 항로를 따라 광범위한 수색을 한다.

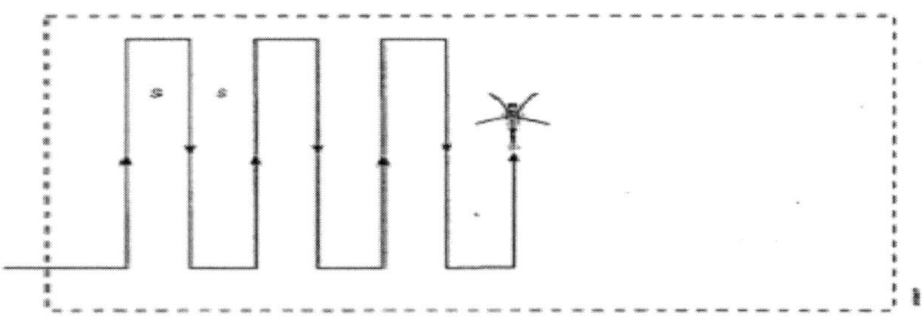

〈그림 2-15〉 지그재그 수색방법

(7) 해공(海空) 합동수색 : Creeping line Search, Co-ordinated(CSC)

1) 공중과 해상에서의 조화를 이룬 수색방법이다.
2) 항공기는 크리핑라인(Creeping line)수색을 하고, 선박은 수색구역의 중심축을 따라서 수색하는 기법이다.
3) 항공기에서 조난자를 발견하고 선박에서 구조하며, 항공기 불시착의 경우 승무원에 대한 신속구조가 가능하다.

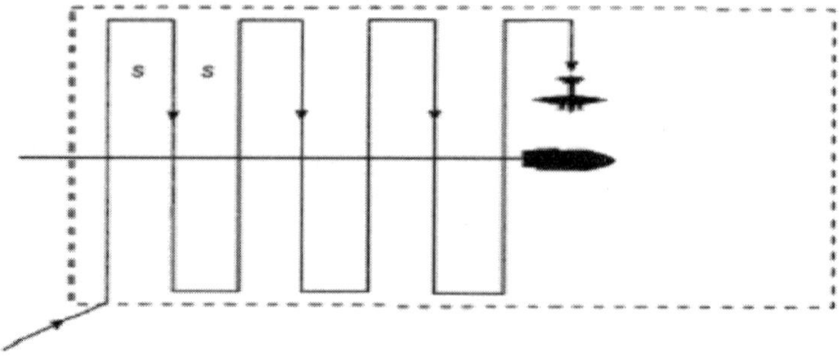

〈그림 2-16〉 해공합동 수색방법

(8) 야간수색

1) 야간수색장비를 갖춘 항공기만이 야간 수색구조 업무를 수행한다.

2) 야간임무를 수행하기 위해서 야간 비행 조종장치 점검이 필요하므로 이륙시간이 약 10분 이상 지체된다.

3) 야간수색시 유의사항

가) 근처에 있는 함정은 탐조등을 헬기에 비추어서는 안 된다.

나) 조종사가 탐조등을 소등하라고 하는 경우 즉시 소등할 수 있도록 통신을 유지하고 있어야 한다.

다) 함정과 헬기는 항상 통신망을 유지하되, 승무원 상호간 계속적 정보교환과 주의집중을 위하여 안전에 커다란 문제가 있는 경우에만 헬기사용 통신망으로 정보사항을 제공한다.

라) 항공기가 조난자를 발견하였을 경우 탐조등으로 조난자를 계속 비추고 함정을 유도하여 조난자를 구조할 수 있도록 한다.

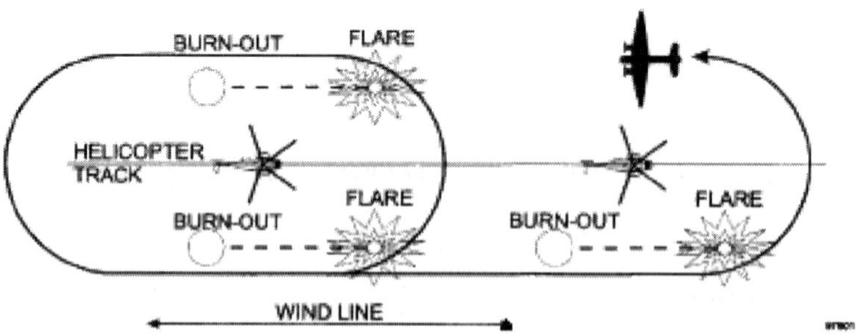

(Parachute flare search using a helicoper)

〈그림 2-17〉 야간수색 패턴

[3] 수색의 개시

다른 수색구조 함정(항공기)보다 먼저 도착한 함정(항공기)은 현장에 도착하면 곧바로 기준점으로 가서 확대 사각형 수색을 개시하고 가능하다면 표류를 확인할 수 있도록 수색목표물과 비슷한 풍압차를 가지는 구명뗏목 또는 다른 부유 표시물을 투하하여 기준점을 표시할 수 있어야 한다. 추가 함정(항공기)이 사고현장에 도착하면 현장조정관(OSC)은 수색 패턴중 하나를 선택하여 수색 소구획을 각 함정(항공기)에 할당하여야 한다. 시계가 양호하고 수색할 수 있는 함정(항공기)이 충분하게 있으면 평행 항적수색을 실시하고, 그 동안에 현장조정관은 첫 번째 도착한 수색 함정(항공기)에게 확대 사각수색을 계속하도록 지시할 수 있다. 시계가 제한되거나 충분한 수색 함정(항공기)이 없으면 첫 번째 도착한 함정(항공기)에게 확대 사각수색을 중단하게 하고 평행범위 수색을 개시하는 것이 더 유리할 수 있다.

제한된 시계에서 현장조정관은 선박속도를 감소하도록 지시하여야 하고, 평행범위 수색은 다음사항을 고려하여 어려움을 피할 수 있도록 하여야 한다.

① 가능한 안전을 확보하고자 수색구조 함정(항공기) 간에 간격 축소

② 그 결과 수색구역의 적용범위가 축소됨

③ 충돌의 잠재적 위험

수색을 하는 동안에 국제해상충돌방지규칙과 해사안전법은 해양사고 예방을 위해 지속적으로 적용되므로 기적 등 조종, 경고신호는 특별히 중요하다. 수색에 참여하고 있는 함장과 기장은 수신된 모든 지시사항을 수행하기 위한 노력과 함정 및 승조원 안전도 고려해야 한다. 조종된 수색패턴을 시작하고 수행하기 위하여 현장조정관은 가장 적절한 수단에 의하여 실행 가능한 쉬운 언어로 제한된 조종 지침을 전달하여야 한다.

2 구조방법

[1] 구조계획서 작성

○ 구조계획은 크게 아래의 6가지 부분으로 구성되며, 신속한 구조작전 수행을 위해서 매우 중요한 요소이므로, 상황에 맞게 검토하여 계획을 수립·시행해야 한다.
〈국제항공 및 해상수색구조 매뉴얼 Ⅱ권 제6장(구조계획 및 작전운영), Ⅲ권 제2장(지원 제공)〉

○ 세부 구조계획을 수립할 시간적 여유가 없을 경우에는 생략 또는 간소화하여 긴급작전을 수행하고, 구조기간이 연장되거나 많은 세력이 투입될 경우에는 구조계획을 구체적으로 수립할 필요가 있다.
► 일반적으로 SMC가 구조계획을 준비하지만, 현장 상황을 가장 잘 알고 있는 OSC가 계획을 수립 또는 보완 가능

1) 상황(Situation)

가) 사고 개요에 대한 요약적 설명

나) 구조요청자의 수

다) 부상의 정도

라) 구명장비의 수량 및 유형

마) 현지 기상 및 예보(예상 수색기간에 대한 기상예측 정보)

바) 현장의 수색세력

2) 구조 구역(Rescue areas)

가) 사고의 위치를 기술

나) 수색구조세력이 따라야 할 접근경로를 제시

3) 실행(Execution)

가) 수색구조세력(함정, 항공기, 전문구조세력, 지원세력 등) 목록

나) 시도할 구조방법

다) 전달할 구호품 또는 장비의 목록

4) 조정(Co-ordination)

가) OSC 및 ACO(필요시)의 지정

나) 현장세력의 도착시각

다) SMC 또는 OSC의 작전조정 관련 변경사항

라) 구조세력에 대한 안전 지침(특히 항공기기의 경우, 고도분리 등)

5) 통신(Communications)

가) 상황실과 현장세력간 통신방법(채널) 등 구조작전 수행에 필요한 각종 통신채널(현장통신 포함)

나) 높은 고도의 통신전달 임무에 지정된 항공기의 호출부호

다) 기타 적절한 통신정보

6) 보고(Reports)

가) 현장기상, 진행사항, 기타 상황정보 등 OSC 보고서의 요구사항

나) 주요 구조결과(구조인원, 부상자 상태 등)

【OSC가 계획 수립 또는 보완시 고려해야 할 요소】

- 수색구조 대원에 대한 위험
- 생존자의 수, 위치 및 분포
- 생존자이 상태 및 의료적인 고려사항
- 관찰되거나 예상되는 기상 등 환경조건
- 이용 가능한 수색구조세력 및 장비 등의 준비상태
- 기상요건이 구조작전에 미치는 영향
- 주간시간(잔여 일광시간) 및 시정과 관련된 기디 요소들

[2] 해상 익수자 구조

선박에서 승객이나 선원이 바다로 떨어졌을 경우 행하는 긴급 선박 조종방법으로 먼저 ① 추진기로 인한 부상방지를 위하여 사람이 물에 빠진 현측으로 타를 전타 한다. ② 등화와 발연신호가 부착된 구명부환을 설치장소에서 이탈시킨다. ③윌리엄스 턴 등과 같은 선박 선회 조치를 취한다. ④ 자기점화등이 부착된 구명부환 또는 다른 구명부환을 투하한다. ⑤ 사람이 물에 빠진 곳을 계속하여 주시할 당직자를 배치한다. ⑥ 180도 선회해서 원 침로와 반대의 침로가 되면 구조절차에 따라 구조정을 이용하여 인명을 구조한다.

(1) 익수자 구조를 위한 선박조종 방법

1) 윌리엄선 턴(Williamson turn)

인명구조 및 회항조선의 대표적인 선박조종 방법은 윌리암슨 턴(Willianson Turn)이 있

다. 익수자 발생시 정침중인 선수침로 (Heading : Hdg)로 부터 익수자 현측으로 긴급전타 (Rudder hard over)하여 60도 선회 후 반대 현측으로 전타하여 반대침로 선상으로 회항하는 조종방법이 윌리암스 턴이다. 윌리암슨 턴은 익수자 등이 선교에 보고되고 긴급하게 조치를 취하여야 하는 긴급조치 상황(immediate action), 익수자 등을 선교에서 목격할 수 있고 일정한 시간이 지연된 후에 조치가 취하여지는 지연조치 상황(Delayed action), 사람이 실종되었다고 선교에 보고되는 상태에서 조치가 취하여 지는 실종자 상황(person missing) 등에서 많이 사용된다.

가) 방법

① 사람이 물에 빠진 현측으로 타를 전타한다.

② 이후 원래 침로로 부터 60°선회 후 반대방향으로 전타한다.

③ 선수 방위가 반대방향으로 20°로 줄어들면, 타를 중앙으로 하고 선박을 침로 반대방향으로 선회시킨다 (최찬문·안장영 : 2012 : 310).

나) 장점

① 원래의 항적선으로 양호하게 복귀한다.

② 시계가 불량할 때 유리하고, 조선이 간단하다.

③ 함정을 익수 해점으로 부터 멀리 보내 익수자를 보호한다.

다) 단점 : 절차가 느리다.

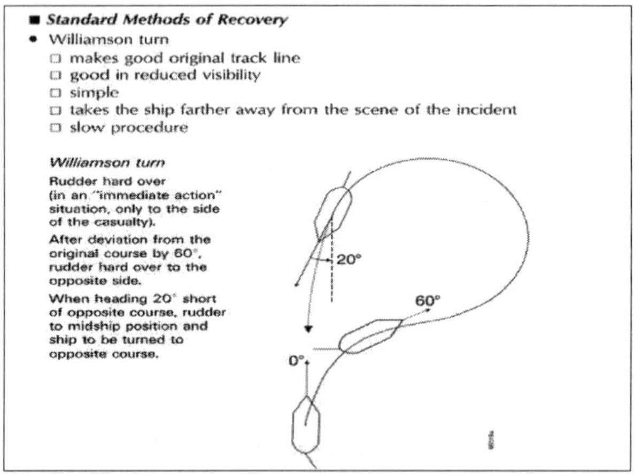

〈그림 2-18〉 윌리엄선 턴(Williamson turn) 선박조종

2) 싱글턴 또는 원턴, 앤더슨턴 : Single turn, Anderson turn)

가) 방법

① 사람이 물에 빠진 현측(익수자 현측) 타를 전타한다.

② 원래의 침로에서 250° 선회하면 타를 중앙위치에 놓는다.

나) 장점

가장 빠른 구출방법이고, 선회성능이 좋지 않는 선박도 유리하다.

다) 단점

① 추진기 1기를 탑재한 선박은 적용하기가 힘들다.

② 사람에 대한 접근이 일직선이 아니므로 애로가 있다.

③ 상당한 출력을 가진 선박에서 주로 많이 이용한다.

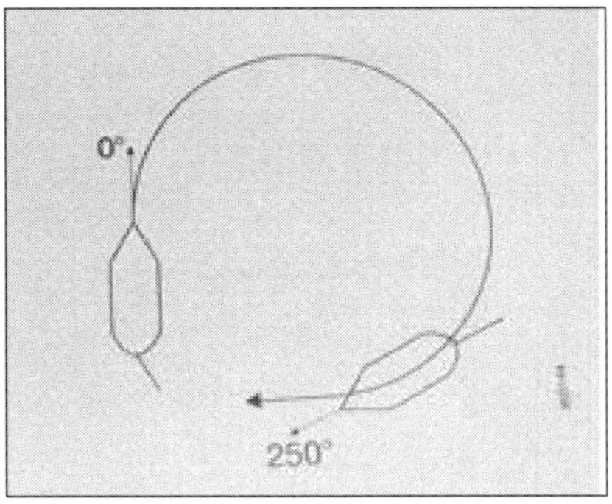

〈그림 2-19〉 싱글턴(Single turn) 선박조종

3) 샤노브 턴(Scharnov turn)

긴급 전타 후 240도 선회 위치에서 반대현으로 전타하여 반대침로로 회항하는 것이 샤노브 턴이다. 샤노브턴은 전타 후 익수자 등에 추락위치로 복귀할 수 없어 긴급조치 상황에서는 사용할 수 없는 단점도 있지만 그러나 다른 상황에서는 초기 침로선상으로 적절히 회항할 수 있어 회항조선에는 매우 효과적으로 사용할 수 있다.

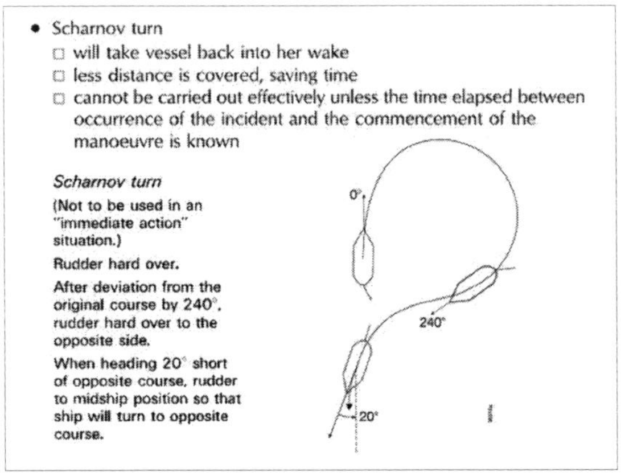

〈그림 2-20〉 샤노브 턴(Scharnov turn) 선박조종

가) 방법

① 타를 전타한다.

② 원래의 침로로부터 240° 선회하면 반대 방향으로 타를 전타한다.

③ 선수침로가 반대방향으로부터 20° 줄어들면 타를 중간위치에 두면 선박은 반대 방향으로 선회할 것이다.

나) 장점 : 선박의 항적을 따라 회항하고, 거리가 짧아 시간이 절약된다.

다) 단점 : 사고발생 시간과 조종의 시작 간에 경과된 시간을 알 수 없으면 효과적으로 시행할 수 없다.

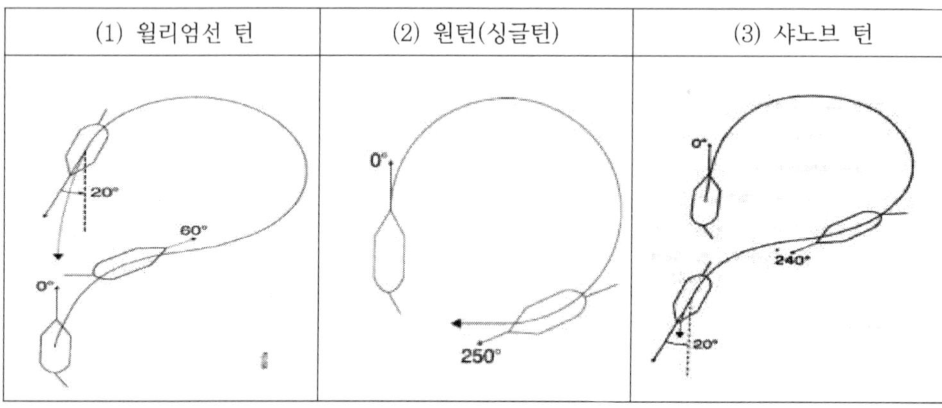

〈그림 2-21〉 익수자 구조를 위한 선박조종 방법

(2) 함정으로 직접 익수자 구조방법

1) 현측 인명구조

가) 해상에 실족 추락한 인명을 구조함정이 직접 접근하여 현측으로 인양 구조하는 방법으로 고도의 조함술이 요구되며 신속하게 인명을 구조할 수 있다.

나) 현측 인명 구조시 필요 장구류

① 구명환 및 구명볼

② 구명줄 및 구명혁대

③ 해상 들 것(모포 포함)

④ 보트 후크

⑤ 쌍안경 및 수기

2) 구명정 인명구조

가) 익수자가 암초 부근, 협수해역에 위치하여 구조 선박 접근이 곤란한 경우의 구조 방법으로 안전하고 효과적인 구조를 할 수 있으나 시간이 많이 소요되며, 해상상태가 불량한 경우에는 사용하기가 곤란하다.

나) 구명정(단정) 하강요령

① 단정은 함정이 정지 또는 2노트 이하 속력에서 강하

② 탑승자 전원 구명동의(구명조끼) 착용

③ 풍하 현측 구명정을 하강

④ 구명정이 수면에 완전히 내려지면 신속히 강하줄을 분리

⑤ 기상이 불량하면, 방현대 설치로 충격 방지

⑥ 충격이 심하면 본선에서 이탈하여 안전해역에서 대기

3) 다수 인명구조

가) 부환부 구명줄에 의한 구조법(Buoyed line method)은 다수의 인명이 넓은 해역에 산재되어 있는 경우에 효과적인 방법이다.

나) 로프(지름 약 3inch, 길이 200m)의 끝에 구명 뗏목이나 드럼통을 달고 로프의 중간 중간에 구명동의나 구명부환을 여러개 설치한다.

다) 로프를 달고 조난자의 풍하측에서 풍상측으루 저속으로 한 바퀴 돌아 조이면서 끌어당긴다.

라) 익수자가 로프나 구명부환을 잡으면 로프를 감아올려 구조(풍하현측에서 인양)한다.

4) 표류 구조법(Drifting method)

다수의 인명이 집단으로 운집한 경우에 효과적인 방법이나 해상상태가 불량할 경우에는 실행에 불편이 많다. 사용하는 방법은 다음과 같다.

가) 구조함정의 풍하 현측에 그물이나 로프, 줄사다리 등을 수면에 잠길 정도로 늘여뜨린다.

나) 익수자의 풍상측에 구조함정을 위치시켜 표류한다.

다) 구조함정이 표류하여 익수자에 접근하면 익수자를 구조한다.

[3] 침수·침몰중인 선박의 접근 위험성

침몰중인 선박에서 물속에 뛰어든 후에는 일반적으로 안전한 거리(선측 500m, 선수미 200~300m)까지 신속하게 수영하여 본선이 침몰할 때 생기는 소용돌이에 휘말리지 않도록 하고 폭발 또는 화재에 대비하여야 한다.

조난선박이 침몰 직전에 있을 때, 구명정은 조난선의 풍상 측으로 접근하여서는 안 되고, 또한 직접 풍하측 한복판으로 가서 조난선의 선체에 바로 붙어서도 아니 된다. 조난선 갑판 상으로부터 여러 물건이 낙하할 것이며 경우에 따라서 조난선에서 빨리 떼어낼 수 없고, 조난선의 Rolling에 의하여 구명정이 파손될 우려가 있기 때문이다. 조난선의 위치에 대하여 구명정은 풍하 측의 끝단으로부터 접근하되 조난선에 접촉하지 말고 로프로써 연결한다.

(1) 美 해군 '기초 군사 요구사항(Basic Military Requirements)'

제15장(수상에서의 생존) 〈Chapter 15. Survival – In the Water〉

물에 뛰어들었을 때 가장 먼저 유의해야할 것은 선박으로부터 가능한 빨리 멀어지는 것이다. 안정을 취하기 전 선박으로부터 150~200야드(137~183m) 떨어져야 한다. 선박에 너무 가까이에 있다면 선박이 침몰할 때 강한 소용돌이로 인하여 선박과 함께 물 아래로 끌려들어갈 수 있다.

Once you are in the water, you immediate concern is to clear the ship as quickly as possible. Before you rest, you should try to be 150 to 200 yards away from the ship. When the ship goes down, it may create a strong whirlpool effect, which might draw you down with the ship if you are too close.

(2) 美 코스트가드 '구조 및 생존 매뉴얼(Rescue and Survival Systems Manual)'

제2장 개인 생존능력 〈Chapter 2. Personal Survival Ability〉

멀리 헤엄치기. 해상에서 생존자는 가능한 경우 최대한 빨리 사고 선박으로부터 멀리 수영하여 구명정 또는 구명뗏목에 승선하여야 한다.

Swiming Away. When in the water, survivors shall swim away from the ship as rapidly as possible and, if available, climb into a lifeboat or life raft.

3 사고유형별 구조

[1] 충돌사고

충돌사고는 해양사고 중에서 인명과 재산피해가 직결되는 사고이므로 국제적으로『국제해상충돌예방규칙』및 국내법으로『해사안전법』을 제정하여 준수를 강제하고 있다. 특히 근래에는 대형 유조선, 가스 운반선, 유해액체화물(HNS) 등 특수선박의 해상 교통량이 급증함에 따라 충돌사고가 발생하였을 경우에는 해상 폭발, 화재, 대형 오염사고 등 엄청난 재해가 일어날 수 있다. 항해중인 선박이 충돌하여 침몰 우려가 있을 때에는 인명을 가장 우선적으로 구조하여야 하고 선박을 구조하기 위해서는 사고의 형태, 피해 정도 등을 정확히 파악하여 손상을 최소화하기 위하여 다양한 방법을 동원하여야 한다.

[2] 좌초사고

좌초는 선박의 선저가 해저 항해 장애물인 암초, 암석, 뻘, 모래 등에 얹히는 상태를 의미하며, 얹히는 대상물에 따라 좌초와 승양으로 구분한다. 좌초는 선체가 암초 또는 암석 등에 얹히는 상태로 선체 손상을 초래하여 선체파공으로 침수, 스크류 및 조타장치인 키(Rudder) 등을 손상한다. 승양(Grounding)이라 함은 저질이 암석이 아닌 뻘이나 모래 등에 선체가 얹히는 상태가 되어 엔진 냉각기 계통에 뻘이나 모래가 흡입되거나 스크류 등의 손상을 초래할 수 있다. 항해중인 선박이 좌초하게 되면 운항자들은 당황한 나머지 응급조치 시기를 놓쳐버려 사태를 더욱 악화시킬 수 있으므로 항상 냉정하고 침착하게 그리고 신속하게 조치를 취해야 한다. 좌초사고의 일반적 원인은 다음과 같다.

① 선박위치 측정의 태만 또는 부정확
② 선박운항 기술의 미숙
③ 불충분한 항로 정보
④ 안전항로 또는 추천항로 이탈
⑤ 강한 조류나 해류 등에 의해 항로 이탈

[3] 전복사고

해상에서 기상악화, 과적, 충돌 및 기타의 원인에 의하여 균형된 부력을 상실한 경우에는 전복사고가 발생한다. 전복상태에서는 완전한 부력상실과 공기의 누설로 인해 침몰할 가능성이 높으므로 소형선박 등 예인이 가능한 범위 내에서는 파도와 바람의 영향을 덜 받는 얕은 수심 해역으로 이동시켜야 하며, 전복선박 내 인명 구조작업과 침몰방지 작업은 잠수작업이 필수적이므로 신중한 계획을 세우고 이행하여야 한다.

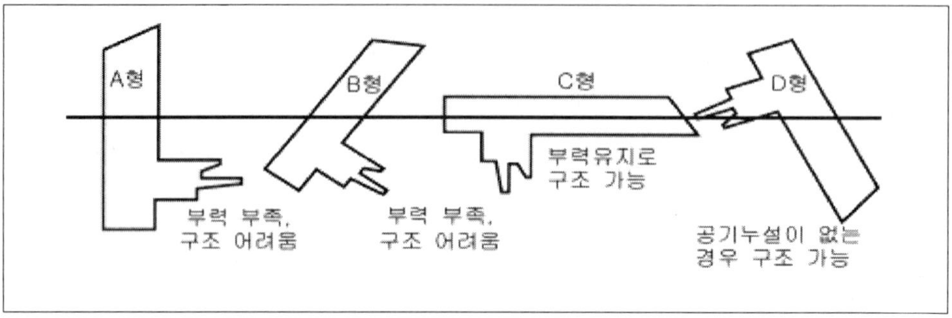

〈그림 2-22〉 선복 전복 유형

시간이 경과할수록 침몰의 위험은 증가하고 선박내에 잔류하는 인명의 위험성도 증가함에 따라 전복선박 내의 인명 구조작업은 신속하게 수행되어야 한다. 그리고 전복선박 내 인명구조 작업을 위한 잠수사의 선체 내부수색 작업은 안전이 확보 될 경우에만 수행하여야 하고 침몰방지 조치방법을 나열하면 다음과 같다.

(1) 공기 누설방지법

1) 스턴튜브 등에서 공기가 누설할 때는 그 주변을 로프 등을 꼬아서 밀어 넣어 공기 누설을 방지
2) 균열부분으로부터 공기가 누설되는 경우에는 나무나 쐐기를 박아 공기누설을 방지

(2) 현측 지지방법

1) 두 척의 함정이 현측 감싸기

   전복선박의 양 현측으로 접근하여 로프 또는 와이어를 신출시켜 전복선박을 감싸고 적당한 거리를 유지하여 침몰을 방지한다.

2) 한 척의 함정이 현측 감싸기

   전복선박의 한쪽 현측으로 로프 또는 와이어를 신출시켜 전복선박을 침몰방지 한다.

(3) 공기 주입

1) 공기 주입용 드라이브 핀을 선저에 박아서 호스를 드라이브 핀에 고정시키고 공기를 주입한다.
2) 잠수사가 잠수하여 선박의 하부 개구부(開口部)를 통해 공기호스를 고정시키고 공기 주입한다.

(4) 부유 물체 매기

침몰방지 용 부유물체는 공기누설을 최소화시키거나 평행을 유지시켜 주는 침몰방지용 보조 장비이다.

(5) 얕은 곳으로 승양

사고 근해가 어망 또는 깊은 수심으로 현장에서 선내 수색이 어려울 경우에는 수심이 얕은 안전한 해역으로 예인 및 이동한 후 잠수사를 동원하여 안전하게 선내수색 실시한다.

[4] 화재사고

화재란 어떤 물질이 산소와 화합하여 빛과 열을 내면서 타는 현상을 말한다. 고립되어 있는 해상의 선박화재는 육상의 일반 화재와 달리 항해를 계속 하거나 또는 운항을 정지하여 화재를 진압하여야 한다. 선박의 구조 특성상 견고하고 복잡하며 많은 유류와 선체 외벽의 페인트 등 가연성 물질이 많아 유독성 가스의 발생 및 폭발의 위험이 많으므로 충분한 지식과 경험이 필요하다.

(1) 불의 3요소

1) 가연성 물질

불이 붙을 수 있는 물체로서 가연성 물질이 있어야 화재가 계속적으로 이루어진다.

2) 발화원

성냥·촛불 등과 같은 열에너지를 공급할 수 있는 것이며, 화재 격실내의 온도 10도 상승시 화재는 10-30배로 확대된다.

3) 산소

연료가 산화하는데 직접적인 상대가 되는 것으로써 일반적으로 16% 이상 농도의 산소가 계속적으로 공급되어야 한다.

(2) 화재의 종류

1) A급 화재

연소성 물질의 화재로써 일반화재 또는 침투성 화재라고 하며 타고 난 다음에 반드시 재가 남는 화재이다(목재, 의류, 모포, 맷트 등의 화재).

2) B급 화재

일반적인 유류 화재로써 표면만 연소하므로 일명 표면화재라고도 한다(경유, 휘발유, 석유, 알콜, 화공약품, LNG, LPG 등).

3) C급 화재

일반적인 전기장치에 발생되는 화재로써 전기화재라 한다(발전기, 전동기, 배전반, 분전반, 전열기 등).

4) D급 화재

가연성 금속의 화재라 한다(마그네슘, 세슘, 칼륨 등).

(3) 소화(진화) 작업

1) 화재 진화의 원리

불의 3요소 중 하나를 제거하거나 분리시키는 작용을 말한다.

2) 화재 진화의 방법

가) 제거 방법
나) 질식 방법
다) 냉각 방법
라) 희석 방법
마) 억제 방법

(4) 소화(진화)용 장구

1) 진화제

가) A급 화재

곧은 물줄기, 고속분무, 이산화탄소·분말·포말·하론소화기, FOAM 등

나) B급 화재

고속분무, 이산화탄소·분말·포말·하론소화기, FOAM 등

다) C급 화재

이산화탄소·분말·하론소화기 등

라) D급 화재

흡열효과가 높은 Dry Chemical Powder(분말 소화기)

[5] 침수사고

선박 충돌·좌초 등에 의하여 선체가 파손되거나 황천 항해중 출입문이나 어창 등이 개방되어 다량의 해수가 침투하여 발생하는 사고이다. 해상에서 침수가 발생하면 승조원 모두가 협조하여 신속하게 긴급구조 활동을 전개해야 한다. 침수의 유형은 다음과 같다.

1) 충돌, 좌초, 황천, 키 파손, 프로펠러 샤프트 손실 등에 의한 침수
2) 선박의 개구부, 햇치, 현창, 갑판상, 화물창, 환풍통을 통한 침수
3) 파이프, 갑판, 외판 등의 손상부분으로부터 침수
4) 목선의 황천시 외판의 균열에 의한 침수

[6] 대형 인명구조작전(MRO : Mass Rescue Operation)

(1) 대형 인명구조작전(MRO)의 정의

IMO(국제해사기구)에서는 MRO(Mass Rescue Operation)를 "해양에서 다수의 조난자가 연루된 인명사고가 발생하여 신속한 구조 활동이 필요하나, 수색구조 책임기관의 능력만으로는 이 업무를 성공적으로 수행하기 어려운 대규모 수색구조 활동"으로 정의한다.

(2) MRO 성립요건

1) 다수의 조난자가 연루되어야 한다.
2) 조난자를 구조하기 위하여 수색구조 자원이 신속히 현장에 동원되어 원조를 제공하여

야 한다.

3) 수색구조 책임기관의 수색구조능력(인적·물적 자원)만으로 이들을 구조하기 어려울 정도의 대형 인명사고이어야 한다.

(3) MRO 사고유형

1) 선박기인 충돌, 좌초, 침수, 화재·폭발, 전복, 침몰 등의 해양사고
2) 항공기의 해상 비상착륙 또는 추락
3) 태풍 및 해일 등의 자연재해로 인한 대형인명사고

(4) MRO 대상 선박

1) 사고규모, 조난인원, 대응기관, 사고해역의 주변 환경, 동원가능 자원, 대응방법, 기상 및 현장 상태 등에 따라 어느 정도 구분할 수는 있지만, 이들 요소 중 조난자의 인원수에 대한 명확한 기준이 정해진 바는 없다.
2) 다만, 일반적으로 MRO는 수백에서 수 천명의 조난자가 연루된 구조 활동이므로, ① 국내·국제항해에 종사하는 여객선(크루즈선 포함) ② 관광 및 유람 목적으로 연안해역을 운항하는 대형 유·도선이 해당된다.

(5) MRO 수반 활동(인명구조 외)

1) 위험성 완화 활동
2) 손상 제어조치
3) 피구조자를 위한 임시 보호소 설치 및 지원조치
4) 피구조자의 육상·해상·항공 수송
5) 사상자 의료지원 및 검시
6) 해양오염 방제(기름 및 위험·유해물질)
7) 해상교통관리
8) 구난활동(Salvage Operation)
9) 사고조사 활동

(6) MRO 등 해양재난사고의 특이사항(고려사항)

1) 대응시간의 지연

해양조난사고의 위치는 SAR 자원이 배치된 기지(육지)로부터 멀리 떨어진 장소이기 때문에 현장대응시간이 길어진다.

2) 조난자 생존시간 단축

해수온도 및 해상·기상상태에 따라 조난자의 생존 가능시간이 크게 단축되므로 신속한 대응이 필수적이며, 상황에 따라 성공적인 인명구조 활동이 어려울 수도 있다.

3) 조난물체의 이동 및 수색구역 확대

가) 해수의 유동성으로 인해 조난자(물체)가 사고 장소에 위치하지 않고 계속 이동한다.

나) 조난자(물체)의 이동에 미치는 지형, 해상 및 기상요소는 불규칙적이므로 시간의 경과와 함께 조난자 개개인별로 서로 다른 방향으로 분산 이동될 가능성이 높다.

다) 시간이 지체될수록 조난자가 넓게 분포되고, 때로는 조난물체의 전복 및 침몰로 바다 속에 위치하게 되어 조난자 탐색이 점차 어려워지기도 한다.

라) 시계제한이나 강한 바람 및 높은 파도의 기상상황에서는 선박 및 항공기 운항이 방해되어 조난물체의 탐색 및 식별이 매우 어려워 수색구조세력의 운용에 제한을 받는다.

마) 광범위한 수역에서 수색구조 활동을 수행하여야 하므로, 수색구조 책임기관을 비롯하여 관련된 모든 공공·민간자원과 인근해역 통항선박까지 여러 기관 및 단체의 자원이 함께 동원되어야 한다. 현장 수색구조 활동뿐만 아니라 피구조자 및 사망자 이송 및 관리를 위하여 육·해·공의 수송수단이 동시에 동원하여 의료지원 및 육상 대응체계가 연계되어야 한다.

바) 조난자에 대한 성공적 수색구조는 과학적이고 현장 최적 행동계획 수립과 적절하고 유효한 조직 및 자원운용에 좌우되므로, 수색구조 요원이나 조정·지휘·감독관으로 활동하거나, 향후 활동하게 될 간부에게는 풍부한 현장경험 및 고도의 전문성이 요구된다. 조난자 구조를 위하여 선내에 진입하여야 할 경우 사고의 유형이 다양하고 복잡하며 조난물체의 상태가 계속 변동함으로 인해 구조자의 안전이 위협받을 수 있다.

사) 수색구조 활동에는 선박·항공기뿐만 아니라 구조요원들이 신속하게 활용 가능한 특수장비가 동원되어야 한다.

(7) MRO 대응지침 (국제해사기구)

1) MRO는 SAR 당국의 구조 능력만으로는 부족한 상황에서 많은 사람들이 조난당했을

때 즉각적인 지원의 필요를 포함하는 개념이다.

2) MRO는 상대적으로 일반적인 SAR 작전에 비해 매우 드물게 발생하지만, 주요 사건들은 세계적인 기준으로 보면 드물게 발생한 것도 아니며, 언제 어디서나 발생할 수 있기 때문에 MRO를 필요로 한다. 이러한 작전의 성격상 MRO와 관련된 주요 사건들은 경험하기 어렵다는 한계가 있어 충분히 이해하지 못하기 때문에, 이 지침은 MRO의 일반적인 논점과 MRO와 관련된 문제들을 기술한다.

3) 홍수, 지진, 테러, 유류사고, 위험물질의 방출과 관련된 사고, 항공기나 선박사고들은 이들 사고의 규모 때문에, 해양 또는 항공에 의한 MRO 수행에 필요한 자원과 동일한 양의 자원을 필요로 하는 대표적인 예이다.

4) 주요 MRO 사건에서 우선순위는 인명구조이며, 그 다음으로 환경 보호, 그리고 재산 보호 순이다.

5) 도덕적·법적 의무뿐만 아니라 대중적이고 정치적인 기대까지도, 그들이 필요로 하게끔 안전하고 효과적으로 MRO를 수행할 수 있도록 잘 이끌어 나가야 한다. MRO의 필요성이 상대적으로 드물기 때문에, 이를 다루기 위해 실질적인 경험을 하는 것은 어려우며, MRO 시나리오의 유형뿐만 아니라 조직, 비상대응 구조와 상황들이 장소마다 다른 반면, 이 지침이 전달하려는 것은 정해진 원칙이 있고, 과거 사례로부터 배운 예시와 일반적인 행동이 있다는 것이다.

6) MRO는 상대적으로 가능성이 낮지만 매우 중요하다는 특징이 있다. 이에 가장 효과적으로 대응하는 방법은 일반적으로 즉각적이면서 잘 계획되어야 하고, 조정된 대규모 대응 시나리오와 매우 유사하게 진행되어야 하며, 여러 기관의 자원을 이용하는 것이 포함되어야 한다. 강력하고 지속적인 최우선의 인명구조 노력은 같은 시간과 장소에서 환경과 재산을 구하는 노력만큼 행해질 필요가 있다. 선택된 많은 양의 정보들은 제시간에 알맞은 장소에서 구조를 지원할 뿐만 아니라, 언론 대중매체는 수백 또는 수천의 조난된 사람의 가족 요구를 충족시킬 수 있도록 쉽게 이용이 가능해야 한다.

많은 수의 통신수단은 사용 가능해야하고 기관들 사이에 연결이 되어있어야 한다. 주요 기관들에서 많은 수의 능력 있는 직원을 동원(채용)하는 것이 즉시 가능해야하고 몇 주 동안 지속 가능해야 하며, 장비와 물자의 수요는 전례 없이 증가할 것이다. 성공적인 MRO는 유연한 자원 공급과 단계별 긴급 대책을 사전에 세워두는 것에 달렸으며, 높은 강도 집적된 계획과 작전수행 노력은 실제 구조 활동 전반에 걸쳐 실시간으로 수행되어야 한다.

7) 전체 다중 기관, 다중 관할, 다중 임무와 주요 사건에 대한 국제적인 대응에 참여하는 모든 사람은 담당자와 함께 일하는 방법, 다른 사람들과 상호작용 하는 방법, 관련된 역할, 담당자를 확실하게 숙지하고 있어야 한다. SAR 당국은 MRO에서 전체 또는 부분적으로 책임이 있고, 기관의 내부 또는 외부 당국의 전반적인 지시에 따라 사고 대응 주체에 대하여 균일하게 그들의 노력을 조정할 수 있다. 폭넓은 의미의 환경 대응은 위험을 경감하고, 손상 제어, 구조 작전, 오염 제어, 복잡한 교통 관리, 큰 규모의 물류, 의료 및 검시기능, 사건사고 조사, 대중과 정치적인 관심 등을 포함한다. MRO 계획은 주요 사건에 대한 전반적인 대응 계획과 호환이 되고 부분이 될 필요가 있으며, 계획은 반드시 전천후에 적합한 명령, 제어 그리고 통신 구조가 포함되어야 한다.
8) 생명의 손실과 부정적인 결과의 면에서 MRO의 빈약한 준비는 큰 재난을 초래할 수 있다. 주요 사건은 멀리 떨어져 있고 악조건 속에 수백 수천 명의 조난자가 포함 되어 있을 수 있는데, 예를 들어 큰 여객선의 충돌, 항공기의 추락, 또는 테러사건은 생존자 서로를 도와줄 능력이 없는 악조건에서 많은 수의 승객과 선원을 즉시 구출할 것을 필요로 하고, 끔찍한 결과를 초래할 것이 명백하다.
9) 이례적으로 크고 빠르게 대응하기 위한 대비는 대형 인명 손실을 막을 수 있다. 강력하고 예지력 있는 리더쉽과 흔치않은 협력을 이끌어 내는 것에 따라 그런 대비는 달라지지만, 드물게 일어나는 사건에 대해 대비하는 시간과 노력과 비용에 관해서 종종 강력한 저항이 있을 것이다. SAR 당국, 규제 당국, 수송회사, 軍 자원과 새정 시원 등의 헌신이 없으면 대비를 하기 어려움이 있다.
10) SAR 당국은 많은 수의 사람을 실어 나를 수 있도록 설계된 선박과 항공기를 운영하는 회사들과 함께 MRO 계획을 협력해야 하며, 이러한 회사들은 MRO가 필요한 횟수를 최소화하고 성공시키기 위해 대비사항을 사전에 공유해야 한다.
11) 실제 사건에서 대형 인명구조를 다룰 기회는 드물기 때문에 MRO를 계획하고, 준비하며 훈련하는 것은 필수적이므로, MRO를 준비하고 훈련하는 것은 특히 중요하다.
12) 이 지침은 MRO가 필요하고 성공시킬 책임이 있는 당국과 기관들에게 일반적인 지침을 제공하고 있다.

(8) MRO 지휘·조정 개념

1) MRO 지휘·조정단계의 발전

SAR 활동의 효율성을 제고하기 위해 사고의 발생장소, 유형 및 피해정도를 고려하여 3단계로 구분하고 각 단계별로 책임한계를 명확히 정의함으로써 지역, 광역 및 중앙본부 간에 지휘통제 및 업무범위에 혼선이생기지 않도록 한다.

〈표 2-9〉 단계별 지휘내용

단계	주요 내용
1단계	사고 초기에 사고의 유형, 규모 및 정도와 상관없이 지역구조본부에서 현장대응 총괄지휘
2단계	사고의 규모가 1개 지역구조본부의 대응능력을 초과하여 인근 지역서의 자원동원이 불가피할 경우, 광역구조본부가 2개 이상의 지역서의 현장활동을 조정·감독 및 총괄지휘. 단, 이 경우에도 광역본부는 SC 수준의 역할을 하고, 진행중인 SAR활동에 하자가 없는 한 최초의 SMC 및 OSC가 현장지휘 수행
3단계	사고의 규모가 2개 이상의 광역본부가 연루되거나, 전국 자원이 동원되어야 하거나, 또는 사회적 이슈가 된 사고일 경우, 중앙구조본부에서 현장활동을 조정·감독 및 총괄지휘. 단, 이 경우에도 중앙본부는 SC 역할을 하고, 진행 중인 SAR 활동에 하자가 없는 한 지역본부 또는 광역본부에서 지명된 SMC 및 OSC가 현장지휘 수행

2) MRO 지휘·조정 개념도

가) 일반적으로 지휘체계가 상급기관으로 전환되면 수색구조 현장에 대한 지휘권까지 상향 조정된다고 오해하는 경우가 많으나, 해양 수색구조는 SAR 상황 및 현장에 대한 전문성을 기반으로 하기 때문에 현장지휘 체계의 핵심조직인 SMC 및 OSC는 초기 대응자가 특별한 사유가 발생하지 않는 한 계속 수행하는 것을 원칙으로 한다.

나) 광역 및 중앙구조본부로 지휘단계가 발전한 경우에도 일반적으로 '지휘'보다는 '조정 및 지원'에 초점이 맞춰지는 것임을 명심해야 한다.

다) 또한 대부분의 MRO 사고는 광역구조본부의 단계에서 총괄 조정되므로, MRO지휘체계의 훈련은 일반적으로 광역구조본부 주관으로 수행되는 것이 권고된다.

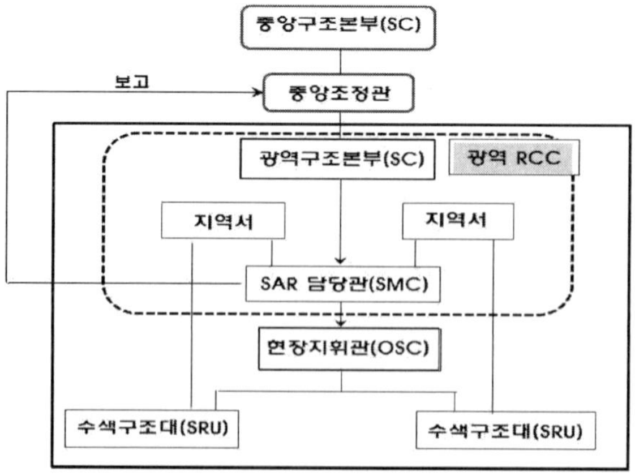

〈그림 2-23〉 MRO 지휘·조정 개념도

(9) MRO 관련 조치 권고사항

1) 현장 대응

SAR 사고가 발생하면, 관련기관 및 단체는 각자의 임무 및 역할에 따라 필요한 조치를 취하는데, 특히 인명구조 성공여부는 사고 직후 및 초기단계에서의 관련기관의 신속하고 효과적인 대응에 좌우된다고 할 수 있다.

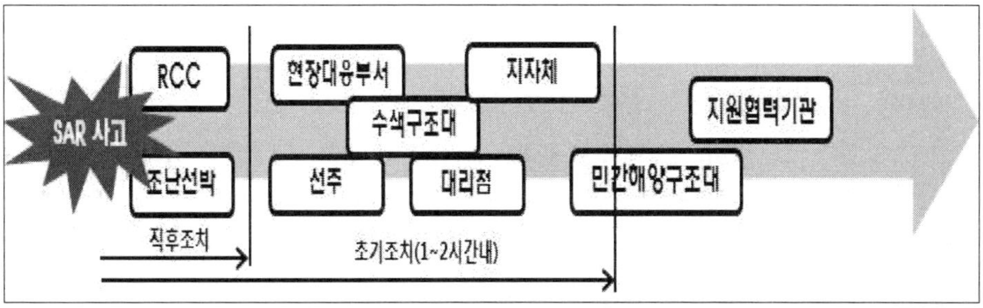

〈그림 2-24〉 SAR 사고시 초기단계 현장대응

2) MRO 수행을 위한 조정절차 체계도

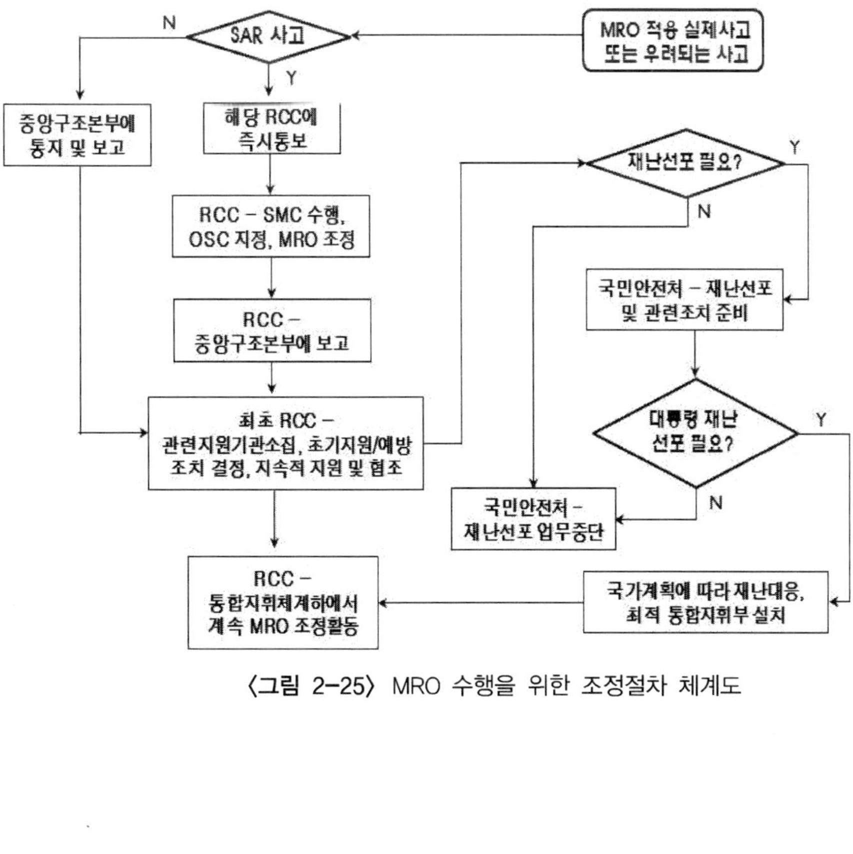

〈그림 2-25〉 MRO 수행을 위한 조정절차 체계도

(10) 민간구조자원 동원

1) 인근 선박 등의 구조지원

가) MRO 상황에서 사고초기 가장 중요한 것은 조난선박(항공기) 인근에 있는 선박 등에 신속하게 구조지원을 요청하는 것이다.

나) 전문 수색구조세력이 현장에 도착하는 데는 시간이 많이 소요될 수 있으므로 조난현장에 가장 빨리 도착하여 구조작업을 수행할 수 있는 인근 선박을 확인하여 동원하는 것이 무엇보다 중요하다.

◈ 수상에서의 수색·구조 등에 관한 법률 제16조(구조본부 등의 조치)

① 제15조에 따라 조난사실을 신고 또는 통보받거나 인지한 관할 구조본부의 장이나 소방관서의 장은 구조대에 구조를 지시 또는 요청하거나 조난현장의 부근에 있는 선박등에게 구조를 요청하는 등 수난구호에 필요한 조치를 취하여야 한다.

◈ 수상에서의 수색·구조 등에 관한 법률 제18조(인근 선박 등의 구조지원)

① 조난현장의 부근에 있는 선박등의 선장·기장 등은 조난된 선박등이나 구조본부의 장 또는 소방관서의 장으로부터 구조요청을 받은 때에는 가능한 한 조난된 사람을 신속히 구조할 수 있도록 최대한 지원을 제공하여야 한다. 다만, 조난된 선박 또는 조난사고의 원인을 제공한 선박의 선장 및 승무원은 요청이 없더라도 조난된 사람을 신속히 구조하는 데 필요한 조치를 하여야 한다.

2) '민간해양구조대원'의 구조지원

지역해역에 정통한 주민 등을 평상시 '민간해양구조대원'으로 관리하여 국가 수색구조세력의 지원세력으로 적극 활용한다.

◈ 수상에서의 수색·구조 등에 관한 법률 제2조(정의)

11. "민간해양구조대원"이란 지역해역에 정통한 주민 등 해양경찰관서에 등록되어 해양경찰의 해상구조활동을 보조하는 사람을 말한다.

◈ 수상에서의 수색·구조 등에 관한 법률 제30조(민간해양구조대원의 처우 등)

① 민간해양구조대원은 해양경찰의 해상구조활동을 지원할 수 있다.
② 민간해양구조대원이 제1항에 따라 해상구조활동을 지원한 때에는 해양수산부령으로 정하는 바에 따라 수당을 지급할 수 있다.

3) 수난구호 종사명령(시설·물자 등 사용통지 포함)

가) MRO의 경우, 인력 및 장비 측면에서 국가구조자원만으로 대응하기에는 한계가 있으므로, 민간구조자원을 구조 초기부터 적극 활용이 필요하다.

※ 민간구조자원 :인력(민간잠수사, 구난전문가 등), 장비(해상크레인, 잠수바지 등)

나) 평상시 관내 민간구조자원 기본현황을 파악하여 MRO훈련 등에 가능한 범위 내에 참여시켜 최고의 전문가 등 인력·자원 풀을 지속적으로 업데이트 관리가 필요하다.

◈ 수상에서의 수색·구조 등에 관한 법률 제29조(수난구호를 위한 종사명령 등)

① 구조본부의 장 및 소방관서의 장은 수난구호를 위하여 부득이하다고 인정할 때에는 필요한 범위에서 사람 또는 단체를 수난구호업무에 종사하게 하거나 선박, 자동차, 항공기, 다른 사람의 토지·건물 또는 그 밖의 물건 등을 일시적으로 사용할 수 있다. 다만, 노약자, 정신적 장애인, 신체장애인, 그 밖에 대통령령으로 정하는 사람에 대하여는 제외한다.

② 제1항에 따라 수난구호업무에의 종사명령을 받은 자는 구조본부의 장 및 소방관서의 장의 지휘를 받아 수난구호업무에 종사하여야 한다.

◈ 수상에서의 수색·구조 등에 관한 법률 제45조(벌칙)

정당한 사유 없이 제29조제1항에 따른 구조본부의 장 또는 소방관서의 장의 수난구호업무에의 종사명령에 불응하거나 선박·자동차·항공기·토지·건물, 그 밖의 물건 등의 일시사용을 거부한 자는 300만원 이하의 벌금에 처한다.

◈ 수상에서의 수색·구조 등에 관한 법률 시행규칙 제10조(수난구호업무 종사명령서 등)

① 구조본부의 장 및 소방관서의 장은 법 제29조제1항에 따라 수난구호를 위한 종사명령을 할 때에는 별시 제3호서식의 수난구호업무 종사명령서를 발급하여야 한다.

② 구조본부의 장 및 소방관서의 장은 법 제29조제1항에 따라 선박, 자동차, 항공기, 다른 사람의 토지, 건물 또는 그 밖의 물건 등을 사용할 때에는 별지 제4호서식의 시설·물자 등 사용통지서를 발급하여야 한다. 다만, 긴급한 경우에는 시설·물자 등 사용통지서를 발급하지 아니하고 구술로 통지하며, 사용이 끝난 후에 별지 제5호서식의 시설·물자 등 사용증명서를 발급할 수 있다.

[7] 수중 수색구조

(1) 개요

수중수색은 바다에 침몰된 수색 대상이 선박이나 어떤 물체이건 간에 정확한 위치를 파악하는 한편 생존자를 구조하는 전형적인 수난구호 업무에 해당한다. 이러한 수색 및 구조 작업이 위해방지를 위한 경찰활동의 영역에 속한다.

해양경찰의 수중 수색활동은 국제법과 국내법에 의해 적용받는다. 먼저 국제법적으로 '국제수색구조협약'은 "수색 및 구조 활동은 생존자 구조에 대한 모든 합리적 희망이 사라질 때까지, 그리고 구조조정본부가 신뢰할 수 있는 정보를 근거로 긴급 상황이 더 이상 존재하지 않는다고 판단할 때까지" 수색구조 활동을 계속해야 한다고 규정하고 있다 (이창무·이성용, 2011 : 126-151). 수색구조 대상은 "생존 희망과 긴급 상황이 존재하는 경우"라면 모두 해당된다. 이에 반해 수중 수색활동의 국내법적 근거가 되는 '수상에서의 수색·구조 등에 관한 법률' 제2조에 의거하면, 수색 및 구조 대상은 해상에서 안전이 위험에 처한 상태에 해당된다. 수중 수색활동에 관한 국제·국내법규 내용은 다음과 같다.

〈표 2-10〉 수색활동 법적 적용

구분	협약, 법령	관련내용	수색구조 범위
국제법	국제수색구조협약 (부속서4장)	ㅇ수색구조 활동의 종료 -수색 및 구조활동은 실행 가능한 한, 생존자 구조에 대한 모든 합리적인 희망이 사라질 때까지 -구조조정본부가 신뢰할 수 있는 정보를 근거로 긴급 상황이 더 이상 존재하지 않는다고 판단 할 때	ㅇ수색구조의 대상 -생존희망과 긴급 상황이 존재할 경우 ※미국, 일본, 유럽 등 대부분 국가구조시스템
국내법	수상에서의 수색·구조 등에 관한 법률(제2조)	ㅇ수난구호의 대상은 해상에서 선박, 사람, 항공기, 수상레저기구 등이 침몰 등으로 인하여 안전이 위험에 처한 상태를 수색·구조·구난	ㅇ수색구조의 대상 -해상에서 안전이 위험에 처한 상태

수중 수색구조에는 잠수작업이 반드시 필요하다. 잠수는 크게 일반 잠수와 혼합기체 잠수로 분류된다. 일반잠수는 공기를 압축해 투입하는 형식을 취하며, 수심 약 40m 이내의 잠수에 해당된다. 혼합기체 잠수는 공기 중 질소를 빼고 인체에 무해한 헬륨을 보강해 질소의 위험성을 최소화한 혼합기체를 이용한 잠수형태로서 수심 약 40-80m 이내의 잠수에 적용된다.

〈표 2-11〉 잠수의 구분

구분	일반잠수	혼합기체잠수	심해포화잠수
형태	일반압축공기	산소+헬륨	산소+헬륨(감압)
가능수심	40m이내	40-80m이내	50m이상
국내기관	해경, 해군	해경, 해군	해군

(자료 : 해양경찰청 내부자료)

(2) 수중 수색구조 법적 문제

해양경찰의 수중수색 활동은 생존자를 구조하는 전형적인 수난구호 업무이면서 동시에 위해방지를 위한 경찰의 기본활동에 속한다고 볼 수 있다. 또한 해양경찰의 수중 수색활동은 국제법과 국내법에 의해 적용받는다. 그러나 수중 수색활동은의 대상과 관련한 국제법과 국내법의 적용규정이 다르기 때문에 국내법의 보완이 필요한 실상이다. 국제법의 근거가 되는 '국제수색구조협약' 부속서 제4장에 따르면 "수색 및 구조 활동은 생존자 구조에 대한 모든 합리적 희망이 사라질 때까지, 그리고 구조조정본부가 신뢰할 수 있는 정보를 근거로 긴급 상황이 더 이상 존재하지 않는다고 판단할 때까지"계속해야 한다고 규정되어 있다. 수색구조 활동은 "생존 가능성과 긴급 상황이 존재하는 경우"에 이뤄지는 것이다. 반면 수중 수색활동의 국내법적 근거인 '수상에서의 수색·구조 등에 관한 법률'제2조에 따르면 수색 및 구조의 대상은 해상에서 안전이 위험에 처한 상태에 해당된다. 생존가능성과 긴급 상황이 존재하는 경우가 아니라도 안전이 위험해지는 상황이 발생하면 수색구조 활동을 벌여야 하는 것이다. 해양경찰의 수색구조 요원들은 더욱 위험하게 하고 불필요한 수색구조 활동으로 인해 막상 수색구조 활동이 긴급하게 필요할 때 적시에 활동에 나서지 못하는 문제점으로 작용할 수 있기 때문이다. 따라서 해양경찰의 수색구조 활동의 근거가 되는 '수상에서의 수색·구조 등에 관한 법률'을 국제법규와 일치하도록 개정하는 노력이 필요하다.

(3) 잠수에 의한 생존자 구조

○ 잠수에 의하여 생존자들을 구조하려고 할 때는 다음 절차들을 따라야 한다.
〈국제항공 및 해상수색구조 매뉴얼 II권 제6장(구조계획 및 작전운영)〉
* 기타 잠수 분야 세부 절차 및 기술적 사항은 '잠수교범(매뉴얼)' 참고

1) 전복 또는 침수된 선박, 불시착한 항공기 진입 관련 위험성을 감소하기 위해 고려되어야 할 사항
   가) 선박이나 항공기의 양쪽 끝이 떠있고, 공기의 누출이 없으며, 최소 30분 동안 흘수의 변함이 없는가?
   나) 측면지지 및 부유물체 설치와 같이 선박과 항공기의 침몰 방지조치가 완전하게 수행되었는가?
   다) 선박(항공기)이 해저에 있으며, 방향을 바꾸거나 뒤집힐 위험이 없는가?
   라) 수면 위의 부분이 1미터 이상이며, 공기의 누출 없이 안정된 상태로 떠있는가?
   마) 잠수를 방해할 어망(고기잡이 그물) 또는 기타 방해물들이 있지는 않는가?
   바) 위험물질 및 연료의 누출이 없는가?
   사) 선박(항공기)의 움직임(롤링 또는 피칭)이 잘 제어되고 있어 잠수에 방해가 되지 않으며, 잠수부들이 수면으로 나오기 전까지 선체(기체)를 인양하지는 않는가?

2) 선박(항공기)에 진입하는 잠수부를 위한 안전 예방 조치사항

가) 잠재적인 장애물을 식별하고 위치를 확인할 수 있는 지식이 있는 사람과 현 상황에 대한 논의를 한 후 생존자들이 있을 법한 지역의 입구로 접근한다.

나) 연락수를 이용하여 선박(항공기)의 상태에 변화가 있을 때에는 잠수부들이 즉시 수면으로 나오도록 한다.

다) 잠수사(구조사)들이 사용할 수 있도록 수면으로부터 선체(기체)입구까지 유도 밧줄(가이드 라인)을 설치한다.

라) 잠수부들에게 선박(항공기) 입구 및 내부배치에 대하여 설명하고, 선체(기체) 내부에서 떨어질 수 있는 물체를 고정할 수 있는 방법을 고려하고, 긴급 상황에서 사용될 후퇴신호를 이해하도록 해야 한다.

마) 잠수부들이 선박(항공기) 내부에서 로프를 사용하도록 준비하며, 최소한 한 명의 잠수부는 입구에서 로프의 한 쪽 끝을 잡고 대기하여 비상탈출이나 신호교환 등의 업무를 수행해야 한다.

3) 생존자들이 발견된 후에 잠수부들이 조치해야 할 사항

가) 입구로부터 생존자들까지 유도줄을 설치한다.

나) 생존자들에게 구조작업에 대하여 간단히 설명한다.

다) 생존자들에게 호흡장비를 사용하도록 한다.

라) 생존자들의 앞과 뒤에 잠수부들을 두어 유도줄에 따라 호송의 역할을 하도록 한다.

마) 생존자들이 즉각적인 응급처치를 받도록 하여야 한다.

(4) 수중 수색구조 제언

최근 해상교통 및 교역의 급증과 해상레저 활동의 증가로 인해 해양사고 또한 증가추세에 있다. 이에 따라 선박의 침몰과 실종 선원의 수색 및 인양에 대한 관심도 높아졌다. 특히 최근 세월호 침몰과 수중수색 인양문제가 국민적 관심사로 떠올랐으며 자연스럽게 언론과 정치권의 이슈로 등장하게 되었다. 인명을 구해야 한다는 정서적 측면이 강하게 부각되는 가운데 막상 무리한 수색과 인양작업이 잠수부의 생명을 위협할 수도 있다는 측면은 간과되기가 쉽다. 그럼에도 불구하고 선박이 침몰하면 실종자 가족은 물론이고 언론과 정치권 모두 수중수색과 인양의 필요성만을 강조하게 된다. 이러한 압력 속에서 해양경찰은 무리한 수색과 인양작업을 실시하게 되는 악순환이 이어지고 있다. 미국, 영국 등 선진국들 역시 심해수색과 같은 전문 영역은 해군에 맡기고 해양경찰 기관은 안전관리 및 통제 업무에 주력하는 양상이

다. 더욱이 민간구난전문 업체가 증가하고 있는 실정에서 해양경찰의 심해잠수 장비 도입은 민간전문업체 발전과 성장에도 저해되는 측면이 있다(김종선, 2018 : 302).

해양경찰이 직접 장비를 갖추고 수중수색 및 인양작업을 벌인다면 이들 민간업체에는 큰 타격이 될 수밖에 없다. 그러므로 해양경찰이 직접 수중수색 및 인양장비를 개선하고 보완하는 방안은 수중수색과 인양이 수시로 필요한 작업이 아니라는 점에서 해양경찰이 새롭게 이러한 장비들은 보유할 경우 이미 이러한 장비들을 보유한고 있는 해군과 중복보유와 예산의 비효율적 사용이라는 문제점이 제기된다. 더욱이 이러한 장비들은 구입해 운용하다가 고장이 나면 수리비용이 설치비용 이상 들게 되는 문제점도 존재한다. 이러한 문제들로 인해 즉각 시행하기 보다는 좀더 다각적이고 종합적인 비용편익분석을 통해 고려해야 하는 부분이라고 볼 수 있다 (김종선, 2018 : 302-303).

[8] 항공기 수색구조

○ 항공기를 이용하여 생존자들을 구조하려고 할 때는 다음 사항들을 유의해야 한다. 〈국제항공 및 해상수색구조 매뉴얼 II권 제6장(구조계획 및 작전운영)〉

(1) 일반 사항

항공기는 운항상 또는 기술상의 제한사항이 있으며 각 항공기에 적합하지 않은 직업에 사용되어서는 안된다. 항공기에 의한 구조작업은 특히 다수의 생존자가 존재하는 경우에 가능한 범위 내에서 해상수색구조에 의해 지원되어야 한다.

고정익 항공기는 기종에 따라 생존 장비를 조난자에게 투하할 수도 있고, 수색구조 세력을 구조현장으로 이송하는 임무를 수행 가능하게 한다. 또한 항공기가 현장에 있는 동안 조명탄을 낙하하고 무선신호를 제공함으로써 해상 수색구조 세력에게 조난위치를 확인시켜 주는 등의 지원이 가능하다.

(2) 헬기에 의한 구조

1) 헬기는 인양윈치를 사용하거나 적절한 장소가 있다면 선박 위에 착륙함으로서 생존자들을 구조할 수 있다..
2) SMC(수색구조 임무조정관)는 다음과 같은 사항에 대하여 인식하고 있어야 한다.
   가) 해상수색구조세력에 의한 작전이 헬기에 의해서 발생하는 기류 및 소음에 의해서 방해 받을 수 있으므로 헬기와 해상수색구조세력 간의 조정 및 협력을 촉진하고, 한정

된 공간에서의 헬기와 관련된 충돌 위험을 최소화하기 위하여 상호간에 통신에 있어서 하나로 통합하여 이왕이면 OSC(현장조정관)에 의해서 작전이 조정되어야 한다.

나) 헬기가 한 번에 수송할 수 있는 생존자의 수는 제한적이다. 따라서 꼭 필요하지 않은 장비나 연료를 제거하여 헬기의 무게를 줄이는 것이 필요할 수도 있다. 현장에서의 연료 탑재가 가능하도록 연료 보급능력을 갖춘 전진기지를 이용할 수 있도록 해야 한다.

다) 생존자들이 상륙할 장소뿐만 아니라 헬기가 사용할 항로에 대해서도 SMC(수색구조 임무조정관)에게 알려야 한다.

라) 일반적으로 헬기의 제한된 연료 비축능력 및 이착륙에 대한 민감성 때문에, 항로상 기상의 적합성 및 조난선박(항공기)에 대한 헬기 구조절차를 사전 확인하기 위하여 미리 고정익항공기를 파견하는 것이 유리할 수 있다.

마) 헬기의 착륙에 의한 구조는 부가적인 문제를 야기한다. 난류, 평평한 지형, 장애물 통과, 산재한 파편, 고도, 착륙 및 이륙 궤도와 같은 요소들은 착륙장소를 선정하는 데 있어서 고려되어야 할 요소들이다. 높은 고도의 지역에서의 운항은 헬기의 성능을 악화시켜 하버링(제자리 비행) 능력에 악영향을 미칠 것이다. 상황이 한계에 왔을 경우 마지막 수단으로 착륙이 수행되어야 한다.

바) 헬기에 의한 전형적인 구조는 생존자를 상공에 정지하여 구조 밧줄, 구조 바구니, 구조네트, 구조 좌석 또는 구조 들것을 이용하여 인양 윈치로 그들을 이송하는 것이다. 장소의 선택은 착륙에 의한 구조의 경우와 같다. 그러나 공중에서 케이블 및 구조 장치가 내려감에 의해서 많은 정전기가 생길 것이므로 이러한 케이블 및 구조 장치가 주변에 접촉되기 전에는 장치를 만져서는 안 될 것이다.

〈표 2-12〉 해양경찰 항공기 구조의 장·단점

	고정익(Fixed-wing)	회전익(Rotary-wing)
장점	- 긴 비행시간(30분 이상) - 넓은 지역 조사 가능 - 바람에 강함	- 이착륙에 좁은 공간 필요 - 다양한 장비 탑재 가능 - 호버링(정지비행) 가능
단점	- 이착륙에 넓은 공간 필요(반경 30m 이상) - 카메라 및 소형장비 탑재 가능 - 호버링(정지비행) 불가능	- 짧은 비행시간(30분 이하) - 바람에 약함 - 이륙시 배터리 소모가 많음

4 해양사고 긴급구조 신고시스템

[1] 해양사고

해양사고란 해양사고의 조사 및 심판에 관한 법률(법률 제5809호)제2조에 근거, 해양 및 내수면에서 선박의 운용과 관련하여 발생한 경우를 포함한다. 그 경우는 선박의 구조 설비 또는 운용과 관련하여 사람이 사망 또는 실종되거나 부상을 입은 사고, 선박운용과 관련하여 선박 또는 육상·해상시설에 손상이 생긴 사고, 선박이 멸실·유기되거나 행방불명된 사고, 선박의 충돌, 좌초, 전복, 침몰이 있거나 조종이 불가능하게 된 사고, 선박의 운용과 관련하여 해양오염피해가 발생한 사고를 말한다(해양수산부, 해양사고의 조사 및 심판에 관한 법률). 국제해사기구(InternationalMaritimeOrganization, IMO)는 다음과 같이 정의하고 있다.

IMO Legal resolution LEG. 3(91)
Adoption of guidelines on fair treatment of seafarers in the event of a maritime accident : "maritime accident" means any unforeseen occurrence or physical event connected to the navigation, operations, manoeuvring or handling of ships, or the machinery, equipment, material, or cargo on board such ships which may result in the detention of seafarers.
IMO Legal resolution Assembly. 884(21)
- 선박의 운용과 관련하여 사람이 사망하거나 중상을 입은 경우
- 선박의 운용과 관련하여 사람이 행방불명된 경우
- 선박의 멸실, 추정 멸실 또는 구조 포기한 경우
- 선박의 손상이 발생한 경우
- 선박의 좌초, 운항불능 및 충돌
- 선박의 운용과 관련하여 시설에 손상이 발생한 경우
- 선박의 운용과 관련하여 환경 피해가 발생한 경우

바다에서 일어날 수 있는 사고에는 무수히 많은 종류들이 있다. 그 중 선박과 관련하여 일어나는 사고의 종류에는 충돌, 접촉, 좌초, 화재·폭발, 침몰, 기관손상, 조난, 인명사상이 있다. 충돌(Collision)은 선박간의 물리적 충돌, 선박과 해양 구조물과의 접촉 등 외부적인 접촉의 모든 유형을 충돌로 정의한다. 해양선박사고에 있어서 가장 많은 비중을 차지하고 있는 사고의 유형은 충돌이다. 또한 높은 비중과 더불어 가장 많은 인명피해의 원인이 되는 사고이다. 침몰(Sinking)은 선박이 수면 아래로 완전히 가라앉은 상태(침수제외)를 나타낸다. 침몰은 파공으로 인한 침수 침몰, 해일로 인한 침수 침몰, 복원력 상실로 인한 침몰과 같은 사고를 제외하면 해양사고에 있어서 최종적인 사고의 유형이다. 다른 여러 사고의 유형

이 하나의 시나리오로 이어지게 되어 마지막 단계에서 침몰을 하게 되는 것이며 침몰이 발생할 경우 사망자가 가장 많이 발생한다. 따라서 높은 사고의 빈도에 따르는 인명피해의 수치는 충돌이 높은 반면에 침몰의 경우는 사망·실종자의 발생 확률이 가장 높다. 그러한 이유로 침몰을 예방하는 것이 사망·실종자를 줄일 수 있는 최선의 방안이 되기도 한다.

해양사고에 있어서 최근 중요한 문제로 부각되고 있는 사고의 유형은 기름유출이다. 기름유출은 환경적 피해를 야기 시키며 그 피해에 대한 복구의 시간이 매우 길고 피해의 정확한 측정이 어렵다는 특징을 가지고 있다 (김종선, 2019 : 340-372).

전복(Capsizing)은 선박이 정상적으로 수면 상에 직립되지 않은 상태를 나타낸다. 전복의 경우 침몰로 이어지는 경우가 많으며 전복은 침몰과 같이 선원의 인명 손실에 많은 피해를 준다. 좌초(Grounding)는 선박이 해저의 지형 및 구조물에 얹혀 지는 것을 나타낸다. 선박이 해로를 지키지 않고 운행하는 경우에 많이 발생하며 선박이 대형화됨으로 인해 저수심대에서 주로 발생한다. 또한 계류 및 정박의 실수로 인해 표류하거나 해상 구조물을 확인 하지 않은 상태로 운행하는 것이 주요원인이다. 화재(Fire)는 선상에서 작업 과정 중 일어나는 화재 혹은 기관의 화재, 선박의 주거 구에서 발생하는 화재 등이 있다. 선박의 화재는 기관손상으로 이어지거나 폭발로 이어지는 경우가 많다. 또한 화재는 인적과실로 인해 발생하는 사고이므로 각별한 안전 지침의 교육 및 관리/감독을 필요로 한다.

폭발(Explosion)은 가연성 연료가 팽창하거나 불이 붙어 급격한 화학반응을 보이는 상태를 나타낸다. 최근 선박의 운송 물품이 다양해지면서 위험물질의 운반도 늘어나고 있는 추세이다. 그에 따라 IMO에서는 위험물 운반에 관한 지침을 만들어 협약서에 추가하였다. 기관손상(Machinery failure)은 운항 시 또는 선박의 정상적인 작동에 문제가될 수 있는 전자적/기계적 손상이 있는 경우를 나타낸다. 기관손상의 경우 선박기기의 발달과 함께 줄어드는 추세를 보이고 있으나 기관손상으로 인한 사고의 피해는 예측할 수 없을 만큼 크다는 점을 간과할 수 없다는 점에서 공학적인 부분에서 연구가 활발히 이루어지고 있다.

조난(Distress)은 선체의 파손이나 식량의 결핍 등 예상하지 못한 사태로 인하여 구조가 필요한 상태이다. 선원법은 선장에게 다른 선박 또는 항공기의 조난을 안 경우 인명을 구조하는데 필요한 조치를 취하도록 규정하고 있다. 인명사고(Human damage)는 위의 사고를 제외한 작업 혹은 선상에서의 생활 중 선원 또는 승객의 피해를 나타낸다.

[2] 긴급구조 전화번호 신고시스템

긴급구조 전화신고번호라는 용어는 현행 우리나라의 법 규정에서는 조문화 되어있지는 않고 관행적으로 사용하는 용어이다. 현재 긴급신고 전화시스템의 근거라고 할 수 있을 만한 관련규정은 재난 및 안전관리 기본법 제18조 제1항 행정안전부장관, 시·도지사 및 시장·군수·구청장은 재난정보의 수집·전파, 상황관리, 재난발생 시 초동조치 및 지휘 등의 업무를 수행하기 위하여 다음 각 호의 구분에 따른 상시 재난안전상황실을 설 치·운영하여야 한다. 제54조의2(긴급구조 관련 특수번호 전화서비스의 통합·연계)에서 언급되어 긴급신고 전화시스템의 근거를 찾아볼 수 있다.

즉, 행정안전부장관, 소방청장, 시·도지사 및 시장·군수·구청장, 소방서장은 재난정보의 수집·전파, 신속한 지휘 및 상황관리를 위하여 상시 종합상황실을 설치·운영하여야 하고, 경찰청과 그 소속 기관 등은 112신고제도의 기획 및 운영과 소방관서에서는 화재의 발생, 구조·구급의 요청 등 소방신고를 접수하고 소방업무 수행에 필요한 전산시설 및 통신시설을 설치 운영하도록 하고 있다. 그 외의 〈표 2-13〉과 같이 다른 긴급신고 전화번호는 명확한 근거가 될 만한 법 규정 외에 고시로 제정하여 해당기관 자체적으로 민원신고 및 상담전화번호를 운영되고 있는 실정이다.

〈표 2-13〉 국내주요 긴급전화번호

번호	신고유형	운영기관	비고
111	간첩신고	국가정보원	113(경찰청 간첩신고번호)
112	범죄신고	경찰청	
118	사이버테러	한국인터넷진흥원	
119	화재, 재난	소방방재청	
125	밀수사범신고	관세청	
1301	마약·범죄 종합신고	검찰청	
1339	응급의료·병원정보	보건복지부응급의료정보센터	119로 통합운영(2012.6.26.)
122	해양긴급신고	해양경찰청	119, 112 통합운영(2016.10.28.)

해양경찰 긴급신고전화번호 122는 경찰청의 112, 소방방재청의 119와 같은 긴급전화번호로 각종 해난사고와 해상범죄 발생 시 신속하게 대응하기 위해 2006년에 122 특수번호를 부여받은 이후 위치정보자동조회시스템을 포함한 「122 신고접수시스템」을 구축하여 2007년 7월 1일부터 개통되었다. 해양경찰청의 기존 신고시스템은 해양경찰청 민원 대표전화 1588-0333을 운영하였으며, 신고자는 ARS 안내에 따라 신고하고자 하는 해양경찰서 민원실로 연결되고, 민원실 근무자가 해당부서로 다시 연결하여 신고를 접수하였으며, 국민들은

주로 114로 전화번호를 문의한 후 대표전화로 신고하는 경우가 많았고, 해당 부서로 직접 전화하는 경우도 있었다.

또한 소방 등 타기관으로 신고 된 사항을 이첩 받아 접수하는 경우도 있었는데 소방·경찰에서 해양관련 구조신고 및 범죄 신고를 접수한 경우 다시 해당 해역을 관할하는 해양경찰서로 사건을 이첩 처리하는 경우도 있었다. 이러한 해양상황 접수의 문제를 개선하기 위해 122 해양경찰 긴급신고 전화번호를 도입하여 해양사고 긴급구조요청, 해양범죄, 해양오염사고 등의 신고접수 체계를 122로 일원화 하였다. 해양경찰청은 122신고접수시스템을 산하 전 기관에 구축하였으며, 이동통신 3사와 연계되어 해양경찰청의 중앙위치정보서버를 거쳐 위치조회기능도 가능하였고. 해양종사자 및 국민에게 122긴급신고전화 번호를 이용하여 신고하도록 홍보를 하였으나, 소방·경찰의 119나 112와 같이 국민에 각인되지 못하였다.

특히 세월호사고 당시 신고자 대부분은 112와 119를 통해 신고함으로써 해양경찰 긴급신고 전화번호 효용성에 의문이 제기되어 정부는 해양경찰 긴급신고번호 122가 112, 119를 거쳐 다시 122로 연결되어 시간지연과 122접수자의 전화응대 전문성도 문제가 제기되자 긴급신고번호 통폐합을 추진하여 2016년 10월 28일부터 각 부처에서 사용하였던 다수의 긴급신고번호를 119, 112, 110으로 통합하였으며, 해양경찰 긴급신고 전화번호 122를 폐지하였다.

[3] 긴급구조에 관한 법적 근거

(1) 국제법

1) UN해양법협약(UNCLOS / 1994. 11. 16 우리나라 비준)

제98조(지원제공 의무). 2. 모든 연안국은 해상안전에 관한 적절하고도 실효적인 수색·구조기관의 설치·운영 및 유지를 촉진시키고, 필요한 경우 이를 위하여 지역 약정의 형태로 인접국과 서로 협력한다.

2) 해상에서의 인명안전을 위한 국제협약(SOLAS 1974 / 1983. 3. 31. 국내 발효)

제5장, 제7규칙(수색 및 구조업무) 1. 각 당사국 정부는 책임구역에서 조난통신 및 조정업무를 위하여 또는 연안 해상에서 조난된 사람의 구조를 위하여 필요한 조치를 취할 것을 약속한다. 이들 조치는 실행 가능하고 필요하다고 간주되는 수색 및 구조시설의 설치, 운영 및 보수 업무를 포함하여야 하며, 항행 교통량과 항행 상의 위험을 고려하여 가능하면 원해 조난자의 위치 파악과 수색구조를 위한 수단을 제공하여야 한다.

3) 해상수색 및 구조에 관한 국제협약(SAR 1979 / 1995. 10. 4. 국내 발효)

제2장(조직 및 조정), 2.1(수색 및 구조업무의 실시 및 조정을 위한 제도), 2.1.1 (생략)해상에서 조난중이거나 조난으로 보이는 정보를 입수한 때는 당사국의 책임 있는 당국은 필요한 원조의 제공을 보장하기 위한 긴급조치를 취한다.

제3장(국가간의 협력), 3.1(국가간의 협력), 3.1.2 관계 당사국간에 달리 합의되지 않는 한, 일방 당사국은 타방 당사국의 구조대가 적용 가능한 국내법, 규정 및 규칙을 따르는 것을 조건으로 오로지 해난위치 수색 및 해난 생존자 구조의 목적을 위해 자국의 영해, 영토 또는 그 상부공역에 즉각적으로 입역하는 것을 허가하여야 한다.

4) 국제항공 및 해상수색구조 매뉴얼(IAMSAR MANUAL)

IMO(국제해사기구)와 ICAO(국제민간항공기구)가 공동으로 작성, 제3권 운항선박(항공기), 제1절(개요) 운항선박(항공기)을 위한 국제 항공 및 해상 수색구조 매뉴얼은 수색구조 선박(항공기)의 이동과 민간 항공기 및 선박에 승선하는 다음의 인원에게 지침을 제공한다. ① 항공기, 선박 또는 기타 이동체를 운영하고, SAR 업무를 수행하기 위하여 선박(항공기)을 사용하도록 요구할 수 있는 인원 ② 조난상황 부근에서 다수의 선박(항공기)에 대해 현장 조정관 기능을 수행할 필요가 있는 인원

5) IMO 대형인명구조활동(MRO) 지침서(2003. 2. 6)

MRO(Mass Rescue Operation)란 "해양에서 다수의 소난자가 연루된 인명사고가 발생하여 신속한 구조 활동이 필요하나, SAR 책임기관의 능력만으로는 이 업무를 성공적으로 수행하기 어려운 대규모 수색구조 활동"을 말한다.

(2) 국내법

1) 재난 및 안전관리 기본법

제3조(정의) 7. "긴급구조기관"이란 소방청·소방본부 및 소방서를 말한다. 다만, 해양에서 발생한 재난의 경우에는 해양경찰청·지방해양경찰청 및 해양경찰서를 말한다. 제56조(해상에서의 긴급구조) 해상에서 발생한 선박이나 항공기 등의 조난사고의 긴급구조활동에 관하여는 「수상에서의 수색·구조 등에 관한 법률」 등 관계 법령에 따른다.

재난 및 안전관리 기본법 시행령 제64조의2(긴급구조 관련 특수번호 전화서비스의 통합·연계)
① 법 제54조의2제1항에서 "대통령령으로 정하는 긴급구조 관련 특수번호 전화서비스"란 「전기통신사업법」 제48조에 따른 전기통신번호자원 관리계획(이하 "전기통신번호자원관리계획"이라 한다)에 따라 부여하는 다음 각 호의 특수번호 전화서비스(이하 "특수번호 전화서비스"라 한다)를 말한다.
1. 화재·구조·구급 등에 관한 긴급구조 특수번호 전화서비스 : 119
2. 범죄 피해 등으로부터의 구조 등에 관한 긴급구조 특수번호 전화서비스 : 112
3. 그 밖에 긴급구조와 관련하여 과학기술정보통신부장관이 전기통신번호자원관리계획에 따라 부여하여 중앙행정기관, 지방자치단체 또는 제3항에 따른 공공기관에서 사용하는 특수번호 전화서비스

2) 수상에서의 수색·구조 등에 관한 법률

제5조(중앙구조본부 등의 설치) ① 해수면에서의 수난구호에 관한 사항의 총괄·조정, 수난구호협력기관과 수난구호민간단체 등이 행하는 수난구호활동의 역할조정과 지휘·통제 및 수난구호활동의 국제적인 협력을 위하여 해양경찰청에 중앙구조본부를 둔다. ② 해역별 수난구호에 관한 사항의 총괄·조정, 해당 지역에 소재하는 수난구호협력기관과 수난구호민간단체 등이 행하는 수난구호활동의 역할조정과 지휘·통제 및 수난현장에서의 지휘·통제를 위하여 지방해양경찰청에 광역구조본부를 두고, 해양경찰서에 지역구조본부를 둔다.

3) 해사안전법

제43조(해양사고가 일어난 경우의 조치) ① 선장이나 선박소유자는 해양사고가 일어나 선박이 위험하게 되거나 다른 선박의 항행안전에 위험을 줄 우려가 있는 경우에는 위험을 방지하기 위하여 신속하게 필요한 조치를 취하고, 해양사고의 발생 사실과 조치 사실을 지체 없이 해양경찰서장이나 지방해양수산청장에게 신고하여야 한다. ② 지방해양수산청장은 제1항에 따른 신고를 받으면 지체 없이 그 사실을 해양경찰서장에게 통보하여야 한다.

[4] 긴급전화 신고시스템의 문제점

(1) 긴급전화 접수기관의 방만한 조직과 체계

시민들이 긴급 상황에 처했을 때 이용하는 '112', '119' 등 3~4자리 숫자로 구성된 '특수전화번호'가 무려 40여개가 있어 긴급 상황에서 번호가 떠오르지 않고 어디로 걸어야 할지 구분하기가 쉽지 않다. 이렇듯 긴급신고 번호의 설치 목적은 국민들에게 개별상황에 맞는 행정서비스를 제공하기 위함이지만, 본래의 취지와는 반대로 너무 많은 전화번호가 난립하고 있어 극소수 몇 개의 번호를 제외한 대부분의 번호들이 제 기능을 발휘하지 못하고 있다.

(2) 긴급전화 신고접수요원의 전문성 부족

신고접수요원은 신고자의 목소리와 진술내용을 통해 사건현장의 위험도를 가장 먼저 판단하여야 하므로, 초동대응에 있어서 핵심적 역할을 수행한다. 현재 우리나라 신고전화 접수상황실 운영은 재난 및 안전관리기본법에서 규정하고 긴급구조기관과 이와 관련한 보조기관이 지정 운용되고 있다. 그러나 현재 긴급전화 신고접수센터 근무자들의 경력과 숙련도는 피해자의 신고를 접수하는 1차적인 관문을 담당하기에는 부족함이 많다.

(3) 긴급전화 시스템 및 기술상의 한계

1) 기관 상호간 연계성 부족

긴급전화 접수기관 간의 원활한 운영을 위해서는 표준화(標準化)가 무엇보다 중요한데 현실정에서 정보통신기술이 다양해짐에 따라서 같은 목적의 시스템에 다양한 방식의 기술을 이용하여 다른 규격으로 구현함으로써, 제품 간에 상호연계성이 확보 되지 못하고 비표준화 제품이 난립하게 되어, 효율성 저하 및 중복투자에 의한 예산낭비, 사용자 편의성 저해 등의 여러 가지 부작용이 나타나고 있다.

2) 위치정보시스템의 기술적 문제

방송통신위원회는 지난 2005년 소방방재청과 해양경찰청에서 국민의 생명과 재산을 지키기 위한 공익적인 목적으로 위치정보를 활용할 수 있도록 하였다. 이 제도를 시행한 이후 양 기관에서 인명의 구조를 위해서 위치정보를 조회한 횟수는 급속히 증가하고 있지만 이동통신사가 제공하는 위치 정보의 오차범위가 최대 5km에 이르러 구조에 어려움을 겪는 사례가 많아 본래 도입 취지가 약하다. 이와 같은 오차가 발생하는 이유는 이동통신사가 소방방재청에 제공하는 위치정보가 GPS기반이 아닌 기지국을 기반으로 하는 시스템이기 때문이다.

(4) 법령·제도상의 미비

1) 법령 간의 충돌

산불관련 업무를 관장하는 법률로는「소방기본법」과「산림법」이 있으며, 이 중「소방기본법」은 소방대상물에 '산림'을 그 대상으로 명백히 규정하고 있다. 그러나「산림자원의 조성 및 관리에 관한 법률」에서 또한 산불의 예방과 진화에 관한 사항을 규정하며 그 업무의 주관을 산림청 및 시장·군수로 지정하고 있다.

2) 허위 신고 처벌 규정의 미비

긴급하지 않거나 허위로 하는 신고가 많다는 점 또한 문제점이다. 전체 신고건수의 90% 이상이 긴급한 출동이 필요하지 않은 사건들이고, 허위나 장난으로 신고하는 경우도 매년 수백만여 건에 달하고 있다. 이는 행정력의 낭비를 초래할 뿐만 아니라, 인력 부족 문제와 맞물려 신고 접수요원의 성실하고 정확한 대응을 더욱 어렵게 하는 요인으로 작용하고 있다.

[5] 긴급전화 신고시스템 개선방안

(1) 통합 상황관리센터 설치

우리나라에서는 소방, 경찰, 해양경찰 등 긴급전화 신고시스템이 산재하여 있어 국민들에게 혼란을 주고, 담당자의 잦은 인사이동으로 전문성이 떨어지고 있다. 또한 현장을 도외시한 형식적 긴급 상황관리가 수행되고 있을 뿐만 아니라, 긴급전화 시스템도 '112', '119', '122' 등으로 각각 제각기 나뉘어 있어 상황이 발생할 때마다 국민들이 어느 전화번호로 신고를 해야 하는지 혼란을 주는 문제점이 발생하고 있어 긴급전화 신고시스템을 하나로 통합 상황관리센터의 신설이 시급하다. 긴급전화의 특성상 긴급 상황의 사고 접수에 따른 초동단계가 가장 중요한 시점으로 이러한 초동단계의 대응능력을 좌우하는 것이 상황관리이기 때문이다.

(2) 긴급 신고전화의 통합

긴급상황의 신고체계는 대응기관별로 각종 범죄는 112, 화재·구조·구급은 119, 해양사고는 122, 산불신고는 1688-3119 등 너무 복잡하다. 미국의 경우를 보면, 911시스템으로 긴급전화 신고체계가 일원화되어 있으며, 일본은 110, 119로 이원화 되어있으나, 긴급 상황발생 시 긴급신고시스템이 상호 연계되어 정보교환이 이루어지고 있고, 프랑스 등의 유럽 선진국도 현재 통합운영의 체제로 운영되고 있다.

(3) 전담인력 구성

긴급 상황에서 요구조자를 구하기 위한 서비스가 국민들로부터 대대적인 공감을 받고 이용되고 있지만 현재까지 별도의 인력보강 없이 업무가 늘어난 상황에서 질 높은 서비스를 제공하지 못하는 것이 현실이다.

(4) 전문교육기관 설치

전담인력 구성에 이어 구성원에 대한 전문화 교육이 필요하다. 단기적으로는 외국 또는 민간 전문 교육기관에 위탁 등 강도 높은 직무교육을 통하여 전문능력 육성 등 인력 조정에 힘써야한다. 장기적으로는 국내에서 종합교육을 주관하는 부서를 설치하여 재난관리 대응 전문요원을 양성하고 재난 유형별 다양한 사례를 연구하고 분석하여 신속히 초동 대처할 수 있는 전문인 양성교육기관이 필요하다.

(5) 표준화 추진

정보통신의 발달로 긴급구조시스템에 다양한 방식의 기술이 적용되어 각기 다른 모습으로 시스템이 구현됨으로써 제품 간에 상호연계성이 확보되지 못하고 비 표준화 제품이 난립하게 되었다. 기술발전에 따른 표준화와 다양한 고객맞춤형 서비스 제공에 가능하게 하여야 한다.

(6) 위치정보 시스템의 개선

현재 긴급전화접수기관의 119이동전화 위치추적시스템을 기술의 정확도와 고도화를 위해 시 GPS기반 위성으로 고려하여야 할 것이다.

(7) 통합 상황관리 특별법 제정과 유사법령 일원화

모든 행정시스템 구축의 기준은 행정 목적달성과 효율성의 여부일 것이다. 주어진 자원의 범위 내에서 가장 큰 효과를 거두고 국민에게 우수한 서비스를 제공할 수 있는지가 행정체계 수립, 유지판단의 기준이 되어야 하는 것이다. 현재와 같이 기능별, 상황별로 운영하는 모든 상황실의 기능을 통합함으로써 기관 간에 유기적인 운영으로 현재보다 목적달성과 효율에 있어 많은 이익이 있을것으로 판단된다. 그리고 기관간에 유사한 법령은 신속하고 적극적으로 대처할 수 있도록 일원화할 필요가 있다.

5장 수색 및 구조 법률체계

1 수상에서의 수색·구조 등에 관한 법률(수상구조법)

[1] 수색구조 일반

조난선박과 인명의 구호 및 표류물·침몰품등의 인양과 이에 수반한 업무처리에 관한 사항을 규정하여, 수난구호업무에 신속·적절한 처리를 기하며, 인명·재산의 보전에 기여하도록 1961년 11월 1일 「수난구호법」으로 제정되어 2014년까지 수회 개정을 통하여 시행되었다. 2014년 세월호 침몰참사 이후 조난사고로부터 국민의 생명과 신체 및 재산을 보호하기 위하여 사고의 재발 방지를 위한 안전관리의 강화, 사고 발생 시 신속한 구호조치 실시, 사고에 대응하기 위한 시스템 개선 등 대책 마련의 필요성이 강조되어 이에 따라, 구조본부의 장으로 하여금 "풍랑"으로 조난사고가 우려되는 경우에도 이동 및 대피명령을 명할 수 있도록 하면서 그 대상을 어선에서 모든 선박으로 확대하고, 구난작업을 실시하기 위해 신고된 내용이 구난작업을 실시하는데 미흡하다고 인정되는 경우 필요한 사항을 보완한 후 다시 신고하게 할 수 있도록 하며, 구난작업 현장의 안전관리와 환경오염 방지를 위하여 필요한 경우 안전관리 조치를 명할 수 있도록 하고, 민간해양구조대원으로 하여금 해양경찰청의 조난사고 예방·대응활동을 지원할 수 있도록 하여 조난사고의 재발 방지를 위한 안전관리를 강화하려는 것이었다.

이에 2015년에 법률 제13440호(2015. 7. 24., 일부개정)로 「수난구호법」의 법률의 제명을 「수상에서의 수색·구조 등에 관한 법률」(시행 2016. 1. 25.) 로 변경하였다.

「수상에서의 수색·구조 등에 관한 법률」은 수상에서 조난된 사람, 선박, 항공기, 수상레저기구 등의 수색·구조·구난 및 보호에 필요한 사항을 규정함으로써 조난사고로부터 국민의 생명과 신체 및 재산을 보호하고 공공의 복리증진에 이바지하는 것을 목적으로 한다. 이 법에서 사용하는 용어의 정의는 다음과 같다.

1) "수상"이란 해수면과 내수면을 말한다.
2) "해수면"이란 「수상레저안전법」 제2조제6호에 따른 바다의 수류나 수면을 말한다.
3) "내수면"이란 「수상레저안전법」 제2조제7호에 따른 하천, 댐, 호수, 늪, 저수지, 그 밖에 인공으로 조성된 담수나 기수(汽水)의 수류 또는 수면을 말한다.
4) "수난구호"란 수상에서 조난된 사람 및 선박, 항공기, 수상레저기구 등(이하 "선박등"이라 한다)의 수색·구조·구난과 구조된 사람·선박등 및 물건의 보호·관리·사후처리에 관한 업무를 말한다.
5) "조난사고"란 수상에서 다음 각 목의 사유로 인하여 사람의 생명·신체 또는 선박등의 안전이 위험에 처한 상태를 말한다.
   가) 사람의 익수·추락·고립·표류 등의 사고
   나) 선박등의 침몰·좌초·전복·충돌·화재·기관고장 또는 추락 등의 사고
6) "수난구호협력기관"이란 수난구호를 위하여 협력하는 중앙행정기관·지방자치단체, 「재난 및 안전관리 기본법」 제3조제8호에 따른 긴급구조지원기관, 대통령령으로 정하는 공공단체를 말한다.
7) "수색"이란 인원 및 장비를 사용하여 조난을 당한 사람 또는 사람이 탑승하였을 것으로 추정되는 선박등을 찾는 활동을 말한다.
8) "구조"란 조난을 당한 사람을 구출하여 응급조치 또는 그 밖의 필요한 것을 제공하고 안전한 장소로 인도하기 위한 활동을 말한다.
9) "구난"이란 조난을 당한 선박등 또는 그 밖의 다른 재산(선박등에 실린 화물을 포함한다)에 관한 원조를 위하여 행하여진 행위 또는 활동을 말한다.
10) "구조대"란 수색 및 구조활동을 신속히 수행할 수 있도록 훈련된 인원으로 편성되고 적절한 장비를 보유한 단위조직을 말한다.
11) "민간해양구조대원"이란 지역해역에 정통한 주민 등 해양경찰관서에 등록되어 해양경찰의 해상구조활동을 보조하는 사람을 말한다.
12) "표류물"이란 점유를 이탈하여 수상에 떠 있거나 떠내려가고 있는 물건을 말한다.
13) "침몰품"이란 점유를 이탈하여 수상에 가라앉은 물건을 말한다.

(1) 적용범위

이 법 또는 이 법에 따른 명령 중 선박소유자에 관한 규정은 선박을 공유하는 경우로서 선박관리인을 임명하였을 때에는 그 선박관리인에게 적용하고, 선박을 임차하였을 때에는 그

선박임차인에게 적용하며, 선장에 관한 규정은 선장을 대신하여 그 직무를 수행하는 사람이 있는 경우 그 사람에게 적용한다.

(2) 수난대비기본계획의 수립 등 (제4조)

1) 해양경찰청장은 해수면에서 자연적·인위적 원인으로 발생하는 조난사고로부터 사람의 생명과 신체 및 재산을 보호하고 효율적인 수난구호를 위하여 수난대비기본계획을 5년 단위로 수립하여야 한다.
2) 해양경찰청장은 제1항의 수난대비기본계획을 집행하기 위하여 수난대비집행계획을 매년 수립·시행하여야 한다.

(3) 중앙구조본부 등의 설치 (제5조)

1) 해수면에서의 수난구호에 관한 사항의 총괄·조정, 수난구호협력기관과 수난구호민간단체 등이 행하는 수난구호활동의 역할조정과 지휘·통제 및 수난구호활동의 국제적인 협력을 위하여 해양경찰청에 중앙구조본부를 둔다.
2) 해역별 수난구호에 관한 사항의 총괄·조정, 해당 지역에 소재하는 수난구호협력기관과 수난구호민간단체 등이 행하는 수난구호활동의 역할조정과 지휘·통제 및 수난현장에서의 지휘·통제를 위하여 지방해양경찰청에 광역구조본부를 두고, 해양경찰서에 지역구조본부를 둔다.

(4) 수난대비기본훈련의 실시 (제5조의2)

1) 중앙구조본부는 수상에서 자연적·인위적 원인으로 발생하는 조난사고로부터 사람의 생명과 신체 및 재산을 보호하기 위하여 수난구호협력기관 및 수난구호민간단체 등과 공동으로 매년 수난대비기본훈련을 실시하여야 한다.
2) 해양경찰청장은 제1항의 수난대비기본훈련의 실시결과를 매년 국회 소관상임위원회에 보고하여야 한다.
3) 제1항에 따른 수난대비기본훈련의 실시 범위 및 방법 등 구체적인 사항은 대통령령으로 정한다.
   가) 중앙구조본부의 장은 수난대비기본훈련을 연 1회 이상 실시하여야 한다.
   나) 중앙구조본부의 장은 수난대비기본훈련을 효율적으로 실시하기 위하여 다음 각 호의 사항이 포함된 해당 연도 수난대비기본훈련계획을 수립하고, 법 제5조의2제1항

에 따른 수난구호협력기관 및 수난구호민간단체 등(훈련참여기관)의 장에게 통보할 수 있다.

① 수난대비기본훈련의 목표

② 훈련참여기관의 범위

③ 수난대비기본훈련의 유형

④ 그 밖에 수난대비기본훈련의 실시에 관한 사항

다) 중앙구조본부의 장은 필요한 경우 훈련참여기관이 아닌 선박소유자(여객선, 어선 등을 소유한 자)에게 선박 및 해당 선박의 선장·선원 등을 수난대비기본훈련에 참여시킬 것을 요청할 수 있다.

라) 중앙구조본부의 장은 수난대비기본훈련 실시 7일 전까지 훈련일시, 훈련장소, 훈련방법, 그 밖에 수난대비기본훈련에 필요한 사항을 훈련참여기관의 장(선박 및 해당 선박의 선장·선원 등이 수난대비기본훈련에 참여하는 경우에는 해당 선박소유자)에게 통보하여야 한다. 다만, 부득이한 사유가 있는 경우에는 훈련 실시 전날까지 통보할 수 있다.

마) 중앙구조본부의 장은 수난대비기본훈련 참여자에게 수난대비기본훈련을 위한 사전교육을 실시할 수 있다.

바) 중앙구조본부의 장은 수난대비기본훈련에 참여하는 선박의 소유자에게 훈련에 참여하는 데 필요한 비용을 예산의 범위에서 지급할 수 있다.

사) 규정한 사항 외에 수난대비기본훈련의 방법 등에 관하여 필요한 사항은 중앙구조본부의 장이 정한다.

아) 해양경찰청장은 수난대비기본훈련의 실시결과를 다음 해 2월 말일까지 국회 소관 상임위원회에 서면으로 보고하여야 한다.

(5) 구조대 및 구급대의 편성·운영 (제7조)

1) 중앙구조본부의 장, 광역구조본부의 장 및 지역구조본부의 장(이하 "구조본부의 장"이라 한다)은 해수면에서 수난구호를 효율적으로 수행하기 위하여 구조대를 편성·운영하고, 해수면과 연육로로 연결되지 아니한 도서(소방관서가 설치된 도서는 제외한다)에서 발생하는 응급환자를 응급처치하거나 의료기관에 긴급히 이송하기 위하여 구급대를 편성·운영하여야 한다.

2) 소방청장, 소방본부장 및 소방서장(이하 "소방관서의 장"이라 한다)은 내수면에서의 수

난구호를 위하여 구조대를 편성·운영하고, 내수면에서 발생하는 응급환자를 응급처치 하거나 의료기관에 긴급히 이송하기 위하여 구급대를 편성·운영하여야 한다.

(6) 여객선 비상수색구조계획서의 작성 등 (제9조)

1) 국제항해에 취항하는 여객선(「해운법」 제6조제1항에 따라 승인을 받은 외국의 해상여객운송사업자가 운영하는 여객선을 포함한다. 이하 "여객선"이라 한다) 소유자는 비상시 여객선의 수색구조를 위하여 구조본부의 비상연락망, 비상훈련계획 및 구명설비배치도 등이 기재된 계획서(이하 "여객선비상수색구조계획서"라 한다)를 작성하여 관할 해양경찰서장에게 신고하고 확인을 받아 해당 여객선 및 선박 소유자의 주된 사무실에 비치하여야 한다.
2) 여객선 소유자는 여객선비상수색구조계획서의 내용에 변경이 있는 경우 지체 없이 변경된 내용을 관할 해양경찰서장에게 신고하여야 한다.
3) 여객선 및 「해운법」 제2조제1호의2에 따른 여객선 소유자는 해양수산부령으로 정하는 바에 따라 여객선비상수색구조 훈련을 연 1회 이상 선장의 지휘하에 실시하여야 하며, 훈련의 시기와 방법은 관할 해양경찰서장 또는 소방서장과 협의하여 정한다.

(7) 선박의 이동 및 대피 명령 (제10조)

구조본부의 장은 다음 각 호의 어느 하나에 해당하는 선박의 경우에는 해양수산부령으로 정하는 바에 따라 해당 선박의 이동 및 대피를 명할 수 있다. 다만, 외국선박에 대한 이동 및 대피명령은 「영해 및 접속수역법」 제1조 및 제3조에 따른 영해 및 내수(「내수면어업법」 제2조제1호에 따른 내수면은 제외한다)에서만 실시한다.

① 태풍, 풍랑 등 해상기상의 악화로 조난이 우려되는 선박
② 선박구난현장에서 구난작업에 방해가 되는 선박

[2] 수난구호

(1) 수난구호의 관할 (제13조)

해수면에서의 수난구호는 구조본부의 장이 수행하고, 내수면에서의 수난구호는 소방관서의 장이 수행한다. 다만, 국제항행에 종사하는 내수면 운항선박에 대한 수난구호는 구조본부의 장과 소방관서의 장이 상호 협조하여 수행하여야 한다.

(2) 조난사실의 신고 등 (제15조)

수상에서 조난사고가 발생한 때에는 다음 각 호의 어느 하나에 해당하는 자는 즉시 가까운 구조본부의 장이나 소방관서의 장에게 조난사실을 신고하여야 한다.

① 조난된 선박등의 선장·기장 또는 소유자

② 수상에서 조난사실을 발견한 자

③ 조난된 선박등으로부터 조난신호나 조난통신을 수신한 자

④ 조난사고 원인을 제공한 선박의 선장 및 승무원

(3) 구조본부 등의 조치 (제16조)

1) 조난사실을 신고 또는 통보받거나 인지한 관할 구조본부의 장이나 소방관서의 장은 구조대에 구조를 지시 또는 요청하거나 조난현장의 부근에 있는 선박등에게 구조를 요청하는 등 수난구호에 필요한 조치를 취하여야 한다.

2) 구조의 지시 또는 요청을 받은 구조대의 장은 구조상황을 수시로 관할 구조본부의 장 또는 소방관서의 장에게 보고 하거나 통보하여야 한다.

3) 수난구호를 위하여 필요하다고 인정할 때에는 구조본부의 장 또는 소방관서의 장은 수난구호협력기관의 장, 수난구호민간단체에게 소속 구조지원요원 및 선박을 현장에 출동시키는 등 구조활동(조난된 선박등의 예인을 포함한다)을 지원할 것을 요청할 수 있다. 이 경우 요청을 받은 수난구호협력기관의 장과 수난구호민간단체는 특별한 사유가 없는 한 즉시 이에 응하여야 한다.

4) 구조본부의 장 또는 소방관서의 장은 생존자의 구조를 위하여 필요한 경우 수중 수색구조활동을 실시할 수 있다. 다만, 그 업무를 수행하는 사람의 건강이나 생명에 중대한 위험을 초래할 우려가 있다고 판단되는 경우에는 실시하지 아니하거나 중지할 수 있다.

(4) 현장지휘 (제17조)

조난현장에서의 수난구호활동의 지휘는 지역구조본부의 장 또는 소방서장이 행한다. 다만, 응급의료 및 이송 등과 관련된 사항에 대하여는 관련 수난구호협력기관의 장과 협의하여야 한다.

① 조난현장에서의 수난구호활동

② 수난구호협력기관, 수난구호민간단체, 자원봉사자 등의 임무 부여와 인력 및 장비의 배치와 운용

③ 추가 조난의 방지를 위한 응급조치
④ 사상자의 응급처치 및 의료기관으로의 이송
⑤ 수난구호에 필요한 물자 및 장비의 관리
⑥ 수난구호요원의 안전확보를 위한 조치
⑦ 현장접근 통제, 조난현장의 질서유지 등 효율적인 수난구호활동을 위하여 필요한 사항

광역구조본부의 장 또는 소방본부장은 둘 이상의 지역구조본부의 장 또는 소방서장의 공동대응 등이 필요하다고 인정하는 경우에는 제1항에도 불구하고 직접 현장지휘를 할 수 있다. 중앙구조본부의 장 또는 소방청장은 대통령령으로 정하는 대규모의 수난이 발생하거나 그 밖에 필요하다고 인정하는 경우에는 직접 현장지휘를 할 수 있다.

(5) 인근 선박등의 구조지원(제18조)

조난현장의 부근에 있는 선박등의 선장·기장 등은 조난된 선박등이나 구조본부의 장 또는 소방관서의 장으로부터 구조요청을 받은 때에는 가능한 한 조난된 사람을 신속히 구조할 수 있도록 최대한 지원을 제공하여야 한다. 다만, 조난된 선박 또는 조난사고의 원인을 제공한 선박의 선장 및 승무원은 요청이 없더라도 조난된 사람을 신속히 구조하는 데 필요한 조치를 하여야 한다.

(6) 조난된 선박등의 구난작업 신고(제19조)

누구든지 다음 각 호의 장소에서 조난된 선박등을 구난하려는 자는 구난작업을 시작하기 전에 구조본부의 장 또는 소방관서의 장에게 그 사실을 신고하여야 한다. 다만, 대통령령으로 정하는 소형선박을 구난하려는 경우, 제16조제3항에 따른 구조본부의 장 또는 소방관서의 장의 요청으로 구난을 하려는 경우에는 그러하지 아니하며, 긴급구난을 하려는 경우에는 구난작업을 시작한 후 지체 없이 구조본부의 장 또는 소방관서의 장에게 알려야 한다.
① 「영해 및 접속수역법」 제1조 및 제3조에 따른 영해 및 내수
② 「배타적 경제수역 및 대륙붕에 관한 법률」에 따른 배타적 경제수역

(7) 조난된 선박등의 예인 시 책임(제21조)

조난된 선박등을 예인하는 자는 다음 각 호의 어느 하나에 해당하는 예인으로 인하여 조난된 선박등이 파손되거나 멸실되더라도 고의 또는 중대한 과실이 없는 경우에는 민사상·형사상 책임을 지지 아니한다. 이 경우 조난된 선박등을 예인하는 자는 피예인선의 선장이나 소

유자에게 그 뜻을 미리 알려주어야 한다.

1) 수난구호민간단체에 소속된 선박이 제16조제3항에 따른 구조본부의 장 또는 소방관서의 장의 요청을 받고 예인하는 경우
2) 민간에 소속된 선박이 보수(실비의 지급은 보수로 보지 아니한다)를 받지 아니하고 예인하는 경우. 이 경우 실비의 범위는 대통령령으로 한다.
3) 국가기관에 소속된 선박이 조난된 선박등을 긴급히 구난하기 위하여 예인하는 경우

(8) 외국구조대의 영해진입 허가와 해외 수난 발생 시 수색구조 (제22, 23조)

1) 외국의 구조대가 신속한 수난구호활동을 위하여 우리나라와 체결한 조약에 따라 우리나라의 영해·영토 또는 그 상공에의 진입허가를 요청하는 때에는 중앙구조본부의 장은 지체 없이 이를 허가하고 그 사실을 관계 기관에 통보한다.
2) 해외에서 우리나라 국민과 선박등의 수난과 다른 나라 국민과 선박등의 수난에 대하여 수색·구조가 필요한 경우 중앙구조본부의 장은 구조대를 파견할 수 있다.

(9) 구조활동의 종료 또는 중지 (제24조)

구조본부의 장은 다음 각 호의 어느 하나에 해당하는 경우에는 구조활동을 종료 또는 중지할 수 있다.

① 구조활동을 완료한 경우
② 생존자를 구조할 모든 가능성이 사라지는 등 더 이상 구조활동을 계속할 필요가 없다고 인정되는 경우

(10) 국내 조난사고의 조사 (제25조)

해양경찰청장은 해양에서 대규모의 조난사고가 발생한 경우에 관계 수난구호협력기관과 합동으로 사고조사단을 편성하여 사고원인과 피해상황에 관한 조사를 실시할 수 있다. 다만, 「해양사고의 조사 및 심판에 관한 법률」에 따라 조사하는 경우에는 그러하지 아니하다.

[3] 조난통신

(1) 해상구조조정본부 등 (제31조)

해양경찰청장은 「1979년 해상수색 및 구조에 관한 국제협약」과 「1944년 국제민간항공협

약」에 따른 해상구조조정본부와 해상구조조정지부를 지정·운영하여야 한다. 해상구조조정본부(이하 "구조조정본부"라 한다)는 지방해양경찰청으로 하고 해상구조조정지부(이하 "구조조정지부"라 한다)는 해양경찰서로 한다.

(2) 조난통신 수신과 시설 (제32조)

해상구조조정본부의 장은 조난통신을 수신할 수 있는 통신시설을 갖추고 조난사실을 신속히 알 수 있도록 항상 조난통신을 청취하여야 한다. 조난통신의 청취를 위하여 필요한 주파수 및 통신설비는 「선박안전법」 제29조에서 정하는 바에 따른다.

통신시설은 다음 각 호의 어느 하나에 해당하는 것으로서 해수면에서의 인명 안전을 위한 국제협약 및 관련 의정서에 따른 세계 해상조난 및 안전제도에 따른 것이어야 한다.

① 「전파법 시행령」 제29조에 따른 무선국으로서 선박과 무선통신할 수 있는 무선국 및 위성조난신호 수신장치로부터 해상수난구호업무에 관한 정보를 수용하여 처리할 수 있는 장치

② 중앙구조본부로부터 해상조난에 관한 정보를 수용하여 처리할 수 있는 장치

③ 「전파법 시행령」 제29조제4호에 따른 해안국(이하 "해안국"이라 한다)에서 수신한 조난 및 선박의 위치 통보에 관한 정보를 수용하여 처리할 수 있는 장치

중앙구조본부의 장은 법 제32조제2항에 따라 조난통신을 수신하기 위하여 다음 각 호의 구간에 대한 통신망을 구축하여야 한다.

① 해안국 및 「전파법 시행령」 제29조제32호에 따른 해안지구국과 중앙구조본부 간

② 위성조난신호 수신장치와 중앙구조본부 간

③ 광역 및 지역 구조본부 및 지정된 구조대와 중앙구조본부 간

④ 수난구호협력기관·단체와 중앙구조본부 간

⑤ 그 밖에 조난통신망 구성에 필요한 구간

(3) 선박위치통보 (제33조)

선장은 선박이 항구 또는 포구로부터 출항하거나 해양경찰청장이 지정·고시하는 선박위치통보해역에 진입한 때에는 해상구조조정본부의 장에게 다음 각 호의 통보를 하여야 한다. 선박위치발신장치를 갖추고 항행하는 선박의 경우에는 2)호의 위치통보를 생략할 수 있고, 선박위치통보는 서면 제출 또는 유선·무선통신 등의 방법으로 할 수 있다. 무선통신으로 선박위치통보를 할 때에는 「전파법」에 따라 선박에 개설된 무선국에 지정된 주파수 중에서 해양

경찰청장이 고시하는 주파수를 이용하여야 한다.

〈표 2-13〉 선박통보시 사용할 주파수

통신방식	호출용	통신용
무선전화(HVF)	F3E 156.800MHz(CH16)	F3E 156.450MHz(CH9)
무선전화(SSB)	J3E(H3E) 2182kHz	J3E 2110, 2639kHz
NEBDP(MF/HF)	F1B 4177.5kHz	F1B 4212.5/4174.5kHz

1) 선박위치 통보시기

가) 항해계획통보 : 선박이 항구 또는 포구를 출항하기 직전 또는 그 직후나 해양경찰청장이 지정·고시하는 선박위치통보해역에 진입한 때

나) 위치통보 : 항해계획 통보 후 약 12시간마다

다) 변경통보 : 항해계획의 내용을 변경한 때, 선박이 예정위치에서 25해리 이상 벗어난 때 또는 목적지를 변경한 때

라) 최종통보 : 목적지에 도착하기 직전이나 도착한 때 또는 해양경찰청장이 지정·고시하는 선박위치통보해역을 벗어난 때

2) 선박위치 통보 선박

선박의 위치를 통보하여야 하는 선박의 범위는 다음 각 호와 같다. 다만, 다)호부터 바)호까지의 규정에 해당하는 선박의 경우에는 해수면에서의 인명 안전을 위한 국제협약 및 관련 의정서에 따른 세계 해상조난 및 안전제도의 시행에 필요한 통신설비를 설치하고 있는 선박으로 한정한다.

① 국제항해에 취항하는 여객선

② 국제항해에 취항하는 총톤수 300톤 이상의 선박 중 항행시간이 12시간 이상인 선박

③ 「해사안전법」 제2조제12호부터 제14호까지의 규정에 따른 조종불능선(操縦不能船)·조종제한선(操縦制限船) 및 흘수제약선(吃水制約船)

④ 예인선열(曳引船列)의 길이가 200미터를 초과하는 예인선

⑤ 석유류 액체화학물질 등 위험화물을 운송하고 있는 선박

[4] 사후처리

(1) 구조된 사람·선박등·물건의 인계(제35조)

1) 구조본부의 장 또는 소방관서의 장은 구조된 사람이나 사망자에 대하여는 그 신원을 확인하고 보호자 또는 유족이 있는 경우에는 보호자 또는 유족에게 인계하여야 하며, 구조된 선박등이나 물건에 대하여는 소유자가 확인된 경우에는 소유자에게 인계할 수 있다.
2) 구조본부의 장 또는 소방관서의 장은 구조된 사람이나 사망자의 신원이 확인되지 아니하거나 인계받을 보호자 또는 유족이 없는 경우 및 구조된 선박등이나 물건의 소유자가 확인되지 아니한 경우에는 구조된 사람, 사망자, 구조된 선박등 및 물건을 특별자치도지사 또는 시장·군수·구청장에게 인계한다.
3) 표류물 또는 침몰품(이하 "표류물등"이라 한다)을 습득한 자는 지체 없이 이를 특별자치도지사 또는 시장·군수·구청장에게 인도하여야 한다. 다만, 그 표류물등의 소유자가 분명하고 그 표류물등이 법률에 따라 소유 또는 소지가 금지된 물건이 아닌 경우에는 습득한 날부터 7일 이내에 직접 그 소유자에게 인도할 수 있다.
4) 구조된 사람 등을 인계받은 특별자치도지사 또는 시장·군수·구청장은 구조된 사람에게 신속히 숙소·급식·의류의 제공과 치료 등 필요한 보호조치를 취하여야 하며, 사망자에 대하여는 영안실에 안치하는 등 적절한 조치를 취하여야 한다.
5) 구조된 선박등 또는 물건을 인계받거나 습득한 표류물등을 인도받은 특별자치도지사 또는 시장·군수·구청장은 이를 안전하게 보관하여야 한다.
6) 인계받은 물건이 다음 각 호의 어느 하나에 해당하여 보관이 부적당하다고 인정될 경우에는 대통령령으로 정하는 바에 따라 이를 공매하여 그 대금을 보관할 수 있다.
   가) 멸실·손상 또는 부패의 염려가 있거나 가격이 현저히 감소될 우려가 있는 것
   나) 폭발물, 가연성의 물건, 보건상 유해한 물건, 그 밖에 보관상 위험이 발생할 우려가 있는 것
   다) 보관비용이 그 물건의 가격에 비하여 현저히 고가인 것

(2) 수난구호비용의 지급(제39조)

수난구호에 종사한 자와 일시적으로 사용된 토지·건물 등의 소유자·임차인 또는 사용인은 특별자치도지사 또는 시장·군수·구청장으로부터 수난구호비용을 지급받을 수 있다. 다만, 다음 각 호의 어느 하나에 해당하는 자의 경우에는 그러하지 아니하다.

① 구조된 선박등의 선장등 및 선원 등

② 고의 또는 과실로 인하여 조난을 야기한 자

③ 정당한 거부에도 불구하고 구조를 강행한 자

④ 조난된 물건을 가져간 자

[5] 벌칙

1) 다음 각 호의 어느 하나에 해당하는 자는 7년 이하의 징역 또는 7천만원 이하의 벌금에 처한다.

가) 제15조제1항제4호에 해당하는 자로서 조난사실을 신고하지 아니한 자

나) 제18조제1항 단서에 위반하여 구조에 필요한 조치를 하지 아니한 자

2) 제1항의 죄를 범하여 피해자를 죽게 하거나 상해에 이르게 한 경우에는 다음 각 호의 구분에 따라 가중 처벌한다.

가) 피해자를 사망에 이르게 한 경우에는 무기 또는 3년 이상의 징역에 처한다.

나) 피해자를 상해에 이르게 한 경우에는 10년 이하의 징역 또는 1억원 이하의 벌금에 처한다.

3) 구조본부의 장 또는 소방관서의 장이 행하는 수난구호를 방해한 자는 5년 이하의 징역 또는 5천만원 이하의 벌금에 처한다.

4) 정당한 사유 없이 제29조제1항에 따른 구조본부의 장 또는 소방관서의 장의 수난구호 업무에의 종사명령에 불응하거나 선박·자동차·항공기·토시·건물, 그 밖의 물건 등의 일시사용을 거부한 자는 300만원 이하의 벌금에 처한다.

5) 다음 각 호의 어느 하나에 해당하는 자에게는 200만원 이하의 과태료를 부과한다.

가) 제9조제1항에 따른 여객선비상수색구조계획서를 신고 또는 비치하지 아니한 자

나) 제9조제5항에 따른 여객선비상수색구조 훈련을 실시하지 아니한 자

다) 제10조에 따른 이동 및 대피 명령을 이행하지 아니한 자

라) 정당한 사유 없이 제15조제1항제1호·제3호 또는 같은 조 제2항에 따른 신고를 하지 아니하거나 거짓으로 신고한 자

마) 정당한 사유 없이 제18조제2항에 따른 통보를 하지 아니하고 같은 조 제1항에 따른 구조요청을 받았을 때 지원을 제공하지 아니한 자

바) 제30조의9제1항을 위반하여 보험등에 가입하지 아니한 자

사) 정당한 사유 없이 제30조의9제2항을 위반하여 보험등의 가입 여부에 관한 정보를 알리지 아니하거나 거짓의 정보를 알린 자

2 수색구조에 대한 해양경찰 행정응원

해양경찰의 행정응원에 관한 기본법은 「수상에서의 수색·구조 등에 관한 법률 (약칭 : 수상구조법)」이다. 법률상 수난구호를 위해 행정응원을 요청할 수 있는 권한은 구조본부의 장과 소방관서의 장에게 있다.

「경찰직무 응원법」[45]제정 목적은 서남지구전투사령부가 1953년 설치되어 주로 공비토벌 작전을 담당하여 왔으나 공비소탕작전이 완료됨으로써 동사령부를 폐지키로 하였는 바 일단 작전은 완료되었다 하더라도 지리적 및 지형적인 성격을 고찰할 때 언제 또다시 돌발사태가 야기될지 모르는 상황에 있으므로 서남지구전투사령부 폐지의 사후대책으로 경찰기동대를 창설하여 유사시 필요한 지역에 파견하여 사태를 수습케 하는 한편 각도의 경찰행정책임자가 자기관할 구역내에서 돌발사태가 야기되었거나 또는 치안유지가 위태롭게 되었을 때 그 지역 경찰관만으로는 사태수습이 어려운 경우 타도의 경찰병력의 응원을 받을 수 있도록 하려는 것이었다.

[1] 응원경찰관의 파견

1) 지방경찰청장 또는 지방해양경찰관서의 장은 돌발사태를 진압하거나 공공질서가 교란(攪亂)되었거나 교란될 우려가 현저한 지역(이하 "특수지구"라 한다)을 경비할 때 그 소관 경찰력으로는 이를 감당하기 곤란하다고 인정할 때에는 응원(應援)을 받기 위하여 다른 지방경찰청장이나 지방해양경찰관서의 장 또는 자치경찰단을 설치한 제주특별자치도지사에게 경찰관 파견을 요구할 수 있다.
2) 경찰청장이나 해양경찰청장은 돌발사태를 진압하거나 특수지구를 경비할 때 긴급한 경우 지방경찰청장, 소속 경찰기관의 장 또는 지방해양경찰관서의 장에게 다른 지방경찰청 또는 지방해양경찰관서의 경찰관을 응원하도록 소속 경찰관의 파견을 명할 수 있다.

[2] 파견경찰관의 소속

파견된 경찰관은 파견 받은 지방경찰청 또는 지방해양경찰관서의 경찰관으로서 직무를 수행한다.

45) 경찰직무 응원법, [법률 제14839호, 2017. 7. 26., 타법개정], 경찰청(경비과).

[3] 이동 근무

지방경찰청장이나 지방해양경찰관서의 장은 경호, 이동 승무, 물품 호송 등에 특히 필요한 경우에는 그 소속 경찰관으로 하여금 다른 지방경찰청 또는 지방해양경찰관서의 구역에서 직무를 수행하게 할 수 있다.

[4] 기동대의 편성

경찰청장 또는 해양경찰청장은 돌발사태를 진압하거나 특수지구를 경비하도록 하기 위하여 특히 필요할 때에는 소속 경찰관으로 경찰기동대(이하 "기동대"라 한다)를 편성하여 필요한 지역에 파견할 수 있다.

기동대의 편성, 파견 목적, 주둔지역과 해체는 그때마다 경찰청장이나 해양경찰청장이 공고한다. 기동대에 대장을 두되, 대장은 경무관(警務官) 또는 총경(總警) 중에서 경찰청장이나 해양경찰청장이 임명한다. 다만, 필요에 따라 과장인 총경으로 하여금 대장을 겸하게 할 수 있다.

대장은 경찰청장이나 해양경찰청장의 명을 받아 기동대의 업무를 맡아 처리하며 소속 경찰관(이하 "대원"이라 한다)을 지휘·감독한다.

[5] 파견경찰관의 직무

파견된 경찰관과 기동대는 파견 목적 외의 직무를 수행할 수 없다.

3 국제 조난 및 안전통신 운영규칙[46)]

[1] 목적 및 용어정의

국제해사기구(IMO)에서 채택한 해상인명안전협약(SOLAS)에 따라 국제안전통신센터, 해양안전통신국, 해상교통문자방송(NAVTEX) 및 위성조난통신실 임무 및 운영, 근무방법을 규정하여 사전 예방활동 및 신속한 수색구조활동 지원을 통해 해상에서의 인명과 재산보호를 목적으로 한다. 사용하는 용어의 정의는 다음 각 호와 같다.

46) 국제 조난 및 안전통신 운영 규칙[해양경찰청훈령 제170호, 2020. 2. 10., 일부개정.], 해양경찰청(상황센터).

① "국제안전통신센터(KCG GMDSS)"란 DSC, 무선전화 등을 통해 무인화된 해양안전통신국으로 수신된 조난·긴급통신을 청취·전파하고, 해양안전 정보를 선박국에 제공하는 업무를 수행하기 위하여 해양경찰청(이하 "해경청"라 한다)에서 설치·운영하는 것을 말한다.

② "해양안전통신국"이란 조난·긴급통신 송·수신, 전파 및 해사안전 정보 제공 업무를 수행하기 위하여 운영하는 해안국을 말한다.

③ "해상교통문자방송(NAVTEX)"이란 우리나라 해역을 항행하는 선박의 안전운항 유도 및 해양사고를 예방하기 위해 항행·기상경보 등 해사안전 정보를 문자로 선박에 제공해주는 서비스를 말한다.

④ "위성조난통신실"이란 LUT 및 MCC 시스템 등을 갖추고 위성을 통한 조난신호를 수신 및 처리, 전파하는 해안지구국을 말한다.

⑤ "LUT(Local User Terminal)"란 위성비상위치지시용 무선표시설비에서 발사된 조난신호를 수색구조용 위성을 통해 수신·처리할 수 있는 시스템을 말한다.

⑥ "MCC(Mission Control Center)"이란 위성 또는 인접국가로부터 수신된 조난신호를 처리·분석·전파하는 시스템을 말한다.

⑦ "DSC(Digital Selective Calling)"란 중파(MF)·단파(HF)·초단파(VHF)대를 통해 일정한 형태의 디지털신호로 처리된 호출부호를 자동으로 선택하여 메시지를 송·수신하는 장치를 말한다.

[2] 운영방침

국제 조난 및 안전통신 운영방침은 다음과 같다.

① 1일 24시간 조난통신 무휴 청취 및 보고, 전파 등 필요한 조치 실시

② 신속 정확한 해상 안전 정보 제공으로 해양사고 예방

③ 국제안전통신센터, 해양안전통신국, 해상교통문자방송, 위성조난시스템 시설장비 운영 및 관리

[3] 국제안전통신센터

국제안전통신센터는 해양안전통신국 송·수신소를 원격 운영·관리 할 수 있도록 구성하며, 송·수신소는 무인 원격제어 시스템으로 운영한다. 센터는 해경청 종합상황실 소속하에 둔다. 종합상황실장은 국제안전통신센터의 전반적인 업무를 총괄하며, 국제안전통신센터 근무자

(이하 "근무자"라 한다)에 대해 근무시간을 지정하여 운영한다. 근무자 요건과 운영은 다음과 같다.

① 무선설비 운영, 해사영어 등 조난안전 통신장비 및 시스템 운영이 가능한 자
② '해상조난안전제도(GMDSS) 운영실무' 등 관련 교육을 이수한 자
③ 국제안전통신센터는 24시간 연중 무휴로 상시 운영한다.
④ 근무자는 3교대 근무를 원칙으로 한다. 다만, 종합상황실장은 근무여건 및 업무량 등을 고려하여 3교대 근무가 불가할 경우 2교대 근무로 운영할 수 있다.
⑤ 근무 중 조난 및 긴급통신 접수 시 즉시 종합상황실에 전파하여야 하며, 조난선박 부근의 구조지원 가능한 선박 또는 유관 무선국간 조난정보의 교환 등 필요한 조치를 실시하여야 한다.
⑥ 안전통신(기상 및 항행경보 등)에 관한 중요사항은 접수 즉시 방송 또는 고지한다.
⑦ 선위통보에 관한 통신내용은 종합상황실로 통보하여 수색구조 자료로 활용할 수 있도록 한다.

[4] 해양안전통신국

해양안전통신국은 다음 각 호의 임무 수행을 위해 시설 및 장비를 무인화 하여 운영한다.
① 선박의 조난 및 긴급, 안전통신에 관한 사항
② 선위통보제도 통신 업무에 관한 사항
③ 내·외국선박 긴급피난통신에 관한 사항

[5] 해상교통문자방송(NAVTEX)

해상교통문자방송 운영자는 다음 각 호의 임무를 수행한다.
① 해상교통문자방송 운영업무에 관한 사항
② 국내·외 해상교통문자방송 조정과 협력 업무
③) 해상교통문자방송 정보 수집 및 정규·긴급 방송 실시
④ 수집자료 방송우선순위 평가
⑤ 방송문 영문, 국문 작성 및 편집
⑥ 관련 장비의 운영 관리(별지 제7호서식)

해상교통문자방송(NAVTEX) 시스템은 운영실과 송신소로 구성된다. 운영실은 해경청 종합상황실 내에 위치하고, 송신소(죽변, 변산)는 무인 원격제어 시스템으로 운영한다.

(1) 정규방송

1) 1일 12회(영문 6회, 국문 6회)로 국제해사기구에서 승인된 송신소 식별부호 및 정규방송시간에 따라 방송한다.
2) 방송구분 : 방송은 정규방송과 긴급방송으로 구분하고 우선순위는 Vital(최중요), Important(중요), Routine(일반)으로 한다.

(2) 긴급방송

1) 긴급사항 발생시 인접국가 방송시간 중의 전파간섭을 고려하여 방송할 수 있다.
2) 인접국가의 방송시간은 별도로 정해져있다.

(3) 해상문자방송 자료

1) 수색구조정보
2) 해양기상정보(기상특보 및 기상예보)
3) 항로 및 항만정보
4) 해양조사정보
5) 해상사격 및 훈련정보
6) 그 밖에 인접국 해상안전정보 등

(4) 방송절차

1) 각 정보 제공처에서 수집된 정보의 방송 우선순위 조정
2) 수집 자료의 자체 편집
3) 동해 죽변 및 서해 변산송신소로 방송시간 15분전까지 방송자료 전송
4) 10분간 방송시간 설정 및 송출

※ 무인화 송신소 관리 : 동해(죽변)송신소 : 포항해양경찰서 장비관리과장, 서해(변산)송신소 : 부안해양경찰서 기획운영과장

[6] 위성조난통신실 업무

1) 위성조난신호의 수신 및 분석
2) 수신된 조난신호의 각 구조기관에 전파
3) 국제 COSPAS-SARSAT 관련 프로그램을 통한 위성조난신호 처리업무

LUT/MCC 운영자는 위성조난신호 수신시 분석된 조난정보를 조난해역 관할 광역(지역)구조본부(필요시 유관기관 및 인접국)에 지체 없이 전파하여야 한다. 조난정보를 수신한 광역(지역)구조조정본부는 구조작업 완료시 위성조난 처리결과를 신속히 보고하여야 하고, 위성조난통신실은 선박, 항공기 등으로부터 발사되는 위성조난신호를 수신, 전파할 수 있는 시설을 갖추고 운영하여야 한다.

6장 재난 및 안전관리

1 재난 및 안전관리 일반

[1] 한국의 재난관리체계 변화

우리나라는 1948년 정부 수립 후 내무부장관 소속 하에 건설국을 신설하면서 국가적으로 재난관리가 시작되었다고 보는 것이 타당할 것이다. 이 당시에는 주로 홍수, 태풍 등의 자연재해를 관장 하였고, 이후 90년대에 접어들면서 삼풍백화점사고, 성수대교 붕괴 등의 수많은 인적 재난이 발생하면서 '재난관리법'이 제정되어 총리실에서 재난관리업무를 총괄하게 되었고, 2004년에는 '재난 및 안전관리기본법'이 제정되어 재난관리 전담기구로서 소방방재청이 개청되었으나, 2014년 세월호 침몰사고 후 국가조직을 개편하여 소방방재청과 해양경찰청이 해체되고 국민안전처가 발족·운영되었지만 2017년 폐지되고 해양경찰청과 소방청은 원위치로 복귀되었다.

[2] 한국의 재난관련 법률과 문제점

재난과 관련하여 대한민국 헌법 제34조 제6항에서는 '국가는 재해를 예방하고 그 위험으로부터 국민을 보호하기 위하여 노력하여야 한다.'고 명시되어 있다. 이러한 헌법정신을 구현하기 위하여 국가재난 및 안전을 총괄하는 기본법으로서 재난관리의 기본적인 사항을 규정한 '재난 및 안전관리 기본법'이 제정되었지만 재난관리에 있어 기본이 되는 '재난 및 안전관리 기본법' 외에 안전관리와 관련된 법률이 정부조직의 각 부처에 개별법으로 운영되고 있고, 재난 종류와 상황에 따라 각 정부 부처별로 관장하는 개별법에 따른 각 부처의 고유업무로 이원화되어 있어 정부 부처별 타 부처의 안전관련 개별법과 연계성이 미약하고 타 부처의 소관 법률과 내용을 알지 못한다는 것이 문제로 대두되고 있다. 이러한 이원화는 현대사회에서 발생하는 재난의 종류가 복합적인 양상을 가지고 있어, 실제 재난이 발생했을 경우에 재난의 원인을 규정하는데 시간이 걸리거나 여러 가지 원인이 복합되어 발생한 경우 원인에 따라 담당부처가 달라지게 되고, 이 경우에 정부 각 부처는 부처별 소관법률에 따라 관리와 대응을 해야 하므로 대응에 있어 시간이 지연됨은 물론 책임소재가 불분명해지고 책임소재를 두고 부처 간에 책임 떠넘기기가 발생하게 되는 요인이 되고 있다(유인술, 2015 : 157-173).

[3] 한국의 재난관리 운영체계

'재난 및 안전관리기본법'에 따르면 재난관리를 위해 중앙에 국무총리가 위원장인 중앙안전관리위원회를 두고 산하에 행정안전부장관이 위원장인 안전정책조정위원회와 재난의 종류에 따라 해당부처의 차관이 위원장이 되는 분과위원회를 운영하고 있으며, 지역에는 시·도 안전관리위원회와 시·군·구 안전관리위원회를 두도록 규정되어 있어 위에서부터 아래로 내려오는 수직적 행정조직을 이루고 있다. 이러한 체계는 재난의 종류에 따라 업무를 관장하는 부처가 나뉘어지게 되어 복합적인 요인으로 발생한 재난이나, 재난의 원인이 명확해질 때까지 책임부처가 정해지지 않아 시고수습에 지언이 발생하고 서로에게 책임을 회피하게 되는 원인이 되고 있는 경향이 있다. 현장의 책임자에게 재난 수습의 모든 권한과 책임을 부여하고, 재난의 종류와 관계없이 일차적으로 대응할 수 있는 조직을 갖출 필요성이 있다.

2 재난 및 안전관리 기본법(재난안전법)

[1] 총칙

(1) 목적

이 법[47]은 각종 재난으로부터 국토를 보존하고 국민의 생명·신체 및 재산을 보호하기 위하여 국가와 지방자치단체의 재난 및 안전관리체제를 확립하고, 재난의 예방·대비·대응·복구와 안전문화 활동, 그 밖에 재난 및 안전관리에 필요한 사항을 규정함을 목적으로 한다.

47) 재난 및 안전관리 기본법(재난안전법), [시행 2021. 6. 10.] [법률 제17383호, 2020. 6. 9., 일부개정], 행정안전부, 소방청, 해양경찰청.

(2) 기본이념

이 법은 재난을 예방하고 재난이 발생한 경우 그 피해를 최소화하는 것이 국가와 지방자치단체의 기본적 의무임을 확인하고, 모든 국민과 국가·지방자치단체가 국민의 생명 및 신체의 안전과 재산보호에 관련된 행위를 할 때에는 안전을 우선적으로 고려함으로써 국민이 재난으로부터 안전한 사회에서 생활할 수 있도록 함을 기본이념으로 한다.

(3) 용어 정의

1) "재난"이란 국민의 생명·신체·재산과 국가에 피해를 주거나 줄 수 있는 것으로서 다음 각 목의 것을 말한다.
   가) 자연재난 : 태풍, 홍수, 호우(豪雨), 강풍, 풍랑, 해일(海溢), 대설, 한파, 낙뢰, 가뭄, 폭염, 지진, 황사(黃砂), 조류(藻類) 대발생, 조수(潮水), 화산활동, 소행성·유성체 등 자연우주물체의 추락·충돌, 그 밖에 이에 준하는 자연현상으로 인하여 발생하는 재해
   나) 사회재난 : 화재·붕괴·폭발·교통사고(항공사고 및 해상사고를 포함한다)·화생방사고·환경오염사고 등으로 인하여 발생하는 대통령령으로 정하는 규모 이상의 피해와 국가핵심기반의 마비, 「감염병의 예방 및 관리에 관한 법률」에 따른 감염병 또는 「가축전염병예방법」에 따른 가축전염병의 확산, 「미세먼지 저감 및 관리에 관한 특별법」에 따른 미세먼지 등으로 인한 피해
2) "해외재난"이란 대한민국의 영역 밖에서 대한민국 국민의 생명·신체 및 재산에 피해를 주거나 줄 수 있는 재난으로서 정부차원에서 대처할 필요가 있는 재난을 말한다.
3) "재난관리"란 재난의 예방·대비·대응 및 복구를 위하여 하는 모든 활동을 말한다.
4) "안전관리"란 재난이나 그 밖의 각종 사고로부터 사람의 생명·신체 및 재산의 안전을 확보하기 위하여 하는 모든 활동을 말한다.
5) "안전기준"이란 각종 시설 및 물질 등의 제작, 유지관리 과정에서 안전을 확보할 수 있도록 적용하여야 할 기술적 기준을 체계화한 것을 말하며, 안전기준의 분야, 범위 등에 관하여는 대통령령으로 정한다.
6) "재난관리책임기관"이란 재난관리업무를 하는 다음 각 목의 기관을 말한다.
   가) 중앙행정기관 및 지방자치단체(「제주특별자치도 설치 및 국제자유도시 조성을 위한 특별법」 제10조제2항에 따른 행정시를 포함한다)
   나) 지방행정기관·공공기관·공공단체(공공기관 및 공공단체의 지부 등 지방조직을 포

함한다) 및 재난관리의 대상이 되는 중요시설의 관리기관 등으로서 대통령령으로 정하는 기관

7) “재난관리주관기관”이란 재난이나 그 밖의 각종 사고에 대하여 그 유형별로 예방·대비·대응 및 복구 등의 업무를 주관하여 수행하도록 대통령령으로 정하는 관계 중앙행정기관을 말한다.

8) “긴급구조”란 재난이 발생할 우려가 현저하거나 재난이 발생하였을 때에 국민의 생명·신체 및 재산을 보호하기 위하여 긴급구조기관과 긴급구조지원기관이 하는 인명구조, 응급처치, 그 밖에 필요한 모든 긴급한 조치를 말한다.

9) “긴급구조기관”이란 소방청·소방본부 및 소방서를 말한다. 다만, 해양에서 발생한 재난의 경우에는 해양경찰청·지방해양경찰청 및 해양경찰서를 말한다.

10) “긴급구조지원기관”이란 긴급구조에 필요한 인력·시설 및 장비, 운영체계 등 긴급구조능력을 보유한 기관이나 단체로서 대통령령으로 정하는 기관과 단체를 말한다.

11) “국가재난관리기준”이란 모든 유형의 재난에 공통적으로 활용할 수 있도록 재난관리의 전 과정을 통일적으로 단순화·체계화한 것으로서 행정안전부장관이 고시한 것을 말한다.

12) “안전문화 활동”이란 안전교육, 안전훈련, 홍보 등을 통하여 안전에 관한 가치와 인식을 높이고 안전을 생활화하도록 하는 등 재난이나 그 밖의 각종 사고로부터 안전한 사회를 만들어가기 위한 활동을 말한다.

13) “안전취약계층”이란 어린이, 노인, 장애인 등 재난에 취약한 사람을 말한다.

14) “재난관리정보”란 재난관리를 위하여 필요한 재난상황정보, 동원가능 자원정보, 시설물정보, 지리정보를 말한다.

15) “재난안전의무보험”이란 재난이나 그 밖의 각종 사고로 사람의 생명·신체 또는 재산에 피해가 발생한 경우 그 피해를 보상하기 위한 보험 또는 공제(共濟)로서 이 법 또는 다른 법률에 따라 일정한 자에 대하여 가입을 강제하는 보험 또는 공제를 말한다.

16) “재난안전통신망”이란 재난관리책임기관·긴급구조기관 및 긴급구조지원기관이 재난관리업무에 이용하거나 재난현장에서의 통합지휘에 활용하기 위하여 구축·운영하는 무선통신망을 말한다.

17) “국가핵심기반”이란 에너지, 정보통신, 교통수송, 보건의료 등 국가경제, 국민의 안전·건강 및 정부의 핵심기능에 중대한 영향을 미칠 수 있는 시설, 정보기술시스템 및 자산 등을 말한다.

(4) 국가 등의 책무 (제4조)

1) 국가와 지방자치단체는 재난이나 그 밖의 각종 사고로부터 국민의 생명·신체 및 재산을 보호할 책무를 지고, 재난이나 그 밖의 각종 사고를 예방하고 피해를 줄이기 위하여 노력하여야 하며, 발생한 피해를 신속히 대응·복구하기 위한 계획을 수립·시행하여야 한다.
2) 국가와 지방자치단체는 안전에 관한 정보를 적극적으로 공개하여야 하며, 누구든지 이를 편리하게 이용할 수 있도록 하여야 한다.
3) 제3조제5호나목(지방행정기관·공공기관·공공단체)에 따른 재난관리책임기관의 장은 소관 업무와 관련된 안전관리에 관한 계획을 수립하고 시행하여야 하며, 그 소재지를 관할하는 특별시·광역시·특별자치시·도·특별자치도(이하 "시·도"라 한다)와 시(「제주특별자치도 설치 및 국제자유도시 조성을 위한 특별법」 제10조제2항에 따른 행정시를 포함한다. 이하 같다)·군·구(자치구를 말한다. 이하 같다)의 재난 및 안전관리업무에 협조하여야 한다.

(5) 국민의 책무 (제5조)

국민은 국가와 지방자치단체가 재난 및 안전관리업무를 수행할 때 최대한 협조하여야 하고, 자기가 소유하거나 사용하는 건물·시설 등으로부터 재난이나 그 밖의 각종 사고가 발생하지 아니하도록 노력하여야 한다.

(6) 재난 및 안전관리 업무의 총괄·조정 (제6조)

행정안전부장관은 국가 및 지방자치단체가 행하는 재난 및 안전관리 업무를 총괄·조정한다.

[2] 안전관리기구 및 기능

(1) 중앙안전관리위원회 (제9조)

1) 재난 및 안전관리에 관한 다음 각 호의 사항을 심의하기 위하여 국무총리 소속으로 중앙안전관리위원회(이하 "중앙위원회"라 한다)를 둔다.
   가) 재난 및 안전관리에 관한 중요 정책에 관한 사항
   나) 제22조에 따른 국가안전관리기본계획에 관한 사항

다) 제10조의2에 따른 재난 및 안전관리 사업 관련 중기사업계획서, 투자우선순위 의견 및 예산요구서에 관한 사항

라) 중앙행정기관의 장이 수립·시행하는 계획, 점검·검사, 교육·훈련, 평가 등 재난 및 안전관리업무의 조정에 관한 사항

마) 안전기준관리에 관한 사항

바) 제36조에 따른 재난사태의 선포에 관한 사항

사) 제60조에 따른 특별재난지역의 선포에 관한 사항

아) 재난이나 그 밖의 각종 사고가 발생하거나 발생할 우려가 있는 경우 이를 수습하기 위한 관계 기관 간 협력에 관한 중요 사항

자) 재난안전의무보험의 관리·운용 등에 관한 사항

차) 중앙행정기관의 장이 시행하는 대통령령으로 정하는 재난 및 사고의 예방사업 추진에 관한 사항

파) 그 밖에 위원장이 회의에 부치는 사항

2) 중앙위원회의 위원장은 국무총리가 되고, 위원은 대통령령으로 정하는 중앙행정기관 또는 관계 기관·단체의 장이 된다.

3) 중앙위원회의 위원장은 중앙위원회를 대표하며, 중앙위원회의 업무를 총괄한다.

4) 중앙위원회에 간사 1명을 두며, 간사는 행정안전부장관이 된다.

5) 중앙위원회의 위원장이 사고 또는 부득이한 사유로 직무를 수행할 수 없을 때에는 행정안전부장관, 대통령령으로 정하는 중앙행정기관의 장 순으로 위원장의 직무를 대행한다.

6) 제5항에 따라 행정안전부장관 등이 중앙위원회 위원장의 직무를 대행할 때에는 행정안전부의 재난안전관리사무를 담당하는 본부장이 중앙위원회 간사의 직무를 대행한다.

7) 중앙위원회는 제1항 각 호의 사무가 국가안전보장과 관련된 경우에는 국가안전보장회의와 협의하여야 한다.

8) 중앙위원회의 위원장은 그 소관 사무에 관하여 재난관리책임기관의 장이나 관계인에게 자료의 제출, 의견 진술, 그 밖에 필요한 사항에 대하여 협조를 요청할 수 있다. 이 경우 요청을 받은 사람은 특별한 사유가 없으면 요청에 따라야 한다.

9) 중앙위원회의 구성과 운영 등에 필요한 사항은 대통령령으로 정한다.

(2) 안전정책조정위원회(제10조)

1) 중앙위원회에 상정될 안건을 사전에 검토하고 다음 각 호의 사무를 수행하기 위하여

중앙위원회에 안전정책조정위원회(이하 "조정위원회"라 한다)를 둔다.

가) 제9조제1항제3호, 제3호의2, 제6호, 제6호의2 및 제7호의 사항에 대한 사전 조정

나) 제23조에 따른 집행계획의 심의

다) 제26조에 따른 국가핵심기반의 지정에 관한 사항의 심의

라) 제71조의2에 따른 재난 및 안전관리기술 종합계획의 심의

마) 그 밖에 중앙위원회가 위임한 사항

2) 조정위원회의 위원장은 행정안전부장관이 되고, 위원은 대통령령으로 정하는 중앙행정기관의 차관 또는 차관급 공무원과 재난 및 안전관리에 관한 지식과 경험이 풍부한 사람 중에서 위원장이 임명하거나 위촉하는 사람이 된다.

3) 조정위원회에 간사위원 1명을 두며, 간사위원은 행정안전부의 재난안전관리사무를 담당하는 본부장이 된다.

4) 조정위원회의 업무를 효율적으로 처리하기 위하여 조정위원회에 실무위원회를 둘 수 있다.

5) 조정위원회의 위원장은 제1항에 따라 조정위원회에서 심의·조정된 사항 중 대통령령으로 정하는 중요 사항에 대해서는 조정위원회의 심의·조정 결과를 중앙위원회의 위원장에게 보고하여야 한다.

6) 조정위원회의 위원장은 중앙위원회 또는 조정위원회에서 심의·조정된 사항에 대한 이행상황을 점검하고, 그 결과를 중앙위원회에 보고할 수 있다.

7) 조정위원회 및 제4항에 따른 실무위원회의 구성 및 운영 등에 필요한 사항은 대통령령으로 정한다.

(3) 지역위원회 (제11조)

1) 지역별 재난 및 안전관리에 관한 다음 각 호의 사항을 심의·조정하기 위하여 특별시장·광역시장·특별자치시장·도지사·특별자치도지사(이하 "시·도지사"라 한다) 소속으로 시·도 안전관리위원회(이하 "시·도위원회"라 한다)를 두고, 시장(「제주특별자치도 설치 및 국제자유도시 조성을 위한 특별법」 제11조제1항에 따른 행정시장을 포함한다. 이하 같다)·군수·구청장 소속으로 시·군·구 안전관리위원회(이하 "시·군·구위원회"라 한다)를 둔다.

가) 해당 지역에 대한 재난 및 안전관리정책에 관한 사항

나) 제24조 또는 제25조에 따른 안전관리계획에 관한 사항

다) 해당 지역을 관할하는 재난관리책임기관(중앙행정기관과 상급 지방자치단체는 제외한다)이 수행하는 재난 및 안전관리업무의 추진에 관한 사항

라) 재난이나 그 밖의 각종 사고가 발생하거나 발생할 우려가 있는 경우 이를 수습하기 위한 관계 기관 간 협력에 관한 사항

마) 다른 법령이나 조례에 따라 해당 위원회의 권한에 속하는 사항

바) 그 밖에 해당 위원회의 위원장이 회의에 부치는 사항

2) 시·도위원회의 위원장은 시·도지사가 되고, 시·군·구위원회의 위원장은 시장·군수·구청장이 된다.

3) 시·도위원회와 시·군·구위원회(이하 "지역위원회"라 한다)의 회의에 부칠 의안을 검토하고, 재난 및 안전관리에 관한 관계 기관 간의 협의·조정 등을 위하여 지역위원회에 안전정책실무조정위원회를 둘 수 있다.

4) 지역위원회 및 제3항에 따른 안전정책실무조정위원회의 구성과 운영에 필요한 사항은 해당 지방자치단체의 조례로 정한다.

(4) 재난방송협의회

재난에 관한 예보·경보·통지나 응급조치 및 재난관리를 위한 재난방송이 원활히 수행될 수 있도록 중앙위원회에 중앙재난방송협의회를 둘 수 있다.

(5) 안전관리민관협력위원회

조정위원회의 위원장은 재난 및 안전관리에 관한 민관 협력관계를 원활히 하기 위하여 중앙안전관리민관협력위원회(중앙민관협력위원회)를 구성·운영할 수 있다. 또한 지역위원회의 위원장은 재난 및 안전관리에 관한 지역 차원의 민관 협력관계를 원활히 하기 위하여 시·도 또는 시·군·구 안전관리민관협력위원회(지역민관협력위원회)를 구성·운영할 수 있다.

[3] 국가재난안전관리 체계

(1) 중앙재난안전대책본부 (제14조)

1) 대통령령으로 정하는 대규모 재난(이하 "대규모재난"이라 한다)의 대응·복구(이하 "수습"이라 한다) 등에 관한 사항을 총괄·조정하고 필요한 조치를 하기 위하여 행정안전부에 중앙재난안전대책본부(이하 "중앙대책본부"라 한다)를 둔다.

2) 중앙대책본부에 본부장과 차장을 둔다.

3) 중앙대책본부의 본부장(이하 "중앙대책본부장"이라 한다)은 행정안전부장관이 되며, 중앙대책본부장은 중앙대책본부의 업무를 총괄하고 필요하다고 인정하면 중앙재난안전대책본부회의를 소집할 수 있다. 다만, 해외재난의 경우에는 외교부장관이, 「원자력시설 등의 방호 및 방사능 방재 대책법」 제2조제1항제8호에 따른 방사능재난의 경우에는 같은 법 제25조에 따른 중앙방사능방재대책본부의 장이 각각 중앙대책본부장의 권한을 행사한다.

4) 제3항에도 불구하고 재난의 효과적인 수습을 위하여 다음 각 호의 어느 하나에 해당하는 경우에는 국무총리가 중앙대책본부장의 권한을 행사할 수 있다. 이 경우 행정안전부장관, 외교부장관(해외재난의 경우에 한정한다) 또는 원자력안전위원회 위원장(방사능재난의 경우에 한정한다)이 차장이 된다.
   가) 국무총리가 범정부적 차원의 통합 대응이 필요하다고 인정하는 경우
   나) 행정안전부장관이 국무총리에게 건의하거나 제15조의2제2항에 따른 수습본부장의 요청을 받아 행정안전부장관이 국무총리에게 건의하는 경우

5) 제4항에도 불구하고 국무총리가 필요하다고 인정하여 지명하는 중앙행정기관의 장은 행정안전부장관, 외교부장관(해외재난의 경우에 한정한다) 또는 원자력안전위원회 위원장(방사능 재난의 경우에 한정한다)과 공동으로 차장이 된다.

6) 중앙대책본부장은 대규모재난이 발생하거나 발생할 우려가 있는 경우에는 대통령령으로 정하는 바에 따라 실무반을 편성하고, 중앙재난안전대책본부상황실을 설치하는 등 해당 대규모재난에 대하여 효율적으로 대응하기 위한 체계를 갖추어야 한다. 이 경우 제18조제1항제1호에 따른 중앙재난안전상황실과 인력, 장비, 시설 등을 통합·운영할 수 있다.

(2) 수습지원단 파견

중앙대책본부장은 국내 또는 해외에서 발생하였거나 발생할 우려가 있는 대규모재난의 수습을 지원하기 위하여 관계 중앙행정기관 및 관계 기관·단체의 재난관리에 관한 전문가 등으로 수습지원단을 구성하여 현지에 파견할 수 있고, 구조·구급·수색 등의 활동을 신속하게 지원하기 위하여 행정안전부·소방청 또는 해양경찰청 소속의 전문 인력으로 구성된 특수기동구조대를 편성하여 재난현장에 파견할 수 있다. 수습지원단의 구성과 운영 및 특수기동구조대의 편성과 파견 등에 필요한 사항은 대통령령으로 정한다.

(3) 중앙대책본부장의 권한 (제15조)

1) 중앙대책본부장은 대규모재난을 효율적으로 수습하기 위하여 관계 재난관리책임기관의 장에게 행정 및 재정상의 조치, 소속 직원의 파견, 그 밖에 필요한 지원을 요청할 수 있다. 이 경우 요청을 받은 관계 재난관리책임기관의 장은 특별한 사유가 없으면 요청에 따라야 한다.
2) 제1항에 따라 파견된 직원은 대규모재난의 수습에 필요한 소속 기관의 업무를 성실히 수행하여야 하며, 대규모재난의 수습이 끝날 때까지 중앙대책본부에서 상근하여야 한다.
3) 중앙대책본부장은 해당 대규모재난의 수습에 필요한 범위에서 제15조의2제2항에 따른 수습본부장 및 제16조제2항에 따른 지역대책본부장을 지휘할 수 있다.

(4) 중앙 및 지역사고수습본부

1) 재난관리주관기관의 장은 재난이 발생하거나 발생할 우려가 있는 경우에는 재난상황을 효율적으로 관리하고 재난을 수습하기 위한 중앙사고수습본부(이하 "수습본부"라 한다)를 신속하게 설치·운영하여야 한다.
2) 수습본부의 장(수습본부장)은 해당 재난관리주관기관의 장이 된다.
3) 수습본부장은 재난정보의 수집·전파, 상황관리, 재난발생 시 초동조치 및 지휘 등을 위한 수습본부상황실을 설치·운영하여야 한다. 이 경우 제18조제3항에 따른 재난안전상황실과 인력, 장비, 시설 등을 통합·운영할 수 있다.
4) 수습본부장은 재난을 수습하기 위하여 필요하면 관계 재난관리책임기관의 장에게 행정상 및 재정상의 조치, 소속 직원의 파견, 그 밖에 필요한 지원을 요청할 수 있다. 이 경우 요청을 받은 관계 재난관리책임기관의 장은 특별한 사유가 없으면 요청에 따라야 한다.
5) 수습본부장은 지역사고수습본부를 운영할 수 있으며, 지역사고수습본부의 장(지역사고수습본부장)은 수습본부장이 지명한다.
6) 수습본부장은 해당 재난의 수습에 필요한 범위에서 시·도지사 및 시장·군수·구청장(제16조제1항에 따른 시·도대책본부 및 시·군·구대책본부가 운영되는 경우에는 해당 본부장을 말한다)을 지휘할 수 있다.
7) 수습본부장은 재난을 수습하기 위하여 필요하면 대통령령으로 정하는 바에 따라 제14조의2제1항에 따른 수습지원단을 구성·운영할 것을 중앙대책본부장에게 요청할 수 있다.

(5) 지역재난안전대책본부(제16조)

1) 해당 관할 구역에서 재난의 수습 등에 관한 사항을 총괄·조정하고 필요한 조치를 하기 위하여 시·도지사는 시·도재난안전대책본부(시·도대책본부)를 두고, 시장·군수·구청장은 시·군·구재난안전대책본부(시·군·구대책본부)를 둔다.
2) 시·도대책본부 또는 시·군·구대책본부(지역대책본부)의 본부장(지역대책본부장)은 시·도지사 또는 시장·군수·구청장이 되며, 지역대책본부장은 지역대책본부의 업무를 총괄하고 필요하다고 인정하면 대통령령으로 정하는 바에 따라 지역재난안전대책본부회의를 소집할 수 있다.
3) 시·군·구대책본부의 장은 재난현장의 총괄·조정 및 지원을 위하여 재난현장 통합지원본부(통합지원본부)를 설치·운영할 수 있다. 이 경우 통합지원본부의 장은 긴급구조에 대해서는 제52조에 따른 시·군·구긴급구조통제단장의 현장지휘에 협력하여야 한다.
4) 통합지원본부의 장은 관할 시·군·구의 부단체장이 되며, 실무반을 편성하여 운영할 수 있다.
5) 지역대책본부 및 통합지원본부의 구성과 운영에 필요한 사항은 해당 지방자치단체의 조례로 정한다.

(6) 지역대책본부장의 권한

1) 지역대책본부장은 재난의 수습을 효율적으로 하기 위하여 해당 시·도 또는 시·군·구를 관할 구역으로 하는 제3조제5호나목에 따른 재난관리책임기관의 장에게 행정 및 재정상의 조치나 그 밖에 필요한 업무협조를 요청할 수 있다. 이 경우 요청을 받은 재난관리책임기관의 장은 특별한 사유가 없으면 요청에 따라야 한다.
2) 지역대책본부장은 재난의 수습을 위하여 필요하다고 인정하면 해당 시·도 또는 시·군·구의 전부 또는 일부를 관할 구역으로 하는 제3조제5호나목에 따른 재난관리책임기관의 장에게 소속 직원의 파견을 요청할 수 있다. 이 경우 요청을 받은 재난관리책임기관의 장은 특별한 사유가 없으면 즉시 요청에 따라야 한다.
3) 제2항에 따라 파견된 직원은 지역대책본부장의 지휘에 따라 재난의 수습에 필요한 소속 기관의 업무를 성실히 수행하여야 하며, 재난의 수습이 끝날 때까지 지역대책본부에서 상근하여야 한다.

(7) 대책지원본부

행정안전부장관은 수습본부 또는 지역대책본부의 재난상황의 관리와 재난 수습 등을 효율적으로 지원하기 위하여 필요한 경우에는 대책지원본부를 둘 수 있다.

대책지원본부의 장(이하 "대책지원본부장"이라 한다)은 행정안전부 소속 공무원 중에서 행정안전부장관이 지명하는 사람이 되고, 대책지원본부장은 재난 수습 등을 효율적으로 지원하기 위하여 필요하면 관계 재난관리책임기관의 장에게 행정상 및 재정상의 조치, 소속 직원의 파견, 그 밖에 필요한 지원을 요청할 수 있다.

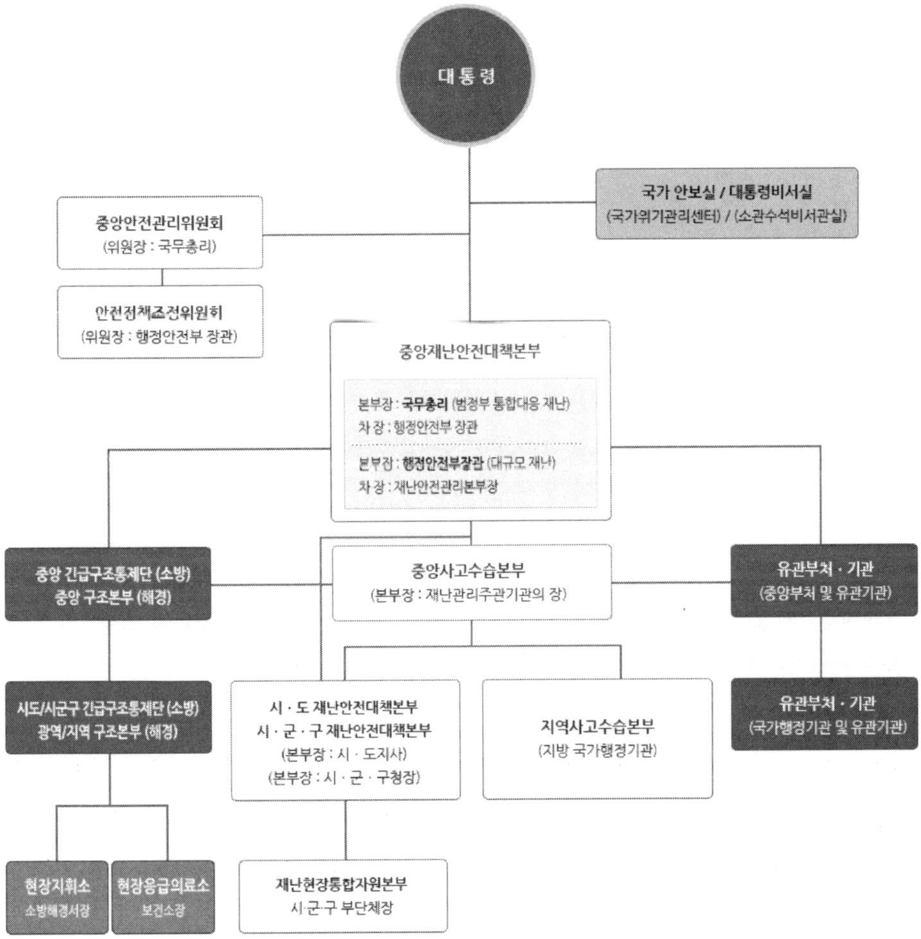

〈그림 2-26〉 국가재난안전관리체계

[4] 재난 신고 (제19조)

누구든지 재난의 발생이나 재난이 발생할 징후를 발견하였을 때에는 즉시 그 사실을 시장·

군수·구청장·긴급구조기관, 그 밖의 관계 행정기관에 신고하여야 한다. 신고를 받은 시장·군수·구청장과 그 밖의 관계 행정기관의 장은 관할 긴급구조기관의 장에게, 긴급구조기관의 장은 그 소재지 관할 시장·군수·구청장 및 재난관리주관기관의 장에게 통보하여 응급대처방안을 마련할 수 있도록 조치하여야 한다.

[5] 재난상황의 보고 (제20조)

1) 시장·군수·구청장, 소방서장, 해양경찰서장, 제3조제5호나목에 따른 재난관리책임기관의 장 또는 제26조제1항에 따른 국가핵심기반을 관리하는 기관·단체의 장(이하 "관리기관의 장"이라 한다)은 그 관할구역, 소관 업무 또는 시설에서 재난이 발생하거나 발생할 우려가 있으면 대통령령으로 정하는 바에 따라 재난상황에 대해서는 즉시, 응급조치 및 수습현황에 대해서는 지체 없이 각각 행정안전부장관, 관계 재난관리주관기관의 장 및 시·도지사에게 보고하거나 통보하여야 한다. 이 경우 관계 재난관리주관기관의 장 및 시·도지사는 보고받은 사항을 확인·종합하여 행정안전부장관에게 통보하여야 한다.
2) 시장·군수·구청장, 소방서장, 해양경찰서장, 제3조제5호나목에 따른 재난관리책임기관의 장 또는 관리기관의 장은 재난이 발생한 경우 또는 재난 발생을 신고받거나 통보받은 경우에는 즉시 관계 재난관리책임기관의 장에게 통보하여야 한다.

> 법제3조 5. "재난관리책임기관"이란 재난관리업무를 하는 다음 각 목의 기관을 말한다.
> 가. 중앙행정기관 및 지방자치단체(「제주특별자치도 설치 및 국제자유도시 조성을 위한 특별법」 제10조제2항에 따른 행정시를 포함한다)
> 나. 지방행정기관·공공기관·공공단체(공공기관 및 공공단체의 지부 등 지방조직을 포함한다) 및 재난관리의 대상이 되는 중요시설의 관리기관 등으로서 대통령령으로 정하는 기관

3) 재외공관의 장은 관할 구역에서 해외재난이 발생하거나 발생할 우려가 있으면 즉시 그 상황을 외교부장관에게 보고하여야 한다. 보고를 받은 외교부장관은 지체 없이 해외재난 발생 또는 발생 우려 지역에 거주하거나 체류하는 대한민국 국민(이하 이 조에서 "해외재난국민"이라 한다)의 생사확인 등 안전 여부를 확인하고, 행정안전부장관 및 관계 중앙행정기관의 장과 협의하여 해외재난국민의 보호를 위한 방안을 마련하여 시행하여야 한다. 해외재난국민의 가족 등은 외교부장관에게 해외재난국민의 생사확인 등 안전 여부 확인을 요청할 수 있다. 이 경우 외교부장관은 특별한 사유가 없으면 그 요청에 따라야 한다.

[6] 안전관리계획

(1) 국가안전관리기본계획의 수립 (제22조)

1) 국무총리는 대통령령으로 정하는 바에 따라 국가의 재난 및 안전관리업무에 관한 기본계획(이하 "국가안전관리기본계획"이라 한다)의 수립지침을 작성하여 관계 중앙행정기관의 장에게 통보하여야 한다.
2) 제1항에 따른 수립지침에는 부처별로 중점적으로 추진할 안전관리기본계획의 수립에 관한 사항과 국가재난관리체계의 기본방향이 포함되어야 한다.
3) 관계 중앙행정기관의 장은 제1항에 따른 수립지침에 따라 그 소관에 속하는 재난 및 안전관리업무에 관한 기본계획을 작성한 후 국무총리에게 제출하여야 한다.
4) 국무총리는 제3항에 따라 관계 중앙행정기관의 장이 제출한 기본계획을 종합하여 국가안전관리기본계획을 작성하여 중앙위원회의 심의를 거쳐 확정한 후 이를 관계 중앙행정기관의 장에게 통보하여야 한다.
5) 중앙행정기관의 장은 제4항에 따라 확정된 국가안전관리기본계획 중 그 소관 사항을 관계 재난관리책임기관(중앙행정기관과 지방자치단체는 제외한다)의 장에게 통보하여야 한다.
6) 국가안전관리기본계획을 변경하는 경우에는 제1항부터 제5항까지를 준용한다.
7) 국가안전관리기본계획과 제23조의 집행계획, 제24조의 시·도안전관리계획 및 제25조의 시·군·구안전관리계획은 「민방위기본법」에 따른 민방위계획 중 재난관리분야의 계획으로 본다.
8) 국가안전관리기본계획에는 다음 각 호의 사항이 포함되어야 한다.
   가) 재난에 관한 대책
   나) 생활안전, 교통안전, 산업안전, 시설안전, 범죄안전, 식품안전, 안전취약계층 안전 및 그 밖에 이에 준하는 안전관리에 관한 대책

(2) 집행계획 (제23조)

1) 관계 중앙행정기관의 장은 제22조제4항에 따라 통보받은 국가안전관리기본계획에 따라 그 소관 업무에 관한 집행계획을 작성하여 조정위원회의 심의를 거쳐 국무총리의 승인을 받아 확정한다.
2) 관계 중앙행정기관의 장은 확정된 집행계획을 행정안전부장관, 시·도지사 및 제3조제5호나목에 따른 재난관리책임기관의 장에게 각각 통보하여야 한다.

3) 제3조제5호나목에 따른 재난관리책임기관의 장은 제2항에 따라 통보받은 집행계획에 따라 세부집행계획을 작성하여 관할 시·도지사와 협의한 후 소속 중앙행정기관의 장의 승인을 받아 이를 확정하여야 한다. 이 경우 그 재난관리책임기관의 장이 공공기관이나 공공단체의 장인 경우에는 그 내용을 지부 등 지방조직에 통보하여야 한다.
4) 관계 중앙행정기관의 장은 소관 개별 법령에 따른 재난 및 안전과 관련된 계획을 수립하는 때에는 국가안전관리기본계획 및 제23조에 따른 집행계획과 연계하여 작성하여야 한다.

[7] 재난의 예방

(1) 재난관리책임기관의 장의 재난예방조치(제25조의2)

1) 재난관리책임기관의 장은 소관 관리대상 업무의 분야에서 재난 발생을 사전에 방지하기 위하여 다음 각 호의 조치를 하여야 한다.
   가) 재난에 대응할 조직의 구성 및 정비
   나) 재난의 예측 및 예측정보 등의 제공·이용에 관한 체계의 구축
   다) 재난 발생에 대비한 교육·훈련과 재난관리예방에 관한 홍보
   라) 재난이 발생할 위험이 높은 분야에 대한 안전관리체계의 구축 및 안전관리규정의 제정
   마) 제26조에 따라 지정된 국가핵심기반의 관리
   바) 제27조제2항에 따른 특정관리대상지역에 관한 조치
   사) 제29조에 따른 재난방지시설의 점검·관리
   아) 제34조에 따른 재난관리자원의 비축과 장비·시설 및 인력의 지정
   자) 그 밖에 재난을 예방하기 위하여 필요하다고 인정되는 사항
2) 재난관리책임기관의 장은 제1항에 따른 재난예방조치를 효율적으로 시행하기 위하여 필요한 사업비를 확보하여야 한다.
3) 재난관리책임기관의 장은 다른 재난관리책임기관의 장에게 재난을 예방하기 위하여 필요한 협조를 요청할 수 있다. 이 경우 요청을 받은 다른 재난관리책임기관의 장은 특별한 사유가 없으면 요청에 따라야 한다.
4) 재난관리책임기관의 장은 재난관리의 실효성을 확보할 수 있도록 제1항제4호에 따른 안전관리체계 및 안전관리규정을 정비·보완하여야 한다.
5) 재난관리책임기관의 장은 재난상황에서 해당 기관의 핵심기능을 유지하는 데 필요한

계획(이하 "기능연속성계획"이라 한다)을 수립·시행하여야 한다.
6) 행정안전부장관은 재난관리책임기관의 기능연속성계획 이행실태를 정기적으로 점검하고, 그 결과를 제33조의2에 따른 재난관리체계 등에 대한 평가에 반영할 수 있다.
7) 기능연속성계획에 포함되어야 할 사항 및 계획수립의 절차 등은 대통령령으로 정한다.

(2) 국가핵심기반의 지정 (제26조)

1) 관계 중앙행정기관의 장은 소관 분야의 국가핵심기반을 다음 각 호의 기준에 따라 조정위원회의 심의를 거쳐 지정할 수 있다.
   가) 다른 국가핵심기반 등에 미치는 연쇄효과
   나) 둘 이상의 중앙행정기관의 공동대응 필요성
   다) 재난이 발생하는 경우 국가안전보장과 경제·사회에 미치는 피해 규모 및 범위
   라) 재난의 발생 가능성 또는 그 복구의 용이성
2) 관계 중앙행정기관의 장은 제1항에 따른 지정 여부를 결정하기 위하여 필요한 자료의 제출을 소관 재난관리책임기관의 장에게 요청할 수 있다.
3) 관계 중앙행정기관의 장은 소관 재난관리책임기관이 해당 업무를 폐지·정지 또는 변경하는 경우에는 조정위원회의 심의를 거쳐 국가핵심기반의 지정을 취소할 수 있다.
4) 국가핵심기반의 지정 및 지정취소 등에 필요한 사항은 대통령령으로 정한다.
5) 관계 중앙행정기관의 장은 제26조제1항에 따라 국가핵심기반을 지정한 경우에는 대통령령으로 정하는 바에 따라 소관 분야 국가핵심기반 보호계획을 수립하여 해당 관리기관의 장에게 통보하여야 한다.
6) 관리기관의 장은 제1항에 따라 통보받은 국가핵심기반 보호계획에 따라 소관 국가핵심기반에 대한 보호계획을 수립·시행하여야 한다.
7) 행정안전부장관 또는 관계 중앙행정기관의 장은 대통령령으로 정하는 바에 따라 국가핵심기반의 보호 및 관리 실태를 확인·점검할 수 있다.
8) 행정안전부장관은 국가핵심기반에 대한 데이터베이스를 구축·운영하고, 관계 중앙행정기관의 장이 재난관리정책의 수립 등에 이용할 수 있도록 통합지원할 수 있다.

(3) 특정관리대상지역의 지정 및 관리 (제27조)

1) 중앙행정기관의 장 또는 지방자치단체의 장은 재난이 발생할 위험이 높거나 재난예방을 위하여 계속적으로 관리할 필요가 있다고 인정되는 지역을 대통령령으로 정하는 바

에 따라 특정관리대상지역으로 지정할 수 있다.

2) 재난관리책임기관의 장은 제1항에 따라 지정된 특정관리대상지역에 대하여 대통령령으로 정하는 바에 따라 재난 발생의 위험성을 제거하기 위한 조치 등 특정관리대상지역의 관리·정비에 필요한 조치를 하여야 한다.

3) 중앙행정기관의 장, 지방자치단체의 장 및 재난관리책임기관의 장은 제1항 및 제2항에 따른 지정 및 조치 결과를 대통령령으로 정하는 바에 따라 행정안전부장관에게 보고하거나 통보하여야 한다.

4) 행정안전부장관은 제3항에 따라 보고받거나 통보받은 사항을 대통령령으로 정하는 바에 따라 정기적으로 또는 수시로 국무총리에게 보고하여야 한다.

5) 국무총리는 제4항에 따라 보고받은 사항 중 재난을 예방하기 위하여 필요하다고 인정하는 사항에 대해서는 중앙행정기관의 장, 지방자치단체의 장 또는 재난관리책임기관의 장에게 시정조치나 보완을 요구할 수 있다.

6) 제1항부터 제5항까지에서 규정한 사항 외에 특정관리대상지역의 지정, 관리 및 정비에 필요한 사항은 대통령령으로 정한다.

(4) 재난안전분야 종사자 교육

1) 재난관리책임기관에서 재난 및 안전관리업무를 담당하는 공무원이나 직원은 행정안전부장관이 실시하는 전문교육(이하 "전문교육"이라 한다)을 행정안전부령으로 정하는 바에 따라 정기적으로 또는 수시로 받아야 한다.

2) 행정안전부장관은 필요하다고 인정하면 대통령령으로 정하는 전문인력 및 시설기준을 갖춘 교육기관으로 하여금 전문교육을 대행하게 할 수 있다.

3) 행정안전부장관은 정당한 사유 없이 전문교육을 받지 아니한 자에 대하여 소속 재난관리책임기관의 장에게 징계할 것을 요구할 수 있다.

4) 전문교육의 종류 및 대상, 그 밖에 전문교육의 실시에 필요한 사항은 행정안전부령으로 정한다.

(5) 재난예방을 위한 긴급안전점검 (제30조)

1) 행정안전부장관 또는 재난관리책임기관(행정기관만을 말한다. 이하 이 조에서 같다)의 장은 대통령령으로 정하는 시설 및 지역에 재난이 발생할 우려가 있는 등 대통령령으로 정하는 긴급한 사유가 있으면 소속 공무원으로 하여금 긴급안전점검을 하게하고, 행정

안전부장관은 다른 재난관리책임기관의 장에게 긴급안전점검을 하도록 요구할 수 있다. 이 경우 요구를 받은 재난관리책임기관의 장은 특별한 사유가 없으면 요구에 따라야 한다.

2) 제1항에 따라 긴급안전점검을 하는 공무원은 관계인에게 필요한 질문을 하거나 관계 서류 등을 열람할 수 있다.
3) 제1항에 따른 긴급안전점검의 절차 및 방법, 긴급안전점검결과의 기록·유지 등에 필요한 사항은 대통령령으로 정한다.
4) 제1항에 따라 긴급안전점검을 하는 공무원은 그 권한을 표시하는 증표를 지니고 이를 관계인에게 보여주어야 한다.
5) 행정안전부장관은 제1항에 따라 긴급안전점검을 하면 그 결과를 해당 재난관리책임기관의 장에게 통보하여야 한다.
6) 제30조에 따라 긴급안전점검을 하는 공무원은 이 법에 규정된 범죄에 관하여는 「사법경찰관리의 직무를 수행할 자와 그 직무범위에 관한 법률」에서 정하는 바에 따라 사법경찰관리의 직무를 수행한다.

(6) 재난예방을 위한 안전조치 (제31조)

1) 행정안전부장관 또는 재난관리책임기관(행정기관만을 말한다. 이하 이 조에서 같다)의 장은 제30조에 따른 긴급안전점검 결과 재난 발생의 위험이 높다고 인정되는 시설 또는 지역에 대하여는 대통령령으로 정하는 바에 따라 그 소유자·관리자 또는 점유자에게 다음 각 호의 안전조치를 할 것을 명할 수 있다.
   가) 정밀안전진단(시설만 해당한다). 이 경우 다른 법령에 시설의 정밀안전진단에 관한 기준이 있는 경우에는 그 기준에 따르고, 다른 법령의 적용을 받지 아니하는 시설에 대하여는 행정안전부령으로 정하는 기준에 따른다.
   나) 보수(補修) 또는 보강 등 정비
   다) 재난을 발생시킬 위험요인의 제거
2) 제1항에 따른 안전조치명령을 받은 소유자·관리자 또는 점유자는 이행계획서를 작성하여 행정안전부장관 또는 재난관리책임기관의 장에게 제출한 후 안전조치를 하고, 행정안전부령으로 정하는 바에 따라 그 결과를 행정안전부장관 또는 재난관리책임기관의 장에게 통보하여야 한다.
3) 행정안전부장관 또는 재난관리책임기관의 장은 제1항에 따른 안전조치명령을 받은 자

가 그 명령을 이행하지 아니하거나 이행할 수 없는 상태에 있고, 안전조치를 이행하지 아니할 경우 공중의 안전에 위해를 끼칠 수 있어 재난의 예방을 위하여 긴급하다고 판단하면 그 시설 또는 지역에 대하여 사용을 제한하거나 금지시킬 수 있다. 이 경우 그 제한하거나 금지하는 내용을 보기 쉬운 곳에 게시하여야 한다.

4) 행정안전부장관 또는 재난관리책임기관의 장은 제1항제2호 또는 제3호에 따른 안전조치 명령을 받아 이를 이행하여야 하는 자가 그 명령을 이행하지 아니하거나 이행할 수 없는 상태에 있고, 재난예방을 위하여 긴급하다고 판단하면 그 명령을 받아 이를 이행하여야 할 자를 갈음하여 필요한 안전조치를 할 수 있다. 이 경우 「행정대집행법」을 준용한다.

5) 행정안전부장관 또는 재난관리책임기관의 장은 제3항에 따른 안전조치를 할 때에는 미리 해당 소유자·관리자 또는 점유자에게 서면으로 이를 알려 주어야 한다. 다만, 긴급한 경우에는 구두로 알리되, 미리 구두로 알리는 것이 불가능하거나 상당한 시간이 걸려 공중의 안전에 위해를 끼칠 수 있는 경우에는 안전조치를 한 후 그 결과를 통보할 수 있다.

[8] 재난의 대비

(1) 재난관리자원의 비축·관리 (제34조)

재난관리책임기관의 장은 재난의 수습활동에 필요한 대통령령으로 정하는 장비, 물자, 자재 및 시설(이하 "재난관리자원"이라 한다)을 비축·관리하여야 한다.

행정안전부장관, 시·도지사 또는 시장·군수·구청장은 재난 발생에 대비하여 민간기관·단체 또는 소유자와 협의하여 제37조에 따라 응급조치에 사용할 장비, 시설 및 인력을 지정·관리할 수 있다.

(2) 재난분야 위기관리 매뉴얼 작성·운용

1) 재난관리책임기관의 장은 재난을 효율적으로 관리하기 위하여 재난유형에 따라 다음 각 호의 위기관리 매뉴얼을 작성·운용하여야 한다. 이 경우 재난대응활동계획과 위기관리 매뉴얼이 서로 연계되도록 하여야 한다.

가) 위기관리 표준매뉴얼 : 국가적 차원에서 관리가 필요한 재난에 대하여 재난관리 체계와 관계 기관의 임무와 역할을 규정한 문서로 위기대응 실무매뉴얼의 작성 기준이 되며, 재난관리주관기관의 장이 작성한다. 다만, 다수의 재난관리주관기관이 관련되는 재난에 대해서는 관계 재난관리주관기관의 장과 협의하여 행정안전부장관

이 위기관리 표준매뉴얼을 작성할 수 있다.

나) 위기대응 실무매뉴얼 : 위기관리 표준매뉴얼에서 규정하는 기능과 역할에 따라 실제 재난대응에 필요한 조치사항 및 절차를 규정한 문서로 재난관리주관기관의 장과 관계 기관의 장이 작성한다. 이 경우 재난관리주관기관의 장은 위기대응 실무매뉴얼과 제1호에 따른 위기관리 표준매뉴얼을 통합하여 작성할 수 있다.

다) 현장조치 행동매뉴얼 : 재난현장에서 임무를 직접 수행하는 기관의 행동조치 절차를 구체적으로 수록한 문서로 위기대응 실무매뉴얼을 작성한 기관의 장이 지정한 기관의 장이 작성하되, 시장·군수·구청장은 재난유형별 현장조치 행동매뉴얼을 통합하여 작성할 수 있다. 다만, 현장조치 행동매뉴얼 작성 기관의 장이 다른 법령에 따라 작성한 계획·매뉴얼 등에 재난유형별 현장조치 행동매뉴얼에 포함될 사항이 모두 포함되어 있는 경우 해당 재난유형에 대해서는 현장조치 행동매뉴얼이 작성된 것으로 본다.

2) 행정안전부장관은 재난유형별 위기관리 매뉴얼의 작성 및 운용기준을 정하여 재난관리책임기관의 장에게 통보할 수 있다

3) 재난관리주관기관의 장이 작성한 위기관리 표준매뉴얼은 행정안전부장관의 승인을 받아 이를 확정하고, 위기대응 실무매뉴얼과 연계하여 운용하여야 한다.

4) 재난관리주관기관의 장은 위기관리 표준매뉴얼 및 위기대응 실무매뉴얼을 정기적으로 점검하여야 한다.

5) 행정안전부장관은 재난유형별 위기관리 매뉴얼의 표준화 및 실효성 제고를 위하여 대통령령으로 정하는 위기관리 매뉴얼협의회를 구성·운영할 수 있다.

6) 재난관리주관기관의 장은 소관 분야 재난유형의 위기대응 실무매뉴얼 및 현장조치 행동매뉴얼을 조정·승인하고 지도·관리를 하여야 하며, 소관분야 위기관리 매뉴얼을 새로이 작성하거나 변경한 때에는 이를 행정안전부장관에게 통보하여야 한다.

7) 시장·군수·구청장이 작성한 현장조치 행동매뉴얼에 대하여는 시·도지사의 승인을 받아야 한다. 시·도지사는 현장조치 행동매뉴얼을 승인하는 때에는 재난관리주관기관의 장이 작성한 위기대응 실무매뉴얼과 연계되도록 하여야 하며, 승인 결과를 재난관리주관기관의 장 및 행정안전부장관에게 보고하여야 한다.

8) 행정안전부장관은 위기관리 매뉴얼의 체계적인 운용을 위하여 관리시스템을 구축·운영할 수 있으며, 제3항부터 제7항까지의 규정에 따른 위기관리 매뉴얼의 작성·운용 등 필요한 사항은 대통령령으로 정한다.

〈표 2-14〉 위기관리 매뉴얼의 종류

메뉴얼	작성기관	주요내용
위기관리 표준매뉴얼	재난관리주관기관 (중앙부처)	재난관리체계 및 기관별 임무와 역할
위기대응 실무매뉴얼	주관기관 및 유관기관	재난대응에 필요한 조치사항 및 절차 규정
현장조치 행동매뉴얼	실무매뉴얼 작성기관의 장이 지정한 기관	재난현장 임무 수행기관의 행동절차 수록

〈표 2-15〉 위기관리 매뉴얼 현황(2018. 6. 30. 기준)

분야	순번	위기유형	주관기관	분야	순번	위기유형	주관기관
자연재난(10)	1	풍수해	행정안전부	사회재난(27)	10	인접국가방사능누출	원안위
	2	지진	행정안전부		11	해양선박사고	해양수산부
	3	대형화산폭발	행정안전부		12	사업장대규모인적사고	고용노동부
	4	적조	해양수산부		13	다중밀집건축물붕괴 대형사고	국토교통부
	5	가뭄	공동부처		14	교정시설재난 및 사고	법무부
	6	조수	해양수산부		15	가축질병	농림부
	7	우주전파재난	과기정통부		16	감염병	보건복지부
	8	녹조	환경부		17	정보통신	과기정통부
	9	산사태	산림청		18	금융전산	금융위
	10	낙뢰	행정안전부		19	원전안전	원안위/산업부
사회재난(27)	1	산불	산림청		20	전력	산업부
	2	유해화학물질사고	환경부		21	원유수급	산업무
	3	대규모수질오염	환경부		22	보건의료	보건복지부
	4	대규모해양오염	해양수산부		23	식용수	환경부
	5	공동구 재난	행정안전부/국토교통부		24	육상화물운송	국토교통부
	6	댐붕괴	산업부/국토교통부		25	GPS전파혼신	과기정통부
	7	지하철대형사고	국토교통부		26	해양유·도선 수난사고	해양경찰청
	8	고속철조대형사고	국토교통부		27	경기장 및 공연장 발생사고	문체부
	9	다중밀집시설대형화재	소방청				

9) 행정안전부장관은 재난관리업무를 효율적으로 하기 위하여 대통령령으로 정하는 바에 따라 위기관리에 필요한 매뉴얼 표준안을 연구·개발하여 보급할 수 있다. 이 경우 다음 각 호의 사항을 고려하여야 한다.
   가) 재난유형에 따른 국민행동요령의 표준화
   나) 재난유형에 따른 예방·대비·대응·복구 단계별 조치사항에 관한 연구 및 표준화
   다) 재난현장에서의 대응과 상호협력 절차에 관한 연구 및 표준화
   라) 안전취약계층의 특성을 반영한 연구·개발
   마) 그 밖에 위기관리에 관한 매뉴얼의 개선·보완에 필요한 사항
10) 행정안전부장관은 위기관리 매뉴얼의 작성·운용 실태를 정기적으로 점검하여야 하며, 필요한 경우 이를 시정 또는 보완하기 위하여 위기관리 매뉴얼을 작성·운용하는 기관의 장에게 필요한 조치를 하도록 권고할 수 있다. 이 경우 권고를 받은 기관의 장은 특별한 사유가 없으면 이에 따라야 한다.

(3) 다중이용시설 등의 위기상황 매뉴얼 작성·관리 및 훈련

1) 대통령령으로 정하는 다중이용시설 등의 소유자·관리자 또는 점유자는 대통령령으로 정하는 바에 따라 위기상황에 대비한 매뉴얼(이하 “위기상황 매뉴얼”이라 한다)을 작성·관리하여야 한다. 다만, 다른 법령에서 위기상황에 대비한 대응계획 등의 작성·관리에 관하여 규정하고 있는 경우에는 그 법령에서 정하는 바에 따른다.
2) 제1항에 따른 소유자·관리자 또는 점유자는 대통령령으로 정하는 바에 따라 위기상황 매뉴얼에 따른 훈련을 주기적으로 실시하여야 한다. 다만, 다른 법령에서 위기상황에 대비한 대응계획 등의 훈련에 관하여 규정하고 있는 경우에는 그 법령에서 정하는 바에 따른다.
3) 행정안전부장관, 관계 중앙행정기관의 장 또는 지방자치단체의 장은 위기상황 매뉴얼(제1항 단서 및 제2항 단서에 따른 위기상황에 대비한 대응계획 등을 포함한다)의 작성·관리 및 훈련실태를 점검하고 필요한 경우에는 개선명령을 할 수 있다.

(4) 재난대비훈련 기본계획 수립

1) 행정안전부장관은 매년 재난대비훈련 기본계획을 수립하고 재난관리책임기관의 장에게 통보하여야 한다.
2) 재난관리책임기관의 장은 제1항의 재난대비훈련 기본계획에 따라 소관분야별로 자체

계획을 수립하여야 한다.

3) 행정안전부장관은 제1항에 따라 수립한 재난대비훈련 기본계획을 국회 소관상임위원회에 보고하여야 한다.

4) 행정안전부장관, 중앙행정기관의 장, 시·도지사, 시장·군수·구청장 및 긴급구조기관(이하 이 조에서 “훈련주관기관”이라 한다)의 장은 대통령령으로 정하는 바에 따라 매년 정기적으로 또는 수시로 재난관리책임기관, 긴급구조지원기관 및 군부대 등 관계기관(이하 이 조에서 “훈련참여기관”이라 한다)과 합동으로 재난대비훈련(제34조의5에 따른 위기관리 매뉴얼의 숙달훈련을 포함한다)을 실시하여야 한다.

5) 훈련주관기관의 장은 제1항에 따른 재난대비훈련을 실시하려면 제34조의9제2항에 따른 자체계획을 토대로 재난대비훈련 실시계획을 수립하여 훈련참여기관의 장에게 통보하여야 한다.

6) 훈련참여기관의 장은 제1항에 따른 재난대비훈련을 실시하면 훈련상황을 점검하고, 그 결과를 대통령령으로 정하는 바에 따라 훈련주관기관의 장에게 제출하여야 한다.

7) 훈련주관기관의 장은 대통령령으로 정하는 바에 따라 다음 각 호의 조치를 하여야 한다.
   가) 훈련참여기관의 훈련과정 및 훈련결과에 대한 점검·평가
   나) 훈련참여기관의 장에게 훈련과정에서 나타난 미비사항이나 개선·보완이 필요한 사항에 대한 보완조치 요구
   다) 훈련과정에서 나타난 제34조의5제1항 각 호의 위기관리 매뉴얼의 미비점에 대한 개선·보완 및 개선·보완조치 요구

8) 재난대비훈련의 효율적인 추진을 위한 절차·방법 등에 필요한 사항은 대통령령으로 정한다.

[9] 재난의 대응

(1) 응급조치 등

1) 재난사태 선포 (제36조)

가) 행정안전부장관은 대통령령으로 정하는 재난이 발생하거나 발생할 우려가 있는 경우 사람의 생명·신체 및 재산에 미치는 중대한 영향이나 피해를 줄이기 위하여 긴급한 조치가 필요하다고 인정하면 중앙위원회의 심의를 거쳐 재난사태를 선포할 수 있다. 다만, 행정안전부장관은 재난상황이 긴급하여 중앙위원회의 심의를 거칠 시간적 여유가 없다고 인정하는 경우에는 중앙위원회의 심의를 거치지 아니하고 재난

사태를 선포할 수 있다.

나) 행정안전부장관은 제1항 단서에 따라 재난사태를 선포한 경우에는 지체 없이 중앙위원회의 승인을 받아야 하고, 승인을 받지 못하면 선포된 재난사태를 즉시 해제하여야 한다.

다) 행정안전부장관 및 지방자치단체의 장은 제1항에 따라 재난사태가 선포된 지역에 대하여 다음 각 호의 조치를 할 수 있다.

① 재난경보의 발령, 인력·장비 및 물자의 동원, 위험구역 설정, 대피명령, 응급지원 등 이 법에 따른 응급조치

② 해당 지역에 소재하는 행정기관 소속 공무원의 비상소집

③ 해당 지역에 대한 여행 등 이동 자제 권고

④ 「유아교육법」 제31조, 「초·중등교육법」 제64조 및 「고등교육법」 제61조에 따른 휴업명령 및 휴원·휴교 처분의 요청

⑤ 그 밖에 재난예방에 필요한 조치

라) 행정안전부장관은 재난으로 인한 위험이 해소되었다고 인정하는 경우 또는 재난이 추가적으로 발생할 우려가 없어진 경우에는 선포된 재난사태를 즉시 해제하여야 한다.

2) 응급조치 (제37조)

가) 제50조제2항에 따른 시·도긴급구조통제단 및 시·군·구긴급구조통제단의 단장(이하 "지역통제단장"이라 한다)과 시장·군수·구청장은 재난이 발생할 우려가 있거나 재난이 발생하였을 때에는 즉시 관계 법령이나 재난대응활동계획 및 위기관리 매뉴얼에서 정하는 바에 따라 수방(水防)·진화·구조 및 구난(救難), 그 밖에 재난 발생을 예방하거나 피해를 줄이기 위하여 필요한 다음 각 호의 응급조치를 하여야 한다. 다만, 지역통제단장의 경우에는 제2호 중 진화에 관한 응급조치와 제4호 및 제6호의 응급조치만 하여야 한다.

① 경보의 발령 또는 전달이나 피난의 권고 또는 지시

② 제31조에 따른 안전조치

③ 진화·수방·지진방재, 그 밖의 응급조치와 구호

④ 피해시설의 응급복구 및 방역과 방범, 그 밖의 질서 유지

⑤ 긴급수송 및 구조 수단의 확보

⑥ 급수 수단의 확보, 긴급피난처 및 구호품의 확보

⑦ 현장지휘통신체계의 확보

⑧ 그 밖에 재난 발생을 예방하거나 줄이기 위하여 필요한 사항으로서 대통령령으로 정하는 사항

나) 시·군·구의 관할 구역에 소재하는 재난관리책임기관의 장은 시장·군수·구청장이나 지역통제단장이 요청하면 관계 법령이나 시·군·구 안전관리계획에서 정하는 바에 따라 시장·군수·구청장이나 지역통제단장의 지휘 또는 조정하에 그 소관 업무에 관계되는 응급조치를 실시하거나 시장·군수·구청장이나 지역통제단장이 실시하는 응급조치에 협력하여야 한다.

3) 위기경보의 발령(제38조)

가) 재난관리주관기관의 장은 대통령령으로 정하는 재난에 대한 징후를 식별하거나 재난발생이 예상되는 경우에는 그 위험 수준, 발생 가능성 등을 판단하여 그에 부합되는 조치를 할 수 있도록 위기경보를 발령할 수 있다. 다만, 제34조의5제1항제1호 단서의 상황인 경우에는 행정안전부장관이 위기경보를 발령할 수 있다.

나) 제1항에 따른 위기경보는 재난 피해의 전개 속도, 확대 가능성 등 재난상황의 심각성을 종합적으로 고려하여 관심·주의·경계·심각으로 구분할 수 있다. 다만, 다른 법령에서 재난 위기경보의 발령 기준을 따로 정하고 있는 경우에는 그 기준을 따른다.

다) 재난관리주관기관의 장은 심각 경보를 발령 또는 해제할 경우에는 행정안전부장관과 사전에 협의하여야 한다. 다만, 긴급한 경우에 재난관리주관기관의 장은 우선 조치한 후 지체 없이 행정안전부장관과 협의하여야 한다.

라) 재난관리책임기관의 장은 제1항에 따른 위기경보가 신속하게 발령될 수 있도록 재난과 관련한 위험정보를 얻으면 즉시 행정안전부장관, 재난관리주관기관의 장, 시·도지사 및 시장·군수·구청장에게 통보하여야 한다

4) 재난 예보·경보체계 구축·운영

가) 재난관리책임기관의 장은 사람의 생명·신체 및 재산에 대한 피해가 예상되면 그 피해를 예방하거나 줄이기 위하여 재난에 관한 예보 또는 경보 체계를 구축·운영할 수 있다.

나) 재난관리책임기관의 장은 재난에 관한 예보 또는 경보가 신속하게 실시될 수 있도록 재난과 관련한 위험정보를 얻으면 즉시 행정안전부장관, 재난관리주관기관의 장, 시·도지사 및 시장·군수·구청장에게 통보하여야 한다.

다) 행정안전부장관, 시·도지사 또는 시장·군수·구청장은 재난에 관한 예보·경보·통지나 응급조치를 실시하기 위하여 필요하면 다음 각 호의 조치를 요청할 수 있다. 다만, 다른 법령에 특별한 규정이 있을 때에는 그러하지 아니하다.

① 전기통신시설의 소유자 또는 관리자에 대한 전기통신시설의 우선 사용

②「전기통신사업법」 제2조제8호에 따른 전기통신사업자 중 대통령령으로 정하는 주요 전기통신사업자에 대한 필요한 정보의 문자나 음성 송신 또는 인터넷 홈페이지 게시

③「방송법」 제2조제3호에 따른 방송사업자에 대한 필요한 정보의 신속한 방송

④「신문 등의 진흥에 관한 법률」 제2조제3호 및 제4호에 따른 신문사업자 및 인터넷신문사업자 중 대통령령으로 정하는 주요 신문사업자 및 인터넷신문사업자에 대한 필요한 정보의 게재

⑤「옥외광고물 등의 관리와 옥외광고산업 진흥에 관한 법률」 제2조제1호에 따른 디지털광고물의 관리자에 대한 필요한 정보의 게재

라) 제3항에 따른 재난에 관한 예보·경보·통지 중「지진·지진해일·화산의 관측 및 경보에 관한 법률」 제2조제1호부터 제3호까지에 따른 지진·지진해일·화산과 그 밖에 대통령령으로 정하는 자연재난에 대해서는 기상청장이 예보·경보·통지를 실시한다. 이 경우 기상청장은 제3항 각 호의 조치를 요청할 수 있다.

마) 제3항 및 제4항에 따른 요청을 받은 전기통신시설의 소유자 또는 관리자, 전기통신사업자, 방송사업자, 신문사업자, 인터넷신문사업자 및 디지털광고물 관리자는 정당한 사유가 없으면 요청에 따라야 한다.

바) 전기통신사업자나 방송사업자, 휴대전화 또는 내비게이션 제조업자는 제3항 및 제4항에 따른 재난의 예보·경보 실시 사항이 사용자의 휴대전화 등의 수신기 화면에 반드시 표시될 수 있도록 소프트웨어나 기계적 장치를 갖추어야 한다.

사) 시장·군수·구청장은 제41조에 따른 위험구역 및「자연재해대책법」 제12조에 따른 자연재해위험개선지구 등 재난으로 인하여 사람의 생명·신체 및 재산에 대한 피해가 예상되는 지역에 대하여 그 피해를 예방하기 위하여 시·군·구 재난 예보·경보체계 구축 종합계획(이하 이 조에서 "시·군·구 종합계획"이라 한다)을 5년 단위로 수립하여 시·도지사에게 제출하여야 한다.

아) 시·도지사는 제7항에 따른 시·군·구 종합계획을 기초로 시·도 재난 예보·경보체계 구축 종합계획(이하 이 조에서 "시·도 종합계획"이라 한다)을 수립하여 행정안전부

장관에게 제출하여야 하며, 행정안전부장관은 필요한 경우 시·도지사에게 시·도 종합계획의 보완을 요청할 수 있다.

자) 시·도 종합계획과 시·군·구 종합계획에는 다음 각 호의 사항이 포함되어야 한다.

① 재난 예보·경보체계의 구축에 관한 기본방침

② 재난 예보·경보체계 구축 종합계획 수립 대상지역의 선정에 관한 사항

③ 종합적인 재난 예보·경보체계의 구축과 운영에 관한 사항

④ 그 밖에 재난으로부터 인명 피해와 재산 피해를 예방하기 위하여 필요한 사항

차) 시·도지사와 시장·군수·구청장은 각각 시·도 종합계획과 시·군·구 종합계획에 대한 사업시행계획을 매년 수립하여 행정안전부장관에게 제출하여야 한다.

타) 시·도지사와 시장·군수·구청장이 각각 시·도 종합계획과 시·군·구 종합계획을 변경하려는 경우에는 제7항과 제8항을 준용한다.

파) 제3항 및 제4항에 따른 요청의 절차, 시·도 종합계획, 시·군·구 종합계획 및 사업시행계획의 수립 등에 필요한 사항은 대통령령으로 정한다.

5) 동원명령 (제39조)

가) 중앙대책본부장과 시장·군수·구청장(시·군·구 대책본부가 운영되는 경우에는 해당 본부장을 말한다. 이하 제40조부터 제45조까지에서 같다)은 재난이 발생하거나 발생할 우려가 있다고 인정하면 다음 각 호의 조치를 할 수 있다

① 「민방위기본법」 제26조에 따른 민방위대의 동원

② 응급조치를 위하여 재난관리책임기관의 장에 대한 관계 직원의 출동 또는 재난관리자원 및 제34조제2항에 따라 지정된 장비·시설 및 인력의 동원 등 필요한 조치의 요청

③ 동원 가능한 장비와 인력 등이 부족한 경우에는 국방부장관에 대한 군부대의 지원 요청

나) 제1항에 따라 필요한 조치의 요청을 받은 기관의 장은 특별한 사유가 없으면 요청에 따라야 한다.

6) 대피명령 (제40조)

시장·군수·구청장과 지역통제단장(대통령령으로 정하는 권한을 행사하는 경우에만 해당한다. 이하 이 조에서 같다)은 재난이 발생하거나 발생할 우려가 있는 경우에 사람의 생명 또는 신체나 재산에 대한 위해를 방지하기 위하여 필요하면 해당 지역 주민이나 그 지역 안에 있

는 사람에게 대피하도록 명하거나 선박·자동차 등을 그 소유자·관리자 또는 점유자에게 대피시킬 것을 명할 수 있다. 이 경우 미리 대피장소를 지정할 수 있다. 대피명령을 받은 경우에는 즉시 명령에 따라야 한다.

7) 위험구역의 설정 (제41조)

가) 시장·군수·구청장과 지역통제단장(대통령령으로 정하는 권한을 행사하는 경우에만 해당한다. 이하 이 조에서 같다)은 재난이 발생하거나 발생할 우려가 있는 경우에 사람의 생명 또는 신체에 대한 위해 방지나 질서의 유지를 위하여 필요하면 위험구역을 설정하고, 응급조치에 종사하지 아니하는 사람에게 다음 각 호의 조치를 명할 수 있다.

① 위험구역에 출입하는 행위나 그 밖의 행위의 금지 또는 제한

② 위험구역에서의 퇴거 또는 대피

나) 시장·군수·구청장과 지역통제단장은 제1항에 따라 위험구역을 설정할 때에는 그 구역의 범위와 제1항제1호에 따라 금지되거나 제한되는 행위의 내용, 그 밖에 필요한 사항을 보기 쉬운 곳에 게시하여야 한다.

다) 관계 중앙행정기관의 장은 재난이 발생하거나 발생할 우려가 있는 경우로서 사람의 생명 또는 신체에 대한 위해 방지나 질서의 유지를 위하여 필요하다고 인정되는 경우에는 시장·군수·구청장과 지역통제단장에게 위험구역의 설정을 요청할 수 있다.

8) 강제대피조치 (제42조)

가) 시장·군수·구청장과 지역통제단장(대통령령으로 정하는 권한을 행사하는 경우에만 해당한다. 이하 이 조에서 같다)은 제40조제1항에 따른 대피명령을 받은 사람 또는 제41조제1항제2호에 따른 위험구역에서의 퇴거나 대피명령을 받은 사람이 그 명령을 이행하지 아니하여 위급하다고 판단되면 그 지역 또는 위험구역 안의 주민이나 그 안에 있는 사람을 강제로 대피 또는 퇴거시키거나 선박·자동차 등을 견인시킬 수 있다.

나) 시장·군수·구청장 및 지역통제단장은 제1항에 따라 주민 등을 강제로 대피 또는 퇴거시키기 위하여 필요하다고 인정하면 관할 경찰관서의 장에게 필요한 인력 및 장비의 지원을 요청할 수 있다. 요청을 받은 경찰관서의 장은 특별한 사유가 없는 한 이에 응하여야 한다.

9) 통행제한 (第43조)

시장·군수·구청장과 지역통제단장(대통령령으로 정하는 권한을 행사하는 경우에만 해당한다)은 응급조치에 필요한 물자를 긴급히 수송하거나 진화·구조 등을 하기 위하여 필요하면 대통령령으로 정하는 바에 따라 경찰관서의 장에게 도로의 구간을 지정하여 해당 긴급수송 등을 하는 차량 외의 차량의 통행을 금지하거나 제한하도록 요청할 수 있다. 요청을 받은 경찰관서의 장은 특별한 사유가 없으면 요청에 따라야 한다.

10) 응원 (第44조)

시장·군수·구청장은 응급조치를 하기 위하여 필요하면 다른 시·군·구나 관할 구역에 있는 군부대 및 관계 행정기관의 장, 그 밖의 민간기관·단체의 장에게 인력·장비·자재 등 필요한 응원(應援)을 요청할 수 있다. 이 경우 응원을 요청받은 군부대의 장과 관계 행정기관의 장은 특별한 사유가 없으면 요청에 따라야 한다. 응원에 종사하는 사람은 그 응원을 요청한 시장·군수·구청장의 지휘에 따라 응급조치에 종사하여야 한다.

11) 응급부담 (第45조)

시장·군수·구청장과 지역통제단장(대통령령으로 정하는 권한을 행사하는 경우에만 해당한다)은 그 관할 구역에서 재난이 발생하거나 발생할 우려가 있어 응급조치를 하여야 할 급박한 사정이 있으면 해당 재난현장에 있는 사람이나 인근에 거주하는 사람에게 응급조치에 종사하게 하거나 대통령령으로 정하는 바에 따라 다른 사람의 토지·건축물·인공구조물, 그 밖의 소유물을 일시 사용할 수 있으며, 장애물을 변경하거나 제거할 수 있다.

12) 재난관리책임기관의 장의 응급조치 (第47조)

제3조제5호나목에 따른 재난관리책임기관의 장은 재난이 발생하거나 발생할 우려가 있으면 즉시 그 소관 업무에 관하여 필요한 응급조치를 하고, 이 절에 따라 시·도지사, 시장·군수·구청장 또는 지역통제단장이 실시하는 응급조치가 원활히 수행될 수 있도록 필요한 협조를 하여야 한다.

(2) 긴급구조

1) 중앙긴급구조통제단 (第49조)

가) 긴급구조에 관한 사항의 총괄·조정, 긴급구조기관 및 긴급구조지원기관이 하는 긴급구조활동의 역할 분담과 지휘·통제를 위하여 소방청에 중앙긴급구조통제단(이하

"중앙통제단"이라 한다)을 둔다.

나) 중앙통제단의 단장은 소방청장이 된다.

다) 중앙통제단장은 긴급구조를 위하여 필요하면 긴급구조지원기관 간의 공조체제를 유지하기 위하여 관계 기관·단체의 장에게 소속 직원의 파견을 요청할 수 있다. 이 경우 요청을 받은 기관·단체의 장은 특별한 사유가 없으면 요청에 따라야 한다.

라) 중앙통제단의 구성·기능 및 운영에 필요한 사항은 대통령령으로 정한다.

2) 지역긴급구조통제단 (제50조)

가) 지역별 긴급구조에 관한 사항의 총괄·조정, 해당 지역에 소재하는 긴급구조기관 및 긴급구조지원기관 간의 역할분담과 재난현장에서의 지휘·통제를 위하여 시·도의 소방본부에 시·도 긴급구조통제단을 두고, 시·군·구의 소방서에 시·군·구 긴급구조통제단을 둔다.

나) 시·도 긴급구조통제단과 시·군·구 긴급구조통제단(이하 "지역통제단"이라 한다)에는 각각 단장 1명을 두되, 시·도 긴급구조통제단의 단장은 소방본부장이 되고 시·군·구 긴급구조통제단의 단장은 소방서장이 된다.

다) 지역통제단장은 긴급구조를 위하여 필요하면 긴급구조지원기관 간의 공조체제를 유지하기 위하여 관계 기관·단체의 장에게 소속 직원의 파견을 요청할 수 있다. 이 경우 요청을 받은 기관·단체의 장은 특별한 사유가 없으면 요청에 따라야 한다.

라) 지역통제단의 기능과 운영에 관한 사항은 대통령령으로 정한다.

3) 긴급구조 현장지휘 (제52조)

가) 재난현장에서는 시·군·구 긴급구조통제단장이 긴급구조 활동을 지휘한다. 다만, 치안활동과 관련된 사항은 관할 경찰관서의 장과 협의하여야 한다. 현장지휘는 다음 각 호의 사항에 관하여 한다.

① 재난현장에서 인명의 탐색·구조

② 긴급구조기관 및 긴급구조지원기관의 인력·장비의 배치와 운용

③ 추가 재난의 방지를 위한 응급조치

④ 긴급구조지원기관 및 자원봉사자 등에 대한 임무의 부여

⑤ 사상자의 응급처치 및 의료기관으로의 이송

⑥ 긴급구조에 필요한 물자의 관리

⑦ 현장접근 통제, 현장 주변의 교통정리, 그 밖에 긴급구조 활동을 효율적으로 하

기 위하여 필요한 사항

나) 시·도 긴급구조통제단장은 필요하다고 인정하면 제1항에도 불구하고 직접 현장지휘를 할 수 있다.

다) 중앙통제단장은 대통령령으로 정하는 대규모 재난이 발생하거나 그 밖에 필요하다고 인정하면 제1항 및 제3항에도 불구하고 직접 현장지휘를 할 수 있다.

라) 재난현장에서 긴급구조 활동을 하는 긴급구조요원과 긴급구조지원기관의 인력·장비·물자에 대한 운용은 제1항·제3항 및 제4항에 따라 현장지휘를 하는 긴급구조통제단장(이하 "각급통제단장"이라 한다)의 지휘·통제에 따라야 한다.

마) 제16조제2항에 따른 지역대책본부장은 각급통제단장이 수행하는 긴급구조활동에 적극 협력하여야 한다.

바) 시·군·구 긴급구조통제단장은 제16조제3항에 따라 설치·운영하는 통합지원본부의 장에게 긴급구조에 필요한 인력이나 물자 등의 지원을 요청할 수 있다. 이 경우 요청받은 기관의 장은 최대한 협조하여야 한다.

사) 재난현장의 구조활동 등 초동 조치상황에 대한 언론 발표 등은 각급통제단장이 지명하는 자가 한다.

아) 각급통제단장은 재난현장의 긴급구조 등 현장지휘를 효과적으로 하기 위하여 재난현장에 현장지휘소를 설치·운영할 수 있다. 이 경우 긴급구조 활동에 참여하는 긴급구조지원기관의 현장지휘자는 현장지휘소에 대통령령으로 정하는 바에 따라 연락관을 파견하여야 한다.

자) 각급통제단장은 긴급구조 활동을 종료하려는 때에는 재난현장에 참여한 지역사고수습본부장, 통합지원본부의 장 등과 협의를 거쳐 결정하여야 한다. 이 경우 각급통제단장은 긴급구조 활동 종료 사실을 지역대책본부장 및 제5항에 따른 긴급구조지원기관의 장에게 통보하여야 한다.

차) 해양에서 발생한 재난의 긴급구조 활동에 관하여는 제1항부터 제10항까지의 규정을 준용한다. 이 경우 시·군·구 긴급구조통제단장, 시·도 긴급구조통제단장, 중앙긴급구조통제단장은 「수상에서의 수색·구조 등에 관한 법률」 제7조에 따른 지역구조본부의 장, 광역구조본부의 장, 중앙구조본부의 장으로 각각 본다.

4) 긴급대응협력관

긴급구조기관의 장은 긴급구조지원기관의 장에게 다음 각 호의 업무를 수행하는 긴급대응협력관을 대통령령으로 정하는 바에 따라 지정·운영하게 할 수 있다.

가) 평상시 해당 긴급구조지원기관의 긴급구조대응계획 수립 및 보유자원관리

나) 재난대응업무의 상호 협조 및 재난현장 지원업무 총괄

5) 긴급구조대응계획의 수립 (제54조)

긴급구조기관의 장은 재난이 발생하는 경우 긴급구조기관과 긴급구조지원기관이 신속하고 효율적으로 긴급구조를 수행할 수 있도록 대통령령으로 정하는 바에 따라 재난의 규모와 유형에 따른 긴급구조대응계획을 수립·시행하여야 한다.

6) 해상에서의 긴급구조 (제56조)

해상에서 발생한 선박이나 항공기 등의 조난사고의 긴급구조 활동에 관하여는 「수상에서의 수색·구조 등에 관한 법률」 등 관계 법령에 따른다.

7) 항공기 등 조난사고 시의 긴급구조 (제57조)

가) 소방청장은 항공기 조난사고가 발생한 경우 항공기 수색과 인명구조를 위하여 항공기 수색·구조계획을 수립·시행하여야 한다. 다만, 다른 법령에 항공기의 수색·구조에 관한 특별한 규정이 있는 경우에는 그 법령에 따르고, 항공기의 수색·구조에 필요한 사항은 대통령령으로 정한다.

나) 국방부장관은 항공기나 선박의 조난사고가 발생하면 관계 법령에 따라 긴급구조업무에 책임이 있는 기관의 긴급구조 활동에 대한 군의 지원을 신속하게 할 수 있도록 다음 각 호의 조치를 취하여야 한다.

① 탐색구조본부의 설치·운영

② 탐색구조부대의 지정 및 출동대기태세의 유지

③ 조난 항공기에 관한 정보 제공

다) 탐색구조본부의 구성과 운영에 필요한 사항은 국방부령으로 정한다.

[10] 재난의 복구

(1) 피해조사 및 복구계획

1) 재난으로 피해를 입은 사람은 피해상황을 행정안전부령으로 정하는 바에 따라 시장·군수·구청장(시·군·구 대책본부가 운영되는 경우에는 해당 본부장을 말한다. 이하 이 조에서 같다)에게 신고할 수 있으며, 피해 신고를 받은 시장·군수·구청장은 피해상황을 조사한 후 중앙대책본부장에게 보고하여야 한다.

2) 재난관리책임기관의 장은 재난으로 인하여 피해가 발생한 경우에는 피해상황을 신속하게 조사한 후 그 결과를 중앙대책본부장에게 통보하여야 한다

3) 재난관리책임기관의 장은 사회재난으로 인한 피해[사회재난 중 제60조제2항에 따라 특별재난지역으로 선포된 지역의 사회재난으로 인한 피해(이하 이 조에서 "특별재난지역 피해"라 한다)는 제외한다]에 대하여 제58조제2항에 따른 피해조사를 마치면 지체 없이 자체복구계획을 수립·시행하여야 한다.

4) 시·도지사 또는 시장·군수·구청장은 특별재난지역 피해에 대하여 관할구역의 피해상황을 종합하는 재난복구계획을 수립한 후 수습본부장 및 관계 중앙행정기관의 장과 협의를 거쳐 중앙대책본부장에게 제출하여야 한다.

5) 중앙대책본부장은 제2항 또는 제3항에 따라 제출받은 재난복구계획을 제14조제3항 본문에 따른 중앙재난안전대책본부회의의 심의를 거쳐 확정하고, 이를 관계 재난관리책임기관의 장에게 통보하여야 한다. 재난관리책임기관의 장은 제4항에 따라 재난복구계획을 통보받으면 그 재난복구계획에 따라 지체 없이 재난복구를 시행하여야 한다. 이 경우 지방자치단체의 장은 재난복구를 위하여 필요한 경비를 지방자치단체의 예산에 계상(計上)하여야 한다.

(2) 특별재난지역 선포 및 지원

1) 중앙대책본부장은 대통령령으로 정하는 규모의 재난이 발생하여 국가의 안녕 및 사회질서의 유지에 중대한 영향을 미치거나 피해를 효과적으로 수습하기 위하여 특별한 조치가 필요하다고 인정하거나 제3항에 따른 지역대책본부장의 요청이 타당하다고 인정하는 경우에는 중앙위원회의 심의를 거쳐 해당 지역을 특별재난지역으로 선포할 것을 대통령에게 건의할 수 있다.

2) 제1항에 따라 특별재난지역의 선포를 건의 받은 대통령은 해당 지역을 특별재난지역으로 선포할 수 있다.

3) 국가나 지방자치단체는 제60조에 따라 특별재난지역으로 선포된 지역에 대하여는 제66조제3항에 따른 지원을 하는 외에 대통령령으로 정하는 바에 따라 응급대책 및 재난구호와 복구에 필요한 행정상·재정상·금융상·의료상의 특별지원을 할 수 있다.

(3) 재정 및 보상

1) 비용 부담의 원칙 (제62조)

재난관리에 필요한 비용은 이 법 또는 다른 법령에 특별한 규정이 있는 경우 외에는 이 법 또는 제3장의 안전관리계획에서 정하는 바에 따라 그 시행의 책임이 있는 자(제29조제1항에 따른 재난방지시설의 경우에는 해당 재난방지시설의 유지·관리 책임이 있는 자를 말한다)가 부담한다. 다만, 제46조에 따라 시·도지사나 시장·군수·구청장이 다른 재난관리책임기관이 시행할 재난의 응급조치를 시행한 경우 그 비용은 그 응급조치를 시행할 책임이 있는 재난관리책임기관이 부담한다.

2) 치료 및 보상 (제65조)

가) 재난 발생 시 긴급구조 활동과 응급대책·복구 등에 참여한 자원봉사자, 제45조에 따른 응급조치 종사명령을 받은 사람 및 제51조제2항에 따라 긴급구조 활동에 참여한 민간 긴급구조지원기관의 긴급구조지원요원이 응급조치나 긴급구조 활동을 하다가 부상을 입은 경우에는 치료를 실시하고, 사망(부상으로 인하여 사망한 경우를 포함한다)하거나 신체에 장애를 입은 경우에는 그 유족이나 장애를 입은 사람에게 보상금을 지급한다. 다만, 다른 법령에 따라 국가나 지방자치단체의 부담으로 같은 종류의 보상금을 받은 사람에게는 그 보상금에 상당하는 금액을 지급하지 아니한다.

나) 재난의 응급대책·복구 및 긴급구조 등에 참여한 자원봉사자의 장비 등이 응급대책·복구 또는 긴급구조와 관련하여 고장나거나 파손된 경우에는 그 자원봉사자에게 수리비용을 보상할 수 있다.

3) 재난지역에 대한 국고보조 등의 지원 (제66조)

가) 국가는 다음 각 호의 어느 하나에 해당하는 재난의 원활한 복구를 위하여 필요하면 대통령령으로 정하는 바에 따라 그 비용(제65조제1항에 따른 보상금을 포함한다)의 전부 또는 일부를 국고에서 부담하거나 지방자치단체, 그 밖의 재난관리책임자에게 보조할 수 있다. 다만, 제39조제1항(제46조제1항에 따라 시·도지사가 하는 경우를 포함한다) 또는 제40조제1항의 대피명령을 방해하거나 위반하여 발생한 피해에 대하여는 그러하지 아니하다.

① 자연재난

② 사회재난 중 제60조제2항에 따라 특별재난지역으로 선포된 지역의 재난

나) 제1항에 따른 재난복구사업의 재원은 대통령령으로 정하는 재난의 구호 및 재난의 복구비용 부담기준에 따라 국고의 부담금 또는 보조금과 지방자치단체의 부담금·의연금 등으로 충당하되, 지방자치단체의 부담금 중 시·도 및 시·군·구가 부담하는 기준은 행정안전부령으로 정한다.

다) 국가와 지방자치단체는 재난으로 피해를 입은 시설의 복구와 피해주민의 생계 안정을 위하여 다음 각 호의 지원을 할 수 있다. 다만, 다른 법령에 따라 국가 또는 지방자치단체가 같은 종류의 보상금 또는 지원금을 지급하거나, 제3조제1호나목에 해당하는 재난으로 피해를 유발한 원인자가 보험금 등을 지급하는 경우에는 그 보상금, 지원금 또는 보험금 등에 상당하는 금액은 지급하지 아니한다.

① 사망자·실종자·부상자 등 피해주민에 대한 구호

② 주거용 건축물의 복구비 지원

③ 고등학생의 학자금 면제

④ 관계 법령에서 정하는 바에 따라 농업인·임업인·어업인의 자금 융자, 농업·임업·어업 자금의 상환기한 연기 및 그 이자의 감면 또는 중소기업 및 소상공인의 자금 융자

⑤ 세입자 보조 등 생계안정 지원

⑥ 관계 법령에서 정하는 바에 따라 국세·지방세, 건강보험료·연금보험료, 통신요금, 전기요금 등의 경감 또는 납부유예 등의 간접지원

⑦ 주 생계수단인 농업·어업·임업·염생산업(鹽生産業)에 피해를 입은 경우에 해당 시설의 복구를 위한 지원

⑧ 공공시설 피해에 대한 복구사업비 지원

⑨ 그 밖에 제14조제3항 본문에 따른 중앙재난안전대책본부회의에서 결정한 지원 또는 제16조제2항에 따른 지역재난안전대책본부회의에서 결정한 지원

라) 지원의 기준은 제1항 각 호의 어느 하나에 해당하는 재난에 대해서는 대통령령으로 정하고, 사회재난으로서 제60조제2항에 따라 특별재난지역으로 선포되지 아니한 지역의 재난에 대해서는 해당 지방자치단체의 조례로 정한다.

마) 국가와 지방자치단체는 재난으로 피해를 입은 사람에 대하여 심리적 안정과 사회 적응을 위한 상담 활동을 지원할 수 있다. 이 경우 구체적인 지원절차와 그 밖에 필요한 사항은 대통령령으로 정한다.

바) 국가 또는 지방자치단체는 제3항 각 호에 따른 지원의 원인이 되는 사회재난에 대

하여 그 원인을 제공한 자가 따로 있는 경우에는 그 원인제공자에게 국가 또는 지방자치단체가 부담한 비용의 전부 또는 일부를 청구할 수 있다.

사) 지원되는 금품 또는 이를 지급받을 권리는 양도·압류하거나 담보로 제공할 수 없다.

(4) 안전문화 진흥

1) 중앙행정기관의 장과 지방자치단체의 장은 소관 재난 및 안전관리업무와 관련하여 국민의 안전의식을 높이고 안전문화를 진흥시키기 위하여 안전문화 활동을 적극 추진하여야 한다.
2) 행정안전부장관은 안전문화 활동의 추진에 관한 총괄·조정 업무를 관장한다.
3) 지방자치단체의 장은 지역 내 안전문화 활동에 주민이 참여할 수 있는 제도를 마련하여 시행할 수 있다.
4) 국가와 지방자치단체는 국민이 안전문화를 실천하고 체험할 수 있는 안전체험시설을 설치·운영할 수 있다.
5) 국가와 지방자치단체는 지방자치단체 또는 그 밖의 기관·단체에서 추진하는 안전문화 활동을 위하여 필요한 예산을 지원할 수 있다.
6) 국가는 국민의 안전의식 수준을 높이기 위하여 매년 4월 16일을 국민안전의 날로 정하여 필요한 행사 등을 한다.
7) 국무총리는 재난을 예방하고, 재난이 발생할 경우 그 피해를 최소화하기 위하여 재난 및 안전관리업무에 종사하는 자가 지켜야 할 사항 등을 정한 안전관리헌장을 제정·고시하여야 한다.
8) 행정안전부장관은 재난 및 각종 사고로부터 국민의 생명과 신체 및 재산을 보호하기 위하여 정보(이하 "안전정보"라 한다)를 수집하여 체계적으로 관리하여야 한다.
9) 행정안전부장관은 지역별 안전수준과 안전의식을 객관적으로 나타내는 지수(이하 "안전지수"라 한다)를 개발·조사하여 그 결과를 공표할 수 있다.

[11] 벌칙

(1) 벌칙

1) 제31조제1항에 따른 안전조치명령을 이행하지 아니한 자는 3년 이하의 징역 또는 3천만원 이하의 벌금에 처한다.

> 제31조(재난예방을 위한 안전조치) ① 행정안전부장관 또는 재난관리책임기관(행정기관만을 말한다. 이하 이 조에서 같다)의 장은 제30조에 따른 긴급안전점검 결과 재난 발생의 위험이 높다고 인정되는 시설 또는 지역에 대하여는 대통령령으로 정하는 바에 따라 그 소유자·관리자 또는 점유자에게 다음 각 호의 안전조치를 할 것을 명할 수 있다.
> 1. 정밀안전진단(시설만 해당한다). 이 경우 다른 법령에 시설의 정밀안전진단에 관한 기준이 있는 경우에는 그 기준에 따르고, 다른 법령의 적용을 받지 아니하는 시설에 대하여는 행정안전부령으로 정하는 기준에 따른다.
> 2. 보수(補修) 또는 보강 등 정비
> 3. 재난을 발생시킬 위험요인의 제거

2) 제74조의3제5항을 위반하여 재난 대응 이외의 목적으로 정보를 사용하거나 업무가 종료되었음에도 해당 정보를 파기하지 아니한 자는 2년 이하의 징역 또는 2천만원 이하의 벌금에 처한다.

> 제74조의3(정보 제공 요청 등)⑤ 누구든지 제1항 및 제2항에 따라 수집된 정보를 이 법에 따른 재난 대응 이외의 목적으로 사용할 수 없으며, 업무 종료 시 지체 없이 해당 정보를 파기하여야 한다.

3) 다음 각 호의 어느 하나에 해당하는 자는 1년 이하의 징역 또는 1천만원 이하의 벌금에 처한다.

가) 정당한 사유 없이 제30조제1항에 따른 긴급안전점검을 거부 또는 기피하거나 방해한 자

나) 정당한 사유 없이 제41조제1항제1호(제46조제1항에 따른 경우를 포함한다)에 따른 위험구역에 출입하는 행위나 그 밖의 행위의 금지명령 또는 제한명령을 위반한 자

다) 정당한 사유 없이 제74조의3제1항에 따른 중앙대책본부장 또는 지역대책본부장의 요청에 따르지 아니한 자

라) 정당한 사유 없이 제74조의3제2항에 따른 중앙대책본부장 또는 지역대책본부장의 요청에 따르지 아니한 자

마) 제76조의4제4항을 위반하여 업무상 알게 된 재난안전의무보험 관련 자료 또는 정보를 누설하거나 권한 없이 다른 사람이 이용하도록 제공하는 등 부당한 목적으로 사용한 자

4) 다음 각 호의 어느 하나에 해당하는 자는 500만원 이하의 벌금에 처한다.

가) 정당한 사유 없이 제45조(제46조제1항에 따른 경우를 포함한다)에 따른 토지·건축

물·인공구조물, 그 밖의 소유물의 일시 사용 또는 장애물의 변경이나 제거를 거부 또는 방해한 자

나) 제74조의2제3항을 위반하여 직무상 알게 된 재난관리정보를 누설하거나 권한 없이 다른 사람이 이용하도록 제공하는 등 부당한 목적으로 사용한 자

(2) 양벌규정

법인의 대표자나 법인 또는 개인의 대리인, 사용인, 그 밖의 종업원이 그 법인 또는 개인의 업무에 관하여 제78조의3, 제79조 또는 제80조의 위반행위를 하면 그 행위자를 벌하는 외에 그 법인 또는 개인에게도 해당 조문의 벌금형을 과(科)한다. 다만, 법인 또는 개인이 그 위반행위를 방지하기 위하여 해당 업무에 관하여 상당한 주의와 감독을 게을리하지 아니한 경우에는 그러하지 아니하다.

(3) 과태료

1) 다음 각 호의 어느 하나에 해당하는 사람에게는 200만원 이하의 과태료를 부과한다.

가) 제34조의6제1항 본문에 따른 위기상황 매뉴얼을 작성·관리하지 아니한 소유자·관리자 또는 점유자

나) 제34조의6제2항 본문에 따른 훈련을 실시하지 아니한 소유자·관리자 또는 점유자

다) 제34조의6제3항에 따른 개선명령을 이행하지 아니한 소유자·관리자 또는 점유자

라) 제40조제1항(제46조제1항에 따른 경우를 포함한다)에 따른 대피명령을 위반한 사람

마) 제41조제1항제2호(제46조제1항에 따른 경우를 포함한다)에 따른 위험구역에서의 퇴거명령 또는 대피명령을 위반한 사람

2) 제76조의5제2항을 위반하여 보험 또는 공제에 가입하지 않은 자에게는 300만원 이하의 과태료를 부과한다.

3 해양선박사고(유·도선 수난사고) 위기대응 실무 매뉴얼[48]

[1] 관련근거

1) 재난 및 안전관리기본법 제34조의5(재난분야 위기관리 매뉴얼작성·운용)
2) 국가위기관리기본지침 (대통령훈령 제388호, 국가안보실)

[2] 재난관리 체계도 및 절차도

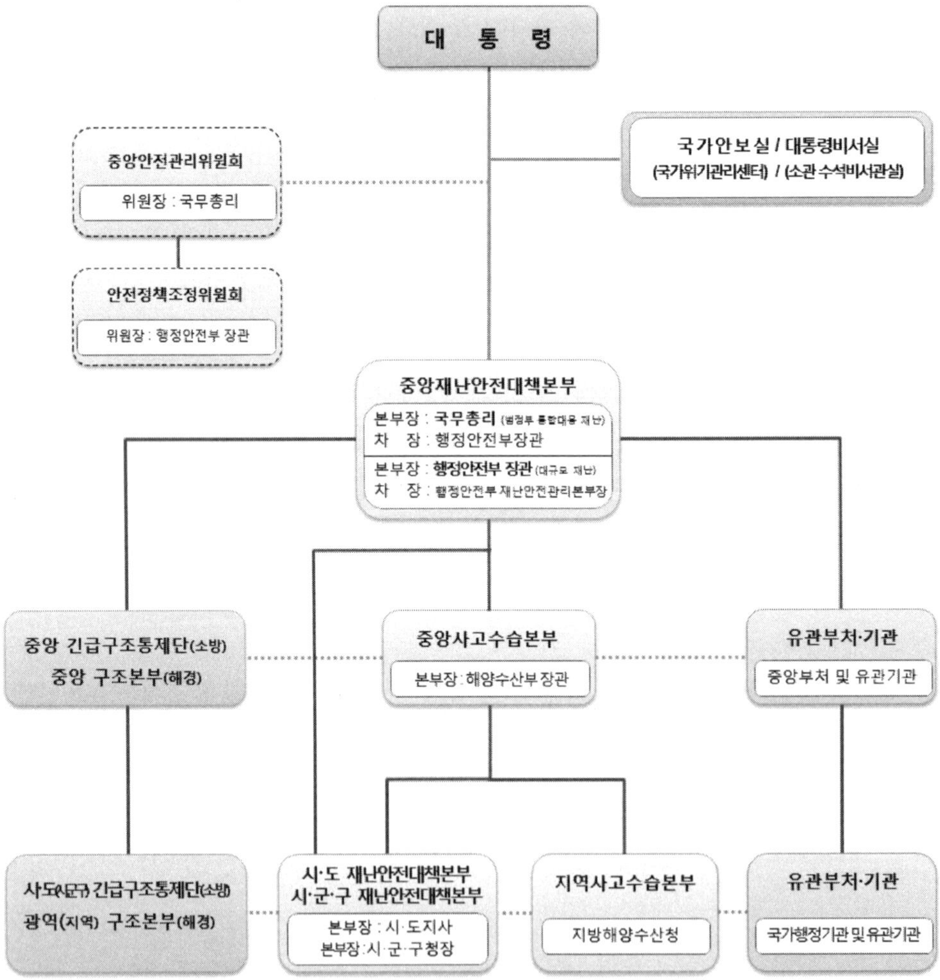

〈그림 2-27〉 재난관리 체계도

48) 해양경찰청, 「해양선박사고 위기대응 실무메뉴얼 : 해양유·도선 위기대응 실무메뉴얼 통합」, 2018.

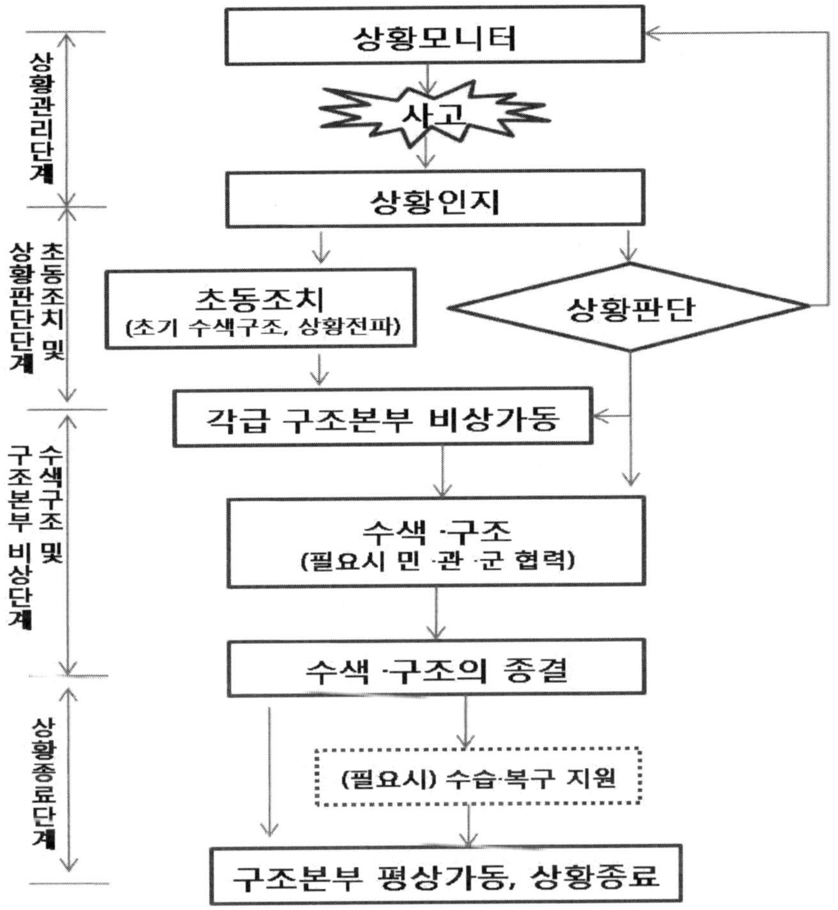

〈그림 2-28〉 해양경찰청의 해양선박사고 구조대응 표준절차

> ※ 해양경찰(해양경찰관서)은 ;
> - 재난 및 안전관리 기본법 상 해상에서의 **긴급구조기관**으로서,
> - 수상에서의 수색구조에 관한 법률 상 (중앙/광역/지역)**구조본부**로서,
> - 국제해상수색구조협약 상 RCC(**구조조정본부**)로서의 역할과 임무를 수행함

[3] 목적

이 매뉴얼은 해양에서 운항중인 선박이 충돌, 좌초, 접촉, 전복, 침몰, 화재, 폭발 등의 사고로 인해, 그리고 항공기가 해상에 추락 또는 불시착 등의 사고로 인해 일정 규모 이상의 피해 발생이 예상되거나 발생한 경우 해양 긴급구조기관으로서 해양경찰청 및 소속 해양경찰관서에서 조치할 사항과 대응 절차를 규정함으로써 해양재난으로부터 인명피해를 최소화 하는데 목적이 있다.

[4] 적용 범위

1) 「재난 및 안전관리 기본법」 제3조제1호나목 및 같은 법 시행령 제2조에서 정하는 규모 이상의 피해가 발생하거나 발생이 예상되는 경우로서 아래 상황의 경우에 적용

> **〈재난 및 안전관리 기본법 제3조〉**
>
> 1. "재난"이란 국민의 생명·신체·재산과 국가에 피해를 주거나 줄 수 있는 것으로서 다음 각 목의 것을 말한다
>
> 나. 사회재난 : 화재·붕괴·폭발·교통사고(항공사고 및 해상사고를 포함한다)·화생방사고·환경오염사고 등으로 인하여 발생하는 **대통령령으로 정하는 규모** 이상의 피해와 국가기반체계의 마비

> **〈재난 및 안전관리 기본법 시행령 제2조〉**
>
> 1. 국가 또는 지방자치단체 차원의 대처가 필요한 인명 또는 재산의 피해
> 2. 그 밖에 제1호의 피해에 준하는 것으로서 행정안전부장관이 재난관리를 위하여 필요하다고 인정하는 피해

가) 선박(유·도선 포함)이 충돌, 접촉, 좌초, 전복, 침몰, 화재 및 폭발 등으로 대규모의 사상자가 발생하거나 발생이 예상되는 경우

나) 항공기의 해상 불시착 또는 추락으로 인하여 대규모 사상자가 발생하거나 발생이 예상되는 경우

다) 그 밖의 해양 선박사고로서 사회적 관심이 집중된 재난

2) 「수상에서의 수색·구조 등에 관한 법률」에 규정된 대한민국의 해상 수색구조 관할구역 내에서 대형 해양사고 발생 시 해양경찰청 및 소속 해양경찰관서와 유관기관의 위기대응 협업 활동

3) 해양 선박사고가 대규모 해양오염사고로 이어져 전개되거나 전개될 우려가 있는 경우 인명구조 및 인명피해 최소화를 최우선으로 한 구조본부 중심으로 先운영하고, 방제대책본부의 별도 설치 운영 여부와 시기는 소관기능에서 상황판단회의를 통해 결정

4) 「재난 및 안전관리 기본법 시행령」 별표 1의3에 따라 해외에서 발생한 선박사고 재난에 대한 주관부처(외교부)의 협조·지원에 관한 사항은 재외국민보호 위기관리 표준매뉴얼이 정하는 바에 따르고 해양선박사고 표준매뉴얼 준용 가능

[5] 관련 법령

1) 수상에서의 수색·구조 등에 관한 법률

2) 재난 및 안전관리 기본법
3) 국가위기관리기본지침(대통령 훈령 제388호)
4) 구조본부의 구성 및 운영 등에 관한 훈령(해양경찰청 훈령)
5) 1979년 해상 수색 및 구조에 관한 국제협약 및 부속서
6) 국제민간항공협약 부속서 12 등

[6] 관련 매뉴얼

1) 해양 선박사고 위기관리 표준매뉴얼
2) 해양 유·도선사고 위기관리 표준매뉴얼
3) 항공기사고 위기대응 실무매뉴얼

[7] 용어의 정의

구 분	내 용
재난	국민의 생명·신체·재산과 국가에 피해를 주거나 줄 수 있는 것으로서 자연재난과 사회재난으로 분류
자연재난	태풍, 홍수, 호우(豪雨), 강풍, 풍랑, 해일(海溢), 대설, 낙뢰, 가뭄, 지진, 황사(黃砂), 조류(藻類) 대발생, 조수(潮水), 화산활동, 소행성·유성체 등 자연우주물체의 추락·충돌, 그 밖에 이에 준하는 자연현상으로 인하여 발생하는 재해
사회재난	화재·붕괴·폭발·교통사고(항공사고 및 해상사고를 포함한다)·화생방사고·환경오염사고 등으로 인하여 발생하는 대통령령*으로 정하는 규모 이상의 피해와 에너지·통신·교통·금융·의료·수도 등 국가기반체계의 마비 등 ※ 대통령령으로 정하는 규모 이상의 피해란? 1. 국가 또는 지방자치단체 차원의 대처가 필요한 인명 또는 재산의 피해 2. 그 밖에 제1호의 피해에 준하는 것으로서 행정안전부장관이 재난관리를 위하여 필요하다고 인정하는 피해
해외재난	대한민국의 영역 밖에서 대한민국 국민의 생명·신체 및 재산에 피해를 주거나 줄 수 있는 재난으로서 정부차원에서 대처할 필요가 있는 재난
재난관리	재난의 예방·대비·대응 및 복구를 위하여 하는 모든 활동
재난관리 주관기관	재난이나 그 밖의 각종 사고에 대하여 그 유형별로 예방·대비·대응·복구 등의 업무를 주관하여 수행하는 중앙행정기관 * 「재난 및 안전관리 기본법」 제3조제5의2호 및 같은 법 시행령 제3조의2 (별표1의3)에 따라 「해양 선박사고」의 재난관리 주관기관은 해양수산부, 유도선사고의 재난관리 주관기관은 해양경찰청(해양안전과) * 단, 해외에서 발생한 재난의 주관기관은 외교부 ▸ 주관기관에 중앙사고수습본부를 설치(본부장 : 주관기관의 장)

구 분	내 용
재난관리 책임기관	재난관리업무를 하는 중앙행정기관, 지방자치단체, 지방행정 기관, 공공기관 및 공공단체 * 「재난 및 안전관리 기본법」 제3조제5호 및 같은 법 시행령 제3조 (별표1의2)에 따라 해양수산 관련 재난관리책임기관은 지방해양수산청, 항만공사, 수산업협동조합중앙회, 국립수산과학원, 국립해양조사원, 선박안전기술공단, 해양환경관리공단, 한국선급단, 유도선사고 관련 재난관리책임기관은 해양경찰청
재난관리 단계	• **예방** : 재난발생요인을 사전에 제거하거나 감소시킴으로써 재난의 발생 자체를 억제하거나 방지하기 위한 일련의 활동 • **대비** : 재난상황 하에서 수행해야 할 제반 사항을 사전에 계획, 준비, 교육, 훈련함으로써 재난 대응능력을 제고시키고 재난 발생시 즉각적으로 대응할 수 있도록 태세를 강화시켜 나가는 일련의 활동 • **대응** : 재난발생시 국가의 자원과 역량을 효율적으로 활용 하고 신속하게 대처함으로써 피해를 최소화하고 추가적인 피해 발생 가능성을 감소시키는 일련의 활동 • **복구** : 재난으로 인해 발생한 피해를 재난 이전의 상태로 회복시키고, 평가 등에 의한 제도 개선과 운영체계 보완을 통해 재발을 방지하고 재난관리 능력을 향상시키고자 하는 일련의 활동
긴급구조	재난이 발생할 우려가 현저하거나 재난이 발생하였을 때에 국민의 생명·신체 및 재산을 보호하기 위하여 긴급구조기관과 긴급구조지원기관이 하는 인명구조, 응급처치, 그 밖에 필요한 모든 긴급한 조치
긴급구조기관	• 해양경찰청및 소방청 • 지방해양경찰청 및 소방본부 • 해양경찰서 및 소방서
긴급구조 지원기관	긴급구조에 필요한 인력·시설 및 장비, 운영체계 등 긴급구조능력을 보유한 기관이나 단체로서 대통령령*으로 정하는 기관·단체 ※ 대통령령(재난안전법 시행령)으로 정하는 기관과 단체 ; 1. 교육부, 미래창조과학부, 국방부, 산업통상자원부, 보건복지부, 환경부, 국토교통부, 해양수산부, 방송통신위원회, 경찰청, 기상청 및 산림청 2. 국방부장관이 법 제57조제3항제2호에 따른 탐색구조부대로 지정하는 군부대와 그 밖에 긴급구조지원을 위하여 국방부장관이 지정하는 군부대 3. 「대한적십자사 조직법」에 따른 대한적십자사 4. 「의료법」 제3조제2항제3호마목에 따른 종합병원 4의2. 「응급의료에 관한 법률」 제2조제5호에 따른 응급의료기관, 같은 법 제27조에 따른 응급의료정보센터 및 같은 법 제44조제1항제1호·제2호에 따른 구급차등의 운용자 5. 「재해구호법」 제29조에 따른 전국재해구호협회 6. 법 제3조제7호에 따른 긴급구조기관과 긴급구조활동에 관한 응원협정을 체결한 기관 및 단체 7. 그 밖에 긴급구조에 필요한 인력과 장비를 갖춘 기관 및 단체로서 총리령으로 정하는 기관 및 단체

구 분	내 용
유관기관	해당 재난에 대한 정부의 재난관리 활동에 있어 주관기관의 활동을 지원하고 협조하는 중앙행정기관 및 그 소속기관
실무기관	재난관리의 대상이 되는 기능·시설을 직접 관리하거나 해당 지역을 관할하는 지방자치단체, 공공기관 및 단체
국가위기	국가의 주권, 영토와 국민의 생명·재산 등 국가의 핵심요소와 가치에 중대한 위해가 가해질 가능성이 있거나 가해지고 있는 상태
위기관리	국가위기를 효과적으로 예방·대비하고 대응·복구하기 위하여 국가가 자원을 기획·조직·집행·조정·통제하는 제반 활동과정
위기경보 수 준	• **관심(Blue)** : 위기징후와 관련된 현상이 나타나고 있으나 그 활동수준이 낮아서 국가 위기로 발전할 가능성이 적은 상태 * 징후 감시활동, 비상연락망 등 관련기관 간 협조체계 점검 • **주의(Yellow)** : 위기징후의 활동이 비교적 활발하여 국가 위기로 발전할 수 있는 일정 수준의 경향이 나타나는 상태 * 정보수집 및 정보공유 활동을 강화하여 관련기관과의 협조체계 가동 • **경계(Orange)** : 위기징후의 활동이 활발하여 국가위기로 발전할 가능성이 농후한 상태 * 조치계획 점검 및 관련기관과 함께 인적·물적 자원 동원 준비 • **심각(Red)** : 위기징후의 활동이 매우 활발하여 국가위기의 발생이 확실시 되는 상태 * 관계기관과 함께 관련 역량최대 투입, 위기발생에 즉각적 대응태세 유지 ※위기경보 수준은 사고수습본부인 재난관리주관기관이 재난피해의 전개속도, 확대가능성 등 재난상황의 심각성을 종합적으로 고려하여 설정하는 것으로서, 긴급구조기관이 현장에서 구조측면에서 위험수준을 판단하고 대응수준을 설정하는 것과는 다른 것이며, 각급 구조본부장은 수습본부장이 설정한 위기경보의 수준을 참고는 하되 현장의 인명피해 위험성을 기준으로 하여 구조대응의 수준을 탄력적으로 운영할 필요 있음.
해 양 선박사고	「해양사고의 조사 및 심판에 관한 법률 사무처리 요령」 제13조제1항1호에 규정된 충돌, 접촉, 좌초, 전복, 화재, 폭발, 침몰, 침수, 행방불명, 기관손상, 추진축계 손상, 조타장치 손상, 속구손상, 기타 사유로 인하여 인명 손실이나 선박 손상이 발생하거나 발생할 우려가 있는 경우 ※해양선박사고 위기관리 표준매뉴얼상의 정의임

[8] 재난 유형

다음 유형의 해양 선박·항공기 사고로 인하여 국가 또는 지방자치단체 차원의 대처가 필요한 대규모 인명 피해 및 재산 피해가 발생 또는 예상되는 경우

▶ 경미한 선박 간 충돌 및 부두 접촉 등으로 인한 경상자 발생 등 현장에서 즉각적인 수습이 가능하거나 위험성이 낮은 사고는 제외

1) 여객선, 유·도선 등 다중이용 선박의 화재·충돌 등 제반 유형의 사고
2) 유조선, 케미컬선 등 위험물 운반선의 화재·폭발 사고
3) 선박 대 선박 또는 선박 대 해상부유물 등 과의 충돌·접촉 사고
4) 컨테이너, 원목 등 선박 적재화물의 유실·유출 사고
5) 어선 간 또는 어선과 기타 선박 간 충돌사고 및 어선의 침몰·화재 사고
6) 항공기의 해상 불시착 또는 추락 사고

▶ 상기 재난 유형에 준하는 사항은 재난의 유형, 상황, 확산 속도 등을 고려하여 탄력적으로 대응

[9] 전개 양상

◈ 선박의 충돌, 좌초, 전복, 침몰, 화재, 항공기 추락 등 사고발생

↓

◈ 사고로 인해 인명 및 재산상 피해 발생
◈ 선박으로부터 떨어진 물건 또는 좌초·침몰·전복된 선박이 다른 선박의 안전운항에 지장을 초래

↓

◈ 다수의 인명피해로 사회적·경제적으로 광범위한 영향 초래
◈ 국내·외 해상 여객 및 화물 수송에 심각한 차질 발생
◈ 선박의 입·출항, 선적 및 하역 등 항만운영 마비
◈ 국가 이미지 실추에 따른 국가경쟁력 저하

[10] 위기 경보

(1) 위기경보의 수준

구분	판단 기준	비고
관심 (Blue)	• 선박의 충돌, 화재, 폭발, 좌초, 전복, 침몰, 적재화물의 유실·유출, 기타 선체 손상 등 해양 선박사고로 인하여 재난으로 발전할 가능성이 예상될 때	• 징후활동 감시 • 해수부, 행안부 중앙재난안전상황실, 해경 상황센터(실) 및 VTS
주의 (Yellow)	• 선박의 충돌, 화재, 폭발, 좌초, 전복, 침몰, 적재화물의 유실·유출, 기타 선체 손상 등 해양 선박사고로 인하여 재난으로 발전할 수 있는 경향이 나타날 때 • 기상특보 발표 등 해상·기상이 악화되는 상황에서 선박이 기관고장 등 자력 운항이 불가하여 구조활동이 필요한 경우	• 협조체제 가동 • 해수부, 행안부 중앙재난안전상황실, 해경 상황센터(실) 및 VTS
경계 (Orange)	• 선박의 충돌, 화재, 폭발, 좌초, 전복, 침몰, 적재화물의 유실·유출, 기타 선체 손상 등 해양 선박사고로 인하여 재난으로 발전할 가능성이 농후할 때 • 기상특보 발효 등 해상·기상이 악화된 상황에서 선박의 조난상황을 접수·확인하는 등 긴급구조가 필요한 경우	• 대응태세 강화 • 지역사고수습본부 구성·운영, • 본부는 필요시 ①중앙사고수습본부 또는 ②사고수습대책반 또는 ③긴급대응반 구성·운영 • 필요시 구조본부 비상가동
심각 (Red)	• 선박의 충돌, 화재, 폭발, 좌초, 전복, 침몰, 적재화물의 유실·유출, 기타 선체 손상 등 해양 선박사고로 인하여 재난이 발생하였거나 발생할 가능성이 확실할 때	• 총력 대응 • 구조본부 비상가동, 중앙사고수습본부 구성·운영 등

▸ 판단기준은 재난에 대한 위기경보 수준 판단을 위한 기준 제시이며, 실제 경보발령은 상황의 전개속도, 파급효과 및 인명피해 추가발생 가능성(실종, 중상 등) 등을 감안하여 주관기관에서 결정

(2) 위기경보의 발령

1) 해양 선박사고와 관련한 위기경보는 해양수산부(해외재난은 외교부, 유·도선사고는 해양경찰청)에서, 항공기의 해상 추락 또는 불시착과 관련한 위기경보는 국토교통부에서, 자체 상황판단회의 등 내부 절차를 거쳐 발령 (단, 중앙사고수습본부장은 필요시 직권으로 위기경보 발령)

▶ 발령내용은 국가안보실(위기관리센터), 국무조정실, 행안부, 해양경찰청(상황센터, 수색구조과, 기동방제과) 등 유관기관에 전파

2) 재난관리 주관기관(해수부, 국토부 등)에서 범정부적 차원의 조치가 요구되는 「심각」 수준의 경보발령과 해제 또는 「심각」 수준에서 위기경보 수준을 조정할 경우에는 행정안전부(사회재난대응과)와 사전협의

▶ 위기경보 수준 하향 조정 시 고려사항 : 수색·구조활동이 종료되거나 인명·재산 피해가 확정되는 등 "대응" 단계에서 "복구" 단계로 전환되는 경우, 재난관리 주관기관은 위기경보 수준을 하향 조정하거나 해제

3) 위기경보가 발령된 해양 선박사고에 대한 수습이 종료되는 등 위험성이 해소된 경우, 해당 사고로 인한 재난에 대한 위기경보 발령은 해제된 것으로 간주

4) 해양사고 발생 시 위기경보가 없더라도 해양 긴급구조기관인 해양경찰은 「수상에서의 수색·구조 등에 관한 법률」 및 「재난 및 안전관리 기본법」에 따라 구조업무를 시행하고, 사고상황의 상부기관 보고 및 유관기관 전파, 수난구호협력기관에 협조 요청

(3) 재난 및 위기 관리기구의 구성·운영

1) 해양경찰은 「재난 및 안전관리 기본법」 상의 긴급구조기관에 해당

▶ '긴급구조기관의 재난현장 지휘 및 협력에 관한 표준체계' 참조

2) 긴급구조기관의 재난현장 지휘·협력 표준체계를 반영한 「구조본부의 구성 및 운영 등에 관한 훈령(해양경찰청 훈령 제1호)」에 의거, 사고·재난의 심각성 및 규모에 따라 단계별 구조본부의 비상가동으로 위기 대응

3) 수상에서의 수색·구조 등에 관한 법률 제14조 제1항에 따라, 수난구호협력기관의 장은 수난구호활동을 위하여 구조본부의 장으로부터 필요한 지원과 협조요청이 있을 경우 특별한 사정이 없으면 이에 응하여야 함.

〈수난구호협력기관〉

- 중앙행정기관
- 지방자치단체
- 수상구조법 시행령에 따른 공공단체
  1. 공공보건의료기관
  2. 한국해양구조협회
  3. 해양·수산·수난구호(水難救護) 관련 연구소
  4. 그 밖에 수난구호에 필요한 인력과 장비를 갖춘 기관 및 단체
- 「재난 및 안전관리 기본법」 제3조제8호에 따른 긴급구조지원기관
  1. 교육부, 미래창조과학부, 국방부, 산업통상자원부, 보건복지부, 환경부, 국토교통부, 해양수산부, 방송통신위원회, 경찰청, 기상청 및 산림청
  2. 국방부장관이 법 제57조제3항제2호에 따른 탐색구조부대로 지정하는 군부대와 그 밖에 긴급구조지원을 위하여 국방부장관이 지정하는 군부대

3. 「대한적십자사 조직법」에 따른 대한적십자사
4. 「의료법」 제3조제2항제3호마목에 따른 종합병원
4의2. 「응급의료에 관한 법률」 제2조제5호에 따른 응급의료기관, 같은 법 제27조에 따른 응급의료정보센터 및 같은 법 제44조제1항제1호·제2호에 따른 구급차등의 운용자
5. 「재해구호법」 제29조에 따른 전국재해구호협회
6. 법 제3조제7호에 따른 긴급구조기관과 긴급구조활동에 관한 응원협정을 체결한 기관 및 단체
7. 그 밖에 긴급구조에 필요한 인력과 장비를 갖춘 기관 및 단체로서 총리령으로 정하는 기관 및 단체 (☞ 유역환경청 또는 지방환경청, 지방국토관리청, 지방항공청, 보건소, 지하철공사, 도시철도공사, 한국가스공사, 한국가스안전공사, 한국농어촌공사, 한국전기안전공사, 한국전력공사, 대한석탄공사, 한국광물자원공사, 한국수자원공사, 한국도로공사, 한국공항공사, 항만공사, 한국원자력의학원, 국립공원관리공단, 행정안전부장관이 정하여 고시하는 기간통신사업자)

4) 수상에서의 수색·구조 등에 관한 법률 제17조에 따라, 구조본부장은 조난현장에서의 다음 사항에 대해 수난구호활동을 지휘함.
   ① 조난현장에서의 수난구호활동
   ② 수난구호협력기관, 수난구호민간단체, 자원봉사자 등의 임무 부여와 인력 및 장비의 배치와 운용
   ③ 추가 조난의 방지를 위한 응급조치
   ④ 사상자의 응급처치 및 의료기관으로의 이송
   ⑤ 수난구호에 필요한 물자 및 장비의 관리
   ⑥ 수난구호요원의 안전확보를 위한 조치
   ⑦ 현장접근 통제, 조난현장의 질서유지 등 효율적인 수난구호활동을 위하여 필요한 사항
5) 조난현장에서 수난구호활동에 임하는 수난구호요원, 조난된 선박의 선원 및 승객은 현장지휘관의 지휘·통제에 따라야 함.

[11] 위기관리 체계

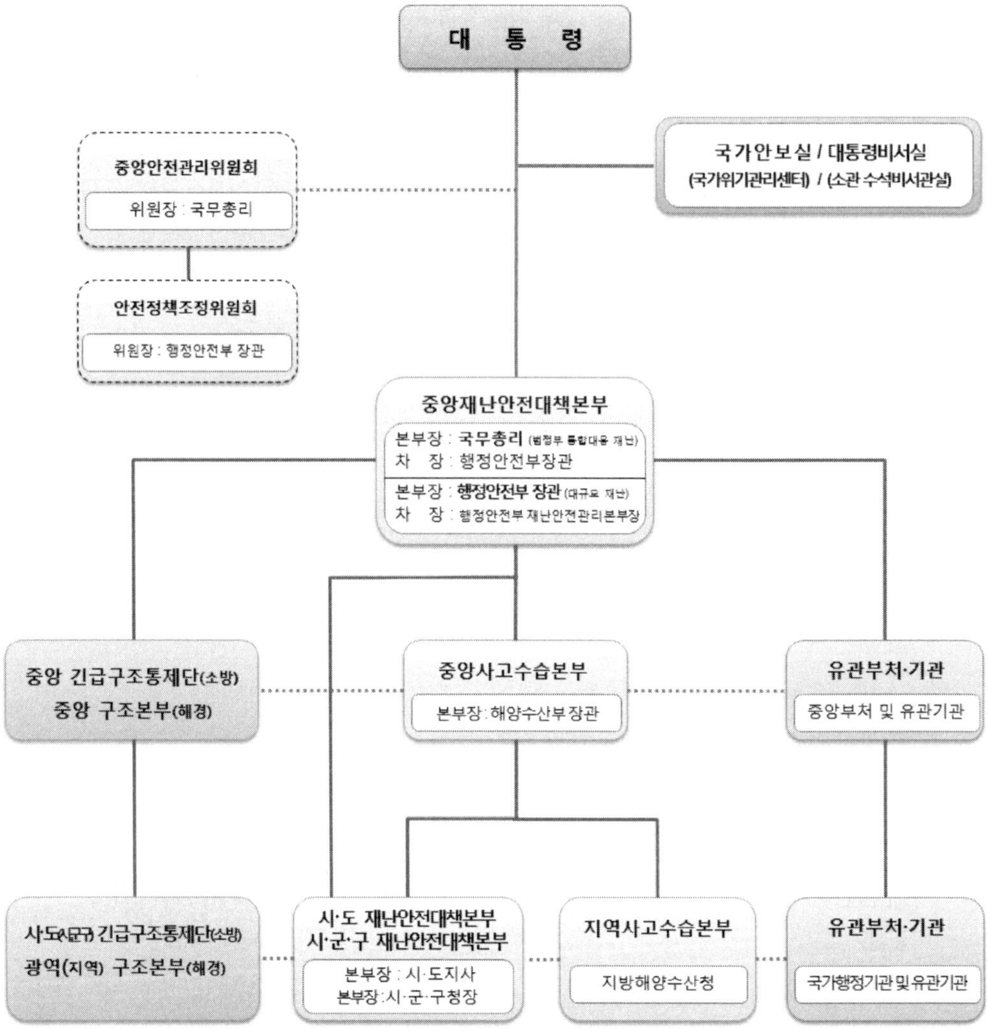

대 통 령
국가안보실 / 대통령비서실
(국가위기관리센터) / (소관 수석비서관실)
중앙안전관리위원회
위원장 : 국무총리
안전정책조정위원회
위원장 : 행정안전부 장관
중앙재난안전대책본부
본부장 : 국무총리 (범정부 통합대응 재난)
차 장 : 행정안전부장관
본부장 : 행정안전부 장관 (대규모 재난)
차 장 : 행정안전부 재난안전관리본부장
중앙 긴급구조통제단(소방)
중앙 구조본부(해경)
중앙사고수습본부
본부장 : 해양수산부장관
유관부처·기관
중앙부처 및 유관기관
시·도(시·군·구) 긴급구조통제단(소방)
광역(지역) 구조본부(해경)
시·도 재난안전대책본부
시·군·구 재난안전대책본부
본부장 : 시·도지사
본부장 : 시·군·구청장
지역사고수습본부
지방해양수산청
유관부처·기관
국가행정기관 및 유관기관

[12] 위기관리 기구 및 임무·역할

구　분	임무와 역할
국가안보실 (위기관리센터)	• 재난분야 위기에 관한 상황 파악, 보고 및 전파
대통령비서실 (재난안전·주무비서관실)	• 재난상황 종합평가, 초기·전략대응반 운영 • 대통령 지시사항 확인, 분야별 정책·전략적 대응 및 홍보방향 제시 • 국민안정대책 등 총괄·조정
중앙안전관리위원회 (국무총리)	• 재난관리에 있어 국가차원의 중요정책 조정·심의 • 재난사태 및 특별재난지역 선포 심의
중앙재난안전대책본부 (국무총리 또는 행정안전부 장관)	• 대규모 재난의 예방·대비·대응·복구 등에 관한 사항의 총괄·조정 • 관계 재난관리책임기관의 장에게 행정 및 재정상의 조치, 소속 직원의 파견, 그 밖에 필요한 지원 요청 • 재난예방 및 응급대책 등 재난대비계획 수립 • 재난분야 재난징후 목록 및 상황정보 종합·관리 • 재난사태 및 특별재난지역 선포 검토·건의 • 재난현장 대응활동 종합 및 조정 • 상황판단회의(자체위기평가회의)를 통해 중앙재난안전대책본부 설치 ※「재난 및 안전관리기본법」 제14조와 「재난 및 안전관리 기본법 시행령」 제13조에 따라 중앙재난안전대책본부장이 상황판단회의를 거쳐 재난관리에 필요하다고 판단될 경우 중앙재난안전대책본부를 설치할 수 있음 • 주관기관 요청 시 중앙재난안전대책본부 가동 및 중앙수습지원단 파견 조치 등
지역재난안전대책본부 (지방자치단체장)	• 지역재난상황 총괄 및 사고수습체계 구축 • 재난현장 총괄·조정 및 지원을 위한 재난현장 통합 지원본부 설치·운영(시·군·구 단체장) • 지역 내 재난관리책임기관과의 장에게 행·재정상의 조치 및 업무협조 요청 • 생활안정지원, 응급복구, 의료·교통, 물자지원 등 • 지역사고수습본부와의 원활한 협조체제 유지 등
중앙구조본부 (해양경찰청장)	• 해수면에서의 수난구호에 관한 사항의 총괄·조정 • 수난구호협력기관과 수난구호 민간단체 등이 행하는 수난구호 활동의 역할 조정과 지휘·통제 • 수난구호활동의 국제적인 협력 등
광역구조본부 (지방해양경찰청장)	• 해역별 수난구호에 관한 사항의 총괄·조정 • 해당 지역에 소재하는 수난구호 협력기관과 수난 구호 민간단체 등이 행하는 수난구호활동의 역할 조정과 수난현장에서의 지휘·통제 등
지역구조본부 (해양경찰서장)	• 해상에서 수난구호를 효율적으로 수행하기 위해 구조대 편성 및 운영 • 응급환자 응급처치 및 의료기관 긴급이송을 위한 구급대 편성·운영

<table>
<tr><th colspan="2">구 분</th><th>임무와 역할</th></tr>
<tr><td rowspan="4">중앙
사고수습
본부</td><td>공 통</td><td>• 재난정보 수집·전파, 상황관리, 재난발생시 초동 조치 및 사고수습
• 피해상황 조사 및 종합상황 관리
• 관계 재난관리책임기관의 장에게 행·재정상의 조치, 소속 직원의 파견, 그 밖에 필요한 지원 요청
• 재난수습에 필요한 범위에서 시·도지사 및 시장·군수·구청장 지휘
• 사고 원인규명 특별조사반 운영
• 피해민 지원 대책 강구 등</td></tr>
<tr><td>해양수산부장관</td><td>• 해양 선박사고 수습 총괄 조정 및 언론 대응
• 선체인양 등 환경 원상복구 대책 강구(보상관련)</td></tr>
<tr><td>국토교통부장관</td><td>• 항공기사고 수습 총괄 조정 및 언론 대응</td></tr>
<tr><td>해양경찰청</td><td>• 해양 유·도선사고 수습 총괄 조정 및 언론 대응</td></tr>
<tr><td colspan="2">지역사고수습본부
(지방해수청장/항공청장)</td><td>• 해당 관할 해역 재난 피해상황 조사 및 종합상황 관리
• 현장조치 행동매뉴얼에 따라 현장 임무 수행 등</td></tr>
</table>

[13] 위기관리 기구의 구성 및 운영

(1) 해양선박사고 주관기관의 재난 및 위기 관리기구 구성·운영

1) 위기경보 「경계」 발령 시, 지역사고수습본부 설치·운영

▶ 필요시 해양수산부 본부에 중앙사고수습본부를 설치·운영하거나 사고수습대책반 등 실·국별 간소화된 조직을 운영

2) 위기경보 「심각」 발령 시, 해양수산부 본부에 중앙사고수습본부를, 관할 소속기관에는 지역사고수습본부를 각각 설치·운영

▶ 중앙사고수습본부(본부장 : 장관) 미운영시 사고수습대책반(반장 : 실·국장) 운영, 사고대책반 미운영시 긴급대응반(반장 : 실·국장)을 운영

3) 중앙사고수습본부장은 해당 재난의 수습에 필요한 범위에서 지역재난안전대책본부장(대책본부 미설치시 시·도지사 및 시·군·구청장)을 지휘할 수 있음

4) 해외에서 발생한 해양 선박사고와 관련하여 외교부에 중앙재난안전대책본부 또는 중앙사고수습본부가 설치되는 경우, 해양수산부는 비상대책본부를 구성·운영할 수 있음

(2) 해양사고 긴급구조기관의 재난 및 위기 관리기구 구성·운영

1) 해양사고 긴급구조기관으로서 각 해양경찰서, 지방해양경찰청 및 해양경찰청은 「수상에서의 수색·구조에 관한 법률」에 따른 지역·광역·중앙 구조본부의 비상가동으로 해양재난 위기에 대응

▶ '구조본부 비상가동'이란, 해양 사고 또는 재난의 대응에 있어 종합상황실을 중심으로 평상단계로 운영하던 구조본부를 대비단계 또는 대응단계로 격상하여 운영하는 것을 말함.

2) 각급 구조본부의 비상가동에 관한 상세사항은 해양경찰청 훈령(구조본부의 구성 및 운영 등에 관한 훈령)에 따름

▶ 위기경보 수준은 사고수습본부인 재난관리주관기관이 재난피해의 전개속도, 확대가능성 등 재난상황의 심각성을 종합적으로 고려하여 설정하는 것으로서, 긴급구조기관이 현장에서 구조측면에서 위험수준을 판단하고 대응수준을 설정하는 것과는 차이가 있음. 구조본부장은 수습본부장이 설정한 위기경보의 수준을 참고하되 현장의 인명피해 위험성을 기준으로 구조본부의 비상가동 단계 설정 등, 구조대응의 수준을 탄력적으로 운영함.

[14] 재난관리 단계별 활동

(1) 예방

1) 중점 추진사항

◈ 해사안전관리 종합대책 추진(해수부 소관) 및 유·도선 안전관리지침 수립
◈ 유·도선 분야 국가안전대진단 추진
◈ 사업자(유·도선), 선박 종사자의 안전역량 제고(해수부 소관)
◈ 해양재난 감시 및 사전차단 강화(해수부, 해경 등)

2) 세부 활동내용

① (해양경찰청) 해상교통문자방송을 통한 항해중인 선박대상 해양안전정보 제공으로 선박의 자체 안전조치 유도

② (각 지방해경청) VTS의 해상교통관제로 선박충돌사고 예방

③ (각 해양경찰서) 안개, 풍랑(태풍) 등 기상특보 기준에 따른 선박 출항 통제로 기상요인에 의한 사고 발생 예방

(2) 대비

1) 중점 추진사항

◈ 유관기관 등과 공조·협력체계 구축·유지
◈ 해양재난 발생 대비태세 확립
◈ 해양재난 대비 분야별 교육 및 훈련 실시

2) 세부 활동내용

가) 유관기관 등과 공조·협력체제 구축·유지

① 지역별 수난구호대책위원회 정기 개최로 해양 사고·재난 발생 시 수난구호협력기관의 역할 명확화

② 지역별 민간해양구조대 및 민간잠수사 등 민간 구조자원의 세력현황 및 유관기관·단체 비상연락망의 정기 업데이트로 상황보고·전파 및 긴급동원(지원요청)체계 확립

③ 지역별 기상청과 연계, 해양재난·이상기후 등의 전파 및 협력체계 유지

나) 해양재난 발생 대비태세 확립

① 각급 상황실의 해양사고 인지 체계 확립 및 대응역량 강화

② 각 해경서별 관내 사고 다발해역 파악 및 사고 대응절차 숙지

③ 구조장비 및 구조인력 확충 등 구조 인프라 보강

다) 해양재난 대비 분야별 교육 및 훈련 실시

① 자체 계획에 따른 함정, 구조대 등 세력별 구조 역량 강화 교육·훈련 실시

② 해양경찰교육원 구조전문화 관련 교육과정 개설 및 운영

③ 수상구조법에 따른 수난대비기본훈련의 정기적 실시로 민·관·군 구조협력 합동성 강화

④ 구조본부 비상가동 훈련의 실시로 현장에 대한 지휘·통제 역량 강화

3) 위기경보 수준별 대응 조치

> * 「대비」는 재난상황 하에서 수행해야 할 제반 사항을 사전에 계획, 준비, 교육, 훈련하는 활동이므로 재난의 발생 전 단계로 이해되나,
> * 해양선박사고 주관기관의 표준매뉴얼은 「대비」단계에서 「관심」위기경보를 내릴 수 있으므로, 이 실무 매뉴얼은 표준매뉴얼 체계에 따르도록 함
> * 따라서, 위에서 언급한 「대비」단계 세부 활동내용을 기본적으로 이행하되, 「관심」위기경보 시에는 사고발생을 전제로 하여 이해하고 '긴급구조기관'으로서의 임무를 수행함

가) 관심(Blue)

① 징후

- 선박의 충돌, 화재, 폭발, 좌초, 전복, 침몰, 적재화물의 유실·유출, 기타 선체 손상 등 해양 선박사고로 인하여 재난으로 발전할 가능성이 예상될 때 (해양 선박사고 표준매뉴얼상 정의)

- 이상기후 예보 등 해양에서의 위험성 증가로 유·도선 사고가 발생할 가능성이 예상될 때 (해양 유·도선사고 표준매뉴얼상 정의)

② 주요 조치내용

- 종합상황실(상황센터, 상황실) 중심으로 구조대응 하면서 사고상황의 확대·확산 가능성 예의 주시

(3) 대응

1) 중점 추진사항

◈ 선박사고 대응체계가동, 가용장비·인력 신속투입, 피해 최소화
◈ 2차사고 대비 대응활동 전개

2) 세부 활동내용 (지:지역구조본부, 광:광역구조본부, 중:중앙구조본부)

가)-1 신고접수 및 인지단계

가)-2 초동조치 단계

나) 상황전파 및 보고단계

다) 수색구조 단계

라) 수색구조 종결 단계

3) 위기경보 수준별 대응 조치

▸ 해양경찰관서는 재난안전법 상 해상에서의 긴급구조기관, 수상구조법 상 해수면에서의 구조본부, 국제해상수색구조협약 상 RCC(구조조정본부)로서의 역할과 임무를 수행해야 하는 '구조기관'의 임무 특성상, 사고가 발생한 상태에서 재난의 '예상(관심)', '경향(주의)', '농후(경계)', '확실(심각)' 등의 위기경보 설정에 따라 현장 구조대응 수준까지 차이를 두기는 곤란함.
▸ 따라서, 현장에서 판단하는 사고규모와 사고양상의 변화에 따라 탄력적으로 구조세력의 규모와 대응 방향을 정하되, 주관기관에서 설정한 위기경보에 주목함.

가) 주의(Yellow)

① 징후

- 선박의 충돌, 화재, 폭발, 좌초, 전복, 침몰, 적재화물의 유실·유출, 기타 선체 손상 등 해양 선박사고로 인하여 재난으로 발전할 수 있는 경향이 나타날 때 (해양 선박사고 표준매뉴얼상 정의)
- 해양에서 발생한 유·도선 사고로 인해 대규모 인명 또는 재산 피해가 발생할 수

있는 경향이 나타날 때 (해양 유·도선 사고 표준매뉴얼상 정의)

② 주요 조치내용

- 위 (나)의 세부 활동내용 감안, 사고규모와 현장여건에 따라 탄력적 조치
- 「구조본부의 구성 및 운영 등에 관한 훈령」상 구조본부 비상단계 중 '대비단계' 가동 (상황판단회의 결과 또는 구조본부장의 지시에 따라상위 비상단계로 격상 가능)

나) 경계(Orange)

① 징후

- 선박의 충돌, 화재, 폭발, 좌초, 전복, 침몰, 적재화물의 유실·유출, 기타 선체 손상 등 해양 선박사고로 인하여 재난으로 발전할 가능성이 농후할 때(해양 선박사고 표준매뉴얼상 정의)
- 해양에서 발생한 유·도선 사고로 인해 대규모 인명 또는 재산 피해가 발생할 수 있는 가능성이 농후할 때(해양 유·도선 사고 표준매뉴얼상 정의)
- 해양 유·도선 사고에 대한 구조활동이 종료되지 않고 인력·장비 등의 투입이 확대될 필요가 있는 경우(해양 유·도선 사고 표준매뉴얼상 정의)

② 주요 조치내용

- 위 (나)의 세부 활동내용 감안, 사고규모와 현장여건에 따라 탄력적 조치
- 「구조본부의 구성 및 운영 등에 관한 훈령」상 구조본부 비상단계중 '대응1단계' 가동 (상황판단회의 결과에 따라 단계 조정)
  ▶ 단, 상급구조본부는 하급구조본부의 비상단계와 같거나 낮게 설정할 수 있고, 중앙구조본부는 중앙사고수습본부 및 중앙재난안전대책본부의 설치 여부도 감안(인명피해가 없는 해양오염 재난일 경우 해당 매뉴얼상 대응체계 가동)
- 중앙구조본부 비상가동 시 동 사실을 BH, 중대본(중앙재난상황실), 중수본 등 유관기관에 보고·통보

다) 심각(Red)

① 징후

- 선박의 충돌, 화재, 폭발, 좌초, 전복, 침몰, 적재화물의 유실·유출, 기타 선체 손상 등 해양 선박사고로 인하여 재난이 발생하였거나 발생할 가능성이 확실할 때(해양 선박사고 표준매뉴얼상 정의)
- 해양에서 발생한 유·도선 사고로 인해 대규모 인명 또는 재산 피해 발생이 확실시 될 때(해양 유·도선사고 표준매뉴얼상 정의)

② 주요 조치내용

- 위 (나)의 세부 활동내용 감안, 사고규모와 현장여건에 따라 탄력적 조치
- 「구조본부의 구성 및 운영 등에 관한 훈령」상 구조본부 비상단계 중 '대응 1~3 단계' 가동(상황판단회의 결과에 따라 단계 조정)
  ▶ 단, 상급구조본부는 하급구조본부의 비상단계와 같거나 낮게 설정할 수 있으며, 인명피해를 수반하지 않은 해양오염 재난일 경우 해당 매뉴얼상 대응체계 가동
- BH, 중대본(중앙재난상황실), 중수본 등 유관기관에 중앙구조본부 비상가동 사실 보고·통보

(4) 복구

1) 중점 추진사항

◈ 2차 사고 예방을 위한 안전대책 이행
◈ 수난구호 종사자 수난구호 비용 처리
◈ 수난구호 종사자 중 사상자에 대한 예우 조치
◈ 해양오염 방제 활동으로 해양환경 복구

2) 세부 활동

가) 2차 사고 예방을 위한 안전대책 이행

나) 수난구호 종사자 수난구호 비용 처리

다) 수난구호 종사자 중 사상자에 대한 예우 조치

라) 해양오염 방제 활동으로 해양환경 복구

해양경찰학개론 II

제 3 편 해양경찰 해양안전관리론

1장 해양안전관리

1 해양안전관리 일반

[1] 안전관리 개념

해양안전(海洋安全)이란 사전적 의미는 바다에서 위험이 생기거나 일어날 염려가 없는 그런 상태를 말한다. 해양에서의 안전과 관련된 분야는 매우 다양하다. 먼저 선박의 안전을 들 수 있다. 선박 항행 시 발생 할 수 있는 충돌, 좌초, 침수, 침몰, 화재 등에 대한 안전과 해안에서 발생할 수 있는 임해 산업시설물, 해수욕장, 방파제, 갯골 등 해안에서 발생할 수 있는 해양안전 분야를 말할 수 있다. 이처럼 해양안전은 매우 포괄적인 의미로 사용되고 있다. 정부기관 이나 산업체, 대학에서도 통일된 해양안전 개념 정리가 되어 있지 않고 각 기관 및 단체별로 세부적인 규정이나 지침 또는 해사 관련법규의 일부분을 해양안전이란 의미로 표현하고 있다. 하지만 어떤 기관이나 단체, 개인이든 해양안전(海洋安全)이란 표현을 해양에서 생명이나 재산에 대한 위험이 없는 자유로운 상태 즉, 해양활동을 저해하는 요소들이 없는 상태를 말하는 것으로 해상에서의 안전정책의 수립과 집행 기타 이에 관련된 활동을 통하여 안전한 해상수송, 항로, 해상관광, 수상레저활동 등이 보장될 수 있도록 해상에서 일어나는 모든 위험과 장애로부터 국민을 보호하는 법 집행 활동이라고 할 수 있다.

[2] 해양안전관리 대상

국가는 해양의 이용자들에게 안전한 활동을 보장해 주어야 할 책임이 있으며 해양사고의 방지를 위하여 장소적, 인적, 물적 요소에 대한 기준을 정하고 이에 대한 규제를 필요로 한다.

(1) 장소적 대상

1) 해양안전은 해양과 육상의 내수면이라는 장소를 대상으로 수행되는 현장 법 집행활동 및 정책집행 등 규제활동이다.
2) 해양의 물리적 특성으로는 격리·소외성, 광활·위험성 등 인위적으로 경계 설정 및 분리가 곤란하다.
3) 해양은 천연자원(어업자원, 해저자원 등)의 보고인 동시에 해상교통로와 생활공간(해양레포츠 공간 등) 등으로 활용된다.

(2) 인적 대상

해양안전과 관련된 인적대상으로는 해양을 자신들의 목적을 위하여 이용하는 자들이다.

1) 해양이용 인구 : 어민, 선원, 해양관광객, 해상교통이용객 등
2) 해양수산관련 산업체 : 유도선업, 잠수산업, 연안수송업, 폐유처리업, 유창청소업, 선박청소업, 수상레저사업자 등

※ 해양관리행정의 인적 대상이 과거에는 해양·수산인 등으로 한정되어 있었으나, 현재는 해양을 찾는 레저·관광객 등 일반국민들까지로 확대되고 있다.

(3) 물적 대상

해양안전과 관련된 물적 대상으로는 해양을 이용하는 선박, 수상레저기구, 항로 표시 등이 있다.

1) 선박 : 어선, 유선, 도선, 여객선, 유조선, 폐기물 운반선 등
2) 수상레저기구 : 모터보트, 요트, 고무보트, 스쿠터 등
3) 도서 및 등대
4) 항만 및 어항
5) 어장 : 양식어장, 정치어장, 1종 공동어장, 2종 공동어장, 3종 공동 어장
6) 주요시설 : 임해산업시설, 해양시설, 유도선 선착장, 해수욕장, 해상 국립공원

※ 선박은 해양안전의 핵심 물적 대상이라고 할 수 있음. 이중에서도 수상레저기구, 여객선 등은 해양안전관리의 핵심 대상이라고 할 수 있다.

[3] 해양경찰 해양안전관리 조직과 임무

(1) 해양안전관리 조직 체계

1) 해양경찰청 : 구조안전국(해양안전과, 수색구조과, 수상레저과)
2) 지방해양경찰청 : 구조안전과(해양안전, 수색구조)
3) 해양경찰서 : 해양안전과(안전관리계, 교통레저계, 해양구조대)
4) 파출소 및 출장소

(2) 해양안전관리 임무[49)]

1) 안전관리

① 파출소·출장소 및 선박출입항 신고기관 운영에 관한 사항
② 선박출입항 신고 및 통제에 관한 사항
③ 순찰정(1톤급 포함) 등 운영에 관한 사항
④ 즉결심판 및 통고처분에 관한 사항
⑤ 불법무기류 신고·접수처리에 관한 사항
⑥ 해상방범에 관한 사항
⑦ 파출소 및 출장소 청사관리(신축에 한함)
⑧ 선박 프리패스 시스템 운영에 관한 사항
⑨ 해수욕장 안전관리에 관한 사항
⑩ 해양 안전사고 예방대책 수립 및 관리에 관한 사항
⑪ 방파제·갯바위 등 연안해역 안전사고 예방에 관한 사항
⑫ 그 밖에 과내 다른 계의 주관에 속하지 아니하는 사항
⑬ 과내 서무에 관한 사항

2) 해상교통

① 유·도선 안전관리 업무
② 유·도선 사업면허 발급, 운임·요금에 관한 사항
③ 음주운항 단속(음주측정기 관리포함)에 관한 사항
④ 낚시어선의 유관기관 협력에 관한 사항

---

49) 해양경찰 각 지방청과 소속경찰서 임무는 동일하지만 지역적 여건에 따라 조금 차이가 나고 있어 이 교재는 서해지방해양경찰청과 소속경찰서 기준으로 기록하였다(2020. 6월 기준).

⑤ 그 밖에 해상교통 안전에 관한 사항

3) 수상레저

① 조종면허 발급·갱신·취소·정지 등에 관한 사항
② 시험대행기관 및 수상레저안전교육 위탁기관의 지도·감독
③ 수상레저사업자 등록관리 및 시설·기구 등 안전점검
④ 수상레저관련 법인·단체 지도·감독업무
⑤ 수상레저 종합정보시스템 운영업무
⑥ 수상레저 안전관리에 관한 사항

[4] 해양안전관리 변천

(1) 해양안전의 시대별 특성

1) 1950년대

한국진쟁 이후 의식주 해결이 급선무였던 시기로 안전은 우선순위에서 밀려나 국민들의 의식도 국가가 전쟁의 위협으로부터 지켜주기를 바라고 해상 활동도 어업활동이 선부였다.

※ 1953.1.9. 여수-부산간 여객선 창경호 침몰(선령20년, 146톤, 승선정원 243명, 화물적재량 100톤)로 양곡 450가마, 승객 300여명 정도 부산 다대포 앞바다에서 강풍으로 풍랑을 만나 침몰로 인양 시신 269명.

2) 1960년대

전후 복구사업이 진행된 시기로 새로운 전환기를 맞이하지만 해상의 활동은 규모가 소형인 선박이 대부분으로 유람이 목적인 유람선은 없었으며 일부 항로에 도서주민의 교통수단인 여객선이 운항되고 있었다.

3) 1970년대

산업경제발전 급속화로 해상 물동량 증가, 유람선, 여객선의 운항이 빈번해 지고 선박의 규모가 대형화·고속화가 되었다. 국민소득 증가로 인한 해상과 육상의 안전욕구가 증대되기 시작되었고 각종 재난발생에 언론이 집중되고 보도되어 국민들이 정부에 대하여 안전을 위해 무한 봉사를 요구하기 시작한 시기였다. 이 시대에는 해상에서 발생하는 재난이 대형화 되었다.

※ 1970. 12.14. 제주-부산간 여객선 남영호(362톤급) 침몰, 제주도를 출발해 부산으로 향하던 중 새벽1시 27분, 여수 인근 소리도 앞바다에서 침몰한 사고로 여객 및 선원 338명중 323명이 사망하여 사상 최악

의 연안 해난사고로 기록되었다. 침몰 원인은 화물 과중 적재, 승객 과승으로 인한 선박복원력 상실. 이 사건을 계기로 여객선 운항관리제도가 도입되는 계기가 되었다.

4) 1980년대

1980년대부터 정부는 70년대 사고를 교훈으로 해양안전관리의 중요성을 인식하고 체계적인 안전시스템을 구축하던 시기이며 또한 국민소득 증가로 유람선 운항이 빈번해지고 사업자들은 늘어나는 해사 물동량 수요를 감당하기 위해 선박이 고속화되던 시기이다.

5) 1990년대

이 시대에는 80년대 구축된 해양안전관리시스템이 시험을 받는 시기였다고 볼 수 있다.

※ 1993. 10. 10 여객선 서해훼리호 침몰, 전북 군산 위도 파장금 등대 인근 해상에서 110톤급 여객선 서해훼리호가 전복 침몰되면서 여객 및 선원 292명 사망.

서해훼리호 침몰사고를 계기로 해양안전체계 전면 재검토와 해양안전을 위한 현장집행능력과 경찰권을 가진 해양경찰이 안전점검, 교육, 질서유지 등을 담당해야한다는 결론이 도출되어, EEZ법 제정 등으로 1996년 해양경찰청이 해수부 독립외청의 해양종합치안기관으로 발전하였다.

6) 2000년대

2000. 2. 10. 수상레저계가 신설되어 국민이용 해상교통의 안전관리가 강화되었다. 2005년 해양경찰청이 차관급으로 격상되고 2006년부터 지방청 시대를 열어 현재와 같은 해양안전 관리조직과 시스템으로 정착하였다.

7) 2010년대 이후

2014년 세월호 사고를 계기로 해양경찰청이 폐지되고 국민안전처 소속 해양경비안전본부 체제로 조직이 변경되어 운영되다 2017. 7. 26. 다시 해양경찰청으로 복원되어 재조해경(再造海警)이라는 정책을 강하게 추진하여 해양안전관리 조직과 시스템은 집중 고도화 단계로 발전하고 있다.

※ 2014. 4. 16. 여객선 세월호 침몰 : 2014. 4. 16. 전라남도 진도군 관매도 부근 해상(맹골수도)에서 청해진 해운 소속 인천항-제주항 정기 여객선 '세월호'가 침몰해 전체 승객 476명 중 304명이 사망과 실종. 해난사고 중 남영호 사고에 뒤이어 두 번째로 많은 사상자를 낸 사고.

※ 2015. 9. 5. 제주 추자도 낚시어선(돌고래호) 전복사고(15명 사망, 3명 실종), 2017.12. 영흥도 낚시어선(선창1호) 충돌사고(15명 사망, 7명 구조)

이러한 해양사고 등을 계기로 구명조끼 착용 의무화, 음주운항, 과속 등 규제 및 처벌이 강화되었을 뿐만 아니라 인적, 물적 장비의 강화와 더불어 출동시간 목표제, 도착시간 관리제, 안전지수관리제도 시행 등 해양안전관리 조직과 시스템에 많은 변화가 있었다.

〈해양경찰 다중이용 선박에 대한 안전관리 업무 수행 〉

○ 1994. 1. 1 유선 및 도선 안전관리업무 인수
  1996. 10. 9 여객선안전관리업무 인수
○ 2001. 12. 13 국내여객선 임검임무를 일반경찰로부터 인수. 해양안전관리란 표현이 표면화되기 시작한 것은 서해 훼리호 사고 이후 90년대 후반부터 본격적으로 각종 해양정책에 도입.
○ 2014. 11. 19. 여객선 세월호 사고로 여객선 안전관리업무 해양수산부로 이관(기상 악화시 선박 통제권 제외)

(2) 해양안전관리 조직의 연혁

1) 1989. 8. 7 : 경비과 보안계 신설 → 1992. 8. 1 보안계를 방범계로 개칭
   – 해양경찰청 직제개정 (대통령령 제1277호)
2) 1992. 1. 1 : 즉심 및 통고처분 업무 개시
   – 즉결심판에관한절차법 개정(법률 제4398호, 1991. 11. 22)
3) 1994. 1. 1 : 유·도선사업 면허, 안전관리업무 인수(내무부)
   – 유선및도선사업법 개정 (법률 제4610호, 1993. 12. 27)
   – 해수면(해양경찰청), 내수면(행정자치부)
4) 1996. 8. 8 : 방범계를 해양안전과로 승격(해양수산부 외청으로 승격)
   – 정부조직법 개정 (법률 제5153호, 1996. 8. 8)
5) 1996. 10. 9 : 여객선 안전관리업무 인수(해양수산부)
6) 1999. 2. 8 : 수상레저안전법 제정 공포 → 2000. 2. 9 시행
   – 수상레저안전법 (법률 제5910호, 1999. 2. 8)
7) 1999. 4. 29 : 해상교통문자방송 업무인수(해양수산부)
   – 1998. 8.28 해양경찰청으로 업무이관 결정
8) 1999. 5.24 : 해상교통문자방송 업무 이관(정보통신과)
9) 2000. 2.10 : 해양안전과 내 수상레저계 신설, 안전지도계를 해상교통계로 개칭
10) 2001. 9. 1 : 경찰청관장 민간대행신고소 인수(399개소)
11) 2001. 12. 13 : 여객선 임검업무 인수(인천여객선 터미널 등)
12) 2002. 7. 8 : 지서·신고소 명칭변경(지서→파출소, 신고소→출장소)
13) 2005. 8. 16 : 해양경찰청 해양안전과 수상레저계 → 수상레저과 승격

14) 2005. 10. 12 : 해양경찰 파출소 신설 3(74개), 출장소 폐쇄 3(263개)
15) 2014. 11. 19 : 해양경찰청 해체 → 국민안전처에 통합·흡수
(여객선업무 → 해양수산부 이관)
16) 2017. 07. 26 : 국민안전처 폐지 → 해양수산부 산하 외청으로 독립
17) 2018. 11. 27 : 해양경찰청 본청 인천 송도 신청사 이전

2 연안사고예방에 관한 법률

[1] 제정 배경

국민소득의 증가와 주 5일제 근무 등 사회적 여건변화로 각종 해양체험캠프활동, 관광, 해양스포츠 등 주말 레저 활동을 비롯한 연안활동이 증가하고, 해수면 상승과 지구 기상이변으로 해양환경이 변화되어 연안사고가 다발적으로 증가하고 있다. 2014년 태안해병태 사설캠프 사고를 계기로 연안 해역에서 발생하는 각종 연안사고의 예방에 필요한 사항을 법률로 규정함으로써 연안에서의 국민의 생명·신체 및 재산을 보호하고 공공의 안전에 관한 법률적 토대가 필요하여 법률 제12657호로 2014. 5. 21. 연안사고 예방에 관한 법률(약칭 : 연안사고예방법)[50]을 제정하고 8월 22일부터 시행되었고, 해양경찰청은「연안사고 예방에 관한 법률」제9조, 같은 법 시행규칙 제4조에 따라 연안사고 안전관리에 필요한 사항에 대하여「연안사고 안전관리규정」을 국민안전처훈령 제55호로 2015. 5. 15. 제정되어 시행 운영되어 오다가 2020. 2. 10. 해양경찰청훈령 제170호로 일부 개정되어 현재까지 사용되고 있다.

(1) 용어의 정의

1) 연안해역

"연안해역"이란「연안관리법」제2조제2호[51]의 지역(「무인도서의 보전 및 관리에 관한 법률」제2조제1호에 따른 무인도서[52]를 포함한다)을 말한다.

50) 연안사고 예방에 관한 법률(연안사고예방법), [법률 제17049호, 2020. 2. 18., 일부개정], 해양경찰청(해양안전과).

51) 연안관리법 제2조제2호. "연안해역"이란 다음 각 목의 지역을 말한다.
가. 바닷가[「공간정보의 구축 및 관리 등에 관한 법률」제6조제1항제4호에 따른 해안선으로부터 지적공부(地籍公簿)에 등록된 지역까지의 사이를 말한다]
나. 바다[「공간정보의 구축 및 관리 등에 관한 법률」제6조제1항제4호에 따른 해안선으로부터 영해(領海)의 외측한계(外側限界)까지의 사이를 말한다]

① 바닷가 : 해안선으로부터 지적공부(地籍公簿)에 등록된 지역까지의 사이

② 바다 : 해안선으로부터 영해(領海)의 외측한계(外側限界)까지의 사이

※ 「측량·수로조사 및 지적에 관한 법률」 제6조 제1항 제4호에 따른다.

「무인도서의 보전 및 관리에 관한 법률」 제2조제1호에 따른 무인도서를 포함

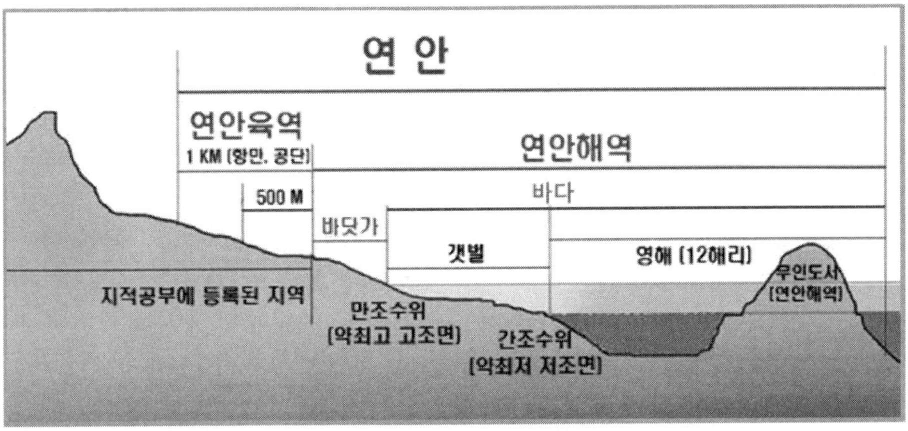

〈그림 3-1〉 연안의 구분

2) 연안사고

"연안사고"란 연안해역에서 발생하는 인명에 위해를 끼치는 다음 각 목의 사고를 말한다. 다만, 「해양사고의 조사 및 심판에 관한 법률」 제2조제1호[53]에 따른 해양사고는 제외한다.

① 갯벌·갯바위·방파제·연육교·선착장·무인도서 등에서 바다에 빠지거나 추락·고립 등으로 발생한 사고

② 연안체험활동 중에 발생한 사고

※ 「해양사고의 조사 및 심판에 관한 법률」 제2조제1호에 따른 '해양사고'는 제외

3) 연안체험활동

"연안체험활동"이란 연안해역에서 이루어지는 체험활동으로서 해양수산부령으로 정하는

52) "무인도서"란 바다로 둘러싸여 있고 만조 시에 해수면 위로 드러나는 자연적으로 형성된 땅으로서 사람이 거주(정착하여 지속적으로 경제활동을 하는 것을 말한다. 이하 같다)하지 아니하는 곳을 말한다. 다만, 등대관리 등 대통령령으로 정하는 사유로 인하여 제한적 지역에만 사람이 거주하는 도서는 무인도서로 본다.

53) "해양사고"란 해양 및 내수면(內水面)에서 발생한 다음 각 목의 어느 하나에 해당하는 사고를 말한다.
가. 선박의 구조·설비 또는 운용과 관련하여 사람이 사망 또는 실종되거나 부상을 입은 사고
나. 선박의 운용과 관련하여 선박이나 육상시설·해상시설이 손상된 사고
다. 선박이 멸실·유기되거나 행방불명된 사고
라. 선박이 충돌·좌초·전복·침몰되거나 선박을 조종할 수 없게 된 사고
마. 선박의 운용과 관련하여 해양오염 피해가 발생한 사고
1의2. "준해양사고"란 선박의 구조·설비 또는 운용과 관련하여 시정 또는 개선되지 아니하면 선박과 사람의 안전 및 해양환경 등에 위해를 끼칠 수 있는 사태로서 해양수산부령으로 정하는 사고를 말한다.

활동을 말한다.

시행규칙 제2조(연안체험활동) 「연안사고 예방에 관한 법률」(이하 "법"이라 한다) 제2조제3호에서 "해양수산부령으로 정하는 활동"이란 다음 각 호의 어느 하나에 해당하는 체험활동을 말한다.
1. **수상(水上)형 체험활동** : 선박·기구 등을 이용하지 아니하고 수상에서 이루어지는 체험활동. 다만, 체험활동 과정의 일부가 수중에서 이루어지는 경우에도 활동 내용의 주된 부분이 수상에서 이루어지는 체험활동은 전체를 수상형 체험활동으로 본다.
2. **수중(水中)형 체험활동** : 수중에서 이루어지는 체험활동. 다만, 체험활동 과정의 일부가 수상에서 이루어지는 경우에도 활동 내용의 주된 부분이 수중에서 이루어지는 체험활동은 전체를 수중형 체험활동으로 본다.
3. **일반형 체험활동** : 제1호 또는 제2호에 따른 체험활동 외에 연안해역에서 이루어지는 체험활동

(2) 국가 등의 책무

1) 국가와 지방자치단체는 연안사고로부터 국민의 생명·신체 및 재산을 보호하기 위하여 필요한 시책을 강구하고 추진하여야 한다.
2) 국가와 지방자치단체는 연안사고를 효과적으로 예방하기 위한 안전체계 구축 및 기반 조성에 노력하여야 한다.

[2] 연안사고 예방 기본계획

(1) 연안사고 예방 기본계획의 수립

1) 해양경찰청장은 연안사고 예방을 위하여 5년마다 연안사고 예방 기본계획(이하 "기본계획"이라 한다)을 수립·추진하여야 한다. 기본계획을 수립하려는 경우 미리 소방청장, 광역시장·도지사·특별자치도지사 및 특별시·광역시·특별자치시·도·특별자치도의 교육감(이하 "시·도교육감"이라 한다)의 의견을 들어야 한다. 대통령령으로 정하는 중요한 사항을 변경하려는 경우에도 또한 같다.

"대통령령으로 정하는 중요한 사항"이란 다음 각 호의 사항을 말한다.
1. 연안사고 예방에 필요한 안전체계 구축에 관한 사항
2. 연안사고 예방을 위한 전문인력 양성 및 운영에 관한 사항

2) 해양경찰청장은 기본계획의 수립 또는 변경에 필요한 경우에는 관계 행정기관의 장에게 관련 자료의 제출을 요청할 수 있다. 이 경우 자료의 제출을 요청받은 관계 행정기관의 장은 특별한 사유가 없으면 이에 따라야 한다.

기본계획에는 다음 각 호의 사항이 포함되어야 한다.

① 연안사고 예방에 관한 정책의 기본방향

② 연안사고 예방에 필요한 안전체계 구축에 관한 사항

③ 연안해역의 특성을 고려한 연안사고 예방 방안에 관한 사항

④ 연안사고 예방을 위한 전문인력의 양성 및 운영에 관한 사항

⑤ 연안사고 예방에 필요한 재원의 조달방안에 관한 사항

⑥ 그 밖에 연안사고 예방에 필요한 사항

(2) 시행계획의 수립·시행

해양경찰청장은 기본계획에 따라 매년 연안사고 예방 시행계획(이하 이 조에서 “시행계획”이라 한다)을 수립·시행하여야 한다. 시행계획의 수립·시행에 필요한 사항은 해양수산부령으로 정한다.

> 시행규칙 제3조(연안사고 예방 시행계획의 수립) ① 해양경찰청장은 법 제7조제1항에 따른 연안사고 예방 시행계획(이하 “시행계획”이라 한다)을 법 제8조제1항에 따른 중앙연안사고예방협의회의 협의를 거쳐 수립하여야 한다.
> ② 시행계획에는 다음 각 호의 사항이 포함되어야 한다.
> 1. 법 제5조제1항에 따른 연안사고 예방 기본계획의 시행을 위하여 필요한 사항
> 2. 그 밖에 연안사고 예방 활동과 관련하여 필요한 사항
>
> ③ 해양경찰청장은 시행계획을 수립한 경우 관계 중앙행정기관의 장, 지방자치단체의 장 및 교육감에게 그 내용을 알려야 한다.

(3) 연안사고예방협의회

연안사고 예방에 관하여 필요한 사항을 협의하기 위하여 해양경찰청장 소속으로 중앙연안사고예방협의회를 두고, 지방해양경찰청장 소속으로 지방연안사고예방협의회를 둔다.

[3] 연안사고 안전관리규정

(1) 연안사고 안전관리규정의 작성·시행(제9조)

해양경찰청장은 연안사고를 예방하기 위하여 소방청장, 특별자치도지사·시장·군수·구청장(자치구의 구청장을 말한다. 이하 같다) 및 시·도교육감의 의견을 들어 연안사고 안전관리규정(이하 이 조에서 “안전관리규정”이라 한다)을 작성하여 시행하여야 한다. 안전관리규정을 변경하려는 때에도 또한 같다. 안전관리규정에는 다음 각 호의 사항이 포함되어야 한다.

1) 인명사고가 자주 발생하는 연안해역에 관한 사항
2) 인명사고 예방조치에 관한 사항
3) 인명사고 위험구역 설정 및 위험경보에 관한 사항
4) 위험표지판 등 안전관리 시설물의 설치에 관한 사항
5) 연안해역 안전점검 주기 및 안전점검 결과에 따른 응급조치에 관한 사항
6) 그 밖에 해양수산부령으로 정하는 사항
   ① 연안사고 예방 업무 종사자의 관리에 관한 사항
   ② 연안사고 원인의 조사·보고 및 처리에 관한 사항
   ③ 그 밖에 연안사고 예방 교육에 관한 사항

(2) 출입통제 등(제10조)

해양경찰청장은 연안사고 예방을 위하여 특별자치도지사·시장·군수·구청장, 소방서장 및 항만에 관한 업무를 관장하는 해양수산부 소속 기관의 장의 의견을 들어 인명사고가 자주 발생하거나 발생할 우려가 높은 다음 각 호의 장소에 대하여 출입통제를 할 수 있다.

① 너울성 파도가 잦은 해안가 또는 방파제
② 물살이 빠르고 갯골이 깊은 갯벌 지역
③ 사고발생이 빈번하고 구조활동이 용이하지 아니한 섬 또는 갯바위
④ 연안절벽 등 해상추락이 우려되는 지역
⑤ 그 밖에 연안사고가 자주 발생하는 장소

해양경찰청장은 출입통제를 하려는 경우에는 그 사유와 기간 등 해양수산부령으로 정하는 사항을 포함하여 공고하고, 정보통신매체를 통하여 이를 적극 알려야 한다. 출입통제 사유가 없어졌거나 필요가 없다고 인정하는 경우에는 즉시 출입통제 조치를 해제하고 제2항에 따른 공고 등을 하여야 한다. 출입통제의 공고 절차와 방법 등에 필요한 사항은 해양수산부령으로 정한다.

> 시행규칙 제5조(출입통제장소의 지정·해제) 해양경찰서장은 법 제10조제2항 및 제3항에 따라 법 제10조 제1항 각 호의 장소에 대하여 출입통제를 하거나 출입통제를 해제하려는 때에는 그 출입통제 개시일 또는 출입통제 해제일 20일 전까지 다음 각 호의 내용이 포함된 사항을 표지판으로 제작하여 해당 장소 입구 등 일반인이 잘 볼 수 있는 곳에 설치하여야 하고, 해당 해양경찰서 게시판·인터넷 홈페이지 등에 공고하여야 한다.
> 1. 출입통제 장소의 지정 또는 해제 사유
> 2. 출입통제 장소의 소재지
> 3. 출입통제 장소의 범위
> 4. 출입통제 기간(출입통제장소를 지정하는 경우에만 해당한다)
> 5. 출입통제의 지정일 또는 해제일
> 6. 그 밖에 출입통제와 관련하여 필요한 사항

(3) 연안체험활동 안전수칙과 안전교육 (제11조)

연안체험활동은 「연안사고 예방에 관한 법률」(이하 "법"이라 한다) 제2조제3호에서 "해양수산부령으로 정하는 활동"이란 수상(水上)형 체험활동, 수중(水中)형 체험활동, 일반형 체험활동으로 구분한다.

해양경찰청장은 연안체험활동 중 발생할 수 있는 사고를 예방하기 위하여 다음 각 호의 사항이 포함된 연안체험활동 안전수칙(이하 "안전수칙"이라 한다)을 정하여야 한다.

① 안전관리요원의 자격과 배치기준

② 안전장비의 종류와 배치기준

③ 그 밖에 해양수산부령으로 정하는 사항

연안체험활동에 참가하려는 자(이하 "연안체험활동 참가자"라 한다)를 모집하여 연안체험 프로그램을 운영하려는 자(이하 "연안체험 활동 운영자"라 한다)는 안전수칙을 준수하여야 한다. 해양경찰청장은 연안체험활동 운영자 및 안전관리요원에 대하여 해양수산부령으로 정하는 바에 따라 필요한 안전교육을 실시하여야 한다.

〈표 3-1〉 안전교육 내용 및 교육시간(제6조제2항 관련)

교육구분	교육내용	교육시간
가. 수상형 체험활동	수상안전 수칙	6시간
	관련 법령 등	
	응급처치	
	인명구조	
나. 수중형 체험활동	수중안전 수칙	6시간
	관련 법령 등	
	응급처치	
	인명구조	
다. 일반형 체험활동	관련 법령 등	4시간
	응급처치술	
	인명구조	

비 고
1. 안전교육의 유효기간은 교육을 이수한 날부터 2년으로 한다.
2. 안전교육은 연안체험활동 신규 종사일 전 6개월 이내에 1회 이상 이수하여야 한다.
3. 이직 등으로 연안체험활동에 1년 이상 종사하지 아니하였다가 다시 연안체험활동에 종사하려는 경우에는 신규종사자로 보아 안전교육을 다시 이수하여야 한다.

안전관리요원의 자격과 배치기준 및 안전장비의 종류와 배치기준(제6조제4항 관련)

1. **안전관리요원의 자격** : 「수상레저안전법 시행령」 제37조제1항에 따른 인명구조요원의 자격을 갖출 것
2. **안전관리요원의 배치기준**
   가. 수상형 체험활동 : 연안체험활동 참가자 10명 당 1명 이상의 안전관리요원을 배치할 것
   나. 수중형 체험활동 : 연안체험활동 참가자 5명 당 1명 이상의 안전관리요원을 배치할 것
   다. 일반형 체험활동 : 연안체험활동 참가자 20명 당 1명 이상의 안전관리요원을 배치할 것
3. **안전장비의 종류 및 배치기준**
   가. 수상형 체험활동
      1) 비상구조선(무동력 비상구조선을 포함한다. 이하 같다) : 탑승정원이 연안체험활동 참가자 인원의 100퍼센트 이상인 비상구조선을 갖출 것
      2) 구명조끼 : 연안체험활동 참가자 110퍼센트 이상에 해당하는 수의 구명조끼를 갖출 것
      3) 구명튜브 : 연안체험활동 참가자 10명 당 1개 이상의 구명튜브를 갖출 것
      4) 구명줄 : 지름 10밀리미터 이상, 길이 30미터 이상의 구명줄을 연안체험활동 참가자 10명 당 1개 이상을 갖출 것
      5) 구급장비 : 자동제세동기 등 구급장비와 구급약품을 갖출 것
   나. 수중형 체험활동
      1) 비상구조선 : 탑승정원이 연안체험활동 참가자 인원의 100퍼센트 이상인 비상구조선을 갖출 것
      2) 구명조끼 : 연안체험활동 참가자 110퍼센트 이상에 해당하는 수의 구명조끼를 갖출 것

3) 구명튜브 : 연안체험활동 참가자 10명 당 1개 이상의 구명튜브를 갖출 것
4) 구명줄 : 지름 10밀리미터 이상, 길이 30미터 이상의 구명줄을 연안체험활동 참가자 5명 당 1개 이상을 갖출 것
5) 구급장비 : 자동제세동기 등 구급장비와 구급약품을 갖출 것

다. 일반형 체험활동
1) 구명튜브 : 연안체험활동 참가자 20명 당 1개 이상의 구명튜브를 갖출 것
2) 구명줄 : 지름 10밀리미터 이상, 길이 30미터 이상의 구명줄을 연안체험활동 참가자 20명 당 1개 이상을 갖출 것
3) 구급장비 : 자동제세동기 등 구급장비와 구급약품을 갖출 것

비고
1. 안전장비는 연안체험활동 중 즉시 사용이 가능하도록 유지·관리하여야 한다.
2. 수중형 체험활동의 경우 연안체험활동 참가자가 선박에 승선하여 연안체험활동을 하는 때에는 그 선박을 비상구조선으로 볼 수 있다. 이 경우 해당 선박은 제3호나목1)의 기준에 적합하여야 한다.

(4) 연안체험활동 신고 (제12조)

1) 연안체험활동 운영자는 해양수산부령으로 정하는 절차와 방법에 따라 해양경찰서장에게 연안체험활동 안전관리 계획서(이하 "계획서"라 한다)를 작성하여 신고하여야 한다. 다만, 다음 각 호의 경우는 제외한다.
가) 다른 법률에서 지도·감독 등을 받는 법인 또는 단체가 운영하는 경우
나) 종교단체가 운영하는 경우(해양수산부령으로 정하는 위험도가 높은 연안체험활동은 제외한다)
다) 연안체험활동 참가자 수가 해양수산부령으로 정하는 규모 이하인 경우
※ "해양수산부령으로 정하는 위험도가 높은 연안체험활동"이란 다음 각 호의 어느 하나에 해당하는 연안체험활동을 말한다.
1. 연안체험활동 참가자가 20명 이상인 수상형 체험활동
2. 연안체험활동 참가자가 10명 이상인 수중형 체험활동

2) 연안체험활동 신고 제외
가) 연안체험활동 참가자가 10명 미만인 수상형 체험활동
나) 연안체험활동 참가자가 5명 미만인 수중형 체험활동
다) 연안체험활동 참가자가 20명 미만인 일반형 체험활동

3) 계획서에는 다음 각 호의 사항이 포함되어야 한다.
가) 연안체험활동의 기간과 장소 및 유형
나) 제11조제1항에 따른 안전수칙 준수에 관한 사항

다) 제13조에 따른 보험 또는 공제(이하 "보험등"이라 한다)의 가입사실

라) 연안체험활동 중 사고발생 시 연안체험활동 운영자의 관계 기관에 대한 신고의무 부과 등 대처계획에 관한 사항

4) 연안체험활동 운영자는 계획서의 신고가 수리되기 전에는 연안체험활동 참가자의 모집을 하여서는 아니 된다.

5) 해양경찰서장은 제1항 본문에 따른 신고를 받은 날부터 14일 이내에 신고수리 여부를 신고인에게 통지하여야 한다.

6) 해양경찰서장이 제4항에서 정한 기간 내에 신고수리 여부 또는 민원 처리 관련 법령에 따른 처리기간의 연장을 신고인에게 통지하지 아니하면 그 기간(민원 처리 관련 법령에 따라 처리기간이 연장 또는 재연장된 경우에는 해당 처리기간을 말한다)이 끝난 날의 다음 날에 신고를 수리한 것으로 본다.

7) 해양경찰서장은 계획서의 신고를 수리한 경우(제5항에 따라 신고를 수리한 것으로 보는 경우를 포함한다)에는 그 사실을 특별자치도지사·시장·군수·구청장에게 통보하여야 한다.

연안체험활동 운영자는 연안체험활동 참가자 및 안전관리요원에게 발생한 생명·신체의 손해를 배상하기 위하여 보험등에 가입하여야 한다.

(5) 연안체험활동의 제한 (제14조)

관할 해양경찰서장은 다음 각 호의 어느 하나에 해당하는 경우로서 연안체험활동이 곤란하거나 연안체험활동 참가자의 안전에 위해를 끼칠 우려가 있다고 인정하는 때에는 연안체험활동의 전부 또는 일부를 금지하거나 제한할 수 있다.

① 자연재해의 예보·경보 등이 발령된 경우

② 유류오염·적조·부유물질·유해생물이 발생하거나 출현하는 경우

③ 어망 등 해상장애물이 많은 경우

④ 그 밖에 연안사고 예방을 위하여 대통령령으로 정하는 경우

"대통령령으로 정하는 경우"란 다음 각 호의 어느 하나에 해당하는 경우를 말한다.

① 연안체험활동 중 사망자나 실종자가 발생한 경우

② 연안체험활동이 이루어지는 연안해역의 인근 해상에서 조난사고 또는 해양사고가 발생하여 이를 수습하기 위하여 필요한 경우

※ 조난사고 : 「수상에서의 수색·구조 등에 관한 법률」 제2조제5호에 따른 조난사고

※ 해양사고 : 「해양사고의 조사 및 심판에 관한 법률」 제2조제1호에 따른 해양사고

③ 연안체험활동이 이루어지는 연안해역에 해상교통량이 많은 경우

④ 그 밖에 해양경찰서장이 연안사고 예방을 위하여 연안체험활동을 제한할 필요가 있다고 인정하는 경우

〈그림 3-2〉 연안체험활동 종류

연안체험활동	일반형 연안체험활동	수상형 연안체험활동	수중형 연안체험활동
개념	수상형, 수중형 체험활동 외에 연안해역에서 이루어지는 체험활동	선박·기구 등을 이용하지 아니하고 수상에서 이루어지는 체험활동	휴대용 수중 호흡기 등을 사용하여 수중에서 이루어지는 체험활동
보험가입대상	×	○	○
위험도 높은	×	연안체험활동 참가자가 20명 이상인 수상형 체험활동	연안체험활동 참가자가 10명 이상인 수중형 체험활동
신고기준	연안체험활동 참가자가 20명 이상	연안체험활동(동시 입수 기준)참가자가 10명이상	연안체험활동(동시 입수 기준)참가자가 5명이상
신고제외	1) 신고기준 규모 이하(각각 20명, 10명, 5명 미만) 2) 다른 법률에서 지도·감독 등을 받는 법인 또는 단체가 운영하는 경우 : 국가기관, 지방자치단체, 유치원·초·중·고등교육기관, 교육청산하 수련원(청소년활동진흥법) 3) 종교단체가 운영하는 경우(위험도가 높은 연안체험활동은 제외) : 문화관광부등록 종교단체		

(6) 연안체험활동 안전점검

관할 해양경찰서장은 소속 경찰공무원으로 하여금 연안사고 예방을 위하여 연안체험활동 장소에 출입하여 안전점검을 하게 할 수 있다.

안전점검의 결과 안전수칙을 위반하였거나 안전확보에 중대한 문제가 있다고 판단되는 경우에는 해양수산부령으로 정하는 바에 따라 시정명령 등 필요한 조치를 하거나 관계 법률에 따른 영업정지 등의 조치를 관계 행정기관의 장에게 요청할 수 있다. 안전점검을 하는 경찰공무원은 그 신분을 나타내는 증표를 지니고 이를 관계인에게 내보여야 한다.

(7) 122연안순찰대의 편성·운영과 민간연안순찰요원 위촉

해양경찰청장은 연안사고 예방을 위한 순찰·지도 등의 업무를 수행하기 위하여 122연안순찰대를 편성하여 운영할 수 있다. 그리고 해양경찰청장은 지역주민으로서 연안해역의 특성을 잘 아는 사람 등을 민간연안순찰요원으로 위촉하여 연안사고예방을 위한 순찰·지도업무를 보조하게 할 수 있다. 민간연안순찰요원이 그 직무를 수행하는 경우에는 신분을 표시하는 증표를 지니고 이를 관계인에게 내보여야 한다.

법 제16조제2항에 따른 122연안순찰대원(연안순찰대원)은「수상레저안전법 시행령」제37조제1항에 따른 인명구조요원의 자격을 갖춘 해양경찰청 및 그 소속기관의 경찰공무원(해양경찰공무원)으로서 다음 각 호의 요건을 모두 갖춘 사람으로 한다.

1) 다음 각 목의 어느 하나에 해당하는 사람일 것
   가) 연안순찰대원으로 배치하려는 지역을 관할하는 해양경찰 파출소·출장소에서 2년 이상 근무한 사람
   나) 연안순찰대원으로 배치하려는 지역을 관할하는「수상에서의 수색·구조 등에 관한 법률 시행령」제16조제1항제1호에 따른 122구조대의 구조대원으로 2년 이상 근무한 사람
   다) 해양경찰청함정(100톤 미만의 함정으로 한정한다)에서 2년 이상 근무한 사람
   라)「응급의료에 관한 법률」제36조에 따른 응급구조사 자격을 갖춘 사람
2) 다음 각 목의 어느 하나에 해당하는 면허가 있는 사람일 것
   가)「도로교통법」제80조제2항제1호에 따른 제1종 운전면허 중 대형면허 또는 보통면허
   나)「수상레저안전법」제4조제2항제1호에 따른 일반조종면허
3) 연안순찰대원의 임무는 다음 각 호와 같다.
   가) 연안해역의 순찰 및 연안사고 예방 활동 등 안전관리규정의 시행

나) 법 제10조에 따른 출입통제 장소의 관리

다) 법 제14조에 따른 연안체험활동의 금지 또는 제한

라) 법 제15조에 따른 연안체험활동 안전점검

마) 연안사고 발생 시 긴급구조 등의 조치

바) 그 밖에 연안사고 예방과 연안사고 발생 시 구호(救護)에 관한 업무

(8) 무인도서 안전관리

1) 특별자치도지사·시장·군수·구청장은 「무인도서의 보전 및 관리에 관한 법률」 제2조제1호에 따른 무인도서로서 해양수산부령으로 정하는 무인도서에서 발생할 수 있는 인명사고의 예방을 위하여 필요한 안전관리체계를 마련하여야 한다. "해양수산부령으로 정하는 무인도서"란 다음 각 호의 어느 하나에 해당하는 무인도서를 말한다.

가) 연안체험활동이 활발한 무인도서

나) 연안체험활동 중 인명사고가 발생한 무인도서

다) 그 밖에 해양수산부장관, 해양경찰청장, 특별자치도지사 또는 시장·군수·구청장이 인명사고 발생이 우려된다고 판단하는 무인도서

2) 관할 해양경찰서장은 제1항의 무인도서에서 발생하는 인명사고에 효과적으로 대처하기 위하여 특별자치도지사·시장·군수·구청장과 협의하여 긴급신고망을 운영할 수 있다.

(9) 연안안전의 날과 안전점검 주간

연안안전의 날은 매년 7월 18일로 한다. 법 제20조제1항에 따른 안전점검 주간(週間)은 매년 7월 셋째 주로 하고 해양경찰청장 또는 관계 행정기관의 장은 제2항에 따른 안전점검 주간에 다음 각 호의 행사를 실시할 수 있다.

① 연안사고 예방과 관련된 국민 의식을 고취하기 위한 행사

② 연안체험활동 참가자 및 운영자 등의 안전의식을 고취하기 위한 교육 및 기념행사

③ 연안해역에 있는 시설 등의 안전점검 및 연안사고 예방 훈련

[4] 벌칙

다음 각 호의 어느 하나에 해당하는 자는 1년 이하의 징역 또는 1천만원 이하의 벌금에 처한다.

① 제11조제2항을 위반하여 안전수칙을 준수하지 아니한 자
② 제12조제1항에 따른 계획서를 신고하지 아니하거나 거짓이나 그 밖의 부정한 방법으로 신고하고 연안체험활동을 실시한 연안체험활동 운영자
③ 제14조제1항에 따른 연안체험활동 금지 등의 조치를 따르지 아니한 자

(1) 양벌규정

법인의 대표자나 법인 또는 개인의 대리인, 사용인, 그 밖의 종업원이 그 법인 또는 개인의 업무에 관하여 제23조의 위반행위를 하면 그 행위자를 벌하는 외에 그 법인 또는 개인에게도 해당 조문의 벌금형을 과(科)한다. 다만, 법인 또는 개인이 그 위반행위를 방지하기 위하여 해당 업무에 관하여 상당한 주의와 감독을 게을리하지 아니한 경우에는 그러하지 아니하다.

(2) 과태료

다음 각 호의 어느 하나에 해당하는 자에게는 300만원 이하의 과태료를 부과한다.
1) 제11조제3항에 따른 안전교육에 응하지 아니한 자
2) 제12조제1항에 따른 계획서를 신고하지 아니하거나 거짓이나 그 밖의 부정한 방법으로 신고한 자
3) 제12조제3항을 위반하여 모집을 한 자
4) 제13조를 위반하여 보험등에 가입하지 아니한 자
5) 제15조제2항에 따른 시정명령 등의 조치에 따르지 아니한 자

제10조제1항에 따른 출입통제 지역을 출입한 사람에게는 100만원 이하의 과태료를 부과한다.

제1항 및 제2항에 따른 과태료는 대통령령으로 정하는 바에 따라 해양경찰청장·특별자치도지사·시장·군수·구청장이 부과·징수한다.

3 연안사고 안전관리 규정

[1] 목적

이 규정[54)]은 「연안사고 예방에 관한 법률」 제9조, 같은 법 시행규칙 제4조에 따라 연안사

고 안전관리에 필요한 사항에 대하여 규정함을 목적으로 하고, 적용은 연안사고 예방 및 안전관리에 관하여 다른 법령에서 특별히 규정한 경우를 제외하고는 이 규정에 따른다.

[2] 용어 정의

(1) 위험성조사

"위험성조사"란 연안 해역 중 인명에 위해를 끼치는 사고가 발생된 장소 및 발생할 우려가 높은 장소를 조사하는 것을 말한다.

(2) 위험구역

"위험구역"이란 연안사고로 인해 직접적으로 인명피해가 발생했거나 발생할 우려가 있는 지점(길이×폭)을 말한다.

(3) 위험도 평가

"위험도평가"란 위험성조사 결과를 바탕으로 위험도를 "A", "B", "C" 등급으로 평가·분류하는 것을 말한다.

(4) 출입통제장소

"출입통제장소"란 인명사고가 자주 발생하거나 발생 우려가 높은 위험구역에 대해 특별자치도지사·시장·군수·구청장(이하 "지방자치단체의 장"라 한다), 소방서장, 지방해양수산청장의 의견을 들어 해양경찰서장이 출입을 통제하기 위하여 지정한 장소를 말한다.

(5) 위험예보제

"위험예보제"란 연안 해역에서의 안전사고가 반복·지속적으로 발생할 우려가 있거나 발생한 경우 그 위험성을 "관심", "주의보", "경보"로 구분하여 국민에게 알리는 것을 말한다.

(6) 안전관리시설물

"안전관리시설물"이란 위험한 장소에 대하여 안전사고 위험성을 국민들이 인식하여 사전에 위험에 대비할 수 있도록 설치하는 "위험표지판", "위험알림판" 등을 말한다.

---

54) 연안사고 안전관리규정, [해양경찰청훈령 제170호, 2020. 2. 10., 일부개정], 해양경찰청(해양안전과).

(7) 인명구조장비함

"인명구조장비함"이란 연안사고 발생 시 신속한 인명구조를 목적으로 누구나 사용할 수 있도록 연안 해역 위험한 장소에 설치하는 장비 보관함을 말한다.

[3] 안전사고 위험성 조사 및 위험도 평가

(1) 위험성조사

1) 해양경찰서장은 인명사고가 자주 발생하는 관할 연안 해역에 대하여 연간 1회 이상 위험성조사를 실시하여야 한다.
2) 위험성조사는 「연안사고 예방에 관한 법률」(이하 "법"이라 한다) 제2조제1호의 연안 해역에서 인명에 위해를 끼치는 사고가 발생된 장소 및 발생할 우려가 높은 다음 각 호의 장소를 대상으로 한다.
   가) 법 제2조제3호의 연안체험활동 운영시설
   나) 갯벌 : 갯골이 깊고 조류의 흐름이 빠른 지역
   다) 갯바위 : 육상에 근접한 바위로 간조 시 건너갔다가 만조 시 육상으로 퇴출이 어렵거나 다수의 물이끼 형성으로 낙상 및 추락 위험이 있는 지역
   라) 간출암 : 간조 시 드러났다가 만조 시 해수에 잠기는 바위
   마) 방파제 : 너울성파도가 잦고 다수의 물이끼가 형성되어 낙상 및 해상추락의 위험이 높은 장소
   바) 연육교 : 육지와 섬을 이어주는 다리로 안전시설이 설치되어 있지 않거나 불량하여 해상 추락 가능성이 높은 다리
   사) 선착장 : 선박이 계류하는 장소로 안전시설이 설치되어 있지 않거나 물이끼 등으로 미끄러운 선착장
   아) 무인도서 : 안전기반이 확보되지 않은 무인도서에서 「연안사고 예방에 관한 법률 시행규칙」(이하 "규칙"이라 한다) 제2조의 연안체험활동이 이루어지는 장소

(2) 위험성조사 계획서 작성 및 방법

1) 해양경찰서장은 제4조에 따른 위험성조사를 실시할 경우에는 위험성조사 계획서(별지 제1호 서식)를 작성하여야 한다.
2) 해양경찰서장은 위험성조사를 위하여 필요한 경우 지방자치단체의 장에게 합동조사 및

관련서류 제출을 요청할 수 있고, 지방자치단체의 장은 특별한 사유가 없는 한 이에 응해야 한다.

3) 위험성조사는 별지 제1호 서식 각 항목을 포함한 다음 각 호의 사항을 종합적으로 고려하여 실시한다.
   가) 계절(시기)별로 찾아오는 행락객(관광·체험인원 포함) 수
   나) 이상기후 등 자연재해에 대비한 안전시설물 미흡 또는 부적합 여부
   다) 안전관리시설물, 인명구조장비함 설치 여부
   라) 위험성에 대한 지역주민들이 전하는 정보 및 여론

4) 위험성조사는 객관적인 방법에 의하되, 객관적인 방법이 확립되지 아니한 경우에는 기존의 사례 또는 자료를 참조한다.

(3) 위험도평가 및 안전관리카드 작성·관리

1) 해양경찰서장은 위험성조사 결과보고서를 작성하여 위험한 장소에 대한 위험도를 평가하고 개별 안전관리카드 및 총괄 안전관리카드를 작성·관리하여야 한다.
2) 장소별 위험도는 별표 1을 기준으로 평가·분류한다.

〈표 3-2〉 장소별 위험도 평가기준

위험도	위험도 평가를 위한 분류 기준	
"A"	정량	▸ 최근 3년간 5건 이상 사고발생
	정성	▸ 지역별 특성에 의한 안전사고 발생 위험이 높음
"B"	정량	▸ 최근 3년간 3건 이상 사고발생
	정성	▸ 지역별 특성에 의한 안전사고 발생 위험이 보통
"C"	정량	▸ 최근 3년간 사고발생 없음
	정성	▸ 지역별 특성에 의한 안전사고 발생 위험이 낮음

[4] 위험구역 및 출입통제구역 지정관리

(1) 위험구역 지정관리

1) 해양경찰서장 및 지방자치단체의 장은 제6조의 위험성조사 결과를 바탕으로 위험한 장소에 대하여 인명사고 위험구역으로 지정·관리할 수 있다.
2) 위험구역으로 지정·관리할 경우 사전에 다음 각 호의 사항을 고려하여 지방자치단체의

장의 의견을 들어야 한다.

가) 최근 3년간 인명사고가 발생했던 지점

나) 위험요소가 많아 사고발생 가능성이 높은 지역

다) 사고 발생 시 다수의 인명피해가 우려되는 지역

라) 그 밖에 지역주민들의 요청에 따라 위험하다고 판단되는 지역

(2) 출입통제장소 지정

해양경찰서장은 법 제10조 및 규칙 제5조에 따라 지방자치단체의 장, 소방서장, 지방해양수산청장의 의견을 들어 관할 연안 해역 중 인명사고가 자주 발생하거나 발생 우려가 높은 위험구역을 출입통제 장소로 지정 운용할 수 있다. 출입통제장소 설정 요건, 지정·해제, 공고 절차는 규칙 제5조에 따른다.

[5] 안전사고 위험예보제

해양경찰서장은 연안 해역의 위험한 장소 또는 위험구역에서 특정시기에 기상악화 또는 자연재난 등으로 인하여 같은 유형의 안전사고가 반복·지속적으로 발생할 우려가 있거나 발생되는 경우 그 위험성을 국민에게 미리 알리는 안전사고 위험 예보제를 운용하여야 한다.

(1) 예보의 종류

안전사고 예보는 "관심", "주의보", "경보"로 하며 다음 각 호의 구분에 따라 발령한다.

1) 안전사고 "관심"

연안 해역에 안전사고가 과거 특정시기에 집중·반복적으로 발생하여 사전에 대비가 필요한 경우에 발하는 예보를 말한다.

2) 안전사고 "주의보"

안전사고가 발생될 우려가 높거나 발생되고 있어 피해확산이 우려되는 경우에 발하는 예보를 말한다.

3) 안전사고 "경보"

안전사고 "주의보"를 발령했음에도 안전사고가 확산되는 경우에 피해상황과 전망, 및 예방요령을 반복적으로 알리는 경우에 발하는 예보를 말한다.

(2) 예보 발령대상 안전사고

예보의 발령대상이 되는 안전사고는 다음 각 호와 같다.

① 특정시기에 같은 유형의 피해사례가 반복·지속적으로 발생한 안전사고

② 태풍, 집중호우, 너울성 파도, 저시정(안개 등) 등과 같은 기상특보 또는 자연재난으로 인하여 피해발생이 예상되는 안전사고

③ 그 밖에 국민의 생명과 안전을 보호 하기위하여 예방이 시급하다고 판단되는 안전사고

(3) 예보 발령 절차

연안해역의 안전사고 예보는 해양경찰서 종합상황실과 지방자치단체 재난상황실 또는 해당 부서에서 발령여부를 분석·판단하여 상호 협의를 거쳐 관할 해양경찰서장이 발령한다. 다만, 다음 각 호의 경우에는 협의를 생략할 수 있다.

① 안전사고의 단기간 급증으로 긴급하게 예보발령이 필요한 경우

② 안전사고가 발생되고 있어 피해확산을 방지할 필요가 있는 경우

(4) 예보 발령 방법

안전사고 예보는 다음 각 호의 방법으로 발령하여 그 내용을 국민에게 알릴 수 있다.

① 보도자료 배포 및 브리핑 실시

② 해양경찰서 홈페이지, 인터넷 온라인 및 모바일 게시

③ 그 밖에 예보가 발령된 지역을 찾은 일반인들이 쉽게 접할 수 있는 방법

(5) 예보의 내용

안전사고 예보를 발령할 때에는 다음 각 호의 내용을 포함하여야 한다.

① 예보의 종류 및 발령일시

② 발령 이유

③ 안전사고 예방 안전수칙 및 행동요령

(6) 예보의 해제

발령된 안전사고 예보는 발령이유가 해소되면 특별한 절차 없이 해제된 것으로 본다.

[6] 안전관리시설물의 설치·관리

(1) 안전관리시설물의 설치

① 지방자치단체의 장 및 지방해양수산청장은 제7조에 따라 지정된 연안 해역 위험구역에서의 위험을 방지하고 체계적인 안전관리를 위하여 위험표지판, 위험알림판, 인명구조장비함(이하 "안전관리시설물"이라 한다) 등을 설치·관리하여야 한다.

② 안전관리시설물은 국민들이 위험정보를 정확하게 인식하고 사전에 대비하도록 표준화 및 설치기준을 정하여야 한다.

③ 해양경찰서장은 위험구역 안전관리에 필요한 안전관리시설물 설치를 지방자치단체의 장 및 지방해양수산청장에게 요청할 수 있다.

(2) 위험표지판

1) 주의표지

제7조에서 위험구역으로 지정된 장소에 대해 위험상황을 표시하여 위험에 주의할 수 있도록 알리는 표지

2) 규제표지

법 제10조의 인명사고가 자주 발생하거나 발생 우려가 높은 장소에 규칙 제5조에서 정한 출입통제 등의 규제를 하는 경우에 알리는 표지

3) 보조표지

주의표지, 규제표지의 주 기능을 보충하여 알리는 표지

2개 이상의 복합적인 위험이 있는 장소에는 해당 위험표지판을 모두 설치할 수 있다.

(3) 위험알림판

1) 주의알림판

주의표지와 안내하는 글을 함께 표시하여 특별한 위험상황을 주의할 수 있도록 알리는 표지

2) 규제알림판

규제표지와 규칙 제5조에서 정한 출입통제 사유 등을 함께 표시하여 알리는 표지

2개 이상의 복합적인 위험상황을 알리기 위하여 1개의 위험알림판에 모두 표시하여 설치할 수 있다.

(4) 인명구조 장비함

인명구조 장비함에는 위험한 상황에 처했을 경우 인명을 구조하는데 필요한 장비를 비치하여야 한다.

(5) 안전관리시설물의 관리

지방자치단체의 장 및 지방해양수산청장은 안전관리시설물 관리자를 지정하여 관리하여야 한다. 해양경찰서장은 안전관리시설물이 훼손·망실 또는 사용 불가능함을 발견했을 때에는 해당 지방자치단체의 장 및 지방해양수산청장에게 통보하여야 한다.

[7] 연안 해역 안전점검 및 응급조치에 관한 사항

(1) 연안 해역 안전점검

해양경찰서장은 연안 해역에 대한 안전관리를 체계적으로 추진하기 위하여 안전관리 실태를 점검하여야 한다.

1) 일상점검

일상적인 경찰활동을 통하여 연안 해역 안전관리 실태에 대한 적정여부를 수시로 점검

가) 안전관리시설물의 상태, 훼손, 피손, 오염 정도

나) 인명구조장비함 내에 비치된 인명구조장비 상태 및 수량

2) 정기점검

해양경찰서장 및 지방자치단체의 장이 합동으로 행락시기 이전, 이후 2회 점검

가) 위험성조사 결과 인명에 위해를 끼치는 사고가 발생된 장소 및 발생할 우려가 높은 장소가 전부 포함되어 있는지 여부

나) 위험구역이 제대로 설정되어 있는지 여부

다) 연안 해역 위험한 장소에 대한 위험도 평가의 적정성

라) 개별 안전관리카드 및 총괄 안전관리카드 작성·관리 상태

마) 안전사고 위험예보제 운용 현황

바) 안전관리시설물이 위험구역에 적합하게 설치되었는지 여부

사) 안전관리시설물 기능이 제대로 국민들에게 전달되고 있는지 여부

3) 특별점검

자연재해 발생이 예상되는 경우와 해양경찰서장 또는 지방자치단체의 장이 필요하다고 인정할 경우 합동으로 일제 점검. 점검사항은 자연재해 이후 달라진 환경 및 정보전달 시설상태 등이다.

해양경찰서장은 점검결과 안전관리시설물의 증설 또는 보수가 필요한 때에는 해당 지방자치단체의 장 및 지방해양수산청장과 협의하여 보완 될 수 있도록 해야 한다.

(2) 점검결과 응급조치

1) 안전관리 점검결과 부적합 사항 및 조치가 필요한 사항에 대하여는 다음 각 호의 사항이 반영된 안전관리계획을 수립하여야한다.
   가) 부적합 사항 발생사유 및 원인에 대한 규명
   나) 응급조치를 위한 착수 및 마무리 시기
   다) 응급조치 결과 효과성 및 재발방지대책
2) 제1항의 안전점검 결과 및 제도개선사항에 대하여는 지속적으로 안전관리계획 등을 수정·보완하여 개선하여야 한다.
3) 해양경찰서장은 점검결과 안전관리시설물의 증설 또는 보수가 필요한 때에는 해당 지방자치단체의 장 및 지방해양수산청장과 협의하여 보완 될 수 있도록 해야 한다.

(3) 확인·점검

해양경찰청장은 연 1회 전국 연안 해역 안전관리 실태를 확인·점검하여야 한다. 단, 지방해양경찰청장(또는 해양경찰서장)으로 하여금 실시하게 하고 그 결과를 보고받음으로써 확인·점검을 대신할 수 있다.

[8] 연안사고 예방업무 종사자 교육훈련에 관한 사항

(1) 예방업무 종사자 지정

해양경찰서장 및 지방자치단체의 장은 체계적으로 연안사고 예방업무를 수행하기 위하여 업무담당자를 지정하여야 한다.

(2) 예방업무 담당자 교육

1) 해양경찰청장은 매년 소속기관 및 지방자치단체의 예방업무 담당자가 안전관리규정 시행에 필요한 전문적인 지식을 습득하게 하고 예방업무를 원활하게 수행할 수 있도록 예방업무 담당자 교육·훈련(워크숍, 간담회 포함)을 실시하여야 한다.
2) 교육내용은 다음 각 호와 같다.
   가) 연안사고 예방에 관한 법률
   나) 연안사고 안전관리 규정
   다) 연안체험활동 안전수칙
   라) 전년도 연안사고 통계현황, 원인분석, 개선대책 등

[9] 연안사고 원인의 조사·보고

(1) 연안사고 원인조사

1) 해양경찰서장은 관할 연안 해역에서 인명피해 사고가 발생하였을 경우 사고 원인을 조사하여야 한다.
2) 사고원인을 조사할 때에는 다음 각 호의 내용으로 작성한다.
   가) 위험구역으로 설정한 장소에서 발생한 사고인지 여부
   나) 직접적인 사고 원인
   다) 사고지점과 안전관리시설물 간의 거리
   라) 사고지점에 인명구조장비함 설치 여부 및 거리
   마) 사고발생 시 기상특보 및 안전사고 위험예보 발령사항
   바) 그 밖에, 동일사고 예방을 위한 안전관리 규정 개선·보완 사항

(2) 원인조사 결과보고

해양경찰서장은 원인조사가 종료한 때에는 다음 각 호의 사항이 포함된 사고조사 결과를 지방해양경찰청장을 경유하여 해양경찰청장에게 보고하여야 한다.

① 사고 개요(발생사실, 일시, 장소, 피해현황, 기상 및 위험예보 발령사항 등)
② 원인분석(제26조제2항 각 호 내용 포함)

(3) 시사점 및 개선(보완) 대책

해양경찰청장은 사고원인 조사결과 연안사고 예방을 위하여 개선·보완할 사항이 있을 때에는 관련기관에 통보하여 개선·보완하여야 한다.

4 연안해역 안전관리 체계 구축 방안

[1] 연안해역 사고예방 대책 확립

연안해역에서 인명사고 예방조치에 관한 내용적 범위로 보면 크게 사고발생 이전 예방적 활동과 사고 발생 후 구조·구급 등 대응활동으로 볼 수 있다. 사고발생 이전 예방적 활동으로는 연안해역 순찰활동, 위험구역설정, 안전시설물 설치 및 관리와 안전점검 활동 등으로 나눌 수 있다. 따라서 연안사고 예방법의 특성상 연안해역에서의 안전사고가 발생하지 않도록 각종 예방활동을 추진하는 것을 기본 개념으로 본다면 인명사고 예방조치에 관한 활동이 적극적으로 추진되어야 한다. 방파제를 비롯해 선착장, 갯바위 등 대부분 안전시설과 구난장비가 필요한 곳이지만 실질적으로 난간 등 안전시설 설치에 관한 규정이 미비하다.

우리나라 2,300여개 항·포구에 설치된 방파제는 일반적으로 동·서로 구분하여 4,600여개 정도이다. 현행 안전시설물의 문제점으로 지적되고 있는 것은 안전시설을 필수적으로 설치해야 할 장소에 대해 명확한 기준이 없다는 것이다. 또한 설치되었다 하더라도 사후 관리적 측면에서의 엄격한 규정이 필요하며 제작과 설치하는 규격이 파랑발생 등에 파손되지 않는 재질 등의 기준이 필요하다(김종선, 2016 : 51-75).

[2] 연안해역 사고대응 능력 강화방안 마련

(1) 현장 중심의 연안안전 관리체계 구축

연안사고 예방에 관한 법률에서 각 기관의 역할이 구별되어 있으므로 해양경찰청을 중심으로 지방자치단체, 연안체험활동 운영자는 연안에 관한 안전관리가 사고 후 현장의 복구정책 위주가 아니라 예방중심 체계의 정책 패러다임으로 변화가 필요하다.

(2) 연안해역 사고구조 대응능력 강화

연안사고에 대한 해양경찰의 구조 대응능력은 각 지역 해양경찰서 팀으로는 관할 범위에 비하여 인력과 장비가 턱없이 부족하여 연안순찰 업무뿐만 아니라 체험캠프 활동 안전점검, 취약지역에 대한 수시 순찰과 지도·단속 등 체계적이고 전문적인 연안해역 사고예방을 위한 전담조직운영이 필요한 상황이다.

(3) 네트워크 형성과 안전관리 문화 정착

해양의 안전사고 방지를 위하여 정부조직 뿐만 아니라 각 지방자치단체와의 연계성을 강화하고 특히, 해양수산부 중심으로 해양사고 줄이기 캠페인과 해양안전문화진흥 기본계획에 따라 홍보와 부처 간 시각 차이를 줄여야 할 필요성이 있다.

2장 선박 안전조업과 통제

1 선박안전 조업규칙

[1] 목적과 적용범위

이 규칙55)은 「수산업법」 제34조제1항제7호 및 같은 조 제3항에 따라 선박에 대한 어업 및 항해의 제한이나 그 밖에 필요한 규제에 관한 사항을 정함으로써 어업과 항해가 안전하게 이루어질 수 있도록 함을 목적으로 하고, 어선과 총톤수 100톤 미만의 선박(이하 "선박"이라 한다)에 대하여 적용한다. 다만, 정부나 공공단체가 소유하는 선박, 원양어업에 종사하는 어선, 여객선 및 국외에 취항하는 선박은 제외한다.

[2] 어로한계선

1) 동해에서 어로(漁撈)를 할 수 있는 한계선(이하 "어로한계선"이라 한다)은 다음의 점을 연결하는 선으로 한다.

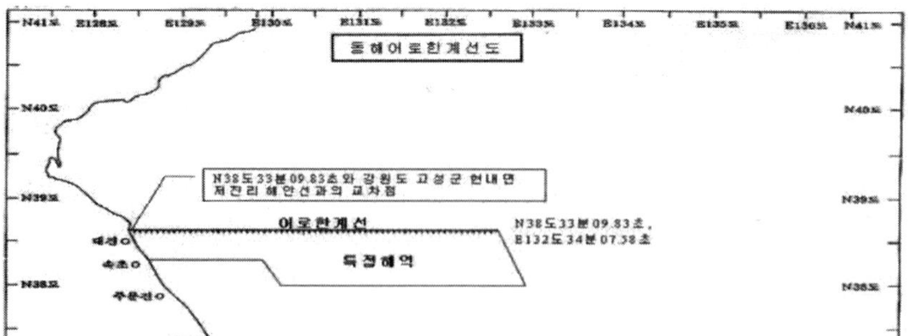

〈그림 3-3〉 동해어로한계선

55) 선박안전 조업규칙, [해양수산부령 제251호, 2017. 7. 28., 타법개정], 해양수산부(지도교섭과).

2) 서해에서 어로한계선은 다음의 각 점을 차례로 연결하는 선으로 한다.

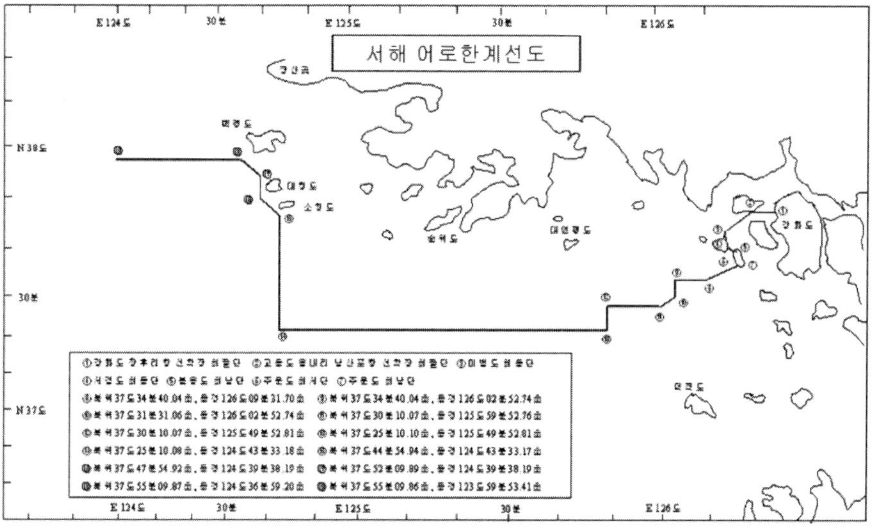

〈그림 3-4〉 서해어로한계선

[3] 성어기의 설정

1) 어획고의 증대와 조업의 안전을 위하여 성어기(盛漁期)를 다음 각 호와 같이 설정한다.

가) 동해

① 명태 성어기 : 10월 1일부터 다음 해 3월 31일까지

② 오징어 성어기 : 6월 15일부터 12월 31일까지

나) 서해

① 오징어 성어기 : 6월 1일부터 10월 31일까지

② 홍어 성어기 : 10월 1일부터 다음 해 4월 30일까지

③ 병어 성어기 : 3월 1일부터 7월 31일까지

④ 꽃게 성어기 : 3월 1일부터 6월 30일까지, 9월 1일부터 12월 31일까지

2) 어로보호본부장은 성어기 동안 특정해역을 대상으로 다음 각 호의 사항에 관한 계획을 수립·실시하여야 한다.

가) 해양경찰함정이나 어업지도선의 배치 및 어선과의 통신방법

나) 어선의 특정해역 출입시간과 조업시간 등에 관한 통제대책

[4] 조업해역의 구분(선박안전조업규칙 제5조)

(1) 특정해역

어로한계선과 선박안전조업규칙 제5조 제2항에서 정한 선을 차례로 연결한 해역으로 출어하고자 하는 어선은 출어등록, 어선단을 편성 조업, 1일 3회 이상 어업정보통신국에 위치를 보고하여야 한다.

(2) 조업자제해역

서해 조업자제해역 및 대화퇴해역으로서 해양수산부장관이 중앙행정기관의 장과의 협의를 거쳐 정하여 고시한 해역으로 출어하고자 하는 어선은 출어등록, 1일 2회 이상 어업정보통신국에 위치를 보고하여야 한다.

(3) 일반해역

특정해역 및 조업자제해역을 제외한 모든 해역으로 1일 1회 이상 어업정보통신국에 위치를 보고하여야 한다.

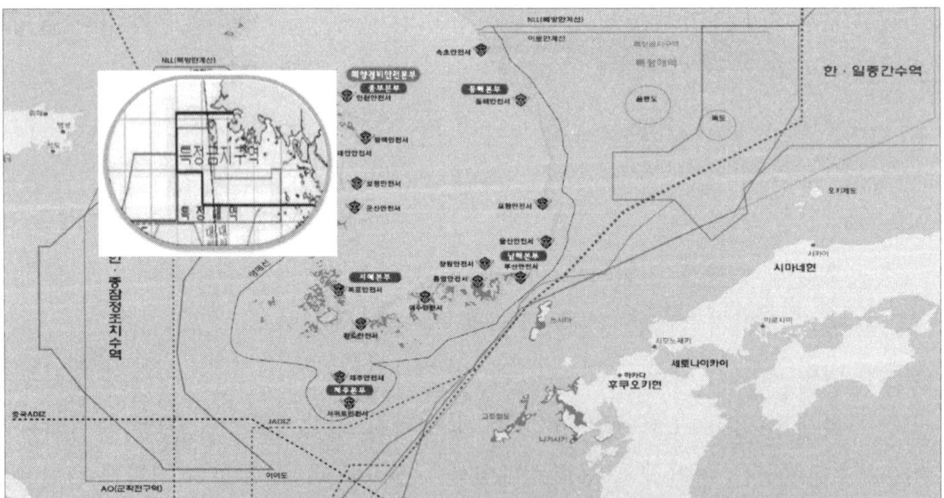

〈그림 3-5〉 어선 조업해역별 구분

[5] 조업자제선(제6조)

조업자제선은 서해 조업자제해역 및 동해 대화퇴해역에서 어로금지나 항해금지를 표시하는 선으로서 해양수산부장관이 관계 중앙행정기관의 장과 협의를 거쳐 정하여 고시하는 선을 말한다.

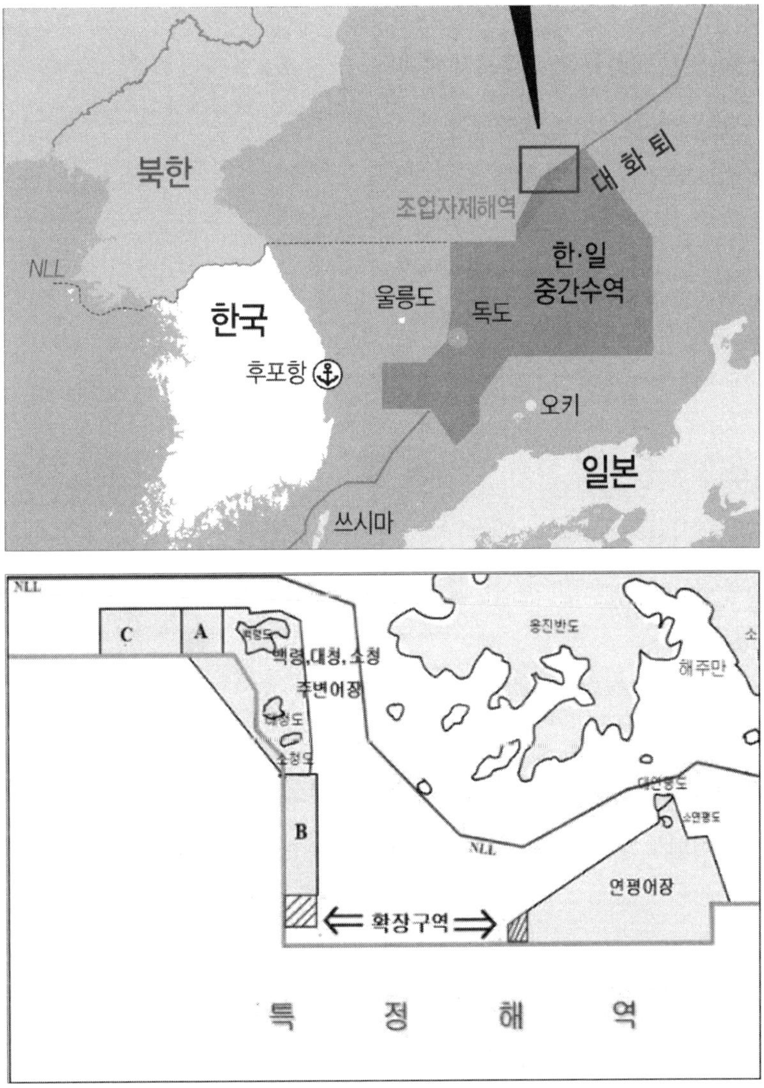

〈그림 3-6〉 조업자제해역

[6] 어로보호본부 (선박안전조업규칙 제7조)

특정해역에 있어서의 어로보호에 관한 사무를 처리하기 위하여 설치한다.

(1) 본부 (선박안전조업규칙 제7조제1항)

1) 동해 어로보호본부 : 속초해양경찰서
2) 서해 어로보호본부 : 인천해양경찰서

(2) 구성

1) 본부장 : 해양경찰서장(어로보호본부의 업무 전반을 지휘·감독)
2) 본부 근무자 : 해양경찰서 소속 경찰공무원(경비함정 근무자 제외)

(3) 관장사무

1) 어로보호를 위한 경비 및 단속
2) 어선 출항·입항 및 어선 출어등록 현황의 파악과 출어선의 동태 파악
3) 해양사고 구조
4) 범법 어선의 적발·처리 및 관계기관 통보

(4) 연락관 파견 (선박안전조업규칙 제7조제8항)

어로본부의 경비업무를 원활하게 하기 위하여 어로보호본부와 군부간에 서로 연락관 파견할 수 있다.

(5) 어로보호 협의회 (선박안전조업규칙 제8조)

1) 어로보호본부의 효율적 운영과 그 기능의 강화를 위해 둔다.
2) 구성, 기능, 운영에 관하여는 어로보호본부장이 관계기관의 장과 협의하여 정한다.

[7] 출·입항 신고기관의 설치 (제9조)

(1) 신고기관 설치기준

1) 선박의 출항·입항 신고 및 통제업무를 담당하기 위하여 다음 각 호의 어느 하나에 해당하는 항·포구에 선박 출항·입항 신고기관(신고기관)을 둔다.

가) 제10조제1항에 따른 항·포구

나) 관할 해양경찰서장이 필요하다고 인정하는 항·포구로서 해양경찰청장이 정하는 항·포구

2) 신고기관은 출항·입항 통제소(통제소), 출항·입항 신고소(신고소) 및 출항·입항 대행신고소(대행신고소)로 구분하여 설치하며 관할 해양경찰서장이 지휘·감독한다.

〈신고기관의 설치 기준(선박통제규정 제4조제1항)〉

1) 선박안전조업규칙 제10조제1항의 규정에 따라 해양수산부관이 지정·고시하는 항·포구 : 통제소 설치
2) 조업자제해역 및 일반해역에 출항·입항하는 선박을 통제하기 위하여 필요하다고 인정되는 항·포구 : 신고소 설치
3) 일반해역에 출어하는 어선이 해당 항·포구에 선적을 둔 선박의 척수와 치안수요 등을 감안하여 신고소에 갈음하는 대행신고소를 지정할 수 있다.

3) 통제소에는 경찰요원(경찰공무원과 전투경찰순경을 말한다.)과 지구별수산업협동조합 또는 업종별 수산업협동조합(조합)에서 파견하는 어선안전점검요원(수협요원)을 배치하여 운영하고, 신고소에는 경찰요원을 배치하여 운영하며, 대행신고소는 그 항·포구에 거주하는 자 중에서 관할 해양경찰서장이 위촉하는 자가 운영한다.

4) 통제소의 등급 구분과 경찰요원 및 수협요원(통제요원)의 배치기준은 항·포구별로 선적(船籍)을 둔 선박의 수, 출항·입항의 빈도 및 치안수요를 고려하여 해양수산부장관이 정하여 고시한다.

5) 통제소 및 신고소에 각각 통제소장 및 신고소장(소장)을 두되, 소장은 그 신고기관에 배치된 경찰공무원 중에서 해양경찰서장이 지명한다.

6) 소장은 그 신고기관에 배치된 통제요원의 복무를 감독한다.

7) 소장은 수협요원이 다음 각 호의 어느 하나에 해당하면 수협요원의 조합장에게 교체하거나 징계하도록 요구할 수 있다. 이 경우 교체 또는 징계를 요구받은 조합장은 정당한 사유가 없으면 교체요구에 따라야 한다.

가) 거짓이나 부정한 방법으로 수협요원으로 배치받은 경우

나) 자질이 부족하거나 그 밖에 통제요원으로서 적합하지 아니 한 경우

다) 제10조제4항에 따른 임무수행을 거짓으로 하거나 조작한 경우

라) 다른 사람에게 자기의 성명을 사용하여 임무를 수행하게 한 경우

마) 직무를 이행하지 아니하거나 게을리 한 경우

8) 소장은 성어기나 그 밖에 선박의 출항·입항이 집중되는 시기에 업무량이 증가하여 통

제요원만으로는 원활한 업무수행을 할 수 없다고 인정되면 해당 해양경찰서장 또는 조합장에게 통제요원의 증원을 요청할 수 있다. 이 경우 증원요청을 받은 해양경찰서장 또는 조합장은 출항·입항신고 및 통제업무의 처리에 지장이 없도록 필요한 조치를 하여야 한다.

(2) 신고기관의 종류

1) 통제소

특정해역, 조업자제해역, 일반해역에 출입하는 선박의 통제, 어로보호본부의 업무 수행을 지원(경찰요원, 수협요원 배치)

2) 신고소

조업자제해역 및 일반해역에 출입하는 선박 통제(경찰요원 배치)

3) 대행신고소

일반해역에 출어하는 어선의 현황을 파악하기 위하여 통제소 또는 신고소를 설치하지 아니한 항·포구에 설치(민간인 위촉 신고업무 대행)

(3) 신고기관 임무

1) 통제소

특정해역, 조업자제해역 및 일반해역에 출입하는 선박을 통제하고, 어로보호본부의 업무 수행을 지원하기 위하여 해양수산부장관이 관계 중앙행정기관의 장과 협의하여 지정·고시하는 항·포구에 통제소를 설치하고 소장은 그 신고기관에 배치된 경찰공무원 중에서 해양경찰서장이 지명한다.

가) 경찰요원의 임무(선박안전조업규칙 제10조 3항)

① 출항·입항신고의 접수

② 선원의 신원확인, 선박에 대한 임검(臨檢)

③ 선박 출항·입항 현황을 해양경찰서장에 보고

④ 귀항하지 아니한 선박을 수배하거나 관계기관에 통보

⑤ 범법선박에 관한 관계기관에 통보

⑥ 그 밖에 어로보호본부와의 업무협조에 관한 사항

나) 수협요원의 임무(선박안전조업규칙 제10조 4항)

① 특정해역 및 조업자제해역 출어선에 관한 출어등록

② 조업 질서유지 및 안전에 관한 교육이수의 확인

③ 어선단 편성 또는 어선단 편성의 확인과 어선 승선지도

④ 어선검사 유효기간 및 위성비상위치지시용 무선표지설비 검사결과의 확인

⑤ 어선 항해장비(나침의, 해도, 구명조끼)비치여부의 및 위성항법장치(GPS)가 설치된 어선에 대한 그 장비의 이상유무 확인과 기관설비의 육안이나 청각 등에 의한 안전점검

⑥ 어선출항·입항, 어선단 편성현황 및 출어등록 현황을 어업정보통신국과 어로보호본부에 통보

⑦ 선원자격(해기사면허증·선원수첩)의 확인

⑧ 어업정보통신국에의 가입여부 확인

⑨ 그 밖에 어로보호본부의 업무협조에 관한사항

2) 신고소

조업자제해역 및 일반해역에 출입하는 선박을 통제하기 위하여 통제소가 설치되지 아니한 항·포구에 신고소를 설치한다. 해양경찰서장이 신고소를 설치하거나 대행신고소를 지정하고자 할 때에는 지방해양경찰청장의 승인을 받아야 한다.

지방해양경찰청장이 신고기관의 설치승인을 한 때에는 그 내용을 해양경찰청장에게 보고하고, 각 지방해양경찰청장에게 통보하여야 한다. 해양경찰서장은 신고기관의 설치 승인을 받은 때에는 지체 없이 그 내용을 시장·군수·지방해양항만청장·지역군부대장·조합장에게 통보하여 어업인들에게 주지시키도록 하여야 한다. 신고소 및 대행신고소를 폐쇄하는 경우에 이를 준용한다. 임무는 다음과 같다.

① 출항·입항신고의 접수

② 선원의 신원확인, 선박에 대한 임검(臨檢)

③ 선박 출항·입항 현황을 해양경찰서장에 보고

④ 귀항하지 아니한 선박을 수배하거나 관계기관에 통보

⑤ 범법선박에 관한 관계기관에 통보

⑥ 특정해역 및 조업자제해역 출어선에 관한 출어등록

⑦ 조업 질서유지 및 안전에 관한 교육이수의 확인

⑧ 어선단 편성 또는 어선단 편성의 확인과 어선 승선지도

⑨ 어선검사 유효기간 및 위성비상위치지시용 무선표지설비 검사결과의 확인
⑩ 어선 항해장비(나침의, 해도, 구명조끼)비치여부의 및 위성항법장치(GPS)가 설치된 어선에 대한 그 장비의 이상유무 확인과 기관설비의 육안이나 청각 등에 의한 안전점검
⑪ 어선출항·입항, 어선단 편성현황 및 출어등록 현황을 어업정보통신국과 어로보호본부에 통보
⑫ 선원자격(해기사면허증·선원수첩)의 확인
⑬ 어업정보통신국에의 가입여부 확인

3) 대행신고소 (선박안전조업규칙 제13조 2항)

일반해역에 출어하는 어선의 현황을 파악하기 위하여 통제소 또는 신고소를 설치하지 아니한 항·포구에 대행신고소를 지정한다. 해양경찰서장이 선박 출항·입항 통제업무를 대행할 자(대행신고소장)를 위촉하여야 하며 대행신고소장이 상주 또는 주로 위치하는 사무실 또는 주택을 대행신고소로 한다. 대행신고소장은 이장·어촌계장·수협직원·향토예비군의 중대장 또는 소대장 그 밖에 책임감이 투철한 주민 중에서 본인의 동의를 얻어 위촉한다. 임무는 다음과 같다.

① 출항·입항 신고의 접수
② 귀항하지 아니한 선박이나 의심스러운 선박을 군이나 경찰기관(해양경찰관서 포함)에 신고

(4) 관할 부대장의 통제 (선박안전조업규칙 제14조)

백령도, 대청도, 소청도, 연평도, 강화도에 설치되어있는 신고기관은 선박의 출항·입항 및 조업에 관하여 그 지역의 관할 군부대장의 통제를 받는다.

[8] 선박 출항·입항 종합정보시스템의 구축·운영

해양경찰청장은 선박의 출항 및 입항을 효율적으로 관리하기 위하여 선박 출항·입항 종합정보시스템을 구축·운영할 수 있다.

▸ **어선 위치 발신 장치(V-Pass)**

1) V-Pass 설치목적

가) 위치정보 송신기를 이용하여 어선의 제원과 이동사항을 수시 확인 할 수 있도록 함으로서 그동안 어민들이 관할 파출소 또는 출장소에 찾아와서 직접 신고하던 출입항에 관한 신고 사항 개선

나) 어민들의 불편과 경찰관들의 업무량을 획기적으로 줄일 수 있는 계기 마련

2) 법적근거

가) 어선법 제5조의2(어선위치발신장치) 및 제53조(과태료)

나) 어선법 시행령 별표(위반행위별 과태료의 부과기준)

다) 어선법 시행규칙 제42조의2(어선위치발신장치를 갖추어야 하는 어선 등)

3) 필요성

가) 어선 출·입항신고 자동화, 해상 검문·검색 간소화 등 대어민 편익 증진

나) 실시간 어선 위치정보 모니터링으로 신속한 수색·구조체계 확립

다) 밀수·밀입국, 면세유 부정유출 등 각종 해상범죄 효과적 대응

4) 설치 대상

어선법상 모든 어선

5) V-PASS 기능 및 시스템 개념

V-PASS 기능	시스템 개념도
- 통신권역 : 연안 30마일 이내 - 선박 운항관리(운항기록/일정관리), 실시간 선박위치정보 - 전자해도 - 날씨, 공지사항 등 알림정보 - 자동 입·출항 신고 - 모바일 122신고(긴급구조/사고신고), 문자 메세지	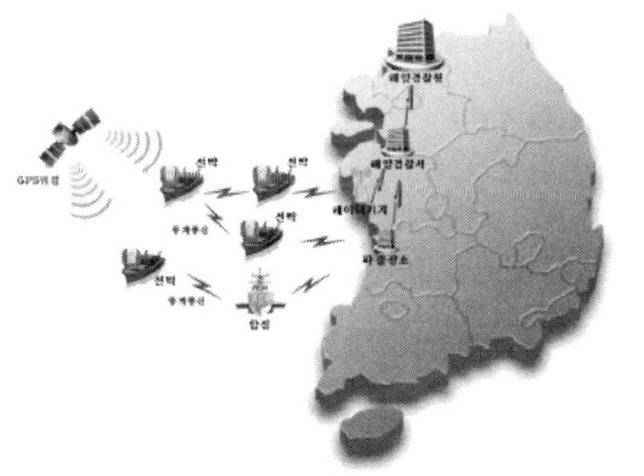

[9] 출항·입항 신고

1) 선박이 항·포구에 출입하려면 어선은 어선출(입)항신고서를, 그 밖의 선박은 선박출(입)항신고서를 2부씩 작성하여 신고기관에 제출(정보통신망을 이용한 제출을 포함한다)한 후 그 중 1부는 신고기관의 장의 확인을 받아 선박에 갖추어 두어야 한다.

2) 5톤 미만의 어선은 다음 각 호의 어느 하나에 해당하는 경우 외에는 전화 또는 정보통신망 등을 이용하여 출항·입항 신고를 할 수 있다.

가) 최초로 신고하는 경우

나) 어선 구비서류의 내용에 변동이 있는 경우

다) 특정해역이나 조업자제해역에 출어하는 경우

3) 선박 출항·입항 종합정보시스템에 의한 선박 출입항 발신장치(이하 "선박출입항발신장치"라 한다)를 갖추고 출항·입항 전에 이를 정상적으로 작동하여 출항·입항하는 선박은 신고를 한 것으로 본다. 다만, 선박출입항발신장치를 갖추고 처음으로 출항·입항하는 경우와 제2항제2호(어선 구비서류의 내용에 변동이 있는 경우) 또는 제3호(특정해역이나 조업자제해역에 출어하는 경우)에 해당하는 경우에는 그러하지 아니하다.

4) 「수산업법」 제27조제1항에 따라 관리선 사용지정을 받은 어선 또는 같은 조 제3항에 따른 사용승인을 받은 어선은 다음 각 호의 어느 하나에 해당하는 해역에 출어하거나 그 해역에서 조업한 후 귀항하는 경우 외에는 어선출항·입항신고서를 제출하지 아니한다.

가) 특정해역

나) 관할 해양경찰서장이 치안유지나 국방을 위하여 필요하다고 인정하여 관계 기관의 장과 협의를 거쳐 지정한 해역

5) 해양경찰서장은 치안유지나 국방을 위하여 필요하면 제2항에 따른 전화신고 등과 제3항 본문에 따라 신고를 한 것으로 보는 것을 일시적으로 제한하고 서면신고를 하도록 할 수 있다.

6) 어선출(입)항신고서를 제출하는 경우에는 선원명부를 첨부(승선원이 1명인 경우에는 생략한다)하여야 하며, 어선구비서류확인증을 동시에 제시하여야 한다. 이 경우 어선구비서류확인증은 그 어선의 선적항에 설치된 통제소나 신고소(1개의 항·포구에 2개 이상의 통제소 또는 신고소가 있으면 관할 해양경찰서장이 지정하는 통제소 또는 신고소)에서 발급한다.

7) 어선이 출항한 후 신고한 조업장소, 기항지 또는 귀항 예정일자를 변경하려면 통신기가 설치된 어선은 그 사실을 지체 없이 어업정보통신국에 알려야 하며, 통보를 받은 어업정보통신국은 해당 신고기관에 알려야 한다. 다만, 통신기가 설치되지 아니한 어선은 변경된 기항지에 입항한 즉시 모든 사용가능한 수단으로 출항지의 신고기관에 보고하여야 한다.

8) 통신기가 설치된 선박이 출항·입항할 때에는 지체 없이 관할 어업정보통신국에 출항·입항통보를 하여야 하며 「무선국의 운용 등에 관한 규칙」 제18조제2항에 따라 입항 전과 출항 후 각각 3시간 이상 개국(開局)하여 다른 무선국과 연락이 쉽게 되도록 하여야 한다.

9) 전화 또는 정보통신망 등을 이용하여 출항·입항 신고를 하는 5톤 미만 어선과 제3항 본문에 따라 신고를 한 것으로 보는 선박의 경우에는 어선출(입)항신고서를 갖추어 두지 아니할 수 있다.

[10] 어선 출어등록

(1) 적용해역

특정해역, 조업자제해역에 출어하려는 어선은 통제소 또는 신고소에 출어등록 신청서를 제출하여 출어등록을 하여야 한다.

(2) 적용어선의 범위

수산업법에 의하여 어업이 허가·면허 또는 신고 된 어선만 할 수 있으며, 그 유효기간은 등록일로부터 1년으로 한다.

(3) 절차

출어등록을 한 어선에 출어등록번호를 부여 → 출어등록증 발급 - 출어등록대장에 기록, 관리(출어등록번호 일반어선과 어획물운반선을 구분)

출어등록대장은 전자적 처리가 불가능한 특별한 사유가 있는 경우 외에는 전자적 방법으로 기록·관리하여야 한다.

[11] 어선단 조업

1) 특정해역 및 조업자제해역에 출어하려는 어선은 통제소 또는 신고소의 통제요원이 정하는 바에 따라 어선단을 편성하여 조업하여야 하며, 해안선으로부터 12해리 밖의 일반해역에 출어·조업하려는 어선 중 통신시설이 없는 어선은 통신시설이 있는 어선과 어선단을 편성한 후 신고기관에 신고하고 조업하여야 한다.
2) 같은 어선단에 편성된 각 어선의 선장은 통제요원이 지정한 선장(제1항 후단의 경우에는 어업인이 자체 지정한 선장을 말한다. 이하 "선단장"이라 한다)의 지시에 따라야 하며 선단장은 어선단에 속하는 선박이 선단장이 승선한 어선과 동시에 출항·입항하고, 가시거리 내의 같은 어장에서 조업하도록 지도·감독하여야 한다.
3) 어선단은 어선의 업종·성능·지역 및 선장 간의 유대관계 등을 고려하여 2척 이상으로

편성하고 선단장은 선장의 지휘능력과 어선의 성능을 고려하여 지정되어야 한다.

4) 어선단은 동시에 출항·입항하고 가시거리 내의 같은 어장에서 조업하여야 하며 해난사고가 발생하면 구조작업에 협조하여야 한다. 다만, 다음 각 호의 사유 등으로 어선단에서 이탈하는 것이 불가피한 경우에는 어업정보통신국장의 승인을 받아 이탈할 수 있다.
   가) 어선장비의 고장
   나) 인명사고
   다) 조기 만선(早期 滿船)
   라) 일반 안전해역으로 조업장소의 이동
   마) 기상 악화에 따른 피항(避航)
   바) 어구·어법의 특성상 가시거리 내의 같은 어장에서 조업하는 것이 현저히 곤란한 경우

5) 어업정보통신국장은 제4항에 따른 승인을 하면 해당 신고기관에 어선의 이탈 현황을 지체 없이 알리고, 잔류어선이 1척일 경우에는 그 어선을 다른 어선단에 편입시켜야 한다. 다만, 기상 악화 시 또는 4)항 바)호에 해당하는 경우에는 다른 어선단에 편입시키지 아니할 수 있다.

6) 특정해역에 출입하는 어획물운반선은 어로보호본부장이 통제한다.

7) 신고기관은 제4항에 따른 어선단 이탈의 승인을 받아 귀항한 어선이 다시 출어하려는 경우, 다른 출어선이 없어 어선단을 편성하여 출어할 수 없다고 인정되면 출항을 승인하여 본래의 어선단에 복귀하게 하거나 다른 어선단에 편입하게 할 수 있다.

[12] 출항·입항의 제한

1) 신고기관이 설치되지 아니한 항·포구에는 선박이 출항·입항하여서는 아니 된다. 다만, 기상 악화에 따른 피항, 기관 고장으로 인한 표류, 그 밖의 부득이한 사정이 있는 경우에는 예외로 한다.

2) 해양수산부장관은 관계 중앙행정기관의 장과 협의하여 선박의 안전한 항해를 위하여 안전항로경유지를 지정·고시하고, 선박이 그 지정된 경유지를 거쳐 항해하도록 할 수 있다.

[13] 어로 또는 항해의 금지

1) 해양수산부장관은 치안유지 또는 국방상 필요하여 경찰청장, 해양경찰청장 또는 국방

부장관이 요청하면 일정 해역을 지정·고시하고, 그 지정된 해역에서의 항해 또는 어로를 금지할 수 있다.

2) 광역시장·도지사 또는 특별자치도지사는 제1항에 따라 지정된 해역 외의 해역에 대하여 기선으로부터 3해리 이내의 해역에서 어로 및 항해를 제한하거나 금지할 수 있으며, 이 경우 관계 기관의 장과 협의를 거쳐 해역의 범위와 시간 및 안전 조업을 위하여 필요한 사항 등을 정하여 고시하여야 한다. 다만, 광역시장·도지사 또는 특별자치도지사는 필요하다고 인정하면 해당 시·도방위협의회의 의견을 들을 수 있다.

3) 광역시장·도지사 또는 특별자치도지사는 제2항에 따른 고시를 하는 경우 어로와 항해가 금지되는 시간에 긴급 출항·입항할 수 있는 항·포구 및 통로를 설정하여 고시하여야 한다.

[14] 월선의 금지 등

1) 선박은 제3조에 따른 어로한계선이나 제6조에 따른 조업자제선을 넘어 어로 또는 항해를 하여서는 아니 된다.

2) 제1항에도 불구하고 다음 각 호의 어느 하나에 해당하는 어선은 어로한계선이나 조업자제선을 넘어 어로 또는 항해를 할 수 있다.

가) 어로한계선 인근지역·도서의 어선. 이 경우 어로 및 항해를 할 수 있는 범위와 기간 등은 해양수산부장관이 관계 기관의 장과 협의·결정하여 고시한다.

나) 「남북교류 협력에 관한 법률」에 따라 정부의 승인을 받은 어선 또는 외국정부의 입어허가를 받아 해당 외국수역에 출어하는 어선. 이 경우 출입항로 등은 해양수산부장관이 관계 기관의 장과 협의·결정하여 고시하거나 통보한다.

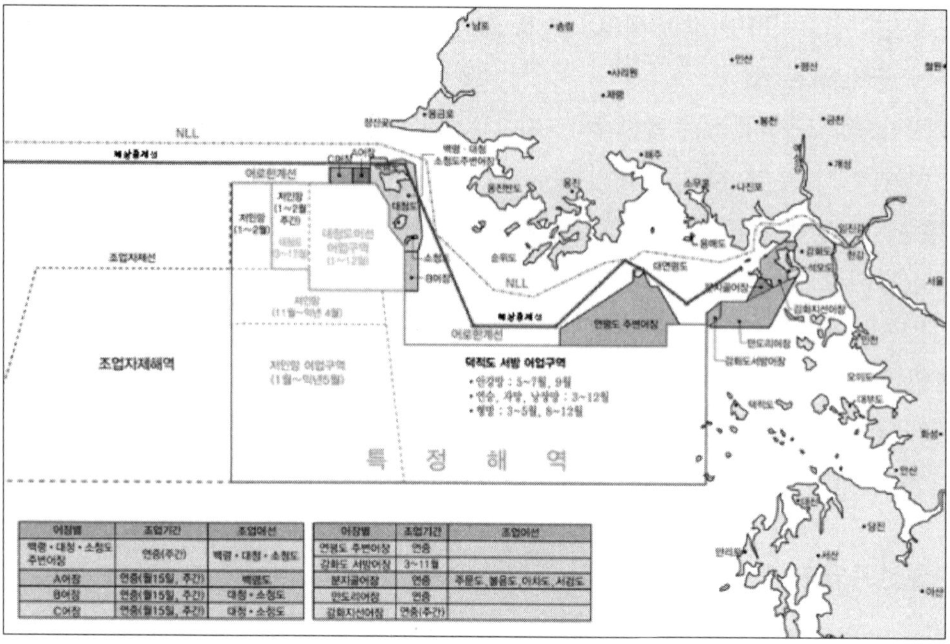

〈그림 3-7〉 어로한계선과 조업자제선

[15] 특정해역 내의 어로 제한

1) 특정해역에 출어하려는 어선은 통신시설·나침반·해도·구명조끼·조석표·라디오 등 관계 중앙행정기관의 장이 정하는 장비를 갖춘 동력선이어야 한다. 다만, 특정해역과 인접하고 있는 지역의 어업인이 보유하는 무동력어선 및 10톤 미만의 어선은 예외로 하되, 닻과 노를 갖추어야 한다.
2) 10톤 미만의 어선은 동해에서는 동경 130도 59분 51.10초(동경측지계 : 동경 131도 00분)부터 그 동쪽 해역, 서해에서는 동경 124도 59분 53.06초(동경측지계 : 동경 125도 00분)부터 그 서쪽 해역에 출어할 수 없다. 다만, 울릉도를 기지로 하여 조업하는 어선은 울릉도 주위로부터 60마일까지 출어할 수 있다.
3) 해양수산부장관은 필요하다고 인정하면 관계 중앙행정기관과 협의를 거쳐 특정해역에서의 어업별 조업구역 및 조업기간을 정할 수 있다. 조업구역 및 조업기간을 정하면 지체 없이 관보에 고시하여야 한다.

[16] 특정해역 외의 해역에서의 어로 제한

해양수산부장관은 관계 중앙행정기관과 협의하여 특정해역 외의 해역에서 어로를 제한할 수 있다. 어로를 제한하는 경우에는 그 내용을 고시하여야 한다.

[17] 어업정보통신국에의 가입 및 위치보고

1) 통신기가 설치된 어선은 선적항 또는 인근지역을 관할하는 어업정보통신국에 교신가입을 하고 어업정보통신국가입증을 발급받아야 하며 다음 각 호의 구분에 따라 특정해역 출어선은 지정 어업정보통신국에, 그 밖의 해역 출어선은 출항지 어업정보통신국에 위치보고를 하여야 한다. 다만, 지정 어업정보통신국이나 출항지 어업정보통신국과 교신이 불가능할 때에는 인근 어업정보통신국에 중계보고할 것을 의뢰하여야 하며, 중계보고의 의뢰를 받은 인근 어업정보통신국은 지체 없이 해당 지정 어업정보통신국이나 출항지 어업정보통신국에 이를 알려야 한다.
   가) 특정해역 출어선 : 1일 3회 이상
   나) 조업자제해역 출어선 : 1일 2회 이상
   다) 일반해역 출어선 : 1일 1회 이상
2) 제1항에 따른 지정 어업정보동신국은 다음 각 호와 같다.
   가) 동해 : 속초어업정보통신국
   나) 서해 : 인천어업정보통신국
3) 제1항에도 불구하고 어선단을 이탈하여 단독 기항하는 어선은 4시간마다 어업정보통신국에 그 위치를 보고하여야 한다.
4) 어업정보통신국장은 해역별 출어선의 위치보고를 종합하여 특정해역 출어선에 대하여는 어로보호본부에 보고하고, 그 밖의 해역 출어선에 대하여는 해양수산부 어선안전조업상황실에 보고하여야 한다.
5) 어업정보통신국장은 위치보고를 하지 아니한 어선에 대해서는 무선통신을 이용한 수배방송 등의 방법으로 그 위치를 확인하여야 하고, 다음 위치보고 시기까지도 위치보고를 하지 아니하면 그 어선을 해당 어로보호본부, 해양경찰서 및 출항·입항 신고기관 등 관계 기관에 보고하여야 한다.
6) 출어 중인 어선이 통신기가 고장나서 위치보고를 할 수 없으면 반드시 소속 선단선(船團船)이나 다른 어선에 그 사유를 알려 다른 어선이 위치보고를 대행하도록 하여야 한다.

[18] 의심스러운 선박의 보고

1) 선장은 항해 또는 조업 중 의심스러운 선박이나 물체를 발견하면 지체 없이 그 사실을 정하여진 긴급보고제도에 따라 인근 어업정보통신국에 보고하여야 한다.
2) 제1항에 따른 보고를 할 때에는 발견일시, 의심스러운 선박의 위치·승선자·항해방향·항해목적 등 발견 당시의 관찰사항을 구체적으로 보고하고, 보고 후에도 가능하면 그 선박의 행동을 계속 감시하여야 한다.
3) 통신기가 없는 선박의 선장은 통신기가 있는 선박에 제1항의 보고를 의뢰하여야 하며, 보고의뢰를 받은 선박의 선장은 제1항과 제2항에 준하여 보고하여야 한다.
4) 선장이 제1항이나 제3항에 따른 보고를 할 수 없으면 귀항하는 선박의 선장에게 보고를 의뢰하거나, 귀항 즉시 인근 경찰관서에 보고하여야 한다.
5) 어업정보통신국은 제1항이나 제3항에 따른 보고를 받으면 긴급보고제도에 따라 즉시 인근 경비함정·군부대·경찰관서 및 수협중앙회 어업정보통신본부에 보고하여야 한다.

[19] 경보청취의무

통신기가 설치된 선박은 매시 정각부터 3분 동안 통신기를 개방하여 긴급사태경보에 관한 사항을 청취하여야 하며, 라디오가 있는 선박은 뉴스 시간마다 긴급사태경보에 관한 뉴스를 청취하여야 한다.

[20] 위험 및 대피신호에 대한 대비

선장은 경비함정이나 어업지도선으로부터 위험 및 대피신호를 받으면 즉시 이에 대비하고 대피하여야 하며, 통신기가 설치된 선박은 대피상황을 지체없이 어업정보통신국에 보고하여야 한다. 위험 및 대피신호의 방법은 다음 각 호와 같다.

1) 주간 : 기적을 길게 5회 이상 울린다.
2) 야간 : 빛을 짧은 부호(符號)로 10회 이상 비춘다.

[21] 정선명령의 준수

선장은 경비함정이나 어업지도선으로부터 정선명령신호를 받은 때와 우리나라 항공기가 어선의 상공에서 선회하거나 조명탄을 투하할 때에는 정선(停船)하고, 정하여진 신호로 응답하거나 조사에 응하여야 한다. 정선명령신호의 방법은 다음 각 호와 같다.

1) 주간 : 황색 및 흑색표지를 교차하여 연결한 정선명령신호기를 게양한다.
2) 야간 : 기적을 한 번은 짧게, 한 번은 길게 계속 연이어 울리거나 빛을 짧은 부호, 긴 부호 순으로 계속 비춘다.

[22] 해상조업 질서유지 및 안전에 관한 교육

1) 어선의 선주와 선장, 기관장, 통신장 또는 그 직무를 대행하는 자(이하 "간부선원"이라 한다)는 해상조업 질서유지 및 안전에 관한 교육(이하 "교육"이라 한다)을 매년 1회 이상 이수하여야 하며, 간부선원 외의 선원에게는 선장이 그 교육받은 내용을 전달하는 전달교육을 하여야 한다.
2) 제1항에 따른 교육은 수산업협동조합 중앙회장의 책임 아래 조합 단위로 피교육자 명부를 작성하여 조합장이 연 1회 4시간씩 정기교육(정기교육 미이수자는 보충교육)을 하며, 이수자에게는 교육이수증을 발급하고, 교육이수증발급에 관한 사항을 교육이수증발급대장에 기록·관리하여야 한다. 다만, 조합장은 필요하다고 인정되는 경우에는 교육을 해당 조합의 지소 또는 출장소별로 실시할 수 있다.
3) 조합장은 교육을 효율적으로 하기 위하여 미리 관계 기관의 장(시장·군수·해양경찰서장 및 지방해양수산청장을 말한다. 이하 같다)에게 교육실시에 관한 협조를 요청하여야 하며, 협조 요청을 받은 관계 기관의 장은 적극 협조하여야 한다.
4) 어로보호본부장은 특정해역에 출어하는 어선에 대하여 제1항에 따른 교육 외에 업종별로 성어기간 전에 연 1회 2시간씩 특별교육(특별교육 미이수자는 보충교육)을 하여야 한다.
5) 제1항과 제4항에 따른 교육 및 특별교육의 유효기간은 교육을 받은 날부터 1년으로 한다.
6) 특별교육은 정기교육과 동시에 실시할 수 있으며, 수산업협동조합의 중앙회장 및 조합장은 어로보호본부장과 필요한 협조를 하여야 한다.
7) 「향토예비군 설치법 시행령」 제5조제5항과 같은 법 시행규칙 제4조에 따라 편성된 어민예비군 및 어선단예비군으로서 예비군 교육훈련을 이수한 자는 제1항에 따른 교육을 이수한 것으로 본다.

[23] 범법 선박에 대한 조치

다음 각 호의 어느 하나에 해당하는 선박에 승선한 해기사 및 그 어업 경영자에 대하여는 관계 법령(법, 「어선법」, 「선원법」, 「선박직원법」, 「어업자원보호법」 및 「선박의 입항 및 출항 등에 관한 법률」을 말한다)에서 정하는 바에 따라 조치한다.

① 어로한계선이나 조업자제선을 무단으로 넘은 선박
② 출어등록 및 출항·입항 신고를 하지 아니한 어선
③ 위치보고를 하지 아니하거나 거짓으로 보고를 한 어선
④ 교육(특별교육을 포함한다)을 이수하지 아니한 간부선원이 승선하여 출어한 어선
⑤ 어선단에 편성되지 아니하거나 어선단으로부터 무단으로 이탈한 어선
⑥ 특정해역에 출어하는 어선으로서 어업정보통신국에 가입하지 아니하거나 통신기가 고장난 상태로 출어한 어선
⑦ 특정해역 내의 어로제한에 관한 제21조를 위반하여 특정해역에 출어한 어선
⑧ 그 밖에 이 규칙을 위반한 선박

2 선박통제규정

[1] 목적

이 규정[56]은 선박 출항·입항 신고기관의 설치 및 운영과 선박통제 업무처리에 관하여 필요한 사항을 규정함을 목적으로 한다.

적용은 선박통제에 관하여는 「선박안전 조업규칙」(이하 “규칙”이라 한다) 그 밖에 법령에 따로 정한 것을 제외하고는 이 규정에 의한다.

[2] 용어의 정의

1) “선박통제”란 선박을 통한 간첩 또는 불순분자의 침투 및 탈출의 방지와 선박의 항해 및 조업의 안전을 위하여 선박에 대하여 출항·입항 항해 및 조업에 관한 제한지시 및 임무를 부여하고 이를 확인하는 일체의 조치를 말한다.
2) “선박”이란 수상에서 항행용으로 사용하거나 사용할 수 있는 배 종류를 말한다. 다만, 총톤수 100톤 이상의 어선이 아닌 선박과 관공선·원양어선·여객선·외항선 및 내수면에서만 운항하는 것을 제외한다.

56) (해양경찰청) 선박통제규정, [해양경찰청훈령 제170호, 2020. 2. 10., 일부개정], 해양경찰청(해양안전과).

3) "어선"이란 제2호에 따른 선박 중 어로작업에 종사하는 선박과 어획물 운반선을 말한다.
4) "귀항하지 아니한 선박"이란 출항한 선박이 출항신고서에 기재한 입항예정 일시까지 귀항하지 않은 선박을 말한다.
5) "신고기관"이란 선박 출항·입항 신고 및 통제업무를 담당하는 기관으로 통제소, 신고소, 대행신고소를 말한다.
6) "통제소"란 규칙 제10조에 따른 특정해역, 조업자제해역 및 일반해역에 출입하는 선박의 출입항 통제업무를 담당하는 기관을 말한다.
7) "신고소"란 규칙 제12조에 따른 일반해역에 출입하는 선박의 출항·입항 통제업무를 담당하는 기관을 말한다.
8) "대행신고소"란 민간인에게 위촉하여 선박의 출항·입항 통제업무를 대행하는 신고소를 말한다.
9) "통제요원"이란 신고기관에서 선박 출항·입항 통제업무를 수행하는 경찰요원 등을 말한다.
10) "경찰요원"이란 통제요원 중 해양경찰서장이 배치하는 경찰공무원 및 의무경찰을 말한다.
11) "선박 출항·입항 종합정보시스템"이란 해양경찰청장이 선박 출항·입항 신고 및 선박 통제 업무를 전자적으로 처리하기 위해 구축한 시스템을 말한다.

[3] 신고기관의 설치

1) 해양경찰서장은 선박의 출항·입항을 통제하기 위하여 다음 각호의 구분에 따라 신고기관을 설치·운영하여야 한다.
   가) 규칙 제10조제1항에 따라 해양수산부장관이 지정·고시하는 항·포구에는 통제소를 설치한다.
   나) 조업자제해역 및 일반해역에 출항·입항하는 선박을 통제하기 위하여 필요하다고 인정되는 항·포구에는 신고소를 설치한다.
   다) 제2호에 따른(일반해역에 한한다) 항·포구 중 해당 항·포구에 선적을 둔 선박의 척수와 치안수요 등을 감안하여 신고소에 갈음하는 대행신고소를 지정할 수 있다.
2) 제1항 제1호 및 제2호의 항·포구로서 부두 또는 선착장의 인근에 해양경찰서 파출소 또는 출장소가 있는 경우에는 파출소 또는 출장소에서 선박통제업무를 병행할 수 있다.

3) 부두 또는 선착장이 광범위하고, 선박의 출항·입항이 빈번하여 1개의 신고기관에서 항·포구 전역에 걸친 선박 통제업무를 담당할 수 없는 항·포구에는 2개소 이상의 신고기관을 설치하여야 한다. 이 경우에 통제소를 설치할 항·포구에는 그 분소를 설치한다.

[4] 신고기관 설치 승인

1) 해양경찰서장이 신고소를 설치하거나 대행신고소를 지정하고자 할 때에는 지방해양경찰청장의 승인을 받아야 한다.
2) 지방해양경찰청장이 신고기관의 설치승인을 한 때에는 그 내용을 해양경찰청장에게 보고하고, 각 지방해양경찰청장에게 통보하여야 한다.
3) 해양경찰서장이 신고기관의 설치 승인을 받은 때에는 지체 없이 그 내용을 시장·군수·지방해양항만청장·지역군부대장·조합장에게 통보하여 어업인들에게 주지시키도록 하여야 한다.
4) 신고소 및 대행신고소를 폐쇄하는 경우에도 이를 준용한다.

[5] 통제요원의 배치

1) 해양경찰서장은 배치기준에 따라 통제소에 통제요원을 배치하여야 한다.
2) 신고소에는 다음 각 호에 따라 통제요원을 배치하되 해양경찰서장은 해당 지역의 선박 출항·입항 상황과 치안수요를 감안하여 지역실정에 맞게 신축 조정할 수 있다.
   가) 총톤수 5톤 이상의 동력선이 일일평균 20척 이상 출항·입항하는 항·포구에 설치된 신고소 또는 도서지역에 설치된 신고소는 경찰관 2인 및 의무경찰 3인.
   나) 가)호 외의 신고소는 경찰관 1인 및 의무경찰 2인.

[6] 통제소장 등

1) 통제소장 및 신고소장은 소속 신고기관을 관할하는 해양경찰서장 또는 파출소장이 경찰공무원 중에서 임명한다.
2) 통제소장 및 신고소장은 소속통제요원을 지휘 감독하며 해양경찰서장의 명을 받아 관할 항·포구안의 선박출항·입항 통제업무를 수행한다.

[7] 대행신고소의 지정

1) 해양경찰서장이 선박 출항·입항 통제업무를 대행할 자(이하 "대행신고소장"이라 한다)를 위촉하여야 하며 대행신고소장이 상주 또는 주로 위치하는 사무실 또는 주택을 대행신고소로 한다.
2) 대행신고소장은 이장·어촌계장·수협직원·향토예비군의 중대장 또는 소대장 그 밖에 책임감이 투철한 주민 중에서 본인의 동의를 얻어 위촉한다.
3) 관할 해양경찰서장은 위촉한 대행신고소장이 다음 각 호의 어느 하나에 해당하는 경우에는 이를 해촉할 수 있다.
   가) 직무집행에 관하여 위법 또는 부당한 행위를 하였을 때.
   나) 주민의 신망을 잃고 민원의 대상이 되었을 때.
4) 해양경찰서장은 대행신고소장을 위촉할 때에는 "위촉장"과 "신분증을 발급 하여야 한다. 대행신고소장이 해촉되는 경우에는 발급받은 위촉장 및 신분증을 즉시 관할해양경찰서장에게 반납하여야 한다.

[8] 통제요원의 근무방법

신고기관에 배지된 통제요원의 근무방법은 해양경찰서장이 치안여건 등을 고려하여 지정하되 일요일·공휴일을 포함하여 근무한다.

(1) 근무지정

1) 통제소장 및 신고소장은 매일 18:00까지 해양경찰청장이 「파출소 및 출장소 운영 규칙」에서 규정하는 근무일지에 다음날 근무자에 대한 일일근무지정을 하고 근무의 중점 그 밖에 필요한 사항을 지시하여야 한다.
2) 근무지정을 할 때에는 선박이 출항·입항하는 시간을 감안하여 업무의 공백이 생기지 않도록 유의하여야 한다.
3) 통제소장 및 경찰요원의 휴무에 대하여는 해양경찰청장이 정한다.

(2) 근무일지

1) 통제요원은 근무 중 취급한 사항을 근무일지에 기재하여야 한다.
2) 근무일지는 「파출소 및 출장소 운영 규칙」에 따라 파출소장 및 출장소장의 결재를 받아

야 한다.

(3) 통제요원의 기동배치

1) 통제요원의 증원배치를 요청할 때에는 업무량의 증가 추세를 감안하여 증원을 요하는 사유, 증원 배치기관과 기간 중 기동배치를 요하는 시간대 및 소요 인원을 명시하여 요청하여야 한다.
2) 요구를 받은 해양경찰서장은 인력운용상 지장이 없는 범위 내에서 가용인력을 최대한 기동 배치하여 선박통제 업무를 지원하여야 한다.

[9] 출항·입항 신고

1) 신고기관에서 출(입)항신고서를 접수한 때에는 지체 없이 통제요원의 확인을 거쳐 신고인에게 교부하고 1부는 신고기관에 보관한다.
2) 어선의 출(입)항신고서는 최초로 신고하는 경우에만 2부를 제출케 하고, 그 다음 신고시부터는 최초신고시에 신고인에게 교부한 1부에만 신고사항을 기재하여 제출토록 한다. 다만 이 경우에는 선원명부는 2부를 제출(승선원이 1인인 경우에는 생략한다)하게 하여야 하며, 신고기관에서는 최초신고시에 접수 보관중인 신고서에 신고사항을 기록유지 하여야 한다.
3) 신고기관에서 전화 등의 방법으로 출(입)항신고서를 접수한 때에는 지체 없이 그 사실을 선박 출항·입항종합정보 시스템에 입력하여야 한다.

[10] 어선 구비서류의 확인

통제요원은 어선출항·입항 신고서를 접수하는 경우에 어선의 선박검사증서, 선박국적증서 또는 선적증서, 어업허가증, 선박무선국허가증 및 어업정보통신국 가입증(이하 “어선구비서류”라 한다)의 유효 여부와 위성비상위치지시용 무선표지설비 검사결과를 확인하여야 한다. 다만, 어선구비서류 확인증을 발급받은 어선에 대하여는 그 확인증의 제시로서 어선구비서류의 확인을 갈음한다.

[11] 선원구비서류 확인

통제요원은 어선출항·입항 신고서를 접수하는 경우에 다음 각호의 사항에 유의하여 출항·

입항 선박의 선원의 자격 및 구비서류 등을 확인하여야 한다.

1) 선원수첩 소지 의무자의 선원수첩 소지여부
2) 선원수첩 기재사항(소양교육, 신체검사, 승·하선 공인, 검역 등)의 확인
3) 관계법령에 따른 유자격 해기사인지 여부
4) 해기사 면허증의 대리사용 여부

[12] 임검요령

1) 출항선박에 대한 임검은 승선자의 범죄경력, 수상한 거동, 그 밖에 주위의 사정을 합리적으로 판단하여 임검이 필요하다고 인정되는 경우에는 출항 직전에 행할 수 있으며 임검시 확인할 사항은 다음 각호와 같다.
   가) 신고된 선원명부와 실제 승선인원의 일치 여부
   나) 선내에 총기, 도검류, 폭발물 등 은익여부
2) 입항선박에 대한 임검 : 입항신고 접수 후 지체 없이 임검을 제1항의 규정에 준하여 실시한다.
3) 신고기관 또는 경비함정에서는 어선의 출항·입항신고 사실여부는 전화 등 통신에 의한 방법으로 신고지의 신고기관 또는 해양경찰서 종합상황실을 통하여 확인하여야 한다.

[13] 출항의 금지

1) 출항신고를 마친 선박이 다음 각호의 어느 하나에 해당하는 사유가 있을 때에는 출항을 금지시켜야 한다.
   가) 기상특보가 발령 되었을 때
   나) 승선인원이 신고된 내용과 상이하거나 신원 불확실한 자가 승선하고 있을 때
   다) 선내에서 불온물품 또는 총기, 도검류, 폭발물 등이 발견되었을 때
   라) 관계법령의 규정에 의한 유자격 해기사가 승선하지 아니하였을 때
   마) 위성항법장치·구명조끼·신호등·기관설비·위성비상위치지시용 무선표지설비 등 항해장비 및 의장품의 불비 또는 작동불량으로 안전항해가 우려 될 때
2) 제1항 가)호에 해당하는 경우에는 기상특보가 해제될 때, 같은 항 나)호부터 마)호까지 해당하는 경우에는 그 사유에 대한 조사 또는 조치가 완료되는 즉시 출항시켜야 한다.

[14] 선박현황 파악

각 신고기관에서는 해당 항·포구에 선적을 둔 선박과 일정기간 해당 항·포구를 근거지로 하여 출입하는 선박의 현황을 파악하여 "선박 기본대장"에 기록·유지하여야 한다.

[15] 출항·입항 현황파악

1) 신고기관의 장은 선박의 출·입항 현황을 "출항·입항 기록부"에 기록하고, 매일 다음 각 호의 사항을 09:00 기준으로 관할 해양경찰서 종합상황실에 보고한다.
   가) 전일 출항척수 및 인원수
   나) 전일 입항척수 및 인원수
   다) 보고시간 현재 출항중인 총 척수 및 인원수
   라) 보고시간 현재 입항중인 총 척수 및 인원수
2) 해양경찰서에서는 1)항 다)호 및 라)호의 사항을 해양경찰청(지방해양경찰청을 포함한다)의 종합상황실에 보고한다.

[16] 선박 출항·입항 종합정보시스템

선박 출항·입항 종합정보시스템이 구축된 신고기관에서는 제14조제1항 및 제2항의 접수 보관중인 신고서, 제19조의 선박 기본대장, 제20조제1항의 출항·입항 기록부는 선박 출항·입항 종합정보시스템에 입력하는 것으로 갈음한다.

[17] 출어현황 통보

1) 통제소에서는 특정해역 및 조업자제해역에 출어하는 어선에 대하여 "출어등록현황" 및 "출어선 현황"을 어로보호본부 및 어업정보통신국에 수시 통보하여야 한다.
2) 신고소에서는 조업자제해역에 출어하는 어선의 "출어등록현황" 및 "출어선 현황"을 제1항에 준하여 인근 어업정보통신국에 통보하여야 한다.
3) 통제소 및 신고소에서는 통신기가 설치된 일반해역 출어선에 대하여 "출어선 현황"을 인근 어업정보통신국에 수시로 통보하여야 한다.
4) 제1항부터 제3항까지의 경우에는 해양경찰청의 선박출항·입항 종합정보시스템으로 통보할 수 있다.

[18] 다른 지역 선박의 입항통보

선박이 출항지 외의 항·포구에 기항한 경우에 입항신고를 받은 기항지 신고기관의 장은 가능한 한 그 선박의 기항 사실과 출항예정일시 및 출항지 귀항 예정일시를 출항지 신고기관의 장에게 통보하여야 한다.

[19] 귀항하지 아니한 선박의 조치

1) 귀항하지 아니한 선박이 발생하였을 때에는 출항지의 신고기관에서는 어업정보통신국·수산업협동조합·선주 그 밖에 관계인을 통하여 그 선박의 소재를 파악하고 소재가 확인되지 않을 때에는 지체 없이 관할 해양경찰서에 보고하여야 하며, 보고 받은 해양경찰서에서는 해당 선박을 전국에 수배하고, 선박 출항·입항 종합정보시스템에 입력하여야 한다. 다만 5톤 미만의 선박에 대하여는 인접 시·도까지만 수배한다.
2) 귀항하지 아니한 선박 발생통보를 받은 해양경찰서에서는 관내 신고기관 및 출동 중인 경비함성에 수배하여 선박의 소재를 파악토록 하고, 소재가 확인되었을 때에는 지체 없이 출항지 관할 해양경찰서에 통보하여야 한다.
3) 귀항하지 아니한 선박 발생시의 보고 및 수배내용은 다음 각호와 같다.
   가) 출항일시 및 장소
   나) 선박제원(선명·톤수·마력수·승선인원) 및 선박의 특징
   다) 조업해역 또는 항해구역
   라) 귀항 예정일시

[20] 교육

해양경찰서장이 통제요원을 배치할 때에는 이 규정 및 규칙과 그 밖에 선박통제요령에 관하여 충분한 사전교육을 실시하여야 한다. 신고기관의 장은 소속 통제요원에 대하여 월1회 이상 선박통제 업무처리요령에 관한 실무교육을 실시하여야 한다.

[21] 감독순시

1) 해양경찰서장은 경위급 이상의 소속경찰관으로 하여금 관내 통제소 및 신고소에 대하여 월1회 이상의 감독순시를 실시하게 하여야 한다. 다만 교통이 불편한 도서지역의 통제소 및 신고소에 대해서는 관할 파출소장 및 출동 중인 경비함정장으로 하여금 감독

순시를 하게 할 수 있다.

2) 감독순시에 임하는 경찰관은 다음 각호의 사항을 중점 확인하고 순시결과를 해양경찰서장에게 보고하여야 한다. 다만, 파출소장 및 경비함정장이 감독순시를 한 때에는 파출소의 근무일지 또는 경비함정의 항박일지에 그 사실을 기재하고 특이한 사항이 있을 때에 한하여 해양경찰서장에게 보고한다.

가) 통제요원의 근태

나) 출항·입항 신고업무처리 실태

다) 이 규정에 의한 문서·부책의 정리상태

라) 신고기관의 청사관리 상태

마) 그 밖에 신고기관 운영 및 출항·입항 통제업무 수행상 문제점 유무

3) 지방해양경찰청장은 소속경찰관으로 하여금 매년 1회 이상 관내의 통제소 및 신고소와 관할 해양경찰서를 지도 방문하여 이 규정에 의한 선박통제업무 수행실태를 확인하도록 하여야 한다.

[22] 대행신고소의 지도

1) 파출소장(파출소근무경찰관을 포함한다) 또는 출장소장은 관할구역내의 대행신고소에 대하여 월 1회 이상 (파출소·출장소가 없는 도서지역은 분기1회 이상)선박 출항·입항 관리상황을 확인하고 업무처리에 필요한 지도 및 교육을 하여야 한다.

2) 대행신고소의 통제인·현판 및 사무용품은 해양경찰서장이 지급하여야 한다.

3) 해양경찰서장은 선박출항·입항 신고업무의 효율적 수행을 위하여 확보된 예산의 범위 내에서 대행신고소장에게 수당을 지급할 수 있다.

[23] 통제인과 현판

1) 신고기관의 장이 규칙 및 이 규정에 의한 사무를 처리함에 있어서는 별도의 형식과 규격에 의한 통제인을 사용하여야 한다.

2) 통제인을 새로이 제작하는 경우에는 신고기관의 장의 신청에 의하여 해양경찰서장이 이를 교부한다.

3) 통제인은 신고기관의 장이 관리하고 사용하지 아니하는 때에는 견고한 용기에 안전하게 보관하여야 한다.

4) 신고기관에 게시하는 현판의 규격 및 게시위치는 해양경찰청장이 정한다.

[24] 비치부책

신고기관에 비치할 부책의 종류는 다음 각호와 같다.

1) 통제요원 소관부책은 해양경찰청장이 정한다.

2) 대행신고소에 비치할 부책

가) 선박기본대장

나) 출항·입항 기록부 및 출(입)항신고서철

3장 파·출장소 운영과 초동조치

1 파출소 및 출장소 운영

[1] 근거 및 목적

(1) 근거 : 파출소 및 출장소 운영 규칙(해양경찰청훈령 제163호, 2019. 12. 30)

(2) 목적

이 규칙은 체계적이고 효율적인 안전관리와 치안활동을 위해 파출소 출장소의 조직과 운영 등에 필요한 사항을 규정함을 목적으로 한다.

(3) 용어의 정의

1) "파출소"란 해양경찰서장의 소관 사무를 분장하기 위하여 해양경찰서장 소속하에 설치하는 지방관서를 말한다.
2) "출장소"란 해양경찰서장의 소관 사무를 분장하기 위하여 파출소장 소속하에 설치한다.
3) "지역경찰 활동"이란 지역사회의 주민과 기관·단체 등과 협력을 통해 범죄와 안전사고를 예방하고 민원사항이나 지역주민의 의견을 청취하여 치안활동에 반영하며 해양경찰 활동에 지역주민의 이해와 참여를 이끌어내어 함께하는 해양경찰 활동을 말한다.
4) "연안구조정"이란 연안해역의 안전관리와 해상치안활동을 위해 파출소 및 출장소에 배치하여 운용하는 선박 등을 말한다.
5) "연안구조장비"란 파출소 및 출장소에 배치하여 운용하는 연안구조정 및 수상오토바이 등을 말한다.
6) "교대근무"란 근무조를 나누어 일정한 계획에 의한 반복 주기에 따라 교대로 업무를

수행하는 근무형태를 말한다.

7) "일근"이란 「국가공무원 복무규정」 제9조제1항에 규정된 근무형태를 말한다.

8) "당번"이란 교대근무자가 일정한 계획에 따라 근무하는 날 또는 시간을 말하며, 주간근무와 야간근무를 포함한다.

9) "상황대기근무"란 파출소장이 파출소의 전반적 안전관리와 긴급상황에 대응하기 위해 토요일·공휴일 및 일과시간 후에 근무하는 것을 말한다.

10) "휴무"란 근무일에 해당함에도 불구하고 누적된 피로 회복 등 건강 유지를 위하여 근무에서 벗어나 자유롭게 쉬는 것을 말한다.

11) "비번"이란 교대근무자가 다음 근무시작 전까지 자유롭게 쉬는 것을 말한다.

12) "휴게"란 교대근무자 또는 연일 근무자 등을 대상으로 근무 중 청사 내에서 자유롭게 쉬는 시간을 말한다.

[2] 조직 의 구성

(1) 파출소, 출장소의 설치 및 폐지

1) 지방해양경찰청장은 인구, 선박, 해수욕장, 해상교통, 범죄, 해양사고 등 치안수요 및 지리적 여건 등을 고려하여 해양경찰서의 관할구역을 나누고, 해양경찰청장의 승인을 얻어 파출소 또는 출장소를 설치, 폐지한다.

2) 파출소, 출장소의 명칭, 위치 및 관할구역은 「해양경찰청과 그 소속기관 직제 시행규칙」, 「중부지방해양경찰청과 소속 해양경찰서 사무분장 규칙」, 「동해지방해양경찰청과 소속 해양경찰서 사무분장 규칙」, 「남해지방해양경찰청과 소속 해양경찰서 사무분장 규칙」, 「서해지방해양경찰청과 소속 해양경찰서 사무분장 규칙」 및 「제주지방해양경찰청과 소속 해양경찰서 사무분장 규칙」에 따른다.

3) 출장소는 파출소 소속 하에 설치한다.

4) 출장소의 관할구역은 파출소 관할구역의 일부로 하되 해양경찰서장이 지정한다.

(2) 현황

1) 파출소

파출소는 전국 주요 항·포구 및 연안 해역에서의 범죄예방 활동, 여객선, 유·도선, 수상레저 활동 안전관리, 사건·사고 초동조치 등의 업무를 수행하고 있으며, 전국에 파출소가 설치·운영되고 있다. 파출소의 하부조직은 다음과 같다(제9조).

① 파출소에는 상시·교대근무로 운영하는 복수의 순찰구조팀을 둔다.

② 순찰구조팀의 수와 구성인원은 파출소의 안전관리 등 치안·안전 수요 및 인력여건 등을 고려하여 파출소장이 정한다.

③ 순찰구조팀은 범죄, 안전사고 예방과 각종 사건사고에 대한 초동조치 등 현장의 치안 및 안전관리 활동을 담당하며, 순찰구조팀장은 파출소장이 지정한다.

2) 구조거점파출소 (제11조)

가) 해양경찰서 구조대와 원거리에 위치하고 해양사고 빈발해역, 선박통항량, 다중이용 선박 등 치안여건을 종합 고려하여 잠수구조 전문인력을 배치하는 구조거점파출소 지정·운영할 수 있다(2018년 2월 이후 설치).

나) 구조거점파출소장은 경정 또는 경감으로 보한다.

다) 구조거점파출소에는 잠수구조요원을 배치·운영할 수 있다.

3) 출장소 (제12조)

파출소의 관할 구역을 나누어 출장소를 설치·운영하며 안전관리 등 치안수요 및 인력 여건 등을 고려하여 "탄력근무형 출장소", "순찰형 출장소"를 운영할 수 있다.

① 탄력근무형 출장소는 상주 근무자를 두지 않고, 해당 출장소를 관할하는 파출소 경찰관이 출장소에 일정 시간 근무하다, 파출소로 귀소 하는 방법으로 운영한다. 해양경찰서장은 지역의 치안·안전 수요와 인력운영 여건 등을 고려하여 탄력근무형 출장소의 근무시간을 탄력적으로 조정할 수 있고 탄력근무형 출장소의 관할은 따로 지정하지 아니한다.

② 순찰형 출장소는 상주 근무자를 배치하지 않고, 관할 파출소에서 탄력적으로 기동순찰하며 치안업무를 수행하는 출장소를 말한다. 파출소장은 치안·안전 수요를 고려하여 순찰형 출장소에 대하여 구체적으로 순찰지시 하여야 한다. 순찰형 출장소에 원활한 선박출입항 업무를 위하여 대행신고소를 병행하여 운영할 수 있다.

[3] 임무와 주요업무

(1) 파출소·출장소의 임무

1) 파출소 임무 (제6조)

① 범죄의 예방, 단속 및 치안·안전 정보의 수집

② 다중이용선박 및 수상레저활동 안전관리

③ 선박 출입항 신고 접수 및 통제

④ 연안해역 안전관리

⑤ 각종 해양사고 예방 및 초동조치

⑥ 민원, 주민협력체계 구축 등 지역경찰 활동

⑦ 국가기관, 지방자치단체 등의 공익을 위한 행정지원

⑧ 그 밖에 해양경찰서장이 지시하는 업무처리 등

2) 출장소 임무 (제7조)

① 선박 출입항 신고 접수 및 통제

② 각종 해양사고 초동조치

③ 민원, 주민협력체계 구축 등 지역경찰 활동

④ 그 밖에 파출소장이 지시하는 업무처리 등

(2) 구성원의 직무

1) 파출소장 직무

① 관내 해양안전·치안 분석 및 대책 수립

② 파출소 및 관할 출장소의 시설, 예산, 무기·탄약 및 장비의 관리

③ 해양안전·치안에 대한 대민홍보 및 협력활동

④ 관내 순시 및 상황 처리 지휘

⑤ 관내 대행신고소에 대한 지도 및 교육

⑥ 소속 경찰관 및 의경의 근무지정, 순찰 지시 등 근무와 관련된 제반사항에 대한 지휘 및 감독

⑦ 그 밖에 해양경찰서장의 지시사항 업무처리 등

2) 순찰구조팀장 직무

① 근무교대 시 주요 취급사항, 무기·탄약 및 장비 등의 인계인수

② 순찰구조팀원에 대한 일일 근무편성 및 지휘·감독

③ 관내 사건사고 발생시 초동조치 및 현장 상황처리

④ 연안구조정, 순찰차 등 보유장비 관리

⑤ 관내 안전관리, 순찰 등 지역경찰 활동

⑥ 파출소장 부재 시 업무 대행

⑦ 그 밖에 파출소장 지시사항 처리 등

3) 순찰구조팀원 직무

① 관내 안전관리, 순찰 및 지역경찰 활동
② 각종 사건사고 초동조치 및 상황전파
③ 연안구조정, 순찰차 등 보유장비 관리
④ 그 밖에 파출소장 지시사항 처리 등

4) 출장소장 직무

① 선박 출입항 신고 접수 및 통제
② 각종 해양사고 초동조치
③ 출장소 시설, 장비의 관리
④ 민원, 주민협력체계 구축 등 지역경찰 활동
⑤ 관내 대행신고소에 대한 지도 및 교육
⑥ 무기·탄약 및 장비관리와 인계인수
⑦ 소속 경찰관 및 의경의 근무지정, 순찰 지시 등 근무와 관련된 제반사항에 대한 지휘 및 감독
⑧ 그 밖에 파출소장이 지시한 업무처리 등

(3) 지휘 및 감독(제16조)

1) 해양경찰서장 : 파출소 및 출장소 운영에 관하여 총괄 지휘 및 감독
2) 해양경찰서 각 과장 : 해양안전과장 협조 하에 각 과의 소관업무와 관련된 파출소 및 출장소 업무에 대한 지휘, 감독
3) 파출소장 : 소속 파출소와 출장소(월 1회 이상) 근무에 관한 제반사항 지휘·감독. 다만, 도서 지역 출장소는 기상, 선박운항 등 입도여건 감안 자체 조정 가능
4) 순찰구조팀장 : 근무시간 중 파출소 근무자에 대한 지휘 및 감독

(4) 선박출입항 업무

1) 선박 출입항 신고에 관한 업무는「선박안전 조업규칙」및「선박통제규정」등 관련 규정에 따른다.
2) 선박출입항 신고 접수 시에는 신속하게 선박출입항관리 종합정보시스템에 입력을 하여

야 한다. 단, 대행신고소의 선박출입항 신고 자료는 30일 이내에 입력하여야 한다.

(5) 민원 접수·처리

1) 파출소 및 출장소에서는 고소, 고발, 진정 및 탄원과 범죄 또는 피해신고에 관한 민원 등을 접수하였을 때에는 신속하게 해양경찰서에 이송한다. 다만, 출장소에서 접수한 경우에는 파출소장을 경유하여야 한다.
2) 파출소 및 출장소에서 발급할 수 있는 민원서류는 다음 각 호와 같다.
   가) 선원 승선신고 사실 확인서(별지 제3호 서식)
   나) 선박 출항·입항신고 사실 확인서(별지 제4호 서식, 별지 제5호 서식)
3) 파출소 및 출장소에서 제2항의 민원서류를 발급하는 경우에는 신청인에게 별지 제6호 서식의 발급신청서를 작성하게 하고, 주민등록증·여권·자동차운전면허증 등 신청인의 신분증을 확인한 후 발급하여야 한다.
4) 제3항에 따라 작성된 발급신청서의 보존기간은 3년으로 하고, 파출소 및 출장소에서 2년간 보관한 다음 소속 해양경찰서로 이관한다.

(6) 사건·사고 처리 및 수사

1) 범죄현장의 보존, 증거의 수집, 피해현황과 범죄 실황조사 등 범죄 현장을 중심으로 필요한 초동조치와 수사를 행한다.
2) 해양경찰서의 수사 전문경찰관이 현장에 도착하면 이를 인계하고 사건 조사에 협조하여야 한다.
3) 해양사고 또는 해양오염사고의 신고를 받았거나, 사고 발생사항을 인지하였을 때에는 다음 각 호에 정하는 바에 따른다.
   가) 해양경찰서장에게 즉시 보고와 동시에 현장에 임하여 인명과 재산피해의 확대 방지와 필요한 초동조치를 취하여야 한다.
   나) 사고현장을 보존하고 조사를 행하여야 한다.
   다) 해양경찰서 구조담당자 또는 해양오염방제 담당자 등이 현장에 도착하면 상황을 인계하고, 사고처리에 협조하여야 한다.
   라) 경미한 사건·사고에 대하여는 파출소장이 직접 처리할 수 있으며, 이 경우에는 조사 또는 처리사항을 해양경찰서장에게 보고하여야 한다.
4) 변사사건이 발생하였을 때에는 변사체의 발견 연월일시, 변사자의 인적사항, 변사체

발견 장소와 그 상황, 변사체 발견자의 성명, 그 밖의 참고사항을 조사하여 보고하여야 한다.

[4] 근무

파출소 및 출장소 근무자는 「해양경찰청 소속 경찰공무원 복제에 관한 규칙」 제14조에 규정된 근무복장을 단정하게 착용하여야 한다. 다만 해양경찰서장이 특별히 지정한 경우에는 별도의 복장을 할 수 있다. 그리고 파출소 및 출장소 근무 경찰관은 다음 각 호의 장비를 연안구조정에 비치하거나 개인 휴대하여야 한다. 다만, 제1호에 해당하는 장비는 필요시에만 휴대한다.

① 경찰장비 : 권총 및 가스총 등 무기와 경찰봉, 수갑, 포승 등의 경찰장구
② 인명구조장비 : 구명조끼, 구명줄 및 구조 튜브 등
③ 통신장비 : LTE 통신기, 모바일오피스 등

(1) 근무방법

1) 파출소장은 일근을 원칙으로 한다. 다만, 도서지역 파출소장의 근무는 교대근무로 운영할 수 있다.
2) 해양경찰서장은 매월 일정한 계획에 따라 파출소장의 상황대기근무를 명할 수 있다.
3) 파출소의 순찰구조팀 및 출장소의 근무는 3교대 근무를 원칙으로 한다.
4) 해양경찰서장은 파출소 및 출장소의 근무방법(교대시간, 근무시간 주기 등)을 치안·안전 수요와 인력운영 여건 등을 고려하여 지역별 취약시간에 인력을 집중할 수 있도록 운영하여야 한다. 다만, 도서지역 파출소 및 출장소 교대근무제는 지역별 실정에 맞게 해양경찰서장이 정할 수 있다.
5) 지방해양경찰청장은 지역별 취약시간에 인력을 집중하기 위하여 교대근무 운영 취지에 부합하는 범위 내에서 파출소의 교대근무제를 변형하여 운영할 수 있다.
6) 파출소 및 출장소에 근무하는 의무경찰은 「해양경찰청 의무경찰 관리규칙」에 규정한 범위 내에서 파출소장 및 출장소장이 인력운영 및 치안여건을 고려하여 지정하되, 주간 근무 종료 이후 시간에는 휴식이 최대한 보장되도록 하여야 한다.

(2) 근무의 종류

파출소 및 출장소의 근무는 행정근무, 상황근무, 순찰근무, 대기근무 및 그 밖에 근무로

구분 한다. 근무교대는 매일 근무시작 전 30분 내에서 파출소장 또는 출장소장 책임 하에 주요 취급사항, 중요업무 지시사항, 장비 등을 정확하게 인계인수하여 업무의 연속성을 유지하고, 업무처리에 차질이 없도록 하여야 한다.

1) 행정근무

가) 문서의 접수 및 처리

나) 시설·장비의 관리 및 예산의 집행

다) 각종 현황, 통계, 자료 등 관리

라) 그 밖에 파출소장이 지시한 업무 등 행정업무

2) 상황근무

가) 민간구조세력 등 관내 안전관리 및 치안상황 파악, 전파

나) 중요사건·사고 및 수배사항 전파

다) 민원 및 사건의 접수, 조사, 처리

라) 피보호자 또는 피의자, 수배자에 대한 보호·감시

마) 순찰 근무자와의 무전상황 유지 및 자체경비

바) 그 밖에 파출소장이 지시한 업무

3) 순찰근무

가) 순찰근무는 파출소장 및 출장소장의 지시에 따라 파출소 또는 출장소의 관내를 순회하는 근무를 말하며, 해상순찰과 해안순찰로 구분하되 주로 해상순찰을 중심으로 하여야 한다.

나) 파출소장 및 출장소장은 관내의 순찰요점, 순찰코스, 순찰방법, 순찰근무 중 착안사항 등을 구체적으로 지시 하여야 한다.

다) 순찰근무자는 순찰활동 사항, 검문검색 등 순찰근무 중 취급사항을 근무일지에 기록한다.

라) 파출소장 및 출장소장은 관내 사건사고 현황 분석, 조치사항 및 사건사고 유형별 처리요령과 관내 지리적·인문적 참고자료 등을 담은 순찰자료집을 파출소, 순찰차 및 순찰정 내에 비치하여 순찰근무에 활용하여야 한다.

4) 대기근무

가) 각종 사건사고 또는 신고에 따른 출동 등 안전·치안상황에 대응하기 위하여 일정시

간 지정된 장소에서 근무태세를 갖추고 있는 형태의 근무를 말한다.

나) 대기근무의 장소는 파출소 및 출장소 내로 한다.

다) 대기근무를 지정받은 경찰관은 지정된 장소에서 대기하되, 통신기기를 청취하며 5분 이내 출동이 가능한 상태를 유지하여야 한다.

5) 기타 근무

가) 그 밖에 근무는 안전관리 및 치안상황에 효과적으로 대응하기 위하여 제22조부터 제25조까지 해당되지 않는 근무 형태를 말한다.

나) 그 밖에 근무의 근무내용 및 방법 등은 파출소장이 정한다.

(3) 휴게 및 휴무 등 지정

1) 파출소 및 출장소 근무자의 업무효율과 건강관리를 위하여 치안수요 등을 감안하여 휴게를 실시하여야 한다.

가) 3교대 근무자는 8시간 당 1시간씩 야간 3시간 이내(2교대 근무 시에는 24시간 당 야간 4시간 이내)

나) 도서, 벽지 연일근무자는 1일 8시간(주간 4시간, 야간 4시간) 이내

2) 휴게 방법, 휴게 시간, 휴무 횟수 등 구체적인 사항은 해양경찰서장이 정한다.

3) 파출소장은 지정된 휴게 시간이라 할지라도 업무수행 상 부득이 하다고 인정되는 경우에는 제1항의 규정에 따른 휴게 시간을 주지 아니하거나, 근무를 조정할 수 있다.

4) 파출소장은 2교대 근무자에 대하여 별도로 매월 정기적으로 휴무일을 지정할 수 있다.

(4) 경찰관 등 동원

지방해양경찰청장 또는 해양경찰서장은 다음 각 호 중 특히, 필요하다고 인정되는 경우에 한하여 파출소 및 출장소의 기본근무에 지장을 초래하지 않은 범위 내에서 근무자를 다른 근무에 동원할 수 있다.

① 해상집단행동 및 다중범죄의 진압

② 대간첩작전 수행 및 통합방위사태 선포 등 그 밖의 비상사태

③ 경호경비 또는 각종 경기, 대회의 경비

④ 중요범인 체포 및 밀입국 등의 차단, 검거

⑤ 해양사고 및 해양오염 등 중요사건의 발생

⑥ 그 밖의 다수 경찰관의 동원을 필요로 하는 행사 또는 업무

파출소 및 출장소 동원은 근무자 동원을 원칙으로 하고, 불가피한 경우에 한하여 비번자, 휴무자 순으로 동원할 수 있다. 지방해양경찰청장 또는 해양경찰서장은 비번자와 휴무자를 동원한 경우에는 초과근무수당을 지급하거나 추가 휴무를 부여하여야 한다.

[5] 장비

(1) 순찰차 등

1) 파출소장 및 출장소장은 순찰차 및 이륜차량 등을 항상 안전관리 및 치안활동에 투입할 수 있도록 선량한 관리자로서의 의무를 다하여야 한다.
2) 순찰차 등의 활동 구역은 담당 파출소 관내로 한정함을 원칙으로 하나, 해양경찰서장은 관내 치안여건 등을 감안하여 순찰 권역별로 통합 운영할 수 있다.
3) 순찰차는 불가피한 경우를 제외하고는 2명 이상 탑승을 원칙으로 하고, 순찰차 운전요원은 제2종 보통운전면허 이상, 이륜차량 운전요원은 원동기장치 자전거면허 이상을 소지하여야 한다.
4) 순찰차 등은 순찰 이외에 경찰관서 출입, 출장소 삼독순시 등 파출소 및 출장소의 효율적인 업무수행을 위하여 운용할 수 있다.
5) 그 밖의 순찰차 및 이륜차량의 관리운용에 관한 사항은 「경찰차량 관리규칙」을 준용한다.

(2) 연안구조정

1) 연안구조정은 파출소 및 출장소의 임무수행을 위하여 파출소 및 출장소에 배치하며, 소속 해양경찰서장의 지시를 받아 파출소장이 운용한다.
2) 연안구조정의 활동구역은 파출소 관할해역으로 한정함을 원칙으로 한다. 다만, 해양사고 등 그 밖의 상황에 대처하기 위하여 필요하다고 인정될 때에는 관할해역 밖의 해역에서도 임무를 수행할 수 있다.
3) 연안구조정은 상시 운용하여야 한다. 다만, 항해·야간 장비의 보유여부, 장비의 성능, 치안수요 및 기상 등을 고려하여 소속 파출소장이 변경하여 운용할 수 있다.
4) 파출소장은 연안구조정을 근무자들이 원활하게 운용할 수 있도록 교육훈련을 실시하고 관내 지형과 특성을 숙지시켜야 한다.
5) 연안구조정 근무자는 출·입항 및 해상순찰 근무 시에는 1시간 간격으로 파출소에 위치 및 해상상황을 보고하고, 연안구조정의 행동사항, 검문검색 등 중요 순찰결과를 입항 즉시 파출소장에게 보고 및 별지 제1호 서식의 근무일지에 기록한다.

6) 연안구조정의 근무자는 기상악화나 농무 등으로 인하여 임무수행이 불가능하거나 안전에 위험이 있다고 판단될 때에는 파출소장의 승인을 받아 안전해역으로 피항 또는 양육하여야 한다. 다만, 사전승인을 받을 시간적 여유가 없는 경우에는 먼저 조치 후, 지체 없이 보고하여 승인을 받아야 한다.
7) 연안구조정의 근무자는 연안구조정 운용 시에 구명조끼, 구명환 등 인명구조장비와 무전기, LTE 통신기 등 통신장비를 필히 적재하여야 한다.

(3) 무기·탄약 및 장비관리

파출소 순찰구조팀장 및 출장소장은 근무교대 전에 무기·탄약 및 순찰차, 연안구조정, 구조장비 등 주요장비의 이상유무를 확인 후, 인계인수를 하여야 한다.

본 규칙에 규정되지 아니한 사항은 「함정운영관리 규칙」, 「무기·탄약류 등 관리 규칙」, 「해양경찰청 함정정비규칙」, 「해양경찰구조대 운영규칙(제6장 장비운용)」에서 정하는 바에 따른다.

[6] 인사관리 및 교육·평가

지방해양경찰청장 및 해양경찰서장은 파출소 및 출장소의 정원은 다른 부서에 우선하여 충원하며, 인명구조관련 자격취득, 경력경쟁채용 또는 전문교육(5년 이내) 이수자가 파출소 근무자의 30% 이상 유지되도록 하여야 한다.

지방해양경찰청장은 파출소 및 출장소의 충원 현황을 연 2회 점검하고, 현원이 정원에 미달할 경우, 별도의 충원 대책을 수립, 시행하여야 한다.

해양경찰교육원장은 파출소 및 출장소 경찰관의 역량 강화를 위하여 파출소 및 출장소 근무에 필요한 교목을 편성한 전문과정을 운영하여야 한다.

해양경찰청장은 파출소 및 출장소 교육훈련과 업무실적에 대한 평가가 「해양경찰청 성과평가」 또는 「우수파출소 평가」와 연계되도록 하여야 하고, 매년 평가계획을 별도로 수립할 수 있다.

해양경찰서장은 분기별 지도방문 계획을 수립하여 파출소 및 출장소의 근무실태를 점검·지도하고, 현장의 문제점을 발굴·개선하여야 한다.

[7] 사무관리

파출소 및 출장소에는 다음 각 호와 법령 또는 다른 행정규칙에 정한 경우에만 문서 및 부책을 비치한다. 다만, 관련 시스템을 구축·운영할 경우 이를 갈음할 수 있다.

① 근무일지
② 관서운영경비 지출증명서류
③ 보안자재관리 기록부
④ 통고처분 처리부
⑤ 사건사고 처리대장(별지 제2호 서식)

다른 행정규칙에 의하여 비치하는 문서 및 부책은 법령이나 현실여건의 변화 등을 검토하여 이 규칙 시행 후 3년이 경과되기 전에 비치여부를 재검토 하여야 한다. 해양경찰청장은 파출소의 사무를 효율적으로 관리하기 위하여 파출소 관리시스템을 구축·운영할 수 있다. 파출소 근무일지의 보존기간을 3년으로 하고 매월 일자별로 편철하여 2년간 파출소에 보관한 다음 소속 해양경찰서로 이관한다.

출장소 근무일지의 보존기간은 3년으로 하고 매월 일자별로 편철하여 다음달 5일까지 파출소장의 결재를 받아 2년간 출장소에 보관한 다음 소속 해양경찰서로 이관한다.

[8] 파출소·출장소 주요업무

(1) 지역경찰활동

지역 경찰활동은 지역사회의 주민과 기관·단체 등과 협력을 통해 범죄와 안전사고를 예방하고 민원사항이나 지역주민의 의견을 청취하여 치안활동에 반영하며 해양경찰활동에 지역주민의 이해와 참여를 이끌어내어 함께하는 해양경찰활동을 말한다.

(2) 순찰

1) 파출장소 순찰

파출소 및 출장소 기본근무의 하나로 파출소 또는 출장소의 관내를 순회하는 근무를 말하며, 해상순찰과 육상순찰로 구분하되 주로 해상순찰을 중심으로 하여야 한다.

가) 순찰의 목적

① 불심검문 및 해상에서의 범죄예방과 제지
② 현행범 또는 피의자의 체포
③ 위험발생의 방지 또는 위험방지를 위한 출입
④ 해양오염방지를 위한 선박 또는 해양시설의 출입
⑤ 출입항 선박에 대한 임장·임검

⑥ 방범 또는 보안의 지도·홍보

⑦ 우범자 관찰보호 및 수배 또는 경찰사범의 단속

⑧ 기타 순찰중 인지한 사건의 취급 및 처리

⑨ 방범진단 등 기타 다양한 치안서비스 활동 수행

나) 순찰의 기능

① 범죄예방 기능

경찰관이 순찰을 하면 범죄인은 심리적 위축을, 일반국민은 안심을 하여 일반적으로 지역사회의 안정성이 증진되어 범죄를 예방하는 환경이 조성된다.

② 법령집행 기능

순찰 중 다른 사람의 신고나 경찰관 자신이 범죄를 인지하였을 경우 법령을 집행하게 된다.

③ 국민보호 및 지도계몽 기능

정신병자, 주취자, 자살기도자, 미아보호, 선박도난 및 화재 등에 관한 주의환기와 지리안내 등으로 국민에게 봉사한다.

④ 관내 정황관찰 기능

순찰 중 요(要)주의 사항의 발견 및 각종 사고 발견 등 관내 상황을 파악하는 것으로 순찰하는 경찰관은 주도 면밀하게 관찰력을 발휘, 담당구역의 상황에 정통하여야 한다.

다) 순찰의 사전계획

① 실시계획을 세울 것

② 순찰요점의 의의를 이해하여 둘 것

③ 관할 구역내 및 인접지대의 실태를 파악하여 둘 것

④ 긴급사건 등의 보고, 연락요령에 대해 준비하여 둘 것

⑤ 근무자 상호간에 연락을 긴밀히 할 것

⑥ 복장을 단정히 할 것

⑦ 휴대품을 확인할 것

라) 순찰시 중점 점검사항

① 지역사회 경찰활동

ⓐ 관내 해양관련 각종 행사내용 사전파악, 안전위해 요소 분석 및 지원

ⓑ 레저사업자, 자율구조대 대원 등 구조세력과 네트워크 강화

② 어선, 레저형 선박 등 안전관리 대상 관리 철저

ⓐ 해상기상 악화시 관내 일일조업 생계형 소형선박 입항여부 확인

ⓑ 대행신고소 및 자율 출입항 신고서 허위 작성 여부 불시 확인

ⓒ 기상특보 예상 시 출입항 선박 사전 통제 및 안전 계도

ⓓ 시계제한 시 출어선 주의 촉구 및 GPS시스템 정상작동 여부 확인

ⓔ 조업형태 등을 파악 비정상적 출입항 선박에 대한 감시 철저

ⓕ 낚시어선 출항 또는 입항 승선원 초과여부 확인

ⓖ 음주운항 확인 및 구명동의 등 안전설비 이상 유무 수시 확인·계도

ⓗ 밀물, 썰물 등을 고려한 선박의 안전상태 확인 및 지도

③ 유도선 등 다수인명 이용선박 안전 및 치안관리

ⓐ 선착장 탑승장 등 안전상태 확인 및 필요시 질서유지 업무 수행

ⓑ 선박주변 기름띠 유무 및 거동수상자 불심검문 실시

ⓒ 운항 중 악천후 예상 시 승객 이동 제한 등 운항 중 안전사고 예방계도

ⓓ 운항 중 선내 도박, 폭력 행위 등 범법행위 관련 정보수집 활동

ⓔ 유도선 과승 방지 및 음주운항 확인

④ 연안안전관리 등 레저활동 해안가 안전지도 및 단속

ⓐ 소규모 해수욕장 자율구조대 운영 여부 및 안전관리 현황 확인

ⓑ 안전수역 이원에서의 해수욕객 활동 여부 및 안전 조치

ⓒ 방파제, 갯바위 등 안전사고 위험 개소의 행락객 여부 및 안전지도

ⓓ 해안가, 해안유원지 등 배회 청소년 범죄 예방 계도

ⓔ 연안해역 안전관리 예방 활동 및 야간 물놀이객 안전 지도

ⓕ 윈드서핑, 스킨스쿠버 등 해양레저객 활동현황 파악 및 안전지도

ⓖ 방파제 등 비치 인명구조함 손상여부 확인 및 조치

ⓗ 해안가, 방파제, 갯바위, TTP 주변 주취자 여부 확인 및 안전 조치

⑤ 해양성 범죄 예방·단속 및 해양환경 관리

ⓐ 밀입출국 취약장소 야간 선박입출항 유무 확인

ⓑ 선용품 도난, 양식장 절도 등에 대비, 취약해역 및 항포구 순찰

ⓒ CCTV 미설치 항포구 중점으로 범죄예방 순찰

ⓓ 폐수, 기름 등 해양오염 물질 해상유입 여부 확인

ⓔ 해상순찰시 녹조예찰, 백화현상 유무, 해파리 출현, 해양오염 여부 확인

ⓕ 지역사회와 바다 정화활동 적극 참여 및 유도

2) 해상순찰

가) 해상순찰의 의의

각 파출소에는 관할해역의 다음사항의 임무를 수행하기 위해 연안구조정이 배치되어 있으며 주기적으로 해상순찰을 실시한다.

① 해양레저활동 및 연안해역 안전관리

② 해상교통질서 유지 및 해상치안 확보

③ 항·포구 순찰 등 해상방범 활동

④ 여객선, 유도선 및 선박통제 업무지원

⑤ 각종 사건·사고에 대한 초동조치

⑥ 해양오염 감시·단속 등 해양오염에 관한사항

⑦ 기타 해상에서의 경찰에 관한 사항

나) 해상순찰 준비사항

① 치안여건, 해상기상 등을 사전에 파악한다. 특히 간출암, 양식장 등 해상순찰 위험요소는 확실히 숙지하여 자체사고가 발생치 않도록 유의한다.

② 신규발령자 등 관내 해역에 미숙한 경찰관은 경험 많은 선임자와 동행하여 사전에 위험요소 등을 숙지하여 둔다.

③ 해상에서는 육상과 달리 장비 이상발생시 외부도움을 받기가 곤란하므로 출발전에 연료, 윤활유, 각종 밸브 및 구조장비 등을 철저히 점검한다.

④ 통신장비는 항상 최상의 상태를 유지하며 평소 통신통달거리를 파악하여 두고 통신불가능시 대체수단 등을 강구한다.

다) 해상순찰 착안사항

① 경제속력으로 순찰하며 관할 해역 이상유무를 확인하며 매 2시간마다 파출소와 해양경찰서 상황실에 해상정황보고를 한다.

② 순찰중 급히 그물을 걷거나 도주하는 선박은 반드시 검문검색을 실시하며 피검문선박이 파손되지 않도록 최대한 안전에 유의하여 접안한다.

③ 항해등을 켜지 않거나 어로작업 한 흔적이 없는데도 흘수가 낮은 선박은 밀수·밀입국 등을 의심한다.

④ 유·도선, 낚시어선의 정원초과, 음주운항, 영업구역위반, 무신고 영업 등 고질적인 안전위해사범에 대해서는 중점 단속하되 경미한 사항은 지도·계몽토록 한다.

⑤ 해상관광객 및 갯바위, 방파제 낚시객의 안전을 위하여 필요한 예방조치를 취하고 기타 인명 및 재산의 보호에 최선을 다하여야 한다.

⑥ 순찰중 기상악화나 안개 등으로 인하여 임무수행이 불가능하거나 안전에 위험이 있다고 판단될 때에는 파출소장의 승인을 받아 안전해역으로 피항하여야 한다. 사전 승인을 받을 시간적 여유가 없는 경우에는 먼저 피항조치를 한 후 지체 없이 보고하여 승인을 받는다.

(3) 연안사고 안전관리

해양경찰의 업무 영역인 연안해역에서 안전관리를 위한 법령인「연안사고에 예방에 관한 법률」과「연안사고 안전관리규정」은 연안해역에서 발생하는 연안사고의 예방에 필요한 사항을 규정하여 국민의 생명·신체 및 재산 보호와 공공의 안전을 도모하는 것을 목적으로 하고 있다. 미리 제2절에서 '해양경찰 연안사고예방을 위한 법률체계'에서 연안사고 안전관리를 상세하게 설명하고 있다.

(4) 선박출입항 업무

해양경찰 파출소와 출장소의 업무인 선박출입항 신고에 관한 업무는「선박안전조업규칙」및「선박통제규정」등 관련 규정에 따르도록 되어있다. 일반적으로 선박출입항 신고 접수 시에는 신속하게 선박출입항관리 종합정보시스템에 입력하여야 하지만, 대행신고소의 선출출입항 신고자료는 30일 이내에 입력하여야 한다. 이러한 선박출입항 업무는 제3절 '선박안전조업과 통제'에서 상세하게 설명되어 있다.

(5) 음주운항 단속

1) 음주운항(주취운항)의 개념

음주운항은 혈중알코올농도와 상관없이 술을 먹은 상태에서 선박의 조타기를 조작 또는 지시(도선의 경우를 포함)하는 일체의 경우로 혈중알코올농도 0.03%이상인 주취운항을 포함하는 넓은 개념을 말한다. 해사안전법 제41조 등에서는 술에 취한 상태에서의 조타기 조작 등을 금지하고 있고, 이 근거에 따라 해양경찰청에서는 음주운항 단속을 실시하여 단속 결과 주취운항에 해당할 경우 형사입건 처리한다.

2) 혈중알코올농도의 의미

혈액 100㎖속에 몇 mg의 알코올이 포함되어 있는가를 퍼센트 단위로 나타낸 것(Blood Alcohol Content, BAC)

〈표 3-3〉 혈중알코올농도 차이가 인체에 미치는 일반적인 영향

범위	0.05% 이하	0.10% 초과	0.30% 초과	0.50% 초과
영향	행동 느려짐 주의력 저하	균형감각 저하 판단능력 저하	의식 잃을 가능성	사망의 위험성

3) 단속 법령 및 적용범위

〈표 3-4〉 음주운항 단속 법적근거 및 처벌내용

<table>
<tr><th>법적근거</th><th colspan="2">처 벌 내 용</th></tr>
<tr><td rowspan="2">해사안전법
제41조,
제42조,
제104조의2,
제107조</td><td>5톤
이상</td><td>► 음주운항
1. 0.2% 이상 : 2년 이상 5년 이하의 징역, 2천만원 이상 3천만원 이하의 벌금
2. 0.08% 이상 0.2퍼센트 미만 : 1년 이상 2년 이하의 징역이나 1천만원 이상 2천만원 이하의 벌금
3. 0.03% 이상 0.08퍼센트 미만 : 1년 이하의 징역이나 1천만원 이하의 벌금
► 2회 이상 술에 취한 상태에서 선박(외국선박 포함)의 조타기를 조작, 조작을 지시한 운항자 또는 도선자는 2년 이상 5년 이하의 징역이나 2천만원 이상 3천만원 이하의 벌금
► 해양경찰청 소속 경찰공무원의 측정거부 선박(외국선박 포함)
① 측정 요구에 1회 따르지 아니한 사람은 3년 이하의 징역이나 3천만원 이하의 벌금
② 측정 요구에 2회 이상 따르지 아니한 사람은 2년 이상 5년 이하의 징역이나 2천만원 이상 3천만원 이하의 벌금
※ 5톤 미만 선박 중 낚시어선, 유선 및 도선, 여객정원 13인 이상 선박, 수면비행선박 포함</td></tr>
<tr><td>5톤
미만</td><td>○ 500만원 이하의 벌금</td></tr>
<tr><td>유선 및 도선
사업법 제12조
제3항, 제16조
제3항, 제40조</td><td colspan="2">► 유선사업자 등의 안전운항 의무(음주, 약물중독, 그 밖의 사유)
○ 1년 이하의 징역 또는 1,000만원 이하의 벌금</td></tr>
<tr><td>수상레저안전법
제13조, 제22조,
제56조</td><td colspan="2">► 주취 중 조종 금지
○ 1년 이하의 징역 또는 1000만원 이하의 벌금</td></tr>
</table>

4) 음주운항 단속

가) 목적

해상교통사고 발생시 인명·재산·환경에 막대한 피해를 주는 주취운항 행위를 철저히 예방·근절하고, 관련 단속기준 및 절차 등을 규정하여 주취운항 단속 업무처리의 효율과 공정성을 제고

나) 중점단속대상

① 주취운항이 의심되거나 주취 상태로 운항(항해)하는 선박

② 민원발생으로 인해 음주측정을 필요로 하는 선박

③ 기타 선박의 안전 운항을 해치거나 해칠 우려가 있는 선박

④ 해양사고가 발생한 경우

현장적용 방안

- 인명의 사망·사상 및 선박의 충돌·좌초·해양오염 등 인적·물적 피해가 발생한 사고에 대해 음주측정을 실시하되,
- 인명구조가 수반된 사고나 대규모 해양오염 사고 등으로 인하여 환경이나 국민의 생명·신체 등에 중대한 영향을 미칠 것이 예상되는 경우 필요한 조치 후 음주측정을 할 수 있다.(선박교통관제의 시행 등에 관한 규칙 제14조)

다) 단속장소 선정

피검선박의 안전이 확보되고 타선박의 해상교통을 방해하지 않는 해역

운항(항해중) 용어 정의

▣ 항해중 : 다음에 해당하지 않은 상태

① 정박

② 항만의 안벽 등 계류시설에 매어 놓은 상태
(계선부표나 정박하고 있는 선박에 매어 놓은 경우를 포함한다)

③ 얹혀 있는 상태

☞ 해사안전법 제2조(정의) 제22호

주취운항자로 확인된 자에 대해서는 정상적으로 조타기를 조작 또는 지시할 수 있는 상태가 될 때까지 운항을 금하여야 한다. 선단선을 이용하거나 가까운 항포구 선박을 이용하여 예인토록 선주(선장)에게 지시한다. 경찰관 편승하여 피단속자가 운항하여 입항하는 행위는 금지하여야 한다.

※ 단, 제반여건 고려 승무기준에 맞는 항해사에 의한 대리조선 가능

(6) 범죄자 수배 및 검거

1) 기소중지자 검거 시

가) 선박에서 검거하였을 때

① 범죄사실의 요지와 변호인 선임권을 알린다.

② 파출소 또는 출장소로 동행하여 신변보호 조치한다.

③ 해양경찰서 해상수사정보과에 기소중지자 검거 보고를 한다.

나) 신병보호 및 인계

① 해양경찰서 해상수사정보과에서 신병인수 경찰관이 도착할 때까지 기소중지자가 자해 또는 도망가지 못하도록 신병을 철저히 감시한다.

② 인수 경찰관 도착시 신병을 인계 조치하고, 위 사실을 파출소·출장소 근무일지 취급사항 란에 시간대별로 정확히 기재한다.

다) 기소중지자가 승선한 배가 출항하였을 때

① 출·입항 신고서에 기재된 입항예정 항·포구를 관할하는 파출소·출장소에 기소중지자 승선 사실을 통보 한다.

※ 통보내용

- 입항예정 일시 및 장소
- 선박제원(선적, 선명, 톤수, 마력)
- 기소중지자 인적사항(본적, 주거, 성명, 주민등록번호) 및 수배사유

② 기소중지자 승선사실을 통보받은 파출소·출장소는 항·포구에 미리 대기하다 동 선박이 입항시 검거 한다.

③ 처리절차는 선박에서 검거시와 동일.

라) 지명통보자 검거 시

① 지명통보된 사실과 범죄사실, 지명통보한 관서 등을 고지

② 발견일자로부터 1개월 이내에 통보관서에 출석하거나 사건이송을 하겠다는 내용이 기재된 "지명통보자소재발견보고서"를 3부 작성하여 1부는 피의자에게, 1부는 발견관서에서 보관, 1부는 통보관서에 송부

③ 지명통보가 여러 건일 경우에는 각 건마다 소재발견보고서 작성

○ 지명 수배자(A급) – 범죄수사규칙 제173조

- 사형·무기 또는 장기 3년이상 징역, 금고에 해당하는 죄를 범하였다고 의심할 만한 상당한 이유가 있어 체포영장·구속영장이 발부된 자
- 지명통보 대상자중 지명수배의 필요가 있어 영장이 발부된 자

※ B급 수배(벌금수배)는 경찰서 수사과와 협의하여 신병인계 또는 벌금납부

○ 지명 통보자(C급) – 범죄수사규칙 제179조

- 장기 3년 미만의 징역·금고·벌금에 해당하는 죄를 범하였다고 의심할만한 상당한 이유가 있고 수사기관의 출석요구에 응하지 아니하고 소재수사결과 소재 불명인 자
- 3년이상의 징역이나 금고에 해당하는 죄를 범하였다고 의심되더라도 사안이 경미하거나 기록상 혐의를 인정키 어려운자로 출석요구에 불응하고 소재 불명인 자
- 사기, 횡령, 배임죄 등의 초범이고 그 피해액이 500만원 이하에 해당하는 자
- 구속영장을 청구하지 않거나 발부받지 못하여 긴급 체포되었다가 석방된 지명수배자

2) 밀입국자 발생 시

가) 초동조치

① 신고자 인적사항, 성명, 주소, 연락처, 발견 경위(발견일시, 장소 및 밀입국자 수, 선박특징 등)등을 기록한다.

※ 신고에 의해 밀입국자(선박)을 검거한 경우 신고포상금 지급기준이 되므로 기록유지 철저

② 접수시간은 밀입국자를 검거하는데 있어서 현장출동 사항등에 대해 중대한 관건이 된다(신속한 조치사항 등 기록유지 철저)

나) 발생보고 및 현장출동

① 밀입국자(선박) 발견시

ⓐ 도주방지를 위해 인근 주민들에게 도움을 요청하고 즉시 해양경찰서 해상수사정보과 또는 상황실에 보고 한다.

ⓑ 다수인 밀입국인 경우인근 경찰서, 파출소 등에 신속히 통보

※ 한족일 경우 언어소통이 불가하므로 즉시 보고하여 사건개요를 파악토록 조치.

ⓒ 밀입국 환승선박을 발견하였을 때는 도주방지에 최선을 다 하고 선박의 특징을 파악, 신속히 보고하여 경비함정이 차단할 수 있도록 조치를 취한다.

② 신고 접수시

ⓐ 전직원 및 의경은 신속히 현장에 출동 한다(도주방지를 위해 즉시 대처).

ⓑ 밀입국(선박)자 발견시 현장에서 해양경찰서 및 해상수사정보과장에게 즉보(인근 해양경찰서, 파출소, 군부대 등 통보).

ⓒ 집단 밀입국인 경우, 경적을 준비하여 도주예방에 철저를 기하고 인근 주민에게 낮선 사람을 발견하였을 때 신고하도록 요청.

ⓓ 밀입국 운송선박 발견시 경찰서 요원이 도착시까지 도주방지에 철저를 기해야 한다.

※ 발생보고 요령
- 발견일시·장소
- 발견자 인적사항(주거·직업·성명·연령·연락처)
- 발견경위
- 조 치
- 기타 참고사항 등

※ 밀입국자(선박) 검거보고 요령
- 검거일시·장소
- 검거자 인적사항
- 피검인원 : 총 명(남 명, 여 명, 조선족 명, 한족 명)
- 검거경위(육하원칙에 의거)
- 조 치

다) 주의사항

① 밀입국사범 검거는 물론 안전사고, 도주 등 방지에 최선을 다한다.

② 신고 접수시 신속한 보고체제 유지 및 초동조치가 매우 중요하다는 점을 인식하고 근무에 철저를 기한다.

③ 신고접수 즉시 출동조치, 현장 상황 신속파악

④ 신고자 또는 신고선박 연락처 등 파악, 기록 유지

(7) 변사자 처리

1) 신고의 접수

가) 접수시간의 기록

접수시간은 접수경찰관 뿐만 아니라 신고자에게도 간접적인 방법으로 알게 하는 것이 좋다.("지금 시간이 02 : 10분이죠?"라고 묻는 등)

나) 신고자에게 시체가 표류하지 않도록 필요한 조치를 의뢰한다.

① 사건현장이 조류가 심한 곳이라면 익사체가 다른 곳으로 표류할 수 있으므로 신고자가 선박을 소유하고 있다면 한곳에 고정될 수 있도록 필요한 조치를 부탁한다.

② 땅 위로 인양은 반드시 경찰관이 현장에 입회한 후 행하여 시체의 손상이 발생하지 않도록 주의를 기울여야 한다.

다) 파출소장의 조치

① 해양경찰서장에게 지휘보고 및 주무과장에게 참모보고(야간 상황실장)

② 해상수사정보과 당직에게 보고

③ 현장 출동하여 현장보존범위를 설정하는 등 본서 해당 간부가 현장도착시까지 현장 지휘 및 기타 필요한 조치

2) 발생보고 현장출동

가) 발생보고

① 신고접수와 동시에 해양경찰서 해상수사정보과(야간에는 상황실)에 발생보고.

② 수사요원의 출동시 참고가 될 사항도 함께 보고한다.

나) 현장출동

신속하게 현장에 출동하되 신고인이 파출소에 방문 신고시에는 현장 지리감이 있는 신고인과 동행하며 현장상황을 청취한다.

다) 현장보존용 장비의 휴대

파출소에 비치된 카메라 등 당시 상황에 따른 필요장비의 주가휴대

① 구명조끼, 밧줄 등 익사자 인양에 필요한 장비

② 익사체를 인양 후 바닥에 깔 수 있는 대형 비닐천, 시체를 덮어 둘 수 있는 시체포, 현장을 촬영할 수 있는 카메라 등

3) 현장보존 및 초동조치

가) 현장보존

익사사건 특히 표류익사체의 경우 현장보존의 중요성은 여타의 사건 현장에 비해서 낮다고 생각하기 쉽다. 그러나 부근을 잘 살펴서 조금이라도 이상한 흔적등을 철저히 보존하여 감식을 할 수 있어야 한다.

나) 초동조치

① 익사 현장을 직접 목격한 목격자를 신속히 확보하여 그 진술을 들을 수 있도록 한다.

② 사고 위험이 높은 곳이라면 추가 익사자가 발생하지 않도록 위험 방지조치 등을

취하도록 관련기관에 신속히 통보하고 출동 경찰관 자신의 안전에 유의하여야 한다.

> **※ 변사체 처리시 유의점**
> - ► 타인에겐 혐오스러울지라도 유족에게는 소중한 가족의 시신이라는 것을 잊어서는 안 된다.
> - ► 시체는 결례가 되지 않도록 정중하게 다루어서 유가족으로부터 원성을 듣지 않도록 하여야 한다.
> - ► 시체에 손상을 입힐 경우 타살인지의 여부를 가리는데 심각한 장해를 유발할 수도 있다.
> - ► 땅위로 올린 시체는 깨끗한 사체포를 밑에 깔고 관찰을 실시하면 보다 용이한 관찰이 가능하다.

(8) 고래류 처리 및 단속

1) 고래류 사체처리

가) 「해양생태계의 보전 및 관리에 관한 법률(해양생태계법)」에 따라 77종을 보호대상 해양생물로 지정·관리 중이며, 고래류*는 10종이 지정됨

* 대형(8종) : 혹등고래, 북방긴수염고래, 귀신고래, 브라이드고래, 보리고래, 참고래, 대왕고래, 향고래

* 소형(2종) : 남방큰돌고래, 상괭이

나) 보호대상해양생물은 혼획의 경우라도 가공·유통·보관이 금지되므로 고래류 유통증명서를 발급해서는 아니됨(「해양생태계법」 제20조 제1항, 「고래자원의 보존과 관리에 관한 고시」 제10조 제2항)

다) 어업활동 중 불가피하게 혼획 되었다 하더라도 48시간 이내에 해양수산부장관에게 신고해야 포획·채취 금지에 관한 규정의 적용이 배제됨(「해양생태계법」 제20조 제3항)

2) 보호대상 고래류 혼획시 처리 방안

가) (신고접수) 고래류 혼획 신고 접수시 불법포획 여부 및 보호대상 고래류인지 여부에 대하여 확인

– 보호대상인지 여부를 판단하기 모호한 경우 국립수산과학원 고래연구센터에 문의

나) (해양수산부장관에게 신고) 보호대상 고래류로 확인된 경우 유통증명서를 발급하지 말고, 해양수산부 장관에게 신고·처리 하도록 안내

① 신고주체 및 방법 : 고래류를 혼획한 어업인이 유선으로 신고기관에 신고

② 신고기관 : 해양수산부 해양생태과 또는 국립수산과학원 고래연구센터

③ 보호대상 고래사체의 처리 : 신고기관의 결정에 따라 보전가치가 있는 경우에는 국립수산과학원·국립해양생물자원관에서 인수, 보전가치가 없는 경우에는 폐기결정(관할 시·군·구에서 인수·처리)

다) 사건처리 : 신고기관의 결정에 따른 처리결과를 확인한 후 내사보고서 작성 및 내사 종결 처리

3) 불법포획 고래유통 등 단속

가) 불법포획 유통행위 수법

① 포획선 : 자망허가어선 등이 작살로 고래 불법포획 후 해상에서 해체하여 어구부이에 매달아 해중 은닉

② 운반선 : 고마력 선외기 엔진장착 어선, 고무보트 등이 심야시간에 출항 은닉 고래를 우범 항포구 반입

③ 육상 운반책 : 우범 항포구에서 운반선과 접선하여 냉동탑차, 화물칸 개조 승합차량 이용 보관창고, 식당 등지로 운반

④ 유통·판매책 : 고래 고기 전문점 또는 중간 판매책, 고래 고기 수집 중간상인 등을 포함 직간접적인 고래 고기 구매자가 고래 고기를 최종 시중 유통·판매

나) 중점 단속 사항

① 인접 해상 고래 불법포획, 관내 항포구 반입 유통행위

② 해상 운반선 운송, 육상 운반차량(탑차, 활어차량 등) 이동, 창고 보관 등 유통행위

ⓐ 선박 운송 : 어선, 낚시어선, 수상레저기구(레저 보트) 이용 운반

ⓑ 차량 운반 : 냉동탑차, 활어차량, 화물차량(더블캡 등) 이용 육상 운반

ⓒ 보관 창고 : 육상 은밀한 창고 이동 보관 또는 고래전문점으로 배달

③ 입항 어선에 대한 검문검색 및 취약 항포구 순찰 강화

다) 관계법령

① 수산업법 제66조(허가외의 어업), 제97조제1항제4호(3년이하 징역, 3천만원이하 벌금)

② 수산업법 제61조(어업조정 등에 관한 명령)제1항제5호, 제98조제8호(2년이하 징역, 2천만원 이하 벌금)

③ 수산자원관리법 제17조(불법 어획물의 판매 등의 금지), 제64조제1호(2년이하 징역, 2천만원이하 벌금)

④ 야생법 제16조 제4항, 제69조제1항제4호(2년이하 징역, 2천만원 이하 벌금)

(9) 해양오염발생 처리

1) 해양오염 발생보고

가) 최초 접수내용 신속 보고

나) 상황보고서 이용, 상황계통 보고(파악된 사항부터 수시로 보고)

▶ 보고처 : 상황실 및 해양오염관리과

다) 긴급상황은 구두 또는 전화로 간략 보고 후 전문 송신

라) 보고내용

가) 오염원 현황
(1) 선박 제원 : 총톤수, 선종, 선적, 선주, 선령, 대리점등
(2) 적재유종 및 적재량
(3) 선체상태 : 좌초·침수·침몰·전복·파손 등 선체상태와 안전성
(4) 보험관련 사항 파악 : 보험회사 및 보험금 등 가입사항

나) 오염 상태
(1) 유출량 : 선체상태를 감안하여 유출량을 추정(1,000ℓ 미만은ℓ 단위, 1,000ℓ 이상은 kℓ 단위로 보고)
(2) 오염물질의 확산범위(폭·길이)(1,000m 미만은 m 단위, 1,000m 이상은 km 단위로 보고)
(3) 이동방향 및 속도
(4) 유막의 색깔 및 두께 등

다) 사고해역의 기상 및 해역상태
(1) 해류, 조류
(2) 풍향, 풍속
(3) 파고, 시정, 기상 특보사항
(4) 조석, 수심
(5) 어장·양식장 등 민감지역 분포현황

2) 초동조치

가) 오염상태 및 확산상황 파악

① 오염원 유출상태 및 선체상태 등을 파악

② 조류, 풍향, 풍속 감안, 오염물질의 이동 예상해역 광범위 탐색

나) 오염원으로부터의 계속배출 방지조치

① 파공부위 및 에어벤트 봉쇄로 계속 배출 방지

② 파공탱크내 기름을 타 탱크나 타 선박에 이적 조치

다) 사고현장 주변 선박통제

① 사고현장에 불필요한 선박의 접근 금지

② 항행 선박은 우회시켜 오염해역으로 진입하지 않도록 유도

3) 방제조치

가) 오염물질의 확산방지 및 제거조치 등

① 유출구 주변에 확산방지용 오일펜스 설치 또는 확산 방지

② 유흡착재 투하, 유출유의 흡착 제거조치

나) 유처리제 살포 등 유출유의 분산조치 작업은 반드시 해양경찰서장에게 사전보고, 승인을 득한 후 지시에 따라 실시

4) 기타

가) 증거품 확보 : 기름시료 채취

① 기름시료는 해상유출유와 오염선박 탱크에서 각 2점씩 채취

② 화장지나 헝겊에 기름을 묻혀 비닐봉투에 담아 밀봉

③ 기름시료 채취 확인서를 작성하여 선주나 선원의 확인서명

나) 사진촬영

① 오염원의 식별이 가능한 배경사진

② 오염범위 및 오염상태를 확인할 수 있는 원거리 및 근거리 사진

③ 오염피해를 입은 어장·양식장, 어구 등의 사진

[9] 불심검문

불심검문은 주로 범죄의 예방, 치안유지라는 행정목적을 달성하기 위한 경찰활동으로서 행정경찰 작용으로 수사와는 엄격히 구분된다.

1) 근거법령

경찰관 직무집행법 제3조(불심검문), 주민등록법 제26조(주민등록증의 제시요구) 의무경찰대설치 및 운영에 관한 법률제 2조의2(의무경찰의 검문) 통합방위법 제15조(통합방위작전), 해양경비법 12조(해상검문검색).

▸ **경찰관직무집행법 제3조(불심검문)**

경찰관은 다음 각 호의 어느 하나에 해당하는 사람을 정지시켜 질문할 수 있다. 1) 수상한 행동이나 그 밖의 주위 사정을 합리적으로 판단하여 볼 때 어떠한 죄를 범하였거나 범하려 하고 있다고 의심할 만한 상당한 이유가 있는 사람 2) 이미 행하여진 범죄나 행하여지려고 하는 범죄행위에 관한 사실을 안다고 인정되는 사람

경찰관은 정지시킨 장소에서 질문을 하는 것이 그 사람에게 불리하거나 교통에 방해가 된다고 인정될 때에는 질문을 하기 위하여 가까운 경찰서·지구대·파출소 또는 출장소(지방해양경찰관서)로 동행할 것을

요구할 수 있고, 동행을 요구받은 사람은 그 요구를 거절할 수 있다. 또한 경찰관은 사람에게 질문을 할 때에 그 사람이 흉기를 가지고 있는지를 조사할 수 있다. 그리고 질문을 하거나 동행을 요구할 경우 자신의 신분을 표시하는 증표를 제시하면서 소속과 성명을 밝히고 질문이나 동행의 목적과 이유를 설명하여야 하며, 동행을 요구하는 경우에는 동행 장소를 밝혀야 한다.
또한 경찰관은 동행한 사람의 가족이나 친지 등에게 동행한 경찰관의 신분, 동행 장소, 동행 목적과 이유를 알리거나 본인으로 하여금 즉시 연락할 수 있는 기회를 주어야 하며, 변호인의 도움을 받을 권리가 있음을 알려야 한다. 동행한 사람을 6시간을 초과하여 경찰관서에 머물게 할 수 없으며 질문을 받거나 동행을 요구받은 사람은 형사소송에 관한 법률에 따르지 아니하고는 신체를 구속당하지 아니하며, 그 의사에 반하여 답변을 강요당하지 아니한다.

▸ **해양경비법 제12조(해상검문검색)**

해양경찰관은 해양경비 활동 중 다음 각 호의 어느 하나에 해당하는 선박등에 대하여 주위의 사정을 합리적으로 판단하여 상당한 이유가 있는 경우 해상검문검색을 실시할 수 있다. 다만, 외국선박에 대한 해상검문검색은 대한민국이 체결·비준한 조약 또는 일반적으로 승인된 국제법규에 따라 실시한다.

1) 다른 선박의 항행 안전에 지장을 주거나 진로 등 항행상태가 일정하지 아니하고 정상적인 항법을 일탈하여 운항되는 선박등
2) 대량파괴무기나 그 밖의 무기류 또는 관련 물자의 수송에 사용되고 있다고 의심되는 선박등
3) 국내법령 및 대한민국이 체결·비준한 조약을 위반하거나 위반행위가 발생하려 하고 있다고 의심되는 선박등 해양경찰관은 해상검문검색을 목적으로 선박등에 승선하는 경우 선장(선박등을 운용하는 자를 포함)에게 소속, 성명, 해상검문검색의 목적과 이유를 고지하여야 한다.

2) 불심검문 판단요소·대상자·판단기준

가) 판단요소

① 수상한 거동

비정상적이고 자연스럽지 못한 언어, 동작, 태도, 착의, 휴대품 등으로 판단하고 경찰관을 보고 급히 도주하거나 빈 선박을 기웃거리는 행위 등

② 주위의 사정

대상자의 직접적인 거동이외의 사정 즉 인적·물적·시간적·장소적 상황을 의미한다.

나) 대상자 선정

① 어떠한 죄를 범하였거나 범하려 하고 있다고 의심할 만한 상당한 이유가 있는 자

② 행하여진 범죄 행위에 관하여 그 사실을 안다고 인정되는 자

다) 판단기준

직무를 행하는 경찰관의 주관적이고 독단적인 판단이 아닌 객관적이고 합리성이 담보되어야 한다.

3) 질문시 착안사항

가) 불심자로부터 눈은 떼지 말고 그 언어, 동작, 표정의 변화를 충분히 관찰할 것.

나) 질문의 속도는 거짓말과 거짓이름을 생각할 여유를 주지 않도록 연달아 행할 것.

다) 진술의 모순점을 빨리 발견하고 모순이 밝혀질 때까지 추궁해야 하며, 경찰관의 끈기에 포기할 때까지 최선을 다할 것.

4) 위조주민등록증 식별 요령

가) 바탕무늬와 홀로그램이 본인이 소지한 주민등록증과 같은지 확인

나) 앞면 사진 위 가운데(사진왼쪽에 1cm, 오른쪽에서 2cm) 부분에 숨겨진「민」자가 있는지 확인

다) 홀로그램 큰 태극의 안쪽 테두리에 '대한민국 KOREA'라는 원형의 미세문자 띠가 있는지 확인

라) 홀로그램 바탕에 21개, 사진에 8개의 크고 작은 태극문양이 있는지 확인

5) 임의동행시 유의사항

가) 동행시엔 상대의 우측 일보 뒤에 위치하며, 불의의 기습공격에 유의한다.

나) 동행시 인권침해나 자해를 방지토록 하고 하천변이나 교량 위, 절벽, 철로변 등 자살, 도주 우려가 있는 장소는 가급적 피한다.

다) 흉기나 증거물은 경찰관이 직접 휴대하여 가지고 간다.

라) 최종에 이르기까지 방심하지 않는다.

마) 혼자서 둘 이상을 동행할 경우는 지원받아 동행토록 한다.

6) 불심검문방법(절차·요령)

가) 정중하게 접근	거수경례 (상대방 우측 앞 2~3보 거리)

⇩

나) 소속·성명 고지	"저는 ○○해양경찰서 순경 ○○○입니다. (검문경찰관의 신분증 제시)

⇩

다) 검문의 목적과 이유를 설명	"지명수배자 검거를 위한 수배여부 확인을 위해 잠시 검문을 하겠습니다. 협조하여 주시기 바랍니다." (상대방 정지시켜 검문하게 된 이유를 설명)

⇩

라) 신분증 제시요구	"신분증을 좀 보여주십시오." (신분증 위조여부 확인 및 사진과 얼굴대조)

⇩

마) 질문 및 흉기조사	"가방을 잠시 열어 주시겠습니까" (내용물을 직접 만지지 말고 육안으로 확인) "포장된 물건은 무엇입니까?" "잠시 보여주시겠습니까?" "예, 확인이 되었습니다. 꺼내신 물건을 넣으셔도 됩니다. 도와 드릴까요?" ※ 질문·조사순서 ① 주소 ② 성명, 연령 ③ 직업 ④ 본적(출생지) ⑤ 행선지 ⑥ 용건 ⑦ 출발지 ⑧ 경유지 ⑨ 휴대품 ⑩ 불심점

⇩

바) 검문 종료	거수경례 "협조해 주셔서 대단히 감사합니다." "즐거운 하루 보내시기 바랍니다."

2 경범죄 단속과 즉결심판

[1] 경범죄 단속

경범죄란 국민의 일상생활에 있어서 도덕률에 위반하는 비교적 경미한 범죄를 지칭하며, 이것에 대한 형벌을 규정한 형사실체법을 「경범죄처벌법」이라고 한다. 경범죄처벌법은 경범죄의 종류 및 처벌에 필요한 사항을 정함으로써 국민의 자유와 권리를 보호하고 공공의 질서유지에 이바지함을 목적으로 한다.

(1) 단속수단 및 절차

1) 위반사범 단속요령

가) 친절하고 따뜻한 언행으로 인권 존중

나) 증거자료(목격자, 참고인 등) 수집 철저로 무죄선고 사례 방지

다) 외근 경찰관은 통고처분 스티커 항상 휴대

라) 주민등록증, 신분증 등 확인, 허무인에 대한 통고처분서 발부 방지

마) 친절·공정·신속한 처리로 서민보호와 시민의 공감대 형성

2) 현장에서의 처리

가) 현장계도(지도장 발부)

나) 통고처분 : 적발현장이 혼잡하거나 주위사정이 범칙자의 인권에 불리하다고 인정될 때 경찰관서에 동행

다) 즉심대상 파출소 동행

① 임의동행 원칙

② 주거를 밝히지 않거나 확인한 주거가 불분명한 현행범 강제연행
 - 형사소송법 214조(경미사건과 현행범체포)

3) 파출소에서의 처리

파출소장은 파출소에 동행된 위반자에 대하여 1시간 이내에 훈계방면 또는 통고처분의 대상 여부, 즉심 또는 형사입건 대상 여부를 심사 처리하여 해양경찰서에 인계한다.

가) 훈계방면

훈방요건에 해당되면 일시, 장소와 인적사항, 위반내용, 훈방사유를 근무일지에 기록하고 즉시 방면한다.

나) 통고처분

경범죄처벌법 제5조에 규정한 범칙자로 인정될 때에는 범칙금 납부통고서를 발부한다.

다) 즉심회부

① 비보호처리 : 주거 및 신원이 확실한 자로서 형 집행에 지장이 없다고 인정되는 자는 즉결심판사범적발보고서 등을 작성한 후 위반자가 법원에 자진출석하여 심판을 받도록 즉결심판 출석통지서를 교부하고 귀가 조치한다.

② 보호처리 : 비보호처리 대상이 아닌 자는 즉결심판사범처리부에 등재 후 해양경찰서에 신병 인계한다.

(2) 경범죄처벌법의 유형(범칙행위 및 범칙금액 (제2조 관련))

〈표 3-5〉 경범죄처벌 근거 법조문

근거 법조문	범칙행위	범칙 금액
법 제3조 제1항 제1호 (빈집 등에의 침입)	다른 사람이 살지 않고 관리하지 않는 집 또는 그 울타리·건조물(建造物)·배·자동차 안에 정당한 이유 없이 들어간 경우	8만원
법 제3조 제1항 제2호 (흉기의 은닉휴대)	칼·쇠몽둥이·쇠톱 등 사람의 생명 또는 신체에 중대한 위해를 끼치거나 집이나 그 밖의 건조물에 침입하는 데에 사용될 수 있는 연장이나 기구를 정당한 이유 없이 숨겨서 지니고 다니는 경우	8만원
법 제3조 제1항 제3호 (폭행 등 예비)	다른 사람의 신체에 위해를 끼칠 것을 공모(共謀)하여 예비행위를 한 사람이 있는 경우 그 공모를 한 경우	8만원
법 제3조 제1항 제5호 (시체 현장변경 등)	사산아(死産兒)를 감추거나 정당한 이유 없이 변사체 또는 사산아가 있는 현장을 바꾸어 놓은 경우	8만원
법 제3조 제1항 제6호 (도움이 필요한 사람 등의 신고불이행)	자기가 관리하고 있는 곳에 도움을 받아야 할 노인, 어린이, 장애인, 다친 사람 또는 병든 사람이 있거나 시체 또는 사산아가 있는 것을 알면서 이를 관계 공무원에게 지체 없이 신고하지 않은 경우	8만원
법 제3조 제1항 제7호 (관명사칭 등)	국내외의 공직(公職), 계급, 훈장, 학위 또는 그 밖에 법령에 따라 정해진 명칭이나 칭호 등을 거짓으로 꾸며 대거나 자격이 없으면서 법령에 따라 정해진 제복, 훈장, 기장 또는 기념장(記念章), 그 밖의 표장(標章) 또는 이와 비슷한 것을 사용한 경우	8만원
법 제3조 제1항 제8호 (물품강매·호객행위)	가. 요청하지 않은 물품을 억지로 사라고 한 사람, 요청 하지 않은 일을 해주거나 재주 등을 부리고 그 대가로 돈을 달라고 한 경우	8만원
	나. 여러 사람이 모이거나 다니는 곳에서 영업을 목적 으로 떠들썩하게 손님을 부른 경우	5만원
법 제3조 제1항 제9호 (광고물 무단부착 등)	가. 다른 사람 또는 단체의 집이나 그 밖의 인공구조물과 자동차 등에 함부로 광고물 등을 붙이거나 내걸거나 끼우거나 글씨 또는 그림을 쓰거나 그리거나 새기는 행위 등을 한 사람 또는 공공장소에서 광고물 등을 함부로 뿌린 경우	5만원
	나. 다른 사람이나 단체의 간판, 그 밖의 표시물 또는 인공구조물을 함부로 옮기거나 더럽히거나 훼손한 경우	8만원
법 제3조 제1항 제10호 (마시는 물 사용방해)	사람이 마시는 물을 더럽히거나 사용하는 것을 방해한 경우	8만원
법 제3조 제1항 제11호 (쓰레기 등 투기)	가. 쓰레기, 죽은 짐승, 그 밖의 더러운 물건(나목에 규정된 것은 제외한다)이나 못쓰게 된 물건을 함부로 아무 곳에나 버린 경우	5만원
	나. 담배꽁초, 껌, 휴지를 아무 곳에나 버린 경우	3만원
법 제3조 제1항 제12호 (노상방뇨 등)	가. 길, 공원, 그 밖에 여러 사람이 모이거나 다니는 곳에서 대소변을 보거나 또는 그렇게 하도록 시키거나 개 등 짐승을 끌고 와서 대변을 보게 하고 이를 치우지 않은 경우	5만원

근거 법조문	범칙행위	범칙 금액
	나. 길, 공원, 그 밖에 여러 사람이 모이거나 다니는 곳에서 함부로 침을 뱉은 경우	3만원
법 제3조 제1항 제13호 (의식방해)	공공기관이나 그 밖의 단체 또는 개인이 하는 행사나 의식을 못된 장난 등으로 방해하거나 행사나 의식을 하는 경우 또는 그 밖에 관계있는 사람이 말려도 듣지 않고 행사나 의식을 방해할 우려가 뚜렷한 물건을 가지고 행사장 등에 들어간 경우	8만원
법 제3조 제1항 제14호 (단체가입 강요)	싫다고 하는데도 되풀이하여 단체 가입을 억지로 강요한 경우	5만원
법 제3조 제1항 제15호 (자연훼손)	공원·명승지·유원지나 그 밖의 녹지구역 등에서 풀·꽃·나무·돌 등을 함부로 꺾거나 캔 경우 또는 바위·나무 등에 글씨를 새기거나 하여 자연을 훼손한 경우	5만원
법 제3조 제1항 제16호 (타인의 가축·기계 등 무단조작)	다른 사람 또는 단체의 소나 말, 그 밖의 짐승 또는 매어 놓은 배·뗏목 등을 함부로 풀어 놓거나 자동차 등의 기계를 조작한 경우	8만원
법 제3조 제1항 제17호 (물길의 흐름 방해)	개천·도랑이나 그 밖의 물길의 흐름에 방해될 행위를 한 경우	2만원
법 제3조 제1항 제18호 (구걸행위 등)	가. 다른 사람에게 구걸하도록 시켜 올바르지 않은 이익을 얻은 경우	8만원
	나. 공공장소에서 구걸을 하여 다른 사람의 통행을 방해하거나 귀찮게 한 경우	5만원
법 제3조 제1항 제19호 (불안감조성)	정당한 이유 없이 길을 막거나 시비를 걸거나 주위에 모여들거나 뒤따르거나 몹시 거칠게 겁을 주는 말이나 행동으로 다른 사람을 불안하게 하거나 귀찮고 불쾌하게 한 경우 또는 여러 사람이 이용하거나 다니는 도로·공원 등 공공장소에서 고의로 험악한 문신(文身)을 드러내어 다른 사람에게 혐오감을 준 경우	5만원
법 제3조 제1항 제20호 (음주소란 등)	공회당·극장·음식점 등 여러 사람이 모이거나 다니는 곳 또는 여러 사람이 타는 기차·자동차·배 등에서 몹시 거친 말이나 행동으로 주위를 시끄럽게 하거나 술에 취하여 이유 없이 다른 사람에게 주정한 경우	5만원
법 제3조 제1항 제21호 (인근소란 등)	악기·라디오·텔레비전·전축·종·확성기·전동기(電動機) 등의 소리를 지나치게 크게 내거나 큰소리로 떠들거나 노래를 불러 이웃을 시끄럽게 한 경우	3만원
법 제3조 제1항 제22호 (위험한 불씨 사용)	충분한 주의를 하지 않고 건조물, 수풀, 그 밖에 불붙기 쉬운 물건 가까이에서 불을 피우거나 휘발유 또는 그 밖에 불이 옮아붙기 쉬운 물건 가까이에서 불씨를 사용한 경우	8만원
법 제3조 제1항 제23호 (물건 던지기 등 위험행위)	다른 사람의 신체나 다른 사람 또는 단체의 물건에 해를 끼칠 우려가 있는 곳에 충분한 주의를 하지 않고 물건을 던지거나 붓거나 또는 쏜 경우	3만원

근거 법조문	범칙행위	범칙 금액
법 제3조 제1항 제24호 (인공구조물등의 관리소홀)	무너지거나 넘어지거나 떨어질 우려가 있는 인공구조물이나 그 밖의 물건에 대하여 관계 공무원으로부터 고칠 것을 요구받고도 필요한 조치를 게을리하여 여러 사람을 위험에 빠트릴 우려가 있게 한 경우	5만원
법 제3조 제1항 제25호 (위험한 동물의관리 소홀)	사람이나 가축에 해를 끼치는 버릇이 있는 개나 그 밖의 동물을 함부로 풀어놓거나 제대로 살피지 않아 나다니게 한 경우	5만원
법 제3조 제1항 제26호 (동물등에 의한 행패 등)	가. 소나 말을 놀라게 하여 달아나게 한 경우	5만원
	나. 개나 그 밖의 동물을 시켜 사람이나 가축에게 달려들게 한 경우	8만원
법 제3조 제1항 제27호 (무단소등)	여러 사람이 다니거나 모이는 곳에 켜 놓은 등불이나 다른 사람 또는 단체가 표시를 하기 위하여 켜 놓은 등불을 함부로 끈 경우	5만원
법 제3조 제1항 제28호 (공중통로 안전관리소홀)	여러 사람이 다니는 곳에서 위험한 사고가 발생하는 것을 막을 의무가 있으면서도 등불을 켜 놓지 않거나 그 밖의 예방조치를 게을리한 경우	5만원
법 제3조 제1항 제29호 (공무원 원조불응)	눈·비·바람·해일·지진 등으로 인한 재해, 화재·교통사고·범죄, 그 밖의 급작스러운 사고가 발생하였을 때에 현장에 있으면서도 정당한 이유 없이 관계 공무원 또는 이를 돕는 사람의 현장출입에 관한 지시에 따르지 않거나 공무원이 도움을 요청하여도 도움을 주지 않은 경우	5만원
법 제3조 제1항 제30호 (거짓 인적사항사용)	성명, 주민등록번호, 등록기준지, 주소, 직업 등을 거짓으로 꾸며대고 배나 비행기를 타거나 인적사항을 물을 권한이 있는 공무원이 적법한 절차를 거쳐 묻는 상황에서 정당한 이유 없이 다른 사람의 인적사항을 자기의 것으로 거짓으로 꾸며댄 경우	8만원
법 제3조 제1항 제31호 (미신요법)	근거 없이 신기하고 용한 약방문인 것처럼 내세우거나 그 밖의 미신적인 방법으로 병을 진찰·치료·예방한다고 하여 사람들의 마음을 홀리게 한 경우	2만원
법 제3조 제1항 제32호 (야간통행제한위반)	전시·사변·천재지변, 그 밖에 사회에 위험이 생길 우려가 있을 경우에 국민안전장관이나 경찰청장이나 정하는 야간통행제한을 위반한 경우	3만원
법 제3조 제1항 제33호 (과다노출)	여러 사람의 눈에 뜨이는 곳에서 공공연하게 알몸을 지나치게 내놓거나 가려야 할 곳을 내놓아 다른 사람에게 부끄러운 느낌이나 불쾌감을 준 경우	5만원
법 제3조 제1항 제34호 (지문채취 불응)	범죄 피의자로 입건된 사람의 신원을 지문조사 외의 다른 방법으로는 확인할 수 없어 경찰공무원이나 검사가 지문을 채취하려고 할 때에 정당한 이유 없이 이를 거부한 경우	5만원
법 제3조 제1항 제35호 (자릿세 징수 등)	여러 사람이 모이거나 쓸 수 있도록 개방된 시설 또는 장소에서 좌석이나 주차할 자리를 잡아 주기로 하거나 잡아주면서, 돈을 받거나 요구하거나 돈을 받으려고 다른 사람을 귀찮게 따라다니는 경우	8만원
법 제3조 제1항 제36호 (행렬방해)	공공장소에서 승차·승선, 입장·매표 등을 위한 행렬에 끼어들거나 떠밀거나 하여 그 행렬의 질서를 어지럽힌 경우	5만원

근거 법조문	범칙행위	범칙 금액
법 제3조 제1항 제37호 (무단 출입)	출입이 금지된 구역이나 시설 또는 장소에 정당한 이유 없이 들어간 경우	2만원
법 제3조 제1항 제38호 (총포 등 조작장난)	여러 사람이 모이거나 다니는 곳에서 충분한 주의를 하지 않고 총포, 화약류, 그 밖에 폭발의 우려가 있는 물건을 다루거나 이를 가지고 장난한 경우	8만원
법 제3조 제1항 제39호 (무임승차 및 무전취식)	영업용 차 또는 배 등을 타거나 다른 사람이 파는 음식을 먹고 정당한 이유 없이 제 값을 치르지 않은 경우	5만원
법 제3조 제1항 제40호 (장난전화 등)	정당한 이유 없이 다른 사람에게 전화·문자메시지·편지·전자우편·전자문서 등을 여러 차례 되풀이하여 괴롭힌 경우	8만원
법 제3조 제1항 제41호 (지속적 괴롭힘)	상대방의 명시적 의사에 반하여 지속적으로 접근을 시도하여 면회 또는 교제를 요구하거나 지켜보기, 따라다니기, 잠복하여 기다리기 등의 행위를 반복하여 하는 경우	8만원
법제3조제2항제1호 (출판물의 부당게재 등)	올바르지 않은 이익을 얻을 목적으로 다른 사람 또는 단체의 사업이나 사사로운 일에 관하여 신문, 잡지, 그 밖의 출판물에 어떤 사항을 싣거나 싣지 않을 것을 약속하고 돈이나 물건을 받은 경우	16만원
법제3조제2항제2호 (거짓 광고)	여러 사람에게 물품을 팔거나 나누어 주거나 일을 해주면서 다른 사람을 속이거나 잘못 알게 할 만한 사실을 들어 광고한 경우	16만원
법제3조제2항제3호 (업무방해)	못된 장난 등으로 다른 사람, 단체 또는 공무수행 중인 자의 업무를 방해한 경우	16만원
법제3조제2항제4호 (암표매매)	흥행장, 경기장, 역, 나루터, 정류장, 그 밖에 정해진 요금을 받고 입장시키거나 승차 또는 승선시키는 곳에서 웃돈을 받고 입장권·승차권 또는 승선권을 다른 사람에게 되판 경우	16만원

비고 : 범칙금의 납부 통고를 받은 사람이 통고처분을 불이행하여 법 제9조제1항에 따라 통고받은 범칙금에 가산금을 더하여 납부할 경우에 최대 납부할 금액은 법 제3조제1항 각 호의 행위로 인한 경우에는 10만원으로 하고, 법 제3조제2항 각 호의 행위로 인한 경우에는 20만원으로 한다.

다음 각 호의 어느 하나에 해당하는 사람은 60만원 이하의 벌금, 구류 또는 과료의 형으로 처벌한다.
1. (관공서에서의 주취소란) 술에 취한 채로 관공서에서 몹시 거친 말과 행동으로 주정하거나 시끄럽게 한 사람
2. (거짓신고) 있지 아니한 범죄나 재해 사실을 공무원에게 거짓으로 신고한 사람

제4조(교사·방조) 제3조의 죄를 짓도록 시키거나 도와준 사람은 죄를 지은 사람에 준하여 벌한다.
제5조(형의 면제와 병과) 제3조에 따라 사람을 벌할 때에는 그 사정과 형편을 헤아려서 그 형을 면제하거나 구류와 과료를 함께 과(科)할 수 있다.

(3) 경범죄처벌법상 통고처분

1) 통고처분

법률이 정하는 일정한 행정범을 범한 심증이 확실할 때에 그에 대한 벌금·과료·몰수 또는 추징금에 상당하는 금액을 일정한 장소에 납부하도록 통고하는 행정행위

가) 범칙행위 : 경범죄처벌법상 유형에 해당하는 위반행위

나) 범칙자 : 범칙행위를 행한 사람으로 다음에 해당하지 아니한 사람

① 범칙행위를 상습적으로 행하는 사람

② 죄를 범한 동기나 수단 및 결과를 헤아려 구류처분을 하는 것이 적절하다고 인정되는 사람

③ 피해자가 있는 행위를 한 사람

④ 18세 미만인 사람

다) 범칙금 : 범칙자가 통고처분 규정에 의하여 국고 또는 제주특별자치도의 금고에 납부하여야 할 금전

2) 통고처분 절차

범칙행위를 행한 자에 대하여 범칙금이라는 금전적 제재를 통보하고 이를 기한 내에 이행할 경우 당해 위반행위에 대한 형사소추를 면하게 하고, 불이행 시는 즉결심판을 청구하는 절차

가) 처분권자

해양경찰서장, 경찰서장, 제주특별시도지사, 철도특별사법경찰대장 범칙자로 인정되는 사람에 대하여 그 이유를 명백히 나타낸 서면으로 범칙금을 납부할 것을 통보 할 수 있다. 다만, 다음 사람에 대하여는 그러하지 아니 한다.

① 통고처분서 받기를 거부한 사람

② 주거 또는 신원이 확실하지 아니한 사람

③ 그 밖에 통고처분 하기가 매우 어려운 사람

나) 범칙금 납부

① 1차 : 통고처분 받은 다음 날로부터 10일 이내 경찰청장 또는 해양경찰청장이 지정하는 은행, 그 지점이나 대리점, 우체국 또는 제주특별자치도지사가 지정하는 금융기관이나 그 지점에 범칙금을 납부(천재지변 등 부득이한 일로 미납부시 사유 종료

일로부터 5일 이내)

② 2차 : 1차 납부기간의 마지막 날의 다음 날부터 20일 이내에 통고받은 범칙금의 20/100을 더한 금액을 납부

※ 범칙금 납부대행기관을 통하여 신용카드, 직불카드 등(신용카드등)으로 낼 수 있다. 그리고 범칙금은 분할하여 납부할 수 없다.

다) 통고처분 불이행자 등 처리

① 경찰서장 또는 해양경찰서장은 지체없이 즉결심판을 청구 한다

- 통고처분 제외 대상자
- 범칙금 미납자

다만, 범칙금 미납자는 즉결심판선고 전까지 통고받은 범칙금액의 그 100분의 50을 더한 금액을 납부하고 증명서를 제출한 때에는 그 피고인에 대하여 즉결심판 청구를 취소하여야 한다.

② 범칙금을 납부한 사람은 그 범칙행위에 대하여 다시 벌 받지 않는다.

③ 철도특별사법경찰대장은 즉결심판 사유가 발생한 사람이 있는 경우에는 경찰서장 또는 해양경찰서장에게 그 사실을 통보하고 관련서류를 이첩하여야 한다. 이 경우 통보받은 경찰서장 또는 해양경찰서장은 관련 규정에 따라 처리 한다.

④ 즉결심판을 위한 출석일은 범칙금납부기간 만료일부터 40일을 초과 할 수 없다(법원사정상 부득이한 경우 60일).

⇒ 범칙금 납부기간 산정 : 민법 관련규정 적용

ⓐ 시(時), 분(分), 초(秒)로 정한 때 → 즉시로 기산

ⓑ 일(日)·주(週)·월(月) 또는 년(年)으로 정한 때 → 오전 영(零)시부터 시작하지 아니하는 한 기간의 초일(初日)은 산입하지 않는다

ⓒ 범칙금 납부기간 만료일이 공휴일인 경우 다음날을 만료일로 한다

〈표 3-6〉 1차 기준 예시

통고서발부일	기 산 일	납부기간 만료일	비 고
2013. 6. 3(월) 00:00	2013. 6. 3 00:00	2013. 6. 12(수) 24:00	오전 0시부터 시작 초일(3일) 산입
2013. 6. 10(월) 13:00	2013. 6. 11 00:00	2013. 6. 20(목) 24:00	13시부터 시작 초일(10일) 미 산입
2013. 6. 12(수) 13:00	2013. 6. 13 00:00	2013. 6. 24(월) 24:00	22, 23일 공휴일 24일 만료

라) 처리절차

① 범칙자 신분확인 → 범칙내용 고지 → 범칙금 납부통고서 발부

② 세부사항

ⓐ 현장에서 발부함이 원칙 : 권한의 남용이나 오해의 소지가 없도록 신중한 처리

ⓑ 범칙금납부통고서·범칙금영수증 및 납부고지서에 해당사항 기재, 범칙행위 다음날까지 범칙금액표와 함께 교부하고 범칙자적발보고서 등 작성 서장에게 보고 한다.

ⓒ 수납기관으로부터 수납사실을 통보받은 때마다 징수사항을 기록 정리하고, 범칙금은 분할 납부할 수 없음

ⓓ 납부통고서를 발부한 사건→ 즉결심판으로 정정하거나 훈계방면 안됨.

ⓔ 범칙금을 납부한자는 당해 범칙행위에 대하여 소추할 수 없다.

마) 미제사건 처리

경찰서장은 범칙금미납자에게 즉결심판 및 범칙금등납부통지서를 월1회 송부하고 2월마다 1회 소재수사를 한다.

바) 통고처분 스티커 분실자 재교부 조치

주소지 경찰서장은 범칙금 납부기간 내에 범칙금 납부통고서를 분실하여 재 발부 요청을 할 때에는 분실한 범칙금 납부통고서의 내용을 확인한 후 재 발부 하여야 한다.

※ 재발부시는 분실한 통고서의 내용(일시·금액·위반내용 등)과 동일하게 발부하고 그 사유를 스티커 상단 여백에 이유를 명기

[2] 즉결심판

(1) 근거 : 즉결심판에 관한 절차법

범증이 명백하고 죄질이 경미한 범죄사건을 신속·적정한 절차로 심판하기 위하여 즉결심판에 관한절차를 정한다. 지방법원·지원 또는 시·군법원의 판사는 즉결심판절차에 의하여 피고인에게 20만원 이하의 벌금, 구류 또는 과료에 처할 수 있다.

(2) 청구권자

즉결심판은 관할 경찰서장 또는 관할 해양경찰서장(이하 경찰서장이라 한다)이 관할법원에 청구한다.

※ 관할에 대한 특례
지방법원 또는 그 지원의 판사는 소속 지방법원장의 명령을 받아 소속 법원의 관할 판사와 관계없이 즉결심판청구권을 심사할 수 있다.

(3) 청구의 방식 및 청구의 기각

1) 즉결심판의 청구는 서면으로 하여야 하며, 이 즉결심판청구서에는 피고인의 성명 기타 피고인을 특정할 수 있는 사항, 죄명, 범죄사실과 적용 법조를 기재하여야 한다.
2) 경찰서장은 즉결심판의 청구와 동시에 즉결심판을 함에 필요한 서류 또는 증거물을 판사에게 제출하여야 한다.
3) 판사는 사건이 즉결심판을 할 수 없거나 즉결심판 절차에 의하여 심판함이 적당하지 아니하다고 인정할 때에는 결정으로 즉결심판의 청구를 기각 한다. 이 경우 경찰서장은 사건을 관할지방검찰청 또는 지청장에게 송치한다.

(4) 개정

1) 즉결심판절차에 의한 심리와 재판의 선고는 공개된 법정에서 행하되, 그 법정은 경찰관서 외의 장소에 설치되어야 한다.
   ※ 배석자 : 판사, 법원서기관, 법원사무관, 법원주사 또는 법원주사보
2) 판사는 상당한 이유가 있는 경우에는 개정 없이 피고인의 진술서와 서류 또는 증거물에 의하여 심판할 수 있나. 다만 구류에 처하는 경우에는 그러하지 아니한다.

(5) 피고인의 출석

1) 피고인이 기일에 출석하지 아니한 때에는 특별한 규정이 있는 경우를 제외 하고는 개정할 수 없다.
2) 벌금 또는 과료를 선고하는 경우에는 피고인이 출석하지 않아도 심판 할 수 있다.
3) 피고인 또는 즉결심판출석통지서를 받은 자는 법원에 불출석심판을 청구 할 수 있고, 법원이 이를 허가한 때에는 피고인이 출석하지 않아도 심판할 수 있다.

(6) 정식재판 청구 : 7일 이내

1) 피고인 → 경찰서장 → 판사에게 송부
2) 경찰서장 → 검사의 승인 → 판사에게 제출

※ 즉결심판은 정식재판의 청구에 의한 판결이 있는 때에는 그 효력을 잃는다.

3 사건별 초동조치

[1] 살인(변사) 사건 초동조치

(1) 현장출동

1) 출동 도중에도 범인이라고 의심나는 자는 반드시 불심검문으로 확인.
2) 출동 중 범인의 기습에 대비하여 즉시 경찰장구 사용이 가능토록 점검.
3) 현장상황을 파악하여 긴급조치에 필요한 사항에 대해서는 우선 보고.(일시·장소·범인의 인상착의·특징·소지품·도주수단과 방향 등)
4) 범죄현장은 원상태로 보존
   가) 현장보존의 범위는 가급적 넓게 정한다.
   나) 문호의 개폐 및 사체의 위치와 상태 등 현장 부근의 모든 상황을 원형 그대로 검시(檢視)에 지장이 없도록 현장을 보존
   다) 차단선을 설치하고 관계자 이외는 출입금지 하도록 표지판을 설치.
   라) 관계자라도 범인의 예상 출입(침입·도주)로를 피하여 출입토록 하며, 현장을 파괴, 변경하는 일이 없도록 한다.
   마) 광선이나 열 등으로 변질·멸실 우려가 있는 것은 천 등으로 덮어 보존하고 사진기나 비디오 등으로 촬영하여 보관한다.
   바) 살인범죄는 그 현상이 양성적으로 범행직후에 목격자가 있기 마련이므로 목격자나 최초 발견자 및 현장 접근자를 확보하고 인적사항을 기록
   사) 현장활동중에도 긴급을 요하는 사항은 무선으로 상황을 전파한다.
   아) 사자(死者)에 대한 지연처리나 결례로 원성을 사는 일이 없도록 유의한다.

(2) 현장조치

1) 발견하거나 신고를 받은 경우에는 즉시 상부에 변사체 발견보고를 한다.
2) 현장 확보 및 증거보전
   가) 변사자의 위치·상태 등이 변하지 않도록 원형대로 보존한다.
   나) 변사자의 소지품이나 기타 유류한 물건 등도 보존한다.
   다) 현장 사진은 여러 각도에서 촬영한다.
3) 최초발견자 및 목격자의 인적사항 등을 확보한다.

4) 변사자의 최근 행적에 대한 유족·이웃사람 등 주변인물에 대해서 탐문한다.
5) 자살, 타살 유무를 확인한다(유류품, 유서 등)
6) 초동조치 중 견문한 사항은 기록 유지하여 수사전담 경찰에 함께 인계한다.

[2] 강도 사건의 초동조치(현장출동)

1) 긴급조치에 필요한 사항은 우선하여 보고한다.
   (일시, 장소, 범인의 인상착의, 특징, 피해품, 도주수단과 도주방향 등)
2) 범인 검거를 위한 현장주변에 대해서 수색활동을 철저히 한다.
3) 피해자에 대해서 응급구호활동 한다. 응급구호중이라도 피해자로부터 가해자의 인적사항 및 목격자 등 수사단서를 확보한다.
4) 범죄 현장은 원상태로 보존한다.
5) 탐문으로 목격자 등의 발견 확보에 주력한다.
6) 초동조치 등 견문 파악한 사항은 수사전담 경찰에 인계한다.

[3] 절도(도난) 사건의 초동조치

(1) 현장조치

1) 신속하게 임장(臨場)하여 현장검거나 수사자료를 수집함과 동시에 피해자의 불안을 해소하는데 주력토록 한다.
2) 감식기자재 가방을 필히 휴대한다.
3) 임장도중 수상한 자의 발견에 유의하고 불심자는 검문으로 확인.
4) 피해상황을 확인한다(피해품의 종류, 특징 등)
5) 현장 부근의 철저한 수색으로 은신하고 있는 범인을 체포한다.
6) 도주중인 범인은 기동력을 최대한 활용하면서 추적하고, 동시에 상황실 보고하여 일제 지령으로 수배되도록 한다.

(2) 현장보존

1) 현장을 파괴하지 않도록 방지한다.
2) 부득이 변경시에는 약도 작성이나 사진을 촬영하여 놓는다.
3) 족적이나 유류품을 발견하도록 하고 이를 보존하는 방법을강구한다.

※ 현장 임장 전 해양경찰서 보고사항
- 사건명
- 발생일시 및 장소
- 피해자 성명 및 피해금품
- 범인의 특징 및 인원수

[4] 대형 안전사고 발생 시의 조치

(1) 신속출동 및 현장도착

1) 순찰차·순찰정 및 가용경찰력 전원출동
2) 필요한 인명구조장비와 인력을 유관기관에 긴급지원 요청
(유관부서 : 특공대, 소방서, 보건소, 한국전력, 군부대, 행정기관)
3) 타부처 소관이라도 주민대피, 교통통제 등 주민의 생명과 재산을 보호하는 업무를 수행한다.

(2) 현장상황의 속보 : 1보, 2보, 3보

1) 사고내용, 피해상황 등 현장확인 즉보
2) 통신망 구성
3) 최초 목격자 신병 확보 및 현장보존

(3) 구조활동 및 현장조치

1) 현장 초동조치
가) 최우선적으로 인명구조 활동을 실시한다.
나) 필요한 안전대책을 강구하는 등 필요한 조치를 취하여야 한다.
다) 사상자 가족 등이 이의를 제기치 않도록 언행에 유의한다.
2) 현장 주변통제 및 교통관리
가) 확산 우려시 현장 주변 주민 대피 조치
나) 현장 주변에 통제선 설정하여 차량 접근통제 및 통행로 확보
다) 인파정리 및 도난 예방 활동 실시
3) 긴급현장 상황반 도착시 탐문 내용과 함께 상황을 인계하고 지시사항을 수명(受命)하여 처리

[5] 해안경계부대 선박 확인요청

(1) 관련규정

1) 통합방위지침(대통령령 훈령 제28호) 제14조(군과 해양경찰간의 지휘 및 협조체제) 제4항
2) 통합방위세부시행지침 제16조(해안침투대비작전) 제7항·제8항
   - 선박경보, 선박주의보 발령절차 및 조치요령

(2) 선박 확인요청 시 대응요령

1) 해안경계부대 및 감시기지에서 요청시 통보할 사항
   가) 선박의 수시 입·출항 현황
   나) 1일 선박입·출항 결산현황
      ※ 인근 군부대에서 전화요청시마다 그때 그때 선박입·출항 사항 통보하고 파출소·출장소 근무일지에 통보사항 기록
2) 군부대 및 감시기지에서 의아선박, 미식별 선박에 대한 임검결과 통보요청시(선박 확인요청시)

〈항·포구 입항중인 선박의 경우〉

- 2인 1조 검문검색을 실시하고, 군부대에 통보
  ① 선명 ② 선박제원 ③ 승선인원 ④ 적재물 ⑤ 기타 특이사항

〈항·포구 밖 선박의 경우〉

- 출장소의 경우 파출소에 보고하고 파출소에서는 해양경찰서(상황실)에 레이다 기지에서 선박확인 요청사항 보고
- 요청부대에 선박확인 불가함을 통보한다(어선을 동원한 선박확인 지양).

> **※ 주의사항**
> - 해안경계부대에서 확인 요청한 사항이 해상이거나 파출소·출장소의 업무 능력을 초과한 사항은 사유를 설명하고 불가 의사표명
> - 경찰관이 구체적으로 확인된 사실만 통보하고 기타 미확인 사항 등은 추정하여 통보하지 말 것
> - 근무일지 취급사항 기록관리 철저, 업무수행과 관계되는 모든 취급사항을 시간대별로 구체적 기록관리

3) 의아선박 또는 미식별 선박이 항·포구 입항 하였다고 군부대에서 통보시

가) 2인 1조 검문조를 편성 임검을 실시하고, 그 결과를 군부대 통보

① 출항지 선박출·입항 신고여부 확인

② 선명

③ 선박제원

④ 승선인원

⑤ 적재물

⑥ 선박의 특징 등

나) 군부대에서 확인요청한 선박이 항·포구에 미입항 하였을 경우는 신속하게 인접 파출소·출장소 등에 입항여부를 확인하고

다) 확인이 안 될 경우 신속히 군부대에 그 사실을 통보

※ 이 경우에도 모든 취급사항을 시간대별로 근무일지에 구체적 기록

(3) 처리절차

선박확인요청 접수

⇩

파출소·출장소장 보고

⇩

선 박 임 검

⇩

근 무 일 지 기 록

⇩

군부대 결과 통보

4장 수상레저 안전관리

1 수상레저 안전관리

[1] 수상레저안전법[57] 의의

국민 소득증가와 주5일 근무제도와 교육제도의 정착으로 여가시간이 증가하면서 레저 활동에 대한 욕구가 증가하고 있으며 최근 레저 활동의 일환으로 자연을 배경으로 하는 친화적인 스포츠가 인기를 누리고 있고, 그 중 수변지역과 바다를 배경으로 하는 신개념의 수상레저 활동에 국민적 관심이 급증하고 있다.

또한 정부 및 지방자치단체에서도 해양레저산업을 고부가가치 신성장 동력산업으로 간주하고 마리나 조성 관리 등에 관한 법률을 제정하고 해양산업단지 및 마리나 개발 계획을 적극적으로 추진하고 있다. 나아가 해양경찰청에서는 「수상레저안전법」의 수상레저 활동을 규제하는 일부 법령을 개정하면서 활동자의 레저 환경을 개선하였다. 이에 지리·경제·문화·환경적 인프라가 형성되어 과거 관람 및 쇼핑 위주의 수동적 관광형태에서 벗어나 체험하고 활동하는 능동적 관광형태로 전환되면서 국민적 참여 수요가 매년 큰 폭으로 증가하고 있는 추세로 해양경찰청은 수상레저스포츠의 진흥을 도모하고 해양에서 안전사고를 예방하기 위해 수상레저 활동의 안전관리는 강화해 나가고 있다.

[2] 수상레저안전법 적용범위

법 제18조(운항규칙)는 "수상레저 활동을 하는 자가 수상레저기구를 조종하여 운항할 때에는 대통령령으로 정하는 바에 따라 운항속도·운항방법 등에 관한 운항규칙을 지켜야 한다."고 정하고 있다. 그러므로 수상레저기구를 이용하여 수상레저 활동을 하는 자에게 「수상레저

57) 수상레저안전법, [시행 2020. 11. 27.] [법률 제17332호, 2020. 5. 26., 일부개정], 해양경찰청(수상레저과).

안전법」상의 운항규칙이 적용된다.

수상레저기구는 국제규칙이나 「해사안전법」 및 「선박의 입항 및 출항 등에 관한 법률」의 선박이 아니므로 이들 법의 적용을 받지 아니하고 본법의 적용을 받는다.

[3] 수상레저안전법의 개요

「수상레저안전법」은 제1장 총칙, 제2장 조종면허, 제3장 안전준수의무, 제4장 안전관리, 제5장 수상레저기구 등록 및 검사, 제6장 수상레저사업, 제7장 보칙과 제8장 벌칙으로 구성되어 있다. 일반적으로 「해사안전법」, 「선박의 입항 및 출항 등에 관한 법률」과 달리 「수상레저안전법」은 해양경찰청이 수상레저 조종면허 총괄관리청이며 해상에서의 수상레저안전 및 질서유지업무를 전담하고 있다.

[4] 수상레저 현황

최근 마리나 사업범위 확대, 지자체 레저산업 활성화, 해양스포츠제전 개최 등 각종 해양레저 활성화 정책 추진에 따른 국민적 관심이 고조됨에 따라 수상레저 활동자가 증가하고 있으며 이에 따른 레저사고 역시 증가 추세이다.

[5] 중요사고 유형 및 원인

1) 수상레저 인명사고는 사업장에 집중되며, 그 중 내수면에서 주로 발생
2) 사업자는 영업이익의 추구, 개인 활동자는 모험, 무리한 운항 등
   ▶ 이용료 덤핑 호객행위로 무리한 레저 영업, 유람선 추적, 접근운항, 모험운항 등 무질서한 개인 활동자 급증(한강, 가평, 청평 등)
3) 신종 수상레저기구 및 물놀이시설(워터파크, 블롭점프, 디스코보트 등)등에 대한 안전기준(높이, 수심, 형태, 규격, 안전요원 등) 부재

[6] 수상레저안전법 제정목적 및 용어의 정의

(1) 제정배경

1) 국민의 생활수준 향상과 다양한 레저활동 욕구 증대
2) 수상레저기구의 충돌·전복 등 잦은 안전사고 발생
3) 수상레저기구의 관리 및 레저활동의 안전을 위한 제도권 수용 필요

(2) 제정목적

1) 수상레저활동의 안전과 질서 확보 – 안전관리 측면
2) 수상레저사업의 건전한 발전 도모 – 사업자 측면

(3) 용어의 정의

1) 수상레저활동 : 수상에서 수상레저기구를 이용하여 취미·오락·체육·교육 등의 목적으로 이루어지는 활동
2) 래프팅(rafting) : 무동력 수상레저기구를 이용하여 계곡이나 하천에서 노를 저으며 급류 또는 물의 흐름 등을 타는 수상레저활동
3) 수상레저기구 : 수상레저활동에 이용되는 선박이나 기구로서,

가) 대통령령으로 정하는 것

① 모터보트
② 세일링요트(돛과 기관이 설치된 것을 말한다. 이하 같다)
③ 수상오토바이
④ 고무보트
⑤ 스쿠터
⑥ 호버크래프트
⑦ 수상스키
⑧ 패러세일
⑨ 조정
⑩ 카약
⑪ 카누
⑫ 워터슬래드
⑬ 수상자전거
⑭ 서프보드
⑮ 노 보트
⑯ 그 밖에 제1호부터 제15호까지의 수상레저기구와 비슷한 구조·형태 및 운전방식을 가진 것으로서 해양수산부령으로 정하는 것

 모터보트(Motor Boat)	 스쿠터(Scooter)	 조 정(Rowing Boat)
 세일링요트(동력요트)	 호버크래프트(Hovercraft)	 카 약(Kayak)
 수상오토바이 (Personal Watercraft)	 수상스키(Water Ski)	 카 누(Canoe)
 고무보트(Rubber Boat)	 패러세일(Parasail)	 수상자전거(Pedal Boat)

〈자료 : 해양경찰교육원 (2020), 해상교통 및 파출장소업무, 신임경찰과정 교재, 6면〉

나) 해양수산부령으로 정하는 것

① 무동력 요트

② 윈드서핑

③ 웨이크보드

④ 카이트보드

⑤ 케이블 수상스키

⑥ 케이블 웨이크보드

⑦ 수면비행선박

⑧ 수륙양용기구

⑨ 공기주입형 고정식 튜브

⑩ 물추진형 보드

⑪ 패들보드(물에서 노를 저어 움직이게 하는 길고 좁은 형태의 보드를 말한다)

⑫ 그 밖에 영 제2조제1항제1호부터 제15호까지의 수상레저기구와 비슷한 구조·형태 및 운전방식을 가진 것

무동력요트(딩기요트)	윈드서핑	웨이크 보드

카이트 보드	케이블 수상스키	케이블 웨이크보드

수면비행선박

수륙양용기구

래프팅*

공기주입형 고정식 튜브

물추진형 보드

〈자료 : 해양경찰교육원 (2020), 해상교통 및 파출장소업무, 신임경찰과정 교재, 7면〉

- ▸ 수면비행선박 : 해양수산부에서 선박법에 의한 등록, 선박안전법에 의한 검사, 선박직원법에 의한 면허 관련 규정을 정하였으며, 수상레저사업장에서의 이용 등 수상레저 관련 행위에 대해서만 수상레저안전법의 적용을 받음
- ▸ 수륙양용기구 : 복합형 교통수단에 대한 별도의 법이 없으므로 해당기구에 맞게 등록(사진상의 기구는 수상오토바이로 검사·등록 / 육상에서는 ATV형태이며, ATV는 현재 자동차로 등록 불가(도로가 아닌 곳에서만 주행)

(4) 동력수상레저기구

추진기관이 부착되어 있거나, 추진기관을 부착하거나 분리하는 것이 수시로 가능한 수상레저기구로서 대통령령으로 정하는 것

(5) 수상 : 해수면과 내수면

1) 해수면 : 바다의 수류나 수면
2) 내수면 : 하천· 댐· 호수· 늪· 저수지 그 밖에 인공으로 조성된 담수나 기수의 수류 또는 수면

[7] 수상레저안전법 적용배제

1) 「유선 및 도선 사업법」에 따른 유·도선사업 및 그 사업과 관련된 수상에서의 행위를 하는 경우
2) 「체육시설의설치·이용에관한법률」에 따른 체육시설업 및 그 사업과 관련된 수상에서의 행위를 하는 경우
3) 「낚시관리 및 육성법」에 의한 낚시어선업 및 그 사업과 관련된 수상에서의 행위를 하는 경우

[8] 조종면허

(1) 조종면허 대상·기준

1) 면허대상 : 최대출력 5마력 이상의 동력수상레저기구를 조종하는 자

> **※ 외국인에 대한 조종면허의 특례(규칙 제1조의4)**
> - 수상레저기구의 종류 : 모터보트, 세일링요트, 수상오토바이, 고무보트, 스쿠터, 호버크래프트 (6종)
> - 조종기간 : 국제경기대회 개최일 10일 전부터 국제경기대회 기간까지
> - 조종지역 : 국내 수역
> - 국제경기대회 종류 및 규모 : 2개국 이상이 참여하는 국제경기대회

2) 면허의 종류 및 기준

가) 일반조종면허

① 제1급 : 수상레저사업자 또는 그 종사자, 일반조종면허 시험대행기관의 시험관이 되고자 하는 자

② 제2급 : 요트를 제외한 동력수상레저기구를 조종하고자 하는 자

> ※ 제2급 조종면허를 취득한 자가 제1급 조종면허를 취득한 때에는 제2급 조종면허의 효력 상실

나) 요트조종면허 : 세일링요트를 조종하고자 하는 자

> ※ 일반조종면허를 가진 자가 요트를 조종 할 경우 요트조종면허가 필요하며, 선박직원법의 적용을 받는 선박(레저기구)을 조종할 경우 수상레저조종면허 외에 승무기준에 적합한 해기사 면허 필요

① 현행 모터보트 운항을 위해 필요한 자격 (5마력이상)

〈표 3-7〉 5톤 미만 모터보트 운항시

구분	자격	관련법
1	일반 조종면허 2급이상	수상레저안전법

〈표 3-8〉 5톤이상 25톤미만 모터보트 운항시

구분	자격	관련법
1	일반 조종면허 2급이상	수상레저안전법
2	소형선박조종면허(한정면허)	선박직원법 시행령 제4조

※ 소형선박조종면허(한정면허) : 조종면허증을 가진 자가 지방해양수산청에 신청시 발급

〈표 3-9〉 25톤이상 200톤미만 모터보트 운항시

구분	자격	관련법
1	일반 조종면허 2급이상	수상레저 안전법
2	선 장 : 6급이상 항해사	선박직원법 시행령 별표3
	기관사 : 6급이상 기관사	

② 현행 세일링요트 운항을 위해 필요한 자격 (5마력이상)

〈표 3-10〉 5톤미만 세일링요트 운항시

구분	자격	관련법
1	요트조종면허	수상레저안전법

〈표 3-11〉 5톤이상 25톤미만 세일링요트 운항시

구분	자격	관련법
1	요트조종면허	수상레저안전법
2	소형선박조종면허(한정면허)	선박직원법 시행령 제4조

※ 소형선박조종면허(한정면허) : 조종면허증을 가진 자가 지방해양수산청에 신청시 발급

〈표 3-12〉 25톤이상 200톤미만 세일링요트 운항시

구분	자격	관련법
1	요트조종면허	수상레저안전법
2	선장 : 6급이상 항해사	선박직원법 시행령 별표3
	기관사 : 6급이상 기관사	

> 1) 6급 해기사 한정면허제도(제4조)
> 6급의 항해사 면허 또는 기관사 면허에 대하여 「수상레저안전법」에 따른 동력수상 레저기구 중 총톤수 55톤 미만의 모터보트 또는 세일링요트에 한정
> 2) 소형선박 한정면허의 보유(4년)로 6급 해기사 응시를 위한 승무경력 인정
> 3) 6급 항해사, 기관사 각 1명 탑승 ⇒ 둘 중 1명 탑승 인정
> – 조건 : 반대의 교육을 이수한 자 [항해사는 기관교육, 기관사는 항해교육]
> 비상업용(사업장 소속이 아닌 비영리 개인 운항), 55톤 미만 세일링요트(엔진과 돛이 있는 것)

(2) 조종면허의 결격사유

1) 14세미만인 자(다만, 국민체육진흥법 제2조 제10호의 규정에 의한 경기 단체에 당해 동력수상레저기구의 선수로 등록된 자 제외)
2) 정신질환자(치매, 정신분열병, 분열형 정동장애, 양극성 정동장애, 재발성 우울장애, 알콜 중독)로서 전문의가 정상적으로 수상레저활동을 수행할 수 없다고 인정하는 자
3) 마약, 대마 또는 향정신성의약품 중독자로서 전문의가 정상적으로 수상레저활동을 할 수 없다고 인정하는 자
4) 조종면허가 취소된 날부터 1년이 경과되지 아니한 자
5) 조종면허를 받지 아니하고 동력수상레저기구를 조종한 자로서 그 위반한 날부터 1년(사람을 사상한 후 구호조치 등 필요한 조치를 하지 아니하고 도주한 자는 4년)이 경과되지 아니한 자

(3) 조종면허 시험

조종면허 시험은 **필기시험**과 **실기시험**으로 구분 실시

1) 필기시험
   가) 접수한 날로부터 1년간 재 접수 가능
   나) 필기시험 합격한 자 그 합격일로부터 1년 이내에 실시하는 면허시험에서 필기시험 면제

〈표 3-13〉 필기시험 방법

구분	내용	비고
시험방법	4지선다형으로 50문제 출제, 소요시간 50분	구술시험, 외국어, PC시험 가능
시험내용	– 일반조종면허 : 수상레저안전(20%), 운항 및 운용(20%), 기관(10%), 법규(50%) – 요트조종면허 : 요트활동의 개요(10%), 요트(크루즈급)(20%), 항해 및 범주(20%), 법규(50%)	
준비물	주민등록증 또는 국가발행 신분증(여권, 자동차 운전면허증 등) – 사진 첨부 된 것(미 발급자 학생증), 컴퓨터용 수성사인펜	
합격자 결정	– 일반조종면허 1급 : 70점 이상 – 일반조종면허 2급 : 60점 이상 – 요트 조종면허 : 70점 이상	100점 만점

2) 실기시험

가) 필기시험에 합격한 자 또는 필기시험을 면제 받은 자가 실기시험에 응시하거나, 실기시험에 불합격하여 실기시험에 재응시 하기위해 접수

나) 필기시험에 합격한 날로부터 1년간 재 접수 가능

다) 필기시험 합격 후 시험장에서 바로 접수할 수 있으며, 그렇지 않은 경우에는 인터넷 또는, 우편으로 접수가 가능하며, 응시일정 중 희망일자 및 장소를 선택할 수 있으나 선착순으로 접수됨

라) 실기시험 접수시 지정된 응시일자 및 장소에서 실기시험을 실시

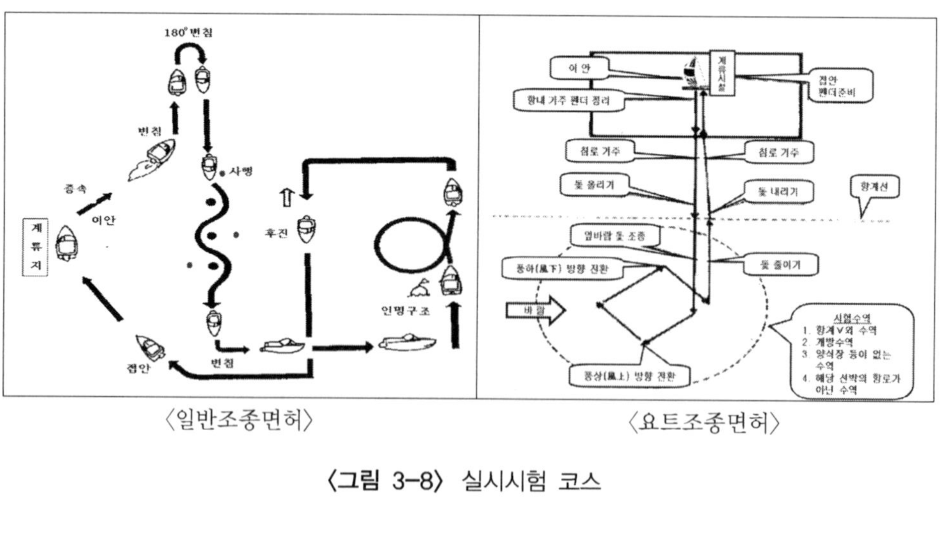

〈일반조종면허〉 〈요트조종면허〉

〈그림 3-8〉 실시시험 코스

〈표 3-14〉 합격점수

구 분	합격자 결정
일반조종면허 1급	80점 이상
일반조종면허 2급	60점 이상
요트조종면허	60점 이상

3) 특별시험

가) 증회시험 : 정기시험일 시험장의 실기응시자 수용 인원 초과로 다음날(전날) 까지 이어지는 경우

나) 출장시험 : 필기시험에 한하여 일시적 출장시험 실시, 단 시험전 관할 해양경찰서장은 출장시험 장소 등에 대한 사전점검을 실시하고 출장시험 5일전까지 출장시험계획을 수립 지방해양경찰청장, 해양경찰청장에게 보고

다) 컴퓨터를 이용한 필기시험 : 연간 시험 집행계획에 따라 면허 종별 1일 2회까지 응시 가능하며, 시험 종료 1시간 전까지 응시원서 접수시 누구나 PC시험 응시할 수 있음

라) 구술시험 : 문맹 또는 고령 등으로 일반적인 필기시험 응시 곤란한 사람 대상 CD 등 이와 유사한 장치에 의해 구술되는 필기시험 실시

마) 외국어 시험 : 국내에서 수상레저활동을 하고자 하는 외국인 또는 한글학습능력이 부족한 내국인 등의 조종면허 취득 편의를 위해 영어로 된 필기시험 실시

(4) 부정행위자에 대한 제재

1) 해양경찰청장은 면허시험에서 부정행위를 한 자에 대하여 그 시험을 중지하게 하거나 무효로 할 수 있다.

2) 해당 시험의 중지 또는 무효의 처분을 받은 자는 그 시험 시행일부터 2년간 면허시험에 응시할 수 없다.

3) 부정행위자에 대한 조치

가) 조종면허 시험업무 종사자가 부정행위자를 발견 하였을 때는 정감독관에게 즉시 알려야 하며 정감독관은 사실관계를 확인하여 부정행위가 있었던 것으로 판단되는 경우, 당해 응시자의 시험을 중단시키고 시험을 무효로 하여야 한다.

나) 응시자가 부정행위를 한 것으로 밝혀진 때에는 현장에서 사실관계 확인서를 작성하게 한 후, 전산시스템에 결격자로 등록하고 소속 해양경찰서에서 범죄인지보고서

를 작성, 통보하여야 한다.

(5) 조종면허의 갱신

1) 갱신기간 : 면허 발급일로부터 기산하여 7년이 되는 날부터 6개월 이내
2) 갱신연기(사전갱신) : 1회 연기, 사유가 없어진 날부터 3개월 이내 갱신
   가) 갱신 기간 중 해외에 머물 예정이거나 해외에 머물러 있는 경우 또는 재해·재난을 당한 경우
   나) 질병에 걸리거나 부상을 입어 움직일 수 없는 경우
   다) 법령에 따라 신체의 자유를 구속당한 경우
   라) 군복무 중(「병역법」에 따라 교정시설경비교도, 전투경찰순경 또는 의무소방원으로 전환복무 중인 경우를 포함한다)인 경우
   마) 그 밖에 사회통념상 갱신 기간 이내에 조종면허를 갱신할 수 없는 부득이한 사유가 있다고 인정되는 경우
3) 갱신기간 이내에 면허를 갱신 받지 않은 경우 행정처분 기준 : 갱신기간 만료일 다음 날부터 조종면허의 효력 정지, 효력이 정지된 날부터 1년 이내에 면허증을 갱신한 경우 갱신한 날부터 면허증의 효력이 다시 발생
4) 조종면허 효력이 정지된 날부터 1년 이내에 면허증을 갱신하지 아니한 경우 조종면허 효력상실
5) 조종면허증 갱신이 연기된 사람은 그 사유가 없어진 날부터 3개월 이내에 조종면허증 갱신

(6) 수상안전교육

1) 교육대상 : 조종면허를 받으려는 자(최초 또는 갱신시)
2) 교육시기
   가) 수상안전신규교육(최초) : 면허시험 응시원서를 접수한 후
   나) 수상안전갱신교육(갱신) : 갱신 기간 이내
3) 교육내용 : 영상교육을 포함하여 3시간(50분 교육후 10분간 휴식)
   가) 수상안전에 관한 법령
   나) 수상레저기구의 사용과 관리에 관한 사항
   다) 수상상식

라) 수상구조

4) 수상안전교육의 면제

가) 갱신기간의 마지막 날부터 소급하여 2년 이내의 기간 동안 면허시험업무 종사자 교육 또는 안전교육강사 교육을 이수한 자

나) 조종면허를 받거나 조종면허를 갱신하는 시점에서 과거 1년 이내에 수상안전교육 또는 선원법 시행령 제43조에 따른 기초안전교육 또는 상급안전교육을 이수한 자

다) 대통령령으로 정하는 기관이나 단체에서 실시하는 교육을 받아 면허시험 과목의 면제를 받는 사람

5) 안전교육의 위탁

가) 해양경찰청장은 안전교육에 관한 사무의 전부 또는 일부를 해양경찰청장이 지정하는 기관이나 단체에 위탁하여 실시할 수 있다.

나) 안전교육 위탁기관에 두는 안전교육 강사는 1년에 8시간 이상 해양경찰청장이 실시하는 교육이수

다) 안전교육 위탁기관으로 지정 받으려는 기관 또는 단체의 장은 안전교육 위탁기관 지정신청서에 교육장 시설 명세서와 안전교육 강사의 자격을 증명하는 서류 첨부 해양경찰청장에게 제출

라) 안전교육 위탁기관 지정신청(기관·단체의 장)에 의한 지정서 발급(해양경찰청장)

마) 안전교육 위탁기관의 지정취소 또는 6개월의 범위내 업무정지 요건

① 서싯 또는 그 밖의 부정한 방법으로 지정을 받은 때(취소)

② 거짓 또는 그 밖의 부정한 방법으로 안전교육수료증을 발급한 때(업무 정지)

③ 지정기준에 미치지 못하게 된 때(1회에 한해 개선·보완 명령)

바) 안전교육 위탁기관 지정취소 또는 업무정지 처분시 통지서 발송 → 위탁기관은 통지서를 받은 경우 14일 이내 반납

(7) 행정처분 및 과징금 부과절차

1) 행정처분 절차

가) 조종면허가 취소된 자는 조종면허가 취소된 날부터 7일 이내 면허증 반납

나) 해양경찰서장은 조종면허의 취소 또는 정지처분을 통지할 때에는 동력수상레저기구 조종면허 취소·정지 통지서 발송

다) 정지처분의 경우에는 처분 집행 예정일 7일 전까지 처분 대상자에게 통지

라) 처분 대상자 소재를 알 수 없어 처분내용을 통지할 수 없을 때에는 그 면허증이 적힌 주소지의 관할 해양경찰서 게시판에 14일간 공고

〈표 3-15〉 조종면허의 행정처분

<table>
<tr><th colspan="2" rowspan="2">위반 사항</th><th colspan="4">행정처분 기준</th></tr>
<tr><th>1차</th><th>2차</th><th>3차</th><th>4차</th></tr>
<tr><td colspan="2">거짓이나 그 밖의 부정한 방법으로 조종면허를 받은 경우</td><td>취소</td><td></td><td></td><td></td></tr>
<tr><td colspan="2">조종면허 효력정지 기간에 조종을 한 경우</td><td>취소</td><td></td><td></td><td></td></tr>
<tr><td rowspan="4">조종면허를 받은 자가 동력수상레저기구를 이용하여 범죄행위를 한 경우</td><td>1) 「국가보안법」을 위반한 범죄</td><td>취소</td><td></td><td></td><td></td></tr>
<tr><td>2) 살인·사체유기 또는 방화, 강도·강간 또는 강제추행, 약취·유인 또는 감금, 상습절도(절취한 물건을 운반한 경우에 한한다)을 위반한 경우</td><td>취소</td><td></td><td></td><td></td></tr>
<tr><td>3) 「유선 및 도선사업법」, 「체육시설의 설치·이용에 관한 법률」, 「낚시 관리 및 육성법」, 「해사안전법」, 「수산업법」, 「내수면어업법」, 「수산자원관리법」을 위반한 경우</td><td>정지 3개월</td><td>정지 6개월</td><td>취소</td><td></td></tr>
<tr><td>4) 이 법을 위반하여 범죄 행위를 한 경우</td><td>정지 3개월</td><td>정지 6개월</td><td>취소</td><td></td></tr>
<tr><td rowspan="2">조종 중 고의 또는 과실로 사람을 死傷하거나 다른 사람의 재산에 중대한 손해를 입힌 경우</td><td>고의 또는 과실로 사람을 죽게 하거나 사람에게 3주 이상의 치료가 필요하다고 의사가 진단한 상해를 입힌 경우 또는 고의로 다른 사람에게 중대한 재산상 손해를 입힌 경우</td><td>정지 6월</td><td>취소</td><td></td><td></td></tr>
<tr><td>과실로 다른 사람에게 3주 미만의 치료가 필요하다고 의사가 진단한 상해를 입히거나 다른 사람에게 중대한 재산상 손해를 입힌 경우</td><td>경고</td><td>정지 2월</td><td>정지 6월</td><td>취소</td></tr>
<tr><td colspan="2">법 제22조제1항 또는 제2항을 위반하여 술에 취한 상태에서 조종을 하거나 술에 취한 상태라고 인정할 만한 상당한 이유가 있음에도 불구하고 관계 공무원의 측정에 따르지 않은 경우</td><td>취소</td><td></td><td></td><td></td></tr>
<tr><td colspan="2">면허증을 다른 사람에게 빌려주어 조종하게 한 경우</td><td>정지 3월</td><td>정지 6월</td><td>취소</td><td></td></tr>
<tr><td colspan="2">법 제23조를 위반하여 약물의 영향으로 인하여 정상적으로 조종하지 못할 염려가 있는 상태에서 동력수상레저기구를 조종한 경우</td><td>정지 6월</td><td>취소</td><td></td><td></td></tr>
<tr><td colspan="2">그 밖에 이 법 또는 이 법에 따른 수상레저활동의 안전과 질서 유지를 위한 명령을 위반한 경우</td><td>경고</td><td>정지 2월</td><td>정지 6월</td><td>취소</td></tr>
</table>

2) 과징금 부과 및 납부절차

가) 과징금 부과

① 시험대행기관의 위반행위로 인한 업무정지 처분시 시험대행기관의 응시자에게 심한 불편을 주거나 그 밖에 공익을 해칠 우려가 있다고 인정되면 업무정지처분에 갈음하여 1천만원 이하의 과징금 부과

② 위반행위의 정도에 따른 과징금 부과

③ 과징금 납부기한까지 납입하지 아니하면 국세체납처분의 예에 따라 징수

④ 과징금 부과시 시험대행기관의 숫자, 위반행위의 정도 및 횟수 등 고려 과징금의 금액을 2분의 1의 범위에서 가·감

나) 과징금 납부절차

① 과징금 부과시 위반행위의 종류와 해당 과징금의 금액 서면으로 통보

② 통지를 받은 후 20일 이내 해양경찰청장이 정하는 수납기관 납부. 다만, 천재지변이나 그 밖의 부득이한 사유로 기간내 과징금을 낼 수 없을 때에는 그 사유가 없어진 날부터 7일 이내에 납입

③ 과징금은 분할 납부할 수 없다.

[9] 수상레저 안전관리

(1) 안전준수 의무

1) 안전장비의 착용(제17조)

수상레저활동을 하는 자는 구명조끼 등 인명안전에 필요한 장비를 해양수산부령으로 정하는 바에 따라 착용하여야 한다.

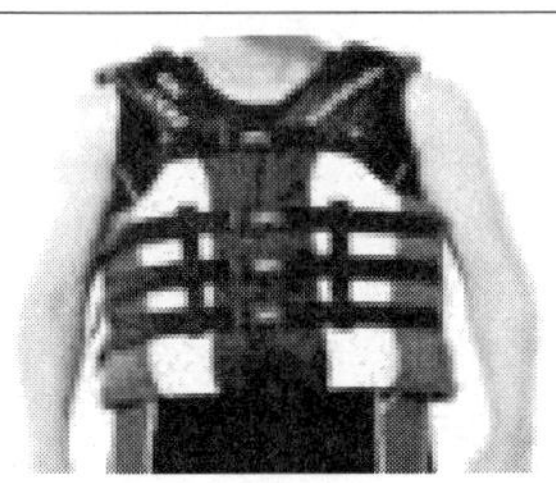		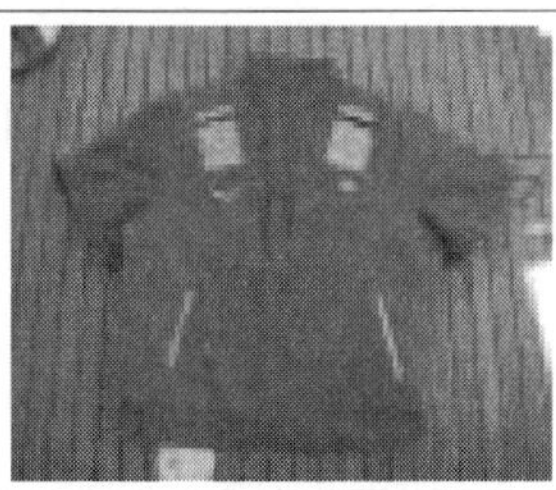
구명조끼	구명조끼	구명자켓

슈트	보드리쉬 및 착용모습	

〈자료 : 해양경찰교육원 (2020), 해상교통 및 파출장소업무, 신임경찰과정 교재, 29면〉

2) 운항규칙(제18조)

수상레저활동을 하는 자가 수상레저기구를 조종하여 운항할 때에는 대통령령으로 정하는 바에 따라 운항속도·운항방법 등에 관한 운항규칙을 지켜야 한다.

가) 경계 및 항해구역

① 주위의 상황 및 다른 수상레저기구와의 충돌의 위험을 충분히 판단할 수 있도록 시각, 청각 및 그 밖에 당시의 상황에 적합하게 이용할 수 있는 모든 수단에 의하여 항상 적절한 경계를 하여야 한다.

② 등록대상 동력수상레저기구의 경우에는 안전검사증에 지정된 항해구역을 준수하여야 한다.

나) 위험발생 요소 많을시 저속운항

① 다이빙대, 계류장 및 교량으로부터 20미터 이내의 구역이나, 해양경찰서장 또는 시장·군수·구청장이 위험발생요소가 많은 구역이라고 판단하여 고시하는 구역에서는 10노트 이하의 속력으로 운항하여야 한다.

② 다만, 안개 등으로 인하여 시정이 0.5km 이내로 제한되는 경우에는 레이더 및 VHF 통신설비를 갖추지 아니한 수상레저기구를 운항해서는 안된다.

다) 정면충돌 위험시 우현 쪽 변침

다른 수상레저기구와 정면으로 충돌할 위험이 있는 때에는 음성신호, 수신호 등 적당한 방법으로 상대에게 이를 알리고 우현 쪽으로 진로를 피하여야 한다.

라) 횡단충돌 위험시 회피방법

다른 수상레저기구의 진로를 횡단하는 경우에 충돌의 위험이 있는 때에는 다른 수상레저기구를 오른쪽에 두고 있는 수상레저기구가 진로를 피하여야 한다.

마) 근접 운항금지

다른 수상레저기구와 같은 방향으로 운항하는 경우에는 2미터 이내로 근접하여 운항하여서는 아니 된다.

바) 다른 수상레저기구 진로 방해 금지

다른 수상레저기구를 추월하고자 하는 경우에는 추월당하는 수상레저기구를 완전히 추월하거나 그 수상레저기구에서 충분히 멀어질 때 까지 그 수상레저기구의 진로를 방해하여서는 아니 된다.

사) 안전위협 행위 금지

사람 또는 다른 수상레저기구의 안전을 위협하거나 레저기구의 소음기를 임의로 제거하거나 굉음을 발생시켜 놀라게 하는 행위를 해서는 아니 된다.

3) 원거리 수상레저활동의 신고 등(제19조)

가) 출발항으로부터 10해리 이상 떨어진 곳에서 수상레저활동을 하려는 자는 해양수산부령으로 정하는 바에 따라 해양경찰관서나 경찰관서에 신고하여야 한다. 다만, 「선박의 입항 및 출항 등에 관한 법률」 제4조에 따른 출입 신고를 하거나 「선박안전 조업규칙」 제15조에 따른 출항·입항 신고를 한 선박인 경우에는 그러하지 아니하다.

나) 위의 가)항에도 불구하고 제30조제3항에 따른 등록 대상 동력수상레저기구가 아닌 수상레저기구로 수상레저활동을 하려는 자는 출발항으로부터 10해리 이상 떨어진 곳에서 수상레저활동을 하여서는 아니 된다. 다만, 안전관리 선박의 동행, 선단의 구성 등 해양수산부령으로 정하는 경우에는 그러하지 아니하다.

> 제30조 ③ 제1항에 따라 등록의 대상이 되는 동력수상레저기구는 수상레저활동에 이용하거나 이용하려는 것으로서 다음 각 호의 어느 하나에 해당하는 것을 말한다.
> 1. 수상오토바이
> 2. 선내기 또는 선외기인 모터보트로서 대통령령으로 정하는 모터보트
> 3. 공기를 넣으면 부풀고 접어서 운반할 수 있는 고무보트를 제외한 대통령령으로 정하는 고무보트
> 4. 총톤수 20톤 미만으로 대통령령으로 정하는 요트

다) 수상레저활동을 하는 자는 수상레저기구에 동승한 자가 사고로 사망·실종 또는 중상을 입은 경우에는 해양수산부령으로 정하는 바에 따라 지체 없이 해양경찰관서나 경찰관서 또는 소방관서 등 관계 행정기관의 장에게 신고하여야 한다.

라) 가)항에 따른 신고를 받은 관계 행정기관의 장은 인명구조 활동, 사고 수습 등을 위하여 필요한 조치를 하여야 한다.

4) 무면허조종의 금지 (제20조)

누구든지 조종면허를 받아야 조종할 수 있는 동력수상레저기구를 조종면허를 받지 아니하고(조종면허의 효력이 정지된 경우를 포함한다) 조종하여서는 아니 된다. 다만, 다음 각 호의 어느 하나에 해당하는 경우에는 그러하지 아니하다.

① 1급 조종면허가 있는 자의 감독하에 수상레저활동을 하는 경우로서 해양수산부령으로 정하는 경우

② 조종면허를 가진 자와 동승하여 조종하는 경우로서 해양수산부령으로 정하는 경우

5) 야간 수상레저활동의 금지 (제21조)

가) 누구든지 해진 후 30분부터 해뜨기 전 30분까지는 수상레저활동을 하여서는 아니 된다. 다만, 해양수산부령으로 정하는 바에 따라 야간 운항장비를 갖춘 수상레저기구를 이용하는 경우에는 그러하지 아니하다.

▶ 항해등, 나침반, 야간 조난신호장비, 통신기기, 전등, 구명튜브, 소화기, 자기점화등, 위성항법장치, 등(燈)이 부착된 구명조끼

※ 내수면의 경우 야간운항장비 조정 가능

▶ 관할 시장·군수·구청장이 수면의 넓이·물의세기·깊이 등을 고려하여 야간 운항을 하는데 위험성이 없다고 인정되는 경우 운항장비 중 일부를 갖추지 아니하게 할 수 있다.(나침판, 구명튜브, 소화기, 자기점화등, 위성항법장치 등)

나) 해양경찰서장이나 시장·군수·구청장은 필요하다고 인정하면 일정한 구역에 대하여 해양수산부령으로 정하는 바에 따라 가)항 본문에 따른 시간을 조정할 수 있다.

다) 해양경찰서장이나 시장·군수·구청장은 나)항에 따라 시간을 조정한 경우에는 수상레저활동을 하는 자가 보기 쉬운 장소에 그 사실을 공고하여야 한다.

〈야간수상레저 활동시간 조정〉

가. 조정권자 : 해양경찰서장 또는 시장·군수·구청장

나. 조정시기 : 해양경찰서장 또는 시장·군수·구청장이 필요하다고 인정시

- 수상레저활동 진흥을 위하여 특히 필요하다고 인정하는 경우
- 성수기 레저활동자의 급증으로 특히 필요하다고 인정하는 경우
- 국내 체육관련 단체 및 시·도 주관으로 각종행사 또는 경기 등
- 기타 관할 해양경찰서장과 시장·군수·구청장이 협의·인정하는 경우

다. 조정시간 : 해진 후 30분부터 24시까지
(야간 수상레저활동이 시작되는 시간을 조정한다는 의미)

라. 시간 조정시 검토사항

1) 당해 레저기구의 규모·성능
2) 레저활동 구역 내의 수심·수세·조명설비 등
3) 기상상태, 레저기구의 혼잡정도, 사고 위험성
4) 야간 활동 중의 사고발생시 신속한 구조(구호) 및 응급 구호체계 등

마. 조정공고 : 수상레저 활동자가 보기 쉬운 장소에 그 사실을 게시

(2) 수상레저활동 금지행위

1) 주취 중 조종 금지(제22조)

가) 누구든지 술에 취한 상태(「해사안전법」 제41조제5항에 따른 술에 취한 상태를 말한다. 이하 같다)에서 동력수상레저기구를 조종하여서는 아니 된다.

▶ 술에 취한 상태(혈중알콜농도 0.03퍼센트 이상)에서 조종 금지

나) 다음 각 호에 해당하는 사람(이하 이 조에서 "관계공무원"이라 한다)은 동력수상레저기구를 조종한 사람이 제1항을 위반하였다고 인정할 만한 상당한 이유가 있는 경우에는 술에 취하였는지를 측정할 수 있다. 이 경우 동력수상레저기구를 조종한 사람은 그 측정에 따라야 한다.

① 경찰공무원

② 시·군·구 소속 공무원 중 수상레저안전업무에 종사하는 사람

다) 제2항에 따라 관계공무원(근무복을 착용한 경찰공무원은 제외한다)이 술에 취하였는지 여부를 측정하는 때에는 그 권한을 표시하는 증표를 지니고 이를 해당 동력수상레저기구를 조종한 사람에게 제시하여야 한다.

라) 제2항에 따라 술에 취하였는지 여부를 측정한 결과에 불복하는 사람에 대해서는 본인의 동의를 받아 혈액채취 등의 방법으로 다시 측정할 수 있다.

2) 약물복용 등의 상태에서 조종 금지(제23조)

누구든지 「마약류 관리에 관한 법률」 제2조에 따른 마약·향정신성의약품·대마의 영향, 「화학물질관리법」 제22조에 따른 환각물질의 영향, 그 밖의 사유로 인하여 정상적으로 조종하지 못할 우려가 있는 상태에서 동력수상레저기구를 조종하여서는 아니 된다.

3) 정원 초과 금지(제24조)

누구든지 대통령령으로 정하는 바에 따라 그 수상레저기구의 정원을 초과하여 사람을 태우고 운항하여서는 아니 된다.

4) 수상레저활동 금지구역의 지정 등(제25조)

해양경찰서장 또는 시장·군수·구청장은 수상레저활동의 안전을 위하여 필요하다고 인정하면 수상레저활동 금지구역(수상레저기구별 수상레저활동 금지구역을 포함한다)을 지정할 수 있다. 지정된 금지구역에서 수상레저활동을 하여서는 아니 된다.

[10] 동력수상레저기구 등록 및 검사

(1) 수사상레저기구 등록

1) 등록

동력수상레저기구(「선박법」 제8조에 따라 등록된 선박은 제외)의 소유자는 주소지를 관할하는 시장·군수·구청장(구청장은 자치구의 구청장을, 특별자치시의 경우에는 특별자치시장을, 특별자치도의 경우에는 특별자치도지사를 말한다)에게 동력수상레저기구를 소유한 날부터 1개월 이내에 등록신청을 하여야 한다.

그러나 시장·군수·구청장은 다음 각 호의 어느 하나에 해당하는 경우 등록신청을 거부할 수 있다.

① 등록신청 사항에 거짓이 있는 경우

② 동력수상레저기구의 구조와 장치가 제37조제1항에 따른 신규검사기준에 맞지 아니한 경우

등록의 대상이 되는 동력수상레저기구는 수상레저활동에 이용하거나 이용하려는 것으로서 다음 각 호의 어느 하나에 해당하는 것을 말한다.

① 수상오토바이

② 선내기 또는 선외기인 모터보트로서 대통령령으로 정하는 모터보트

③ 공기를 넣으면 부풀고 접어서 운반할 수 있는 고무보트를 제외한 대통령령으로 정하는 고무보트

④ 총톤수 20톤 미만으로 대통령령으로 정하는 요트

수상오토바이	모터보트(20톤미만)	고무보트(30마력이상)	세일링요트(20톤미만)

〈자료 : 해양경찰교육원 (2020), 해상교통 및 파출장소업무, 신임경찰과정 교재, 40면〉

※ 고무보트의 경우 가운데 선체없이 공기를 빼고 접어서 운반할 수 있는 것 제외

2) 등록원부와 등록번호판(제35조)

시장·군수·구청장은 제30조제1항에 따라 등록신청을 받으면 동력수상레저기구 등록원부에 등록하고 신청인에게 동력수상레저기구 등록증과 등록번호판을 내주어야 한다. 소유자는 해양수산부령으로 정하는 바에 따라 동력수상레저기구의 잘 보이는 곳에 등록번호판을 부착하여야 한다.

가) 등록번호판 부착

등록대상 수상레저기구의 소유자는 등록번호판 2개를 수상레저기구의 옆면과 뒷면 등 잘 보이는 곳에 견고하게 부착하여야 한다.

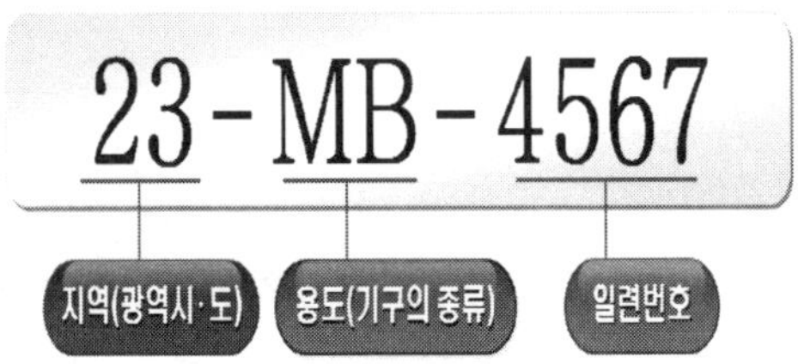	
등록번호판	등록번호판 부착

〈그림 3-9〉 등록번호판 부착

▶ 견인장치(트레일러) : 도로교통법, 자동차등록법에 따라 자동차로 등록

나) 등록번호판 모양과 금지 사항

① 재질은 투명 pc원단(부착용의 내구성이 강항 특수접착제 도포)

② 지름 20cm의 원형 위조방지용 홀로그램 도안

③ 번호판에 지역, 종류, 등록순서에 따른 일련번호 숫자 또는 문자 명시

④ 색상 : 바탕-옅은 회색, 글자-검정색

⑤ 교부 및 부착시기는 신규등록시, 도(道)단위 이상의 주소변경에 의한 변경등록시, 번호판이 훼손 등으로 알아보지 못하게 된 경우 그 사실이 증명되어 재발급 신청한 때

⑥ 수상레저기구 소유자는 등록관청의 허가를 받은 경우와 다른 법률에 특별한 규정이 있는 경우를 제외하고는 이를 떼어서는 아니 된다.

⑦ 등록번호판을 가리거나 알아보지 못하게 훼손하여서는 아니 된다.

⑧ 등록관청은 등록번호판을 말소등록 또는 기타의 사유로 회수한 때에는 이를 다시 교부 하여서는 아니 되며, 다시 사용할 수 없는 상태로 폐기하여야 한다.

3) 말소등록

소유자는 등록된 동력수상레저기구가 다음 각 호의 어느 하나에 해당하는 경우에는 해양수산부령으로 정하는 바에 따라 등록증을 반납하고 시장·군수·구청장에게 말소등록을 신청하여야 한다.

① 동력수상레저기구가 멸실되거나 수상사고 등으로 본래의 기능을 상실한 경우

② 동력수상레저기구의 존재 여부가 3개월간 분명하지 아니한 경우

③ 제36조에 따른 구조·장치의 변경으로 인하여 등록대상 동력수상레저기구에서 제외된 경우

④ 동력수상레저기구를 수출하는 경우

⑤ 수상레저활동 외의 목적으로 사용하게 된 경우

소유자가 말소등록 신청을 하지 아니하는 경우에는 관할 시장·군수·구청장은 1개월 이내의 기간을 정하여 소유자에게 해당 동력수상레저기구의 말소등록을 신청할 것을 최고하고, 그 기간 이내에 말소등록 신청을 하지 아니하면 직권으로 그 동력수상레저기구의 등록을 말소할 수 있다.

4) 보험등의 가입

등록 대상 동력수상레저기구의 소유자는 동력수상레저기구의 운항으로 다른 사람이 사망

하거나 부상한 경우에 피해자(피해자가 사망한 경우에는 손해배상을 받을 권리를 가진 자를 말한다)에 대한 보상을 위하여 소유일부터 1개월 이내에 대통령령으로 정하는 바에 따라 보험이나 공제(이하 "보험등"이라 한다)에 가입하여야 한다.

(2) 안전검사

1) 안전검사 대상(등록대상 기구와 동일)

2) 안전검사 종류

가) 신규검사 : 제30조에 따른 등록을 하려는 경우에 하는 검사

나) 정기검사 : 등록 후 5년마다 정기적으로 하는 검사

▶ 수상레저사업에 이용되는 동력수상레저기구는 1년마다

다) 임시검사 : 수상레저기구의 구조나 장치를 변경한 경우에 하는 검사

3) 안전검사의 주체

가) 개인 소유자 : 해양경찰청장

나) 수상레저사업자

① 영업구역이 해수면인 경우 : 해양경찰청장

② 영업구역이 내수면인 경우 : 그 지역을 관할하는 시·도지사

4) 안전검사의 기간

검사유효기간 만료일을 기준으로 하여 전후 각각 30일 이내이며, 아래에 따라 기산한다.

가) 신규검사의 경우 : 안전검사증을 발급받은 날

나) 유효기간 만료일 전후 30일 이내 정기검사의 경우 : 종전 유효기간 만료일 다음날

다) 유효기간 만료일 전 30일이 되는 날 전에 정기검사를 받은 경우 : 안전검사증을 발급받은 날

라) 유효기간 만료일 후 30일이 되는 날 후에 정기검사를 받은 경우 : 종전 안전검사 유효기간 만료일의 다음 날

5) 검사에 불합격된 레저기구의 조치

가) 검사대행자는 수상레저기구 검사결과 기준에 적합하지 아니하여 불합격 판정을 하는 때에는 그 소유자에게 개선을 권고한 후 기간을 정하여 다시 검사를 받도록 통보하여야 한다.

나) 재검사의 기간을 정할 때에는 15일을 초과하여서는 아니 된다.

6) 안전검사의 방법

가) 건조에 착수한 때부터 수행하는 신규검사 대상

① 총톤수 5톤 이상의 개인용 모터보트 및 세일링요트

② 수상레저사업에 이용하려는 총톤수 2톤 이상의 모터보트 및 세일링요트

나) 외국에서 수입되는 기구 등 건조에 착수한 때부터 검사를 받지 아니한 경우 : 해양경찰청장이 정하는 바에 따라 이에 준하는 검사

다) 항해(활동)구역 및 최대승선정원 : 해양경찰청장 고시로 별도로 규정

라) 총톤수 측정(선박톤수의 측정에 관한 규칙) 대상 : 모터보트 및 세일링요트

마) 서류의 승인 : 도면, 복원성 자료

바) 그 밖에 해양경찰청장이 정하여 고시하는 구조 및 설비 등 확인

7) 안전검사의 준비사항

가) 연해구역 이상 동력수상레저기구

① 위성비상위치지시용 무선표지설비(EPIRB)

② 초단파대 무선설비(무선전화 및 디지털 선택호출장치)

나) 모터보트 및 세일링요트(개인용 5톤이상, 사업용 2톤이상) : 수선하부 검사를 위한 입거, 상가 또는 거선 준비

다) 국제항해에 종사하는 동력수상레저기구 : 해당 국제협약에 따른 검사준비

8) 안전검사 업무의 대행(제38조)

해양경찰청장 또는 시·도지사는 동력수상레저기구의 안전검사에 관한 업무의 전부 또는 일부를 해양경찰청장 또는 시·도지사가 지정하는 기관이나 단체(검사대행자)로 하여금 대행하게 할 수 있다. 그러나 검사대행자가 다음 각 호의 어느 하나에 해당하는 경우에는 그 지정을 취소하거나 6개월의 범위에서 기간을 정하여 업무의 전부 또는 일부의 정지를 명할 수 있다. 다만, 제1호에 해당하면 그 지정을 취소하여야 한다.

1. 거짓이나 그 밖의 부정한 방법으로 지정을 받은 경우

1의2. 고의 또는 중대한 과실로 사실과 다르게 안전검사를 한 경우

2. 제5항에 따른 기준에 맞지 아니하게 된 경우

3. 이 법 또는 이 법에 따른 명령이나 지정조건을 위반한 경우

4. 업무와 관련하여 부정한 금품을 수수하거나 그 밖의 부정한 행위를 한 경우

9) 임시운항의 허가 (제38조의2)

가) 제37조제1항제1호의 신규검사를 받기 전에 국내에서 동력수상레저기구로 시험운전(조선소 등에서 건조·개조·수리 중 제30조제3항에 따른 등록 대상 동력수상레저기구를 운전하는 것을 말한다)을 하고자 하는 자는 대통령령으로 정하는 바에 따라 해양경찰서장 또는 시장·군수·구청장(이하 "임시운항허가 관서의 장"이라 한다)의 허가(이하 "임시운항허가"라 한다)를 받아야 한다.

나) 임시운항허가 관서의 장은 임시운항허가의 신청을 받은 경우에는 임시운항을 허가할 수 있다. 이 경우 임시운항허가증을 발급하여야 한다.

다) 임시운항허가를 받은 자는 제2항의 허가 목적 및 기간 내에서 운항하여야 한다.

라) 임시운항허가를 받은 자는 제3항의 기간이 만료된 경우에는 대통령령으로 정하는 바에 따라 임시운항허가증을 반납하여야 한다.

[11] 수상레저사업

(1) 수상레저사업 등록·신고 (제39조)

1) 등록·신고 대상 사업

가) 수상레저기구를 빌려 주는 사업(등록)

나) 수상레저 활동자를 수상레저기구에 태우는 사업(수상레저사업, 등록)

다) 수상레저기구의 교육사업(신고)

2) 등록기관

가) 해수면 : 당해 지역을 관할하는 해양경찰서장

나) 내수면 : 당해 지역을 관할하는 시장·군수·구청장

다) 영업구역이 둘 이상의 해양경찰서장 또는 시장·군수·구청장의 관할 지역에 걸쳐 있는 경우 : 수상레저사업에 사용되는 수상레저기구를 주로 매어두는 장소를 관할하는 해양경찰서장 또는 시장·군수·구청장

라) 수상레저사업자가 수상레저기구로 교육사업을 하려는 경우에는 주소지를 관할하는 시장·군수·구청장에게 교육사업 신고

마) 수상레저사업의 등록 유효기간은 10년으로 하되, 10년 미만으로 영업하려는 경우에는 해당 영업기간을 등록 유효기간으로 한다.

3) 수상레저사업 등록의 결격사유

가) 미성년자, 피성년후견인, 피한정후견인

나) 이 법을 위반하여 징역 이상의 실형(實刑)을 선고받고 그 집행이 끝나거나 집행이 면제된 날부터 2년이 지나지 아니한 자

다) 이 법을 위반하여 징역 이상의 형의 집행유예를 선고받고 그 유예기간 중에 있는 자

라) 제51조에 따라 등록이 취소(이 조 제1호에 해당하여 등록이 취소된 경우는 제외한다)된 날부터 2년이 지나지 아니한 자

4) 권리·의무의 승계(제41조)

다음 각 호의 어느 하나에 해당하는 자는 수상레저사업 등록에 따른 수상레저사업자의 권리·의무를 승계한다.

가)수상레저사업자가 사망한 경우 그 상속인

나) 수상레저사업자가 그 사업을 양도한 경우 그 양수인

다) 법인인 수상레저사업자가 합병한 경우 합병 후 존속하는 법인이나 합병에 따라 설립되는 법인

5) 휴업 등의 신고(제42조)

수상레저사업자가 등록된 사업기간 중에 휴업하거나 폐업하려는 경우에는 해양수산부령으로 정하는 바에 따라 3일전까지 해양경찰서장 또는 시장·군수·구청장에게 신고하여야 한다. 휴업한 수상레저사업을 다시 개업하려는 경우에는 해양수산부령으로 정하는 바에 따라 해양경찰서장 또는 시장·군수·구청장에게 신고하여야 한다. 이 경우 해양경찰서장 또는 시장·군수·구청장은 그 내용을 검토하여 이 법에 적합하면 신고를 수리하여야 한다. 휴업이나 폐업 또는 재개업의 신고를 받은 해양경찰서장 또는 시장·군수·구청장은 수상레저사업장 소재지의 관할 세무서에 휴업이나 폐업 또는 재개업 사실을 통보하여야 한다.

6) 보험등의 가입

수상레저사업자는 대통령령으로 정하는 바에 따라 그 종사자와 이용자의 피해를 보전하기 위하여 보험등에 가입하여야 한다. 보험등의 가입 여부에 관한 정보를 대통령령으로 정하는 바에 따라 이용자에게 알려야 한다.

(2) 사업장 안전조치

1) 안전점검

가) 해양경찰서장 또는 시장·군수·구청장은 수상레저활동의 안전을 위하여 관계 공무원으로 하여금 수상레저기구와 선착장 등 수상레저시설에 대하여 안전점검을 실시하도록 하여야 한다.

나) 해양경찰서장 또는 시장·군수·구청장은 안전점검 결과 해양수산부령으로 정하는 바에 따라 정비 또는 원상복구를 명할 수 있다. 이 경우 정비 또는 원상복구에 필요한 기간을 정하여 해당 수상레저기구의 사용정지를 함께 명할 수 있다.

다) 점검을 하는 공무원은 그 권한을 표시하는 증표를 지니고 이를 관계인에게 내보여야 한다.

2) 사업자의 안전점검 등 조치 (제48조제1항)

수상레저사업자와 그 종사자는 수상레저활동의 안전을 위하여 다음 각 호의 조치를 하여야 한다.

가) 수상레저기구와 시설의 안전점검

나) 영업구역의 기상·수상 상태의 확인

다) 영업구역에서 사고가 발생하는 경우 구호조치 및 해양경찰관서·경찰관서·소방관서 등 관계 행정기관에 통보

라) 이용자에 대한 안전장비 착용조치 및 탑승 전 안전교육

마) 사업장 내 인명구조요원이나 래프팅가이드의 배치 또는 탑승

바) 비상구조선(수상레저사업장과 그 영업구역의 순시 및 인명구조를 위하여 사용되는 동력수상레저기구를 말한다. 이하 이 조에서 같다)의 배치

3) 수상레저사업자와 그 종사자의 금지행위 (제48조제2항)

가) 14세 미만인 사람(보호자를 동반하지 아니한 사람으로 한정한다), 술에 취한 사람 또는 정신질환자를 수상레저기구에 태우거나 이들에게 수상레저기구를 빌려 주는 행위

나) 수상레저기구의 정원을 초과하여 태우는 행위

다) 수상레저기구 안에서 술을 판매·제공하거나 수상레저기구 이용자가 수상레저기구 안으로 이를 반입하도록 하는 행위

라) 영업구역을 벗어나 영업을 하는 행위

마) 제21조에 따른 수상레저활동시간 외에 영업을 하는 행위

바) 대통령령으로 정하는 폭발물·인화물질 등의 위험물을 이용자가 타고 있는 수상레저기구로 반입·운송하는 행위

사) 제37조에 따른 안전검사를 받지 아니하거나 안전검사에 합격하지 못한 동력수상레저기구 또는 제45조에 따른 안전점검을 받지 아니한 동력수상레저기구를 영업에 이용하는 행위

아) 비상구조선을 그 목적과 다르게 이용하는 행위

4) 인명구조요원·래프팅가이드 배치

가) 인명구조요원 및 래프팅가이드의 자격

인명구조요원 및 래프팅가이드는 아래의 기준을 충족하는 단체나 기관 중에서 해양경찰청장이 지정하는 수상레저 관련 단체 또는 기관에서 교육과정을 마친 후 해당 자격을 취득한 사람

나) 인명구조요원 및 래프팅가이드의 배치

① 인명구조요원은 해당 수상레저사업의 영업구역에 배치하여야 하며, 래프팅가이드는 영업 중인 래프팅기구마다 1명 이상 탑승하여 영업구역의 안전 상태와 탑승객의 안전을 확인

② 승선 정원이 4명 이하인 래프팅기구의 경우에는 래프팅가이드가 다른 래프팅기구에 탑승하여 근접운항하면서 영업구역의 안전 상태와 탑승객의 안전 상태 확인

▶ 래프팅기구를 운항하는 경우 래프팅가이드 1명이 근접운항하면서 운항할 수 있는 래프팅기구의 수는 운항수역을 관할하는 시장·군수·구청장이 운항수역의 유속, 급류의 세기, 안정성 등을 고려하여 2대부터 5대까지의 범위에서 정하여야 한다.

5) 등록 대상이 아닌 수상레저기구 운영 사업자 등의 준수사항(제48조의2)

제30조제3항에 따른 등록 대상 동력수상레저기구가 아닌 수상레저기구를 운영하는 수상레저사업자와 그 종사자는 수상레저기구의 운영, 안전기준 등에 관하여 해양수산부령으로 정하는 사항을 준수하여야 한다.

6) 영업의 제한

해양경찰서장 또는 시장·군수·구청장은 다음 각 호의 어느 하나에 해당하는 경우에는 수상레저사업자에게 영업구역이나 시간의 제한 또는 영업의 일시정지를 명할 수 있다. 다만,

제3호부터 제5호까지에 해당하는 경우에는 이용자의 신체가 직접 수면에 닿는 수상레저기구 등 대통령령으로 정하는 수상레저기구를 이용한 영업행위에 대해서만 이를 명할 수 있다.

1. 기상·수상 상태가 악화된 경우
2. 수상사고가 발생한 경우
3. 유류·화학물질 등의 유출 또는 녹조·적조 등의 발생으로 수질이 오염된 경우
4. 부유물질 등 장애물이 발생한 경우
5. 사람의 신체나 생명에 피해를 줄 수 있는 유해생물이 발생한 경우
6. 그 밖에 대통령령으로 정하는 사유가 발생한 경우

(3) 수상레저사업의 등록취소·정지

해양경찰서장 또는 시장·군수·구청장은 수상레저사업자가 다음 각 호의 어느 하나에 해당하는 경우에는 해양수산부령으로 정하는 바에 따라 수상레저사업의 등록을 취소하거나 3개월의 범위에서 영업의 전부 또는 일부의 정지를 명할 수 있다. 다만, 제1호, 제2호 또는 제2호의2에 해당하면 수상레저사업의 등록을 취소하여야 한다.

1. 거짓이나 그 밖의 부정한 방법으로 등록을 한 경우
2. 제40조 각 호의 어느 하나에 해당하게 된 경우

2의2. 공유수면의 점용 또는 사용 허가기간 만료 이후에도 사업을 계속하는 경우

3. 수상레저사업자 또는 그 종사자의 고의 또는 과실로 사람을 사상한 경우
4. 수상레저사업자가 제30조, 제32조, 제33조 및 제35조부터 제37조까지의 규정을 위반한 수상레저기구를 수상레저사업에 이용한 경우
5. 제39조제2항에 따라 변경등록을 하지 아니한 경우
6. 제43조부터 제45조까지, 제48조 및 제49조의 규정 또는 명령을 위반한 경우

[12] 벌칙 및 과태료

(1) 벌칙

1) 1년 이하의 징역 또는 1천만원 이하의 벌금

가) 조종면허를 받지 아니하고 동력수상레저기구를 조종한 자

나) 술에 취한 상태에서 동력수상레저기구를 조종한 자

다) 술에 취한 상태라고 인정할 만한 상당한 이유가 있는데도 관계공무원의 측정에 따르지 아니한 자

라) 약물복용 등으로 인하여 정상적으로 조종하지 못할 우려가 있는 상태에서 동력수상레저기구를 조종한 자

마) 등록 또는 변경등록을 하지 아니하고 수상레저사업을 한 자

바) 수상레저사업 등록취소 후 또는 영업정지기간에 영업을 한 수상레저사업자

2) 6개월 이하의 징역 또는 500만원 이하의 벌금

가) 등록을 하지 아니하고 동력수상레저기구를 수상레저활동에 이용한 자

나) 검사를 받지 아니하거나 검사에 합격하지 못한 동력수상레저기구를 수상레저활동에 사용한 자

다) 임시운항허가를 받지 아니하고 동력수상레저기구를 시험운전한 자

라) 정비·원상복구의 명령을 위반한 수상레저사업자

마) 안전운항을 위하여 필요한 조치를 하지 아니하거나 금지된 행위를 한 수상레저사업자와 그 종사자

바) 영업구역이나 시간의 제한 또는 영업의 일시정지 명령을 위반한 수상레저사업자

(2) 과태료

1) 100만원 이하의 과태료

① 제16조제1항을 위반하여 교육을 받지 아니한 사람

② 제17조를 위반하여 인명안전장비를 착용하지 아니한 자

③ 제18조를 위반하여 운항규칙을 지키지 아니한 자

④ 제19조제1항 또는 제3항을 위반하여 신고를 하지 아니한 자

⑤ 제19조제2항을 위반하여 등록 대상이 아닌 수상레저기구로 출발항으로부터 10해리 이상 떨어진 곳에서 수상레저활동을 한 자

⑥ 제21조제1항 및 제2항에 따른 수상레저활동 시간 외에 수상레저활동을 한 자

⑦ 제24조를 위반하여 정원을 초과하여 사람을 태우고 수상레저기구를 조종한 자

⑧ 제25조제2항을 위반하여 수상레저활동 금지구역에서 수상레저활동을 한 자

⑨ 제30조제1항을 위반하여 동력수상레저기구를 소유한 날부터 1개월 이내에 등록신청을 하지 아니한 자

⑩ 제36조를 위반하여 구조·장치 변경승인을 받지 아니한 자

⑪ 제37조제2항을 위반하여 동력수상레저기구의 안전검사를 받지 아니한 수상레저사업자

⑫ 거짓이나 그 밖의 부정한 방법으로 제38조제1항에 따른 검사대행자로 지정을 받은 자
⑬ 제38조제2항제1호의2에 따라 고의 또는 중대한 과실로 사실과 다르게 안전검사를 한 자
⑭ 제42조제1항 및 제2항을 위반하여 휴업, 폐업 또는 재개업의 신고를 하지 아니한 수상레저사업자
⑮ 제43조에 따라 신고한 이용요금 외의 금품을 받거나 신고사항을 게시하지 아니한 수상레저사업자
⑯ 제44조를 위반하여 보험등에 가입하지 아니한 수상레저사업자
⑰ 정당한 사유 없이 제44조의2를 위반하여 보험등의 가입 여부에 관한 정보를 알리지 아니하거나 거짓의 정보를 알린 수상레저사업자
⑱ 제48조의2에 따른 등록 대상이 아닌 수상레저기구 운영 사업자 등의 준수사항을 위반한 수상레저사업자와 그 종사자
⑲ 제50조에 따른 서류나 자료를 제출하지 아니하거나 거짓의 서류 또는 자료를 제출한 수상레저사업자

2) 50만원 이하의 과태료

① 제13조제2항을 위반하여 면허증을 반납하지 아니한 자
② 제26조에 따른 시정명령을 이행하지 아니한 사람
③ 제27조에 따른 일시정지나 면허증·신분증의 제시명령을 거부한 자
④ 제32조를 위반하여 동력수상레저기구 변경등록을 하지 아니한 자
⑤ 제33조제2항에 따른 동력수상레저기구의 말소등록의 최고를 받고 그 기간 이내에 이를 이행하지 아니한 자
⑥ 제34조를 위반하여 보험등에 가입하지 아니한 자
⑦ 제35조를 위반하여 등록번호판을 부착하지 아니한 자
⑧ 제37조제1항을 위반하여 개인수상레저기구의 검사를 받지 아니한 자

2 해수욕장 안전관리

우리나라 여름철 물놀이 사망사고는 최근 10년(2009~2018)간 꾸준히 발생하고 있다. 지난 10년 동안 해수욕장에서 사망한 사람은 총 55명인데, 이 중 안전 부주의, 음주수영 등의 원인으로 사망한 사람이 절반을 넘었다. 우리나라는 해수욕장 개장기간인 6월부터 8월까지 안전관리가 집중되고, 폐장기간 동안에는 최소한의 안전관리만 이루어지고 있다. 이에 따라 해수욕장 이용형태의 변화에 따른 안전관리 제도의 개선 필요성도 제기되고 있다.

최근에는 여름휴가를 가지 않겠다는 사람이 전체 국민의 절반 이상으로, 2019년 국내 해수욕장을 방문한 관광객 수는 전년대비 13.5% 감소하였다. 바닷가를 방문하는 목적도 먹거리 체험이나 해양레크리에이션 등 다양해지고 있어 '여름휴가'에 대한 의미가 급격히 변화하고 있다는 점을 알수 있다. 주 52시간 근무제와 대체 공휴일 도입, 일과 삶의 균형 등이 사회적 이슈로 부상하고, 휴가에 대한 사회적 인식이 변화되면서 이제 휴가는 '여름휴가'가 아니라 언제든지 떠날 수 있다는 인식이 확산되고 있다. 아울러 「해수욕장법」 개정으로 해수욕장의 연중 이용이 허용됨에 따라 바닷가 이용행태는 더욱 다양화할 것으로 전망된다.

사회·문화적 환경변화로 여름철 휴가 분산, 바닷가 방문 목적 다변화 등 관광 트렌드가 바뀌고, 연중 해수욕장 이용 허용으로 4계절 해수욕장을 찾는 관광 행태가 늘어날 것으로 전망됨에 따라 해수욕장 이용객의 안전관리는 더욱 중요한 이슈로 부각되고 있다(홍장원·최일선·이정아, 2019 : 1-16).

[1] 해수욕장 안전관리 지침

(1) 목적

이 지침(해수욕장안전관리에 관한 지침(해양경찰청 고시)[58]은 「해수욕장의 이용 및 관리에 관한 법률」 제24조, 같은 법 시행령 제11조에 따라 해수욕장 안전관리의 필요한 사항에 대하여 규정함을 목적으로 한다.

58) 해수욕장 안전관리에 관한 지침[해양경찰청고시 제2018-3호, 2018. 5. 3. 일부개정.], 해양경찰청(해양안전과).

▸ **해수욕장의 이용 및 관리에 관한 법률제24조(안전관리지침)**

① 해양경찰청장은 해수욕장에서의 안전사고를 예방하고 효과적으로 대처하기 위하여 시·도지사의 의견을 듣고 관계 중앙행정기관의 장과 협의를 거쳐 해수욕장 안전관리에 관한 지침(이하 "안전관리지침"이라 한다)을 정하고 이를 관계 중앙행정기관의 장 및 관리청에 통보하여야 한다.
② 관계 중앙행정기관의 장 또는 관리청은 안전관리지침의 변경이 필요하다고 판단되는 경우 해양경찰청장에게 그 변경을 요청할 수 있다.
③ 안전관리지침의 적용범위, 고시방법 등에 필요한 사항(구조·구급에 관한 사항은 제외한다)은 대통령령으로 정한다.

▸ **해수욕장의 이용 및 관리에 관한 법률 시행령 제11조(안전관리지침의 적용범위 등)**

① 법 제24조제1항에 따라 수립된 해수욕장 안전관리에 관한 지침(이하 "안전관리지침"이라 한다)은 법 제6조제1항에 따라 관리청이 지정한 해수욕장에 적용한다.
② 해양경찰청장은 안전관리지침을 정한 경우에는 지체 없이 관보에 고시하고, 해양경찰청의 인터넷 홈페이지에 공고하여야 한다.
③ 법 제24조제1항에 따라 안전관리지침을 통보받은 관리청은 안전관리지침을 일반인들이 열람할 수 있도록 하여야 한다.

(2) 용어

1) "해수욕장"이란 천연 또는 인공으로 조성되어 물놀이·일광욕·모래찜질 등 레저 활동이 이루어지는 수역 및 육역으로서 「해수욕장의 이용 및 관리에 관한 법률」(이하 "법"이라 한다) 제6조에 따라 지정·고시된 구역을 말한다.
2) "안전시설"이란 인명구조선, 구명보트, 안전부표, 유영가능구역 부표, 조명시설, 감시탑 등 이용객의 안전을 확보하기 위한 시설로서 법 제2조 제2호에 따라 규정된 시설을 말한다.
3) "안전관리자"란 해수욕장별 안전관리에 관한 업무를 총괄하는 책임·관리자로서 제6조에 따라 지정된 사람을 말한다.
4) "안전관리요원"이란 안전사고 예방, 인명구조, 응급처치 등 해수욕장 안전관리를 위해 활동하는 사람으로서 제11조에 해당하는 사람을 말한다.
5) "위험성 평가"란 해수욕장 내 장소 및 시설에 대한 전수조사를 통해 위험지역을 파악하고, 안전시설 필요성, 안전관리요원·구조장비의 적정성 등을 도출하는 등의 활동으로서 제7조에 따라 규정된 평가를 말한다.
6) "물놀이구역"이란 물놀이·일광욕·모래찜질 등의 활동이 이루어지고 부표·안전선 등으로 구분되어지는 구역으로서 법 제17조에 따라 지정된 구역을 말한다.

7) "관리청"이란 해수욕장이 소재한 지역을 관할하는 특별자치도지사 또는 시장·군수·구청장(자치구의 구청장을 말한다.)을 말한다.

[2] 해수욕장 안전관리 사전대비

(1) 안전관리계획 수립

관리청은 해수욕장 안전관리에 관한 지침(이하 "안전관리지침"이라 한다)의 범위 내에서 해수욕장 안전사고 예방을 위하여 관할 해수욕장의 최초 개장일부터 2주 전까지 안전관리계획을 수립·시행하여야 하며, 다음 각 호의 사항을 포함하여야 한다.

① 해수욕장 위험성 평가 및 위험구역 설정·게시 계획
② 해수욕장 안전시설 정비 및 확충 계획
③ 해수욕장 안전관리요원 확보·운영 계획
④ 유관기관 및 민간단체와의 협력체계 구축 계획
⑤ 대국민 해수욕장 안전 홍보 계획
⑥ 그 밖에 관리청이 안전사고 예방 및 대응을 위해 필요하다고 인정하는 사항

(2) 관계기관 협업

관리청은 안전사고 예방 및 대응을 위해 소방관서, 해양경찰관서, 경찰관서 등 안전관리 관계기관과 협업 체계를 구축하여야 하며, 다음 각 호에 대하여 지원요청을 할 수 있다.

① 인명구조를 위한 안전관리요원 및 수상구조장비 지원
② 치안 및 질서유지를 위한 인력 지원
③ 그 밖의 사고예방에 필요한 사항에 대한 인력 및 장비 지원

(3) 안전관리자

관리청은 해수욕장 안전관리의 전문성 확보를 위하여 해수욕장별 안전관리를 담당하는 안전관리자를 지정·운영하여야 하고, 안전관리자는 다음의 업무를 담당한다.

① 해수욕장 안전관리계획 이행 관리
② 해수욕장 안전시설, 구조장비 확보·운영 및 점검
③ 해수욕장 안전관리요원 교육·훈련, 배치·운영, 복무관리
④ 해수욕장 안전사고 대응 및 재발 방지대책 마련
⑤ 그 밖에 관리청이 지정한 사항

안전관리자는 관리청 소속 직원 또는 민간전문가 중에서 다음 각 호의 어느 하나에 해당하는 자로 지정한다.

① 법령에 따른 인명구조자격 보유자

② 해수욕장 관련 업무경력이 1년 이상인 자로서 관리청의 장이 지정하는 자

(4) 위험성 평가

1) 관리청은 관할 해수욕장의 장소 및 시설에 대해 전수조사를 통한 위험성 평가를 실시하여야 한다.
   가) 해저 급경사면, 웅덩이, 갯골, 암초, 갯바위 등 위험지역 조사
   나) 안전저해 시설 여부 조사
   다) 안전시설 설치 규모 및 위치 판단
   라) 안전관리요원 배치 인원 및 배치 위치 판단
   마) 과거 사망사고 발생장소, 안전사고 다발지역에 대한 조사 및 대책
   바) 그 밖에 관리청이 안전관리를 위해 조사가 필요하다고 인정하는 사항
2) 관리청은 사람의 생명 또는 신체에 대한 위해 방지나 질서의 유지를 위해 필요한 경우 위험구역을 설정하여야 하고, 위험구역으로 설정된 장소에 위험구역 안내표지판 및 부표 등을 보기 쉬운 곳에 설치하여야 하고, 일반인의 출입 및 그 밖에 관리청의 허가를 받지 않은 행위를 금지 또는 제한하여야 한다.
3) 관리청은 해수욕장 개장 전까지 위험성 평가를 반영하여 안전시설을 설치하여야 한다.
   가) 위험표지판, 사망사고 발생지역 표지판, 위험구역 안내 표지판 등
   나) 인명구조함 또는 이동식 거치대
   다) 전망대, 감시탑 등 이와 유사한 시설
   라) 인명구조선, 구명보트, 구명튜브 등 수상구조 장비류
   마) 구명환, 구명볼, 구명조끼 등 구명장구류
   바) 안전부표, 유영가능구역부표
   사) 그 밖에 인명구조 및 안전사고 예방을 위해 관리청이 정하는 시설
4) 관리청은 물놀이 구역과 수상레저구역 구분을 위한 경계선을 표시하여야 하고, 수상레저기구의 출입으로 인한 안전사고를 예방하기 위하여 적정한 거리를 유지하여야 한다.

[3] 해수욕장 운영

(1) 안전관리요원

1) 관리청은 해수욕장 개장기간 중 안전관리 및 인명구조 활동을 위해 해수욕장 규모, 이용객 수, 위험도 등을 감안하여 적정한 수의 안전관리요원을 확보·배치하여야 한다.
2) 안전관리요원은 다음 각 호의 자격을 보유하여야 한다. 다만, 미 자격자 중 관리청이 지정하는 자는 자격자의 보조요원으로서 안전관리 임무를 수행할 수 있다.
   가) 법령에 따른 인명구조 자격
   나) 「수상레저안전법」에 따른 조종면허 자격(단, 동력수상레저기구 운용 시에 한함)
3) 안전관리요원의 배치기준은 다음 각 호와 같다. 다만, 관리청은 해수욕장의 규모, 이용객, 위험개소 등을 종합적으로 판단하여 조정할 수 있다.
   가) 과거 인명피해 발생지역 및 피해우려가 높은 지역 : 고정배치
   나) 가)호 이외의 지역으로 인명피해 우려지역 : 순찰배치
4) 관리청은 안전관리요원에 대하여 해수욕장 배치 전 다음 각 호의 교육·훈련을 실시하여야 한다.
   가) 구명환, 구명볼, 구명조끼 등 구명장구 사용요령
   나) 인명구조보트, 수상오토바이 등 구조장비 사용 요령
   다) 심폐소생술, 기본응급처리법 등 구급요령
   라) 물놀이 안전지도, 민원처리 등 근무요령
5) 안전관리요원의 임무는 다음 각 호와 같다.
   가) 해수욕장 안전사고 예방·순찰 활동
   나) 인명구조 활동
   다) 안전시설의 이상 유무 확인
   라) 응급환자 응급처치
   마) 그 밖에 관리청이 안전관리를 위해 필요하다고 인정한 사항

(2) 안전통계

1) 관리청은 해수욕장 안전관리 통계를 관리하고, 매일 개장시간 종료 즉시 관할 해양경찰서장, 시·도지사, 지방해양수산청장에게 통보하여야 한다.
2) 해수욕장 안전관리 통계는 다음 각 호와 같다.
   가) 해수욕장별 이용객 현황

나) 해수욕장 안전사고 발생 및 조치현황 등 안전관리에 관한 사항

다) 유해생물 출현, 이안류 발생 등 안전위해요소 발생 및 조치 현황

라) 그 밖에 해양경찰청장 또는 해양수산부장이 필요하다고 인정한 사항

(3) 수상레저기구 이용제한

관리청은 물놀이구역 내에 「수상레저안전법」 제2조제3호에 따른 수상레저기구가 출입하지 않도록 조치하여야 한다.

(4) 이용제한

관리청은 다음 각 호에 해당하는 행위에 대해서는 이용을 제한하여야 한다.

1) 지정된 장소 밖에서 해수욕을 하는 행위

2) 지정된 시간 이외에 바다에 들어가는 행위

(5) 위험해양생물

1) 관리청은 위험해양생물에 의한 인명피해 방지를 위하여 관계기관 간 협의를 통해 필요한 조치를 하여야 한다.

2) 위험해양생물의 종류는 다음과 같다.

가) 「해양생태계의 보전 및 관리에 관한 법률」 제2조 제13호에 따른 유해해양생물

나) 그 밖의 인체에 위험을 줄 수 있는 해양생물 등

(6) 이안류

1) 관리청은 이안류에 의한 인명 피해 방지를 위하여 필요한 조치를 하여야 한다.

2) 이안류에 의한 인명피해 방지를 위한 조치는 다음 각 호와 같다.

가) 이안류 발생 및 발생 우려에 따른 이용 제한

나) 이안류 발생에 따른 물놀이객 대피 매뉴얼 마련

다) 이안류 빈발지역에 대한 경고판 설치 및 이용객 홍보

라) 그 밖에 관리청이 필요하다고 인정하는 조치

(7) 상황통보

관리청은 해수욕장에서 발생된 사망·실종사고에 대해 관할 시·도지사, 지방해양수산청장, 해양경찰서장, 경찰서장에게 다음 각 호에 따라 통보하여야 한다.

1) 즉시보고 : 사망·실종 사고 발생시점으로부터 3시간 이내
2) 최종보고 : 즉시보고 후 현장 확인결과 등 정확한 사망원인 확정 후 24시간 이내

[4] 해수욕장 문제점 및 개선방안

2018년 기준 「해수욕장의 이용 및 관리에 관한 법률」에 따라 관리청(기초 지방자치단체)이 지정하여 관리·운영하는 전국 지정해수욕장은 267개소로 추산되고, 비지정 해수욕장은 86개소로 추정하고 있다. 그러나 자연발생 가능한 해수욕장의 특성상 관리청에 의해 지정되지 않은 "비지정 해수욕장"의 개소 수를 정확히 산출하는 것은 쉽지 않은 것이 현실이다. 그동안 해수욕장 안전에 대한 문제점은 다음과 같다.

(1) 문제점

1) 안전 사각지대에 놓여 있는 비지정 해수욕장이 상당할 뿐만 아니라, 안전기준을 위반한 지정 해수욕장도 적지 않다.
2) 해수욕장은 관리청의 지정 여부에 따라 지정 해수욕장과 비지정 해수욕장으로 구분되나, 비지정 해수욕장에 적용되는 안전기준은 전무한 실정이다.
3) 편의시설에 대한 상세 설치·관리기준은 부재하고, 편의시설 개선 필요성에 대한 인식이 부족한 개별 관리청이 많이 나타나고 있다(홍장원·최일선·이정아, 2019 : 1-16).

(2) 개선방안

1) 세월호 이후 해수욕장 관리청이 해양경찰에서 각 지자체로 이전됨에 따라 해수욕장이 소재한 지역을 관할하는 특별자치도지사 또는 시장·군수·구청장(자치구의 구청장)은 해수욕장 안전관리·감독 강화가 필요하다. 그리고 해양경찰과 협조체제도 이루어져야 한다.
2) 비지정 해수욕장 안전기준 마련이 필요하다. 개별 비지정 해수욕장에 대한 안전성을 평가하여 이용객 개방 여부를 결정하고 개방되는 비지정 해수욕장에 대해서는 최소한의 안전기준을 마련하는 등의 안전관리 방안이 필요하다.
3) 해수욕장 편의시설 개선을 위한 가이드라인 마련과 특히 취약자 전용 화장실, 비상벨

등과 같은 시설물은 이용객의 안전에도 직결되므로 공통된 가이드라인에 따라 설치·관리될 필요가 있다.

4) 경찰관이 직접 단속할 때에는 법을 집행하고 강제하는 경찰이라는 권위에 의해 해수욕장 안전에 대한 질서유지가 지켜지는 경향이 나타났으나 지방자치단체에서 안전요원을 배치하고 관리하는 상황에서는 질서유지가 제대로 이루어지지 않기 때문에 향후 해양경찰로 다시 이관하여 해양안전의 전담부서로서 역할을 하여야 할 것이다.

5장 유선 및 도선 안전관리

1 유선 및 도선 안전관리 일반

[1] 유선 및 도선 사업법 체계

(1) 의의

「유선 및 도선 사업법」[59]은 유선사업 및 도선사업에 관하여 필요한 사항을 정하여 유선 및 도선의 안전운항과 유선사업 및 도선사업의 건전한 발전을 도모함으로써 공공의 안전과 복리의 증진에 기여함을 목적으로 한다.

유선사업이란 유선 및 유선장(遊船場)을 갖추고 수상에서 고기잡이, 관광, 그 밖의 유락(遊樂)을 위하여 선박을 대여하거나 유락하는 사람을 승선시키는 것을 영업으로 하는 것으로서 「해운법」을 적용받지 아니하는 것을 말하며,

도선사업이란 도선 및 도선장을 갖추고 내수면 또는 대통령령으로 정하는 바다목에서 사람을 운송하거나 사람과 물건을 운송하는 것을 영업으로 하는 것으로서 「해운법」을 적용받지 아니하는 것을 말한다.

「해운법」을 적용받지 아니하다는 것은 「해운법」상 도서지역의 해상여객을 운송하는 여객선이 운항하는 해역에서의 영업을 제한하기 위한 것이다.

이와 같이 유선 및 도선 법령에서 「해운법」의 적용을 받지 않는 도선사업에 대하여 바다에서의 그 영업구역을 「해운법」에 따른 여객선이 운항되지 아니하는 일정한 해역으로 제한하고 있는 취지는 육지와 비교적 가까운 해역, 육지와 도서간 또는 도서와 도서간의 거리가 비교적 가까운 해역으로서 「해운법」에 따른 여객선이 운항되지 않는 지역에 도선사업이 행해지도록 함으로써 해당 지역 주민 등의 교통불편을 해소하도록 하려는 것뿐만 아니라 육지와 도서

---

59) 유선 및 도선 사업법(유.도선법), [법률 제17091호, 2020. 3. 24., 타법개정], 행정안전부(안전제도과).

간 또는 도서와 도서간의 거리가 비교적 가까운 해역이 아닌 해역에 대한 운송에 관하여는 「해운법」에 따른 해상여객운송사업에 맡기려는 것이며, 선박의 안전운항 등 해상교통의 안전을 도모하려는 취지도 있는 것이고, 「해운법」에 따른 해상여객운송사업은 같은 법 제13조 등에 따르면 여객 유무를 불문하고 비수기에도 일정한 항로를 정기적으로 운항하여야 하는 의무가 있는 등 도선사업보다 많은 규제를 받고 있으므로 도선사업은 「해운법」에 따른 해상여객운송사업의 영업권을 침해하지 않는 범위에서 그 영업이 행해지도록 하려는 것이다[60].

(2) 적용범위

「유선 및 도선 사업법」 제2조에 의하면 유선이란 유선 및 유선장을 갖추고 하천, 호소 또는 바다에서 어렵, 관광 기타 유락(遊樂)을 위하여 선박을 대여하거나 유락하는 사람을 승선시키는 것을 영업으로 하는 것으로서 「해운법」의 적용을 받지 아니하는 것을 말하며, 도선사업이란 도선 및 도선장을 갖추고 하천, 호소 또는 대통령령이 정하는 바다목에서 사람 또는 사람과 물건을 운송하는 것을 영업으로 하는 것으로서 「해운법」의 적용을 받지 아니하는 것을 말한다고 한다.

운항규칙으로는 「해사안전법」의 적용을 받지 아니하는 유도선의 운항규칙에 관하여 필요한 사항은 대통령령으로 정하여 유·도선 업자 및 선원이 운항규칙을 준수하도록 정하고 있다. 「해사안전법」 제3조에는 해상항행선박이 항행을 계속할 수 없는 하천·호수·늪 등은 제외한다라고 정하고 있다. 그러므로 연안해역을 운항하는 유선 및 도선에는 「해사안전법」의 항법이 적용되고, 아라뱃길 개통 후 해상항행선박이 경인항과 김포항을 거쳐 한강의 서울항으로도 항행하고 있기 때문에 적용된다고 볼 수 있다. 따라서 해상항행선박이 항행할 수 없는 충주호 등에는 「유선 및 도선 사업법」의 운항규칙이 적용된다고 하겠다.

(3) 적용배제

1) 「수상레저안전법」에 따른 수상레저사업 및 그 사업과 관련된 수상에서의 행위를 하는 경우
2) 「체육시설의 설치·이용에 관한 법률」에 따른 체육시설업 및 그 사업과 관련된 수상에서의 행위를 하는 경우
3) 「낚시 관리 및 육성법」에 따른 낚시어선업 및 그 사업과 관련된 수상에서의 행위를 하는 경우

60) 법령질의에 대한 법제처 법령해석 회신, 소방방제청(2010. 5. 11).

4) 「마리나항만의 조성 및 관리 등에 관한 법률」에 따른 마리나업 및 그 사업과 관련된 수상에서의 행위를 하는 경우
5) 「수중레저활동의 안전 및 활성화 등에 관한 법률」에 따른 수중레저사업 및 그 사업과 관련된 수상에서의 행위를 하는 경우

(4) 유선 및 도선 사업법의 개요

「유선 및 도선 사업법」은 제1장 총칙, 제2장 유선사업, 제3장 도선사업, 제4장 안전검사 및 안전관리, 제5장 보칙과 제6장 벌칙으로 구성되어 있다. 일반적으로 「해사안전법」, 「선박의 입항 및 출항 등에 관한 법률」과 달리 「유선 및 도선 사업법」에서는 해양경찰서가 해상에서의 전반적인 해상교통 질서유지업무를 전담하고 있다. 「유선 및 도선 사업법」은 사업면허 구역에 따라 해상은 해양경찰서장, 내수면은 자치단체장이 관리권한을 구분하고 있기 때문에 해상에서 유·도선 면허 및 안전관리 업무를 해양경찰서가 처리하고 있다.

[2] 유선 및 도선 안전관리 연혁

(1) 연 혁

1) 1961.12.13 유선영업단속법(유선영업의 요건을 경찰서장의 신고제로 하되, 인명피해 우려가 있는 배는 사용 허가제로 실시
2) 1967.01.16 도선업단속법(도선업의 요건을 경찰서장의 신고제로 운영)
3) 1981.01.04 유선및도선사업법(유선업 및 도선업의 관리를 시장·군수의 신고제로 운영)
4) 1993.10.10 전남 부안 위도 근해에서 서해훼리호(110톤)침몰, 292명 사망
5) 1993.12.27 유선 및 도선 사업법 개정(해수면 : 해양경찰청장, 내수면 : 시·도지사)
6) 1993.12.31 유선 및 도선 사업법시행령 전부개정
7) 1993.12.31 유선 및 도선 사업법시행규칙(내무부령) 제정
8) 1994.01.01 해수면 유선, 도선 안전관리 업무 해양경찰청 인수

(2) 인수배경 및 업무개시

1993. 10. 10 전북 부안군 위도 동남방 4.6㎞ 해상에서 292명이 사망하는 여객선 서해훼리호 침몰사고 이후, 유·도선의 합리적이고 효율적인 안전관리를 위하여 내무부와 협의한 결과, 지방자치단체에서 관리하던 해수면 유·도선은 해상을 관할하는 해양경찰청에서 수행하도록 유선 및 도선사업법을 개정하였다(1993. 12. 27).

이듬해인 1994. 1. 1부터 내수면의 면허(신고)권·행정처분권 등 전반 관리권은 시·도지사(11개시·도와 54개 시·군·구)가 관할하고, 해수면의 면허(신고)권·행정처분권 등 전반적인 관리권은 해양경찰청의 고유임무로 수행하게 되었다.

(3) 유도선 안전관리의 중요성

1) 유선은 여행·유락객들이 즐겨 이용하고, 도선은 해상 교통수단으로써의 공공성을 지닌 선박이므로 공공성을 가지고 있다.
2) 유·도선은 운송의 시설이나 방법이 안전관리면에서 육상교통보다 많은 어려움이 있고, 사고시 구조와 구난방법도 육상교통에 비하여 많은 난점을 가지고 있어 기술적인 곤란성을 가지고 있다.
3) 유·도선의 대부분이 100톤 미만의 소규모 선박으로써 영세하고 시설면에서 취약성을 나타내고 있어 사고위험이 크다.

[3] 유선 및 도선현황(2018년)[61]

〈표 3-16〉 서별 현황(단위 : 척)

구분	계	인천	평택	태안	보령	속초	포항	동해	군산	부안	목포	완도	여수	울산	부산	창원	통영	제주	서귀포
계	506	88	22	8	6	4	3	1	9	1	18	6	28	2	19	145	93	8	25
유선	402	76	14	6	6	2	1	1	9	1	11	0	25	2	19	139	66	7	17
도선	104	12	8	2	0	2	2	0	0	0	7	6	23	0	0	6	27	1	8

▸ 전체 유선 402척중 215척(53%)이 창원과 인천, 도선은 104척중 50척(48%)이 여수와 통영에서 운항

〈표 3-17〉 형태별 현황 (단위 : 척)

합 계			유 선			도 선		
소계	동 력	무동력	소계	동력	무동력	소계	동력	무동력
506	281	225	402	179	223	104	102	2

▸ 06척 중 동력선 281척(유선 : 179척, 도선 102척), 무동력 225척

61) 해양경찰교육원 (2020), 「해상교통 및 파출장소업무」, 신임경찰과정 교재, 81면.

〈표 3-18〉 톤수별 현황 (단위 : 척)

구 분	계	무동력	5톤미만	5-30톤	30-100톤	100-500톤	500-1천톤
총 계	506	225	34	138	59	39	11
유 선	402	223	23	88	41	19	8
도 선	104	2	11	50	18	20	3

► 전체 506척 중 무동력선 225척을 제외한 30톤 미만 동력 선박은 172척으로 62%를 차지하고 있으며, 30톤 이상 중대형 109척(38%)중 500톤 이상의 선박도 11척이 있어 관광객 승·하선시 승선원 확인 등 안전관리가 무엇보다 중요하다 할 것이다.

〈표 3-19〉 선령별 현황 (단위 : 척)

구 분	계	5년미만	5-10년	10-15년	15-20년	20-25년	25년이상
계	506	66	98	160	76	63	43
유 선	402	35	75	142	61	48	41
도 선	104	31	23	18	15	15	2

► 유선 선령 20년은 이상 89척으로 전체 유선의 21%, 도선은 17척으로 전체 도선의 17%임.

〈표 3-20〉 운항거리별 현황 (단위 : 척)

구 분	계	2해리 이내	2~5해리	5~10해리	10~20해리	20~30해리
계	506	228	81	84	59	54
유 선	402	178	45	70	55	54
도 선	104	50	36	14	4	0

► 10해리 이상 운항하는 선박도 113척(22%)으로 선박 운항중 지속적인 관리가 필요할 것으로 보임

〈표 3-21〉 카페리 도선 현황 (단위 : 척)

구분	계	속초	동해	포항	완도	목포	군산	부안	태안	보령	평택	울산	부산	창원	통영	여수	제주	서귀포	인천
계	35	0	1	0	0	1	0	0	0	0	2	0	0	0	8	6	0	7	10
평수	27	0	0	0	0	1	0	0	0	0	2	0	0	0	8	6	0	0	10
연해	8	0	1	0	0	0	0	0	0	0	0	0	0	0	0	0	0	7	0

[4] 중요사고 유형 및 원인

〈표 3-22〉 사고 유형 (단위 : 척)

	구분	계	충돌(접촉)	화재	좌초(좌주)	침몰(침수)	추진기 장애	기관고장 등 기타
유도선	계	80	10	2	8	3	15	42
	2018	19	2	2	1	2	8	14
	2017	24	4	0	2	2	6	10
	2016	21	2	0	1	0	5	13
	2015	11	1	0	2	1	3	4
	2014	5	1	0	2	0	1	1

► 해양사고 유형 : 기관고장 등(50.7%), 추진기 장애(22.5%), 충돌(5.6%) 순임

〈표 3-23〉 원인별 해양사고 분석 (단위 : 척)

구분	계	운항부주의	정비불량	기타
계	80	27	36	17
2018년	19	6	11	2
2017년	24	10	11	3
2016년	21	5	9	7
2015년	11	3	4	4
2014년	5	3	1	1

► 해양사고 원인에 대해 분석해 본 결과, 대부분의 사고(약 70%)는 운항부주의, 정비불량 등 인적과실에 의해 발생한 것으로 사업자와 종사자의 안전의식 전환과 선박점검 등 책임성이 무엇보다 중요하다 할 것이다.

2 유선 및 도선사업법

[1] 목적

이 법은 유선사업(遊船事業) 및 도선사업(渡船事業)에 관하여 필요한 사항을 정하여 유선 및 도선의 안전운항과 유선사업 및 도선사업의 건전한 발전을 도모함으로써 공공의 안전과 복리의 증진에 이바지함을 목적으로 한다.

[2] 용어정의

1) "유선사업"이란 유선 및 유선장(遊船場)을 갖추고 수상에서 고기잡이, 관광, 그 밖의 유락(遊樂)을 위하여 선박을 대여하거나 유락하는 사람을 승선시키는 것을 영업으로 하는 것으로서 「해운법」을 적용받지 아니하는 것을 말한다.

2) "도선사업"이란 도선 및 도선장을 갖추고 내수면 또는 대통령령으로 정하는 바다목에서 사람을 운송하거나 사람과 물건을 운송하는 것을 영업으로 하는 것으로서 「해운법」을 적용받지 아니하는 것을 말한다.

> 제2조(바다목) 「유선 및 도선 사업법」(이하 "법"이라 한다) 제2조제2호에서 "대통령령으로 정하는 바다목"이란 다음 각 호의 해역을 말한다.
> 1. 내수면과 해수면이 접하는 하구나 해안과 해안을 잇는 만(灣)의 형태를 갖춘 해역
> 2. 육지와 도서(島嶼) 간 및 도서와 도서 간의 거리가 비교적 가깝고 「해운법」에 따른 여객선이 운항되지 아니하는 해역(여객선이 운항되고 있는 도서 중 한 곳과 여객선이 운항되지 아니하는 다른 도서 간의 해역을 포함한다)

3) "유선장" 및 "도선장"이란 유선 및 도선(이하 "유·도선"이라 한다)을 안전하게 매어두고 승객이 승선·하선을 할 수 있게 한 시설과 승객 편의시설을 말한다.

4) "수상"이란 내수면과 해수면을 말한다.

5) "내수면"이란 하천, 댐, 호수, 늪, 그 밖에 인공으로 조성된 담수(淡水)와 기수(汽水)의 수류(水流) 또는 수면을 말한다.

6) "해수면"이란 바다의 수류나 수면을 말한다.

[3] 사업의 면허 및 신고 관할관청

1) 유선사업 및 도선사업(이하 "유·도선사업"이라 한다)을 하려는 자는 대통령령으로 정하는 유·도선의 규모 또는 영업구역에 따라 다음 각 호의 구분에 따른 관할관청의 면허를 받거나 관할관청에 신고하여야 한다. 면허 또는 신고사항을 변경하려는 경우에도 또한 같다.

> ① 유선사업 및 도선사업(이하 "유·도선사업"이라 한다) 중 법 제3조제1항에 따라 면허를 받아야 하는 대상은 유선 및 도선(이하 "유·도선"이라 한다)의 규모 또는 영업구역이 다음 각 호의 어느 하나에 해당하는 유·도선사업으로 한다.
> 1. 총톤수가 5톤 이상인 선박
> 2. 총톤수가 5톤 미만인 선박 중 승객 정원이 13명 이상인 선박
> 3. 유·도선사업의 영업구역이 2해리 이상인 경우
>
> ② 법 제3조제1항에 따라 신고를 하여야 하는 유·도선사업은 제1항에 해당하지 아니하는 유·도선사업으로 한다.

가) 유선장 및 도선장 또는 영업구역이 내수면과 해수면에 걸쳐 있거나 둘 이상의 특별시·광역시·특별자치시·도 또는 특별자치도(이하 "시·도"라 한다)에 걸쳐 있는 경우 : 해당 유·도선을 주로 매어두는 장소를 관할하는 특별시장·광역시장·특별자치시장·도지사 또는 특별자치도지사(이하 "시·도지사"라 한다) 또는 지방해양경찰청장

나) 영업구역이 내수면인 경우 : 특별자치도지사·시장·군수·구청장. 다만, 영업구역이 둘 이상의 특별자치도·시·군·구의 관할구역에 걸쳐 있고 운항거리가 5해리 이상인 경우에는 시·도지사, 운항거리가 5해리 미만인 경우에는 해당 유·도선을 주로 매어두는 장소를 관할하는 시장·군수·구청장

다) 영업구역이 해수면인 경우 : 해당 유·도선을 주로 매어두는 장소를 관할하는 해양경찰서장

라) 서울특별시의 한강에서 운항하는 유·도선의 경우 : 서울특별시의 한강 관리에 관한 업무 중 유·도선에 관한 업무를 관장하는 기관의 장

2) 제1항 각 호에 따라 면허신청 또는 신고를 받은 관할관청은 유·도선사업의 면허를 발급하거나 신고를 수리(受理)할 때에 그 영업구역이 내수면과 해수면에 걸쳐 있거나 둘 이상의 시·도 또는 시·군·구에 걸쳐 있는 경우에는 관계 시·도지사나 시장·군수·구청장 또는 지방해양경찰청장이나 해양경찰서장과 미리 협의하여야 하며, 유·도선장이 「자연공원법」에 따른 공원구역 안에 있는 경우에는 공원관리청과 미리 협의하여야 한다.

3) 관할관청은 제1항 각 호 외의 부분 전단에 따른 신고를 받은 날부터 7일 이내, 같은 항 각 호 외의 부분 후단에 따른 변경신고를 받은 날부터 5일 이내에 신고수리 여부를 신고인에게 통지하여야 한다.

4) 관할관청은 제3항에 따른 기간 이내에 수리여부를 통지할 수 없을 때에는 그 기간이 끝나는 날의 다음 날부터 기산(起算)하여 제1항 각 호 외의 부분 전단에 따른 신고의 경우 7일, 같은 항 각 호 외의 부분 후단에 따른 변경신고의 경우 5일의 범위에서 기간을 연장할 수 있다. 이 경우 관할관청은 연장된 사실과 연장 사유를 신청인에게 지체 없이 문서(전자문서를 포함한다)로 통지하여야 한다.

5) 관할관청은 유·도선사업의 면허를 발급하거나 신고를 수리하였을 때에는 그 내용을 관계 시·도지사나 시장·군수·구청장 또는 지방해양경찰청장이나 해양경찰서장, 공원관리청, 경찰서장, 지방해양항만관서의 장과 「도로법」 제23조에 따른 도로관리청(도선사업만 해당한다) 및 그 밖에 대통령령으로 정하는 관계 기관에 각각 통보하여야 한다.

> "대통령령으로 정하는 관계 기관"이란 다음 각 호의 기관을 말한다.
> 1. 지방환경관서
> 2. 육군 및 해군의 사단급 이상 부대

6) 관할관청은 제1항에 따라 면허를 발급할 때에 유·도선의 안전강화 및 편의시설 확보 등을 위하여 행정안전부령 또는 해양수산부령으로 정하는 바에 따라 필요한 조건을 붙일 수 있다.

[4] 면허·신고사업 구분

(1) 면허대상

1) 유·도선의 총톤수가 5톤 이상인 선박
2) 유·도선의 총톤수가 5톤 미만인 선박 중 승객 정원이 13인 이상인 선박
3) 유·도선사업의 영업구역이 2해리 이상인 경우

> ※ 위 3개항 중 1개 항에만 해당되어도 면허 대상

(2) 신고대상 : 면허사업대상이 아닌 선박

> ※ 일정한 영업구역에서 동일한 유·도선사업자가 면허 및 신고대상 선박을 같이 소유한 경우에는 면허대상으로 처리

(3) 사업신청 시 시설기준

1) 유선사업

가) 선박기준

① 「선박안전법」 제26조에 따른 선박시설기준에 적합한 선박

② 다만, 「선박안전법」을 적용받지 아니하는 경우에는 시행령 제12조에 따른 안전검사를 받은 선박

나) 시설·장비·인력기준

① 영 제17조의 규정에 의한 인명구조장비 및 시설

② 「선박직원법」에 적합한 선원 또는 규칙 제17조의 규정에 적합한 선원

③ 영 제20조의 규정에 의한 인명구조요원을 배치할 것

2) 도선사업

가) 선박기준

① 「선박안전법」 제26조에 따른 선박시설기준에 적합한 선박

② 영 제12조의 규정에 의한 안전검사를 받은 선박

나) 시설·장비·인력기준

① 영 제18조의 규정에 의한 인명구조장비 및 시설

② 「선박직원법」에 적합한 선원 또는 규칙 제17조의 규정에 적합한 선원

③ 영 제20조의 규정에 의한 인명구조요원을 배치할 것

〈표 3-24〉 선박직원의 최저승무기준

〈소형선박을 제외한 선박의 갑판부 및 기관부 승무기준〉

선박의 항행구역		선박의 크기 (총톤수)	선박직원	승무자격	
				여객선	여객선외선박
연안수역	평수구역	200톤 미만	선장	5급 항해사	6급 항해사
		200톤 이상 1천600톤 미만	선장	4급 항해사	5급 항해사
		1천600톤 이상	선장 1등 항해사	3급 항해사 4급 항해사	4급 항해사 5급 항해사
	평수구역을 제외한 연안수역	200톤 미만	선장 1등 항해사	5급 항해사 6급 항해사	6급 항해사 -
		200톤 이상 500톤 미만	선장 1등 항해사	4급 항해사 5급 항해사	5급 항해사 6급 항해사
		500톤 이상 1천600톤 미만	선장 1등 항해사	3급 항해사 5급 항해사	4급 항해사 5급 항해사
연안수역	평수구역	750kw 미만	기관장	6급 기관사	
		750kw 이상 3kw 미만	기관장	5급 기관사	
		3천kw 이상	기관장 1등 기관사	4급 기관사 5급 기관사	
	평수구역을 제외한 연안수역	750kw 미만	기관장	6급 기관사	
		750kw 이상 1천500kw 미만	기관장	5급 기관사 6급 기관사	
		1천500kw 이상 3천kw 미만	기관장 1등 기관사	4급 기관사 5급 기관사	

〈표 3-25〉 소형선박의 승무기준

선박의 항행구역	선박의 구분	선박직원	승무자격
연안수역	여객선	선 장 기관장	6급 항해사 소형선박 조종사
	여객선외의 선박	선장 및 기관장	소형선박 조종사

► "여객선"이란 여객정원이 13인 이상인 선박. 「유선 및 도선 사업법」 제3조의 규정에 따라 영업구역을 바다로 하여 면허를 받거나 신고 된 유도선은 「선박직원법」 제2조제1호 의거 해기사면허 소지 의무

(4) 선원의 정원·자격 및 명부 등

1) 「선박직원법」을 적용받지 아니하는 유·도선 선원의 정원 및 자격기준은 행정안전부령 또는 해양수산부령으로 정한다.

2) 유·도선사업자는 행정안전부령 또는 해양수산부령으로 정하는 바에 따라 그 영업소 안에 선원의 명부를 작성하여 갖추어 두어야 한다.

제17조(선원 정원 등의 기준)
① 법 제23조제1항에 따른 유·도선의 선원은 1명 이상으로 한다. 다만, 승선 정원이 20명 이상인 유·도선은 2명 이상으로 한다.
② 제1항에 따른 선원은 다음 각 호의 어느 하나에 해당하는 사람이어야 한다.
1. 「선박직원법」에 따른 항해사, 운항사 또는 소형선박조종사의 면허증을 소지한 사람
2. 승선 경력 및 능력 등을 고려하여 관할관청이 별도로 정하는 기준에 맞는 사람
3. 「수상레저안전법」 제4조에 따른 동력수상레저기구 조종면허 중 일반조종면허를 받은 사람
③ 제1항 및 제2항은 노로 젓는 보트 등 승객이 조종하는 선박에 대해서는 적용하지 아니한다.

(5) 사업 신청자의 결격사유

1) 면허사업 결격대상

가) 미성년자·피성년후견인 또는 피한정후견인

나) 이 법, 「선박안전법」, 「선박법」, 「선박직원법」, 「선원법」, 「해사안전법」, 「물환경보전법」 또는 「해양환경관리법」을 위반하여 금고 이상의 형을 선고받고 그 집행이 끝나거나 집행을 받지 아니하기로 확정된 날부터 2년이 지나지 아니한 사람

다) 이 법, 「선박안전법」, 「선박법」, 「선박직원법」, 「선원법」, 「해사안전법」, 「물환경보전법」 또는 「해양환경관리법」을 위반하여 금고 이상의 형의 집행유예를 선고받고 그 집행유예기간 중에 있는 사람

라) 제9조제1항에 따라 유·도선사업의 면허가 취소(이 항 제1호에 해당하여 면허가 취

소된 경우는 제외한다)된 후 2년이 지나지 아니한 자

마) 임원 중 제1호부터 제4호까지의 어느 하나에 해당하는 사람이 있는 법인

2) 신고사업 결격대상

유·도선사업의 폐쇄명령을 받은 자는 그 사업이 폐쇄(이 조 제1항제1호에 해당하여 사업이 폐쇄된 경우는 제외한다)된 후 1년이 지나지 아니하고는 제3조에 따른 유·도선사업의 신고를 할 수 없다.

(6) 면허·신고의 유효기간

1) 유선사업의 면허 또는 신고의 유효기간은 10년으로 하되, 연중 한시적으로 영업하는 경우에는 해당 연도로만 하며, 도선사업의 면허 또는 신고의 유효기간은 영구로 하되, 연중 한시적으로 영업하는 경우에는 5년으로 한다.
2) 면허 또는 신고의 유효기간이 지난 후 계속하여 사업을 하려는 자는 행정안전부령 또는 해양수산부령으로 정하는 바에 따라 면허를 갱신받거나 신고를 갱신하여야 한다.
3) 관할관청은 갱신신고를 받은 날부터 5일 이내에 신고수리 여부를 신고인에게 통지하여야 한다.
4) 관할관청이 정한 기간 내에 신고수리 여부 또는 민원 처리 관련 법령에 따른 처리기간의 연장을 신고인에게 통지하지 아니하면 그 기간이 끝난 날의 다음 날에 신고를 수리한 것으로 본다.

(7) 영업구역 및 영업시간

1) 유·도선의 영업구역은 선박의 톤수 및 성능에 따라 대통령령으로 정한다.
   가) 「선박안전법」의 적용을 받는 유·도선은 선박검사 시 정해진 항행구역 내(선박검사증서)에서 시·도지사(시장·군수·구청장) 또는 해양경찰서장이 지정한 구역 또는 거리이내
   나) 「선박안전법」의 적용을 받지 아니하는 유·도선은 영 제13조의 규정에 의한 안전검사시에 정하여진 구역 또는 거리이내
   다) 유·도선의 중간기착
      ① 유선 : 관광, 기타 유락을 위하여 승객의 승·하선이 필요한 경우
      ② 도선 : 일반교통 목적으로 승객의 승·하선이 필요한 경우

③ 중간기착지의 시설 : 선박의 안전정박과 승객의 승·하선이 가능한 선착장 시설

④ 영업구역 내 중간 기착지를 정할 수 있는 요건

- 「해운법」에 따른 해상운송여객사업자의 영업권을 침해할 우려가 없는 경우
- 유선사업의 경우 중간 기착지로 인하여 사람을 운송하거나 사람과 물건을 운송하는 목적으로 이용될 우려가 없는 경우

▶ 사업면허 신청·신고시나 변경신청시에 규칙 제2조 별지 제1호서식 영업구역란에 중간기착지를 명시하여 제출

2) 유·도선의 영업시간

가) 유·도선의 영업시간은 해 뜨기 전 30분부터 해 진 후 30분까지를 원칙. 다만, 대통령령으로 정하는 바에 따라 야간운항에 필요한 조명시설 등 안전운항 시설과 장비를 갖춘 경우에는 해뜨기 전 30분 이전 또는 해 진 후 30분 이후에도 영업을 할 수 있다.

나) 적용제외

① 응급환자가 발생한 경우

② 공공 목적으로 운항이 필요한 경우

다) 야간운항에 필요한 안전운항 시설 및 장비

> 제8조(야간운항에 필요한 안전운항 시설 및 장비)
> 유·도선사업의 면허를 발급받은 자나 신고가 수리된 자(유·도선사업자)가 법 제8조제2항 단서에 따라 해뜨기 전 30분 이전 또는 해 진 후 30분 이후 유·도선 영업을 하려는 경우에는 해당 유·도선 등에 다음 각 호의 구분에 따른 시설 및 장비를 모두 갖추어야 한다.
> 1. 해당 유·도선 : 다음 각 목의 모든 장비
> 가. 전등 1개 이상
> 나. 자기점화등 1개 이상
> 다. 등(燈)이 부착된 승선 정원에 해당하는 수의 구명조끼
> 2. 해당 유선장 또는 도선장(이하 "유·도선장"이라 한다) : 다음 각 목의 모든 시설 및 장비
> 가. 자기점화등 1개 이상
> 나. 승선장 및 하선장에 각각 100럭스 이상의 조도(照度)를 갖춘 조명시설

3) 기상특보시 영업

가) 유·도선은 기상특보(「기상법」 제14조에 따른 기상특보를 말한다. 이하 같다) 발효시 운항할 수 없다.

나) 「선박안전법」 제8조제3항에 따른 항해구역 중 평수구역(平水區域)(평수구역이 없는 해수면의 경우에는 대통령령으로 정하는 범위의 해수면을 말한다)에서 운항하는

유·도선은 행정안전부령 또는 해양수산부령으로 정하는 기준 및 절차에 따라 기상특보(대통령령으로 정하는 기상특보에 한정한다) 발효 시에도 운항할 수 있다.

"대통령령으로 정하는 기상특보"란 기상청장이 다음 각 호의 어느 하나에 해당하는 기상현상에 대하여 「기상법」 제14조에 따라 발표하는 선박의 안전운항에 관한 특보(주의보에 한정한다)를 말한다.
1. 호우 2. 대설 3. 폭풍해일 4. 강풍 5. 풍랑 6. 황사 7. 건조
8. 한파 9. 폭염

다) 시장·군수·구청장 또는 해양경찰서장은 제5항에 따라 운항이 허용된 경우에도 해당 영업구역의 실제 기상상태를 확인하여 안전운항에 지장이 있다고 판단할 때에는 유·도선의 운항을 제한할 수 있다.

[5] 사업의 변경, 갱신, 휴·폐업, 운항 휴지

(1) 면허·신고사항의 변경

1) 사업면허·신고사항을 변경하고자 할 때에는 변경사항이 발생한 날부터 7일 이내에 규칙 제3조제4항 별지 제4호 서식의 변경신청·신고서를 관할 시·도지사(시장·군수·구청장), 해양경찰서장에게 제출

2) 처리

변경신청·신고사항이 법·령·규칙에 적합하다고 인정할 때에 5일이내에 사업면허증 또는 사업신고필증을 개서(고쳐씀)하거나 재작성 교부

► **개서와 재작성이 다른 점**

개서는 면허증에 고쳐 쓰는 것이고 **재작성**은 면허증을 다시 작성(면허번호는 종전번호 그대로 사용)하고 면허증 우측 상단에 "재작성" 표기

(2) 면허·신고의 갱신

1) 사업면허·신고의 유효기간 종료일 1개월 전까지 해당 사업자에게 갱신에 관한 사항을 알려야 하며, 면허를 갱신 받거나 신고를 갱신하려는 자는 면허 또는 신고의 유효기간 종료일 5일 전까지 별지 제9호서식의 갱신신청·신고서를 관할 시·도지사(시장·군수·구청장), 해양경찰서장에게 제출

2) 처리

갱신신청·신고사항이 법·령·규칙에 적합하다고 인정될 때에는 사업면허증 또는 사업

신고필증을 재작성 교부

(3) 휴·폐업, 운항휴지

1) 유·도선사업자가 휴업·폐업 또는 운항을 중단하고자 할 때는 휴업일 또는 폐업일 3일 전까지 관할관청에 신고 후 지체없이 그 휴·폐업기간을 유·도선장에 게시 다만, 기관 고장 등 부득이한 경우 당일신고 가능
2) 휴·폐업, 운항중단에 관한 사항
   가) 휴업기간 사전 관할 면허관청에 유·도선은 신고(면허증 또는 신고필증 첨부)
   나) 폐업시 사업면허증 또는 신고필증 반납 등
3) 휴업의 경우 휴업기간은 도선의 경우는 계속하여 6개월, 유선의 경우는 계속하여 1년을 넘을 수 없다.
4) 휴업 또는 운항중단신고를 한 자가 휴업 또는 운항중단 기간 중에 영업을 다시 시작하려는 경우에는 사업 재개신고서를 영업재개일 3일 전까지 관할관청에 제출
5) 도선이 휴·폐업으로 교통수요를 충족 못할 시 관할 행정관청과 협의하여 대체선 투입, 증회 등 사전대책 강구
6) 도선 사업정지가 국민에게 심함 불편을 주거나 공익을 해칠 우려가 있을때에는 과징금(1천만원 이하)부과
7) 도선사업자의 영업시간 중 언제든지 도선을 운항할 수 있도록 필요한 준비를 하여야 하며, 승객의 출선요구 거부 또는 출선지연 금지

   〈적용제외〉
   ① 폭풍우·홍수·기타의 사유로 운항이 위험한 때
   ② 당해 운항이 공공의 안녕질서에 위반한 때
   ③ 선체의 고장 기타 정당한 사유가 있는 때

※ **폐업** : 면허(신고)필증 반납, 행정행위(허가) 효력상실
휴업 : 면허(신고)필증 사업자보유, 비교적 장기간 사업의 정지
중단 : 부득이한 사유로 단기간 사업의 일시정지

[6] 선박의 안전검사

(1) 선박검사의 구분

1) 유선 및 도선 사업법 적용 검사대상 유·도선 ⇒ 안전검사

▶ 선박안전법 적용제외 선박 : 노와 상앗대만으로 운전하는 선박

2) 선박안전법 적용대상 유·도선 ⇒ 선박검사

3) 검사의 종류

가) 건조검사(제7조)

선박을 건조하고자 하는 자는 선박에 설치되는 선박시설에 대하여 해양수산부령이 정하는 바에 따라 검사를 받아야 한다.

나) 정기검사(제8조)

최초로 항행에 사용할 때 및 선박검사증서의 유효기간(5년)이 만료한 때 행하는 정밀한 검사

다) 중간검사(제9조)

정기검사와 정기검사의 사이에 해양수산부령이 정하는 바에 따른 중간검사

라) 임시검사(제10조)

선박의 시설 또는 선박의 무선설비에 대하여 해양수산부령이 정하는 개조 또는 수리를 행할 때, 선박검사증서에 기재된 내용을 변경하고자 할 때 기타 해양수산부령이 정하는 경우에 행하는 검사

마) 임시항행검사(제11조)

정기검사를 받기 전에 임시로 선박을 항해에 사용하고자 하는 때 등

4) 선박검사 기관

선박안전기술공단(KST) 및 한국선급협회(KR)

(2) 유·도선 안전검사

1) 안전검사

가) 안전검사 실시기관(법 제20조)

시·도지사(시장·군수·구청장) 또는 해양경찰서장 ⇒ 안전검사요원 임명

나) 안전검사의 시기(영 제12조 제1항) : 사업면허의 신청 또는 사업신고 시

다) 안전검사의 신청(영 12조제2항, 제4항, 제5항, 규칙 제16조 제1항)

① 선체구조를 변경하거나 기관을 교체한 때 10일 이내

② 사업면허 또는 사업 신고 후 1년마다 (유효기간 1년)

③ 유·도선사업자는 안전검사 신청서를 관할 시·도지사(시장·군수·구청장) 또는 해양경찰서장에게 제출

④ 안전검사 신청서의 첨부서류

ⓐ 선박의 구조도면 1부(구조가 동일한 선박이 2척 이상일 경우에는 그 대표되는 선박의 구조도면 1부만 제출)

ⓑ 인명구조용 장비에 대한 명세서 1부

⑤ 안전검사수수료 ⇒ 안전검사신청서에 부착

ⓐ 수수료는 당해 시·군·구의 조례나 해양경찰청장이 정함

ⓑ 수수료는 당해 시·군·구의 수입증지(내수면) 또는 수입인지(해상)로 하되, 납부수수료는 반환하지 않음

라) 안전검사의 기준(영 제13조, 제17조 내지 제18조)

① 선박의 선령에 따른 안전성 여부

② 인명구조용장비 및 시설기준 적합여부

③ 승선정원 등 기준에의 적합여부

④ 도선의 적재중량 등 산정기준에의 적합여부

⑤ 선원 정원 등의 기준에 적합여부

⑥ 기준 적용의 예외(영 제19조)

ⓐ 시·도지사(시장·군수·구청장) 또는 해양경찰서장은 당해 유·도선장의 수심·수세·운항거리 및 교통량 등을 고려하여 위험방지에 지장이 없다고 인정되는 경우

ⓑ 영 제14조 제1항(유·도선의 규격), 제17조 제1항 및 제2항(유선의 인명구조용 장비), 영 제18조 제1항(도선의 인명구조용 장비)의 규정에 의한 기준의 일부를 조정할 수 있음

마) 안전검사증 교부(영 제12조)

① 시·도지사(시장·군수·구청장) 또는 해양경찰서장은 신청일로부터 7일 이내에 검사기준에 의하여 적합여부를 검사하고, 검사에 합격한 선박마다, 안전검사증을 교부

② 안전검사증은 그 기재사항의 폭풍우에 훼손·마멸되지 아니하는 것으로 제작하고, 선내의 보기 쉬운 곳에 고정 부착, 안전검사증 기재사항 : 신청인, 선박의 명세, 영업구역, 영업시간, 유효기간 등

바) 유·도선의 선령기준(영 제6조)

【선령의 일반 기준】

① 「선박안전법」의 적용을 받는 유선 또는 도선(각각 비상구조선을 포함한다) : 20년 이하

② 「선박안전법」의 적용을 받지 않는 유선 또는 도선 : 다음의 구분에 따른 선령

ⓐ 목선(木船) 및 합성수지선 : 15년 이하

ⓑ 강선(鋼船) : 20년 이하

【선령의 연장 기준】

① 제1호가목에 따른 선령기준의 적용을 받는 유선 또는 도선이 그 선령기준을 초과한 경우로서 다음의 구분에 따른 요건을 갖춘 경우에는 5년의 범위에서 1년 단위로 그 선령을 연장할 수 있다.

② 선령이 20년 초과 25년 이하인 유선 또는 도선 : 해양경찰청장이 정하여 고시하는 선박검사기준에 따라 관할관청이 검사를 의뢰하는 검사기관에서 검사를 실시한 결과 안전운항에 지장이 없는 것으로 판정되었을 것

③ 선령이 25년을 초과한 유선 또는 도선(목선인 유선 또는 도선 및 합성수지선인 유선 또는 도선은 제외한다) : 선박검사기준에 따라 검사기관에서 검사를 실시한 결과 및 해양경찰청장이 정하여 고시하는 선박관리평가기준에 따른 선박 평가 결과 안전운항에 지장이 없는 것으로 판정되었을 것

④ 제1호나목에 따른 선령기준의 적용을 받는 유선 또는 도선(목선인 유선 또는 도선은 제외한다)이 그 선령기준을 초과한 경우로서 법 제20조제1항에 따른 안전검사 결과 안전운항에 지장이 없는 것으로 판정된 경우에는 10년의 범위에서 1년 단위로 그 선령을 연장할 수 있다.

▶ 선령의 계산 방법 : 선령은 해당 선박을 진수(進水)한 날부터 계산한다. 다만, 진수한 날을 알 수 없으면 진수한 달의 1일부터, 진수한 달을 알 수 없으면 진수한 해의 1월 1일부터 계산한다.

2) 안전검사요원

가) 안전검사요원 임명

해양경찰청 검사업무규칙(예규) 제4조제1항의 규정을 준용하여 해양경찰서장이 법 제20조, 영 제13조 내지 제19조의 규정에 의한 안전검사의 능력이 있다고 인정되는 공무원중에서 임명한다.

나) 검사절차

유·도선의 안전검사요원으로 임명된 공무원은 안전검사를 의뢰 받았을 때 현지에 임장하여 충실히 검사하여야 한다.

다) 검사내용

① 안전검사기준에 따른 선박의 안전검사 : 항행안전성, 인명구조장비 설비 등
② 안전검사 기준에 따른 적합성 여부 : 안전검사 기준에 의한 세부검사
③ 기타 운항상 안전위해 요소 검사 : 선령, 선체상태, 조종상태

3) 인명구조장비·시설 및 인명구조요원

가) 유선의 인명구조장비·시설기준(영 제17조)

① 구명조끼 : 승선정원의 120%이상(20%는 소아용)
② 비상구조선(통신장비를 갖춘 5톤 이상 선박제외)
ⓐ 유선 30척 이하인 경우에는 1척 이상
ⓑ 유선 31척 이상 50척 이하인 경우에는 2척 이상
ⓒ 유선 51척 이상인 경우에는 50척을 초과하는 50척마다 1척씩 더한 수 이상의 비상구조선을 갖출 것

> ▸ 비상구조선은 승선 정원 4명 이상 시속 20노트 이상의 성능을 가진 것으로 사고발생시 인명구조용으로만 사용
> (망원경 1개, 자기점화등 1개 이상, 구명조끼 4개, 구명부환 2개 이상, 드로우 백 1개 이상)

③ 구명부환 : 승선정원 5명 이상이거나 추진기관설치 유선은 승선정원의 30% 이상. 다만, 승선정원의 50% 이상(영업구역이 내수면인 경우에는 25%이상)을 태울 수 있는 수의 구명정, 구명뗏목 또는 구명부기를 갖춘 경우에는 승선정원 15%이상에 해당하는 수의 의 구명부환 비치
④ 구명줄 : 승선 정원이 13인 이상 유선에는 유선마다 지름 10mm 이상, 길이 30m 이상 구명줄 1개 이상이나 드로우 백(throw bag) 1개 이상 비치

⑤ 예비노도 : 노도가 있는 유선 수의 10% 이상에 해당하는 수의 선박에 필요한 예비 노도

⑥ 통신장비 : 2해리 이상 운항하는 유선은 유선장 또는 가까운 무선국과 연락 할 수 있는 통신장비

⑦ 소화기 : 승선 정원이 13인 이상인 유선에는 매 척마다 선실·조타실 및 기관실에 각 1개 이상

⑧ 유선을 안전하게 매어두는 시설과 승객의 승·하선에 필요한 1개 이상의 구명부환을 갖춘 승강장 설비

⑨ 승객이 이용하기에 적정한 규모의 대기시설, 매표소, 화장실

⑩ 야간운항을 하는 유선에는 1개 이상의 전등, 자기점화등, 등(燈)이 부착된 승선정원에 해당하는 수의 구명조끼, 당해 유선장에는 1개 이상의 자기점화등과 승선장 및 하선장에 각각 100럭스 이상의 조도(照度)를 갖춘 조명시설

나) 도선의 인명구조장비·시설기준(영 제18조)

① 구명조끼 : 승선정원의 120% 이상(20%는 소아용)

② 구명부환 : 승선정원 5인 이상이거나 추진기관을 설치한 도선은 승선정원의 30%이상

③ 구명줄 : 도선마다 1개이상 (직경 10mm 이상 길이 30m 이상)

④ 승객을 주로 운송하는 도선에는 매척마다 선실·조타실 및 기관실에 각 1개 이상의 소화기, 화물을 주로 운송하는 도선에는 취급화물의 성질에 적응 할 수 있는 소화설비

⑤ 예비노도 : 당해 노선에 적응 할 수 있는 필요한 수

⑥ 승객을 주로 운송하는 도선은 난간 등 위험방지 설비

⑦ 도선장에는 도선장 간의 연락설비를 갖출 것

⑧ 도선을 안전하게 매어두는 시설 및 1개 이상의 구명부환이 비치된 승객이 승·하선할 수 있는 승강장설비

⑨ 승객이 이용하기에 적정한 규모의 대기시설, 매표소, 화장실

⑩ 야간운항을 하는 유선에는 1개 이상의 전등, 자기점화등, 등(燈)이 부착된 승선정원에 해당하는 수의 구명조끼, 당해 유선장에는 1개 이상의 자기점화등과 승선장 및 하선장에 각각 100럭스 이상의 조도(照度)를 갖춘 조명시설

다) 인명구조요원 배치기준(영 제20조)

① 유선사업

ⓐ 승객 정원 13명 미만 유선

– 30척까지 : 1인

– 31척초과 : 1인 + 매 20척마다 1인 추가

ⓑ 승객 정원 13명 이상 유선

– 승객 정원 50명까지 : 1인

– 승객 정원 51명~100명까지 : 2인

– 승객 정원 100명초과 : 2인 + 매 100명마다 1인 추가

② 도선사업

ⓐ 승객 정원 50명까지 : 1인

ⓑ 승객 정원 51명~100명까지 : 2인

ⓒ 승객 정원 100명초과 : 2인 + 매 100명마다 1인 추가

유·도선의 선원이 인명구조요원의 자격이 있는 경우 인명구조 요원의 겸직 가능

4) 유·도선 사업자 등의 안전교육

가) 교육대상 : 유·도선사업자, 선원, 기타 종사자

나) 유도선의 안전운항에 필요한 교육시간을 매년 8시간 이내로 실시

다) 안전교육 과목

① 운항규칙 등 수상교통의 안전에 관한사항

② 생존기술, 응급조치, 인명구조용장비 사용법 등 수난구호에 관한과목

③ 그 밖에 유·도선사업 및 유·도선의 안전운항에 관하여 필요한 과목

▶ 유·도선사업자는 선원 및 그 종사자가 교육을 이수하는 데에 필요한 조치를 하고, 교육을 이수하지 아니한 선원 및 그 종사자를 근무하게 하여서는 아니 된다.

5) 주류 판매·반입허용 유·도선

가) 관광진흥법에 따라 등록한 관광유람선(유선)

나) 길이 24m이상으로서 총톤수 50톤 이상인 선박(유선, 도선)

다) 도선의 경우 운송의 목적으로 싣는 것은 가능(도선)

▶ 주세법 등 관계법령 위반여부까지 검토 필요

(3) 승선정원

1) 선박안전법 적용제외 선박의 승선정원

가) 승객 및 선원이 안전하게 탑승 할 수 있는 장소의 제곱미터 단위의 면적을 0.35제곱미터로 나눈 수

나) 도선의 경우 화물과 사람 혼재시 화물 55kg을 1인으로 함

다) 승선 정원은 선원 정원을 포함한다.

해양경찰서장은 상기기준에 불구하고 위의 기준에 의한 승선 정원에 의할 경우 선박안전운항에 지장이 있다고 인정되는 때 또는 유·도선 사업을 하는 자가 기준보다 적은 인원의 승선정원을 신청하는 때는 안전운항과 승객수송에 지장이 없다고 인정되는 범위 까지 승선 정원을 감축 할 수 있다.

2) 선박안전법 적용선박의 승선 정원

가) 1세 미만의 유아는 승선 인원에 산입되지 아니함
(승선신고서 보호자 밑에 기록 유지)

나) 1세 이상 12세 미만인 자는 2명을 1명으로 산정(단, 국제항해에 종사하지 아니하는 경우)

다) 승선신고서에 성명과 소인을 확인 할 수 있는 근거 기록

라) 최대 승선 인원은 여객, 선원 및 임시승선자를 기준으로 산정

▶ 임시승선자 : 정박중 선내관람자, 하역작업원, 선원교대자, 항에서만 승선하는자, 도선사, 세관원, 검역공무원

3) 선원의 자격

가) 적용범위

「유선 및 도선사업법」 제3조의 규정에 따라 영업구역을 바다로 하여 면허를 받거나 신고된 유·도선은 선박직원법(제2조) 적용 대상

▶ 주로 노와 상앗대로 운전하는 선박은 선박직원법 미 적용

나) 자격

〈선박직원법 제2조제1호〉
▸ 5톤 이상 선박에 해기사면허 필요함
▸ 5톤 미만의 선박일지라도 다음 선박은 해기사면허가 필요함
– 여객정원 13인 이상인 선박
– 낚시 관리 및 육성법 제25조에 따라 낚시어선업 신고된 어선
– 유선 및 도선사업법 제3조의 규정에 따라 영업구역을 바다로 하여 면허 또는 신고된 유선과 도선

▶ 소형선박조종사 면허 적용 선박(선박직원법시행령 제2조제5호)

① **25톤 미만의 선박**에 소형선박조종사 면허로 승무가능

② 단, 2008.9.30 이전에 건조된 30톤 미만 선박은 소형선박조종사로 면허로 승무가능(25톤 이상 30톤 미만의 선박의 경우 소형선박으로 보아 소형선박조종사면허 소지자 1인으로 선박운항이 가능함), 그러나 2008. 10. 1 이후 건조되는 "25톤 이상 30톤 미만의 선박"은 소형선박이 아니므로 6급 항해사 및 기관사 면허를 소지한 자(2명)가 승선하여야 선박운항이 가능하다.

(4) 도선의 적재정량 산정기준

1) 산정기준

가) 적재중량 : 선박의 길이·너비·깊이를 미터단위로 측정하고 이를 서로 곱하여 얻은 수의 10분의 7에 0.39를 곱하여 얻은 수로 하되, 그 단위는 톤으로 한다.

나) 적재용량 : 선박의 길이·넓이·깊이를 미터단위로 측정하고 이를 서로 곱하여 얻은 수의 10분의 7에 0.5로 곱하여 얻은 수로 하되, 그 단위는 세제곱미터로 한다.

2) 적재정량의 조정

관할 해양경찰서장은 선박의 안전운항에 지장이 있다고 인정되는 때에는 안전운항에 지장이 없다고 인정되는 범위까지 적재중량 및 적재용량을 감축 할 수 있다.

[7] 안전검사 및 안전관리

(1) 안전검사

1) 유·도선사업자는 「선박안전법」을 적용받지 아니하는 유·도선(비상구조선을 포함한다)

에 대하여 관할관청의 안전검사를 받아야 한다.

2) 제1항에 따른 안전검사의 시기·절차·검사기준 및 수수료 등에 관하여 필요한 사항은 대통령령으로 정한다.

> ② 유·도선사업자는 유·도선(비상구조선을 포함한다)의 선체구조를 변경하거나 기관을 교체하였을 때에는 14일 이내에 안전검사를 받아야 한다.
> ③ 유·도선사업자는 제1항 또는 제2항에 따른 안전검사를 받은 후 1년마다 검사유효기간 만료일 후 30일 이내에 정기적으로 안전검사를 받아야 한다.

> **〈「선박안전법」을 적용받지 아니하는 유·도선(비상구조선)의 시설기준〉**
> 1. 선박(제2항에 따른 고시로 정하는 선박은 제외한다)의 길이가 깊이의 10배 또는 너비의 6배를 초과하지 아니할 것
> 2. 안전운항에 지장을 주지 아니하도록 선체의 내부식성(耐腐蝕性)과 강도를 유지할 것
> 3. 추진기관이 설치된 선박의 경우 조타(操舵)장치가 유효하게 작동하고, 기관은 안전운항에 지장이 없도록 쉽고 확실하게 조작할 수 있는 기능을 갖추어야 하며, 점검과 보수가 쉬울 것
>
> ② 제1항에 따른 규격 등의 기준에 관한 세부적인 사항과 그 밖에 안전운항을 위하여 갖추어야 할 시설 및 설비는 행정안전부장관과 해양경찰청장이 공동으로 정하여 고시한다.

(2) 안전관리계획의 수립 등

1) 시·도지사 또는 지방해양경찰청장은 매년 유·도선 안전관리계획을 수립·시행하여야 한다.

2) 행정안전부장관 또는 해양경찰청장은 제1항의 유·도선 안전관리계획의 수립에 필요한 지침을 정하고, 그 시행에 필요한 지도·감독을 할 수 있다.

> 해양경찰청장은 유·도선 안전관리계획의 수립에 필요한 지침을 정하고, 그 시행에 필요한 지도·감독을 할 수 있다. 시·도지사 또는 지방해양경찰청장은 매년 유·도선안전관리계획 수립·시행하여야 한다. 수립시기는 매년 1월~2월에 하고, 추진 시행은 매년 3월 1일부터 익년 2월 28일까지로 한다.

(3) 인명구조용 장비의 비치 등

1) 유·도선사업자는 유·도선의 사고 시에 대비할 수 있는 인명구조용 장비를 갖추지 아니하거나 인명구조요원을 배치하지 아니하고는 영업을 할 수 없다.

2) 제1항의 인명구조용 장비의 기준과 인명구조요원의 자격 및 배치기준은 대통령령으로 정한다.

〈유선의 인명구조용 장비 등〉

1. 유선에는 승선 정원의 120퍼센트 이상에 해당하는 수의 구명조끼(구명조끼 중 승선 정원의 20퍼센트에 해당하는 수의 구명조끼는 소아용)를 갖출 것
2. 유선장에 유선(5톤 이상의 선박으로서 제6호에 따른 장비를 갖춘 유선은 제외한다)이 30척 이하인 경우에는 1척 이상, 31척 이상 50척 이하인 경우에는 2척 이상, 51척 이상인 경우에는 50척을 초과하는 50척마다 1척씩 더한 수 이상의 비상구조선을 갖출 것
3. 승선 정원이 5명 이상이거나 추진기관을 설치한 유선에는 그 승선 정원의 30퍼센트 이상에 해당하는 수의 구명부환(救命浮環)을 갖출 것. 다만, 승선 정원의 50퍼센트 이상(영업구역이 내수면인 경우에는 25퍼센트 이상)을 태울 수 있는 수의 구명정(救命艇), 구명뗏목 또는 구명부기(救命浮器)를 갖춘 경우에는 승선 정원의 15퍼센트 이상에 해당하는 수의 구명부환으로 한다.
4. 승선 정원이 13명 이상인 유선에는 유선마다 지름 10밀리미터 이상, 길이 30미터 이상의 구명줄 1개 이상이나 드로우 백(throw bag) 1개 이상을 갖출 것
5. 유선장에는 노도(櫓棹)가 있는 유선 수의 10퍼센트 이상에 해당하는 수의 선박에 필요한 예비 노도를 갖출 것
6. 2해리 이상을 운항하는 유선에는 유선장 또는 가까운 무선국과 연락할 수 있는 통신장비를 갖출 것
7. 영업구역이 내수면인 유선(2해리 미만을 운항하는 유선의 경우에는 추진기관을 설치한 유선 중 야간운항을 하는 유선만 해당한다)에는 위성항법장치(GPS)를 이용하여 위치정보를 취득할 수 있는 휴대전화를 갖출 것
8. 승선 정원이 13명 이상인 유선에는 유선마다 선실·조타실 및 기관실별로 1개 이상의 소화기를 갖출 것
9. 유선장에는 유선을 안전하게 매어두는 시설과 승객의 승선·하선에 필요한 1개 이상의 구명부환을 갖춘 승강장 설비를 갖출 것
10. 유선장에는 승객이 이용하기에 적정한 규모의 대기시설, 매표소, 화장실을 갖출 것
11. 잠수를 영업 수단으로 하는 유선의 유선장에는 그 영업에 적정한 규모의 해상선착장과 「선박안전법」 제8조부터 제12조까지의 규정에 따른 선박의 검사에 합격한 승객운송선 및 비상구조선을 갖출 것

② 비상구조선은 승선 정원 4명 이상, 시속 20노트 이상의 성능을 가진 것으로서 다음 각 호의 장비를 모두 갖추어야 하며, 영업구역의 순시와 사고발생 시의 인명구조용으로만 사용하여야 한다.

1. 망원경 1개
2. 자기점화등 1개 이상
3. 구명조끼 4개
4. 구명부환 2개 이상
5. 드로우 백 1개 이상

③ 유선에 갖추어 두어야 하는 인명구조용 장비는 해양수산부장관이 고시하는 선박구명설비기준에 적합한 것이어야 한다. 다만, 제1항제1호에 따른 장비는 관할관청이 해당 영업구역의 수심·수세 및 운항거리 등을 고려하여 사용에 지장이 없다고 인정하는 경우에는 그러하지 아니하다.

④ 제1항제1호부터 제5호까지의 규정에 따른 인명구조용 장비는 승객, 선원, 인명구조요원, 그 밖의 종사자가 쉽게 이용할 수 있도록 갖추어 두어야 한다.

〈도선의 인명구조용 장비 등〉

① 도선 및 도선장에 갖추어야 하는 인명구조용 장비의 기준과 시설기준

1. 제17조제1항제1호 및 제3호에 해당하는 인명구조용 장비를 갖출 것
2. 도선마다 지름 10밀리미터 이상, 길이 30미터 이상의 구명줄 1개 이상이나 드로우 백 1개 이상을 갖출 것
3. 승객을 주로 운송하는 도선에는 도선마다 선실·조타실 및 기관실별로 1개 이상의 소화기를 갖추고, 화물을 주로 운송하는 도선에는 취급하는 화물에 발생한 화재를 진압할 수 있는 소화설비를 갖출 것
4. 노도가 있는 도선에는 도선마다 해당 노선에 적응하는 데 필요한 수의 예비 노도를 갖출 것
5. 승객을 주로 운송하는 도선의 경우 도선 주위에 난간 등의 위험방지 설비를 할 것
6. 도선장에는 도선장 간의 연락설비를 갖출 것
7. 제17조제1항제6호·제7호 및 제9호부터 제10호까지에 해당하는 장비와 시설을 갖출 것. 이 경우 "유선"은 "도선"으로, "유선장"은 "도선장"으로 본다.

② 도선에 갖추어 두어야 하는 인명구조용 장비에 관하여는 제17조제3항 및 제4항을 준용한다.

〈인명구조요원의 최소인원수〉

1. 유선사업
   가. 승객 정원이 13명 미만인 유선 : 30척까지는 1명으로 하되, 30척을 초과하는 경우에는 30척을 초과하는 20척마다 1명을 추가한 인원수
   나. 승객 정원이 13명 이상인 유선 : 승객 정원 50명 까지는 1명, 51명 이상 100명까지는 2명으로 하되, 100명을 초과하는 경우에는 100명을 초과하는 100명마다 1명을 추가한 인원수
2. 도선사업
   가. 승객 정원이 50명 이하인 도선 : 1명
   나. 승객 정원이 51명 이상인 도선 : 승객 정원이 100명까지는 2명으로 하되, 100명을 초과하는 경우에는 100명을 초과하는 100명마다 1명을 추가한 인원수

(4) 출항·입항의 기록·관리 등

1) 유·도선사업자는 유·도선의 안전운항과 위해방지를 위하여 대통령령으로 정하는 선박(휴업·휴지 중인 유·도선을 포함한다)의 출항·입항[내수면의 경우에는 출선 및 귀선(歸船)을 말한다] 시에 행정안전부령 또는 해양수산부령으로 정하는 바에 따라 그 출항·입항에 관한 사항을 기록·관리하여야 한다.

"대통령령으로 정하는 선박"이란 다음 각 호의 어느 하나에 해당하는 선박을 말한다.

1. 운항거리가 2해리 이상이거나 운항시간이 1시간을 초과하는 선박(내수면에 운항하는 유·도선으로서 관할관청이 정하는 유·도선은 제외한다)
2. 그 밖에 관할관청이 지정하는 선박

2) 제1항에 따른 선박을 운항하는 유·도선사업자는 그 선박에 승선하는 승객이 행정안전부령 또는 해양수산부령으로 정하는 바에 따라 승선신고서를 작성하여 제출하도록 하여야 한다.
3) 유·도선사업자는 행정안전부령 또는 해양수산부령으로 정하는 바에 따라 승선하려는 승객의 신분과 제2항에 따른 승선신고서 기재내용을 확인하여야 한다.
4) 유·도선사업자는 승객이 정당한 사유 없이 제2항에 따른 승선신고서를 작성하여 제출하지 아니하거나 제3항에 따른 신분확인 요구에 따르지 아니하는 경우에는 승선을 거부하여야 한다.
5) 유·도선사업자는 제2항에 따라 제출받은 승선신고서를 3개월 동안 보관하여야 한다.

(5) 정보시스템의 구축·운영

행정안전부장관 또는 해양경찰청장은 제25조에 따른 출항·입항의 기록·관리 및 승선신고서 작성·제출 등의 업무를 효율적으로 수행하기 위하여 필요한 정보시스템을 구축하여 운영할 수 있다. 정보시스템의 이용 대상·방법 등 구축·운영에 필요한 사항은 대통령령으로 정한다.

(6) 검사 등

1) 관할관청은 유·도선의 안전운항과 위해방지를 위하여 관계 공무원으로 하여금 유·도선 및 유·도선장에 대하여 검사 또는 안전점검을 하도록 하여야 하며, 관계인에게 필요한 질문 또는 보고를 하게 하거나 장부 등을 검사하게 할 수 있다.
2) 제1항에 따른 안전점검 대상항목과 그 밖에 안전점검에 필요한 사항은 대통령령으로 정한다.
3) 제1항에 따라 검사 등을 하는 공무원은 그 권한을 표시하는 증표를 지니고 이를 관계인에게 보여 주어야 한다.

(7) 사고발생의 보고

1) 유·도선사업자와 선원은 다음 각 호의 어느 하나에 해당하는 경우에는 지체 없이 인접 시장·군수·구청장과 경찰서장 또는 해양경찰서장에게 그 사실을 보고하여야 한다.
   가) 승객이 사망하거나 실종되거나 중상자가 발생한 때 및 승객 중에 감염병으로 인정되는 환자가 있는 경우

나) 충돌, 좌초, 그 밖의 사고로 인하여 선체가 심하게 손상되는 등 선박 운항에 장애가 생긴 경우

다) 교량, 수리시설, 수표(水標), 입표(立標), 호안(護岸), 그 밖에 수면에 설치된 인공 구조물을 파손한 경우

2) 시장·군수·구청장과 경찰서장·해양경찰서장은 제1항의 보고를 받으면 지체 없이 관할 시·도지사 또는 지방해양경찰청장에게 보고하고, 인명구조 활동 등 사고 수습을 위하여 필요한 조치를 하여야 한다.

(8) 관계 기관의 협조

시·도지사와 시장·군수·구청장, 지방해양경찰청장·해양경찰서장, 지방해양수산청장 등 관계 행정기관의 장은 유·도선의 안전운항과 위해방지를 위하여 필요할 때에는 서로 협조를 요청할 수 있다. 이 경우 협조 요청을 받은 관계 행정기관의 장은 특별한 사유가 없으면 요청에 따라야 한다.

(9) 유·도선안전협회의 설립

1) 유·도선사업자는 유·도선사업의 건전한 발전 및 유·도선의 안전 등을 도모하기 위하여 유·도선안전협회(이하 “협회”라 한다)를 설립할 수 있다.

2) 협회는 법인으로 한다.

3) 협회는 대통령령으로 정하는 바에 따라 정관을 작성하여 창립총회의 의결을 거친 후 행정안전부장관 또는 해양경찰청장의 인가를 받아 그 주된 사무소의 소재지에서 설립등기를 함으로써 성립한다.

4) 협회는 다음 각 호의 사업을 수행한다.

가) 유·도선 안전 및 유·도선사업의 건전한 발전을 위한 연구 및 개발

나) 유·도선 안전을 위한 홍보 및 교육훈련

다) 유·도선 안전사고 예방에 관한 사항

라) 이 법 또는 그 밖의 법령에 따라 국가 또는 지방자치단체가 위탁하는 사업

마) 그 밖에 행정안전부장관 또는 해양경찰청장이 필요하다고 인정하는 사업

5) 협회는 제4항 각 호의 사업 외에 제33조에 따른 승객·선원·종사자의 피해보상을 위하여 공제사업을 할 수 있다.

6) 협회가 제5항에 따라 공제사업을 하려는 경우에는 공제규정을 만들어 행정안전부장관

또는 해양경찰청장의 승인을 받아야 한다. 공제규정을 변경하려는 경우에도 또한 같다.

7) 협회의 정관·업무·회원자격 및 감독 등에 필요한 사항은 대통령령으로 정한다.

8) 협회에 관하여 이 법에 규정된 것을 제외하고는 「민법」의 사단법인에 관한 규정을 준용한다.

(10) 운항규칙

「해사안전법」을 적용받지 아니하는 유·도선의 운항규칙에 관하여 필요한 사항은 대통령령으로 정한다. 유·도선사업자와 선원은 운항규칙을 준수하여야 한다.

1) 유·도선은 주위의 상황 및 다른 선박(유·도선을 포함한다. 이하 같다)과의 충돌의 위험을 충분히 판단할 수 있도록 시각·청각 및 당시의 상황에 적합하게 이용할 수 있는 모든 수단에 의하여 항상 적절한 경계를 하여야 한다.

2) 유·도선은 다른 선박과의 충돌을 피하기 위하여 적절하고 유효한 동작을 취하거나 당시의 상황에 적합한 거리에서 정선(停船)할 수 있도록 항상 안전한 속력으로 운항하여야 한다.

3) 유·도선은 시계(視界)를 제한받는 때나 교량, 유·도선장 등의 부근 및 하천 폭이 좁은 구역에서는 속도를 줄여 운항하여야 하며, 특히 추진기관이 설치되지 아니한 제10조에 따른 소형 유·도선의 운항에 지장이 없도록 그 운항구역에 접근하지 아니하거나 저속으로 운항하여야 한다.

4) 유·도선은 시계가 제한된 구역에서 앞쪽에 다른 선박이 있는 경우 왼쪽으로 진로를 변경해서는 아니 된다.

5) 유·도선이 다른 선박과 마주칠 때에는 진로를 오른쪽으로 변경하여야 한다.

6) 유·도선이 다른 선박과 같은 방향으로 운항하는 경우에는 근접하거나 경쟁적으로 운항해서는 아니 된다.

7) 유·도선이 다른 선박을 추월하려는 경우에는 추월당하는 선박을 완전히 추월하거나 그 선박에서 충분히 멀어질 때까지 그 선박의 진로를 방해해서는 아니 된다.

8) 유·도선과 다른 선박이 서로 진로를 횡단하는 경우에 충돌의 위험이 있을 때에는 다른 선박을 오른쪽에 두고 있는 선박이 그 다른 선박의 진로를 피하여야 한다.

9) 제10조에 따른 소형 유·도선이 내수면을 횡단할 때에는 다른 대형선박의 진로를 방해해서는 아니 된다.

10) 유·도선장 또는 선착장으로 들어오는 유·도선은 유·도선장 또는 선착장 밖으로 나가

는 유·도선의 진로를 방해해서는 아니 된다.

11) 유·도선은 사업의 면허 또는 신고 시에 정해진 유·도선장 또는 선착장 외의 장소에 정박하거나 승객을 승선·하선시켜서는 아니 된다.

12) 야간운항을 하는 유·도선은 운항 및 승객의 승선·하선에 필요한 불빛을 표시하여야 한다.

13) 선박 길이가 12미터 이상이거나 관할관청이 지정한 유·도선은 기적(汽笛) 또는 호종(號鐘) 등 음향신호를 설치하여 다음 각 호의 구분에 따른 방법으로 음향신호를 하여야 한다.

가) 다른 선박과 서로 시계 내에 있는 경우 오른쪽으로 진로를 변경할 때에는 단음 1회, 왼쪽으로 진로를 변경할 때에는 단음 2회, 후진할 때에는 단음 3회

나) 다른 선박을 오른쪽으로 추월할 때에는 장음 2회 후 단음 1회, 왼쪽으로 추월할 때에는 장음 2회 후 단음 2회

다) 다른 선박의 주의를 환기하기 위하여 필요할 때 단음 5회 이상

14) 유·도선이 조난을 당하여 구원을 요청하는 경우에는 국제해사기구가 정하는 신호를 하여야 한다.

(11) 벌칙

1) 제28조를 위반하여 유·도선사업자와 선원이 인명구조에 필요한 조치를 하지 아니하였을 때에는 1년 이하의 징역 또는 1천만원 이하의 벌금에 처한다.

> 유선 및 도선사업법 제28조(사고발생 시의 인명구조 의무) 유·도선사업자와 선원은 선박이 전복·충돌하거나 그 밖에 영업구역에서 사고가 발생한 때에는 인명구조에 필요한 조치를 하여야 한다.

2) 제1항의 죄를 범하여 사람을 상해에 이르게 한 때에는 1년 이상 5년 이하의 징역에 처한다.

3) 제1항의 죄를 범하여 사람을 사망에 이르게 한 때에는 무기 또는 3년 이상의 징역에 처한다.

[8] 벌칙

(1) 1년 이하의 징역 또는 1천만원 이하의 벌금

1) 면허를 받지 아니하거나 신고를 하지 아니하고 유·도선사업을 한 자

3) 유·도선사업이 폐쇄 또는 정지된 후 유·도선사업을 한 자

4) 제12조제2항 또는 제16조제2항을 위반하여 안전에 관한 사항을 안내하지 아니한 자

> 제12조제2항 또는 제16조제2항 "도선사업자와 선원은 다음 각 호의 안전에 관한 사항을 매뉴얼로 작성하여 도선장 및 행정안전부령 또는 해양수산부령으로 정하는 도선의 선실이나 통로에 비치하고 출항하기 전에 승객에게 영상물 상영 또는 방송 등을 통하여 안내하여야 한다."
> 1. 안전한 승선·하선의 방법
> 2. 선내 위험구역 출입금지에 관한 사항
> 3. 인명구조장비의 위치 및 사용법
> 4. 유사 시 대처요령
> 5. 그 밖에 필요하다고 인정되는 안전에 관한 사항

5) 제12조제3항 또는 제16조제3항을 위반하여 유선 또는 도선을 조종한 자

> 제12조제2항 또는 제16조제2항 "도선사업자와 선원은 음주, 약물중독, 그 밖의 사유로 정상적인 조종을 할 수 없는 우려가 있는 경우에는 도선을 조종하여서는 아니 된다. 이 경우 음주로 정상적인 조종을 할 수 없는 우려가 있는 경우란 「해사안전법」 제41조제5항에 따른 술에 취한 상태를 말한다."

6) 정원을 초과하여 유선에 승선하게 한 자

7) 승선 정원, 적재 중량 또는 용량을 초과하여 도선에 승선 또는 선적하게 한 자

8) 안전검사를 받지 아니하고 유·도선을 운항한 자

9) 제24조제1항 또는 제2항을 위반한 자

> 제24조 ① 유·도선사업자, 선원, 그 밖의 종사자는 대통령령으로 정하는 바에 따라 유·도선의 안전운항에 필요한 교육을 이수하여야 한다.
> ② 유·도선사업자는 선원 및 그 종사자가 교육을 이수하는 데에 필요한 조치를 하고, 교육을 이수하지 아니한 선원 및 그 종사자를 근무하게 하여서는 아니 된다.

10) 검사 또는 안전점검을 거부 또는 기피하거나 방해한 자

(2) 6개월 이하의 징역 또는 500만원 이하의 벌금

1) 제8조(영업구역 및 영업시간 등)제4항 또는 제6항을 위반하여 기상특보 발효 시 유·도

선을 운항하거나 유·도선의 운항제한에 따르지 아니한 자

2) 제12조(유선사업자 등의 안전운항 의무)제5항제1호·제3호부터 제9호까지(제13조제3항에 따라 준용되는 경우를 포함한다)·제11호, 제18조(승선 또는 선적의 제한 등) 제1항제2호부터 제6호까지·제8호, 같은 조 제2항 또는 제22조(인명구조용 장비의 비치 등)제1항을 위반한 자

3) 제27조(개선명령 등)에 따른 명령을 위반한 자

(3) 양벌규정

법인의 대표자나 법인 또는 개인의 대리인, 사용인, 그 밖의 종업원이 그 법인 또는 개인의 업무에 관하여 제40조(벌칙) 또는 제41조(벌칙)의 위반행위를 하면 그 행위자를 벌하는 외에 그 법인 또는 개인에게도 해당 조문의 벌금형을 과(科)한다. 다만, 법인 또는 개인이 그 위반행위를 방지하기 위하여 해당 업무에 관하여 상당한 주의와 감독을 게을리하지 아니한 경우에는 그러하지 아니하다.

(4) 과태료

1) 300만원 이하의 과태료

가) 제7조(유·도선사업의 휴업·폐업 등) 제1항, 제12조제4항, 제12조(유선사업자 등의 안전운항 의무)제5항제10호, 제15조(운항 준비 및 운항 거부의 금지)제2항, 제16조(도선사업자 등의 안전운항 의무)제4항, 제18조(승선 또는 선적의 제한 등) 제1항제7호, 제23조(선원의 정원·자격 및 명부 등) 제2항, 제24조의2(선원 등의 비상상황 대비훈련)제1항, 제25조(출항·입항의 기록·관리 등), 제29조(사고발생의 보고) 제1항, 제31조(운항규칙)제2항, 제34조(요금 및 운임) 제1항·제2항 또는 제35조(요금 등의 게시)를 위반한 자

나) 제13조제2항(제19조제2항에 따라 준용되는 경우를 포함한다)을 위반한 자

> ② 유선의 승객은 다음 각 호의 행위를 하여서는 아니 된다.
> 1. 정원을 초과하여 승선을 요구하는 행위
> 2. 유선사업자, 선원, 그 밖의 종사자의 구명조끼 착용 지시나 그 밖에 안전운항 및 위해방지를 위한 주의사항 또는 지시를 위반하는 행위
> 3. 제12조제5항제6호 단서에 해당하지 아니하는 유선 내에서 술을 마시거나 그 밖에 선내의 질서를 어지럽히는 행위
> 4. 인명구조용 장비나 그 밖의 유선 설비를 파손하여 그 효용을 해치는 행위
> 5. 제12조제5항제7호 또는 제9호에 해당하는 행위
> 6. 조타실(操舵室), 기관실 등 선장이 지정하는 승객출입 금지장소에 선장 또는 그 밖의 종사자의 허락 없이 출입하는 행위

다) 제12조제2항 또는 제16조제2항을 위반하여 안전에 관한 사항을 매뉴얼로 작성하여 비치하지 아니한 자

2) 제1항에 따른 과태료는 대통령령으로 정하는 바에 따라 관할관청이 부과·징수한다.

실무판례

1. 유선장 미(未)동의 사유로 면허 반려처분(2002구합1616호)

> 유선사업면허를 신청하였으나 공원사업시행허가서상 유선장 사용에 대한 피허가권자의 동의를 받도록 3차에 걸쳐 보완토록 하였으나 미이행으로 반려 처분

가. 사건개요

박○○는 1987. 거제시 동부면 해안지선에서 유선사업을 하기로 하고, 1988. 3. 16. 거제시로부터 공유수면 점용 및 공작물설치 허가를 받아 기존 선착장을 보수하여 유람선 접안용 잔교 및 부잔교[62] 설치를 완료한 후, 1988. 5. 10 유선업 경영신고를 하고 유람선 사업을 시작하였으며, 위 시설에 대해서는 위 박○○가 2/3, 학동어촌계가 1/3의 지분을 소유하기로 하는 내용의 부선지분권 계약을 체결하고, 유람선 선주와 학동어촌계와의 갈등으로 운행이 일시 중단되었으나, 관광객들의 증가에 따라 유람선은 4척으로 증가하였고, 유람선 선주들은 1998. 7. 20.경 원고 단체를 설립

유람선 선주들은 유람선 1척을 추가로 증선하기 위하여 2001. 12. 18. 선박을 공동으로

62) 유람선을 안전하게 매어두는 시설 및 유람선 승객이 승·하선 할 수 있는 승강장설비

매수한 후, 2002. 3. 11. 원고 명의로 피고(통영해경)에게 유선사업 면허신청, 피고는 2002. 5. 2. 원고에 대하여 '학동유선장 등에 대한 공원사업시행허가서에 피허가자로 학동어촌계 대표 4인이 포함되어 있으므로 관계 법령에 따라 공동 소유자인 학동어촌계 대표 4명의 시설 사용 동의서를 제출하여야 하는데 이에 대한 보완이 이루어지지 않았다'는 이유로 위 유선사업 면허신청 민원서류를 반려하는 처분

나. 당사자의 주장

원고는 이 시설에 대한 2/3지분을 소유하여 기존 4척의 유람선 사업에 사용하고 있는바, 법령 해석에 의하면 각 시설사용에 대한 학동어촌계의 동의는 불필요함에도 피고가 학동어촌계의 동의를 얻지 못하였다는 이유만으로 이 사건 처분을 한 것은 위법하고, 재량권 남용이라고 주장

또한, 가사 동의를 필요로 한다고 할 지라도 위 박○○ 등 유람선 선주들과 학동어촌계 사이의 창원지법 소송에서 2001. 6. 25. '박○○ 등과 학동어촌계는 향후 거제시 동부면 해안지선상 유람선 사업을 시행함에 있어 상호 성실히 협조하기로 한다'는 내용의 조정조서가 작성되었는바, 이는 동의를 해 준 것으로 보아야 한다고 주장

다. 쟁점

공유수면 점용 및 공작물설치 허가를 받아 기존 선착장을 보수하여 설치한 유람선 접안용 잔교 및 부잔교 시설 사용에 대한 공동소유자 동의의 필요성 여부

라. 법원의 판단

각 시설 사용에 대한 학동어촌계 동의의 필요성 여부

원고는 이 시설에 대한 2/3지분을 소유하여 기존 4척의 유람선 사업에 사용하고 있는바, 법령 해석에 의하면 각 시설사용에 대한 학동어촌계의 동의는 불필요함에도 피고가 학동어촌계의 동의를 얻지 못하였다는 이유만으로 이 사건 처분을 한 것은 위법하고, 재량권 남용이라고 주장하나,

가) 유선및도선사업법에 따르면 유선사업 면허신청자는 법령에 규정된 일정한 기준의 선박과 시설·장비·인력을 갖추어야 하는바, 이 사건 각 시설에 해당하는 '유선을 안전하게 매어두는 시설 및 승객이 승·하선 할 수 있는 승강장설비'도 그 시설기준의 하나로 규정 있음은 명백

나) 원고는 '이 사건 각 시설에 대한 일정 지분의 소유권을 취득하여 사용하고 있는 것만으로도 그 시설기준을 충족한 것이다.'라고 주장하나, 유선및도선사업법 등 관계법령을

검토하여 볼 때 위와 같이 해석해야 할 아무런 근거가 없는 점, 만일 원고의 주장에 따르면 주요 장비에 대하여 일정 지분만을 가진 소유자도 다른 공유자의 의사에 반하여 단독으로 유선사업을 할 수 있게 될 뿐 만 아니라, 다른 한편 이 시설에 대한 지분을 근거로 하여 원고가 학동어촌계의 동의 없이 차후 유람선을 무제한으로 증선 할 수 있게 되는 불합리한 결과를 초래하게 되는 점, 원고의 구성원인 유람선 선주들과 학동어촌계 사이에 끊임없이 갈등이 야기되어 왔고, 앞으로도 갈등은 심화될 것으로 보아 법령에서 정한 시설기준을 갖추지 못하였다는 이유로 피고가 이 사건 처분을 한 것은 적법하다고 할 것.

다) 학동어촌계의 동의가 있었는지 여부는 위 박ㅇㅇ 등 유람선 선주들과 학동어촌계 사이의 창원지법 소송에서 2001. 6. 25. '박ㅇㅇ 등과 학동어촌계는 향후 거제시 동부면 해안지선상 유람선 사업을 시행함에 있어 상호 성실히 협조하기로 한다'는 내용의 조정조서가 작성되었는바, 이에 동의를 해 준 것으로 보아야 한다고 주장하나, 조정조서가 작성된 사실은 인정되지만, 내용 자체에 의하더라도 학동어촌계가 사전에 이 사건 각 시설에 대한 사용 동의를 해준 것으로 볼 수 없음

마. 참고판례

행정청이 국민의 신청에 대하여 한 거부행위가 항고소송의 대상이 되는 행정처분이 된다고 하기 위하여는 국민이 행정청에 대하여 그 신청에 따른 행정행위를 하여 줄 것을 요구할 수 있는 법규상 또는 조리상의 권리가 있어야 하며, 또한 항고소송의 대상이 되는 처분이라 함은 행정청의 공법상의 행위로서 특정사항에 대하여 법규에 의한 권리의무에 직접 관계가 있는 행위를 가리키는 것이고, 상대방 또는 기타 관계자들의 법률상 지위에 직접적인 법률적 변동을 일으키지 아니하는 행위 등은 항고소송의 대상이 되는 처분이 될 수 없으므로, 국민의 법규상 또는 조리상의 신청권에 의한 신청에 대하여 행정청이 이를 거부하는 조치를 취하였다고 할지라도 이로써 신청인의 권리의무나 법률관계에 영향을 미치는 것이 아니라면 행정청이 한 거부의 의사표시는 항고소송의 대상이 되는 거부처분이 될 수 없다(대판 2005.4.15, 2004두11626)

바. 실무상 시사점

본 건 처분은 담당 공무원의 정확한 법률해석에 기반한 적법, 타당한 처분인바, 향후 유도선관련 처분시 공유자의 동의유무를 반드시 확인하는 등 관련법에 의거한 처분이 필요함을 시사함.

2. 유선 및 도선사업 면허처분의 법적 성격(대전지방법원 2000가합286)

행담도를 거쳐 아산만을 가로지르는 서해대교 건설로 더 이상 도선영업을 할 수 없게된 삽교천에서 행담도를 운행하던 도선업자들의 손해배상청구

가. 사건 개요

원고들은 충남 당진군 신평면 삽교천 선착장에서 삽교천 하구의 아산만에 있는 섬인 행담도 사이를 운행하는 도선사업면허를 받은 자인바, 한국도로공사는 행담도를 거쳐 아산만을 가로지르는 서해대교를 건설하면서 더 이상 도선영업을 할 수 없게 되자,

원고들은 유선 및 도선사업면허에 관한 사무를 관장하던 피고 대한민국 산하 태안해경은 원고들이 이미 도선사업면허를 받아 도선영업을 하고 있었음에도 승객의 수요를 고려하지 아니한 채 적정규모를 초과하여 피고들인 도선업자들에게 도선사업면허를 발급하는 불법행위를 가하였다고 주장하며 손해배상 청구의 소 제기

나. 당사자의 주장

원고들은, 피고 대한민국 산하 태안해경이 원고들이 이미 도선사업면허를 받아 도선영업을 하고 있었음에도 승객의 수요를 고려하지 아니한 채 적정규모를 초과하여 공동 피고들인 도선업자들에게 도선사업면허를 발급하는 불법행위를 주장.

다. 쟁 점

유선 및 도선사업 면허처분의 법적 성격

라. 법원의 판단

유선 및 도선사업법 제3조제1항, 제4조, 같은 법 시행령 제4조, 제5조에 의하면 유선사업면허신청자는 위 법령에 규정된 일정한 기준의 선박과 시설·장비·인력을 갖추고 해양경찰청장 등에게 면허신고를 하여야 하고, 해양경찰청장 등은 관계법령에서 정한 시설을 갖춘 경우에 그 면허를 발급하는데, 이 경우 면허의 발급은 유선사업에 관하여 특정한 권리를 설정하여 주는 행위이므로 그 발급 여부는 행정청의 재량에 속한다고 할 것 인바, 이용승객 등의 사정을 고려하면 피고 전○○ 등 4명에게 도선면허를 발급하였다고 하여 그 재량권을 일탈, 남용하여 도선의 수를 부당하게 증가시켜 원고들의 도선 영업을 방해하였다고 보기도 어려움

마. 참고판례

개인택시운송사업면허는 특정인에게 권리나 이익을 부여하는 행정행위로서 법령에 특별한

규정이 없는 한 재량행위이고 그 면허에 필요한 기준을 정하는 것 역시 행정청의 재량에 속하는 것이므로 그 기준이 객관적으로 보아 합리적이 아니라든가 타당하지 아니하여 재량권을 남용한 것이라고 인정되지 아니하는 이상 행정청의 의사는 가능한 존중(대판 2005.4.28, 2004두8910)

바. 실무상 시사점

본 건은 유도선 면허 처분이 강학상의 '특허'라는 점, 재량행위라는 점 등을 명백히 한 점 등에 의의가 있고, 태안해경의 처분이 적법함을 밝히고 있는바, 향후 유도선면허처분관련 하여서는 구체적 처분시 유도선업계의 영업현황 및 수요증감 등 제반사정을 고려하여 정당한 공익적 판단하에 이루어져야 함을 시사하고 있음.

3 유·도선 재난 중앙사고수습본부 운영

[1] 해양 유·도선 재난에 대한 중앙사고수습본부 구성 및 운영(훈령)

(1) 목적

이 규정은「재난 및 안전관리 기본법」제15조의2 및 같은 법 시행령 제21조에 따라 해양 유·도선사고 발생 시 설치하는 해양경찰청 중앙사고수습본부의 구성 및 운영[63]에 필요한 사항을 규정함을 목적으로 한다.

> ▸ 재난 및 안전관리 기본법 제15조의2(중앙 및 지역사고수습본부)
> ① 재난관리주관기관의 장은 재난이 발생하거나 발생할 우려가 있는 경우에는 재난상황을 효율적으로 관리하고 재난을 수습하기 위한 중앙사고수습본부(이하 "수습본부"라 한다)를 신속하게 설치·운영하여야 한다.
> ② 수습본부의 장(이하 "수습본부장"이라 한다)은 해당 재난관리주관기관의 장이 된다.
>
> ▸ 재난 및 안전관리 기본법 시행령 제21조(중앙사고수습본부의 구성·운영)
> ① 재난관리주관기관의 장은 법 제15조의2제1항에 따른 중앙사고수습본부를 효율적으로 운영하기 위하여 중앙사고수습본부의 구성과 운영 등에 필요한 사항(이하 "수습본부운영규정"이라 한다)을 미리 정하여야 한다. 이 경우 중앙대책본부장과 협의를 거쳐야 한다.

63) 해양 유·도선 재난에 대한 중앙사고수습본부 구성 및 운영 등에 관한 규정, [해양경찰청훈령 제170호, 2020. 2. 10., 일부개정], 해양경찰청(해양안전과).

(2) 용어 정의

1) "재난"이란 「재난 및 안전관리 기본법」(이하 "법" 이라 한다) 제3조제1호 가목의 자연재난과 나목의 사회재난을 말한다.

> 1. "재난"이란 국민의 생명·신체·재산과 국가에 피해를 주거나 줄 수 있는 것으로서 다음 각 목의 것을 말한다.
> 가. 자연재난 : 태풍, 홍수, 호우(豪雨), 강풍, 풍랑, 해일(海溢), 대설, 한파, 낙뢰, 가뭄, 폭염, 지진, 황사(黃砂), 조류(藻類) 대발생, 조수(潮水), 화산활동, 소행성·유성체 등 자연우주물체의 추락·충돌, 그 밖에 이에 준하는 자연현상으로 인하여 발생하는 재해
> 나. 사회재난 : 화재·붕괴·폭발·교통사고(항공사고 및 해상사고를 포함한다)·화생방사고·환경오염사고 등으로 인하여 발생하는 대통령령으로 정하는 규모 이상의 피해와 국가핵심기반의 마비, 「감염병의 예방 및 관리에 관한 법률」에 따른 감염병 또는 「가축전염병예방법」에 따른 가축전염병의 확산, 「미세먼지 저감 및 관리에 관한 특별법」에 따른 미세먼지 등으로 인한 피해

2) "수습"이란 재난의 대응·복구를 수행하는 일련의 활동을 말한다.
3) "대응"이란 재난 발생 시 대처하는 일련의 활동으로 현장지휘, 응급조치, 긴급구조, 상황관리, 기관간의 협조·지원 등 피해를 최소화하기 위하여 수행하는 제반 활동을 말한다
4) "복구"란 재난으로 피해가 발생한 경우 피해조사, 피해자 지원 등을 통해 재난 이전의 상태로 만드는 일련의 활동을 말한다.
5) "위험수준"이란 법 제38조 위기경보 발령기준에 따른 관심·주의·경계·심삭의 단계를 말한다.
6) "해양경찰청 소관 재난 및 사고"란 해양에서의 유·도선사고로 인해 국가 또는 지방자치단체 차원의 대처가 필요한 대규모 인명 또는 재산 피해가 발생(예상)되는 경우를 말한다.

[2] 중앙사고수습본부 운영

(1) 중앙사고수습본부 설치·운영

해양경찰청 중앙사고수습본부(이하 "수습본부"라 한다)는 다음 각 호에 해당하는 경우 지체 없이 설치·운영한다.

1) 해양경찰청 소관 재난 및 사고가 발생하여 체계적인 수습이 필요한 경우
2) 법 제34조의5의 위기관리 매뉴얼에서 정하는 위험수준에 도달한 경우
3) 해양경찰청 소관 재난 및 사고로써 법 제14조에 따른 중앙재난안전대책본부(이하 "중

앙대책본부"라 한다)를 운영하는 경우

4) 그 밖에 해양경찰청장이 필요하다고 인정하는 경우

수습본부장(해양경찰청장)은 재난 및 사고와 관련하여 전문성이 있는 소속기관의 공무원 및 관계분야 전문가로 지역수습본부를 편성하여 운영할 수 있고, 지역수습본부장은 수습본부장의 지휘를 받아 재난 및 사고현장에서 수습활동을 수행하며, 수습활동 상황을 수습본부장에게 보고해야 한다.

(2) 수습본부의 기능

1) 재난 및 사고 발생 시 피해상황 종합관리 및 상황보고
2) 재난 및 사고의 조기수습을 위한 조정·통제 등 수습업무 총괄
3) 재난 위험수준 상황 판단과 예보·경보 발령 및 전파
4) 사상자 긴급구조 및 구급활동 지원, 피해자 신원파악 및 관리 등 상황관리
5) 피해상황 조사, 피해지원 대책 마련 및 복구계획 수립
6) 지역재난안전대책본부 및 지역사고수습본부(이하 "지역수습본부"라 한다) 지휘·지원
7) 재난관리책임기관의 장에게 재난수습에 필요한 행정상 및 재정상 조치 요구
8) 재난 및 사고 상황 대국민 브리핑 및 언론 대응
9) 중앙대책본부 설치 건의 및 수습지원단 구성·파견 등 중앙대책본부장에게 필요한 협조 요청
10) 그 밖에 수습본부장이 재난 수습을 위하여 필요하다고 인정하는 사항

(3) 수습본부의 구성

1) 수습본부장은 해양경찰청장이 되며, 수습본부의 업무를 총괄한다.
2) 부본부장은 해양경찰청 차장이 되며, 본부장을 보좌한다.
3) 수습본부 상황실장은 구조안전국장으로 하며, 수습본부 상황실 업무를 관장한다.
4) 수습본부상황실은 해양경찰청 소속 공무원과 관계부처 공무원 및 유관기관(단체) 직원을 파견 받아 실무반을 편성하여 수습업무를 수행한다.
5) 실무반 구성, 편성인력 및 기능 등은 위기관리 매뉴얼에서 정하는 바에 따른다.

(4) 재난위험 수준 예보·경보 발령

① 수습본부장은 법 제38조, 제38조의2 및 영 제46조에 따른 예보·경보를 발령할 수

있다.

② 재난의 위기경보는 법 제34조의5 재난분야 위기관리매뉴얼에서 정하는 바에 따라 관심·주의·경계·심각 등으로 단계를 구분하여 발령할 수 있다. 다만, 관계 법령에서 별도의 예보·경보 발령기준을 따로 정하고 있는 경우에는 그 기준을 따른다.

③ 수습본부장이 예보·경보를 발령하는 때에는 중앙대책본부장에게 발령 상황을 즉시 통보한다.

(5) 위기관리 매뉴얼 활용

해양경찰청 소관 재난이나 사고가 발생한 경우 체계적인 대응을 할 수 있도록 공무원이나 유관기관(단체) 직원 등의 관계자가 위기관리매뉴얼의 내용을 이해하고 숙지하도록 평시 교육과 훈련을 실시한다. 위기관리 매뉴얼 이외에 해양경찰청 소관 재난이나 사고의 체계적인 대응을 위하여 별도의 재난 및 사고대응 실무편람을 작성하여 활용할 수 있다.

(6) 중앙대책본부, 중앙구조본부와 수습본부와의 관계

해양경찰청 소관 재난 및 사고로 인해 법 제14조에 따른 중앙대책본부를 설치·운영하는 경우 수습본부장은 중앙대책본부장의 총괄·조정을 받아 수습활동을 수행한다. 해양경찰청 소관 재난 및 사고로 인해 중앙구조본부를 설치·운영하는 경우 지휘체계 혼선 방지와 효율적인 재난대응을 위하여 수습본부와 통합하여 운영할 수 있다.

수습본부장은 법 제15조의2제4항에 따라 재난관리책임기관의 장에게 소속 공무원 또는 직원이 수습본부에서 근무하도록 파견을 요청할 수 있다. 다만, 다른 중앙부처에 소속된 공무원의 파견은 재난의 위험수준이 심각단계에 도달한 경우에 한하여 요청하는 것을 원칙으로 한다.

(7) 수습본부상황실 운영

수습본부장은 재난발생 시 효과적인 초동조치 및 지휘 등을 위하여 수습본부상황실을 설치·운영한다. 수습본부 상황실은 해양경찰청 종합상황실 또는 종합상황실과 연계된 장소에 설치함을 원칙으로 하고, 24시간 상황관리체계를 유지한다.

① 해양경찰청 소관 재난 및 사고에 대한 신고 접수 및 상황관리

② 발생한 재난 및 사고수습에 필요한 구조·구급요청 등 초동조치

③ 재난 및 사고발생 시 초동지휘 및 내부보고, 국민행동요령 전파

④ 재난 및 사고발생 시 상황별 근무요령 전파 및 비상근무 발령

⑤ 국가안보실, 행정안전부(중앙재난안전상황실) 등에 재난 및 사고 발생 상황 보고

⑥ 재난관련 부처와의 비상연락 체계 구축 및 유지

6장 낚시관리 및 육성 법률

1 낚시관리 일반

[1] 낚시관리 및 육성법 제정

(1) 의의

「낚시관리 및 육성법」은 낚시의 관리 및 육성에 관한 사항을 규정함으로써 건전한 낚시문화를 조성하고 수산자원을 보호하며, 낚시 관련 산업 및 농어촌의 발전과 국민의 삶의 질 향상에 이바지하는 것을 목적으로 종전의 「낚시어선업법」을 2011년 3월 9일 「낚시관리 및 육성법」으로 제정하였다.

제정 이유로는 낚시로 인한 수산자원 남획과 환경오염 및 낚시인의 안전사고 등을 방지하기 위하여 낚시제한기준의 설정, 유해 낚시도구의 제조 등의 금지, 낚시인의 안전관리를 위한 조치명령, 낚시터업의 허가·등록제도, 낚시어선업의 신고제도 등을 정하여 낚시 관련 제도를 체계화하고 낚시를 건전한 국민레저 활동으로 육성하여 농어촌의 발전과 국민의 삶의 질 향상에 기여하기 위한 것이다.

특히 해상이나 갯바위, 간출암 등 위험하거나 격리된 장소에서 낚시를 할 경우 기상변동 등에 따른 사고발생 우려가 크기 때문에 이를 방지하기 위하여 낚시인에 대한 안전조치를 강화해 나가고 있다.

(2) 적용범위

바닷가, 인공적으로 조성된 육상의 해수면, 공공용 수면 및 사유수면에서 적용한다. 바닷가란 만조수위선(滿潮水位線)과 지적공부(地籍公簿)에 등록된 토지의 바다 쪽 경계선 사이를 말한다. 육상의 해수면이란 어업을 목적으로 하여 인공적으로 조성된 육상의 해수면을 말하며, 낚시어선업에 대하여는 유선 및 도선 사업법을 적용받지 않는다.

(3) 「낚시관리 및 육성법」의 개요

「낚시관리 및 육성법」은 제1장 총칙, 제2장 낚시의 관리, 제3장 낚시터업, 제4장 낚시어선업, 제5장 미끼의 관리, 제6장 낚시 및 낚시관련 산업의 지원·육성, 제7장 보칙과 제8장 벌칙으로 구성되어 있다. 일반적으로 해양경찰관서 소속 경찰관이 하는 좁은 의미의 해상교통질서 안전관리란 주로 제2장의 낚시의 관리와 제4장의 신고사항의 보고 및 사고발생 조치 등 바다에서의 낚시어선 안전사고 예방활동이다.

(4) 낚시어선 안전관리의 중요성

낚시어선은 다수의 낚시인을 승선시켜 낚시터로 안내하거나, 선상에서 낚시영업행위를 하는 선박으로 시설기준이 소형어선 설비기준에 따라 장비 등이 설치되어 여객선과 유선, 도선보다 시설의 취약성을 지니고 있어 사소한 해양사고가 대형 인명사고로 연결될 수 있으며 안전관리나 통제규정 등이 해양경찰서와 지방자치단체로 이원화 되어 각별한 안전관리가 요구된다.

(5) 낚시어선 현황(2018년)

〈표 3-25〉 서별 현황 (단위 : 척)

계	인천	평택	태안	보령	속초	동해	포항	군산	부안	목포	완도	여수	울산	부산	창원	통영	제주	서귀포
4,319	320	237	540	397	250	119	99	185	61	190	223	307	83	119	248	732	106	97

〈자료 : 해양경찰교육원 240기 신임경찰과정 교재, 2020〉

► 인천, 태안, 보령, 여수, 통영 등 5개서가 관리하는 낚시어선이 2,296척으로 전체 4,319척의 53.1%을 안전관리하고 있음.

(6) 최근 5년간 낚시어선 사고 현황

〈표 3-26〉 유형별 해양사고 발생 현황 (단위 : 척)

구 분	계	충돌(접촉)	화재	좌초(좌주)	침몰(침수)	전복	추진기 장애	기관고장 등 기타
2018년	263	33	1	17	6	0	47	116
2017년	208	19	2	17	13	0	61	96
2016년	206	15	8	14	8	1	33	127
2015년	86	9	3	10	5	0	14	45
2014년	77	14	1	7	5	0	14	36

〈자료 : 해양경찰교육원 240기 신임경찰과정 교재, 2020〉

► 매년 낚시어선 사고발생이 증가하고 있어 안전관리 요구됨

〈표 3-27〉 연간 낚시어선 인명피해 현황(단위 : 척)

구 분	계	부상	사망	실종
2018년	105	90	15	0
2017년	65	65	0	0
2016년	62	42	17	3
2015년	43	41	0	2
2014년	26	25	1	0

〈자료 : 해양경찰교육원 240기 신임경찰과정 교재, 2020〉

► 낚시어선 사고로 인항 부상은 물론 사망, 실종 등 사고로 이어지고 있어 낚시어선업자 대상 안전관리 및 승객 대상 주의의무가 요구됨

[2] 관련규정

(1) 낚시 관리 및 육성법(해양수산부)

1) 낚시어선업의 신고·변경신고
2) 영업구역 및 공동영업구역 지정
3) 낚시어선업자 등의 안전운항 의무
4) 출입항 신고, 출항의 제한, 안전운항을 위한 조치 등

(2) 어선법(해양수산부)

어선의 건조, 등록, 검사 등에 관한 사항

(3) 선박통제규정(국방부·해양수산부·해양경찰청 훈령)

1) 선박 출항·입항 신고기관의 설치 및 운영
2) 임검요령 등

(4) 총톤수 10톤 미만 소형어선의 구조 및 설비 기준(해양수산부 고시)

1) 소형어선의 선체·기관 및 그 밖의 설비에 관한 기준
2) 최대승선인원에 관한 사항 등
3) 낚시관리 및 육성법(해양수산부)

(5) 파출소 및 출장소 운영 규칙(해양경찰청 훈령)

[3] 안전관리 기관별 소관업무

(1) 해양경찰서

1) 낚시인 안전관리

가) 관련근거 :「낚시 관리 및 육성법」 제9조, 시행령 제6조

나) 내용 : 낚시인의 생명과 신체의 안전 확보를 위하여 기상악화 등 "대통령령으로 정한 경우"조치명령(호우·대설·폭풍해일·지진해일·태풍·강풍·풍랑·안개 주의보 또는 경보가 발표된 경우)

① 안전한 장소로의 이동

② 안전사고 방지를 위하여 시장·군수·구청장 또는 해양경찰서장이 인정하는 지역의 출입금지

2) 출입항 신고

가) 관련근거 :「낚시 관리 및 육성법」 제33조, 시행규칙 제20조

나) 내용 : 낚시어선업자는 승객을 승선하게 하여 항구·포구 등에 출항이나 입항(이하 "출입항"이라 한다)을 하려는 경우에는 해양수산부령으로 정하는 바에 따라 어선의 출입항 신고에 관한 업무를 담당하는 기관(이하 "출입항신고기관"이라 한다)의 장에게 신고해야 한다.

① 출항 신고를 하려는 낚시어선업자는 그 신고서에 해당 낚시어선에 승선할 선원과 승객의 명부(이하 "승선자명부"라 한다)를 첨부하여 출입항신고기관의 장에게 제출

② 낚시어선업자는 해당 낚시어선에 승선자명부의 사본 두어야 한다.

3) 출항의 제한

가) 관련근거 :「낚시 관리 및 육성법」 제34조, 시행령 제19조

나) 내용 : 출입항신고기관의 장은 기상과 해상상황 등을 고려하여 낚시어선업자·선원·승객의 안전을 위하여 필요하다고 인정할 때 낚시어선의 출항을 제한할 수 있음

①「기상법 시행령」 제8조제2항 제1호~제7호, 제12호에 따른 호우·대설·폭풍해일·지진해일·태풍·강풍·풍랑·안개주의보 또는 경보가 발표된 경우

② 안개 등으로 인하여 해상에서의 시계(視界)가 1킬로미터 이내인 경우

③ 출입항신고기관의 장이 해상 상황의 급작스런 악화 등으로 인하여 낚시어선의

출항이 어렵다고 판단하는 경우

(2) 해양수산부

1) 낚시제한기준 설정

가) 관련근거 : 「낚시 관리 및 육성법」 제5조, 시행령 제3조

나) 내용 : 수생태계와 수산자원의 보호를 위하여 낚시로 잡을 수 없는 수산동물의 종류·마릿수·체장(體長)·체중 등과 수산동물을 잡을 수 없는 낚시 방법·도구 및 시기 등에 관한 기준(이하 "낚시제한기준"이라 한다) 설정

▶ 「수산자원관리법 시행령」 별표 1, 별표 2

2) 공동영업구역 지정

가) 관련근거 : 「낚시 관리 및 육성법」 제27조, 시행령 제18조

나) 내용 : 해양수산부장관은 특별시·광역시·도 또는 특별자치도 사이의 협의회에서 공동영업구역에 관한 조정이 이루어진 경우 그 구역을 공동영업구역으로 지정

3) 미끼기준 설정

가) 관련근거 : 「낚시 관리 및 육성법」 제40조, 시행령 제20조, 시행령 별표 5

나) 내용 : 미끼의 안전성 확보를 위하여 필요한 경우 미끼의 종류별로 특정물질의 함량 기준을 설정

4) 낚시진흥기본계획 수립

가) 관련근거 : 「낚시 관리 및 육성법」 제43조

나) 내용 : 낚시 및 낚시 관련 산업의 발전을 위하여 5년마다 낚시진흥기본계획을 수립·시행

5) 낚시어선업자 교육

가) 관련근거 : 「낚시 관리 및 육성법」 제47조, 시행규칙 제25조

나) 내용 : 낚시터업자, 낚시어선업자 및 선원은 낚시인의 안전과 수산자원의 보호 등을 위하여 해양수산부장관이 실시하는 전문교육을 매년 받아야 한다.

다) 낚시어선업자는 선원이 제1항에 따른 전문교육을 이수하는 데에 필요한 조치를 하고, 전문교육을 이수하지 아니한 선원을 근무하게 하여서는 아니 된다.

라) 전문교육 내용

① 낚시인의 안전사고에 대한 응급처치 및 인명구조에 관한 사항
② 낚시터 시설·장비의 안전에 관한 사항
③ 낚시터의 수질 및 위생안전 관리와 수산자원 관리에 관한 사항
④ 낚시 관련 정책 및 법령에 관한 사항
⑤ 그 밖에 낚시인의 안전과 수산자원 보호를 위하여 필요한 사항

6) 출입·검사

가) 관련근거 :「낚시 관리 및 육성법」 제50조, 시행규칙 제27조

나) 내용 : 해양수산부장관, 시·도지사 또는 시장·군수·구청장은 낚시 관련 사업의 지도·감독과 미끼의 안전성 확보를 위하여 필요한 경우 낚시어선업자에게 보고를 하게 하거나 자료를 제출하게 할 수 있으며, 낚시어선에 출입하여 시설·장부나 그 밖의 물건을 검사하게 하거나 관계인에게 질문을 하게 할 수 있다.

(3) 지방자치단체

1) 낚시제한기준 설정

가) 관련근거 :「낚시 관리 및 육성법」 제5조

나) 내용 : 특별시·광역시·도지사 도는 특별자치도는 관할 수역의 수생태계와 수산자원의 보호 등을 위하여 시·도의 조례로 낚시제한기준보다 강화된 낚시제한기준을 정할 수 있음

2) 낚시통제구역 지정 및 고시

가) 관련근거 :「낚시 관리 및 육성법」 제6조

나) 내용 : 특별자치도지사·시장·군수 또는 구청장(이하 "시장·군수·구청장"이라 한다)은 수생태계와 수산자원의 보호, 낚시인의 안전사고 예방 등을 위하여 일정한 지역을 낚시통제구역으로 지정하여 고시할 수 있다.

3) 낚시인 안전 관리

가) 관련근거 :「낚시 관리 및 육성법」 제9조, 시행령 제6조

나) 내용 : 낚시인의 생명과 신체의 안전 확보를 위하여 기상악화 등 대통령령으로 정한 경우 조치명령(호우·대설·폭풍해일·지진해일·태풍·강풍·풍랑·안개 주의보 또는 경보가 발표된 경우)

① 안전한 장소로의 이동

② 안전사고 방지를 위하여 시장·군수·구청장 또는 해양경찰서장이 인정하는 지역의 출입금지

4) 낚시어선업의 신고 수리

가) 관련근거 : 「낚시 관리 및 육성법」 제25조, 시행령 제6조

나) 내용 : 낚시어선업을 하려는 자는 낚시어선의 대상·규모·선령 및 설비 등 정하는 요건을 갖추어 해당 낚시어선의 선적항을 관할하는 시장·군수·구청장에게 신고

5) 안전운항 등을 위한 조치

가) 관련근거 : 「낚시 관리 및 육성법」 제35조

나) 내용 : 시장·군수·구청장은 낚시어선의 안전운항과 사고 방지 및 낚시어선업의 질서유지를 위하여 낚시어선업자에게 지시나 조치를 명할 수 있음

① 영업시간이나 운항 횟수의 제한

② 영업구역의 제한 또는 영업의 일시정지

③ 인명안전에 관한 설비의 비치 및 관리

④ 그 밖에 낚시어선의 안전운항과 사고 방지 및 낚시어선업의 질서유지를 위하여 필요하다고 인정하는 사항

다) 시장·군수·구청장은 낚시어선의 안전운항, 승객의 안전사고 예방, 수질오염의 방지 및 수산자원의 보호 등을 위하여 낚시어선의 승객이 준수하여야 하는 사항을 정하여 고시하여야 한다.

라) 시장·군수·구청장은 낚시어선업자 또는 선원이 잘 볼 수 있는 출입항 장소에 낚시어선업자 또는 선원이 준수하여야 할 사항을 표기한 표지판을 설치하여야 한다. 이 경우 표지판에는 다음 각 호의 사항이 포함되어야 한다.

① 제1항에 따른 안전운항 등을 위한 조치

② 낚시어선업자 또는 선원의 준수사항 등

③ 낚시어선 출항제한의 기준

④ 수면 등에 유류(油類)·분뇨·폐기물을 버리는 행위 등 다른 법령에 따라 금지되는 사항

6) 출입·검사

가) 관련근거 : 「낚시 관리 및 육성법」 제50조, 시행규칙 제27조

나) 내용 : 해양수산부장관, 시·도지사 또는 시장·군수·구청장은 낚시 관련 사업의 지도·감독과 미끼의 안전성 확보를 위하여 필요한 경우 낚시어선업자에게 보고를 하게 하거나 자료를 제출하게 할 수 있으며, 낚시어선에 출입하여 시설·장부나 그 밖의 물건을 검사하게 하거나 관계인에게 질문을 하게 할 수 있다.

2 낚시관리 및 육성법

[1] 목적

이 법은 낚시의 관리 및 육성에 관한 사항을 규정함으로써 건전한 낚시문화를 조성하고 수산자원을 보호하며, 낚시 관련 산업 및 농어촌의 발전과 국민의 삶의 질 향상에 이바지하는 것을 목적으로 한다.

[2] 용어의 정의

1) 낚시 : 낚싯대와 낚싯줄·낚싯바늘 등 도구(이하 "낚시도구"라 한다)를 이용하여 어류·패류·갑각류, 그 밖에 대통령령으로 정하는 수산동물을 낚는 행위를 말한다.

> 낚시 관리 및 육성법 시행령 제2조(낚시 대상 수산동물)
> 1. 연체동물(軟體動物) 중 두족류(頭足類)
> 2. 그 밖에 해양수산부장관이 정하여 고시하는 수산동물

2) 낚시인 : 낚시터에서 낚시를 하거나 낚시를 하려는 사람
3) 낚시터 : 낚시가 이루어지는 바다·바닷가·내수면 등의 장소
4) 낚시터업 : 영리를 목적으로 낚시터에 일정한 수면을 구획하거나 시설을 설치하여 낚시인이 낚시를 할 수 있도록 장소와 편의를 제공하는 영업
5) 낚시터업자 : 낚시터업을 경영하는 자로서 낚시 관리 및 육성법 제10조(낚시터업의 허가) 또는 제16조(낚시터업의 등록)에 따라 등록한 자
6) 낚시어선업 : 낚시인을 낚시어선에 승선시켜 낚시터로 안내하거나 그 어선에서 낚시를 할 수 있도록 하는 영업
7) 낚시어선 : 「어선법」에 따라 등록된 어선으로서 낚시어선업에 쓰이는 어선

8) 낚시어선업자 : 낚시어선업을 경영하는 자로 「낚시 관리 및 육성법」 제25조(낚시어선업의 신고)에 따라 신고한 자
9) 미끼 : 수산동물을 낚기 위하여 사용하는 떡밥 등을 말한다.
10) 수면관리자 : 제3조 각 호의 어느 하나에 해당하는 수면 등을 소유 또는 점용하거나 그 밖의 방법으로 실질적으로 지배하는 자를 말한다.

[3] 적용범위 (제3조)

1) 바다
2) 「수산업법」 제2조제18호에 따른 바닷가
3) 「수산업법」 제3조제3호에 따른 어업을 목적으로 하여 인공적으로 조성된 육상(陸上)의 해수면
4) 「내수면어업법」 제2조제2호에 따른 공공용 수면(公共用 水面)
5) 「내수면어업법」 제2조제3호에 따른 사유수면(私有水面)
6) 낚시터업을 목적으로 인공적으로 조성된 육상의 해수면

[4] 낚시의 관리

(1) 낚시제한구역의 설정

해양수산부장관은 수생태계와 수산자원의 보호 등을 위하여 낚시로 잡을 수 없는 수산동물의 종류·마릿수·체장(體長)·체중 등과 수산동물을 잡을 수 없는 낚시 방법·도구 및 시기 등에 관한 기준을 정할 수 있다.

(2) 낚시 통제구역

특별자치도지사·특별자치시장·시장·군수 또는 구청장(자치구의 구청장을 말하며, 서울특별시의 관할구역에 있는 한강의 경우에는 한강관리에 관한 업무를 관장하는 기관의 장을 말한다. 이하 "시장·군수·구청장"이라 한다)은 수생태계와 수산자원의 보호, 낚시인의 안전사고 예방 등을 위하여 일정한 지역을 낚시통제구역으로 지정하여 고시할 수 있다. 이 경우 수면관리자가 따로 있으면 그 수면관리자와 미리 협의하여야 한다.

낚시관리 및 육성법 시행령 제4조(낚시통제구역의 공고)

1. 낚시통제구역의 명칭
2. 낚시통제구역의 위치 및 면적
3. 낚시통제구역의 지정·변경·해제 사유
4. 낚시통제구역의 통제기간(낚시통제구역의 지정을 해제하는 경우는 제외한다)
5. 낚시통제구역 지정·변경·해제 연월일
6. 낚시통제구역에서 낚시를 한 자에게는 과태료가 부과될 수 있다는 내용

(3) 금지행위

1) 수면 등에서의 금지행위 (제7조)

가) 누구든지 수면 등에서 낚시를 하는 경우에는 다음의 행위를 하여서는 아니 된다.

나) 낚시도구나 미끼를 낚시 용도로 사용하지 아니하고 버리는 행위

다) 낚시제한기준을 위반하여 수산동물을 잡는 행위

2) 낚시로 포획한 수산동물의 판매 등 금지 (제7조의2)

누구든지 낚시로 포획한 수산동물을 타인에게 판매하거나 판매할 목적으로 저장·운반 또는 진열하여서는 아니 된다

3) 유해 낚시도구의 제조 등 금지

누구든지 수생태계와 수산자원의 보호에 지장을 주거나 수산물의 안전성을 해칠 수 있는 중금속 등 유해물질이 허용기준 이상으로 함유되거나 잔류된 낚시도구를 사용 또는 판매하거나 판매할 목적으로 제조·수입·저장·운반 또는 진열하여서는 아니 된다.

〈표 3-28〉 유해물질 허용기준

유해물질의 허용기준
낚싯대와 낚싯줄·낚싯바늘·낚싯봉 등 도구별 유해물질의 허용기준은 다음과 같다.

물질명	용출 허용기준 (mg/kg)
납(Pb)	90 이하
비소(As)	25 이하
크로뮴(Cr)	60 이하
카드뮴(Cd)	75 이하

비고 : 용출(溶出) 허용기준에 대한 검사는 「품질경영 및 공산품안전관리법」 제14조제3항에 따라 고시하는 제품검사의 안전기준 중 물놀이기구에 대한 중금속 용출 시험방법에 따른다.

(4) 낚시인 안전 관리

시장·군수·구청장 또는 관할 해양경찰서장은 낚시인의 생명과 신체의 안전을 확보하기 위하여 기상악화 등 경우에는 낚시인에게 다음 각 호의 조치를 명할 수 있다.

① 안전한 장소로의 이동

② 안전사고 방지를 위하여 시장·군수·구청장 또는 해양경찰서장이 필요하다고 인정하는 지역의 출입금지

[5] 낚시터업

(1) 허가

낚시가 이루어지는 바다, 바닷가, 인공적으로 조성된 육상의 해수면, 내수면의 공공용 수면에서 낚시터업을 하려는 자는 해양수산부령으로 정하는 바에 따라 해당 수면 등을 관할하는 시장·군수·구청장의 허가를 받아야 한다.

낚시관리 및 육성법 제10조, 시행령 제7조(낚시터업의 허가)

1. 낚시터의 명칭
2. 낚시터 관리선
3. 낚시터의 수면에 설치된 부유형 시설물
4. 낚시터의 최대수용인원

(2) 허가권자

제3조제1호부터 제4호까지의 수면 등에서 낚시터업을 하려는 자는 해양수산부령으로 정하는 바에 따라 해당 수면 등을 관할하는 시장·군수·구청장의 허가를 받아야 한다. 수면 등이 둘 이상의 시·군·구에 걸쳐 있는 경우에는 허가를 받으려는 면적이 큰 수면 등을 관할하는 시장·군수·구청장에게 허가를 받아야 한다.

1) 허가시 고려사항

시장·군수·구청장이 낚시터업의 허가를 하려면 해당 수면 등의 용도, 수질 등 환경의 오염상태, 수산자원의 상태, 어업인과의 이해관계 및 낚시인의 안전에 관한 사항 등을 고려하여야 한다.

2) 허가사항 통보

시장·군수·구청장은 제1항에 따라 제3조제1호(바다) 및 제2호(바닷가)에 따른 수면 등에서의 낚시터업을 허가한 경우 그 허가한 사항을 관할 해양경찰서장에게 즉시 통보하여야 한다.

3) 공공용 수면 허가 또는 승인

제3조제4호(공공용 수면(公共用 水面))에 해당하는 수면에서 제1항에 따른 낚시터업의 허가를 받으면 다음 각 호의 허가 또는 승인을 받은 것으로 본다.

① 「공유수면 관리 및 매립에 관한 법률」 제8조에 따른 공유수면의 점용 또는 사용의 허가
② 「농어촌정비법」 제23조제1항에 따른 농업생산기반시설의 사용허가

(3) 낚시터업의 허가기준 및 유효기간

1) 낚시터업의 허가기준

시장·군수·구청장은 낚시터업 허가의 신청 내용이 다음 각 호의 기준에 적합한 경우에만 허가를 할 수 있다.

① 낚시인의 안전과 편의 및 낚시터의 관리에 필요한 시설과 장비를 갖출 것
② 제48조에 따른 보험이나 공제에 가입할 것
③ 수생태계와 수산자원의 보호, 수산물의 안전성보장 및 건전한 낚시문화 조성에 지장을 줄 수 있는 시설이나 장비를 설치하지 아니할 것
④ 「양식산업발전법」 제10조에 따라 면허를 받은 양식업 구역의 일정 부분을 이용하는 낚시터업인 경우에는 면허를 받은 양식 어종으로 한정할 것

제1항제1호에 따른 시설·장비의 기준과 같은 항 제3호에 따라 설치가 제한되는 시설·장비의 종류 등은 대통령령으로 정한다.

〈표 3-29〉 낚시터업의 허가 시설 및 장비기준

낚시인의 안전과 편의 및 낚시터의 관리에 필요한 시설과 장비의 기준
(제8조제1항 관련)

구분	종 류	기 준
1. 낚시인의 안전에 필요한 시설·장비	가. 낚시터에 갖추어야 할 시설·장비	
	1) 구명부환(救命浮環) 및 구명줄	추락사고 발생 시 낚시인의 안전을 확보하는 데 적합할 것
	2) 소화기	화재사고 발생 시 화재의 확산 방지 및 진압에 적합할 것
	3) 붕대, 거즈 등 구급약품	부상당한 낚시인에 대한 응급처치에 적합할 것
	나. 수상시설물에 갖추어야 할 시설·장비	
	1) 선체(船體)	부양성 및 복원성이 있는 선체일 것
	2) 배수설비	시설물의 규모에 적합한 설비일 것
	3) 계선 및 계류설비	해수면 또는 내수면에서 시설물의 위치 안정성을 확보하는 데 적합한 설비일 것
	4) 전기설비	수상시설물에 설치하는 전기기계의 안전성에 적합한 설비일 것
	5) 구명 및 소방 설비 등 안전설비	추락사고 및 화재사고 발생 시 인명 및 재산 보호에 적합한 설비일 것
	6) 그 밖에 해양수산부장관이 필요하다고 인정하여 고시하는 시설·장비	
2. 낚시인의 편의에 필요한 시설·장비	가. 낚시터에 갖추어야 할 시설·장비	
	1) 화장실 등 위생설비	낚시터를 이용하는 낚시인의 위생보호에 적합한 설비일 것
	2) 수거한 쓰레기를 보관할 수 있는 시설	낚시터에서 발생하는 모든 쓰레기를 보관할 수 있는 규모일 것
	3) 그 밖에 해양수산부장관이 필요하다고 인정하여 고시하는 시설·장비	
	나. 수상시설물에 갖추어야 할 시설·장비	
	1) 화장실 등 위생설비	수상시설물을 이용하는 낚시인의 위생보호에 적합한 설비일 것
	2) 쓰레기통 등 쓰레기를 보관할 수 있는 설비	수상시설물에서 발생하는 모든 쓰레기를 보관할 수 있는 규모일 것
	3) 그 밖에 해양수산부장관이 필요하다고 인정하여 고시하는 시설·장비	
3. 낚시터의 관리에 필요한 시설·장비	가. 낚시터 관리 시설	낚시터의 운영·관리 등에 관한 업무에 적합한 시설일 것
	나. 방송 또는 통신 시설	낚시터의 운영·관리 및 비상상황의 전파 등에 적합한 시설일 것
	다. 낚시터 관리선(낚시터를 관리하거나 낚시인을 수상시설물 등으로 운송하는 데 필요한 경우만 해당한다)	「어선법」 또는 「선박법」에 따라 등록한 총톤수 10톤 미만의 어선 또는 선박일 것

비고 : 제1호부터 제3호까지의 규정에 따른 시설과 장비의 수량과 세부 기준 등은 해양수산부장관이 정하여 고시한다.

2) 허가의 유효기간

가) 제10조에 따른 낚시터업 허가의 유효기간은 10년으로 한다. 다만, 수생태계와 수산자원의 보호 또는 공익사업의 시행 등을 위하여 대통령령으로 정하는 경우에는 그 유효기간을 10년 이내로 할 수 있다.

① 낚시터업 허가를 받으려는 수면의 수질 및 수생태계의 보호를 위하여 필요한 경우

② 낚시 대상 수산동물의 산란·성육(成育) 등 번식을 보호하기 위하여 필요한 경우

③ 「공익사업을 위한 토지 등의 취득 및 보상에 관한 법률」 제4조 각 호에 따른 공익사업을 위하여 필요한 경우

④ 낚시터업 허가를 받으려는 수면의 사용승인기간이 10년 미만인 경우

나) 시장·군수·구청장은 제1항에 따라 허가한 낚시터업의 유효기간이 만료되는 경우에 낚시터업자가 유효기간의 연장을 신청하면 유효기간이 만료된 다음 날부터 매회 10년 이내에서 2회까지 그 기간을 연장할 수 있다.

다) 「수산업법」 또는 「양식산업발전법」에 따라 면허나 허가를 받은 구역의 일정 부분을 이용하는 낚시터업의 경우에는 그 낚시터업 허가의 유효기간은 해당 구역의 면허나 허가의 만료일 이내로 한다.

라) 유효기간 연장의 신청 절차나 그 밖에 필요한 사항은 해양수산부령으로 정한다.

3) 허가의 취소

가) 시장·군수·구청장은 제10조에 따라 허가를 받은 낚시터업자가 다음 각 호의 어느 하나에 해당하면 그 허가를 취소하거나 6개월 이내의 기간을 정하여 그 영업의 전부 또는 일부의 정지를 명할 수 있다. 다만, 제1호 또는 제2호에 해당하면 그 허가를 취소하여야 한다.

① 거짓이나 그 밖의 부정한 방법으로 낚시터업의 허가 또는 변경허가를 받거나 낚시터업 허가의 유효기간을 연장받은 경우

② 영업정지 기간 중에 영업을 한 경우

③ 허가를 받은 후 1년 이내에 영업을 시작하지 아니하거나 정당한 사유 없이 1년 이상 계속하여 휴업을 한 경우

④ 제10조제1항 후단에 따른 낚시터업의 변경허가를 받지 아니하고 낚시터업을 한 경우

⑤ 제11조에 따른 낚시터업의 허가기준을 충족하지 못하게 된 경우

⑥ 낚시터업자가 「부가가치세법」 제8조제7항 및 제8항에 따라 관할 세무서장에게 폐업신고를 하거나 관할 세무서장이 사업자등록을 말소한 경우

나) 영업 허가가 취소된 자(같은 항 제6호에 따라 취소된 경우는 제외한다)는 취소된 날부터 1년이 지나지 아니하면 낚시터업의 허가 신청을 할 수 없다.

다) 시장·군수·구청장은 허가취소를 위하여 필요한 경우 관할 세무서장에게 낚시터업자의 폐업신고 또는 사업자등록의 말소 여부에 대한 정보를 요청할 수 있다. 이 경우 요청을 받은 관할 세무서장은 지체 없이 시장·군수、구청장에게 해당 정보를 제공하여야 한다.

라) 처분의 구체적인 기준과 그 밖에 필요한 사항은 해양수산부령으로 정한다.

(3) 낚시터업의 등록(법 제16조)

1) 낚시터업의 등록

「내수면어업법」 제2조제3호에 따른 사유수면에서 낚시터업을 하려는 자는 해당 수면을 관할하는 시장·군수·구청장에게 등록하여야 한다.

2) 등록관청

낚시터업의 등록을 하려는 수면이 둘 이상의 시·군·구에 걸쳐 있는 경우에는 등록하려는 면적이 큰 수면을 관할하는 시장·군수·구청장에게 등록을 하여야 한다.

3) 등록의 유효기간

가) 낚시터업 등록의 유효기간은 10년으로 한다. 다만, 공익사업을 위하여 필요한 경우에는 그 유효기간을 10년 이내로 할 수 있다.

나) 시장·군수·구청장은 제1항에 따라 등록된 낚시터업의 유효기간이 만료되는 경우에 낚시터업자가 유효기간의 연장을 신청하면 유효기간이 만료된 다음 날부터 매회 10년의 기간 내에서 그 기간을 연장할 수 있다.

4) 등록의 취소 등

가) 정지 및 취소

시장·군수·구청장은 등록한 낚시터업자가 다음 각 호의 어느 하나에 해당하는 경우에는 그 등록을 취소하거나 6개월 이내의 기간을 정하여 그 영업의 전부 또는 일부의 정지를 명할 수 있다. 다만, 제1호 또는 제2호에 해당하는 경우에는 그 등

록을 취소하여야 한다.

① 거짓이나 그 밖의 부정한 방법으로 낚시터업의 등록 또는 변경등록을 하거나 낚시터업 등록의 유효기간을 연장받은 경우

② 영업정지 기간 중에 영업을 한 경우

③ 제16조제1항 후단에 따른 낚시터업의 변경등록을 하지 아니하고 낚시터업을 한 경우

④ 제17조의 낚시터업의 등록기준을 충족하지 못하게 된 경우

⑤ 낚시터업자가 「부가가치세법」 제8조제6항 및 제7항에 따라 관할 세무서장에게 폐업신고를 하거나 관할 세무서장이 사업자등록을 말소한 경우

나) 영업의 등록이 취소된 자(같은 항 제5호에 따라 취소된 경우는 제외한다)는 취소된 날부터 1년이 지나지 아니하면 낚시터업의 등록 신청을 할 수 없다.

다) 시장·군수·구청장은 등록취소를 위하여 필요한 경우 관할 세무서장에게 낚시터업자의 폐업신고 또는 사업자등록의 말소 여부에 대한 정보를 요청할 수 있다. 이 경우 요청을 받은 관할 세무서장은 지체 없이 시장·군수·구청장에게 해당 정보를 제공하여야 한다.

5) 낚시터업자 등의 준수사항

가) 수생태계의 균형에 교란을 가져오거나 가져올 우려가 있는 어종(이하 "방류 금지 어종"이라 한다)을 낚시터업자가 경영하는 낚시터에 방류하지 말 것

나) 수질의 한계기준을 초과하여 낚시터 수질을 오염시키지 말 것

다) 수생태계 보존의 한계기준을 초과하여 낚시터 수생태계를 훼손시키지 말 것

라) 가)부터 다)까지의 규정에 준하는 사항으로서 수생태계와 수산자원의 보호나 수산물의 안전성 확보를 위하여 필요하다고 인정하여 해양수산부령으로 정하는 사항을 준수할 것

① 수산생물의 서식지·산란지의 파괴·훼손 금지

② 「수산생물질병 관리법」에 따라 허가받지 아니한 의약품이나 화학물질의 사용제한 또는 사용금지

③ 그 밖에 수생태계와 수산자원의 보호나 수산물의 안전성 확보를 위하여 필요하다고 인정하여 해양수산부장관이 고시하는 사항

6) 낚시터이용객 안전 등을 위한 조치(제20조의2)

시장·군수·구청장은 낚시터이용객의 안전과 사고 방지 및 그 밖에 낚시터업의 질서유지를 위하여 필요하다고 인정할 때에는 관할 경찰서장 또는 해양경찰서장의 의견을 들어 낚시터업자에게 다음 각 호의 조치를 명할 수 있다.

① 영업시간의 제한이나 영업의 일시정지
② 인명안전에 관한 설비의 비치, 착용 및 관리
③ 그 밖에 낚시터이용객의 안전과 사고 방지 및 낚시터업의 질서유지를 위하여 필요하다고 인정하는 사항

7) 휴업·폐업 등의 신고(제24조)

낚시터업자는 다음 각 호의 어느 하나의 경우에는 시장·군수·구청장에게 신고하여야 한다.

① 낚시터업을 허가 또는 등록의 유효기간 내에 폐업하려는 경우
② 3개월을 초과하여 휴업하려는 경우
③ 휴업 후 영업을 다시 하려는 경우
④ 휴업기간을 연장하려는 경우

[6] 낚시어선업

(1) 낚시어선업의 신고

1) 낚시어선업을 하려는 자는 낚시어선의 대상·규모·선령·설비·안전성 검사, 선장의 자격, 전문교육 이수 등 대통령령으로 정하는 요건(이하 "신고요건"이라 한다)을 갖추어 어선번호, 어선의 명칭 등 대통령령으로 정하는 사항(이하 "신고사항"이라 한다)에 관한 낚시어선업의 신고서를 작성하여 해당 낚시어선의 선적항(船籍港)을 관할하는 시장·군수·구청장에게 신고하여야 한다. 어선번호, 어선의 명칭 등 대통령령으로 정하는 중요한 신고사항을 변경하려는 때에도 같다.

법 제25조제1항 "**대통령령으로 정하는 사항(신고사항)**"이란 다음 각 호의 사항 모두를 말한다.
① 어선번호
② 어선의 명칭
③ 총톤수
④ 주 영업장소 및 영업시간
⑤ 선적항(船籍港)의 명칭
⑥ 어업허가번호 또는 관리선 지정번호
⑦ 보험 또는 공제의 가입 여부와 가입한 낚시어선의 최대승선인원(어선검사증서에 적힌 것을 말한다)
⑧ 낚시어선업자의 성명, 주민등록번호, 주소 및 연락처
⑨ 낚시어선의 선원 중 해기사 면허 소지자의 성명 및 주민등록번호와 해기사 면허의 직종 및 등급

"**대통령령으로 정하는 요건(신고요건)**"이란 다음 각 호의 요건 모두를 말한다.

가) 낚시어선이 「수산업법」 또는 「내수면어업법」에 따라 어업허가를 받은 어선으로서 총톤수 10톤 미만의 동력어선일 것

나) 낚시어선이 선령(船齡) 20년 이하인 목선(木船)이거나 선령 25년 이하인 강선(鋼船)·합성수지선·알루미늄선일 것

다) 낚시어선에 〈표 3-30〉 따른 설비를 갖출 것

〈표 3-30〉 낚시어선 설비규정

낚시어선이 갖추어야 하는 설비 [낚시 관리 및 육성법 시행령 별표 4]

구 분	설 비
1. 구명설비	가. 최대승선인원의 120% 이상에 해당하는 수의 구명조끼. 이 중 20% 이상은 어린이용으로 하여야 한다. 나. 최대승선인원의 30% 이상에 해당하는 수의 구명부환 다. 지름 10㎜ 이상, 길이 30m 이상인 구명줄 1개 이상
2. 소화설비	가. 총톤수 5톤 미만 낚시어선의 경우 : 2개 이상의 간이식 소화기 나. 총톤수 5톤 이상 낚시어선의 경우 : 2개 이상의 휴대식 소화기
3. 전기설비	낚시인의 안전을 위해 사용하는 조명 등의 전기설비
4. 그 밖의 설비	가. 분뇨를 수면으로 배출하지 않는 방식의 화장실 나. 가까운 무선국 또는 출입항신고기관 등과 연락할 수 있는 통신기기 다. 핸드레일 라. 비상용 구급약품세트 마. 자기점화등 1개 이상 바. 그 밖에 시장·군수·구청장이 승객의 안전을 위하여 필요하다고 인정하여 고시하는 설비

비고 : 제1호부터 제4호까지의 규정에 따른 설비 중 「어선법」 제3조에 따른 설비는 같은 조에 따라 해양수산부장관이 정하여 고시하는 기준에 맞는 것이어야 한다.

라) 법 제25조의2제1항 본문에 따른 낚시어선의 안전성 검사를 받았을 것

마) 낚시어선의 선장은 다음 각 목에 따른 요건을 모두 갖출 것

① 「선박직원법」 제4조제2항제6호에 따른 소형선박 조종사 면허 또는 그 상위등급의 해기사 면허를 받았을 것

② 「선박직원법」 제2조제6호에 따른 승무경력이 2년 이상이거나 120일 이상의 선박 출입항 기록을 보유할 것

바) 법 제47조제2항에 따른 전문교육을 이수할 것(최초로 낚시어선업을 신고하는 경우로 한정한다)

2) 시장·군수·구청장은 신고한 내용이 신고요건에 적합하면 신고인에게 낚시어선업 신고확인증을 발급하여야 한다.

3) 낚시어선업 신고의 유효기간은 제48조에 따라 가입한 보험이나 공제의 계약기간으로 하되, 3년을 초과할 수 없다.

(2) 영업구역 (제27조)

1) 낚시어선업의 영업구역은 그 낚시어선의 선적항이 속한 시·도지사의 관할 수역으로 하되, 외측한계는 「영해 및 접속수역법」에 따른 영해로 한다. 다만, 해양수산부장관이 연접한 시·도 간 수역에 대하여 대통령령으로 정하는 바에 따라 공동영업구역을 지정하는 경우에는 그 공동영업구역과 해당 시·도지사의 관할 수역을 영업구역으로 한다.

2) 영해의 범위를 「영해 및 접속수역법」에 따라 기선으로부터 12해리 미만으로 정하고 있는 수역을 관할하는 시·도지사가 영해 바깥쪽 해역에서의 영업이 필요하다고 특별히 인정하는 경우에는 관할 지방해양경찰청장의 의견을 들어 해양수산부장관에게 영업구역 확대를 요청할 수 있다.

3) 시·도지사가 요청하는 경우 해양수산부장관은 해당 시·도지사 및 해양경찰청장 등 관계기관과 협의하여 영해 바깥쪽 해역을 영업구역으로 지정할 수 있다.

(3) 낚시어선의 승선정원 (제28조)

낚시어선의 승선정원은 「어선법」에 따른 어선검사증서에 적힌 어선원 및 어선원 외의 사람 각각의 최대승선인원으로 한다. 낚시어선업자는 승선정원 및 승객준수사항을 당해 낚시어선의 갑판실 외벽 등 누구나 볼 수 있는 장소에 게시한다.

낚시어선업자는 낚시어선의 규모, 영업시간 등이 해양수산부령으로 정하는 기준에 해당하

는 경우 낚시승객의 안전을 담당하는 자(이하 "낚시어선 안전요원"이라 하며 선원에 포함한다. 이하 같다)를 승선시켜야 한다.

(4) 낚시어선업자 안전운항 의무 (제29조)

1) 낚시어선업자 및 선원은 낚시어선의 안전을 점검하고 기상상태를 확인하는 등 안전운항에 필요한 조치를 하여야 하며, 승객에게 위해(危害)가 없도록 수면의 상황에 따라 안전하게 낚시어선을 조종하여야 한다.
2) 낚시어선업자 및 선원은 다음 각 호의 행위를 하여서는 아니 된다.
   가) 영업 중 낚시를 하는 행위
   나) 보호자를 동반하지 아니한 14세 미만의 사람, 「정신건강증진 및 정신질환자 복지서비스 지원에 관한 법률」 제3조제1호에 따른 정신질환자 등 승선에 부적격한 사람을 승선하게 하는 행위
   다) 그 밖에 낚시어선의 안전운항에 위해를 끼친다고 인정되는 행위
3) 낚시어선업자 및 선원은 안전운항을 위하여 낚시어선에 승선한 승객 등 승선자 전원에게 구명조끼를 착용하도록 하여야 한다. 이 경우 승객이 구명조끼를 착용하지 아니하면 승선을 거부할 수 있다.
4) 낚시어선업자 및 선원은 출항하기 전 승선한 승객에게 안전사고 예방 및 수산자원 보호, 환경오염 방지 등을 위하여 해양수산부장관이 정하는 바에 따라 다음 각 호의 사항을 안내하여야 한다.
   가) 안전한 승·하선 방법, 인명구조 장비와 소화설비의 보관장소와 사용법, 비상신호, 비상시 집합장소의 위치와 피난요령, 인명구조에 관련된 기관의 유선번호 및 유사시 대처요령 등 안전에 관한 사항
   나) 포획금지 체장·체중 등 수산자원보호에 관한 사항
   다) 쓰레기 투기 금지 등 환경오염 방지에 관한 사항

(5) 운항규칙 (제29조의2)

해상항행선박이 항행을 계속할 수 없는 하천·호소 등 「해사안전법」을 적용받지 아니하는 장소에서의 낚시어선 운항규칙에 관하여 필요한 사항은 대통령령으로 정한다. 낚시어선업자와 선원이 준수하여야 하는 낚시어선 운항규칙은 다음 각 호와 같다.

① 주위의 상황 및 다른 선박과의 충돌의 위험을 충분히 판단할 수 있도록 시각·청각 및

당시의 상황에 적합하게 이용할 수 있는 모든 수단을 이용하여 항상 적절한 경계를 하여야 한다.

② 다른 선박과의 충돌을 피하기 위하여 적절하고 유효한 동작을 취하거나 당시의 상황에 적합한 거리에서 정선(停船)할 수 있도록 항상 안전한 속력으로 운항하여야 한다.

③ 시계(視界)를 제한받는 때나 교량 등의 부근 및 하천 폭이 좁은 구역에서는 속도를 줄여 운항하여야 한다.

④ 시계가 제한된 구역에서 앞쪽에 다른 선박이 있는 경우 왼쪽으로 진로를 변경해서는 아니 된다.

⑤ 다른 선박과 마주칠 때에는 진로를 오른쪽으로 변경하여야 한다.

⑥ 다른 선박과 같은 방향으로 운항하는 경우에는 근접하거나 경쟁적으로 운항해서는 아니 된다.

⑦ 다른 선박을 추월하려는 경우에는 추월당하는 선박을 완전히 추월하거나 그 선박에서 충분히 멀어질 때까지 그 선박의 진로를 방해해서는 아니 된다.

⑧ 낚시어선과 다른 선박이 서로 진로를 횡단하는 경우에 충돌의 위험이 있을 때에는 다른 선박을 오른쪽에 두고 있는 선박이 그 다른 선박의 진로를 피하여야 한다.

⑨ 선착장 등으로 들어오는 낚시어선은 선착장 등의 밖으로 나가는 다른 선박의 진로를 방해해서는 아니 된다.

⑩ 낚시가 금지되어 있는 장소에 정박하거나 승객을 승선·하선시켜서는 아니 된다.

⑪ 야간운항을 하는 경우 안전 운항 및 승객의 승선·하선에 필요한 불빛을 표시하여야 한다.

(6) 금지사항

1) 술에 취한 상태에서의 조종 금지(제30조)

낚시어선업자 및 선원은 술에 취한 상태에서 낚시어선을 조종하거나 술에 취한 상태에 있는 낚시어선업자 또는 선원에게 낚시어선을 조종하게 하여서는 아니 된다. 이 경우 "술에 취한 상태"란 「해사안전법」 제41조제5항에 따른 술에 취한 상태를 말한다.

▶ 혈중알콜농도 0.03% 이상의 음주상태

다음 각 호에 해당하는 사람(이하 이 조에서 "관계 공무원"이라 한다)은 낚시어선업자 및 선원이 위반하였다고 인정할 만한 상당한 이유가 있는 경우에는 술에 취하였는지를 측정할 수 있다.

① 경찰공무원

② 시·군·구 소속 공무원 중 수상안전업무에 종사하는 사람

관계 공무원(근무복을 착용한 경찰공무원은 제외한다)이 술에 취하였는지 여부를 측정하는 때에는 그 권한을 표시하는 증표를 지니고 이를 해당 낚시어선업자 및 선원에게 보여 주어야 한다. 측정의 결과에 불복하는 낚시어선업자 및 선원에 대하여는 해당 낚시어선업자 및 선원의 동의를 받아 혈액채취 등의 방법으로 다시 측정할 수 있다. 측정결과가 술에 취한 상태에 해당하는 경우에는 해당 낚시어선업자 또는 선원에 대하여 조종·승선 제한 등 필요한 조치를 하여야 한다.

2) 약물복용의 상태에서의 조종 금지(제31조)

낚시어선업자 및 선원은 약물복용의 상태에서 낚시어선을 조종하거나 약물복용의 상태에 있는 낚시어선업자 또는 선원에게 낚시어선을 조종하게 하여서는 아니 된다. 이 경우 "약물복용의 상태"란 「마약류관리에 관한 법률」 제2조에 따른 마약·향정신성의약품·대마 또는 「화학물질관리법」 제22조에 따른 환각물질의 영향으로 정상적인 조종을 할 수 없는 우려가 있는 경우를 말한다.

(7) 출입항 신고(제33조)

낚시어선업자는 승객을 승선하게 하여 항구·포구 등에 출항이나 입항(이하 "출입항"이라 한다)을 하려는 경우에는 어선의 출입항 신고에 관한 업무를 담당하는 기관(이하 "출입항신고기관"이라 한다)의 장에게 신고하여야 한다.

출항 신고를 하려는 낚시어선업자는 그 신고서에 해당 낚시어선에 승선할 선원과 승객의 명부(이하 "승선자명부"라 한다)를 첨부하여 출입항신고기관의 장에게 제출하여야 하고, 승선하는 승객으로 하여금 승선자명부를 작성하도록 하여야 한다. 이 경우 낚시어선업자는 승객에게 신분증을 요구하여 승선자명부 기재내용을 확인하여야 한다. 승객이 정당한 사유 없이 승선자명부를 작성하지 아니하거나 제3항 후단에 따른 신분증 제시 요구에 따르지 아니하는 경우에는 승선을 거부하여야 한다. 낚시어선에 승선자명부의 사본을 3개월 동안 갖추어 두어야 한다.

〈표 3-31〉 출항시 안전관리

절차	수행업무(확인사항)	관련 근거
출항신고	ㅇ 낚시어선업자 출입항신고기관에 출입항 신고서 제출(승선자 명부를 첨부)	낚시 관리 및 육성법 제33조
⇩		
서류확인	ㅇ 출입항 신고서 확인 – 연락두절 등 긴급상황 발생대비 낚시장소, 입항예정시간 기입 여부 확인 ㅇ 선박검사증서, 선적증서 등 확인 ㅇ 선원의 자격 및 해기사 면허 등 확인	선박통제규정 제18조, 제19조
⇩		
임 검	ㅇ 임검요령 – 승선자의 범죄경력, 수상한 거동, 기타 주위의 사정을 합리적으로 판단하여 필요하다고 인정되는 경우 출항 직전에 행할 수 있음 ㅇ 확인사항 – 승선자명부와 실제 승선인원의 일치여부 – 선내 총기, 도검류, 폭발물 은닉여부 ㅇ 계도·홍보 – 구명조끼 착용 생활화(승선자 전원) – 각종 항법준수 및 안전운항(낚시어선업자) – 주류반입 및 과도한 음주자제(승객) – 낚시제한 기준, 낚시통제구역, 승객 준수사항 등 지자체고시 – 사고 발생시 신속한 신고(신고전화 119)	선박통제규정 제20조
⇩		
출 항		
출항의 제한	ㅇ 태풍, 강풍, 풍랑, 호우, 대설, 폭풍해일, 지진해일, 주의보 또는 경보가 발표된 경우 ㅇ 안개 등으로 인하여 시계가 1km 이내인 경우 ㅇ 출입항신고기관의 장이 해상 상황의 급작스런 악화 등으로 인하여 낚시어선의 출항이 어렵다고 판단하는 경우	낚시 관리 및 육성법 제34조, 영제19조
⇩		
시스템 입력	ㅇ 선박 출입항관리 종합 정보시스템에서 출항입력	선박통제규정 제24조의2

☞ **임검 시 유의사항**

◈ 항상 단정한 용모복장과 친절한 언행을 유지
◈ 임검에 필요한 경찰장비, 인명구조장비, 통신장비 등을 휴대
◈ 승선인원의 일치여부 확인 등으로 민원이 유발되지 않도록 해야하며 특별한 상황 등으로 지체될 경우 승선자에게 설명
◈ 구명동의 착용의 생활화 등 승선자들의 안전이 최우선임을 계도·홍보
◈ 현장임검 시 선박의 출항목적에 따라 제출한 명부를 확인하고 어선의 조업 또는 낚시어선업을 위한 출항준비, 제반사항 등 주위 사정을 합리적으로 판단(선박통제규정 제20조)

〈표 3-32〉 출항 후 영업 중인 낚시어선 안전관리

상 황	수행업무(확인사항)	관련 근거
기상 상황 모니터링	◦ 파출소별 관내 낚시어선 영업해역 등 기상상황 모니터링 실시	
⇩		
기상 악화시	◦ 낚시어선 및 승객의 안전을 위하여 회항또는 안전한 항포구로 대피토록 계도	낚시 관리 및 육성법 제34조

☞ **참고(유의)사항**

◈ 낚시어선의 선주, 선장, 선원의 비상연락망을 상시 유지하여 긴급상황 발생시 연락이 가능하도록 하며
◈ 지역별, 항·포구의 낚시단체, 협회 등과의 협조체제 유지

〈표 3-33〉 입항 시 안전관리

절차	수행업무(확인사항)	관련 근거
입항신고	◦ 입항신고 접수	낚시 관리 및 육성법 제33조
⇩		
임 검	◦ 임검요령 –입항선박에 대한 임검은 선박통제규정 제1항의 규정에 준함	선박통제규정 제20조
⇩		
시스템 입력	◦ 선박 출입항관리 종합 정보시스템에서 입항입력	선박통제규정 제24조의2

(8) 출항의 제한 (제34조)

출입항신고기관의 장은 시간, 기상 및 해상 상황에 관한 정보 등을 고려하여 낚시어선업자·선원·승객의 안전을 위하여 필요하다고 인정할 때에는 낚시어선의 출항을 제한할 수 있다. 낚시어선의 출항제한은 다음 각 호의 경우에 할 수 있다.

① 「기상법 시행령」 제8조제1항에 따라 초당 풍속 12미터 이상 또는 파고(波高) 2미터 이상으로 예보가 발표된 경우

② 「기상법 시행령」 제8조제2항제1호부터 제3호까지 및 제5호부터 제7호까지의 규정에 따른 호우·대설·폭풍해일·태풍·강풍·풍랑 주의보 또는 경보가 발표된 경우

③ 기상청장이 제2호에 따른 주의보 또는 경보를 발표하기 전에 이를 사전에 알리기 위한 정보를 발표한 경우

④ 안개 등으로 인하여 해상에서의 시계가 1킬로미터 이내인 경우

⑤ 일출 전 또는 일몰 후. 다만, 별표 4 제1호카목 및 타목에 따른 설비를 갖추고 법 제35조제1항제1호에 따라 시장·군수·구청장이 영업을 제한하지 않는 시간대에 영업하는 경우는 제외한다.

⑥ 그 밖에 법 제33조제1항에 따른 출입항신고기관(이하 "출입항신고기관"이라 한다)의 장이 해상상황의 급작스런 악화 등으로 인하여 낚시어선의 출항이 어렵다고 판단하는 경우

(9) 안전운항 등을 위한 조치 (제35조)

1) 시장·군수·구청장은 낚시어선의 안전운항과 사고 방지 및 그 밖에 낚시어선업의 질서 유지를 위하여 특히 필요하다고 인정할 때에는 관할 경찰서장 또는 관할 해양경찰서장의 의견을 들어 낚시어선업자에게 다음 각 호의 지시나 조치를 명할 수 있다.

   ① 영업시간이나 운항 횟수의 제한

   ② 영업구역의 제한 또는 영업의 일시정지

   ③ 인명안전에 관한 설비의 비치 및 관리

   ④ 그 밖에 낚시어선의 안전운항과 사고 방지 및 낚시어선업의 질서유지를 위하여 필요하다고 인정하는 사항

2) 시장·군수·구청장은 낚시어선의 안전운항, 승객의 안전사고 예방, 수질오염의 방지 및 수산자원의 보호 등을 위하여 낚시어선의 승객이 준수하여야 하는 사항을 정하여 고시하여야 한다. 그리고 낚시어선업자 또는 선원이 잘 볼 수 있는 출입항 장소에 낚시어선

업자 또는 선원이 준수하여야 할 사항을 표기한 표지판을 설치하여야 한다. 이 경우 표지판에는 다음 각 호의 사항이 포함되어야 한다.

① 제1항에 따른 안전운항 등을 위한 조치

② 제29조, 제29조의2, 제30조부터 제33조까지 및 제37조제1항에 따른 낚시어선업자 또는 선원의 준수사항 등

③ 제34조제2항에 따른 출항제한의 기준

④ 제3조 각 호의 수면 등에 유류(油類)·분뇨·폐기물을 버리는 행위 등 다른 법령에 따라 금지되는 사항

(10) 낚시어선 승객의 준수사항 (제36조)

낚시어선업자 또는 선원은 안전운항을 위하여 낚시어선에 승선한 승객에게 다음 각 호의 사항을 준수하도록 조치할 수 있다. 이 경우 낚시어선의 승객은 낚시어선업자 또는 선원의 조치에 협조하여야 한다.

① 제29조제3항에 따른 구명조끼 착용에 관한 사항

② 제33조제3항에 따른 승선자명부 작성 및 신분증 확인에 관한 사항

③ 제35조제2항에 따라 낚시어선 승객이 준수하여야 하는 사항

(11) 사고발생의 보고 (제37조)

낚시어선업자 또는 선원은 다음 각 호의 어느 하나에 해당할 때에는 사고 장소가 내수면인 경우에는 사고발생 지점에서 가장 가까운 시장·군수·구청장에게, 해수면인 경우에는 관할 해양경찰서장에게 그 사실을 지체 없이 보고하고 사고의 수습에 필요한 조치를 하여야 한다. 보고를 받은 시장·군수·구청장 또는 해양경찰서장은 지체 없이 관할 시·도지사 또는 지방해양경찰청장에게 이를 보고하고 인명 구조 등 사고 수습을 위하여 필요한 조치를 하여야 한다.

① 승객이 사망하거나 실종되었을 경우

② 충돌, 좌초 또는 그 밖에 낚시어선의 안전운항에 영향을 미치거나 미칠 우려가 있는 사고가 발생하였을 경우

□ 낚시어선 사고 원인

1. 낚시어선의 구조적인 문제

가. 지자체에서 낚시어선업 신고시 마다 검사를 실시하고 있으나, 검사 시 외에는 안전설비의 비치상태 등 사후 관리 미흡

나. RADAR, 전자해도, GPS 등 전자장비 비치 미비

다. 기관실 바로 위에 위치한 선실과 기관실과의 공간이 20~30㎝로 협소하여 화재 등의 위급상황 시 응급조치에 애로

2. 낚시어선 운항상 문제

가. 선상낚시 외 낚시승객은 낚시장소 주변 갯바위에서 승하선하므로 낚시어선업자는 선박 고정을 위해 급격하고 반복적인 동력전달을 시행하는 등으로 기관 고장사고의 위험이 높음

나. 또한, 낚시승객 승하선 시 추락 및 선체 파손우려

다. 협소한 낚시공간에 낚시승객을 분산·승하선 시, 안전관리 우려

라. 낚시승객의 과도한 요청으로 기상악화 등 입·출항 제한에도 불구하고 물때에 맞추어 무리한 출항을 감행

마. 수요가 많은 낚시지점에 경쟁적으로 승객을 수송하기 위해 과속운항, 야간운항 및 기상악화 시의 운항 등 무리한 운항 빈번

바. 스킨스쿠버, 일반인 등 낚시승객 외의 승객탑승으로 최대탑승인원 초과 및 낚시어선의 안전운항 우려

3. 낚시어선의 통제·관리상의 문제

가. 소형 항포구는 관리기관이 없어 입출항 등 안전관리에 애로

나. 낚시어선은 어업인이 어업활동을 하지 않아 소득이 없는 시기에 낚시인들을 태워 소득을 보전할 수 있게 도입된 제도이나, 현재는 낚시를 전용으로 하는 낚시어선이 생겨나고 있어 이에 대한 통제 필요

4. 사고발생 시 대응(신고)

가. 낚시어선업자 또는 선원은 다음과 같은 사고가 발생한 경우 사고발생 관할 해양경찰서장에게 지체 없이 보고하고 사고의 수습에 필요한 조치를 하여야 함

1) 승객이 사망하거나 실종되었을 경우

2) 충돌, 좌초 또는 그 밖에 낚시어선의 안전운항에 영향을 미칠 수 있는 사고가 발생하였을 경우

나. 사고발생 보고를 받은 시장·군수·구청장 또는 해양경찰서장은 지체 없이 관할 시·도지사 또는 지방해양경찰청장에게 이를 보고하고 인명 구조 등 사고 수습을 위하여 필요한 조치를 하여야 함

※ 낚시어선 사고발생 보고(신고) 방법

1. V-pass : 조난버튼을 눌러 조난위치 송신
   - ► 선박위치송신장치가 선박의 기울기를 실시간 감지해 충돌·좌초시 SOS 요청 없이도 즉시 이상신호 전송됨
2. VHF : 조난버튼을 눌러 조난 메시지를 송신하고, 채널 16번을 통해 위험상황을 알리고 구조를 요청
   - ► 어업통신국과 사고발생 주변 어선들과의 교신을 통해 구조 협조요청
3. 휴대전화 : 해양긴급 신고 119를 눌러 사고발생을 신고

5. 사고유형별 대응법

가. 침수사고 발생시 대응법

1) 선내 모든 승선자에게 알림
2) 해양경찰서, 어업정보통신국, 인근 선박 등에 신속히 본선의 위치와 사고사실을 알리고 구조를 요청
3) 침수범위를 파악하여 초기 방수 및 배수작업 실시
4) 침수부 위치와 크기를 확인하고, 자력으로 방수작업을 할 수 없다고 판단되면 구명동의 착용 후 퇴선 준비

나. 좌초사고 발생시 대응법

1) 선내 모든 승선자에게 알림
2) 해양경찰서, 어업정보통신국, 인근 선박 등에 신속히 본선의 위치와 사고사실을 알리고 구조를 요청
3) 좌초범위를 파악하고 초기 방수 및 배수작업 실시
4) 방수 및 배수작업을 완료 후 선박을 이초 하되, 자력 방수가 곤란할 경우에는 구명동의 착용 후 퇴선 준비

다. 화재 발생시 대응법

1) 화재범위를 파악하여 초기 진화작업에 최선을 다하고, 화재진압을 위하여 기관실에 접근할 때는 화염의 분출에 유의하고 풍상측에서 접근하여 소화작업을 실시
2) 초기 진화작업에 실패한 경우에는 산소를 차단하기 위해 모든 개구부를 폐쇄하고 풍상측으로 대피한 후, 선내 전 승선자에게 화재사실을 알림
3) 해양경찰서, 어업정보통신국, 인근 선박 등에 신속히 화재사실을 알리고 구조 요청

라. 기관사고 발생시 대응법

1) 기관을 정지하고 자체수리가 가능한지를 판단
2) 자체수리나 응급복구가 불가능한 경우, 신속히 구조를 요청
3) 고장원인을 신속히 알아 낼 수 있도록 평소에 기관 제조자 또는 수리업체의 연락처를 확보하여 필요시 사용

(12) 영업의 폐쇄(제38조)

시장·군수·구청장은 낚시어선업자가 다음 각 호의 어느 하나에 해당하면 영업의 폐쇄를 명하거나 3개월 이내의 기간을 정하여 그 영업의 정지를 명할 수 있다. 다만, 제1호부터 제4호까지에 해당하는 경우에는 영업의 폐쇄를 명하여야 한다. 영업의 폐쇄명령을 받은 자는 그 영업이 폐쇄된 날부터 2년이 지나지 아니하면 낚시어선업의 신고를 할 수 없다.

① 제25조제1항 전단에 따른 낚시어선업의 신고를 하지 아니하고 낚시어선업을 한 경우
② 거짓이나 그 밖의 부정한 방법으로 낚시어선업을 신고한 경우
③ 「어선법」에 따라 어선의 등록이 말소된 경우
④ 영업정지 기간 중 영업을 한 경우
⑤ 낚시어선업자, 선원의 고의 또는 중대한 과실이나 주의의무 태만으로 인하여 안전사고가 발생한 경우

⑥ 제25조에 따른 낚시어선업의 신고요건을 충족하지 못하게 된 경우
⑦ 제27조에 따른 낚시어선업의 영업구역을 위반한 경우
⑧ 낚시승객을 승선시킨 상태에서 제30조제1항을 위반하여 낚시어선업자 또는 선원이 술에 취한 상태에서 낚시어선을 조종한 경우
⑨ 낚시승객을 승선시킨 상태에서 제31조를 위반하여 낚시어선업자 또는 선원이 약물복용의 상태에서 낚시어선을 조종한 경우
⑩ 제48조에 따른 보험이나 공제에 가입하지 아니한 경우

(13) 폐업신고(제39조) 및 미끼관리

1) 낚시어선업을 폐업하려는 자는 해양수산부령으로 정하는 바에 따라 그 사실을 시장·군수·구청장에게 신고하여야 한다. 이 경우 바다에서의 낚시어선업을 폐업한 때에는 시장·군수·구청장은 신고받은 사항을 관할 해양경찰서장에게 즉시 통보하여야 한다. 영업의 정지명령을 받은 후 그 기간이 끝나지 아니한 자는 제1항에 따른 폐업신고를 할 수 없다.

시장·군수·구청장은 낚시어선업자가 「부가가치세법」에 따라 관할 세무서장에게 폐업신고를 하거나 관할 세무서장이 사업자등록을 말소한 경우에는 신고사항을 직권으로 말소할 수 있다. 직권말소를 위하여 필요한 경우 관할 세무서장에게 낚시어선업자의 폐업신고 또는 사업자등록의 말소 여부에 대한 정보를 요청할 수 있다. 이 경우 요청을 받은 관할 세무서장은 지체 없이 시장·군수·구청장에게 해당 정보를 제공하여야 한다.

2) 해양수산부장관은 미끼의 안전성 확보를 위하여 필요한 경우에는 미끼의 종류별로 특정물질의 함량기준(이하 "미끼기준"이라 한다)을 설정할 수 있다. 미끼기준의 구체적인 내용은 대통령령으로 정한다.

누구든지 미끼기준에 적합하지 아니한 미끼를 판매하거나 판매할 목적으로 제조·수입·사용·저장·운반 또는 진열하여서는 아니 된다.

해양수산부장관, 시·도지사 또는 시장·군수·구청장은 제50조에 따른 검사 결과 해당 미끼가 미끼기준에 적합하지 아니한 경우에는 관계 공무원으로 하여금 해당 미끼를 압류 또는 폐기하게 하거나, 해당 미끼의 제조업자·수입업자 또는 판매업자에게 그 미끼를 회수·폐기하게 하거나 그 밖에 해당 미끼의 안전상의 위해가 제거될 수 있도록 용도·처리방법 등을 정하여 필요한 조치를 할 것을 명할 수 있다. 폐기처분 명령을 받은 자가 그 명령을 이행하지 아니하는 경우에는 「행정대집행법」에 따라 대집행할 수 있다.

[7] 벌칙

(1) 1년 이하의 징역 또는 1천만원 이하의 벌금

1) 유해 낚시도구를 판매할 목적으로 제조하거나 수입한 자
2) 낚시터업의 허가 또는 변경허가를 받지 아니하고 낚시터업을 한 자
3) 거짓이나 그 밖의 부정한 방법으로 낚시터업의 허가 또는 변경허가를 받은 자
4) 관계 공무원이 부착한 게시문 등이나 봉인을 제거하거나 손상한 자
5) 미끼기준에 적합하지 아니한 미끼를 판매할 목적으로 제조하거나 수입한 자

(2) 6개월 이하의 징역 또는 500만원 이하의 벌금

1) 거짓이나 그 밖의 부정한 방법으로 낚시터업의 등록 또는 변경등록을 받은 자
2) 낚시터업의 등록 또는 변경등록을 하지 아니하고 낚시터업을 한 자
3) 방류 금지 어종을 낚시터업자가 경영하는 낚시터에 방류한 자
4) 영업시간의 제한이나 영업의 일시정지, 인명안전에 관한 설비의 비치, 착용 및 관리 명령을 거부하거나 기피한 자
5) 낚시어선업의 신고를 하지 아니하고 낚시어선업을 한 자
6) 해상항행선박이 항행을 계속할 수 없는 하천·호소 등 「해사안전법」의 적용대상이 아닌 장소에서 술에 취한 상태에서 낚시어선을 조종하거나 술에 취한 상태에 있는 자에게 낚시어선을 조종하게 한 자
7) 해상항행선박이 항행을 계속할 수 없는 하천·호소 등 「해사안전법」의 적용대상이 아닌 장소에서 술에 취한 상태라고 인정할 만한 상당한 이유가 있는데도 관계 공무원의 측정에 따르지 아니한 자
8) 해상항행선박이 항행을 계속할 수 없는 하천·호소 등 「해사안전법」의 적용대상이 아닌 장소에서 약물복용의 상태에서 낚시어선을 조종하거나 약물복용의 상태에 있는 자에게 낚시어선을 조종하게 한 자
9) 출입항 신고를 하지 아니하였거나 거짓으로 신고하고 출입항한 자
10) 출항제한 조치를 위반하고 출항한 자
11) 영업시간이나 운항 횟수의 제한, 영업구역의 제한 또는 영업의 일시정지, 인명안전에 관한 설비의 비치 및 관리에 따른 명령을 거부하거나 기피한 자
12) 영업이 폐쇄된 낚시어선업을 계속한 자

(3) 양벌규정

법인의 대표자나 법인 또는 개인의 대리인, 사용인, 그 밖의 종업원이 그 법인 또는 개인의 업무에 관하여 제53조(벌칙)의 위반행위를 하면 그 행위자를 벌하는 외에 그 법인 또는 개인에게도 해당 조문의 벌금형을 과(科)한다. 다만, 법인 또는 개인이 그 위반행위를 방지하기 위하여 해당 업무에 관하여 상당한 주의와 감독을 게을리하지 아니한 경우에는 그러하지 아니하다.

(4) 과태료

1) 300만원 이하의 과태료

1. 지정·고시한 낚시통제구역에서 낚시를 한 자
2. 오물이나 쓰레기를 버린 자
3. 낚시도구나 미끼를 낚시 용도로 사용하지 아니하고 버린 자
4. 낚시제한기준을 위반하여 수산동물을 잡은 자
5. 낚시로 포획한 수산동물을 타인에게 판매하거나 판매할 목적으로 저장·운반 또는 진열한 자
6. 유해 낚시도구를 사용 또는 판매(불특정 다수인에게 제공하는 행위을 포함한다)하거나 판매할 목적으로 저장·운반 또는 진열한 자
7. 낚시터업자와 그 종사자의 준수사항을 위반한 자
8. 제20조의2제3호에 따른 명령을 거부하거나 기피한 자
9. 낚시터업의 승계 사실을 정하여진 기한까지 신고하지 아니한 자
10. 낚시어선 안전성 검사를 받지 아니한 자
11. 낚시어선업자 등의 안전운항 의무를 위반한 자
12. 낚시어선업자 등의 출항 전 안내 의무를 위반한 자
13. 해상항행선박이 항행을 계속할 수 없는 하천·호소 등 「해사안전법」의 적용대상이 아닌 장소에서 제30조제5항에 따른 조종·승선 제한 등의 조치를 위반한 자
14. 승객으로 하여금 승선자명부를 작성하도록 하지 아니한 자
15. 승선자명부 기재내용을 확인하지 아니한 자
16. 제33조제4항을 위반하여 승선을 거부하지 아니한 자
17. 승선자명부의 사본을 갖추어 두지 아니한 자
18. 제35조제1항제3호에 따른 명령을 거부하거나 기피한 자

19. 사고발생 보고를 하지 아니하거나 사고 수습을 위한 조치를 하지 아니한 자
20. 미끼기준에 적합하지 아니한 미끼를 판매하거나 판매할 목적으로 사용·저 장·운반 또는 진열한 자
21. 압류·폐기를 거부·방해·기피하거나 미끼기준에 적합하지 아니한 미끼에 대한 회수·폐기 또는 안전상의 위해제거 조치 명령을 거부·방해·기피한 자
22. 낚시터업자 등에 대한 전문교육을 이수하지 아니한 자
23. 전문교육을 이수하지 않고 낚시어선업을 한 자
24. 전문교육을 이수하지 아니한 선원을 근무하게 한 자
25. 보고나 자료제출을 거부하거나 거짓으로 보고 또는 자료제출을 한 자
26. 검사를 할 때 정당한 사유 없이 관계 공무원의 출입 등을 거부·방해 또는 기피한 자

2) 100만원 이하의 과태료

1. 낚시인의 생명과 신체의 안전을 확보하기 위한 조치명령을 거부·기피한 자
2. 낚시터업의 휴업·폐업·재개 또는 휴업기간 연장 신고를 정하여진 기한까지 하지 아니한 자
3. 낚시어선업의 변경신고를 하지 아니하고 낚시어선업을 한 자
4. 제28조의2(낚시어선 안전요원의 승선 등)를 위반한 자
5. 제29조의2(운항규칙)를 위반한 자
6. 낚시어선업 신고확인증 등을 낚시어선에 게시하지 아니한 자
7. 낚시어선업자 또는 선원의 조치를 거부하거나 방해한 자
8. 낚시어선업의 폐업신고를 정하여진 기한까지 하지 아니한 자
9. 변경신고를 하지 아니한 자

해양경찰학개론 II

제 4 편 해양경찰 정보수사론

1장 해양경찰 정보

1 정보

[1] 정보(情報)란?

정보라는 용어는 국가기관은 물론 기업, 교육, 심리, 정치 등 여러 분야에서 사용되고 있으며, 그 정보가 나타내는 의미 또한 일상생활 속에서 사용자를 위한 사전지식이라는 개념으로 널리 통용(민간분야 뿐만 아니라 국가기관에서도 사용)된다.

1) 국립국어원 표준국어대사전

가) 관찰이나 측정을 통하여 수집한 자료를 실제 문제에 도움이 될 수 있도록 정리한 지식 또는 그 자료.

나) 『군사』 용어에서는 일차적으로 수집한 첩보를 분석·평가하여 얻은, 적의 실정에 관한 구체적인 소식이나 자료.

다) 『컴퓨터』 용어에서는 어떤 자료나 소식을 통하여 얻는 지식이나 상태의 총량. 정보원천에서 발생하며 구체적 양, 즉 정보량으로 측정할 수 있다. 자동화 부문이나 응용 언어학 분야에서도 쓰인다.

▶ 첩보(諜報)((information) : 상대편의 정보나 형편을 몰래 알아내어 보고함. 또는 그런 보고.

2) 정보기관·군(軍) : 첩보를 가공한 지식, 일차적으로 수집한 첩보를 분석·평가하여 얻은 적의 실정에 관한 구체적인 소식이나 자료를 말한다.

3) 개인정보보호법

살아 있는 개인에 관한 정보로서 성명, 주민등록번호 및 영상 등을 통하여 개인을 알아볼 수 있는 정보(해당 정보만으로는 특정 개인을 알아볼 수 없더라도 다른 정보와 쉽게 결합하여 알아볼 수 있는 것을 포함한다)를 말한다.

4) 공공기관의 정보공개에 관한 법률

"정보"란 공공기관이 직무상 작성 또는 취득하여 관리하고 있는 문서(전자문서를 포함한다. 이하 같다)·도면·사진·필름·테이프·슬라이드 및 그 밖에 이에 준하는 매체 등에 기록된 사항을 말한다.

5) 위치정보의 보호 및 이용 등에 관한 법률

"위치정보"라 함은 이동성이 있는 물건 또는 개인이 특정한 시간에 존재하거나 존재하였던 장소에 관한 정보로서 「전기통신사업법」 제2조제2호 및 제3호에 따른 전기통신설비 및 전기통신회선설비를 이용하여 수집된 것을 말한다.

6) 국가공간정보 기본법

"공간정보"란 지상·지하·수상·수중 등 공간상에 존재하는 자연적 또는 인공적인 객체에 대한 위치정보 및 이와 관련된 공간적 인지 및 의사결정에 필요한 정보를 말한다.

7) 국가정보화 기본법

"정보"란 특정 목적을 위하여 광(光) 또는 전자적 방식으로 처리되어 부호, 문자, 음성, 음향 및 영상 등으로 표현된 모든 종류의 자료 또는 지식을 말한다.

8) 공직후보자 등에 관한 정보의 수집 및 관리에 관한 규정

인사혁신처장이 수집·관리하는 공직후보자 등에 관한 정보는 임명·위촉하려는 직위 등의 적합성을 판단하기 위한 정보로서 다음 각 호의 정보를 말한다.

1. 공직후보자등의 성명, 나이, 주민등록번호, 외국인등록번호, 전문 분야, 연락처, 현직 및 진직 직위, 학력, 경력, 상훈, 주요 저서 및 논문, 자기 업무 실적 및 성과, 외부기관의 감사 결과, 각종 평가 결과 등
2. 대통령이 임명·위촉하는 직위 등의 후보자의 배우자 및 직계존비속(直系尊卑屬)의 성명, 나이, 주민등록번호, 외국인등록번호 등

[2] 정보의 개념[64)]

(1) 개념

원래 정보라는 용어는 군에서 사용하던 전문용어로서 '적국의 동정에 관하여 알림'이라는 의미가 있다. 군사용어로서 '정보'란 말은 이미 기원전 1500년 경 중세 이집트 제국의 군사기록 중에 나타나고 있으며, 근세에 이르러 프러시아군대에서 이 정보활동을 중시하였고, 나폴레옹도 이를 모방하여 「정보국(情報局)」(1800)을 설치하고 정보활동을 강화하였다.

64) 해양경찰교육원. 「정보·외사·해양범죄수사·과학수사」. 신임경찰과정 교재. 2019 : 5-9면.

독일의 군사학자 클라우제비츠(Clausewits)는 그의 저서 「전쟁론」(1832)에서 "정보"란 적과 적국에 관한 우리들의 지식의 총체를 의미하며, 전쟁에 있어서 아군의 계획 및 행동의 기초를 이루는 것이다.

오늘날 우리 사회에서 사용하는 정보라는 용어는 일본의 메이지 정부가 프랑스식 병제(兵制)를 채택하여 舊일본 육군을 창설하면서 프랑스군이 사용하던 군사용어를 번역하여 만든 것이다. 즉, '敵情(적정)'의 情과 '알림의 報'를 연결하여 정보란 단어를 만든 것으로서 일제시대에 한국에 들어와 사용하게 된 것이다. 일반적으로 적정(敵情)을 파악할 임무를 가진 장교를 정보장교라고 하며, 첩보(Information)란 용어와 함께 혼용되고 있다.

(2) 정보개념의 구성요소

앞서 살펴본 바와 같이 학자에 따라 보는 관점에 따라 정보란 단어가 뜻하는 내용이 다양하므로 정보가 한마디로 무엇을 뜻하는가를 정의하기란 매우 곤란하다. 이는 정보의 종류가 너무 다양하기도 하고 또 정보를 다루는 분야에 따라 다른 정의가 내려질 수 있기 때문이다. 그러나 정보를 구성하는 요소에 대하여는 많은 학자들이 의견을 같이 하고 있으며, 이에는 대략 정보의 사용자와 제공자, 정보의 자료나 출처, 일정한 형태의 처리과정 등의 기본적인 요소를 들고 있다.

1) 정보의 사용자

정보는 어느 시기, 어느 상황을 막론하고 해당 정보를 필요로 하는 사용자가 있어야 한다. 사용자는 특정한 개인이나 조직, 단체가 될 수 있으며 경우에 따라서는 국가나 군대, 기업체가 될 수도 있다. 아무리 많은 정보가 산재해 있더라도 그것을 필요로 하는 사용자가 없다면 정보는 무가치한 자료가 될 뿐이다.

2) 고유의 가치

정보는 나름대로 고유의 가치가 있어야 한다. 아무리 훌륭한 정보라고 하더라도 그것이 필요 없는 사람에게는 아무런 가치가 없는 것이기 때문이다. 그런데 이 가치는 그 정보를 필요로 하는 사람과 상황에 따라 달리 평가 되어질 수 있다. 예를 들어 우산 장수에게 여름철의 일기예보만큼 중요한 가치가 있는 정보는 없을 것이다.

3) 일정한 처리과정

정보는 일정한 형태의 처리과정을 거쳐야 한다. 정보는 필요한 사람이나 특정한 목적에 따라 일정한 처리과정을 통하여 처리되어야 정보의 가치가 살아나며, 반드시 이와 같은 처리과정을 통하여 생산된 것만이 정보로서의 가치가 부여된다. 따라서 일정한 형태의 처리과정을 거치지 않은 정보는 자료나 첩보의 수준에 지나지 않는다고 할 수 있다.

(3) 정보의 개념상 구분

1) 첩보(Information)

첩보란 "목적성을 가지고 의도적으로 수집한 데이터"를 말한다. 따라서 첩보는 의식적으로 수집하여야 하며, 아직 분석이나 평가 등의 정보처리과정을 거치지 않은 것이므로 다소 불확실한 특징을 가지고 있다.

이러한 의미에서 첩보를「1차 정보」 또는 생정보「生情報」라고 부르는데, 생정보란 생생한 정보라는 뜻이 아니라 '날 生, 요리되지 않은, 아직 가공되지 않은 정보'라는 의미이다. 따라서 첩보는 다소 조잡하고 경우에 따라서는 용도에 맞지 않을 때도 있다. 근거가 희박한 풍문, 소문, 루머도 첩보의 일종이라고 할 수 있다. 그러므로 '~에 관한 說' 등은 첩보의 일종으로 이것의 진위여부를 확인하는 것은 정보전담기관의 역할이라고 할 수 있다.

2) 자료(Data)

자료란 특정한 목적에 의해 평가되어 있지 않은 단순한 여러 사실이나 기호를 말한다. 각종 신문자료, 서적, 광고, 개개인의 신상자료 등 모든 것이 포함된다.

3) 정보(Intelligence)

정보란 "특정한 상황에서 가치가 평가되고 체계화된 지식"으로서「2차 정보」 또는「지식」이라고 한다. 정보는 데이터나 1차 정보로부터 끄집어 낸 에센스이며 특정한 상황에서 가장 적합한 행동을 선택할 수 있는 판단의 기준이 된다.

〈표 4-1〉 정보와 첩보의 구별

구 분	정 보	첩 보
정확성	객관적으로 평가된 정확한 지식	부정확한 견문지식을 포함
완전성	특정한 사용목적에 맞도록 평가·분석·종합·해석하여 만든 완전한 지식	기초적·단편적·불규칙적·미확인 상태의 지식
적시성	정보사용자가 필요로 하는 적시에 제공되어야 하는 적시성이 특히 요구	시간에 구애받지 않고 과거와 현재의 것을 불문
생산과정의 특수성	일련의 처리과정을 거치면서 여러 사람의 협동작업을 통하여 생산	협동작업이 아닌 단편적이고 개인의 식견에 의한 지식

(4) 정보의 정의

1) 학자들의 정의

〈표 4-2〉 정보의 정의

클라우제비츠 (Clausewits)	정보란 적과 적국에 관한 우리들의 지식의 총체를 의미하며, 전쟁에 있어서 아군의 계획 및 행동의 기초를 이루는 것이다.
데이비스 (G. B. Davis)	정보란 받아들이는 사람에게 필요한 형태로 처리된 데이터이며, 현재 또는 장래 의사결정에 있어 실현되든가 또는 가치를 인정받는 것이다.
위너 (N. Wiener)	정보란 인간이 외계에 적응하려고 행동하고, 또 그 조절행동의 결과를 외계로부터 감지할 때에 외계와 교환하는 내용이다.
셔먼 켄트 (Sherman Kent)	정보란 지식이며 조직이고 활동이다. 즉 정보의 최종산물인 지식과 이 지식을 얻거나 기타 정보수집을 하기 위한 조직체와 조직체의 정보활동 그 자체가 모두 정보이다.

2) 국가정보원 정의

국가안보에 특별히 중요한 특정첩보가 요청되고 수집·분석되며, 그리고 정책결정자에게 그 결과가 제공되는 것을 말한다. 이 과정의 산물이 정보이다.

3) 결론

정보란 정보활동의 주된 행위자가 국가기관이며, 그 목적이 특정 개인이나 어떤 세력의 이익이 아니라 국가안보와 혹은 국가이익이라는 점에서 여타 정보와 구분되고 필요하며, 국가 차원에 사용되는 정보로서 내부 및 외부 적의 위협으로부터 국가안전보장을 확보하고 국가이익을 극대화하기 위한 정책결정과정에서 활용하기 위해 국가조직에서 은밀한 방법으로 마련한 지식(knowledge)이자 활동(activity)이며 조직(organization)이라고 할 수 있다.

[3] 정보의 특성

(1) 정보의 가치(정보의 질적 요건 : 정보의 가치에 대한 평가기준)

1) 적실성(relevace)

① 정보는 정보사용자의 사용목적(당면 문제)과 관련된 것이어야 한다(적합성 또는 관련성). 정보 사용자가 현재 당면하고 있거나 당면하게 될 문제와 관련되어야 한다.

② 정보는 의사결정 상황에서 문제의 상황을 파악·진단하며 대안을 분석함에 있어서 도움이 될수록 적실성은 커지고, 그 가치도 높아진다.

2) 적시성(timeliness)–절대적 생명체

① 정보는 정책결정이 이루어지는 시점에 비추어 가장 적절한 시기에 존재하여야 한다.

② 정보는 사용자가 필요한 시기에 제공될 때 그 가치가 높아진다.

③ 정보제공이 너무 빠르면 불확실한 변수로 인한 오류가 있게 되고 보안성이 상실되기 쉬우며, 지나치게 늦으면 정보가치가 상실되거나 감소한다.

※ 나폴레옹이 1821년 5월 세인트헬레나 유배지에서 죽었는데, 그의 사망 소식이 파리에 전달된 것은 한 달이나 지난 6월이었음. 그동안 정적들은 불안한 가운데 하루하루를 보냈고 프랑스의 국가안보가 위태로웠음 – 이는 적시성 관련 내용임.

3) 정확성(accuracy)

① 정보는 사실과 일치되는 것이어야 한다. 즉, 정보는 정확해야만 그 가치가 높아지는 것이다. 정확한 정보를 얻기 위해서는 정보활동을 위한 사전준비가 철저해야 하며, 정보의 객관성에 대한 평가도 있어야 한다.

② 정확성을 기하기 위해서는 수집된 첩보가 올바를 것이어야 하며, 정보를 다루는 사람도 공적인 자세와 공정성을 잃지 말아야 한다.

③ 정보는 사용하는 사람의 자질에 따라 그 형태가 달라질 수 있다.

※ 징기스칸은 전쟁을 하기 전에 모든 계층과 여러 인종 중에서 선발된 간첩을 시킨 후 주변 각지 부족에 침투시켜 첩보를 수집했으며 공격에 앞서 입수된 첩보를 여러 경로로 확인하였음 – 이는 정확성 관련 내용임.

4) 완전성(completeness)

① 정보는 시간이 허용하는 한 최대한 완전한 지식이어야만 그 가치가 높아진다(절대적 완전성을 뜻하는 것이 아니다).

② 정보를 해석하거나 해당 정책과 관련된 의사결정을 하는 데 있어서 추가적인 정보를 필요로 하지 않는 상태를 뜻하는 것으로, 정보는 그 자체로서 정책결정에 필요한 모든 내용을 가능한 망라하고 있어야 한다. 부분적 단편적인 정보는 사용자가 의사결정을 하는 데 도움을 주지 못한다.

③ 보고서는 세상에서 일어난 사실을 객관적으로 묘사한 글이다. 수상문도 아니고 소설도 아니며 일기, 기행문도 아니고 또한, 특정한 입장을 주장하는 글도 아니다. 따라서 보고서는 사용자가 궁금한 사항이 없도록 6하 원칙에 의거하여 작성되어야 한다. – 이는 완전성 관련 내용임.

5) 객관성(objectivity)

① 정보는 국익증대와 안보추구라는 차원에서 완전한 객관적 입장을 유지해야 한다.

② 생산자나 사용자의 의도에 따라 정보가 주관적으로 왜곡되면 선호정책의 합리화 도구로 전락될 수 있다.

※ 임진왜란 직전 전쟁발발 여부를 탐지하기 위해 일본에 파견되었다 돌아온 황윤길과 김성일은 전혀 상반된 내용을 보고하였음. 당시 김성일은 전쟁이 일어난다고 보고하면 온 나라가 놀랄 것이라고 예단, 임금에게 전쟁이 일어나지 않을 것 이라고 보고하였음 – 이는 객관성 관련 내용이다.

(2) 정보의 효용

정보의 효용이란 질적 요건을 갖춘 정보를 어떻게 사용하면 정책결정과정에 기여할 수 있는가에 대한 기준으로, 정책결정과정에서 정보가 효과적으로 활용될 수 있기 위해서는 다음과 같은 요소들이 고려되어야 한다.

1) 형식효용

① 정보는 정보사용자의 요구에 맞는 형식(형태)에 부합할 때 형식효용이 높다는 평가를 받게 된다. 즉 가치 있는 정보라도 읽혀질 때 그 역할이 인정될 수 있는 것이다.

② 정보사용자의 수준에 다른 정보 형태가 결정된다. 대통령 등 최고정책결정자에 대한 정보보고서는 '1면주의' 원칙이 요구된다.

2) 시간효용

① 정보는 정보사용자가 정보를 필요로 하는 시점에 제공될 때 시간효용이 높다는 평가를 받는다. 시간효용은 적시성과 밀접히 관련되며 정책결정이 이루어지는 시점에 제공되어야 한다.

② 정보사용자의 명시적 요구가 없더라도 정보생산자가 스스로 판단하여 정보사용자에게 가장 적절한 시기에 필요한 정보를 제공할 수 있어야 한다.

3) 접근효용

① 정보는 정보사용자가 쉽게 접근할 수 있어야 한다.

② 그러나 정보의 비밀성(통제효용)을 유지해야 할 필요와 충돌할 수 있다. 따라서 통제효용을 저해하지 않는 범위 내에서 정보자료들의 접근성을 높이는 방향으로 효율적으로 관리하여야 한다.

4) 소유효용

① 정보는 상대적으로 많이 소유할수록 집적의 효과를 발휘할 수 있다.

② 국가 간의 정보역량의 차이는 어떤 국가가 특정 상황에 대해 얼마나 많은 정보를 가지고 있는지에 따라 결정된다고 할 수 있다. '정보는 국력이다'라는 표현은 정보의 소유효용을 잘 나타내고 있다.

5) 통제효용

① 정보는 정보를 필요로 하는 사람들에게 필요한 만큼 제공되도록 통제되어야 한다.

② 정보의 통제는 국익과 안보를 위해 필요한 경우 정책판단과 정책결정의 비밀성을 유지하기 위한 것이다. 차단의 법칙이라고도 한다.

[4] 정보의 분류

(1) 성질에 따른 분류

〈표 4-3〉 성질에 따른 정보 분류

전략정보(국가정보)	▸ 국가정책지도자가 종합적인 국가정책의 국가안전보장문제에 관하여 필요로 하는 국내의 상황과 타국의 능력, 취약성, 가능한 행동방책에 관한 지식 ▸ 국가정책과 안전보장에 막대한 영향을 주는 상황에 대하여 각 정보기관에서 작성한 정보를 모두 토대로 하여 평상시에는 국가의 안전과 관련된 정책결정의 기초가 되며, 전시에는 군사작전계획의 기초로 사용되는 정보 ▸ 국가정보기관이 생산하는 정보(국정원이 대표적)
전술정보(부문정보)	▸ 전략정보의 기본적인 방침 하에서 이를 구체적으로 수행하기 위한 세부적이고도 부문적인 정보 ▸ 전략정보와 전술정보의 차이는 전략정보는 국가의 기본적 종합정보인데 비하여 전술정보는 세부적이고도 부문적이라는 점 ▸ 부문정보기관이 생산하는 정보(경찰정보가 대표적)
방첩정보(對정보)	▸ 적대적 제3국 또는 집단의 정보공작력에 대항하기 위한 정보활동 ▸ 전략정보와 전술정보가 적극적 정보로서의 성격을 가지는 데 반해 대정보는 소극적, 방어적 의미의 정보

방첩업무 규정(대통령령)

제1조(목적) 이 영은 「국가정보원법」 제3조에 따른 방첩(防諜)에 관한 업무의 수행과 이를 위한 기관 간 협조 등에 관한 사항을 규정하여 국가안보에 이바지함을 목적으로 한다.

제2조(정의)

1. "방첩"이란 국가안보와 국익에 반하는 외국의 정보활동을 찾아내고 그 정보활동을 견제·차단하기 위하여 하는 정보의 수집·작성 및 배포 등을 포함한 모든 대응활동을 말한다.
2. "외국의 정보활동"이란 외국 정부·단체 또는 외국인이 직접 하거나 내국인을 이용하여 하는 정보 수집활동과 그 밖의 활동으로서 대한민국의 국가안보와 국익에 영향을 미칠 수 있는 모든 활동을 말한다.
3. "방첩기관"이란 방첩에 관한 업무를 수행하는 다음 각 목의 기관을 말한다.
   가. 국가정보원
   나. 법무부
   다. 관세청
   라. 경찰청
   마. 해양경찰청
   바. 군사안보지원사령부
4. "관계기관"이란 방첩기관 외의 기관(국가기관, 지방자치단체, 국가방첩전략회의의 심의를 거쳐 지정하는 기관)

제3조(방첩업무의 범위)

1. 외국의 정보활동에 대한 정보 수집 및 색출
2. 외국의 정보활동에 대한 견제 및 차단
3. 외국의 정보활동에 대응하기 위한 기법 개발 및 제도 개선
4. 다른 방첩기관 및 관계기관에 대한 방첩 관련 정보 제공
5. 그 밖에 외국의 정보활동으로부터 국가안보 및 국익을 지키기 위한 활동

※ 방첩의 기본원칙 : 완전협력의 원칙, 치밀의 원칙, 계속접촉의 원칙

※ 방첩의 수단

1) 적극적 방첩수단 : 대상인물의 감시, 적의 첩보공작 분석, 침투공작 전개, 간첩신문, 역용공작, 첩보수집
2) 소극적 방첩수단 : 인원·시설보안의 확립, 정보·자재보안의 확립, 보안업무 규정화, 입법사항 건의
3) 기만적 방첩수단 : 허위정보 유포, 유언비어 유포, 양동간계 시위

(2) 출처에 따른 분류

1) 정보가 얻어지는 출처에 따른 분류

〈표 4-4〉 출처에 따른 정보 분류

근본출처	▶ 정보가 획득되는 실질적인 원천 ▶ 중간기관이나 전달자에 의한 변조없이 원형 그대로 입수할 수 있다.
부차적 출처	▶ 근본출처에서 획득한 정보를 정보작성기관에 전달해 준 사람 또는 기관 ▶ 진실을 위장한 역(逆)정보와 과장(誇張)·모략정보, 조작정보가 산출될 소지가 많다.

2) 정보가 획득되는 시기에 따른 분류

〈표 4-5〉 획득시기에 따른 정보 분류

정기출처	▶ 정기적으로 정보를 획득할 수 있는 출처 ▶ 정기간행물, 방송, 신문 등의 매스컴 출처와 정기적인 회의, 기타 정기적인 제보를 해주는 망원 등이 이에 해당한다.
우연출처	▶ 우연히 정보가 제공되는 출처 ▶ 사람이 많이 모인 장소, 다방이나 공원, 시장 등지에서 우연한 기회에 정보를 입수하는 소극적인 경우와 평소 주위 사람들과 원만한 인간관계를 이루어 주변사람들로 하여금 발생된 정보를 자발적으로 제공해 올 수 있도록 하는 적극적인 경우로 나눌 수 있다.

3) 비밀보호의 정도에 따른 분류

〈표 4-6〉 비밀보호 정도에 따른 정보 분류

비밀출처	▶ 외부에 노출되면 출처로서의 기능을 상실하게 되는 것은 물론 출처의 입장이 난처해질 위험이 크기 때문에 외부로부터 보호를 받아야 하는 출처
공개출처	▶ 특별한 보호조치가 요구되지 않는 출처로서 일상적인 방법으로 첩보를 수집하는 출처 ▶ 신문이나 잡지, 방송, 도서관, 서적, 공식적인 외교경로 등이 있다.

(3) 입수형태에 따른 분류

〈표 4-7〉 입수형태에 따른 정보 분류

직접정보	▶ 정보입수에 있어 어떠한 매체도 통하지 않고 직접 입수하는 형태 ▶ 정보의 입수자가 직접적으로 경험하거나 또는 어떤 사물을 직접 보고 듣고 느껴서 얻은 정보
간접정보	▶ 중간매체를 통하여 입수한 정보 ▶ 교통통신이 발달하면서 직접정보보다는 언론매체나 도서 등을 통하여 얻는 간접정보가 많아지는 추세이다.

(4) 대상에 따른 분류

〈표 4-8〉 대상에 따른 정보 분류

적극정보	▸ 국가의 경찰기능에 필요한 정보 이외의 모든 정보 ▸ 국가이익을 증대하기 위한 정책의 입안, 계획 수립 및 정책수행에 있어서 필요한 정보 (정치, 경제, 군사, 과학 및 복지행정에 필요한 정보 등)
소극정보 (보안정보)	▸ 국가안전보장을 위태롭게 하는 간첩활동, 태업 및 전복에 대비할 국가적 취약점의 분석과 판단에 관한 정보로서 국가의 경찰기능을 위한 정보

(5) 기능에 따른 분류

〈표 4-9〉 기능에 따른 정보 분류

기본정보	▸ 모든 사상(事象)의 정적(靜的)인 상태를 기술한 정보 ▸ 과거의 사례에 대한 기본적·서술적 또는 일반자료적 유형의 정보 ▸ 인종, 가치관, 권력구조 등 비교적 변화가 적은 정태적이고 기초적인 사항 ▸ 매일의 변화의 의미를 해석하는 기초가 되며, 장래의 예측이 그것 없이는 무의미하게 될 기초가 되는 정보
현용정보	▸ 모든 사상(事象)의 동태(動態)를 현재의 시점에서 객관적으로 기술한 정보 ▸ 의사결정자에게 그때그때의 상황을 알리기 위한 정보 ▸ 현시점에서 활용 가능한 현상 보고적 정보 ▸ 시사정보, 현행정보, 현상정보 등이라 하기도 한다.

(6) 수집활동에 따른 분류

〈표 4-10〉 수집활동에 따른 정보 분류

인간정보 (Human Intelligence, HUMINT)	▸ 인적수단을 사용하여 수집한 정보, 정보관활용이 대표적 ▸ 인간이 정보 수집의 대상이 되는 경우도 있다. 협조자 또는 망명자, 여행객 등이 해당
기술정보 (Technical Intelligence, TECHINT)	▸ 기술적 수단을 사용하여 수집한 정보를 말한다. ▸ 첩보위성 활용한 영상정보(Imagery Intelligence, IMINT) 또는 각종 신호(인간의 음성, 레이더 신호, 방사능 반응 등)를 대상으로 신호정보(Signal Intelligence, SIGINT)
공개정보 (Open Source Intelligence, OSINT)	▸ 언론매체, 웹기반의 SNS·블로그, 학술자료, 정부생산보고서 등 공공자료, 일반인들의 관측보고 등

(7) 분석형태(기능)에 따른 분류[65]

〈표 4-11〉 분석형태에 따른 정보 분류

구분	내용
기본정보	**과거의 사실이나 사건들에 대한 정적인 상태를 기술하여 놓은 정보**로서 국가안보와 정책결정에 필요한 모든 정보를 망라하여 놓음으로써 정보사용자가 이를 참고하거나 정보생산자가 정보의 평가나 분석을 위해 활용하게 됨(예 : 국가정보원의 〈세계 각국 소개〉)
현용정보	① 매일매일 국내외의 주요 정세 가운데 국가안보나 정책결정에 영향을 미치는 내용을 선별하여 보고하는 형태의 정보로 든 **사모물이나 상태의 동적인 상태를 보고하는 정보** ② 일반적으로 대부분의 국가정보기관은 현용정보를 생산하는데 역점을 두는데 이는 외교정책이나 국가안보정책을 담당하는 정책 결정자들이 현실적으로 전개되는 상황을 다루어야 하기 때문임 ③ 실시간 보고되는 **경찰의 정보상황보고(속보)**는 첩보에 가깝지만, 경찰서 → 지방청 → 경찰청을 거치면서 어느 정도 분석·평가과정을 거치게 되므로, 성질상 현용정보에 해당한다고 볼 수 있음 ④ 통상 **정보사용자는 판단정보보다 현용정보에 대한 관심도가 더 높음** → 대부분의 정책결정자들은 당장 해결해야 할 보다 긴박한 현안들에 관심을 집중하고 있기 때문
판단정보	① **과거와 현재를 바탕으로 하여 미래의 가능성을 예측한** 평가정보임 → 정보생산자의 능력과 재능을 가장 많이 필요로 함 ② 정책결정자에게 정책의 결정에 필요한 사전적인 지식을 제공하는 기능을 함 ③ 종합적인 분석과 과학직 추론을 필요로 하므로 분석형태에 따른 분류에 있어서 가장 정선된 형태의 정보라고 할 수 있음

[5] 정보의 순환

(1) 개념

1) 정보를 산출하기 위해서는 소요되는 정보요구를 결정하고 이 요구를 충족시키기 위한 첩보를 수집, 보고하며 수집된 첩보를 평가, 분석, 종합 및 해석하여 정보가 생산되어 사용자에게 전파하는 4개 단계가 순환하면서 이루어진다.
2) 정보의 순환은 정보생산의 여러 단계가 유기적으로 조직되어 상호보충작용에 의하여 형성된다. 이는 연속적으로 이루어지며 전 단계가 동시에 발생할 수도 있다.
3) 서로 고리로 연결되어 있기 때문에 어느 한 단계가 적절하게 또는 부적절하게 처리되었냐 에 따라 정보생산을 위한 정보활동의 성패가 결정된다.

65) http://www.kpa.co.kr/ (김재규 경찰학원) 자료 참조.

(2) 정보의 순환과정

1) 정보의 요구단계

가) 정보의 사용자가 필요성의 결정에 따라 첩보의 수집활동을 집중 지시하는 단계
나) 정보순환과정 중에서 최초의 단계, 정보활동의 기초단계
다) 첩보의 기본요소결정, 첩보수집계획서의 작성, 명령하달, 조정·검토(사후검토) 등의 소순환과정을 거쳐 이루어진다.

2) 첩보의 수집단계

가) 수집기관의 수집지시 및 요구에 의해 첩보를 수집하고 이를 지시 또는 요구한 사용자에게 제공하는 단계
나) 정보순환과정 중에서 가장 중요하고 어려운 단계

3) 정보의 생산단계

가) 수집된 첩보를 기록·평가·조사·분석·결론 도출 과정을 통해 정보로 전환하여 처리하는 단계
나) 학문적 성격이 가장 많이 지배하는 단계

4) 정보의 배포단계

생산된 정보가 정보를 필요로 하는 정보의 사용권장에게 유용한 형태(구두·서면·도식 등)로 배포되는 단계

[6] 정보의 요구

(1) 정보요구의 개념

1) 부여된 임무를 수행하기 위하여 언제 어떠한 정보를 필요로 할 것인가를 파악하여 각급 사용자가 필요로 하는 시기에 정확한 정보가 제공될 수 있도록 적절한 운용계획을 수립하여 개개인 정보수요를 충족시키기 위해 필요한 첩보를 입수하고 그 첩보를 처리하고 분석하여 작성된 정보를 적시에 배포할 수 있게 하는 단계이다.
2) 정보의 수요는 국가지도자 및 정책입안자가 요구하는 것과 횡적 기관에서 오는 수요, 정보생산자 자체의 판단에서 오는 수요 등 3가지이다.

(2) 소순환과정

1) 기본요소의 결정

어느 부문 정보를 요구할 것인가에 대하여 먼저 기본요소를 결정한다.

2) 수집계획서의 작성

첩보수집계획서란 정보작성자가 첩보의 조직적인 수집을 위하여 작성한 논리적인 계획서로서 요소의 결정, 요구되는 정보 및 이와 관련된 배경첩보, 수집해양 할 첩보, 수집기관, 보고시기, 식별기호 등이 포함되어야 한다.

3) 명령 및 하달

임무수행에 필요한 충분한 시간을 고려하고 적절한 보안대책을 마련한다.

4) 수집활동에 대한 조정·감독

요구자는 수집기관의 활동이 지시된 첩보상의 요구방향에 맞는지 지속적으로 검토 하고 지도해 줄 필요가 있다.

(3) 요구방법

1) 국가정보목표우선순위(PNIO : Priority of National Intelligence Objective)

가) 국가안전보장이나 정책에 관련되는 국가정보목표의 우선순위이다

나) 국가 정책의 수립자와 수행자의 질문에 대한 응답을 위하여 선정된 우선적인 정보목표일 뿐만 아니라 국가의 전 정보기관 활동의 기본방침이 되기도 한다.

다) 우리나라에서는 국가정보원이 국가정보원법 제3조제1항제5호에서 규정한 정보 및 보안업무의 기획·조정 권한에 따라 차년도 국가정보목표우선순위를 연간계획으로 작성하여 연말에 정보업무를 수행하는 각 부처에 배포하고 있다.

2) 기타(특정)정보요구(OIR : Other Intelligence Requirement)

가) 급변하는 정세의 변화에 따라 불가피하게 정책상 수정이 필요하거나 또는 이를 위한 자료가 절실히 요구될 때 이용하는 첩보요구방법이다.

나) 일반적으로 OIR에 의해 수립되는 정보목표는 이미 책정되어 있는 PNIO에 포함되어 있지 않거나 포함되어 있다 할지라도 우선순위에 있어 훨씬 뒤에 책정되어 있게 된다.

다) 따라서 OIR로 책정되는 정보는 PNIO에 따른 우선순위를 변경하는 효력을 갖게

되어 PNIO에 우선하는 정보목표가 되는 것이다.

라) 국가정보목표우선순위는 국가정보원이 정보업무 수행 부처의 의견을 모아 만들고 있으나 미래에 발생할 모든 정보 상황을 예측하여 포함시키는 것은 사실상 어렵기 때문에 발생할 수 있는 일이다.

3) 첩보기본요소(EEI; Essential Element of Information)

가) 정부의 각 부서에서 맡고 있는 정책계획을 수행함에 있어 우선적으로 필요로 하는 첩보요소로서 해당부서의 정보활동을 위한 일반적인 지침이 된다.

나) EEI는 일반적인 내용으로 전체적 의미를 가진 계속적 반복적으로 수집하여야 할 필요가 있는 경우에 사전 계획서에 의하여 첩보의 수집이 명령되는 것을 말한다.

※ 위와같이 PNIO, OIR, EEI는 일정시간에 걸친 정기계획이고 일반지침에 해당한다.

4) 특별첩보요구(SRI : Special Requirement for Information)

가) 특정 지역의 특별한 돌발사항에 대한 단기적 해결을 위하여 필요한 범위 내에서 임시적이고 단편적인 첩보를 요구하는 것이다.

나) SRI는 특별한 사전의 수집계획서가 필요하지 않으며 수시로 단편적인 사항에 대하여 명령되는 것으로서 즉흥적인 첩보요구 방법이다.

다) 정보요청을 담당하는 기관이나 부서가 국가정보 목표 우선순위나 첩보기본 요소에는 포함되어 있지 않은 특별한 첩보의 수집 필요성이 있을 때 수집기관에 수집요청을 하는 방법이다. 따라서 수지기관은 특별첩보요청을 우선적으로 처리해야 한다.

[7] 첩보의 수집

(1) 첩보수집의 개념

1) 첩보의 수집이란 첩보수집기관이 출처를 채척하고 수요 첩보를 입수하여 이를 정보작성 기관에 전달하는 과정이다.

2) 정보순환과정에서 가장 중요하고 어려운 단계로서 출처의 개척, 첩보의 수집, 첩보의 전달 등의 소순환 과정을 거친다.

3) 첩보의 수집계획은 어떠한 규정된 양식으로 작성되지는 않지만, 요구 첩보 획득에 사용할 기관, 방법, 첩보의 보고시간과 방법, 수집활동의 진행사항과 성과 등을 포함하여 첩보수집에 참고할 수 있도록 한다.

(2) 첩보의 출처

1) 첩보의 출처란 첩보가 얻어지는 존재원천을 의미하며, 기관, 인물, 사물, 사건 등 여러 가지 형태로 존재할 수 있다.

2) 첩보출처의 종류

〈표 4-12〉 첩보출처의 종류

입수단계에 따라	근본출처	► 첩보가 존재하는 근원에서 중간기관의 변형없이 원형 그대로의 첩보를 제공받는 출처 ► 당해 첩보가 발생한 가장 근원적인 출처
	부차적 출처	► 제2차적 출처 ► 매개체를 통하여 입수하거나 근본적인 출처에 의하여 입수된 첩보가 중간기관에 의하여 부분적으로 평가, 요약, 변형된 것을 제공받는 출처
공개여부에 따라	공개출처	► 첩보의 존재상태가 일반에게 공개되어 있는 출처 ► 일상적인 업무나 생활 속에서 쉽게 첩보입수 가능 ► 신문, 잡지, 학술논문, 서적 정부간행물, 라디오, TV 등이 해당 ► 장점 : 접근용이, 시간·비용 절감, 출처 보안대책 필요 ► 단점 : 정보의 중요성 간과, 과장되거나 허위인 정보 획득 우려
	비공개출처	► 비밀공작에 의해 비공개적으로 첩보를 입수하는 출처 ► 주도면밀한 사전계획과 고도의 접근기술 필요 ► 망원, 첩보원, 비밀공작을 통한 첩보수집 등이 해당 ► 장점 : 조작되지 않은 첩보 입수 가능 ► 단점 : 자유로운 접근 곤란
주기성 여부에 따라	정기출처	► 일정기간 제공되거나 반복하여 제공되는 첩보의 출처
	우연출처	► 어떤 우연한 경우에 의하여 첩보가 획득되는 출처

(3) 첩보의 수집방법

〈표 4-13〉 첩보수집의 우선순위 결정시 고려해야 할 기준

고이용 정보 우선의 원칙	► 달성하고자 하는 목표에 얼마나 영향을 미치는가 하는 문제이다. ► 이용가능성이 높은 정보부터 수집하는 것이 시간·비용을 줄일 수 있다.
참신성의 원칙	► 정보의 가치는 신선도에 의하여 크게 영향을 받는다. ► 이제까지 알려져 있지 않은 정보를 우선적으로 수집함으로써, 정보의 가치 창출을 확대시킬 수 있다.
긴급성의 원칙	► 정보의 신속성은 정보의 가치에 결정적인 영향을 주는 요소이다. ► 긴급한 정보일수록 우선순위를 두어 수집하여야 한다.
수집가능성의 원칙	► 아무리 중요하고 필요한 정보라 하더라도 수집 가능성이 희박하다면 곤란하다. ► 우선순위 결정시 수집 가능성 여부를 함께 검토해 보아야 할 것이다.
경제성의 원칙	► 수집에 필요한 경비·시간·노력 등이 얼마나 소요되는지를 검토하여 우선순위를 정함으로써 불필요한 낭비를 방지한다.

〈표 4-14〉 국내에서의 첩보수집 방법

구분		내용
각종인쇄물	신문	가장 비용이 적고, 쉽게 필요한 첩보를 입수할 수 있다.
	잡지·단행본	동일한 사안에 대해서도 폭넓은 자료를 얻을 수 있다.
	정부간행물	시사성이 있고, 자료로 이용하기에 풍부한 내용을 수록하고 있다.
방송(라디오·TV)		가장 신속하고 빠르게 현용정보를 입수할 수 있다.
인간정보		현대에도 인간에 의해서가 아니면 수집할 수 없는 첩보가 있다. 인간정보는 첩보수집의 시작이자 마지막이라고 할 수 있다.
영상정보		레이더, 적외선 센서 등의 기술적 수단을 이용하여 사진이나 영상을 수집하고 그것을 분석하여 얻어지는 정보
신호정보		상대방으로부터 전파·전자적 신호를 탐지하고 수집하여 얻은 정보. 신호정보는 통신정보와 전자정보를 포함하는 개념
기타		진정서나 투서, 민원성 시위의 이슈, 증권가의 풍문, 시민·사회단체의 활동 등을 통해 사회전반에 걸친 첩보를 입수할 수 있다.

(4) 해외에서의 첩보수집방법

외교관의 활동, 무관의 활동, 정부 관리의 공식방문이나 민간인의 사사로운 해외여행, 특수인간정보(공작원) 등을 통해 외국의 각종 정보를 수집할 수 있다.

(5) 첩보의 전달

1) 첩보를 수집했으면 첩보를 필요로 하는 기관에게 적당한 시기에 정확한 내용의 전달이 이루어져야 한다. 아무리 좋은 첩보라도 전달되지 않으면 무용지물이고, 내용이 왜곡되어 전달될 때에는 중대한 정책결정상의 오류를 가져오게 된다.
2) 수집한 첩보를 전달할 때는 다음과 같은 사항을 고려하여야 한다.
   가) 첩보 사용자 : 수집된 첩보를 누가 가장 필요로 할 것인가를 판단한다.
   나) 보고시기 : 첩보의 중요성·긴급성에 따라 해당 기관에 빨리 전달한다.
   다) 보고행태 : 첩보를 어떠한 형태로 보고할 것인가를 결정한다.
   라) 전달수단 : 첩보의 중요성·긴급성, 그 형태에 따라 적절하게 결정한다.

► 구두에 의한 전달은 직접 대면하여 전달하기 때문에 보안을 유지하면서 안전하게 전달할 수 있는 장점이 있으나, 사람의 기억력에는 한계가 있어 정확한 전달이 되지 않을 수도 있다.
► 전신 및 전화를 사용하는 것은 신속한 전달이 될 수는 있으나 보안을 유지하는 것이 곤란할 수도 있다.
► 가장 안전한 전달수단은 도표, 사진 등으로 간략하게 만들어 전달하거나 완전한 보고서를 만들어 상세하게 전달하는 것이다.

[8] 정보의 생산

(1) 정보생산의 개념

1) 정보의 생산이란 첩보를 정보로 산출하는 정보순환의 단계이다.
2) 수집된 첩보가 정보생산기관에 전달되면 정보생산기관에서 일정한 절차를 거쳐 보고서를 작성하여 정보를 생산하는 과정이다.
3) 학문적 성격이 가장 많이 요구되는 단계로서, 선택 - 기록 - 평가 - 분석 - 종합 - 해석의 소순환 과정을 거친다.

(2) 첩보의 선택 및 기록관리

1) 첩보의 선택이란 우선 수집된 첩보 중에서 불필요한 첩보를 골라내고 긴급성, 유용성, 신뢰성, 적합성 등을 기준으로 필요한 것을 걸러내는 과정, 제1차적 평가과정이다.

2) 각 기관으로부터 전달되는 자료 중 당장 사용하지 않는 첩보이거나 사용한 첩보는 기록하여 관리한다.

3) 정보기록의 관리방법

관리방법에는 자료를 한 곳에서 일괄하여 보관하는 집중관리와 자료를 필요로 하는 과·계 또는 개인별로 보관하는 분산관리가 있다.

자료의 사물화(私物化)를 방지하고, 여러 사람이 이용한다는 의미에서 집중관리가 효과적이다. 그러나 집중관리를 위해서는 많은 예산과 장비 등을 별도로 갖춰야 한다는 점이 단점으로 지적되고 있다.

4) 첩보의 분류원칙

〈표 4-15〉 첩보분류 원칙

원칙	내용
통합의 원칙	다른 것과의 관계를 생각하여 분류
점진의 원칙	순차적으로 분류, 간단하고 일반적인 것으로부터 복잡하고 특수한 것으로 분류
일관성의 원칙	동일한 분류기준에 따라 끝까지 동일하게 분류
상호배제의 원칙	분류의 세분항목을 확실하게 하여 중복 없이 분류
병치의 원칙	유사한 것이나 관계되는 자료는 가깝게 위치할 수 있도록 분류

5) 정보기록의 분류방법

〈표 4-16〉 정보기록 분류방법

구분	내용
명칭별 분류	자료를 제공한 출처나 발송기관 명칭을 '가나다 … 순' 또는 'ABC … 순'으로 배열하는 방법
번호별 분류	접수되는 자료의 순차에 따라 또는 출처나 기관에 따라 일련번호를 배당하고 그 번호 순으로 배열하는 방법
연대별 분류	자료를 접수하는 일자순으로 배열하는 방법으로 소규모 기관, 자료를 단기간 보관하거나 일정한 기간이 경과하면 폐기하여야 하는 기관에서 효과적
지역별 분류	자료의 내용이 발생한 지역 또는 지명별로 배열하는 방법으로 특정 지역 문제를 연구하는 기관에 효과적
주제별 분류	보관할 자료의 내용을 대표하는 주제에 의해 배열하는 방법으로 자료의 양이 많고 내용을 위주로 하는 기관에 편리하나 어렵고 고도의 분류기술 필요

(3) 정보의 생산과정

1) 평가

가) 첩보의 출처 및 내용에 관하여 그 신뢰성과 사실성, 즉 타당성을 판정하는 과정

나) 첩보를 평가하는 경우 해당 첩보의 적절성, 첩보를 제공한 출처·기관에 대한 신뢰성, 그리고 내용에 대한 가망성(可望性)이 검토되어야 한다.

① 첩보의 적절성 검토
- 평가를 위하여 먼저 검토할 사항은 그 첩보에 대한 적절성을 검토하는 것이다.
- 아무리 신뢰성 있는 출처에서 정확한 첩보가 입수되었더라도 시기적으로 늦었거나 직접 관련되지 않은 내용 또는 이미 타 출처에 의해 명백히 알려진 사항을 취급하였을 때는 무가치하다.

② 출처 및 기관의 신뢰성 검토
- 첩보의 적절성을 검토하여 적당한 시기에 입수되었고 유용한 자료라고 판단될 때에는 그 자료를 제공한 출처 또는 기관에 대한 신뢰성을 검토하여야 한다.
- 신뢰성은 출처의 능력·지식, 훈련과 경험, 성실성, 수집환경, 과거업적, 문서에 의한 증거 등을 자세히 검토하여 결정한다.

③ 첩보의 가망성 검토

첩보항목에 대한 가망성은 내용에 대한 견실성, 그의 상세성, 일반적인 지식과 경험에 비추어 본 타당성 그리고 동일하거나 연관되는 타 첩보와의 일치성을 검토하여 판정한다.

이론적으로 첩보 자체의 가망성은 출처의 신뢰성과 관계없이 검토되어야 한다. 왜냐하면 과거에 상세하고 정확한 첩보를 제공하였던 노련한 수집자도 때로는 착오를 일으켜 부정확한 첩보를 제공할 수도 있기 때문이다.

2) 분석

평가단계에서 정선된 첩보를 가지고 정보요구를 해결하기 위한 가설들을 논리적으로 검증하는 일련의 과정을 말한다.

가) 자료 위주의 분석방법(data-driven analysis) : 소요가 제기된 현안문제에 대해 가능한 모든 첩보를 종합하여 현안문제에 대한 결론을 제시하는 분석방법이다. 자료 위주의 분석방법은 분석보다는 첩보 수집에 우선을 두는 형태로 볼 수 있다.

나) 개념 위주의 분석방법(conceptually-driven analysis)

① 상황논리(situational logic) : 정보분석에 있어서 가장 일반적으로 이용되는 것으로 알려진 이론적 모형이다. 상황논리를 적용할 경우 정보분석가는 분석의 대상이 되는 현안을 구성하는 구체적인 사실들과 해당 지역 또는 시간의 특수성에서 출발하게 된다.

② 이론적용(applying theory) : 현안과 관련된 보편적인 이론들을 검토하여 가장 적합한 이론에서 제시하는 결론에 충실한 전망을 내놓게 된다.

③ 역사적 상황과의 비교(comparison with historical situations) : 현재의 분석 대상이 과거의 사례들과 비교할 수 있는 유사성을 가지는지를 우선 검토하게 된다. 유사한 사안이라는 판단이 가능한 경우 현안에 관하여 과거의 사례에서 발견된 요소들을 대입한다.

3) 종합

부여된 주제에 대한 정보를 생산하기 위하여 동류(同類)의 것끼리 분류된 사실을 하나의 통일체로 결합하는 과정이다. 분석의 종합은 미리 평가된 첩보를 언제나 해석할 수 있도록 정보로 전환하는 정보 처리의 핵심으로서 흔히 동시에 이루어진다.

4) 해석

평가, 분석, 종합된 생정보에 대하여 그 의미와 중요성을 결정하여 건전한 결론도출을 가능케 하는 과정이다. 주관이 개입할 가능성이 많으므로 타당한 해석을 위해 분석관의 객관적인 관찰과 예리한 판단력이 필요하다.

5) 결론의 도출

결론이란 해석에서 나타난 여러 가정(假定)을 확정하는 것으로 최초에 부여된 문제에 대한 해답, 즉 도출된 정보를 말한다. 결론은 간단명료해야 하며 실제의 증거를 가지고 증명이 가능해야 한다.

(4) 정보보고서의 작성

1) 보고서는 사용자의 요구조건, 취급하는 내용, 시간적 여유 등에 따라 양식이나 형태가 다양하지만 일반적인 학술논문이나 소설과는 근본적으로 상이하다.
2) 논문 등은 필자의 주관이 포함되어 미사여구의 문장을 사용하여 독자들로부터 호감을 받을 수 있도록 작성되지만, 정보보고서는 사용자에게 사실을 정확하게 이해시키는 것이 요체가 된다.
3) 정보보고서의 작성원칙
   가) 필요성 : 사용자가 필요한 사항이어야 한다.
   나) 완전성 : 형식적 요건을 갖추고, 내용 또한 관련 있는 사실을 체계적으로 정리해야 한다.
   다) 정확성 : 내용이 사실과 추측이 명확히 구분되어야 하고, 결론이 명확해야 한다.
   라) 간결성 : 내용을 요약하여 간결하게 작성한다.
   마) 적시성 : 보고는 적시에 이루어져야 한다.

[9] 정보의 배포

(1) 정보배포의 개념

1) 정보의 배포란 정보를 필요로 하는 개인이나 기관에게 적합한 형태와 내용을 갖추어서 적당한 시기에 제공하는 과정이다.
2) 아무리 중요하고 정확한 정보를 생산했다 하더라도 그 정보가 필요한 사람에게 적절히 전달되지 않는다면 정보의 가치는 상실되고 만다.

(2) 배포의 원칙

〈표 4-17〉 정보배포의 원칙

필요성	정보는 반드시 알아야 할 필요가 있는 대상에게만 알려야 한다. 배포기관은 누가 어떤 정보를 언제, 어떻게 사용할 것인가를 파악하고 있어야 한다.
적시성	정보는 정보사용자의 정보소요시기에 배포되어야 한다. 정확하고 완전한 정보라 할지라도 배포과정에서 지연되어 사용시기를 놓치거나 너무 일찍 전달되면 정보의 가치는 상실된다.
보안성	정보배포시에는 보안을 갖추기 위한 장치가 필요하다. 완성된 정보연구 및 판단이 누설되면 정보로서의 가치를 상실할 수 있다.
적당성	정보는 사용자의 능력과 상황에 맞추어서 적당한 양을 조절하여 필요한 만큼만 적절한 전파수단을 통해 전달되어야 한다.
계속성	배포된 정보와 관련성을 가진 새로운 정보를 조직적이고 계속적으로 배포해야 한다.

(3) 배포의 관리

1) 배포전담기관의 운용

정보생산자가 직접 배포하는 경우, 생산한 모든 정보를 전달할 수 있으나, 일관성과 균형성 있는 배포는 어려우며 집중적인 배포나 기술상의 발전을 꾀하기 어렵나. 독립된 조직체에서 배포하는 경우

① 신속한 배포를 위한 최신 기술과 장비 사용

② 일관성 있고 계속적인 배포

③ 배포대상의 관리나 배포의 우선순위 결정용이

④ 보안유지를 위한 표준적인 대책을 적용할 수 있다.

2) 배포계획의 수립

배포계획이란 현재까지 무엇이 배포되었는가에 대한 총괄적인 기록을 말한다. 배포계획의 작성 목적은 장차 무엇이 배포되어야 하는가에 대한 지침으로 활용하기 위해서이다. 배포계획에는 배포범위, 포함시켜야 할 정보주제, 사용될 도표, 비밀구분 그리고 가장 적합한 배포수단이 포함되어야 한다.

(4) 배포수단

1) 배포수단의 결정 요소

가) 정보내용의 형태와 양

나) 정보의 긴급성

다) 비밀등급

라) 이용 가능한 전달방법

마) 정보의 사용 목적

바) 요구되는 부수(部數)

사) 수수기관(授受機關)의 형태 등

2) 배포수단

〈표 4-18〉 정보배포 수단

구분	내용
비공식적 방법	▸ 분석관과 정책결정자, 타 기관의 대표, 분석관 동료 간에 이루어지는 수단 ▸ 질문에 대한 답변, 토의 형태로 직접 전달
브리핑	▸ 정보사용자 또는 단순 인원에 대하여 개인이 정보내용을 요약하여 구두로 설명하는 것 ▸ 통상 강연식이나 문답식으로 진행 ▸ 시간을 절약할 수 있어 현용정보의 배포수단으로 많이 이용
메모	▸ 긴급한 경우에 내용을 요약하여 기록을 전달하는 방법 ▸ 정보 분석관이 가장 많이 활용, 현용정보를 전달하는데 주로 이용 ▸ 브리핑과 비교할 때 필기(筆記)되기 때문에 증거를 남길 수 있고 발송자나 수신자의 서류철에 보관할 수 있다는 것이 장점
일일정보 보고서	▸ 매일 24시간에 걸친 제반 정세의 변화를 중점적으로 망라한 보고서 ▸ 대부분이 현용정보이므로 신속한 전달이 필수적
정기간행물	▸ 광범위한 배포를 위하여 출판되며 방대한 정보 수록 ▸ 최근의 중요한 진행 상황을 주·월간 등으로 발행, 배포
특별보고서	▸ 축적된 정보가 다수의 사람이나 기관에게 이해관계가 있거나 가치가 있을 때 사용 ▸ 정보의 성질과 긴급성 그리고 예정된 접수자의 필요성에 따라 장문(長文) 또는 세분되거나 개괄적으로 작성
지정된 연구 과제보고서	▸ 특정한 기관 또는 사용자가 요청한 문제에 대하여 정보를 작성하고 배포 ▸ 요구 받은 주제에 대한 중점적인 연구가 이루어져야 하며, 사안의 진행상황은 물론 향후 정책대안까지 제시하여야 하는 것이 일반적
서적	▸ 정보가 다수인의 참고자료나 교범을 이용될 때 이용
연구참고용 보고서	▸ 정보사용자에게는 배포되지 않는 보고서로서 분석관 상호간의 연구를 돕기 위하여 작성, 배포
도표 및 사진	▸ 내용을 쉽게 이해하는데 효과적이며 통상 타 수단의 설명을 보충하거나 요약하기 위하여 이용
필름	▸ 반복하여 계속적인 전달이 요구되는 경우 이용되며 특히 교육적 전달 방법으로 이용
전화(전식)	▸ 돌발적이고 긴급을 교하는 정보의 배포를 위하여 제1차적으로 이용 ▸ 해외 주재기관 등에 전달하는데 효과적, 보안유지가 특히 요구되는 방법

[10] 정보와 보안

(1) 보안의 의의

1) 소극적인 보안이란 국가의 안전보장을 위하여 국가가 보호를 필요로 하는 비밀이나 인원, 문서, 자재, 시설 및 지역 등을 보호하는 소극적 예방활동이다.
2) 적극적인 보안이란 국가안전보장을 해치고자 하는 간첩·태업·전복 및 불순분자에 대하여 이를 경계·방지하며, 탐지, 조사, 체포하는 등의 적극적인 예방활동이다.

(2) 보안의 원칙

1) 알 사람만 알아야 하는 원칙

보안에 있어서 가장 기본이며 중요한 원칙, 보안의 대상이 되는 사실은 전파가 반드시 필요한가의 여부를 신중히 검토 요망

2) 적당성의 원칙

수집한 첩보나 생산된 정보는 사용자가 필요한 만큼 적당한 양을 전달, 사용자가 요구하는 것 이상으로 정보를 제공하는 것은 불필요한 보안상 문제 야기

3) 보안과 능률의 조화

보안을 지나치게 강조할 경우 생산한 정보가 사용자에게 제대로 전달되지 않아 정책 결정에 활용되지 못하는 불상사 초래, 무조건 보안시스템을 가동시킬 것이 아니라 생산된 정보에 대한 충분한 검토 필요

(3) 보안누설의 유형

1) 보안누설의 유형은 ① 기도적인 누설 ② 보안의식 결핍으로 인한 누설 ③ 제3자의 침입으로 인한 누설 등이 있다.
2) 기도적인 누설이란 조직원 내의 인원 중 불평·불만이나 다른 동기로 인하여 의도적으로 외부에 정보를 누설시키는 것을 말한다.

(4) 정보의 보안대책

1) 오늘날 대부분의 정보가 컴퓨터에 저장되어 관리되고 있으므로 컴퓨터에 대한 보안대책이 매우 중요하다.

2) 컴퓨터에 대한 보안대책으로는 ① 직무권한의 명확화 ② 패스워드 관리의 철저 ③ 데이터 취급자의 규제·감독 ④ 컴퓨터범죄에 대한 철저한 수사 등이 있다.

[11] 정보경찰

(1) 개념

1) 실질적 의미

국가의 안전보장, 공공의 안녕과 질서유지를 위한 위해요소를 예방 수사하는 경찰 활동을 말한다. 즉 국가의 안전을 보장하기 위해서 위해요소를 사전에 발굴 제거하는 것이며, 사회의 기본질서를 유지하여 공공의 안전을 도모하는 일련의 경찰 작용을 말한다.

2) 형식적 의미

법, 제도적 의미의 정보경찰로서 해양경찰청, 지방해양경찰청 등 각급 경찰관서의 정보전담 부서의 경찰 활동을 의미한다.

(2) 정보경찰의 의의와 목적

경찰은 공공의 안녕과 질서의 유지를 그 기본적인 임무로 한다. 이러한 경찰의 임무는 공공의 안녕과 질서에 대한 위험이나 경찰 위반의 상태가 실현되는 시점을 전후하여 예방과 진압이라는 두 가지의 임무로 크게 나누어 볼 수 있다. 이러한 구분을 기준으로 할 때 정보경찰은 예방경찰로서의 임무로 주로 하되 진압단계에서의 정보지원이라는 사후적인 의의와 목적도 함께 가진다고 할 것이다.

먼저 예방수단으로서의 정보경찰은 경찰정책의 수립과정에서의 사전적 정보지원을 그 임무로 한다. 즉, 다중범죄를 포함한 각종 범죄와 관련된 정보를 수집하여 분석·생산함으로써 경찰정책의 결정자들에게 그 예방을 위한 대책을 강구할 수 있도록 한다는 것이다. 정보경찰이 집회 또는 시위와 관련된 정보를 취급하는 것도 집회·시위 과정에서 야기될 수 있는 다중범죄가 사회적으로 초래할 수 있는 무질서의 위험이 그만큼 심대하기 때문이라고 볼 수 있다. 그러나 우선 경찰이 정부 기능의 일반요소로서 정부의 각 정책부처가 수행하는 각종 정책에 대한 정보지원을 수행해야 할 필요성이 있으므로 전술한 다양한 정보요소에 대한 경찰정보의 책임을 부정할 수 없다고 할 것이다. 특히, 모든 국가정책이 그 정책과 관련된 이해당사자들 간의 갈등의 소지를 가지고 있으며 이러한 갈등의 조정이 실패할 경우 경찰작용을 필요로 하는 무질서의 상태가 야기될 수 있다.

이러한 측면에 착안한다면 결국 정치·경제·사회 등 제 분야의 경찰정보활동이 공공의 안녕과 질서의 유지라는 경찰 고유의 목적에 봉사하는 것으로 보아야 할 것이다.

(3) 정보경찰의 특징

1) 목적

일반경찰은 국민의 생명, 신체, 재산보호를 목적으로 하지만, 정보경찰은 국가의 안전, 사회공공 안녕과 질서유지를 그 목적을 삼는다.

2) 활동

일반경찰은 순찰 등 예방활동과 어울려 범죄수사 등 사후 교정적 활동이 가능하나, 정보경찰은 반드시 사전에 예방하고, 위해요소를 제거하는 예방적 활동이다.

3) 수단

일반경찰은 대체로 공개적, 명령 강제적이지만, 정보경찰은 비공개(업무, 신분) 활동인 경우가 많고, 상대방의 동의, 협력을 전제로 하는 임의적 수단을 활용한다.

4) 보호법익

일반경찰은 생명, 신체, 재산 등 개인의 법익을 보호하는 법익이지만, 정보경찰은 사회공공의 안녕과 질서유지, 국가의 안전, 사회적·국가적 법익을 대상으로 한다.

(4) 정보경찰의 기본자질

1) 대인관계 능력

대부분 사람과 사람의 접촉으로부터 시작되는 것으로, 평소 인간관계를 잘 유지, 대인관계 능력이 뛰어나야 한다.

2) 주의력

미세한 일에도 철저한 주의력을 기울일 줄 알아야 하며, 모든 현상에 대해 문제의식을 가지고 깊은 관심, 호기심으로 주의 깊게 살펴볼 줄 알아야 한다.

3) 식별력

정보수집에만 급급한 나머지 과실과 오류를 범하는 예가 많으므로 입수내용에 대한 진위여부 식별, 중요도를 가릴 줄 알아야 한다.

4) 탐구심

어떤 징후를 포착하면 중도에 그침이 없이 강한 집착력을 가지고 종결될 때까지 확인하는 집념이 필요하다.

(5) 정보경찰 활동의 법적근거

1) 헌법상 규정 없다(대통령 권한 내재설이 있음)

2) 법률

가) 경찰법 제3조제4호(경찰의 임무 중 치안정보의 수집·작성 및 배포)

나) 경찰관 직무집행법 제2조제4호(직무의 범위 중 치안정보의 수집·작성·배포)

3) 대통령령 및 부령

가) 정보 및 보안업무기획·조정규정(대통령령)

① 제2조(정의)

(1) "국외정보"라 함은 외국의 정치·경제·사회·문화·군사·과학 및 지지등 각 부문에 관한 정보를 말한다.
(2) "국내보안정보"라 함은 간첩 기타 반국가활동세력과 그 추종분자의 국가에 대한 위해 행위로부터 국가의 안전을 보장하기 위하여 취급되는 정보를 말한다.
(3) "통신정보"라 함은 전기통신수단에 의하여 발신되는 통신을 수신·분석하여 산출하는 정보를 말한다.
(4) "통신보안"이라 함은 통신수단에 의하여 비밀이 직접 또는 간접으로 누설되는 것을 미리 방지하거나 지연시키기 위한 방책을 말한다.
(5) "정보사범 등"이라 함은 형법 제2편제1장 및 제2장의 죄, 군형법 제2편제1장 및 제2장의 죄, 동법 제80조 및 제81조의 죄, 군사기밀보호법 및 국가보안법에 규정된 죄를 범한 자와 그 혐의를 받는 자를 말한다.
(6) "정보수사기관"이라 함은 제1호 내지 제5호에 규정된 정보 및 보안업무와 정보사범등의 수사업무를 취급하는 각급 국가기관을 말한다.

② 제5조(조정업무의 범위)의 제10호(해양수산부)

(1) 국내 보안정보(외사정보 포함)의 수집·작성에 관한 사항

나) 해양경찰청과 그 소속기관 직제(대통령령)

▶ 제13조(수사정보국)

4. 정보업무의 기획·지도 및 조정	5. 정보의 수집·분석 및 배포
6. 보안경찰업무의 기획·지도 및 조정	7. 범죄의 수사
8. 외사경찰업무의 기획·지도 및 조정	9. 국제형사 관련 업무

다) 해양경찰청과 그 소속기관 직제 시행규칙(해양수산부령)

▶ 제8조(수사정보국)

④ 정보과장은 다음 사항을 분장한다.
1. 정보업무에 관한 기획·지도 및 조정
2. 치안정보의 수집·종합·분석·작성 및 배포
3. 정책정보의 수집·종합·분석·작성 및 배포
4. 해상집회·시위 등 집단사태의 관리에 관한 지도·조정
5. 보안경찰업무에 관한 기획·지도 및 조정
6. 보안사범에 대한 수사의 기획·지도 및 조정
7. 보안과 관련된 정보의 수집·분석

⑤ 외사과장은 다음 사항을 분장한다.
1. 외사수사 및 외사정보에 관한 기획 및 지두·점검
2. 밀입·출국, 밀수 등 외사사범의 수사
3. 외사방첩업무에 관한 사항
4. 외사정보의 수집·분석 및 관리
5. 국제형사경찰기구에 관한 사항
6. 국제형사업무 공조에 관한 사항
7. 국제해항 보안활동에 관한 계획의 수립 및 지도

(6) 정보활동의 한계

1) 원칙적으로 헌법과 법률이 허용하는 범위내의 활동이어야 정당성이 인정된다.

2) 정보활동의 특성상 활동 목적이나 수단 등을 모두 법제화하는 것은 불가능하므로 구체적인 비례의 원칙(필요성, 상당성, 타당성)을 고려하여 판단하여야 한다.

경찰비례의 원칙

적합성 – 수단이 경찰목적을 달성하기 위하여 적합한 것인가?
필요성 – 적합한 수단이 복수로 존재하는 경우 최소 침해를 주는 수단을 선택하여야 한다.
상당성 – 적합하고 필요한 수단이라고 하더라도 공익과 사익이 적절한 균형을 유지하여야 한다.

[12] 경찰정보의 실제

(1) 경찰정보활동

견문수집보고, 수집된 견문보고서를 정보경찰이 정보분석을 통하여 정보보고【①중요상황·동향정보, ②정책정보보고서】의 크게 2가지 형식으로 생산·배포되고 있다. 정보경찰은 지득한 견문을 일정한 형태의 보고서로 작성하여 보고하여야 한다. 정보보고서는 사안의 요점을 중심으로 핵심적 내용만을 기술하며 특정사안에 대한 해결책을 제시하여야 한다. 정보보고서의 작성은 일반적인 보고서의 작성과 큰 차이는 없으나 어떠한 판단이나 경찰 조치를 나타내는 특수한 용어를 사용하기도 한다.

경찰조치를 나타내는 용어로써 설득·반발최소화, 경고, 차단, 연행, 격리연행, 검거가 있으며, 판단을 나타내는 용어로써 판단됨, 예상됨, 전망됨, 추정됨, 우려됨이 사용된다. 신원조사 및 정보자료 기록관리과 있으며, 집회와 시위에 관한 업무를 처리한다.

(2) 견문수집보고

① "견문"이란 경찰관이 공·사생활을 통하여 보고 들은 국내 ·외의 정치·경제·사회·문화·군사·외교·과학·노정 등 모든 분야에 관한 각종 보고 자료를 말하며,
② 경찰관은 견문을 수집하여 보고할 의무가 있으며,
※경찰법, 경직법상의 치안정보 수집·작성·배포에 근거 견문수집 및 처리규칙의 훈령을 발령 全 경찰관 첩보수집 의무화하고 포상 및 제재를 규정
③ 이렇게 생산한 보고서를 '견문수집보고'라고 한다.

(3) 정보상황보고

1) 중요상황정보

일반적으로 전국의 당일 집회·시위 상황 또는 개최 예정인 집회·시위나 사회갈등 양상을 수집 분석한 후 다음날 경찰 지휘부 및 관계 부서와 청와대, 국정원, 행자부 등 정부 각 기관에 전파되는 보고서이다. 사회갈등 실태나 집회·시위 상황이 많은 부분을 차지한다.

2) 정보판단(대책)서

신고된 집회계획 또는 정보관들이 입수한 미신고 집회 개최계획 등을 파악하여 이중 경찰력을 필요로 하는 중요 집회에 대해서는 미리 정보판단서를 작성하여 경비·수사 등 관련 기능에 전파하여야 하는데 이렇게 만들어진 정보판단서를 정보대책(집회시위대책)이라고 한다. 정보판단서는 집회 개최 2~3일전에 작성하여 경찰의 각 기능에 전파하여야 한다.

3) 정보상황보고(집회·시위 상황)

신속성에 비중을 두고 집회·시위 상황이 있거나 발생할 우려가 있는 등 치안 칠서유지에 영향을 미치는 사안이나 지휘부를 비롯하여 국가정책결정자가 신속한 판단 등이 필요한 경우 경찰 내부는 물론 외부에 즉시 전파하는 시스템으로 운용되고 있다. 일반적으로 '상황속보' 또는 '속보'로 불리며, 사회갈등이나 집단시위 상황, 관련첩보, 기타 우리나라에서 발생하는 모든 사건, 심지어는 발생이 우려되는 사안까지도 작성 전파되고 있다.

중점보고사항은

① 주요 요구사항 및 핵심쟁점

② 인원구성(남여 비율, 연령, 주도세력 등)

③ 집회시위 용품, 불법시위 용품 준비 여부

④ 차량이용 이동 동향

⑤ 우발상황 대비 구급차 및 소방차 등 대기

⑥ 여론 및 언론반응

⑦ 관계기관의 대응 등

(4) 정책정보보고

전술과 같이 정부정책의 문제점을 파악하고 그 개선책을 보고하는데 주안점을 둔 정보보고이다. 경찰의 정책정보는 사회갈등이나 집회시위와 관련한 분야에 특화되어 있기 때문에 '예방적 상황정보'라고 볼 수 있으며, 따라서 정부부처에서 생산하는 일반적인 정책보고서와는 구별되는 개념이다.

〈표 4-19〉 정보(intelligence)와 정보(information)의 비교

개념	목적	기술과 절차	용 례
정보(intelligence)	안보·정책과의 연관성	처리절차의 강조	경찰청 정보국, 국가정보원, 보안정보
정보(information)	일반적인 의사결정	처리절차를 불문	경찰 정보통신, 교통정보,

정책보고는 국정전반에 걸쳐 정책결정과정 즉 정책의제 설정, 정책결정, 정책의 집행 그리고 정책의 평가 등에 활용되는 정보이다.

경찰은 사회갈등이나 집회·시위와 관련한 분야를 중심으로 정책정보를 생산하는 경향이 있으나, 법령적 차원에서 보면 특정 분야에 한정될 필요는 없으며, 실제 합리적이고 효율적인 국가정책결정을 지원하기 위하여 다양한 방면의 정책보고서가 작성되고 있다.

(5) 신원조사(육경업무)

보안의 대상이 되는 인원, 즉 국가안전에 관련되는 임무에 종사하거나 이에 관련되는 행위를 하는 자 및 그 예정자에 대하여 실시하는 대인정보활동을 말한다. 신원조사는 보안의 대상이 되는 인원의 국가에 대한 충성심, 성실성, 신뢰성을 조사하여 국가의 안전보장을 확보하는데 그 목적이 있다.

(6) (정보자료)기록관리

정보기록이란 정보활동의 결과 얻은 제반 자료를 경찰 목적에 사용할 수 있도록 문서화한 것으로 필요한 시기에 적절하게 사용할 수 있도록 체계적으로 관리되어야 하며, 보안을 유지하여야 한다.

(7) 집회 및 시위

1) 집회

다수인(2인 이상)이 공동의 목적을 위하여 일정한 장소에 일시적으로 회합하는 것으로 사람의 집합이라는 점에서 '결사'와 같으나, '집회'는 일시적이며 일정한 장소를 전제로 하는데 대하여, '결사'는 비교적 계속적이며 장소를 전제로 하지 않는다는 점에서 상이하다

※『집회 및 시위에 관한 법률』제2조제1호 : 옥외집회라 함은 천장이 없거나 사방이 폐쇄되지 않은 장소에서의 집회를 말한다.

2) 시위

다수인이 공동 목적을 가지고 도로·광장·공원 등 공중이 자유로이 통행할 수 있는 장소를 진행하거나 위력 또는 기세를 보여 불특정 다수인의 의견에 영향을 주거나 제압을 가하는 행위를 말한다.

3) 집단행동

피해보상, 임금인상, 처우개선 등의 개인·단체 의견을 관철시키기 위해 집회·시위·항의방문 등으로 사회 이목을 집중시키는 행위이다.

4) 해상시위 특징

가) 위험성

자연 상태에서 발생하는 해상시위는 선박 등을 이용하여 인간이 통제할 수 없는 위험이

존재하며, 진압부대와 시위자 쌍방간 물리적 충돌시 좌초 등 대형사고가 불가피하고, 연안 인근의 천해, 협수로, 어장산재 등 중·대형 함정의 접근이 곤란하다.

나) 선박 필요성

육상과는 달리 선박을 이용하지 않고서는 집회, 시위가 불가능하며, 육상에서도 차량 이용 집회, 시위 위험성으로 인해 접수를 받지 않는 방법으로 옥외집회신고는 금지하고 있다.

다) 생계 관련성

연근해 어자원 감소, 해사채취, 매립, 공단조성, 항만개발 등 어업권 보상, 해상오염 피해 보상, 부정어업 단속에 대하여 대책을 요구하며, 생계대책 요구가 대부분이라 여성, 노약자 다수 참가로 강력진압이 곤란하다.

라) 시위관리 및 진압상의 특수성

검거시 상대선박에 계류 협조 없이는 검거와 연행이 곤란하며, 연근해의 소형함정 위주의 진압세력 구성으로 효율적인 진압이 곤란하고, 적법 출항 후 해상에서 합류, 집회시 원천적으로 차단이 곤란하다.

마) 법적·제도적 미비

해상집회 및 시위는 해석론상 집시법 적용대상이 아니라고 판단되어, 공공의 안녕질서에 위협을 가할 것이 명백하더라도 집시법 금지규정을 적용할 수 없다.

(8) 채증

1) 채증 목적

집회·시위 등 치안을 위해 사태발생시 범법정황을 촬영·녹화·녹음하는 것으로 정확한 정황을 파악하여 사법처리 시 필요한 구증자료로 활용이 가능하다.

2) 채증 종류 : 동(動)정(靜)사진촬영, 녹화 녹음 등을 말한다.

3) 채증시 유의사항

가) 피랍 방지 등을 위해 원거리(고성능 장비 확보 필수) 비노출 배치

나) 구역별·단체별 책임 채증조 지정, 채증 사각지대 해소

다) 돌발 상황 대비, 기동 채증조 확보 등

4) 채증 실패 요인

가) 촬영자세 불량 시 초점 고정 및 흔들림(과도한 줌인 시 삼각대 사용 필요)

나) 자신감이나 채증대상 과소평가 등에 의한 채증 실패

다) 기타 필름·건전지 부족 등

5) 채증 활동

가) 집회현장 촬영

① 행사의 개요 파악 등 치안정보수집 차원에서 채증하여야 한다.

② 참석 단체(깃발·복장 등)·인원·장소 등 확인이 가능한 상황 전경, 단계적 인 사항, 특이 돌발 상황 등이 포함되어야 한다.

③ 불법행위 등 발생 시 선동 장면, 시위대의 불법 시위용품 소지 및 사용, 기물파손 장면에 중점을 두되, 얼굴 식별이 가능토록 촬영하여야 한다.

나) 시위 및 사태의 전경(全景) 촬영

① 장소를 인식할 수 있도록 인근 건물, 주요표식 등이 포함되어야 한다.

② 전경(全景)촬영 곤란 시 파노라마식으로 부분별 촬영하여야 한다.

③ 집회의 규모, 문란여부 등 정황을 파악할 수 있어야 한다.

④ 특히 선박 촬영 시 선명 및 선박의 특징이 나타나야 한다.

다) 주최, 주동, 선동자 촬영

① 인물의 촬영은 얼굴 식별이 가능하도록 촬영하여야 한다.

② 구체적인 위법사실 즉 폭력, 투석, 각목, 화염병, 선동 등 행위 장면을 포착하여야 한다.

③ 예고된 집회에는 주동자, 폭력예상자 등 촬영대상자를 사전에 파악하여 얼굴을 잘 알고 있는 채증요원을 배치, 표적을 정하여 촬영한다.

라) 사용된 장비 및 물건 촬영

① 시위에 사용된 물건은 그것을 구별하여 특정 지을 수 있어야 한다.

② 선박·차량은 선명 및 번호를 식별할 수 있도록 촬영하여야 한다.

③ 현장에 버려진 쇠파이프, 각목, 화염병 등은 시위대가 행동 시 용품으로 사용했다는 구체화를 위해 반드시 촬영해야 한다.

④ 배포된 유인물 등도 수거하여 외형 및 내용을 상세히 촬영하여야 한다.

마) 주요부분 촬영

주요부분은 촬영위치를 적기 조정하여 수회 촬영하여야 한다.

※ 촬영시간, 대상물의 개황 등 기록하여 사진첩 제작시 활용

바) 녹음시

① 반드시 현장음성을 채취하고 선동·선전 불순구호 문제성 발언 등을 중점 녹취하여야 한다.

② 고성능 소형녹음기 등은 보이지 않게 휴대해야 하며 임무 수행 시는 군중 속에서 자연스럽게 행동한다.

③ 테이프를 군중이 보는데서 갈아 끼우거나 녹음소리가 들리게 하여 신이 노출되지 않게 하여야 한다.

사) 피랍, 피탈방지

① 채증현장에서 요원의 피랍 또는 장비의 피탈방지에 유념해야 한다.

② 조장과 신변보호원은 시위군중의 이동 상태를 면밀히 주시, 납치범의 출현 기습 등에 항상 대비해야 한다.

③ 채증요원의 신분이 노출되지 않도록 한다.

아) 채증판독

① 시위·집회장소에서 촬영, 녹화, 녹음한 자료를 구증자료로 활용하기 위해 시차직, 대상별, 위법성 여부 등 필요성에 따라 해독 등 분류 설차를 말한다.

② 채증사진, 비디오테이프, 녹음 등을 판독할 때에는 전담반을 편성 활용한다.

《채증의 법적 성격》

가. 학설 : 임의수사설과 강제수사설이 대립

1) 강제수사설 : 본인이 수인하지 아니한 사진촬영은 그 의사에 반하여 초상을 촬영하는 일종의 검증으로 영장이 필요하다는 견해 ⇒ 통설

2) 임의수사설 : 물리력 또는 수인의무를 부담하는 경우만 강제수사 견해

나. 판례 : 집회현장 등 엄격한 요건에서 영장 없는 사진촬영을 허용

1) 강제처분성을 인정하면서도 엄격한 요건 하에서 영장 없는 촬영을 허용

2) 요건으로 ①범죄의 혐의가 명백할 것, ② 증거로서의 필요성이 높을 것, ③ 증거보전의 긴급성이 있을 것, ④ 촬영방법이 상당할 것 등을 요구

2 해양경찰 정보활동

[1] 목적

이 규칙[66](해양경찰청 정보경찰 활동규칙, 해양경찰청훈령 제129호)은 「경찰관 직무집행법」 제2조, 「해양경찰청과 그 소속기관 직제」 제13조, 「해양경찰청과 그 소속기관 직제 시행규칙」 제8조에 따른 정보활동 과정에서 준수하여야 할 사항을 규정하는 것을 목적으로 한다.

[2] 용어 정의

1) "정보활동"이란 해양에서의 공공안녕에 대한 위험의 예방과 대응을 위한 정보의 수집·분석·종합·작성 및 배포와 그에 수반되는 사실 확인과 조사 행위를 말한다.
2) "정보관"이란 「해양경찰청과 그 소속기관 직제」 제13조(수사정보국) 제3항 제4호 및 5호에 따른 직무를 수행하는 경찰관을 말한다.
3) "공공기관"이란 「공공기관의 정보공개에 관한 법률」 제2조제3호에 따른 기관을 말한다.
4) "국가중요시설"이란 「통합방위법」 제2조에 따른 공공기관, 공항·항만, 주요 산업시설 등 적에 의하여 점령 또는 파괴되거나 기능이 마비될 경우 국가안보와 국민생활에 심각한 영향을 주게 되는 시설을 말한다.

[3] 정보활동의 원칙

(1) 정보활동의 범위

1) 범죄 정보
2) 국가중요시설·주요 인사의 안전 및 보호에 관한 정보
3) 해양 관련, 집회·시위 등 사회갈등과 집단행동에 따른 질서·안전 유지에 관한 정보
4) 국민의 생명·신체의 안전이나 재산의 보호 등 생활의 평온과 관련된 정책의 입안·집행·평가에 관한 정보
5) 국민안전과 국가안보를 저해하는 위험 요인에 관한 정보
6) 그 밖에 해양에서의 공공안녕에 대한 위험의 예방과 대응에 관한 정보

---

66) 해양경찰청 정보경찰 활동규칙, [해양경찰청훈령 제129호, 2019. 7. 1., 제정.], 해양경찰청(정보과).

(2) 기본원칙

1) 정보관의 정보활동은 국민의 자유와 권리를 보호하고 사회공공의 질서를 유지하는 것을 목적으로 하여야 한다.
2) 정보관은 직무 수행에 필요한 최소한도에서 정보활동을 수행하여야 하고, 국민의 인권을 존중하여야 한다.
3) 정보관은 정보활동 과정에서 다음 각 호의 행위를 하여서는 아니 된다.
   가) 정치에 관여할 목적으로 정보를 수집하는 행위
   나) 법령과 이 규칙의 직무범위를 벗어나서 개인의 사상이나 동향 등을 파악하기 위해 지속적으로 사생활에 대한 정보를 수집하는 행위
   다) 상대방의 명시적 의사에 반해 자료의 제출 또는 의견표명을 강요하는 행위
   라) 부당한 민원이나 청탁을 직무관련자에게 전달하는 행위
   마) 직무상 알게 된 정보를 누설하거나 사익을 위해 이용하는 행위
   바) 직무와 무관한 비공식적 직함을 사용하는 행위
   사) 그 밖에 각종 법령 또는 이 규칙을 위반하는 행위

(3) 정보 수집활동

1) 정보관이 정보를 수집할 때에는 신분을 밝히고 정보수집의 목적을 설명하여야 하며, 임의적인 방법을 사용하여야 한다.
2) 정보관은 국민의 생명·신체의 안전과 국가안보에 긴박한 위험이 발생할 우려가 있는 경우와 범죄정보를 수집하는 경우에는 제1항에 따른 신분 밝힘과 목적 설명을 생략할 수 있다.
3) 정보관은 정보를 제공한 자가 불이익을 받지 않도록 비밀유지 등 필요한 조치를 한다.
4) 정보관은 정보수집의 목적이 달성되어 그 정보가 불필요하게 되었을 때는 지체 없이 이를 폐기한다.

(4) 정보의 제공

1) 정보관은 해양에서의 공공안녕에 대한 위험의 예방과 대응을 위해 필요한 경우 이 규칙에 따라 수집한 정보를 관계기관 및 관계자에게 통보할 수 있다.
2) 해양경찰 기관의 장은 소속 정보관이 정보활동 과정에서 알게 된 공직자의 중대한 복무규정 위반 사실 등을 관계기관에 통보할 수 있다.

(5) 정보수집을 위한 출입의 한계

1) 정보관은 언론·교육·종교·시민사회 단체, 기업 등 민간단체 및 정당사무소에 상시적인 출입을 하지 아니 한다. 다만, 제4조에 규정된 직무 수행을 위해 필요한 경우 일시적으로 출입할 수 있다.
2) 소속이 다른 정보관은 동일한 기관에 같은 목적으로 중복하여 출입하지 아니 한다. 다만, 해양 관련 집회·시위 및 집단행동 등과 관련한 업무 또는 국가기관, 지방자치단체, 그 밖에 공공기관의 협조 요청에 따른 업무를 수행하는 경우에는 그러하지 아니 한다.

(6) 부당지시 금지 및 거부

1) 누구든지 정보관에게 법령과 이 규칙에 반하는 위법 또는 부당한 지시를 하여서는 아니 된다.
2) 정보관은 명백히 위법한 지시라고 판단되는 경우 그 집행을 거부할 수 있다.
3) 정보관은 제2항에 따른 지시를 거부했다는 이유로 인사·직무 등과 관련된 어떠한 불이익도 받지 아니 한다.

[4] 분야별 정보활동

(1) 국가중요시설 등 보호 활동

정보관은 국가중요시설과 주요 인사에 대한 위해를 예방하기 위한 활동을 할 수 있다.

(2) 해양 관련 집회·시위 보호 활동

1) 정보관은 해양 관련 집회·시위에 대한 정보활동 과정에서 자유를 보장하고 참가자의 언행을 경청하여 그 의사를 정확하게 이해하기 위해 노력하여야 한다.
2) 정보관은 해양 관련 집회·시위의 주최자, 연락책임자 및 그 밖의 관계자와 상호연락 등을 통해 집회·시위 사항의 변경 여부 등을 확인할 수 있다.
3) 정보관은 해양 관련 집회·시위의 자유 보장과 참가자 등의 안전을 위하여 다음 각 호와 관련한 정보활동을 할 수 있다.
   가) 지형·구조물 등 관련 안전사고의 예방
   나) 다른 사람의 생명을 위협하거나 신체에 해를 끼칠 수 있는 물품의 휴대·반입 또는 시설물·해상교통로 점거 등 불법행위의 예방

다) 그 밖에 해양 관련 집회·시위 및 집단행동에 따른 질서·안전의 유지

4) 해양경찰 기관의 장은 해양 관련 집회·시위 및 집단행동 현장에서 대화·협의·안전 조치 등 업무를 수행하는 경찰관('소통경찰관')을 배치·운영할 수 있다.

(3) 집단민원현장에서의 활동

1) 다수인의 이해대립이 있는 집단민원현장은 이해관계자들 간의 자율해결을 원칙으로 한다. 다만, 정보관은 공공안녕에 대한 위험에 관하여 정보활동을 할 수 있다.

2) 정보관은 자율해결을 위하여 이해관계자들의 요청 또는 동의를 얻어 상호간의 대화를 제안·촉진하는 등 필요한 조치를 할 수 있다.

3) 정보관은 제1항 단서에도 불구하고 다음 각 호의 행위를 하여서는 아니 된다.

가) 분쟁의 구체적 내용에 부당하게 개입하는 행위

나) 이해관계자들에게 부당하게 화해를 강요하는 행위

다) 특정 이해관계자에 대하여 비방 또는 지지하는 내용의 의견을 표명하는 행위

(4) 국민의 안전이나 재산의 보호 활동

1) 정보관은 국민의 생명·신체의 안전이나 재산의 보호 등 국민 생활의 평온과 관련된 정책의 입안·집행·평가에 관한 정보를 수집할 수 있다.

2) 정보관은 다른 공공기관이 소속 해양경찰 기관의 장에게 요청한 경우 제1항에 따른 정보를 수집할 수 있다.

2장 해양경찰 수사

1 범죄수사

[1] 범죄수사의 개념

(1) 일반적 개념

수사란 수사기관이(주체) 공소의 제기 및 유지를 위한(목적) 준비절차로서,

① 범죄 사실을 탐지하고,

② 범인을 검거·조사하고,

③ 증거를 수집·보전하는 활동을 말한다.

즉, 수사란 범죄의 혐의 유무를 명백히 하여 공소의 제기와 유지 여부를 결정하기 위하여 범인을 발견·확보하고 증거를 수집·보전하는 수사기관의 활동을 말한다.

> ▸ 피의자 : 범죄를 범한 혐의로 수사기관의 수사대상이 되어 있는 자로서 아직 공소(公訴)가 제기되지 않은 사람을 말합니다. 피의자가 검찰에서 혐의가 있다고 판단되어 공소제기를 당한 후에는 '피고인'이라고 불리게 됩니다.
> ▸ '범인을 발견·확보'하기 위한 활동 : 피의자에 대한 출석요구, 피의자의 체포, 구속 등
> ▸ '증거를 수집·보전'하기 위한 활동 : 임의제출물의 압수, 체포현장에서의 압수, 압수수색영장에 따른 집행 등

(2) 일반적 개념에 대한 고찰

위의 공소제기와 유지를 수사의 주된 목적으로 보는 목적론적 수사의 개념은 공소권과 수사권을 한 기관(검사)에서 주도하고 있는 우리나라의 법체계에 기인한 것이다. 하지만 이러한 개념 정의, 즉 공소제기와 유지를 위해서만 수사가 이루어진다면 수사기관의 수사 활동을 제한하여 '범죄의 실체적 진실 발견'이라는 수사의 실질적인 목적[67](또는 근원적인 지향점)

에 도달하는 것을 방해하는 위험성을 가지게 된다. 실제로 수사 현장에서도 수사가 오로지 공소 제기와 유지를 위해 행해진다고 볼 수 없고, 보다 상위 가치인 국민의 신체와 재산의 보호 또는 국민의 기본권 보장을 위해 수사 활동이 이루어지고 있기 때문이다. 따라서 수사의 개념을 단일의 형식적인 목적론적 관점으로 정의하기 보다는[68] 가치중립적이고 수사 현상을 중심으로 정의하는 것이 바람직하다고 본다. 이에 따라 수사의 개념을 새롭게 정의하자면, 수사란 수사기관이(주체) 범죄에 대하여(대상) 범인을 검거·조사하고, 증거를 수집·보전하여(방법) 범죄의 진상을 규명하는(지향점) 활동을 말한다.

범죄수사의 단계적 과정으로는 내사(수사의 전 단계) → 수사의 개시 → 수사의 실행 → 사건 송 치 → 송치 후 수사 → 수사의 종결 순으로 이루어진다.

(3) 내사의 개념

아직 범죄혐의가 확인되지 않은 단계에서 수사기관이 범죄혐의를 확인하기 위하여 입건 전의 단계에서 수행하는 조사활동이다.

① 내사에서 피내사자에게는 형사소송법상 부여된 피의자의 권리가 보장되지 않아 권리침해 소지가 크고, 그로 인한 수사기관의 신뢰저하의 위험도 크므로 필요최소한도에 그쳐야 한다.

② 내사 중 압수수색 등 강제처분이 필요한 경우 수사로 전환하여 실시함이 타당하다.

③ 내사를 위한 임의동행 시에도 접견교통권은 보장되어야 한다.

▶ 형사절차에서 수사 중인 피내사자, 피의자, 신체 구속을 받고 있는 자와 면회(접견), 통신 및 서류·물건의 접수와 더불어 접견교통이라고 하고, 이와 같은 권리를 접견교통권이라 한다. 형사소송법에서는 변호인 또는 변호인이 되려는 자는 신체구속을 당한 피고인 또는 피의자와 접견하고 서류 또는 물건을 수수할 수 있는 권리가 인정되어 있다(형소법 제34조).

변호인 또는 변호사가 되려는 자 이외의 자도 구속 중인 피고인·피의자와 접견·교통할 수 있으나, 법원은 도망하거나 또는 죄증을 인멸할 염려가 있다고 인정할 만한 상당한 이유가 있는 때에는 접견을 금하거나 수수할 서류 기타의 물건을 검열·수수의 금지 또는 압수를 할 수 있다. 다만 의류·양식·의료품의 수수는 이를 금지 또는 압수할 수 없다(형소법 제91조).

67) 이와 대비하여 공소제기와 유지는 수사의 형식적인 목적이라고 할 수 있겠다.

68) 범죄수사규칙 제9조는 '공판절차의 고려'라는 제목으로 「경찰관은 수사는 공소의 제기와 공판 심리의 전단계라는 점을 고려하여 증거를 확보하고 실체적 진실을 발견하기 위해 노력하여야 한다.」고 규정하고 있다. 이는 공소의 제기 등이 고려의 한 요소이지 수사의 목적 그 자체는 아니라는 반증이라고 하겠다.

[2] 범죄수사의 목적

(1) 피의사건의 진상파악

수사의 1차 목적은 수사기관이 수사의 단서를 통하여 범죄에 관한 주관적 혐의점을 발견하고 그에 관한 범인 및 범죄사실에 관한 진의를 명백히 하여 객관적 혐의로 발전시키는데 있다.

(2) 기소·불기소의 결정

수사를 통하여 파악된 진상을 토대로 이에 대한 법률적 평가를 거쳐 기소여부를 결정한다. 기소·불기소의 결정에는 범죄의 사실적 내용뿐만 아니라 법률적 내용 즉 구성요건 해당성, 위법성, 책임성 및 소송조건 등을 고려한다.

※ 불기소 처분이란?

불기소 처분이란 검사가 공소를 제기하지 않는 처분을 말하며, 불기소 처분의 종류에는 기소유예, 혐의 없음, 죄가 안 됨, 공소권 없음, 각하 등이 있다.

1. 기소유예

1) 검사는 사건에 대한 피의사실이 인정되지만 다음의 사항을 참작해볼 때 소추를 필요로 하지 않는 경우에는 '기소유예' 처분을 할 수 있다.
   ① 범인의 연령, 성행, 지능과 환경
   ② 피해자와의 관계
   ③ 범행의 동기, 수단과 결과
   ④ 범행 후의 정황
2) 검사가 사건에 대해 기소유예 처분을 하는 경우에는 경미한 사건을 제외하고 피의자를 엄중히 훈계하며, 개과천선(改過遷善)할 것을 다짐하는 서약서를 받는다.
3) 검사는 소년인 피의자에 대해 '선도조건부 기소유예' 처분을 하는 경우에는 선도보호에 필요한 조치를 한다.

2. 혐의 없음

1) 혐의 없음(범죄 인정 안 됨)
   검사는 사건에 대한 피의사실이 범죄를 구성하지 않거나 범죄로 인정되지 않는 경우에는 '혐의 없음(범죄 인정 안 됨)' 처분한다.
2) 혐의 없음(증거 불충분)
   검사는 사건에 대한 피의사실을 인정할 만한 충분한 증거가 없는 경우에는 '혐의 없음(증거 불충분)' 처분을 한다.
3) 검사가 고소 또는 고발 사건에 대해 '혐의 없음'의 처분을 하는 경우에는 고소인 또는 고발인의 무고혐의의 유·무에 대해 판단 한다.

3. 죄가 안 됨

검사는 사건에 대한 피의사실이 범죄구성요건에 해당하지만 법률상 범죄의 성립을 조각하는 사유가 있어 범죄를 구성하지 않는 경우에는 '죄가 안 됨' 처분한다.

► 위법성 조각상유 : 형법상의 위법성조각사유로 총칙에는 정당행위(§ 20), 정당방위(§ 21), 긴급피난(§ 22), 자구행위(§ 23), 피해자의 승낙(§ 24)가 있고, 각칙으로는 명예훼손죄에서 사실의 증명(§ 310)가 있다. 형법 상외의 위법성조각사유로는 모자보건법상의 인공임신중절수술 허용규정(§ 8)등이 있다.

4. 공소권 없음

검사는 사건이 다음 중 어느 하나에 해당하는 경우에는 '공소권 없음' 처분을 한다.

① 법원의 확정 판결이 있는 경우, ② 통고 처분이 이행된 경우, ③「소년법」,「가정폭력범죄의 처벌 등에 관한 특례법」 또는「성매매알선 등 행위의 처벌에 관한 법률」에 따른 보호 처분이 확정된 경우(보호처분이 취소되어 검찰에 송치된 경우는 제외), ④ 사면(赦免)이 있는 경우, ⑤ 공소시효가 완성된 경우, ⑥ 범죄 후 법령의 개폐(改廢)로 형이 폐지된 경우, ⑦ 법률에 따라 형이 면제된 경우, ⑧ 피의자에 대해 재판권이 없는 경우, ⑨ 동일사건에 대해 이미 공소가 제기된 경우(다만, 다른 중요한 증거를 발견한 경우에는 기소할 수 있음), ⑩ 동일사건에 대해 공소가 제기되었으나 그 공소를 취소한 적이 있는 경우(다만, 다른 중요한 증거를 발견한 경우에는 기소할 수 있음), ⑪ 친고죄 및 공무원의 고발이 있어야 논하는 죄의 경우에 고소 또는 고발이 없거나 그 고소 또는 고발이 무효 또는 취소된 경우, ⑫ 반의사불벌죄의 경우 처벌을 희망하지 않는 의사표시가 있거나 처벌을 희망하는 의사표시가 철회된 경우, ⑬ 피의자가 사망하거나 피의자인 법인이 존속하지 않게 된 경우

5. 각하

검사는 사건이 다음 중 어느 하나에 해당하는 경우에는 각하 처분을 한다.

① 고소 또는 고발 사건에 대해 고소인 또는 고발인의 진술이나 고소장 또는 고발장에 따라 '혐의 없음'이나 '죄가 안 됨' 처분의 사유에 해당함이 명백한 경우
② 자기 또는 직계존속을 고소 또는 고발하는 경우
③ 한 번 취하한 고소사건에 대해 다시 고소하는 경우
④ 동일사건에 대해 검사의 불기소 처분이 있는 경우(다만, 새롭게 중요한 증거가 발견된 경우에 고소인 또는 고발인이 그 사유를 소명한 경우에는 각하 처분을 하지 않는다.)
⑤ 고소권자가 아닌 사람이 고소한 경우
⑥ 고소·고발장 제출 후 고소인 또는 고발인이 출석요구에 불응하거나 소재가 불명이 되어 고소·고발사실에 대한 진술을 청취할 수 없는 경우
⑦ 고소·고발 사건에 대해 사안의 경중 및 경위, 고소인·고발인과 피고소인·피고발인의 관계 등에 비추어 피고소인·피고발인의 책임이 경미하고 수사와 소추할 공공의 이익이 없거나 극히 적어 수사의 필요성이 인정되지 않은 경우
⑧ 고발이 진위 여부가 불분명한 언론 보도나 인터넷 등 정보통신망의 게시물, 익명의 제보, 고발 내용과 직접적인 관련이 없는 제3자로부터의 전문이나 풍문 또는 고발인의 추측만을 근거로 한 경우 등으로서 수사를 개시할만한 구체적인 사유나 정황이 충분하지 않은 경우

(3) 공소의 제기 및 유지

전항의 단계에서 기소키로 결정된 사건에 대해서는 검거된 범인과 수집된 증거를 토대로 공소가 제기되고 수행되며 필요시에는 공소의 유지를 위한 추가 수사가 행해지기도 한다.

(4) 유죄판결

공소의 제기 및 유지에 만전을 기한다는 것은 궁극적으로는 당해 범죄에 관하여 유죄의 판결을 받게 함에 있다.

(5) 형사소송법의 목적(인권보장, 실체적 진실발견) 실현

형사소송법의 절차적 목적인 인권보장, 실체적 목적인 실체적 진실발견은 형사절차의 일환인 범죄수사에 관하여도 그대로 타당하다.

[3] 범죄수사의 법적 근거

(1) 형사소송법

수사의 기본법은 형사소송법이라 할 수 있다. 형사소송법은 제2편「제1심」중 제1장을「수사」로 규정하여 수사에 대한 법적 토대를 이루고 있다. 동법 제195조와 제196조에 '검사는 범죄의 혐의 있다고 사료하는 때에는 범인, 범죄사실과 증거를 수사하여야 한다.', '사법경찰관은 범죄의 혐의가 있다고 인식하는 때에는 범인, 범죄사실과 증거에 관하여 수사를 개시·진행하여야 한다.'고 하여 수사의 개시를 규정하고 있다. 그 외 수사에서의 준수사항, 강제수사 절차, 고소, 고발, 피의자신문, 변호인 참여 및 전문수사자문위원 등을 규정하고 있다.

검경 수사권 조정 형사소송법 개정(개정 2020. 2. 4, 시행일 미지정)

제195조(검사와 사법경찰관의 관계 등)

① 검사와 사법경찰관은 수사, 공소제기 및 공소유지에 관하여 서로 협력하여야 한다.

② 제1항에 따른 수사를 위하여 준수하여야 하는 일반적 수사준칙에 관한 사항은 대통령령으로 정한다.[본조신설 2020. 2. 4.][시행일 미지정] 제195조

제196조(검사의 수사)

검사는 범죄의 혐의가 있다고 사료하는 때에는 범인, 범죄사실과 증거를 수사한다.[전문개정 2020. 2. 4.][시행일 미지정] 제196조

제197조(사법경찰관리)

① 경무관, 총경, 경정, 경감, 경위는 사법경찰관으로서 범죄의 혐의가 있다고 사료하는 때에는 범인,

범죄사실과 증거를 수사한다.

② 경사, 경장, 순경은 사법경찰리로서 수사의 보조를 하여야 한다.〈개정 2020. 2. 4.〉[시행일 미지정] 제197조

제197조의2 (보완수사요구)

① 검사는 다음 각 호의 어느 하나에 해당하는 경우에 사법경찰관에게 보완수사를 요구할 수 있다.

1. 송치사건의 공소제기 여부 결정 또는 공소의 유지에 관하여 필요한 경우
2. 사법경찰관이 신청한 영장의 청구 여부 결정에 관하여 필요한 경우

② 사법경찰관은 제1항의 요구가 있는 때에는 정당한 이유가 없는 한 지체 없이 이를 이행하고, 그 결과를 검사에게 통보하여야 한다.

③ 검찰총장 또는 각급 검찰청 검사장은 사법경찰관이 정당한 이유 없이 제1항의 요구에 따르지 아니하는 때에는 권한 있는 사람에게 해당 사법경찰관의 직무배제 또는 징계를 요구할 수 있고, 그 징계 절차는 「공무원 징계령」 또는 「경찰공무원 징계령」에 따른다.[본조신설 2020. 2. 4.] [시행일 미지정] 제197조의2

제197조의3 (시정조치요구 등)

① 검사는 사법경찰관리의 수사과정에서 법령위반, 인권침해 또는 현저한 수사권 남용이 의심되는 사실의 신고가 있거나 그러한 사실을 인식하게 된 경우에는 사법경찰관에게 사건기록 등본의 송부를 요구할 수 있다.

② 제1항의 송부 요구를 받은 사법경찰관은 지체 없이 검사에게 사건기록 등본을 송부하여야 한다.

③ 제2항의 송부를 받은 검사는 필요하다고 인정되는 경우에는 사법경찰관에게 시정조치를 요구할 수 있다.

④ 사법경찰관은 제3항의 시정조치 요구가 있는 때에는 정당한 이유가 없으면 지체 없이 이를 이행하고, 그 결과를 검사에게 통보하여야 한다.

⑤ 제4항의 통보를 받은 검사는 제3항에 따른 시정조치 요구가 정당한 이유 없이 이행되지 않았다고 인정되는 경우에는 사법경찰관에게 사건을 송치할 것을 요구할 수 있다.

⑥ 제5항의 송치 요구를 받은 사법경찰관은 검사에게 사건을 송치하여야 한다.

⑦ 검찰총장 또는 각급 검찰청 검사장은 사법경찰관리의 수사과정에서 법령위반, 인권침해 또는 현저한 수사권 남용이 있었던 때에는 권한 있는 사람에게 해당 사법경찰관리의 징계를 요구할 수 있고, 그 징계 절차는 「공무원 징계령」 또는 「경찰공무원 징계령」에 따른다.

⑧ 사법경찰관은 피의자를 신문하기 전에 수사과정에서 법령위반, 인권침해 또는 현저한 수사권 남용이 있는 경우 검사에게 구제를 신청할 수 있음을 피의자에게 알려주어야 한다.[본조신설 2020. 2. 4.] [시행일 미지정] 제197조의3

제197조의4 (수사의 경합)

① 검사는 사법경찰관과 동일한 범죄사실을 수사하게 된 때에는 사법경찰관에게 사건을 송치할 것을 요구할 수 있다.

② 제1항의 요구를 받은 사법경찰관은 지체 없이 검사에게 사건을 송치하여야 한다. 다만, 검사가 영장을 청구하기 전에 동일한 범죄사실에 관하여 사법경찰관이 영장을 신청한 경우에는 해당 영장에 기재된 범죄사실을 계속 수사할 수 있다.

[본조신설 2020. 2. 4.] [시행일 미지정] 제197조의4

(2) 수사준칙

형사소송법 제196조 제3항에서는 '사법경찰관리는 검사의 지휘가 있는 때에는 이에 따라야 한다. 검사의 지휘에 관한 구체적 사항은 대통령령으로 정한다.'고 규정하고 있다. 여기서 말하는 대통령령이 바로 「검사의 사법경찰관리에 대한 수사지휘 및 사법경찰관리의 수사준칙」(이하에서는 '수사준칙'이라고 하겠다.)이다.

1) 목적

수사준칙은 검사의 수사지휘에 관한 사항과 사법경찰관리의 수사에 관한 집무상의 준칙을 규정함으로써 수사과정에서 국민의 인권을 보호하고, 수사절차의 투명성과 수사의 효율성을 보장함을 목적으로 한다.

2) 수사지휘 일반 및 재지휘건의

지방검찰청 검사장 또는 지청장은 국민의 인권을 보호하고 수사절차의 투명성과 수사의 효율성을 보장하기 위하여 사법경찰관리에게 필요한 일반적 수사준칙 또는 지침을 마련하여 시행할 수 있다. 또한 검사는 사법경찰관리에게 구체적 사건의 수사에 관하여 필요한 지휘를 할 수 있다.

사법경찰관은 구체적 사건과 관련된 검사의 수사지휘의 적법성 또는 정당성에 이견이 있거나 지휘 내용이 명확하지 않아 이행하기 어려울 때에는 해당 검사에게 의견을 밝히고 재지휘를 건의할 수 있으며, 해당 사법경찰관이 소속된 관서의 장은 사법경찰관의 재지휘에 대한 검사의 조치에 의견이 있으면 해당 검사가 소속된 관서의 장에게 그 의견을 제시할 수 있다.

3) 검사의 사법경찰관리 수사사건 기록 관리

사법경찰관리가 피의자신문조서를 작성한 때, 긴급체포를 한 때, 검사에게 체포·구속영장을 신청한 때 및 사람의 신체, 주거, 관리하는 건조물, 자동차, 선박, 항공기 또는 점유하는 방실(房室)에 대하여 압수·수색·검증영장을 신청한 때 중 어느 하나에 해당하는 행위를 한 때에는 범죄인지서 작성 여부와 관계없이 관계 서류와 증거물을 검사에게 제출하여야 한다.

사법경찰관리는 관계 서류와 증거물을 검사에게 제출하여야 하는 압수·수색·검증을 제외한 압수·수색·검증, 통신제한조치, 통신사실 확인자료 제공 등 법원으로부터 법 및 다른 법령에 따른 영장 또는 허가서를 발부받아 대물적(對物的) 강제처분을 집행한 때, 피혐의자를 출석시켜 조사한 때 및 현행범인을 체포·인수한 때 중 어느 하나에 해당하는 행위를 하고, 범죄인지서를 작성하지 아니한 사건에 대해서는 매 분기별로 해당 사건의 목록과 요지를 검사에게 제출하여야 한다.

4) 입건에 대한 지휘

내란 및 외환(外患)의 죄, 국기(國旗) 및 국교(國交)에 관한 죄, 공안을 해하는 죄(공무원자격의 사칭죄는 제외), 폭발물에 관한 죄, 살인, 13세 미만 아동 또는 장애인에 대한 성폭력범죄, 국가보안법위반, 선거법위반, 공무원에 관한 죄(국회의원 및 지방의회의원, 4급 또는 4급 상당 이상 공무원의 범죄 및 기관장인 5급 또는 5급 상당 이하 공무원의 직무와 관련된 범죄에 한함)와 피해 규모, 광역성, 연쇄성, 수법 등에 비추어 사회의 이목을 끌만한 범죄 중 어느 하나에 해당하는 범죄를 수사 개시하는 경우에 관할 지방검찰청 검사장 또는 지청장에게 보고하여야 한다. 사법경찰관은 대공(對共)·선거(정당 관련 범죄를 포함)·노동·집단행동·출입국·테러 및 이에 준하는 공안 관련 범죄에 대하여 수사를 개시한 때에는 검사에게 지휘를 건의하고 입건 여부에 대한 검사의 의견에 따라야 한다.

5) 송치에 대한 지휘

사법경찰관은 입건 지휘를 받은 사건, 「폭력행위 등 처벌에 관한 법률」 제4조 또는 제5조 및 그 미수범으로 입건한 사건과 사건관계인의 이의 제기 등의 사유로 사건관계인의 인권보호, 수사의 투명성을 위해 사건 송치 전에 지휘가 필요하다고 인정되는 사건 중 어느 하나에 해당하는 범죄에 대해서는 사건 송치 전에 검사의 구체적 지휘를 받아야 한다.

검사는 사법경찰관리가 수사를 진행하고 있는 사건에 대하여 수사절차상 이의가 제기되거나 동일한 사건이나 관련된 사건을 2개 이상의 기관에서 수사하는 경우 등 수사과정에서 사건관계인의 인권이 침해될 우려가 현저하여 검사가 직접 수사할 필요가 있다고 인정되는 경우에는 즉시 사법경찰관에게 사건을 송치하도록 지휘할 수 있고 사법경찰관은 이에 대해 즉시 수사를 중단하고 사건을 송치하여야 한다.

(3) 범죄수사규칙

수사에 대한 행정규칙으로는 「내사사건 처리규칙」, 「수사본부 운영규칙」, 「변호인 참여, 접견 등 규칙」, 「종합수사지휘본부 운영규칙」, 「수사긴급배치 규칙」 등 여러 규칙이 있으나 이 중 가장 기본이 되는 규칙은 「범죄수사규칙」이다. 범죄수사규칙은 경찰공무원이 범죄를 수사할 때에 지켜야 할 마음가짐, 수사의 방법과 절차 그 밖에 수사에 관하여 필요한 사항을 정함으로써 수사사무의 적정한 운영을 기함을 목적으로 한다(제1조).

[4] 범죄수사의 성격

(1) 과거 범죄사실의 진상을 탐지하는 활동

수사는 과거에 일어난 범죄사실의 진상을 규명하는 활동이다. 범죄사실을 규명한다 함은 과거의 범죄사실을 탐지하여 재현한다는 것을 의미한다.

그러나 수사관이나 법관이 신이 아닌 이상 과거의 사실에 대한 순수한 진상을 파악한다는 것은 사실상 불가능한 일이다. 그러므로 여기서 말하는 진상이란 진실에 가까운 개념으로서 누구에게도 의심을 불러일으키지 않고 수긍할 정도의 것을 말한다. 그런데 여기서 말하는 사실의 인정은 증거에 의한 것이어야 함은 물론이다.

(2) 형사절차의 일환

수사기관은 규명한 범죄사실에 적용할 형벌법을 밝혀내어야 한다. 수사는 공소의 제기를 위한 준비활동이자 공소 수행(유지)을 위한 활동으로 국가 형벌권 행사를 위한 형사절차이다. 따라서 수사는 기소 전 뿐만 아니라 기소 후에도 행하여질 수 있다.

(3) 심증형성을 해나가는 활동(내적 과정)

수사는 사실의 진상을 파악하고 그것을 형사절차에 올려놓는 활동이므로 우선 수사관은 무엇보다도 자신이 사실의 진실성에 대해서(누구에게도 의심을 불러일으키지 않을 만한) 확신 있는 판단을 얻는 것이 필요하다. 왜냐하면 재판관을 비롯한 제3자에게 수사관의 심증 이상으로 사실의 진실성이 받아들여지기는 어렵기 때문이다. 이러한 의미에서 수사는 수사관이 자신의 심증을 형성하는 활동이라고 볼 수 있다. 일반적으로 수사관은 추리를 통하여 과거의 사실을 재구성하고 심증을 형성한다.

(4) 범죄사실을 증명하는 활동(외적 과정)

수사관이 수사로서 확신 있는 판단에 도달했을 경우 즉 수사관 자신이 범죄사실에 심증을 얻었을 때에는 그것을 형사절차에 올려놓기 위하여 얻은 심증의 진실성을 증명하지 않으면 안 된다. 수사관의 그러한 증명(설명)이 재판관의 심증에 영향을 미쳐 유죄판결로 이어지는 것이다.

[5] 범죄수사의 원리

(1) 범죄흔적의 원리

1) 범죄흔적(징표)[69] 의의

범죄행위는 그 과정에서 필연적으로 범죄의 흔적(범적)을 남긴다. 즉, 범죄행위는 인간이 행하는 것이고 인간의 특성으로 인해 그러한 범죄행위가 있었다는 징표가 남게 되는 것이다. 프랑스의 범죄학자 에드몽 로카르(Edmond Locard)는 "모든 접촉은 흔적을 남긴다."는 말로 범적을 필연성을 역설하기도 하였다. 범인이 범적을 남기지 않았다면 그것은 완전범죄이다. 하지만 완벽하게 범죄의 흔적을 남기지 않은 완전범죄란 존재하지 않으며, 다만 수사관이 그 흔적을 발견하지 못했을 뿐이다. 이러한 범죄흔적은 범죄의 진상을 규명할 수 있는 단서가 되어 수사관이 수사 활동을 가능하게 한다.

2) 범죄흔적(징표)의 원인

가) 범죄는 인간의 행동이다.

범죄는 범인, 즉 인간의 수많은 행동들이 모여져 이루어진 것이다. 즉, 범죄는 범인의 사전행동, 범행과 사후행동을 통해 진행된다. 이러한 행동에는 인간의 생물학적, 심리학적 흔적을 남기게 된다. 예를 들면 생물학적 흔적은 지문, 혈흔, 타액, 정액, DNA, 족적의 크기 등이고, 심리학적 흔적은 범행동기, 범행의 결의(사전 준비 또는 우발적), 범행 수법 등이다.

나) 범죄는 사회적 행동이다.

인간은 사회적 인내관계 속에서 살고 있어 범죄도 사회관계와 관련된 범죄특징을 낳는다. 즉, 사회관계는 범행동기, 범행 계획 등에 영향을 미치거나, 반대로 범죄가 사회관계에 영향을 미쳐 사회적 파문, 소문의 형태로 흔적을 남기기도 한다. 예를 들면 직업적 특성이나 경력이 나타나는 범죄흔적, 범행 방법(관련 지식 활용), 소문 등이다.

다) 범죄는 자연현상을 수반한 행동이다.

범죄는 자연 속에서 이루어지기 때문에 자연현상을 수반한다. 예를 들면 혈흔형태, 미세섬유, 사체에 나타난 증거, 사체 부패, 현장의 변화 등이다.

---

69) 범죄 징표를 내적, 외적 징표로 나누고 그 중 외적 징표를 범죄 흔적이라고 하기도 하나 범죄 징표와 범죄 흔적을 나눌만한 효용이 없어, 이하에서는 범죄 흔적과 징표를 같은 개념으로 간주하겠다.

〈표 4-20〉 범죄징표의 형태

<table>
<tr><td colspan="3">범인의 생물학적 특징에 의한 범죄징표</td><td>인상, 지문, 혈액형, 언어, 기타의 신체특징</td></tr>
<tr><td rowspan="5">범인의 심리적 특징에 의한 범죄징표</td><td rowspan="4">보통심리</td><td>범행동기</td><td>원한, 치정, 미신, 이욕</td></tr>
<tr><td>범행결의</td><td>불안, 초조, 친지와의 상담 등 심리적 갈등, 흉기용구의 준비, 현장의 사전답사 등</td></tr>
<tr><td>범행 중</td><td>목적달성에 용이한 방법, 숙지·숙달된 기술선호</td></tr>
<tr><td>범행 후</td><td>특수한 꿈·잠꼬대, 피해자에 대한 위로, 친지 등에의 고백, 자살, 도주, 증거인멸, 변명 준비 등</td></tr>
<tr><td>이상심리</td><td></td><td>심리과정에 합리적인 일관성이 결여</td></tr>
<tr><td colspan="3">범인의 사회관계에 의한 범죄징표</td><td>사회적 지문(성명, 가족, 주거, 경력, 직업 등), 목격 자, 소문</td></tr>
<tr><td colspan="3">자연현상에 의한 범죄징표</td><td>지문, 족적, 일시, 물건의 특징, 물건의 이동</td></tr>
<tr><td colspan="3">문서에 의한 범죄징표</td><td>문자, 잉크, 종이의질(지질)의 감정</td></tr>
</table>

(2) 사건재구성과 추리

1) 추리

범죄수사는 범죄의 결과로 나타난 범죄흔적, 인적·물적 범죄정보 등 각종 수사 자료를 종합적으로 분석하여 범인과 범죄사실을 추정하는 방법으로 수사가 진행되고 이러한 추정 방법을 수사에 있어 추리라고 한다. 추리는 수사 자료가 부족할 때 그 가치를 더한다. 또한 추리를 통해 수사 자료를 추가적으로 획득하기도 한다. 추리의 방법에는 연역적 추리, 귀납적 추리, 가설적 추리 등이 있다.

2) 사건의 재구성

수사관은 수사 자료와 그에 따른 추리를 통해 범죄사건에 대한 재구성을 한다. 범죄 동기는 무엇인지, 범죄행위는 어떻게 진행되었는지 등의 가설을 세우면서 재구성하게 되는 것이다. 이렇게 재구성된 사건을 개연성과 타당성 분석을 통해 수사관은 범죄 심증을 굳히거나 수사방향을 전환하게 된다.

3) 사건 재구성의 한계

인간의 특성과 범죄사실 규명방법에서 오는 특성으로 인해 범죄사건 재현에는 다음과 같은 한계에 부딪힌다. 첫째, 인간은 인지, 기억, 표현에 있어 일어났던 사건과 정확할 수 는 없다. 인간의 감각기관은 인지할 수 있는 능력에 한계가 있어 사건의 모든 것을 그대로 받아들이지 못하고 제한된 정보만 인지할 수밖에 없다. 또한 인지한 내용을 필요한 시점에서 정확히 기억해 내어야 하는데 인간은 기억은 왜곡현상이 일어날 수 있다. 기억은 연상기법에 취약하고, 한 번에 모든 것을 기억해낼 수 없으며, 충격적인 사건(트라우마, Trauma)에 영향을 받기 때문이다. 그리고 왜곡 없이 기억해 내었다고 하더라도 기억해낸 부분을 다른 사람에게 전달하는데 있어 정확히 표현하는 과정이 남아있다. 그러나 인간은 표현능력의 한계로 인지한 그대로를 표현할 수는 없다.

둘째, 형벌법 적용을 위해서 재구성된 사건은 법의 구성요건에 맞게 편집되는 과정에서 한계가 발생할 수 있다. 즉, 수사관의 지적능력과 경험에 의한 왜곡된 선입견에 인해 한계에 부딪힐 수 있으며, 법률중심의 사실관계 파악에만 몰두하다 그 외 부대사실에 대한 탐구를 경시하여 다른 중요 부분을 놓치는 오류를 낳을 수도 있다.

(3) 수사의 조건

수사의 조건이라 함은 수사의 개시와 실행함에 있어 필요한 요건을 말한다. 다른 말로는 수사권 발동의 조건이라고 한다. 이에는 범죄혐의, 필요성, 상당성이 논의되는데 이는 강제수사의 조건이기도 한다. 강제수사는 판사가 요건을 판단하지만 그 외 수사는 수사기관이 그 조건을 판단하여 수사권을 발동한다.

1) 범죄의 혐의

수사기관은 범죄 혐의가 있다고 인식할 때는 수사를 개시할 수 있다(형사소송법 제195조 및 제196조 제2항). 반대로 범죄 혐의가 없는 사안에 대해서는 수사 개시할 수는 없다. 범죄의 혐의는 수사기관의 주관적 혐의를 의미하며 객관적 혐의에 이르는 것을 요하지 않는다. 주관적 혐의라고 하여도 객관적 사실에 근거를 두고 있어야 한다. 반면 객관적 혐의는 제3자가 보아도 인정할 정도의 혐의를 말하며, 혐의의 상당성이라고도 하고 이는 강제수사의 조건이 된다.

2) 수사의 필요성

수사는 수사의 목적을 달성하기 위하여 필요한 때에 할 수 있다(형사소송법 제199조 제1항). 이러한 필요성은 수사기관이 합리적으로 판단하여야 한다. 수사의 목적 중 하나에는 공소의 제기가 있다. 그런 점에서 공소의 조건이 결여된 경우에도 수사의 필요성을 인정할 수 있는가가 문제될 수 있다. 예를 들면, 친고죄에서 고소가 없는 때, 반의사 불벌죄에서 처벌을 희망하다는 의사가 없을 때 수사할 필요가 있겠느냐 문제된다. 고소 기간 경과 등 객관적 소송조건 결여나 고소 취소나 반의사 불벌죄에서의 처벌불원의사가 명백히 표시된 경우를 제외하고는 원칙적으로 수사가 가능하다 하겠다(대판 95.2.24. 94도252).

3) 수사의 상당성

강제수사인 경우 필요한 최소한도 범위 안에서만 하여야 한다고 규정하고 있다(형사소송법 제199조 제1항 단서 전단). 임의 수사인 경우 이러한 법 규정이 없다고 필요한 최소한도 범위를 넘어서도 된다는 것은 아니다. 왜냐하면 수사 활동은 국민에 대한 국가의 침익적 처분(침해를 주는)인 경우가 많기 때문이다. 예컨대, 피의자에 대하여 한 번에 조사할 있는 것을 피의자가 괘씸하다 하여 일부러 여러 날에 걸쳐 수차례 나누어서 조사를 받는 것은 아니 될 것이다. 이러한 이유로 임의수사의 상당성에 대해서는 수사기관의 내부 규율(행정규칙)을 통하여 통제하고 있다. 이러한 예로 심야 조사에 대하여 예외적으로 허용하는 것(범죄수사규칙 제56조 제3항)을 들 수 있다.

(4) 범죄수사의 원칙

범죄수사는 형사사건에 한하여 행하여야 하며, 순수한 민사사건에 관하여 수사권이 발동되어서는 안 된다. 모든 정보자료, 수사 자료를 종합하여 상황을 파악하고, 모든 기술과 지식, 조직을 동원, 체계적이고 조직적인 종합수사를 행하여야 한다.

1) 3S의 원칙[70)]

가) 신속착수의 원칙(Speedy Initiation)

범죄의 흔적은 시간이 경과함에 따라 자연적 또는 인위적으로 멸실 또는 변질되는 것이 본질이다. 따라서 수사는 될 수 있는 대로 급속히 착수해야 한다.

나) 현장보존의 원칙(Scene Preservation)

범죄의 현장이나 물건 등은 변화하는 본질을 가지고 있다. 그러므로 범죄현장을 잘 보존하고 관찰하지 않으면 수사는 성공하기 어렵게 된다. 그래서 범죄현장을 증거의 보고라 한다.

다) 공중(시민)협력의 원칙(Support by the Public)

범죄의 흔적은 기억에 남겨지게 되는 것이므로 민중으로부터 적극적 협력을 얻지 못하면 수사는 곤란하게 된다. 범죄의 현장을 증거의 보고라 한다면 민중이 살고 있는 이 사회는 증거의 바다라고 할 수 있으므로 수사를 성공적으로 수행하기 위해서는 개개의 사건수사에 있어서는 물론 평소 민중의 협력을 얻도록 노력해야 한다.

70) 윤경익, 「수사실무총람」, 육법사, 1990. 56~57면.

2) 임의수사의 원칙, 강제수사 법정(영장)주의

수사의 방법은 임의수사를 원칙(범죄수사규칙 제6조 제1항)으로 하고 강제수사는 법에 특별한 규정이 있는 경우에 한한다(형사소송법 제199조 제1항 단서 후단). 또한 피의자는 불구속 상태에서 수사를 함이 원칙이다(동법 제198조 제1항). 이는 무죄추정의 법리 및 수사의 상당성을 제도적으로 표현한 것이다. 한편 헌법에서는 체포·구속·압수·수색 등의 강제수사는 법관이 발부하는 영장을 제시하여야 한다는 강제수사 영장주의를 천명하고 있다(헌법 제12조 제3항).

〈표 4-21〉 임의수사와 강제수사

임의수사	강제수사
1) 의의 임의수사는 강제적인 수단에 의하지 않고 상대방의 동의나 승낙, 협력을 얻어서 행하는 수사를 말한다. 현행법은 임의수사가 원칙이다. 2) 종류 형사소송법, 사법경찰관리집무규칙과 범죄수사규칙은 임의수사로서 피의자 또는 피의자 아닌 자에 대한 출석요구 및 피의자신문, 참고인조사, 감정·통역·번역의 위촉, 임의제출물의 압수, 공무소 기타 공사기관의 사실조회, 실황조사, 촉탁조사 등을 규정 ※임의수사에서 '임의동행' 문제 -임의수사 한계일탈 : 위법 ① 동행시간과 장소 ② 동행 방법 ③ 동행 후 신문방법 ④ 체포 또는 구속영장의 유무 ⑤ 식사, 휴식, 용변의 감시 ⑥ 퇴거희망이나 동행거부의 유무를 종합하여 판단	1) 의의 형사소송의 진행과 형벌의 집행을 확보하기 위하여 강제력을 사용하는 것을 강제처분이라 하고, 수사기관에 의한 강제처분을 강제수사라고 한다. 자유를 제한하고 인권을 침해하므로 원칙적으로 사전영장을 필요로 한다(검사의 청구—법원의 발부). 강제수사는 법정주의로 법에 정해져 있어야 할 수 있다. 일반영장(불특정 된 영장을 일단 가지고 다니다, 필요할 때 쓸 수 있는 영장)은 어떠한 경우에도 금지된다. 강제수사는 헌법 제12조 제3항에 의해 '영장주의 원칙'이다. 2) 종류 체포영장에 의한 체포, 긴급체포, 현행범인의 체포, 피의자의 구속, 압수·수색·검증, 증거보전, 증인신문의 청구, 통신제한조치, 수사상의 감정유치, 감청, 사진촬영, 기타 감정에 필요한 분석

3) 수사비례의 원칙

수사의 결과와 수사로 인한 법익침해가 부당하게 균형을 잃어서는 안 된다는 원칙이다. 예컨대, 죄질과 피해가 극히 경미한 사건을 입건하는 것은 수사권의 남용이 될 수 있다.

4) 수사비공개의 원칙

수사의 개시와 실행은 원칙적으로 이를 공개하지 아니한다. 이는 수사사항이 알려져 증거가 인멸되거나 관련인이 도주할 수도 있고, 수사 관계자의 명예 등 인권 침해가 될 수도 있기 때문이다. 따라서 수사의 비공개는 원활한 수사를 위해서, 수사 관계자의 인권을 위해서 필요한 것이다.

5) 자기부죄강요금지의 원칙

헌법은 불리한 진술을 강요당하지 아니한다고 명시하고 있고(헌법 제12조 제2항), 형사소송법은 피의자의 진술거부권을 보장하고 있다(형사소송법 제244조의3). 따라서 수사기관은 피의자에 대하여 자백을 강요하여서는 아니 된다.

(5) 범죄수사의 기본적인 마음가짐[71)]

경찰관이 수사를 할 때에는 사안의 진상을 명백히 하여 사건을 해결한다는 확고한 신념을 가지고 개인의 인격을 존중하고, 신속·공정·성실하게 하여야 하며 특히 다음 사항을 명심하고 피의자, 피해자 등 사건관계인의 명예를 훼손하지 않도록 주의하여야 한다.

1) 법령 등 준수

수사를 할 때에는 형사소송법 등 관계법령과 규칙을 준수하여 개인의 자유와 권리를 부당하게 침해하는 일이 없도록 주의하여야 한다.

형사소송법은 수사관에게 일정한 권한을 부여하고 혹은 권한의 행사를 제한하고 있는 바, 수사를 함에 있어서는 법령 등의 자구에 구애되어 합법적이라는 데에 그치지 않고 법의 정신을 체득하여 개인의 권리와 자유의 제한은 필요한 최소한도에 그치지 않으면 안 된다.

2) 합리적인 수사

수사를 할 때에는 증거에 의하여 사안을 명백히 하여야 하며 선입견에 사로잡혀 육감에 의한 추측만으로 행하는 일이 없이 어디까지나 기초수사를 철저히 하여 모든 증거의 발견·수집에 힘쓰는 동시에 감식시설과 장비를 충분히 활용하여 수사를 합리적으로 진행하도록 하여야 한다. "합리수사"란 과학수사기법과 지식·기술·자료를 충분히 활용하여 무리 없이 이치에 맞는 수사를 하는 것을 말한다.

3) 승낙 강요 불가

수사를 할 때에는 임의수사를 원칙으로 하며 임의수사를 위해서 상대방의 승낙을 구할 때에는 승낙을 강요하거나 강요의 의심을 받을 염려가 있는 태도나 방법을 취하여서는 아니 된다.

---

71) 범죄수사규칙 제3조~제11조.

4) 비밀의 준수

경찰관은 수사를 하면서 알게 된 사건관계인의 관련 비밀을 엄수하여 사건관계인의 사생활, 명예나 신용 등 인권을 침해하지 않도록 하여야 한다.

5) 수사의 회피

경찰관은 피의자, 피해자 등 사건관계인과 친족관계에 있는 등 수사의 공정성을 잃을 염려가 있거나 의심을 받을 우려가 있을 때에는 상사의 허가를 받아 그 수사를 회피하여야 한다.

6) 공판절차의 고려

수사는 공소의 제기와 공판심리의 전(前)단계라는 점을 고려하여 증거를 확보하고 실체적 진실을 발견하기 위해 노력하여야 한다.

7) 수사의 메모

경찰관은 필요하다고 인정 할 경우에는 수사의 진행 경과와 그 밖의 참고가 될 사항을 메모하여 당해 사건의 공판심리의 증인으로 출석하는 경우에 대비하고 관련사건 수사에 참고하여야 한다.

8) 법정 증언

경찰관은 수사한 사건과 관련하여 법원으로부터 증인으로 소환을 받은 경우에는 직속 상급자에게 보고하고 관련 자료 및 예상 질의답변을 준비하여야 하며, 증인으로 출석하기 전에 검사와의 면담, 전화, 모사전송, 전자우편 그 밖에 적당한 방법으로 검사의 증인신문 준비활동에 협조하여야 한다.

(6) 긴급체포

형사소송법 제200조의3(긴급체포) ①검사 또는 사법경찰관은 피의자가 사형·무기 또는 장기 3년이상의 징역이나 금고에 해당하는 죄를 범하였다고 의심할 만한 상당한 이유가 있고, 다음 각 호의 어느 하나에 해당하는 사유가 있는 경우에 긴급을 요하여 지방법원판사의 체포영장을 받을 수 없는 때에는 그 사유를 알리고 영장 없이 피의자를 체포할 수 있다. 이 경우 긴급을 요한다 함은 피의자를 우연히 발견한 경우 등과 같이 체포영장을 받을 시간적 여유가 없는 때를 말한다.

① 피의자가 증거를 인멸할 염려가 있는 때

② 피의자가 도망하거나 도망할 우려가 있는 때

사법경찰관이 피의자를 체포한 경우에는 즉시 검사의 승인을 얻어야 하고, 검사 또는 사법경찰관은 피의자를 체포한 경우에는 즉시 긴급체포서를 작성하여야 한다. 긴급체포서에는 범죄사실의 요지, 긴급체포의 사유 등을 기재하여야 한다.

[6] 과학수사

(1) 과학수사의 의의

1) 과학수사란 범인을 발견하고 증거를 수집하여 사인의 진상을 밝히는 수사 활동에 과학적 지식·기술과 감식시설·장비·기자재 등을 체계적이며 합리적으로 활동하는 수사를 말한다.
2) 범인을 발견하고 증거를 수집하기 위하여 경험·육감에 기초한 주관적 판단이나 근거 없는 추리에 의하는 것이 아니라 현대의 발전된 과학적 지식·기술, 조직적인 자료와 시설을 이용하여 합리적인 판단과 객관적인 증거에 의하는 수사활동이다.

(2) 과학수사의 중요성

1) 광역화·기동화·교묘화 되어가는 범죄에 능률적으로 대처한다.
2) 경제성장과 도시화 경향에 따라 주민의 연대의식이 희박해져 증인의 확보와 수사자료의 수집이 점차 어려워진다.
3) 시민의 인권옹호 의식의 향상으로 각종 증거수집이 어려운 실정이다.
4) 과거에는 조사기술만으로 사건을 해결할 수 있었으나 현대에는 범인의 자백만으로는 유죄를 판명하기가 불가능해졌기 때문에 물증확보를 위한 범죄감식의 중요성이 강조되고 있다. 이것은 수사기관의 고문에 의한 자백을 증거로 하는 예전의 방식을 할 수 없게 하는 피고인의 인권 보장하는 측면을 강조한 것이다.
5) 과학수사의 중심이 되는 것은 감식수사이다.
6) 과학수사에 의하여 눈에 보이지 않는 증거도 검출·수집하며 이건은 증명력의 판단의 근거가 된다.

(3) 과학수사의 내용

1) 과학을 이용하는 수사

과학수사에서는 생물학, 화학, 물리학, 생화학, 독물학, 혈청학 등 자연과학분야의 지식은 물론 범죄학, 사회학, 철학, 논리학, 법의학 등 사회과학적 지식의 원리가 총동원된다.

2) 수사방법에 있어 과학적으로 행하는 수사

과학수사는 수집된 자료를 토대로 추리를 하고 그러한 추리를 검증하는 방법으로 행해진다.

3) 수사법칙에 따른 수사

범죄사건과 범죄현장의 여러 가지 상황을 종합적으로 판단함으로서 공통되는 점을 찾아내어 수사법칙에 따라 수사를 진행하여야 한다.

4) 합리성·타당성 있는 수사

수사는 개인의 기본적 인권보장의 이념 아래 합법적으로 신속·정확하게 진행되어야 하며 그 결과에 대하여 국민이 이해하고 납득할 수 있는 합리성과 타당성이 있어야 한다.

5) 과학적 수사방법의 5단계 과정

자료수집 → 자료검토 → 범인추정 → 수사방침의 수립 → 검증

(4) 과학수사의 유형

1) DNA 지분문석

1953년 영국의 크리스와 미국의 왓슨에 의해 밝혀졌는데 DNA의 분자구조는 2중의 나선구조로 되어 있어 2중 나선이라 불린다.

2) 루미놀 시험

범죄현장에서 육안으로 혈흔이 발견되지 않는 증거물에 대한 혈흔발견을 위한 실험으로 어두운 장소에서 실시하며 혈흔예비시험의 한 종류이다.

3) 슈퍼임포즈법

백골화 된 변사체의 신원을 확인하는 과학수사의 방법이다.

4) 중성자방화분석법

미량의 증거물에 대한 정량적 분석을 통하여 동일인, 동일물 여부를 확인해 내는 과학수사의 방법이다.

5) 수사종합검색시스템

이름, 인상, 신체적 특징, 수법자료 등에 의해 범인을 검색해 내는 방법이다.

[7] 내사사건 처리 규칙[72)]

이 규칙은 경찰관이 수사개시 전 내사를 함에 있어서 내사의 착수, 진행, 종결에 대한 세부 절차를 규정하여 내사과정에서의 적법절차 준수 및 국민 인권보호 증진을 목적으로 한다.

(1) 내사의 기본

1) 내사는 청탁에 의하지 않아야 하며 항상 법령·규칙을 준수하고 업무편의에 앞서 관계인의 인권보호에 유의하여야 한다.
2) 내사를 빙자하여 막연히 관계인의 출석을 요구하거나 물건을 압수하는 일이 없도록 하여야 한다.
3) 내사는 신속·공정·성실하게 진행하여야 한다.
4) 내사혐의 및 내사관계인 등의 정보가 외부로 유출되거나 공표되는 일이 없도록 주의하여야 한다.

(2) 내사의 착수

1) 내사의 대상과 분류

내사는 범죄첩보 및 진정·탄원과 범죄에 관한 언론·출판물·인터넷 등의 정보, 신고 또는 풍문 중에서 출처·사회적 영향 등을 고려하여 그 진상을 확인할 가치가 있는 사안을 그 대상으로 한다. 다음 각 호와 같이 분류한다.

가) 진정내사 : 진정·탄원·투서 등 서면으로 접수된 신고에 대한 내사
나) 신고내사 : 제1호를 제외한 122신고·방문신고 등 각종 신고에 대한 내사
다) 첩보내사 : 경찰관이 서면으로 작성한 범죄첩보에 대한 내사
라) 비신고내사 : 제1호부터 제3호까지를 제외한 범죄에 관한 정보·풍문 등 진상을 확인할 가치가 있는 사안에 대한 내사

2) 내사의 착수

가) 진정내사는 접수된 서면에 대하여 소속 해양경찰관서의 수사부서의 장의 지휘를 받아 내사에 착수한다.
나) 신고내사는 접수 즉시 신속히 내사에 착수하여야 하고, 신고에 의해 작성된 서류에 대하여 소속 해양경찰관서의 수사부서의 장의 지휘를 받아야 한다.

---

72) (해양경찰청) 내사사건 처리 규칙, [해양경찰청훈령 제52호, 2018. 2. 12., 일부개정.], 해양경찰청(수사과).

다) 첩보내사는 해당 범죄첩보의 사본을 첨부하고 내사할 대상 및 내용, 내사가 필요한 이유 등을 기재한 내사착수보고서를 작성하여 소속 해양경찰관서의 수사부서의 장에게 보고하고 지휘를 받아 내사에 착수한다.

라) 비신고 내사는 다음 각호에 따라 처리한다.

① 내사가 필요하다고 판단되는 경우에는 내사할 대상 및 내용, 내사가 필요한 이유 등을 기재한 내사착수보고서에 의하여 수사부서의 장에게 보고하고 그 지휘를 받아 내사에 착수한다.

② 수사부서의 장은 수사단서로서 내사할 가치가 있다고 판단한 경우 내사 보고를 받지 않고도 소속 경찰관에게 내사를 지휘할 수 있다. 이 경우 내사착수지휘서에 의하여야 한다.

마) 해양경찰관서 수사부서의 장은 내사사건의 특성 등을 파악하여 내사사건을 배당하고 지휘하여야 하며 필요하다고 인정할 경우 해당 해양경찰관서의 장에게 이를 보고하여야 한다.

3) 내사착수의 신중과 이첩

가) 익명 또는 존재하지 않는 사람의 명의의 신고·제보, 진정·탄원 및 투서로 그 내용상 수사단서로서의 가치가 없다고 인정될 때에는 해양경찰관서 수사부서 장의 지휘를 받아 내사하지 아니할 수 있다.

나) 피내사자의 편의(便宜) 및 범죄특성 등을 고려하여 자체 내에서 내사하는 것이 적당하지 않은 경우에는 내사착수 전에 신속한 사건처리가 가능한 해양경찰관서 및 해당기관에 이첩하여야 한다.

4) 내사사건의 등재

가) 내사착수 지휘를 받은 내사사건은 지휘를 받은 후 지체없이 기록표지 상단 중앙부에 접수인을 찍고, 접수번호 등을 기록하는 방법으로 수리하여야 한다.

나) 각 내사사건은 진정인 등 피해자, 피혐의자, 내사할 사항, 착수일시, 처리일시, 처리결과, 담당자, 지휘자 등의 정보를 내사사건부에 기록하여야 한다.

다) 내사사건부는 형사사법정보시스템을 통하여 전자적으로 관리할 수 있다.

(3) 내사의 진행

1) 내사는 임의적인 방법으로 함을 원칙으로 한다.

2) 해양경찰관서 수사부서의 장은 내사사건을 무책임하게 이첩하거나 장기간 방치해서는 아니 된다.
3) 내사기간이 3개월을 초과하는 경우 경찰관은 내사진행상황보고서를 작성하여 소속 해양경찰관서의 장에게 보고하여야 한다.
4) 내사지휘는 내사지휘권이 있는 자가 명시적인 이유를 근거로 구체적으로 하여야 한다. 다음 각 호의 사항에 대해 내사지휘를 할 경우에는 서면으로 하는 것을 원칙으로 한다.
   가) 영장에 의한 압수·수색·검증에 관한 사항
   나) 종결의견에 관한 사항
   다) 사건 이첩에 관한 사항
5) 내사지휘권자가 서면 내사지휘를 할 때에는 내사지휘서를 작성하거나 내사서류의 결재·지휘란에 기재하여야 한다.
6) 특별관리
   내사과정에서 사실확인을 위한 압수·수색·검증, 통신제한조치, 통신사실 확인자료제공 등 법원의 통제를 받는 대물적 강제조치를 실시하는 경우 적법절차에 따라 처리하여야 하며, 남용되지 않도록 유의하여야 한다.

(4) 내사의 종결

1) 수사절차로의 전환

가) 사법경찰관은 내사과정에서 범죄혐의가 있다고 판단될 때에는 내사를 종결하고 범죄인지서를 작성하여 수사를 개시하여야 한다. 이 경우 지체 없이 해양경찰관서장에게 보고하여야 한다.

나) 범죄인지서 작성에 앞서 피의자신문조서를 작성하였거나, 「형사소송법」 제200조의3제1항에 해당하여 긴급체포하였거나, 체포·구속영장을 신청한 경우에는 지체 없이 범죄인지서를 작성한 후 통상의 사건송치 절차에 따라 처리하여야 한다.

2) 내사의 종결

가) 수사절차로 전환하지 않은 내사는 다음 각 호의 기준에 따라 처리한다.
   ① 내사종결 : 혐의없음, 죄가안됨, 공소권없음 등에 해당하여 수사개시의 필요가 없는 경우
   ② 내사중지 : 피혐의자 또는 참고인 등의 소재불명으로 사유해소시까지 내사를 계속할 수 없는 경우

③ 내사병합 : 동일 또는 유사한 내용의 내사사건이거나 경합범으로 다른 사건과 병합처리 할 필요가 있는 경우

④ 내사이첩 : 관할이 없거나 범죄특성 및 병합처리 등을 고려하여 다른 해양경찰관서 및 수사기관에서 내사할 필요가 있는 경우

나) 진정내사 사건이 다음 각 호에 해당하는 경우는 공람종결할 수 있다.

① 3회 이상 반복 진정하여 2회 이상 그 처리결과를 통지한 것과 같은 내용인 경우

② 무기명 또는 가명으로 한 경우

③ 단순한 풍문이나 인신공격적인 내용인 경우

④ 완결된 사건 또는 재판에 불복하는 내용인 경우

⑤ 민사소송 또는 행정소송에 관한 사항인 경우

3) 내사편철 지휘

가) 수사부서의 장은 내사에 착수한 후 6개월 이내에 수사절차로 전환하지 않은 사건에 대해서는 내사편철 지휘를 하여야 한다.

나) 계속 내사가 필요한 경우에는 그 사유를 소명하여 소속 수사부서의 장으로부터 승인을 받아 내사할 수 있다.

4) 기록의 관리

가) 수사개시로 종결된 내사기록은 해당 사건기록에 합쳐 편철한다. 다만, 내사사건 중 일부의 사실만 수사개시 된 경우에는 그 일부만을 사건기록에 합철 편철하고 나머지 일부는 사본하여 내사기록으로 분리하여 보존할 수 있다.

나) 내사종결, 내사중지 처리를 한 내사사건의 기록은 내사사건기록철에 편철하여 보관하며, 내사이첩을 하는 경우에는 사건인계서를 내사사건기록철에 편철한다.

다) 쉽게 하기 위하여 내사사건기록철의 표지 제목 밑 괄호 안에 각각 내사종결, 내사중지, 내사이첩을 표시하여 별도로 관리할 수 있다.

라) 내사병합의 처리를 한 경우에는 병합하는 기록에 합쳐 편철한다.

5) 관계서류 등 제출

가) 내사종결 한 사건 중「검사의 사법경찰관리에 대한 수사지휘 및 사법경찰관리의 수사준칙에 관한 규정」제18조제1항에 규정된 다음 각 호의 어느 하나에 해당하는 행위를 한 사실이 있는 사건에 대해서는 사건기록제출 서식을 작성하여 지체 없이 서류원본과 증거물을 검사에게 제출하여야 한다.

① 피의자신문조서를 작성한 때
② 긴급체포를 한 때
③ 검사에게 체포·구속영장을 신청한 때
④ 사람의 신체, 주거, 관리하는 건조물, 자동차, 선박, 항공기 또는 점유하는 방실(房室)에 대하여 압수·수색·검증영장을 신청한 때

나) 내사종결 한 사건 중 「검사의 사법경찰관리에 대한 수사지휘 및 사법경찰관리의 수사준칙에 관한 규정」 제18조 제2항에 규정된 다음 각 호의 어느 하나에 해당하는 행위를 한 사실이 있는 사건에 대해서는 분기별로 분기의 다음 달 말일까지 형사사법정보시스템에서 내사종결 사건 목록 및 요지를 작성하여 검사에게 제출하여야 한다.

① 압수·수색·검증을 제외한 압수·수색·검증, 통신제한조치, 통신사실확인자료 제공 등 법원으로부터 법 및 다른 법령에 따른 영장 또는 허가서를 발부받아 대물적(對物的) 강제처분을 집행한 때
② 피혐의자를 출석시켜 조사한 때
③ 현행범인을 체포·인수한 때

(5) 제보자의 보호

1) 내사를 처리하면서 내사제보자에 대한 보복 등을 방지하기 위하여 성명, 연령, 주소, 직업, 용모 등에 의하여 내사제보자의 인적사항을 알 수 있는 정도의 사실이나 사진을 제3자에게 제공해서는 아니 된다.
2) 필요한 때에는 내사기록에 내사제보자의 인적사항을 가명으로 기재하고 내사제보자에 관한 사항은 내사기록과 별도로 특별관리 할 수 있다.
3) 서면으로 접수되어 처리되는 진정내사와 내사제보자가 동의한 경우에는 일반적인 수사기록의 관리방식과 같다.
4) 내사제보자에 대한 보호 및 보상에 관한 사항은 「범죄신고자 보호 및 보상에 관한 규칙」을 준용한다.

2 해양경찰 과학수사

[1] 목적

이 규칙[73](과학수사기본규칙 : 훈령)은 과학수사 활동의 구체적인 방법과 절차, 증거물의 관리·보관 등 필요한 사항을 정함으로써 사건 해결과 법정 증거능력 확보 및 국민의 인권 보장에 기여함을 목적으로 한다.

[2] 용어의 정의

1) "과학수사"란, 법의학, 생물학, 화학, 물리학, 독물학, 혈청학 등 자연과학 및 범죄학, 심리학, 사회학, 철학, 논리학 등 사회과학적 지식과 과학기구 및 시설을 이용하는 체계적이며 합리적인 수사를 말한다.
2) "현장감식"이란, 범죄현장에 임하여 현장 및 변사체의 상황과 유류된 여러 자료를 통하여 현장을 재구성하고 증거자료를 수집하는 활동을 말한다.
3) "과학수사요원"이란, 해양경찰청 및 각 해양경찰관서의 과학수사 업무 담당부서에 소속되어 과학수사 관련 증거자료 수집, 분석, 감정 등에 종사하는 사람을 말한다.
4) "과학적범죄분석시스템(SCAS)"이란, 체계적인 범죄분석자료의 관리를 통한 효율적 수사지원을 위하여 범죄 개별항목 등을 입력·분석하고, 현장 데이터·장비·과학수사요원 현황 등을 효율적으로 관리하고자 구축한 전산 시스템을 말한다.
5) "미세증거"란, 범죄현장 또는 사건 관계자의 신체에 유류되어 있는 작은 증거물을 의미하는 용어로, 주로 섬유, 페인트, 유리, 토양, 먼지, 연소 잔류물, 총기발사 잔사, 유류분 등을 말한다.
6) "검시경찰관"이란, 변사자 또는 변사의 의심이 있는 시체 및 그 주변 환경을 종합적으로 조사하여 범죄 관련성을 판단하기 위하여, 과학수사학·생물학·법의학·해부학·병리학·간호학·생리학 등 전문 지식을 갖추고 과학수사 기능에 배치된 변사체 검시요원을 말한다.
7) "증거물 연계성"이란, 과학수사 활동을 통해 획득한 증거물이 법정 증거능력을 확보할 수 있도록 채취부터 감정, 송치까지의 매 단계에서 증거물별 이력이 관리되는 것을 말

73) (해양경찰청) 과학수사기본규칙, [해양경찰청훈령 제130호, 2019. 7. 10., 일부개정], 해양경찰청(수사과).

한다.

8) "증거물보관실"이란, 해양경찰청(수사과), 지방해양경찰청(수사정보과)에서 보관 중인 증거물을 최적의 방법으로 관리할 수 있는 공간을 말한다.

9) "지문감정"이란, 지문의 문형, 특징(점, 단선, 접합, 도형 등) 그 밖에 지문에 나타난 모든 정보를 이용, 분석· 비교· 확인· 검증하여 동일지문 여부를 판정하는 것을 말한다.

10) "지문검색시스템(AFIS)"이란, 주민등록증발급신청서, 외국인지문원지 및 수사자료표를 이미지 형태로 전산입력하여 필요시 단말기에 현출시켜 지문을 열람·대조 확인할 수 있는 시스템을 말한다.

11) "족·윤적 감정"이란, 현장에 유류된 발자국·타이어자국 등 흔적 정보를 족·윤적감정 시스템의 데이터베이스와 비교하여 동일 여부를 판정, 수사 자료로 활용하는 것을 말한다.

12) "디엔에이 감정"이란, 현장에 유류된 타액, 혈흔 등 생체 정보를 디엔에이신원확인정보데이터베이스와 비교하여 동일 여부를 판정, 수사 자료로 활용하는 것을 말한다.

13) "음성분석"이란, 유·무선 통신장비 또는 범죄현장기록 등을 통해 유류된 음성 정보를 용의자의 음성정보와 비교하여 동일 여부를 판정, 수사 자료로 활용하는 것을 말한다.

[3] 과학수사 원칙

1) 과학수사는 연역법, 귀납법 등 추론 기법을 활용한 과학적 방법을 통해 결론을 도출하여야 한다.
2) 과학수사는 선입견이나 편견에 치우침 없이 객관적으로 사실을 확인하여야 한다.
3) 과학수사를 실시할 때에는 세부사항에 유의하는 동시에, 과학수사 결과 획득한 증거자료가 법정에서 증거능력을 갖출 수 있도록 증거물 연계성을 준수하여야 한다.
4) 과학수사요원은 현장감식 및 감정결과 등 수사상 비밀을 누설하여서는 아니 된다.
5) 과학수사요원은 통상적으로 널리 인정되는 과학적 기법과 장비를 활용하여야 한다.
6) 해양경찰청장은 과학수사 활동 시 안전을 위하여 필요한 조치를 강구하여야 한다.

[4] 전문가 활용

해양경찰청 수사과장은 과학수사 기법, 표준업무처리절차 개발 등 선진화를 위하여 분야별 전문가 연구모임을 구성하여 운영할 수 있다. 과학수사 정책 등에 대한 자문을 구하기 위하여 필요한 경우 자문위원회를 구성·운영할 수도 있다.

[5] 현장감식

(1) 현장감식 절차

1) 현장 임장, 보존 및 판단
2) 현장 관찰 및 기록
3) 증거물 검색·수집·채취
4) 감정과 분석
5) 결과보고서 작성

(2) 현장 임장의 원칙

과학수사요원은 다음 각 호의 경우 지체 없이 사건 현장에 임장하여야 한다.

1) 수사본부가 설치되거나 설치될 것이 예상되는 중요 사건
2) 담당 부서에서 과학수사요원의 현장 임장을 요청하는 사건
3) 그 밖에 과학수사요원이 임장할 필요가 있다고 인정되는 사건
   과학수사요원의 현장 임장 시 소속 상관에게 보고하여야 하며, 사건에 따라 비노출 감식이 필요한 경우 사복을 착용할 수 있다. 현장은 과학수사요원 2인 이상이 동시에 임장하여야 한다. 다만, 근무인원 등 상황에 따라 불가피한 경우에는 그러하지 않을 수 있다. 필요시 상급관청 또는 국립과학수사연구원 등 관련기관에 협조를 요청할 수 있다.
4) 초동 경찰관 및 과학수사요원은 현장 임장 시 부상자의 구호가 필요한 때에는 지체 없이 구호 조치를 취하되, 구호 과정에서 현장 훼손을 최소화하여야 한다.

(3) 사건현장 인계인수

1) 현장감식이 필요한 사건 발생 시 과학수사요원은 초동 경찰관으로부터 현장에 대한 종합적인 상황을 인계인수 받아야 한다.
2) 현장이 변경되었거나 훼손된 부분이 있을 경우 과학수사요원은 최초 발견자, 신고자, 구조대원, 초동 조치를 취한 경찰관 등에게 질문하여 전·후 사정을 확인하여야 한다.
3) 초동 경찰관 및 과학수사요원은 범죄현장이 훼손되지 않도록 다음 각 호의 사항에 유의하여야 한다.

가) 경찰통제선 안으로 출입할 필요가 없는 사람의 출입하는 등 현장자료 등이 훼손되지 않도록 한다.
나) 현장접근 시 보호장구 등을 착용하고 현장에 들어간다.
다) 쓰레기를 버리거나 화장실 사용 등 현장을 훼손하는 행위를 하지 않는다.
라) 현장사진 및 동영상을 촬영하고, 촬영 이후에 현장 자료를 채취한다.
마) 그 밖에 수사 과정에서 현장을 훼손할 수 있는 행위를 최소화한다.

(4) 현장 관찰

과학수사요원은 현장 관찰 시「범죄수사규칙」제182조제1항 각 호의 사항을 고려하여야 한다.

(5) 현장 기록

과학수사요원은 범죄현장의 임장부터 현장감식 종료 시까지 활동 사항을 다음 각 호에 따라 시간 순서대로 작성하여야 한다. 다만, 사건의 경중에 따라 작성하는 세부내용은 다를 수 있다.

1) 현장 도착 시각 및 기상상태
2) 현장상황
3) 증거자료 수집 진행 경과
4) 감식종료 시각
5) 그 밖에 특이사항

과학수사요원은 필요한 경우 사건현장을 일목요연하게 표현할 수 있도록 사건현장 주변의 상황, 실측 평면도, 증거물의 위치를 표시하기 위해 부여한 번호표 등으로 현장 상황도를 작성할 수 있다. 현장의 기록·보존을 위해 범죄현장에서 범죄와 관련 있는 사람, 물건, 그 밖의 상황이 포함된 현장을 촬영하여야 한다.

현장사진 등 기록물은 제6조제7호에 따른 현장감식 결과보고서와 함께 과학적범죄 분석시스템(SCAS), 수사지원시스템 등에 입력한다.

(6) 증거물 수집·채취

1) 증거물은 최대한 원형상태를 유지하여 각 증거물의 특성에 맞는 최적의 방법으로 수집·채취한다. 이 때 증거물 연계성 준수를 고려하여야 한다.

2) 과학수사요원이 수집·채취하여야 하는 증거물은 다음 각 호와 같다.
   가) 지문, 혈액, 타액, 정액, 모발 등 개인 식별을 위해 채취되는 생물학적 증거물
   나) 유리, 페인트조각, 토양, 고무, 섬유 등 미세증거물
   다) 족적, 윤적, 공구흔 등 물리학적 증거물
   라) 손상 등 시체에 대한 법의학적 증거물
   마) 사진, 동영상자료 등 영상 증거물
   바) 그 밖에 범죄현장의 재구성을 위하여 필요하다고 인정되는 증거물
3) 과학수사요원은 증거물을 수집·채취할 때에는 증거물이 오염·훼손되지 않도록 하여야 한다.
4) 채취한 증거물은 오염·손상·분실을 방지하기 위하여 봉투·용기·상자 등 증거물의 특성에 맞는 용구를 선택하여 증거물 종류, 채취 일시·장소, 채취자 등을 기재한 후 원형이 훼손되지 않도록 포장한다.

(7) 변사체 검시

1) 사법경찰관 또는 「범죄수사규칙」 제53조제3항에 따라 검시에 참여한 검시경찰관은 변사체를 조사하고 필요한 자료를 채취한다. 이 때 참여한 사법경찰관 또는 검시경찰관은 「범죄수사규칙」 별지 제191호서식에 따른 변사자조사결과보고서를 작성하여 사건 담당 경찰관에게 제공하여야 한다.
2) 사법경찰관 또는 검시경찰관은 변사체 개인식별을 위하여 지문을 채취하며, 부패 등으로 인하여 지문 채취가 곤란할 때에는 디엔에이 감식시료, 치아, 유골 등 자료를 채취하여 국립과학수사연구원 등 공인시험기관 등에 의뢰하여야 한다.
3) 변사사건의 관할은 해양경찰청 훈령 「사건의 관할 및 관할사건수사에 관한 규칙」을 준용 하고, 변사사건 발생지를 「사건의 관할 및 관할사건 수사에 관한 규칙」의 "범죄지"로 본다.

> (해양경찰청) 사건의 관할 및 관할사건수사에 관한 규칙 제5조(사건의 관할)
> ① 사건의 관할은 범죄지, 피의자의 주소·거소 또는 현재지를 관할하는 해양경찰서를 기준으로 한다.
> ② 사건관할이 다른 수개의 사건에 관련된 때에는 1개의 사건에 관하여 관할이 있는 해양경찰관서는 다른 사건까지 병합하여 수사 할 수 있다.

   가) 둘 이상의 변사사건 발생지가 경합하는 경우, 최초 신고를 접수한 변사사건 발생지 관할 해양경찰서에서 변사사건을 처리한다.

나) 변사사건 관할이 없는 해양경찰관서에서 변사사건 신고를 최초로 접수하였을 경우, 관할이 있는 해양경찰서에 이송하여야 한다. 단, 관서 간 협의가 있을 경우 예외로 한다.

다) 실종 등 사유로 신고 접수 또는 수사가 진행된 경우에도, 최초 변사사건 신고를 접수한 변사사건 발생지 관할 해양경찰서에서 변사사건을 처리한다. 다만, 실종 등 수사를 진행한 해양경찰서가 해당 사건을 계속 수사 할 필요가 있어 변사사건 관할 해양경찰서에 이송을 요구할 경우, 관서 간 협의하여 변사사건을 이송 할 수 있다.

라) 지방해양경찰청장 및 해양경찰서장은 관할이 분명하지 아니하여 관할에 의문이 있는 경우에는 해양경찰청 훈령「사건의 관할 및 관할사건 수사에 관한 규칙」제8조 및 제9조를 준용하여 결정한다.

[6] 증거물 관리 및 보관

1) 증거물은 채취부터 감정, 송치 단계까지 증거물 연계성을 준수하여 증거물의 객관적 가치가 훼손되지 않도록 한다.

2) 지문, 족적, 혈흔 등 훼손이나 멸실의 우려가 있는 증거물은 특히 그 보존에 유의하여야 한다.

3) 증거물의 이동, 변경, 파손 등 원상의 변경을 요하는 검증을 하거나 감정을 의뢰할 때에는 반드시 사진이나 동영상을 촬영하는 등 변경 전의 형상을 알 수 있도록 조치를 취하여야 한다.

4) 범죄사건의 증거물로 보관하여야 할 대상은 경찰관 또는 검시경찰관이 현장에서 채취한 제17조의 증거물 중 다음 각 호의 사유로 보관이 필요한 증거물을 말한다.

가) 미해결 사건의 증거물

나) 공소시효가 도래하지 않은 증거물

다) 그 밖에 계속 보관이 필요하다고 판단되는 증거물

5) 증거물은 증거물보관실에서 관리하고, 보관실은 종합적인 관리를 위해 과학수사요원 중에서 정·부책임자를 지정하고, 출입 시 출입자 명부를 작성하여야 한다. 보관실 책임자는 주기적으로 점검을 실시하여 정전, 화재, 보안 사고 방지 등 증거물 보관실 관리에 노력을 기울여야 한다.

[7] 전문 과학수사 기법

(1) 화재감식

1) 과학수사요원은 화재현장에 유류된 증거를 분석하여 발화점, 발화 원인, 확산 과정 및 방화의 경우 방화자 등을 규명하기 위하여 화재감식을 실시할 수 있다.
2) 화재감식은 범죄 관련성을 염두에 두고 과학적인 방법으로 실시하여야 한다.
3) 화재감식은 발화원인 조사를 중점으로 실시하며 필요한 경우 피해발생 원인, 확산 원인 등에 대하여 조사할 수 있다.
4) 화재감식 원인 분석을 위해 기구 및 시설에 대하여 분해검사 및 관련 실험을 실시 할 수 있다.
5) 화재감식 원인 분석을 위해 기구 및 시설에 대하여 분해검사 및 관련 실험을 실시 할 수 있으며, 전문지식과 경험이 필요한 경우 민·관 관련기관에 자문을 요청하거나 감정을 의뢰 할 수 있다. 화재감식을 실시하였을 경우 화재감식 결과보고서를 작성하여 사건 담당 경찰관에게 회보하여야 한다.

(2) 폴리그래프 검사

1) 과학수사요원은 사건과 관련하여 피검사자의 심리상태에 따른 호흡, 혈압 및 맥박, 피부전기저항, 뇌파 등 생체 현상을 측정하여 진술의 진위 여부를 판단하기 위하여 폴리그래프 검사를 실시할 수 있다.
2) 폴리그래프 검사는 피의자 및 중요 수사대상자에 대한 진술의 진위확인 등을 위하여 수사의 지원·보조수단으로 실시한다.
3) 폴리그래프 검사는 외부 소음 그 밖에 자극의 영향이 없고 녹음 및 녹화시설이 갖추어진 장소에서 실시하여야 한다.
4) 폴리그래프 검사는 다음 각 호의 어느 하나에 해당하는 경우에만 실시할 수 있다.
   가) 진술의 진위 확인
   나) 사건의 단서 및 증거 수집
   다) 상반되는 진술의 비교 확인
   라) 진술의 입증
5) 폴리그래프 검사관은 피검사자가 동의할 경우에만 폴리그래프 검사를 실시할 수 있으며, 피검사자가 검사에 부적합하다고 판단되는 경우에는 검사를 하여서는 아니 된다.
6) 폴리그래프 검사를 실시한 경우에는 별지 제3호서식에 따라 폴리그래프 검사 결과서를

작성하여 사건 담당 경찰관에게 회보하여야 한다.

(3) 영상분석

1) 범죄수사와 관련된 CCTV 등 영상물에서 영상보정 작업을 통해 인물, 문자, 물체 등의 식별, 동일인 여부 판별, 그 밖에 범죄수사 단서 제공을 위하여 필요한 사항에 대하여 영상분석을 실시할 수 있다.
2) 영상분석은 영상분석프로그램 등을 이용하고, 별지 제4호서식에 따라 영상분석 결과서를 작성하여 사건 담당 경찰관에게 회보하여야 한다.

[8] 과학수사 감정

(1) 지문 감정

범죄현장 등에서 채취한 지문 또는 신원불상자의 신원확인을 위해 지문 감정이 필요할 경우 해양경찰청 또는 지방해양경찰청 지문감정 담당자에게 의뢰를 할 수 있다. 지문 감정 요청 및 회보 절차는「지문 및 수사자료표 등에 관한 규칙」제16조와 제17조를 준용한다.

(2) 족·윤적 감정

1) 범죄현장에서 채취된 족·윤적에 대해 감정이 필요할 경우 인근 경찰관서에 족·윤적 감정을 의뢰할 수 있다.
2) 해양경찰청장 및 지방해양경찰청장은 족·윤적 감정업무 또는 감정 의뢰시 수집된 신발, 타이어 등 문양자료를 경찰청 소속 업무 담당자에게 전달하여 족·윤적감정시스템에 입력·관리하게 할 수 있다.

(3) 그 밖의 과학수사 감정

해양경찰청 및 각급 해양경찰관서는 수사목적으로 활용하기 위하여 다음 각 호의 증거자료에 대하여 첨단 과학수사 장비를 활용하여 감정을 실시할 수 있다.

1) 디엔에이 증거물
2) 미세증거물
3) 음성분석 자료
4) 수사 지원을 위한 그 밖의 증거자료

3 해양경찰 범죄수사규칙

[1] 총칙

(1) 수사의 기본원칙

1) 목적

이 규칙[74]은 경찰공무원이 범죄를 수사할 때에 지켜야 할 마음가짐, 수사의 방법과 절차 그 밖에 수사에 관하여 필요한 사항을 정함으로써 수사사무의 적정한 운영을 기함을 목적으로 한다.

2) 인권 보호

① 경찰관이 수사를 할 때에는 개인의 인권을 존중하고 신속·공정·성실하게 하여야 한다.
② 경찰관은 피의자, 피해자 등 사건관계인(이하 "사건관계인"이라 한다)에게 반말·폭언·강압적인 말투·비하하는 언어 등을 사용하거나 모욕감 또는 수치심을 유발하는 언행을 하여서는 아니 된다.
③ 경찰관이 수사를 할 때에는 사건 관계인의 명예를 훼손하지 않도록 주의하여야 한다.

3) 합리적인 수사

경찰관이 수사를 할 때에는「형사소송법」등 관계 법령과 규칙을 준수하여야 한다. 그리고 기초수사를 철저히 하여 모든 증거의 발견수집에 힘써야 하며 과학수사기법과 지식·기술·자료를 충분히 활용하여 수사를 합리적으로 진행하여야 한다. 또한 상사의 지시명령을 성실히 수행하고 경찰관 상호 협력하여야 한다.

4) 임의수사

경찰관이 수사를 할 때에는 임의수사가 원칙이고, 경찰관이 임의수사를 위해서 상대방의 승낙을 구할 때에는 승낙을 강요하거나 강요의 의심을 받을 염려가 있는 태도나 방법을 취하여서는 아니 된다.

5) 비밀의 준수

경찰관은 수사를 하면서 알게 된 사건관계인의 관련 비밀을 엄수하여야 한다.

---

74) (해양경찰청) 범죄수사규칙, [해양경찰청훈령 제130호, 2019. 7. 10., 일부개정], 해양경찰청(수사과).

6) 제척의 원인

경찰관은 다음 각 호의 경우에 수사직무(조사 등 직접적인 수사 및 수사지휘 포함)의 집행에서 제척된다.

① 경찰관 본인이 피해자인 때

② 경찰관 본인이 피의자나 피해자의 친족이거나 친족관계가 있었던 자인 때

③ 경찰관 본인이 피의자나 피해자의 법정대리인이나 후견감독인인 때

피의자, 피해자, 변호인은 다음 각 호의 경우에 해당 경찰관의 기피를 신청할 수 있다.

① 경찰관이 전조 각 호의(제척) 사유에 해당되는 때

② 경찰관이 사건 청탁, 인권 침해, 방어권 침해, 사건 방치 등 불공정한 수사를 할 염려가 있다고 볼만한 객관적·구체적 사정이 있는 때

기피 신청을 하려는 사람은 기피 신청을 한 날로부터 3일 이내에 기피 사유를 서면으로 소명하여야 한다. 기피 신청은 해양경찰관서에 접수된 고소, 고발, 진정, 탄원 및 신고(단, 접수 시 당사자가 특정된 사건에 한정한다) 사건에 한하여 신청할 수 있다. 이 경우 검찰에 접수되어 경찰에 수사의뢰한 사건도 신청할 수 있다.

(2) 수사의 조직

1) 수사의 조직적 운영

경찰관이 수사를 함에는 경찰관 상호 간의 긴밀한 협력과 적정한 통제를 도모하고, 수사담당부서 이외의 다른 수사부서나 그밖의 관계있는 다른 해양경찰관서와 유기적으로 긴밀히 연락하여, 경찰의 조직적 기능을 최고도로 발휘할 수 있도록 유의하여야 한다. 해양경찰청장은 해양경찰청 소속 국가경찰의 수사에 관한 사무를 총괄하고 지휘·감독하며, 해양경찰청의 수사업무를 관장한다.

해양경찰청장은 다음 각 호의 사항을 제외한 일반적인 사건수사에 대한 지휘는 지방해양경찰청장에게 위임할 수 있다.

① 수사관할이 수개의 지방해양경찰청에 속하는 사건

② 고위공직자 또는 경찰관이 연루된 비위 사건으로 해당관서에서 수사하게 되면 수사의 공정성이 의심받을 우려가 있는 경우

③ 해양경찰청장이 수사본부 또는 특별수사본부를 설치하여 지정하는 사건

④ 그 밖에 사회적 이목이 집중되거나, 파장이 큰 사건으로 해양경찰청장이 특별히 지정하는 사건

지방해양경찰청장은 합리적이고 공정한 수사를 위하여 소속 공무원 및 소속 해양경찰관서의 범죄수사에 대하여 전반적인 지휘·감독을 하며, 체계적인 수사 인력·장비·시설·예산 운영 및 지도·교양 등을 통해 그 책임을 다하여야 하고, 해양경찰서장도 해당 해양경찰서 관내의 범죄수사에 대하여 지휘·감독을 하며, 합리적이고 공정한 수사를 위하여 그 책임을 다하여야 한다.

2) 수사간부

범죄수사를 담당하는 해양경찰관서의 수사간부는 소속 해양경찰관서장을 보좌하고 그 명에 의하여 범죄수사의 지휘·감독을 하여야 한다.

3) 수사지휘

① 명시적인 이유를 근거로 구체적으로 수사지휘를 하여 그 책임을 명백히 하여야 한다.
② 지방해양경찰청장이 지휘할 사건은 사건의 경중, 사건관할해양경찰서의 수사 인력 등을 종합적으로 검토하여 수사본부 운영 등 수사체제 중 하나를 지정하여야 한다.
③ 해양경찰서장이 지휘할 사건은 지방해양경찰청장이 해양경찰서장에게 그 지휘를 위임한 사건과 경미한 사건으로 한다. 지방해양경찰청장은 해양경찰서장에게 수사를 위임한 사건에 대하여는 원칙적으로 관여하여서는 아니 된다. 다만, 최초에 지방해양경찰청장의 수사지휘대상이 아니었더라도 수사 진행과정에서 새롭게 중요사항이 발견되거나 사회적 이목이 집중되는 하는 때에는 지방해양경찰청장은 수사체제를 다시 지정하여 지휘할 수 있다.

4) 수사에 관한 보고

① 경찰관은 범죄와 관계가 있다고 인정되는 사항과 그 밖의 수사상 참고가 될 만한 사항을 인지한 때에는 서식을 작성하여 신속히 상관에게 보고하여야 한다.
② 해양경찰서장은 관할구역 내에서 수사지휘 대상 중요사건이 발생하였거나 범인을 검거하였을 때에는 절차 및 방법에 따라 지방해양경찰청장에게 신속히 보고하여야 한다.

5) 해양경찰관서 내 이의제기

① 경찰관은 구체적 수사와 관련된 상관의 지휘·감독의 적법성 또는 정당성에 이견이 있는 경우에는 해당 상관에게 이의를 제기할 수 있다.

② 이의제기를 받은 상관은 신속하게 이의제기에 대해 검토한 후 그 사유를 적시하여 재지휘를 하여야 한다.

③ 해양경찰서장은 지방해양경찰청장의 구체적 수사와 관련된 지휘·감독의 적법성 또는 정당성에 이견이 있는 경우에는 직권 또는 소속 경찰관의 이의제기 신청을 받아 지방해양경찰청장에게 이의를 제기할 수 있다. 지방해양경찰청장은 이의제기에 대하여 신속하게 수사이의심사위원회의 의견을 들어 판단한 후 그 사유를 적시하여 지휘하여야 한다.

6) 수사본부

① 해양경찰청장 또는 지방해양경찰청장은 살인 등 중요사건이 발생하여 종합적인 수사를 통하여 해결할 필요가 있다고 인정할 때에는 수사본부를 설치할 수 있다.

② 해양경찰청장은 경찰고위직의 내부비리사건, 사회적 관심이 집중되고 공정성이 특별하게 중시되는 사건에 대하여는 그 직무에 관하여 해양경찰청장 등 상급자의 지휘·감독을 받지 않고 독자적 수사가 가능한 "특별수사본부"를 설치·운용할 수 있다.

③ 해양경찰청장 또는 지방해양경찰청장은 국가기관간 공조수사가 필요한 경우에 관계기관과 "합동수사본부"를 설치·운용할 수 있다.

④ 해양경찰청장은 각 지방해양경찰청의 수사본부의 수사활동을 지휘통제, 조정 및 감독하기 위하여 "종합수사지휘본부"를 설치·운영할 수 있으며, 종합수사지휘본부의 설치대상, 구성 및 운영 등에 관한 사항은 따로 정한다.

(3) 특별사법경찰관리와의 관계

1) 공조의 원칙

경찰관은 수사를 위하여 필요한 경우에는 「형사소송법」 제197조의 규정에 따라 다른 법령에서 정한 사법경찰관리의 직무를 행할 자(이하 "특별사법경찰관리"라 한다)와 공조를 하여야 한다.

2) 직접 수사하는 경우

경찰관은 특별사법경찰관리의 직무범위에 속하는 범죄를 먼저 알게 되어 직접 수사하고자 할 때에는 해양경찰관서장의 지휘를 받아 수사하여야 한다. 이 경우에는 해당 특별사법경찰관리와 긴밀히 협조하여야 한다.

3) 이송하는 경우

경찰관은 특별사법경찰관리에게 사건을 인계하고자 할 때에는 필요한 조치를 한 후 관련 수사자료와 함께 신속하게 인계하여야 한다. 인계를 받았을 경우에는 ① 경찰관은 특별사법경찰관리가 그 직무범위에 해당하는 범죄를 경찰관이 수사 중인 다른 사건과 관련된다는 등의 이유로 인계하려 하는 경우에는 사건을 인수하여 수사하여야 하며, 수사를 종결한 후에는 수사결과를 통보하여야 한다. ② 제1항의 경우에 있어서 필요한 때에는 해당 특별사법경찰관리에게 증거물의 인도 그 밖의 수사를 위한 협력을 요구하여야 한다.

4) 수사가 경합되는 경우

특별사법경찰관리의 직무범위에 해당하는 범죄를 수사 중인 경찰관은 해당 사건 수사가 특별사법경찰관리가 행하는 수사와 경합될 때에는 해양경찰관서장의 지휘를 받아 해당 특별사법경찰관리와 그 수사에 관하여 필요한 사항을 협의하여야 한다.

(4) 수사서류

1) 수사서류의 작성

경찰관이 수사서류를 작성할 때에는 다음 각 호의 사항에 주의하여야 한다.

① 일상용어로 평이한 문구를 사용

② 복잡한 사항은 항목을 나누어 기재

③ 사투리, 약어, 은어 등을 사용하는 경우에는 그대로 기재한 다음에 괄호를 하고 적당한 설명을 붙임

④ 외국어 또는 학술용어에는 그 다음에 괄호를 하고 간단한 설명을 붙임

⑤ 지명, 인명 등으로서 읽기 어려울 때 또는 특이한 칭호가 있을 때에는 그 다음에 괄호를 하고 음을 기재

2) 형사사법정보시스템의 이용

경찰관은 「형사사법절차 전자화 촉진법」 제2조제1호에서 정한 형사사법업무와 관련된 문서를 작성할 경우 형사사법정보시스템을 이용하여야 하며, 작성한 문서는 형사사법정보시스템에 저장·보관하여야 한다. 다만, 형사사법정보시스템을 이용하는 것이 곤란한 다음 각 호의 문서의 경우에는 예외로 한다.

① 피의자, 피해자, 참고인 등 사건관계인이 직접 작성하는 문서

② 형사사법정보시스템에 작성 기능이 구현되어 있지 아니한 문서

③ 형사사법정보시스템을 이용할 수 없는 시간 또는 장소에서 불가피하게 작성해야 하거나 형사사법정보시스템 장애 또는 전산망 오류 등으로 형사사법정보시스템을 이용할 수 없는 상황에서 불가피하게 작성해야 하는 문서

3) 기명날인 또는 서명 등

① 수사서류에는 작성년월일, 소속관서와 계급을 기재하고 기명날인 또는 서명하여야 한다.

② 날인은 문자 등 형태를 알아볼 수 있도록 하여야 한다.

③ 수사서류에는 매장마다 간인한다.

④ 수사서류의 여백이나 공백에는 사선을 긋고 날인한다.

⑤ 피의자 신문조서와 진술조서는 진술자로 하여금 간인한 후 기명날인 또는 서명하게 한다. 다만, 진술자가 기명날인 또는 서명을 할 수 없거나 이를 거부할 경우, 그 사유를 조서말미에 기재하여야 한다.

⑥ 인장이 없으면 날인 대신 무인하게 할 수 있다.

4) 문자의 삽입·삭제

경찰관은 수사서류를 작성할 때에는 임의로 문자를 고쳐서는 아니 되며, 다음 각호와 같이 고친 내용을 알 수 있도록 하여야 한다.

① 문자를 삭제할 때에는 삭제할 문자에 두 줄의 선을 긋고 날인하며 그 왼쪽 여백에 "몇 자 삭제"라고 기재하되 삭제한 부분을 해독할 수 있도록 자체를 존치하여야 함

② 문자를 삽입할 때에는 그 개소를 명시하여 행의 상부에 삽입할 문자를 기입하고 그 부분에 날인하여야 하며 그 왼쪽 여백에 "몇 자 추가"라고 기재

③ 1행중에 2개소 이상 문자를 삭제 또는 삽입하였을 때에는 각 자수를 합하여 "몇 자 삭제" 또는 "몇 자 추가"라고 기재

④ 여백에 기재할 때에는 기재한 곳에 날인하고 그 난외에 "몇 자 추가"라고 기재

피의자 신문조서나 진술조서인 경우 문자를 삽입 또는 삭제하였을 때에는 난외에 "몇 자 추가" 또는 "몇 자 삭제"라고 기재하고 그 곳에 진술자로 하여금 날인 또는 무인하게 하여야 한다. 진술자가 외국인인 때에는 그 날인을 생략할 수 있다.

5) 서류의 접수

경찰관은 수사서류를 접수하였을 때에는 즉시 여백 또는 그 밖의 적당한 개소에 접수 연월일을 기입하고 특히 필요하다고 인정되는 서류에 대하여는 접수 시각을 기입해 두어야 한다.

[2] 내사 및 수사의 개시

(1) 범죄의 내사

경찰관은 범죄에 관한 신문, 출판물, 방송, 인터넷, 익명의 신고, 풍설 등이 있어 내사가 필요한 때에는 수사부서장의 지휘를 받아 내사하여야 한다. 내사의 착수 및 종결에 관한 사항은 따로 정한다.

(2) 피해신고의 접수 및 처리

1) 경찰관은 범죄로 인한 피해신고가 있는 경우에는 관할구역 여부를 불문하고 이를 접수하여야 한다. 피해신고 중 범죄에 의한 것이 아님이 명백한 경우 피해자 구호 등 필요한 조치를 행한 후 범죄인지는 하지 않는다.
2) 경찰관은 신고가 구술에 의한 것일 때에는 신고자에게 피해신고서 또는 진술서를 작성하게 하여야 한다. 이 경우 신고자가 피해신고서 또는 진술서에 그 내용을 충분히 기재하지 않았거나 기재할 수 없을 때에는 진술조서를 작성하여야 한다.
3) 경찰관은 접수된 피해신고가 제2조(관할)의 규정에 따라 계속 수사가 어려운 경우에는 필요한 조치를 완료한 후 지체 없이 책임수사가 가능한 관서로 인계하여야 한다.

(3) 변사자의 검시

1) 변사자의 검시

① 경찰관은 변사자 또는 변사로 의심되는 시체를 발견하거나 시체가 있다는 신고를 받았을 때에는 즉시 관할 해양경찰서장에게 보고하여야 한다.

② 사법경찰관은 「형사소송법」 제222조의 규정에 따른 검시가 이루어질 수 있도록 즉시 관할 지방검찰청 또는 지청의 검사에게 발견일시·장소와 발견자의 주거, 직업, 성명, 연령, 발견경위, 발견자의 신고일시, 변사자의 주거, 직업, 성명, 연령, 성별(판명되지 않을 때에는 인상, 체격, 추정 연령, 특징, 착의 등), 사망의 추정년월일시, 사인(특히 범죄행위에 기인 여부), 시체의 상황, 소지금품 등 증거품 및 참고사항, 의견 등 사항을 보고하여 지휘를 받아야 한다.

③ 사법경찰관은 검사로부터 「형사소송법」 제222조제3항의 규정에 따른 처분 지휘를 받았을 때에는 직접 검시하여야 한다. 의사를 참여시켜 시체를 검시하고 즉시 그 결과를 해양경찰서장과 검사에게 보고하여야 하며, 사법경찰관이 검시를 할 때에는 검시 관련

공무원을 참여시킬 수 있다. 이때 검시에 참여한 검시관은 변사자조사결과보고서를 작성하여야 한다.

④ 경찰관은 검시에 특별한 지장이 없다고 인정하면 변사자의 가족·친족·이웃사람·친구, 시·군·구·읍·면·동의 공무원 그 밖에 필요하다고 인정하는 자를 참여시켜야 한다.

⑤ 사법경찰관은 변사자에 관하여 검시, 검증, 해부, 조사 등을 하였을 때에는 특히 인상·전신의 형상·착의 그 밖의 특징 있는 소지품의 촬영, 지문의 채취 등을 하여 사후의 수사 또는 신원조사에 지장을 초래하지 않도록 하여야 한다.

⑥ 사법경찰관은 검시를 한 경우에 사망이 범죄에 기인한 것으로 인정될 때에는 즉시 소속 해양경찰서장에게 보고하는 동시에 수사를 개시하여야 한다.

2) 시체의 인도

사법경찰관은 변사체를 검시한 결과 사망의 원인이 범죄로 인한 것이 아니라는 점이 명백히 인정되었을 때에는 검사의 지휘를 받아 소지품 등과 같이 시체를 신속히 유족 등에게 인도하여야 한다. 다만, 시체를 인수할 자가 없거나, 그 신원이 판명되지 않은 때에는 시체가 현존하는 지역의 시장, 군수, 구청장에게 인도하여야 한다. 변사체는 후일을 위하여 매장함을 원칙으로 한다.

(4) 범죄인지

경찰관은 범죄의 혐의가 있다고 판단될 때에는 수사에 착수하여야 하고, 범죄의 경중과 정상, 범인의 성격, 사건의 파급성과 모방성, 수사의 완급 등 제반 사정을 고려하여 수사의 시기 또는 방법을 신중하게 결정하여야 한다. 사법경찰관은 수사를 개시할 때에는 범죄인지서를 작성하여 소속 해양경찰관서장에게 보고하여야 한다.

(5) 고소·고발·자수 사건

1) 고소·고발의 접수

경찰관은 고소·고발이 있는 때에는 이를 접수하되, 다음 각호의 하나에 해당되는 경우에는 수리하지 않고 반려할 수 있다.

① 고소·고발사실이 범죄를 구성하지 않을 경우

② 공소시효가 완성된 사건

③ 동일한 사안에 대하여 이미 법원의 판결이나 수사기관의 처분이 존재하여 다시 수사할 가치가 없다고 인정되는 사건. 다만, 고소·고발인이 새로운 증거가 발견된 사실을 소명

한 때에는 예외로 함

④ 피의자가 사망하였거나 피의자인 법인이 존속하지 않게 되었음에도 고소·고발된 사건

⑤ 반의사불벌죄의 경우, 처벌을 희망하지 않는 의사표시가 있거나 처벌을 희망하는 의사가 철회되었음에도 고소·고발된 사건

⑥「형사소송법」제223조의 규정에 의해 고소 권한이 없는 자가 고소한 사건

⑦「형사소송법」제224조, 제232조, 제235조에 의한 고소 제한규정에 위반하여 고소·고발된 사건

반려시 그 사유와 이의를 제기할 수 있음을 고지하여야 하고, 이의제기가 있는 경우, 심의위원회를 개최하여 수리여부를 결정할 수 있다. 고소·고발은 관할여부를 불문하고 접수하여야 한다. 단,「사건의 관할 및 관할사건수사에 관한 규칙」제5조에 규정된 관할권이 없어 계속 수사가 어려운 경우에는 제209조에 따라 책임수사가 가능한 관서로 인계하여야 한다.

2) 고소·고발인 진술조서

경찰관은 구술에 의한 고소·고발을 받았을 때에는 진술조서를 작성해야 하며, 또한 서면에 의한 고소·고발을 받았을 때에는 그 취지가 불분명할 경우 고소·고발인에게 보충서면을 제출하게 하거나 진술조서를 작성하여야 한다.

3) 자수

경찰관은 자수사건을 수사할 때에는 해당 범죄사실이나 자수인이 범인으로서 이미 발각되어 있었던 것인지 여부와 진범인이나 자기의 다른 범죄를 숨기기 위해서 해당 사건만을 자수하는 것인지 여부를 주의하여야 한다.

4) 고소의 대리 등

① 경찰관은「형사소송법」제236조의 규정에 따라 피해자로부터 위임을 받은 대리인으로부터 고소를 수리할 때에는 위임장을 제출하게 하여야 한다.

② 경찰관은 피해자 이외의 고소권자로부터 고소를 수리할 때에는 그 자격을 증명하는 서면을 제출하게 하여야 한다.

③ 고소권자의 위임에 따른 대리인으로부터 고소를 수리할 때에는 서면을 함께 제출하게 하여야 한다.

5) 고소·고발 수리시 주의사항

① 경찰관은 고소사건을 수사할 때에는 고소권의 유무, 자기 또는 배우자의 직계존속에

대한 고소 여부, 친고죄에 있어서는 「형사소송법」 제230조 소정의 고소기간의 경과여부, 피해자의 명시한 의사에 반하여 죄를 논할 수 없는 사건에 있어서는 처벌을 희망하는가의 여부를 각각 조사하여야 한다.

② 경찰관은 고발사건을 수사할 때에는 자기 또는 배우자의 직계존속에 대한 고발인지 여부, 관세법·조세범처벌법 등 고발이 소송조건인 범죄에 있어서는 고발권자의 고발이 있는지 여부 등을 조사하여야 한다.

6) 고소·고발사건의 수사

경찰관은 고소·고발을 수리하였을 때에는 즉시 수사에 착수하여야 하고, 범죄를 수사할 때에는 다음 각호의 사항에 주의하여야 한다.

① 무고, 중상을 목적으로 하는 허위 또는 현저하게 과장된 사실의 유무

② 해당 사건의 범죄사실 이외의 범죄 유무

고소·고발 사건은 접수한 날로부터 2개월 이내에 수사를 완료하여야 한다. 기간 내에 수사를 완료하지 못하였을 때에는 그 이유를 소속 해양경찰관서장에게 보고하고 검사에게 수사기일 연장지휘를 건의하여야 한다.

7) 친고죄의 긴급수사착수

경찰관은 친고죄에 해당하는 범죄가 있음을 인지한 경우에 즉시 수사를 하지 않으면 증거수집 등 그 밖의 사후 수사가 현저히 곤란하게 될 우려가 있다고 인정될 때에는 고소권자의 고소가 제출되기 전에도 수사할 수 있다. 다만, 고소권자의 명시한 의사에 반하여 수사할 수 없다.

8) 고소 취소 등에 따른 조치

① 경찰관은 고소·고발의 취소가 있을 때에는 그 사유를 명백히 조사하여야 한다.

② 피해자의 명시한 의사에 반하여 죄를 논할 수 없는 범죄에 관하여 처벌을 희망하는 의사표시의 철회가 있을 때에도 전항과 같다.

③ 경찰관은 친고죄에 해당하는 사건을 송치한 후 고소인으로부터 그 고소의 취소를 수리하였을 때에는 즉시 필요한 서류를 작성하여 검사에게 송부하여야 한다.

9) 범칙사건의 고발

경찰관은 범칙사건에 관하여 세무공무원 등으로부터 고발을 받았을 때에는 즉시 수사를 하여야 하며 항상 해당 공무원과 긴밀한 연락을 취하여야 한다.

경찰관은 범칙사건에 관하여 즉시 수사를 하지 않으면 증거의 수집 그 밖의 사후에 있어서의 수사가 현저히 곤란하게 될 우려가 있다고 인정될 때에는 세무공무원 등의 고발이 제출되기 전이라도 수사하여 그 결과를 해당 공무원에게 통지하여야 한다.

〈범칙사건〉
각종 형벌법규에 의하여 권한 있는 공무원의 범칙조사대상이 되는 사건을 말한다. 형사소송법에 의한 수사의 대상이 되는 사건을 형사사건이라 하며, 조세범처벌절차법에 의하여 세무공무원의 범칙조사의 대상이 되는 사건을 조세범칙사건, 관세법의 규정에 의하여 관세공무원의 법칙조사의 대상이 되는 사건을 관세범칙사건이라고 한다.

[3] 임의수사

(1) 출석요구와 임의동행

1) 출석요구의 방법

① 경찰관은 피의자 또는 참고인 등에 대하여 출석을 요구할 때에는 사법경찰관 명의로 출석요구서를 발부하여야 한다. 이 경우 출석요구서에는 출석요구의 취지를 명백하게 기재하여야 한다. 신속한 출석요구를 위하여 필요한 경우에는 전화·팩시밀리·전자우편·문자메시지(SMS) 전송 그 밖에 적당한 방법으로 출석요구를 할 수 있다.

② 출석한 피의자 또는 참고인에 대하여는 지체 없이 진술을 들어야 하며 장시간 기다리게 하는 일이 없도록 하여야 한다.

2) 임의동행

경찰관은 임의동행을 요구하는 경우 상대방에게 동행을 거부할 수 있는 권리가 있으며 동행에 동의한 경우라 하더라도 언제든지 자유로이 동행과정에서 이탈 또는 동행한 장소에서 퇴거할 수 있음을 고지하여야 한다.

(2) 피의자신문 및 피의자 아닌 자에 대한 조사

1) 임의성의 확보

① 경찰관은 조사를 할 때에는 고문, 폭행, 협박, 신체구속의 부당한 장기화 그 밖에 진술의 임의성에 관하여 의심받을 만한 방법을 취하여서는 아니되고, 희망하는 진술을 상대자에게 시사하는 등의 방법으로 진술을 유도하거나 진술의 대가로 이익을 제공할 것을 약속하거나 그 밖에 진술의 진실성을 잃게 할 염려가 있는 방법을 취하여서는 안

된다.

② 경찰관은 조사를 할 때에는 소속 해양경찰관서 사무실에서 하여야 하며 부득이한 사유로 그 이외의 장소에서 할 경우에는 소속 해양경찰관서장의 사전 승인을 받아야 한다.

2) 심야조사 금지

경찰관은 원칙적으로 심야조사를 하지 않아야 한다. 이 경우 심야는 자정부터 오전 6시까지를 말한다. 다음 각 호의 어느 하나에 해당하는 경우에는 예외적으로 심야조사를 할 수 있으나 이 경우 심야조사의 사유를 조서에 명확히 기재하여야 한다.

① 심야에 조사하지 않으면 피의자 석방을 불필요하게 지연시킬 수 있는 경우
② 사건의 성질상 심야조사를 하지 않으면 공범자의 검거 및 증거수집에 어려움이 있거나 타인의 신체, 재산에 급박한 위해가 발생할 우려가 있는 경우
③ 피의자를 체포한 후 48시간 이내에 구속영장을 신청하기 위해 불가피한 경우
④ 공소시효가 임박한 경우
⑤ 그 밖의 사유로 피의자·피해자 등 조사 대상자 또는 그 변호인의 요청이 있는 경우

경찰관은 조사가 장시간 연속되는 경우에는 특별한 사정이 없는 한 조사 도중에 최소한 2시간마다 10분 이상의 휴식시간을 주어 피의자가 피로를 회복할 수 있도록 노력하여야 하고, 조사 도중에 휴식시간을 요청하는 때에는 조사에 소요된 시간, 피의자의 건강상태 등을 고려하여 적정하다고 판단될 경우 휴식시간을 부여할 수 있다. 피의자의 건강상태에 이상 징후가 발견되면 의사의 진료를 받게 하거나 휴식을 취하게 하는 등 필요한 조치를 취하여야 한다.

3) 진술 거부권 등의 고지

경찰관은 피의자를 조사할 때에는 미리 다음 각 호의 사항을 알려주어야 한다.

① 일체의 진술을 하지 아니하거나 개개의 질문에 대하여 진술을 하지 아니할 수 있다는 것
② 진술을 하지 않더라도 불이익을 받지 아니한다는 것
③ 진술을 거부할 권리를 포기하고 행한 진술은 법정에서 유죄의 증거로 사용될 수 있다는 것
④ 신문을 받을 때에는 변호인을 참여하게 하는 등 변호인의 조력을 받을 수 있다는 것

경찰관은 피의자가 진술을 거부할 권리와 변호인의 조력을 받을 권리를 행사할 것인지의

여부를 질문하고, 이에 대한 피의자의 답변을 조서에 기재하여야 한다. 이 경우 피의자의 답변은 피의자로 하여금 자필로 기재하게 하거나 경찰관이 답변을 기재한 부분에 기명날인 또는 서명하게 하여야 한다.

4) 피의자의 신뢰관계자 동석

「형사소송법」 제244조의5 규정에 따라 피의자와 동석할 수 있는 신뢰관계에 있는 자는 피의자의 직계친족, 형제자매, 배우자, 가족, 동거인, 보호시설 또는 교육시설의 보호 또는 교육담당자 등 피의자의 심리적 안정과 원활한 의사소통에 도움을 줄 수 있는 자를 말한다. 사법경찰관은 수사기밀 누설이나 신문방해 등을 통해 수사에 부당한 지장을 초래할 우려가 있다고 인정할 만한 상당한 이유가 존재하는 때에는 동석을 거부할 수 있다.

5) 공범자의 조사

경찰관은 공범자에 대한 조사를 할 때에는 분리조사를 원칙으로 하여 범행은폐 등 통모를 방지하여야 하며, 필요시에는 대질신문 등을 할 수 있다. 대질신문을 하는 경우에는 그 시기와 방법에 주의하여 한쪽이 다른 한쪽의 위압을 받는 등의 일이 없도록 하여야 한다.

(3) 영상녹화

경찰관은 피의자 또는 피의자 아닌 자의 조서를 작성하는 때에는 그 조사 과정을 영상녹화할 수 있다. 영상녹화는 조사실 전체를 확인할 수 있고 조사받는 사람의 얼굴과 음성을 식별할 수 있도록 하여야 하며, 조사과정을 영상녹화할 때에는 그 조사의 시작부터 조서에 기명날인 또는 서명을 마치는 시점까지의 모든 과정을 영상녹화 하여야 한다.

[4] 체포 및 구속

(1) 영장에 의한 체포

1) 사법경찰관은 체포영장을 신청하는 때에는 지명수배 전산망의 조회를 통해 현재 수사중인 다른 범죄 사실에 관하여 그 피의자에 대하여 발부된 유효한 체포영장이 있는지 여부를 확인하여 해당사항이 있는 경우에는 별지 제39호 서식의 체포영장신청서에 그 사실을 기재하여야 한다.
2) 사법경찰관은 체포영장을 신청할 경우에는 별지 제40호 서식의 체포영장신청부에 필요한 사항을 기재하여야 한다.
3) 사법경찰관은 체포영장에 따라 피의자를 체포한 경우에는 체포·구속영장 집행원부에

그 내용을 등재하여야 한다.

(2) 긴급체포

1) 사법경찰관은 피의자가 사형·무기 또는 장기 3년 이상의 징역이나 금고에 해당하는 죄를 범하였다고 의심할 만한 상당한 이유가 있고 다음 각 호의 어느 하나에 해당하는 사유가 있으면서 긴급을 요하여 체포영장을 받을 수 없는 때에는 그 사유를 알리고 영장 없이 피의자를 체포할 수 있다.
   ① 피의자가 증거를 인멸할 염려가 있는 때
   ② 피의자가 도망하거나 도망할 우려가 있는 때
2) 긴급을 요한다고 함은 피의자를 우연히 발견한 경우 등과 같이 체포영장을 받을 시간적 여유가 없는 때를 말하며 피의자의 연령, 경력, 범죄성향이나 범죄의 경중, 태양, 그밖의 제반사항을 고려하여 인권침해가 없도록 하여야 한다.
3) 긴급체포를 하였을 때에는 즉시 긴급체포서를 작성하고, 긴급체포원부에 등재하여야 한다.
4) 사법경찰관은 긴급체포 후 12시간 내에 관할지방검찰청 또는 지청의 검사에게 긴급체포승인건의를 하여야 한다. 다만, 기소중지된 피의자를 해당 수사관서가 위치하는 특별시, 광역시, 도 또는 특별자치도 이외의 지역에서 긴급체포한 경우에는 24시간 내에 긴급체포승인건의를 할 수 있다.
5) 긴급체포승인건의는 긴급체포 승인 건의서로 하여야 한다. 다만, 급속을 요하는 경우에는 긴급체포한 사유와 체포를 계속하여야 할 사유를 상세히 기재하여 팩시밀리 또는 형사사법정보시스템을 이용하여 긴급체포승인건의를 할 수 있다.
6) 긴급체포한 피의자를 석방한 때에는 긴급체포원부에 석방일시 및 석방사유를 적어야 한다.
7) 사법경찰관은 긴급체포 후 석방된 자 또는 그 변호인·법정대리인·배우자·직계친족·형제자매로부터 통지서 및 관련 서류의 열람·등사 요청이 있는 경우 이에 응하여야 한다.

(3) 현행범인의 체포

1) 현행범인을 체포하였을 때에는 체포의 경위를 상세히 기재한 별지 제46호 서식의 현행범인체포서를 작성하여야 한다.
2) 경찰관은 현행범인을 인도받은 때에는 체포자로부터 성명, 주민등록번호(외국인인 경

우에는 외국인등록번호, 위 번호들이 없거나 이를 알 수 없는 경우에는 생년월일 및 성별, 이하 '주민등록번호등'이라 한다), 주거, 직업, 체포일시·장소 및 체포의 사유를 청취하여 별지 제47호 서식의 현행범인인수서를 작성하여야 한다.

3) 현행범인인 때에는 범행과의 시간적 접착성과 범행의 명백성이 인정되는 상황을, 준현행범인인 때에는 범행과의 관련성이 강하게 인정되는 상황을 현행범인체포서 또는 인수서에 구체적으로 기재하여야 한다.

4) 경찰관은 현행범인을 체포하거나 인도받은 경우에는 현행범인체포원부에 필요한 사항을 등재하여야 한다.

5) 경찰관이 다른 해양경찰관서의 관할구역 내에서 현행범인을 체포하였을 때에는 체포지를 관할하는 해양경찰관서에 인도하는 것을 원칙으로 한다.

(4) 구속영장 신청

1) 사법경찰관은 피의자가 죄를 범하였다고 의심할 만한 이유가 있고 다음 각호의 하나에 해당하는 사유가 있는 경우에는 구속영장을 신청할 수 있다.
   ① 피의자가 일정한 주거가 없는 때
   ② 피의자가 증거를 인멸할 염려가 있는 때
   ③ 피의자가 도망하거나 도망할 염려할 염려가 있는 때(다만, 다액 50만원 이하의 벌금, 구류 또는 과료에 해당하는 사건에 관하여는 피의자가 일정한 주거가 없는 경우에 한한다.)

2) 구속 여부를 판단할 때에는 범죄의 중대성, 재범의 위험성, 피해자 및 중요 참고인 등에 대한 위해 우려, 피의자의 연령, 건강상태 그 밖의 제반사항 등을 고려하여야 한다.

3) 사법경찰관은 구속영장을 신청할 때에는 체포영장, 긴급체포서, 현행범인체포서 또는 현행범인 인수서와 인정할 수 있는 자료를 첨부하여야 하며 긴급체포 후 구속영장을 신청할 때에는 사유를 인정할 수 있는 자료도 함께 첨부하여야 한다.

4) 사법경찰관은 영장 또는 현행범인으로 체포한 피의자에 대하여는 체포한 때로부터 48시간 내에 구속영장을 신청하되 검사의 영장청구 시한을 고려하여야 한다.

5) 사법경찰관은 긴급체포한 피의자를 구속하고자 할 때에는 체포한 후 지체없이 구속영장을 신청하되 검사의 영장청구 시한을 고려하여 48시간을 넘지 않도록 하여야 한다.

6) 사법경찰관은 구속영장을 발부받지 못하였을 때에는 즉시 피의자를 석방하여야 한다.

[5] 압수와 수색

(1) 영장에 의한 압수·수색

경찰관은 증거물 또는 몰수할 것으로 판단되는 물건을 압수하거나 타인의 주거, 간수자가 있는 가옥, 건조물, 선차 내에 들어가 수색을 할 때에는 영장을 발부받아야 한다. 사법경찰관은 압수·수색영장을 신청할 때에는 수사에 필요한 충분한 범위를 정해야 하고, 수색할 장소·신체 또는 물건, 압수할 물건 등을 명백히 하여야 한다.

(2) 영장의 제시

경찰관은 영장에 따라 압수·수색을 할 때에는 해당 처분을 받는 자에게 반드시 영장을 제시하여야 한다.

(3) 공무소 등 압수·수색시 참여

1) 경찰관은 공무소, 군사용의 항공기 또는 선차 내에서 압수·수색영장을 집행할 때에는 그 책임자에게 참여할 것을 통지하여야 한다.
2) 경찰관은 전항에 규정한 이외의 타인의 주거, 간수자 있는 가옥, 건조물, 항공기 또는 선차 내에서 압수·수색영장을 집행할 때에는 주거자, 간수자 또는 이에 준하는 자를 참여하게 하여야 한다.
3) 경찰관은 전항에 규정된 자를 참여하게 하지 못할 때에는 이웃사람 또는 시·도 또는 시·군·구 소속 공무원을 참여하게 하여야 한다.

(4) 집행중의 퇴거와 출입금지

경찰관은 압수·수색을 할 때에는 참여인 또는 따로 허가를 받은 자 이외의 자는 그 장소에서 퇴거하게 하고 그 장소에 출입하지 않도록 하여야 하고, 허가를 받지 않고 그 장소에 있는 자에 대하여는 퇴거를 강제하거나 간수자를 붙여 수색을 방해하지 않도록 하여야 한다.

[6] 검증

(1) 실황조사

1) 경찰관은 범죄의 현장 그 밖의 장소, 신체 또는 물건에 대하여 사실 발견을 위하여 필요가 있을 때에는 실황조사를 하여야 한다. 실황조사를 할 때에는 거주자, 관리자

그 밖의 관계자 등을 참여하게 하고, 그 결과를 실황조사서에 정확하게 기재해 두어야 한다.

2) 경찰관은 피의자의 진술에 의하여 흉기, 장물 그 밖의 증거자료를 발견하였을 경우에 증명력 확보를 위하여 필요할 때에는 실황조사를 하여 그 발견의 상황을 실황조사서에 정확히 해 두어야 한다.

(2) 검증

1) 경찰관은 범죄의 수사에 필요한 때에는 영장을 발부받아 검증을 할 수 있다. 검증을 할 때에는 신체의 검사, 사체의 해부, 분묘의 발굴, 물건의 파괴 그 밖의 필요한 처분을 할 수 있다.

2) 경찰관은 검증을 하였을 때에는 검증의 상황 및 경과를 명백히 한 검증조서를 작성하여야 한다.

3) 경찰관은 시체의 해부, 분묘의 발굴 등을 하는 때에는 예를 잃지 않도록 주의하고 배우자, 직계친족 또는 형제자매가 있을 때에는 이들에게 미리 통지하여야 한다. 수사상 필요하다고 인정되는 시체의 착의, 부착물, 분묘내의 매장물 등은 유족으로부터 임의제출을 받거나 압수·수색·검증영장을 발부받아 압수하여야 한다.

[7] 통신수사

(1) 통신비밀보호

경찰관은 통신수사를 할 때에는 통신 및 대화의 비밀을 침해하지 않도록 필요 최소한도로 실시하여야 하며 직무상 알게 된 사항을 외부에 공개하거나 누설하지 말고 통신비밀보호에 최선을 다하여야 한다.

(2) 긴급통신수사

사법경찰관이 긴급통신제한조치를 할 경우에는 미리 검사의 지휘를 받아야 한다. 다만, 특히 급속을 요하여 미리 지휘를 받을 수 없는 사유가 있는 경우에는 긴급통신제한조치의 집행 착수 후 지체 없이 검사의 승인을 얻어야 한다. 긴급 통신제한조치 및 긴급 통신사실 확인자료 제공을 요청하였을 경우에는 36시간 이내에 법원의 허가를 받아 허가서 표지사본을 전기통신사업자에게 송부하여야 한다.

(3) 통신수사 집행 후 조치

사법경찰관은 통신제한조치 및 통신사실 확인자료를 제공받아 집행한 후 수사 또는 내사한 사건을 종결할 경우 그 결과를 검사에게 보고하여야 한다. 다만, 그 사건을 송치하는 경우에는 그러하지 아니하다. 타 관서에서 통신수사를 집행한 사건을 이송받아 내사한 후 내사종결한 경우는 내사종결한 관서에서 허가서를 청구한 검찰청에 집행결과를 보고한 후 허가서를 신청한 관서로 사건처리결과를 통보하여야 한다.

(4) 통신제한조치 취득자료 보관

1) 사법경찰관은 통신제한조치 집행으로 취득한 물건은 허가서 및 집행조서와 함께 봉인한 후 허가번호 및 보존기간을 표기하여 별도로 보관하고 수사담당자 외의 자가 열람할 수 없도록 하여야 한다.
2) 내사종결한 사건의 경우 전항과 같이 보존하여 25년 경과 후 검사의 지휘를 받아 즉시 폐기하여야 한다.

[8] 증거(범죄현장과 증거보전))

(1) 현장조사

1) 경찰관은 범죄현장을 직접 관찰(이하 "현장조사"라 한다)할 필요가 있는 범죄를 인지하였을 때에는 신속히 그 현장에 가서 필요한 수사를 행하여야 한다.
2) 경찰관은 전항의 경우에 있어서 따로 수사주책임관 그 밖의 자에 의한 현장조사가 행하여지게 될 때에는 현장을 보존하도록 하여야 한다.

(2) 현장보존의 범위

경찰관은 범죄를 실행한 지점뿐만 아니라 현장 보존의 범위를 충분히 정하여 수사자료를 발견하기 위해 노력하여야 한다. 현장을 보존할 때에는 되도록 현장을 범행 당시의 상황 그대로 보존하여 현장에 있어서의 수사가 정확하게 행하여지도록 하여야 한다.

(3) 증거물의 보존

1) 경찰관은 지문, 족적, 혈흔 그 밖에 멸실할 염려가 있는 증거물은 특히 그 보존에 유의하고 검증조서 또는 다른 조서에 그 성질 형상을 상세히 기재하거나 사진을 촬영하여야 한다.

2) 경찰관은 시체해부 또는 증거물의 파괴 그 밖의 원상의 변경을 요하는 검증을 하거나 감정을 위촉할 때에는 전항에 준하여 변경전의 형상을 알 수 있도록 유의하여야 한다.

[9] 수배와 공조

(1) 수사의 공조

경찰관은 수사에 필요하다고 인정할 때에는 피의자의 체포·출석요구·조사, 장물 등 증거물의 수배, 압수·수색·검증, 참고인의 출석요구·조사 등 그 밖의 필요한 조치(이하 "수사등"이라 한다)에 대한 공조를 다른 경찰관에게 요청할 수 있다.

(2) 사건수배

사건수배란 사건의 용의자와 수사자료 그 밖의 참고사항에 관하여 통보를 요구하는 것으로, 경찰관이 사건수배를 할 때에는 사건수배서에 따라 요구하여야 한다.

(3) 지명수배

사법경찰관은 다음 각 호의 어느 하나에 해당하는 자의 소재를 알 수 없을 때에는 해당 피의자에 대하여 지명수배를 할 수 있다. 다만, 기소중지 의견으로 사건을 송치할 때에는 지명수배를 하여야 한다.

① 법정형이 사형 무기 또는 장기 3년 이상의 징역이나 금고에 해당하는 죄(제198조제3호의 경우를 제외한다)를 범하였다고 의심할 만한 상당한 이유가 있어 체포영장 또는 구속영장이 발부된 자. 다만, 제102조제1항에서 정하는 긴박한 사유가 있는 때에는 지명수배를 한 후 신속히 체포영장을 발부받아야 하며, 발부받지 못한 경우 즉시 지명수배를 해제하여야 한다.

② 지명통보의 대상인 자로 지명수배의 필요가 있어 체포영장 또는 구속영장이 발부된 자 사법경찰관은 긴급사건 수배에 있어서 피의자의 성명 등을 명백히 하여 그 체포를 의뢰한 경우에는 지명수배를 하여야 한다. 지명수배를 한 경우에는 체포영장 또는 구속영장의 유효기간에 유의하여 유효기간 경과 후에도 계속 수배할 필요가 있는 때에는 유효기간 만료 전에 체포영장 또는 구속영장을 재발부 받아야 한다.

도서지역에서 지명수배자가 발견된 경우에는 지명수배자 등을 발견한 해양경찰관서 및 경찰관서(이하 "발견관서"라 한다)의 경찰관은 지명수배자의 소재를 계속 확인하고, 수배관서와 협조하여 검거시기를 정함으로써 검거후 구속영장청구시한(체포한 때로부터 48시간)이 경과되지 않도록 하여야 한다.

검거된 지명수배자를 인수한 수배관서의 사법경찰관은 24시간 내에 체포 또는 구속의 통지를 하여야 한다. 다만, 지명수배자를 수배관서가 위치하는 특별시, 광역시, 도 이외의 지역에서 지명수배자를 검거한 경우에는 지명수배자를 검거한 해양경찰관서(이하 "검거관서"라 한다)의 사법경찰관이 통지를 하여야 한다. 긴급체포한 지명수배자를 석방한 경우에는 영장을 발부받지 않고 동일한 범죄사실에 관하여 다시 지명수배하지 못한다.

(4) 공개수배

1) 해양경찰청장은 지명수배·통보한 후 6개월이 경과하여도 검거하지 못한 주요 지명피의자에 대하여는 종합공개수배할 수 있다.
2) 해양경찰관서장은 법정형이 사형·무기 또는 장기 3년 이상 징역이나 금고에 해당하는 죄를 범하였다고 의심할 만한 상당한 이유가 있고 범죄의 상습성, 사회적 관심, 공익에 대한 위험 등을 고려할 때 신속한 검거가 필요한 자에 대하여 긴급 공개수배 할 수 있다.
3) 전항의 공개수배는 사진·현상·전단 그 밖의 방법에 의한다.

(5) 지명통보

사법경찰관은 다음 각호의 어느 하나에 해당하는 자의 소재가 불명할 때에는 해당 피의자에 대하여 지명통보를 할 수 있다. 다만, 기소중지의견으로 사건을 송치할 때에는 지명통보를 하여야 한다.

1) 법정형이 장기 3년 미만의 징역 또는 금고, 벌금에 해당하는 죄를 범하였다고 의심할 만한 상당한 이유가 있고, 수사기관의 출석요구에 응하지 않고 소재수사결과 소재불명인 자
2) 법정형이 장기 3년 이상의 징역이나 금고에 해당하는 죄를 범하였다고 의심되더라도 사안이 경미하거나 기록상 혐의를 인정키 어려운 자로서 출석요구에 불응하고 소재가 불명인 자
3) 사기, 횡령, 배임죄 및 「부정수표단속법」 제2조에 정한 죄의 혐의를 받는 자로서 초범이고 그 피해액이 500만원 이하에 해당하는 자
4) 구속영장을 청구하지 않거나 발부받지 못하여 긴급체포 되었다가 석방된 지명수배자

(6) 장물수배

장물수배란 수사중인 사건의 장물에 관하여 다른 해양경찰관서 및 경찰관서에 그 발견을 요청하는 수배를 말한다. 경찰관은 장물수배를 할 때에는 발견해야 할 장물의 명칭, 모양, 상표, 품질, 품종 그 밖의 특징 등을 명백히 하여야 하며 사진, 도면, 동일한 견본·조각을 첨부하는 등 필요한 조치를 하여야 한다.

[10] 송치와 이송

(1) 송치

수사를 종결하였을 때에는 해양경찰관서장의 지휘를 받아 사건을 모두 관할지방검찰청 검사장 또는 지청장에게 송치하여야 한다.

(2) 수사종결 지휘

수사부서의 장은 범죄인지 후 1년이 지난 사건은 수사종결 지휘하여야 한다.

(3) 이송과 인계

해양경찰관서장은 관할구역 내의 사건이 아니거나 해당 해양경찰관서에서 수사하는 것이 부적당하다고 인정되는 사건은 신속히 이를 범죄지 또는 피의자의 거주지를 관할하는 해양경찰관서 및 경찰관서, 수사에 적합한 해양경찰관서 및 경찰관서나 기관에 이송 또는 인계하여야 한다. 다만, 상급 기관에서 하명된 사건을 이송할 때에는 미리 상급기관의 승인을 받아야 한다.

[11] 범죄피해자 보호

(1) 범죄피해자 보호 원칙

경찰관은 피해자의 심정을 이해하고 그 인격을 존중하며 신체적·정신적·경제적 피해의 회복과 권익증진을 위하여 노력하여야 한다. '피해자'는 타인의 범죄행위로 피해를 당한 사람과 그 배우자(사실상의 혼인관계를 포함한다), 직계친족 및 형제자매를 말한다.

(2) 피해자의 비밀누설금지

경찰관은 성명, 연령, 주거지, 직업, 용모 등 피해자임을 미루어 알 수 있는 사실을 제3

자에게 제공하거나 누설하여서는 아니된다. 다만, 피해자가 동의한 경우에는 그러하지 아니하다.

[12] 특칙

(1) 소년사건에 관한 특칙

1) 경찰관은 소년사건을 수사할 때에는 소년의 건전한 육성을 도모하는 마음을 가져야 하고, 반사회성 있는 소년의 환경 조정과 성행의 교정에 관한 보호처분 또는 형사처분에 필요한 특별한 심리자료를 제공할 것을 염두에 두어야 한다. 그리고 소년의 특성에 비추어 되도록 다른 사람의 이목을 끌지 않는 장소에서 온정과 이해를 가지고 부드러운 어조로 조사하여야 한다.
2) 경찰관은 소년사건을 수사하며 필요하다고 판단될 때에는 자치단체, 학교 및 그 밖의 관계기관과 긴밀히 협조 하여야 한다.
3) 경찰관은 소년에 대한 출석요구나 조사를 할 때에는 지체없이 그 소년의 보호자 또는 보호자를 대신하여 소년을 보호할 수 있는 사람에게 연락하여야 한다. 다만, 연락하는 것이 그 소년의 복리상 부적당하다고 인정될 때에는 그러하지 아니하다.
4) 소년 피의자에 대하여는 되도록 구속을 피하고 부득이 구속, 체포 또는 동행하는 경우에는 그 시기와 방법에 특히 주의하여야 한다.

(2) 성폭력사건에 관한 특칙

1) 해양경찰관서장은 성폭력범죄 전담 조사관을 지정하여 성폭력범죄 피해자를 조사하도록 하여야 한다.
2) 피해자의 의사에 반하지 않는 한 성폭력 피해여성은 여자 성폭력범죄 전담 조사관이 조사하여야 한다.
3) 경찰관은 성폭력 피해자가 13세 미만이거나 신체적인 또는 정신적인 장애로 의사소통이나 의사표현에 어려움이 있는 경우 직권이나 피해자, 그 법정대리인 또는 변호사의 신청에 따라 진술조력인으로 하여금 조사과정에 참여하여 의사소통을 중개하거나 보조하게 할 수 있다. 다만 피해아동 또는 그 법정대리인이 원하지 아니하는 의사를 표시한 경우에는 그러하지 아니하다.
4) 전문가로부터 행위자 또는 피해자의 정신·심리상태에 대한 진단 소견 및 피해자의 진술 내용에 관한 의견을 조회할 수 있다. 다만, 피해자가 13세 미만이거나 신체적인 또

는 정신적인 장애로 사물을 변별하거나 의사를 결정할 능력이 미약한 경우에는 반드시 피해자의 정신·심리상태에 대한 소견 및 진술내용에 관한 의견을 조회하여야 한다.

5) 성폭력 피해자가 정신상의 장애 등으로 사물을 변별하거나 의사를 결정할 능력이 미약한 때에는 본인이나 법정대리인 등에게 보조인을 선정하도록 권유하고, 선정된 보조인을 신뢰관계에 있는 자로 동석하게 할 수 있다. 성폭력 피해자가 언어장애인, 청각장애인 또는 시각장애인인 때에는 본인 또는 법정대리인 등의 의견을 참작하여 수화 또는 문자 통역 등의 방법을 활용하여 조사한다.

피해자가 16세미만 성폭력 피해아동 등일 경우에는 별도의 증명 없이 증거보전의 청구를 요청하더라도, 공판기일에 출석하여 증언하는 것이 현저히 곤란한 사정이 있는 것으로 간주하여, 해당 성폭력범죄를 수사하는 검사에 대해 증거보전 신청을 할 수 있다.

(3) 외국인 등 관련범죄에 관한 특칙

1) 외국인관련범죄 또는 우리나라 국민의 국외범, 대·공사관에 관한 범죄 그 외 외국에 관한 범죄(이하 "외국인 등 관련범죄"라 한다)의 수사에 관하여 조약, 협정 그 밖의 특별한 규정이 있을 때에는 그에 따르고, 특별한 규정이 없을 때에는 본 장의 규정에 의하는 외에 일반적인 수사절차를 따른다.
2) 경찰관은 외국인 등 관련범죄의 수사를 함에 있어서는 국제법과 국제조약에 위배되는 일이 없도록 유의하여야 한다.
3) 경찰관은 외국인 등 관련범죄 중 중요한 범죄에 관하여는 미리 해양경찰청장에게 보고하여 그 지시를 받아 수사에 착수하여야 한다. 다만, 급속을 요하는 경우에는 필요한 처분을 한 후 신속히 해양경찰청장의 지시를 받아야 한다.
4) 외국인 등 관련범죄를 수사함에 있어서는 다음 각호의 어느 하나에 해당하는 자의 외교특권을 침해하는 일이 없도록 주의하여야 한다.
   ① 외교관 또는 외교관의 가족
   ② 그 밖의 외교의 특권을 가진 자
5) 사용인을 체포하거나 조사할 필요가 있다고 인정될 때에는 현행범인의 체포 그 밖의 긴급 부득이한 경우를 제외하고는 미리 해양경찰청장에게 보고하여 그 지시를 받아야 한다.
6) 경찰관은 피의자가 외교 특권을 가진 자인지 그 여부가 의심스러운 경우에는 신속히 해양경찰청장에게 보고하여 그 지시를 받아야 한다.

(4) 대·공사관 등에의 출입

경찰관은 대·공사관과 대·공사나 대·공사관원의 사택 별장 혹은 그 숙박하는 장소에 관하여는 해당 대·공사나 대·공사관원의 청구가 있을 경우 이외에는 출입해서는 아니된다. 다만, 중대한 범죄를 범한 자를 추적 중 그 자가 위 장소에 들어간 경우에 지체할 수 없을 때에는 대·공사관원이나 이를 대리할 권한을 가진 자의 사전 동의를 얻어 수색하여야 한다. 이 경우 수색을 행할 때에는 지체 없이 해양경찰청장에게 보고하여 그 지시를 받아야 한다.

(5) 외국군함에의 출입

1) 경찰관은 외국군함에 관하여는 해당 군함의 함장의 청구가 있는 경우 외에는 이에 출입해서는 아니 된다.
2) 경찰관은 중대한 범죄를 범한 자가 도주하여 대한민국의 영해에 있는 외국군함으로 들어갔을 때에는 신속히 해양경찰청장에게 보고하여 그 지시를 받아야 한다. 다만, 급속을 요할 때에는 해당 군함의 함장에게 범죄자의 인도를 요구할 수 있다.
3) 경찰관은 외국군함에 속하는 군인이나 군속이 그 군함을 떠나 대한민국의 영해 또는 영토 내에서 죄를 범한 경우에는 신속히 해양경찰청장에게 보고하여 그 지시를 받아야 한다. 다만, 현행범 그 밖의 급속을 요하는 때에는 체포 그 밖의 수사상 필요한 조치를 한 후 신속히 해양경찰청장에게 보고하여 그 지시를 받아야 한다.

(6) 영사 등에 관한 특칙

1) 경찰관은 임명국의 국적을 가진 대한민국 주재의 총영사, 영사 또는 부영사에 대한 사건에 관하여 구속 또는 조사할 필요가 있다고 인정될 때에는 미리 해양경찰청장에게 보고하여 그 지시를 받아야 한다.
2) 경찰관은 총영사, 영사 또는 부영사의 사무소는 해당 영사의 청구나 동의가 있는 경우 외에는 이에 출입해서는 아니 된다.
3) 경찰관은 총영사, 영사 또는 부영사의 사택이나 명예영사의 사무소 혹은 사택에서 수사할 필요가 있다고 인정될 때에는 미리 해양경찰청장에게 보고하여 그 지시를 받아야 한다.
4) 경찰관은 총영사, 영사 또는 부영사나 명예영사의 사무소 안에 있는 기록문서에 관하여는 이를 열람하거나 압수하여서는 아니 된다.

(7) 외국 선박내의 범죄

경찰관은 대한민국의 영해에 있는 외국 선박내에서 발생한 범죄로서 다음 각호의 어느 하나에 해당하는 경우에는 수사를 하여야 한다.

① 대한민국 육상이나 항내의 안전을 해할 때

② 승무원 이외의 자나 대한민국의 국민에 관계가 있을 때

③ 중대한 범죄가 행하여졌을 때

경찰관은 외국인의 조사와 체포·구속에 있어서는 언어, 풍속과 습관의 특성을 고려하여야 하고, 사법경찰관은「영사관계에 관한 비엔나협약」제36조의 규정에 따라 외국인을 체포·구속하였을 때에는 체포·구속시 고지사항 외에 해당 영사기관에 체포·구속사실의 통보와 국내법령에 위반되지 않는 한도 내에서 해당 영사기관원과 접견·교통을 요청할 수 있음을 고지하여야 한다. 피의자가 영사기관 통보 및 접견을 요청한 경우에는 영사기관 체포·구속통보서를 작성하여 해당 영사기관에 지체없이 통보하여야 한다.

(8) 외국인 사망자 통보

사법경찰관은 외국인 변사사건을 접수한 때에는「영사관계에 관한 비엔나협약」제37조의 규정에 따라 별지 제183호 서식의 영사기관사망통보서를 작성하여 해당 영사기관에 그 사실을 지체 없이 통보하고 이를 사건관련기록에 편철하여야 한다.

(9) 다중범죄에 관한 특칙

경찰관은 다중범죄의 수사에 관하여는 항상 일반 사회의 정세와 다중범죄의 주체가 될 염려가 있는 단체, 집단 등의 실태와 그 동향을 정확하게 파악하여 다중범죄의 수사가 철저하게 행하여지도록 유의하여야 한다. 다중범죄의 수사에 있어서는 실행행위자에만 그치지 말고 주모자, 모의 참여자 그 밖의 사건의 배후에 있는 공범관계자를 정확하게 탐색, 파악하도록 노력하여야 하고, 다중범죄의 현장에서 그 피의자를 체포함에 있어서는 상대편의 세력, 정세의 추이 등을 신중히 고려하여 체포의 시기, 방법과 범위를 그르치는 일이 없도록 현장지휘관의 통제하에 행하여야 한다.

(10) 보석자 등의 관찰

해양경찰서장은 검사로부터 그 관할 구역내에 거주하는 보석 피고인 또는 구속집행정지자에 대한 시찰조회서를 송부받은 때에는 해당 사건을 수사한 경찰관 그 밖의 적당한 경찰관을 지정하여 주거지의 현주 여부 등을 관찰하여 회보하여야 하고, 구역내에 거주하는 형집행정지자에 대한 관찰을 요구받은 경우에는 매월 1회 이상 형집행정지사유 존속 여부를 관찰하여 보고하여야 한다.

해양경찰학개론 II

제 5 편 해양경찰 국제외사론

1장 해양경찰 외사경찰 활동

1 국제화와 외사경찰

[1] 국제화의 개념

국제화란 국제질서의 변화를 올바로 인식하고 이에 수반하는 상황변화에 능동적으로 대응할 수 있는 거시적인 시각과 안목을 가지는 것을 말한다. 이 개념에서 연결하여「경찰의 국제화」란 경찰조직이 국제 치안환경의 변화에 능동적으로 대응할 수 있는 거시적인 안목을 가지고 국제치안환경의 흐름에 맞도록 조직과 기능을 변화시키는 것이다.「경찰의 국제화」와 관련이 있는 것으로 경찰관들의 사고방식 및 행동양식의 선진화, 경찰장비의 현대화, 경찰문화의 개방화 등을 들 수 있겠다.

[2] 국제화에 따른 치안환경의 변화

(1) 인적교류의 증가

최근의 국제화·개방화 추세는 필연적으로 인적교류의 급속한 증가를 가져오고 있다.

① 출·입국자의 증가

② 외국인 노동인력의 유입

③ 해외여행자의 증가

④ 출입국사범의 증가

(2) 물적 교류의 증가

국제화·개방화는 인적교류의 증가뿐만 아니라 무역 거래량의 증가 및 문화개방 등 물적 교류의 부문도 확대시키고 있다.

① 저질 외국문화의 유입

② 밀입국, 밀수 등 국제성 범죄의 증가

③ 외사 관찰대상의 증가

(3) 범죄의 탈(脫)국경화

외국과의 인적·물적 교류의 확대는 필연적으로 국제범죄자·범죄조직의 국내진출, 국내범죄자·범죄조직의 해외진출, 국내외 범죄조직의 연계 등 범죄의 탈(脫)국경화 현상을 초래하고 있다.

① 외국인 범죄의 증가

② 국제범죄조직의 침투

③ 화폐위조 및 돈세탁

④ 내국인의 국외범

⑤ 해외도피사범의 증가

※ 2015. 8. 경찰청 외국인 범죄현황 국회제출 자료에 따르면, 2010~2014년까지 살인, 강도, 강간, 절도, 폭력 등 외국인 범죄가 총 131,184건 발생(중국인→베트남인→미국인 순) 했으며, 유형별로는 폭력이 39,858건으로 가장 많고, 교통사범이 20,226건, 지능범죄(사기, 횡령, 배임 등)가 18,621건으로 나타났으며, 2015년 전반기에만 17,932건이 발생하는 등 외국인을 대상으로 한 범죄예방교육 실시 등 정부차원의 대책이 필요.

[3] 국제화에 따른 외사경찰의 변화

(1) 의의

외사경찰은 국제화에 따른 치안환경의 변화에 능동적으로 대처할 수 있는 외사역량의 강화에 힘써야 한다.

(2) 기능강화

1) 외사전문가의 양성

가) 기능강화 예상분야

① 국제성범죄대책

② 국제 항만에서의 첩보수집

③ 체류외국인 범죄대책

④ 국제경찰공조

나) 양성방안

① 유능한 외사요원의 조기 발굴 및 충원

② 효과적인 교육과 적절한 인사배치

2) 출입국관리 기능

해상을 통한 밀입국, 밀출국 등 국제성범죄 관련자에 대한 감시 및 단속을 강화하는 방향으로 역할을 강화해야 한다.

3) 체류외국인범죄 수사기능

합법·비합법적으로 체류중인 외국인에 대한 단속기능을 강화해야 한다. 이를 위해 외사대상에 대한 정기적인 실태파악은 물론 외사 관련 법규에 대한 수시교양을 통해 단속요령을 숙지하도록 하고 외사요원에 대한 외국어 교육을 강화하는 등 전문성을 제고하는 방안을 강구할 필요가 있다.

4) 외국인 권익보호

내국인에 의한 외국인 피해사례에 대해서도 관심을 기울이고 그들을 내국인과 동일한 방법으로 친절·공정하게 대우함은 물론 권리구제에 노력해야 한다. 특히 외국인이 불법 체류자 신분임을 악용한 고의적인 인권유린 행위 등은 상호주의 차원에서 강력히 대응함으로서 해양경찰이 누구에게나 공정하다는 인식을 갖도록 해야 할 것이다. 외사경찰관은 외국인의 국적, 피부색, 신분 등에 따라 차이를 두고 대해서는 안 되고 상호평등하게 대우하여야 한다.

5) 통역체제의 정비

외국인 범죄자에 대한 수사에서 가장 어려운 점의 하나가 언어장벽이다. 해경청에서는 외국어 능력자를 특채하고, 민간인 중 통역 가능한 인원을 선발하여 유사시 통역요원으로 활용하고 있다.

(3) 국제경찰공조의 강화

1) 범죄정보와 수사기법의 공조

가) 의의

국제성범죄에 효율적인 대처를 위하여 국내·외 수사정보 기관과의 공조가 필수적이다.

나) 공조내용

① 형사사법공조 : 사건수사에 필요한 각종 조회나 증거자료수집 및 범죄정보교환 등

② 범죄인 인도 : 해외도피사범의 검거에 필요한 수사요청 및 인도협력

③ 인터폴 : 국제범죄 정보교환 및 수사협조

④ 기타 : 외교경로 및 각국 경찰기관과의 유기적 협력

2) 해외주재관의 역할강화

경찰 해외주재관은 현지 공관장의 지휘를 받아 현지 교민이나 내국인 관광객에 대한 형사상 권익을 보호하고 우리나라와 관계된 국제성범죄, 국제범죄조직, 불순세력에 의한 위해행위 및 국내침투 저지를 위한 주재국 경찰과의 공조업무를 수행한다. 국제화시대에 따른 해외주재관의 역할은 더욱 중요성을 더해가고 있다. 해양경찰청에서도 그동안 관계부처와 노력한 결과 중국 상해에 해외주재관(부영사, 경정급) 1명을 파견하였다. 앞으로 관계기관과의 긴밀한 업무협의 등을 통하여 더 많은 나라에 주재관을 파견할 수 있도록 적극 추진해 나가고 있다.

3) 경찰교류확대

가) 외사요원의 장·단기 해외연수 확대

범죄의 국제화에 제대로 대응하기 위해서는 경찰관의 국제화가 선행되어야 한다. 이를 위해 인접국가의 국제성범죄 실태파악, 장·단기 해외연수 기회 부여, 각종 해상치안기관간의 국제회의 및 세미나 참석 등을 통해 외사요원들로 하여금 국제 감각을 익히고 언어장벽을 극복할 수 있도록 해야 한다.

나) 해상치안기관과의 국제협력 강화

북태평양 해상치안기관장회의, 국제경찰장회의 등 국제성범죄에 공동으로 대응하기 위한 해상치안기관과의 국제협력이 강화되는 추세에 있어 우리청도 이들 협력기구에 적극적으로 참가하여 정보를 교환하고 국제무대에서 한국해양경찰의 위상과 발언권을 높일 수 있도록 해야 한다. 이를 위해 종합적인 국제협력업무를 관장할 수 있는 부서의 신설과 협력관련 업무를 전담할 수 있는 국제회의의 전문가의 발굴양성이 필요하다.

4) 외사경찰의 의식변화

가) 외사경찰의 마음가짐

① 외사요원은 국제화·개방화 정책의 과정에 있어 치안관계 분야에서 일조를 담당하고 있다는 긍지를 가지고, 내가 아니라도 누군가 하겠지 라는 소극적인 태도가 아니라

내가 아니면 누구도 이 업무를 해낼 수 없다는 적극적인 태도를 가지고 업무에 임해야 한다.

② 외사경찰은 대한민국 경찰의 얼굴이다

ⓐ 외사요원의 일거수일투족이 해당 외국인에게는 곧 우리나라 경찰 전체를 판단하는 기준이 될 수 있음을 명심해야 할 것이다.

ⓑ 외국인은 대한민국 국민과 동등하다는 인식하에 외국인에게 신뢰를 줄 수 있는 외사활동을 전개하여야 하겠다.

③ 상호주의를 존중하는 가운데 의연하게 처신해야 한다.

ⓐ 외국인을 처우하는 대원칙은 상호주의의 존중이다. 최소한 내가 외국경찰로부터 대우받기를 원하는 것만큼 외국인을 대우해야 한다.

ⓑ 외국인을 대할 때에는 고압적인 자세도 지양해야 하나 필요이상으로 저자세를 취하는 것은 더욱 금물이며 시종일관 의연한 자세를 견지하는 가운데 친절함을 잃지 말아야 한다.

④ 국제화에 관한 안목을 가져야한다.

ⓐ 국제화에 관한 안목을 넓히고 여기에서 예상되는 외사범죄의 증가동향에 대비할 수 있는 능력을 갖추어야 한다.

ⓑ 외사요원은 가치 있는 첩보수집과 유익한 국가정보의 해외유출 방지를 통해 국익에 이바지할 수 있다는 신념으로 업무에 임해야 한다.

나) 외사경찰의 근무자세

① 지역특성에 맞는 외사업무 수행

ⓐ 관할 구역 내의 외사대상을 선별하고 예견되는 문제점이 무엇인가를 파악하여 그 대비책을 마련함으로써 외사역량을 강화해야 한다.

ⓑ 관할 구역 내에 외사활동과 관련 있는 기관 및 인사와 평소에 유대를 공고히 하여 업무에 적극 활용하여야 한다.

② 국제공조수사기법 적극 활용

인터폴 및 외교경로를 통한 국제공조수사를 적극 활용함으로써 증거자료의 확보가 불충분하여 사건해결에 실패하는 우를 범하지 말아야 한다.

③ 끈질긴 자세로 외국인범죄에 대처

ⓐ 외사요원은 단 한 명의 외국인범죄자, 단 한 건의 외국인범죄도 끝까지 추적해 반드시 해결하겠다는 결의를 가져야 한다.

ⓑ 형벌권으로부터 면제를 받는 외국인의 범죄라도 피해자인 국민의 민사상 피해 구제는 가능한 것이므로 사건의 실체를 명백히 하기 위해 최대한의 노력을 다해야 한다.

④ 외국과 외국인에 대한 이해의 폭을 넓혀야 한다.

ⓐ 외국인의 국적·피부색·신분 등의 차이에 따라 선입견을 가지는 것은 외사관련 물의 야기의 주요 원인이므로 반드시 불식해야 한다.

ⓑ 외국인을 이해하는 것은 그들의 사고방식과 범죄 형태를 미리 예견하는 데에도 도움을 줄 수 있음을 명심해야 한다.

ⓒ 외교 분쟁의 소지가 있는 언행을 하지 않도록 항상 주의하여야 하며, 특히 외교 특권자를 취급함에 있어서는 더욱 그러하다.

⑤ 외사경찰로서 필요한 전문성 함양

ⓐ 국제신사로서의 자질을 갖춘 외사요원이 되기 위해서는 능숙한 외국어의 구사는 기본이므로 외국어 습득을 게을리 하는 자는 결코 유능한 외사요원이 될 수 없다.

ⓑ 출입국관리법 등 외사 관련 특별법규의 숙지, 외국인관련 법규, 국제예절, 에티켓, 국제정세에 대한 식견 등 외사요원으로서의 전문성 제고를 위해 항상 노력하여야 한다.

2 외사경찰의 개념

[1] 외사결찰

(1) 의의

외사경찰이란 대한민국의 안전과 사회공공의 안녕 및 질서보호를 목적으로 외국인, 외국과 관련된 기관, 단체 등 외사활동 대상에 대하여 이들의 동정을 관찰하고 이들과 관련된 범죄를 예방·단속하는 것을 주된 임무로 하는 경찰활동을 말한다.

(2) 중요성

외사경찰의 중요성은 국제화, 개방화 추세 속에서 대외무역의 증가, 새로운 국가와의 교류

확대, 인접국가와의 어업협정, 국제여객선을 이용한 해외여행자의 증가 등 외사치안대상은 날로 증가하는 추세에 있어 외사경찰의 활동이 더욱 중요해지고 있는 실정이다.

(3) 특성

1) 대상의 특성

외사경찰은 외국인 또는 외국관련 기관·단체를 주요 대상으로 하므로, 일반 내국인과 관련된 범죄의 예방과 단속을 주 업무로 하는 일반경찰활동과 구별되며, 대상법률도 일반 형법범 사건보다는 출입국관리법, 여권법, EEZ어업법, 밀항단속법 등 주로 외국인과 관련 있는 범법행위와 내국인의 외국관련범죄를 주 단속대상으로 한다는 점에서 그 특성을 찾을 수 있다. 한편 외사경찰은 외교사절도 그 대상으로 하고 있는 바, 외교사절은 일반 체류 외국인과는 달리 특별한 지위를 누리고 있으므로 업무 취급상 특별한 주의를 요한다.

2) 활동범위의 특성

가) 외사정보 및 보안활동

외국인, 외국기관·단체 등에 대한 동향이나 이들과 직·간접으로 관계있는 내국인 등을 대상으로 해상치안질서 또는 국가안보상 危害요소 등과 관련된 첩보를 수집·판단· 분석하여 정책수립에 반영함으로써 해상치안질서 유지 및 안보상 장애요인을 예방·제거하는 자료로 제공하고자 하는 수행활동이다.

나) 외사수사 활동

① 국제조약 등에서 규정하고 있는 범죄와 국내에서 발생한 범죄가 인적·장소적으로 2개국 이상 관련되거나 조직화하여 행해지는 국제성 범죄와 출입국관리법, 밀항단속법, 경제수역어업주권법(EEZ어업법) 등 위반사범과 같은 일반외사사범 수사 활동을 수행하는 것이다.

② 외사수사의 활동범위는 해외도피사범의 강제송환을 위한 국가간 경찰공조, 인터폴을 통한 각국 수배 등 활동범위가 전 세계에 이르고 있다.

다) 국가적 경찰공조 활동

외사경찰의 국제공조 업무는 수사 분야 외에 해상치안기관간의 이해증진을 위한 상호 교류, 국제회의 참석, 정보기관과의 범죄정보교환, 경찰관의 공무국외여행 등 고유한 업무수행을 말한다.

(4) 외사경찰의 대상

1) 인물별 대상

가) 외국공관원 및 준 외교관

주한외국대사·공사·영사와 국제기관의 직원 등이다.

나) 주한외국군 구성원

주한 외국군인 군속과 그 가족, 초청계약자와 그 가족, 고용원 등이다.

다) 주한외국인

거류자, 체류자, 항공기와 선박의 승무원 중 상륙 허가를 받은 자 등이다.

라) 해외교포 및 취업자

해외에 영주하는 교포, 해외 장기거주자, 취업자 등이다.

마) 외국과 관련 있는 내국인

외국공관과 외국기관의 내국인 종업원, 외국인 접객업소의 종업원, 관광안내원 등이다.

2) 기관별 대상

가) 외국공관

대사관, 공사관, 영사관, 국제기관 등

나) 주한외국군 기관

주한 UN군, 주한 미8군, 정전위원회 등

다) 외국인 사회단체

각종 민간단체, 봉사단체, 문화학술단체 등

라) 외국인 종교 및 구호단체

각종 종교·구호단체, 고아 입양단체 등

마) 외국기업체

선박회사, 상사, 금융기관, 여객선사 등

바) 외국 언론기관

외국신문, 통신사 등

사) 외국인과 관련된 국내단체와 기업체 등

3) 구별해야 할 점

일반국민은 외국인 및 외국과 관련된 단체와 연관되어 있지 않는 이상 원칙적으로 외사경찰의 대상이 되지 않는다.

[2] 외사경찰의 근거

(1) 외사 업무사항의 법적 조항

1) 정보 및 보안업무기획·조정규정(대통령령)

가) 제2조(정의)

1. "국외정보"라 함은 외국의 정치·경제·사회·문화·군사·과학 및 지지등 각 부문에 관한 정보를 말한다.
2. "국내보안정보"라 함은 간첩 기타 반국가활동세력과 그 추종분자의 국가에 대한 위해 행위로부터 국가의 안전을 보장하기 위하여 취급되는 정보를 말한다.
3. "통신정보"라 함은 전기통신수단에 의하여 발신되는 통신을 수신·분석하여 산출하는 정보를 말한다.
4. "통신보안"이라 함은 통신수단에 의하여 비밀이 직접 또는 간접으로 누설되는 것을 미리 방지하거나 지연시키기 위한 방책을 말한다.
5. "정보사범 등"이라 함은 형법 제2편제1장 및 제2장의 죄, 군형법 제2편제1장 및 제2장의 죄, 동법 제80조 및 제81조의 죄, 군사기밀보호법 및 국가보안법에 규정된 죄를 범한 자와 그 혐의를 받는 자를 말한다.
6. "정보수사기관"이라 함은 제1호 내지 제5호에 규정된 정보 및 보안업무와 정보사범등의 수사업무를 취급하는 각급 국가기관을 말한다.

나) 제5조(조정업무의 범위)의 제10호(해양수산부)

국내 보안정보(외사정보 포함)의 수집·작성에 관한 사항

2) 해양경찰청과 그 소속기관 직제(대통령령)

○ 제13조(수사정보국)

4. 정보업무의 기획·지도 및 조정
5. 정보의 수집·분석 및 배포
6. 보안경찰업무의 기획·지도 및 조정
7. 범죄의 수사
8. 외사경찰업무의 기획·지도 및 조정
9. 국제형사 관련 업무

3) 해양경찰청과 그 소속기관 직제 시행규칙(해양수산부령)

○ 제8조(수사정보국)

> ④ 정보과장은 다음 사항을 분장한다.
> 1. 정보업무에 관한 기획·지도 및 조정
> 2. 치안정보의 수집·종합·분석·작성 및 배포
> 3. 정책정보의 수집·종합·분석·작성 및 배포
> 4. 해상집회·시위 등 집단사태의 관리에 관한 지도·조정
> 5. 보안경찰업무에 관한 기획·지도 및 조정
> 6. 보안사범에 대한 수사의 기획·지도 및 조정
> 7. 보안과 관련된 정보의 수집·분석
>
> ⑤ 외사과장은 다음 사항을 분장한다.
> 1. 외사수사 및 외사정보에 관한 기획 및 지도·점검
> 2. 밀입·출국, 밀수 등 외사사범의 수사
> 3. 외사방첩업무에 관한 사항
> 4. 외사정보의 수집·분석 및 관리
> 5. 국제형사경찰기구에 관한 사항
> 6. 국제형사업무 공조에 관한 사항
> 7. 국제해항 보안활동에 관한 계획의 수립 및 지도

(2) 외사경찰의 활동과 관계가 있는 법률과 조약

1) 법률

출입국관리법, 밀항단속법, 범죄인 인도법, 국제형사사법 공조법, 여권법, 영해 및 접속수역법, 배타적 경제수역에서의 외국인어업등에 대한 주권적 권리의 행사에 관한 법률(약칭 경제수역어업주권법), 해양환경관리법, 해양과학조사법, 해저광물자원 개발법 등이다.

2) 조약 및 협약

범죄인인도조약, 형사사법공조조약, 외교(영사)관계에 관한 비엔나 협약, 유엔해양법협약 등이다.

[3] 외사경찰의 임무

외사경찰의 임무는 외사정보업무, 외사수사업무, 외사보안업무, 국제협력업무 등 4가지로 나눌 수 있다.

(1) 외사정보 업무

주한 외국인, 주한 외교사절, 주한 외국기관, 상사단체, 해외교포 등을 대상으로 외사첩보를 수집하고, 그 분석결과를 정책수립 자료로 제공하여 경찰상 또는 국가안보상의 위해요인을 사전제거 및 대책을 마련하는 활동이다.

(2) 외사보안 업무

외국인, 외국기관·상사·단체원, 외국인과 관계있는 내국인, 해외교포, 출입국자 등을 대상으로 간첩행위 등 국가보안법 위반사항이나 산업스파이 등 기타 반국가적 행위 여부를 파악하고 동향 등을 관찰하는 활동이다.

(3) 외사수사 업무

외국인 또는 외국과 관련된 범죄 협의를 탐지하고, 범죄자를 검거·조사하며, 증거를 수집·보전하는 활동이다.

(4) 국제협력 업무

경찰협력약정 체결, 경찰대표단 상호방문, 교육연수, 국제회의 및 세미나 참석 등을 통하여 외국 경찰기관과의 협력관계를 증진하는 활동이다.

3 외사정보활동

[1] 외사정보활동

(1) 외사정보활동

대한민국의 안전·이익, 사회공공의 안녕·질서유지에 관계있는 정보를 수집, 분석, 판단, 보고 등을 통해 국가정책에 반영할 목적으로 행하여지는 일체의 경찰활동을 말한다.

(2) 외사정보의 특성

1) 내용상 특성 : 외국, 외국인에 관한 국외정보가 주류

2) 정보활동상 특성 : 대상의 특성으로 인하여 외교마찰의 우려가 있으므로 첩보원 접촉 등에 주의를 요함
3) 전문적 지식 필요 : 국제법규, 국제관습, 국제조약, 외사 관련 법규에 대한 전문적 지식 필요
4) 정보요원의 자격요건 : 외국어 능력과 의전 및 국제예절 숙지 등 자격 필요

[2] 외사정보의 대상

(1) 인적 대상

1) 외교사절 및 準외교사절
2) 주한미군, 군속 및 그 가족 등
3) 국내거류 외국인 : 고용, 연구 등 사유로 90일을 초과하여 거류하는 외국인
4) 국내체류 외국인 : 관광·사업 등 사유로 입국하여 90일 이하 체류하는 외국인
5) 불법체류자
6) 재외동포 및 해외거주 내국인, 관광객
7) 외국과 관련 있는 내국인
8) 국제조직범죄 단체원 및 테러조직원

(2) 물적 대상

1) 외국공관
2) 외국기관 : 외국정부나 국제기구 소속기관 또는 외국인 학교 등
3) 외국상사
4) 외국단체
5) 외국 언론기관 : 국외통신사, 외국방송사, 외국 신문·잡지사 등
6) 재외 국내단체 및 기업체
7) 국제범죄조직
8) 국제테러조직

(3) 외사정보활동시 유의사항

1) 대상의 특수성

가) 일반적 유의사항

① 공무상의 출입이어야 하며, 허락·면담목적통보·사전약속 등 사전승인을 득한 후 일과 시간 내 출입을 원칙으로 한다.

② 출입 대상기관, 대상인물의 국적, 언어, 풍습, 금기사항 등을 사전에 숙지한 후 출입해야 한다.

③ 외교관의 특권 및 외국인의 법적 지위 등을 숙지한다.

④ 상주 외국인 중에는 한국어 구사 능력자가 많으므로 대화할 때 저속어를 사용하거나 보안사항을 누설해서는 안 된다.

⑤ 국익을 저해할 수 있는 무의식적 언행을 삼간다.

⑥ 외국인에 대한 지나친 우월감 표시, 지나친 예우, 저자세는 국가의 위신에 손상을 주는 것임을 유념한다.

⑦ 대한민국 경찰을 대표한다는 자세로 매사에 신중히 처신한다.

나) 상호주의 존중

다) 비노출 원칙

라) 긍지와 품위 유지

2) 내용상 유의사항

가) 시의성 있는 첩보수집

나) 공개첩보활동 지양

다) 경제범죄 관련 첩보수집에 주력

(4) 외사정보의 종류

1) 일일 외사정보보고 : 매일 중요한 외사관련 정보를 분석한 보고

2) 외사정책보고 : 외사 관련 국가정책의 기획·시행·평가에 유용한 자료로서, 사안별로 부정기적으로 작성하는 보고

3) 별보 : 대내적 또는 필요부서에만 제한적으로 배포하는 보고

4) 속보 : 긴급한 사안에 대하여 형식에 구애받지 않고 작성되는 보고

5) 기타 : 해외 경찰주재관 제출첩보를 기초로 정기 또는 비정기적으로 작성하는 해외주재관 보고, 테마기획 보고 등

4 외사수사활동

[1] 외사범죄 수사

(1) 출입국사범 단속

1) 출입국사범에 대한 조치

가) 내국인 : 출국금지

나) 외국인 : 입국금지, 출국정지, 강제퇴거, 보호조치·일시보호, 출국권고, 출국명령

다) 내·외국인 : 고발조치, 통고처분

2) 경찰의 처리요령

가) 출입국사범에 관한 사건은 출입국관리소장의 고발이 없는 한 공소를 제기할 수 없다.

나) 출입국관리공무원 외 수사기관이 입건 시 즉시 관할출입국관리사무소장 등에 인계

다) 출입국관리법위반과 타 형사사건이 경합하는 때는 형사사건 종결 후 출입국관리사무소에 신병을 인계하는 것이 일반적이다.

라) 순수하게 출입국사범인 경우 입건하지 않고 출입국관리사무소에 통보하는 것으로 충분하며, 입건 시에는 신병을 인계해야 한다.

〈출입국관리법상 외국인 상륙〉

- 제14조(승무원의 상륙허가) ① 출입국관리공무원은 다음 각 호의 어느 하나에 해당하는 외국인승무원에 대하여 선박등의 장 또는 운수업자나 본인이 신청하면 15일의 범위에서 승무원의 상륙을 허가할 수 있다.
  1. 승선 중인 선박등이 대한민국의 출입국항에 정박하고 있는 동안 휴양 등의 목적으로 상륙하려는 외국인승무원
  2. 대한민국의 출입국항에 입항할 예정이거나 정박 중인 선박등으로 옮겨 타려는 외국인승무원
- 제14조의2(관광상륙허가) ① 출입국관리공무원은 관광을 목적으로 대한민국과 외국 해상을 국제적으로 순회(巡廻)하여 운항하는 여객운송선박 중 법무부령으로 정하는 선박에 승선한 외국인승객에 대하여 그 선박의 장 또는 운수업자가 상륙허가를 신청하면 3일의 범위에서 승객의 관광상륙을 허가할 수 있다
- 제15조(긴급상륙허가) ① 출입국관리공무원은 선박등에 타고 있는 외국인(승무원을 포함한다)이 질병이나 그 밖의 사고로 긴급히 상륙할 필요가 있다고 인정되면 그 선박등의 장이나 운수업자의 신청을 받아 30일의 범위에서 긴급상륙을 허가할 수 있다.
- 제16조(재난상륙허가) ① 지방출입국·외국인관서의 장은 조난을 당한 선박등에 타고 있는 외국인(승무원을 포함한다)을 긴급히 구조할 필요가 있다고 인정하면 그 선박등의 장, 운수업자, 「수상에서의 수색·구조 등에 관한 법률」에 따른 구호업무 집행자 또는 그 외국인을 구조한 선박등의 장의 신청에

의하여 30일의 범위에서 재난상륙허가를 할 수 있다.
► 第16조의2(난민 임시상륙허가) ① 지방출입국·외국인관서의 장은 선박등에 타고 있는 외국인이 「난민법」 제2조제1호에 규정된 이유나 그 밖에 이에 준하는 이유로 그 생명·신체 또는 신체의 자유를 침해받을 공포가 있는 영역에서 도피하여 곧바로 대한민국에 비호(庇護)를 신청하는 경우 그 외국인을 상륙시킬 만한 상당한 이유가 있다고 인정되면 법무부장관의 승인을 받아 90일의 범위에서 난민 임시상륙허가를 할 수 있다. 이 경우 법무부장관은 외교부장관과 협의하여야 한다.

(2) 여권법위반사범 단속

국적 상실자가 한국 여권을 사용하거나 외국인이 위·변조 여권을 사용하는 등 유효한 여권이나 사증을 소지하지 않고 입국하는 경우가 증가하고 있다.

(3) 밀항사범 단속

밀수·밀입국·밀항과 내·외국인이 연계한 범죄 등 우리나라의 해양치안 질서를 흐트러뜨리는 국제성 범죄가 증가하는 현상을 보이고 있다.

(4) 외국환거래법위반사범

수출입거래 및 용역거래와 관련하여 수출입가격 조작을 통한 외화 불법반출, 외화의 불법유출입 행위 등(위조달러사범 단속 : 퍼노트(초정밀 위조 100달러 미화)의 전 세계적 유통 확산)을 말한다.

[2] 국제조직범죄 수사

(1) 국제조직범죄

국제조직범죄란 매우 다의적인 개념으로, 국제형사경찰기구에서는 '국경에 상관없이 경제적 이익만을 추구하기 위해 계속적으로 불법적인 활동을 일삼는 자들의 집단 또는 조직체'로 정의하고 있다.

(2) 국제조직범죄의 수사

1) 수사상 한계

가) 조직원 수사 : 조직에 대하여는 침묵하므로 범죄조직의 실체를 파악하기 어려움

나) 피해자 조사 : 보복, 두려움 등으로 신고를 회피하거나 수사기관에 대한 협조 기피

다) 증인확보 : 조직원의 회유·협박으로 재판단계에서 증언을 번복하는 경우가 많음

라) 비호세력의 존재 : 조직의 비호세력이 수사관의 활동을 위축시키는 등 수사방해

2) 국제조직범죄 수사대책

가) 수사요원의 전문화와 국제조직범죄 전담기구의 설치

나) 정보관리체계 정비 : 조직의 계보, 활동 내역, 조직원 신상 등을 자료화하여 관리

다) 적극적인 수사 자세 : 비호세력, 조직 자금원 등에 대하여도 적극적으로 수사

라) 피해자 및 증인 보호대책 강구 : 피의자, 피해자, 증인에 대한 강력한 보호조치

(3) 주한미군지위협정(SOFA)사건 수사

1) 주한미군지위협정

주한미군의 법적 지위를 규정한 협정으로 1953년 체결된 「한·미 상호방위조약」에 근거하고 있으며 '접수국법령 존중의 원칙'을 기본으로 하되 주한미군의 효율적 업무 수행을 위하여 편의와 배려를 제공하고 있다.

2) 주한미군지위협정 주요 내용

가) 적용 대상자

① 미국 군대의 구성원

대한민국의 영역 안에 있는 미국의 육군, 해군, 공군에 속하는 인원으로 현역에 복무하고 있는 자로서 대사관 부속 군인, 군사고문단협정 규정 인원은 제외

② 군속

미국의 국적을 가진 민간인으로서 대한민국에 있는 미국 군대에 고용되거나 동 군대에 근무하거나 또는 동반하는 자

③ 가족

배우자 및 21세 미만의 자녀, 부모 및 21세 이상의 자녀 또는 기타 친척으로서 그 생계비의 반액 이상을 미국 군대의 구성원 또는 군속에 의존하는 자

④ 초청계약자

나) 장소적 적용범위

① 대한민국 영역 안에서 범한 범죄에 대하여 적용

② 미군 당국은 미군구성원이 대한민국 영역 밖에서 범한 범죄에 대하여 대한민국 영역 안에서 형사재판권 및 징계권을 가진다.

다) 개정 절차

대한민국 또는 미합중국 어느 정부든지, 어느 조항이든지, 언제든지 개정을 요청할 수 있다.

라) 형사재판권

① 재판관할권

한·미 당국이 재판권행사 주체라는 '재판권 분장의 원칙' 선언

② 전속적 재판권

대한민국과 미군당국 중 어느 일방 국가의 법령에 의해서는 처벌할 수 있으나, 다른 일방 국가의 법령에 의해서는 처벌할 수 없는 경우에 처벌이 가능한 국가만이 배타적으로 형사재판권을 행사하는 것

③ 재판권의 경합

원칙적으로는 대한민국 당국이 제1차적 재판권을 보유하며, ① 오로지 미국의 재산이나 안전에 관한 범죄, 또는 오로지 미국 군대의 타 구성원이나 군속 또는 그들의 가족의 신체나 재산에 관한 범죄 ② 공무집행 중의 작위 또는 부작위에 의한 범죄의 경우에는 예외적으로 미군 당국이 제1차적 재판권을 보유한다.(협정 제22조 제3항(가))

④ 재판권 포기

대한민국 당국은 미군 당국의 요청이 있으면 대한민국 당국이 재판권을 행사함이 특히 중요하다고 결정하는 경우를 제외하고는 재판권을 행사할 제1차적 권리를 포기한다.

5 외사보안활동

[1] 외사보안업무

(1) 외사 대테러업무

1) 의의

테러리즘으로부터 국가의 안전과 사회의 안녕·질서를 유지하기 위해 국제테러조직과 그 활동에 대한 정보를 수집하여 테러조직원의 국내잠입을 방지하고, 테러발생 시 정보를 지원

하며, 인질사건 발생 시 협상을 지원하는 외사경찰의 활동을 말한다.

2) 국제테러 첩보수집활동

첩보수집대상으로 외사동향파악 대상자, 테러지원국가인을 포함한 이슬람 국가인, 국제테러혐의자, 이슬람성원 관계자, 인터폴·CIA 등 국제 정보수사기관, 상주 외국공관원, 외국상사 단체원·유학생, 해외 경찰주재관 및 해외주재 한국공관원, 외국공관·美 관련 시설 및 다중 운집시설 주변 배회자 등이 있다.

3) 테러범 신병처리

가) 형법적용이 불가능한 경우

외국인이 우리나라의 법익을 전혀 침해하지 않고 외국에서 테러를 범한 경우에는 형법 적용이 불가능

※ 우리 형법은 일반적으로 세계주의(世界主義) 원칙을 채택하고 있지 않아 문제됨.

나) 형법적용이 불가능한 경우 신병처리

① 입국금지(거부) : 출입국관리공무원은 입국심사 시에 입국금지(거부) 가능

② 강제퇴거 : 테러범 발견 시 밀착 동향파악 및 강제퇴거 조치
(대테러 업무 실무상 가장 효용성이 높은 제도)

③ 범죄인인도 : 인도구속 및 신병인도까지 절차가 복잡하고 수개월 이상 소요
(긴급성을 요하는 대테러 업무상 효율성 저하)

4) 대테러 협상요령

가) 인질협상의 기본원리

① 협상은 자신이 가진 것과 상대방이 가진 것을 나누는 합의과정

② 테러분자의 초기 심리상태는 비이성적, 불안하고 극단적인 행동을 보임

③ 초기단계에서 시간벌기에 성공하면 평화적 해결 가능성이 높아짐

④ 기본원리는 시간벌기이며, 나머지 협상과정은 그 수단

⑤ 무력진압은 준비단계 부터 협상과정 전후에 걸쳐 필요성 및 긴박성에 따라 언제든지 이루어질 수 있음

나) 인질협상과정

① 준비단계(초동조치)

ⓐ 격리와 고립

ⓑ 협상지휘소 설치

ⓒ 정보 분석

② 인질협상 : 협상자의 선정 및 협상개시

③ 무력진압 : 협상이 난관에 봉착하거나 긴급한 경우 진압 개시

(2) 외사동향관찰 활동

1) 국가안보·기밀유출 등 국익 저해요소를 사전 색출하기 위해 불순활동 우려 외국인에 대해 위해첩보 수집 및 동향파악

2) 위해도에 따라 가·나·다급으로 분류

3) 외사동향파악 대상자의 다양화 등 내실화 추구를 위해 혼인 등에 의한 국적취득자·국가보안목표시설 종사자 등 동향파악 강화

(3) 외빈경호·국제행사 외사보안활동

1) 경호대상 외빈의 신변안전 확보 및 국제행사의 원활한 개최를 위하여 위해첩보 수집 및 행사장·숙소에 대한 외사보안활동 전개

2) 대테러 관련 첩보수집 및 신원특이 외국인에 대한 동향파악 및 경호처 경호안전대책위원회 실무회의 참석

3) 행사기간 중 테러 등 경호위해 첩보가 입수되는 경우나, 외사동향관찰 대상자 중 위해도가 높은 외국인에 대하여는 관찰 실시

[2] 국제해항 외사보안활동

(1) 출국자 보안검색

1) 법적 근거

가) 국제항해선박 및 항만시설의 보안에 관한 법률 (약칭 : 국제선박항만보안법)

나) 경비업법

다) 국가보안목표관리지침 제25조 제2항

2) 경찰의 보안검색권

가) 보안검색의 개념

공항(항공기 포함) 등 국가중요시설을 보호하기 위하여 입·출국하는 승객의 신체 및 휴대물품과 위탁화물 등의 검색 등을 통한 안전 확보

나) 보안검색 지도감독 업무

① 평상시 보안검색업무 지도체제 유지

② 비상시 보안검색요원을 보조자로 보안검색 및 X-Ray 검색 과정 장악, 직접 검색

(2) 입국자 외사보안활동

1) 테러혐의자 입국규제

가) 입국 시 통보요청자에 대한 조치

① 국제테러첩보 관련자에 대하여 입국 시 통보요청(경찰청)

② 대상자 입국 시 공항 출입국관리사무소에서 공항경찰대에 통보

③ 공항경찰대는 대상자의 혐의 확인 후 국정원·출입국관리사무소와 합동조사

④ 대상자의 혐의가 경미하여 입국을 허용하는 경우, 대상자 E/D카드·합동조사시 등 입국 관련 자료를 첨부, 외사보안계 보고 및 해당 지방청에 통보하여 대상자의 국내체류 동향을 파악할 수 있도록 조치

나) 국제공해항에서 테러혐의자 발견 시 조치

① 출입국관리사무소로부터 테러의심자 발견 사실을 통보받았을 경우
출입국관리국 재심에 참여, 신원확인 및 관련 사항을 경찰청 외사보안계 즉보

② 환승장 CIQ 지역 등에서 검문검색 중 테러의심자를 발견했을 경우

ⓐ 입국 또는 환승 여부 확인(환승 시 해당편명, 시간, 목적지 확인)

ⓑ 출입국 관리사무소·세관·공항공사에 테러의심자에 대한 입국심사·수하물검색·보안검색 강화를 요청, 필요시 직접검색 실시

ⓒ 출입국관리사무소와 협조, '입국금지' 및 '인터폴수배 여부' 등을 확인하고 테러혐의자로 판명될 경우 경찰청 외사보안계 즉보

ⓓ 테러혐의자와 동일인 여부가 불분명할 경우, 지체 없이 경찰청 외사보안계 즉보 및 신원확인 요청

2) 테러지원 국가인 입국관리

가) 입국신고서 등 관련 자료 확보 후 경찰청 외사보안계 및 체류지 관할지방경찰청장에게 보고·통보

나) 기(旣) 외사동향파악 대상자로 지정된 경우에는 해당 등급에 따라 첩보수집 및 동향 파악

다) 체류지 관할지방경찰청장은 통보받은 자료와 대상자의 체류실태 등을 종합 심사하여 외사동향파악 대상자 지정 여부를 결정

라) 외사동향파악 대상자로 지정된 경우 등급에 따른 동향관찰 실시

3) 보호구역 내 불법행위 처리요령

가) 보호구역

공항시설 보안의 주체인 공항운영자가 공항시설 보안을 위해 특별한 보호가 필요하다고 인정되는 구역을 지정하여 출입이 허가된 자 이외의 자는 출입을 통제하는 지역

나) 법적 성격

① 국제 공·해항 내 보호구역은 일반인의 출입이 제한된 지역일 뿐, 치외법권 지역에는 해당되지 않아 완전한 국내법이 적용되는 지역

② 보호구역은 법무부의 입국심사가 완료되지 않은 지역으로 법무부에서는 업무편의상 보호구역 내 내·외국인은 입국하지 않은 것으로 의제

4) 보안검색이 완료된 구역 내 불법행위

가) 신병확보를 위해 법무부에 신속히 입국수속을 요청하고, 국내법이 적용되는 지역이므로 일반형사범 처리절차에 의거 처리

나) 불법행위에 대한 목격자를 현장에서 확보, 참고인 진술조서 등을 통하여 증거자료 확보에 주력

다) 경미범죄는 처벌 실익이 없어 현장에서 훈방 조치하는 것이 타당하나 피해자 처벌 의사 유무 등을 고려하여 필요시 입건조치 가능

[3] 외사방첩활동

(1) 외사방첩활동

국가안전보장을 위해 외사동향파악 대상자 중 혐의가 있는 자에 대하여 세부적으로 진행하는 비밀내사 및 검거를 위한 수사 활동을 말한다.

(2) 내용

1) 장기간에 걸친 간첩 및 정보사범을 색출하기 위한 공작
2) 체포·자수한 간첩을 역이용하여 배후조직을 탐지·유인하여 검거 또는 정보수집
3) 체포·자수한 간첩을 활용하여 대민계몽, 대적 심리전 공작

(3) 외사방첩공작

1) 체류외국인 및 외국기관·단체와 연계된 자 등의 국가기밀 탐지·수집 등 국익 저해 사범을 색출하여 위해행위 차단
2) 중요도·추진기간에 따라 ABC 급으로 구분

6 국제경찰공조

[1] 국제형사사법공조

(1) 의의

형사사건에 있어서의 수사, 기소, 재판절차와 관련하여 어느 한 국가의 요청에 의하여 다른 국가가 행하는 형사사법상 협조를 의미한다.

(2) 기본원칙

1) 상호주의

외국이 사법공조를 해주는 만큼 자국도 동일하거나 유사한 범위 내에서 공조요청에 응한다는 원칙이다.

2) 쌍방가벌성의 원칙

형사사법공조의 대상이 되는 범죄는 피요청국과 요청국 모두에서 처벌 가능한 범죄여야 한다는 원칙이다.

3) 특정성의 원칙

요청국이 공조에 따라 취득한 증거를 공조요청의 대상이 된 범죄 이외의 수사나 재판에

사용해서는 안 되며, 피요청국의 증인 등이 공조요청에 따라 요청국에 출두한 경우 피요청국을 출발하기 이전의 행위로 인해 구금·소추를 비롯한 어떠한 자유도 제한받지 않는다는 원칙이다.

(3) 공조의 제한(임의적 규정)

1) 대한민국의 주권, 국가안전보장, 안녕질서 또는 미풍양속을 해칠 우려가 있는 경우
2) 인종, 국적, 성별, 종교, 사회적 신분 또는 특정 사회단체에 속한다는 사실이나 정치적 견해를 달리한다는 이유로 처벌되거나 형사상 불리한 처분을 받을 우려가 있다고 인정되는 경우
3) 공조범죄가 정치적 성격을 지닌 범죄이거나, 공조요청이 정치적 성격을 지닌 다른 범죄에 대한 수사 또는 재판을 목적으로 한 것이라고 인정되는 경우
4) 공조범죄가 대한민국의 법률에 의해서는 범죄를 구성하지 아니하거나 공소를 제기할 수 없는 범죄인 경우
5) 이 법에 요청국이 보증하도록 규정되어 있음에도 불구하고 요청국의 보증이 없는 경우

[2] 범죄인인도

(1) 의의

한 나라의 형법, 기타 형사관계법을 위반한 범죄인이 다른 나라에 있는 경우 범죄인의 현재지 국가가 범죄지 국가의 요청에 따라 그 범죄인을 인도하는 것을 말한다.

(2) 제한 원칙

1) 상호주의

인도조약이 체결되어 있지 아니한 경우에도 범죄인의 인도를 청구하는 국가가 같은 종류 또는 유사한 인도범죄에 대한 대한민국의 범죄인 인도청구에 응한다는 보증을 하는 경우에는 범죄인 인도법을 적용한다.

2) 쌍방가벌성의 원칙

인도청구가 있는 범죄가 청구국과 피청구국 쌍방의 법률에 의하여 범죄를 구성하지 않는 경우에는 그 범죄에 관하여 범죄인을 인도하지 않는다는 원칙이다.

3) 특정성의 원칙

인도된 범죄인이 인도가 허용된 범죄 외의 범죄로 처벌받지 아니하고, 제3국에 인도되지 아니한다는 청구국의 보증이 없는 경우에는 범죄인을 인도하여서는 안 된다.

4) 자국민불인도의 원칙

자국민은 청구국에 인도하지 않는다는 원칙으로, 우리나라는 임의적 거절사유로 규정하고 있다.

5) 형사소송절차와 관련된 사유에 의한 제한

가) 대한민국 또는 청구국의 법률에 따라 인도범죄에 관한 공소시효 또는 형의 시효가 완성된 경우

나) 인도범죄에 관하여 대한민국 법원에서 재판에 계속 중이거나 재판이 확정된 경우

다) 범죄인이 인도범죄를 범하였다고 의심할 만한 상당한 이유가 없는 경우

라) 범죄인이 인종, 종교, 국적, 성별, 정치적 신념 또는 특정 사회단체에 속한 것 등을 이유로 처벌되거나 그 밖의 불리한 처분을 받을 염려가 있다고 인정되는 경우

6) 범죄의 성질에 따른 인도의 제한

가) 정치범불인도의 원칙

인도범죄가 정치적 성격을 지닌 범죄이거나 그와 관련된 범죄인 경우에는 범죄인을 인도하여서는 안 된다.

나) 군사범불인도의 원칙

군사적 의무관계에서 기인하는 범죄자는 인도하지 않는다는 원칙으로, 우리나라는 명문으로 규정하고 있지 않다.

7) 형벌의 종류에 따른 인도의 제한

가) 사형범죄

국제법상 일반적인 관행은 사형범인 범죄인의 인도에 관하여 사형을 집행하지 않는다는 보증을 받고 청구국의 인도에 응한다.

나) 비인도적 형벌

인도범죄의 성격과 범죄인의 환경에 비추어 범죄인을 인도함이 비인도적이라고 인정되는 경우에는 임의적 인도거절 사유로 한다.

[3] 인터폴을 통한 공조

(1) 국제형사경찰기구(인터폴)와의 협력

국제범죄의 정보 및 자료 교환, 국제범죄의 동일증명 및 전과조회, 국제범죄에 관한 사실 확인 및 그 조사에 대해 국가중앙사무국을 통하여 인터폴 사무총국 및 타 회원국과 공조한다(국제형사사법공조법 제 38조).

> 국제형사경찰기구(International Criminal Police Organization, ICPO)는 국제 범죄의 신속한 해결과 각국 경찰기관의 발전 도모를 위한 기술협력을 목적으로 1956년 설립된 국제기구로 국제적인 형사 사건의 조사, 정보, 자료의 교환, 수사협력의 일을 주로 한다. 1923년 국제형사경찰위원회가 만들어졌고 1956년, 전신 약호로 인터폴(영어 : Interpol)이 등록되었다.
> 현재 가입되어 있는 194개국(2020년 기준)이 매년 약 5,900만 유로의 재정적 지원을 하고 있다. 본부는 프랑스 리옹에 있다. 회원국의 숫자로 보면 193개 회원국을 보유한 UN보다 많아 세계에서 가장 회원국수가 많은 국제기구이다. 대한민국은 1964년에 가입을 하였다.

(2) 인터폴 국제수배

인터폴 사무총국에서 국외도피범죄인, 우범자 등 국제범죄와 관련된 인적·물적 대상에 관한 정보·자료를 각 회원국에 신속히 통보·정보를 공유함으로써 그 대상을 색출·감시·검거하는 국제 공조체제를 말한다.

〈표 5-1〉 인터폴 국제수배서

Red Notice (적색수배서)	체포 수배서 – 살인, 강도, 강간등 강력범 – 폭력조직 중간보스 이상 조직폭력사범 – 다액 (50억원 이상) 경제사범 – 기타 중요범죄
Yellow Notice (황색수배서)	가출인 소재확인, 기억상실자 신원파악 목적
Orange Notice (오렌지수배서)	폭발물, 테러범 신원확인 목적
Green Notice (녹색수배서)	상습 국제범죄자 신원확인 목적
Black Notice (흑색수배서)	사망자, 변사자 신원확인 목적
Blue Notice (청색수배서)	수배자의 신원확인 목적
장물수배서	장물발견시 장물인도 목적

2장 밀항사범 및 외국인선원 관리

1 밀항사범처리규칙[75)]

[1] 총칙

(1) 목적

이 규칙은 밀항단속법(이하 "법"이라 한다) 위반사범의 발생방지와 검거된 밀항사범의 처리에 필요한 사항을 규정함으로써 밀항사범의 근절을 도모함을 목적으로 한다.

(2) 용어의 정의

1) "밀항"이라 함은 관계당국에서 발행한 여권·선원수첩 그 밖의 출국에 필요한 유효한 증명 없이 대한민국외의 지역으로 도항 또는 월경하거나 대한민국외의 지역에서 승선한 선박이나 탑승한 항공기로부터 무단히 이탈하거나 선장 또는 기장 그 밖의 책임자가 지정한 시간 내에 귀환하지 아니함을 말한다.
2) "이선(離船)", "이기(離機)"라 함은 대한민국외의 지역에서 승선한 선박이나 탑승한 항공기로부터 무단히 이탈하거나 선장 또는 기장 그 밖의 책임자가 지정한 시간 내에 귀환하지 아니함을 말한다
3) "송환자"라 함은 밀항단속법 위반 또는 이에 준하는 행위로 해당국에서 소정의 처분을 받고 집단적 또는 개별적으로 강제송환 되는 자(강제송환자) 및 퇴거명령에 의하여 자기비용으로 송환되는 자(자비송환자)를 말한다.
4) "재외 밀항사범"이라 함은 외국에서 밀항사범으로 체포되었거나 타국에 체류 중인 자로서 장차 자비송환 또는 강제송환될 대상자를 말한다.

---

75) 밀항사범처리규칙, [해양경찰청예규 제45호, 2019. 7. 10., 일부개정.], 해양경찰청(외사과).

[2] 임무 및 관할

(1) 임무

1) 밀항전과자, 방조자 및 용의자 동향파악
2) 밀항방조용의 선박의 파악
3) 밀항용의 지역에 대한 검문검색 실시
4) 상습밀항 알선조직 내사
5) 해양경찰서 파출소 책임제 실시
6) 부두연안 정보망 활용
7) 출입선박 검문검색 철저
8) 경비정에 의한 연안순찰 및 해상단속 강화
9) 유관기관과의 협조체제 강화로 선원 등에 대한 밀항방지 경고 및 계몽

(2) 관할

밀항사범은 검거지를 관할하는 지방해양경찰청 또는 해양경찰서에서 수사 처리함을 원칙으로 한다. 단, 송환자에 대하여는 발생지를 관할하는 지방해양경찰청 또는 해양경찰서에서 수사 처리한다.

(3) 이첩

밀항행위보다 중한 다른 죄와 경합되거나 감독기관의 지휘 또는 승인이 있을 때에는 타 해양경찰서 또는 그 밖의 수사기관에 이첩할 수 있다.

[3] 조사

밀항사범을 조사할 때에는 재외 불순분자의 색출을 위하여 국가보안법 위반사실 유무와 그 밖에 관계법규 위반사실 여부 등에 착안점을 두어 수사하되 특히 다음 각호에 유의하여 조사하여야 한다.

1) 국가보안법 그 밖에 관계법규 위반여부
2) 밀항목적의 불순성 유무
3) 밀항 후 귀착지, 체류지
4) 외국 내 연고선의 인적사항 및 성분

5) 외국에서 접촉인물의 사상성분 및 동향
6) 외국에서의 생활수단(직업 및 수입관계)
7) 재외 불순분자 및 세력과의 접촉여부
8) 피검경위(일시, 장소, 경위)
9) 피검 후 외국당국의 조치 및 수용소에서의 상황(취급관서, 보석상황, 보증인, 변호인, 재판결과, 일시)
10) 자비송환자에 대하여는 외국에서 방면시 신원보증인, 여비제공자 등 협조자의 인적사항과 그 성분
11) 외국에서 자수하여 송환되는 자에 대하여는 그 자수동기의 불순성 및 합리성 유무
12) 외국에서 북송희망 여부
13) 국내외에서 범죄 후 탈출 유무
14) 불온문건 휴대 유무
15) 신분에 상응하지 아니한 휴대품의 유무
16) 사후 감시를 위한 목적지 및 연고지의 정확한 파악
17) 밀항 상습자 및 밀항 알선자와 공범자 색출
18) 처벌의 감면을 위한 밀항 전과의 은폐 및 밀항시기의 허위진술 여부

(1) 공범색출

밀항사범 조사에는 밀항비 지급 상황 등을 파악하여 밀항 방조자 그 밖의 공범자 발견에 노력하여야 한다.

(2) 위장선원

위장선원 용의자를 조사함에 있어서는 다음 각 호의 사항을 규명하여야 한다.

1) 해당 선박의 선원인지 여부
2) 선원수첩 발급을 위한 선원 경력증명서 등의 위조 행사 여부
3) 선원으로서의 보수를 받지 않고 반대로 선임(밀항방조 보수)을 선주에게 급부하였는지 여부

(3) 누범 여부의 규명

밀항사범 조사에 있어서 특히 처벌의 감면을 위한 밀항전과의 은폐, 밀항시기의 허위진술

여부를 규명하여야 한다.

[4] 보고 및 통보

(1) 검거보고 및 통보

밀항사범을 검거 또는 인수한 경우 해양경찰서장은 지방해양경찰청장에게, 지방해양경찰청장은 해양경찰청장에게 그 내용을 보고하여야 한다. 단, 외국 또는 국내 타기관으로 부터 밀항사건, 재외밀항사범 및 송환자 등에 대한 통보를 받은 각 해양경찰기관은 발생지를 관할하는 지방해양경찰청장 또는 해양경찰서장에게 통보하여야 한다.

(2) 특이사항 보고

지방해양경찰청장 및 해양경찰서장은 집단밀항, 밀항사범 중 저명인사 그 밖에 중요범죄의 밀항사범을 인지하였을 경우에는 해양경찰청장에게 즉시 보고하여야 한다.

(3) 관계기관 통보

밀항사범을 검거 또는 인수 처리한 지방해양경찰청장 및 해양경찰서장은 밀항선원, 방조선원, 관련선박의 범죄사실을 기록하여 관계기관에 통보하고 필요한 행정조치를 요구하여야 한다.

(4) 공안사범에 준한 자료 처리

밀항사범을 검거 또는 인수 처리한 지방해양경찰청장 및 해양경찰서장은 경찰청에 공안사범자료 관리에 준하여 전산처리 의뢰하여야 하며 검찰 사건송치시 첨부하여야 한다.

2 외국인선원 관리

외국인선원 관리지침은 해양수산부고시 제2016-53호(2016. 4. 28.)로 「선원법」 제115조 및 같은 법 시행령 제39조의 규정에 따라 외국인 선원의 고용범위 결정, 고용절차 등을 체계적으로 마련하여 선원 수급의 안정과 관련 산업의 생산적 발전을 도모함을 그 목적으로 한다.

[1] 외국인선원 관리

1) 고용 신고된 외국인선원이 출·입국하고자 하거나 국내항에서 상륙하고자 할 때에는 출입국관계법령의 규정에 따라야 하며, 선박소유자는 외국인선원이 국내에 체류하는 동안 그 선원을 보증하여야 한다.
2) 선박소유자 및 선장은 국내항에 입항하고 있는 기간 중 상륙허가를 받지 아니한 외국인선원의 하선을 금지하여야 하며, 외국인선원과의 고용기간이 만료되거나 고용계약을 해지 또는 파기한 경우에는 즉시 선박소유자의 책임하에 본국에 귀국하도록 조치하여야 한다.
3) 선박소유자는 외국인선원과 처음으로 동승하는 선원에 대하여 외국인 인권 침해 예방교육이 포함된 자체 혼승교육을 실시하여야 하며, 해당 선박소유자 단체의 지원을 받아 교육용 교재를 제작 배부하여야 한다.
4) 선박소유자 및 선장은 선상에서 폭력 또는 폭동이 발생하지 아니하도록 출항 전에 교육을 실시하는 등 필요한 조치를 강구·시행하여야 하며, 폭력 또는 폭동이 발생하였을 경우 선장은 사고 경위 및 사고내용 등을 선박소유자에게 즉시 보고한 후 선내 징계위원회의 의결을 거쳐 가해자에 대하여 제재를 가하고 국내항에 입항한 즉시 지방해양수산청장에게 신고하여야 한다.
5) 외국인선원이 승무하고 있는 선박의 선장은 외국인선원의 근무상태를 수시로 확인하여야 하며, 특이사항을 발견 또는 인지한 즉시 선박소유자에게 보고하여야 한다.
6) 선장으로부터 선상폭행, 무단이탈 등의 선원사고와 특이사항을 보고 받은 선박소유자는 즉시 필요한 조치를 취하고, 해양수산부·해양경찰청(해양경찰서)·법무부·보안관계기관 등에 통보하여야 한다.
7) 선박소유자 및 선장은 외국인선원이 승무한 최초 1개월 동안은 선상생활에 적응할 수 있도록 무리한 임무부여를 지양하여야 하며, 외국인선원의 정착을 유도할 수 있도록 선박소유자 및 선장 책임하에 선내 가족분위기 조성지원, 외국인 개개인의 생활관습 존중, 국내선원과의 차별금지 등 인간적인 배려를 하여야 한다.
8) 한국선원과 혼승하고자 하는 외국인선원은「선원법」에서 규정하고 있는 교육 외에 다음 각호에서 정하는 기준에 따라 선원업무 수행에 필요한 내용, 안전교육, 한국어 기본회화, 한국의 출입국관계법령, 인권 침해 예방 및 폭행·임금 체불 등 인권 침해시 권리구제 방법 등의 교육을 이수하여야 하며, 선박소유자, 송입업체 및 선장은 외국인선원이 교육을 이수하였는지 여부를 확인하여야 한다.

가) 입국 전 교육 : 자국 교육기관에서 3일 이상(국내체류 예정인 외국인선원으로서 최초 승선인 경우는 30일 이상)

나) 입국 후 교육 : 국내 선원교육기관에서 3일 이내의 교육이수(선박운항 일정상 불가피한 경우에는 선박소유자 또는 선장 책임 하에 선상교육으로 대체)

[2] 외국인 선원 무단이탈 선박 등의 무역항 출입허가

외국인 선원 무단이탈 선박 등의 무역항 출입허가 등에 관한 지침(2017.12.26 일부개정, 2018.2.1. 시행)은 「선박의 입항 및 출항 등에 관한 법률(이하 "선박입출항법"이라 함) 시행령」 제3조제2의2호에 따라 해양수산부장관이 국가안전보장을 위하여 무역항 출입에 특별한 관리가 필요하다고 인정하는 선박과 같은 령 제3조제3호에 따라 전시·사변이나 이에 준하는 국가비상사태 또는 국가안전보장에 필요한 경우로서 관계 중앙행정기관의 장이나 「국제항해선박 및 항만시설의 보안에 관한 법률(이하 "항만보안법"이라 함)」 제2조제9호에 따른 국가보안기관의 장(이하 "국가보안기관의 장"이라 함)이 무역항 출입에 특별한 관리가 필요하다고 인정하는 선박에 대한 무역항 출입허가 업무에 관한 사항을 규정하는 것을 목적으로 한다.

(1) 용어의 정의

1) "국제항해선박" 이란 「항만보안법」 제2조제1호에서 정한 국제항해선박을 말한다.
2) "무단상륙" 이란 「항만보안법」 제33조제1항제3호에 따른 행위를 하거나 「항만법」 제2조제5호가목의 기본시설 중 항로·정박지 등 수역시설에서 무단 하선한 외국인 선원이 승무하였던 국제항해선박의 선장 또는 운수업자가 「출입국관리법」 제96조에 따라 처벌받은 경우를 말한다.
3) "무단이탈" 이란 제2호에서 정한 무단상륙 중 「항만보안법」 제27조에 따라 항만시설적합확인서를 교부 받은 보안시설을 정당한 출입절차 없이 이탈하는 경우를 말한다.
4) "출입허가" 란 「선박입출항법」 제4조제2항에 따른 무역항 출입허가를 말한다.
5) "입항금지" 란 「선박입출항법」 제4조제2항에 따른 무역항 출입허가를 불허하는 것을 말한다.

(2) 적용범위

1) 대한민국 무역항의 「항만보안법」 제33조제1항제3호에 따라 같은 법 시행규칙 제40조

제1항으로 정한 시설과 「항만법」 제2조제5호 가목의 기본시설 중 항로·정박지 등 수역시설 및 다음 각 호의 시설을 대상으로 한다.

가) 선박을 수리하거나 건조하는 조선소의 선박계류시설

나) 석유 비축기지, 액화천연가스 생산기지 또는 화력발전소의 선박계류시설

다) 「선박법」 제6조 단서에 따라 해양수산부장관의 허가를 받아 외국 국적선박이 기항하는 불개항장의 선박계류시설

2) 제1항의 시설 내에 계류·운항 또는 정박 중인 국제항해선박(「선박법」 제2조에 따른 대한민국 선박과 「선박안전법」 제3조제2항제3호에 따른 국적취득조건부나용선 제외)에 승무하였던 선원의 무단상륙 또는 무단이탈 사건 발생으로 해양수산부장관이 「선박입출항법 시행령」 제3조제2의2호에 따라 무역항 출입허가 대상으로 지정한 선박과 그 선박이 제1항에서 정한 시설에 출입하는 경우에 적용한다.

(3) 출입허가 및 입항금지 대상 선박 지정 통보

1) 출입허가 또는 입항금지 대상 선박은 무단상륙 또는 무단이탈 사건과 관련하여 지방출입국·외국인관서의 장의 「출입국관리법」 제101조에 따른 고발 또는 같은 법 제102조에 따른 통고처분이 있는 때에 해양수산부장관이 지정한다.

2) 해양수산부장관은 제1항의 지정이 있는 때에는 별지 제1호서식의 '무역항 출입허가(금지) 대상 선박 통보서'로 보안관계기관 등에 통보한다.

(4) 출입허가 조건

1) 지방해양수산청장 또는 특별시장·광역시장·도지사·특별자치도지사(이하 "시·도지사"라 한다)가 해양수산부장관이 제4조에 따라 지정·통보한 선박에 대하여 「선박입출항법 시행령」 제5조에 따라 출입허가를 하려는 경우에는 선장 또는 선박소유자로부터 외국인 선원 무단하선 재발방지 대책을 제출받아 관계 국가보안기관의 장(지방관리무역항의 경우는 관할 지방해양수산청장을 포함한다) 및 지방출입국·외국인관서의 장과 미리 협의한 후 조건부 출입을 허가하여야 한다.

2) 지방해양수산청장은 또는 시·도지사가 해당 선박으로부터 제출 받은 선원 무단하선 재발방지 대책이 미흡하다고 인정하는 때에는 「항만보안법」 제41조제5항에 따라 시정조치를 명하고 시정 완료시까지 입항을 불허하여야 한다. 이 경우 시·도지사는 관할 지방해양수산청장에게 시정조치를 명할 것을 요청하여야 한다.

3) 제1항에서 따른 출입허가 조건에는 다음 각 호의 사항이 포함되어야 한다.

가) 선박 접안 즉시 청원경찰법에 의한 청원경찰, 경비업법에 따른 특수경비업체의 경비원 또는 항만운송사업법에 따른 항만용역업 중 경비업을 수행하는 업체의 경비원을 출항시까지 상시 배치하여 허가 받지 않은 선원의 무단 하선을 방지

나) 선장은 선원에 대하여 무단상륙 및 무단이탈 방지를 위한 교육을 실시하고 선박 접안 후 매 4시간 마다 선원의 이탈 여부를 점검하여 관할 지방해양수산청장에게 보고

다) 선박대리점에서는 1일 2회 이상 계류중인 선박에 직접 승선하여 선원의 이탈여부를 점검하고 이상 유무를 관할 지방해양수산청에 보고

(5) 조치결과 통보

관할 지방해양수산청장 또는 시·도지사는 제7조제1항에 따른 출입허가를 한 경우 즉시 별지 제2호서식에 따라 관할 해양경찰청, 세관 및 지방출입국·외국인관서의 장(지방관리무역항의 경우는 관할 지방해양수산청장을 포함한다)에 통보하고 해양수산부장관(항만운영과)에게 보고하여야 한다.

(6) 출입허가 조건 위반자에 대한 조치

1) 제7조제3항제1호를 위반하여 경비원을 배치하지 않은 자는 「항만보안법」 제49조제5호에 따라 500만원 이하의 벌금에 처한다.

2) 관할 지방해양수산청장은 제7조제3항제2호 및 제3호를 위반한 자에게는 「항만보안법」 제52조제1항제26호에 따라 과태료를 부과한다.

〈승선 중 무단이탈한 외국인 선원 검거〉

해양경찰은 범죄사실이 확인되지 않으면 출입국관리법 위반 혐의로 불구속 입건하고(범죄사실 발견시 구속영장 신청) 출입국관리 사무소로 인계, 출입국관리사무소 측은 강제추방 절차를 하게 된다.

3 남북교류협력에 관한 법률

[1] 목적과 용어

남·북한간의 인적·물적교류와 협력을 원활히 할 수 있도록 하기 위하여 교류·협력에 대한 승인·신고절차 등 필요한 사항을 정하려고 1990년 8월 1일에 「남북교류협력에관한법률 (남북교류협력법)」[76]이 제정되었고, 특히 이 법은 군사분계선 이남지역과 그 이북지역 간의 상호 교류와 협력을 촉진하기 위하여 필요한 사항을 규정함으로써 한반도의 평화와 통일에 이바지하는 것을 목적으로 하고 있다. 이 법에서 사용하는 용어의 뜻은 다음과 같다.

1) "출입장소"란 군사분계선 이북지역(이하 "북한"이라 한다)으로 가거나 북한으로부터 들어올 수 있는 군사분계선 이남지역(이하 "남한"이라 한다)의 항구, 비행장, 그 밖의 장소로서 대통령령으로 정하는 곳을 말한다.
2) "교역"이란 남한과 북한 간의 물품, 대통령령으로 정하는 용역 및 전자적 형태의 무체물(이하 "물품등"이라 한다)의 반출·반입을 말한다.
3) "반출·반입"이란 매매, 교환, 임대차, 사용대차, 증여, 사용 등을 목적으로 하는 남한과 북한 간의 물품등의 이동(단순히 제3국을 거치는 물품등의 이동을 포함한다. 이하 같다)을 말한다.
4) "협력사업"이란 남한과 북한의 주민(법인·단체를 포함한다)이 공동으로 하는 문화, 관광, 보건의료, 체육, 학술, 경제 등에 관한 모든 활동을 말한다.

[2] 남북한 방문

1) 남한의 주민이 북한을 방문하거나 북한의 주민이 남한을 방문하려면 대통령령으로 정하는 바에 따라 통일부장관의 방문승인을 받아야 하며, 통일부장관이 발급한 증명서(이하 "방문증명서"라 한다)를 소지하여야 한다.
2) 방문증명서는 유효기간을 정하여 북한방문증명서와 남한방문증명서로 나누어 발급한다.
3) 복수방문증명서의 유효기간은 5년 이내로 하며, 5년의 범위에서 연장할 수 있다.
4) 통일부장관은 방문승인을 하는 경우 대통령령으로 정하는 범위에서 북한 또는 남한에 머무를 수 있는 방문기간(이하 "방문기간"이라 한다)을 부여하여야 하고, 남북교류·협

76) 남북교류협력에 관한 법률 (약칭 : 남북교류협력법), [시행 2021. 3. 5.] [법률 제17068호, 2020. 3. 4., 타법개정, 통일부].

력의 원활한 추진을 위하여 대통령령으로 정하는 바에 따라 북한방문결과보고서 제출 등 조건을 붙일 수 있다.

5) 방문승인을 받은 사람은 방문기간 내에 한 차례에 한하여 북한 또는 남한을 방문할 수 있다.

6) 복수방문증명서를 발급받은 사람 중 외국을 거치지 아니하고 북한 또는 남한을 직접 방문하는 사람 등 대통령령으로 정하는 사람은 제5항에도 불구하고 방문기간 내에 횟수에 제한없이 북한 또는 남한을 방문할 수 있다. 다만, 방문기간 내에라도 방문 목적이나 경로를 달리하여 방문할 경우에는 통일부장관의 방문승인을 별도로 받아야 한다.

7) 통일부장관은 제1항 및 제6항 단서에 따라 방문승인을 받은 사람이 다음 각 호의 어느 하나에 해당하는 경우에는 그 승인을 취소할 수 있다. 다만 제1호의 경우에는 그 승인을 취소하여야 한다.

가) 거짓이나 그 밖의 부정한 방법으로 방문승인을 받은 경우

나) 제4항에 따른 조건을 위반한 경우

다) 남북교류·협력을 해칠 명백한 우려가 있는 경우

라) 국가안전보장, 질서유지 또는 공공복리를 해칠 명백한 우려가 있는 경우

8) 다음 각 호의 어느 하나에 해당하는 사람(이하 "재외국민"이라 한다)이 외국에서 북한을 왕래할 때에는 통일부장관이나 재외공관(在外公館)의 장에게 신고하여야 한다. 다만, 외국을 거치지 아니하고 남한과 북한을 직접 왕래할 때에는 제1항에 따라 발급된 방문증명서를 소지하여야 한다.

가) 외국정부로부터 영주권을 취득하였거나 이에 준하는 장기체류허가를 받은 사람

나) 외국에 소재하는 외국법인 등에 취업하여 업무수행의 목적으로 북한을 방문하는 사람

[3] 남북한 주민 접촉

남한의 주민이 북한의 주민과 회합·통신, 그 밖의 방법으로 접촉하려면 통일부장관에게 미리 신고하여야 한다. 다만, 대통령령으로 정하는 부득이한 사유에 해당하는 경우에는 접촉한 후에 신고할 수 있다.

[4] 외국 거주 동포의 출입 보장

외국 국적을 보유하지 아니하고 대한민국의 여권(旅券)을 소지하지 아니한 외국 거주 동포가 남한을 왕래하려면 「여권법」 제14조제1항에 따른 여행증명서를 소지하여야 한다.

[5] 남북한 거래의 원칙

남한과 북한 간의 거래는 국가 간의 거래가 아닌 민족내부의 거래로 본다.

[6] 물품반출·반입의 승인

1) 물품 등을 반출하거나 반입하려는 자는 대통령령으로 정하는 바에 따라 그 물품등의 품목, 거래형태 및 대금결제 방법 등에 관하여 통일부장관의 승인을 받아야 한다. 승인을 받은 사항 중 대통령령으로 정하는 주요 내용을 변경할 때에도 또한 같다.
2) 남한과 북한 간에 선박·항공기·철도차량 또는 자동차 등(이하 "수송장비"라 한다)을 운행하려는 자는 통일부장관의 승인을 받아야 한다.

[7] 결제 업무의 취급기관

통일부장관은 남북교류·협력에 필요하다고 인정할 때에는 기획재정부장관과 협의하여 결제 업무를 취급할 기관을 지정할 수 있다.

3장 불법외국어선 사법처리

1 불법외국어선 사법처리 절차 규칙[77)]

국립수산과학원에 따르면 2019년 11월 말 기준 서해권 전체 어획량은 전년 동기 대비 증가한 것으로 발표하였다. 그동안 서해 NLL 인근 해역에서 불법 외국어선들의 소형 고속보트를 이용한 모선과 자선 형태의 변칙 조업, 조타실을 강철판으로 폐쇄한 철갑선 형태의 불법조업이 문제가 되었고, 이를 단속하는 해양경찰은 연평도 해역에 중형함정을 추가 배치하고, 특수 기동정을 이용 야간 매복 작전 등으로 불법 외국어선을 강력 단속과 나포를 하였다.

EEZ 허가수역에서도 중국의 유망과 타망 어선 휴어기 전·후로 특별단속을 실시하는 등 검문검색을 강화하고 무허가 조업과 조업일지 부실기재, 기관 마력 변경 미신고 등 불법조업 외국어선은 강력하게 단속해 불법조업이 많이 감소되는 실정이다. 동해를 거쳐 북한·러시아 해역 등에서 조업 예정인 중국어선의 이동 및 긴급피난에 대비하여 우리수역 내 불법조업 차단과 어민 피해예방을 위한 해상경비를 강화하여 우리 어민의 안전 조업을 보호하여 어획고 증대에도 일정 부분 기여한 것으로 나타났다.

그러나 불법조업은 계속되고 휴어기가 확대되는 시기에 맞추어 중국어선의 한탕주의식 불법이 이루어지고 있어 해양경찰은 나포와 불법에 대한 수사과정의 절차가 필요하기에 해양경찰은 불법외국어선 사법처리절차 규칙을 제정하여 처리를 하고 있다.

[1] 목적

이 규칙은 「영해 및 접속수역법」 및 「배타적 경제수역에서의 외국인 어업등에 대한 주권적 권리의 행사에 관한 법률」을 위반한 외국어선에 대한 수사과정에서 지켜야 할 수사의 방법과 절차 등 필요한 사항을 규정함을 목적으로 한다.

---

77) 불법조업 외국어선 사법처리 절차 등에 관한 규칙, [해양경찰청훈령 제139호, 2019. 9. 3., 제정.], 해양경찰청(외사과).

[2] 용어의 정의

1) "관할 해양경찰서장"이란 해양경찰서장과 서해5도특별경비단장을 말한다.
2) "사건담당부서"란 해양경찰서 및 서해5도특별경비단의 외사계를 말한다.
3) "일반선원"이란 구속된 선원을 제외한 승선원을 말한다.
4) "수사전담요원"이란 「수사전담요원 관리·운영규칙」에 의해 경비함정 및 파출소에서 수사업무에 종사하는 사람을 말한다.
5) "영사기관"이란 모든 총영사관, 영사관, 부영사관, 영사대리사무소 또는 영사사무소를 말한다.
6) "영사관원"이란 총영사, 부총영사, 영사, 부영사, 영사 주재관 또는 영사대리인을 포함하여 그러한 자격으로 영사기능의 수행을 위임받은 모든 사람을 말한다.

[3] 적용범위

「영해 및 접속수역법」 및 「배타적 경제수역에서의 외국인 어업등에 대한 주권적 권리의 행사에 관한 법률(이하 "경제수역어업주권법"이라 한다.)」을 위반한 외국어선에 대한 수사 사무에 관하여 다른 법령에 특별한 규정이 있는 경우를 제외하고는 이 규칙이 정한 바에 따른다.

[4] 법령 등 준수

1) 사법경찰관은 수사를 할 때에는 「형사소송법」, 「배타적 경제수역에서의 외국인어업제한 위반 선박 등에 대한 사법절차에 관한 규칙」 등 관계 법령과 규칙을 준수하여야 한다.
2) 이 규칙에 의하여 정한 사항을 제외하고 일반적인 수사절차에 관한 사항은 「형사소송법」, 「범죄수사규칙」 등 관계 법령과 규칙을 따른다.
3) 사법경찰관은 외국어선 수사를 함에 있어서는 국제법과 국제조약을 준수하고 위배되는 일이 없도록 유의하여야 한다.

2 불법외국어선 나포 및 조치

[1] 나포어선 등에 대한 조치

1) 사법경찰관은「영해 및 접속수역법」을 위반한 외국어선을 나포하였을 때에는 검사에게 외국어선 나포 보고서를 통보 하여야 한다. 다만 지역에 따라 요구하는 서식이 있는 경우에는 다른 서식을 사용할 수 있다.
2) 사법경찰관은「경제수역어업주권법」을 위반한 외국어선을 나포하였을 때에는 별지 제1호 서식에 의한 위반선박 및 위반자 조치 지휘건의서를 검사에게 통보하여야 한다. 다만, 급속을 요하여 미리 검사의 지휘를 받지 못한 경우에는 별지 제2호 서식에 의한 위반선박 및 위반자 조치결과보고서에 그 사유를 기재하여 검사의 승인을 얻어야 한다.
3) 관할 해양경찰서장은 외국어선 나포 사실을 관할 출입국·외국인청, 검역소의 장 등에게(이하 "관계기관"이라 한다.) 통보하여야 한다.

[2] 현장 조사

1) 경비함정의 수사전담요원은「경제수역어업주권법」제10조에 따라 허가에 붙이는 제한 또는 조건을 위반한 다음 각 호에 해당하는 중국어선에 대하여는 단속 경비함정에서 현장조사를 실시 할 수 있다. 이 경우, 관계기관에 대한 통보는 생략한다.
   가) 조업수역·기간·어구·어업위반
   나) 망목규제·이중그물 사용 위반
   다) 어획물운반선 불법어획물 전적
   라) 조업일지 허위기재
   마) 승선원명부 등 선박서류 미비치
   바) 그 밖에 허가에 붙이는 제한 또는 조건 위반
2) 제1항에도 불구하고 다음 각 호에 해당하는 경우에는 압송하여 사법처리하여야 한다.
   가) 범죄사실을 부인하거나 담보금 납부 의사가 없는 선박
   나) 망목규제 위반 등 어구·어획물의 압수가 필요한 선박의 경우
   다) 그 밖에 현장조사가 곤란하거나 범죄행위가 중대하다고 판단되는 경우
3) 경비함정의 수사전담요원이 현장조사를 실시하는 경우에는 선박서류(허가증, 신분증 포함)와 선원명부, 자인서, 피의자 신문조서, 채증자료 등 수사서류 일체를 사건 담당

부서에 신속하게 전달하여야 한다.

[3] 외국인 선원 피의자 체포·구속시 영사기관 통보

1) 사법경찰관은 「영사관계에 관한 비엔나협약」 제36조의 규정에 따라 중국인 선원을 제외한 외국인 선원을 체포·구속하였을 때에는 체포·구속시 고지사항 외에 해당 영사기관에 체포·구속사실의 통보와 국내 법령에 위반되지 않는 한도 내에서 해당 영사기관원과 접견·교통을 요청할 수 있음을 고지하여야 한다.
2) 사법경찰관은 제1항의 내용을 고지하고 피의자로부터 별지 제3호 서식의 영사기관 통보요청 확인서를 작성하여야 한다.
3) 사법경찰관은 체포·구속된 피의자가 영사기관 통보 및 접견을 요청한 경우에는 별지 제4호 서식의 영사기관 체포·구속통보서를 작성하여 해당 영사기관에 지체 없이 통보하여야 한다.
4) 사법경찰관은 제3항에도 불구하고, 별도 외국과의 조약에 따라 피의자 의사와 관계없이 해당 영사기관에 통보하게 되어 있는 경우에는 반드시 이를 통보하여야 한다.
5) 제2항부터 제4항까지의 서류는 수사기록에 편철하여야 한다.

[4] 중국어선 선원에 대한 영사기관 통보

1) 사법 경찰관은 내수 또는 영해 안에 있는 중국 어선에 대하여 강제행동을 취하거나 어선 내부에 승선하여 공식적인 조사를 시작하려는 경우에는 「대한민국과 중화인민공화국 간의 영사협정」 제10조제1항에 의해 해당 영사관원 또는 해당어선의 대리인이 동석할 수 있도록 별지 제5호 서식에 따른 사건통보서를 사전에 해당 영사기관에 통보하여야 하고 그 사안의 긴급성으로 인해 사전 통보를 할 수 없는 경우에는 해당 영사기관에 사후 통보를 하여야 한다.
2) 사법경찰관은 「대한민국과 중화인민공화국 간의 영사협정」 제7조제1항, 제6항에 의해 중국인 선원이 체포·구속된 경우에는 지체 없이 이름, 성별, 생년월일, 여권번호 또는 그 외의 신분확인 방식, 체포·구속 등 강제행동의 이유, 날짜와 장소, 법적근거 및 상황, 사건담당 관할경찰서, 연락처 그리고 접촉할 수 있는 정확한 장소를 별지 제6호 서식에 의해 해당 영사기관에 통보하여야 한다.
3) 사법경찰관은 「대한민국과 중화인민공화국 간의 영사협정」 제7조제2항에 의해 해당 영사관원이 체포·구속된 중국인 선원에 대한 접견을 요청한 경우에는 요청한 날로부터

4일 이내에 접견할 수 있도록 주선하여야 한다. 다만 체포·구속된 중국인 선원이 영사기관의 접견요청을 거부하는 의사를 서면으로 표명하는 경우에는 이를 별지 제7호 서식을 작성하여 해당 영사관원에게 전달한 경우에는 그러하지 아니한다.

4) 사법경찰관은 「대한민국과 중화인민공화국 간의 영사협정」 제7조제3항의 규정에 따라 영사기관과 해당 중국인 선원과의 모든 서신은 지체 없이 수신인에게 전달하여야 한다. 다만, 이를 거부할 경우에는 별지 제8호 서식을 작성하여 수사기록에 편철하여야 한다.

5) 사법경찰관은 「대한민국과 중화인민공화국 간의 영사협정」 제7조제5항의 규정에 따라 해당 중국인 선원에 대해 제3항부터 제5항까지의 권리가 있음을 고지하여야 하고, 별지 제9호 서식을 작성하여 수사기록에 편철하여야 한다.

[5] 일반선원 처리

1) 사법 경찰관은 구속된 외국인 선원을 제외한 승선원의 신병처리에 대해서는 검사의 지휘를 받아야 한다.

2) 검사로부터 일반선원에 대한 출입국·외국인청 인계 지휘를 받은 후에는 관할 출입국·외국인청에 통보 후 인계하여야 한다.

[6] 어획물 등 압수

1) 사법경찰관은 「영해 및 접속수역법」, 「경제수역어업주권법」 위반자가 소유하거나 소지하는 위반행위로 체포한 어획물 및 사용된 그 제품, 선박, 어구 또는 그 밖의 어업활동 등에 사용한 물건(이하 이조에서 “어획물 등”이라 한다.)은 압수 할 수 있다.

2) 제1항에 따른 어획물 등을 압수할 경우 사법경찰관은 검사에게 압수·수색영장을 신청하여야 한다. 다만 소유자, 소지자 또는 보관자가 임의 제출하는 물건은 영장 없이 압수 할 수 있다.

3) 압수절차에 관한 사항은 「형사소송법」 관련 규정을 준수하여야 한다.

[7] 담보금결정서 교부

사법경찰관은 「경제수역어업주권법」을 위반한 자에 한하여 동법 제23조에 따라 검사가 작성한 담보금결정서 2부를 송부 받아 그 중 1부는 사건기록에 편철하고, 다른 1부는 위반자에게 교부하여야 한다.

■ **배타적 경제수역에서의 외국인어업 등에 대한 주권적 권리의 행사에 관한 법률**

★ 3억원 이하의 벌금

- 제4조(특정금지구역에서의 어업활동 금지) 외국인은 배타적 경제수역 중 어업자원의 보호 또는 어업조정(漁業調整)을 위하여 대통령령으로 정하는 구역(이하 “특정금지구역”이라 한다)에서 어업활동을 하여서는 아니 된다.
- 제5조(어업의 허가 등) ① 외국인은 특정금지구역이 아닌 배타적 경제수역에서 어업활동을 하려면 선박마다 해양수산부장관의 허가를 받아야 한다.

[8] 위반자의 석방 등

1) 사법경찰관은 제11조의 규정에 의하여「경제수역어업주권법」위반자에 대한 담보금이 납입되거나 담보금보증서가 제출된 경우 검사의 지휘를 받아 석방하여야 한다. 다만, 양국 간의 합의가 있거나 선박 및 선원의 안전이 우려될 경우는 예외로 한다.
2) 사법경찰관은 제1항에 따라 담보금을 납입한 대상자의 선박 및 압수물에 대한 검사의 환부지휘가 있는 경우 확인서 징구 등 관련절차를 준수하여 환부하여야 한다.

[9] 긴급 시 선원 대기실 운영

1) 기상악화 등으로 인해 불법조업 외국어선 선원들의 안전상 위험이 있다고 판단되거나 숙식, 대기 공간 또는 시설이 없어 선박 내에서 대기할 수 없다고 판단되는 경우에는 선원들을 별 도의 대기시실에서 생활하게 할 수 있다.
2) 다만, 이 경우에는 반드시 안전상 위험방지 등 필요성에 대한 충분한 설명을 한 뒤 선원들의 요청 또는 동의에 의하여야 하며 동의를 받은 경우에는 동의서를 징구받아야 하고 이를 주한중국대사관 등 영사기관에도 사전에 통보하여야 하고 긴급한 사정으로 사전 통보를 할 수 없는 경우에는 사후 통보 할 수 있다.
3) 선원 대기실을 운영하는 관할경찰관서의 장은 선원들의 안전을 최대한 보장하고 선원들에 대한 강제, 인권침해 등 일체의 위법행위가 발생하지 않도록 대기시설 운영 및 관리계획을 수립하여 시행하여야 한다.

해양경찰학개론 II

제6편 해양경찰 오염방제론

1장 해양환경오염

1 해양오염

[1] 개념

현재, 지구상 육지에 인접한 연안 해역에는 도시가 거대화, 산업화되어 해양의 이용도 증가하고 있다. 이는 해양의 자정능력을 초과하는 오염물질을 해양에 유입시키고 있으며 파괴된 환경은 장기간 먹이사슬에 유해 작용을 하고 있으며 결국 인간에게까지 피해가 돌아오고 있다.

오염물질의 해양 유입이 차단되거나 최소화되어야 함에도 불구하고 현실적으로는 수적으로 물적으로 지속적으로 증가하고 있다. 이에 따라 국제해사기구(IMO), 정부간 해양학위원회(IOC), 국제식량농업기구(FAO), 유엔국제교육과학문화기구(UNESCO), 국제보건기구(WHO), 세계기상기구(WMO) 등의 기구에서 조사 및 연구가 진행되고 있다.

UNESCO 및 IOC 해양 학자들에 의하면 해양오염(Marine pollution)이란 인간에 의해 직·간접적으로 하구를 포함한 해양에 유입된 물질 및 에너지로 생물자원에 나쁜 영향을 미치고 사람의 건강을 해치며 어업 등의 해양활동을 방해하고 수질을 훼손시켜 쾌적함을 감소시키는 등의 해수 이용에 나쁜 영향을 초래하는 것을 말한다. 해양오염의 형태는 크게 두 가지로 분류할 수가 있는데 오염원의 유입형태를 기준하여 가장 많은 양의 오염물질을 발생시키는 것이 육지로부터의 유입되는 오염원이며 그 다음으로는 선박에서 발생되어 배출되는 오염원이다.

육지로부터 해양에 유입되는 오염원은 매우 다양하다. 그 중에서도 가장 많은 부분을 차지하고 있는 것이 생활하수인데 음식찌꺼기, 합성세제, 분뇨 등으로 음식찌꺼기는 많은 유기물을 포함하고 있어 이 유기물이 분해되어 다량의 질소와 인이 해양으로 유입되는 경우 해양생태계의 영양염 농도를 과다하게 증가시켜 부영양화를 일으킨다. 또한 농·축산폐수로 인한 오염인데 농·경 활동에 쓰이는 각종 살충제, 살균제, 제초제, 착색제, 방부제, 항생제, 낙과방지제, 성장조절제, 훈증제 등 400여종의 농약이 있으며, 가축사육으로 인한 오염은 주로 인과 질소 등이 바다에 유입되는 형태이다. 이밖에도 공장, 산업시설 등으로부터 배출되는 폐수는 생물학적 산소요구량(BOD)과 부유 물질 농도가 비교적 높으며 때로는 고농도의 독성물질을 포함하기 때문에 생물체를 치사시킬 확률이 높다. 또한 육지에서 발생된 폐기물중 비교적 무해한 폐기물로서 육지에서 처리하기 곤란한 폐기물은 지정된 해역에 배출되고 있는 데 오니류(분뇨, 생활하수, 축산폐수 등), 음식물처리폐수, 수산가공잔재물, 음식료제조시설로부터 발생되는 폐수 등인데 이러한 폐기물의 해양투기도 일정부분 해양오염을 야기하는데 한몫을 하고 있다.

선박에서 발생되는 오염원은 종류와 그 양에 있어서는 육지에서 발생되는 오염원에 비해 비교적 작다고 할 수 있다. 선박에서 해양에 배출되는 오염원은 기름, 유해액체물질 및 폐기물로 이루어지며 최근에는 선박으로부터 발생하는 대기오염물질도 새로운 규제대상으로 포함하고 있는 실정이다. 가장 대표적인 선박의 오염원인 기름은 배출하는 형태도 다양하고 양도 가장 많은 부분을 차지하고 있기 때문에 이를 최소화하기 위하여 전 세계 연안국들은 국제협약체제 내에서 이를 규제하고 통제해 나가고 있다. 기름에 의한 해양오염은 해난사고로 인한 유출이 대규모로 이루어지고 있어 가장 심각한 오염형대이며 신저폐수, 유조선의 너티 발라스트, 유해물질운반선의 세정수 등도 일정부분을 차지하고 있다. 선박에서의 폐기물에 의한 오염은 분뇨, 생활폐기물, 화물포장재, 폐어망 등에 의해 이루어지고 있다.

[2] 해양오염 발생원

해양은 여러 물질 및 경로를 통해 오염된다. 해양을 오염시키는 물질로는 분해성 폐기물, 비료, 소산성 폐기물, 보존성 폐기물 및 고형폐기물 등을 들 수 있고 오염경로로는 하천을 통한 육상기인 폐기물, 선박의 운항상 유배출, 석유 탐사 및 생산, 준설토, 해양사고에 의한 기름유출, 대기에 의한 유입 등을 들 수 있다.[78]

(1) 해양유입물질

1) 분해성(分解性) 폐기물(Degradable wastes)

박테리아에 의해 분해가 가능한 유기물로 도시하수, 농업폐수, 식품가공폐수, 양조폐수, 제지폐수, 화학폐수, 유출된 기름 등이 있으며 분해과정 중 수중에 있는 용존산소를 소비하

78) 해양경찰교육원, 「해양환경보전」, 신임해양경찰교재, 2017 : 6-8면.

게 되어 수중의 산소부족현상이 나타난다.

2) 비료(Fertilizers)

농경지로부터 강우 등에 의해 해양으로 유입되며 질소(N), 인(P) 등의 영양염이 공급됨에 따라 식물성 플랑크톤이 증식하게 되고 해역의 부영양화가 발생하게 된다.

3) 소산성(消散性) 폐기물(Dissipating wastes)

해양에 유입된 후 급속도로 그 영향력을 잃어버리는 폐기물로 발전소 및 공장의 냉각수로 유출된 열, 산과 알칼리 성분, 금속산업체에서 유출되는 시안화물(Cyanide) 등이 있다.

4) 보존성(保存性) 폐기물(Conservative wastes)

중금속, 할로겐화탄화수소(DDT, PCBs 등), 방사성 물질

5) 고형(固形) 폐기물(Solid wastes)

플라스틱, 그물, 로프, 스티로폼 등 각종 쓰레기, 준설토, 비산먼지, 황토 등 햇빛을 차단하거나 질식을 유발한다.

(2) 유입경로

1) 하수오물

강이나 개울 등을 통해 연안 해역에 유입된다. 해양에 하수오물이 유입되면 폐기물에 존재하는 병원균에 전염될 수 있으며 영양염의 과잉 공급으로 해양식물의 성장이 촉진된다. 유기물의 산소 소모량 증가는 해양 생물의 산소결핍이 발생하게 되고 부유 고형물의 침전은 해저 생물을 죽게 만든다.

2) 산업폐기물

여러 가지 산업 활동으로 발생한 폐기물로 산, 중금속, 주석, 납 등의 비금속의 함유로 매우 유독하다.

3) 농약

살충제, 살균제 및 제초제 등 농약에는 딜드린, 에드린 및 폴리염화비페닐 화합물과 같은 유기염화살충제 화합물이 함유되어 있으며, 대기나 하천을 통해 바다로 유입된다.

4) 준설토

항만수로 및 선박 접안수역 등에서 준설한 준설토에는 보통 유기물, 기름 영양염 및 중금속으로 심하게 오염되어 있다. 이러한 준설토를 외양에 투기하지 않고 연안해역에 투기할 경우, 연안해역의 오염 원인이 된다.

5) 석유 탐사 및 생산에 의한 폐기물

석유 및 가스 탐사를 위한 해저 굴착이나 추출하는 중 기름, 중금속, 유기물 등의 유독 폐기물이 발생한다.

6) 유류오염

유류오염은 해양오염의 주 오염원중 하나로써 탱크세정, 선박평형수 배출, 빌지배출 등 해상운송(Shipping) 과정에서 유출되는 경우가 있고, 선박 충돌, 좌초 및 해난 등의 해양사고로 유출되는 경우가 있다. 이 중 후자의 경우에는 일시에 한정된 장소에 다량의 기름이 유출되기 때문에 그 피해는 천문학적으로 커진다.

7) 선저방오도료

선박의 운항 효율 향상을 위해 해양생물의 부착을 방지 혹은 제거하기 위한 선저에 칠하는 선저페인트에는 동, 납, 아연, 수은 등 유독성 중금속이 다량 함유하고 있다. 이에 따라 부두나 마리나 부근 수역의 수중 및 해저퇴적물 속에 중금속의 양이 계속 증가하고 있다.

8) 선박폐기물

선박에서 투기되는 오물, 쓰레기, 기관실 및 빌지에 나온 기름폐기물 등으로 인해 바다는 오염된다. 최근 국제적으로 선박으로부터의 폐기물 투기를 엄격히 제한하고 있어 연안 해역에서의 투기물 양은 감소하고 있다.

9) 방사능 폐기물

최근 들어 무기, 전력 및 의료용으로 원자에너지가 널리 사용되면서 해양에 투기되는 방사능 폐기물의 양이 증가하게 되었고, 이로 인해 인간에게 미칠 위해의 기능성도 점차 높아지고 있다.

10) 열오염

해양생물은 수온에 대해 민감하기 때문에 수온의 상승은 알의 산란, 어류의 이동, 산소부족 또는 해양생물의 사망 등을 초래한다. 발전소 등 산업시설에 냉각수로 흡입된 해수는 보통 11~22℃ 정도 데워져서 바다로 다시 유입되므로, 이로 인해 해양생물은 상당한 피해를 입을 수 있다.

2 해양환경관리법

[1] 총칙

(1) 목적

이 법은 선박, 해양시설, 해양공간 등 해양오염물질을 발생시키는 발생원을 관리하고, 기름 및 유해액체물질 등 해양오염물질의 배출을 규제하는 등 해양오염을 예방, 개선, 대응, 복원하는 데 필요한 사항을 정함으로써 국민의 건강과 재산을 보호하는 데 이바지함을 목적으로 한다.

(2) 용어 정의

1) "해양환경"이란 「해양환경 보전 및 활용에 관한 법률」 제2조제1호에 따른 해양환경을 말한다.
2) "해양오염"이란 「해양환경 보전 및 활용에 관한 법률」 제2조제3호에 따른 해양오염을 말한다.
3) "배출"이라 함은 오염물질 등을 유출(流出)·투기(投棄)하거나 오염물질 등이 누출(漏出)·용출(溶出)되는 것을 말한다. 다만, 해양오염의 감경·방지 또는 제거를 위한 학술목적의 조사·연구의 실시로 인한 유출·투기 또는 누출·용출을 제외한다.
4) "폐기물"이라 함은 해양에 배출되는 경우 그 상태로는 쓸 수 없게 되는 물질로서 해양환경에 해로운 결과를 미치거나 미칠 우려가 있는 물질(제5호·제7호 및 제8호에 해당하는 물질을 제외한다)을 말한다.
5) "기름"이라 함은 「석유 및 석유대체연료 사업법」에 따른 원유 및 석유제품(석유가스를 제외한다)과 이들을 함유하고 있는 액체상태의 유성혼합물(이하 "액상유성혼합물"이라 한다) 및 폐유를 말한다.
6) "선박평형수(船舶平衡水)"란 「선박평형수 관리법」 제2조제2호에 따른 선박평형수를 말한다.

7) "유해액체물질"이라 함은 해양환경에 해로운 결과를 미치거나 미칠 우려가 있는 액체물질(기름을 제외한다)과 그 물질이 함유된 혼합 액체물질로서 해양수산부령이 정하는 것을 말한다.

8) "포장유해물질"이라 함은 포장된 형태로 선박에 의하여 운송되는 유해물질 중 해양에 배출되는 경우 해양환경에 해로운 결과를 미치거나 미칠 우려가 있는 물질로서 해양수산부령이 정하는 것을 말한다.

9) "유해방오도료(有害防汚塗料)"라 함은 생물체의 부착을 제한·방지하기 위하여 선박 또는 해양시설 등에 사용하는 도료(이하 "방오도료"라 한다) 중 유기주석 성분 등 생물체의 파괴작용을 하는 성분이 포함된 것으로서 해양수산부령이 정하는 것을 말한다.

10) "잔류성오염물질(殘留性汚染物質)"이라 함은 해양에 유입되어 생물체에 농축되는 경우 장기간 지속적으로 급성·만성의 독성(毒性) 또는 발암성(發癌性)을 야기하는 화학물질로서 해양수산부령으로 정하는 것을 말한다.

11) "오염물질"이라 함은 해양에 유입 또는 해양으로 배출되어 해양환경에 해로운 결과를 미치거나 미칠 우려가 있는 폐기물·기름·유해액체물질 및 포장유해물질을 말한다.

12) "오존층파괴물질"이라 함은「오존층 보호를 위한 특정물질의 제조규제 등에 관한 법률」제2조제1호에 해당하는 물질을 말한다.

13) "대기오염물질"이란 오존층파괴물질, 휘발성유기화합물과「대기환경보전법」제2조제1호의 대기오염물질 및 같은 조 제3호의 온실가스 중 이산화탄소를 말한다.

14) "황산화물배출규제해역"이라 함은 황산화물에 따른 대기오염 및 이로 인한 육상과 해상에 미치는 악영향을 방지하기 위하여 선박으로부터의 황산화물 배출을 특별히 규제하는 조치가 필요한 해역으로서 해양수산부령이 정하는 해역을 말한다.

15) "휘발성유기화합물"이라 함은 탄화수소류 중 기름 및 유해액체물질로서「대기환경보전법」제2조제10호에 해당하는 물질을 말한다.

16) "선박"이라 함은 수상(水上) 또는 수중(水中)에서 항해용으로 사용하거나 사용될 수 있는 것(선외기를 장착한 것을 포함한다) 및 해양수산부령이 정하는 고정식·부유식 시추선 및 플랫폼을 말한다.

[유조선]

[화물선(컨테이너선)]

[어 선]

[여객선]

[예인선]

[차도선]

[부 선]

[유해액체물질운반선]

[준설선]

〈그림 6-1〉 선박의 종류

17. “해양시설”이라 함은 해역(「항만법」 제2조제1호의 규정에 따른 항만을 포함한다. 이하 같다)의 안 또는 해역과 육지 사이에 연속하여 설치·배치하거나 투입되는 시설 또는 구조물로서 해양수산부령이 정하는 것을 말한다.

[기름저장시설]

[해상송전철탑]

[하역설비]

[유어장]

[기름 등 이송설비]

[하역설비]

〈그림 6-2〉 시설의 종류

18. "선저폐수(船底廢水)"라 함은 선박의 밑바닥에 고인 액상유성혼합물을 말한다.
19. "항만관리청"이라 함은 「항만법」 제20조의 관리청, 「어촌·어항법」 제35조의 어항관리청 및 「항만공사법」에 따른 항만공사를 말한다.
20. "해역관리청"이란 「해양환경 보전 및 활용에 관한 법률」 제2조제8호에 따른 해역관리청을 말한다.
21. "선박에너지효율"이란 선박이 화물운송과 관련하여 사용한 에너지양을 이산화탄소 발생비율로 나타낸 것을 말한다.
22. "선박에너지효율설계지수"란 1톤의 화물을 1해리 운송할 때 배출되는 이산화탄소량을 해양수산부장관이 정하여 고시하는 방법에 따라 계산한 선박에너지효율을 나타내는 지표를 말한다.

〈표 6-1〉 해양시설의 범위(제3조 관련)

구 분	시설의 종류	범 위
1. 기름, 유해액체물질, 폐기물, 그 밖의 물건의 공급(공급받는 경우를 포함한다)·처리 또는 저장 등의 목적으로 해역 안 또는 해역과 육지 사이에 연속하여 설치·배치된 시설 또는 구조물(해역과 일시적으로 연결되는 시설 또는 구조물을 포함한다)	가. 기름 및 유해액체물질 저장(비축을 포함한다)시설	계류시설(돌핀), 선박과 저장시설을 연결하는 이송설비, 저장시설, 자가처리시설
	나. 법 제38조에 따른 오염물질저장시설	저장시설, 교반시설, 처리시설
	다. 선박 건조 및 수리시설, 해체시설	저장시설, 상가시설 및 수리시설(이동식시설 제외)
	라. 시멘트·석탄·사료·곡물 ·고철·광석·목재·토사의 하역시설	해양수산부장관이 정하여 고시하는 계류시설, 하역설비(컨베이어 벨트 포함)
	마. 폐기물해양배출업자의 폐기물저장시설	폐기물저장시설, 교반시설 및 이송관
2. 해양레저, 관광, 주거, 해수이용, 그 밖의 목적으로 해역 안 또는 해역과 육지 사이에 연속하여 설치·배치·투입된 시설 또는 구조물	가. 연면적 100㎡ 이상의 해상관광시설, 주거시설(호텔·콘도), 음식점(「선박안전법」상 선박은 제외한다)	해역 안에 설치된 시설, 해역과 육지 사이에 연속하여 설치된 시설의 경우에는 취수 및 배수시설(배관포함)
	나. 관경의 지름이 600㎜ 이상의 취수·배수시(관이 2개 이상인 경우는 각각의 지름을 합한다)	취수 및 배수시설(배관 포함)
	다. 유어장	유어시설, 가두리낚시터
	라. 그 밖의 시설	해상송전철탑, 해저 광케이블, 해상부유구조물
3. 그 밖에 해역 안에 설치·배치·투입된 시설 또는 구조물	「해양수산발전기본법」 제17조제1항에 따른 국가해양관측을 위한 종합해양과학기지	기상관측 등 그 밖의 목적시설

비고
1. 자가처리시설이란 해양시설의 소유자가 그의 해양시설에서 발생하거나 기름 및 유해액체물질을 선박으로부터 공급받거나 선박에 공급하는 과정에서 생기는 기름 및 유해액체물질을 처리하기 위한 시설을 말한다.
2. 처리시설이란 선박 또는 해양시설에서 수거한 유성혼합물을 처리하기 위한 유수분리시설 등의 시설을 말한다.

> **"해양환경 보전 및 활용에 관한 법률" 제8조 (오염원인자 책임의 원칙)]**
> 해양을 이용·개발하는 행위로 해양오염 또는 해양생태계 훼손을 발생시킨 자(이하 "오염원인자"라 한다)는 그 오염·훼손을 방지하고, 오염·훼손된 해양환경을 복원할 책임을 지며, 해양환경의 복원 및 오염·훼손으로 인한 피해의 구제에 소요되는 비용을 부담함을 원칙으로 한다.

(4) 적용범위

1) 이 법은 다음 각 호의 해역·수역·구역 및 선박·해양시설 등에서의 해양환경관리에 관하여 적용한다. 다만, 방사성물질과 관련한 해양환경관리(연구·학술 또는 정책수립 목적 등을 위한 조사는 제외한다) 및 해양오염방지에 대하여는 「원자력안전법」이 정하는 바에 따른다.

가) 「영해 및 접속수역법」에 따른 영해 및 대통령령이 정하는 해역

> "대통령령이 정하는 해역"이란 다음 각 호의 해역을 말한다.
> 1. 「영해 및 접속수역법」 제3조에 따른 내수
> 2. 「해양법에 관한 국제연합협약」에 따라 대한민국이 해양환경의 보전에 관한 관할권을 갖는 해역

나) 「배타적 경제수역 및 대륙붕에 관한 법률」 제2조에 따른 배타적 경제수역

다) 제15조의 규정에 따른 환경관리해역

라) 「해저광물자원 개발법」 제3조의 규정에 따라 지정된 해저광구

2) 해역·수역·구역 밖에서 「선박법」 제2조의 규정에 따른 대한민국 선박(대한민국선박)에 의하여 행하여진 해양오염의 방지에 관하여는 이 법을 적용한다.

3) 대한민국선박 외의 선박(외국선박)이 제1항 각 호의 해역·수역·구역 안에서 항해 또는 정박하고 있는 경우에는 이 법을 적용한다. 다만, 제32조(선박 해양오염방지관리인), 제41조의3(선박에너지효율관리계획서의 비치 등)제2항부터 제5항까지, 제41조의4(선박연료유 사용량 등 보고 등), 제49조부터 제54조까지(해양오염방지를 위한 선박의 검사 등), 제54조의2(에너지효율검사), 제56조부터 제58조까지(해양오염방지검사증서 등의 유효기간), 제60조(재검사), 제112조(업무의 대행 등) 및 제113조(업무대행 등의 취소)의 규정은 국제항해에 종사하는 외국선박에 대하여 적용하지 아니한다.

4) 제44조(연료유의 황함유량 기준 등)의 규정에 따른 연료유의 황함유량 기준 및 제45조(연료유의 공급 및 확인 등)의 규정에 따른 연료유의 품질기준에 관하여 이 법에서 규정하고 있는 경우를 제외하고는 「석유 및 석유대체연료 사업법」 및 「대기환경보전법」이 정하는 바에 따른다.

5) 오염물질의 처리는 이 법에서 규정하고 있는 경우를 제외하고는 「폐기물관리법」·「물환경보전법」, 「하수도법」 및 「가축분뇨의 관리 및 이용에 관한 법률」에서 정하는 바에 따른다.

6) 선박의 디젤기관으로부터 발생하는 질소산화물 등 대기오염물질의 배출허용기준에 관하여 이 법에서 규정하고 있는 경우를 제외하고는 「대기환경보전법」이 정하는 바에 따른다.

(3) 국제협약과의 관계

해양환경 및 해양오염과 관련하여 국제적으로 발효된 국제협약에서 정하는 기준과 이 법에서 규정하는 내용이 다른 때에는 국제협약의 효력을 우선한다. 다만, 이 법의 규정내용이 국제협약의 기준보다 강화된 기준을 포함하는 때에는 그러하지 아니하다.

[2] 오염물질의 배출금지

(1) 오염물질의 배출금지(제22조)

1) 누구든지 선박으로부터 오염물질을 해양에 배출하여서는 아니 된다. 다만, 다음 각 호의 경우에는 그러하지 아니하다.

가) 선박의 항해 및 정박 중 발생하는 폐기물을 배출하고자 하는 경우에는 해양수산부령으로 정하는 해역에서 해양수산부령으로 정하는 처리기준 및 방법에 따라 배출할 것

나) 다음 각 목의 구분에 따라 기름을 배출하는 경우

① 선박에서 기름을 배출하는 경우에는 해양수산부령이 정하는 해역에서 해양수산부령이 정하는 배출기준 및 방법에 따라 배출할 것

② 유조선에서 화물유가 섞인 선박평형수, 화물창의 세정수(洗淨水) 및 선저폐수를 배출하는 경우에는 해양수산부령이 정하는 해역에서 해양수산부령이 정하는 배출기준 및 방법에 따라 배출할 것

③ 유조선에서 화물창의 선박평형수를 배출하는 경우에는 해양수산부령이 정하는 세정도(洗淨度)에 적합하게 배출할 것

다) 다음 각 목의 구분에 따라 유해액체물질을 배출하는 경우

① 유해액체물질을 배출하는 경우에는 해양수산부령이 정하는 해역에서 해양수산부령이 정하는 사전처리 및 배출방법에 따라 배출할 것

② 해양수산부령이 정하는 유해액체물질의 산적운반(散積運搬)에 이용되는 화물창(선박평형수의 배출을 위한 설비를 포함한다)에서 세정된 선박평형수를 배출하는 경우에는 해양수산부령이 정하는 정화방법에 따라 배출할 것

2) 누구든지 해양시설 또는 해수욕장·하구역 등 대통령령이 정하는 장소(해양공간)에서 발생하는 오염물질을 해양에 배출하여서는 아니 된다. 다만, 다음 각 호의 경우에는 그러하지 아니하다.

〈표 6-2〉 해양공간의 범위(제34조 관련)

구 분	범 위
해수욕장	광역해수욕장, 일반해수욕장 및 마을해수욕장
하 구 역	조석의 영향을 받는 감조구역(感潮區域)의 상류경계 및 하구로 유입되는 유입하천의 유역
항만구역	「항만법」 제2조제4호에 따른 항만구역
어항구역	「어촌·어항법」 제2조제4호에 따른 어항구역
면허수면	「수산업법」 제8조에 따른 어업면허를 받은 수면
발 전 소	발전소와 최근 거리로 인접한 바닷가에서 20㎞ 이내의 해역
제 철 소	제철소와 최근 거리로 인접한 바닷가에서 10㎞ 이내의 해역
정 유 소	정유소와 최근 거리로 인접한 바닷가에서 10㎞ 이내의 해역(저유소를 포함한다)

가) 해양시설 및 해양공간(해양시설등)에서 발생하는 폐기물을 해양수산부령이 정하는 해역에서 해양수산부령이 정하는 처리기준 및 방법에 따라 배출하는 경우

나) 해양시설등에서 발생하는 기름 및 유해액체물질을 해양수산부령이 정하는 처리기준 및 방법에 따라 배출하는 경우

3) 다음 각 호의 어느 하나에 해당하는 경우에는 선박 또는 해양시설등에서 발생하는 오염물질(폐기물은 제외)을 해양에 배출할 수 있다.

가) 선박 또는 해양시설등의 안전확보나 인명구조를 위하여 부득이하게 오염물질을 배출하는 경우

나) 선박 또는 해양시설등의 손상 등으로 인하여 부득이하게 오염물질이 배출되는 경우

다) 선박 또는 해양시설등의 오염사고에 있어 해양수산부령이 정하는 방법에 따라 오염피해를 최소화하는 과정에서 부득이하게 오염물질이 배출되는 경우

〈선박 안에서 발생하는 폐기물의 배출해역별 처리기준 및 방법〉

□ 선박 안에서 발생하는 폐기물의 처리

○ 다음의 폐기물을 제외하고 모든 폐기물은 해양에 배출할 수 없음.

► 음식찌꺼기

► 해양환경에 유해하지 않은 화물잔류물

○ 다음 폐기물을 해양에 버릴 경우 가장 가까운 육지로부터 가능한 한 멀리 떨어져서 버리고, 최소한 다음 거리 이상의 해역에 버려야 함.

► 음식찌꺼기 : 12해리, 분쇄기 또는 연마기를 통하여 분쇄 또는 연마한 음식찌꺼기의 경우 영해기선으로부터 3해리 이상의 해역에 버릴 수 있다. 이 경우 25mm 이하의 개구를 가진 스크린을 통과할 수 있도록 분쇄되거나 연마되어야 한다.

► 화물창 안의 화물보호재료[짐깔개(dunnage), 라이닝(lining)]및 포장재료로서 부유성이 있는 것은 25해리

► 화물잔류물 : 부유성 잔류물은 25해리, 가라앉는 잔류물은 12해리, 화물탱크를 청소한 탱크 세정수는 12해리(일반 세제를 사용한 경우에 한함)

► 「수산업법」에 따른 어선의 어로 종사자는 어선의 어로활동 중 혼획된 어류(폐사된 것 포함)를 어로해역에 버릴 수 있음.

○ 총톤수 100톤 이상의 선박과 최대 승선인원 15인 이상의 선박은 선원이 실행할 수 있는 폐기물관리계획서를 비치하고 계획할 수 있는 책임자를 임명해야 한다.(쓰레기 수집, 저장, 처리, 처분절차 포함)

〈선박으로부터 기름을 배출하는 경우〉

○ 선박으로부터 기름(유조선의 경우에는 기관구역의 선저폐수를 말함)을 배출하는 경우에는 배출행위가 다음 각 호의 요건에 적합하여야 함.

(1) 선박(시추선 및 플랫폼을 제외)이 항행 중에 배출할 것

(2) 배출액 중의 기름성분이 100만분의 15 이하일 것(15ppm 이하)

(3) 기름오염방지설비가 작동 중에 배출할 것.

〈표 6-3〉 기관구역에서의 기름오염방지설비의 설치기준

대상선박	기름오염방지설비
가. 총톤수 50톤 이상 400톤 미만의 유조선	1) 선저폐수저장탱크 또는 기름여과장치 2) 배출관장치
나. 총톤수 100톤 이상 400톤 미만으로서 유조선이 아닌 선박	
다. 총톤수 400톤 이상 1만톤미만 선박(마목의 선박 제외)	1) 기름여과장치 2) 유성찌꺼기탱크 3) 배출관장치
라. 총톤수 1만톤 이상의 모든 선박 (마목의 선박 제외)	1) 기름여과장치 2) 선저폐수농도경보장치 3) 유성찌꺼기탱크 4) 배출관장치
마. 총톤수 400톤 이상으로서 국제특별 해역 안에서만 운항하는 선박	1) 기름여과장치 2) 선저폐수농도경보장치 3) 유성찌꺼기탱크 4) 배출관장치

비고 : 총톤수 400톤 이상의 선박으로서 유성찌꺼기를 선박 안에서 소각하고자 하는 선박의 경우에는 소각설비를 설치하여야 한다.

▶ 폐유저장용기의 비치기준

가. 기관구역용 폐유저장용기

대상선박	저장용량(단위 : ℓ)
1) 총톤수 5톤 이상 10톤 미만의 선박	20
2) 총톤수 10톤 이상 30톤 미만의 선박	60
3) 총톤수 30톤 이상 50톤 미만의 선박	100
4) 총톤수 50톤 이상 100톤 미만으로서 유조선이 아닌 선박	200

비고 가) 폐유저장용기는 2개 이상으로 나누어 비치할 수 있다.

나) 폐유저장용기는 견고한 금속성 재질 또는 플라스틱 재질로서 폐유가 새지 아니하도록 제작되어야 하고, 해당 용기의 표면에는 선명 및 선박번호를 기재하고 그 내용물이 폐유임을 표시하여야 한다.

나. 화물구역용 폐유저장용기

대상선박	저장용량(단위 : ℓ)
총톤수 150톤 미만의 유조선	400

[3] 선박에서의 해양오염방지

(1) 선박오염물질기록부의 관리 (제30조)

선박의 선장(피예인선의 경우에는 선박의 소유자를 말한다)은 그 선박에서 사용하거나 운반·처리하는 폐기물·기름 및 유해액체물질에 대한 다음 각 호의 구분에 따른 기록부(이하 "선박오염물질기록부"라 한다)를 그 선박(피예인선의 경우에는 선박의 소유자의 사무실을 말한다) 안에 비치하고 그 사용량·운반량 및 처리량 등을 기록하여야 한다.

1) 폐기물기록부 : 해양수산부령이 정하는 일정 규모 이상의 선박에서 발생하는 폐기물의 총량·처리량 등을 기록하는 장부. 다만, 제72조제1항의 규정에 따라 해양환경관리업자가 처리대장을 작성·비치하는 경우에는 동 처리대장으로 갈음한다.

> 법 제30조제1항제1호에서 "해양수산부령이 정하는 일정 규모 이상의 선박"
> 1. 총톤수 400톤 이상의 선박
> 2. 선박검사증서 상 최대승선인원이 15명 이상인 선박(운항속력으로 1시간 이내의 항해에 종사하는 선박은 제외한다)
>
> ② 법 제30조제1항제2호 단서에서 "해양수산부령이 정하는 선박"이란 유조선 외의 선박으로서 다음 각 호의 어느 하나에 해당하는 선박을 말한다.
> 1. 총톤수 100톤(군함과 경찰용 선박의 경우에는 경하배수톤수 200톤) 미만의 선박
> 2. 선저폐수가 생기지 아니하는 선박

2) 기름기록부 : 선박에서 사용하는 기름의 사용량·처리량을 기록하는 장부. 다만, 해양수산부령이 정하는 선박의 경우를 제외하며, 유조선의 경우에는 기름의 사용량·처리량 외에 운반량을 추가로 기록하여야 한다.

3) 유해액체물질기록부 : 선박에서 산적하여 운반하는 유해액체물질의 운반량·처리량을 기록하는 장부

선박오염물질기록부의 보존기간은 최종기재를 한 날부터 3년으로 하며, 그 기재사항·보존방법 등에 관하여 필요한 사항은 해양수산부령으로 정한다.

(2) 선박해양오염비상계획서 (제31조)

선박의 소유자는 기름 또는 유해액체물질이 해양에 배출되는 경우에 취하여야 하는 조치사항에 대한 내용을 포함하는 기름 및 유해액체물질의 해양오염비상계획서(이하 "선박해양오염비상계획서"라 한다)를 작성하여 해양경찰청장의 검인을 받은 후 이를 그 선박에 비치하고, 선박해양오염비상계획서에 따른 조치 등을 이행하여야 한다.

기름 또는 유해액체물질의 "선박해양오염비상계획서"를 갖추어두어야 하는 선박은 다음 각 호와 같다.
1. 기름의 해양오염비상계획서를 갖추어두어야 하는 선박
   가. 총톤수 150톤 이상의 유조선
   나. 총톤수 400톤 이상의 선박(군함과 경찰용 선박 및 국내항해에만 사용하는 부선은 제외한다)
2. 유해액체물질의 해양오염비상계획서를 갖추어두어야 하는 선박 : 총톤수 150톤 이상의 선박으로서 유해액체물질을 산적하여 운송하는 선박

(3) 해양오염방지관리인 (제32조)

1) 해양수산부령으로 정하는 선박의 소유자는 그 선박에 승무하는 선원 중에서 선장을 보좌하여 선박으로부터의 오염물질 및 대기오염물질의 배출방지에 관한 업무를 관리하게 하기 위하여 대통령령으로 정하는 자격을 갖춘 사람을 해양오염방지관리인으로 임명하여야 한다. 이 경우 유해액체물질을 산적하여 운반하는 선박의 경우에는 유해액체물질의 해양오염방지관리인 1명 이상을 추가로 임명하여야 한다.

"해양수산부령이 정하는 선박"

1. 총톤수 150톤 이상인 유조선
2. 총톤수 400톤 이상인 선박[국적취득조건부로 나용선(裸傭船)한 외국선박을 포함한다]. 다만, 부선 등 선박의 구조상 오염물질 및 대기오염물질을 발생하지 아니하는 선박은 제외한다.

2) 선박의 소유자는 해양오염방지관리인을 임명한 증빙서류를 선박 안에 비치하여야 한다.

3) 해양오염방지관리인을 임명한 선박의 소유자는 해양오염방지관리인이 여행·질병 또는 그 밖의 사유로 일시적으로 직무를 수행할 수 없는 경우 대통령령으로 정하는 자격을 갖춘 사람을 대리자로 지정하여 그 직무를 대행하게 하여야 한다. 이 경우 대리자가 해양오염방지관리인의 직무를 대행하는 기간은 30일을 초과할 수 없다. 선박의 소유자는 해양오염방지관리인 또는 해양오염방지관리인의 대리자에게 오염물질 및 대기오염물질을 이송 또는 배출하는 작업을 지휘·감독하게 하여야 한다. 해양오염방지관리인 및 대리자의 업무내용·준수사항 등에 관하여 필요한 사항은 대통령령으로 정한다.

해양오염방지관리인이 될 수 있는 자의 자격

1. 「선박직원법」 제2조제1호에 따른 선박의 경우에는 같은 법 제11조에 따른 승무기준에 적합한 같은 법 제2조제3호에 따른 선박직원. 다만, 선장·통신장 및 통신사는 제외한다.
2. 「선박직원법」의 적용을 받지 아니하거나 선장 외의 선박직원이 없는 선박의 경우에는 승무원 중에서 오염물질 및 대기오염물질을 이송하거나 배출하는 작업에 종사하는 자

해양오염방지관리인의 업무내용 및 준수사항

1. 폐기물기록부와 기름기록부(유해액체물질을 산적하여 운반하는 선박의 경우 유해액체물질기록부를 포함한다)의 기록 및 보관
2. 오염물질을 이송 또는 배출하는 작업의 지휘·감독
3. 해양오염방지설비의 정비 및 작동상태의 점검
4. 대기오염방지설비의 정비 및 점검
5. 해양오염방제를 위한 자재 및 약제의 관리
6. 법 제63조제1항 및 법 제64조제1항에 따른 오염물질의 배출이 있는 경우 신속한 신고 및 필요한 응급조치
7. 법 제121조에 따른 해양오염방지 및 방제에 관한 교육·훈련의 이수 및 해당 선박 승무원 교육
8. 그 밖에 해당 선박으로부터의 오염사고를 방지하는 데 필요한 사항

[4] 해양시설에서의 해양오염방지

(1) 해양시설의 신고 및 변경신고 (제33조)

해양시설의 소유자(설치·운영자를 포함하며, 그 시설을 임대하는 경우에는 시설임차인을 말한다. 이하 같다)는 다음 각 호의 구분에 따라 해양수산부장관 또는 시·노지사에게 그 시설을 신고하여야 한다. 이 경우 신고내용 중 해양수산부령으로 정하는 중요한 내용의 변경이 있는 경우에는 변경신고를 하여야 한다.

1) 「배타적 경제수역 및 대륙붕에 관한 법률」 제2조에 따른 배타적 경제수역, 「항만법」 제3조제2항제1호 및 제3항제1호에 따른 국가관리무역항 및 국가관리연안항의 해양시설 : 해양수산부장관

2) ① 외의 해역의 해양시설 : 시·도지사

(2) 해양시설오염물질기록부의 관리 (제34조)

기름 및 유해액체물질을 취급하는 해양시설 중 해양수산부령이 정하는 해양시설의 소유자는 그 시설 안에 기름 및 유해액체물질의 기록부(이하 "해양시설오염물질기록부")를 비치하고 기름 및 유해액체물질의 사용량과 반입·반출에 관한 사항 등을 기록하여야 한다. 해양시

설오염물질기록부의 보존기간은 최종기재를 한 날부터 3년으로 하며, 그 기재사항·관리방법 등에 관하여 필요한 사항은 해양수산부령으로 정한다.

> **해양시설오염물질기록부 기재사항**
>
> 1. 기름 및 유해액체물질의 사용량과 선적 및 반입에 관한 사항
> 2. 유성혼합물 또는 유해액체물질 세정수의 처리에 관한 사항
> 3. 해양시설의 운영과정에서 발생되는 오염물질 처리에 관한 사항

(3) 해양시설오염비상계획서의 관리 (제35조)

1) 기름 및 유해액체물질을 사용·저장 또는 처리하는 해양시설의 소유자는 기름 및 유해액체물질이 해양에 배출되는 경우에 취하여야 하는 조치사항에 대한 내용이 포함된 해양오염비상계획서(이하 "해양시설오염비상계획서"라 한다)를 작성하여 해양경찰청장의 검인을 받은 후 그 해양시설에 비치하고, 해양시설오염비상계획서에 따른 조치 등을 이행하여야 한다. 다만, 해양시설오염비상계획서를 그 해양시설에 비치하는 것이 곤란한 때에는 해양시설의 소유자의 사무실에 비치할 수 있다.

> **해양시설오염비상계획서를 갖추어야 할 대상**
>
> : 합계 용량 300kℓ 이상의 기름 및 유해액체물질 저장시설

2) 해양시설오염비상계획서를 검인받은 해양시설의 소유자는 그 해양시설오염비상계획서의 내용 중 해양수산부령으로 정하는 중요한 사항을 변경하려는 경우에는 해양시설오염비상계획서를 변경 작성하여 해양경찰청장의 검인을 받은 후 이를 그 해양시설 또는 해양시설의 소유자의 사무실에 비치하여야 한다. 해양시설오염비상계획서를 비치하여야 하는 대상 및 그 기재사항 등에 관하여 필요한 사항은 해양수산부령으로 정한다.

(4) 해양시설 해양오염방지관리인 (제36조)

1) 해양수산부령으로 정하는 해양시설의 소유자는 그 해양시설에 근무하는 직원 중에서 해양시설로부터의 오염물질의 배출방지에 관한 업무를 관리하게 하기 위하여 대통령령으로 정하는 자격을 갖춘 사람을 해양오염방지관리인으로 임명하여야 한다.

해양오염방지관리인의 업무내용 및 준수사항

1. 해양시설오염물질기록부의 기록 및 보관
2. 오염물질을 이송 또는 배출하는 작업의 지휘·감독
3. 해양오염방지설비의 정비 및 작동상태의 점검
4. 해양오염방제를 위한 자재 및 약제의 관리
5. 법 제63조제1항, 법 제64조제1항에 따른 오염물질 배출이 있는 경우 신속한 신고 및 필요 응급조치
6. 법 제121조에 따른 해양오염방지 및 방제에 관한 교육·훈련의 이수 및 해당시설 종사자 교육
7. 그 밖에 해당 시설로부터의 오염사고를 방지하는 데 필요한 사항
"해양수산부령이 정하는 해양시설"이란 별표 1 제1호의 시설을 말한다.

2) 해양시설의 소유자는 해양오염방지관리인을 임명(바꾸어 임명한 경우를 포함한다)한 경우에는 지체 없이 이를 해양수산부령으로 정하는 바에 따라 해양경찰청장에게 신고하여야 한다.

3) 해양시설의 소유자는 해양오염방지관리인이 여행·질병 또는 그 밖의 사유로 일시적으로 직무를 수행할 수 없는 경우 대통령령으로 정하는 자격을 갖춘 사람을 대리자로 지정하여 그 직무를 대행하게 하여야 한다. 이 경우 대리자가 해양오염방지관리인의 직무를 대행하는 기간은 30일을 초과할 수 없다. 해양시설의 소유자는 해양오염방지관리인 또는 해양오염방지관리인의 대리자에게 오염물질을 이송 또는 배출하는 작업을 지휘·감독하게 하여야 한다. 해양오염방지관리인 및 대리자의 업무내용·준수사항 등에 관하여 필요한 사항은 대통령령으로 정한다.

[5] 연료유의 공급 및 확인 (제45조)

1) 선박에 연료유를 공급하는 다음 각 호의 자(이하 "선박연료공급업자"라 한다)는 대통령령으로 정하는 연료유의 품질기준에 미달하거나 제44조제1항에 따른 황함유량 기준을 초과하는 연료유를 선박에 공급하여서는 아니 된다. 다만, 연료유를 공급받는 선박이 제44조제1항제1호에 해당하는 경우에는 그러하지 아니하다.
   가) 「항만운송사업법」 제26조의3의 규정에 따라 선박연료공급업의 등록을 한 자
   나) 「조세특례제한법」 제106조의2의 규정에 따라 어업용 면세연료유를 공급하는 수산업협동조합

2) 선박연료공급업자는 연료유에 포함된 황성분 등이 기재된 연료유공급서를 작성하여 그 사본을 해당 연료유로부터 채취한 견본(이하 "연료유견본"이라 한다)과 함께 선박의 소유자에게 제공하여야 한다. 다만, 해양수산부령이 정하는 소형의 선박에 연료유를 공급

하는 선박연료공급업자는 그러하지 아니하다.

3) 선박연료공급업자(제2항 단서의 규정에 따른 선박연료공급업자를 제외한다)는 제2항의 규정에 따른 연료유공급서를 3년간 그의 주된 사무소에 보관하여야 하고, 선박의 소유자는 연료유공급서의 사본을 3년간 선박에 보관하여야 한다.

4) 선박의 소유자는 연료유를 공급받은 날부터 해당 연료유가 소모될 때까지 연료유견본을 보관하여야 한다. 다만, 그 연료유가 소모될 때까지의 기간이 1년 미만인 경우에는 다음 각 호의 구분에 따른 기간 동안 보관하여야 한다.

가) 국내항해에만 종사하는 선박 등 해양수산부령으로 정하는 선박 : 6개월 이내의 기간으로서 해양수산부령으로 정하는 기간

나) 가)호 외의 선박 : 1년

5) 해양수산부장관은 외국의 선박연료공급업자인 경우로서 다음 각 호의 어느 하나에 해당하는 때에는 해당 선박연료공급업자가 속한 국가의 관계 행정청에 해당 사실을 통보하는 등 필요한 조치를 할 수 있다.

가) 연료유의 품질기준에 미달하거나 황함유량 기준을 초과하는 연료유를 공급한 때

나) 연료유공급서에 기재된 내용과 다른 연료유를 공급한 것으로 확인된 때

[6] 해양오염방제를 위한 조치

(1) 국가긴급방제계획의 수립·시행 (제61조)

1) 해양경찰청장은 해양수산부령으로 정하는 오염물질이 해양에 배출될 우려가 있거나 배출되는 경우를 대비하여 대통령령이 정하는 바에 따라 해양오염의 사전예방 또는 방제에 관한 국가긴급방제계획을 수립·시행하여야 한다. 이 경우 해양경찰청장은 미리 해양수산부장관의 의견을 들어야 한다.

2) 국가긴급방제계획은 「해양수산발전 기본법」 제7조에 따른 해양수산발전위원회의 심의를 거쳐 확정한다.

(2) 방제대책본부 등의 설치 (제62조)

해양경찰청장은 해양오염사고로 인한 긴급방제를 총괄지휘하며, 이를 위하여 해양경찰청장 소속으로 방제대책본부를 설치할 수 있다. 설치한 방제대책본부의 조치사항 및 결과에 대하여 해양수산부령으로 정하는 바에 따라 해양수산부장관에게 보고하여야 한다. 방제대책본부의 구성·운영 등에 필요한 사항은 대통령령으로 정한다.

방제대책본부 운영 규칙[79)]

제4조(방제대책본부의 설치 기준)

① 해양경찰청장은 다음 각 호의 어느 하나에 해당하는 경우에는 방제대책본부를 설치하여야 한다.

1. 지속성기름이 10㎘ 이상이 유출되거나 유출될 우려가 있는 경우
2. 비지속성기름 또는 위험·유해물질이 100㎘ 이상이 유출되거나 유출될 우려가 있는 경우
3. 제1호 및 제2호에서 규정한 사고 이외의 경우라도 국민의 재산이나 해양환경에 현저한 피해를 미치거나 미칠 우려가 있어 해양경찰청장이 방제대책본부의 설치가 필요하다고 인정하는 경우

② 제1항의 규정에도 불구하고 다음 각 호의 경우에는 방제대책본부를 설치하지 아니할 수 있다.

1. 육지로부터 먼 해상에서 해양오염사고가 발생하여 연안유입 우려가 없는 경우
2. 단기간 내 방제조치 완료가 예상될 경우
3. 침몰한 선박 등에서 장기간에 걸쳐 소량씩 유출되어 대규모 오염피해의 우려가 없는 경우

③ 제1항 및 제2항에 따른 방제대책본부의 설치 여부는 「해양경찰청 상황센터 및 지방해양경찰관서 상황실 운영 규칙」에 따른 상황대책팀 회의를 통해 결정한다. 다만, 긴급한 경우에는 해양경찰서장이 상황대책팀 회의 개최 이전에 설치를 지시할 수 있다.

제5조(방제대책본부의 설치 방법)

① 해양경찰청장은 오염물질의 유출 규모를 고려하여 다음 각 호의 기준에 따라 방제대책본부를 구분하여 운영할 수 있다. 다만, 유출 규모를 판단하기 곤란한 사고 초기에는 지역방제대책본부를 우선 설치하고, 이후 사고 상황을 평가하여 광역 또는 중앙방제대책본부로 전환하여 운영할 수 있다.

1. 중앙방제대책본부 : 지속성 기름이 500㎘ 이상 유출되거나 유출될 우려가 있는 경우
2. 광역방제대책본부 : 지속성 기름이 50㎘ 이상(비지속성 기름 또는 위험·유해물질은 300㎘ 이상) 유출되거나 유출될 우려가 있는 경우
3. 지역방제대책본부 : 지속성 기름이 10㎘이상(비지속성 기름 또는 위험·유해물질은 100㎘ 이상) 유출되거나 유출될 우려가 있는 경우

② 제1항의 규정에 따른 방제대책본부장(이하 '본부장'이라 한다)은 다음 각 호와 같다.

1. 중앙방제대책본부장 : 해양경찰청장
2. 광역방제대책본부장 : 지방해양경찰청장
3. 지역방제대책본부장 : 해양경찰서장

③ 제1항의 규정에 따른 방제대책본부는 사고발생 해역을 관할하는 해양경찰서에 설치하는 것을 원칙으로 한다. 다만, 사고상황에 따라 필요한 경우에는 해양경찰청, 관할 지방해양경찰청 또는 별도의 장소에 설치할 수 있다.

(3) 오염물질이 배출되는 경우의 신고의무 (제63조)

1) 대통령령이 정하는 배출기준을 초과하는 오염물질이 해양에 배출되거나 배출될 우려가 있다고 예상되는 경우 다음 각 호의 어느 하나에 해당하는 자는 지체 없이 해양경찰청장 또는 해양경찰서장에게 이를 신고하여야 한다.

가) 배출되거나 배출될 우려가 있는 오염물질이 적재된 선박의 선장 또는 해양시설의

79) 방제대책본부 운영 규칙, [해양경찰청훈령 제140호, 2019. 9. 9., 일부개정], 해양경찰청(기동방제과).

관리자. 이 경우 해당 선박 또는 해양시설에서 오염물질의 배출원인이 되는 행위를 한 자가 신고하는 경우에는 그러하지 아니하다.

나) 오염물질의 배출원인이 되는 행위를 한 자.

다) 배출된 오염물질을 발견한 자

2) 신고절차 및 신고사항 등에 관하여 필요한 사항은 해양수산부령으로 정한다.

(4) 오염물질이 배출된 경우의 방제조치 (제64조)

1) 배출되거나 배출될 우려가 있는 오염물질이 적재된 선박의 선장 또는 해양시설의 관리자(이 경우 해당 선박 또는 해양시설에서 오염물질의 배출원인이 되는 행위를 한 자가 신고하는 경우에는 그러하지 아니하다), 오염물질의 배출원인이 되는 행위를 한 자(이하 "방제의무자"라 한다)는 배출된 오염물질에 대하여 대통령령이 정하는 바에 따라 다음 각 호에 해당하는 조치(이하 "방제조치"라 한다)를 하여야 한다.

가) 오염물질의 배출방지

나) 배출된 오염물질의 확산방지 및 제거

다) 배출된 오염물질의 수거 및 처리

2) 오염물질이 항만의 안 또는 항만의 부근 해역에 있는 선박으로부터 배출되는 경우 다음 각 호의 어느 하나에 해당하는 자는 방제의무자가 방제조치를 취하는데 적극 협조하여야 한다.

가) 해당 항만이 배출된 오염물질을 싣는 항만인 경우에는 해당 오염물질을 보내는 자

나) 해당 항만이 배출된 오염물질을 내리는 항만인 경우에는 해당 오염물질을 받는 자

다) 오염물질의 배출이 선박의 계류 중에 발생한 경우에는 해당 계류시설의 관리자

라) 그 밖에 오염물질의 배출원인과 관련되는 행위를 한 자

3) 해양경찰청장은 방제의무자가 자발적으로 방제조치를 행하지 아니하는 때에는 그 자에게 시한을 정하여 방제조치를 하도록 명령할 수 있다. 방제의무자가 방제조치명령에 따르지 아니하는 경우에는 직접 방제조치를 할 수 있다. 이 경우 방제조치에 소요된 비용은 대통령령이 정하는 바에 따라 방제의무자가 부담한다.

직접 방제조치에 소요된 비용의 징수에 관하여는 「행정대집행법」 제5조 및 제6조의 규정을 준용한다.

4) 오염물질의 방제조치에 사용되는 자재 및 약제는 형식승인·검정 및 인정을 받거나 검정을 받은 것이어야 한다. 다만, 오염물질의 방제조치에 사용되는 자재로서 긴급방제조

치에 필요하고 해양환경에 영향을 미치지 아니한다고 해양경찰청장이 인정하는 경우에는 그러하지 아니한다.

(5) 오염물질이 배출될 우려가 있는 경우의 조치(제65조)

1) 선박의 소유자 또는 선장, 해양시설의 소유자는 선박 또는 해양시설의 좌초·충돌·침몰·화재 등의 사고로 인하여 선박 또는 해양시설로부터 오염물질이 배출될 우려가 있는 경우에는 해양수산부령이 정하는 바에 따라 오염물질의 배출방지를 위한 조치를 하여야 한다.
2) 제64조제3항 및 제4항의 규정은 제1항의 규정에 따른 오염물질의 배출방지를 위한 조치에 관하여 준용한다. 이 경우 "방제의무자"는 "선박의 소유자 또는 선장, 해양시설의 소유자"로 본다.

해양환경관리법 제64조제3항 및 제4항

③ 해양경찰청장은 방제의무자가 자발적으로 방제조치를 행하지 아니하는 때에는 그 자에게 시한을 정하여 방제조치를 하도록 명령할 수 있다.

④ 해양경찰청장은 방제의무자가 제3항의 규정에 따른 방제조치명령에 따르지 아니하는 경우에는 직접 방제조치를 할 수 있다. 이 경우 방제조치에 소요된 비용은 대통령령이 정하는 바에 따라 방제의무자가 부담한다.

3 해양오염방제 용어

[1] 방제일반

〈표 6-4〉 방제일반 용어 해설

연번	방제용어	용어해설	대상용어 사용예시
1	해양오염방지 구난조치 (약어 : 오염방지 구난조치)	사고선박으로부터 오염물질 유출을 방지하기 위한 조치로 좌초·충돌·파손·침몰·화재 시 비상예인, 비상소화, 비상이적, 긴급수리, 파공 봉쇄 등을 의미함	○○호 충돌사고 인한 오염물질 유출을 방지하기 위하여 사고선을 안전한 장소로 비상예인하는 등 긴급조치(⇒오염방지 구난조치)를 하였다.
2	해양오염 긴급방제 (약어 : 긴급방제)	기름이나 위험·유해물질이 해양에 배출되어 그대로 둘 경우 국가기반시설이나 해양환경에 심각한 피해가 예상되어 그 피해를 방지하거나 최소화하기 위한 방제조치(방제대책본부 운영규칙, 훈령)	○○호 선박 해양오염사고의 응급방제(⇒긴급방제)를 완료 하였다.
3	국민방제대	원거리 소규모 어항 등에 해양오염 방제제체 기반조성을 위해 지역 어민이 중심이 되는 민간방제세력	○○항 해양오염사고 시 122국민방제대(⇒국민방제대)에서 선박과, 유흡착재 등을 동원하여 방제작업을 하였다.
4	유류오염 손해배상 제도	유조선의 화물유 등에 의한 오염손해 및 방제조치 비용에 대하여 선주를 대신하여 보험사 및 IOPC FUND에서 손해를 배상하는 제도	○○호 사고로 발생한 피해에 대해서는 유류오염피해배상제도(⇒유류오염손해배상제도)에 의해 배상을 받을 예정이다.
5	유해화학 물질사고 (약어 : 화학사고)	위험유해물질 등 화학물질이 해상에 유출된 사고 • 위험유해물질 : 해양환경에 해로운 결과를 미치거나 미칠 우려가 있는 액체물질(기름을 제외한다)과 그 물질이 함유된 혼합 액체물질로서 해양수산부령이 정한 물질(해양환경관리법)	○○호 사고로 벤젠이 유출되는 HNS 사고(⇒화학사고)가 발생하였다.

[2] 방제방법

〈표 6-5〉 방제방법 용어 해설

연번	방제용어	용어해설	대상용어 사용예시
1	자연소멸	해양에 유출된 엷은 유막형태의 기름이 햇빛, 파도, 조류 등의 영향으로 자연적으로 소멸되는 현상	○○호 선박 사고로 유출된 무지갯빛 엷은 유막은 자연방산(⇒자연소멸 되었다.
2	소화포 이용 유막분산조치 (약어 : 유막분산조치)	해상에 부유된 엷은 유막형태의 기름에 소화포를 이용, 물을 살수하여 유막이 분산되도록 하는 방제방법	○○호 선박 사고로 유출된 무지갯빛 엷은 유막을 수포작업(⇒소화포 이용 유막분산조치) 하였다.
3	스크루 이용 유막분산조치 (약어 : 유막분산조치)	해상에 부유된 엷은 유막형태의 기름에 선박 스크루의 회전력을 이용하여, 유막을 휘저어 섞어 분산되도록 하는 방제방법	○○호 선박 사고로 유출된 무지갯빛 엷은 유막을 스크루 암차 교반조치(⇒스크루 이용 유막분산조치)하였다.
4	오일펜스 설치	해양오염사고 발생으로 유출된 기름 등 오염물질을 포위, 차단 등의 목적으로 오일펜스를 설치하는 방제방법	○○호 선박 사고로 유출된 기름의 확산 방지를 위하여 사고선 주변에 오일펜스를 전장(⇒오일펜스를 설치)하였다.
5	해안오염조사평가	유류유출사고가 발생한 해안의 기름오염상태 및 시리석 상황 능늘 조사하고, 평가하는 행위	○○지역 해안가에 부착된 기름의 분포도 등을 조사하기 위해 해안오연평가(⇒해안오염조사평가)를 하였다.
6	닦아내기	갯가에 부착된 기름을 유흡착재 등으로 닦아내는 방제방법	○○지역 해안가에 부착된 기름을 유흡착재로 갯닦기(⇒닦아내기) 하였다.
7	갈아엎기	조수간만의 차가 있는 지역의 해안가에 침투된 기름의 제거를 위해 조간대에 위치한 모래사장, 자갈밭 등을 갈아엎어 밀물시 파도에 의해 기름이 세척되도록 하기 위한 방제방법	○○해수욕장에 침투된 기름의 제거를 위해 모래사장을 밭갈이(⇒갈아엎기) 하였다.

[3] 방제장비

〈표 6-6〉 방제장비 용어 해설

<table>
<tr><th>연번</th><th>방제용어</th><th>용어해설</th><th>대상용어 사용예시</th></tr>
<tr><td>1</td><td>유회수기</td><td>해면상의 기름을 기계적으로 흡입 또는 흡착하여 회수하는 장비
• 선박 설치형태에 따른 분류
<table>
<tr><th>구분</th><th>설명</th></tr>
<tr><td>고정식</td><td>방제선에 구조물로 고정된 유회수기</td></tr>
<tr><td>이동식</td><td>육·해상 이동이 가능한 유회수기</td></tr>
<tr><td>탑재식</td><td>이동식 유회수기 중 방제선에 탑재된 유회수기</td></tr>
</table></td><td>오일스키머(⇒유회수기)를 사용하여 해상에 유출된 기름을 회수하였다.</td></tr>
<tr><td>2</td><td>소형·중형·대형 방제정
(크기에 따른 명칭)

유류·화학 방제정
(용도에 따른 명칭)</td><td>유회수기, 기름이송펌프 및 회수한 기름을 저장할 수 있는 장치를 갖춘 선박으로 해양오염 예방활동 및 방제업무를 주 임무로 하는 함정
• 크기에 따른 방제정의 명칭
소형, 중형, 대형 방제정
<table>
<tr><th>구분</th><th>설명</th></tr>
<tr><td>소형</td><td>총톤수 100톤 미만의 방제정</td></tr>
<tr><td>중형</td><td>총톤수 100톤 이상 1000톤미만 방제정</td></tr>
<tr><td>대형</td><td>총톤수 1000톤 이상 방제정</td></tr>
</table>
• 용도에 따른 명칭
<table>
<tr><th>구분</th><th>설명</th></tr>
<tr><td>유류 방제정</td><td>해상에서 기름사고대응을 전용으로 하는 방제정</td></tr>
<tr><td>화학 방제정</td><td>해상에서 기름 및 화학사고 대응을 전용으로 하는 방제정</td></tr>
</table></td><td>○○호 오염사고 시 해경 방제정은 5척이 동원 되었으며, 4척은 중형 방제정 1척은 소형 방제정이었다.</td></tr>
<tr><td>3</td><td>소형 방제정</td><td>총톤수 100톤 미만의 방제정으로 평수구역에서 해양오염 방제업무 및 예방·단속활동을 주 임무로 하는 선박</td><td>○○항 저수심 지역에서 해양오염사고 발생시 소형방제작업정(⇒소형방제정)이 출동하여 방제작업을 수행하였다.</td></tr>
<tr><td>4</td><td>화학 방제정</td><td>해상에서 화학물질(유해화학물질)이 유출되었을 경우 대응하기 위한 방제정</td><td>○○호 사고로 해상에 화학물질이 유출되어 HNS방제정(⇒화학 방제정)이 출동하였다.</td></tr>
<tr><td>5</td><td>겸용 방제선</td><td>평상시에는 선박예인, 항만청소 등 방제업무 이외의 역할을 수행하고, 사고시 해양오염방제작업을 하는 방제선</td><td>○○호 사고로 해양환경관리공단의 방제 겸용선(⇒겸용 방제선)이 출동하였다.</td></tr>
</table>

[4] 방제자재

〈표 6-7〉 방제자재 용어 해설

연번	방제용어	용어해설	대상용어 사용예시
1	매트형 유흡착재 (약어 : 유흡착재)	기름을 흡착하여 회수하는 매트 모양의 유흡착재	○○호 사고로 유출된 기름을 패드형 유흡착재(⇒매트형 유흡착재)를 사용하여 회수하였다.
2	유해화학물질 흡착재 (약어 : 화학 흡착재)	화학물질을 흡착하여 회수하는 흡착재	○○호 사고로 유출된 화학물질을 HNS 흡착재(⇒화학 흡착재)를 사용하여 회수하였다.
3	봉쇄도구세트	선박, 유류탱크 등의 파공부를 봉쇄하기 위해 사용되는 나무쐐기, 망치, 톱 등 도구들을 세트화한 방제자재	○○호 사고로 연료 탱크의 파공이 발생하여 파공보수키트(⇒봉쇄도구세트)를 활용하여 방제작업을 하였다.
4	에어벤트 차단막	선박 연료유 탱크의 에어벤트로부터 기름이 유출되는 것을 방지하기 위하여 에어벤트를 봉쇄하는 자루	○○호 사고로 연료 탱크 에어벤트로부터 기름 유출을 방지하기 위해 에어벤트 차폐포(⇒에어벤트 차단막)을 사용하여 봉쇄하였습니다.
5	조립식 저장용기	방제작업으로 회수한 폐기물, 폐유 등을 임시지장하는 조립형태의 저장용기	임시저장용기로 풀형 저장용기(⇒조립식 저장용기), 밀폐형 저장용기 등을 보유하고 있다.
6	오일펜스 연결대	오일펜스의 끝단을 선박에 연결하기 위해 사용하는 삼각형 형태의 천	오일펜스를 선박에 고정하기 위해 오일펜스 삼각대(⇒오일펜스 연결대)를 사용하였다.
7	개인보호장구	방제작업자의 안전을 위하여 착용하는 장비 및 자재 • 장비 : 공기호흡기, 개인통신장비 등 • 자재 : 방제작업복, 화학마스크 등	방제작업에 참여하는 자원봉사자들의 안전을 위해 방제복 등 개인보호장구를 착용하였다. 화학사고 대응을 위해 화학보호복 등 개인보호장구를 착용하였다.
8	중질유 부착재	중질유를 부착하기 위해 다발의 인공합성물질을 묶은 먼지털이와 유사한 형태 방제자재	○○호 사고로 유출된 중질유를 수거하기 위하여 오일스네어(⇒중질유 부착재)를 사용하였다.
9	펜스형 유흡착재	수면위에 떠있는 소시지와 유사한 펜스 형태로 기름을 흡착하거나, 확산을 방지하는 역할을 하는 유흡착재	해안가 조간대에 붐형 유흡착재(⇒펜스형 유흡착재)를 사용하여 기름의 흡착하고, 확산을 방지하였다.

2장 해양오염 방제

1 유출유 확산방지

[1] 오일펜스(oil fence, oil boom)

해양에 유출된 오염물질의 확산을 방지하거나 오염물질로부터 피해를 예방하기 위하여 오일펜스를 사용하고 있으며, 크기 및 구조, 용도에 따라서 다양하게 제작, 사용되고 있다.

(1) 오일펜스의 용도

1) 해상에 유출된 오염물질의 확산 방지
2) 해양환경 민감해역 보호
3) 확산된 오염물질을 포집

(2) 오일펜스의 구조

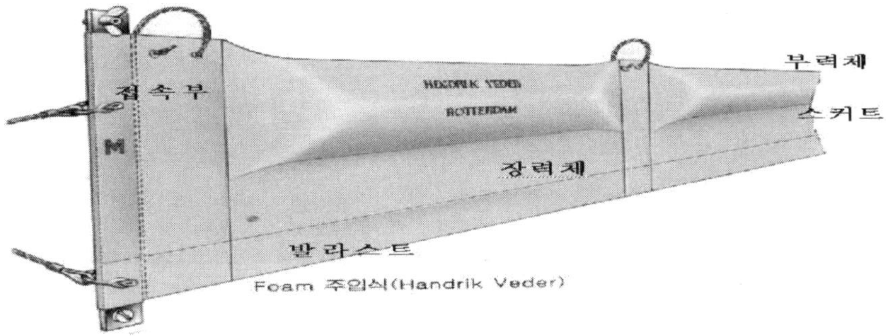

〈표 6-8〉 오일펜스 구조 용어

부력체	오일펜스의 부력형성을 위해 공기나 부력물질이 채워짐
스커트	기름이 오일펜스 밑으로 빠져나가는 것을 방지하기 위해 부력체 아래 부분에 위치한 차단막
장력체	오일펜스가 외부장력(바람·파도·조류)에 견딜 수 있도록 길이 방향의 보강재(체인, 로프, 벨트)
발라스트	오일펜스 아래 부분에 체인을 달아 수면하에서 부력체와 스커트를 수직으로 균형 유지
접속부	오일펜스 끝단을 상호 연결하는 부분으로 견인에 대해 충분하게 강도를 유지하고 기름이 새지 않아야 함

(3) 오일펜스의 종류

1) 커텐형 오일펜스 (스커트가 유연한 재질로 구성)

〈표 6-9〉 오일펜스 종류

종 류	구조 및 장·단점	사용시기 및 장소
고형식	‣ 발포성 부력체 내장 ‣ 부피가 크므로 공간을 많이 차지 ‣ 가격 저렴 ‣ 파손저항이 우수	‣ 사고선 주위 및 사고 위험해역에 장기간 설치 시 ‣ 연안·항만에서 사용
강제 팽창식	‣ 부력체에 공기를 강제 주입 ‣ 전장속도가 늦음 ‣ 부력체 파공시 침강우려 ‣ 부피가 적어 보관과 운송에 유리	‣ 초동조치를 위한 긴급 설치시 ‣ 중·대형으로 조류와 파도가 있는 해역에서 사용가능
자동 팽창식	‣ 팽창용 스프링 내장 ‣ 외피 파공시 침강 우려 ‣ 자동팽창으로 신속 전장	‣ 초동조치를 위한 긴급 설치 시 ‣ 중·대형으로 조류와 파도가 있는 해역에서 운용

[고형식]

[강제팽창식]

[자동팽창식]

2) 펜스형 오일펜스 (스커트가 고정되거나 판넬로 구성)

〈그림 6-3〉 펜스형 오일펜스

구조 및 장·단점	사용시기 및 장소
□ 방유벽 양쪽에 고형부력체 부착 □ 부피가 크므로 보관 공간을 많이 차지 □ 포집성능이 우수하나 유연성이 떨어져 조류와 파도에 취약	□ 사고위험 해역에 영구적으로 오일펜스를 설치 시 □ 해양시설, 취수구 주변에 설치

3) 오일펜스의 해양오염방제자재·약제의 성능시험 기준에 따른 분류

〈해양경찰청 고시 제2017-1호〉

형식	본체부(cm)		접속부(㎝)
	수면상 높이	수면하 깊이	
A형	20이상~30미만	30이상~40미만	60이상~80미만
B형	30이상~60미만	40이상~90미만	80이상~150미만
C형	60 이상	90 이상	150이상

[2] 오일펜스 전장방법

오일펜스의 기본 전장법은 포위전장, 폐쇄전장, 유도전장, 예인전장, 흐름전장, 저인전장, 다중전장 등으로 구분할 수 있다.

(1) 포위전장

유출초기 또는 단위 시간당 유출량이 상당히 많고 바람 또는 조류의 영향이 적은 오염원 근처 및 해안 가까이에서 사용한다.

〈그림 6-4〉 해양오염사고 현장에서의 포위전장

(2) 포집전장

유출량이 많고 오일펜스가 부족한 경우, 또는 바람, 조류의 영향이 커서 포위가 곤란한 경우 등에 사용한다.

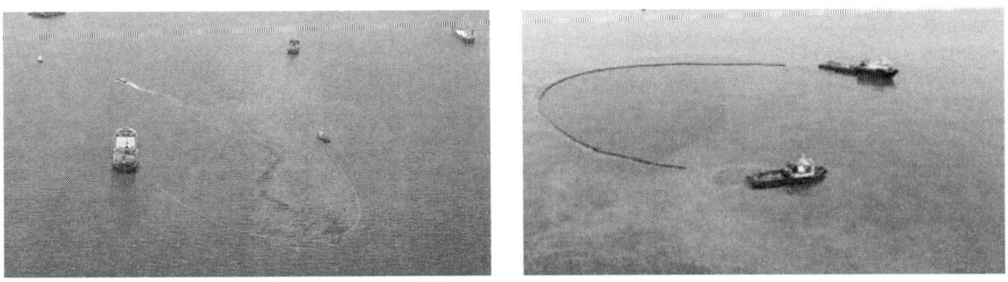

〈그림 6-5〉 해양오염사고 현장에서의 포집전장

(3) 폐쇄전장

항내의 협수로, 운하 등의 수로를 오일펜스로 폐쇄하는 방법이다.

〈그림 6-6〉 해양오염사고 현장에서의 폐쇄전장

(4) 유도전장

유출량이 많고, 조류의 영향이 커서 유출유를 현장에서 포집하기가 어렵거나, 오일펜스를 조류의 방향과 직각으로 전장을 하면 흐름의 영향을 받아, 기름이 오일펜스에서 유실되거나 현장에서 회수작업이 곤란한 경우 사용한다.

(5) 예인전장

앵커를 사용할 수 없는 경우, 해면에 넓게 확산되어 있는 해상 유출유를 이동시키면서 포집하고자 하는 경우에 사용된다. 이때 과도한 장력이 미치면 파손될 염려가 있으므로 주의한다.

1) U자형 전장

두 척의 선박이 나란히 서서 펜스를 예인하며, 입구를 조류방향으로 향하여 "U"자형으로 예인하면서 모아진 기름을 회수선박이 따라가면서 회수하는 형태

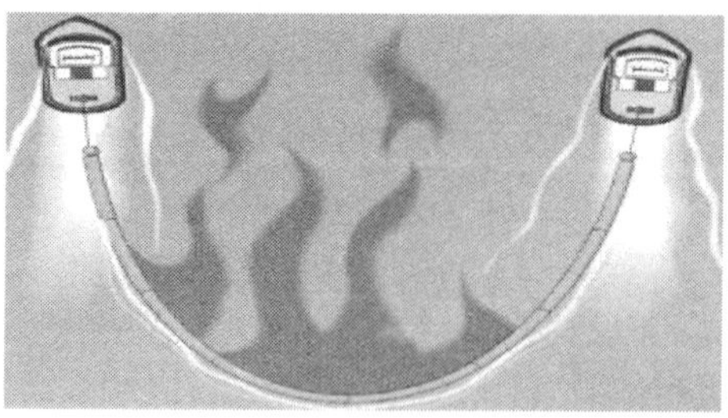

〈그림 6-7〉 U자형 전장

2) V자형 전장

U형과 같이 2척의 선박이 오일펜스 가운데에 유회수기를 설치하여 예인하는 형태이다. 넓은 해역에 유출유가 광범위 확산되어 회수할 때 전장한다.

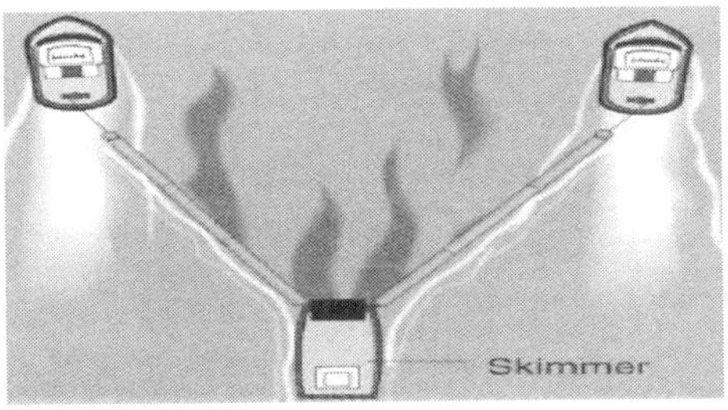

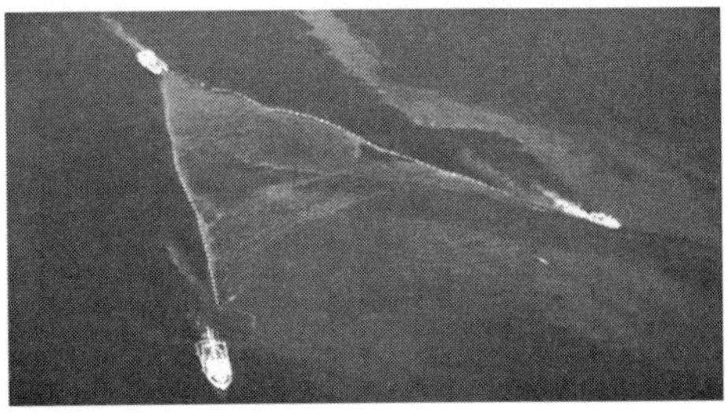

〈그림 6-8〉 V자형

3) J자형 전장

모선에서 오일펜스를 현측에로 내려 보조선으로 하여금 오일펜스를 J형태로 만들어 모선 현측에 오일포켓을 만든다.

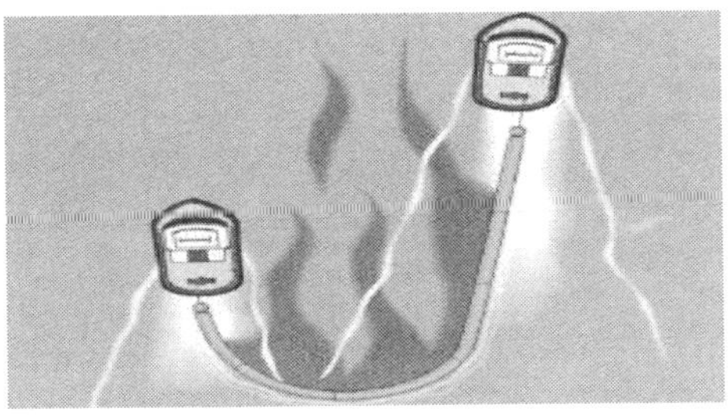

〈그림 6-9〉 J자형

(6) 흐름전장 및 저인전장

1) 흐름전장

오일펜스를 anchor로 고정시키지 않고 기름을 포위한 상태로 조류 따라 흐르게 하는 전장 방법이다. 오일펜스를 anchor로 고정시키면 조류의 영향을 받아 기능상실 발생하거나 수심이 깊어 anchor로 고정 시킬 수 없는 경우 사용한다.

2) 저인전장

오일펜스에 chain이나 추와 같은 저항물건을 매달아 끌리게 하여 오일펜스의 상대속력을 감소시키는 전장 방법이다. 조류가 빠른 경우 기능상실을 예방하기 위하여 오일펜스의 흐름 속도를 감소시킬 경우 사용한다.

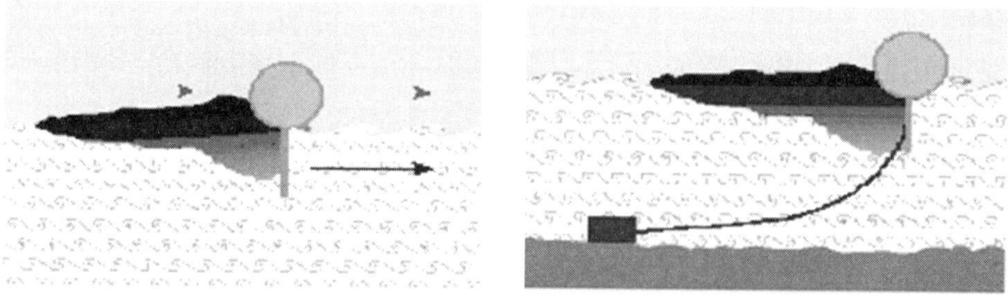

[흐름전장] [저인전장]

〈그림 6-10〉 흐름전장과 저인전장

(7) 다중전장

단일 전장만으로는 기름이 빠져나가는 경우가 많기 때문에 오일펜스의 전장방법을 복수로 조합시킨 방법이다. 통상 다중전장 또는 중복전장의 경우 오일펜스와 오일펜스 사이를 어느 정도 간격을 유지시켜 전장하는 것이 원칙이지만, 유속이 빠른 경우(0.5노트 이상) 스커트(skirt)가 물살에 쓸려 올라가서 기름이 빠져 나갈 수 있어 오일펜스의 간격을 5m 이내로 하면 오일펜스 사이에 기름이 계류되고 유하(流下)측의 오일펜스 스커트가 수직방향으로 내려가게 되어 기름의 확산을 방지할 수 있다 이와 같은 목적으로 전장하는 방법이 중복 전장이다.

2 유출유 회수

[1] 유회수기(oil skimmer)

해상 또는 해안에 유출된 기름의 물리적, 화학적 특성을 변화시키지 않고 유출유를 회수할 수 있도록 고안된 기계장치를 말한다.

유출유를 회수하는 원리는 물과 기름의 비중차, 기름의 점성 및 유동하는 특성을 이용하여 기름을 회수한다.

(1) 유회수기의 종류 및 특성

1) 흡착식 유회수기

기름의 점성을 이용한다. 친유성 소재로 만든 디스크, 브러시, 드럼, 몹, 벨트를 유출유가 부유하는 해면에서 회전시키면 유출유가 친유성 소재에 달라붙게 되며, 긁어내거나 짜내어 수집통에 모아 이송펌프를 이용하여 저장용기로 이송한다.

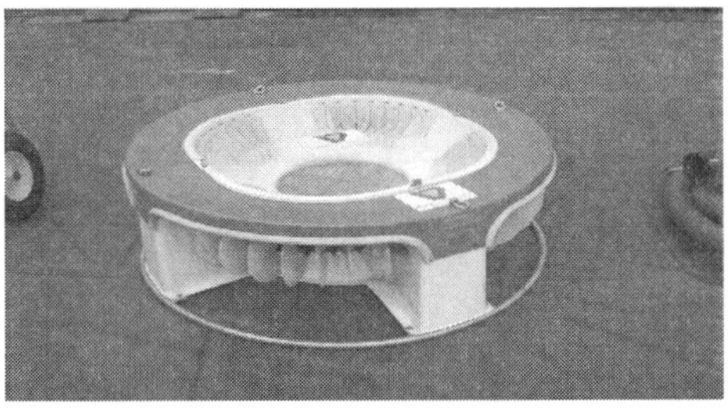

[디스크 스키머]

[브러시 스키머]

〈그림 6-11〉 흡착식 유회수기 종류

① 흡착식 소형 유회수기이므로 신속한 동원이 용이하다.
② 연안, 항만 등에서 오일펜스를 이용하여 포집한 유출유 및 선박들이 계류되어 협소한 구역에서 유출유를 회수하는데 효율적이다.
③ 주로 연안 및 부두에서 활용하므로 이동용 폐유저장용기가 필요하다.
④ 회수효율이 양호하며 함수율이 낮다.
⑤ 디스크 스키머는 평디스크, T-디스크형이 있다.
⑥ 브러시 스키머는 체인형, 디스크형, 드럼형이 있다.

2) 위어식 유회수기(스크루 스키머)

물과 기름의 비중차를 이용한다. 위어의 상단을 유출유와 수면 사이에 위치시켜 기름이 위어의 상단을 넘어 수집통으로 흘러 가도록 유도하여 이송펌프를 이용하여 저장 용기로 이송한다.

[스크루 스키머]

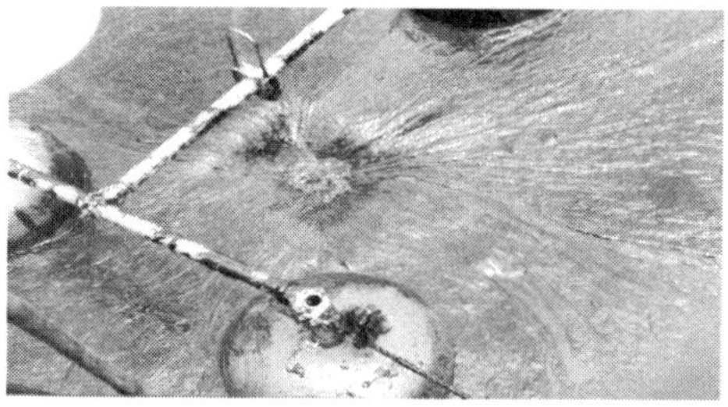

[스크루 스키머의 현장모습]

〈그림 6-12〉 위어식 유회수기

① 스크루형 이송펌프를 채택하여 고점도유 회수가 가능하다.
② 위어 높이를 유수 경계면에 조정하기 어렵다.
③ 토출양정이 우수하여 기름 이적용도로 활용 가능하다.

3) 위어식 유회수기(트롤 스키머)

압축공기를 주입하여 팽창시킨 트롤 붐을 2척의 예인선으로 예인 (예인속도 약 2~3놋트)하여 유출유를 포집한다. 여과기를 거쳐 부유 이물질은 걸러지고 기름만 회수되는데 파도 약 1m 정도의 해상에서 회수작업이 가능하다.

〈그림 6-13〉 트롤 스키머

① 붐 내부에 위어식 유회수기를 장착하여 붐을 예인하면서 유출유를 회수한다.
② 파도에 적응력이 양호하다.
③ 예인선2척, 바지선, 유조선, 작업선, 크레인 등 선단을 이루어 운용한다.

4) 진공식 유회수기

진공청소기와 같은 원리로 진공탱크를 형성(에젝터 이용)하고 진공탱크에 유출유가 유입되도록 유도하여 회수한다. 진공탱크의 진공을 해제하여 회수된 기름을 저장용기로 이송하도록 되어 있다.

[진공식 유회수기]

[진공식 유회수기]

〈그림 6-14〉 진공식 유회수기

① 파도에 취약하여 해상보다 해안청소에 유리하다.

② 진공도 유지 정도에 따라 성능의 변화가 크다.

③ 암반에 부착유는 유처리제를 살포 세척하면서 흡입하여 회수 가능하다.

5) 원심분리식 유회수기

기름의 비중을 이용하는 방식으로 기름과 물이 회오리(원심력)가 발생하는 챔버 내부로 유입되며 비중차에 의하여 물은 챔버 하부로 배출되고 기름은 챔버 상부에 모아진다. 상부에 모아진 기름은 이송펌프를 이용하여 저장탱크로 이송한다.

[원심분리식 유회수기(정상조건)]

[원심분리식 유회수기(기상불량)]

〈그림 6-15〉 원심분리식 유회수기

① 회수유는 함수율이 크므로 유수분리 필터를 통하여 해수는 배출한다.

② 유출유를 이적하기 용이하게 하기 위하여 에젝터를 이용하여 챔버 상부의 공기를 배출하여 기름을 챔버 상부로 유도한다.

③ 유회수기가 전진형이므로 선박에 탑재하여 전진 항해하면서 회수한다.

(2) 유회수기 현장 운용기술

해상상태에 따라 오일펜스를 연계한 유회수 시스템을 운용하여 회수량 및 회수효율을 극대화하여야 한다.

1) 방제정(300톤급, 150톤급) VOSS[80] 운용방법

① 조류속도를 고려하여 스위핑 암(sweeping arm)의 길이와 각도를 조정한다.

② 기름띠를 따라 회수선을 운항하면서 회수한다.

③ 1척의 선박으로 유출유를 포집, 회수, 저장한다.

〈그림 6-16〉 방제정 스위핑 암 전장모습

2) V형 회수시스템

① 쌍동형 회수선 또는 트롤스키머에 2척의 예인선이 오일펜스를 V형(중앙부분을 개방함)으로 예인하여 포집된 유출유가 흘러나오는 것을 회수한다.

② 조류가 빠르면 기름띠를 따라 회수선을 운항하면서 회수한다.

③ 작업팀장은 부선을 지휘·통제하여 유출유가 많은 쪽으로 유도한다.

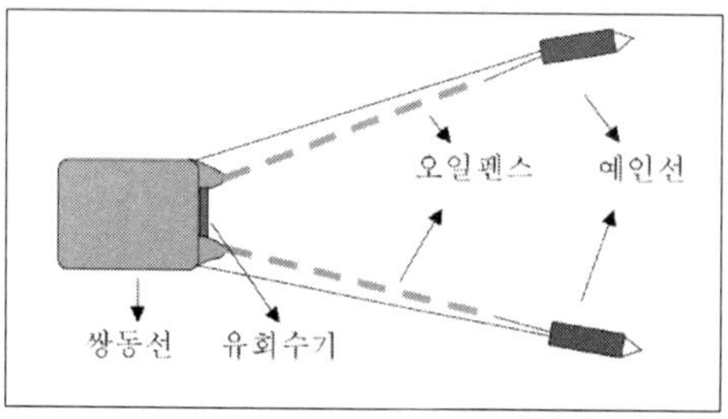

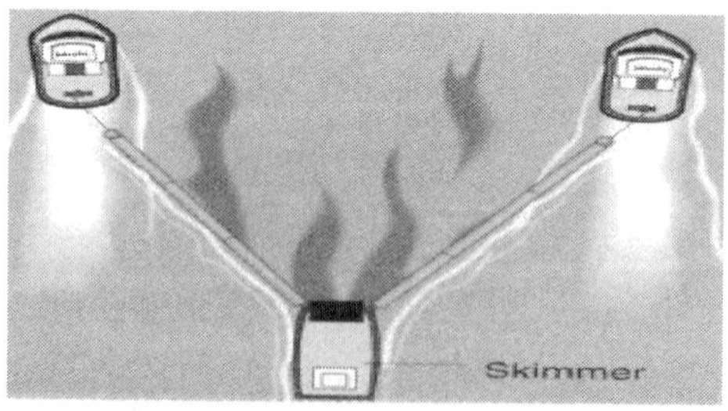

〈그림 6-17〉 V형 회수시스템

80) VOSS : Vessel of Opportunity Skimming System

3) U형 회수시스템

2척의 예인선으로 오일펜스를 U자형으로 예인하여 유출유를 포집하고 유조부선에서 이동용 유회수기를 이용하여 회수한다.

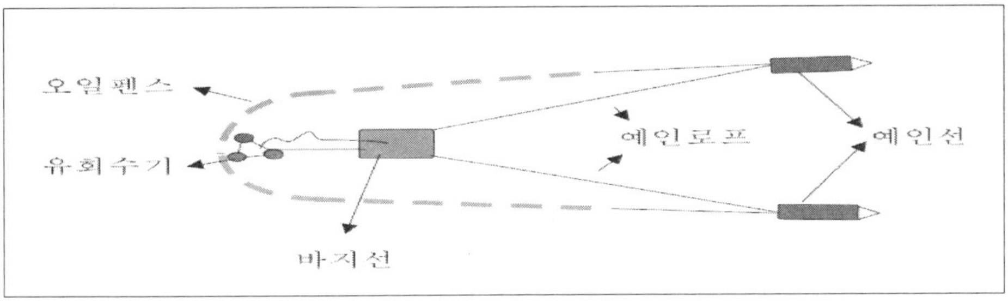

〈그림 6-18〉 U형 회수시스템

4) J형 회수시스템

예인선 1척으로 오일펜스를 J자형으로 전장하여 유출유를 포집하면서 유조부선에서 이동용 유회수기를 내려 회수한다.

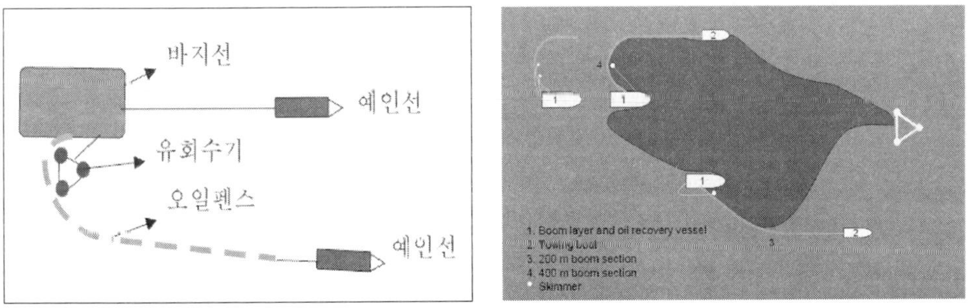

〈그림 6-19〉 J형 회수시스템

5) 해안가에서 유회수시스템 운용

① 해안에 대량으로 몰려온 기름을 오일펜스로 포집하고 유회수기를 투입하여 회수작업을 실시한다.

② 회수유 저장용기를 해상 또는 육상에 설치하여 저장한다.

※ 부두 높이(6m이내)와 수심을 감안하여 유회수 지점을 선정하고, 함수율이 높은 유회수기는 유수분리 방안을 강구한다.

[이송펌프를 이용한 직접회수]

[안벽에서의 유회수기 활용]

〈그림 6-20〉 유회수시스템 운용

6) 사고선 주위에서 정지형 유회수 시스템 운용

① 유조바지선을 사고선에 계류하고 사고선 주위에 오일펜스를 전장하여 사고선에서 유출되는 기름을 포집 회수한다.

② 회수된 기름은 유조바지선에 이송 저장한다.

〈그림 6-21〉 사고선 현측에서의 기름 포집 회수

[2] 방제자재 및 약재사용

(1) 유흡착재

흡착재는 해상에 유출된 오염물질을 흡수 또는 흡착하여 회수하는 물질로서 유출량이 적거나 좁은 지역으로 회수기를 이용한 회수작업이 곤란한 경우와 양식장 및 산란지 등 민감해역에서 방제작업이 제한된 경우에 주로 사용한다.

1) 매트형

가) 일정한 사각형의 씨트 모양이다.

나) 폐쇄된 해역 또는 좁은 해역에서 소량의 회수작업에 이용한다.

다) 포집된 오염물질 위에 직접 투하하여 흡착한다.

2) 롤형

가) 폭 약 0.5~1m의 흡착재를 길이 약 50m정도 감아놓은 롤(roll)형태이다.

나) 해안선, 해양, 좁은 해역에 대량으로 오염물질이 유입될시 사용한다.

다) 해수욕장, 바위틈 등 민감해역에 오염물질이 부착되기 전에 미리 깔아 둠으로써 민감해역 보호에 이용한다.

라) 비교적 오염물질이 많은 경우나 선박의 갑판이나 작업구역의 오염방지 및 미끄럼 방지 등에 사용한다.

마) 매트형과 사용방법은 같으나 적당한 길이로 잘라 사용한다.

[매트형]

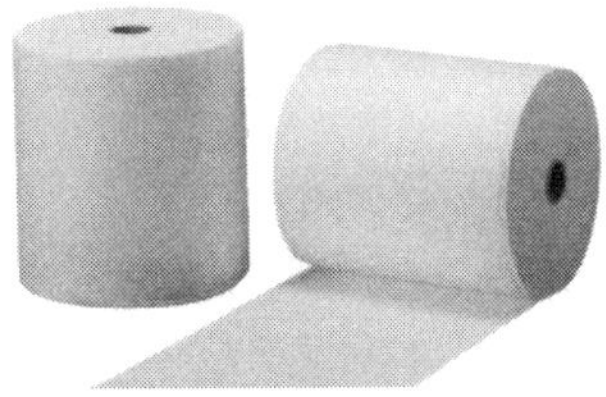

[롤형]

〈그림 6-22〉 유흡착제 종류

3) 쿠션형

가) 가로, 세로를 일정한 크기로 베게처럼 흡착재를 많이 내장한 형태이다.

나) 점도가 높은 기름이나 두꺼운 유층이 있을 때 유용하다.

다) 서로 연결하여 사용하면 효과적이며, 이때 한쪽을 육지에 고정시켜 사용한다.

4) 펜스형

가) 3~10m 붐 모양으로 연결한 형태이다.

나) 오일펜스 대체용으로 설치하거나 오일펜스 내부에 설치하여 포집된 오염물질을 흡착한다.

다) 오일펜스 설치가 곤란한 하수구나 좁은 하천 오염 시 설치한다.

라) 유회수기 뒤쪽에 설치하여 회수기에서 빠져 나온 기름을 회수할 때 사용이 가능하다.

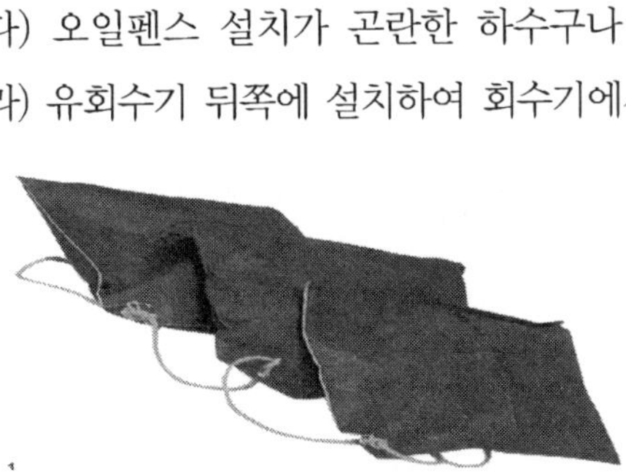

[쿠션형]

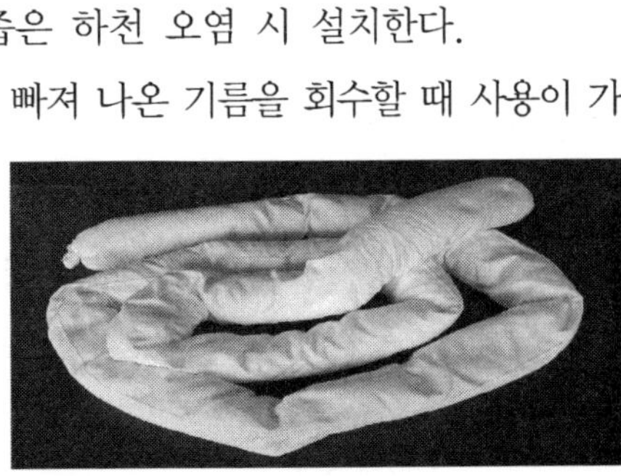

[펜스형]

5) 중질유부착재

바위·자갈 및 TTP사이의 기름을 제거할 때 사용할 수 있다.

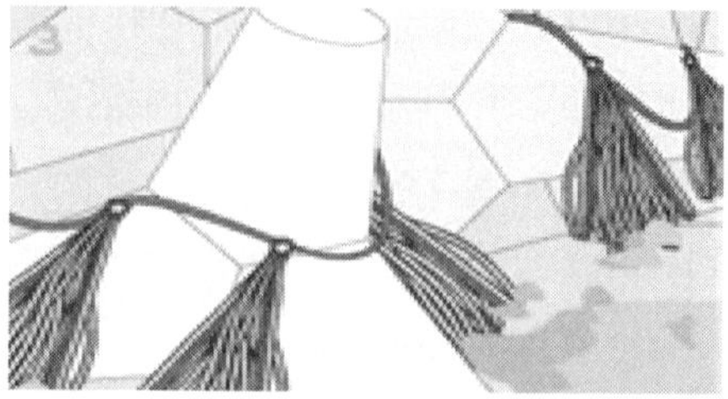

[중질유 부착재]

6) 기타제품

가) 겔화형 내장제

유겔화제를 내장한 유흡착재로 분말형 겔화제와 화학적인 반응을 일으켜 흡수된 기름이 겔(gel)상태로 된다.

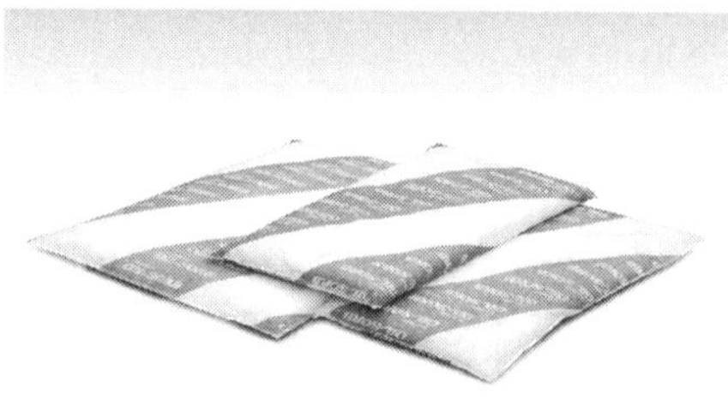
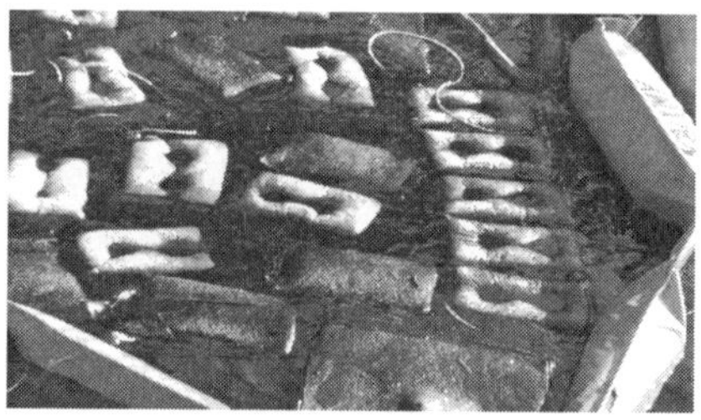

[겔화형 내장재]

나) 천연물질

볏짚, 가마니, 건초, 마대, 대패밥, 머리카락 등을 흡착재 대용으로 사용 할 수 있으나 오랜 시간 경과시 수분을 흡수하여 침강우려가 있으며 수거방법을 신중히 고려하여 사용한다.

(2) 유처리제

1) 유처리제 사용목적

유처리제에 의한 분산처리 방법은 물리적인 수거가 불가능할 경우에 오염에 민감한 지역의 피해를 사전에 대응하기 위하여 사용되는 방제방법으로 유출사고로 인한 생태계의 피해를 감소시키고 예측되는 각종 위험을 최소화하려는데 그 사용목적이 있다.

2) 유처리제 작용원리

유처리제는 해상에 유출된 기름을 미립자화하여 유화분산(乳化分散) 시켜 해수와 섞이기 쉬운 상태를 만들어 자연정화작용을 촉진, 즉 박테리아에 의한 미생물분해, 일조에 의한 증발산화작용 등을 통해 기름을 소멸시키는 작용을 하는 것으로 결코 그 자체가 기름을 소멸시키거나 중화하여 다른 것으로 변화시키는 것은 아니다.

3) 유처리제 살포 방법

유처리제의 사용은 대단히 민감한 문제이므로 살포방법 및 해양환경 조건에 각별히 유의하여 사용하여야 한다. 효과적인 방제를 위해서 유처리제는 다음과 같이 살포되어야 한다.

가) 해양생물의 피해를 고려하여 적절한 양을 살포한다.

나) 기름 전체에 골고루 살포되도록 유처리제와 기름의 접촉율을 높일 수 있는 분무시스템을 이용한다.

다) 유처리제를 살포할 때는 보통 유막 중간부분의 엷은 쪽보다 가장자리의 두꺼운 쪽부터 살포한다.

라) 만약 유막이 해안근처에 있다면 해안선 근처부터 해안선에 평행하게 이동하며 살포한다.

마) 유처리제는 해수와 희석해서 살포하면, 유화효과를 저하시키게 되므로 가능한 원액을 살포한다.

바) 점도가 높고, 물을 많이 함유한 기름은 유처리제에 의한 분산이 어려워진다.

사) 기름은 유출후 2~3일이 경과하면 풍화작용에 따라 고점도화 되어 유처리제 사용 효과는 매우 저하된다. 유처리제의 사용은 효과가 있는 시기에 살포를 하여야 한다.

아) 선박을 이용한 유처리제 살포방법은 선박의 항해속도는 4~10노트 정도를 유지한다.

자) 유처리제가 유막에 효과적으로 살포되면 오렌지 또는 검은 갈색의 뿌연층이 형성되며, 유처리제가 해수에 직접 접촉되면 흰색 또는 우유빛층이 형성된다.

(3) 유겔화제

유출유 사고처리는 확산방지가 가장 중요하며 통상 오일펜스의 전장으로 작업이 이루어지지만 겔화제를 사용하여 유출유를 응고 시키므로써 확산방지를 할 수도 있다. 즉, 해상유출유를 응고시키거나 젤리와 같은 형태로 된다면 확산을 방지하거나 최소화 시킬 수 있다. 유겔화제(油gel化劑)는 액상인 유출유를 고형화 즉, 겔화시키는데 사용되는 방제약제이며 그 특징은 다음과 같다.

1) 사고 탱크내의 적재유를 고형화하여 유출을 방지한다.
2) 유출된 기름을 조속히 고형화하여 확산을 방지한다.
3) 기름을 고형화하기 때문에 뜰채 등을 이용하여 쉽게 회수처리 할 수 있다
4) 오일펜스내의 기름을 고형화하여 오일펜스 밖으로 빠져 나가는 것과 위로 넘어가는 것을 방지할 수 있다.
5) 오일펜스 내부에 포집된 유출유나 해면에 넓게 확산된 유출유를 응고시켜 네트 등의 적당한 자재로 회수할 수 있다.
6) 원유, 경유, 중질유 등 대부분의 기름을 고형화 할 수 있으며 경질유의 확산을 억제하여 인화의 위험성을 경감할 수 있다.
7) 에멀젼된 무스상태의 유출유를 처리할 수 있다
8) 갑판이나 육상에 넘쳐 흘린 기름을 신속히 응고시켜 유출확산범위를 감소시킬수 있다.
9) 겔화제는 기름이외에 탄화수소계 유기용제(벤젠, 톨루엔, 자일렌 등)에도 유효하며 해양생물에 대한 2차 오염에 대한 위험성이 거의 없다.
10) 유겔화제는 분말형과 액상형 두가지 종류가 있으나 현재 우리나라에서 형식 승인되어 사용되고 있는 것은 분말형 뿐이며 액상형인 경우 일본 등에서 사용되고 있다.

유겔화제(油gel化劑)는 액상인 유출유를 고형화하는 것인 만큼 유출물질의 특성과 사용량 등이 최적화 될 수 있도록 제조사의 사용방법을 준수하여 사용하여야 한다.

3장 위험·유해물질(HNS)

1 HNS의 개념

[1] HNS의 정의

해상으로 운송되는 화학물질은 "위험·유해물질", "산적상태의 유해액체물질", "포장된 상태로 운반되는 유해물질", "위험물" 등 다양한 방식으로 정의되고 있다.

〈그림 6-23〉 HNS의 종류

위험·유해물질은 물질 자체의 특성으로 인하여 폭발·유독성·부식성·질식 등을 일으켜 인간 및 생명체 또는 환경에 위험을 야기하는 물질이나 제품을 말하며, 영문명으로는 HNS(Hazardous and Noxious Substances)라 통칭하고, 위험물질(Dangerous Goods)과 유해물질(Harmful Substances)로 구분할 수 있다.

〈표 6-4〉 위험물질과 유해물질

위험물질(Dangerous Goods)	유해물질(Harmful Substances)
LNG, LPG, 폭죽, 유연탄 등	황산, 자일렌, 톨루엔, 벤젠, 액화 암모니아, 나프타 등

국제해사기구(IMO)의 국제해상인명안전협약(SOLAS)에서는 이를 "위험물" 이라고 정하고 위험물의 운송형태를 기준으로 포장위험물, 산적액체화학품 및 산적액체위험물, 산적고체위험물, 액화가스, 방사성물질 등으로 구별하고 있으며, 해양오염방지협약(MARPOL)에서는 산적유해액체물질과 포장된 형태로 선박에 의하여 운송되는 물질로 정하고 있다.

OPRC-HNS협약[81]에서의 "위험·유해물질(Hazardous and Noxious Substances)"이란 기름을 제외한 물질로서 해양환경에 유입되면 인간의 건강에 위험을 초래하고 생물자원과 해양생물체에 해를 끼치며, 쾌적성을 손상하거나 바다의 다른 합법적인 이용에 방해가 되는 물질을 말하고 있다.

국내법령의 정의를 살펴보면, 「해양환경관리법」에서는 "유해액체물질"이란 해양환경에 해로운 결과를 미치거나 미칠 우려가 있는 액체물질(기름은 제외한다)과 그 물질이 함유된 혼합액체물질로서 해양수산부령이 정하는 것을 말하고 있으며 "포장유해물질"이란 포장된 형태로 선박에 의하여 운송되는 유해물질 중 해양에 배출되는 경우 해양환경에 해로운 결과를 미치거나 미칠 우려가 있는 물질로서 해양수산부령이 정하는 것을 말한다.

또한 동법 시행규칙에서는 "위험·유해물질"이란 '유출될 경우 해양자원이나 생명체에 중대한 위해를 미치거나 해양의 쾌적성 또는 적법한 이용에 중대한 장애를 일으키는 물질로서 유해액체물질 및 포장유해물질과 산적(散積)으로 운송되며, 화재·폭발 등의 위험이 있는 물질(액화가스류를 포함한다)을 말한다.'라고 정의하고 있다.

〈표 6-5〉 HNS의 분류

구 분	위험물질	유해물질
종 류	포장위험물, 산적고체위험물, 산적액체위험물, 산적가스	산적 유해액체물질, 포장 유해물질
특 성	독성, 부식성, 폭발, 화재발생	환경오염, 생태계 파괴
분 류	Class 1-9	X류, Y류, Z류 및 기타
국내법	선박안전법	해양환경관리법
국제협약	국제해상인명안전협약(SOLAS)	국제해양오염방지협약(MARPOL)

81) 위험유해물질에 의한 오염대비·대응 및 협력에 관한 국제협약 2000 의정서(OPRC-HNS 2000)(국제 : 채택 '00.3.15, 발효 '07.6.14 / 국내 : 가입 '08.1.11, 발효 '08.4.11)

[2] HNS의 기본 특성

위험·유해물질은 신체 또는 재산상의 손실 및 해양환경에 나쁜 영향을 미칠 수 있으며 다양한 물리적·화학적 특성을 가지고 있으므로 화재로 인한 폭발사고 시 대형 재난으로 발전할 가능성이 있다.

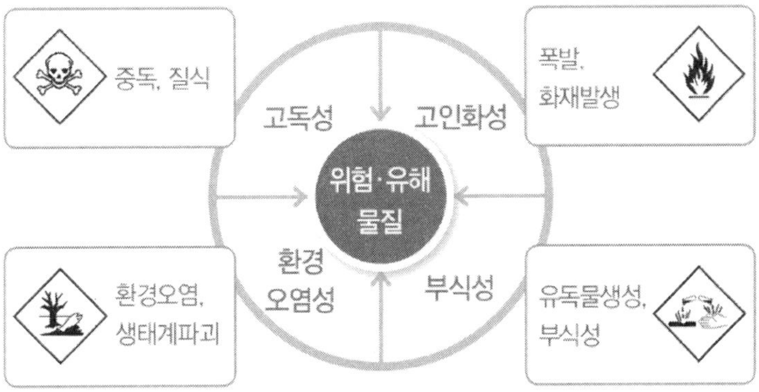

〈그림 6-24〉 특성별 HNS 분류

또한 해상으로 유출된 위험·유해물질은 발암성 및 독성을 띄게 되므로 장기적으로 해양 생태계를 교란시킬 수 있다.

〈표 6-6〉 HNS의 특징

구 분	특 징	품 목
고독성	삼키거나 흡입, 피부에 접촉 시 사망 또는 중상을 일으킴	살충제, 염료 등
고인화성	발화원에 의한 화재의 위험성을 갖고 있음	페인트, 접착제 등
부식성	피부나 금속표면에 부식을 일으킴	황산, 질산, 배터리 등
환경오염성	수생환경을 오염시킴	농약, 해양오염물질 등

기름 유출과 위험·유해물질 유출 특성을 비교하면 다음과 같다.

〈표 6-7〉 기름 VS HNS 유출 특성 비교

분 류	기 름	H N S
거동특성	부 유	증발·부유·용해·침전 등 다양한 형태
유출확인	확연히 확인가능	확인 가능한 경우가 적음
대응기술	상당히 발달	미약한 수준
대응위험	특별한 위험 없이 대응 가능	종종 상당한 위험을 수반
대응방법	비교적 단순함	기름에 비해 매우 다양함

[3] HNS 해상운송 동향

(1) HNS 해상운송 현황

석유화학산업의 발달로 위험·유해물질의 해상물동량은 유류에 비해 지속적으로 증가하고 있으며, LNG선·케미칼선·벌크선·컨테이너선 등 위험·유해물질의 품목에 따라 다양한 형태의 선박으로 운송하고 있다.

〈그림 6-25〉 HNS 운송 선박의 종류

현재 해상으로 운송되는 위험·유해물질의 종류는 전 세계적으로 6,500여종이 있으며 이 중 국내에는 1,100여종의 물질이 운송되고 있다.

(2) 해상으로 운송되는 HNS 종류

〈표 6-8〉 해상으로 운송되는 HNS 종류

종 류	품 목	주요 운송수단
가스류	LNG, LPG 등	LNG선, LPG선
산적액체화학품	벤젠, 자일렌, 톨루엔 등	케미칼선
산적고체위험물	유황, 석회석 등	벌크선
포장위험물	자동차, 페인트, 폭약 등	컨테이너선

2017년도 선종별 선박 입·출항 현황을 살펴보면, 총 39만여척의 선박이 국내에 입·출항했으며 이 중 화학물질운반선 등 위험물운반선은 13만여척으로 전체의 34%를 차지하고 있다.

(3) 2017년도 선종별 선박 입·출항 현황(단위/척)

〈표 6-9〉 선종별 입출항 현황

계	위험물운반선(133,241척)				화물선	여객선	자동차 운반선	기타
	원유선	석 유 제품선	화학물질 운반선	가스선 (LPG/LNG)				
390,361	5,521	93,405	24,470	9,845	136,818	18,148	9,653	92,501

〈자료 : 해양경찰청 내부자료〉

이 중, 위험물운반선 입·출항 현황을 해경서별로 살펴보면, 유류 및 화학물질 취급시설이 있는 울산·여수·부산·태안 등 4개 지역에 입·출항한 위험물운반선은 총 10만여척으로 전체 위험물운반선의 78%를 차지하고 있다.

(4) 2017년도 해경서별 위험물운반선 입·출항 현황(단위/척)

〈표 6-10〉 위험물운반선 입·출항 현황

계	울산	여수	부산	태안	인천	평택	창원	기타
133,241	34,797	33,046	24,430	11,959	8,024	4,840	3,725	12,420

〈자료 : 해양경찰청 내부자료〉

[4] HNS 해양사고 현황

최근 5년(2013-2017년) 간 위험·유해물질 해양사고 발생 현황을 살펴보면, 총 13건 약 206kℓ의 HNS 물질이 해양으로 유출되었으며, 해경서별로는 울산 7건, 여수 4건으로 HNS 해상운송량 및 선박입출항이 많은 지역에서 주로 발생하였다.

(1) 최근 5년 간 해역별 HNS사고 현황

〈표 6-11〉 해역별 HNS사고 현황

구분	계	울산	여수	태안	통영
건수	13	7	4	1	1
유출량(ℓ)	205,787	200,078	3,270	2,400	39

〈자료 : 해양경찰청 내부자료〉

유출물질별로는 2015.1.11 울산항 4부두 케미칼선 한양에이스호에서 발생한 사고 시 황산과 질산이 혼합된 혼산 198kℓ가 유출되어 가장 많은 양의 HNS물질이 유출되었다.

(2) 최근 5년 간 물질별 HNS사고 현황

〈표 6-12〉 물질별 HNS사고 현황

구분	계	혼산 (황산+질산)	벤젠	수산화 나트륨	메탄올	자일렌	옥탄올	기타
건수	13	2	2	1	1	1	1	5
유출량 (ℓ)	205,787	199,800	3,018	2,110	318	180	16	345

〈자료 : 해양경찰청 내부자료〉

국내 주요 HNS사고 현황을 살펴보면 다음과 같다.

〈표 6-13〉 국내 주요 HNS사고 현황

일 시	장소	선명	유출물질
'07.12.25	여수시 백도	이스턴 브라이트호	질산
'09.03.08	태안군 학암포	삼호 글로리아호	팜유 세정수
'13.12.29	부산 태종대 남동방	마리타임 메이지호	파라자일렌 등 3종
'15.01.11	울산항 4부두	한양에이스호	혼산(황산+질산)

〈자료 : 해양경찰청 내부자료〉

특히 2013.12.29. 02:06 경 부산 태종대 남동방 9.2마일 해상에 발생한 마리타임메이지호(화학물질운반선) 사고는 시운전중인 그라비티하이웨이호(자동차운반선)와 충돌한 후 엄청난 화염에 휩싸였으며, 해경에서는 선장 및 선원 27명 전원 구조 완료 후 화재 진화작업을 계속 진행하였으나 파라자일렌, 아크릴로니트릴, 스티렌모노머 등 위험·유해물질 총 29,379여톤이 적재되어 있어 화염과 유독가스에 의해 불꽃은 더욱 더 치솟았다.

〈그림 6-26〉 마리타임메이지호 사고 모습

총 21.1kℓ(1억1천6백만원어치)의 소화폼을 투하하였으나 화재선박의 화염은 쉽게 잡히지 않았고 그러던 중 마리타임메이지호는 해류에 밀려 같은날 19:30경 일본측 영해(대마도)로 진입하였고 우리측의 화재진압은 중단되었다.

일본 관할해역 진입 후 현지 기상상태에 따라 표류와 예인을 반복하던 중 예인선 6척(한국 1, 일본 5)을 동원하여 예인 소화 및 냉각작업을 실시하였고 일본 해상보안청 소속 순시정 1척이 순차적으로 감시하였으며 우리나라 해군 함정 1척도 교대로 외곽 감시를 병행 실시하였다.

2014. 1. 4.부터 국제 화재전문가가 승선을 시도, 1.14에 네덜란드 소방전문가 4명이 현장에 투입되어 마침내 1.16 화재를 완전히 진압하였다. 이 사고 선박의 화재는 18일 10시간(총442시간)만에 완전 소멸되었다.

〈그림 6-27〉 마리나임메이지호 파손 및 화재 상태

2 HNS사고 대응 관련 법규

[1] 국제법 현황

위험물과 같은 HNS의 국제해상운송은 선박의 안전과 해양환경보호를 위하여 제정된 국제협약에 따라야 한다. 1974년 해상인명안전협약(SOLAS)과 73/78 해양오염방지협약(MARPOL)은 각각 안전과 환경보호를 위한 두 개의 커다란 토대를 제공한다.

(1) 해상인명안전협약(SOLAS)

1974 해상인명안전협약은 1912년 1,400여명의 승선원이 사망한 타이타닉 침몰사고를 계

기로 선박의 안전에 관한 통일적인 원칙과 기준을 설정함으로써 해상에서의 인명안전을 증진시킬 목적으로 제정되었으며 선박항행에 관한 통일된 규칙, 복원성, 소화설비 및 선박구조 등 총 12개의 장으로 구성되어 있다.

특히 제7장에서는 위험물의 운송을 A·A-1·B·C·D편으로 나누었으며 A편은 포장위험물, A-1은 산적고체위험물, B편은 산적액체위험물, C편은 액화가스류, D편은 방사성물질에 대해 다루고 있다.

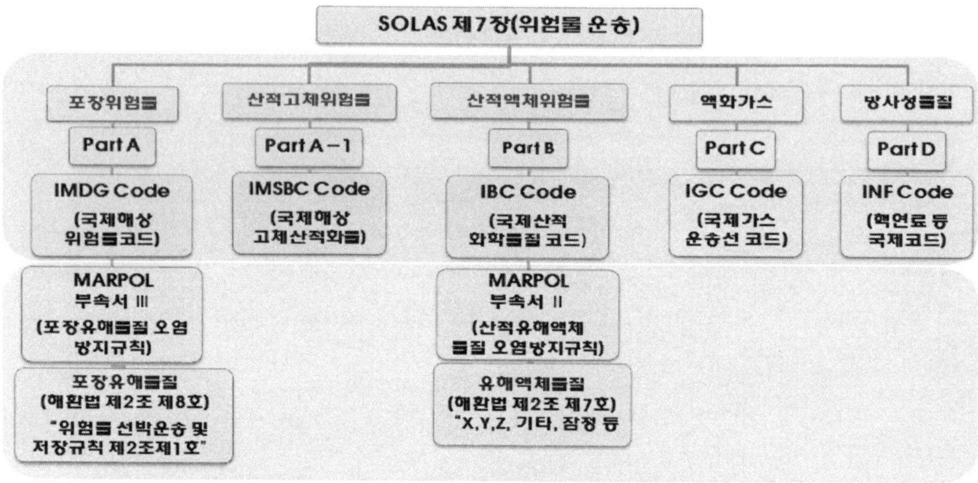

〈그림 6-28〉 위험물 해상운송에 관한 국제법규의 체계

(2) 해양오염방지협약(MARPOL)

73/78 해양오염방지협약은 1967년 124,000여톤의 원유가 유출된 토리캐년호 좌초사고를 계기로 선박으로 인한 모든 형태의 해양오염을 규제하기 위하여 제정되었으며 기름, 산적유해액체물질, 포장유해물질, 오수, 폐기물, 대기오염물질 등 총 6개의 부속서로 이루어져 있다.

부속서Ⅱ(산적유해액체물질)의 물질에는 유해액체물질 탱크세정수도 포함 되며, 해상에서 산적상태 액체위험화학물질을 안전하게 운송하기 위한 국제기준인 IBC Code(국제산적화학물질코드)에 자세히 다루고 있다.

부속서Ⅲ(포장유해물질)의 규정은 포장형태의 유해물질을 운송하는 모든 선박에 적용되고 여기에서의 유해물질은 IMDG Code(국제해상위험물코드)에서 해양오염물질로 확인되는 물질을 말한다.

〈표 6-14〉 기름 및 HNS 관련 국제협약 및 국내법규

구 분		협약명	국내법규	대 상
사고예방	안전	SOLAS	선박안전법	위험물질
	환경보호	MARPOL	해양환경관리법	기름, 산적유해액체물질, 포장유해물질
사고대비·대응		OPRC[82)	해양환경관리법	기름
		OPRC-HNS	해양환경관리법	HNS
손해배상		CLC[83)	유류오염손해배상보장법	기름
		HNS[84)	- (미발효)	HNS

[2] 국내법 현황

HNS 해상운송은 다른 운송수단에 비하여 산적 상태로 대량 운송하는 것을 특징으로 한다. 그러므로 해상으로 운송되는 화학제품운반선, LNG선 등 전용선에 의한 산적 형태 및 컨테이너선 등에 의한 포장 형태로 운송하는 경우로 나눌 수 있으며, 컨테이너선 화물 중 약 10%가 위험물로 구성되어 있다.

이러한 위험물을 실은 선박이 국내 안전하게 입출항하기 위하여 국내에 제정된 법률로는 해양환경보호를 위한 「해양환경관리법」이 있으며, 위험물 해상운송과 관련된 법규로는 「선박안전법」 및 「선박의 입항 및 출항 등에 관한 법률」 등이 있다.

(1) 해양환경관리법

해양환경관리법은 MARPOL협약의 국내이행 법률로 해양환경의 훼손 또는 해양오염으로 인한 위해를 예방하고 깨끗하고 안전한 해양환경을 조성하여 국민의 삶의 질을 높이는 데 이바지함을 목적으로 한다.

이 법에서는 유해액체물질 및 포장유해물질과 산적으로 운송되며 화재·폭발 등의 위험이 있는 물질(액화가스류를 포함)을 포함하고 있다.

해양환경관리법 시행규칙에서는 국가긴급방제계획에 포함되어야 할 오염물질에 위험·유

82) 기름오염대비·대응 및 협력에 관한 국제협약(OPRC 1990), (국제 : 채택 '90.11.30, 발효 '95.5.13 / 국내 : 가입 '99.11.9, 발효 '00.2.9)

83) 유류오염손해에 대한 민사책임에 관한 69년 협약을 개정하는 1992년 의정서(CLC Protocol 1992) (국제 : 채택 '92.11.27, 발효 '96.5.30 / 국내 : 가입 '97.3.7, 발효 '98.5.15)

84) 위험·유해물질 피해보상을 위한 국제협약(HNS Convention 1996), (국제 : 채택 '96.3.3, 발효 미발효 / 국내 미가입, 발효 -)

해물질(HNS)을 포함하고 있으며, 현재 해경청 고시로 68종(연간 해상물동량 10만톤 이상 28종 + 유해액체물질 X, Y, Z류 40종)이 지정되어 있다.

선박에서의 오염방지에 관한 규칙에서는 유해액체물질은 X, Y, Z, 기타물질(OS), 잠정평가물질로 구분하고 있으며 별표를 통해 각 물질목록을 상세하게 지정하고 있다.

여기에서 "X류 물질"은 심각한 위해를 끼치는 것으로서 해양배출을 금지하는 유해액체물질, "Y류 물질"은 적합한 이용에 위해를 끼치는 것으로서 해양배출을 제한하여야 하는 유해액체물질, "Z류 물질"은 경미한 위해를 끼치는 것으로서 해양배출을 일부 제한하여야 하는 유해액체물질로 정의하고 있다.

〈표 6-15〉 HNS 해상운송과 관련된 주요 국내법규

관련법	하 위 법 령	
	시행규칙(부령)	행정규칙
해양환경관리법	선박에서의 오염방지에 관한 규칙	국가긴급방제계획에 포함하는 위험·유해물질 지정 고시
선박안전법	위험물 선박운송 및 저장규칙 (IMDG Code)	위험물 선박운송기준
		위험물컨테이너 등의 점검에 관한 요령
	특수화물 선박운송 규칙 (IMSBC Code)	고체화물 개별운송요건
		산적액체위험물 운송선박의 시설 등에 관한 기준(IBC Code)
선박의 입항 및 출항 등에 관한 법률	선박의 입항 및 출항 등에 관한 법률 시행규칙	

(2) 선박안전법

선박안전법은 선박의 감항성 유지 및 안전운항에 필요한 사항을 규정함으로써 국민의 생명과 재산을 보호함을 목적으로 한다. 이 법은 화물의 적재·고박방법 등에 관한 사항 및 산적화물의 운송방법에 대해 규정하고 있으며 위험물의 운송에 관한 사항을 정하고 있다. 그리고 위험물 안전운송 교육과 위험물 관련 검사·승인의 대행기관에 대해 기술하고 있으며 관련 하위법령은 위의 표와 같다.

(3) 선박의 입항 및 출항 등에 관한 법률

이 법은 무역항의 수상구역 등에서 선박의 입·출항에 대한 지원과 선박의 안전 및 질서

유지에 필요한 사항을 규정함을 목적으로 한다.

용어의 정의에서 "위험물"이라 함은 화재·폭발 등의 위험이 있거나 인체 또는 해양환경에 해를 미치는 물질로서 해양수산부령이 정하는 것을 말하며, 무역항의 수상구역 등으로 위험물 반입 시 신고 및 하역 시 자체안전관리계획 등에 관해 규정하고 있다. 또한 위험물 취급 시의 필요한 안전조치 사항 등을 규정하고 있으며, 본 법에 따라 산적액체위험물을 취급하는 위험물 안전관리자의 교육을 위하여 교육기관을 지정·고시할 수 있다.

4장 해양환경관련 국제협약

1 해양오염방지관련 협약

[1] 선박으로부터 해양오염방지를 위한 국제협약(MARPOL 73/78)

(1) 협약의 채택

1) 선박으로부터 운송되는 기름, 유해액체물질 및 분뇨와 선박 자체 내에서 음식찌꺼기(Garbage)로 인한 오염방지를 위해 「선박으로부터 오염방지를 위한 국제협약 : MARPOL 1973」이 1972. 11. 2일 IMO회의에서 채택되었다.

※ MARPOL 73/78 : Protocol of 1978 Relating to International Convention for Prevention Pollution from Ship

2) 연안 국가들이 준수가 어려운 협약의 규제사항을 부분적으로 완화하는 내용으로 보완하여 새롭게 마련된 것이 「1973년 선박으로부터 오염방지를 위한 국제협약에 관한 1978년 의정서 : MARPOL 73/78」였으며 1978. 2. 17에 채택되어 '83. 10. 2 부속서 I 부터 연차적으로 국제 발효되었다.

(2) 협약본문

1) 적용범위

가) 당사국의 국기를 게양할 자격이 있는 모든 선박

나) 당사국의 권한 하에 운영되고 있는 선박

다) 군함, 해군 보조함 또는 국가가 소유하거나 운항하는 기타 선박으로서 현재 비상업적 용도에만 사용되는 선박에는 적용하지 아니한다.

2) 검사 및 증서

부속서 Ⅰ, Ⅱ, Ⅳ, Ⅵ에 규정된 사항은 최초검사, 중간검사, 정기검사를 실시하고, 최초검사와 정기검사 때에는 국제기름오염방지증서(IOPP), 국제오염방지증서(IPP), 국제오수오염방지증서(ISPP), 또는 국제대기오염방지증서(IAPP)를 각각 발급한다.

(3) 주요 부속서 내용

1) 부속서Ⅰ : 기름에 의한 오염방지 규칙(선박에서 유성혼합물 배출요건, 설비규정 등)
2) 부속서 Ⅱ : 산적 유해액체물질 배출방지 규칙(케미컬운반선 규제)
3) 부속서 Ⅲ : 포장된 형태로 선박에 의하여 운송되는 유해액체물질에 의한 오염방지 규칙(화물컨테이너 규제)
4) 부속서 Ⅳ : 선박으로부터의 오수에 의한 오염방지 규칙(분뇨 및 생활하수 등 규제)
5) 부속서 Ⅴ : 선박으로부터의 폐기물에 의한 오염방지 규칙(플라스틱 등 오염물질 배출 규제)
6) 부속서 Ⅵ : 선박으로부터의 대기오염방지 규칙(황산화합물, 질산화합물, 휘발성 유기화합물, 오존층 파괴물질 및 온실가스 배출 규제)

(4) 부속서별 국제(국내) 발효일자

1) 부속서Ⅰ/Ⅱ(기름/산적유해액체물질) : 1983. 10. 02 (국내 '84. 10. 23)
2) 부속서Ⅲ(포장유해액체물질) : 1992. 07. 01 (국내 '96. 05. 28)
3) 부속서Ⅳ(하수) : 2003. 09. 27 (국내 '04. 02. 28)
4) 부속서Ⅴ(폐기물) : 1988. 10. 31 (국내 '96. 05. 28)
5) 부속서Ⅵ(대기오염) : 2005. 05. 19 (국내 '06. 07. 20)

[2] 폐기물 투기에 관한 협약(런던협약, 1972 LC)

(1) 협약의 채택

1) 폐기물 및 기타물질의 해양투기로 인한 해양오염 예방을 위하여 해양투기를 제한하기 위하여 1972년 폐기물 및 그 밖의 물질투기에 의한 해양오염방지에 관한 국제협약(Convention on the Prevention of Marine Pollution by Dumping of Wastes and Other Matter)이다.

2) 가입국 현황

1972. 12. 29 채책하여 1975. 8. 30 87개국(한국 : 1993. 12. 21 가입, 1994. 1.20 발효)이 가입하여 발효되었다.

(2) 협약 주요내용

1) 당사국의 해양오염방지의 포괄적 의무 규정과 폐기물의 해양투기를 허용하되, 특정품목만 금지하였으며, 당사국은 투기허가 현황, 투기장 상태, 투기허가 규정 등 이행여부를 보고 의무를 부여한다.

2) 부속서 주요내용

가) 부속서 Ⅰ (해양투기 금지물질)

※ 수은, 카드뮴, 석유제품, 플라스틱류, 지속성 부유물질, 고순위 방사성물질 등

나) 부속서 Ⅱ (특별허가를 요하는 물질)

※ 납, 구리, 아연, 크롬, 산, 알칼리, 부속서 Ⅰ에 포함되지 않는 방사성 폐기물 등

다) 부속서 Ⅲ (투기허가시 고려사항)

※ 물질의 특성 및 성분, 투기장소 특성 및 투기방법, 해양에 대한 영향 등 일반적 고려사항

(3) 런던협약 1996의정서

런던협약에 의한 해양투기 제한을 더욱 강화하고 궁극적으로 런던협약을 대체할 의정서를 채택하였다.

1) 가입국 현황

1996. 11. 7 채택하여 2006. 3. 24일 43개국(일본 2007. 10. 2, 중국 2006. 9. 29 비준, 한국 2009. 1. 22 가입·2009. 2. 21 국내발효)이 가입하여 발효

2) 96의정서 주요내용

폐기물 해양배출 금지원칙과 해양배출 폐기물의 사전평가 시행

▶ 부속서 내용

가) 부속서Ⅰ(해양투기를 고려할 수 있는 폐기물 : 8종)

〈표 6-16〉 해양투기를 고려할 수 있는 폐기물 : 8종

허 용 품 목	내 용
1. 준설물질	• 수로유지 및 정화를 위해 준설된 퇴적물
2. 하수오니	• 1차 처리 이상의 과정을 거친 하수오니
3. 생선폐기물	• 생선폐기물 및 수산물 가공공장에서 발생된 폐기물
4. 천연기원유기물	• 선박 운송중 훼손 부패된 농작물 및 가축고기
5. 불활성무기질물질	• 무기물질로서 화학성분이 해양에 누출될 가능성이 없는 물질 (예 : 광산폐기물)
6. 선박·해양구조물	• 선박, 플랫폼, 인공구조물
7. 강·철·콘크리트 재질의 벌크물질	• 해양처분 이외에 방안이 없는 고립도서에서 철, 강철, 콘크리트 및 유사 무해물질로 이루어진 대형물체
8.이산화탄소스트림	• 해저지질구조내 고립격리 방법에 의하여 배출해야 하는 폐기물

나) 부속서Ⅱ(해양투기 폐기물의 평가)

허용품목에 대해서도 사전에 다른 처분방안을 심의하고 불가피한 경우에만 해양환경에 최소한의 피해를 줄 수 있는 범위에서 허용

▶ 해양배출 가능 폐기물(14종 → 5종) (규칙 제12조1항, 별표6)

- 국내 배출 가능 품목(5종 → 3종으로 감축)
  - 폐수, 폐수처리오니(2016년부터 금지)
  - 수산가공잔재물, 원료동식물폐기물, 준설토사(지속배출 가능)

[3] 선박유해방오시스템의 규제에 관한협약(AFS Convention 2001)

(1) 협약채택 배경 및 우리나라대응

선박의 수선하부에 해초, 조개 및 고동류가 부착하는 것을 방지하기 위하여 사용되는 방오도료에 포함된 유기주석 화합물의 일종인 TBT(Tributyl-tin)가 연안 생태계에 악 영향을 미친다는 사실이 확인되어 이를 규제하기 위하여 「2001 선박의 방오시스템의 사용규제에 관한 국제협약(AFS Convention 2001)」이 채택되어 2008. 9. 17에 발효되었으며 우리나라는 「해양환경관리법」에 전면적으로 수용하여 2008. 10. 24 국내 발효하였다.

(2) 협약의 주요 내용

2003. 1. 1부터 유기주석화합물이 함유된 방오도료 사용을 금지하고 2008년 부터는 유기주석화합물이 포함된 선체외부 표면에 잔류되어 있거나 밀봉도장을 하여 용해되어 흘러나오지 않도록 조치하고 국제항해로 유럽수역에 입항하는 선박은 국제유해방오도료시스템(IAFS) 적합 확인서를 비치하여야 하며, 유해방오도료 시스템이 도장된 선박은 입항을 금지시켰다.

※ AFS Convention 2001 : International Donvention on the Control of Harmful Protocol of 1978 Relating to International Convention for Prevention Pollution from Ship

[4] 선박발라스트수 관리협약(BWM Convention 2004)

(1) 협약채택 배경 및 우리나라대응

연간 30억 내지 50억 톤의 바닷물이 다른 나라로 평형수에 의해 옮겨지고, 약 7000여종의 해양생물이 평형수와 함께 이동하는 것으로 추정 발라스트수가 선박에 의해 이동하여 타 지역으로부터 운반되어온 미생물이 토착 해양미생물을 파괴하는 심각성을 인식하여, 이를 방지하기 위한 「선박 발라스트수 관리 협약 : BWM Convention 2004」이 채택되었으며 우리나라는 2009. 12.10 수락하였지만 아직 국제적으로 발효되지 않았다.

※ BWM 2004 : International Convention for the Control and Management of Ship's Ballast Water and Sediments, 2004

(2) 협약의 주요내용

1) 국제항해에 종사하는 모든 선박은 협약이 제공하는 발라스트수 및 침전물의 관리계획을 이행
2) 모든 선박은 발라스트수 기록부를 비치하고 기록 유지
3) 선박직원과 선원은 평형수 처리업무를 숙지
4) 평형수 처리기준 설정
5) 2017년 이후에는 모든 선박이 의무적으로 평형수 처리장치를 설치

2 해양오염 방제분야 협약

[1] 기름오염 대비·대응 및 협력에 관한 국제협약(OPRC 1990)

(1) 협약채택 배경 및 우리나라 대응

미국 알라스카에서 엑슨발데스(Exxon Valdez)호 사고 이후, 대형 해양오염사고시에는 인접국가간 공동으로 대응하여 오염피해를 줄이기 위한 국제적 협력체제 구축이 필요함을 인식하게 되었다. 그리하여 미국의 주도로 1990. 11월 협약을 채택하게 되었으며 1995. 5. 13 국제 발효되어 우리나라는 1999. 11. 9 협약에 가입하고 2000. 2. 9일 발효되었다.

※ OPRC 1990 : Oil Pollution Preparedness Response and Cooperation

(2) 협약의 주요내용

1) 선박 및 해양시설에 유류오염 비상계획서 비치
2) 유류오염사고 발견시 보고 및 통보 조치
3) 유류오염사고 대비·대응을 위한 국가·지역방제체제 구축 방제에 관한 책임당국 지정 등 국가제도 확립 (국가긴급방제계획 수립 등)
4) 각 당사국은 방제인력, 기자재 등 국가간 신속이동에 필요한 조치
5) 유류오염 대비·대응에 관한 양자간, 다자간 협정체결 노력 등

(3) 북서태평양보전실천계획(NOWPAP)

1) NOWPAP 추진경과

가) NOWPAP(North-West Pacific Action Plan)은 UNEP의 지역해 프로그램 중 하나로 전 세계에서 18개 지역으로 편성·운영되고 있다.

나) "해양오염 대비·대응을 위한 지역협력 개발에 관한 사업"을 주관 및 조정하기 위한 기구로서 지역방제활동센터를 설치(해양연구원, 2003)

2) NOWPAP 지역방제활동센터의 주요업무

가) NOWPAP 회원국가의 국가/지역/국제 연구기관/기구와의 연락유지

나) 해양오염 방제지원에 관한 NOWPAP 지역긴급계획 및 이행을 위한 양해각서(MOU) 수립 및 지속적인 보완

다) 회원국간 통신훈련 및 도상훈련, 합동방제훈련 등 훈련 지원

라) 정부간회의 및 실무당국자회의 결과 회원국간 합의된 해양오염 대비·대응을 위한 특정연구사업 추진관리

〈표 6-17〉 NOWPAP은 주요사업별 활동센터(RAC)를 설치하여 사업 추진

설치국가	활동센터/사무국	주요 추진사업
한국·일본	사무국(RCU)	지역활동센터간 업무조정
한국	MERRAC	해양오염사고 대비·대응
일본	CEARAC	특별모니터링 및 연안환경평가
중국	DINRAC	데이터 및 정보네트워크
러시아	POMRAC	오염모니터링

[2] 위험·유해물질 오염 대비·대응 및 협력에 관한 국제협약 (OPRC/HNS Protocol 2000)

(1) 협약채택 배경 및 우리나라대응

기름 이외의 물질에 의한 오염 및 화재·폭발사고에도 대비를 위한 국제적 협력체제가 필요함을 인식하여 위험·유해물질에 의한 오염사고의 대비·대응 및 협력에 관한 의정서를 2000. 3.15 채택하여 2007. 6.14 국제적으로 발효되었으며, 우리나라는 동 협약에 2008.1.11 가입 하였다.

※ HNS : Hazardous and Noxious Substances

(2) 주요 내용

1) 위험유해물질 오염 비상계획서 비치 (선박 및 해양시설)

2) 위험유해물질 오염사고 발견시 보고 및 통보 조치

3) 위험유해물질오염사고 대비·대응을 위한 국가·지역방제체제 구축 방제에 관한 책임당국 지정 등 국가제도 확립 (국가긴급방제계획 수립 등)

4) 위험유해물질 오염 대비·대응에 관한 양자간, 다자간 협정체결 노력

[3] 해양오염 공해상 해상개입 (Intervention 69, 73 Protocol)

(1) 협약채택 배경 및 우리나라 대응

1967년 유조선 토리캐년호가 영국 남부해안에 좌초되어 적재유 12만톤 유출되어 영국, 프랑스 브리타니해안 등 인접한 연안국 해안이 오염된 사고가 계기가 되어 국제규범이 없다는 문제가 제기되고 이에 대한 규범을 마련하고자 공해(公海)상(당시 3해리)에서 발생한 해양오염 사고가 연안국에 영향이 우려되는 경우 사고 선박에 대한 강제조치(개입) 1969. 11. 29 채택되어 1975. 5. 6 발효(88개국 가입/'14)되어 있다.

> **우리나라는 1996. 8. 8 배타적경제수역법을 공포하여 주변해역이 공해상 개념이 사실상 없어진 상태이므로 현재는 협약가입을 추진하고 있지는 않는다.**
>
> ※ 69년 유류오염사고시 공해상 개입에 관한 국제협약 및 73년 의정서
> International Convention relating to Intervention on the High Sea in Cases of Oil Pollution Casualties, 1969 & 1973 Protocol on other than Oil (Intervention 1969, 1973 HNS Protocol)

(2) 주요 내용

1) 공해상 사고가 자국에 위험 우려시 연안국은 필요한 방제조치 가능하며, 오염원 제거를 할 수 있는 권리를 부여
2) 연안국의 의무는 선박의 기국과 사전 협의, 선주 사전 통보, IMO 전문가 사전 협의, 인명피해 최소화 및 조난자 구호, 조치후 후 선박의 기국 및 IMO 통보
3) 연안국은 최소한의 조치만 가능, 필요시 기국은 손해배상 청구 가능
4) 부속서에서 분쟁 발생 시 조정·중재 절차 수록

3 해양오염피해 보상분야 협약

[1] 유류오염 손해보상 민사책임에 관한 의정서 (CLC Protocol 1992)

유류오염 사고시 선주에게 방제비용, 어류·수산물 피해, 환경피해 등 보상의 책임을 부여하기 위한 협약으로 우리나라는1997년에 가입하였다. 동 협약을 국내법으로 수용하기 위해 「유류오염손해배상보장법」[85]을 제정하였다.

〈표 6-18〉 국제협약과 보상한도액 관계

협 약 명	보상한도	가입여부 (국내발효)
1992년 민사책임협약 (1992 CLC)	451만SDR(71억원) ~ 8,977만SDR(1,422억원)	가입 (1998. 5. 16)
1992년 국제기금협약 (1992 FC)	2억300만SDR(3,216억원)	가입 (1998. 5. 16)
추가기금협약 (2003 SFC)	7억 5천만SDR(1조 2천억원)	가입 (2010. 8. 6)
2001년 선박연료유협약 (Bunker Convention)	25만SDR(약 4억) / 1,000톤 기준 ※ 상법적용(76LLMC협약과 책임한도액 동일)	가입 (2009. 11. 28)

※ 1SDR = 1,584.3원(2008. 3. 13 기준)

[2] 유류오염 손해보상을 위한 국제기금 의정서(FC Protocol 1992)

CLC Protocol 1992의 책임한도를 초과하는 경우, 화주의 분담금으로 마련된 국제기금에 의해 추가적으로 보상하기 위한「1992 유류오염손해보상을 위한 국제기금 의정서」를 채택하였으며, 우리나라는 1997. 3. 7일에 가입, 1998. 5. 15 국내 발효 되었다. 한편, 유럽 국가들을 중심으로 보상한도액을 더욱더 확대한「2003 유류오염 추가 손해보상을 위한 국제기금 의정서」가 채택되었다.

[3] 해양오염보상 추가기금 협약(Supplementary Fund)

1999년 에리카호(프랑스), 2002년 프레스티지(스페인) 사고를 계기로, 유류오염 손해보상을 위한 국제기금액의 상향에 대한 필요성이 대두되어 1992년 유류오염손해보장을 위한 국제기금협약의 보상범위를 초과하는 대규모 해양오염사고시 충분한 피해보상이 이루어지도록 강화된 보상제도를 채택(Protocol of 2003 to the International Convention on the Establishment of an International Fund for Compensation for Oil Pollution Damage, 1992)하였으며, 2005. 3. 3에 국제발표(Fund 협약 가입국 중 8개국 이상 국가가 가입하고 가입국의 연간 유류분담량이 450백만톤을 초과한지 3개월이 초과한 후)되었으며 우리나라의 국내발효는 2010. 8. 6이며 추가기금 협약의 내용은 92 Fund 협약과 동일하되 최대보상액만 증액하였다.

85) ① 유류오염손해배상보장법(국내법) ② 유류오염손해에 대한 민사책임에 관한 국제협약 (1992 CLC) ③ 유류오염 손해보상을 위한 국제기금설치에 관한 국제협약 (1992 FC) ④ 2003년 유류오염보상을 위한 국제 추가기금(2003 SFC).

보상한도액

7억5천만SDR(1조 2천억원), 연간 15만톤이상 유류 분담금 납부, 1개 국가의 과도한 부담을 방지하기 위해서 국가별 분담금이 총 분담금의 20%를 초과하지 않도록 규정(유류오염손해배상보장법에 반영) 하고 있다.

[4] 방카유 오염피해 보상에 관한 협약 (Bunker Convention 2001)

일반선박이 대형화되고 이들 선박의 연료유 유출사고로부터 발생하는 오염사고의 피해도 커지게 됨에 따라 「2001 방카류 오염피해 민사책임에 관한 국제협약」이 채택(2007)되어 74개국이 가입되었으며 우리나라도 수락(2009년)하여 2009. 11. 28 국내 발효 되었다.

주요내용

- 선박소유자에 대해 엄격책임주의(무과실책임 부여) 적용
- 피해자가 선주보험사(P&I Club)를 상대로 직접 배상청구 가능
- 배상체계 : 선박소유자에 의한 1단계 배상구조
- 총톤수 1,000톤 초과 선박에 대해 보장보험가입 강제화
- 각 국의 선주책임제한액에 따라 배상책임 제한

[5] 위험·유해물질 운송관련 피해 보상에 관한 협약 (HNS covention 1996)

비지속성 기름, 위험·유해물질 유출에 의한 오염, 화재, 폭발 등에 의한 피해에 대하여도 별도의 보상제도의 필요성을 인식하여 1996. 3. 3 국제협약으로 채택하였으나, 피해보상책임 한도액은 1천만~최대 1억SDR로 약1.6백억~16백억정도이며 책임한도 초과에 대한 기금협약을 설립중에 있으나 이 협약에 대한 국제적 호응이 적어 아직 국제발효가 되지 못하고 있으며 우리나라도 수락하지 않고 있다.

〈표 6-19〉 해양환경관련 분야별 협약의 종류

분 야	협 약 명	협 약 명(국문)
해양오염 방지	MARPOL 73/78	1973 선박으로부터 해양오염방지를 위한 국제협약 및 1978년 의정서
	LC Protocol 1996	런던협약 의정서
	AFS Convention 2001	선박유해방오시스템의 규제에 관한 국제협약
	BWM Convention 2004	선박 발라스트수 관리협약(미발효)
해양오염 방제	OPRC 1990	기름오염 대비·대응 및 협력에 관한 협약
	OPRC/HNS Protocol 2000	위험·유해물질 오염사고 대비·대응 및 협력에 관한 의정서
	INTERVENTION Protocol 1969	유류오염시 공해상 개입에 관한 의정서(국내 미수락)
해양오염 피해보상	CLC Protocol 1992	유류오염손해 민사책임에 관한 의정서
	FC Protocol 1992	유류오염 손해보상을 위한 국제기금 의정서
	추가기금 협약 (Supplementary Fund)	유류오염 추가 손해보상을 위한 국제기금 의정서
	BUNKER Convention 2001	방카유 오염피해 민사책임에 관한 국제협약
	HNS Convention 1996	위험·유해물질 운송 관련 피해에 대한 책임 및 보상에 관한 국제협약(미발효)

참고문헌

〈국내도서 및 발간물〉

김종선 (2012). 중국어선 범죄행위 대응 경찰장비 사용에 대한 재검토. 한국해양경찰학회보. 2012제2권(1) : 3-35.

______ (2016). 연안해역 사고방지를 위한 안전관리에 관한 연구. 한국해양경찰학회보. vol.6(3) : 51-75.

______ (2018). 「수색구조론」. 문운당.

______ (2019). 해양경찰 긴급구조 신고시스템의 문제점과 개선방향. 한국해양경찰학회보. vol.9(2) : 339-372.

______ 외 전국9대학해양경찰학과교수 공저 (2016). 「해양경찰학개론」. 문두사.

______ ·임채현 (2017). 중국어선 불법조업에 대한 대응전략 연구. 해사법연구. 제29권(1) : 163-199.

양희철 (2013). 동북아에서의 해양경계획정. 해양경찰학교 강의자료 교재.

유인술 (2015). 한국의 재난관리대책. Hanyang Medical Reviews. 2015(35) : 157-173.

윤경익 (1990). 「수사실무총람」. 육법사.

이재상 (2011). 「신형사소송법 제2판」. 박영사.

이윤철 (2016). 「국제해사협약 이론과 실무」. 다솜출판사.

이용희 (2013). 해양과학조사와 연안국의 관할권. 「해양경찰청 연구용역 자료」

이창무·이성용 (2011). 해양경찰의 수중수색과 인양의 문제점과 개선방안에 관한 연구. 경찰학연구 제2권제2호 : 126-151.

최영규 (2007). 「경찰행정법(제3판)」. 박영사.

최찬문·안장영 (2012). 「해상수색 및 구조론」. 제주대학교출판부.

홍장원·최일선·이정아 (2019). 해수욕장 이용행태 변화로 안전관리 개선방안 마련 필요. KMI 동향분석. 2019년 11월(통권 제155호) : 1-16.

해양경찰교육원 (2020). 「해상경비·상황관리·해상수색구조」.신임경찰과정교재 : 62-69.

____________ (2020). 「해상교통 및 파출장소업무」. 신임경찰과정교재 : 7.

____________ (2019). 「정보·외사·해양범죄수사·과학수사」신임경찰과정교재 : 5-9.

____________ (2017). 「해양환경보전」. 신임해양경찰교재 : 6-8.

해양경찰청 (2017). 「해양경비체계 발전방안 연구」. 해양경찰청.

_________ (2018). 「해양선박사고 위기대응 매뉴얼 : 해양유도선 위기대응 실무매뉴얼 통합」. 해양경찰청.

_________ (2018). 「해양경찰백서. 해경역사. 해양경찰 64년간의 기록」. 해양경찰청.

_________ (2018). 「해양경찰 50년사」. 해양경찰청.

〈해양경찰청 내부자료〉

구조본부 구성 및 운영 등에 관한 훈령. 2019. 해양경찰청훈령 제151호

국제 조난 및 안전통신 운영 규칙. 2020. 해양경찰청훈령 제170호.

긴급피난 선박 관리규칙. 2019. 해양경찰청훈령 제130호.

밀항사범처리규칙. 2019. 해양경찰청예규 제45호.

방제대책본부 운영 규칙. 2019. 해양경찰청훈령 제140호.

불법조업 외국어선 사법처리 절차 등에 관한 규칙. 2019. 해양경찰청훈령 제139호

서해5도특별경비단 운영규칙. 2019. 중부지방해양경찰청훈령 제20호.

서해5도특별경비단 특수진압대 운영규칙. 2019. 중부지방해양경찰청훈령 제21호.

선박안전 조업규칙. 2017. 해양수산부령 제251호.

선박교통관제 운영규칙. 2020. 해양경찰청훈령 제170호.

연안사고 안전관리규정. 2020. 해양경찰청훈령 제170호.

외국인선원 관리지침. 해양수산부고시 제2016-53호. 2016.

외국인 선원 무단이탈 선박 등의 무역항 출입허가 등에 관한 지침. 2017. 해양수산부.

중앙해양특수구조단 운영규칙. 2019. 해양경찰청훈령 제147호.

파출소 및 출장소 운영 규칙. 2019. 해양경찰청훈령 제163호.

함정 운영관리 규칙. 2020. 해양경찰청훈령 제170호.

해상구조조정본부 지정 등에 관한 고시. 2017. 해양경찰청고시 제2017-1호.

해상특수기동대 운영 규칙. 2019. 해양경찰청훈령 제130호.

해양경찰구조대 운영규칙, 2019. 해양경찰청훈령 제130호.

해양경찰청 비상소집 및 근무규칙. 2020. 해양경찰청훈령 제175호.

해양경찰청 정보경찰 활동규칙. 2019. 해양경찰청훈령 제129호.

해양경찰 함정훈련 규칙. 2018. 해양경찰청훈령 제68호.

해양 유·도선 재난에 대한 중앙사고수습본부 구성 및 운영 등에 관한 규정. 2020. 해양경찰청훈령 제170호.

해상구조조정본부 지정 등에 관한 고시. 2017. 해양경찰청고시 제2017-1호.

해수욕장 안전관리에 관한 지침. 2018. 해양경찰청고시 제2018-3호.

(해양경찰청) 과학수사기본규칙. 2019. 해양경찰청훈령 제130호.

(해양경찰청) 내사사건 처리 규칙. 2018. 해양경찰청훈령 제52호.

(해양경찰청) 범죄수사규칙. 2019. 해양경찰청훈령 제130호.

(해양경찰청) 선박통제규정. 2020. 해양경찰청훈령 제170호.

〈웹사이트〉

구글(Google) 검색 : http://namu.wiki/w/각국해안경비대 자료

국가법령정보센터 : www.law.go.kr

국제해사기구(IMO) : http://www.imo.org/

미국해안경비대 : https://www.uscg.mil/

일본해상보안청 : www.kaiho.mlit.go.jp/

한국교육학술정보원 : www.keris.or.kr/

한국해양경찰학회 : www.maritimepolice.kr/

해양경찰청 : www.kcg.go.kr/

해양경찰청 홈페이지 법령정보 : http://www.kcg.go.kr/kcg/law/list.do?mi=2818

http://www.kpa.co.kr/ (김재규 경찰학원) 자료 참조.

저자소개

김 종 선

- 목포해양대학교, 성균관대학교 행정학과 졸업 (행정학석사)
- 군산대학교 행정학과 졸업 (행정학박사)

〈경력〉

- 목포해양대학교 해양경찰학부 교수
- 군산대학교 해양경찰학과 초빙교수
- 군산대학교 행정학과 겸임교수
- 해양경찰교육원 행정학과 교수
- 경찰종합학교(경찰교육원) 해양경찰학과 교수
- 해양경찰채용시험 출제 및 면접위원
- 경찰고시 출제위원
- 해기사국가자격시험 면접위원
- 서해지방해양경찰청 고충심사위원
- 해양경찰정비창 운영심의회 위원
- 해양경찰교육원 교육자문위원회 위원
- 해양경찰교육원 징계위원회 위원
- 한국해양경찰학회 부회장
- 한국행정학회 및 한국정책학회 위원
- 한국해양정책기술협의회 위원

〈저서 및 주요 연구〉

- 「해양경찰경무론」, 문두사, 2011.
- 「해양경찰학개론」, 문두사, 2016.
- 「수색구조론」, 문운당, 2018.
- 「해양경찰경비론」, 2020.
- "외국선박의 불법행위 실태와 대응에 관한 연구", 2005. 해양경찰교육원.
- "공직윤리 인식고찰(신임해양경찰 중심으로)", 2006. 해양경찰교육원.
- "해양경찰 교육의 문제점과 개선방안 연구", 2007. 해양경찰교육원
- "해상에서의 무기사용 고찰", 2008. 해양경찰교육원
- "신임해양경찰 교육만족도에 관한 연구", 2010. 해양경찰교육원.

- “중국어선 범죄행위 대응 경찰장비 사용에 대한 재검토”, 한국해양경찰학회, 2012.
- “해양경찰의 조직문화 진단과 분석 : 경쟁가치모형을 적용하여”, 경찰학연구소, 2012.
- “수상레저활동 증가에 따른 지역 활성화 방안”, 한국해양경찰학회, 2012.
- “해양경찰 개인적 특성에 따른 직무동기 연구”, 한국해양경찰학회, 2013.
- “교육훈련 특성이 실무전이에 미치는 실증적 연구 : 해양경찰 직무교육을 중심으로”, 한국해양경찰학회, 2013.
- “해경조직 구성원의 핵심가치 인식과 실천에 관한 연구”, 한국해양경찰학회, 2014.
- “해양경찰공무원의 직무탈진이 직무만족에 미치는 영향”, 한국해양경찰학회, 2015.
- “중간관리자 리더십이 조직몰입에 미치는 영향 : 해양경찰조직을 중심으로”, 한국해양경찰학회, 2016.
- “연안해역 사고방지를 위한 안전관리에 관한 연구”, 한국해양경찰학회, 2016.
- “중국어선 불법조업에 대한 대응전략 연구”, 해사법연구, 2017.
- “변혁적·거래적 리더십이 직무만족에 미치는 영향 : 해양경찰 중간관리자를 중심으로”, 한국해양경찰학회, 2017.
- “상사 공정성이 조직침묵에 미치는 영향 : 해양경찰 조직을 중심으로”, 한국해양경찰학회, 2018.
- “해양경찰구성원의 성격5요인과 직무스트레스 간의 관계 연구”, 한국경찰연구, 2018.
- “신임해양경찰 교육프로그램 특성이 실무전이에 미치는 영향”, 한국해양경찰학회, 2018.
- “해양경찰 긴급구조 신고시스템의 문제점과 개선방향”, 한국해양경찰학회, 2019.

해양경찰학 II

초판인쇄 | 2020년 8월 20일
초판발행 | 2020년 8월 27일

저 자 | 김종선
발 행 인 | 이성범
발 행 처 | 문운당
주 소 | 서울시 종로구 혜화로5길 16 (명륜1가 45-3)
전 화 | (02)762-6010
팩 스 | 영업 (02)745-0265 / 편집 (02)762-8758
이 메 일 | 영업 munun2@chol.com
편집 munundang@naver.com
홈페이지 | http://munundang.co.kr

ISBN 979-11-5692-502-6 93530

정가 55,000원